低碳公路建设技术

杜群乐　李彦伟　王江帅　主编
杨国华　　　　　　审定

科学出版社
北京

内 容 简 介

本书是在公路工程节能降耗、低碳公路建设科技攻关研究及公路改扩建工程应用技术成果为主的基础上总结提炼而成，主要内容包括利用工业废料铺筑路基、废轮胎橡胶沥青路面、柔性和刚性路面再生、温拌沥青混合料施工、双层沥青混合料路面摊铺施工、新型路用水泥混凝土、桥梁结构张拉控制系统和挤扩桩施工、信息化技术应用、LED等新技术、新工艺、新材料、新产品，这些成果已经在公路工程中成功应用，初步显示出良好的经济效益和社会效益，可以为公路建设“典型示范工程”提供技术支持或参考。

本书可供公路建设管理人员、科研人员、设计人员、施工人员参考，亦可供大专院校相关专业师生学习参考。

图书在版编目(CIP)数据

低碳公路建设技术/杜群乐，李彦伟，王江帅主编.—北京：科学出版社，2013

ISBN 978-7-03-038666-3

Ⅰ.①低… Ⅱ.①杜…②李…③王… Ⅲ.①道路工程-节能-技术 Ⅳ.①U41

中国版本图书馆CIP数据核字(2013)第224402号

责任编辑：余 丁 王晓丽 / 责任校对：张凤琴
责任印制：徐晓晨 / 封面设计：蓝 正

科学出版社出版
北京东黄城根北街16号
邮政编码：100717
http://www.sciencep.com
北京厚诚则铭印刷科技有限公司 印刷
科学出版社发行 各地新华书店经销
*
2013年9月第 一 版 开本：16(787×1092)
2014年9月第二次印刷 印张：55
字数：1 270 000
定价：198.00元
(如有印装质量问题，我社负责调换)

前　言

自 2008 年以来，交通运输部先后发布了《公路水路交通节能中长期规划纲要》和《公路水路交通运输节能减排“十二五”规划》(以下简称《规划》)。《规划》指出，交通运输发展处于重要战略机遇期，面对能源资源短缺、生态环境恶化所带来的严峻挑战，交通运输发展不可能通过单纯依靠扩充能力的粗放式发展方式，而必须通过整合资源、强化管理、科技创新、深入挖潜的内涵式发展方式来解决。这就要求公路交通转变发展方式，把节能减排摆到更加突出的位置，实现能源资源利用效率的显著提升和生态环境的持续改善，努力建设资源节约型、环境友好型公路行业，努力建设“美丽公路”，加快推进绿色、循环、低碳公路发展。

随着公路节能减排科技研发投入加大，节能减排技术、产品以及现代信息技术成果层出不穷，推广应用进展较快。为了充分发挥科技进步、科技创新在低碳公路建设中的基础性和先导性作用，推广使用“资源节约、循环利用、控制排放”的新技术和新能源，提高新科技对低碳公路建设的支撑力，弥补现行规范的不足，使低碳公路建设技术有章可循、有据可依，特编写本书。

在本书写作和研究过程中得到了广大公路建设人员的支持与帮助。全书共 23 章。第 1 章由申文胜、王朝辉、赵鹏编写，第 2 章由王园、杜群乐、杨水生编写，第 3 章由王园、陈忠平编写，第 4 章由马磊霞、张永利、张立辉编写，第 5 章由李志勇、曾建民编写，第 6 章由张永利、马磊霞、党奇志编写，第 7 章由李友林、孟福胜编写，第 8 章由黄卫东、黄明编写，第 9 章由黄文元、杜群乐、赵东方编写，第 10 章由杨水生、宋金辉、贾世东、杨晓倩编写，第 11 章由李红英、曹中杰、孙忠伟编写，第 12 章由赵永桢、党奇志、郑卫华编写，第 13 章由秦禄生、王联芳、赵素洁编写，第 14 章由申文胜、许清良、郝明伍编写，第 15 章由焦双建、许祥顺编写，第 16 章由周昆、范承书编写，第 17 章由金风温、杜群乐编写，第 18 章由黄世奇、周纯秀、任红丽、谭忆秋编写，第 19 章由陈复胜、李彦新、刘犇编写，第 20 章由陈复胜、翟忠伟、杨清编写，第 21 章由李彦伟、安国雨、陈霖编写，第 22 章由许清良、申文胜、童晓东编写，第 23 章由杨俊卿、王建民、孟召阳编写。本书由杜群乐、李彦伟、王江帅担任主编，由杜群乐、王江帅负责统稿，杨国华审定。

本书编写过程中承蒙河北省交通运输厅、河北省交通运输厅公路管理局和有关单位的大力支持，在此深表感谢。限于作者水平，书中不妥之处在所难免，敬请广大读者不吝指正。

编　者

2013 年 8 月

目　　录

第 1 章　煤矸石填筑路基施工

1.1 引　　言

煤矸石是在成煤生产过程中与煤伴生的一种含碳量低、相对比较坚硬的黑色岩石，在开采和洗选过程中被分离出来，成为废弃物。一般就近堆放于矿区周围，形成巨大的煤矸石山或排土场，如图 1-1 所示。实际上是含碳岩石(碳质页岩、碳质砂岩等，还有 20%左右的煤)和其他岩石(页岩、砂岩、砾岩等)的混合物。由于煤层地质年代、地区、成矿情况、开采方法不同，煤矸石的组成及其含量亦各不相同。

图 1-1　多年形成的煤矸石山

我国煤矸石主要来自石炭系、二叠系晚期侏罗纪至早白垩纪等含煤地层，是由碳质页岩、碳质泥岩、砂岩、页岩、黏土等岩石组成的混合物。煤矸石中常含有炭粒和黄铁矿结核，发热量一般为 4.18～12.56MJ/kg。煤矸石的矿物成分主要是高岭土、石英、蒙脱石、长石、伊利石、石灰石、硫化铁、氧化铝等。不同地区的煤矸石由不同种类矿物组成，含量相差悬殊。煤矸石的化学成分比较复杂，所包含的元素可达数十种。一般以碳、硅、铝为主要成分，另外含有数量不等的 Fe_2O_3、CaO、MgO、SO_3、K_2O、Na_2O、P_2O_5 等氧化物，以及微量的稀有金属元素，如钒、镓、锗等。具有含碳量低、灰分高的特点。

我国是一个煤炭生产大国，是一个以煤炭为主要能源的发展中国家。我国煤矸石年排放量超过 400 万吨的地区有东北、内蒙古、山东、河北、山西、陕西、安徽、河南、新疆等。另外，四川和其他省、自治区也有大量的煤矸石排放。煤矸石排放多集中在北方。煤矸石的大量堆积给当地的生产和生活带来了巨大的影响，综合利用煤矸石，改善当地环境，是矿区人们的迫切要求。

煤炭大量开采引起地表塌陷，造成土地破坏和挤占，使矿区大量耕地、地表建筑物和地下水资源遭到破坏，水土流失和土地沙漠化。煤矸石的大量排放和自燃以及煤矸石山酸性淋溶水的超标排放等不仅使矿区生态环境日趋恶化，而且严重污染了煤矿和周边环境的江河水体，直接影响农业、林业等生产，如图 1-2 所示。露天堆存的煤矸石暴露在自然环境中会发生一些物理、化学反应，对矿区环境造成危害，因此，可以把煤矸石的危害分为物理危害和化学危害两大类。

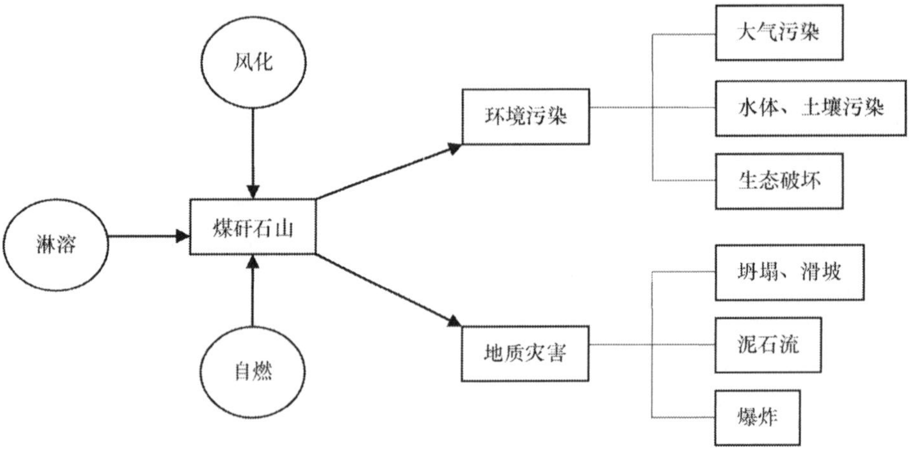

图 1-2 煤矸石堆放产生的物化作用及环境问题示意图

在工程利用方面，煤矸石作为一种充填材料，除可用于回填塌陷区复田，还可广泛用于铁路、公路、构筑路堤、挡土墙、构筑堤坝以及工民建的地基垫层等土木工程领域，如表 1-1 所示。目前，煤矸石作为充填材料的应用在国外已成为消耗煤矸石的主要途径。美国司矿业局从 20 世纪 70 年代开始，对所有的煤矸石堆场进行了采样分析，做出了煤矸石综合利用的规划。苏联煤炭部科技委员会于 1987 年召开了煤矸石的分类、性质和综合利用的专题会议，研究了综合利用过程中的相关技术、工艺和设备。在工程利用方面，许多国家(如德国、英国、荷兰及美国等)曾利用煤矸石铺筑公路、机场跑道和工厂地基、填筑水工大坝等，并制订了相关技术标准。

表 1-1 国外煤矸石工程应用列表

工程类型	用 途	主要工程实例
公路	路基充填材料、路面	法国北部公路网、德国 Ruhr 地区公路网；英国 Livepool 干线公路、Gateshead 高速公路等
铁路	路基充填材料	英国 Gloucester、Croydon 铁路编组站
水工建筑	坝体充填材料、护层	英国海岸护堤、水库大坝；拦河坝、潜坝(荷兰)
其他	地基垫层	英国拉姆斯盖特飞机场；停车场地基、软弱地基处理

我国在煤矸石的工程利用方面也进行了越来越多的尝试，取得了长足的进步。近 10 年，我国公路、铁路工程相继开展了煤矸石的工程应用试验，取得了较好的成绩。我国从 20 世纪 70 年代起开展了煤矸石综合利用的研究工作，开辟了一系列煤矸石的利用途径。根据有关资料，其工程应用实例如表 1-2 所示。

表 1-2　煤矸石工程应用实例

序号	工程名称	工程概况
1	平顶山至临汝高速公路	平顶山至临汝高速公路是交通部《国家重点公路建设规划》中所确定的 16 条东西向干线之一的上(海)洛(阳)国家重点公路之重要段落，也是《河南省干线公路网规划》确定的“五纵、四横、四通道”中的一横。按双向四车道高速公路标准设计，路基总宽度 28m。该项目的 No. 4 合同起讫桩号为 K18＋000～K28＋200，全长 10. 2km，路基填方 2 150 274m³，全部用煤矸石填筑，黏土包边。该标段 2003 年 12 月开工，2005 年 7 月完工，使用状况至今良好
2	京福高速公路曲张段	1998 年 9 月，京福高速公路曲张段在 K135＋060～K136＋600 做了煤矸石筑路的试验，取得了成功，在后来的 10 多公里路段中推广应用
3	104 国道枣庄段	1995 年，山东省交通科研所、山东省枣庄市交通局、山东省枣庄市公路管理处联合成立课题小组对“104 国道枣庄段使用煤矸石路堤”进行了研究与论证，修筑的煤矸石试验路堤，经过多年使用状况良好
4	205 国道张博段	1997 年，山东省 205 国道张博段全长 40km，采用煤矸石作为筑路材料。试验表明煤矸石底基层强度比 12％石灰土底基层强度略高，完全满足公路整体强度要求，该段路至今运营情况良好。另外，在该路段附近兴隆庄洗煤矿厂进行了煤矸石作路基填料的试验，试验表明煤矸石路基强度远高于土路基，煤矸石铺筑厚度在 2m 以上的路段，煤矸石的回弹模量可达 100MPa 以上，具有良好的力学性能
5	徐丰公路(S239)庞庄矿区段	徐丰公路(S239)庞庄矿区段 1. 2km 塌陷区路段(行车道宽 21m，重交通量，由徐州市公路管理处承建)，路基全部采用煤矸石填筑，填筑高度为 6～10m。原路面结构设计为 25cm 二灰煤矸石＋6cm 沥青贯入，为临时路面，后改为 25cm 二灰煤矸石＋15cm 二灰结石＋6cm 沥青贯入＋2cm 沥青表面处理，设计为永久路面，施工期 3. 5 个月。该路段已于 1995 年 3 月施工完毕，现使用性能良好
6	山西介休汾西矿务局洗煤厂专用线	山西介休汾西矿务局洗煤厂专用线 DK0＋090～DK0＋718. 64 段采用分层法填筑煤矸石路堤，共填筑煤矸石 47 000m³。工程于 1996 年 12 月竣工，经过 4 年多的运营与观察，路堤质量稳定
7	鹤伊(鹤岗至伊春)高速公路	1998 年修建的鹤伊(鹤岗至伊春)高速公路，其 K0＋000～K13＋650 路段为平原微丘区，地表层为中液限黏土，含水量较大，地下水位高，属季节性冻融区。通过对煤矸石的理论和实践研究，确定采用鹤岗煤矿丰富的煤矸石作为此路段路基填料。现已完工投入营运，各项路用性能指标均满足要求
8	徐州市“时代大道”	1999 年，徐州市政府建设的“时代大道”，全长 3. 5km，路幅宽 100m。道路的软地基处理和道路填筑需要大量土方和其他建筑材料。为了节省筑路土方、降低公路造价、保护环境，采用煤矸石作为路基填筑材料。现在道路基本完工，煤矸石路基处理取得了成功，效果良好
9	湖北省荆南公路	湖北省荆南公路 K19＋500～K59＋500 段垫层(厚 15cm)直接采用煤矸石铺筑，材料同基层所用煤矸石，施工方法同碎石垫层，基层(厚 20cm)采用石灰土煤矸石。1996 年 1 月至 1997 年 7 月完成 250m 试验段及 K19＋500～K49＋500 段基层，次年铺筑渣油表处路面；1998 年 3 月至 1999 年 7 月完成 K49＋500～K59＋500 段基层，次年铺筑渣油表处路面
10	权台煤矿回填地基	1996 年，徐州矿务局权台煤矿利用煤矸石回填地基，在经强夯处理后的地基上完成建房 144 栋，现使用状况良好

1.2　填筑路基煤矸石技术性能要求

根据《公路路基施工技术规范》(JTG F10—2006)和《公路路基设计规范》(JTGD30—2004)对路基填料的要求，结合对煤矸石的调研工作，作为填方路基材料的煤矸石应该从级配、力学指标、稳定性上满足以下要求。

1.2.1　煤矸石路基级配要求

路基填筑对填料级配要求不是十分严格，但一定要保证填料密实。对煤矸石有以下几点要求。

(1) 修建公路，稳定和沉降是技术上的两大难题，其中稳定性又是最基本的问题，关系着工程的安全、施工进度、工程质量等。因此从承载力和稳定性上讲，煤矸石填筑路基必须具有好的承载力以及高的稳定性。这就要求采用硬质煤矸石，对于煤矸石，存放5年以上的才能达到要求，且严禁使用泥结煤矸石。泥结煤矸石遇水后强度迅速下降，导致路基承载能力下降，在荷载的作用下，容易发生失稳事故，直接影响道路使用性能。

(2) 一般矿区的煤矸石由各种粒径的颗粒组成，各粒径所占数量由于各地区、年代的差异没有固定的比例关系。采用具有一定厚度和严格级配要求的优质级配碎石作为基层，一方面在很大程度上能够防止和减少裂缝的产生，另一方面级配碎石基层还能起到排水基层的作用。

自然级配较好的煤矸石经过碾压后能形成致密结构，适用于路基填方。注意碾压要达到要求的密实度。自然级配差、大颗粒所占比例较大的煤矸石不宜直接用做路基填料，但可经过破碎处理或掺拌粉性土改良后使用。

(3) 路基压实度质量的控制至关重要。压实度不达标是造成路面破损、使用状况差、通行能力差、交通事故多的主要原因。只有对路基结构层充分压实，才能保证路基强度、刚度及平整度，保证及延长路基、路面的使用寿命。

对于压实度为96%的煤矸石路基，填筑最大粒径不得大于100mm，对于压实度为94%的煤矸石路基，填筑最大粒径不得大于层厚的2/3，不宜超过200mm；路基含水量控制在最佳含水量±2%。

1.2.2　煤矸石力学指标

煤矸石力学指标主要有压碎值、塑性指数、单轴抗压强度、承载比(CBR)。煤矸石的物理化学变化十分复杂，对路基的稳定性存在潜在危害，在煤矸石路基施工中对原材料外观变化明显的地方，宜通过以上几个重要的试验指标对煤矸石原材料进行质量控制。

根据路基规范中对填石路基压碎值的要求，煤矸石作高速公路路基填料时的压碎值宜≤30%；CBR值宜≥8%；石料单轴抗压强度不应小于15MPa。路床填料应均匀、密实，并符合表1-3规定。路堤填料最小强度要求见表1-4。

表1-3　路床土最小强度和压实度要求

项目分类	路面底面以下深度/m	填料最小强度CBR/%			压实度/%		
		高速公路、一级公路	二级公路	三、四级公路	高速公路、一级公路	二级公路	三、四级公路
填方路基	0～0.3	8	6	5	≥96	≥95	≥94
	0.3～0.8	5	4	3	≥96	≥95	≥94

注：① 表列压实度系按《公路土工试验规程》(JTG E40—2007)重型击实试验法求得的最大干密度的压实度

② 当三、四级公路铺筑沥青混凝土和水泥混凝土路面时，压实度应采用二级公路的规定值

表 1-4　路堤填料最小强度要求

项目分类	路面底面以下深度/m	填料最小强度 CBR/%		
		高速公路、一级公路	二级公路	三、四级公路
上路堤	0.8～1.5	4	3	3
下路堤	1.5 以下	3	2	2

注：① 当路基填料 CBR 值达不到表列要求时，可掺石灰或其他稳定材料处理

② 当三、四级公路铺筑沥青混凝土和水泥混凝土路面时，应采用二级公路的规定

1.2.3　煤矸石路基稳定性要求

（1）煤矸石具有潜在的不稳定性，具有膨胀性的煤矸石用于路基填筑时，在道路使用期内煤矸石路基会发生膨胀，导致面层开裂。所以根据路基填料中对膨胀土的使用规定，煤矸石用于路基填筑时颗粒自由膨胀率应小于 40%，且有膨胀性的煤矸石占混合填料的比例不得大于 50%。若无条件掺用粉煤灰，可用黏土代替。黏土塑性指数以 7～15 为宜，不含腐殖质和杂物，黏土使用前用 0.15mm 筛过筛，必要时应使用黏土掺填，路基包边土不得使用膨胀土。

（2）煤矸石化学组分决定了煤矸石的长期稳定性能，为了保证路基填料的稳定性，煤矸石矿物中 SiO_2、Al_2O_3、Fe_2O_3 等氧化物总含量要大于 70%；烧失量不超过 20%，小于 15%最佳；为防止路基塌陷，煤矸石填料中有机质含量不超过 10%；煤矸石路基中不得使用强崩解性的填料，煤矸石崩解量不得超过 30%，如表 1-5 所示。

表 1-5　煤矸石填筑路基技术要求汇总表

最大粒径		96 区≤10mm，94 区≤压实厚度的 2/3
CBR/%	上路床	≥8
	下路床	≥5
	上路堤	≥4
	下路堤	≥3
单轴抗压强度/MPa		≥15
压碎值/%		≤30
塑性指数		≤26
烧失量		≤20%，<15%最佳
自由膨胀率		≤40%
耐崩解性指数		≤30%

1.3　煤矸石填筑路基施工准备

煤矸石堆中，粗大颗粒占比例较大，细料含量较少，所以煤矸石路基的施工类似于填石路基的施工。除此之外，煤矸石路基特点之一就是煤矸石路基两侧设置有包边土，这是为了隔绝煤矸石与外界的联系，防止煤矸石在空气和水的作用下发生自燃等反应，影响路基稳定性，此外，为边坡绿化提供基础。煤矸石路基施工流程主要包括基底处理、煤矸石

储运、摊铺、洒水、碾压与封层等。压实度、摊铺厚度、含水量、压路机械和压实遍数是影响煤矸石路基质量的重要因素。

1.3.1 施工前准备

1）组织机构、各种体系的建立和人员进场报验

建立施工组织机构和以项目经理为质量第一责任人的质量保证体系、安全管理体系和环境保证体系，管理人员、技术人员、生产工人和辅助工人均已进场，并进行进场人员报验，监理工程师批准。表 1-6 为现场管理、技术人员一览表。

表 1-6 现场管理、技术人员一览表

序号	姓名	职务	备注
1		项目经理	全面负责
2		总工	技术全面负责
3		生产副经理	生产全面负责
4		现场负责人	负责现场组织管理工作
5		道路工程师	负责现场技术管理工作
6		质检工程师	负责现场质量管理工作
7		试验工程师	负责现场试验检测工作
8		试验员	
9		测量员	
10		测量员	
11		材料员	
12		安全员	负责现场安全生产工作
13		工班长	负责机械和辅助工人管理

2）机械设备进场报验

主要工程机械进场报验，所有进场设备应状态完好，并报监理工程师批准。

3）施工测量

全线导线点和水准点的复测成果监理工程师已经批复。试验段原地面高程已进行复测，绘制路基横断面图，计算路基填土数量，并上报监理工程师。现场测量放样已完毕，并经复核满足技术规范要求。

4）煤矸石场调查

对煤矸石储存场进行调查，确定煤矸石数量能否满足本标段路基填方数量要求。

5）工地试验

(1) 按照招(投)标文件、监理工程师、业主要求，建立满足现场施工质量控制和试验所需的试验仪器相配套的工地试验系统，保证工地试验室的仪器、器具能在工程进行期间正常使用。

(2) 材料试验。标段试验室应完成煤矸石的土样击实、筛分、最佳含水量、最大干容重、CBR 和自由膨胀率等特性检测，各项试验指标均应符合施工要求，试验检测结果应报监理工程师复核批准。

(3) 标准击实试验。对各矿区煤矸石试样按照 5～40mm 颗粒占 0～40mm 的 20%、30%、40%、50%、60%、70%、80%分别进行标准击实试验，绘制标准击实曲线。

超尺寸颗粒的校正：①当试样中大于规定最大粒径的超尺寸颗粒的含量为 5%～30%时，对试验所得最大干密度和最佳含水量进行校正(超尺寸颗粒的含量小于 5%时，可以不进行校正)。②根据校正的最大干密度、最佳含水量和 5～40mm 颗粒占 0～40mm 的含量绘制修正曲线。③现场检测压实度时，根据试坑内煤矸石中 5～40mm 占 0～40mm 含量，在标准击实修正曲线中查找对应的最大干密度计算现场煤矸石的压实度。

1.3.2 原材料

填筑路基所选煤矸石不得含其他杂质，如泥块、树根及生活与建筑垃圾。全面了解煤矸石的物理特性、力学特性、工程特性，满足之前提出的原材料性能要求。要求煤矸石中 SiO_2、Al_2O_3、Fe_2O_3 总含量大于 70%，有机质含量不宜超过 10%，烧失量不超过 20%，含水量控制在最佳含水量±2%以内，过湿必须晾晒，过干必须洒水闷料。由于煤矸石堆体内部自燃，堆体中存有大量热量，因此温度较高时，应洒水冷却后再装运。

同时由于煤矸石堆体自燃程度不同，会出现黑色、灰褐色、红色等几种煤矸石。煤矸石呈红色或黄色，说明已得到充分或较充分的自燃和风化，烧失量较低，填筑路基的应用指标均能满足设计要求，宜作路基填料。所以施工中优先选用红色矸石，其次是灰褐色矸石。黑色煤矸石含碳量高，烧失量偏大，应严格进行试验，符合技术要求方可使用。在距路基顶面深度 80cm 路床范围内，应采用烧失量低于 8%的红色煤矸石，且粒径控制在 10cm 以下，而其中最上一层压实层所用煤矸石的粒径应控制在 6cm 以下。

1.3.3 路基地面处理

按照《公路工程质量检验评定标准》(JTG F80—2004)对煤矸石施工前的路基(图 1-3)进行检测，原地面要做到清理、整平、压实，实测项目如表 1-7 所示。

煤矸石路基施工前应对原地面的地质水文情况进行调查，并针对不同的情况进行处理，现场人员对施工段挖坑，对地下水位情况进行了解。

(1) 干燥地段：对于一般干燥和处于排水良好的地段，在煤矸石进料之前，对原地面进行整平碾压，以达到相关规范要求的压实度和平整度。验收合格后，用黏性土填筑成 3%的土质路拱，以便施工过程中能及时排除雨水或地表水，为填筑路基煤矸石提供条件。

(2) 潮湿地段：若原地表清理后，土壤含水量大，直接碾压或翻晒后含水量仍很大，无法压实，出现大面积弹簧翻浆现象的，可取用较大块的煤矸石进行处理。具体处理如下：①在清理后的原地面虚铺一层厚度为 30cm 左右，粒径为 10～12cm 的大块矸石，然后用羊足碾碾压或大吨位振动压路机碾压 4～5 遍。目测是否稳定，若不稳定采用同样方法铺筑第二层矸石。一般情况下，二层 30cm 左右大块矸石基本能使基底达到稳定状态。②采用红色煤矸石。该煤矸石吸水性强，把潮湿路段犁开后加入红煤矸石，然后进行碾压。③若局部地基软湿层较厚(4cm 以上)，则需将软湿土壤挖除后换填粒径较大的矸石。

(3) 对基底 1m 内含水量进行检测，对含水量较大处，在地表进行黏土封层处理。防止地下水位上升，破坏煤矸石路基。

表 1-7 土方路基实测项目

项次	检查项目			规定值或允许偏差			检查方法和频率	权值
				高速公路、一级公路	其他公路			
					二级公路	三、四级公路		
1	压实度/%	零填及挖方/m	0～0.30	—	—	94	按附录B检查 密度法：每 200m 每压实层测 4 处	3
			0～0.80	≥96	≥95	—		
		填方/m	0～0.80	≥96	≥95	≥94		
			0.80～1.50	≥94	≥94	≥93		
			＞1.50	≥93	≥92	≥90		
2	弯 沉（0.01mm）			不大于设计要求值			按附录 I 检查	3
3	纵断高程/mm			+10，-15	+10，-20		水准仪：每 200m 测 4 断面	2
4	中线偏位/mm			50	100		经纬仪：每 200m 测 4 点，弯道加 HY、YH 两点	2
5	宽度/mm			符合设计要求			米尺：每 200m 测 4 处	2
6	平整度/mm			15	20		3m 直尺：每 200m 测 2 处×10 尺	2
7	横坡/%			±0.3	±0.5		水准仪：每 200m 测 4 个断面	1
8	边坡			符合设计要求			尺量：每 200m 测 4 处	1

注：① 表列压实度以重型击实试验法为准，评定路段内的压实度平均值置信界限不得小于规定标准，单个测定值不得小于极值(表列规定值减 5 个百分点)。小于表列规定值 2 个百分点的测点，按其数量占总检查点的百分率计算减分值

② 采用核子仪检验压实度时应进行标定试验，确认其可靠性

图 1-3 煤矸石路基施工前路基表面

1.3.4 煤矸石储运

在填料选取上煤矸石路基填料应尽量选用堆放时间较长，且经过强物理风化和化学风化的煤矸石，大块不能过多，若大块太多，要采取一定措施，或者人工搬出，或者利用机械加工成小块，以达到填筑路基合理的级配粒径，确保煤矸石碾压后的密实度。

含水量调节宜在堆料场中进行，尽量减少现场洒水工作量，过干的煤矸石最好在摊铺

前 2～3d 在料场中洒水闷料，将含水量调节到最佳含水范围内。

如图 1-4 所示，煤矸石运输尽量利用机械装车，大吨位自卸汽车拉运。为防止运输途中的扬尘污染，必要时采取防护措施。

图 1-4　煤矸石储运

1.3.5　煤矸石拌和、摊铺

煤矸石路基填筑宜使用装载机在煤矸石堆边进行集中拌和，拌和均匀后再运往施工路段。填筑方法采用水平分层填筑法，即按横断面全宽水平分层向上填筑。卸上推下是有效地防止人为离析的摊铺方法。碾压前将煤矸石中粒径大于 20cm 的石块捡出或人工破碎，用人工或机械整平，对于在碾压过程中形成支点的矸石块要进行处理，确保碾压质量。对于大颗粒矸石集中的地方，应用细粒料填充处理，确保压实后密实，特别是对于土、矸石结合部位，更应该严格控制，防止出现不密实现象。粗平后的煤矿石路基如图 1-5 所示。

图 1-5　粗平后的煤矸石路基

如果需要用石灰稳定煤矸石，拌和时根据煤矸石的天然含水量确定石灰的消解程度。石灰消解不完全时，混合料要闷料约 24h，以保证石灰充分吸收多余的水分后完全消解，避免碾压后生石灰块吸水膨胀，造成路基内部应力破坏，从而降低路基整体强度。

1.3.6 包边土施工

煤矸石路基易被水冲刷，且煤矸石在空气和水的作用下，容易发生质的变化，所以边坡防护比填土路基更为重要。煤矸石路基填到需要高度后，路床应采用黏土封顶，在路基两侧加做包坡护肩土，主要是防止雨水和地表水浸入路基内部，防止煤矸石中残留煤粉与空气、水发生反应后生成的二氧化碳等有害物质对环境造成污染；其次是有利于植树种草养护边坡及消除黑灰色对人视觉的污染。护土的塑性指数以不小于 15 为宜。选择细粒土做包边土时应注意以下几点。

(1) 细粒土可为低液限黏土或低液限粉土，其包边宽度不小于 1.0 m；因压实问题，不应使用高液限黏(粉)土，土液限以不大于 40%为宜；且因坡面冲刷问题，细粒土中粗粒含量大于 0.074mm，有研究认为不宜大于 35%。所以，对用于包边的细粒土除应测得液、塑限和塑性指数，还应用水洗法(洗去小于 0.074 mm 颗粒)测得土中粗粒含量。

(2) 低液限黏土等细粒土本身仍然存在坡面容易受冲刷的问题，且细粒土与风化砂砾同层铺筑时因压实系数的差异，容易造成包边细粒土密实度不足而影响坡面抗冲刷能力。尤其在培路肩时，由于土路肩的压实度较低以及路面工程工期较长问题，施工季节容易受水淘刷而导致土路肩及边坡破坏。

(3) 在风化沙砾土场丰富的地区，细粒土的土源是一个非常棘手的问题，即使细粒土土场选在地势较低的开阔地，细粒土覆盖层(土场可取深度)也会较薄。会出现细粒土场占地多、取土量小的问题。而且，在这种情况下，往往细粒土的含水量较大，不利于施工采运和压实。

(4) 细粒土包边后，片石、水泥混凝土预制块和格栅等材料非常容易嵌入边坡，使得边坡配合各种坡面防护都很容易，而且细粒土本身也很利于植物生长。所以，包边材料选用易于植被生长的黏土，包边宽度不小于 1.0m，一般在 1.0～1.5m。

为避免包边土和煤矸石碾压后高程出现差异，包边土松铺系数一般大于煤矸石松铺系数的 10%～15%，所以在修筑包边土时应考虑两者松铺厚度的差值，且施工中采用先填筑包边土再填筑煤矸石的办法。包边土修筑的快慢必将制约煤矸石的填筑速度，实施推土机推平和人工配合整型的措施，是解决这一问题的有效措施。

包坡护肩土也采取分层填筑，一般在填筑煤矸石前，先填包坡护肩土，并进行预压，使其较同层煤矸石高出 5～8cm，然后再与该层煤矸石填料同步压实，以增加结构整体性。包边土与煤矸石接触面不得有大块矸石，以保证接触面密实，避免空洞和凹槽等现象。如在雨季施工，两侧的包坡护肩土应及时设置盲沟，以利排水。盲沟材料可用砂或粒径 5～20mm 的煤矸石夯实，盲沟间距一般为 20～30m，在路基两侧互相错开设置。

1.3.7 施工工艺

1) 施工工艺流程

下承层验收→测量放样→包边土第一层施工→包边土第二层培土→煤矸石装运、网格布料→重型推土机推平→拣出开采杂物和超粒径材料→压路机初压→平地机整平→压路机碾压→排水盲沟施工→检查验收。

2）施工测量

施工测量包括恢复路基中线，检测下承层标高，测放中、边桩高程，并固定高程桩，为煤矸石路基的铺筑做准备。

3）包边土施工

采用挖掘机装土，自卸汽车运输包边土。为了保证包边土的压实厚度，包边土分两层施工，第一层包边土按煤矸石层厚度的一半施工碾压，碾压完毕检验压实度合格后，第二层包边土与煤矸石同时施工，上包边土前，根据压实厚度和每车土的运量确定单位车辆的卸料面积，用白灰线打出包边土范围。

4）煤矸石运输、摊铺

采用装载机装煤矸石，自卸汽车运输。在试验段根据压实厚度和每车料的运量确定单位车辆的卸料面积，用白灰线打出方格。

施工作业实行"划格上料，挂线施工，平地机整平"，按每车 $15m^3$ 计算，煤矸石灰线按纵向 10m，横向 3.5m 布置。根据松铺厚度在路基边缘纵向钉桩挂线施工，挂线桩采用 50mm×50mm×700mm 的木桩，并用红白油漆每 10cm 交错标注，沿路线每 20m 打一对，保证钉桩竖直，挂线平顺。然后按方格卸煤矸石，按挂线高度用推土机将填料摊铺、平整。平地机精平纵向，从路两侧向中心刮平，避免煤矸石与包边土结合处骨料集中。

5）含水量控制、洒水碾压

施工过程严格控制含水量，其加水量可按如下公式进行：

$$Q=(L\times B\times H\times\rho)\times 0.01(W-W_0)/(1+0.01W) \tag{1-1}$$

式中，Q——需要加水量，kg；

W_0——煤矸石原始含水量，%；

W——煤矸石要求达到的含水量，%；

L——摊铺长度，m；

B——摊铺宽度，m；

H——松铺厚度，m；

ρ——松铺湿密度，kg/m^3。

摊铺平整后，要检测煤矸石的含水量，根据最佳含水量，确定是否需要洒水及洒水数量。若含水量适中，可以直接进行碾压；若含水量偏低，一般要分两次洒水。第一次洒水为用水量的 60%～70%（一般略大于理论数值）。2～4h 后挖开数点检查，待渗透深度超过厚度的 3/4 时（以不黏轮为度），开始碾压 2～3 遍。压路机选用 20t 以上振动压路机为宜，强振不少于两遍，使煤矸石基本上完成破碎、重新组合的过程。然后喷洒第二次水，洒水量为用水量的 30%～40%。考虑裸露时间长、气温高损耗水分，可以稍高些，待 4～8h 后即可碾压。用重型压路机强振 1～2 遍，静压 2～3 遍，要求表面无明显轮迹，不出现松散、翻浆、软弹等现象，使板体表面光洁密实。

6）防水处理

在煤矸石路基填筑施工期间，为防止施工现场受到冲刷或造成淤积，提前设置临时排水设施，以保持施工现场处于良好的排水状态。并沿路基设置横向碎石盲沟，设置临时排水设施，可与永久排水设施相结合，加强施工连续性。

7）顶面封层

达到路基标高封层部位后应及时按照设计要求用黏土进行封层处理(间隔层土的压实按路基填土压实方法施工)。如不能及时封层，应做养护处理。

顶面封层可采用 40cm 厚 8%石灰稳定土或二灰稳定土，一是为了提高路基强度，防止在路面结构层和煤矸石路基之间出现软弱层；二是为了提高封顶层防水效果，防止水分进入煤矸石路基，造成煤矸石路基的破坏。

8）碾压注意事项

碾压前对填料层的松铺厚度进行检查、记录。碾压时控制含水量在最佳压实含水量±2%之内，若料的实际含水量不位于上述范围内，应均匀加水或将料摊开、晾干，使达到上述要求后进行压实。压路机的碾压行驶速度开始时宜用慢速，最大速度不宜超过4km/h；碾压时直线段由两边向中间、小半径曲线段由内侧向外侧、纵向进退式进行，轮迹重叠 0.3m，达到无漏压、无死角，确保碾压均匀。

1.4 质量验收

目前还没有专门针对煤矸石路基的质量验收规范，所以在考虑煤矸石材料具体特点的同时，建议煤矸石路基验收检测项目包括外观检测、沉降检测、弯沉检测以及压实度检测等，具体验收标准如下所示。

(1) 外观检测。煤矸石路基碾压后必须达到表面平整、无轮迹，满足路基设计的相关要求，同时需对路基宽度、横坡、中线偏位、高程、平整度以及坡度等外观指标进行检测。

① 路基宽度验收建议用米尺进行检测，检测频率为每 100m 检测 4 个断面，允许偏差以达到设计要求为准，检测频率及位置具体如图 1-6 所示。

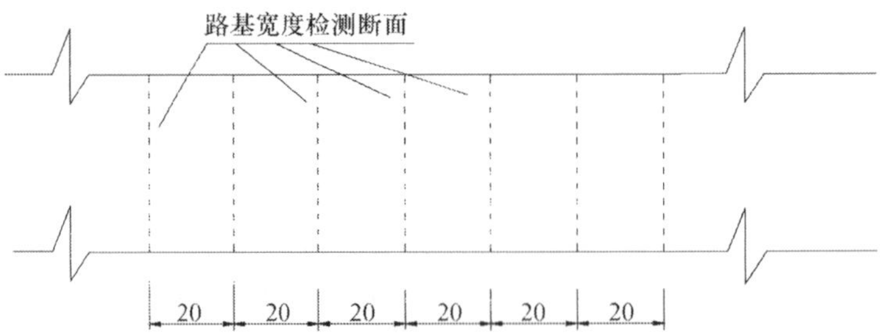

图 1-6 煤矸石路基宽度验收检测位置示意图(单位：m)

② 横坡验收用水准仪进行检测，检测频率为每 100m 检测 4 个断面，横坡偏差须在−0.3%～+0.3%。

③ 中线偏位验收用经纬仪进行检测，检测频率为每 200m 检测 4 点，有弯道时需对

HY、YH 两点进行检测，中线偏位允许偏差在－5～＋50mm。

④ 路基纵段高程验收以水准仪进行检测，检测频率为直线段每 200m 检测 4 个断面，曲线段每 20m 逐桩检测，允许偏差在－15～＋10mm。

⑤ 路基平整度验收用 3m 直尺进行检测，检测频率为每 200m 检测 2 个断面，每个断面测 10 尺，允许偏差在－15～＋15mm。

⑥ 路基边坡应做到坡面平顺、稳定，不得亏坡，曲线圆滑，验收以水准仪或检坡尺等仪器进行检测，检测频率为每 200m 测 4 处，允许偏差以达到设计规定值为准。

(2) 弯沉检测。弯沉验收用贝克曼梁进行检测。①代表弯沉值应满足小于 100 (0.01mm)的要求；②检测频率为沿道路纵向每 20m 至少布置 1 个弯沉检测断面，每个检测断面沿道路横向左、中、右均匀布置 3 个弯沉测试点。具体检测频率和点位如图 1-7 所示。

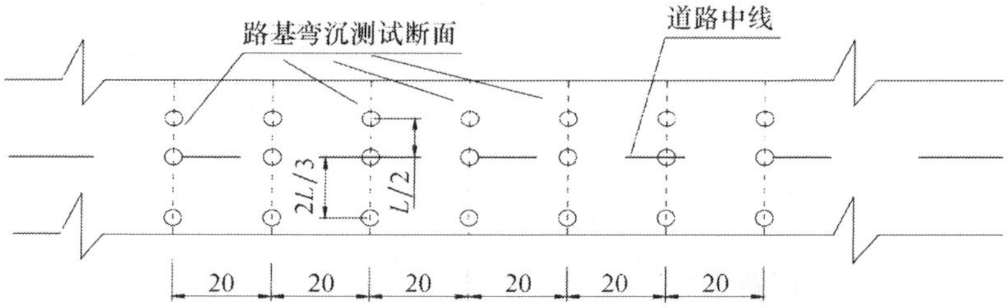

图 1-7　煤矸石路基弯沉验收检测点位示意图

(3) 压实度检测。压实度验收检测以检查施工记录为主，对于路床顶面以下 0～0.8m 的煤矸石路基工作区的压实度应同时采用灌砂法检验。检验频率为单幅每层每 100m 长度范围内检测 3 处，必要时可加密检测。检测压实度应不小于重型击实试验求得的最大干密度的 95%。具体检测点位如图 1-8 所示。

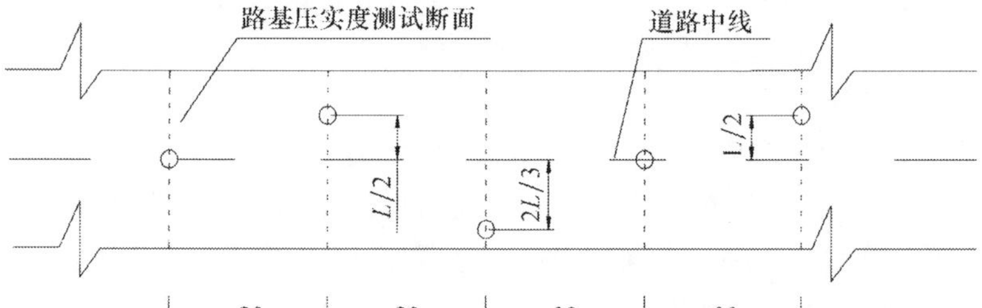

图 1-8　煤矸石路基压实度检测点位图

对上述外观及压实度等质量验收指标的允许偏差、检测频率以及检验方法等进行归纳，如表 1-8 所示，在操作过程中应严格按照设计要求及相关规范进行验收，并详细记录验收数据。

表 1-8　煤矸石路基竣工验收项目允许偏差表

序　号	项　目	规定值或允许偏差	检验频率		检验方法
			范围/m	点数	
1	纵段高程/mm	+10,−15	直线每 200	4 个断面	水准仪
			曲线每 20	逐桩检测	
2	中线偏位/mm	50	直线每 100	4 点	经纬仪
			弯道加 HY、YH 两点		
3	宽度/mm	不小于设计值	每 100	4 处	米尺
4	平整度/mm	20	每 200	2 个断面,每断面 10 尺	3m 直尺
5	横坡/%	−0.3～+0.3	每 100	4 个断面	水准仪
6	边坡	平顺且不陡于设计值	每 200	4 处	水准仪或检坡尺
7	弯沉/0.01mm	不大于设计计算值	每 100	3 点	贝克曼梁
8	压实度	碾压工艺符合要求			施工记录

1.5　效　　益

1.5.1　技术效益

(1) 煤矸石的物理性能对路基的影响。由原材料性能试验可知:一般情况下,煤矸石的压碎值为 20%以下,对于建筑公路,可满足大交通量压碎值小于 30%或中等交通量压碎值小于 35%的技术要求。测得的 CBR 表明,饱水 4 昼夜后,煤矸石仍有一定的抗水性和承载能力。

(2) 煤矸石的化学性能对路基的影响。煤矸石中含有的硅、铝、钙、镁等氧化物和碳,其活性物质含量一般在 70%以上。经压实后的煤矸石结构在适量的水分和一定温度下产生火山灰反应,生成水化硅酸钙和水化铝酸钙,呈胶凝状态,同时生成部分氢氧化钙和碳酸结晶。煤矸石结构随反应的不断进行强度不断增加,水稳定性变好。此外,由于颗粒间的嵌锁作用使颗粒之间的联结和黏结力增强,随着时间的延长,改变了煤矸石分子间的结构组成,使煤矸石混合料结构层获得越来越大的负载力。从煤矸石的化学性质上讲,可以增加路面的强度和耐久性。

(3) 煤矸石路基单层压实厚度可达到土路基单层压实厚度的 2～3 倍,进度快,可充分发挥机械效率,节省了设备费用,路基完成后控制简便,施工工期缩短。由于煤矸石路基良好的透水性,雨后不用翻晒、重新压实,雨停即可施工,即使运料车辆在路基存水路段行驶,也不会出现泥泞和翻浆现象。

(4) 沉降量、弯沉值较小,有利于路基的整体稳定,容易满足路基的工程质量要求。通过对煤矸石的物理化学性能对路基的影响分析可见,煤矸石用于填筑路基在技术上满足要求,并且煤矸石施工过程中不受雨季影响,施工速度快、工期短,节约了工程造价,技术效益也是十分可观。

1.5.2　生态效益

煤矿的排矸石量占煤炭开采量的 10%～25%,是我国最大的废弃物资源。有关资料显示，未来20年，我国年均煤炭生产能力为9.17亿吨，矸石排量则为年均9700万～24 200万吨，按目前每个矸石矿堆270万吨，占地10公顷计算，则矸石矿堆年均侵占土地为360～900公顷。这些被侵占土地是无法恢复原状的。目前国内散布着1500座矸石山，总吨位在30亿吨左右，而且年均吨位和占地增量分别为1.5亿吨和670公顷。高速公路用煤矸石填筑路基，因消耗量大，能在很大程度上抑制上述因素对环境的破坏。另外，煤矸石代替土填筑路基，不需要取土坑，消除了取土对地表的破坏，从另一个方面保护了环境。从环境保护和可持续发展的层面上讲，这种经济效益是无法估量的。

1）节省耕地、替代土

我国的土地资源非常紧缺，人均耕地占有量为0.106公顷，仅为世界人均水平的43%，地少人多已是不争的事实。保护耕地是关系到商品粮基地建设的一件大事，近年来随着各省市招商引资规模的扩大，经济发展很快，每年因基础设施建设、城市用地增加及自然灾害损毁等造成耕地大量的损失，据统计每年因采煤造成的地表塌陷和煤矸石堆存造成的耕地损失占6.36%。利用煤矸石填筑路基，不仅可以减少对大量矸石堆存占地，还能节省大量的土资源，能够有效控制耕地流失等问题。

2）减少扬尘、SO_2排放

煤矸石由于其成因和化学成分，强度和抗风化能力均较一般岩石弱，经风吹、日晒、雨淋和冻融后，粉尘较多，再经运输、装卸、摊铺，特别是多次碾压后更加破碎。除一些局部硬块，大部分破碎成粉尘状态。粉尘之间黏结性差，干燥或刮风季节容易起尘。这一污染主要发生在夏季及刮风季节，对人们的生活、周围农作物的生长均造成影响。

煤矸石山大多在空气中能自燃，据统计国内至少有134座矸石山在不同程度地燃烧。煤矸石自燃不仅浪费了宝贵的资源，燃烧过程中排放的二氧化碳、二氧化硫、氮氧化物及烟尘等，还严重污染大气环境。以某矿每年利用煤矸石13万吨计，每年可减少SO_2排放量为96吨，大大削减了铁煤集团的SO_2污染物总量控制指标，对改善矸石山周围的环境空气质量有积极的作用。

3）减少矸石淋溶水污染

煤矸石中存在着大量的铜、铬、铅等重金属，这些物质以干燥固体在煤矸石存在的时候，不会对人类造成很大的危害。当煤矸石山被雨水冲刷后，或是煤矸石经长期风化，经雨水淋溶形成淋溶水，淋溶水大多呈酸性，酸性的淋溶水及其中夹杂的重金属、As、氟化物等渗透到地下或汇入附近的地表水，会污染矸石山周围的水环境。因此，煤矸石用于填筑路基，可以减轻矿区的水环境污染。

1.5.3 经济效益

我国建筑能耗惊人，存在着土地资源利用率低、水污染严重、建筑耗材高等问题。现有建筑中95%达不到节能标准，单位建筑面积能耗是发达国家的2～3倍，对社会造成了沉重的能源负担和严重的环境污染。推广应用建筑节能和建筑垃圾处理技术，是建筑施工企业和相关部门亟待解决的问题。

利用煤矿废弃的煤矸石填筑路基，可以节约大量的取土用地，解决煤矸石占地，减少煤矸石对周围环境的污染，便于施工，同时煤矸石的强度强于土，使路面的使用性能更好。

更重要的是降低了工程造价。

煤矸石填筑路基比土路基在经济上的优越性：

(1) 节省资源费、征地取土费，包括《土地法》规定的土地划拨费用，青苗补偿费、取土费、复耕费和土地管理费；

(2) 年土地使用效益。在高速公路使用期限中，节省的土地年收益又是一笔可观收入；

(3) 煤矸石的年治理污染费用；

(4) 煤矸石对周围农田的污染导致农作物减产。

试验段成本对比如下。

1) 填筑每方素土费用

(1) 填筑成本。按照青兰高速公路邯涉段施工单位的合同，路基借土填方单价为23.17元/m^3。

(2) 土地效益。从土地使用效益分析，按每亩土地年收益1000元计算，每方可获得收益0.38元/年。

1000元/(年·亩)×1方(m^3)×1.15/(4.5m×666.67m^2/亩)＝0.38元/年

2) 煤矸石每方填筑费用

(1) 估算成本。

运距：支线运距5.5km，主线运距0.5km，总运距6km。

装车时间：装载机装车15min/车。

运输时间：45min/车。

柴油：6000元/吨。

柴油价3000元/吨时的经验成本价(压实方)如下。

装车：2.8～3.0元/方。

运输：1km以内3.0～3.2元/方，超运1.0元/方。

平压：3.5～4.0元/方。

按经验价计算，不考虑运输车的养路费的情况下，柴油价由3000元/吨涨价到6000元/吨，影响台班单价20%～25%，各项单价如下。

装车：3.5～3.75元/方。

运输：3.75～4.0元/方，超运1.25元/方，总运费为3.75＋1.25×5＝10.0(元/方)。

平压：4.2～4.8元/方。

人工：0.5元/方。

成本价：3.5＋10.0＋4.2＋0.5＝17.2(元/方)。

以上成本未考虑煤矸石资源费、地方道路养护费、管理费、税金和计划利润。

(2) 土地效益。从土地使用效益分析，按每亩土地年收益1500元计算，每方可获得收益0.45元/(年·方)。

1500元/(年·亩)×1方/(5m×666.67m^2/亩)＝0.45元/年

根据以上分析，每方煤矸石路基比土路基节省的收入为

$$23.17+0.38-17.2+0.45=6.8(\text{元})$$

煤矸石的大量堆放一方面占用了大量的土地面积，另一方面还在影响着比堆放面积更大的土地资源，使得周围的耕地变得贫瘠，不能被利用。从农业效益分析，煤矸石对周围 1km 半径内农作物产生污染，设煤矸石按圆形堆积则每亩的影响面积为 4847.23 亩，按减产 10%计算，则每腾出 1 亩煤矸石占地可挽回因污染造成的农作物产量降低价值 48.4723 万元/年。

$$3.14\times\left(\sqrt{\frac{1.0\times666.67}{3.14}}+1000\right)^2\text{m}^2\div666.67\text{m}^2/\text{亩}-1.0\text{亩}=4847.23\text{亩}$$

$$4847.23\text{亩}\times1000\text{元}/(\text{年}\cdot\text{亩})\times0.1=48.4723\text{万元}/\text{年}$$

由以上分析可知，煤矸石代替土填筑路基具有很好的经济性。随着时间的推移，使用煤矸石的长期经济效益更为明显，特别在人口不断增长和土地不断减少的情况下，土地以后的相对价值会越来越高，其长期效益不可估量。利用煤矸石填筑高速公路路基，可节约大量取土用地并腾出煤矸石占地。

1.5.4　社会效益

利用煤矸石填筑高速公路路基不仅能够发挥较大的经济效益，更有极大的社会效益。

首先，煤矸石堆积地区，由于煤矸石的辐射、自燃，污染十分严重，导致地区空气质量较差，对当地人民的生活产生了很大的影响，用煤矸石填筑路基，不仅为公路建设提供了廉价的建筑材料，更能减少环境污染，美化环境。改善煤矸石堆积地的环境状况。促进人们生活环境的改善和生活水平的提高，从而推动整个精神文明的发展。

煤矸石填筑路基节省了更多的土地，我国人均耕地仅 1.2 亩，不足世界平均水平的 1/3，因此在我国，土地显得非常珍贵，土地是造福子孙后代的大事，节约和腾出的土地可以无限期地进行价值创造，其资产值无法计算。

综上所述，煤矸石用于填筑路基，在经济上、技术上都是十分可行的，如果能在全国范围内大规模使用煤矸石填筑路基，加大煤矸石的综合利用率，必将对整个社会产生巨大的经济和社会效益。

参考文献

狄升贯. 2008. 高速公路煤矸石路基路用性能研究[D]. 西安：长安大学.

侯江华. 2007. 煤矸石在矿区铁路路基中的应用研究[D]. 北京：北京交通大学.

贾侃. 2003. 填石路基施工工艺研究[D]. 西安：长安大学.

李鹏波，胡振琪，吴军，等. 2006. 煤矸石山的危害及绿化技术的研究与探讨[J]. 矿业研究与开发，(4)：93-96.

申文胜，王朝晖. 2011. 高速公路煤矸石填筑路基路用性能控制[M]. 北京：人民交通出版社.

王修山. 2006. 煤矸石填筑高等级公路路堤的应用研究[D]. 西安：长安大学.

第2章 铁矿废渣路基施工

2.1 引言

铁尾矿属铁矿选矿后的废弃物，是工业固体废弃物的主要组成部分，凡有矿产资源且进行选矿加工的国家都有大量的尾矿产生。据不完全统计，我国现有8000多个国营矿山和11万多个乡镇集体矿山，堆存的尾矿量近50亿吨，年排出的尾矿量高达5亿吨以上，其中黑色冶金矿山年排放尾矿量达1150亿吨，排出大量尾矿给环境造成的严重污染和危害以及占用土地等诸多问题，受到全社会广泛的关注。河北省是我国5个最大的铁尾矿渣产出和堆积重点省份之一，大量的铁尾矿渣堆积，占用粮田，严重污染了环境。与之相应的是公路建设需要大量的建筑材料，利用铁尾矿资源，使之变废为宝、变害为利，则是利国利民、造福子孙，对建造绿色中国具有非常重大的现实意义和深远的历史意义。

我国铁矿资源分布非常广泛，遍及全国29个省、市和自治区的700多个县、旗。截至2007年底，全国查明铁矿资源储量为613.35亿吨，其中基础储量为223.64亿吨，资源量为389.71亿吨，我国查明铁矿石资源储量绝大部分为贫矿，其中辽宁、河北、四川3省合计为297.89亿吨，占总查明资源储量的48.5%。冶金矿山企业协会的统计数据显示，冶金矿山企业每生产1吨铁精矿，产生约2吨尾矿废弃物，国内全年累计产生尾矿约4亿吨。

铁尾矿渣也是一种复合矿物原料，除了含少量金属组分，其主要矿物组分是脉石矿物，如石英、辉石、长石、石榴石、角闪石及其蚀变矿物，化学成分主要以铁、硅、镁、钙、铝的氧化物为主。目前我国尾矿的综合利用率仅为7%，大力开展尾矿资源综合利用、实现资源开发与节约并举、提高资源利用效率，有着十分重要的经济意义和社会意义。

我国铁尾矿排放量和堆存量分布不均，河北、辽宁、山东、陕西、四川5省的铁尾矿排放量和堆存量最高。距离城市近的矿山尾矿堆存量小，偏远地区矿山尾矿堆存量大。由于矿山尾矿多已磨至0.115～0.107mm，储存于尾矿坝中或就近排放的尾矿，刮风扬尘，严重污染水、土和空气。未复垦的尾矿库表面的沙尘可被风吹到库区周围有时甚至形成矿尘暴，严重恶化周边地区的生活和生产条件。尾矿中的有害成分以及残留的选矿药剂也会对生态环境造成严重危害。例如，冶金矿山的9个重点选矿厂附近的14条河流被污染，粉尘使周围土地沙化，造成3531亩农田绝产，4029亩农田减产。鞍山铁矿前峪尾矿扬尘危害范围达$1km^2$。白云鄂博矿山的尾矿是在草原筑坝储存，占地$11km^2$，污染草原和水土，曾发生过毒死牲畜的事件。尾矿由于超负荷而暴雨成灾的现象也屡有发生。可见，铁尾矿的治理和利用已是一项十分紧迫的工作。

2.2　铁尾矿渣的物理力学特性

铁尾矿渣的物理力学性质与一般路基填土具有较大差异，主要表现为颗粒细、结构松散、毛细作用不发达、缺乏黏性。因此，了解铁尾矿渣的物理力学性质，包括颗粒组成、压实特性、强度特性及压缩特性等物理力学指标，对评价铁尾矿渣作为公路路基填料的压实特性和边坡坡体稳定性等具有重要的实用意义。

2.2.1　铁尾矿渣的物理性质

1) 天然含水率

铁尾矿渣通常处于自然干燥状态下，随着埋深的加大，其含水率逐渐增大。因此，地表面天然含水率很低，最低的地方不足 2%，最大含水率也没有超过 5%。随着埋置深度的变化，铁尾矿渣中的含水率也有变化，一般情况下地表以下 50cm 范围内的含水率为 1%～20%。北方干燥气候地表面水分蒸发量大，通常水分聚积在铁尾矿渣层的下部，从上到下含水率逐渐增大。铁尾矿渣中含有一定水分，对于耐旱植物的生长具有重要作用。

对唐山遵化铁尾矿渣的天然干密度、含水率的调查表明，铁尾矿渣的天然干密度在 1.40～1.46g/cm^3，迎风坡、坡谷、背风坡的铁尾矿渣干密度较低；由于铁尾矿渣的表面蓄水能力低，铁尾矿渣堆的表面含水率很低，通常表面天然含水率在 1.0%～3.0%。铁尾矿渣堆的内部保水性相对较好，一般含水率为 5%～10%。

2) 粒度成分

铁尾矿渣的粒度成分对风的作用有很大的敏感性。当铁尾矿渣受到风力吹扬时，由于微小颗粒不断被吹走，使粉、微粒的含量减少，中等颗粒（细渣）的百分比相对增加。我国铁尾矿渣的粒度成分，从图 2-1 和表 2-1 得知，以 0.075～2mm 的细渣为主，在各粒级中平均粒径为 0.3～0.4mm。粒径为 0.075～2mm 的砂粒含量约为 90%。

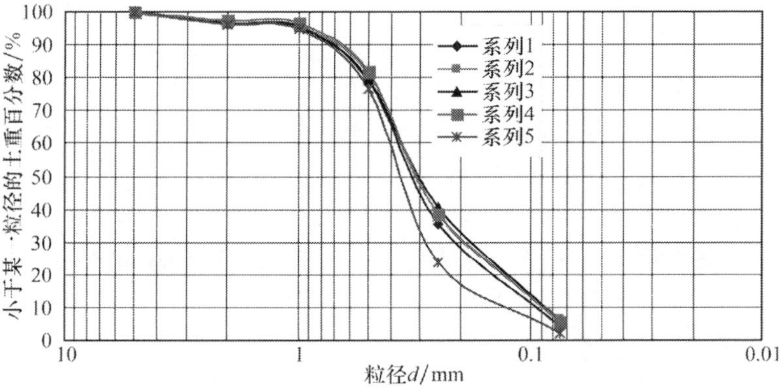

图 2-1　唐山遵化铁尾矿渣颗粒分析曲线

对于各个尾矿渣堆积地区，以辽宁地区的铁尾矿渣较为匀细，其颗粒组成以细尾矿渣为主，平均约占 90%；唐山地区的铁尾矿渣较粗，细尾矿渣的粒级只占 50%左右，而中尾矿渣粒级高达 40%。铁尾矿渣在粒度成分上的差异，与选矿设备和矿物组成有关。

表 2-1　我国主要尾矿渣的粒度成分统计

尾矿渣名称	粒径及含量/%					
	>5mm	2～5mm	0.5～2mm	0.25～0.5mm	0.05～0.25mm	<0.05mm
唐山遵化-1	0.23	1.09	9.42	30.07	49.09	10.0
唐山遵化-2	0.23	1.09	7.42	34.18	45.08	10.0
唐山遵化-3	0.0	0.0	11.2	29.0	52.1	7.7
唐山遵化-4	0.0	0.0	28.2	33.1	33.9	4.8
唐山迁雷路	0.0	0.7	49.5	16.8	33.0	0.0
唐山彭李路	0.0	5.1	22.2	31.9	40.8	0.0
辽宁省鞍本西果园	0.8	0.3	0.9	1.0	47.0	50.0
辽宁省鞍本荒岭子	0.0	0.0	0.8	2.4	31.5	65.3

3）铁尾矿渣的矿物成分

我国铁尾矿渣的矿物成分，90%以上为石英和长石等轻矿物，因石英抗风化作用的能力强，具有较高的机械稳定性，长石矿物广泛产出于各种成因类型的岩石，约占地壳总重量的 50%，故相对含量高。重矿物的含量虽少，但种类较多，此外由于选矿设备的差异铁含量有所变化。在地区分布上因受地质条件和古地理环境的影响，有着明显的差异。硫化物及硫酸盐折算为 SrO_2 为 0.06%，有机质含量很少。铁尾矿渣的矿物成分因形成的母岩成分不同而有所变化，但因风的作用对矿物组成产生外来物质的混入和本身矿物含量的减少，又造成两者之间的局部差异。

4）铁尾矿渣的非塑性

铁尾矿渣松散无黏性，具有明显的非塑性，在大多数情况下，铁尾矿渣的塑性指数几乎等于零。由于非塑性，使它成形比较困难，并且成形后的抗剪性能也较差。因此，工程应用时一般根据应用目标对象对其非塑性进行必要的技术处理，使其达到特定工程目标的工程性质要求。

5）铁尾矿渣的非亲水性

铁尾矿渣颗粒一般具有非亲水性，即铁尾矿渣粒表面对水几乎没有物理吸附性，最大吸水率不足 1%，一般都在零附近。铁尾矿渣的滤水作用十分明显，水在尾矿渣层中直接往下渗，使铁尾矿渣表层土常处于干燥状态。

6）铁尾矿渣的非湿陷性

湿陷性是指土颗粒在干燥时具有较强的骨架结构，而遇到水后骨架发生变形或崩塌的一种特性。铁尾矿渣的自然结构或压密结构都具有非湿陷性，即尾矿渣颗粒遇到水后能保持原有的骨架结构的性质。

7）铁尾矿渣的毛细性

在铁尾矿渣地区一些地段的尾矿渣堆间低地地下水分布较浅，毛细水可能对路基工程性能产生影响。铁尾矿渣的毛细现象主要与铁尾矿渣的孔隙比、尾矿渣的有效粒径、形状及结合水膜等有关。铁尾矿渣毛细水的上升高度随密实度的增大而增大。

2.2.2　铁尾矿渣的力学性质

1）自然状态下铁尾矿渣的容重

在自然状态下铁尾矿渣的干容重一般不高，约为 1.44g/cm³，湿容重为 1.40～1.73g/cm³。在铁尾矿渣沉淀池中，同一层铁尾矿渣中，由上到下，随深度的增加，其容重有所减小，这是铁尾矿渣在沉积过程中形成的筛选作用所致。大颗粒沉在下面，孔隙率较大，容重减小；最上层颗粒最细，孔隙率最小，容重相对增加。对于铁尾矿渣堆积堆，由于在堆积过程中铁尾矿渣经过翻混堆积，内部含水率相对均匀稳定，且较适宜直接用于填筑碾压。

2）铁尾矿渣的内聚力 c 与内摩擦角 ϕ

铁尾矿渣的内摩擦角一般随其粒度变细而逐渐降低。细粒铁尾矿渣、粉性铁尾矿渣的 ϕ 约为 28°～36°。松散铁尾矿渣的 ϕ 与天然休止角(也叫天然坡角，即铁尾矿渣堆自然形成的角度)相近，密实的铁尾矿渣的 ϕ 要比天然休止角大。饱和铁尾矿渣比同样密度的干燥铁尾矿渣 ϕ 低 1°～2°。铁尾矿渣的内聚力十分小，一般近似值为零，因此，在计算抗剪强度时只考虑由 ϕ 引起的抗剪力。

3）铁尾矿渣的压实特性

对于铁尾矿渣的压实，既可以通过施加外荷载使颗粒靠拢，也可使用振动的方法使颗粒失去原有的稳定状态，而趋向新的更稳定的状态。在完全干燥以及某一特定含水率状态或饱和状态下都可能达到最佳的密实状态。主要的影响因素包括颗粒级配、含水率、荷载大小、振动频率及振幅等。

4）铁尾矿渣的压缩特性

铁尾矿渣的排水性良好，排水固结变形所需时间很短。因此，铁尾矿渣的压缩变形随时间的变化主要是颗粒骨架蠕变引起的，且完成压缩变形时间较短。当受到反复动荷载作用时，铁尾矿渣仍会进一步产生压缩变形。

2.2.3　铁尾矿渣的压实特性

对一般黏性土的压实是通过碾压、冲击等外力手段，克服土颗粒之间的分子引力，压缩孔隙体积，使土颗粒互相靠拢，从而提高土的密度。土中含水率是一个重要的影响因素。土体在一定的压实功下，含水率与干密度之间存在单一的函数关系，其中存在最佳含水率及其对应的最大干密度。对于铁尾矿渣，由于处于松散单粒状态，颗粒间的分子引力几乎为零，依靠土中水的含量抵消颗粒间分子引力的作用已不存在，仅当尾矿渣处于潮湿状态，颗粒间产生毛细作用力时，含水率才会起作用。因此，铁尾矿渣在完全干燥状态、某一特定含水率状态和完全饱和状态时都可能达到最佳的压实效果。尾矿渣中含水率主要有以下两方面作用：一是在铁尾矿渣处于潮湿状态下含水率的增减可使颗粒间产生或消除毛细作用；二是土中水起着润滑作用，使土颗粒间的摩擦力减小。图 2-2 和图 2-3 分别给出了一般黏性土与铁尾矿渣的击实曲线示意图。

铁尾矿渣处于单粒颗粒间点接触的架空结构状态，颗粒间不同排列和接触方式决定了其密实状态。如图 2-4 所示，不同的结构状态下铁尾矿渣中孔隙体积差异显著。因此，

土力学中通常用相对密度或孔隙比评价铁尾矿渣密实度,相对密度表达式为

$$D_r = \frac{e_{max} - e}{e_{max} - e_{min}} \tag{2-1}$$

式中,e_{max}——铁尾矿渣的最大孔隙比;

e_{min}——铁尾矿渣的最小孔隙比;

e——铁尾矿渣的天然孔隙比。

e_{max}、e_{min}是通过振动试验确定的。此外也可采用标准贯入试验锤击数$N_{63.5}$确定。

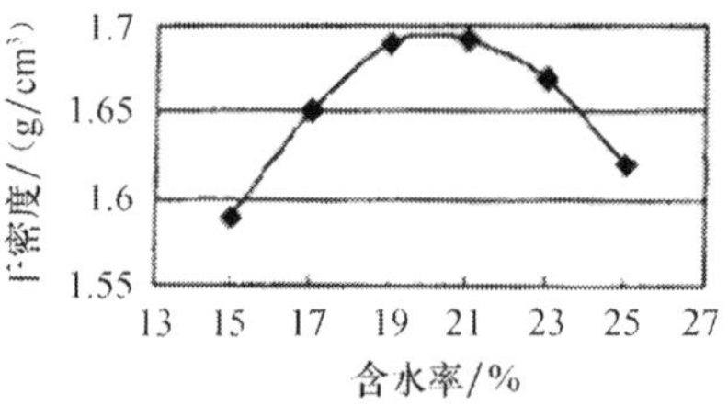

图 2-2　一般黏性土的击实曲线

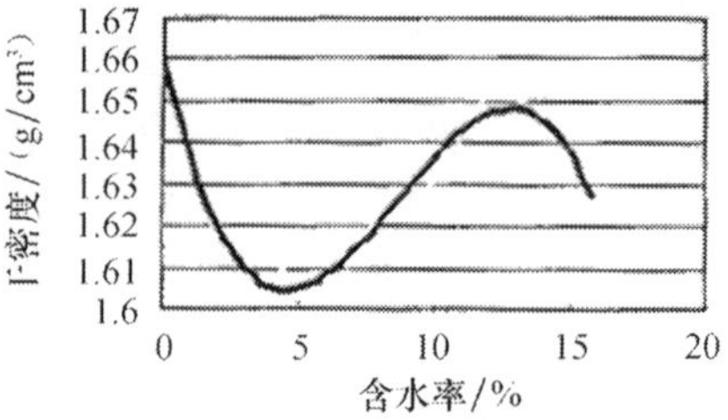

图 2-3　铁尾矿渣的击实曲线

1) 表面振动压实

表面振动压实是在不同激振力(压实功能)下,对不同含水率试样进行表面振动压实结果,干密度与含水率关系如图 2-4 所示。

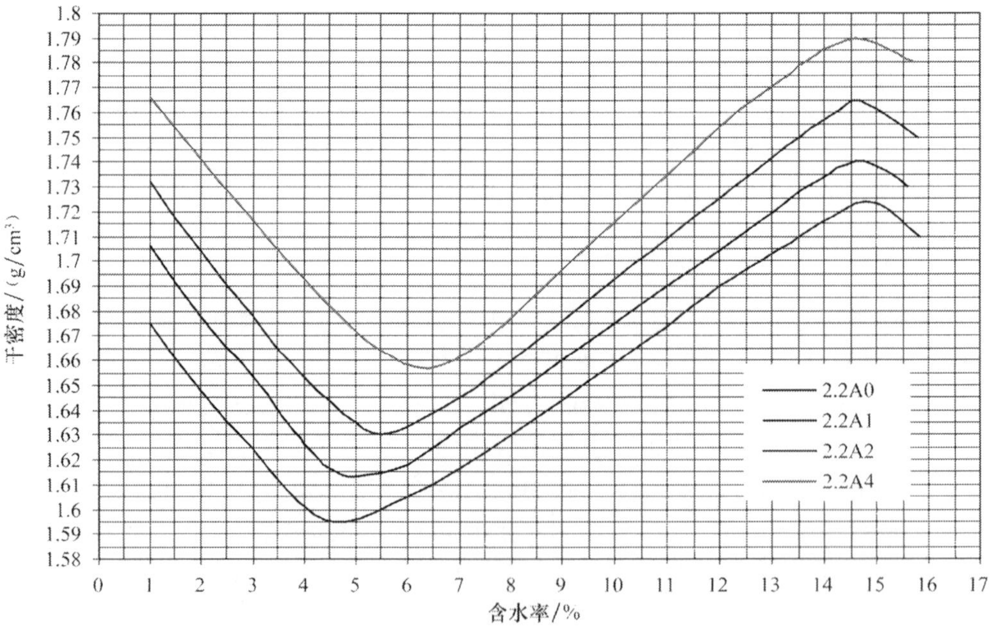

图 2-4　不同激振力下的含水率与干密度关系

由图 2-4 可见,表面振动压实法偏干控制最大干密度对应的较佳含水率约为 1%,偏湿控制最大干密度对应的较佳含水率约为 14.6%。

2）振动台法压实试验

振动台法压实试验采用试样表面上覆压力 32kg，试验结果如表 2-2 所示。

表 2-2　振动台法压实结果

序　号	含水率/%	上覆静压力/ kPa	干密度/(g/cm³)	备　注
1	风干	17.282	1.88	含水率为 1%～2%
2	17.5	17.282	1.89	近饱和
3	18.0	17.282	1.9	近饱和

3）重型击实试验

由图 2-5 可见，重型击实法偏湿控制最大干密度对应的较佳含水率与击实功能有关，98 击对应的偏湿最佳含水率约为 10.7%（干密度为 1.925g/cm³）。对铁尾矿渣不同压实方法的对比分析（表 2-3），表面振动试验法获得的最大干密度值最大，振动台法试验获得的最大干密度值最小，分三层 98 击重型击实试验方法获得的最大干密度值在上述二者之间。

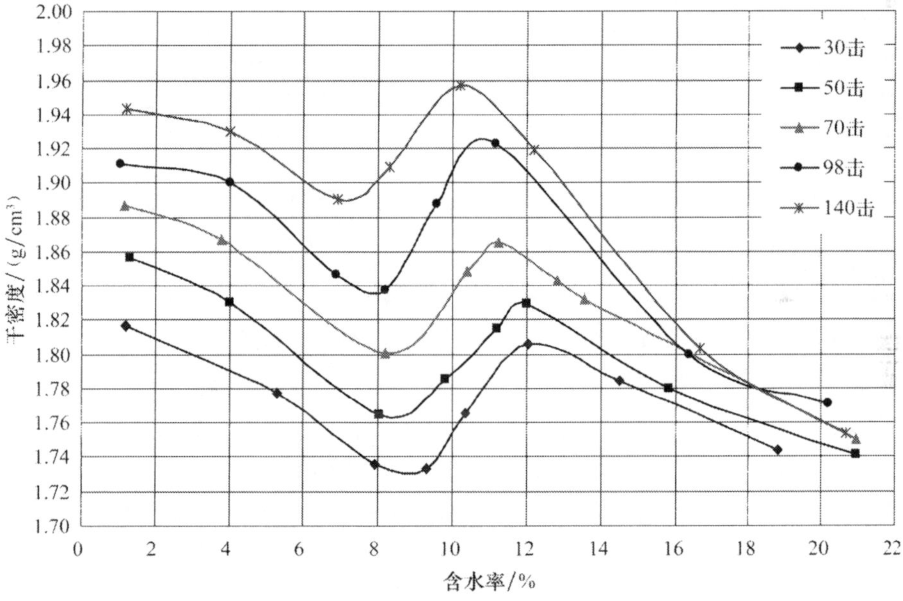

图 2-5　重型击实试验结果

表 2-3　铁尾矿渣不同压实方法结果

试验方法	表面静压力或压实功	偏干状态		偏湿状态	
		较佳含水率/%	较大干密度/(g/cm³)	较佳含水率/%	较大干密度/(g/cm³)
表面振动	17.282kPa	1%	2.00	14.6	1.97
振动台法	17.282kPa	风干	1.88	18.0	1.90
重型击实	三层 98 击	1%	1.91	10.6	1.92

实际施工过程中，可考虑采用 1.92～1.97g/cm³ 作为施工控制的最大干密度，10.6%或 14.6%作为施工控制碾压的最佳含水率。

在理论上采用干振法也能得到较高的最大干密度，但是在工程实际施工过程中，干振法碾压工作环境较差，通常不宜采用，只在施工条件严重缺水的情况下考虑采用该法碾压。通常可以采用以水振试验为铁尾矿渣最大干密度的标准试验，其具有以下优点。

(1) 干密度较大。如果以水振试验为标准，现场施工质量控制比较符合实际。

(2) 现场密度可采用环刀法进行，工作量小，操作简便，对试验人员的技术要求低。

(3) 无需添加新的试验设备。

(4) 施工质量比较稳定、离散性小，结果可靠。

(5) 值得注意的是，由于过振现象，试验存在最佳振动时间，而且最佳振动时间随着尾矿渣样的不同也不尽相同，一般在 4～6min，所以在试验时应分别用不同振动时间做几个试样，观察是否出现最大值。如果没有，应延长振动时间，直到出现最大值。

碾压轮接触地面的行走方向长度为 20cm，则压路机的行车速度与持续作用铁尾矿渣当量振动(均布振动)的压实强度作用时间，可用表 2-4 表述。

表 2-4　压路机的行车速度与作用时间以及压实遍数理论关系

行车速度	碾压 1 遍相当于当量振压时间	路基等功能压实时间	
		4min	6min
0.1 km/h	3.6s	碾压 67 遍	碾压 100 遍

2.2.4 铁尾矿渣的强度特性

作为路基，必须具有足够的整体稳定性、足够的强度和水稳定性，这些性质也是制定路基压实标准的主要制约因素。没有足够的整体性、足够的强度和水稳定性，其他性质(如经济性、工艺性)就无从谈起。铁尾矿渣作为筑路材料，可为路基填料提供主要的材料，甚至可以全部用铁尾矿渣填筑。因此，铁尾矿渣的物理、力学性质直接影响着用该类材料填筑。但是，随着铁尾矿渣产出地点、环境条件的变化，铁尾矿渣的性质也发生变化。

为了使不同产地尾矿渣具有可比性，将干密度换算成相应的压实度(以偏湿压实的最大干密度为标准)，如图 2-6 所示。

同一固结压力作用下，尾矿渣样压缩稳定，在干密度一致的情况下，随着含水率的增大，尾矿渣样的 ϕ 逐渐减小。主要是由于当含水率增大时水在尾矿渣颗粒表面起润滑作用。

在相同干密度(1.79g/cm³)下，对尾矿渣样作含水率对比试验，试验结果如图 2-7 所示。该图表明，当铁尾矿渣密实度较大(压实度为 93.2%)时，含水率对回弹模量的影响较小。回弹模量与干密度关系如图 2-8 所示。

CBR 是评定路基、路面材料的一个承载能力指标。承载能力是以材料抵抗局部荷载压入变形的能力表征，并以高质量标准碎石为标准，以它们的相对比值表示 CBR。通过 CBR 试验，能够从另一个侧面了解尾矿渣路基在不同密度条件下的强度。尾矿渣在不同含水率和不同密度下不浸水的 CBR 与压实度的关系曲线如图 2-9 所示。

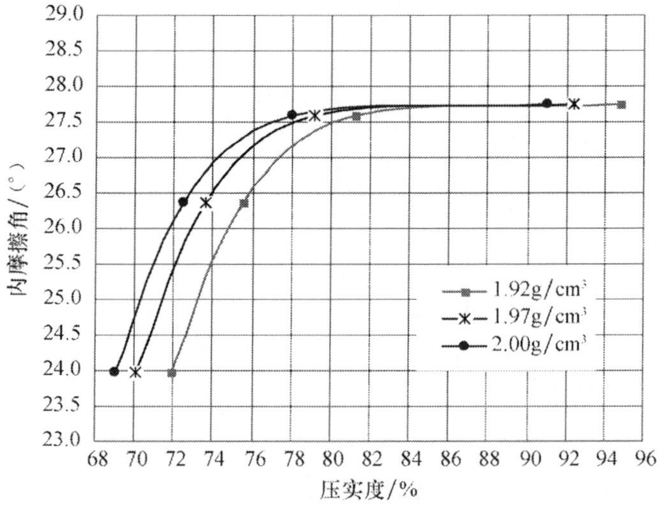

图 2-6　内摩擦角与压实度之间的关系

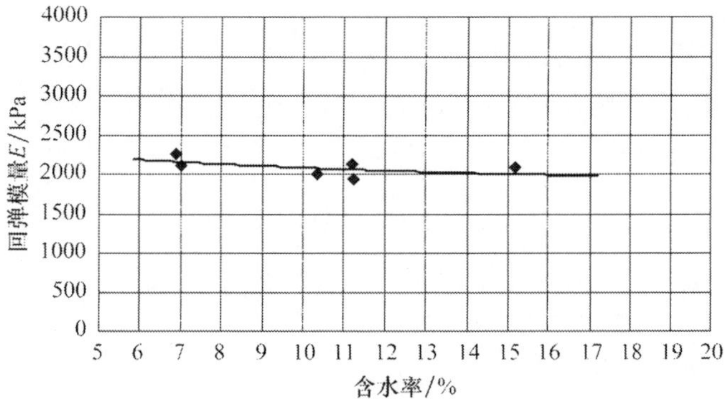

图 2-7　含水率对回弹模量的影响

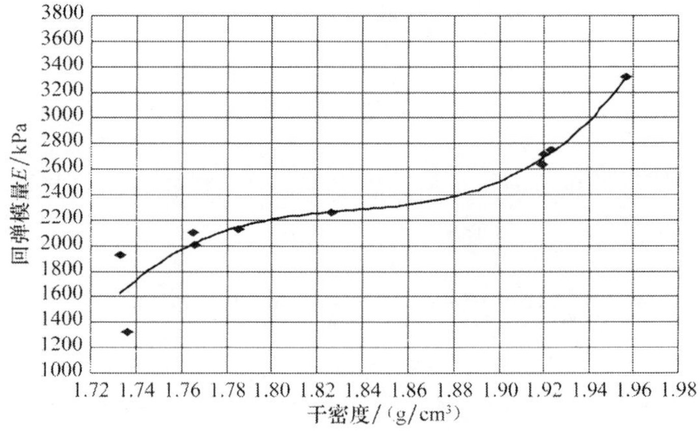

图 2-8　室内回弹模量与干密度的关系

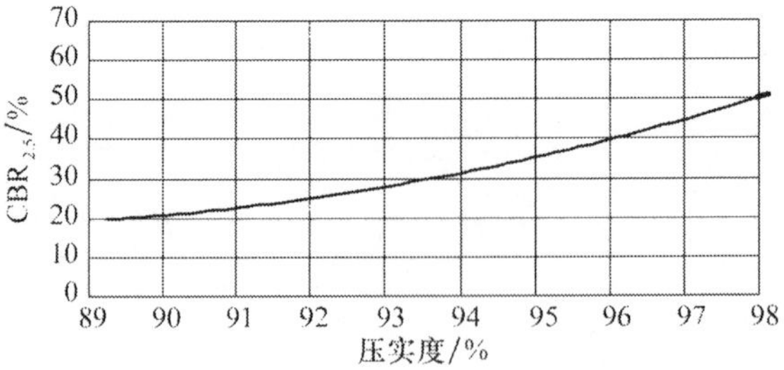

图 2-9　铁尾矿渣的 CBR 试验

2.2.5　铁尾矿渣的压缩特性

土是由固体颗粒、土中水和土中气体组成的三相体。与总的体积变形相比，土的颗粒变形非常小，一般可忽略不计。土中水也不可能产生压缩变形。因此，土的压缩变形是土中空气体积的压缩和土中水的排出导致的。对于铁尾矿渣，排水性良好，排水固结变形所需时间很短。因此，铁尾矿渣的压缩变形随时间的变化主要由一定压力作用下的颗粒骨架蠕变引起。

图 2-10 为具有相同初始松铺密度的试样，含水率 14.79%，在 100～400kPa 的荷载作用下的尾矿渣样的压缩量随时间的变化。其在不同压力作用下，压缩稳定后干密度为 1.55～2.00g/cm^3。

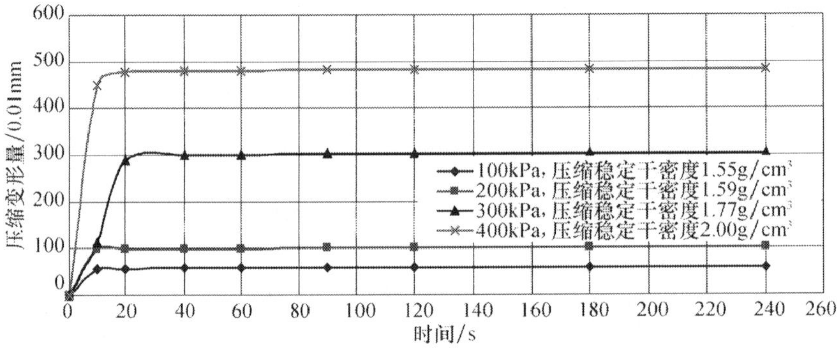

图 2-10　压缩量随时间变化曲线

表 2-5 为铁尾矿渣样在压力作用下的压缩量及相应的单位沉降量、孔隙比。图 2-11 为单位沉降量随压力变化的关系曲线。

表 2-5　松铺压缩量、单位沉降量、孔隙比随压力的变化

压力/kPa	100	200	300	400
松铺压缩量/0.01mm	60	101	304	483
单位沉降量/$\times10^{-2}$	3	5.05	15.2	24.15
孔隙比 e	0.833	0.731	0.551	0.374

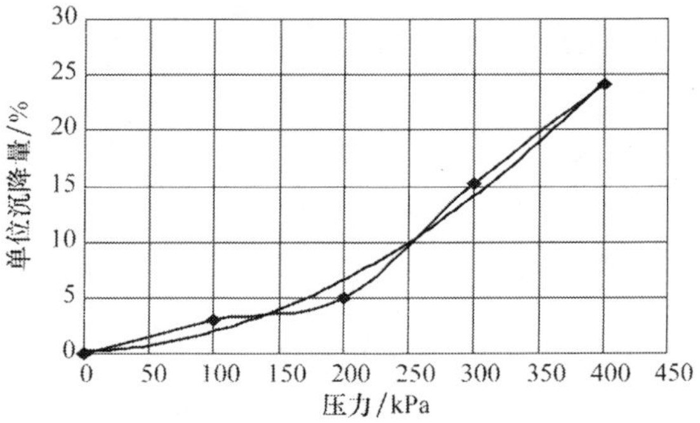

图 2-11　单位沉降量随压力的变化

2.2.6　铁尾矿渣边坡的冲刷性能

对不同形式的铁尾矿渣边坡，按室内和现场的不同情况，进行了相关的物理冲刷性质调查和分析，得到不同铁尾矿渣边坡的物理冲刷性质。

1）自然环境下边坡冲刷

现场自然环境下铁尾矿渣边坡冲刷性能如表 2-6 所示。

表 2-6　现场铁尾矿渣边坡冲蚀调查表

序号	桩号	GPS 定位地点		边坡产状			边坡冲蚀情况	
		N+	E+	坡长/m	坡角/(°)	倾向/(°)	冲蚀情况	部位
1	0305-1	40°12′23″	118°00′51″	7.1	35.5	230.0	1	2
2	水冲 0305-1	40°12′23″	118°00′51″	7.0	11.1	224.5	0(水冲坡)	2
3	水冲 0305-2	40°12′23″	118°00′51″	9.0	11.1	253.0	0(水冲坡)	2
4	0305-2	40°12′23″	118°00′51″	3.0	35.0	298.0	1	2
5	0305-3	40°11′46″	117°59′32″	6.0	31.2	296.5	1	2
6	0305-4	40°11′46″	117°59′32″	15.0	34.5	292.0	1	2
7	0305-5	40°11′46″	117°59′32″	7.0	36.5	156.5	1	2
8	0305-6	40°11′46″	117°59′32″	9.0	35.0	132.5	1	2
9	0305-7	40°11′46″	117°59′32″	11.0	35.5	262.5	1	2
10	0305-8	40°11′46″	117°59′32″	13.0	35.0	121.5	1	2
11	水冲 0305-3	40°11′46″	117°59′32″	35.0	4.5	24.0	0(水冲坡)	2
12	水冲 0305-4	40°11′46″	117°59′32″	35.0	5.0	364.5	0(水冲坡)	2
13	0306-1	40°12′24″	118°00′45″	2.5	36.5	169.5	1	2
14	0306-2	40°12′24″	118°00′45″	3.2	35.0	162.0	1	2
15	0306-3	40°12′24″	118°00′45″	4.5	35.5	111.0	1	2
16	0306-4	40°12′24″	118°00′45″	12.0	36.5	170.0	1	2
17	0306-5	40°12′24″	118°00′45″	7.5	36.0	164.0	1	2
18	0306-6	40°12′24″	118°00′45″	12.0	35.5	206.5	1	2
19	水冲 0306-1	40°12′24″	118°00′45″	10.0	13.5	171.0	0(水冲坡)	2
20	水冲 0306-2	40°12′24″	118°00′45″	10.0	10.0	198.0	0(水冲坡)	2

续表

序号	桩号	GPS定位地点		边坡产状			边坡冲蚀情况	
		N+	E+	坡长/m	坡角/(°)	倾向/(°)	冲蚀情况	部位
21	0306-7	40°12′24″	118°00′45″	10.0	35.0	76.5	1	2
22	0306-8	40°12′24″	118°00′45″	11.0	36.0	121.0	1	2
23	0306-9	40°12′24″	118°00′45″	7.0	34.5	163.5	1	2
24	0306-10	40°12′24″	118°00′45″	6.0	34.5	105.0	1	2
25	0306-11	40°12′24″	118°00′45″	9.0	35.0	105.0	1	2
26	0306-12	40°12′24″	118°00′45″	5.0	34.2	86.0	1	2
27	0306-13	40°12′24″	118°00′45″	4.0	33.8	79.0	1	2
备注	边坡冲蚀情况说明：冲蚀情况：1 平整；2 有沟槽；3 有穴洞；4 有植被 冲蚀部位：1 坡肩；2 坡面；3 坡脚							

可见，铁尾矿渣的常年风蚀自然稳定边坡的坡角为 31°～35°，降雨冲刷自然稳定边坡的坡角为 10°～13°，渗透潜流冲刷自然稳定边坡的坡角为 4°～5°。

2）室内边坡冲刷试验

室内边坡冲刷性能，如图 2-12 所示。

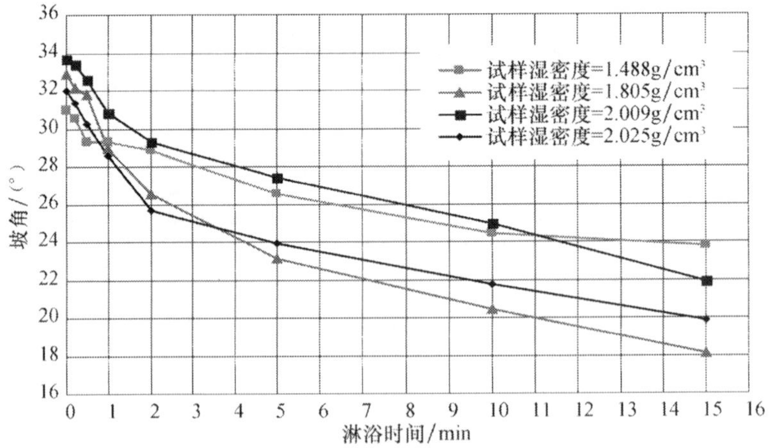

图 2-12　降水量 66mm/h 情况下淋浴时间与坡角

室内边坡淋浴冲刷表明：无论降水强度如何，前 5min 的淋浴降水对铁尾矿渣边坡的初始冲刷破坏强度最大；随着淋浴降水时间的延续，边坡坡度呈线形规律减小；淋浴冲刷的稳定坡角为 10°～12°。

2.2.7　风干铁尾矿渣边坡振动性能

铁尾矿渣的风干边坡室内振动性能如图 2-13 和图 2-14 所示。不同边坡坡度和不同振动频率的铁尾矿渣边坡表明，对顺坡向坡体（地震波行进方向与坡面方向相同）：当边坡第一次失稳出现在连续振动 2～4s 时，则大多数边坡还会在 14～18s 出现第二次失稳；当首次边坡失稳出现在连续振动 7～10s 以后，则不会再次发生失稳现象。对逆坡向坡体

(地震波行进方向与坡面方向相反):在连续振动情况下边坡失稳大多在振动持续约 2s 和 18s 呈现两次失稳变形特征。由此可见,地震连续振动持续时间在 18s 以上时,无论是顺向坡还是逆向坡均会产生振动失稳现象。

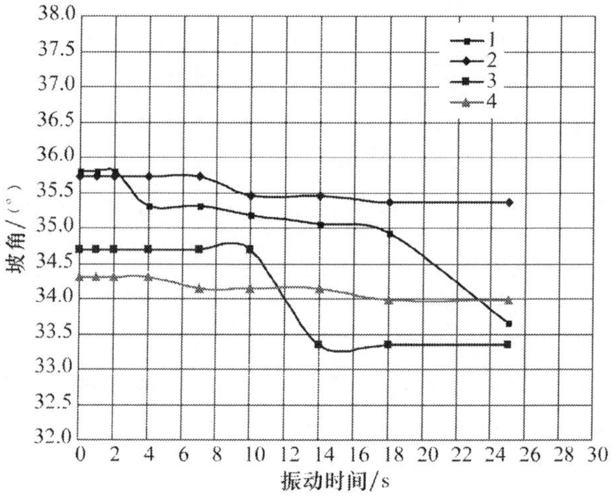

图 2-13　顺坡向振动波在振动频率 16Hz 情况下振动时间

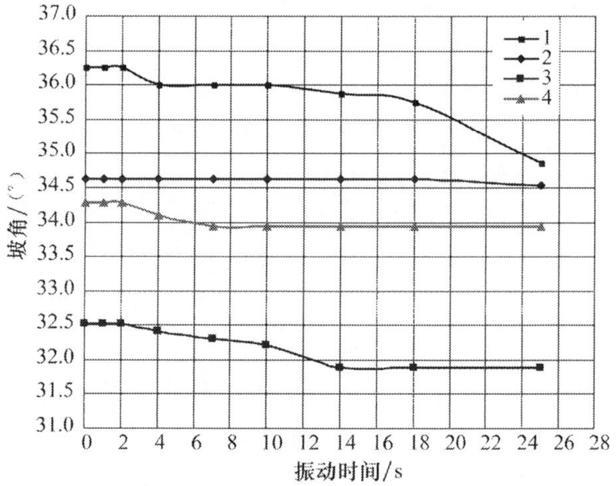

图 2-14　逆坡向振动波在振动频率 16Hz 情况下振动时间

2.3　铁尾矿渣路基边坡的防护及其稳定性

2.3.1　铁尾矿渣路基稳定性特点及影响因素

1) 铁尾矿渣的基本特征

铁尾矿渣地区地基及路堤填料主要为铁尾矿渣。铁尾矿渣属于无黏性、无塑性的细颗粒,颗粒间只能承受压应力,不能承受拉应力。在周围压力作用下,铁尾矿渣具有压硬性，即随压力的增大，铁尾矿渣的变形模量增大，铁尾矿渣越来越密实，压缩变形增量越来越小。同时，铁尾矿渣在密实和松散状态下分别具有明显的剪胀性和剪缩性，即在周围各向压力不等的情况下，铁尾矿渣产生剪应力，并产生剪切变形。随着剪应力的增大，铁尾矿渣的原状结构受到扰动，剪切变形增大，密实铁尾矿渣的体积膨胀，密实度减小，松散的铁尾矿渣体积收缩，密实度增大。铁尾矿渣的抗剪强度随干密度的增大而明显增大，因此，铁尾矿渣的剪缩特性将对路基稳定性产生明显的影响。

一般情况下，含水率会对铁尾矿渣的稳定性产生有利的影响。一方面，由于铁尾矿渣中孔隙通道畅通，水在自重作用下移动，对铁尾矿渣产生下渗力，使铁尾矿渣颗粒间的作用力增大，铁尾矿渣趋于密实，抗剪强度也相应增大；另一方面，铁尾矿渣处于非饱和状态时，颗粒间由于表面张力的作用，产生毛细压力，形成所谓的“假凝聚力”。但在以下情况，水对铁尾矿渣的稳定性产生显著的不利影响：一是当铁尾矿渣长期浸泡于水中时，由于受到水的浮力作用，颗粒间的作用力减小，抗剪强度也相应降低；二是水的润滑作用会使颗粒间的摩擦阻力减小；三是在铁尾矿渣路堤边缘处，由于路面及其他部位水流积聚于边缘处，所形成的下渗力将成为边坡滑动力的一部分。

2) 铁尾矿渣填方路基的稳定性

为了确保铁尾矿渣填方路基的稳定性，主要应解决两个问题。一是要保证铁尾矿渣路基的整体稳定性，防止边坡滑塌、地基失稳以及局部路基产生凹陷或推挤变形。这是需要在设计阶段预先考虑的。二是要保证路基边坡、路肩及两侧环境的稳定性，防止路基被铁尾矿渣掩埋，路肩和边坡被风蚀、雨水冲刷以及人为破坏。为此，必须搞好路基边坡的防护、排水防洪以及防风稳固铁尾矿渣等设计施工，同时也要注意工后的养护工作。

铁尾矿渣填方路基可能的失稳破坏方式有 3 种：①由于边坡较陡，填方较高，部分路基边坡产生滑动失稳；②由于路堤填方荷载较大，地基承载力不足，在路堤及地基中形成连续滑动面，产生整体失稳；③在集中荷载作用下，局部路基产生凹陷及推挤变形。散状、单粒结构的铁尾矿渣，其滑动面基本保持为平面。因此，铁尾矿渣的滑动面可简化为平面。

3) 影响铁尾矿渣填方路基稳定性的主要因素

影响铁尾矿渣填方路基稳定性的因素有很多，主要可概括为以下几个方面。

(1) 铁尾矿渣填料的级配和密实度。不同级配铁尾矿渣的抗剪强度存在明显差异。对同一级配的铁尾矿渣，抗剪强度指标随填料密实度的增大而明显增大。因此，铁尾矿渣路基的稳定性与填料级配、施工压实工艺以及密实度等因素有关。

(2) 地基的地质结构及水文地质特征。铁尾矿渣地区公路沿线地质结构及水文地质特征变化较大。在铁尾矿渣沉淀坑地带，地基主要由铁尾矿渣沉淀堆积形成，地下水位较高，地质结构较简单，但铁尾矿渣密实度沿地基深度变化较大。铁尾矿渣在地表以下 3.0m 范围内通常处于松散或松软状态，3.0m 深度以下通常处于中密状态。在铁尾矿渣堆积地带，由于存在沉淀和堆积现象，铁尾矿渣覆盖厚度变化较大，地下水位面不稳定。若在铁尾矿渣覆盖层下存在黄土地层以及其他性质地层，黄土地层有时也存在明显的湿陷性。

(3) 铁尾矿渣路基的边坡设计。按照铁尾矿渣填料的自然休止角概念，铁尾矿渣路基边坡坡比只要小于自然休止角即可。由于铁尾矿渣填料经分层压实后形成路基，密实铁尾矿渣的内摩擦角比松散铁尾矿渣要大，边坡还可更陡一些。一般天然状态下的松散铁尾矿渣干密度在1.55～1.57g/cm^3，相应的自然休止角在31°～36°，对应的坡比为1∶1.38～1∶1.66。可见，对填方较低的路基，一般采用1∶1.5的坡比进行边坡设计是基本合理的；对填方较高的情况，则需要一定的安全储备，否则将可能出现边坡滑塌。对铁尾矿渣填方路基，保持边坡的稳定性对车辆安全运营十分重要。

(4) 铁尾矿渣路基的边坡防护措施。铁尾矿渣路基边坡防护的好坏直接关系到路基的稳定性。采用砌体防护，不仅保护坡面不受外界环境影响，在一定程度上还增强了边坡的稳定性。采用覆土植草防护，可保证边坡及路肩不被风蚀，并减少了雨水冲刷。另外，对边坡进行一定的防护措施，也可减少一些人为的破坏。

(5) 铁尾矿渣路基的排水防洪措施。铁尾矿渣为细小的散粒体颗粒，颗粒间无黏性，因此很容易受到雨水的冲刷而流失。有些地区局部降雨量集中，雨季往往产生洪水。在水流集中路段，路肩及边坡则容易被冲刷而形成沟渠，使路基遭到破坏。在低洼积水地段，路基填料被浸泡，强度降低，也可能引起路基的失稳破坏。因此，在铁尾矿渣地区公路设计和施工中，应重视路基的排水防洪措施。

2.3.2 铁尾矿渣路基边坡的工程设计与防护

1. 强风吹蚀对铁尾矿渣路基的影响

以往我国在铁尾矿渣地区修筑的公路等级较低，路基填方高度通常在3.0m以下。少数填方较高路段，边坡缓至与自然铁尾矿渣坡度接近，工程量巨大。随着我国经济建设的迅速发展，铁尾矿渣地区公路等级越来越高，遇到的高填方路段也越来越多，路基设计施工也越来越规范。

为减少铁尾矿渣对路基的掩埋、风蚀病害，保持路基的稳定性，应注意以下几点。

(1) 铁尾矿渣路基设计宜贯彻“宁填勿挖”的思想，以减轻铁尾矿渣大风掩埋病害。

(2) 路线走向尽可能与风向平行。由于路基具有一定的高度和光滑的表面，路基顶面风速比两侧铁尾矿渣地表面风速大，所以一般不会产生铁尾矿渣堆积现象。

(3) 当路线与风向正交时，宜增大路基填方高度。增大风速的作用十分明显。因此，较高的路堤一般不会遭受风吹铁尾矿渣流动掩埋路面的危害。

(4) 路堤高度不应低于0.3m。在铁尾矿渣堆积起伏地区，路堤高度应比路基两侧50m范围内铁尾矿渣堆积区的平均高度高出0.3～0.5m。

(5) 铁尾矿渣路堤高度不宜太大，以减轻风蚀病害，一般以1～5m为宜。

(6) 对于高度小于1.0m的低路堤，边坡可根据路侧地形情况，采用缓坡式或流线型的路基断面，使风吹流动铁尾矿渣平顺通过公路路面，坡比一般为1∶4～1∶10。这时，路侧防护工程设施可适当减少。

(7) 对于高度大于1m的路基，边坡坡比采用1∶1.5～1∶2.0，一坡到顶，坡面设置一定的防护措施，以防风蚀。

由上述铁尾矿渣公路建设经验可见，风吹铁尾矿渣流动，主要对铁尾矿渣路基产生铁尾矿渣掩埋、铁尾矿渣路堤风蚀危害。路基填方越高,出现铁尾矿渣掩埋病害的可能性越小,而风蚀作用则越明显。若对填方较高路基边坡采取良好的坡面防护措施,则风蚀病害也将得到克服。

从铁尾矿渣地区环境治理的长远目标考虑,路基填方宜高一些。修筑较高路基具有以下优点:一是较高填方的路基及其边坡防护措施在一定程度上阻挡了铁尾矿渣的继续移动;二是较高的路堤可保证公路在较长时间内不会受到铁尾矿渣风吹掩埋侵害。因此建议结合铁尾矿渣地区公路建设,建立牢固的防风稳定铁尾矿渣系。这样不仅能保证公路运行安全畅通,也会对铁尾矿渣堆积地区的整体环境产生巨大影响,改善沿线地区的生态环境,造福子孙后代。虽然修筑较高填方路基并增强边坡及稳定铁尾矿渣堆积地带的建设,会加大公路的前期建设投资,同时也带来了铁尾矿渣高路堤边坡力学稳定性问题,但从全区大局出发以及公路运营的长远观点考虑非常值得。

2. 风蚀地带铁尾矿渣路基的边坡设计与防护

铁尾矿渣路基边坡设计既包括边坡的几何设计,又包括边坡的防护。几何设计是指路基的纵断面设计和横断面设计,边坡防护主要是指根据不同的地貌类型,在稳定铁尾矿渣边坡、阻止铁尾矿渣风蚀、避免铁尾矿渣冲刷与风埋路堑中,选择应用或综合应用工程防护、生物防护以及化学防护方法,达到消除或减轻对铁尾矿渣地域及填筑路段公路的危害。

1)路基边坡的设计

多设低填方、不设或少设挖方,是铁尾矿渣区公路纵断面设计的重要原则。随着道路等级的提高,为满足路线平纵设计标准,铁尾矿渣公路将不可避免地遇到大量的填方路段,这就要求根据沿线不同铁尾矿渣地貌类型进行较为合理的纵断面设计。应用植被固定或半固定铁尾矿渣堆的方法,可达到植被覆盖度大,使铁尾矿渣活动较弱,为保护植被,防止铁尾矿渣借风再起,路基纵断面设计时路基高度以低填方为主,潮湿地带适当抬高路基。活动和半活动铁尾矿渣堆地段以填方路基为主,尽量避免或较少采用路堑以及半填半挖路基。

从路基纵断面设计上防治铁尾矿渣危害仅是措施之一,更重要的还必须从横断面设计着眼。铁尾矿渣地区路基横断面设计的技术关键是保证路基邻域铁尾矿渣风吹流动能顺利通过所设计的横断面,不致在断面上受阻或断面左右堆积铁尾矿渣,从而影响路面的正常工作状态。根据这一设计原则,设计将归结到主要设计边坡的长度、坡角、坡面形式与状态。流线是坡面的最佳形式,铁尾矿渣通过该坡型时阻力最小,但这种断面的坡长较长,根据动力学原理最佳长度为8~15m,低路堤取用低限,高路堤采用高限。

2)铁尾矿渣路基边坡防护

铁尾矿渣地带路基填方越高,风蚀和冲刷作用越显著。因此,路基防护是铁尾矿渣路基设计的重要组成部分。承—唐公路建设十分重视铁尾矿渣地区路基防护技术,在勘察、设计和施工的各个阶段积累了大量的研究资料和工程应用经验,主要可概括为如下几方面。

(1)铁尾矿渣地区路基防护应遵守因地制宜、就地取材的原则。

(2) 对铁尾矿渣路基路肩部分主要采用土、石灰土及沥青等材料进行防护，以保证路基的稳固和行车安全，也可采用柴草、培基植被、土工网、土工布及土工格栅等材料加固。

(3) 对铁尾矿渣路基边坡的防护可分为临时防护和长期防护两部分。临时防护主要以柴草防护为主，包括采用麦草、稻草、芦苇、铁尾矿渣生植被以及草皮等防护措施，必要时也可采用黏土、砾卵石及沥青或水泥铁尾矿渣等材料防护。长期防护主要以植被防护为主，即在边坡上种植各种适合当地特点的尾矿渣生植被，必要时也可结合采用一定厚度的黏土、山皮土、砾卵石、培基植被、土工合成材料及沥青或水泥铁尾矿渣等材料覆盖。桥涵两侧以及一些特殊地段宜用砌体防护。

(4) 铁尾矿渣地区路基防护应将临时防护和长期防护结合起来，不仅能抵御强风、暴雨对铁尾矿渣路基的风蚀危害和冲刷破坏。

(5) 在低洼易积水或易受洪水冲刷路段，所采取的防护措施应能经受住水的侵蚀破坏和洪水的冲刷破坏。一般常采用植树、培基植被、土工合成材料和砌体防护等加固措施。

(6) 铁尾矿渣地区公路路基两侧应设置稳定固渣带，并采取必要的稳固铁尾矿渣措施。主要的工程措施有土石覆盖法、植被法、培基植被法、土工合成材料法及砌体防护法等 5 种类型。各种措施可以单独使用，也可以配合使用。稳固铁尾矿渣措施的作用在于稳定铁尾矿渣地表面，抑制铁尾矿渣活动。主要措施是利用土石或其他材料平铺于铁尾矿渣堆体表面上，防止风蚀雨冲；利用柴草或各种类型材料覆盖，以限制铁尾矿渣移动。对于孤立的小型铁尾矿渣堆，由于量少不足以作路基填筑材料时，可在对路基和社会活动无危害的地方进行堆放或无公害掩埋。

(7) 治理公路铁尾矿渣路基病害的根本是采用植物稳固铁尾矿渣措施。这种生态稳固的方法，不仅可以借用植生于铁尾矿渣的生植物发达根系稳固尾矿渣，还能固结周围铁尾矿渣颗粒，加之天长日久枯枝落叶的堆积，有利于有机质的积聚，促成铁尾矿渣的成土作用，改变铁尾矿渣堆积地的作物优质生长性质，使铁尾矿渣趋于永久稳定。植物起到全面稳固铁尾矿渣作用后，既大大减少了养护管理费，收效也与年俱增，比任何工程防护措施更为优越有效。由于各种植物在铁尾矿渣地中生长特性、防风防雨的特点不同，以及铁尾矿渣堆积地貌特征、气候环境及铁尾矿渣失稳规律的地区差异，一般不易进行多种植物混合种植，而应针对地区特点选取植物种类、种植方法以及防护带分布范围。

3. 铁尾矿渣路基的填筑与压实

在铁尾矿渣堆积区修筑高等级公路时，要合理解决铁尾矿渣填料的来源和上料方式。在铁尾矿渣堆积区中修路时必然要对原地貌及地表植被产生破坏作用，但要坚持尽可能减少破坏的原则。其原因：一是铁尾矿渣植被破坏后恢复困难；二是无序开挖取料，将破坏公路沿线地貌，使其产生不利于公路防护的作用。当然，若能根据当地地貌及公路路基特点，合理地选择取料点及运料方式，则修筑铁尾矿渣高路堤也可能取得有利于保护铁尾矿渣堆积区环境的效果。目前，在铁尾矿渣堆积区公路施工中通常在路线两侧取料，用推土机推至路基段。这种方式一般适用于较低填方段。当填方较高时，用料多，且由路基两侧直接上料也较困难，必然会增大对路线两侧铁尾矿渣地貌的破坏。因此，在铁尾矿渣路基的施工中应尽可能采取集中取料和纵向运料填筑的方法。

为了保证铁尾矿渣公路路基的稳定性，并减少路基的沉降变形，对铁尾矿渣路堤应分层填筑并采用合理的施工工艺进行压实。对分层填筑的铁尾矿渣路基采用水坠加碾压施工工艺效果最好，但这种工艺适用于路基附近存在充足水源的情况；其次采用干法压实的方法。在填料中洒水后碾压的方法有利于填料表层的压实，但整体效果并不明显。由各种施工工艺比较可见，对一般路基段的铁尾矿渣填方采用干法压实的方法是可行的；对桥涵等构造物两侧路基在有条件时应尽可能采用水坠加碾压的施工工艺。铁尾矿渣填方的分层松铺厚度一般以 30cm 左右为宜，压实机械主要有压路机和推土机。根据试验比较，激振力小于 20t 的自行式振动压路机碾压效率较低；拖式压实机无法在铁尾矿渣表面行走。采用双驱动自行式振动压路机可以解决在铁尾矿渣表面自由行走的问题，但目前现有的自行式振动压路机吨位不大，需要增加碾压遍数，以弥补其不足。铁尾矿渣填方采用推土机碾压可以达到一定压实效果，一般 140 型以上压路机为佳。对松铺厚度为 30cm 左右的铁尾矿渣填方，合理碾压的遍数一般在 5～8 遍，由于不同铁尾矿渣堆积区的渣粒级配（与选矿设备不同而有差别）不同，实际施工碾压遍数应以进行的现场碾压试验确定。

2.4 铁尾矿渣路基边坡坡比的设计原则和技术要求

我国的铁尾矿渣几乎分布在全国各地，堆积分布在不同的自然地带，由于所处的自然条件不同，各个铁尾矿渣的特征有一定的差异，主要表现在颗粒级配特征、颗粒成分和颗粒硬度等方面的不同。铁尾矿渣从在地表存在的形式上讲，可分为铁尾矿渣坝、铁尾矿渣坑、铁尾矿渣堆以及铁尾矿渣堆积丘。

在铁尾矿渣堆积区进行公路路基建设，主要是采用铁尾矿渣作为填筑材料进行路堤填筑，其填筑的路基边坡在设计上一方面要考虑力学稳定性，另一方面还要考虑防止尾矿渣造成新的工程病害，此外还要考虑边坡水毁冲刷的稳定性。因此，铁尾矿渣堆积地区公路路基边坡设计，既要合理设计坡比，还要采用合理可靠的防护措施保护边坡。

2.4.1 铁尾矿渣公路路基边坡的设计

铁尾矿渣地区公路路基边坡的设计要考虑采用铁尾矿渣作填料的路基边坡力学稳定性、铁尾矿渣堆积环境对坡体稳定性的影响以及边坡断面和坡比设计与路容的协调等多方面因素。以往，我国铁尾矿渣公路等级低，设计技术要求低，铁尾矿渣环境的影响是工程中主要考虑的重要因素之一。

我国铁尾矿渣堆积地区地域广阔，大多无法居住，人烟稀少，土地荒芜。20 世纪 80 年代以前仅有少量铁尾矿渣用于简易的砂土路面公路，这些公路的道路等级低，养护维修质量差，并经常受到尾矿渣风埋和侵蚀以及暴雨冲刷等病害的影响，中断交通的事故时有发生。随着我国经济建设的恢复和迅速发展，以及对矿产资源的勘探和逐步开发利用，铁尾矿渣地区的公路从道路等级到建设速度都有了质的飞跃。唐山地区 2002 年在野兴公路施工中对尾矿渣进行了工程应用，采用石灰、粉煤灰和水泥稳定尾矿渣做 18cm 路面基层试验段 116m/2695m^2；2004 年迁擂一级公路利用尾矿渣代替石屑做二灰稳定碎石基层 200m/2695m²；2005 年在彭李公路迁安段改建工程、迁擂公路延伸线和灵山旅游路等二级以上等级公路利用尾矿砂代替石屑做二灰（水泥）稳定碎石 23020m/262974m²。这些项目基层检测强度完全满足设计要求，且目前使用状况良好。

通过对迁安市已建铁尾矿渣公路路基边坡稳定性及其防护措施的调研及测试，总结不同地区不同等级铁尾矿渣公路路基边坡的设计原则及防护措施。

（1）铁尾矿渣地区公路路基的设计和施工与当地铁尾矿渣堆积形式、堆积环境以及气候条件密切相关。防风稳固铁尾矿渣和抵抗暴雨冲刷铁尾矿渣边坡工程，应尽可能减少对路线两侧环境、植被的破坏，是公路建设中首要考虑的问题。对于较干旱的铁尾矿渣堆积地区，因几乎无植物生长，公路选线、路基设计和施工中，应充分考虑铁尾矿渣风吹流动方向及流动规律对公路的影响。路基两侧采用柴草稳固铁尾矿渣、护挡铁尾矿渣挡墙及其他工程防护措施十分必要，但路基断面、边坡设计及施工开挖和填筑中，应力争使公路建成后，铁尾矿渣通过路基时能够自然顺畅，提高风力输送铁尾矿渣效果，降低风蚀尾矿渣埋病害。类似地区的铁尾矿渣公路一般在若干年后，都要进行公路两侧防风稳固铁尾矿渣措施的养护或改造工作，以确保公路正常营运。对于植被较好的铁尾矿渣堆积地及微湿铁尾矿渣堆积地，公路选线、路基设计和施工中，应将保护植被、尽可能减少公路建设对植被的破坏作为重要的考虑因素。路基断面、边坡设计应以减少填方及挖方为重要目标，施工开挖及填筑时应有预定的弃土场和借土场，尽可能实现填挖结合。对填方，特别是高填方，应以沿公路纵向运料填筑为最佳，减少对路基两侧原地貌的破坏。路基施工过程中及后期要及时对已破坏的地貌及路基边坡进行防护。对部分区域铁尾矿渣公路的调查表明，公路设计施工中考虑不周详及施工中及后期防护措施不完善是造成铁尾矿渣公路出现风蚀、冲刷和渣埋病害的主要原因之一。

（2）铁尾矿渣公路路基断面、边坡设计及施工压实不仅与当地铁尾矿渣特点有关，也与公路等级有重要关系。对于二级以下低等级公路，路线的纵曲线技术要求低，一般路线以沿地爬设计为主，高度大于 1.0m 的填方及挖方较少。这样，挖方及填方工程量少，对铁尾矿渣地貌的破坏也少，路基边坡稳定性问题也就不突出。对于一些特殊路段，工程中提出“宁填勿挖”的原则，也较符合实际情况，只要对填方边坡及借土场地及时处理和防护，出现的病害一般很少。对于二级以上铁尾矿渣公路，路线的纵曲线技术要求高，对路基的压实度要求也高，因此，铁尾矿渣公路沿线也就必然会出现很多较高填方路基情况。相应地，挖方和填方工程量大，对铁尾矿渣地貌的破坏也就增加，许多路段的路基选线及断面设计也就不能完全适合当地铁尾矿渣堆积环境及风吹雨冲流动特点。同时，对填方路基的施工压实工艺及机械选择也有了更高的要求。迁安市地区公路的等级较低，高填方及挖方路段较少，路基的稳定性病害也不明显。唐山地区铁尾矿渣公路等级较高，高填方及挖方路段明显增多，因此，对路基断面及边坡设计、填挖技术、施工压实技术以及防风稳固铁尾矿渣技术也就有了更高要求。

（3）对于铁尾矿渣路基边坡防护，各铁尾矿渣堆积地区情况存在明显的不同，主要应遵循“因地制宜，就地取材”的原则。例如，地处较干燥的铁尾矿渣堆积区的公路，由于气候干燥，铁尾矿渣风吹雨冲流动性强，铁尾矿渣表面几乎无植物可生长，除了铁尾矿渣，几乎没有其他土料可足够调运，因此，对路基边坡及两侧环境采用柴草（稻草、麦草等)稳固尾矿渣、设置尾矿渣挡墙等是主要可用的工程防护措施。当然,化学稳固尾矿渣,采用水泥抹面稳固尾矿渣以及在采用特殊技术情况下的生物稳固尾矿渣等措施也是在一定条件下可考虑采用的。另外,在运距不是很远的情况下,调运砂砾抛洒在路基边坡及两侧铁尾矿渣表面稳固铁尾矿渣也是一种措施。对于这些措施,主要应从适应性和经济性方面综合考虑。对于大部分铁尾矿渣堆积地地区,当地气候条件相对较好,铁尾矿渣处于基本固定及有一定植物生长时,铁尾矿渣公路路基边坡及两侧环境可采用许多种稳固尾矿渣措施。若追求短期效果,则主要采用工程稳固尾矿渣措施,包括柴草稳固尾矿渣、黏土及砂砾稳固尾矿渣、化学稳固尾矿渣、水泥浆液稳固尾矿渣、砌体防护以及设置尾矿渣挡墙等。若追求长远利益,则应以工程稳固尾矿渣为辅,生物稳固尾矿渣为主。即在工程稳固尾矿渣基础上,尽可能栽种培育草木、树木,移植草皮,改良铁尾矿渣表面植被等植物,以达到改善生态和美化环境的目的。工程调查的结果表明,虽然各地适宜生长的植物有所不同,但经过工程人员很多年的努力,在生物稳固尾矿渣方面已取得了较显著的成就和经验。

(4) 对铁尾矿渣公路路基边坡的防护,主要是避免或尽可能减少铁尾矿渣边坡的侵蚀,防止由于铁尾矿渣的侵蚀改变边坡的力学稳定条件。各地铁尾矿渣公路路基的病害情况主要取决于路基两侧稳固尾矿渣带的防护措施是否完善有效。一般公路路基边坡的风蚀雨冲病害较少,尾矿渣埋病害情况相对较多。对于部分遭遇风蚀雨冲的路基边坡,应同时采取防护措施,否则会导致路基破坏。路基边坡遭受尾矿渣埋病害的重要原因是公路两侧铁尾矿渣风雨冲蚀形成流动,其对路基边坡的整体力学稳定性相对有利。因此,解决路基的铁尾矿渣病害关键是在路线选择、高度及边坡设计中充分考虑风向和雨水冲刷对铁尾矿渣流动的规律,根据地形地貌合理设计路基横断面,适当改善路基两侧地形、地貌,提高通过路基断面的风力输送尾矿渣和减缓暴雨冲刷尾矿渣的效果。

2.4.2　铁渣地区公路路基边坡的主要设计原则、适用条件及技术要求

通过研究,提出铁尾矿渣地区公路路基边坡的主要设计原则、适用条件及技术要求。

1) 铁尾矿渣公路路基边坡设计原则

铁尾矿渣地区公路路基边坡设计的技术关键是,既要确保路基边坡整体的力学稳定性,同时也要保证铁尾矿渣不致在边坡上发生尾矿渣埋、风蚀病害和暴雨冲刷等,影响路基的正常工作状态。因此,路基边坡设计时主要应遵循以下基本原则。

(1) 根据铁尾矿渣堆积地区地貌、地形特点、暴雨强度、风向、风力、路线与风向的关系,选择合理边坡形式和路基边坡的防护体系。其中路基边坡防护包括路基主体防护和路基两侧一定范围内保护带的防护。

(2) 根据公路等级合理确定边坡体结构设计、施工压实工艺、标准及防护要求,保证边坡设计和防护的经济性、有效性及与沿线景观协调一致。其中有效性是指确保在当前公路等级荷载作用下路基边坡的整体力学稳定性和铁尾矿渣填筑结构抵抗风雨侵蚀的稳定性。

(3) 路基边坡设计与防护应考虑沿线地质结构特点,针对各种地质结构特点,合理确定处理措施,保证路基边坡保持良好的力学稳定性。一般路基边坡坡比应不宜小于1∶1.5。

(4) 对于路基边坡防护,应根据不同铁尾矿渣类型因地制宜地采取防护措施。在不宜采用植物稳固尾矿渣的地区,或在采用稳固铁尾矿渣的初期,为防止尾矿渣害,并为植物稳固尾矿渣创造条件,均应采用工程防护措施。公路常用的工程措施有稳固、阻隔、输导等类型,各种措施可以单独使用,也可以几种措施配合使用。

(5) 路基边坡防护应与路基施工同步进行,以减少或消除路基边坡在不同阶段的病害现象。如边坡尾矿渣埋、风蚀及水毁现象等。

(6) 铁尾矿渣路基边坡不仅要注意前期的防护工作,还要重视工后防护措施的养护与管理。工后的养护和管理是保证防护措施正常工作的重要途径之一,从而能有效确保公路正常运营。为防止破坏原有植被、保护防护设施,在公路路侧的一定范围内,应设植被保护带,禁止不合理的开垦、放牧与樵采。其中植物稳固铁尾矿渣是防治尾矿渣害的根本措施,但管理和养护比较困难,又需要较长时间,必须与农林部门密切协作。

2) 边坡设计与施工的技术要求

(1) 干燥和较干燥路域地区,路基边坡设计主要考虑铁尾矿渣流能否顺利通过路基横断面,边坡坡率较缓,一般在 1∶4～1∶10;半干燥或微湿尾矿渣地,铁尾矿渣风雨侵蚀活动较弱,为保护原有植被,边坡坡率可采用 1∶1.5～1∶2.0。当然以上边坡设计还必须根据路基的高度、路基两侧防护情况等作适当的调整。

(2) 对于不同级配的铁尾矿渣选择好相应的施工机械和施工工艺,使路基设计宽度范围内铁尾矿渣压实度满足要求。与此同时,根据压实度检测结果,确定路基两侧合理的超填宽度(一般大于 50cm),以保证设计宽度范围内路基承载力满足要求,从而确保边坡的力学稳定性。

(3) 在干燥及较干燥铁尾矿渣堆积地区,降水稀少,且铁尾矿渣的透水性较好,一般可考虑不设路基边沟和排水设施;在微湿尾矿渣堆积地等降雨相对较多且比较集中的地区,应设置路基边沟和排水设施,且应与路基施工同步进行。

(4) 在铁尾矿渣堆积地区筑路,为防止尾矿渣害,要采用边施工,边防护,分段施工,一次做成的办法。对施工过程中的未完部分,在休工前做好临时防护,以免路基边坡发生风蚀雨冲和尾矿渣埋等病害。

(5) 路侧防护带和植被保护带的宽度,主要根据尾矿渣堆积情况、尾矿渣堆丘自然应力作用下的活动程度、铁尾矿渣风雨侵蚀强度以及主导风向的状况而定。防护带一般在路基的上风侧不小于 100m;在路基下风侧,如只有单一主导风向时则可不设,如除主导风向作用还有反风向作用,则需设宽度不小于 50m 的防护带。植物保护带一般在路基的上风侧应不小于 500m;在路基的下风侧应不小于 200m。

(6) 路基边坡防护前,应对边坡进行整平,并与路肩顺滑衔接。废方和弃方一般应堆于路基下风侧,并需摊平。

2.4.3　路基边坡设计

铁尾矿渣堆积地区公路路基边坡的设计既要考虑坡体的力学稳定性,也要重视铁尾矿渣环境的影响。

1. 路堤

1）路堤铁尾矿渣病害分析

路堤上的风向、风速变化与路堤高度、边坡坡度以及风向与路线的交角大小有关，路基边坡的陡缓，直接影响路堤上各部位的风速分布。边坡越陡，路堤顶中心与背风路肩的风速减弱率越大；边坡越缓则越小。

路堤与风向正交时，随着路堤高度的增加，增速作用十分明显，因此，较高的路堤一般不会遭受铁尾矿渣的风吹流动掩埋危害。若边坡较陡(超过 1∶2)，则将在背风坡和迎风坡脚堆积尾矿渣，有时也可在路面堆积尾矿渣；若边坡较缓(缓于 1∶4)，则风吹渣流可平顺越过路堤，一般铁尾矿渣堆积很少。

当路堤与风向平行时，由于路堤具有一定的高度和光滑的表面，路基顶面风速较两侧尾矿渣地表面风速大，所以一般不会堆积尾矿渣。但需注意路堤高度的增大，风蚀路堤边坡的程度也会增加。

零填挖或近于零填挖的路基，不论路基与风向的关系如何，均易于堆积尾矿渣。

2）路堤边坡设计

铁尾矿渣路基在满足其坡面稳定性的基础上，可满足边坡的力学稳定性。因此，在路基边坡坡比设计时，主要应考虑路基边坡表面稳定性。低路堤的边坡可视路侧地形、地势情况，尽量采用缓坡或流线型的路基断面，以使铁尾矿渣风吹流动平顺通过公路。路侧防护工程措施可适当缩减。在植被较好、铁尾矿渣风吹流动较弱的地段路基边坡可适当陡一些。对于高路堤，边坡坡度一般宜采用 1∶1.5～1∶2，其中 1.0～5.0m 路堤一般为一坡到顶，5.0m 以上路堤可采用折线型。坡面需设置一定的防护设施，以防风蚀雨冲。

2. 路堑

1）路堑尾矿渣害

在较干燥地区，路堑内的风向、风速变化与路堑边坡坡度以及风向与路线夹角的大小有关。路堑与风向正交时，路堑内风速降低，且边坡坡度越陡，路堑深度越大，风速降低越多。由于背风侧的降低程度更大，故堑内堆积铁尾矿渣一般是从背风侧坡脚开始，逐渐向迎风坡脚延伸，严重时路堑下部可被堆积的铁尾矿渣堆满。路堑与风向平行时，由于路堑有聚风作用，故路堑内一般无堆积的铁尾矿渣，只是在进出口外形成漏斗状的片状堆积铁尾矿渣，危害不大。路线与风向斜交时，其尾矿渣害程度介于两者之间。路堑边坡陡于 1∶4 时，将在路堑内出现顺路线方向的拉沟风，且边坡越高，风向与路线交角越小，拉沟风越大。因此，浅路堑比深路堑堆积的铁尾矿渣严重，长路堑比短路堑堆积的铁尾矿渣严重。路堑短时，铁尾矿渣颗粒在拉沟风作用下，被带至路堑外堆积，路堑长时，则堆积于路堑内。当边坡缓于 1∶4 时，吹风平顺通过路堑，可将大部分挟持的铁尾矿渣输送至路堑以外。路堑边坡越缓，则路堑内堆积的铁尾矿渣越少，当路堑堑顶宽和深度之比为 20～30 时，同样具有缓坡路堑的优点。

2）路堑边坡设计

路堑断面有一般式与敞开式两种。浅路堑一般采用敞开式，深路堑采用一般式，如果深路堑采用敞开式断面,应作经济比较。一般深路堑边坡坡顶变坡点处应注意做成流线型,并在坡脚设置铁尾矿渣堆积平台,以便于养护时用人工或机械清除堆积的铁尾矿渣。

路堑边坡坡比的设计同样应主要从坡体的力学稳定性和铁尾矿渣环境对坡面影响程度两方面考虑。

3. 半填半挖路基

1) 半填半挖路基尾矿渣害分析

无论是上风侧路基还是下风侧路基,均因挖方一侧风速降低多,而使尾矿渣颗粒首先在挖方一侧堆积,然后延伸至路面。

2) 半填半挖路基边坡设计

适当放缓边坡,并将坡顶修成流线型,其中在挖方坡脚设铁尾矿渣堆积平台,宽度不小于2.0m。

2.4.4 路基边坡防护

为防止路基边坡发生铁尾矿渣病害和水毁现象,必须对其进行防护,以保证路基的稳固和行车安全。铁尾矿渣地区路基边坡防护应遵循因地制宜,就地取材的原则。

2.4.5 路基两侧稳固尾矿渣措施

为了防止公路路基遭受风蚀渣埋危害,路基两侧一定范围内,如100～250m的尾矿渣质堆积地表必须进行防护。防护的方法有工程防护和植物稳固尾矿渣两类。

1) 工程防护措施

利用柴草、树枝以及其他材料,在风吹流动的铁尾矿渣上设置尾矿渣障或覆盖稳固铁尾矿渣表面等,称为工程防治措施。工程防治措施具有收效快的特点。但由于需要大量材料,费工费时而成本较高,且防护期较短。只有当自然条件限制植物稳固尾矿渣时,才宜大面积使用。它常和植物稳固铁尾矿渣相配合,作为植物稳固铁尾矿渣的辅助性和过渡性措施。工程防治措施的途径在于控制风蚀过程的发生和改变尾矿渣搬运及堆积条件,按作用性质,可分为稳固、阻隔、输送等方法。

2) 植物稳固铁尾矿渣措施

防治公路尾矿渣害,工程措施虽然能立即有效,但由于需要大量的材料,又很费工,且要经常维修养护,维持年限较短。而植物稳固铁尾矿渣则是控制和固定风吹流动铁尾矿渣最根本、经济、有效的措施。植树造林不仅能长久稳固易流动铁尾矿渣,防止铁尾矿渣危害,还能为铁尾矿渣堆积区提供大量木材、燃料和饲料,同时造林也能调节气候、美化环境等。

植物能够固定容易被风吹流动的铁尾矿渣,是因为铁尾矿渣生植物具有发达的根系,能固定其周围的尾矿渣粒。而且堆积的枯枝落叶,腐烂后有利于有机质的聚集,促进铁尾矿渣的"成土"作用,改变铁尾矿渣堆积地性质,使易流动的铁尾矿渣趋向固定。更重要的还由于铁尾矿渣堆积地上栽种植物后,增加了地表的粗糙度,也就增加了对风的阻力,降低风速,削弱和抑制铁尾矿渣的流动。植物稳固铁尾矿渣包括种草、种植乔、灌木。草本植物能够适应较差的自然条件，易于生长，但寿命不长；灌木适应性强；乔木树干高大，防风能力强，但一般需要较好的水分条件才能成活生长。因此，理想的植物稳固铁尾矿渣是草、灌、乔相结合，取长补短，达到最大的防风稳固铁尾矿渣效果。

2.5 铁尾矿渣压实

对铁尾矿渣主要采用动力压实。铁尾矿渣的动力压实特性主要是指在振动条件下所表现出的压实性质，振动是物体经过其平衡位置时所做的往复运动或系统的物理量在其平均值附近的反复变动。产生振动需要消耗能量，同时振动也可对物体做功，利用振动对路基进行压实就是其中之一。

2.5.1 铁尾矿渣动力压实特性

振动使被振动材料内产生振动冲击，被振动材料的颗粒在振动冲击的作用下，由静止的初始状态过渡到运动状态，材料之间的摩擦力也由初始的静摩擦状态进入动摩擦状态。同时，由于材料颗粒的外层包了一层水膜，形成了颗粒运动的润滑剂，为颗粒的运动提供了十分有利的条件。被振动材料颗粒之间在非密实状态下存在许多大小不等的空隙，在振动冲击的作用下，颗粒间的位置发生错位，出现了相互填充现象，即较大颗粒形成的空隙由较小颗粒填充，被振动材料中空气的含量也在振动冲击过程中减少。材料颗粒间空隙的减少，意味着密实度的增加；被振动材料之间空隙减少使颗粒间接触面增加，导致材料内摩擦阻力增大，承载能力提高。

铁尾矿渣在干燥状态下，颗粒间的黏聚力几乎为零，在振动荷载作用下更容易产生位移，颗粒间进行重新排列；当铁尾矿渣具有一定含水率时，会出现假凝聚现象，颗粒间会存在一定的附着力和黏聚力，妨碍颗粒间的相互移动，因此振动时必须有一定的压力和剪切力的联合作用，以克服其附着力和假凝聚力。综合考虑振动压实的基本原理和铁尾矿渣的工程特性，振动压实铁尾矿渣时，要达到预期的结果，主要取决于两种因素：一是铁尾矿渣颗粒的运动状态，消除内摩擦力后就为铁尾矿渣的有效压实创造了条件；二是振动压实机械对被振动的铁尾矿渣产生的压力和剪力，这些应力一部分是由于振动压实机械的净重产生的静压作用力，另一部分是以压力波形式表现的动力。

1. 振动台法压实

振动台法振动压实的方法，是将试样与装样桶一同放在振动台上，振动台在试样低部进行振动。在室内进行铁尾矿渣底部振动试验时，铁尾矿渣的级配决定了其内部可供填充空隙的大小；含水率的大小影响铁尾矿渣颗粒间的附着力，振动设备的振动频率和振幅分别影响铁尾矿渣颗粒的移动速度和位移量，频率和振幅影响振动机械的激振力和剪应力；表面单位压力的大小决定了作用于铁尾矿渣表面的压力；振动时间的长短确定了压实功的大小。因此，铁尾矿渣的级配、含水率、表面单位压力，振动设备的频率、振幅和振动时间都能影响铁尾矿渣的密实度。试验研究过程中，通过改变铁尾矿渣的级配、含水率、表面单位压力，振动设备的频率、振幅和振动时间等影响因素，进行全面系统试验，在分析所有试验结果的基础上提出铁尾矿渣的底部振动压实规律。

1) 振动时间对压实效果的影响

铁尾矿渣试样在不同的连续振动时间下进行振动压实试验，试验在小型振动台进行，采用一次填料，振动频率 50Hz，表面单位压力 1.84kPa，振幅 0.2mm，铁尾矿渣试样级配为 A 粒组 0.15～0.3mm、B 粒组 0.075～0.15mm、C 粒组小于 0.075mm 的质量百分含量分别为 41%、50%、9%，即 41∶50∶9。试验结果见图 2-15。

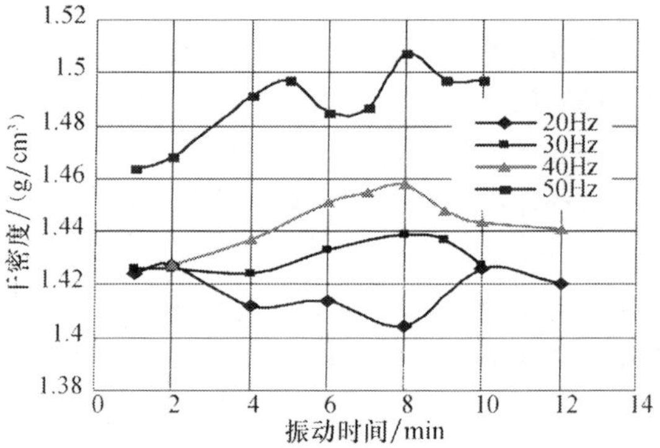

图 2-15　表面单位压力 1.84kPa、振幅 0.2mm 铁尾矿渣振动压实曲线

铁尾矿渣中具有不同含水率时，在同等情况下进行试验。在试验时，振动频率为 50Hz、振幅 0.4mm、表面单位压力 1.84kPa，并分 3 次填料的试验结果见图 2-16。

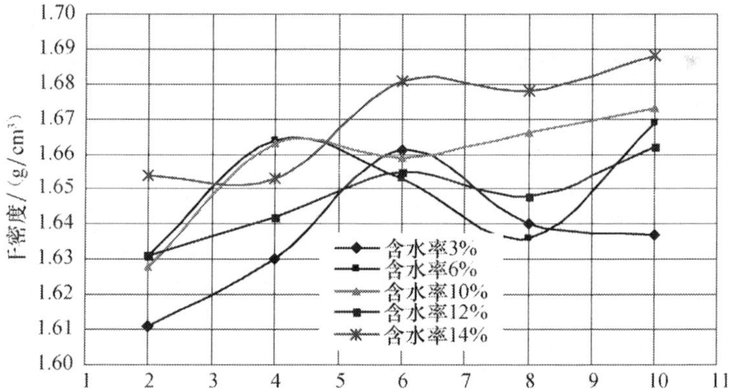

图 2-16　不同含水率、振动频率 50Hz、振幅 0.4mm 铁尾矿渣振动压实曲线

铁尾矿渣的振动压实具有以下特点。

(1) 铁尾矿渣(不论是风干，还是有一定含水率的铁尾矿渣)随着振动时间的延长会出现振实-振松-振实现象，因此振动时间并非越长越好，干密度也随时间的延长而波动。

(2) 振幅对干密度的影响较为明显，从图 2-15 和图 2-16 试验结果可以看出，提高振幅后，相同频率振动试验所得干密度值明显提高。

(3) 当振幅固定且频率较高时，铁尾矿渣颗粒间的移动较快，达到密实的时间相应较短，干密度值相应较大。

（4）含水率对干密度的影响规律不明显，不同含水率的铁尾矿渣振动规律较为接近，从试验数据可知，每种含水率状态下所得最大干密度值变化不大，含水率为14%左右时所得干密度相对较大。

2）表面单位压力对压实效果的影响

在不同的表面单位、不同振动频率和不同含水率条件下，铁尾矿渣的内部黏聚力有明显差异，表现出如下特点。

（1）振动压实过程中有表面单位压力存在，干密度会明显增大。由于压块在铁尾矿渣样表面时，阻碍了部分铁尾矿渣样颗粒的无规则跳跃。

（2）在4kPa、7kPa、13.8kPa表面单位压力下干密度变化不大，甚至出现波动。

（3）对有一定含水率的铁尾矿渣，振动曲线表现为双驼峰（双峰型），且在含水率为风干或接近饱和状态时可获得较大的干密度值。

（4）在试验条件相同情况下，振动频率对干密度有一定影响，提高频率，干密度有增大的趋势。一般振动压实设备的振动频率等于或略高于压实材料的共振频率时为最佳振动频率。

3）含水率、级配和填料方式对压实效果的影响

由上述试验可知，铁尾矿渣随含水率变化的振动压实曲线为一双峰型压实曲线。且铁尾矿渣风干状态下振动可得较大干密度值，甚至超过标准重型击实试验最佳含水率下的所得值。这是由于风干铁尾矿渣的内摩阻力很小，黏聚力几乎为零，同样的压实功下风干铁尾矿渣更容易密实，表面单位压力也阻碍了铁尾矿渣的无规则跳跃。铁尾矿渣振动压实的填料方式，即分几次将被振压材料填入击实筒中对振动压实的结果也有影响。

图2-17是铁尾矿渣在小型振动台上进行不同填料方式的振动试验结果。可以比较一次填料和三次填料之间的差别。

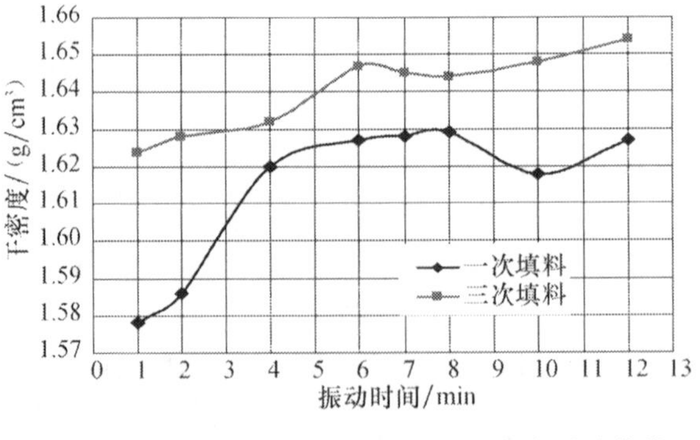

图2-17 不同填料方式对铁尾矿渣干密度影响曲线

由图2-17可知，三次填料的干密度大于一次填料的干密度。同样，铁尾矿渣级配组成也是影响干密度的因素之一。

2. 动力压实特性

依据振动压实理论，通过对含水率、级配、表面单位压力、振动时间、振动频率、振幅、

加速度、填料方式等因素进行考察，得出影响铁尾矿渣干密度的主要因素如下。

(1) 不论是干燥的铁尾矿渣还是具有一定含水率的铁尾矿渣，干密度随着振动时间延长表现出“振实-振松-振实”现象。

(2) 试验条件相同时，振幅增大干密度增大，调整频率干密度值随之变化。

(3) 表面单位压力能够促进铁尾矿渣的压实。试验表明有表面压力情况下铁尾矿渣在同等条件下所得干密度大于没有表面压力的试验结果，对不同大小表面压力进行对比试验，当表面单位压力小于4.0kPa时(0kPa，1.84kPa)所得干密度值偏小，大于4.0kPa时干密度值变化不明显，出现波动。

(4) 随着含水率的变化，不同振幅、频率、填料方式、表面单位压力情况下得到的振动曲线均为双峰型，且在含水率为0%时振动试验可获得较大干密度值。这一规律与击实法一致。

(5) 填料方式的不同也会影响压实效果，分三层填料所得的压实效果明显优于一层填料方式。

(6) 振动台的加速度对铁尾矿渣的压实效果起着关键性作用，它是振幅、频率对压实效果的综合反映，通过对不同加速度试验结果的分析总结，得出加速度为4.0g时的振动台影响压实效果的分界点，加速度小于4.0g时压实效果较差；加速度大于4.0g时试验结果与4.0g时非常接近，由此推出振动台加速度为4.0g时可对铁尾矿渣进行压实试验分析，不需过分增大振动台的加速度。

(7) 级配特征也会影响压实效果。试验表明，铁尾矿渣颗粒组成不同，在不同含水率情况下表现出的压实规律不同。

2.5.2 铁尾矿渣力学特性

路基是路面的基础，它与路面共同承受行车荷载的作用和自重的影响。实践证明，没有坚固、稳定的路基，就没有使用性能优良的路面。由于路基的重要作用，除要求路基断面尺寸符合设计，还应满足以下基本要求。

(1) 具有足够的整体稳定性。路基是直接在地面上填筑或挖去一部分地面土壤而建成的。路基修建后，改变了原有地貌的天然平衡状态。在工程地质不良地区，修建路基则可能加剧原地面的不平衡状态，从而诱发各种路基失稳现象。因此，为防止路基结构在行车荷载和自然因素作用下，不会产生过大的变形或破坏，必须因地制宜地采取一定的措施保证路基整体强度和稳定性。

(2) 具有足够的强度。路基的强度是指在行车荷载作用下，路基抵抗上覆荷载作用的能力。行车荷载及路基路面的自重对路基下层和地基产生一定的压力，这些压力都可能使路堤或地基产生一定的变形，直接影响路面的使用质量。因此，要求路基应有足够的强度。

(3) 具有足够的水稳定性。路基在地表水和地下水的共同作用下，其强度会发生变化。特别是在季节性冰冻地区，由于水温条件的变化，路基将发生周期性冻融作用，形成冻胀与翻浆，使路基强度急剧下降。因此对于路基，不仅要求有足够的强度，还应保证在最不利的季节环境条件下，强度不会显著降低，这就要求路基应具有一定的水稳定性。

铁尾矿渣堆积地区修建公路时，使用铁尾矿渣为路基材料，而且在铁尾矿渣形成的过程中，由于风的作用人为堆积，会形成很多高低不同、大小不同的铁尾矿渣丘，有的铁尾矿渣丘高达数十米。因此，路基将会出现许多的高填方和深路堑路段，为保证路基的强度和稳定性，必须研究铁尾矿渣作为路基材料的力学性质，以分析铁尾矿渣路基的承载力。

铁尾矿渣的压实特性和其本身的密度及含水率有关，因此应从这两个方面对铁尾矿渣的力学性能进行研究。通过对不同密度、含水率条件下的CBR，回弹模量值、压缩试验、剪切试验的结果分析，总结其在一定压力作用下的变形规律，分析其承载能力的大小，从而研究铁尾矿渣的力学特性。

1）CBR

通常天然状态的铁尾矿渣的实际风干含水率在2%左右，最大干密度试验表明，铁尾矿渣含水率在2%左右时其干密度可达到较大值。在不同击实功和不同含水率状态下可得出不同干密度下的CBR。当试件干密度相同、含水率不同时CBR的差异较大，风干铁尾矿渣的CBR相对偏小；湿润铁尾矿渣的CBR在15～30，说明铁尾矿渣压实以后，具有较高的抵抗破坏的能力。

2）回弹模量

路基的回弹模量值取决于铁尾矿渣的性质、含水率和干密度。铁尾矿渣含水率在0、2%、6%和较佳含水率4个点时，其单位压力-回弹变形关系，表现出以下特点：

(1) 铁尾矿渣的单位压力-回弹变形关系曲线基本呈直线，说明铁尾矿渣基本属于弹性体。

(2) 铁尾矿渣的含水率为零时回弹模量E_0较小，基本都在62.6～92MPa；但有一定含水率的铁尾矿渣回弹模量E_0值都在100MPa以上，甚至可达到更高值。

(3) 含水率固定时，回弹模量会随着干密度的提高而增大。

(4) 含水率较小时，每一种铁尾矿渣的回弹模量都达到很高的值。当含水率大于2%时继续增加，回弹模量值变化很小，出现波动。铁尾矿渣的回弹模量E_0是含水率和压实度的函数。以1.796g/cm^{3}作为遵化铁尾矿渣的最大干密度，得出回弹模量E_0和含水率ω、压实度K的关系见表2-7。

表2-7　不同含水率、压实度和回弹模量试验结果表

含水率ω/%	0	0	2.3	2.38	2.23	6.19	6.03	5.83	12.23	12.67	12.41
压实度k/%	95.0	97.9	93.8	90.6	92.8	94.2	93.5	93.4	98.6	97.2	100.0
回弹模量E_0/MPa	62.6	80.0	130.4	119.8	125.5	123.9	123.7	125.5	131.1	129.5	147.4

回归分析表明，铁尾矿渣的回弹模量值随着压实度的增大或含水率的减小而增大；随着压实度的减小或含水率的增大而减小。

3）剪切强度

抗剪强度是指土体对于外荷载所产生的剪应力的极限抵抗能力，抗剪强度的室内试验方法主要有直接剪切试验、三轴剪切试验。考虑到铁尾矿渣的特性，采用在不同的垂直压力σ作用下，施加水平剪切力，求得破坏时的剪阻力，然后根据库仑定律确定抗剪强度参数内摩擦角φ值和黏聚力C值。如图2-18所示。

铁尾矿渣的直接剪切规律：①内摩擦角与压实度之间具有较好的线性关系，且随压实度的增加而增大；②铁尾矿渣的内摩擦角在30°～38°。

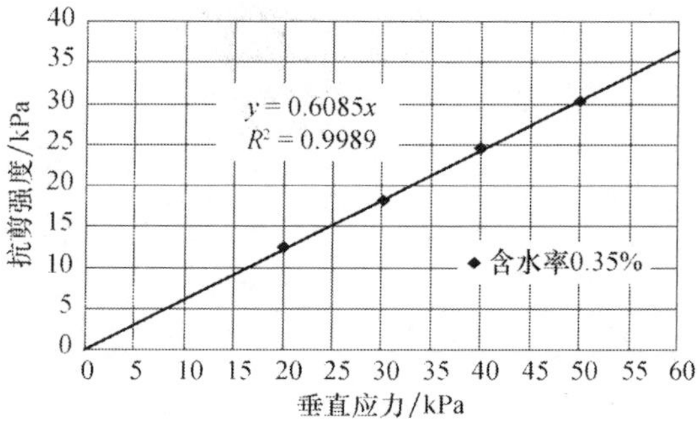

图 2-18　垂直应力 σ 与抗剪强度 τ 的关系曲线

4）压缩特性

铁尾矿渣的主要压缩特性如下。

(1) 铁尾矿渣的 e-lg$P$ 曲线基本为线性关系，这说明用压缩指数 C_c 等压缩性指标进行铁尾矿渣的压缩沉降计算是可行的。

(2) 随着加荷等级的增大，铁尾矿渣的压缩模量大体上呈线性增长。

(3) 压缩模量是含水率和压实度(或干密度)的函数。随着压实度的增长或含水率的降低，压缩模量变大；随着压实度的减小或含水率的上升压缩模量变小。压缩系数则与之相反。

(4) 不论风干铁尾矿渣，还是有含水率的铁尾矿渣，都有较高的压缩模量值，这说明铁尾矿渣路基经压实后，具有较好的稳定性和较高的强度。

(5) 铁尾矿渣的压缩系数 a 不是常数，会随着加载压力的增大而减小，根据试验结果可知，铁尾矿渣属低压缩性土。

(6) 铁尾矿渣在一定压力作用下完成压缩变形的时间很短，并在半对数坐标中沉降量与时间呈良好的线性关系。

5）回弹模量

铁尾矿渣的回弹模量有以下特点。

(1) 铁尾矿渣的压力-回弹变形关系曲线基本为直线。

(2) 铁尾矿渣的干燥条件下回弹模量值不是很大，基本都在 100MPa 以下，而有一定含水率的铁尾矿渣回弹模量 E_0 值都在 100MPa 以上，有的已经达到很高的值，利用这一结论，铁尾矿渣在天然含水率下进行压实是可行的，也是有利的。

(3) 含水率固定时，回弹模量值会随着干密度的提高而增大。

(4) 进行回归分析可知：铁尾矿渣的回弹模量 E_0 与压实度、含水率有较好的线性关系，回弹模量值随着压实度的增大或含水率的减小而增大。

铁尾矿渣可以看做弹性体，其特性可用弹性体的强度-变形性质表征。尤其是风干铁尾矿渣，弹性体性质表现得更为明显，当压实度提高时，弹性体性质表现得较充分，塑性表现得较迟。含水率减小时，内部黏聚力增大，因此一定强度下，变形相对较小。对于铁尾矿渣路基，铁尾矿渣颗粒间孔隙通道畅通，其中空气和水的排出所需时间很短，因此路基的压缩沉降变形很快完成，随时间的延长变形量变化不大。路基工后沉降随时间的变形主要由骨架蠕变引起。

2.5.3 铁尾矿渣强度-变形规律研究

在铁尾矿渣地区铁尾矿渣路基和一般路基一样，不仅与路面共同承担着车辆荷载的作用，还要承受路基路面的自重作用。因此，必须掌握铁尾矿渣路基在应力作用下的变形量和变形规律。根据铁尾矿渣无黏结性的特点，在室内成型不同压实度的试件，将不同应力作用在铁尾矿渣试件上，通过 CBR 试验、压缩试验、回弹模量试验，分析铁尾矿渣在不同压实标准情况下受一定作用时的应力-应变规律，总结出铁尾矿渣的强度-变形规律。

铁尾矿渣是由粒径不等的固体颗粒形成骨架，水和空气填充骨架的空隙而组成三相体。铁尾矿渣的压缩变形主要取决于铁尾矿渣颗粒间抵抗变形的能力。若铁尾矿渣级配良好、空隙小，铁尾矿渣颗粒摩擦阻力就较大，压缩变形就小。反之，压缩变形就大。由于铁尾矿渣颗粒的压缩性小，一般认为不可压缩，对于有一定含水率的铁尾矿渣，变形主要是孔隙水流失和气体体积的减小，铁尾矿渣颗粒重新排列，而使颗粒间距缩小的结果。干燥的铁尾矿渣属二相系，不存在孔隙水流失，仅是气体体积的减小，而使铁尾矿渣颗粒的总体间距缩小，宏观表现形成压缩变形。一般情况下，在一定压力作用下，铁尾矿渣产生的变形可分为两种：能够恢复的变形（也称为弹性变形）和不能恢复的变形（也称为塑性变形）。

1）压缩试验

压缩试验所用仪器、试验方法、数据处理方法与固结试验的静力压缩试验方法特征类似。利用静力压实特性的试验方法，对遵化市郊不同地点的铁尾矿渣按不同密度、含水率所制备的试样在不同等级压力作用下的变形全过程进行分析。将不同单位压力作用下的单位沉降量 S_i 的试验结果绘制成应力应变图。遵化市郊铁尾矿渣参数计算结果见铁尾矿渣单位应力—单位变形量关系图，见图 2-19。

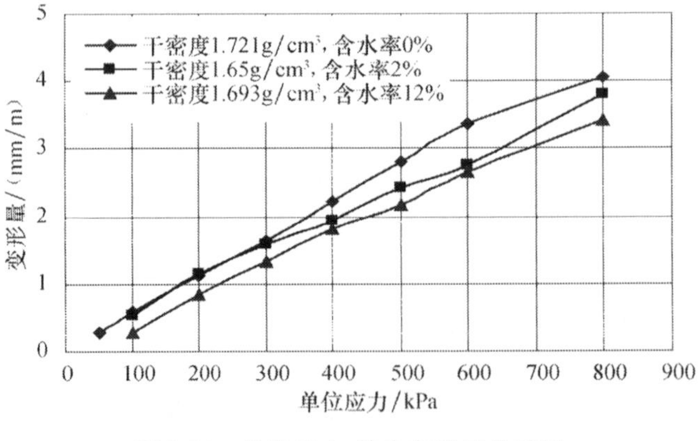

图 2-19 单位应力-单位变形量关系图

在相同的干密度和含水率条件下，单位沉降量大，说明铁尾矿渣抗变形能力稍差，不同地点铁尾矿渣的级配特征和物理性质有一定的差异性。

综上所述，铁尾矿渣具有以下压缩特性。

（1）铁尾矿渣的压缩试验所呈现的单位应力—单位变形的曲线规律，近似可看成由两个不同斜率的直线段组成。

(2) 铁尾矿渣含水率变化对单位变形影响明显，在相同应力下，随含水率增加单位变形量减小。

(3) 当应力小于 400kPa 时，不同含水率在相同应力下，单位变形基本接近。当应力大于 400kPa 时，不同含水率相同应力作用下，单位变形量差异较大。

2) CBR 试验

试验方法和所用仪器与静力压实特性的 CBR 试验方法完全相同，对遵化市郊铁尾矿渣不同干密度、不同含水率情况下试验结果进行分析，测定铁尾矿渣单位压力—变形，试验结果见图 2-20～图 2-23。

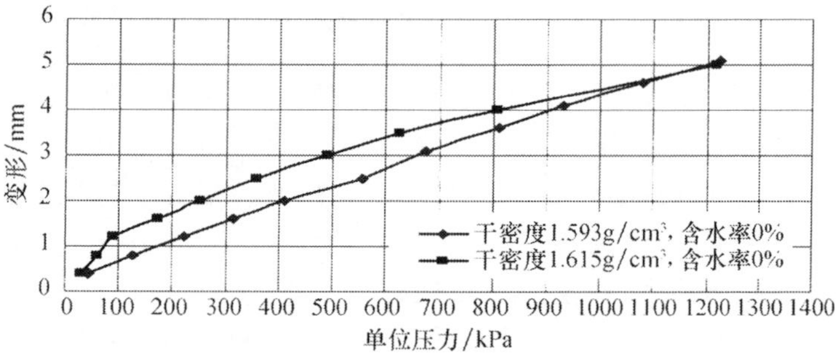

图 2-20　干燥铁尾矿渣 CBR 试验的单位压力—变形关系

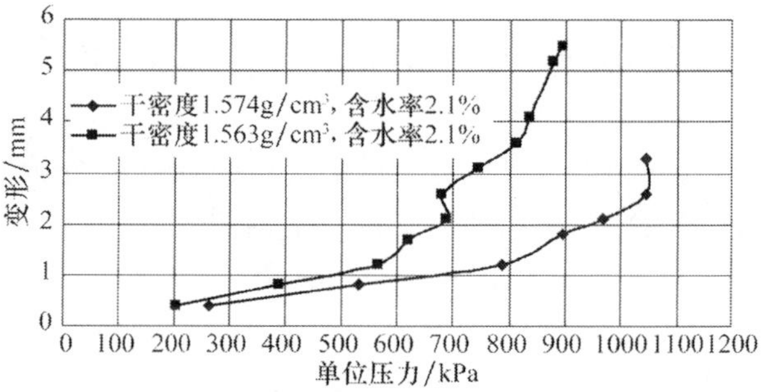

图 2-21　低含水铁尾矿渣 CBR 试验的单位压力—变形关系

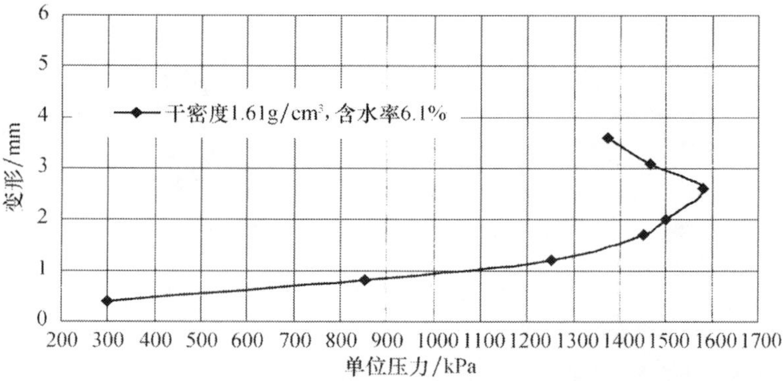

图 2-22　较少含水铁尾矿渣 CBR 试验的单位压力—变形关系

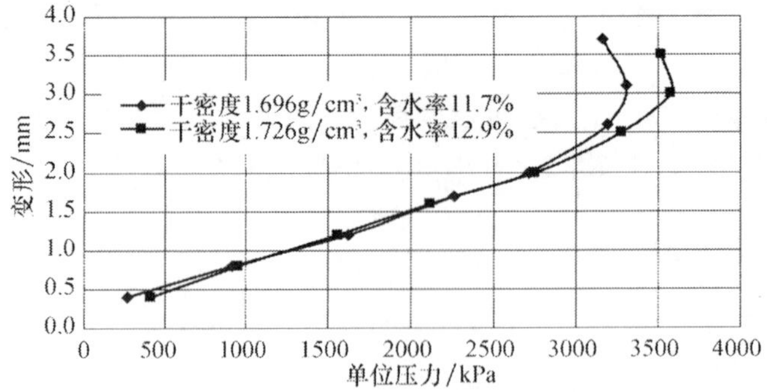

图 2-23　较多含水铁尾矿渣 CBR 试验的单位压力—变形关系

由图 2-20～图 2-23 可知，铁尾矿渣的单位压力—变形基本呈线性。在干燥状态下，基本表现为弹性性质。说明当铁尾矿渣有一定含水率时，随着干密度的增加，压力在初期一定范围内表现出弹性性质，随着压力的增加，产生塑性变形，干密度值越大发生塑性变形时所承受的压力越大。因此，铁尾矿渣的干密度值越大，则抗变形能力越强。

综上所述，铁尾矿渣具有以下受力变形特性。

(1) 铁尾矿渣在干燥状态下，应力—变形曲线基本呈线性关系，铁尾矿渣表现为弹性性质。

(2) 当铁尾矿渣有一定含水率时，在一定范围的应力作用下，铁尾矿渣具有弹性性质，随含水率的增加，干密度越大弹性性质表现越明显。

(3) 铁尾矿渣在含水率接近时，随干密度的增加，变形差异较小。

3) 回弹模量试验

试验方法和所用仪器与静力压实特性中回弹模量试验相同，对遵化市郊的铁尾矿渣，在不同干密度不同含水率情况下所制备的试件测定回弹模量时，对其单位压力和变形量进行分析，并总结一定压力下的变形规律。见图 2-24。

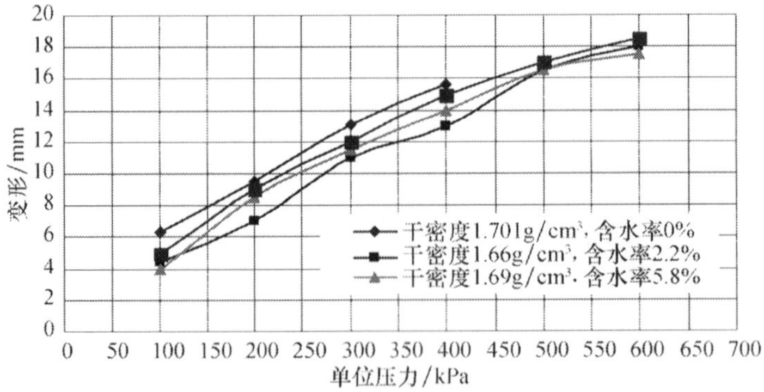

图 2-24　遵化市郊铁尾矿渣单位压力—变形图

铁尾矿渣具有以下回弹模量特性。

(1) 当含水率为零时，不同压力作用下变形较大。

(2) 随压力增加，不同含水率时变形量差异不大，变化趋势相同，压力与变形呈线性关系。

4）强度变形规律

通过几种不同试验方法，对铁尾矿渣在压力作用下的变形规律进行了试验研究，总结出铁尾矿渣强度—变形规律如下。

（1）铁尾矿渣的压力—变形基本呈线性关系。

（2）当铁尾矿渣有一定含水率时，在一定的压力作用下，铁尾矿渣具有弹性性质，干密度越大，弹性性质表现越明显，超过一定范围时，则表现出塑性性质。

（3）含水率为 0 的铁尾矿渣，与有一定含水率的铁尾矿渣相比，在相同压力作用下变形量较大，这是铁尾矿渣无黏结性的体现。

2.6 铁尾矿渣地区公路路基压实标准及方法

路基压实是保证路基强度和稳定性的关键，而路基压实标准是控制路基压实质量的关键指标。根据现有规范，对于铁尾矿渣路基的压实标准可在一般土方路基压实标准的基础上，压实度适当下浮 1%～2%，也就是说，铁尾矿渣路基的压实标准适当降低。在铁尾矿渣路基施工时，采用标准击实法确定的最大干密度值衡量路基压实度相对较容易超过土方路基压实度规定值，且压实度常常大于 100%，资料也不好处理。这就提出了一个新的问题，采用现有压实机械怎样确定压实标准会更加合理且更具经济性。

2.6.1 铁尾矿渣路基压实的影响因素

试验方法不同，确定的最大干密度也不同。当铁尾矿渣中小于 0.074mm 颗粒含量小于 23%时，振动法确定的最大干密度值大于重型标准击实法确定的最大干密度值；当小于 0.075mm 含量大于 23%时，重型标准击实法确定的最大干密度要超过振动法确定的最大干密度。

路基现场压实就是要靠压实机械的多次重复碾压，可以提高材料的压实干密度值。对于一般黏性土，随着压实遍数的增加，干密度随之增大，压实度也随之提高，当压实度达到一定程度后，随着碾压遍数的增加压实度提高的幅度减小，并趋于渐进值，达到了最大的压实程度。但铁尾矿渣不同，采用碾压设备分层压实后，因铁尾矿渣无黏性、黏聚力极小使得表面存在 10cm 左右的松散层，消耗了压实机械的部分压实功，根据室内试验研究表明，铁尾矿渣存在振密—振松—振密的过程，即经压实的铁尾矿渣若继续增加压实遍数有可能导致已经压实的铁尾矿渣干密度下降。

常规路基的施工机械包括挖运、摊铺、碾压、整型等各个工序所用施工设备，经工地现场试验，常用的运输车辆、洒水车、拖式振动压路机等设备在铁尾矿渣路基上无法行走，根据目前施工企业所拥有的压实、运输设备，在铁尾矿渣路基中能够用于压实的设备有前后双轮驱动的自行式振动压路机和推土机。这样就限制了大型拖式振动压路机的使用。每种压实机械有较为固定的振动频率和压实功率，机械性能的优劣影响到对铁尾矿渣的作用力，进而影响到铁尾矿渣压实的效果，当机械性能差时只能通过增加压实遍数提高压实功，方可压实铁尾矿渣。因此，确定铁尾矿渣压实标准应与施工机械相适应。

铁尾矿渣是透水性较好的材料，且具有压缩性小、稳定性强、沉降量小的优点，受气温、含水率影响较小，也不受不利季节的影响，当压实度达到一定程度后路基在行车荷载作用下变形量较小，路基发生沉降、变形、路面裂缝等病害较少，因此应有一定的标准，能保证路基的稳定性。

铁尾矿渣压实后的 CBR、回弹模量、压缩模量均与压实度有很好的线性关系，也就是说，压实度越高，铁尾矿渣路用承载能力越好，抗变形能力越强，在外力和自重应力作用下变形量越小，但压实度达到一定程度后，铁尾矿渣压缩模量、回弹模量随着压实度的增加变化幅度减小。因此，确定压实标准应结合承载能力的变化规律，达到较为合理的程度。

路基设计参数即路基回弹模量值与路基压实标准有着密切的关系，对于同一种路基填料，压实标准越高，路基回弹模量值越高，这对于路基设计非常有利，直接影响到路面结构厚度。当设计弯沉值一定时，路基回弹模量值越高，路面越薄。因此，对于路面设计，压实标准越高越好，有利于保证路基稳定性，又能控制路面造价，但实际上也不可能无休止地提高压实标准，过高的压实标准又要投入大量的机械台班，过高时甚至无法达到，因此，压实标准应在一定范围内尽量提高，使路面设计中所取的路基回弹模量尽可能提高。

1）碾压遍数与压实度的关系

众所周知，压路机的碾压遍数对于路基土的密度有直接的影响。试验采用小型振压机进行碾压，碾压遍数与压实度的关系曲线如图 2-25 所示，最初 8 遍，铁尾矿渣路基压实度从 90.0%增长到 90.4%，增长较快，碾压 8～10 遍铁尾矿渣路基压实度从 94.4%增长到 95.15%，增长缓慢，趋于稳定。因此，当铁尾矿渣达到一定密度后，增加碾压遍数对密度影响较小，但碾压成本增加很大，所以铁尾矿渣具有合理经济碾压遍数的特性。

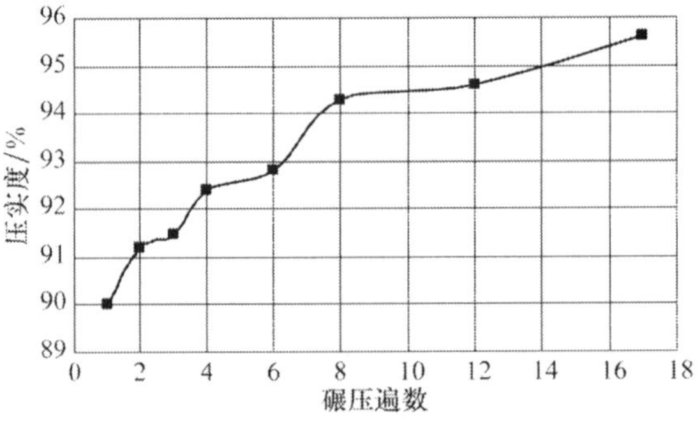

图 2-25　压实度与碾压遍数关系曲线

2）影响铁尾矿渣路基回弹模量的因素

路基回弹模量 E_0 值是路面结构设计主要参数之一，直接影响路面结构层的厚度及公路的整体强度和稳定性，并影响公路的技术性能和经济指标，影响回弹模量的因素主要有压实度、含水率，因此对其分别试验，总结规律。

路基回弹模量和路基压实度二者之间有直接关系，一般随着压实度的增加回弹模量值也会增大。从表 2-8 以看出，随着压实度的提高，回弹模量也在显著提高。测点 1、测点 2 数据平均后进行数理统计分析，可以得出回弹模量与压实度之间的关系式。即

$$E_0 = -0.5539K^3 + 153^2 - 14075K + 431280, \quad R = 0.9725 \tag{2-2}$$

表 2-8　压实度结果表

碾压遍数	测点1		测点2		回弹模量/MPa	
	压实度/%	含水率/%	压实度/%	含水率/%	测点1	测点2
1	90.4	9.6	89.6	8.3	52.5	56.8
2	91.0	7.5	91.4	7.5	64.0	65.4
3	91.8	5.8	91.3	6.1	69.8	62.2
4	92.7	9.5	92.1	9.0	85.6	81.0
6	93.0	10.3	92.8	7.0	84.0	92.4
8	94.6	7.0	94.2	10.3	98.0	103.0
13	94.8	8.2	94.5	7.7	93.2	96.5
18	95.2	8.5	95.1	8.8	102.6	104.0

通常情况下，回弹模量值随密度的增加而增大，但随含水率的增加而减小。因为对于一般土质，含水率的增大会使土体变软，强度降低。而铁尾矿渣中由于黏粒和粉粒的含量很少，颗粒表面活性较低、无黏性、松散、水稳性好；从水稳性角度含水率的变化对回弹模量的影响较小，另外铁尾矿渣的黏聚力一般在0～9kPa，在含水率为0时，铁尾矿渣为松散状态，其黏聚力几乎为零，而在含水率大于0时，黏聚力先增加后减少。因此铁尾矿渣回弹模量在相同压实度时表现为一个凸曲线，在含水率为0时最小，然后逐渐增大，到达峰值后慢慢减少，最后趋于稳定。从表2-9可以看出，在不同含水率的情况下，压实度基本接近时，回弹模量也基本接近，因此含水率对回弹模量基本无影响。

表 2-9　不同含水率下回弹模量测定结果表

含水率/%	碾压遍数	压实度/%	回弹模量/MPa
10	4	92.4	82.3
		92.1	79.8
13	3	92.6	78.5
		92.2	83.6
16	4	92.5	82.6
		92.5	86.4

从表2-9也可以看出，在最佳含水率13%附近，达到相同的压实度所需的碾压遍数比其他含水率情况下要少，也就是说在最佳含水率附近容易达到规定的压实度值。但是对于干燥少雨地区，铁尾矿渣天然含水率较小，施工过程中通过洒水使铁尾矿渣达到最佳含水率状态，不仅增大工作量，而且施工工艺无法实施，因此，铁尾矿渣路基压实只能在天然含水率状态下进行。

当压实度为90%～92%时，回弹模量代表值统计值为

$$n = 10, \bar{E}_0 = 94, S = 8.3, E_{0代表值} = 94 - 2 \times 8.3 = 77.4(\text{MPa})$$

当压实度为92%～95%时，回弹模量代表值统计值为

$$n = 10, \bar{E}_0 = 100, S = 4.3, E_{0代表值} = 100 - 2 \times 4.3 = 91.4(\text{MPa})$$

从上述资料可以发现，铁尾矿渣路基压实度在90%～94%，回弹模量基本呈直线增长，压实度在94%～95%，回弹模量基本接近，所以压实度为94%可作为回弹模量的控制压实度值。

2.6.2 不同等级公路铁尾矿渣路基压实标准

我国不同等级公路工程实践表明，合理的路基压实标准，是保证公路整体强度高、承载能力大和稳定性好的基础，在使用过程中，路面不会发生局部沉陷、早期病害或早期损坏；反之，路面的承载能力低，稳定性差，开放交通后，在较短时间内路面产生局部沉陷、裂缝甚至发生结构性破坏。

对于不同等级铁尾矿渣公路，路基的压实标准应不同，二级及以下公路，交通流量较小，在路面设计年限内通过的累计标准当量轴次相对较小，高速公路、一级公路主要分布在国道主干线、交通量较大的省际干线公路、大中城市之间，交通量大，重载车辆多，要求路基路面应有高的承载能力和稳定性。因此，应根据不同等级公路的技术要求，提出相应的路基压实标准。

通过对铁尾矿渣静力特性、动力特性、强度—变形规律等研究，并结合依托工程试验路段的试验研究结果和正常运营的铁尾矿渣公路的调查资料，综合分析研究，提出不同等级铁尾矿渣公路压实标准。

1）二级及以下公路

对于二级及以下铁尾矿渣公路，在路基施工时，由于施工方法、工艺及压实机械等和高速公路一样，只能采用双驱压路机进行路基的压实碾压。依据室内外试验研究结果，结合现有铁尾矿渣地区二级公路（迁擂公路延伸线）稳定路段的调查资料和测定结果，现有二级公路的各项参数已能满足技术指标的使用要求，采用振动法确定的铁尾矿渣最大干密度值作为压实度的标准干密度，提出铁尾矿渣路基压实标准为93%。

2）高速公路、一级公路

众所周知，铁尾矿渣公路由于所处的地理位置与其他公路差异较大，基本处于能源区，交通流量组成相对简单，车辆轴载大，根据试验研究结论和经济技术分析，高速公路、一级公路应有较高的路基压实标准。综合试验研究结论、经济技术分析和实体工程的验证，提出铁尾矿渣路基压实标准为94%。

2.6.3 不同填土高度路基压实度标准

我国现行《公路路基施工技术规程》(JTG F10—2006)规定了一般土质路堤压实度标准如表2-10所示，压实标准以重型击实试验为基础，只适用于土路基，对铁尾矿渣路基没有明确规定，建议在此基础上下浮2%～3%，鉴于在铁尾矿渣地区路基施工中直接应用《公路路基施工技术规程》存在许多问题，对不同高度铁尾矿渣路基的压实标准从以下几个方面进行分析。

表2-10 一般土质路基压实度标准表

填挖类型		路面底面计起深度范围/cm	压实度/%	
			高速公路、一级公路	其他公路
路堤	上路床	0～30	≥95	≥93
	下路床	30～80	≥95	≥93
	上路堤	80～150	≥93	≥90
	下路堤	＞150	≥90	≥90
零填及路堑路床		0～30	≥95	≥93

1）施工工艺

在铁尾矿渣路基施工中，基本不受软土、淤泥等自然环境不利情况的影响，且施工地形相对开阔，铁尾矿渣路基上下层施工条件变化不大。另外，铁尾矿渣路基施工方法和工艺与一般土质有较大差别，路基填料及施工不受含水率变化的影响，在天然含水率和零含水率时均能压实。

2）铁尾矿渣路基的填土高度

铁尾矿渣地区由于风雨侵蚀对路基的危害，路基应有一定的填土高度，避免公路受侵蚀危害的影响，但是，由于公路建设的经济性，路基的填土高度又不宜太高。根据研究，若不考虑防洪技术要求，铁尾矿渣地区公路路基高度一般为 30～200cm，即最小高度应大于 30cm，最大高度小于 200cm，减去路面结构的厚度，路基填土高度不高于 1.5m，因此，以 90cm 填土高度划分压实区间就没有必要，平均填土高度应在 1m 左右。

3）与现行规范规定压实标准的比较

综上所述，在施工工艺中不大量增加施工费用的基础上，结合铁尾矿渣路基压实工艺和路基应力分析认为：铁尾矿渣路基在压实施工中，不再考虑不同深度铁尾矿渣路基采用不同的压实标准。现行路基设计规范、公路工程质量检验评定标准规定，对于高速公路，在路堤高度大于 1.5m 以下的压实标准较低，压实度按 93%控制。1.5m 以上按不同高度压实度有所提高。依据路基工后沉降量计算公式 $\Delta s=\sum_{i=1}^{n}(1-K_i)h_i$ 计算沉降量。由于本课题提出不分区的观点，整个路堤均采用 94%（或 93%）的压实标准，在 1.5m 范围内经计算比较，预估的工后沉降量与规范规定的压实标准计算结果相同，并未降低标准。

规范规定，不同等级的公路，在路堤填土高度大于 80cm 以下的压实标准与上部相比有所降低。而本课题提出不分区的观点，对整个路堤范围内均采用同一压实标准，与之相比，填土高度大于 1.5m 的下部压实标准有所提高，与理论计算下部所承受的自重应力较大的结论相一致。特别是对于二级公路或其他等级的公路，上部 80cm 以内压实标准与现行规范略有降低，而下部的压实标准基本一致，这也有利于减少工后总沉降量，提高路基整体稳定性。

2.7　铁尾矿渣路基压实方法和施工工艺

2.7.1　铁尾矿渣堆积地区环境特点对路基施工的影响

1）季节、气候

铁尾矿渣表面天然含水率只有 1%～2%。采用现行规范进行的重型击实试验的最大干密度所对应的最佳含水率一般为 1%～2%或 14%～18%，铁尾矿渣堆积地区取水困难，如果采用最佳含水率进行施工并不现实，只能在铁尾矿渣天然含水率的条件下进行施工。

2）铁尾矿渣的风蚀侵害

由于铁尾矿渣堆积地区特殊的自然环境常会有大风天气，在路基施工中主要发生铁尾矿渣病害。对路基的施工和质量造成影响。

铁尾矿渣灾害作为自然灾害之一，指风吹铁尾矿渣运动引起的生态环境恶化及对人和工程建设的破坏过程。风和铁尾矿渣是引起铁尾矿渣灾害的两个主要因素，因此铁尾矿渣灾害主要发生在铁尾矿渣堆积地区。

铁尾矿渣灾害的基本类型有风蚀和渣埋等。这些灾害过程相互关联并发生作用，实质就是风力作用于铁尾矿渣质地表而引起的铁尾矿渣物质风吹—搬运—再堆积过程。

3）铁尾矿渣堆积地区的降雨

由于铁尾矿渣颗粒细小，在水的作用下路基中较小铁尾矿渣颗粒易被水流带走，产生水毁病害。

铁尾矿渣堆积地区的降雨特点是降雨少但非常集中，多在夏季集中降雨，且为强降雨，同时铁尾矿渣的颗粒细小，不大的水流就可以将其带出路基造成路基病害。

铁尾矿渣路基发生水毁主要有以下几种类型。

(1) 边坡冲刷。雨水从路基边坡散排时将边坡铁尾矿渣或包边土带走形成沟槽，如果不处理沟槽会因水流冲刷能力的增强迅速扩展，路基破坏。

(2) 路基掏蚀。主要发生在铁尾矿渣路基封层和包边土完工后，雨水从封层浸入铁尾矿渣路基内部，并将铁尾矿渣带出路基，路基表面可能只是小裂缝，而路基内部已经掏蚀成很大一个洞，随后塌陷。这种危害突然性较大，如图 2-26 所示。

图 2-26　铁尾矿渣路基的掏蚀

(3) 路基冲毁。雨水在铁尾矿渣路基表面形成汇流，水流流出路基处因水流较大将路基铁尾矿渣大量带出造成路基比较大的破坏，如图 2-27 所示。

图 2-27　路基破坏

以上 3 种水毁类型的共同特点是刚开始时形成小的汇水通道，随着水流流速和流量的增大及快慢，演变成不同的破坏形式。施工中及时完善排水设施的同时，雨季时还要经常检查路基，及时发现和排除可能发生路基水毁的隐患，减少工程损失。

4）工程地质

由于堆积表面的铁尾矿渣常为松散状态，现行公路施工一般的压实机械、施工机械都不能直接在铁尾矿渣上行走，只能选用推土机、自行双驱压路机等较轻型施工机械进行压实施工。

同样由于堆积表面的铁尾矿渣常为松散状态，常用的平地机进行铁尾矿渣路基顶面的整平也不可能，只能选用小型推土机由人工配合进行铁尾矿渣路基顶面的整平，这样的路基整平效果和精度要比一般路基差，并且施工的进度也较慢。

路基施工完成后，路面工程的施工设备直接在铁尾矿渣路基顶面行走将会陷入铁尾矿渣中而无法正常工作，需要在铁尾矿渣表面再摊铺一层封层，这对于严重缺乏筑路材料的铁尾矿渣堆积地区无疑增加了工程造价。

2.7.2　铁尾矿渣路基压实工艺

1）振动压路机在天然含水率状态下分层碾压工艺

此种施工工艺适用于振动压路机在天然含水率状态下分层碾压，也适用于雨后铁尾矿渣路基的压实。施工工艺流程如图 2-28 所示。

具体施工工艺如下。

（1）施工前准备工作。包括放样、清除填方路段原地表杂草、树根及借方位置原地表面杂草、树根等。

（2）原地表处理。对填方路段填前原地表杂草、树根清除后应对原地表进行填筑前压实，采用双驱动的振动压路机碾压不少于规定遍数，碾压时轮迹重叠不应小于 1/3，轮迹布满一个作业面为一遍。碾实后取样进行干密度检测，压实度应达到规定的压实标准，不合格时应补压直到合格。

（3）推送填料。推土机从路基两侧或短距离内纵向调配铁尾矿渣推运至填方路段整平、稳压。

（4）摊铺填料。对推运至填方路段内的填料采用推土机摊铺并整平，或采用推土机配合平地机整平。推土机摊铺后每层厚度一般不超过 30cm。摊铺厚度可采用填料前后定点测量高程控制。

（5）推土机稳压。推土机稳压时从路基边缘向内侧逐轮碾压，碾压时轮迹重叠宽度不小于 1/2 单轮宽度，单侧轮迹布满一个作业面为一遍，一般需要稳压两遍。稳压时也可采用纵向、横向交错的碾压方式。

（6）振动压路机碾压。压路机碾压时应按下列规

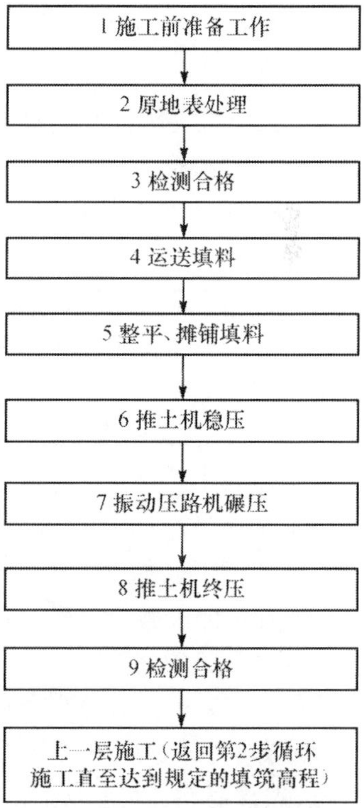

图 2-28　振动压路机在天然含水率状态下分层碾压施工工艺流程图

定进行。①压实应根据试验段提供的松铺厚度和控制压实遍数进行。经压实度检验合格后方可转入下道工序,不合格时应进行补压再做检验,直到合格。振动压路机一般碾压 6 遍以上,碾压时轮迹重叠不应小于 1/3,轮迹布满一个作业面为一遍。②采用 15t 以上前后轮驱动振动压路机进行碾压。碾压时先慢后快,采用强振法进行振动碾压。③压路机的碾压行驶速度开始时不超过 4km/h,碾压时直线段由两边向中间,小半径曲线段由内侧向外侧,纵向进退式进行。前后相邻两区段(碾压区段之前的平整预压区段与其后的检验区段)应纵向重叠 20m 以上,达到无漏压、无死角,确保碾压均匀(图 2-29)。

图 2-29　振动压路机压实

(7) 推土机终压。推土机终压压实工艺与推土机稳压相同,轮迹应重叠单轮宽度 1/2 以上,终压两遍。

(8) 检测。压实度检测对天然含水率条件下采用普通环刀法、灌砂法、表面波密度仪法测定干密度。无含水率条件下采用洒水环刀取样,改进环刀法取样。计算压实度、固体体积率等,压实质量以压实度控制。压实度应达到规定的标准,若不符合要求时必须进行补压,直到合格,方可进行下一道工序的作业。检测取样位置、深度必须符合有关规定。

2) 推土机在天然含水率状态下分层碾压工艺

此种压实工艺适用于采用推土机在天然含水率状态下分层压实铁尾矿渣的填方路段。施工工艺流程如图 2-30 所示。

具体施工工艺如下。

(1) 施工前准备。准备工作主要包括施工放样、试验、机械选择、清除填方路段和借方位置原地表杂物等。

(2) 原地表处理。填方路段清除原地表杂物后,采用不小于 140 马力以上的推土机碾压,碾压时直线段应从路基边缘向内侧逐轮碾压;半径较小的曲线段应从内侧向外侧逐轮碾压,碾压时轮迹应重叠,重叠宽度不小于单轮宽度的 1/2。可采用纵向、横向交错的方式碾压,轮迹布满整个作业面为一遍,一般碾压 8 遍以上,检测压实度,应达到规定的压实度标准。否则,应补压直到合格。

（3）推送填料。推土机从路基两侧借方位置或纵向短距离内调配铁尾矿渣推运至填方路段。或汽车通过施工段落将填料运至路基两侧。

（4）摊铺、整平。采用推土机或平地机配合推土机将推送到路基范围内的铁尾矿渣摊铺、整平，摊铺厚度应根据试验路试验结果确定，一般不超过 25cm，施工时可在填料前后定点测定高程控制松铺厚度。

（5）推土机碾压。推土机碾压时单侧轮迹重叠宽度不小于 1/2 单轮宽度，在直线段碾压时应从路基边缘向内侧逐轮碾压，在半径较小的曲线上碾压时从内侧向外侧逐轮碾压。碾压遍数应根据碾压试验段的试验结果确定，一般不得低于 6 遍。

（6）压实检测要求与振动压路机在天然含水率状态下分层碾压压实工艺压实度检测方法相同。

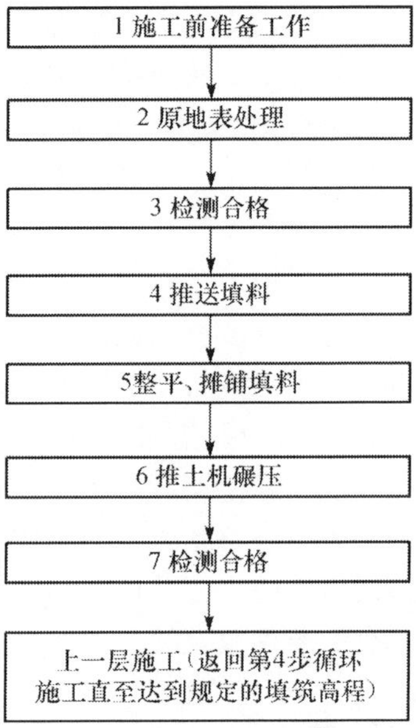

图 2-30　推土机在天然含水率状态下分层碾压的施工工艺流程图

3）水坠法碾压工艺

此种压实工艺适用于水源充足的路基填方路段和通道、桥头及其他构造物台背处铁尾矿渣路基的压实。水坠碾压法施工可分为水坠加推土机碾压和水坠加振动压路机碾压两种方法，两种方法施工工艺相似。水坠碾压法施工工艺流程如图 2-31 所示。

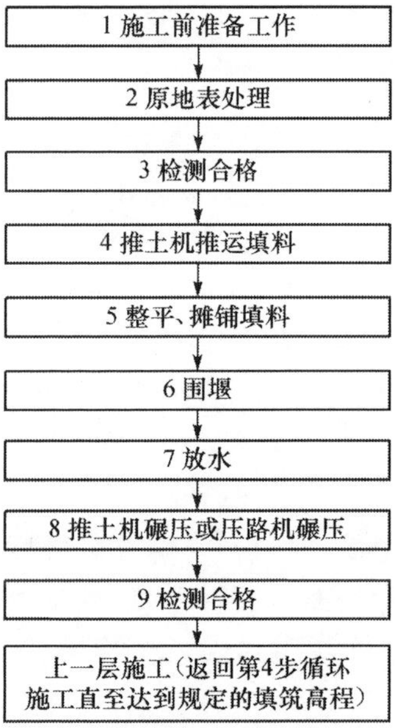

图 2-31　水坠碾压法施工工艺流程图

具体施工工艺如下。

（1）施工前准备工作。包括放样、清除填方路段原地表杂草、树根及借方位置表面杂草、树根等。

（2）原地表处理。对填方路段填前原地表杂草、树根清除后应对原地表进行水坠碾压。水头高度、碾压遍数按依托工程试验段的试验结果控制，待水全部渗透后取样测定干密度，计算压实度，压实度应达到本规程规定的压实标准，不合格时应重新水坠碾压直到合格。

（3）推送填料。由汽车通过施工便道将铁尾矿渣运至填筑路基两侧，由推土机推送到路基上。推土机从路基两侧或短距离内纵向调配铁尾矿渣推运至填方路段。

（4）摊铺填料。对推运至填方路段内的填料采用推土机摊铺并整平，或采用推土机配合平地机整平，推土机摊铺后每层厚度不得超过 30cm。可采用填料前后定点测量高程控制松铺厚度。

（5）围堰。在摊铺、整平好的路基上分段设围堰。设置围堰时应根据纵坡、横坡大小适当划段，长度不宜小于 10m，宽度不宜小于 5m。围堰高度不低于 30cm，宽度不小于30cm。

（6）放水。围堰设置好后开始放水，放水应连续进行，放水时水流流速应稍大，铁尾矿渣路基顶面上的水头高度一般要大于 20 cm 或是试验所确定的水头高度。

(7) 碾压。在保持一定的水头高度的情况下开始碾压,可采用推土机或振动压路机碾压,碾压时轮迹应重叠,推土机重叠单轮宽度的 1/2,振动压路机重叠轮迹宽度的 1/3 以上。当轮迹布满整个作业面时为一遍。碾压遍数应通过试验确定,一般不少于 3 遍。

(8) 检测。等待路基顶面多余水全部渗完后取样检测干密度,检测方法采用普通环刀法。计算压实度或固体体积率等。压实度应符合技术要求,不合格时应重新水坠碾压,直到合格方可进行下一层的施工。

4) 零填及路堑路床的压实工艺

零填及路堑路床的压实工艺与推土机或振动压路机在天然含水率状态下的压实工艺相似。零填及路堑路床的压实处理深度为 2 倍的摊铺厚度,即零填及路堑路床达到设计标高后再下挖 2 倍的摊铺厚度的路床,再按推土机或压路机在天然含水率状态下的压实工艺分 2 层回填碾压达到设计标高。在路基顶部铁尾矿渣的压实度应达到规定要求的压实标准。

5) 半填半挖路基的压实工艺

对于半填半挖路基,当地面横坡缓于 1∶5 且基底经处理符合要求时,可直接在经处理的地基上分层填筑路堤。地面横坡陡于 1∶5 时,原地面应挖成台阶(台阶宽度不小于 2m)并进行压实。填筑应由最低一层台阶填起,逐台向上填筑,分层压实。所有台阶填完之后,即可按一般填方进行。

2.7.3 铁尾矿渣路基封层

1) 铁尾矿渣路基封层的作用和类型

当铁尾矿渣路基施工完成后,由于铁尾矿渣路基表面常处于干燥状态,并有 10cm 左右松散层。它的极限承载能力较低,施工机械直接在完工后的铁尾矿渣路基顶面行驶相对困难,容易陷入路基中,或是将已平整好的铁尾矿渣路基顶面破坏,形成凹凸不平的车辙和坑槽。因此需要在铁尾矿渣路基顶面设置封层,该结构层的主要功能如下:

① 满足规范要求的路基中间验收强度指标和外形几何尺寸;

② 满足路面施工机械和施工车辆的正常作业;

③ 减少强风暴雨侵蚀对铁尾矿渣路基的破坏。

由于设置封层的主要作用是从路基、路面施工作业时的便利要求考虑,不是考虑路基整体强度和受力情况,所以设置的封层主要采用结构简单、施工方便、节省材料、技术性能可靠的封层类型,结合依托工程试验段的具体情况和经济技术指标综合考虑,提出铁尾矿渣路基封层主要采用以下类型:

① 素土封层;

② 石灰土封层;

③ 天然沙砾封层。

铁尾矿渣路基表面无封层,而直接施工底基层的情况一般使用铁尾矿渣堆积地区二级以下的低等级公路路基。对于这些公路底基层结构为石灰土、天然沙砾二灰土,其一次施工厚度宜 15～16cm，施工工序尽可能采用推进法摊铺、碾压，避免对铁尾矿渣路基表面产生破坏。另外对于铁尾矿渣表面含水率较大的高等级公路也可不设封层。但路面底基层采用两层，施工工序为推进法摊铺、碾压。

通过对设置封层的几种类型进行研究，设置封层有如下优点：

① 可以提高路基的平整度，为路面施工提供便利条件；

② 可以有效地保证路面底基层的施工厚度；

③ 灰土类封层可以提高路基顶面的回弹模量。

但设置封层将增加工程造价。

设置与不设置封层主要考虑公路等级以及工程造价等因素。建议对于高速、一级公路的铁尾矿渣路基顶面设置封层。二级及以下等级的公路视具体工程而定。

2）碾压石灰土封层

采用大吨位拖式压路机碾压石灰土封层可以有效提高铁尾矿渣路基顶面干密度，封层压实后的压实度和铁尾矿渣路基顶面压实度满足规定要求。同时封层的压实厚度采用 15～20cm 是合适的，当压实厚度超过 25cm 后铁尾矿渣路基顶面压实度难以达到规定要求。

拖式光轮压路机在碾压 20cm 石灰土封层 8 遍后封层压实度可达到 95%以上。碾压时石灰土表面局部有拥起现象，施工最后对拥起部分需采用轻型压路机终压。

采用拖式羊足碾压路机碾压 20cm 石灰土封层 6 遍后封层压实度均可达到 95%以上。施工后石灰土封层表面 4～5cm 不平整，需采用平地机刮平，再用轻型光轮压路机终压，保证封层表面的平整度。

建议在石灰土封层施工时，综合两种拖式压路机的优点。封层施工可首先采用拖式羊足碾压路机碾压 4 遍后，换为拖式光轮压路机再碾压 2～3 遍，最后轻型压路机终压。为了避免推土机配合拖式光轮压路机碾压时对石灰土封层平整度的影响，可采用轮胎压路机或装载机配合拖式光轮压路机碾压。

3）薄层石灰土封层

在以上对石灰土封层试验的基础上，将封层厚度减薄以达到节约材料与降低工程造价的目的。

薄层石灰土封层在实际施工时，由于铁尾矿渣路基顶面在重车碾压下易变形、推移，容易产生封层摊铺厚度不均问题。振动压路机碾压时封层裂缝、波浪较多，不宜成形。故石灰土封层的厚度不应小于 15～20cm。同时在施工中应严格控制封层碾压厚度以保证铁尾矿渣路基顶面和封层的压实度达到规定要求。

4）素土封层试验

素土封层的压实厚度不宜小于 15cm，否则在摊铺时难保证封层厚度均匀，振动压路机碾压封层时，部分铁尾矿渣翻出造成封层表面松散无法成形或波浪严重。

5）天然沙砾封层

采用压路机碾压天然沙砾封层可以有效提高铁尾矿渣路基顶面干密度，封层压实后的封层压实度和铁尾矿渣路基顶面压实度均满足规定要求。同时封层的压实厚度采用 15cm 能够满足铁尾矿渣顶面的施工要求。

天然沙砾封层施工时采用自行式振动压路机进行碾压，建议压实工艺：天然沙砾封层施工前，先对铁尾矿渣路基用小型推土机整平并稳压，再用推土机摊铺天然沙砾并稳压，摊铺时应严格控制摊铺厚度，平地机整平后，用自行式振动压路机碾压规定的遍数，保证封层顶面平整度。

2.7.4 铁尾矿渣路基施工质量控制措施

铁尾矿渣路基施工质量控制主要是铁尾矿渣路基的压实，路基的强度与稳定性是保证公路长久运营的基本条件。但是铁尾矿渣颗粒极细且易风干，黏聚力极小，在路基压实的过程中铁尾矿渣容易发生侧向变形，施工中的路基加宽宽度要大于一般公路路基的加宽宽度。所以对铁尾矿渣路基合理的加宽宽度不但可以保证路基的压实度，还可以避免增加不必要的工程造价。为保证路基有效压实度，建议铁尾矿渣路基施工时的加宽宽度为 50～100cm。

铁尾矿渣堆积地区公路路基的施工质量主要控制的对象是原材料及施工过程中各个环节。任何一个环节控制不严都将会给公路路基整体质量造成隐患，影响最终的工程质量。所以施工质量应控制质量形成过程中的每一个环节，才能使公路的最终质量达到预期目的。

1）施工前的准备工作

路基施工前，施工单位在全面熟悉设计文件和设计技术交底的基础上，进行现场核对和调查，根据设计要求和调查的现场实际情况，核实工程数量，按工期要求、施工难易程度、人员、设备、试验等详细情况，编制具体、全面、详细的施工组织计划，并对工程施工的难点、重点部分有具体的材料要求、施工工艺工序及质量保证措施等。必要时还要编制铁尾矿渣区路基施工网络计划图。修建生活和工程用房，解决好通信、电力、水的供应，修建工程所需的临时便道、便桥、预制场地，确保施工设备、材料、生活用品的供应并设立必要的安全标志。同时，路基施工前做好施工测量工作，包括导线、中线、水准点复测、横断面抽查与补测、增设水准点等。若发现控制点、水准点位于路基施工范围内应移至路基施工影响范围之外，并设在较为稳定的、长度不少于 1.2m 的混凝土桩上，必要时应设护桩进行保护。

根据恢复的中线、设计图表、施工工艺确定出路基用地界桩和路堤坡脚、路堑堑顶、边沟、取铁尾矿渣位置、平整带、弃渣位置等具体桩位，距路中心一定安全距离处设立控制桩，间隔不宜大于 50m。桩上应标明桩号与路基中心填挖高度，用（＋）表示填方，用（－）表示挖方。在放完边桩后，应进行边坡放样，对深挖高填地段每挖 5m 应复测中线桩，测定其标高及宽度，以控制边坡的大小。施工期间，每隔一定时间应复测导线点、水准点。春季以后由于风吹雨冲，一些测量桩会发生位移或破坏，必须复测水准点、导线点、控制点等。

开工前的室内试验项目有以下内容：

① 铁尾矿渣颗粒分析试验；

② 铁尾矿渣相对密度试验；

③ 铁尾矿渣天然含水率试验；

④ 铁尾矿渣最大干密度试验，若材料发生变化时随时要补做试验。

2）施工时的排水和防护

铁尾矿渣路基施工过程中应根据施工季节、路堑横断面形状、纵坡、横坡等情况设置必要的排水设施，特别是在夏季暴雨较为集中时应防止雨水对路堤、路堑的冲刷。尽量采取有效措施保护路线两侧的地表原有植被和地表硬壳。对因施工作业及取、弃渣等造成原地表植被破坏的部分，路基成形且边坡整理后，应采取柴草网格障蔽或黏土压盖等措施，对新露出的铁尾矿渣面及时防护，并撒播草籽及时恢复植被。

春、秋两季由于风较大，更应注意铁尾矿渣路基的防护，如果铁尾矿渣路基施工期间要经过一个冬季的停工期，对于未完工的路基可以在已经碾压并检验合格的路基上，将上一层的铁尾矿渣摊铺到位作为防护层，以保护路基被风侵蚀。再次施工时只需将防护层的厚度调整到施工的摊铺厚度，按正常施工工艺进行施工。

3）填方路堤的施工

填方路堤施工前的原地面处理，要做好原地面临时排水设施，并与永久排水设施相结合。排出的雨水不得引起水沟淤积和路基冲刷。同时，路堤修筑范围内，原地面的坑、洞、墓穴等，要用铁尾矿渣进行回填，并达到规定的压实度。如果路堤基底为耕地、疏松的铁尾矿渣或水塘时，需要先清除有机土、腐殖质土、淤泥、种植土后，再平整并按分层碾压达到规定压实度。

在填方路堤，当地面横坡缓于 1∶5 且基底经处理符合要求时，可直接在经处理的地基上分层填筑路堤。当地面横坡陡于 1∶5 时，原地面应挖成台阶(台阶宽度不小于 2m)并进行压实。填筑应由最低一层台阶填起，逐台向上填筑，分层压实。所有台阶填完之后，即可按一般填方进行。

对填方路堤地基应充分碾压，确保地表面以下 50cm 范围内铁尾矿渣层的压实度达到规定的要求。

采用铁尾矿渣填筑路堤时，各分层中不得夹杂黏土、植物及树根等杂质。如果路基施工同时用铁尾矿渣和土作填料时，必须分层填筑，不得将铁尾矿渣和土在一层中混合填筑，也不得分层间隔填筑，用黏土填筑在同一范围内深度累计压实厚度不得小于 50cm。

铁尾矿渣路堤必须根据设计分层填筑、分层压实。分层的最大松铺厚度应根据试验地段的试验结果确定。路堤填筑宽度每侧应宽出设计宽度 75～100cm。若填方分几个作业段施工，两段交接处，不在同一时间填筑的，应将先填地段挖成宽度不小于 2m 的台阶；同一时间填筑的则应分层相互交叠衔接，搭接长度不得小于 2m。

当填筑路基附近取水方便时，路基也可采用水坠碾压法分层填筑施工。填筑时每层最大松铺厚度不得超过 30cm。所设围堰每层应相互错开，填筑至路床顶面最后一层时应分段水坠，相邻段水坠重叠宽度应不小于 1m。填料表面水头高度应保持在 20cm 以上。

机械作业时，可以根据工地地形、路基横断面形状和铁尾矿渣调配图等，科学地确定机械运行路线。填方集中工点，应有全面、详细的机械运行作业图进行施工。填方路堤可用推土机从两侧或短距离纵向调配分层填筑。当路堤较高时，可用铲运机沿纵向调配土方，也可将填料运至路堤坡脚处，然后用挖掘机运至填方段范围内用推土机整平。

根据现场试验的结果，铁尾矿渣路基压实振动碾压，同时对振动碾压遍数严格控制，因为铁尾矿渣路基的振动碾压并不是碾压的遍数越多越好，铁尾矿渣路基碾压有“疏松到密实再到疏松”过程，碾压遍数过多，将导致铁尾矿渣振松过程，起不到压实的作用。

填方路堤完成后，应及时铺筑封层，并对边坡进行防护，防止风蚀或地表水的水毁。

4）挖方路堑的施工

挖方路堑施工前应复查施工组织设计，核实(或编制)调整铁尾矿渣调运图表，清理施工现场以及在开挖前用桩标明路基轮廓。施工过程中如果发现铁尾矿渣层下部出现土质或其他地质情况，应将上部铁尾矿渣全部挖除后再进行下部开挖，土方路段应按《公路路基施工技术规范》中土方施工的有关条款进行施工。土方路段路堑边坡坡度应符合有关土方边坡的规定，上部铁尾矿渣边坡坡度应符合设计要求。

参考文献

阐叔愚，等. 重载铁路工程. 1994. 北京：中国铁道出版社.

高家驹，等. 1994. 高速铁路与广深准高速铁路概论. 北京：中国铁道出版社.

《工程地质手册》编写委员会. 1992. 工程地质手册. 3 版. 北京：中国建筑工业出版社.

广州铁路(集团)公司. 1996. 广深准高速铁路安全运营一周年文集. 北京：中国铁道出版社.

国外高速铁路标准及规程汇编(第四、五册). 德国铁路土工建筑规范(DS836). 铁道部标准计量研究所. 1995. 北京.

李林生，王正宏. 1985. 我国细粒土在塑性图上的分布特征. 岩土工程学报，7(3)：84-89.

李林生，王正宏. 1988. 土质分类及其应用. 北京：水利电力出版社.

第 3 章　现浇泡沫轻质土的应用

3.1　引　　言

现浇泡沫轻质土(简称轻质土)是近年土建工程领域中开发的一种新型轻质填土材料,它是在原料土(砂、黏土、工程废弃土)中按照一定比例添加固化剂、水和气泡,经充分混合搅拌后形成。主要特点是容重比一般的土体小,强度和容重可以调整,气泡的体积含有率大,导热系数小,耐震、隔热、隔音及抗冻融性能好,具有直立性,流动性好,便于施工等,如表 3-1 所示。由于上述特点,轻质土在软基处理、道路加宽、桥台(涵洞、挡土墙)台背填土、滑坡地段填土、陡峭地段的垂直填土、隧道洞口及埋管的填土,以及解决道路冻胀翻浆等方面具有独特的优势。

表 3-1　现浇泡沫轻质土的主要特点

主要特性	说明
轻质性	容重可调范围:3～13kN/m^3
良好的隔热保温性	气泡的体积含有率达 40%～70%,导热系数小,具有良好的隔热保温性
强度的可调节性	无侧限抗压强度可在 0.3～5MPa 范围内调整
耐久性	属水泥类材料,具有水泥混凝土同等的耐久性
良好的施工性	可泵送 500m,流动性好,无需振捣、压实及养生,工期短,干扰小
固化后的自立性	可垂直填筑,固化后侧压力小
渗透性	渗透系数:10^{-3}～10^{-6}cm/s
吸水性	最大稳定吸水率≤25%

我国西北、东北地区冬季气候寒冷,道路翻浆与地基的融沉等病害突出;西南地区沟谷纵横,桥涵、挡墙等构造物较多,桥头跳车及挡墙外鼓甚至垮塌等现象屡见不鲜;东部地区因软基沉陷引起路面开裂与桥头跳车等现象较为普遍。此类问题的防治虽有多种技术措施,但均有一定的适用性与局限性。现浇泡沫轻质土可为此类问题的解决提供一种新的技术手段,对我国西部地区的公路建设具有积极意义。

轻质土的主要特性是质轻、直立、隔热保温,由此确定了主要的研究内容是软基处理、冻土保护、冻胀翻浆防治、桥台台背水平冻胀力和土压力的消除等。

在现浇泡沫轻质土材料特性的基础上,结合具体公路工程的特点,充分发挥现浇泡沫轻质土轻质、隔热的特点,应用于公路工程中,以减少软基沉降,防治道路冻胀翻浆、冻土地基的融沉,消除或减小台背填土的冻胀力和土压力等,明显提高公路的建设质量与服务使用水平,降低养护成本,促进公路建设技术的发展。

3.2 路用轻质材料

路用轻质材料种类较多,按容重可分为准轻质材料(如粉煤灰)、轻质材料(如现浇泡沫轻质土)及超轻质材料(如泡沫塑料块体)等。以下对常见路用轻质材料进行简单介绍。

3.2.1 路用轻质材料的类型与特点

1. 聚苯乙烯泡沫塑料块(EPS)

EPS属于超轻型高分子合成材料。1972年挪威道路研究所首次将1m厚的普通填料层换成EPS,较好地解决了软基路堤上的桥台跳车问题。从此EPS在许多国家的道路工程中得到了较为广泛的应用。

使用超轻型材料EPS填筑路堤时,能大大减轻施加于路堤下软基的附加应力,减轻软基的破坏和沉降,提高路堤的稳定性;对临近结构物几乎没有侧压力;不需压实;也不需特殊的施工机械等。

2. 聚苯乙烯泡沫塑料块与土的夹层(EPS-Sandwich)

所谓EPS-Sandwich工法,就是将聚苯乙烯泡沫塑料块与工程废弃土夹层构筑路堤的工法。路堤中的各土层通过相邻的泡沫塑料块体中夹层土和若干土柱连通为一体。

3. 泡沫塑料颗粒轻质土

泡沫塑料颗粒轻质土是指土与超轻型泡沫塑料颗粒(如泡沫聚苯乙烯、泡沫聚丙烯等材料)及稳定性材料按照一定的比例混合而成的轻质填土材料。符合路基填筑要求的工程废弃土及回收的泡沫塑料都可作为这种轻质土的原材料。在路堤填筑时,为了确保材料达到相应的强度要求,通常加入一定量的水泥作为稳定性材料。若加入纤维,则还可增强材料的韧性和抗腐蚀能力。

4. 现浇泡沫轻质土

现浇泡沫轻质土系指水泥(固化材料)、水与原料土(砂或砂性土或低液限土,可不用)按一定比例充分混合形成浆体,然后与一定比例的足够细小的稳定气泡群充分混合搅拌形成流体,并最终凝固成型的一种轻型填筑材料。

主要特点如下。

(1) 轻质性:通过改变气泡、水泥等的配合比,可使容重在3~13kN/m^3调整。

(2) 高流动性:通过泵压送的方式进行运送,最大运送距离可达到1500m。

(3) 施工性:可在狭小空间内进行回填施工;不需机械碾压施工;不需振捣;施工工期短。

(4) 固化后的自立性:可垂直填土。

(5) 耐久性:属水泥类材料,与高分子材料相比,其耐久性、耐热及抗油污能力强。

(6) 强度的可调节性：通过改变固化剂及气泡的配合比，其强度可在 300kPa 以上自由调整。

(7) 均质性：使用预发泡后混合的施工工艺，孔隙分布均匀。

(8) 隔热性：现浇泡沫轻质土中气泡的体积含有率大，导热系数小，隔热效果好。

(9) 透水性：现浇泡沫轻质土的透水性可很小（$<10^{-5}$cm/s）。

3.2.2　发泡剂类型与特点

目前国内的发泡剂的品种主要有松香胶发泡剂、废动物毛发泡剂、树脂皂类发泡剂、水解血胶发泡剂、石油硫酸铝发泡剂等，我国也有以动物蛋白质为主要原料的发泡剂，发泡倍率及稳定性较好，但因原料来源有限，生产成本高，所以开发与应用受到限制，总体上说国产发泡剂不够理想，质量偏低，尽管有些发泡倍率够大，但稳定性差。日本、意大利的发泡剂多为蛋白质类，质量较好。表 3-2 为常见发泡剂的特性。

表 3-2　常见发泡剂的特性

泡沫剂品种与浓度	十二烷基苯磺酸钠		松香皂		松香热聚物		动物毛发	
	0.5%	1%	1%	2%	1%	2%	2%	3%
发泡倍数	27	32	28	29	25	26	20	22
1h 泌水量/mL	150	140	120	110	140	120	60	40
1h 沉陷距/mm	50	38	34	29	38	33	8	5

一般情况下泡沫剂需要掺加稳泡剂提高其稳定性，而当浓度不同或加入不同种类的稳泡剂时，发泡倍数和稳泡性能也不同，如表 3-3 所示。由表 3-1 和表 3-3 还可以看出，泡沫剂加入稳泡剂后，发泡倍数明显降低，但稳定性却显著提高。另外，泡沫的稳定性还与时间有关，时间越长泡沫破裂的可能性越大。所以尽快促使泡沫混凝土凝结是提高稳定性的另一途径。

表 3-3　常见稳泡剂的性能

发泡剂	十二烷基苯磺酸钠/1%					
稳泡剂及浓度	尼纳尔			动物胶		
	0.5%	1%	2%	1%	2%	3%
发泡倍数	19	16	13	21	18	12
1h 泌水量/mL	110	80	60	110	90	80
1h 深陷距/mm	30	20	16	25	18	13

3.2.3　现浇泡沫轻质土及类似材料的应用概况

与现浇泡沫轻质土的最终成型体结构类似的构体有加气混凝土及泡沫混凝土。

1. 加气混凝土

加气混凝土工业化生产始于 1929 年瑞士 Yxkult 的 Ytong 即伊通工厂。所用的发泡剂是铝粉，即先将铝粉与其他材料混合成浆液，经过浇筑发泡、静停硬化、坯体切割与蒸压养护后形成多孔材料。加气混凝土的含气量可以做得比较大，气泡的直径也比较大。主要用于墙体、砌块及屋面的隔热保温。我国也是加气混凝土生产和应用较早的国家，目前在我国加气混凝土也是主要用于墙体、砌块等方面。

2. *泡沫混凝土*

20 世纪 30 年代美国开发了发泡剂，当时由发泡剂制作的泡沫混凝土成分单一，即仅由水泥浆和气泡混合构成，主要用于建筑领域，如高层建筑的楼板填充、隔热层等方面。

泡沫混凝土在我国的研究已有 30 年的历史。通常是用机械的方法将发泡剂水溶液制备成泡沫，再将它加入到含硅质材料(粉煤灰、砂)、钙质材料(水泥、石灰)、水及各种外加剂等组成的料浆中，经混合搅拌、浇筑成型、养护而成。其主要种类有水泥-砂泡沫混凝土、粉煤灰泡沫混凝土、石灰-水泥-砂泡沫混凝土等。

气泡的发生方式一般有以下几种：后形成方式、混合形成方式以及预先形成方式等。其中，后形成方式对气泡量的控制较困难，因此不大使用。而预先形成方式较容易控制气泡的数量和分布，简单易行，因此运用得最多。预先形成气泡的方式是将起泡剂稀释液与压缩空气混合后在发泡装置中产生大量微小独立的气泡群。气泡群与水泥浆(或水泥砂浆)经过机械的充分混合搅拌后，形成现浇泡沫轻质土。

泡沫混凝土所用发泡剂的品种主要有松香胶泡沫剂、废动物毛泡沫剂、树脂皂类泡沫剂、水解血胶泡沫剂、石油硫酸铝泡沫剂等。

目前我国研究的泡沫混凝土，容重可在 $3\sim12kN/m^3$ 调整；导热系数在 $0.08\sim0.3W/(m\cdot K)$(容重在 $3\sim12kN/m^3$)。主要用于屋面、非承重墙等建筑部门。

3. *现浇泡沫轻质土*

1987 年日本演洪市内的公路桥维修工程中，首次对泡沫混凝土制作工艺进行了改进，形成现浇泡沫轻质土，并首次作为填充材料使用，所用的发泡剂主要有界面活性类、蛋白类、树脂类等。第二年，作为道路工程的填土材料使用。此后其应用范围不断扩大，发展十分迅速，并出版了相关的技术规范。

3.3　现浇泡沫轻质土的性能

轻质土的物理力学与路用特性为轻质土合理应用的基础。本节中除特别申明，水泥的标号均为 32.5R，原料土分别为内蒙古风积砂、广东河砂及黏性土，发泡剂采用日本进口的动物蛋白类发泡剂。

3.3.1　风积砂级配及现浇泡沫轻质土的基本配合比

内蒙古风积砂的级配参看表 3-4。

表 3-4　风积砂的颗粒组成

孔径/mm	1	0.5	0.25	0.074
小于该孔径质量百分含量/%	100	99.5	96.7	21.7

试验配合比具体参看表3-5。序号A、D原材料采用海拉尔风积砂、广东河砂及海拉尔水泥；序号E试件采用广东金鹰牌各标号水泥。

表3-5　基本配合比

配合比	配合比组成				
	水泥/(kg/m³)	砂/(kg/m³)	水/(kg/m³)	发泡剂/(L/m³)	容重/(kN/m³)
A	300	300	205	1.16	8.3
B	275	550	241	0.88	10.9
C	400	300	225	1	9.8
D	450	225	260	1.01	9.6
E	350	0	220	1.2	6

3.3.2　材料的主要物理性能

1. 容重特性

容重指单位体积现浇泡沫轻质土的重量；容重指标是现浇泡沫轻质土最基本的物理性能指标。

现浇泡沫轻质土的容重较一般土建材料要小，其大小主要受控于配合比、龄期及所处环境状态。现浇泡沫轻质土在最初形成、固化及使用过程中，容重是变化的，通常，在初凝前由制作设备形成的流动状态的现浇泡沫轻质土的容重最大，随着凝固后龄期的延长，当没有水的浸润作用时，现浇泡沫轻质土中的自由水分会逐步丧失，导致容重逐步降低。此外，现浇泡沫轻质土的容重大小尚受单次浇筑高度的影响：在流动状态下，由于自重对气泡的压缩作用，现浇泡沫轻质土的浇筑高度越高，其底部的容重越大。而在实际应用中，吸水会导致现浇泡沫轻质土增重。

2. 渗透特性

现浇泡沫轻质土在一定水头压力作用下会产生渗透，其渗透途径为与外部连通的孔隙。现浇泡沫轻质土的渗透性，主要用渗透系数表述。渗透系数的大小反映了现浇泡沫轻质土内部孔隙与外部的连通程度。

渗透试验采取基本配合比A、B及E组，龄期取28天。具体试验结果见表3-6。试验结果表明：①渗透系数为$10^{-5}\sim10^{-6}$cm/s，介于一般黏性土与软黏土之间；②渗透系数随容重的减小而增大。

表3-6　不同配比现浇泡沫轻质土的渗透性

配合比	容重/(kN/m³)	龄期/天	试件尺寸/mm	渗透系数/(cm/s)	测定值/(cm/s)
A	8.3	28	直径61.8mm，高40mm	5.1×10^{-5}	5.4×10^{-5}
				5.8×10^{-5}	
				5.3×10^{-5}	

续表

配合比	容重/(kN/m³)	龄期/天	试件尺寸/mm	渗透系数/(cm/s)	测定值/(cm/s)
B	10.9	28	直径 61.8mm,高 40mm	1.1×10^{-6}	1.3×10^{-6}
				1.2×10^{-6}	
				1.7×10^{-6}	
C	6	28	直径 61.8mm,高 40mm	8.4×10^{-5}	8.6×10^{-5}
				9.1×10^{-5}	
				8.4×10^{-5}	

3. 干燥收缩特性

按照配合比 A、B 和 C 制样并测试干燥收缩系数。原料土采用海拉尔风积砂,水泥采用海拉尔水泥,试样尺寸为 40mm×40mm×160mm。

将各配合比的收缩系数与龄期绘制于图 3-1。由图可知,前 21 天的收缩量基本相同,但是 21 天后,收缩量有较大的差别。

这种差别是由掺砂量引起的。图 3-2 为 56 天龄期收缩系数与对应的砂与水泥质量之比(S/C)的关系,由图 3-1 可知,随着 S/C 的增大,收缩系数呈线性递减。可见,在水泥用量一定的条件下增加砂的掺量,可显著降低现浇泡沫轻质土的收缩系数。

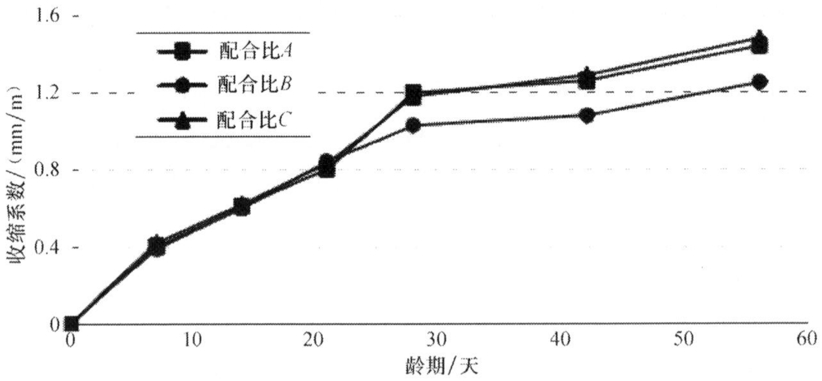

图 3-1 收缩系数与龄期的关系

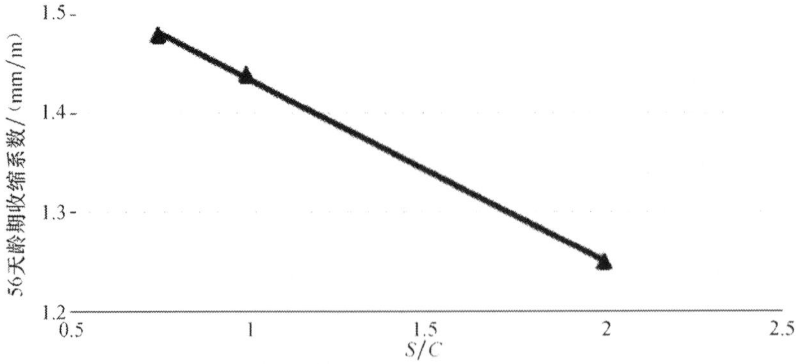

图 3-2 砂与水泥质量之比对收缩系数的影响

3.3.3 材料的力学性能

1. 应力-应变关系及弹性模量

选取所有基本配合比做无侧限压缩试验，其应力-应变关系曲线见图 3-3～图 3-6。可知，以内蒙古风积砂为原料土的现浇泡沫轻质土，压缩破坏形式以脆性破坏为主；在脆性破坏前，应力与应变呈较好的线弹性关系。

对柱形试样的抗压强度和弹性模量数据进行分析，剔除异常数据，发现弹性模量与抗压强度的关系接近线性，其线性拟合方程为 $E=61+251qu$（单位：MPa），其中 E 为弹性模量，qu 为抗压强度（图 3-7）。

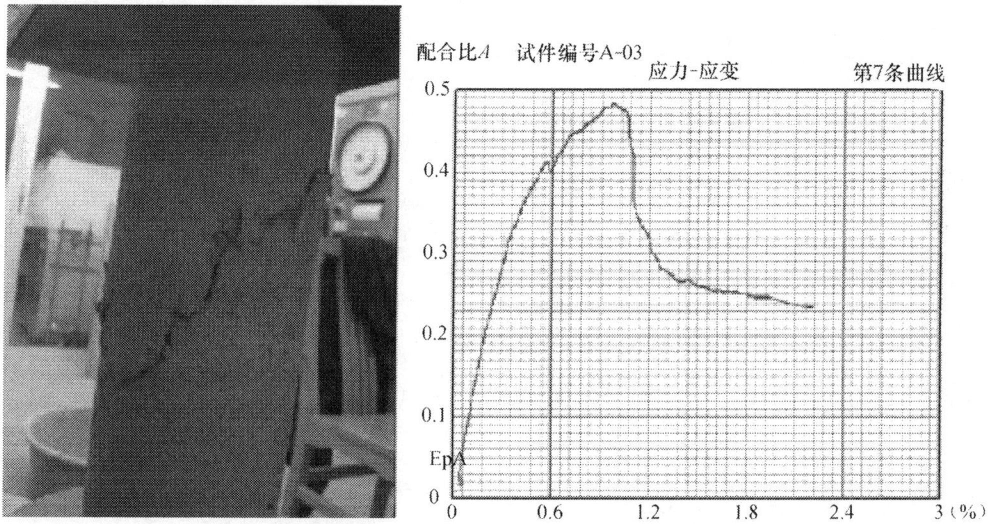

图 3-3 无侧限压缩破坏试验的应力-应变曲线（配合比 A）

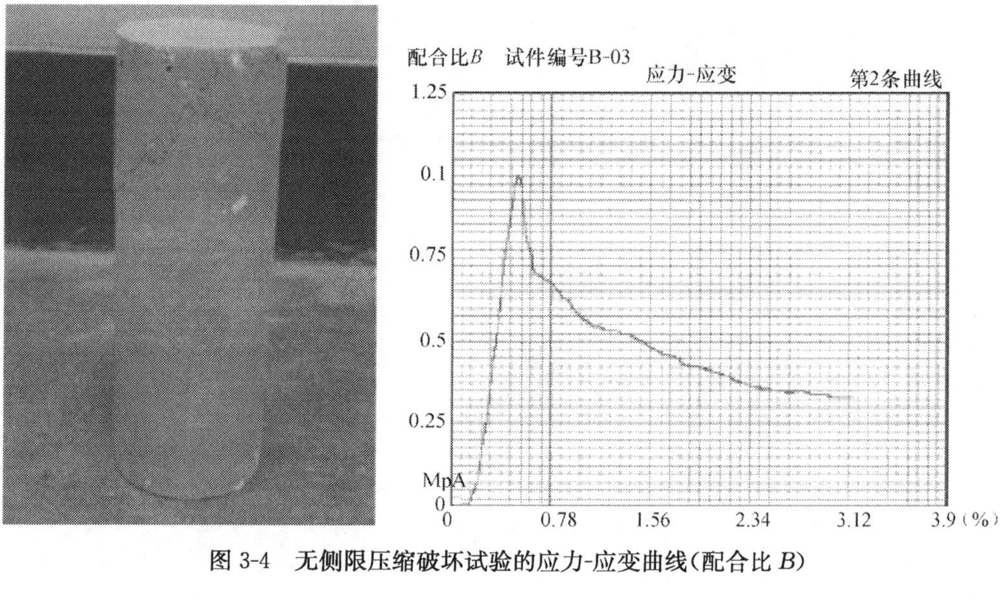

图 3-4 无侧限压缩破坏试验的应力-应变曲线（配合比 B）

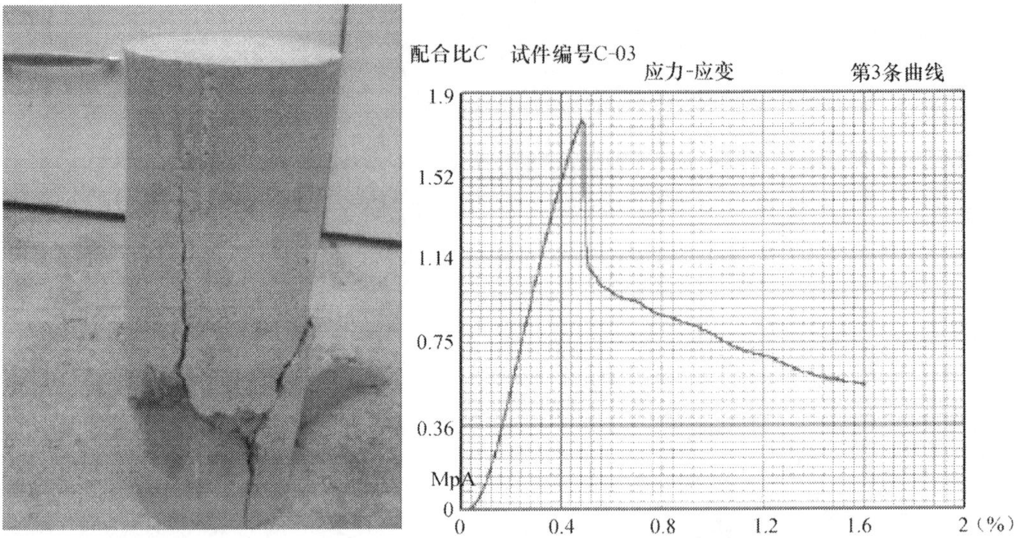

图 3-5　无侧限压缩破坏试验的应力-应变曲线(配合比 C)

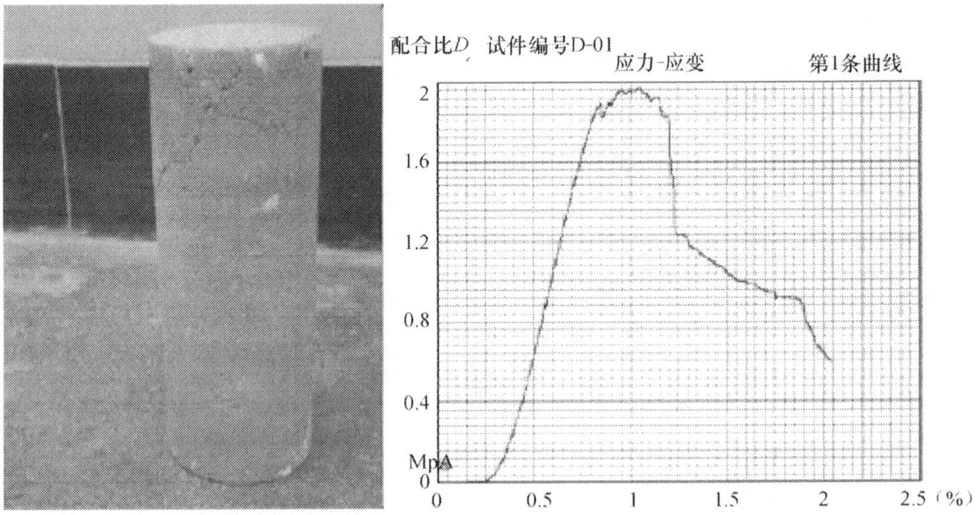

图 3-6　无侧限压缩破坏试验的应力-应变曲线(配合比 D)

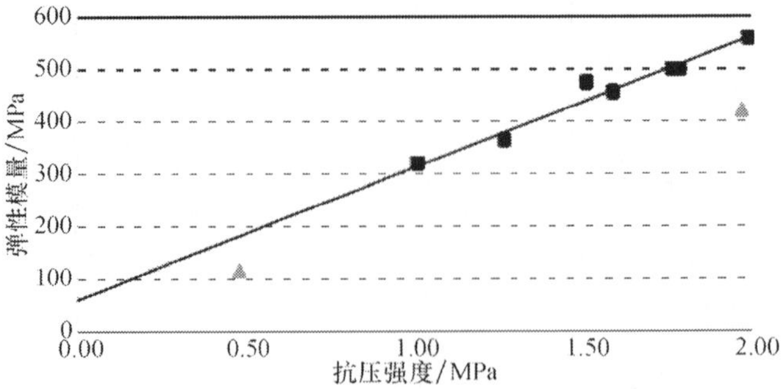

图 3-7　抗压强度与弹性模量之间的关系

图中直线为 $E=61+251g$,三角型数据点是编号为 D-01 和 A-03 的样品形成的

2. 强度的主要影响因素

无侧限抗压强度是现浇泡沫轻质土力学性能最基本的评价指标。影响无侧限抗压强度的因素主要有:①气泡含有率对无侧限抗压强度的影响;②原料土对无侧限抗压强度的影响;③固化材料对无侧限抗压强度的影响;④养生环境对无侧限抗压强度的影响;⑤养生温度与龄期对无侧限抗压强度的影响。对现浇泡沫轻质土影响如下。

(1) 随着气泡含有率的增加,现浇泡沫轻质土的无侧限抗压强度会逐渐降低。

(2) 在气泡含有率相同的情况下,河砂与水泥的比例越大无侧限抗压强度就越低。

(3) 对于普通硅酸盐水泥,气泡含有率大于70%后,其无侧限抗压强度低于0.4MPa,工程上已经很少采用。

(4) 在不改变配合比和其他原材料的情况下,采用高炉矿渣水泥比采用普通硅酸盐水泥的无侧限抗压强度高;当采用相同配合比时,水泥标号越高,轻质土强度越高。

(5) 浸水养生与暴露养生均会降低轻质土的强度,尤其是暴露养生,强度的降低幅度达25%以上。为保持现浇泡沫轻质土的强度,应尽量避免浸水,同时应对现浇泡沫轻质土的暴露进行必要防护,避免因暴露而强度降低。

(6) 现浇泡沫轻质土的无侧限抗压强度在一定的范围内随养生温度的升高而增大,随养生龄期的增加而增大。

3. 常规压缩、三轴压缩试验与回弹模量试验

选取基本配合比 E,分别进行常规压缩、三轴压缩及回弹模量测试试验,试验结果见表3-7。由表可知,现浇泡沫轻质土的剪切强度、回弹模量及压缩模量均较高,说明现浇泡沫轻质土用做路基填土,其自身稳定性好,压缩变形小。

表3-7 现浇泡沫轻质土的压缩和回弹性能(配合 E)

压缩模量(MPa)[100～200kPa]		回弹模量/MPa		三轴压缩指标	
样品值	均值	样品值	均值	C/kPa	φ/(°)
14.7	15.9	277.9	289.7	132.4	6.1
14.4		288.7			
18.7		302.6			

4. 抗折强度

抗折强度试验配合比选取 B、C、D,试验结果见表3-8。由表可知,现浇泡沫轻质土的抗折强度较低。

表3-8 现浇泡沫轻质土的抗折强度

配合比	28天抗折强度/MPa
B	0.31
C	0.42
D	0.43

5. CBR 特性

表 3-9 列出了不同配合比的 CBR 试验结果与规范对 CBR 强度的要求，可见现浇泡沫轻质土的 CBR 强度完全满足要求。

表 3-9　不同配合比的现浇泡沫轻质土的 CBR 强度

项目分类		路面底面以下深度/m	填料最小强度 CBR/%			现浇泡沫轻质土 CBR	
			高速公路 一级公路	二级公路	三、四级公路	配合比	CBR/%
填方路基	路床	0～0.3	8	6	5	*A*	10.1
		0.3～0.8	5	4	3	*B*	31.0
	上路堤	0.8～1.5	4	3	3	*C*	27.3
	下路堤	1.5 以下	3	2	2	*D*	24.9

6. 与沥青材料的黏结性

现浇泡沫轻质土用做填筑材料时，与沥青混凝土直接接触的黏结强度试验结果如表 3-10。试验采取的原料是海拉尔风积砂和海拉尔水泥，分别进行了两种基本配比与两种沥青材料的黏结试验。

表 3-10　不同配合比轻质土与沥青材料间的黏结强度

配合比	龄期/天	试件尺寸/cm^3	沥青材料	黏结强度/MPa
A	28	10×10×26 （沥青混凝土 16cm，轻质土 10cm）	HAP	0.37
			乳化沥青	0.4
C	28	10×10×26 （沥青混凝土 16cm，轻质土 10cm）	HAP	0.2
			乳化沥青	0.24

3.3.4　材料的隔热性能

1. 导热性能试验

按基本配合比 *A*、*D*，采用海拉尔风积砂及海拉尔水泥，进行导热性能试验，测试不同配合比的导热系数。试验结果见表 3-11。由试验结果可知，现浇泡沫轻质土的导热系数小，隔热性能明显。

表 3-11　不同配合比下现浇泡沫轻质土的导热系数

材料采用海拉尔风积砂及海拉尔水泥				
配合比	龄期/天	试件尺寸/cm^3	导热系数样品值/(W/(m·K))	导热系数均值/(W/(m·K))
A	28	5×10×15	0.1754	0.1781
		5×10×15	0.1829	
		5×10×15	0.1760	
B	28	5×10×15	0.2315	0.2315
		5×10×15	0.2300	
		5×10×15	0.2330	

续表

材料采用海拉尔风积砂及海拉尔水泥				
配合比序号	龄期/天	试件尺寸/cm³	导热系数样品值/(W/(m·K))	导热系数均值/(W/(m·K))
C	28	5×10×15	0.2292	0.2225
		5×10×15	0.2187	
		5×10×15	0.2195	
D	28	5×10×15	0.2209	0.2173
		5×10×15	0.2132	
		5×10×15	0.2178	

将各配合比的气泡含有率与导热系数绘于图 3-8，表明导热系数与气泡含有率几乎呈线性关系：气泡含有率越高，导热系数越小。说明现浇泡沫轻质土的隔热性能主要受气泡含有率控制。

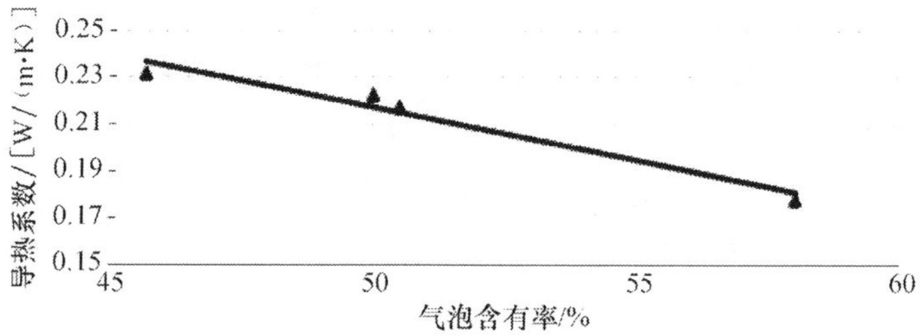

图 3-8　导热系数与气泡含有率的关系

2. 隔热性能比较

与几种常用的主要建筑材料进行对比(表 3-12)，可知现浇泡沫轻质土具有较好的隔热性。

表 3-12　几种主要建筑材料的导热性能比较

容重/(kN/m³)	建筑材料	导热材料/(W/(m·K))
0.30	塑料泡沫	0.035
2.40	软木	0.045
8.3(湿)	现浇泡沫轻质土(配合比 *A*)	0.178
10.9(湿)	现浇泡沫轻质土(配合比 *B*)	0.232
9.8(湿)	现浇泡沫轻质土(配合比 *C*)	0.222
9.6(湿)	现浇泡沫轻质土(配合比 *D*)	0.217
15.00	轻骨料混凝土	0.466
17.00	炉渣	0.815
19.50	填土路基	1.218
21.10	砂浆	1.513
21.60	水泥稳定土	1.461
23.00	水泥混凝土	1.629
23.50	沥青砼	5.666

3.3.5　材料的耐久性能

现浇泡沫轻质土的耐久性反映了现浇泡沫轻质土在工程应用中，不同外在因素的长期作用下，其力学性能的稳定性。这些外在因素，通常为循环荷载、干湿交替、冻融交替及腐蚀性物质的化学侵蚀等。

为评价现浇泡沫轻质土的耐久性，可用无侧限抗压强度的变化比值定义耐久系数：

$$\text{耐久系数}=\frac{\text{外在因素作用一定年限或次数后的无侧限抗压强度}}{\text{初始无侧限抗压强度}}$$

显然，耐久系数越大，说明现浇泡沫轻质土在某一外在因素作用下，耐久性越好；反之，则耐久性越差。

1. 疲劳试验

疲劳寿命一般可用直接拉伸试验、间接拉伸试验和弯曲试验 3 种方法。试验配合比采用基本配合比 A。为了保证梁底面能有一段弯矩相等的均匀拉区，且该类材料破坏形式多为脆性破坏，极限应变较小。因此采用应力控制式三等分点加载方法。

具体试验方案如下。

(1) 试验方法：三等分点重复弯曲试验。

(2) 荷载控制模式：应力控制。

(3) 荷载频率与荷载波形：连续式 10Hz 正弦波。

(4) 应力比选择：0.92、0.83、0.73、0.64、0.55。

(5) 疲劳破坏判断标准：试件断裂。

(6) 试验温度：20℃左右的室温。

试验结果及分析如下。

(1) 抗弯拉强度。

测定试件的拉弯强度是疲劳试验的基础，表 3-13 为试件的拉弯强度测试结果。

表 3-13　试件的拉弯强度测试结果

试件序号	破坏荷载/N	强度/MPa	试件序号	破坏荷载/N	强度/MPa
1	3202.63	0.94	9	3216.91	0.92
2	3400.24	0.99	10	3407.13	0.98
3	3199.85	0.91	11	3172.67	0.88
4	3484.52	0.99	12	3297.35	0.96
5	3356.14	0.97	13	3125.07	0.91
6	3258.03	0.92	14	3332.76	0.95
7	3185.64	0.93	标准值	3268.03	0.88
8	3114.24	0.91	变异系数	4.83%	5.02%

(2) 疲劳寿命。

不同应力比条件下，试件的疲劳试验结果见表 3-14。

表 3-14　疲劳试验结果

试件序号	不同应力比下的荷载循环次数				
	0.55	0.64	0.73	0.83	0.92
1	251 812	46 578	15 407	192	26
2	375 234	247	378	415	14
3	136 261	49 009	2202	120	12
4	150 892	14 572	1163	312	62
5	519 817	175 642	37 767	183	16
6	80 107	159 491	5503	106	18
7	96 529	10 219	24 298	742	12
8	248 431	426 894	3898	4616	14
9	283 129	276 657	1756	691	98

由前述试验结果可得疲劳曲线及方程。结果如图 3-9 和图 3-10 所示，应用中可供参考。

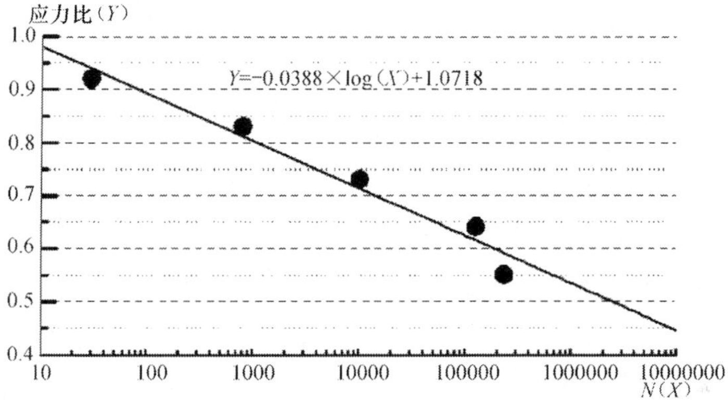

图 3-9　50%保证率下的疲劳曲线及疲劳方程

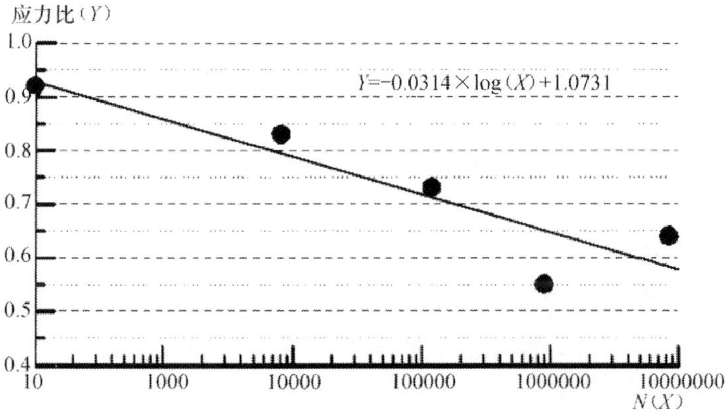

图 3-10　95%保证率下的疲劳曲线及疲劳方程

2. 干湿循环对性能的影响

试验条件：将标准养生 28 天后的试件在温度为 50℃的恒温箱中放置两天，然后在水中放置 1 天(完全浸泡)为一个周期,测试试件干湿循环 1 次、5 次、10 次后的无侧限抗压强度及耐久系数,见表 3-15。

表 3-15 干湿循环试验结果

采用海拉尔风积砂及海拉尔水泥					
配合比	龄期/d	试件尺寸/cm	干湿重复次数	抗压强度测定值/MPa	耐久系数 K
A	28	10×10×10	1	0.64	1.00
			5	0.63	0.98
			10	0.62	0.97
B	28	10×10×10	1	1.36	1.00
			5	1.34	0.99
			10	1.26	0.93
C	28	10×10×10	1	1.56	1.00
			5	1.54	0.99
			10	1.55	0.99
D	28	10×10×10	1	2.19	1.00
			5	1.93	0.88
			10	1.9	0.87

表 3-15 及图 3-11 的试验结果表明:在试验初期(主要是指第 1 个循环),试件的强度有所降低(降低量为 10%~20%),此后,随着循环次数的增加,试件的强度趋于稳定。

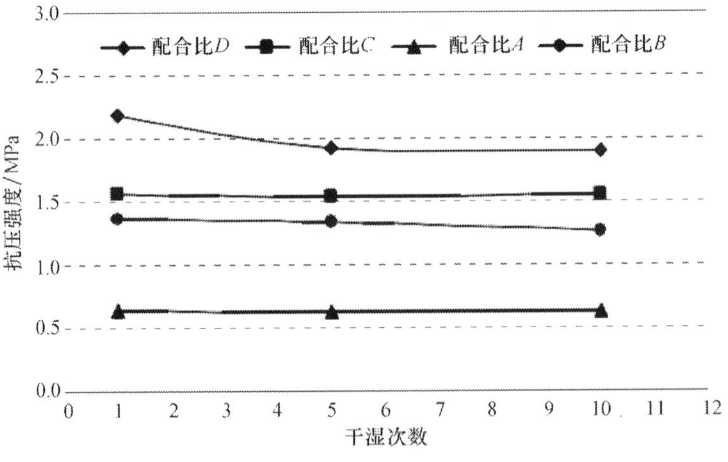

图 3-11 干湿循环次数与强度及强度变化比的关系

3. 冻融对性能的影响

为明确冻融对现浇泡沫轻质土性能的影响,对所有基本配合比序列进行冻融循环试验。配合比采用海拉尔风积砂及海拉尔水泥。试验条件:将标准养生 28 天的试件冻结(−24℃,24 小时),然后在恒温恒湿箱(21℃,24 小时)中融解作为 1 个周期,共进行 10 个周期的试验。试验结果见图 3-12 和表 3-16。

试验结果表明:经过冻融循环后所有配合比试件的强度均有所降低,在第 1 周期下降得比较明显,然后趋于平缓;试验过程中,未发现试块表面有破坏现象,说明现浇泡沫轻质土的抗冻融性能较好。

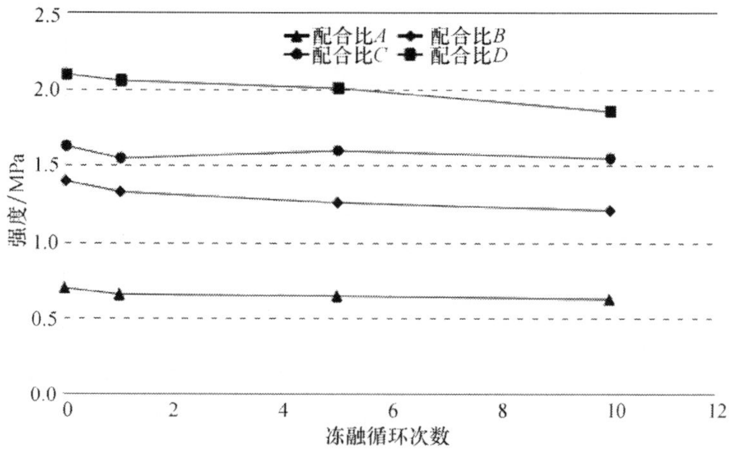

图 3-12　冻融次数与抗压强度的关系

表 3-16　冻融循环试验成果表

冻融循环次数	各配合比强度/MPa				各配合比耐久系数			
	配合比 A	配合比 B	配合比 C	配合比 D	配合比 A	配合比 B	配合比 C	配合比 D
0	0.7	1.4	1.63	2.1	1.00	1.00	1.00	1.00
1	0.66	1.33	1.55	2.06	0.94	0.95	0.95	0.98
5	0.65	1.26	1.6	2.01	0.93	0.90	0.98	0.96
10	0.63	1.21	1.55	1.86	0.90	0.86	0.95	0.89

4. 耐腐蚀性试验

试验项目、试验条件及试验结果等见表 3-17。由表可知,轻质土耐碱腐蚀性能较耐酸腐蚀性能好。实际上,轻质土的强度主要由其孔隙骨架提供,耐酸、耐碱性能与普通混凝土类似。

表 3-17　耐腐蚀试验一览表

序号	试验项目	试验条件	试验后外观	试验结果		备注
				质量变化率/%	强度变化率/%	
1	耐酸腐蚀试验	将 28 天养护后的试件于 0.4mol/L 硫酸溶液中浸渍 24 小时	试件表层酥松	11.6	—	相对于试件试验前的质量损失率
2	耐碱腐蚀试验	将 28 天养护后的试件于饱和的氢氧化钙溶液中浸渍 21 小时	无异常现象	1.2	—	相对于试件试验前的质量损失率

续表

序号	试验项目	试验条件	试验后外观	试验结果		备注
				质量变化率/%	强度变化率/%	
3	耐柴油腐蚀试验	将28天养护后的试件于柴油中浸渍24小时	无异常现象	—	82.3	相对于未经浸渍试件强度百分率
4	耐盐雾腐蚀试验	将28天养护后的试件于盐雾试验箱中连续雾化5个星期	无异常现象	—	80.7	相对于未经浸渍试件强度百分率

对现浇泡沫轻质土的各种物理力学性能及耐久性试验得出如下结论。

(1) 作为路用填筑材料，现浇泡沫轻质土的CBR强度、压缩型及耐疲劳性满足要求。

(2) 作为路用填筑材料，现浇泡沫轻质土与其他路用材料如沥青材料、混凝土材料之间的黏结力较好。

需要说明，现浇泡沫轻质土属多孔性材料，其性能影响因素较多，尤其是配合比采用的原材料对其性能影响非常显著，而不同地域的气候对其性能亦有相当程度的影响。目前对现浇泡沫轻质土的性能研究仅是初步性的，有待对其性能规律做进一步的工作。

3.4 现浇泡沫轻质土在冻土地基中的应用

轻质土的保温效果与轻质土的厚度、气候条件、路基高度、路基宽度、轻质土的导热系数、路基土的导热系数等多种因素相关。通过数值计算分析不同因素的影响程度是快速简便的方法。

3.4.1 轻质土保温效果的理论分析

1. 计算参数

不同材料的计算参数列于表3-18、表3-19、表3-20。

表3-18 材料导热系数 (单位:J/(m·℃·h))

材料名称	轻质土	路基		路面沥青
		融化	冻结	
导热系数	697.68	6000.0	5000.0	20 367.71

表3-19 材料密度 (单位:kg/m^3)

材料名称	轻质土	路基	路面沥青
密度	1120	1950	2350

表3-20 材料比热 (单位:J/(kg·℃))

材料名称	轻质土	路基	路面沥青
比热	1300	730	2100

大量的统计数据表明，大气气温的年温度一般按正弦曲线分布，根据不同地区的冻结指数，计算出正弦温度分布曲线，作为地表温度的边界条件。海拉尔地区的冻结指数查阅相关规范约为 3200。

2. 计算模型与边界条件

1）计算模型

轻质土保温层的计算模型如图 3-13 所示。

2）边界条件

(1) 温度为地表气温(1 类边界条件)。

(2) 不可对流边界(2 类边界条件)。

(3) 温度为−3℃(1 类边界条件)，根据《冻土物理学》的介绍，我国冻土的温度在−3℃左右，故取此值。

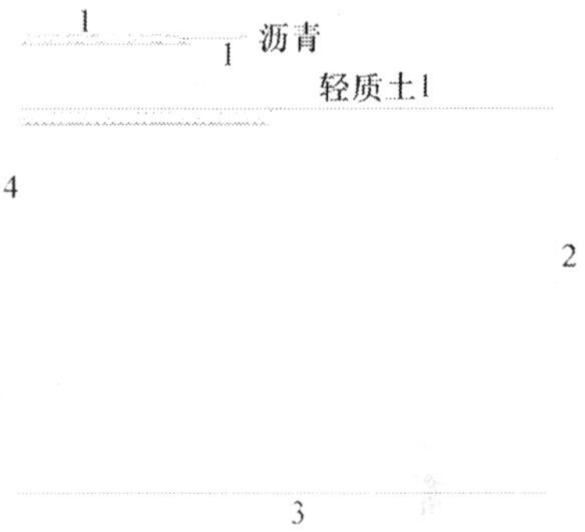

图 3-13　轻质土保温层的计算模型

3. 计算结果分析

不同工况下的轻质土保温效果见图 3-14～图 3-18。图中所示的温度曲线为路基中心线上的不同深度的点。分析图中曲线的变化规律可得如下结论。

(1) 路基宽度对路基中心点的温度场的分布无明显影响。

(2) 当轻质土厚度为 30cm、路堤高度 1m、宽 9m 时，路基表面 50cm 的最低温度从−16℃升至−9℃路基下 4m 深处的最低温度从−4℃升至−2.5℃。地表下 50cm 深处的温度从 32℃减小到 18℃，地表下 4m 的温度从 8℃减小到 5℃，可以说温度的变化幅度大大缩小。

(3) 路堤高度从 1m 增加至 3m 时，地表下 0.5m 深处的温度从−16℃升至−7℃地表下 4m 深处的温度从−4.5℃升至−2℃。

(4) 路堤高度 1m，轻质土厚度从 30cm、50cm 时地表下 0.5m 深处的温度从−9℃升至−7℃，地表下 4m 深处的温度变化不大，保持在−3.5℃。

(5) 当轻质土厚度为 30cm，路堤高度从 1m 增加至 3m 时，地表下 0.5m 深处的温度从−7℃升至−4.5℃，地表下 4m 深处的温度从−3℃升至−2℃。

(6) 路堤高度 3m，轻质土厚度从 30cm、50cm 时地表下 0.5m 深处的温度保持在−5℃左右，地表下 4m 深处的温度保持在−2℃左右，温度变化不大。

(7) 路堤高度 1m，轻质土厚度为 50cm，不同的冻结指数 2600、3600 时地表下 0.5m 深处的最低温度分别为−6℃和−8℃。地表下 4m 深处的温度保持在−3℃左右，温度变化不大。

(8) 路堤高度 1m、轻质土厚度为 30cm 时，地表下不同深度的温度与路堤高度 3m 轻质土厚度为 0cm 时地表下不同深度的温度基本相同，也就是说，30cm 厚的轻质土相当于 200cm 厚的路基的保温效果。

综上所述，轻质土具有良好的隔温效果，能够大幅度降低地基温度的变化幅度，提高冻土地区道路的冻土上限，减轻道路的冻胀与融化作用，对于确保路基的稳定具有明显的效果。

1）天然地基的地温分布

路基高度 1m、路面宽 9m 时，不同深度（0.5m、1.0m、1.5m、2.0m、4.0m）的温度分布（图 3-14）。

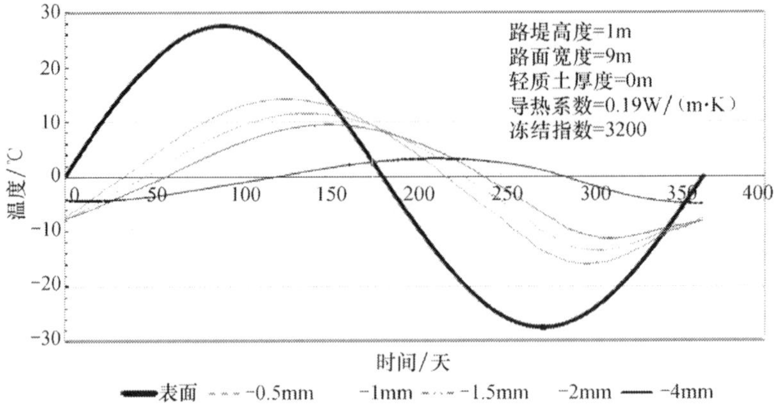

图 3-14　路基温度场分布图 1

2）不同轻质土厚度（30cm、50cm）对地温分布的影响

（1）路基高度 1m、路面宽 9m、轻质土厚度 30cm 时，不同深度（0.5m、1.0m、1.5m、2.0m、4.0m）的温度分布（图 3-15）。

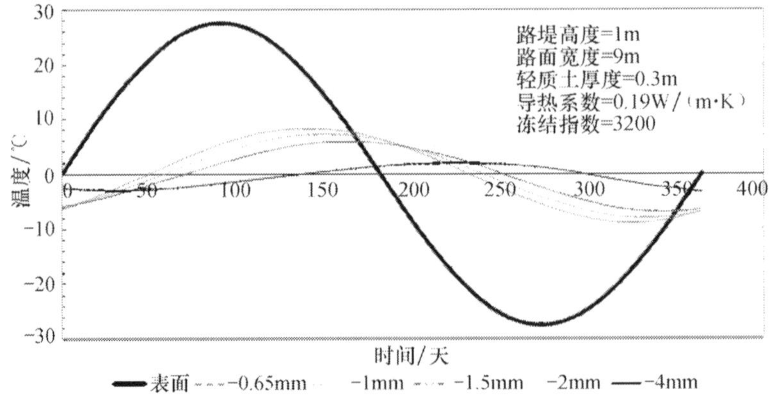

图 3-15　路基温度场分布图 2

（2）路基高度 1m、路面宽 9m、轻质土厚度 50cm 时，不同深度（0.5m、1.0m、1.5m、2.0m、4.0m）的温度分布（图 3-16）。

3）不同气候条件（冻结指数）对地温分布的影响

（1）路基高度 1m、路面宽 9m、轻质土厚度 50cm、轻质土导热系数 0.19（W/(m·K)）、冻结指数 3600 时，不同深度（0.5m、1.0m、1.5m、2.0m、4.0m）的温度场分布（图 3-17）。

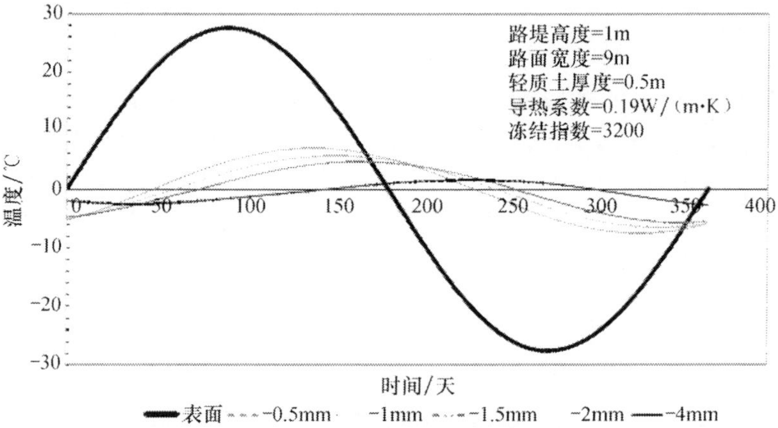

图 3-16　路基温度场分布图 3

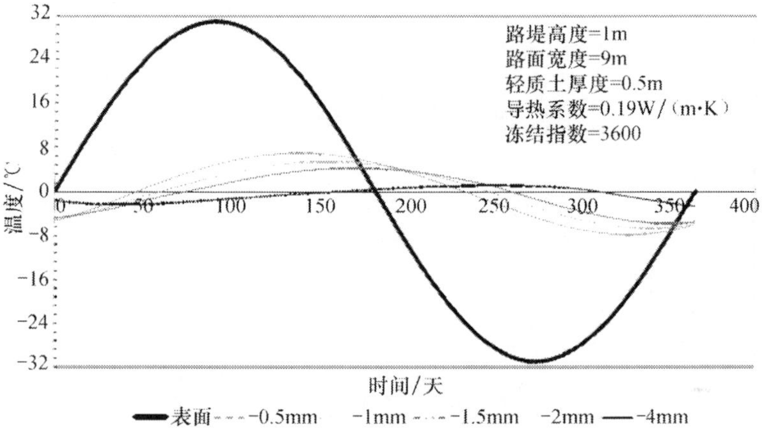

图 3-17　路基温度场分布图 4

(2) 路基高度 1m、路面宽 9m、轻质土厚度 50cm、轻质土导热系数 0.19(W/(m・K))、冻结指数 2600 时,不同深度(0.5m、1.0m、1.5m、2.0m、4.0m)的温度场分布(图 3-18)。

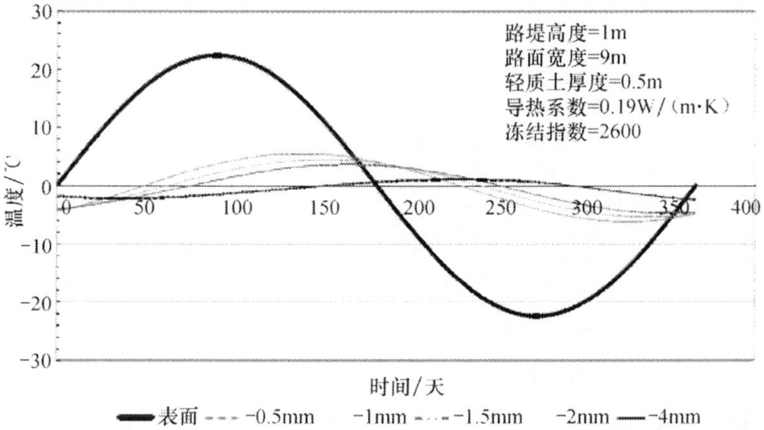

图 3-18　路基温度场分布图 5

3.4.2 轻质土隔热层

为了明确轻质土的隔热保温效果，在牙海一级路东连接线 K0＋850～K0＋900 铺筑了 50m 长的试验段，试验段的设计如图 3-19 所示，2004 年 8 月下旬开始浇筑轻质土，9 月完成路面的铺筑并开放交通。在轻质土的上下表面埋设了地温计以观测轻质土的隔温效果。其中 5＃、6＃、7＃、8＃置于轻质土上表面，其余温度计位于轻质土下表面。各地温计监测结果见图 3-20。

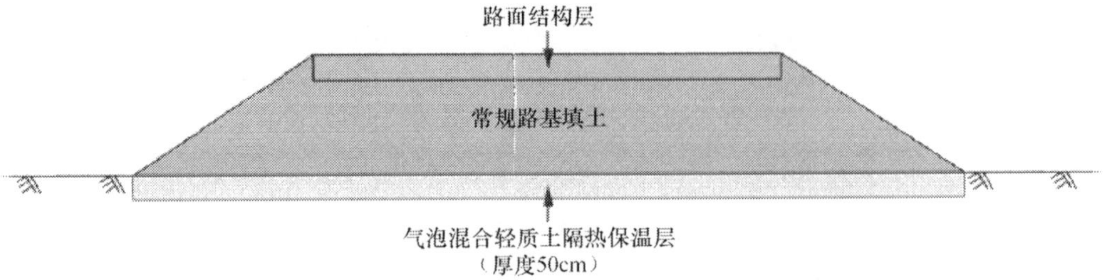

图 3-19 轻质土试验段铺筑结构图

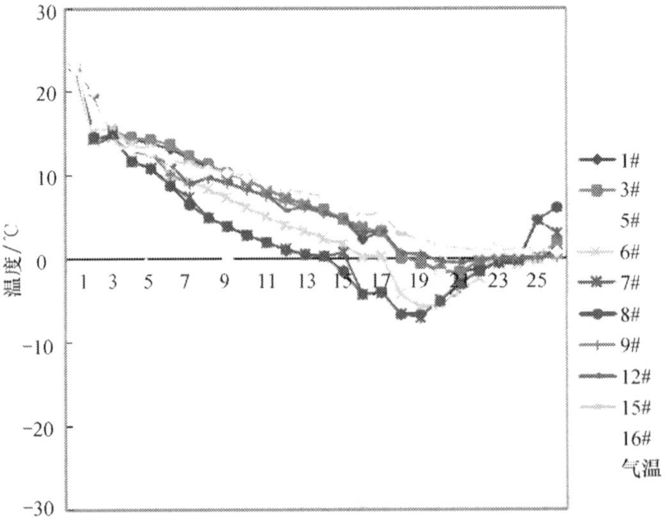

图 3-20 东连接线各地温计监测结果

从图 3-20 的地温监测结果分析，轻质土具有良好的隔热保温效果：①经历了一个冬季之后，轻质土下的最低地温接近于 0；②轻质土下的温度从浇筑完后至最低温度的变化幅度在 15℃以内，2 月份至 6 月份的变化幅度大部分在 3℃以内，变化幅度很小，随着时间的推移，轻质土浇筑所产生的热量逐渐消散，轻质土下的温度变化幅度将更趋于平缓，确保冻土地基温度的稳定，消减因温度变化引起的土的冻胀或融化。轻质土防冻层试验路段于 2004 年 9 月完成路面铺筑并开放交通，至今路面平整度状况良好。

3.4.3　冻土地区轻质土隔热层的修筑技术

1. 适用范围

1) 轻质土的应用特点

(1) 成本较高。轻质土的施工需要专门的发泡、搅拌、输送等施工设备，如图 3-21 所示。该类施工设备目前尚不普及；发泡剂主要依赖进口，成本较高；由于空隙率较大，保证轻质土的强度水泥的用量较大(约 400kg/m^3)，需水泥储罐、供水池和电力供应，故轻质土的施工成本较高。

图 3-21　轻质土施工设备

(2) 道路坡度的限制。轻质土浇筑时具有流动性，固化后的表面是水平的，难以形成坡度，因此对纵坡较大的路段不宜采用轻质土。

2) 适用范围

冻土地区包括多年冻土与季节性冻土，多年冻土根据冻土空间分布特征可分为连续多年冻土与岛状冻土。公路建设对冻土的处理主要有防止冻土融化、控制融化速度和加速融化 3 种。

轻质土具有良好的隔热保温效果，采用轻质土隔热保温层可以提高冻土的人为上限，降低路基高度，减少对环境的影响。从冻土地区的路基要求出发，轻质土主要用于低温相对稳定多年冻土、中温过渡类型多年冻土地区防止冻土的融化和控制融化速度。在考虑应用轻质土作为冻土地基的隔热保温层前应综合考虑施工条件、建设成本，并与其他方法如铺设泡沫隔温板等作对比分析。

2. 轻质土隔热保温层的结构设计

1) 铺筑位置

轻质土的目的是保持地基温度的恒定。我国冻土地区主要的道路病害是地基的冻胀与融沉，因此将轻质土设置于地表下 50cm，顶面与地表持平。这样设计的优点如下：①我国寒冷地区的地基表层土有机质含量高，多为强冻胀性土，路基填筑前须清除；②便于轻质土的浇筑，轻质土为流动性材料，若其高出地表，四周须设置相应的支模，施工麻烦，埋置于地下后四周不必设置模板，施工方便；③轻质土的主要作用是保持冻土的稳定或控制融化速度，埋于地下并与地表持平有利于实现这一目的。

2）轻质土的厚度

（1）冻土地区常规路基的设计高度

对于青藏公路冻土路堤，天然上限小于2.0m，并考虑向阳路肩的影响，路堤临界高度为0.65m。此外，对青藏公路砂砾路面的临界高度（H_0）有如下计算公式：

$$H_0 = 0.933 - 0.088H$$

式中，H——天然上限深度。

根据大兴安岭铁路路堤修筑经验得出：在大片连续多年冻土区，路堤临界高度H_0=1.5m，岛状融区多年冻土带 H0=2.0m。

针对青藏公路和214国道冻土地区道路的研究，并根据所确定的多年冻土工程地质类型、冻土的工程类型、冻土地温、冻土上限以及区域性的冻土稳定条件、气温上升速率和拟采用的路面类型等，再结合必要的观测，给出表3-21的路堤高度以及在没有条件的情况下的推荐设计高度。

表3-21　冻土路堤设计高度

冻土类型		相对稳定低温冻土	中温过渡类型冻土	高温不稳定冻土	高温极不稳定冻土
冻土年平均地温		≤−1.8	>−1.8，<−1.0	≥−1.0，<−0.3	≥−0.3
对应的年平均气温		−6.0±0.5	−5.0±0.5	−4.0±0.5	>−3.5
设计高度/m	沥青混凝土路面	2.5～2.8*	3.0～3.4*	3.8～4.0**	>4.0**
	水泥混凝土路面	1.7～1.9	2.0～2.2	2.3～2.4	>2.5
	砂砾路面	1.3～1.4	1.5～1.6	1.7～1.8	>2.0

*沼泽，泥炭土地段，地下水活动频繁路段，植被生长发育路段取大值

**建议不用沥青路面

（2）轻质土的隔热效果。

根据冻土地区的实际情况确定常规道路的路堤设计高度。隔热层设计时可根据传热等效原则把道路均匀单一的道路结构转化为多层状体系。

$$\frac{H}{\lambda} = \sum_{i=1}^{n} \frac{h_i}{\lambda_i}$$

$$h_i = \lambda_i\left(\frac{H}{\lambda} - \sum_{j=1}^{i-1} \frac{h_j}{\lambda_j} - \sum_{j=i+1}^{n} \frac{h_j}{\lambda_j}\right)$$

根据上式即可计算出相应的轻质土厚度。

由于轻质土的导热系数约为路基填土的1/5（理论计算结果约为1/6），即轻质土的隔热保温性为路基土的5倍，若轻质土的厚度为50cm，根据等效隔热原则，其保温性相当于2.5m的路基高度，加上路基的填筑高度可达3.0m以上，可确保冻土的稳定。

根据理论分析，路堤高度1m，轻质土的厚度50cm时，地表下50cm处的最低气温约为−7℃（无轻质土为−16℃），地表下4m处的地温约−3℃（无轻质土为-4℃），地基的年变化幅度大幅减小，可以说轻质土已大大减少了冻土与外界间的热量交换，从3月份到6

月份的变化幅度大部分在 3℃以内，至此冻土处于基本稳定的状态。

轻质土浇筑层若过厚则需增加地基开挖量，工程造价亦会相应地增加；若过薄则将影响地基温度的恒定。

(3) 轻质土的厚度取值。

综上所述，对于冻土地基的保护或控制融化速度，采用 50cm 厚的轻质土保护层是合适的。

3) 轻质土的宽度

轻质土的宽度与路基底部的宽度一致。由于冻土地基的融化热量主要来自于路面的吸热，只要切断路面与地基间的传热通道即可保持地基的稳定，也可最大限度地保持原来的地形地貌。

3. 轻质土的强度

1) 轻质土强度的影响因素

轻质土隔热保温层的强度设计应考虑冻融作用、地基的不均匀沉降、浸水等 3 方面的影响。

(1) 冻融作用。

冻融对轻质土强度的影响如图 3-22 所示，从图上可以看出，冻融对轻质土的强度有一定的影响，冻融后轻质土强度约降低 20%。

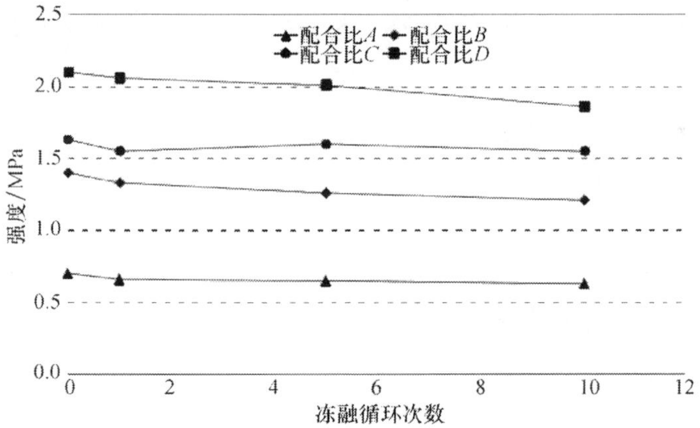

图 3-22　冻融对轻质土强度的影响

(2) 地基的不均匀沉降。

地基的不均匀沉降是难免的，轻质土是水泥固化类材料，当地基的差异沉降率超过一定值时，轻质土底板将产生一定的弯拉应力，随着弯拉应力的增加，轻质土出现裂缝，如水泥混凝土路面板或水稳基层一样。若地基差异沉降继续增加，由于轻质土的无侧限抗压强度约为抗折强度的 5 倍，抗压强度远大于抗折强度，轻质土将断裂成较小的尺寸，与地基的沉降变形相协调，从而消除竖向压应力的过大集中。因此，只要轻质土的抗压强度大于实际的上覆荷载，轻质土就不会被压碎，避免引起路基过量沉降和路面破坏。裂缝对轻质土的隔热保温作用影响不明显，不会影响路基路面的稳定。

(3) 浸水的影响。

轻质土浸水后的干湿循环试验结果如表 3-22 所示,从表上数据可以看出干湿循环引起无侧限抗压强度的降低不大于 15%,因此浸水对轻质土的强度无明显影响。

表 3-22 干湿循环试验结果

采用海拉尔风积砂及海拉尔水泥					
配合比序号	龄期/d	试件尺寸/cm	干湿重复次数	抗压强度测定值/MPa	耐久系数 K
A	28	10×10×10	1	0.64	1.00
			5	0.63	0.98
			10	0.62	0.97
B	28	10×10×10	1	1.36	1.00
			5	1.34	0.99
			10	1.26	0.93
C	28	10×10×10	1	1.56	1.00
			5	1.54	0.99
			10	1.55	0.99
D	28	10×10×10	1	2.19	1.00
			5	1.93	0.88
			10	1.9	0.87

2) 轻质土的强度取值

轻质土的强度取值与其所承受的荷重相关,轻质土所承受的最大荷重 P_s:

$$P_s = \sum_{i=1}^{n} \gamma_i g h_i$$

式中,γ_i——轻质土上某层土的湿容重;

h_i——轻质土上某层土的厚度;

汽车荷载按均布荷载计算。

根据国外的经验,轻质土的强度采用无侧限抗压强度指标,安全系数一般取 3,一般情况下设计强度 P_d 约 1.0MPa 即可满足强度要求。

4. 轻质土的容重与导热系数

轻质土的导热系数与容重密切相关,容重确定则导热系数基本确定(尽管导热系数与土质类型相关,但变化很小,基本可忽略)。当轻质土的强度确定后有两种方法可保证轻质土的强度:①提高轻质土容重,降低水泥用量,这种方法成本较低,但轻质土的导热系数相应增加,轻质土的保温效果降低;②降低轻质土的容重,增加水泥的用量,采用这种方法可降低轻质土的导热系数,增加轻质土的保温效果。

在确定轻质土的容重时应与轻质土的厚度及水泥用量成本等综合考虑,参考国外的相关经验,轻质土容重取 1.0 左右时性价比较高。

5. 轻质土的材料设计

轻质土的材料设计是为了确保轻质土的强度、厚度与容重(导热系数)。材料设计的主要内容是基于当地的水泥标号、气候、土质等确定水泥、土、发泡剂、水的用量及养生时间等。

轻质土的材料设计受多种因素的影响，为多因子问题，在实践中应根据当地实际情况，经室内外试验确定合理的施工配合比。

3.4.4　轻质土施工注意事项

1. 轻质土上填料的运输与摊铺

在轻质土上进行填料的运输与摊铺应密切注意对轻质土的影响，防止上料过程中压坏轻质土。

2. 轻质土的施工质量检测与控制

轻质土应严格按配合比设计要求进行施工，每个段落施工开始与结束时均应测定轻质土的容重，并现场取样制作作为无侧限抗压强度的试样，以判别施工强度与容重是否达到设计指标要求，每天容重与强度试件的检测数量以每种 3 个为宜。强度达不到设计要求的路段应铲除并重新浇筑。

3.5　现浇泡沫轻质土在道路冻胀翻浆防治中的应用

道路的冻胀翻浆是我国北方地区公路建设中的主要病害之一，我国公路部门提出了许多行之有效的技术措施，这些措施的实施为道路翻浆的防治起到了积极的作用。道路冻胀离不开水、温度和土质等三要素的联合作用，具有良好隔热保温效果的轻质土的出现，无疑增加了我国公路部门防治道路冻胀翻浆的技术手段，而国内外尚未见到将其用于道路冻胀翻浆防治的报道。

3.5.1　道路冻胀翻浆的防治技术

通过数十年的研究，我国对冻胀翻浆的防治形成了图 3-23 所示的系统技术。

土的冻胀离不开温度、水和土壤等三要素的联合作用，相应的冻胀防治亦从这三方面入手，我国公路部门通过多年的实践与经验总结，形成了以下道路翻浆的措施防治。

1. 采用路堤形式并抬高路堤

实践证明，土的冻结深(厚)度相对固定，抬高路基可以抬高冻结线，增加冻结线与地下水位间的距离，有效地增加毛细水的上升阻力，降低路基上部的含水量，减轻冻胀对土体结构的影响，减少翻浆，这是防治冻胀翻浆的有效措施。防治冻胀翻浆路基的高度并不是越高越好，路基过高将增加路堤的工后沉降量和不稳定性，工程量也将相应增加。因此，防治冻胀翻浆存在一个合理的路堤高度，即路基的临界高度，在此高度时路基的冻胀翻浆不明显，同时也是工程量最小，一般情况下，路基的临界高度为道路最大冻深与冻结水上升高度之和。路基的临界高度与各地的气候条件、路基填料、地质状况等相关。

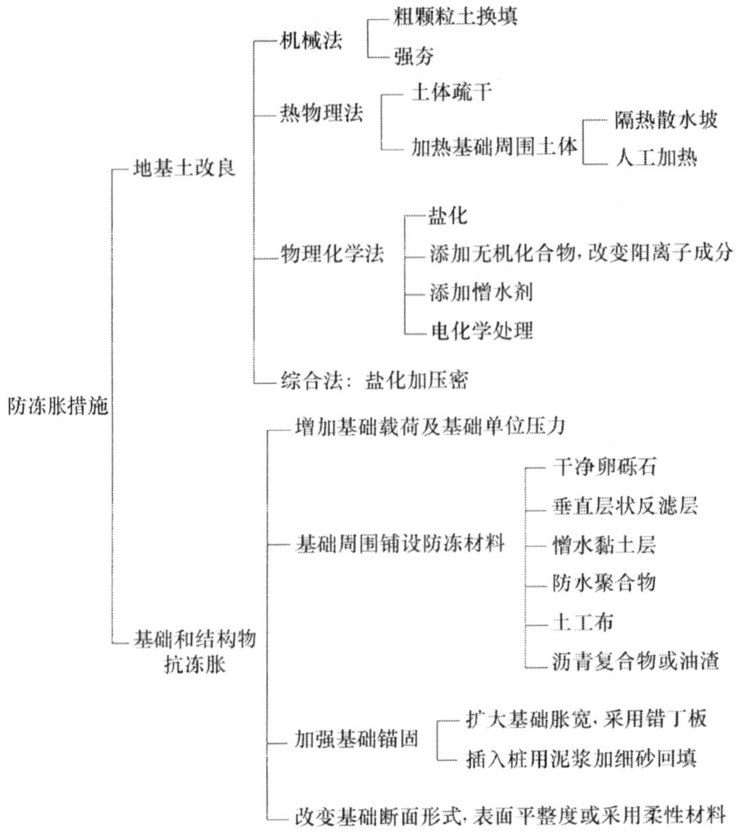

图 3-23　我国冻胀防治技术

2. 增加路面防冻层

当冻胀超过路面允许值时，增设路面防冻层可以降低路基的冻胀量，减轻路面基层的弯拉应力，防止出现基层的拉应变破坏从而导致路面出现纵横向裂缝，增强路面在外荷作用下的抗冻胀翻浆能力。路面防冻层多采用砂砾、钢渣垫层等。

3. 采用泡沫板等保温技术

路基的冻胀翻浆离不开负温度，泡沫隔温板具有极好的隔热性能，采用泡沫隔温板可以很好地减少路基的冻结深(厚)度，增加与地下水的距离，降低路基的总冻胀量，防止路基路面的冻胀破坏。泡沫隔温板多采用聚苯乙烯板，工厂预制，现场拼装，施工方便，在美国、俄罗斯、日本、北欧等国家和地区已普遍采用，我国也在多条路上铺设了试验段，效果普遍良好。隔温板的价格较高，因此我国公路部门只是在冻胀翻浆严重的局部地段采用。

以往我国公路部门经常采用反铺草皮、塔头草等进行路基边坡的保温，随着环保意识的增强，目前已较少应用。

4. 换填砂砾等透水性材料

路床换填沙砾层可以降低冻胀率，春融时提高路基路面的承载力；路堤采用沙砾料可以大幅降低毛细水的上升高度，降低路基土的持水能力，减轻冻胀翻浆，在我国砂石料丰富地区是最经济的方法。

5. 加强排水

水是冻胀翻浆的要素之一，加强排水可以有效地减轻冻胀翻浆。公路排水措施主要有：①设置截水沟，在路堑路段设置截水沟将山坡上的降水与融化雪水截住并导离路堤，防止路基被浸泡；②加深加宽边沟，边沟经常淤积堵塞，在寒冷地区冬季时的边沟经常发生积冰和壅冰上路的现象，极大地降低了边沟的排水能力，我国路堑地段的冻胀翻浆多与边沟积水相关；③边沟采用盲沟并设置必要的防冻保温层，此法适用于降水量少但气温低的情况。

6. 加强路基压实

土的冻胀强度与土体的密实度之间有密切的关系，如图 3-24 所示。提高路基压实度除了可以降低路基土的冻胀率，还可明显提高路基的承载力，从而提高抗路基翻浆的能力。

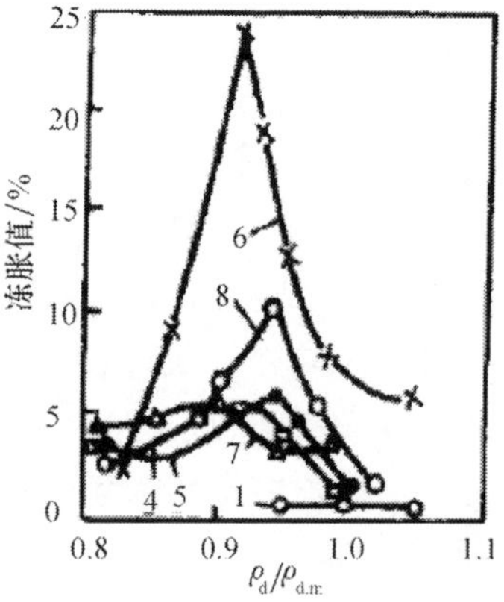

图 3-24　土的冻胀与压实度的关系

7. 采用轻质土底基层

轻质土因其容重小、隔热保温和隔音的特点，以前多用于建筑物的保温和隔音及土木建筑上的轻质填料。由于轻质土具有较好的隔热性能及较高的强度，理论上是可以用于道路冻胀翻浆防治的，但国内外至今尚无这方面应用的报道。

3.5.2　轻质土基层的隔热效果

轻质土的隔热效果与路基冻胀密切相关，轻质土在不同厚度、不同气候条件、不同路基高度下的隔热保温效果不同。

1. 计算参数

不同材料参数列于表 3-23、表 3-24、表 3-25。大量的统计数据表明，大气气温的年温度一般按正弦曲线分布，根据不同地区的冻结指数，以正弦温度分布曲线作为地表温度的边界条件。

表 3-23　材料导热系数　　(单位：J/(m·℃·h))

材料名称	轻质土	路基		路面沥青
		融化	冻结	
导热系数	697.68	6000.0	5000.0	20367.71

表 3-24　材料密度　　(单位：kg/m³)

材料名称	轻质土	路基	路面沥青
密度	1120	1950	2350

表 3-25　材料比热　(单位:J/(kg・K))

材料名称	轻质土	路基	路面沥青
比热	1300	730	2100

2. 计算模型及边界条件

1) 计算模型

轻质土保温效果的计算模型如图 3-25 所示。

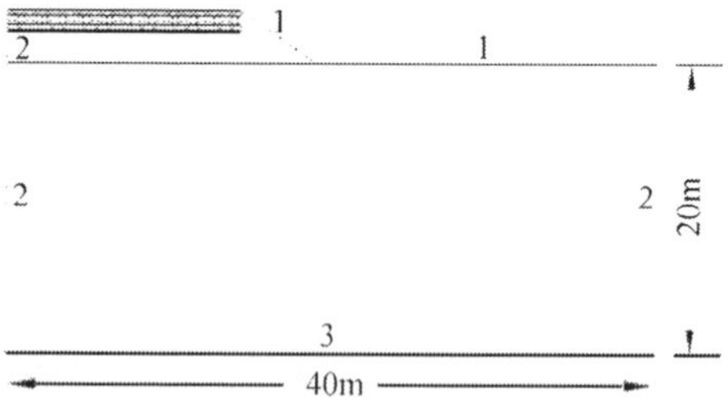

图 3-25　轻质土保温效果的计算模型

2) 边界条件

(1) 温度为地表气温(1 类边界条件)。

(2) 不可对流边界(2 类边界条件)。

(3) 恒温,温度为地表面的年平均温度(1 类边界条件)。

3) 温度取值

道路冻胀翻浆在我国东北和西北地区较为严重,根据《公路工程抗冻设计与施工技术规范》(报批稿)、《建筑地基基础设计规范》(GB50007—2002),我国冻胀翻浆分布地区的典型冻结指数在 1600～2200,为此分别确定这两个冻结指数作为典型气候条件,以使分析结果具有广泛代表性。

根据《中国气候总论》(科学出版社,1986),可得出以下结论。

(1) 当冻结指数为 1600 时,取值地点:通辽(内蒙古)。平均温度:4.18℃,年较差:39.8℃。

(2) 当冻结指数为 2200 时,取值地点:绥化(黑龙江)。平均温度:2.01℃,年较差:44.0℃。

3. 计算结果分析

不同工况下的轻质土保温效果见图 3-26～图 3-31。图中所示的温度曲线为路基中心线上的不同深度(表面、0.5m、1m、1.5m、2.5m)的点。分析图中曲线的变化规律,有如下结论。

(1) 道路宽度对路基中心处的温度场影响不明显。

(2) 不同的冻结指数对温度场的分布有明显的影响,冻结指数为 2200 时比 1600 时其表面的温度低 5℃左右。

(3) 路基采用不同的填料(黏性土与风积砂,导热系数分别对应 1.22W/(m・K)和 0.74W/(m・K))时,浅层的温度分布差别不明显,路表 1.5m 处温度约差 2℃,但铺筑轻质土层后两者温度场分布基本无差别。

(4) 冻结指数为 1600,铺筑 30cm 厚的轻质土层后,1m 以下的路基最低温度基本位于 0℃以上。

(5) 冻结指数为 2200,铺筑 30cm 厚的轻质土层后,0.5m、1m、1.5m、2m 深处的路基最低温度基本位于－6～－1℃。

(6) 冻结指数为 1600，铺筑 50cm 厚的轻质土层后，0.5m 以下的路基最低温度基本位于 0℃以上。

(7) 冻结指数为 2200，铺筑 50cm 厚的轻质土层后，2m 以下的路基最低温度位于 0℃左右，0.5～2m 的温度场则位于－3～0℃。

不同工况下的轻质土保温效果图如图 3-26～图 3-31 所示。

(1) 路面宽 15m，轻质土厚 0cm，冻结指数 1600 时的路面下不同深度(0.5m、1.0m、1.5m、2.5m)的温度场。

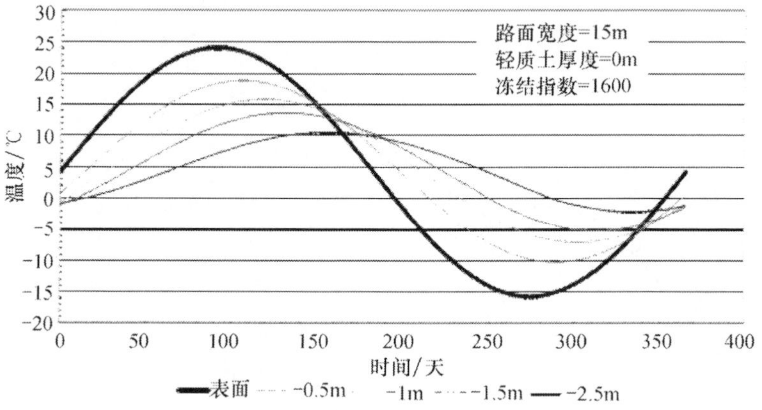

图 3-26　不同深度温度场分布图 1

(2) 路面宽 15m，轻质土厚 0cm，冻结指数 2200 时的路面下不同深度(0.5m、1.0m、1.5m、2.5m)的温度场。

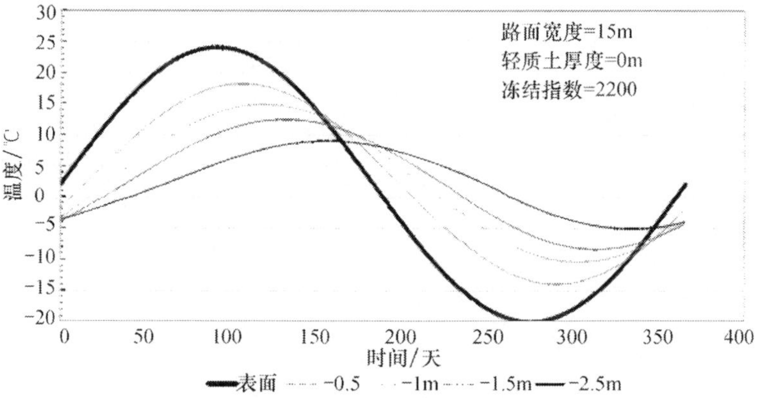

图 3-27　不同深度温度场分布图 2

(3) 路面宽 15m，轻质土厚 30cm，轻质土的导热系数为 0.19(W/(m·K))，冻结指数 1600 时的路面下不同深度(0.5m、1.0m、1.5m、2.5m)的温度场。

(4) 路面宽 15m，轻质土厚 30cm，轻质土的导热系数为 0.19(W/(m·K))，冻结指数 2200 时的路面下不同深度(0.5m、1.0m、1.5m、2.5m)的温度场。

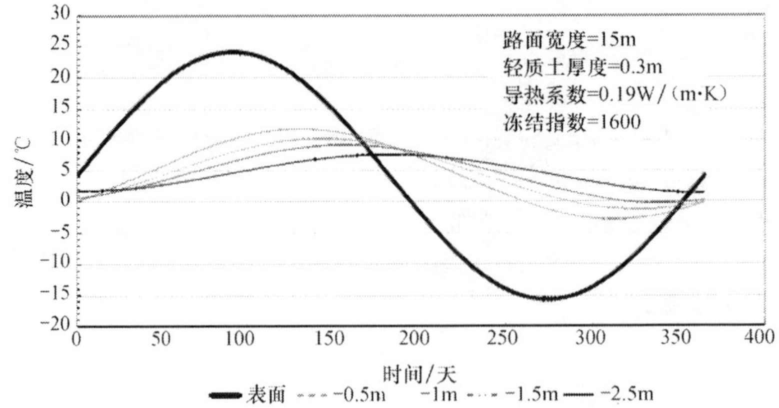

图 3-28　不同深度温度场分布图 3

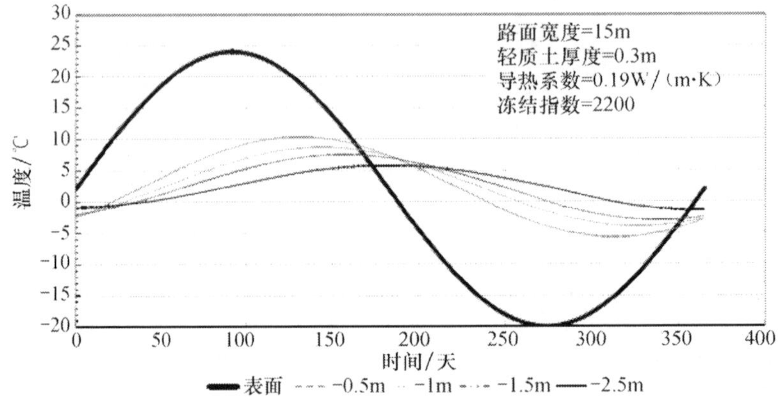

图 3-29　不同深度温度场分布图 4

(5) 路面宽 15m，轻质土厚 50cm，轻质土的导热系数为 0.19(W/(m · K))，冻结指数 1600 时的路面下不同深度(0.5m、1.0m、1.5m、2.5m)的温度场。

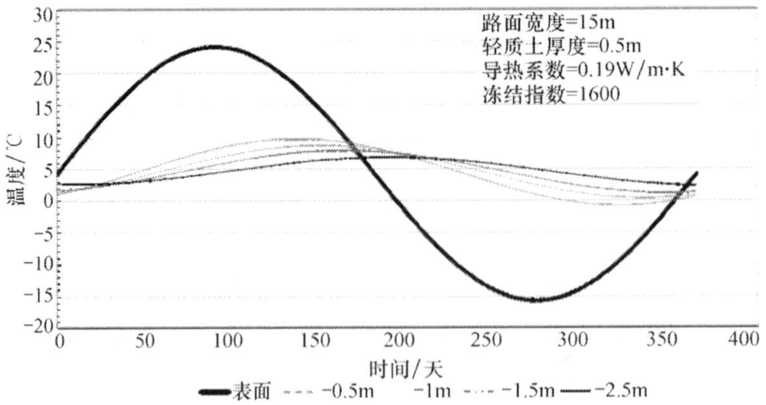

图 3-30　不同深度温度场分布图 5

(6) 路面宽 15m,轻质土厚 50cm,轻质土的导热系数为 0.19(W/m·K),冻结指数 2200 时的路面下不同深度(0.5m、1.0m、1.5m、2.5m)的温度场。

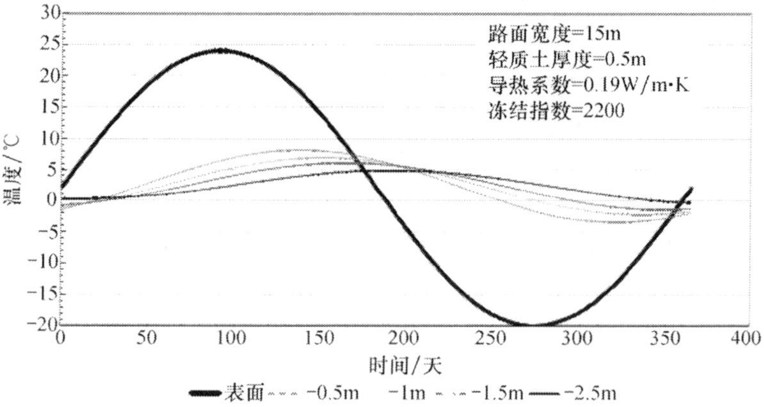

图 3-31　不同深度温度场分布图 6

3.5.3　轻质土结构层的设计

1. 适用范围

理论上轻质土可用于任何道路的冻胀翻浆的防治,但鉴于轻质土的成本和目前在我国公路部门的应用尚不普及的现实状况,轻质土主要应用于冻胀翻浆严重且用常规方法难以达到预期效果的特殊路段的处理,目前主要适用于二级路以上的特殊路段的处理。

2. 轻质土隔热保温层的结构设计

1) 铺筑位置

轻质土不能用于路面基层,否则难以防止轻质土表面被碎石压碎。综合考虑轻质土的保温效果与受力特点,参照塑料泡沫隔温板的设计方法,提出将轻质土用于底基层或上路床的设想,即轻质土离面层的厚度至少超过 25cm(面层厚度+上基层厚度),有如下优点。

(1) 由于轻质土离面层的厚度至少超过 25cm,压路机碾压或汽车荷载作用时可将其荷载扩散,使得轻质土表层所受的压力大大减轻。

(2) 由于基层的作用,在外载荷作用下产生的面层与上基层底部的弯拉应力要小得多,不会影响基层与路面的疲劳使用寿命。

(3) 轻质土的收缩系数(1‰~2‰)较大,易引起路面出现反射裂缝。

2) 轻质土的厚度

轻质土的厚度 $h_{轻}$ 按计算如下。

(1) 计算路基的临界高度 $H_{临}$

$$H_{临} = Z_{max} + h_{\varepsilon} \tag{3-1}$$

式中,$H_{临}$——冻胀土路基临界高度;

Z_{max}——道路多年最大冻深,m;

h_{ε}——冻结水上升高度,m,结合实际情况参照表 3-26 确定。

表 3-26　不同土质冻结水上升高度

土质类别	含细粒土砾含细粒土砂	细粒土质砾黏土质砂	粉土质砂	粉质土	黏质土
冻结水上升高度/m	0.6～0.8	0.7～0.9	0.8～1.0	1.2～1.5	2.0～2.5

(2) 计算轻质土的等效厚度 $h_{等}$

$$h_{等}=H_{临}-h_{实} \tag{3-2}$$

式中,$h_{实}$——路基拟设计的实际填筑厚度。

(3) 根据等效原则计算轻质土厚度 $h_{轻}$

$$h_{轻}=H_{等}\times(\lambda_{轻}/\lambda_{土}) \tag{3-3}$$

式中,$\lambda_{轻}$——轻质土的导热系数;

$\lambda_{土}$——普通土的导热系数。

轻质土的导热系数约为路基土的 1/5(轻质土的导热系数与容重密切相关,为一变量),因此厚 30cm 的轻质土的隔热保温效果相当于 1.5m 的路基填土高度,厚 50cm 的轻质土的隔热保温效果相当于 2.5m 的路基填土高度,轻质土的厚度在 30～50cm 时基本能满足道路防冻的要求,此厚度与我国路面基层的厚度基本相当,轻质土过薄则抗拉抗压强度均较差,厚 30～50cm 的轻质土也便于施工。一般情况下轻质土厚度可取 30～50cm。

3) 轻质土的宽度

轻质土的宽度与埋设位置相关,一般情况下轻质土的宽度与路基宽度一致。

3. 轻质土的强度

当轻质土离路面顶面的厚度大于 25cm 时,汽车等外部荷载(轮胎接地压强 $P0$ 为 0.70MPa)所引起的轻质土表面的附加应力不超过总应力的 1/5(0.14MPa)与轻质土本身的强度(一般为 2.0MPa)相比很小,不会产生明显影响。我国行业规范规定对二级及以下路面底基层材料的最低强度要求为 0.5MPa。国外对轻质土的设计强度一般取实际承受荷载的 3 倍,即安全系数为 3。

工程实践表明,轻质土基层路段除路面出现纵横向裂缝和网裂,并未出现塌陷与大量的坑槽,这说明轻质土总体承载力与抗压强度基本能够满足路面使用要求。因此,轻质土的强度取 2.0MPa 左右是合适的。轻质土的强度以 7 天的无侧限抗压强度(标准养生)作为设计控制指标。

4. 轻质土的容重与导热系数

轻质土的导热系数与容重密切相关。容重确定则导热系数基本确定(尽管导热系数与土质等相关,但变化很小,可基本忽略)。当轻质土的强度确定后有两种方法可保证轻质土的强度:①提高轻质土容重,降低水泥用量,这种方法成本较低,但轻质土的导热系数相应增加,失去了轻质土的保温效果;②降低轻质土的容重,增加水泥的用量,这种方法可降低轻质土的导热系数,增加轻质土的保温效果。

在确定轻质土的容重时应与轻质土的厚度及水泥用量成本等综合考虑,参考国外的相关经验，轻质土容重取 1.0～1.2 较为合理。

5. 轻质土的材料设计

轻质土的材料设计是为了确保轻质土的强度、厚度与容重(导热系数)。材料设计的主要内容是基于当地的水泥标号、气候、土质等确定水泥、土、发泡剂、水的用量及养生时间等。

轻质土的材料设计受多因素影响，并不存在唯一的确定结果，应根据当地实际情况经室内外试验后确定一个合理的施工配合比。

6. 轻质土防冻层设计流程

轻质土的防冻层设计程序如图 3-32 所示。

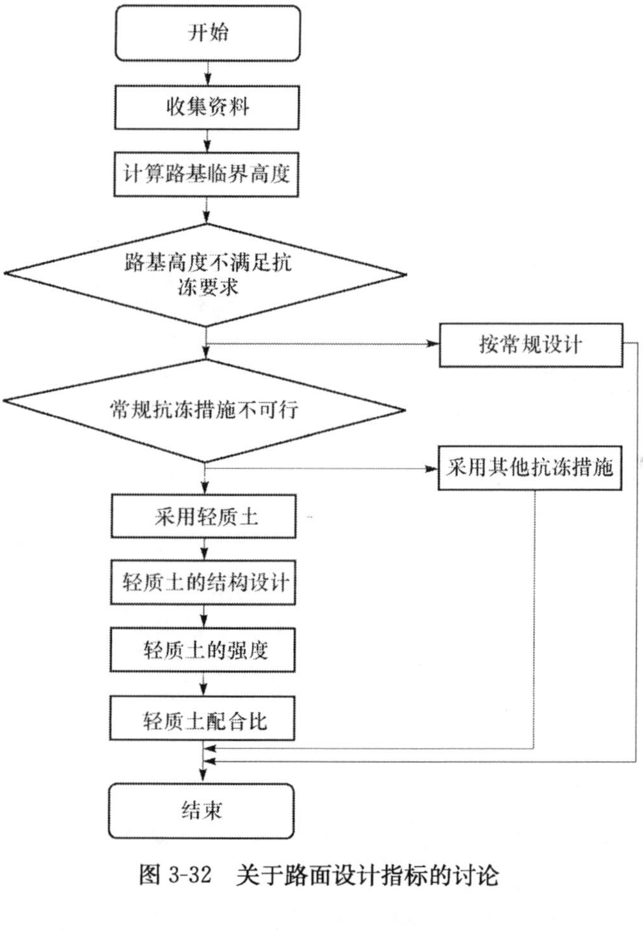

图 3-32　关于路面设计指标的讨论

1) 路面弯沉

我国目前的路面设计以弹性层状体系理论为基础，假定各层间完全连续结合，以路面弯沉作为设计控制指标，以层底的弯拉应力作为验算指标。一般情况下只要弯沉满足设计要求则弯拉应力也符合要求。

采用轻质土作为上路床或隔热垫层，不改变路面的结构形式，则不存在路面设计方法的问题。且轻质土的 CBR 可满足上路床大于 8 的要求。

当轻质土作为底基层时，由于轻质土的模量一般在 700MPa 以上，与我国水稳碎石(砂砾)的模量基本相当，甚至还略高一点，比稳定细粒土的模量(300MPa 左右)要高得多。采用量弹性层状体系理论进行计算，路面弯沉值是能够满足设计要求的。现场实测轻质土基层的路面弯沉平均值和标准差分别为 17.4 和 5.5，与常规的水稳碎石基层路面基本相当(弯沉平均值和标准差分别为 16.2 和 4.8)。轻质土的抗弯强度约为抗压强度的 0.2 倍，约 0.49MPa，绝对值基本与水稳碎石(砂砾)相当，因此轻质土底基层层底的弯拉应力设计同样也能满足要求。

2) 上下基层间的结合

我国路面弯沉计算时假定各层间是连续的，但实际上各层间不可能完全连续，采用轻质土底基层后在其上再铺筑上基层。轻质土底基层与上基层间的结合效果与我国半刚性基层相比差别不大。

7. 轻质土施工注意事项

1) 轻质土上填料的运输与摊铺

在轻质土上进行填料的运输与摊铺应密切注意对轻质土的影响，防止上料过程中压坏轻质土。

2) 轻质土的施工质量检测与控制

轻质土应严格按配合比设计要求进行施工，每个段落施工开始与结束时均应测定轻质土的容重，并现场取样制作作为无侧限抗压强度的试样，以判别施工强度与容重是否达到设计指标要求，每天容重与强度试件的检测数量以每种 3 个为宜。强度达不到设计要求的路段应铲除并重新浇筑。

3.6 现浇泡沫轻质土在桥台冻胀防治中的应用

轻质土具有良好的隔热性、轻质性、自立性和一定的收缩性，用于桥台台背的填筑可以减轻或消除水平冻胀力和土压力。通过对相关资料的分析，提出了轻型桥台水平冻胀力的分布方式与计算公式，通过理论分析与试验段的铺筑，提出了台背轻质土的结构形式、稳定计算方法、材料设计及施工技术等。

3.6.1 桥台的主要病害与原因分析

桥台存在的问题主要有两个方面：一是桥台本身；二是桥台台背路基填土(桥台与路基的衔接)。

桥台本身的问题主要表现为桥台的整体沉陷、开裂、位移、系梁折断等。导致这些病害的原因归纳起来主要有两方面：一是竖向作用力的影响；二是水平作用力的影响。

竖向作用力有两种情况。一是向下的作用力，如在湿陷性黄土地区的负摩擦力引起桥台沉陷。二是向上的竖向作用力，如严寒地区有些中小桥及涵洞扩大基础因地基冻胀造成中墩抬高或断裂，轻型桥台的支撑梁因地基冻胀而上挠折断失去支撑作用；涵洞基础因地基不均匀冻胀，每年出现起落变化，造成路面不平。

水平作用力主要来自于两方面：一是台背填土的土压力；二是寒冷地区台背填土的水平冻胀力，过大的水平冻胀力易导致桥台的开裂。在 U 型、轻型及桩柱式桥台中，轻型桥台受冻胀力、土压力的影响最大。

水平作用力主要是台背填土所致，除我国现有的各种办法，轻质土填筑是一种新的思路。轻质土台背的作用如下：①减轻或消除土压力，由于轻质土自身具有直立性，固化后对桥台的土压力很小甚至完全消除；②减轻地基的上部荷载和工后沉降，轻质土的容重约为正常土的一半，因此能大大减少地基的上部荷载与工后沉降量。而轻质土本身的固结压缩量几乎为零，因此可提高路基的稳定性，防止桥头跳车；③减轻或消除台背填土对台背的水平冻胀力，隔热保温是轻质土的重要特性之一，台背用轻质土填筑可以防止冻胀的发生。轻质土台背的作用是多方面的，在不同地区有不同作用。如在广东则主要是减轻软基的荷载与沉降，消减桥头跳车等，在兴安岭等寒冷地区，则其抗冻效果较明显。

3.6.2 桥台台背冻胀力的分布与计算

1. 冻胀力的类型与影响因素

桥台冻胀力包括水平冻胀力、切向冻胀力和竖向冻胀力。冻胀力与冻胀量、桥台抵抗位移的能力相关，冻胀量主要由土质、温度、含水量等因素决定。土的冻胀量越大，桥台的刚度越大、受到的约束越多，则受到的冻胀力也越大，反之亦然。

桥台台身所受的冻胀力主要是水平冻胀力与切向冻胀力，桥台基础则主要是竖向冻胀力和切向冻胀力。切向冻胀力的计算可按《公路砖石及混凝土桥涵设计规范》(JTJ002—85)的相关规定进行。

2. 水平冻胀力的分布

1)《公路工程抗冻设计与施工技术指南》(报批稿)的规定

水平冻胀力的分布与许多因素相关，宜通过现场试验确定。根据《公路工程抗冻设计与施工技术指南》(报批稿)(简称公路抗冻指南)的规定，季冻区桥涵轻型桥台填土水平冻胀力的大小和分布可按图 3-33 所示进行计算，其中桥台的上下端均简化为铰接的简支梁。桥台最大单位水平冻胀力标准值的取值参考表 3-27，关于土的冻胀类别的判断可参见前述章节的规定。

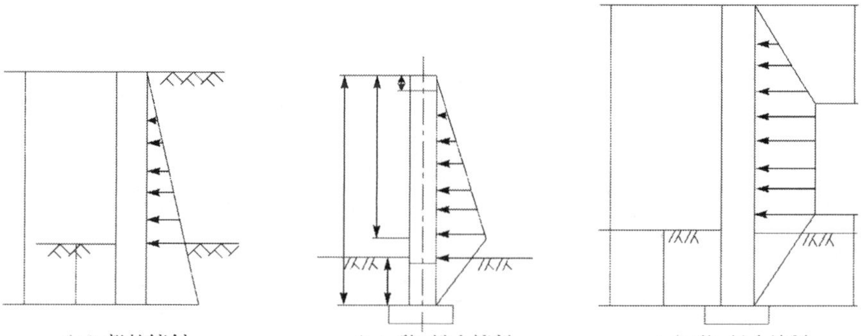

(a) 粗粒填料　(b) 黏、粉土填料　(c) 黏、粉土填料

图 3-33 季冻区桥涵轻型桥台填土水平冻胀力的大小和分布

表 3-27　桥台最大单位水平冻胀力标准值 σ_a

冻胀土级别	不冻胀	弱冻胀	冻胀	强冻胀	特强冻胀
冻胀率/%	$\eta\leqslant1$	$1<\eta\leqslant3.5$	$3.5<\eta\leqslant6$	$6<\eta\leqslant12$	$\eta>12$
水平率标准值 σ_a/kPa	$\sigma_a<15$	$15\leqslant\sigma_a<70$	$70\leqslant\sigma_a<120$	$120\leqslant\sigma_a<200$	$\sigma_a\geqslant200$

2)《水工建筑物抗冰冻设计规范》SL211—98 的相关规定

《水工建筑物抗冰冻设计规范》SL211—98(简称水工抗冻规范)对于标准冻深大于 0.5m,墙前地面至墙后填土顶面之间的高差(H_t)小于或等于 5m 的薄壁挡土墙提出了水平冻胀力的计算方法,单位水平冻胀力沿墙高的分布可按图 3-34 所示的图形确定。根据图 3-34,可按式(3-4)计算水平冻胀力的合力标准值。

$$F_h=\frac{m_aC_f\sigma_{ht}}{2}\left[H(1-\beta')+\frac{Z_d\beta H_t}{Z_d+\beta H_t}\right] \tag{3-4}$$

$$m_a=1-(S_H/\Delta h_d)^{0.5}$$

式中,F_h——水平冻胀力合力标准值,kN/m;

m_a——墙体变形影响系数;

C_f——挡土墙迎土面边坡修正系数,可按表 3-28 取值;

σ_{ht}——最大单位水平冻胀力标准值,kPa,见表 3-27;

H_t——自墙前地面算起的墙后填土高度,m;

β'——非冻胀区深度系数,可按表 3-29 取值;

β——最大单位水平冻胀力高度系数,可按表 3-29 取值;

S_H——计算点允许水平位移值,mm,悬臂式挡土墙可取$(8\sim10)\beta H_t$;

Δh_d——挡土墙后计算点土的冻胀量,mm,取墙前地面以上 $H_t/4$ 处为计算点。

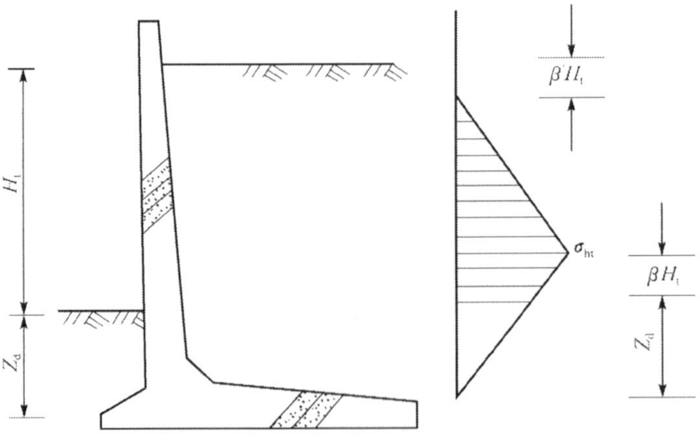

图 3-34　水平冻胀力沿墙高的分布

表 3-28　C_f 值

迎土面坡比	0.0	0.1	0.2	0.3	0.4
C_f	1.00	0.90	0.85	0.81	0.79

表 3-29　β、β'值

墙后土冻胀性级别	Ⅰ、Ⅱ	Ⅲ	Ⅳ	Ⅴ
冻胀量 Δh_d/mm	$\Delta h_d \leqslant 50$	$50 < \Delta h_d \leqslant 120$	$120 < \Delta h_d \leqslant 220$	$\Delta h_d > 220$
β	0.15	0.30	0.45	0.5
β'	≤0.20	≤0.15	≤0.08	≤0.08

表 3-30　最大单位水平冻胀力(σ_{ht})标准值

墙后计算点冻胀量/mm	20	50	120	220	>220
σ_{ht}/kPa	30	50	90	120	121～170

3)《多年冻土地区建筑地基基础设计规范》(JGJ 118—98)的相关规定

《多年冻土地区建筑地基基础设计规范》(JGJ 118—98)(简称建筑抗冻规范)对挡墙水平冻胀力的分布与计算方式与《公路工程抗冻设计与施工技术指南》基本相同,实际上后者参考了前者对挡墙水平冻胀力的分布与计算方式。

4) 水平冻胀力分布的讨论

水平冻胀力的计算公式,公路抗冻指南与水工抗冻规范相比有如下差异。

(1) 公路抗冻指南对台背填土按填料不同确定了不同的水平冻胀力的分布方式,但没有考虑墙体变形的影响;水工抗冻规范则对背后填土没有进一步的划分,但考虑了墙体变形的影响。

(2) 当填料为黏、粉土,且高度 $H \leqslant 3Z_{max}$时,公路抗冻指南的冻胀力分布方式与水工抗冻规范相似,只是水工抗冻规范规定挡墙在接近填料地表时有一段 $\beta' H_t$,应力取值为0,公路抗冻指南则一直到地表。

(3) 最大单位水平应力(σ_{ht}、σ_a)的取值方法,水工抗冻规范根据冻胀土的级别和冻胀量确定,公路抗冻指南根据冻胀土级别与冻胀率确定,两规范在划分土的冻胀类别上依据的指标也不相同,水工规范依据冻胀量,而公路规范与建筑规范依据冻胀率。

水平冻胀力与冻胀量及支挡结构的约束密切相关,约束越大,冻胀力越大。桥台在施工越冬时和使用期的约束是不同的,故水平冻胀力的分布亦不相同。

(1) 对于越冬时桥梁上部构造没安装、支撑梁未做的,桥台的受力状况可简化成悬臂梁,此时水平冻胀力的状况与轻型挡土墙类似,可按公路抗冻指南的规定计算。

(2) 正常使用时,桥台为简支梁,两端均受约束,故实际的水平位移小,冻胀力较大,根据水工抗冻规范给出的墙体变形影响系数计算公式,对不同情况进行试算,结果相差±5%左右,因此,水平冻胀力可根据不同的状况乘以一个工况系数,即桥台上部构造没安装时,用现在公路抗冻指南的方法计算,正常使用时在此基础上乘以工况系数 1.15。

根据上述冻胀力的分布进行桥台的强度设计,同时必须验算桥台上、下端因填土冻胀而产生的位移及冻胀倾覆稳定性,不满足要求时可采用换填沙砾料、铺设泡沫隔温板或其他措施以减轻台背的冻胀,亦可采用轻质土进行台背的填筑。

3.6.3 轻质土的结构形式

1. 轻质土台背的特点与适用范围

1）隔热特点

台背填土的冻胀主要来自填土表面、路基两侧和通过桥台产生的冻胀，路基两侧的冻胀由于无侧向约束，不会产生冻胀力，路基表面的冻胀主要对路面产生冻胀力，对桥台的水平冻胀力影响较小，桥台的冻胀主要是与台背相邻部分的路基填土的冻胀所致，而台背填土的冻胀是由于桥台与外界进行热量交换。只要切断桥台和路基顶面的传热通道，即可消除或减轻冻胀。轻质土的主要作用是消除或减轻水平冻胀力，消减土体对基础的竖向与切向冻胀力的作用有限。

2）土压力

如前所述，土压是引起桥台等构造物开裂和位移的重要因素，减轻桥台的土压是台背填土设计的重要内容之一。轻质土是一种能够自立的刚性轻质材料，轻质土与路基土若垂直接触，与挡土墙类似，路基土将对轻质土产生土压力，轻质土将土压力传递给桥台，并不能减轻台背的土压力。为了消减路基土的土压力，一般将轻质土设计成如图 3-35 所示的形状。

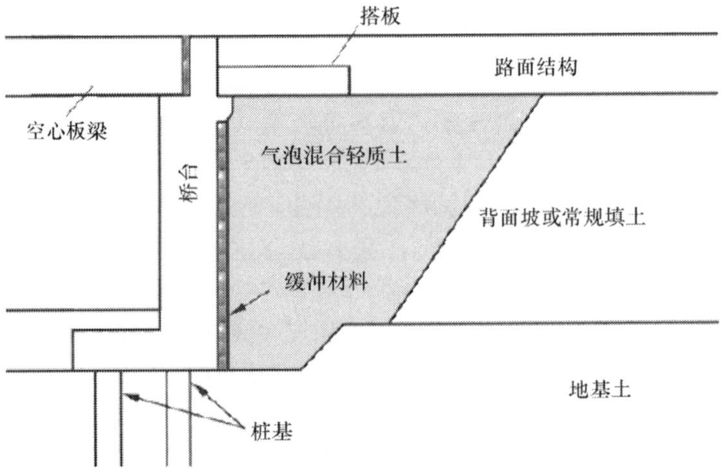

图 3-35　轻质土台背填筑示意图

3）适用范围

轻质土用于台背填筑的主要作用是消除或减轻台背的水平冻胀力与土压，减缓路桥结合部的路基工后沉降量，防治桥头跳车。因此轻质土主要适用于：①冻胀严重的地区，可与其他防冻措施如换填沙砾料等比较后确定；②需减轻桥台土压力的情况；③地基承载力不足或沉降过大的情况；④需现浇充填的情况。

目前轻质土的浇筑需要电力，尚无其他能源动力可替代，因此施工地点必须有电源供应。轻质土在公路部门中的应用还处于试验阶段，造价较高，因此在确定应用前应综合考虑。

2. 轻质土底部的浇筑长度

轻质土底部的浇筑长度主要从 3 个方面确定：①我国相关规范的规定；②试验段监测结果；③国外的应用经验。

1) 设计冻深的确定

标准冻深是指非冻胀黏性土，地表平坦、裸露、城市之外的空旷场地中，不少于 10 年实测最大冻深的平均值。设计冻深在标准冻深的基础上，需考虑土质、湿度、地形、周围环境的影响。一般情况下设计冻深 Z_d 可按下式计算：

$$Z_d = Z_0 \Psi_{zs} \Psi_{zw} \Psi_{zc} \Psi_{zt0} \tag{3-5}$$

式中，Z_d——标准冻深；

Ψ_{zs}——土质（岩性）对冻深的影响系数；

Ψ_{zw}——湿度（冻胀性）对冻深的影响系数；

Ψ_{zc}——周围环境对冻深的影响系数；

Ψ_{zt0}——地形对冻深的影响系数。

2) 底部浇筑长度的确定

冻胀一般发生在地表下一定深度，挡土墙换填沙砾料时通常采用如图 3-36 所示的形式。采用轻质保温材料时，结构设计如图 3-37 所示，其中单向保温方式适用于 I、II 级冻胀性地基土，双向保温板适用于 III、IV、V 级冻胀性地基土。双向式保温材料的水平铺设宽度，宜按地基土的冻胀性级别相应取设计冻深的 1.1～1.5 倍，板厚可按 1/10～1/15 的设计冻深确定，地基土冻胀性级别高的取大值。轻质土的导热系数为 0.18(J/m · h · ℃)，约为保温板的 4 倍，因此轻质土的最小厚度可取 1/2～1/3 的设计冻深。

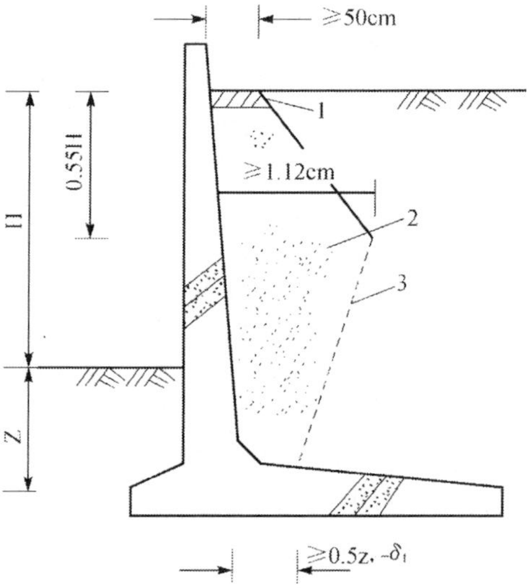

图 3-36　挡墙台背换填沙砾料防冻胀

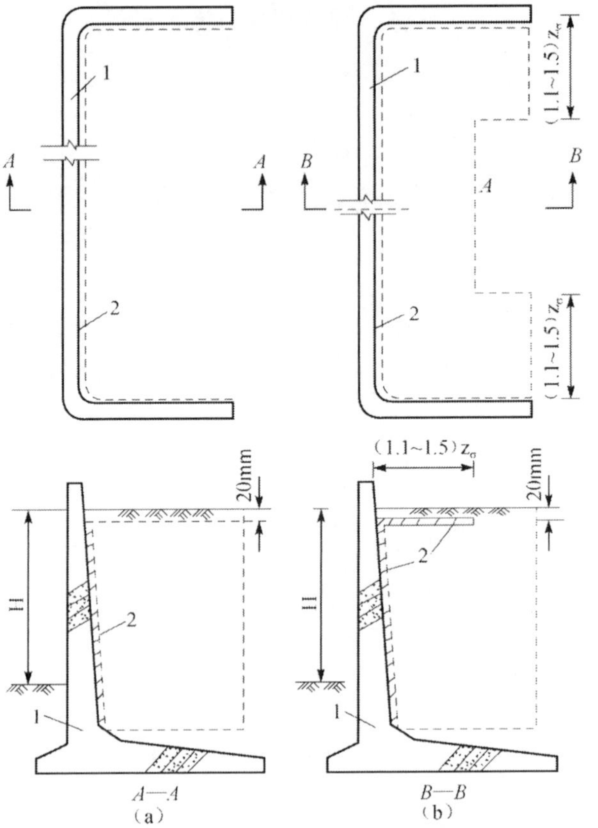

图 3-37　挡墙背采用泡沫隔温层防冻胀

轻质土底部长度的确定主要是基于填筑体稳定性，在 3m 以上时已完全能够达到防冻、消减土压力的目的。

3. 轻质土的埋置深度与基础形式

轻质土的容重较路基小许多，只要路基填土部分的地基承载力能满足要求，轻质土部分便是安全的。一般情况下轻质土的埋置深度与桥台基础的底面和地表齐平即可，如图 3-38 所示。若地基的承载力不满足要求或表层含有腐殖质等，则应将表层土换填沙砾料。根据日本《气泡混合轻质填土设计施工手册》，地基的强度要求以 K30 表示，其值大于 70MN/M^3。

4. 轻质土台背与路基填土的结合

轻质土的主要作用是减轻桥台的水平作用力，根据土坡稳定分析，无黏土的坡角为天然坡角时，路基土体本身是稳定的，产生的水平推力小。对于黏性土，减小轻质土与路基的接触面的坡角亦可减轻土压力的作用，一般情况下，轻质土与路基填土的坡面应为 45°～70°，既可使路基土体对轻质土产生一定的水平土压力，也可由轻质土底部与地基间的摩擦力承受，而不传到桥台。

5. 排水措施、细部构造

当地基为软基时，轻质土底部应与路基一样设置沙砾垫层，使地基固结产生的水能顺利排出，同时也可提高轻质土的整体性与承载力。

由于轻质土的收缩系数为普通水泥砼的 4～6 倍，轻质土浇筑后与桥台之间将出现裂缝。轻质土浇筑固化后，轻质土对桥台的土压力均为 0，因此，在轻质土固化后可采用泡沫板或麻筋油渣等材料充填轻质土与桥台间的缝隙。

3.6.4　轻质土强度设计

1. 轻质土台背的受力特点与破坏方式

轻质土所承受的荷载主要有自重、路面荷载、汽车荷载、地震力、水的上浮力、填土侧压力、冻胀力等。其中自重、路面荷载、填土侧压力等为永久荷载。汽车荷载、冻胀力、水的上浮力为可变荷载，地震力为偶然荷载。

轻质土用于台背填筑时可能的破坏方式有如下几种：①轻质土顶面抗压强度不够，导致轻质土表层在汽车等荷载作用下被压碎；②轻质土底部的抗压强度不够，倒梯形轻质土及其他荷载全部作用于底部的轻质土上，导致底部轻质土被压碎；③轻质土开裂，即在地基沉陷，路基与轻质土脱离的情况下，轻质土顶面产生裂缝，如图 3-38 所示。因此，在进行轻质土的强度设计时应考虑这 3 方面因素。

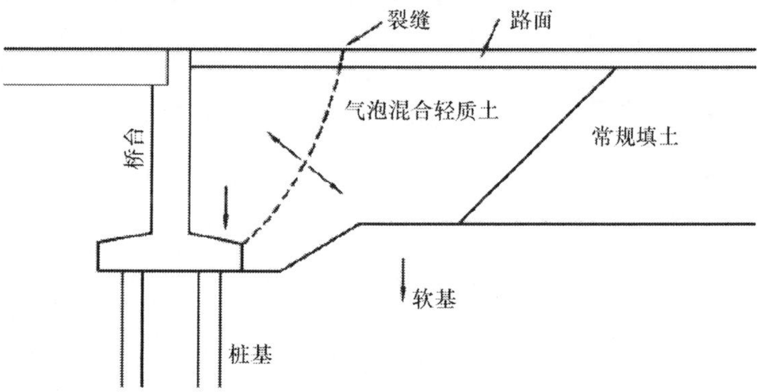

图 3-38　轻质土底部地基沉陷引起的开裂

2. 强度指标与取值

轻质土的强度设计应按如下原则：

(1) 轻质土荷载计算时应分别计算其表层与底部所承受的应力，取两者中大者作为轻质土强度设计时的实际承受荷载；

(2) 强度设计以无侧限抗压强(养生时间 7 天)为控制指标，安全系数取 3 以上，即取正常使用情况下 3 倍的最大压应力值作为设计最低强度控制值。

3.6.5 材料设计

1. 发泡剂类型

各种不同的发泡剂有各自的特点，因此在明确目标与要求的前提下可综合考虑后选用，选用时应考虑采用透水性小的发泡材料，以免浸水后影响性能。

2. 密度

轻质土的强度与密度密切相关。轻质土用于桥台台背的目的主要是减轻台背填土的冻胀，从隔温效果考虑则应采用较小的密度，但轻质土的密度往往与强度成正比(在水泥含量确定的前提下)。密度过小则脆性增加，抗压、抗拉强度低，势必增加水泥用量，增加成本，因此综合平衡考虑，轻质土的台背填土的容重可取 10～12kN/m^3。

3. 配合比设计

材料的强度与密度值确定后，可调整的参数主要是水泥用量，水泥用量与标号相关，可参考以往的工程经验，根据土质等实际情况通过室内试验确定。

3.6.6 轻质土台背与其相连的填土路基间的差异沉降控制

轻质土台背浇筑后，与相连的填土路基间将产生一定的工后差异沉降，尤其是含软弱地层时，因此设计时应考虑工后沉降是否超过允许值，防止由此引起的路面开裂。由于桥台和轻质土背后路基填土的约束，轻质土的整体滑移或倾覆等则不可能发生。

1. 软土地区路基工后沉降控制标准

我国《公路路基设计规范》规定对于软土地区，路基与构造物的结合部的工后差异沉降规定如表 3-31 所示。

表 3-31 容许工后沉降

工程位置 道路等级	桥台与路堤相邻处	涵洞、通道处	一般路段
高速公路、一级公路	≤0.10m	≤0.20m	≤0.30m
二级公路	≤0.20m	≤0.30m	≤0.50m

2. 轻质土台背与其相连填土路基的差异沉降控制

一般路基的工后差异沉降率应控制在 4‰～6‰路面才不会引起开裂等早期破坏。轻质土台背与桥台为刚性体，一般路基为塑性体，轻质土与路基间的变形协调性较一般路基差，因此轻质土台背与相连路基间的差异沉降率应控制在 4%以内，且路基的工后总沉降量不得超过表 3-31 的容许值。若路基沉降和差异沉降率不能满足上述规定，则应对地基进行处理，如开挖地基换填轻质土以减轻地基的附加应力，采用粉喷桩、碎石桩、旋喷桩等加固地基，提高其承载力等措施。

3.6.7　施工注意事项与质量控制

轻质土台背单层的浇筑高度一般不超过 1m（每层过厚易引起顶底部分密度不均），初步固化时间一般需 3～5 天（跟气候等有关），轻质土的实际浇筑过程往往是台阶式进行的，如图 3-39 所示。因此轻质土浇筑前应将路基填筑好，这样可以加速地基的固结沉降，减少工后沉降差。在固化后的轻质土上进行填料的运输、摊铺及碾压时，应确保轻质土不被压碎。轻质土台背与桥台间的缝隙可用塑料泡沫板等充填。

在轻质土台背施工期间，应每天从施工现场取样进行强度与密度试验，每项指标各 3 个试样，以确保工程质量。

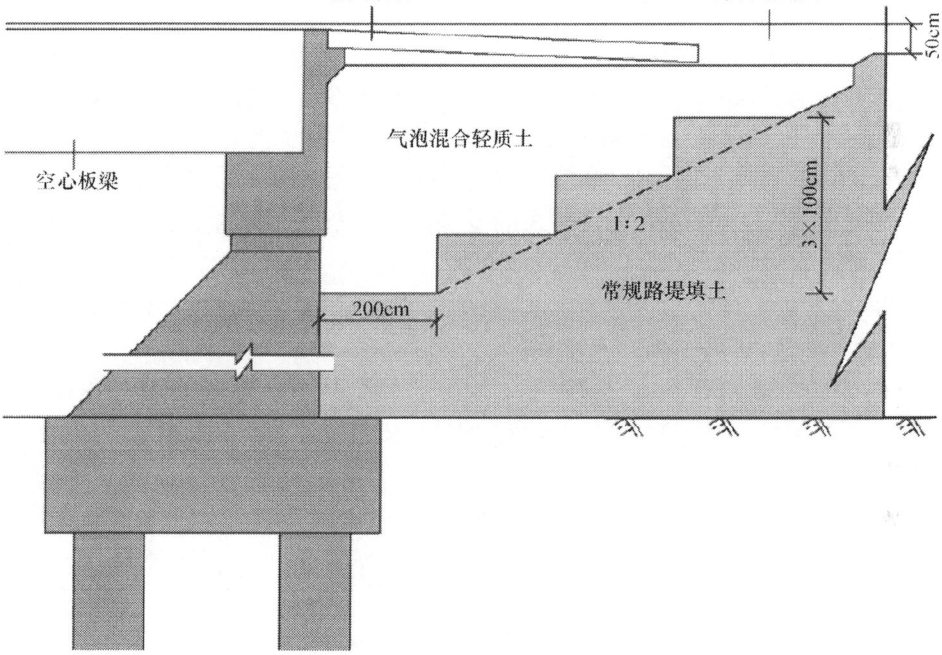

图 3-39　轻质土台背填筑示意图

3.7　现浇泡沫轻质土的应用要求

为适应公路建设的需要，促进现浇泡沫轻质土（下称轻质土）的合理应用，提高处理公路冻胀翻浆、软土地基等特殊问题的能力与手段，对公路轻质土工程设计与施工按以下原则应用。

1. 适用范围

目前轻质土主要适用于寒区公路工程和桥台台背填筑。

2. 轻质土工程设计

由于轻质土具有吸水增重的特性，在地下水位以下长期使用的性能如何，目前无相关工程可参考；但北京奥林匹克公园中心区地下隧道减荷工程即在地下水位以下，在使用硫铝酸盐水泥加憎水剂的前提下，设计单位采用了轻质土技术，并要求结构承重计算取饱和容重，强度设计指标亦采用了饱和容重下的强度指标。

干湿循环或冻融循环均使轻质土的强度有所降低，降低幅度与配合比相关，故要求在干湿和冻融交替环境下以试验确定强度的变化规律。

1）配合比设计

配合比设计原则上由施工单位通过试配试验确定，根据轻质土的强度指标与普通混凝土的强度指标一样，均为无侧限抗压强度指标，参照我国普通混凝土配合比设计的常规做法。

流动值是轻质土与普通现浇泡沫混凝土相区别的核心指标；有了流动值的规定，轻质土的现浇施工才有了统一的质量衡量基础，是施工质量稳定性满足工程要求的前提。流动值规定为(180±20)mm，在此流动值下，轻质土流体才能实现泵送及浇筑自流平、对微小空隙的自动填充等基本施工性能，同时又能满足初凝前容重的稳定和固化后必要的强度要求。流动值过小，轻质土在工程要求的浇筑部位可能留下空隙，而由于气泡的存在，轻质土不可能如普通混凝土那样进行振捣密实，否则将会消泡；流动值过大，则因游离水分含量过高，气泡容易消泡，且在初凝至终凝的过程中，因游离水的渗流轻质土极易出现塌陷，强度严重降低，容重亦会大幅增大。

对原材料的要求，核心是能维持发泡剂产生的气泡群的稳定性；包含两层意思：①特定发泡剂应能满足与大多数原材料的稳定性匹配；②特定原材料应能满足与选定发泡剂的稳定性匹配。而稳定性匹配的衡量标准为初凝前实测湿容重与理论计算湿容重的误差不能过大；而这一切的前提是流动值首先能满足要求。如果原材料达不到这些要求，则调泡剂性能越好，与其他原材料的匹配性就越高。

2）性能指标及结构设计

强度指标与容重指标具有一定的对应关系。强度越高，通常对应的容重也越高，反之亦然。强度指标的设计首先体现了工程第一需要，故容重指标应服从强度指标的要求。

泡沫轻质土在应用中应注意的问题。

(1) 寒区道路应用。将轻质土直接作为上基层，沥青面层碎石与轻质土顶面接触，在压路机及汽车荷载的作用下，轻质土表层将被逐步压碎，由于轻质土为多孔隙结构，由此将产生面层与基层的分离，导致沥青面层产生沿轮迹带的纵向裂缝、网裂及面层碎落等，同时由于轻质土的干缩系数为普通混凝土的4～6倍，其干缩也将导致路面产生反射裂缝。

根据不同材料的热等效原则，厚40cm的轻质土的保温性能与厚2m的路基土相当，加上路面的厚度已基本能消除土的冻胀性。尽管轻质土的厚度设计与气候(冻结指数)相关，但轻质土过薄则其整体性和抗弯性能较差，故取轻质土厚度40cm。

我国目前对多年冻土的处治措施主要是保护多年冻土、控制融化速度和加速融化3

种。多年冻土的保护主要有抬高路堤、铺设塑料泡沫隔温板、采用热桩、通风路堤等，轻质土的出现拓宽了可选手段。我国寒冷地区的地基表层土有机质含量高，多为强冻胀性土，路基填筑前须清除。轻质土为流动性材料，故轻质土设置于地表下 50cm，厚度 50cm，顶面与地表持平，宽度与路基底部相同。

轻质土的导热系数约为常规土的 1/5，厚 3m 的轻质土已足够防止冻胀的发生。对于消减土压力，由于轻质土固化后的干缩，厚 3m 的轻质土与桥台(涵背)相分离数厘米，能完全消除土压力。

冻胀、冻融问题的根本与水相关。轻质土容重较低时，隔热性能可能很好，但渗透性可能偏大，一旦有水渗入轻质土内部，则隔热性能将大幅下降。

(2) 软基路段应用。软基路段应用时，对结构设计应注意考虑荷载过渡对沉降过渡的影响让差异沉降以坡差的形式尽量控制在最小范围。

(3) 替换台背常规填料的应用。替换台背常规填料应用时，对结构设计应主要考虑自身稳定性、与常规填土的纵向衔接，顶部长度不小于搭板长度。应充分考虑到，轻质土在搭板下与常规填土在工后压缩变形上的差异，可能会对搭板形成受力支点，使搭板反翘。

3. 施工、质量控制与检测

1) 施工

轻质土泵送与浇筑，要求维持流动状态下轻质土容重和内部孔隙结构的稳定，以确保施工设定配合比下的轻质土性能最终满足设计要求。

2) 质量控制与检测

现场施工质量控制决定现浇泡沫轻质土是否满足设计要求。气泡容重一旦调整到满足要求，在整个施工过程中受发泡装置控制，基本不受人为因素影响，故仅需检测 1 次。

参 考 文 献

陈忠平，王树林，邓江. 2004. 气泡混合轻质填土新技术[M]. 北京：人民交通出版社.

第4章　无机结合料稳定铁尾矿砂基层

4.1 引　　言

4.1.1 概况

我国铁矿资源分布非常广泛，遍及全国29个省、市和自治区的700多个县、旗。截至2007年底，全国铁矿查明资源储量为613.35亿吨，其中基础储量为223.64亿吨，资源量为389.71亿吨，我国铁矿石查明资源储量绝大部分为贫矿，其中辽宁、河北、四川3省合计为297.89亿吨，占总查明资源储量的48.5%。冶金矿山企业协会统计数据显示，冶金矿山企业每生产1吨铁精矿，产生约2吨尾矿废弃物，国内全年累计产生尾矿约4亿吨。

4.1.2 尾矿砂的危害

1）占用土地

尾矿堆存需要占用大量土地，截至2005年，我国尾矿堆放占用土地达1300多万亩，随着老的尾矿库闭库，新的尾矿库不断增加，必将占用更多的土地(图4-1)。

图4-1　陡高的尾矿山

2）环境污染

矿石选矿过程中有的需要加入药剂，这些药剂会残留在尾矿中。铁尾矿在受到剥蚀时，尾矿中所含的重金属离子，甚至砷、汞等污染物质，进入铁尾矿中，其可迁移元素发生生物化学迁移，会随尾矿水流入附近河流或渗入地下，严重污染河流及地下水源。水土造成严重污染，并会对近区的生态环境造成不良影响，导致土壤污染、土地退化、植被破坏、水体污染甚至直接威胁到人畜的生存。自然干涸后的尾矿砂，遇大风形成扬尘，吹到周边地区，对环境造成危害。

3）安全隐患

新中国成立以来，我国多次发生过尾矿库溃坝事故，造成大量人员伤亡。2006年4月24日，河北省迁安市蔡园镇一座铁矿的闭库尾矿库发生溃坝事故，泥石流将正在作业的6名矿工掩埋，最终一人死亡，5人下落不明。2008年9月8日山西襄汾新塔矿业有限公司的尾矿库溃坝事故，是尾矿库史上最著名的尾矿库事故，造成上百人死亡(图4-2)。

尾矿库一旦发生事故，将对下游地区人民的生命和财产造成巨大危害，对环境造成严重污染。

大量尾矿不仅占用土地，造成资源浪费，也严重污染人类生活环境，破坏生态平衡，现已受到了全社会的广泛关注。我国在矿产资源综合利用方面取得了很大进展，但我国铁尾矿综合利用率仅为 7%左右，远低于国外 60%的利用率，大量的铁尾矿只能堆放在尾矿库。

图 4-2　襄汾尾矿库溃坝事故略图

4.1.3　我国公路建料资源使用现状

2011 年全国公路网总里程达到 398.4 万公里，高速公路由“十五”末的 4.1 万公里发展到 7.4 万公里，新增 3.3 万公里。“十二五”末，我国公路总里程将达 450 万公里，高速公路通车里程将达 10.8 万公里。公路工程需要消耗大量砂石材料，过度采石挖砂严重破坏了环境，造成了水土流失，气候恶化图 4-3～图 4-8。

图 4-3　河道采砂

图 4-4　毁坏耕地

图 4-5　破坏电力设施

图 4-6　采砂威胁桥梁安全

图 4-7 采石制砂

图 4-8 破坏植被水土流失

随着天然砂的大量开采，砂资源逐渐枯竭，也带来价格的不断上涨，在经济利益的驱使下，出现了无偿、无序、无度的“三无”混乱开采局面，非法盗采砂石的现象屡禁不止。

河道挖砂石影响了堤岸安全、河势稳定、防汛排洪及水路交通，因挖砂而导致桥毁路断的事故屡见报端；城市丘陵山地开山采石严重破坏了自然山体的景观和绿色植被，导致边坡失稳和城市景观的破坏。为此，2001 年 10 月 25 日，国务院颁布了《长江河道采砂管理条例》。2003 年 5 月底，北京市全面关闭了市行政区内的采砂场。同年重庆、江西、安徽等省市都相应出台了河道采砂管理办法。

总的措施是打击乱采滥挖，采取采砂许可制度，限时、限量、限区域开采，虽然河道采砂石得到了初步整顿，但并未根本解决砂石资源问题。天然砂资源紧缺，寻求替代材料迫在眉睫。

4.1.4 公路工程中应用尾矿砂的技术研究

公路工程需要消耗大量建筑材料，特别是高路基工程中消耗的土石方量更是惊人，若把铁尾矿用在路面基层和路基回填中可以实现以下效果：

(1) 可以大量消耗铁尾矿，为现有尾矿库腾出库容，减少对周围环境的污染；

(2) 减少土地的占用量，节约耕地资源；

(3) 可以降低公路工程造价，实现其自身价值；

(4) 可以大量减少河砂和土石方的消耗量，避免破坏土地和环境。

河北工业大学通过对铁尾矿砂及水泥稳定混合料的路用性能进行研究，得出了尾矿砂作为路面基层添加材料的配合比设计方案；唐山市交通局及公路管理站通过大量的室内试验和实际施工，探索到将尾矿砂作为一种建筑材料应用于路面基层中的成功经验；长安大学与唐山市交通局联手进行了尾矿砂应用于低等级沥青混凝土路面课题研究，试验结果表明混合料的各项参数均能满足规范要求；交通部公路研究所也对尾矿砂的路用性能进行了立项研究，并取得了很好的效果。

苏更研究铁尾矿料在路面基层中的应用特性，认为铁尾矿料可以应用于道路工程，在保证级配的前提下可以达到路用的要求。铁尾矿砂在公路工程中应用的前景良好，是今后利用废物修筑公路的较好材料。

在最近的几年里，国内多家单位及高校针对尾矿砂的路用性能进行了研究，并取得了显著成果，为尾矿砂的成功应用奠定了坚实的理论基础，道路工程对尾矿砂的消耗量较大，推广尾矿砂的道路工程应用对实现尾矿的废物再利用有重要意义。以河北省“尾矿砂在公路工程中的应用研究”研究成果为基础，系统阐述了无机结合料（石灰、水泥、粉煤灰）稳定尾矿砂、尾矿砂水泥稳定碎石、尾矿砂石灰水泥稳定碎石的混合料设计、性能检验以及施工等相关技术问题。

4.2　铁尾矿砂技术指标

通过与碎石土、黏土及石屑对比，从化学成分、颗粒组成和压碎值 3 方面分析了铁尾矿砂的技术指标特点，探讨铁尾矿砂的路用特性。

4.2.1　化学成分

分别在不同地点取样，进行铁尾矿砂的化学成分试验，结果列入表 4-1。

表 4-1　尾矿砂的化学成分

尾矿砂	SiO_2	Fe_2O_3	Al_2O_3	MgO	CaO	K_2O	Na_2O	TiO_2	其他
1#	74.98	7.63	6.56	2.98	2.41	1.46	1.20	0.34	2.44
2#	72.12	12.87	4.40	3.77	2.90	1.10	1.10	0.21	1.53

可知，尾矿砂主要以二氧化硅（SiO_2）、三氧化二铁（Fe_2O_3）和三氧化二铝（Al_2O_3）为主要成分，两个试样中分别占 89.17%和 89.39%。

铁尾矿砂中的活性氧化硅（SiO_2）和氧化铝（Al_2O_3）可与水泥水化反应生成的氢氧化钙（$Ca(OH)_2$）及石灰中游离的 Ca^{2+} 发生反应生成含水的硅酸钙和铝酸钙（即火山灰作用）等胶凝物质。另外，混合料中的熟石灰（即 $Ca(OH)_2$）会与大气中的二氧化碳发生碳酸化作用，生成坚硬的碳酸钙（$CaCO_3$）结晶体。

根据铁尾矿砂的化学成分及含量，掺加石灰、水泥后的化学作用机理，对铁尾矿砂做以下的配合方案：石灰稳定铁尾矿砂、水泥稳定铁尾矿砂及石灰水泥稳定铁尾矿砂。

4.2.2　颗粒组成

分别在 3 个尾矿库取样，进行铁尾矿砂筛分试验，按照《公路土工试验规程》（JTG E40—2007）和《公路工程集料试验规程》（JTG E42—2005）中相应指标分析了铁尾矿砂颗粒组成特点，试验结果见表 4-2、图 4-9 和表 4-3。

表 4-2　砂的筛分试验结果

试　样	9.5	4.75	2.36	1.18	0.6	0.3	0.15	0.075
尾矿砂 1	100	100	95.5	90	75	25	10	3
尾矿砂 2	100	100	98.5	96	86	40	15	4
尾矿砂 3	100	95.6	92.8	81.8	63.1	16.5	5.1	1.0
天然砂	100	91.3	82.5	68.3	34.0	10.7	1.2	0.0

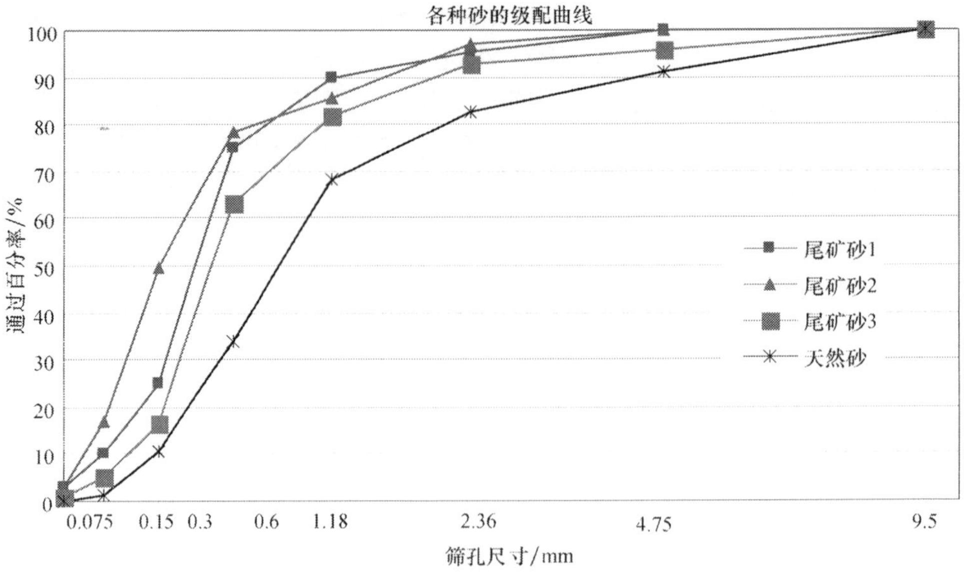

图 4-9　不同砂的级配分布情况比较图

表 4-3　尾矿砂的颗粒组成

试 样	公路土工试验规程(JTG E40—2007)			公路工程集料试验规程(JTG 42—2005)	
	不均匀系数 Cu	曲率系数 Cv	判定结论	细度模数	判定结论
尾矿砂 1	3.33	1.73	级配不良砂 *SP*	2.05	细砂
尾矿砂 2	3.60	1.02	级配不良砂 *SP*	1.72	细砂
尾矿砂 3	3.13	0.78	级配不良砂 *SP*	2.29	细砂
天然砂	3.33	1.01	级配不良砂 *SP*	2.88	中砂
备 注	$Cu>5$,$Cv=1\sim3$ 为级配良好砂			3.7～3.1 粗砂;3.0～2.3 中砂;2.2～1.6 细砂	

从以上比较可知:

(1) 与天然砂相比,铁尾矿砂的级配偏细;

(2) 3 种尾矿砂的细度模数基本在 2.3 以下,为细砂;

(3) 观察 0.075mm 通过率可知,铁尾矿砂比天然砂的石粉含量高;

(4) 不均匀系数 Cu 和曲率系数 Cv 计算结果表明,铁尾矿砂属级配不良砂(*SP*)。

4.2.3　表观密度

用容量瓶法测定细集料在 23℃时对水的表观相对密度和表观密度(表 4-4)。具体操作方法按照《公路工程集料试验规程》(JTG E42—2005)进行。

表 4-4　尾矿砂的物理性质指标

试样	表观密度/(g/cm³)	堆积密度/(g/cm³)	孔隙率/%	含泥量/%
天然砂	2.770	1.500	45.85	1.6
铁尾矿砂	2.820	1.520	46.10	2.2

4.2.4　铁尾矿砂的形貌特征

把天然砂和铁尾矿砂分 160～315μm,315～630μm,630～1.25mm,1.25～2.50mm,

2.50～5.00mm共5个粒径区间分别进行扫描，每次扫描用几百粒颗粒，并尽量使颗粒彼此之间不接触。其中天然砂和铁尾矿砂2.50～5.00mm扫描图局部见图4-10。

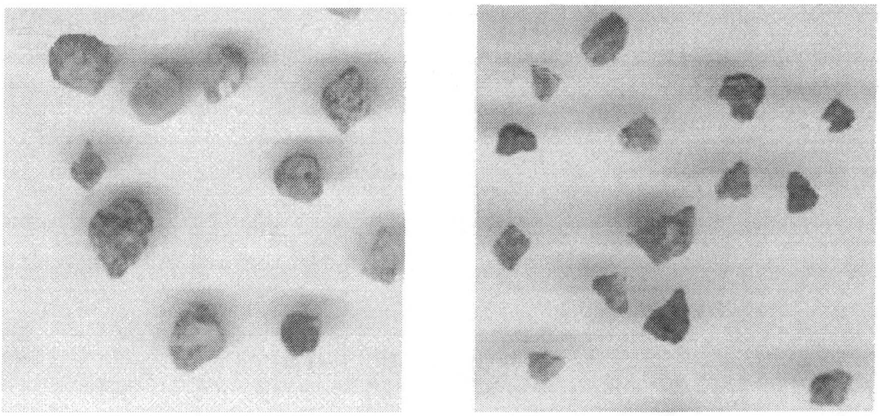

(a)　　(b)

图4-10　2.50～5.00mm粒级天然砂和铁尾矿砂颗粒形貌

如图4-10所示，天然砂颗粒多为圆形或椭圆形，较圆滑，棱角少，而铁尾矿砂颗粒形状不规则，棱角多。可知，相对于天然砂，表面更粗糙，棱角更明显。

4.3　无机结合料稳定铁尾矿砂配合比设计

4.3.1　混合料设计步骤

以石灰稳定尾矿砂为例，确定其配合比设计步骤如下。

(1) 配制同一种尾矿砂试样、不同石灰剂量的混合料。结合工程经验，预定5个不同石灰剂量，依次相差2%，范围需满足设计强度要求。用铁锹拌和均匀，用四分法取出10～15kg试料，将试料分成5～6份，每份2kg。

(2) 预定5～6个不同含水量，依次相差1%，且其中至少有两个大于最佳含水量和两个小于最佳含水量。按预定含水量制备试样，装入密闭容器或塑料袋中浸润备用。

(3) 将浸润好的试样取出，取一份料，分5层，每层击实27次。击好后，取下套环，齐筒顶细心刮平试样，并拆除底板，称重。用此质量减去壁筒质量，则得出混合料重。用混合料重除以击实筒体积，则得出该土样的湿密度。用脱模器推出筒内试样，从试样内部取两个有代表性的样品做含水量试验。并计算出此次击实的干密度。其他4份试样也这样求出干密度。用5次所得的干密度和含水量绘制抛物曲线，曲线最高点即为本次击实所求的最大干密度。对应含水量即为最佳含水量。

(4) 按最大干密度和最佳含水量制件，试件在规定温度下保湿养生6d，浸水24h后，按《公路工程无机结合料稳定材料试验规程》(JTG E51—2009)进行无侧限抗压强度试验。平行试验的最少试件数量应满足表4-5的规定。

表 4-5　最少试件数量

偏差系数	<10%	10%~15%
试件数量	6	9

(5) 根据表 4-6 的强度标准，选定合适的石灰剂量，此剂量试件室内试验结果的平均抗压强度 R 应符合公式(4-1)的要求：

$$\bar{R} \geqslant R_d/(1-Z_a C_v) \qquad (4\text{-}1)$$

式中，R_d——设计抗压强度，见表 4-6；

Z_a——标准正态分布表中随保证率(或置信度 a)而变的系数，高速公路和一级公路保证率一般应取 95%。

C_v——试验结果的偏差系数(以小数计)；

表 4-6　无机材料稳定土的抗压强度标准

材料类型	应用层位	公路等级	
		二级和二级以下公路	高速公路和一级公路
石灰稳定类	基层/MPa	≥0.8	—
	底基层/MPa	0.5~0.7	≥0.8
水泥稳定类	基层/MPa	2.5~3	3~5
	底基层/MPa	1.5~2.0	1.5~2.5
石灰粉煤灰稳定类	基层/MPa	0.6~0.8	0.8~1.1
	底基层/MPa	≥0.5	≥0.6

(6) 水泥稳定铁尾矿砂的配比设计步骤与石灰稳定铁尾矿砂混合料相同，从经济性和作用效果考虑，水泥掺量从 3%开始，以 1%~2%的量递增。

石灰水泥稳定铁尾矿砂配合比首先确定水泥用量，石灰剂量再以 2%递增，直到强度满足设计要求。

石灰粉煤灰稳定铁尾矿砂的配合比设计时，遵循石灰用量低于粉煤灰用量，以石灰粉煤灰总用量不高于混合料总质量的 30%为原则，参照以往设计经验，确定石灰粉煤灰稳定铁尾矿砂的评比为 5∶15∶80、7∶13∶80 和 9∶11∶80 三个初步方案。根据击实试验和抗压强度确定最终方案。

4.3.2　石灰稳定铁尾矿砂试验结果分析

1) 含水量对干密度影响分析

为确定含水量对石灰稳定铁尾矿砂干密度的影响趋势，设计了 5 个石灰含量及系列含水量的石灰稳定铁尾矿砂击实方案，标准击实试验所得干密度结果见表 4-7。

表 4-7　石灰稳定铁尾矿砂击实方案及干密度计算结果

含水量/%	12.5	13.5	14.5	15.5	17
20%石灰	1.870	1.877	1.885	1.881	1.878
含水量/%	12.4	13.4	14.5	15.5	17
22%石灰	1.861	1.865	1.870	1.863	1.858
含水量/%	12.5	13.5	14.5	15.5	16.8
23%石灰	1.835	1.839	1.84	1.837	1.829

续表

含水量/%	12.2	13.2	14.2	15.2	16.5
26%石灰	1.82	1.835	1.841	1.832	1.815
含水量/%	12.1	13.7	15	16	17.3
28%石灰	1.808	1.834	1.82	1.801	1.782

由图 4-11 知，石灰稳定铁尾矿砂的干密度—含水量曲线比较平缓，干密度受含水量的变化影响不明显，说明石灰稳定铁尾矿砂对水的敏感性不高，易于现场施工控制。

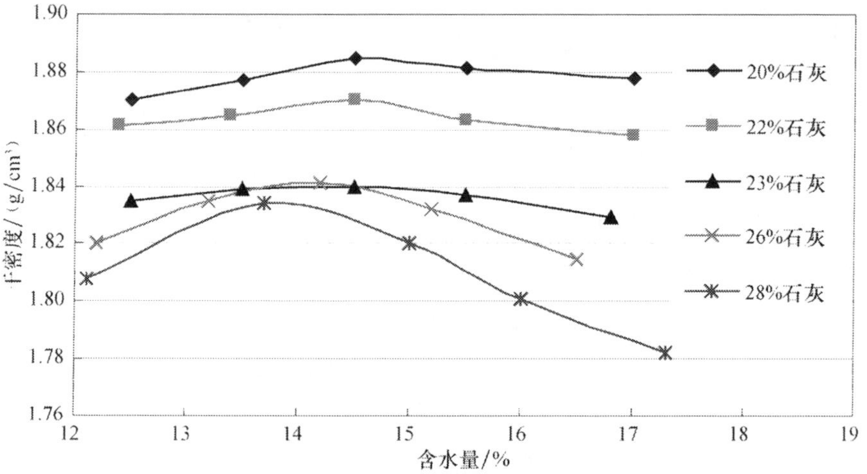

图 4-11　石灰稳定铁尾矿砂干密度—含水量曲线

2) 石灰用量对击实试验结果影响分析

杨青等研究了石灰用量对石灰稳定铁尾矿砂击实结果的影响趋势，石灰用量为 8%～30%，共 12 组石灰稳定铁尾矿砂击实试验。最终确定的混合料最大干密度及对应的最佳含水量见表 4-8，图 4-12。

表 4-8　石灰稳定尾矿砂击实试验结果

方案编号	配合比		最大干密度/(g/cm³)	最佳含水量/%
	石灰	铁尾矿砂		
1	8	92	1.822	12.0
2	10	90	1.870	12.0
3	12	88	1.865	12.0
4	14	86	1.878	13.0
5	16	84	1.915	13.0
6	18	82	1.875	13.0
7	20	80	1.886	14.0
8	22	78	1.871	14.0
9	24	76	1.840	14.0
10	26	74	1.842	14.0
11	28	72	1.838	14.0
12	30	70	1.832	14.0

图 4-12 表明，随着石灰用量的不断增大，石灰稳定铁尾矿砂干密度呈现出先增大后减小的趋势，石灰用量在 14%～16%时，出现干密度最大值；随着石灰用量的增大，最佳含水量变化幅度不大，在试验范围内仅增大了 2%。

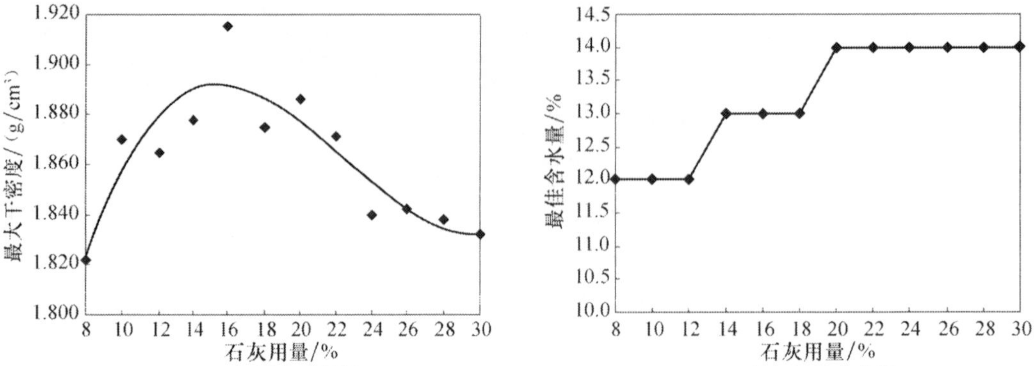

(a) 最大干密度　　(b) 最佳含水量

图 4-12　石灰稳定铁尾矿砂的最大干密度变化曲线

3) 石灰用量对 7 天无侧限抗压强度影响分析

宋锡元等采用石灰用量为 8%～30%，按照 2%间隔制作了 12 组石灰稳定铁尾矿砂强度试件，每组 9 个试件，测试 7 天无侧限抗压强度，结果见表 4-9，图 4-13。

表 4-9　石灰稳定铁尾矿砂 7 天无侧限抗压强度测试结果

石灰用量/%	8	10	12	14	16	18
强度/MPa	0.315	0.335	0.385	0.394	0.420	0.525
石灰用量/%	20	22	24	26	28	30
强度/MPa	0.605	0.675	0.685	0.695	0.785	0.860

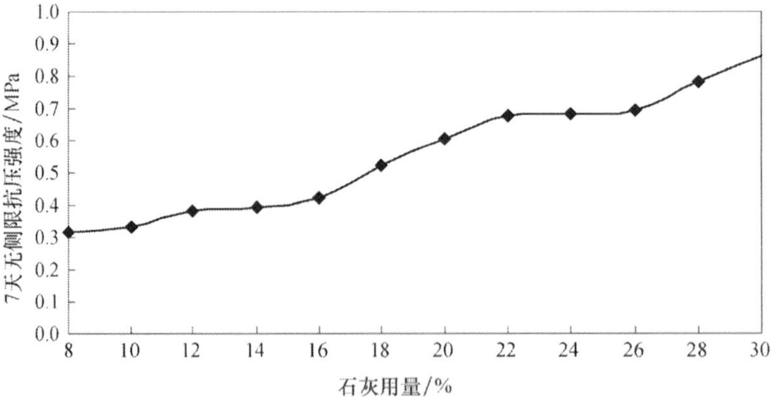

图 4-13　石灰稳定尾矿砂抗压强度

由图 4-13 知，随着石灰用量的增加，石灰稳定尾矿砂混合料强度也不断增大，基本呈线性增长趋势。在石灰用量为 29%时，混合料强度达到规范要求低等级公路基层强度要求(>0.8MPa)。

4.3.3　水泥稳定铁尾矿砂试验结果分析

1）含水量对干密度影响分析

根据经验确定水泥稳定铁尾矿砂的水泥用量为 6%～14%，间隔 2%递增，击实试验方法同上，水泥稳定铁尾矿砂不同含水量及对应的干密度列入表 4-10 与图 4-14。

表 4-10　水泥稳定铁尾矿砂击实方案及干密度计算结果

含水量/%	8.3	10.3	12.3	16.3	—
6%水泥	1.840	1.852	1.861	1.861	—
含水量/%	11.9	13.0	14.0	15.8	16.6
8%水泥	1.837	1.859	1.869	1.857	1.862
含水量/%	11.8	12.6	14.3	15.4	16.4
10%水泥	1.869	1.871	1.883	1.882	1.880
含水量/%	11.9	12.8	14.3	15.8	16.6
12%水泥	1.867	1.880	1.900	1.898	1.893
含水量/%	12.5	13.7	14.4	16.4	17
14%水泥	1.892	1.893	1.902	1.895	1.890

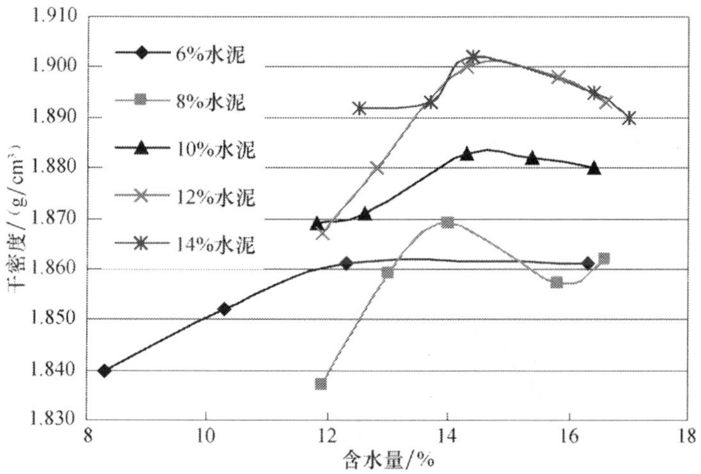

图 4-14　水泥稳定铁尾矿砂击实曲线

由图 4-14 知，随着含水量的变化水泥稳定铁尾矿砂干密度变化较大，因此，在施工过程中要严格控制含水量的波动，加强现场施工控制。

2）水泥用量对击实试验结果影响分析

为探索水泥用量对水泥稳定尾矿砂的最大干密度和最佳含水量的影响规律，设计了水泥用量为 3%～14%的系列水泥稳定尾矿砂的击实试验，确定出各水泥用量的水泥稳定铁尾矿砂的最大干密度及最佳含水量，见表 4-11 与图 4-15。

表 4-11 水泥稳定铁尾矿砂击实试验结果

方案编号	配合比		最大干密度/(g/cm³)	最佳含水量/%
	水泥	铁尾矿砂		
1	3	97	1.820	10.0
2	4	96	1.846	12.0
3	5	95	1.850	13.0
4	6	94	1.863	13.0
5	7	93	1.866	13.0
6	8	92	1.869	14.0
7	10	90	1.884	14.0
8	12	88	1.900	14.0
9	14	86	1.909	14.0

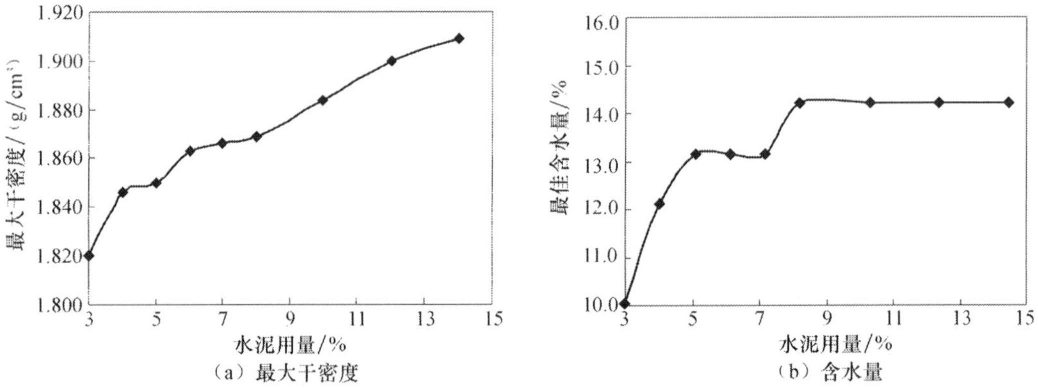

图 4-15 水泥稳定铁尾矿砂的最大干密度变化曲线

图 4-15 表明,随着水泥掺量的增加干密度呈现增大的趋势,其干密度随含水量的变化波动较大,对现场的施工控制不利。

3) 水泥用量对 7 天无侧限抗压强度影响分析

魏连雨等制作了 3%~14%水泥用量的水泥稳定铁尾矿砂强度试件 9 组,每组 9 个试件。分别测定 7 天无侧限抗压强度,试验结果见表 4-12 与图 4-16。

表 4-12 水泥稳定尾矿砂 7 天无侧限抗压强度

水泥用量/%	3	4	5	6	7
强度/MPa	0.580	0.792	1.002	1.185	1.375
水泥用量/%	8	10	12	14	
强度/MPa	1.425	1.965	2.335	2.780	

水泥稳定铁尾矿砂的 7 天抗压强度总体呈线性增长,水泥掺量达到 13%左右才能满足规范要求的强度值(低等级公路基层强度要求>2.5MPa),水泥用量偏多,经济性差。

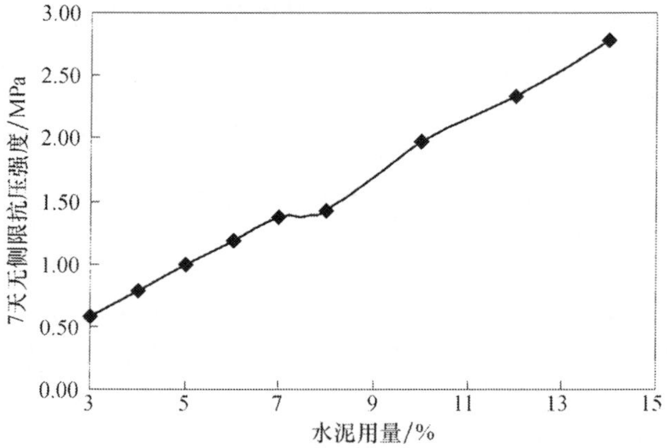

图 4-16　水泥稳定尾矿砂抗压强度

4.3.4　石灰水泥稳定铁尾矿砂击实试验分析

1）石灰用量对击实试验结果影响分析

考虑石灰剂量、水泥剂量以及用水量 3 个因素，设计石灰水泥稳定铁尾矿砂击实试验方案见表 4-13，击实试验方法同上，石灰水泥稳定铁尾矿砂标准击实试验所得的最大干密度及最佳含水量结果列入表 4-13，变化曲线见图 4-17。

表 4-13　石灰水泥稳定铁尾矿砂击实试验结果

方案编号	配合比			最大干密度/(g/cm³)	最佳含水量/%
	石灰	水泥	铁尾矿砂		
1	6	2	92	1.857	11.0
2	8	2	90	1.860	11.0
3	10	2	88	1.903	13.0
4	12	2	86	1.916	13.0
5	14	2	84	1.925	13.0

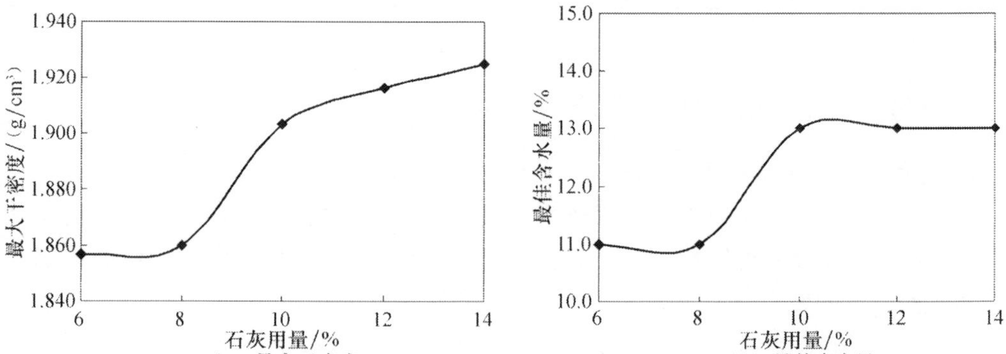

（a）最大干密度　（b）最佳含水量

图 4-17　石灰水泥稳定铁尾矿砂的最大干密度变化曲线

随着石灰掺量的增加，石灰水泥稳定铁尾矿砂的干密度也不断增大，在石灰用量从8%增加到10%时，干密度有显著增大，之后又变缓。从密度指标考虑，该石灰水泥尾矿砂中最佳水灰剂量为水含量8%～10%(针对2%水泥剂量情况)。

2) 石灰用量对7天无侧限抗压强度影响分析

对石灰水泥稳定铁尾矿砂强度与胶结料用量之间的关系进行了探索研究，7天无侧限抗压强度结果见表4-14和图4-18。

表4-14 石灰水泥稳定尾矿砂7天无侧限抗压强度

石灰用量/%	6	8	10	12	14
强度/MPa	0.67	0.65	0.72	0.85	1.07

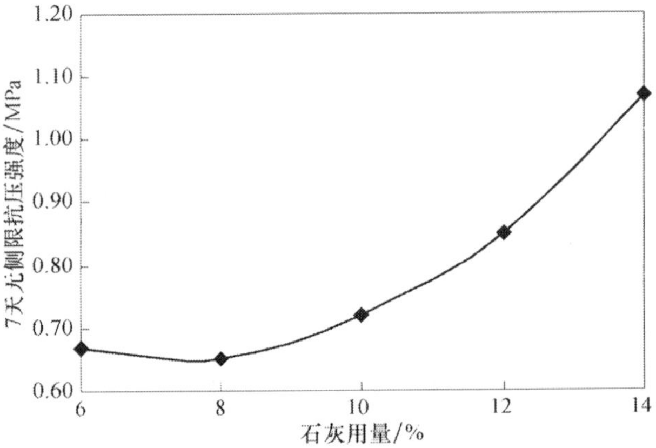

图4-18 石灰水泥稳定尾矿砂抗压强度

与陈家珑教授等的研究结果相近，随着石灰掺量的增加，石灰水泥稳定尾矿砂抗压强度增长，且强度曲线为凹曲线表明其强度增长速率越来越快。当在铁尾矿砂中掺加11%石灰和2%水泥时可达到预期的强度值(低等级公路路面基层强度要求>0.8MPa)。与石灰稳定铁尾矿砂相比，石灰水泥稳定尾矿砂在加入少量水泥(2%)的条件下，石灰用量从29%减小到11%。

4.3.5 石灰粉煤灰稳定铁尾矿砂击实试验分析

1) 石灰粉煤灰用量对击实试验结果影响分析

考虑石灰粉煤灰剂量对石灰粉煤灰稳定铁尾矿砂体积指标的影响，制定石灰粉煤灰稳定铁尾矿砂击实试验方案如表4-15。击实试验方法同上，石灰粉煤灰稳定铁尾矿砂标准击实试验所得的最大干密度及最佳含水量结果列入表4-15。

随着石灰掺量的增加，石灰粉煤灰稳定铁尾矿砂的干密度也不断增大，在石灰用量从8%增加到10%时，强度有显著增大，之后又变缓。

表 4-15　石灰粉煤灰稳定铁尾矿砂击实试验结果

方案编号	配合比			最大干密度/(g/cm³)	最佳含水量/%
	石灰	粉煤灰	铁尾矿砂		
1	8	22	70	2.051	11.0
2	10	20	70	2.062	11.4
3	12	18	70	2.060	11.8

2）石灰用量对 7 天无侧限抗压强度影响分析

郭晓华等对石灰粉煤灰稳定铁尾矿砂强度随胶结料用量的变化趋势进行了研究，按照最大干密度和最佳含水量制作抗压强度试件，经标准养护后测定 7 天无侧限抗压强度，试验结果见表 4-16 与图 4-19。

表 4-16　石灰粉煤灰稳定尾矿砂 7 天无侧限抗压强度

石灰用量/%	8	10	12
粉煤灰用量/%	22	20	18
强度/MPa	0.48	0.66	0.89

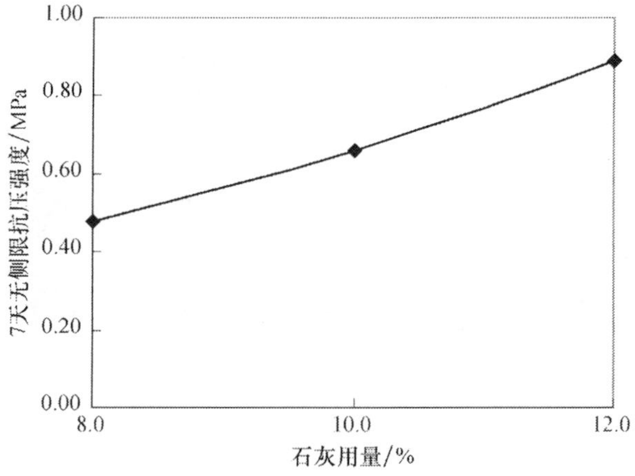

图 4-19　石灰水泥稳定尾矿砂抗压强度

随着石灰掺量的增加，石灰粉煤灰稳定尾矿砂抗压强度呈线性增长，10%石灰+20%粉煤灰+70%尾矿砂配比方案可达到预期的强度值（低等级公路路面基层强度要求>0.6MPa）。

4.3.6　无机结合料稳定铁尾矿砂的物理力学性能研究

通过与石灰稳定土性能对比，系统研究了无机结合料稳定铁尾矿砂的抗压强度、劈裂强度以及回弹模量等力学性能试验，为无机结合料稳定铁尾矿砂在公路工程中的推广应用提供技术支持。

1）无侧限抗压强度试验

根据规范对无机结合料稳定土的强度要求，确定无机结合料稳定尾矿砂的应用于低等级公路基层与底基层的材料配合比见表 4-17。参照表 4-13 配比制作强度试件并标准养护,进行 7 天和 28 天无侧限抗压强度试验,结果列入表 4-17,强度比较如图 4-20 和图 4-21 所示。

表 4-17　无机结合料稳定铁尾矿砂强度试验结果

结构层	配合比					抗压强度			劈裂强度	
	石灰	水泥	粉煤灰	尾矿砂	黏土	7 天 /MPa	28 天 /MPa	增长率 /%	90 天 /MPa	180 天 /MPa
底基层	18	—	—	82	—	0.53	0.96	45.3	—	0.071
基层	29	—	—	71	—	0.86	1.32	35.0	—	0.122
底基层	6	2	—	92	—	0.67	0.94	28.9	—	0.139
基层	12	2	—	96	—	0.85	1.21	29.9	—	0.155
底基层		9	—	91	—	1.70	1.83	6.9	0.239	—
基层		13	—	87	—	2.34	2.51	8.4	0.369	—
基层	10	—	20	70	—	0.66	1.05	37.1	—	0.083
底基层	29	—	—	—	71	0.77	0.79	2.2	—	0.048
基层	33	—	—	—	67	0.85	0.86	0.8	—	0.05

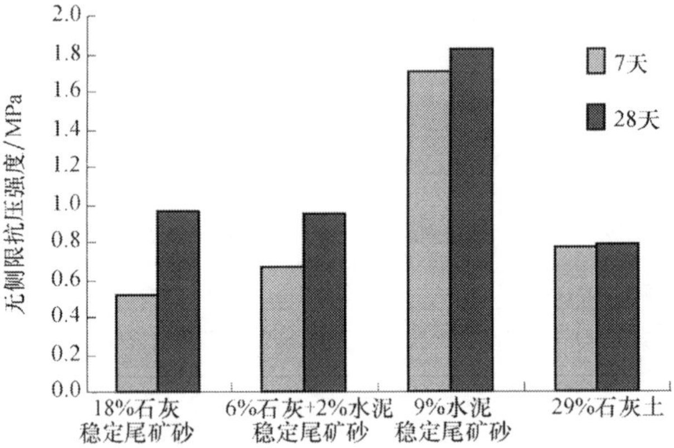

图 4-20　尾矿砂底基层强度比较

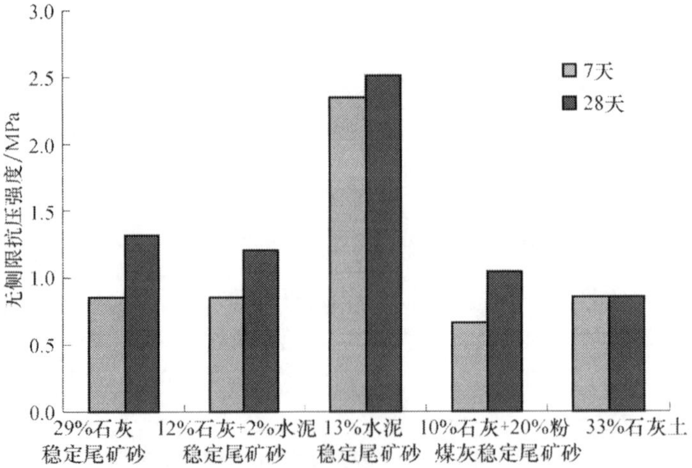

图 4-21　尾矿砂基层的强度比较

从表 4-17 可知，各种配合比铁尾矿砂的后期强度增长均比石灰稳定黏土明显；石灰稳定铁尾矿砂前期强度较低，后期增长较多，这是由于石灰与铁尾矿砂的反应是缓慢的、长期的；水泥稳定铁尾矿砂前期强度较高，后期增长不大，这是水泥水化速度快造成的；石灰和水泥同时稳定铁尾矿砂的配比能很好地发挥两者的优势，达到节约石灰用量，降低成本的效果。

2）劈裂试验

水泥稳定尾矿砂养护 90 天，石灰稳定尾矿砂养护 180 天，测定劈裂强度，试验结果见表 4-17。

水泥稳定铁尾矿砂的劈裂强度最高，石灰稳定铁尾矿砂的劈裂强度最低，石灰水泥稳定铁尾矿砂的劈裂强度介于两者之间。比较可知铁尾矿砂各种配比的劈裂强度均大于石灰稳定黏土的劈裂强度，可见无机结合料稳定铁尾矿砂作为公路基层或底基层材料在抗拉方面要优于石灰稳定黏土。

3）室内回弹模量试验

按照《公路工程无机结合料稳定材料试验规程》(JTG E51—2009)无机结合料稳定类材料制作无机结合料稳定铁尾矿砂抗压回弹模量试验试件 φ150mm×150mm，水泥稳定类的养护 90 天，石灰稳定类的养护 180 天，最后一天浸水。再按照规范逐级加载进行抗压回弹模量试验，结果见表 4-18 和表 4-19。石灰、水泥稳定铁尾矿砂和石灰稳定黏土的模量试验 P—L 的关系曲线图如图 4-22 所示。抗压回弹模量计算结果列入表 4-18。

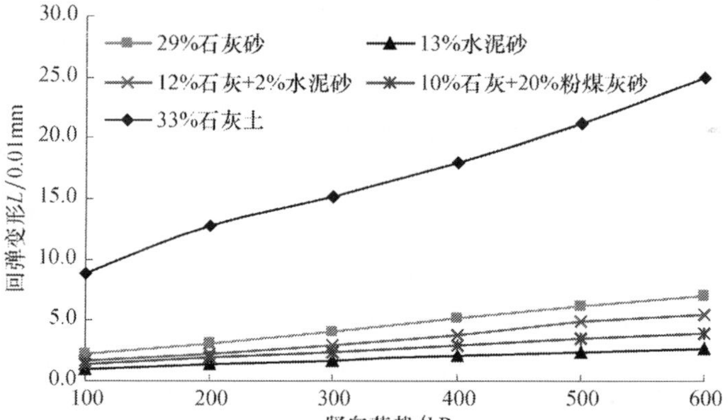

图 4-22　无机结合料稳定铁尾矿砂 P—L 的关系曲线图

表 4-18　无机结合料稳定铁尾矿砂回弹变形值(0.01mm)

材料类型	竖向荷载 P/kPa					
	100	200	300	400	500	600
29%石灰稳定尾矿砂	2.3	3.1	4.1	5.2	6.1	7.1
13%水泥稳定尾矿砂	1	1.4	1.7	2.05	2.4	2.6
12%石灰+2%水泥稳定尾矿砂	1.75	2.3	2.9	3.8	4.95	5.5
10%石灰+20%粉煤灰稳定尾矿砂	1.4	1.9	2.4	3.0	3.5	3.9
33%石灰稳定黏土	8.8	12.8	15.2	18	21.2	24.9

表 4-19 无机结合料稳定铁尾矿砂回弹模量试验结果

技术指标	最大回弹变形值/0.1mm	回弹模量/MPa
29%石灰稳定铁尾矿砂	0.65	336.77
13%水泥稳定铁尾矿砂	0.31	714.45
12%石灰+2%水泥稳定铁尾矿砂	0.56	410.29
10%石灰+20%粉煤灰稳定铁尾矿砂	0.58	385.24
33%石灰稳定黏土	2.12	98.69

无机结合料稳定铁尾矿砂的回弹变形值仅为石灰稳定黏土的1/3～1/6，而回弹模量值是其3～7倍。铁尾矿砂的三种不同配合比方案中回弹变形值由大到小依次是石灰稳定铁尾矿砂＞石灰水泥稳定铁尾矿砂＞水泥稳定铁尾矿砂；回弹模量由大到小依次是水泥稳定铁尾矿砂＞石灰水泥稳定铁尾矿砂＞石灰稳定铁尾矿砂。

4.3.7 强度形成机理

铁尾矿砂的主要化学成分为二氧化硅（SiO_2）、三氧化二铁（Fe_2O_3）和三氧化二铝（Al_2O_3），约占90%。这些成分具有一定的化学活性，在水和空气的环境中会与石灰水泥等胶结料发生反应生成具有一定强度的结构。

1) 石灰稳定铁尾矿砂

石灰遇水后产生的Ca^{2+}会与铁尾矿砂中活性的SiO_2或Al_2O_3发生一系列反应。

(1) 离子交换作用。

熟石灰溶于水以后易于离解成Ca^{2+}和OH^-

$$Ca(OH)_2 \longrightarrow Ca^{2+} + 2OH^-$$

在一定量水分影响下，溶液呈强碱性，随着Ca^{2+}浓度增大，根据质量作用定律，二价Ca^{2+}离子就能当量替换砂粒表面所吸附的一价金属离子。因此就发生了离子交换作用，原来铁尾矿砂颗粒表面所吸附的离子由一价变成了二价，减少了颗粒表面吸附水膜的厚度，使颗粒相互之间更为接近，分子引力随着增加，许多单个颗粒聚成团，组成一个稳定的结构。

(2) 结晶作用。

石灰稳定铁尾矿砂中绝大部分饱和的$Ca(OH)_2$自行结晶。熟石灰与水作用产生熟石灰结晶网格，其化学反应式为

$$Ca(OH)_2 + nH_2O \longrightarrow Ca(OH)_2 \cdot nH_2O$$

$Ca(OH)_2$通过结晶作用逐渐由胶体转化为晶体。这种晶体能够相互结合，并与尾矿砂颗粒结合形成共晶体，把颗粒胶结成整体。晶体$Ca(OH)_2$与不定型（非晶体）的$Ca(OH)_2$相比，溶解度几乎小一半，因此其水稳定性得到提高。

(3) 火山灰作用

熟石灰的游离Ca^{2+}与尾矿砂中的活性SiO_2或Al_2O_3作用生成含水的硅酸钙和铝酸钙的化学反应就是火山灰作用，其反应式为

$$xCa(OH)_2 + SiO_2 + nH_2O \longrightarrow xCaO \cdot SiO_2(n+1)H_2O$$

$$xCa(OH)_2 + Al_3O_3 + nH_2O \longrightarrow xCaO \cdot Al_2O_3(n+1)H_2O$$

熟石灰结晶网格、含水的硅酸钙和铝酸钙结晶都是胶凝物质，具有水硬性并能在固体和水两相环境下发生硬化。这些胶凝物质在微粒团外围形成一层稳定保护膜，填充颗粒空隙，使颗粒间产生结合料，减少了颗粒间的空隙与透水性，同时提高密实度，这是石灰稳定类材料获得强度和水稳定性的基本原因，但这种作用比较缓慢，这也是混合料后期强度增长较多的原因。

(4) 碳酸化作用

石灰与水生产的 $Ca(OH)_2$ 与空气中的 CO_2 作用，其化学反应式为

$$Ca(OH)_2 + CO_2 + nH_2O \longrightarrow CaCO_3 + (n+1)H_2O$$

试验表明，碳酸化反应只是在有水的条件才能进行。当用干燥碳酸气作用于完全干燥的石灰粉末时，这种反应几乎完全停止，$CaCO_3$ 是坚硬的结晶体，它与其生成的复杂盐类把颗粒胶结起来，大大提高了强度和整体性。

2) 水泥稳定铁尾矿砂

水泥中的硅酸三钙(C_3S)、硅酸二钙(C_2S)、铝酸三钙(C_3A)、铝酸四钙(C_4AF)都能与水立即发生反应(即水化反应)，具体反应式如下：

$$2(3CaO \cdot SiO_2) + 6H_2O = 3CaO \cdot 2SiO_2 \cdot 3H_2O + 3Ca(OH)_2$$

$$2(2CaO \cdot SiO_2) + 4H_2O = 3CaO \cdot 2SiO_2 \cdot 3H_2O + Ca(OH)_2$$

$$3CaO \cdot Al_2O_3 + 6H_2O = 3CaO \cdot Al_2O_3 \cdot 6H_2O$$

$$4CaO \cdot Al_2O_3 \cdot Fe_2O_3 + 7H_2O = 3CaO \cdot Al_2O_3 \cdot 6H_2O + CaO \cdot Fe_2O_3 \cdot H_2O$$

水泥自身与水作用后，生成的主要水化产物有两类：一类是水化硅酸钙和水化铁酸钙凝胶体；另一类是氢氧化钙、水化铝酸钙和水化硫铝酸钙晶体。由于水泥熟料中硅酸三钙和硅酸二钙的含量高，所以在完全水化的水泥石中，水化硅酸钙约占 70%，氢氧化钙约占 20%，钙矾石和单硫型水化硫铝酸钙约占 7%。水泥水化反应生成的 $Ca(OH)_2$ 与混合料中的活性氧化硅 SiO_2 和氧化铝 Al_2O_3 作用生成含水的硅酸钙和铝酸钙，即发生了上述的火山灰作用。由此混合料的强度和稳定性都得到了提高。

4.4　工程应用

近年来国内多家建设单位、科研院所及高等院校针对尾矿砂的路用性能进行了多方面的试验研究及探索应用，目前应用铁尾矿砂路段现场检测数据均能达到规范要求，至今使用状况良好。主要有河北野兴公路、辽宁省老宽公路、辽宁省三金公路以及河北平青乐公路等工程应用实践为尾矿砂在公路工程中的进一步推广应用奠定了基础。

4.4.1　河北野兴公路

野兴公路是河北省迁安市的野兴公路主干线之一，是通往灵山、卧龙山庄等景点的旅游路，设计等级为平原微丘区二级公路，路基宽度为 9～12m，路面宽度为 8.4m，两侧各设 0.2m 水泥混凝土路缘石和 0.3m 护坡道，路面结构设计为 20cm 石灰稳定土底基层＋16cm 二灰碎石基层＋5cm 粗粒式沥青混凝土下面层＋3cm 中粒式沥青混凝土上面层。

1）试验路方案设计

在 2001 年野兴公路大修工程中采用石灰和水泥稳定尾矿砂铺筑了 18cm 路面基层试验段，依据野兴公路设计等级及周围尾矿砂生产情况，野兴公路路面结构铺筑了三种无机结合料稳定尾矿砂试验段。其配合比如下。

（1）水泥：尾矿砂＝6：94；

（2）石灰：粉煤灰：尾矿砂＝5：15：80；

（3）石灰：粉煤灰：尾矿砂＋加固化剂＝7：14：79。

2）施工工艺及控制

严格控制混合料配合比，保证胶结料用量，要充分拌和，以利于混合料混合均匀。要特别注意严格控制含水量，使混合料运到现场摊铺后碾压时的含水量接近最佳含水量；多风、干燥、气温高的天气施工时，及时调整含水量。施工中压路机碾压充分、密实，确保97％的压实度。基层施工现场见图 4-23，基层压实施工见图 4-24。

图 4-23　无机结合料稳定尾矿砂基层施工现场

图 4-24　基层压实施工

3）质量检测

无机结合料稳定尾矿砂基层在碾压成型过程中无松散现象，路面压实度检测现场见图 4-25。经检测强度均达到设计及规范要求，如表 4-20 所示。

图 4-25　路面压实度检测现场

4）养生及交通管制

石灰、粉煤灰及水泥稳定尾矿砂基层碾压完成，检测合格后，在洒水养生前，将基层光滑表面采用钢丝刷将基层表面刷毛，使表面层具有一定粗糙度，利于浇洒透层油的渗入以及基层和面层之间衔接，防止路面推移。采用洒水车进行洒水养生，养生期间保持基层表面湿润，养生期至少 7 天。

表 4-20　野兴公路各路段试验检测结果

配合比方案	最佳含水量/％	最大干密度/(g/cm^3)	7 天强度/MPa	规范要求/MPa
水泥：尾矿砂＝6：94	9.4	2.164	2.6	2.5～3
石灰：粉煤灰：尾矿砂＝5：15：80	11.4	2.062	1.1	≥0.8
石灰：粉煤灰：尾矿砂＝7：14：79[6]	11.8	2.060	3.4	≥0.8

试验路跟踪检测结果表明，无机结合料稳定尾矿砂基层的技术状况良好。根据 2001 年石灰稳定尾矿砂应用的成功经验，在野兴公路北段大修工程底基层施工中，全部使用石灰稳定尾矿砂作底基层，长 12.66km，厚 16cm，铺筑面积约 $25\times10^4 m^2$。

无机结合料稳定尾矿砂基层路面整体技术状况较好，外观质量符合设计要求，作为低等级公路路面基层，其各项指标均能达到规范要求，技术上具有推广可行性。

4.4.2　河北平青乐公路

平青乐公路起点为冀蒙界北五十家子村北，终点为平铁公路的起点，路线全长 39.0km。为山区二级公路，路基宽 12m，路面宽 11.4m，采用半刚性沥青路面结构。

平青乐线改建工程采用水泥稳定尾矿砂碎石集料基层，所用集料配比为 10～31.5mm 碎石∶5～10mm 碎石∶尾矿砂＝42.9∶17.4∶39.7，水泥含量 5.0%。

施工工艺及控制如下。

(1) 混合料拌和。

采用具有电子计量装置的专用稳定土拌和设备集中厂拌，拌和时除符合规范中规定的施工要求，要特别注意严格控制含水量，使混合料运到现场摊铺后碾压时的含水量接近最佳含水量；多风、干燥、气温高的天气施工时，及时调整含水量，摊铺施工现场见图 4-26。

(2) 现场施工。

碾压时除符合规范中规定的要求，值得注意的是在本次施工中复压采用胶轮压路机进行碾压，明显提高压实度效果，如图 4-27 所示。

图 4-26　摊铺施工现场

图 4-27　碾压成型

路面压实施工完成后，注意及时洒水养生。7 天养生期后钻芯取样，芯样高度为 20cm，无断裂、结合密实。7 天无侧限抗压强度试验结果见表 4-21，均符合设计要求。由此可以看出，尾矿砂可以用于路面基层。

表 4-21　7 天无侧限抗压强度试验结果

水泥剂量/%	最佳含水量/%	最大干密度/(g/cm³)	7 天强度/MPa	抗压强度标准/MPa
4.0	5.1	2.17	3.6	3.0
4.5	5.6	2.20	4.6	3.0
5.0	5.8	2.22	4.5	3.0
5.5	5.8	2.18	4.7	3.0
6.0	5.5	2.17	5.1	3.0

4.4.3 辽宁老宽公路

省道老宽公路位于建平县内,设计等级为二级,设计行车速度为60km/h。路基宽度为12m,土质边沟;路面宽度为9m,采用沥青混凝土路面。在2007年老宽公路K40+479～K47+959段大修工程中,铺筑了270m石灰稳定铁尾矿砂基层和石灰水泥稳定尾矿砂基层试验段。试验路路面结构设计方案如表4-22所示。

表4-22 试验路路面结构设计方案

试验路路面结构1	试验路路面结构2
5cmAC16Ⅰ沥青混凝土	5cmAC16Ⅰ沥青混凝土
22cm水泥石灰铁尾矿(3∶12∶85)	22cm水泥铁尾矿(9∶91)
15cm天然沙砾	15cm天然沙砾
土基	土基

老宽线路面基层试验路共分为两段,试验路方案安排见表4-22,路面的下承层顶面计算代表弯沉为161(0.01mm)。基层顶面的设计弯沉值为90(0.01mm)。试验路所用胶结料为石灰和水泥,消解石灰符合Ⅲ级标准,水泥是32.5级普通硅酸盐水泥。经检测试验路的7天无侧限抗压强度、土基的综合回弹模量及弯沉值,均能达到规范要求,其中弯沉检测结果见表4-23,压实度检测采用灌砂法检测,结果见表4-24。

表4-23 老宽线试验路方案表

方案	试验段1	试验段2
长度/m	170	100
厚度/cm	22	22
设计配比	水泥∶石灰∶尾矿=3∶12∶85	水泥∶尾矿=9∶91
基层顶面计算代表弯沉值/0.01mm	62.8	54.1

表4-24 老宽线路面压实度检测结果

检测指标	方案1	方案2
含水量/%	6.8	4.6
干密度/(g/cm^3)	2.286	2.607
干密度/(g/cm^3)	2.251	2.500
压实度/%	1.02	1.04

4.4.4 辽宁三金公路

建平县三金公路为三级路,一般路段路基宽度为8.5m,土质边沟,面层为沥青混凝土路面,宽5m。在此路段上铺设了3段试验路,各100m,详细方案见表4-25。

表4-25 三金线试验路设计方案

方案	方案1	方案2	方案3
长度/m	100	100	100
厚度/cm	17	16	16
设计配比	水泥∶石灰∶尾矿=3∶12∶85	水泥∶石灰∶尾矿=3∶12∶85	水泥∶尾矿=9∶91

采用灌砂法检测路基层压实度，结果见表 4-26，均满足压实要求。试验路段的下承层顶面计算代表弯沉值为 223.6mm，基层顶面设计弯沉值为 90mm，从表 4-26 可知试验路基层顶面计算代表弯沉值均满足设计要求。

表 4-26　三金线路面检测结果

检测指标	试验段 1	试验段 2	试验段 3
含水量/%	5.0	6.4	9.6
干密度/(g/cm^3)	2.110	2.347	1.940
干密度/(g/cm^3)	2.100	2.324	1.843
压实系数	1.00	1.01	1.02
基层顶面计算代表弯沉值/0.01mm	45.9	52.4	73.7

参 考 文 献

陈家珑. 2005. 尾矿利用与建筑用砂[J]. 金属矿山，(01)：71-75.
陈士忠，等. 2011. 复合固结稳定铁尾矿砂砾基层技术的研究与应用[J]. 北方交通，(4)：54-57.
苏更. 2007. 铁矿尾矿料在公路工程中的应用[J]. 内蒙古公路与运输，96(1)：29-32.
杨青. 2009. 无机结合料稳定铁尾矿砂的路用性能研究[D]. 大连：大连理工学院.
张淑会，薛向欣，刘然，等. 2005. 尾矿综合利用现状及其展望[J]. 矿冶工程，(03)：44-47.

第 5 章　工业废渣赤泥应用

赤泥是氧化铝生产排放量很大的废渣，赤泥在堆放过程中除占用大量土地，还对自然环境造成严重污染，对赤泥综合利用是炼铝工业一项亟待解决的难题。

在本章中，提出了赤泥在公路中的 3 项应用措施技术：水泥石灰赤泥稳定土垫层、水泥赤泥稳定碎石基层和水泥赤泥混凝土。对二灰赤泥稳定土混合料，赤泥的掺入提高了混合料早期抗压强度，并能有效减少混合料的干缩变形；赤泥最佳掺量为 10%～20%，水泥、石灰宜采用等比例，且总掺量不应少于 10%；对水泥赤泥稳定碎石，赤泥掺入后混合料早期抗压强度发展较快，后期抗压强度增幅逐步减缓，赤泥最佳掺量为水泥掺量的1～2倍；对水泥赤泥混凝土，磨细赤泥的掺入有助于水泥水化，增加了水泥水化凝胶物（水化产物）的数量，与相同用量的水泥混凝土相比，掺加磨细赤泥能提高混凝土抗折强度。建议以磨细赤泥代替部分水泥，代替量控制在水泥掺量的 1/4 以内。

在材料性能满足规范要求的情况下，与传统的材料相比，水泥石灰赤泥稳定土垫层、水泥赤泥稳定碎石基层和水泥赤泥混凝土具有明显的经济效益和社会效益。

5.1　赤泥的物理化学性质及应用

赤泥是氧化铝生产排放量很大的废渣，由于赤泥结合的化学碱难以脱除且含量大，又含有氟、铝及其他多种杂质等，赤泥的无害化利用一直难以进行。多年来，世界各国专家对赤泥的综合利用进行了大量的科学研究，但此类研究进展不大。因此，赤泥废渣的处理和综合利用成为一个世界性的大难题。目前对赤泥主要采取海底或陆地堆放处置的方法，但随着铝工业的发展，生产氧化铝排出的赤泥量也日益增加，堆存处置所带来的一系列问题随之而出，造成了严重的环境问题。

全世界每年排放赤泥约 6000 万吨，我国每年排出的赤泥量就达 600 万吨，累积赤泥堆存量高达 5000 万吨，而利用率仅为 15%左右。赤泥堆存不但需要一定的基建费用，而且占用大量土地，污染环境，并使赤泥中的许多可利用成分得不到合理利用，造成资源的二次浪费，严重阻碍了铝工业的可持续发展。目前国内外氧化铝厂大都将赤泥输到堆场，筑坝湿法堆存，靠自然沉降分离使部分碱液回收利用。另一种方法是将赤泥干燥脱水后堆存，我国的平果铝业公司主要采用干法堆存，虽然减少了堆存量且可增加堆存的高度，但处理成本增加，并仍需占用土地，同时南方雨水充足，也容易造成土地碱化及水系的污染。

赤泥在堆放过程中除了占用大量土地，赤泥中的化学成分入渗土地还易造成土地碱化、地下水污染，人们长期摄取这些物质，必然会影响身体健康。赤泥的主要污染物为碱、氟化物、钠及铝等，其含量较高，超过了国家规定的排放标准。赤泥的各种形式如图 5-1 所示。

图 5-1　赤泥的各种形式

由于赤泥中含有大量的强碱性化学物质，稀释 10 倍后其 pH 仍为 11.25～11.50(原赤泥为 12 以上)，极高的 pH 决定了赤泥对生物和金属、硅质材料的强烈腐蚀性。高碱度的污水渗入地下或进入地表水，使水体 pH 升高，并超出了国家规定的相应标准，同时 pH 的高低常影响水中化合物的毒性，因此还会造成更严重的水污染。如此高碱度的赤泥附液进入水体，其污染不言而喻，赤泥对生态环境的不良影响必须给予高度的重视和认真的研究。国外有学者指出:“铝生产工程最重要的问题是赤泥的处理，赤泥处理问题解决得如何，将关系到铝工业的存亡，这种说法一点也不为过”。赤泥的综合利用问题在国内外都已成为亟待解决的重要问题。

20 世纪 50 年代以来，国内外相继开展了对赤泥的综合利用。目前已经在以下方面得到了应用，取得了良好的经济效益。用赤泥生产赤泥硅酸盐水泥、油井水泥、赤泥硫酸盐水泥。据文献报道，原西德铝业公司从 60 年代末用赤泥作沥青填料；日本和美国用赤泥制造人工轻骨料混凝土，比天然河卵石混凝土强度还高；德国用赤泥生产轻型结构体；英国把赤泥应用于陶瓷工业；美国用赤泥生产砖；英国用赤泥制造氯化钠、盐水苛性纳和工业砖。日本把赤泥掺入沥青混合料路面，改善了沥青路面的使用性能。苏联用赤泥铺筑了道路基层。赤泥筑路是赤泥综合利用的重要一环，用量大，经济效益和社会效益明显。

5.1.1 赤泥的物理化学性质

南京工业大学的潘志华等采用山东铝业公司烧结法，以氧化铝冶炼过程中排出的固体废渣——赤泥为原材料，对赤泥的物理化学性质及其在加热处理中的变化进行了研究。

试验主要采用露天堆场长期放置后的赤泥（称为陈赤泥）为主要的研究对象，陈赤泥外观均为板结块状，呈棕黄色，赤泥经 110℃烘干 4 小时（充分干燥）之后，再磨细至 0.080mm，方孔筛干法筛余为 3.0%，分别封装备用。赤泥的化学成分经常规化学分析得到结果如表 5-1 所示。

表 5-1 赤泥化学成分

CaO	SiO_2	Al_2O_3	Fe_2O_3	MgO	Ti_2O	Na_2O	K_2O	Ig. loss	$\sum$
35.46	17.1	7.1	6.17	1.52	1.93	3.21	0.5	25	97.99

赤泥化学成分的分析可采用以下几种方法。

(1) TMS-GC 分析，即三甲基硅烷化、气相色谱联合测定方法，主要用于测定硅酸盐物质中硅酸盐阴离子的结构，在本试验中用来测定赤泥中硅酸盐阴离子的聚合程度。

(2) X 射线衍射分析(XRD)，采用日本理学公司出产的 D/max-rB 型 X 射线衍射仪。试验方法为粉末样衍射法，仪器工作条件为 Cu 靶 Ka 射线，管电压 40kV，管电流 100mA。

(3) 综合热分析(TG-DTA)，即差热-失重分析，采用德国 Netzsch 公司制造的 STA449C/6/F 差热-热重分析仪。最高温度 1650℃，重量灵敏度 0.1μg，氮气环境。

(4) 红外光谱分析(IR)，采用美国 Nicolet 公司出产的 Nexus670 富氏变换红外、拉曼光谱仪，分辨率优于 $0.09cm^{-1}$，光谱范围为 $50\sim12\ 500cm^{-1}$。

(5) 电子显微分析(TEM/ES，STEM/EDS，SEM/EDS)，采用日本日立(HITACHI)公司制造的 H-800 分析型扫描透射电子显微镜，配备美国 KEVEX 公司制造的 Analyst-8000 能谱分析仪。在透射和扫描模式下观察细小赤泥粒子的形貌特征，并与选区电子衍射分析(SAED)与扫描透射环境下的能谱成分分析(STEM/EDS)相结合，确定选定区域物质的相组成及结晶学特征。

通过以上几种方法的分析得出的赤泥化学性质如下。

(1) 长久露天堆放的陈赤泥中的结晶态物质主要为碳酸钙（方解石为主，少量霰石）和钙钛矿，还含有相当数量的无定形铝硅酸盐物质。

(2) 赤泥属于团聚性物质，其中的一次粒子为尺寸极细小（为 0.1μ 数量级）、外形极不规则、化学组成变化不定的颗粒。

(3) 赤泥在加热处理过程中，大约于 600℃之前基本上脱除其中的吸附水和结晶水，620～760℃发生碳酸钙分解，700℃开始 β-C_2S 的形成。

(4) 900℃下加热处理后的赤泥中的硅酸盐物质约有 38.59%为单体、6.68%为二聚体、3.27%为环三聚体、其余为高聚体。

华中科技大学杨家宽等根据 X 射线衍射分析，认为赤泥的主要矿物组成为 β-C_2S、$CaTiO_3$、$CaCO_3$ 和少量的 α-Fe_2O_3，同时杨家宽等还研究了堆放时间对赤泥物理化学成分的影响。研究了存放时间为一月、一年、三年和十年以上的赤泥物理化学成分的变化，其测定结果如表 5-2 所示，新、陈赤泥的 X-ray 射线测定结果如图 5-2 所示。

表 5-2　赤泥物理化学成分随存放时间的变化

成分	SiO_2	CaO	Fe_2O_3	Al_2O_3	MgO	TiO_2	K_2O	Na_2O	灼减
新鲜赤泥	20.12	36.40	10.88	9.00	2.14	3.55	0.43	3.60	7.23
一年赤泥	17.39	33.00	10.10	12.50	2.00	3.24	0.47	3.00	11.75
三年赤泥	15.76	12.61	12.61	7.40	0.29	3.61	0.33	2.44	15.82
十年赤泥	16.11	33.20	7.38	8.30	0.43	2.00	0.84	2.93	26.50

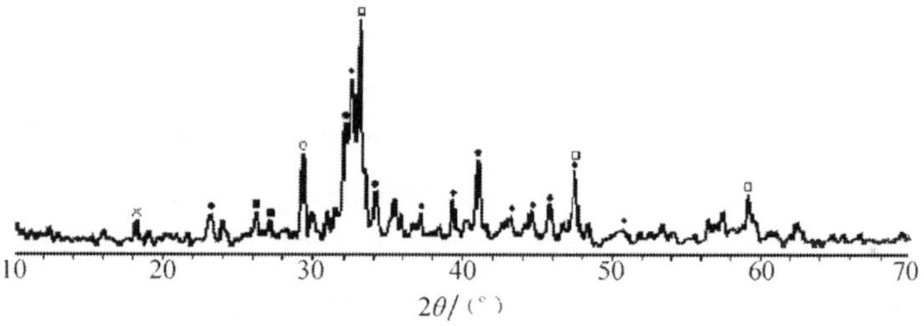

(a) 1月赤泥

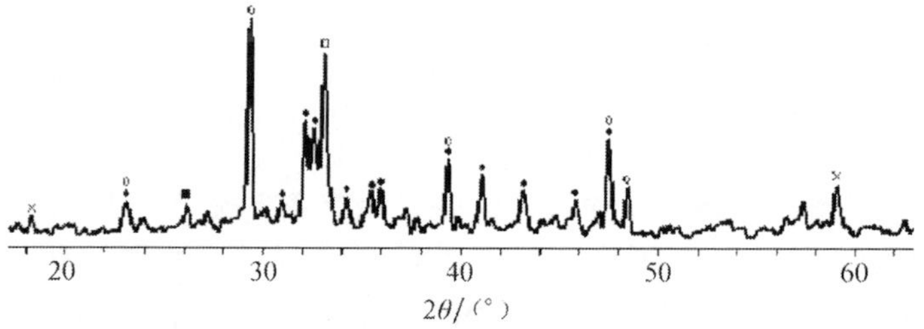

(b) 1年赤泥

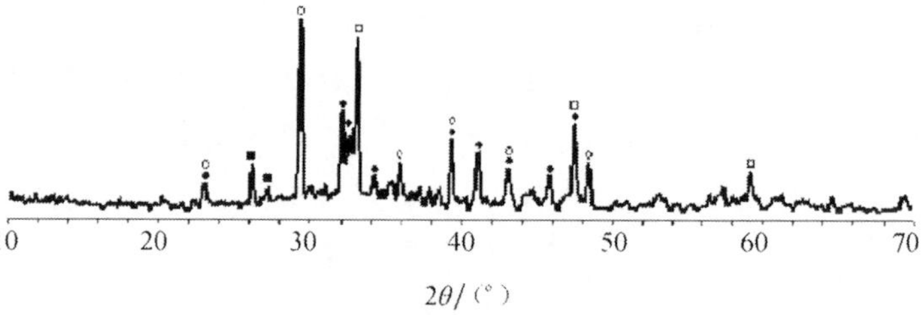

(c) 3年赤泥

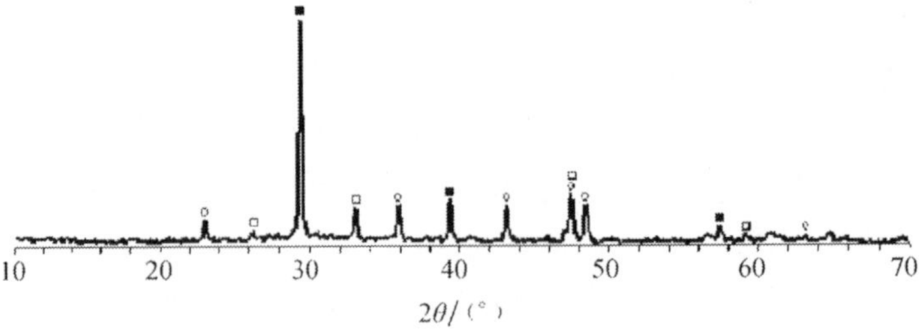

(d) 10年赤泥

图 5-2　新、陈赤泥的 X-ray 图

●——β-2CaO · SiO_2；○——$CaCO_3$(方解石)；■——$CaCO_3$(霰石)；□——3CaO · Al_2O_3；×——α-$Al(OH)_3$

研究结果认为,赤泥随着堆放时间的延长各种成分的变化不大,新、陈赤泥的主要区别在于前者比后者含有较多的β-C_2S和较少的$CaCO_3$。

从X衍射图看到,不同堆存时间的赤泥在矿物成分有一定的区别:随着堆存时间的延长,β-2CaO · SiO_2的特征谱线越来越少,越来越不明显,霰石的谱线有增加的趋势,其他矿物的谱线没有显著变化。

赤泥的活性表现在通常条件下弱的CaO水溶性、碱性介质激发下的水化、水解和大气CO_2作用下的分解作用。经100℃烘干的赤泥,在水中随着时间的延长,CaO溶出量不断增加,这表明赤泥自身具有微弱的水化活性。自然条件下堆存的赤泥,随着风化时间的延长,如图5-2X衍射结果所示,活性矿物β-2CaO · SiO_2的量越来越少,直至被大量的$CaCO_3$和Fe_2O_3取代。陈赤泥的化学组成,如表5-2所示,灼失量显著增加,有用成分下降。以高浓度的CO_2作用于赤泥,反应初期有少量的C-S-H凝胶生成,而C-S-H又迅速被炭化,最终生成物为文石和硅胶。β-2CaO · SiO_2的炭化活化能为16.9千卡/摩尔,反应过程为放热过程,表明赤泥中的β-2CaO · SiO_2易于进行炭化反应。赤泥的以上特性表明:赤泥中存在大量水化速度十分缓慢而又易被炭化分解的硅酸二钙,在利用其活性制备免烧砖时,应尽量选择高活性组成的工业废弃新鲜赤泥。

5.1.2　赤泥用于道路基层

苏联巴普洛达尔州的道路建设者为了弥补筑路材料的短缺,对铝土矿杂渣——铝厂排出物利用的可能性进行了实验研究。研究认为,铝土矿渣的主要矿物成分如下:硅酸二钙,磁铁矿、铝酸盐,硅酸铝和其他化合物。铝土矿渣中大量硅酸二钙的存在决定着其黏结性能。在自然状态下,铝土矿渣没有黏结力,也不会凝固。在加压时会出现某些液压特性。细粉状态压实后,短时间内很快达到一定的强度。

巴普洛达尔州工程技术人员在应用铝土矿渣时利用以上特性铺筑了路面基层。1981年建成了第一段2公里长的实验路。设计结构为:石子-砂料基层整平层,厚10cm;贯入法施工的碎石基层,厚15cm;细粒式(3cm)和中粒式(5cm)沥青混凝土路面。试验路段用15cm的铝土矿渣基层代替碎石基层,其他结构层不变。工程在10月份完工,气温为5～10℃,施工工艺简单,用自卸汽车将湿渣运到施工地点,摊平后用18t轮式压路机碾压10～12遍,密实度达到标准密实度的0.98,再用12t压路机压平,压实完成后马上摊铺热沥青混凝土路面。试验路建成后 6 个月内进行了调查。路段目测没有发现任何路面缺陷,从基层取样(10×10cm 试件)试验证明,抗压强度为 1～1.5MPa。在较低气温条件下,铝土矿渣的硬化十分缓慢,因为矿渣试件在压实后强度随即达到 0.5～0.8MPa。

但是,只是用赤泥铺筑基层,运输费用很高,使赤泥的开发利用受到了限制。为此,全苏道路研究所哈萨克分所进行了应用赤泥黏结料的研究。赤泥黏结料是以赤泥为主,掺加其他活性成分加工而成。活性成分尽量采用不缺乏的廉价材料,主要是工业废渣。经过试验研究,选择了磷石膏作为活性成分,掺加量为 10%～15%。研究结果证明,添加磷石膏的赤泥黏结料 3 个月硬化后抗压强度为 25.2～33.5MPa,而且随所用磷石膏种类不同凝固或硬化期限也不同。同时,将铝土矿渣磨成粉能大大提高其液压活性(强度达到 10～20MPa),从而更有效地利用铝土矿渣。

在国内,华中科技大学杨家宽等对水泥石灰稳定赤泥基层的配合比设计、赤泥基层的各项力学性能进行了研究,并铺筑了位于淄博市淄川区,全长 4km,宽约 15m 的试验路验证了室内实验的结果。对水泥石灰稳定赤泥基层及水泥赤泥混凝土的强度形成机理进行了分析。该试验结合山东铝业股份公司(淄博)附近,集料、水泥、石灰、粉煤灰、赤泥等现场所用原材料,分析了其性质。

(1) 集料:该试验细集料选用天然河砂为中砂,细度模数为 2.6,碎石 5～15mm(30%)、15～25mm(70%)二级配。

(2) 水泥:该试验研究采用 32.5＃硅酸盐水泥,华新水泥厂生产,其性能指标见表 5-3。

表 5-3　水泥性能指标

比表面积/(cm^2/g)	凝结时间/min		抗折强度/MPa		抗压强度/MPa		细度/%	安定性
	初凝	终凝	3d	28d	3d	28d		
3580	140	270	26.6	51.6	5.9	7.9	1	合格

(3) 石灰:山东铝业股份公司氧化铝生产过程中,需要煅烧石灰石获得二氧化碳气体,石灰是氧化铝生产的副产品,石灰资源非常丰富,块状生石灰,充分消化后 10mm 筛孔的通过率为 95%,即利用率为 95%,消石灰的物理化学性质见表 5-4。

表 5-4　消石灰物理化学性质

活性成分含量/%			细度/%	筛孔尺寸/mm
CaO	MgO	CaO+MgO	0.71	0.125
83.16	3.96	87.12	0.41	9.20

(4) 赤泥:山东铝厂的赤泥的矿物组成及物理性质分别如表 5-5、表 5-6 所示。

表 5-5　赤泥的矿物组成

矿物组成	百分含量/%
β-$2CaO \cdot SiO_2$	50～56
$Fe_2O_3 \cdot H_2O$	4～10
$CaCO_3$	2～12
$3CaO \cdot Al_2O_3 \cdot 0.6SiO_2 \cdot 4.9H_2O$	5～9

续表

矿物组成	百分含量/%
$Na_2O \cdot Al_2O_3 \cdot 1.7SiO_2 \cdot 2H_2O$	5～9
$4CaO \cdot Al_2O_3 \cdot Fe_2O_3$	3～5
$CaO \cdot TiO_2$	2～5

表 5-6　赤泥的物理性质

干容重/(g/cm^3)	密度/(g/cm^3)	比表面积/(cm^2/g)	塑性指数	熔点/℃	粒度/%		
					+60 目	+200 目	+250 目
0.65～0.90	2.7～2.98	4500～7000	16.8	1220～1270	5～10	25～30	40～50

(5) 粉煤灰:粉煤灰采用山东铝业自备电厂干排灰,主要由无定形玻璃、未燃尽的碳以及晶体莫来石、石英、铁磁矿、方解石等组成。其化学成分如表 5-7 所示。

表 5-7　粉煤灰化学成分表

成分	CaO	SiO_2	Al_2O_3	Fe_2O_3	MgO	SO_3	$K_2O \cdot Na_2O$	烧失量
含量/%	1～10	40～60	17～35	2～15	0.5～2	0.1～2	0.5～4	1～20

(6) 水:该试验路段的水质以自来水为代表:pH 在 6.7～7.1,重碳酸根离子的含量为 170mg/L,偏硅酸(H_2SiO_3)的含量为 46.2mg/L,钙离子(Ca^{2+})的含量为 70mg/L,钠离子(Na^+)的含量为 101mg/L,水的总硬度为 1.3～2.5mg/L,水的总碱度在 2.546mg/L,按照以上水质的分析,这种水可以消解生石灰,拌制混合料和混合料养生使用。

试验主要通过重型击实试验、无侧限抗压试验(赤泥粒径对混合料抗压强度的影响)、冰融稳定性试验、室内间接抗拉强度和抗压回弹模量试验,以及大量的计算得出最佳配合比推荐为赤泥∶粉煤灰∶石灰=80∶10∶10,并且得出以下结论。

(1) 水泥石灰稳定赤泥基层具有较高的强度,各种原料在结论配比范围内时,7 天饱水抗压强度均能达到现行标准中有关石灰粉煤灰稳定土强度应大于 0.8～1.1MPa 的强度标准。

(2) 水泥石灰稳定赤泥基层超出了传统半刚性基层回弹模量范围,水泥石灰稳定赤泥基层回弹模量推荐值为 950～1300MPa。

(3) 水泥石灰稳定赤泥基层适于修筑一级和高速公路的沥青路面基层。

(4) 水泥石灰稳定赤泥基层有较好的冻融稳定性。由于主要由工业废渣赤泥和粉煤灰组成,可大大降低筑路成本,而且能变废为宝,有较好的社会经济效益。

(5) 由于赤泥和粉煤灰都是工业废渣,材质不稳定,使用前应进行抽样检测,根据其质量不同应用于不同层位。

水泥石灰稳定赤泥基层具有较高的强度,是因为水泥石灰结构经化学反应后形成胶结物,具有较高的强度稳定性,是一种气硬性及水硬性材料,需要较多的水分才能碾压成型。水泥石灰赤泥早期强度是硅酸化作用形成结晶缩合结构,其强度的形成是化学反应、物理—化学反应及物理—力学过程的相互影响和交叉。水泥石灰混合料主要依赖于良好的结晶—缩合结构而获得较高的强度和稳定性。

5.1.3　水泥赤泥混凝土

颜祖兴等研究的水泥赤泥混凝土是以赤泥代替 1/4 水泥用量的赤泥水泥混凝土，强度与对应水泥混凝土强度基本相当，特别是龄期较长时，结果更为接近。28 天当赤泥代替水泥量较多时(代替 1/3 水泥用量)，形成的水泥赤泥混凝土与相应水泥混凝土相比，强度均有相当程度的降低。这种水泥赤泥混凝土的刚度，即弹性模量略低于普通水泥混凝土。温度胀缩系数与普通混凝土相差不大。水泥赤泥混凝土的耐磨性与普通水泥混凝土耐磨性基本相同，但抗渗透性和抗冻性略差。在渗透性及抗冻性要求严格时，可以掺加减水剂改善水泥赤泥混凝土的渗透性与抗冻性。

在钟声所做的赤泥作为混凝土掺和料的研究中，也是以赤泥取代少量混凝土中的水泥，同时还掺入部分磨细生石膏。采用细度为 2%的成品赤泥取代混凝土中 15%的水泥，掺入部分磨细生石膏粉，掺入量分别为赤泥取代水泥量的 20%、30%和 40%。结果表明，$CaSO_4 \cdot 2H_2O$ 的确激发了赤泥的潜在活性。首先在赤泥混凝土中掺入不同量的 $CaSO_4 \cdot 2H_2O$ 以后，28 天龄期时，拜耳法赤泥及烧结法赤泥的抗压强度分别达到了基准混凝土的 96.3%和 93%，到 90 天龄期时，水泥赤泥混凝土的抗压强度均超过了基准混凝土，并且到 2 年龄期时，水泥赤泥混凝土强度也都在基准混凝土之上，并未下降。

有些学者还研究了赤泥超量取代混凝土中水泥对抗压强度的影响。采用赤泥超量取代混凝土中水泥的办法提高赤泥混凝土的抗压强度，掺量系数分别为 1.2、1.4、1.6，采用磨细的拜耳法赤泥及烧结法赤泥，细度为 18%(80 目方孔筛筛余量)。结果表明，用赤泥超量取代混凝土中的水泥比等量取代有一定效果，拜耳法赤泥混凝土的早期强度有所提高，但烧结法赤泥混凝土的 7 天龄期强度则几乎没有变化，到了后期也增加不大。因此在使用赤泥取代混凝土中的水泥时，应采用添加剂激发剂或其他外加剂，若为了改善混凝土拌和物的性能，可采用超量取代法。如掺加激发剂，则赤泥的掺量可提高到 15%。据资料介绍，热激发可使赤泥的活性大大提高。该原料条件下，赤泥的适宜煅烧温度为 600℃。将 600℃煅烧赤泥(50%)配以矿渣、煤矸石、钢渣以及自配的调节剂生产胶凝材料，可以达到 42.5＃水泥强度标准的要求。

张登良等用磨细赤泥代替部分水泥，形成的水泥赤泥混凝土具有较好的物理力学性能和路用性能。所用赤泥原始状态为颗粒状态，颗粒尺寸在 0.1～2mm。赤泥经磨细加工后成粉末状，细度与水泥相当。其化学组成及基本物理性能如表 5-8 所示。

表 5-8　赤泥化学组成及基本物理性质

化学组成/%						pH	密度/$(g \cdot cm^{-3})$	比表面积/$(cm^2 \cdot g^{-1})$
SiO_2	Fe_2O_3	Al_2O_3	CaO	MgO	烧失量			
23.20	18.93	15.86	28.36	7.13	6.52	11.58	3.21	4000

(1) 磨细赤泥代替部分水泥，形成水泥细赤泥混凝土，当细赤泥代替水泥用量较合适时，可获得满意的强度；而用粗赤泥(未磨的原状赤泥)代替部分砂形成的水泥粗赤泥混凝土，其抗折强度及抗压强度比水泥混凝土对比试样均有较明显的降低。

(2) 用赤泥代替 1/3 水泥形成的水泥赤泥砂浆的磨耗量与水泥砂浆的磨耗量相当，

甚至略低于水泥砂浆的磨耗量。说明水泥赤泥砂浆的耐磨性与标准水泥砂浆的耐磨性相同,甚至略有提高。因此,水泥赤泥混凝土的耐磨性与水泥混凝土的相比也不会因用赤泥代替部分水泥而降低。

(3) 水泥赤泥混凝土(赤泥代替水泥 1/3)的渗透性要略大于水泥混凝土的渗透性,说明水泥赤泥混凝土中的空隙率要略大于水泥混凝土的空隙率。

(4) 用赤泥代替 1/3 水泥形成的水泥赤泥混凝土,抗冻性比水泥混凝土的抗冻性略有降低,说明赤泥代替部分水泥对水泥混凝土的抗冻性影响不大。

美国和日本用赤泥制成球粒状加热至 1200～1316℃生成了人造密实骨料,并且发现用此骨料生产的混凝土的抗压强度比以河卵石为骨料的混凝土要高得多。日本对其强度值进行了测定,测定结果如表 5-9 所示。

加纳(Chana)建筑与道路研究所对用铝土人工生产的火山灰水泥的使用性能进行了测定,发现这种水泥在高强混凝土中的应用很有发展前途,而且随着火山灰在水泥中比例的增大,水泥的标准稠度有所提高,大大缩短了凝结时间。为了使铝土(磨细)火山灰水泥得到广泛应用,应掺加缓凝剂或采用石膏含量较高的水泥熟料。

表 5-9　赤泥合成骨料混凝土强度测试结果

	骨料类型(细骨料/粗骨料)			
	赤泥煅烧骨料混凝土 富士山河砂/煅烧赤泥骨料		河卵石为粗骨料混凝土 富士山河砂/富士山河卵石	
水灰比/%	6.5	5.5	6.5	5.5
7 天抗压强度/MPa	15.0	22.4	13.3	19.5
28 天抗压强度/MPa	31.7	40.6	27.4	32.3
91 天抗压强度/MPa	35.9	46.3	31.2	36.6
180 天抗压强度/MPa	37.6	49.1	32.3	38.5
28 天抗弯强度/MPa	4.63	5.51	4.37	5.15
91 天抗弯强度/MPa	5.19	5.69	4.76	5.30
28 天抗拉强度/MPa	3.10	3.67	2.86	3.26
91 天抗拉强度/MPa	3.25	3.95	3.08	3.53

5.2　水泥石灰赤泥稳定土垫层性能

水泥石灰赤泥稳定土的技术性能取决于原材料的性质,但各种原材料之间的配合比例也是决定混合料技术性能的关键。所以,本着经济可行、性能可靠的原则,通过物理力学性能试验选出最佳配合比。

5.2.1　原材料组成及性质

1) 水泥

水泥主要成分及物理力学性能如表 5-10 所示。

表 5-10　水泥主要成分及物理力学性能

细度	SO_3	MgO	烧失量	矿渣	3天抗折强度	3天抗压强度
3.8%	2.56%	2.08%	2.35%	12.42%	4.7MPa	21.0MPa

2）石灰

石灰用做激发剂，对水泥石灰赤泥混合料强度有明显影响，故要求使用三级以上石灰。石灰购进后要充分消解，但又不能过湿成团，堆置时间亦不宜过久。表 5-11 给出了工程中石灰的技术指标。

表 5-11　石灰的技术指标　（单位：%）

指标		钙质生石灰			镁质生石灰			钙质消石灰			镁质消石灰		
		等级											
		Ⅰ	Ⅱ	Ⅲ	Ⅰ	Ⅱ	Ⅲ	Ⅰ	Ⅱ	Ⅲ	Ⅰ	Ⅱ	Ⅲ
有效钙加氧化镁含量不小于未消化残渣含量		85	80	70	80	75	65	65	60	55	60	55	50
5mm圆孔筛的筛余不大于		7	11	17	10	14	20						
含水量不大于								4	4	4	4	4	4
钙镁石灰的分界线，氧化镁含量		≤5			>5			≤4			>4		
含水量不大于								4	4	4	4	4	4
细度	0.71mm方孔筛的筛余不大于							0	1	1	0	1	1
	0.123mm方孔筛的累计筛余不大于							13	20	—	13	20	—

注：硅、铝、镁氧化物含量之和大于5%的生石灰，有效钙加氧化镁含量指标，Ⅰ等≥75%，Ⅱ等≥70%，Ⅲ等≥60%；未消化残渣含量指标与镁质生石灰指标相同

试验用生石灰化学成分及物理性能如表 5-12 所示。

表 5-12　生石灰化学成分及物理性能

活性成分含量/%			5mm圆孔筛筛余量/%
CaO	MgO	CaO+MgO	0
83.16	3.96	87.12	

参考表 5-11 中有关石灰质量标准的规定，由于本试验用的生石灰粉的有效钙加氧化镁的含量达 87.12%，且氧化镁含量小于 4%，所以确定本试验中的生石灰粉为Ⅰ级钙质生石灰。本试验采用的石灰经生石灰粉充分消解、烘干，0.071mm 的方孔筛筛余量为 0。

实际工程应用中，石灰在制备过程中应采取以下措施：①石灰应在用于工程之前 7 天充分消解成能通过 10mm 筛孔的粉状，并尽快使用；②石灰应设棚存放，并能防风避雨。

3）赤泥

赤泥为河南省上街铝厂的工业废渣，其原始状态为颗粒状态。赤泥主要矿物组成：α′-硅酸二钙占53%，方钠石占11%，水化石榴石占10%，赤铁矿占7.5%，钙钛矿占11%，蔷薇辉石占5%，三水铝石占5%。经磨细后，其化学组成及基本物理性质如表5-13所示，赤泥的粒度分布如表5-14所示。

表5-13　赤泥化学组成及基本物理性质

化学组成/%									pH	密度/(g·cm^{-3})	比表面积/(cm^2·g^{-1})
SiO_2	Fe_2O_3	Al_2O_3	CaO	MgO	Na_2O	K_2O	Ti_2O	烧失量			
22.54	7.54	6.33	44.25	2.94	2.16	0.64	6.35	4.69	11.58	3.21	3610

表5-14　赤泥的粒度分布

孔径/μm	<20	20～50	50～100	100～150	150～200	>200
含量/%	8.81	7.39	6.80	9.70	19.4	47.90

赤泥含有较高的活性成分SiO_2、Al_2O_3和CaO等，并含有水泥部分矿物α′-硅酸二钙，因此具有一系列优良的性能：稳定的化学成分、含有大量的半氧化物以及极细的分散性，是制作水泥及筑路的良好廉价材料。

4）土

采用黏性土，液限为41.3%，塑限为24.5%，采用粒径小于2.36mm以下的细粒土。试验可采用TYS-2土壤液塑限联合测定仪测定土的液塑限，测定仪的技术指标如下。

(1) 最小分度：0.01mm。

(2) 最大量程：25mm；误差：0.04mm。

(3) 采用容栅式数字位移传感器针入深度。

(4) 锥与连杆重：(100±0.1)g及(76±0.1)g两种；锥角：30°±0.2°。

(5) 试样杯：金属制；平底筒状；内径尺寸：Φ50×40mm。

水泥、石灰、赤泥和土的混合料测定过程如下。

(1) 取有代表性的天然含水量或风干土样进行试验。如土中含有大于0.5mm的颗粒或夹杂物较多时，可采用风干土样，用带橡皮头的研杵研碎或用木棒在橡皮板上压碎土块。试样必须反复研碎、过筛，直至将可研碎的土块全部通过0.5mm的筛为止。取筛下土样用三皿法制样。

(2) 三皿法：取筛下土样200g左右，分开放入三个盛土皿中，用吸管加入不同数量的蒸馏水或自来水，土样的含水量分别控制在液限、塑限以上和它们的中间状态附近。用土刀调匀，盖上湿布，放置18h以上。

(3) 将制备好的土样充分搅拌均匀，分层装入土样试杯，用力压密，使空气逸出。对于较干的土样，应先充分搓揉，用土刀反复压实。试杯装满后，刮成与杯边齐平。

(4) 接通电源，调平机身，打开开关，装上锥体。

(5) 将装好的土样的试杯放在升降座上，手推升降座上的拨杆，使试杯徐徐上升，土样表面和锥尖刚好接触，蜂鸣器报警，停止转动拨杆，按检测键，传感器清零，同时锥体立刻自行下沉，5s 时液晶显示器上显示锥入深度，数据显示停留时间至少为 5s。试验完毕，手拿锥体向上，锥体复位(锥体上端有螺纹，可与测杆上螺纹相配)。

(6) 改变锥尖与土体接触位置(锥尖两次锥入位置距离不小于 1cm)，重复步骤(4)，得锥深入度值，允许误差为 0.5mm，否则应重做。

(7) 去掉锥尖入土处的凡士林，取 10g 以上的土样两个，分别放入称量盒内称重(准确至 0.01g)并测定其含水量($\omega 1$，$\omega 2$ 计算到 0.1%)，计算含水量平均值 ω。

(8) 重复步骤(2)～(4)，对其他两个含水量土样进行试验，测其锥入深度和含水量。

试验测得的土的不同含水量锥入深度如表 5-15 和图 5-3 所示，土的液限与塑限入土深度关系如图 5-4 所示。

表 5-15　土液限塑限联合测定结果

试验次数	1	2	3
锥入试样深度 1/mm	6.43	12.75	20.15
锥入试样深度 2/mm	6.68	12.45	20.07
锥入试样深度平均值	6.6	12.6	20.1
含水量/%	34.1	46.9	54.7

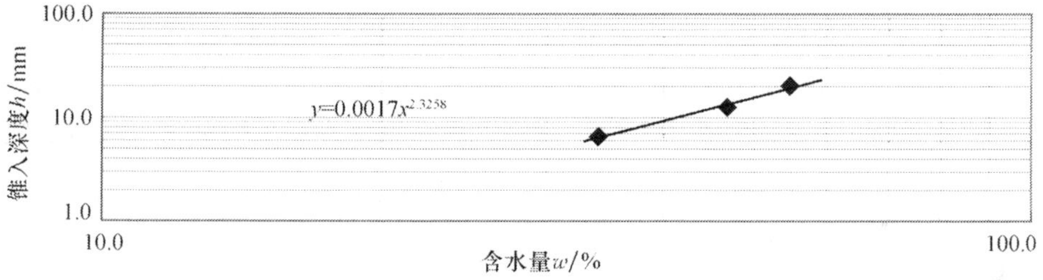

图 5-3　土的含水量与锥入深度关系图

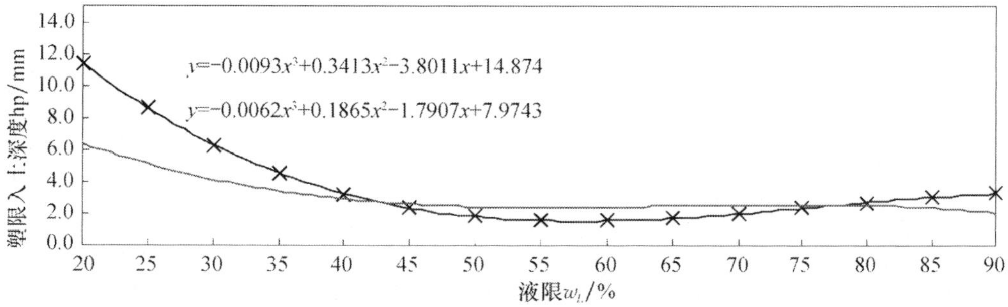

图 5-4　土的液限与塑限入土深度关系图

5.2.2　试验配合比

水泥赤泥石灰稳定土的初定配合比方案如表 5-16 所示。

表 5-16 水泥赤泥石灰稳定土的初定配合比方案

各组分所占比例/%							
水泥	石灰	土	赤泥	水泥	石灰	土	赤泥
5	6	89	0	3	3	89	0
			5				5
			10				10
			20				20

5.2.3 最佳含水量与最大干密度

水泥石灰赤泥稳定土混合料在拌和与压实时需要加入一定的水，以保证较好的拌和效果与压实度，水的主要作用有以下几个方面：①促进集料结团的分解；②在拌和过程中有利于扩散；③在集料基体间充当润滑剂。然而，过多的水将会影响压实效果及混合料的强度，因此在拌和与压实过程中必须确定一个最佳用水量。最佳含水量通过重型击实试验确定。

重型击实试验是在规定的试筒内对水泥-石灰-赤泥-土混合料进行击实试验，绘制稳定土的含水量-干密度关系曲线，从而确定其最佳含水量和最大干密度。

根据《公路工程无机结合料稳定材料试验规程》(JTJ057—94)中无机结合料稳定土的击实试验方法，选用内径 10cm、高 12.7cm、体积 997cm^3 的小型试筒，试验步骤按照无机结合料稳定土的击实试验方法中的甲法进行。由重型击实试验得到的最佳含水量及最大干容重结果如表 5-17 所示。

表 5-17 水泥-石灰-赤泥-土混合料击实试验结果

配合比	击实指标	
水泥∶石灰∶土∶赤泥	最佳含水量/%	最大干密度/(g/cm^3)
5∶6∶89∶0	15.2	1.700
5∶6∶89∶5	20.4	1.628
5∶6∶89∶10	17.0	1.626
5∶6∶89∶20	18.8	1.597
3∶3∶89∶0	18.6	1.654
3∶3∶89∶5	17.6	1.620
3∶3∶89∶10	18.6	1.643
3∶3∶89∶20	19.4	1.616

由重型击实试验测试结果可知，水泥石灰赤泥稳定土混合料的最大干密度随着赤泥掺量的增加略有降低，最佳含水量则随着赤泥掺量的增加略有增加。水泥石灰掺量对混合料最大干密度有一定影响，但在同时掺有赤泥的情况下，规律性不是很明显。

5.2.4 稳定土无侧限抗压强度

基层是路面结构的主要承重层，因此必须能满足承受车轮荷载的反复作用，即在预定的设计标准轴次反复作用下，基层不会产生过多的残余形变，更不会产生剪切破坏或疲劳弯拉破坏。基层要满足上述技术要求，除了必需的厚度，主要取决于材料本身的强度。而材料的强度包括集料颗粒本身的强度和硬度以及混合料的强度。在我国的基层研究中，采用无侧限抗压强度及刚度(模量)进行评定。

无侧限抗压强度是按照预定压实度用静力压实法制备试件，本试验采用高×直径=50mm×50mm 的圆柱体试模，成型后的试件如图 5-5 所示，试件从试模内脱出并称重量高后，立即用塑料袋包裹，扎紧不漏气，然后放入恒温恒湿的养生室内养护，整个养生期间养生室的温度保持在 20℃±2℃，湿度高于 95%，因为本试验采用的土含量较多，无法饱水，所以在养生室养护 7 天和 28 天后，直接进行无侧限抗压强度试验。无侧限抗压强度试验如图 5-6 所示。

图 5-5　水泥赤泥石灰稳定土成型试件

图 5-6　试件无侧限抗压试验

试件的无侧限抗压强度 R_c 为

$$R_c = \frac{P}{A} \tag{5-1}$$

式中，R_c——试件无侧限抗压强度，MPa；

P——试件破坏时的最大压力，N；

A——试件的截面积，mm^2。

各配合比稳定土试件 7 天和 28 天无侧限抗压强度结果如表 5-18 所示，强度与养护龄期之间的关系图分别如图 5-7、图 5-8 所示。

表 5-18　水泥石灰赤泥稳定土 7 天和 28 天无侧限抗压强度测定结果　单位:MPa

配合比	7 天	28 天	配合比	7 天	28 天
5∶6∶89∶0	0.67	0.94	3∶3∶89∶0	0.67	0.73
5∶6∶89∶5	0.49	0.80	3∶3∶89∶5	0.60	0.65
5∶6∶89∶10	0.82	0.76	3∶3∶89∶10	0.72	0.65
5∶6∶89∶20	0.69	0.85	3∶3∶89∶20	0.70	0.71

注:配合比指水泥∶石灰∶黏土∶赤泥

由图 5-7 和图 5-8 可得知水泥-石灰-赤泥-土混合料的配合比对不同龄期试件无侧限抗压强度影响显著。

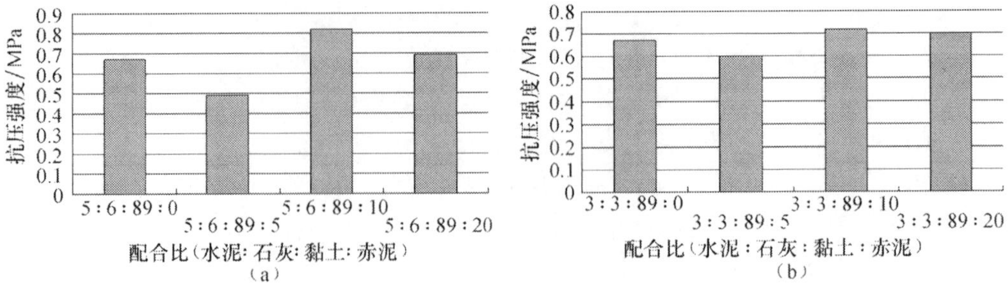

图 5-7　水泥-石灰-赤泥-土混合料各配比 7 天无侧限抗压强度

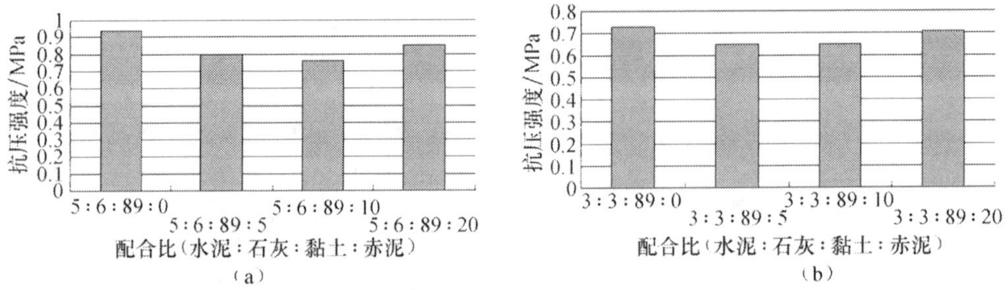

图 5-8　水泥-石灰-赤泥-土混合料各配比 28 天无侧限抗压强度

对于 7 天龄期的混合料，当水泥石灰掺量一定时，混合料的无侧限抗压强度值随着赤泥掺量的增加呈先降后增再降的趋势，其中赤泥掺量为 10%时试件的抗压强度值最大，赤泥掺量 5%时试件的抗压强度值最小；水泥石灰掺量减少后，随赤泥掺量的变化，试件的抗压强度表现出与水泥石灰掺量减少前相同的变化趋势，即赤泥掺量为 10%时抗压强度值最大，赤泥掺量 5%时抗压强度值最小。这表明试件的无侧限抗压强度受赤泥含量的影响显著。

对于 28 天龄期试件的无侧限抗压强度，水泥石灰掺量为 11%时，试件的抗压强度值比水泥石灰掺量为 6%的试件抗压强度值要大，这表明增加水泥石灰掺量可以有效提高试件的抗压强度；水泥石灰掺量减少前和减少后，未加赤泥的混合料抗压强度最大，赤泥含量为 20%的试件次之。

掺加赤泥后的水泥石灰赤泥稳定土的早期抗压强度较不掺赤泥的水泥石灰稳定土强度大，由此表明，赤泥的掺入有利于水泥石灰稳定土早期强度的发展。但掺有赤泥的混合料的后期强度较不掺赤泥的混合料略有降低。

对于作为黏结料的水泥石灰，在其总掺量较小的情况下(水泥掺量 3%、石灰掺量 3%)再掺加赤泥，混合料的 28 天无侧限抗压强度反而比 7 天的略有减小，说明当黏结料的总掺量(水泥掺量与石灰掺量之和)较小时，混合料后期的强度不能得到充分发展。这也说明，对于掺有赤泥的水泥石灰稳定土，为了保证混合料的后期强度，应保证水泥石灰的掺量不低于一定值。

5.2.5　收缩特性

收缩试验采用机械法测定干燥收缩变形。小梁试件的规格：长×宽×高＝5cm×5cm×24cm，采用压力机静压成型，每种材料制作 3 根试件。小梁试件静压成型拆模后放入恒温恒湿的养生室内养护 7 天，整个养生期间养生室的温度保持在 20℃±2℃，湿度高于 95%。养护 7 天后，取出放在常温室内采用机械法测定干燥收缩系数，采用的主要设备包括钢制或铁制的基座、测定变形量的千分表以及千分表架。测试时，将室内成型的梁式试件放置在基座上，在试件和基座中间放置可以任意滚动的玻璃棒，然后两端安置千分表，如图 5-9 所示。

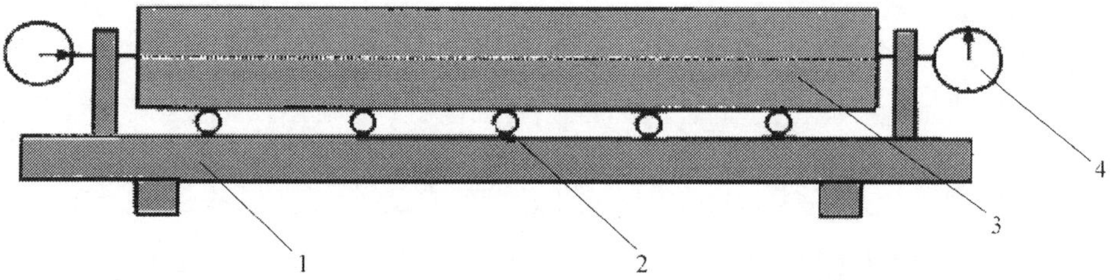

图 5-9　机械法测定小梁试件收缩示意图

1. 支架；2. 滚轴；3. 试件；4. 千分表

当环境温度发生变化或试件失水后，试件整体收缩或伸长会引起千分表触头移动并使得千分表产生读数，通过千分表数值的变化得知试件的变形值，为避免千分表触头进入试件，在试件的两边都用环氧树脂粘贴小玻璃片，千分表的触头与小玻璃片表面接触。试件收缩试验测试装置如图 5-10 所示。

图 5-10　水泥石灰赤泥稳定土混合料收缩试验测试装置

试件上架以后每天在同一时间通过平卧式装置上的千分表读取不同时间试件的收缩量，并根据以下公式计算其收缩应变：

$$\varepsilon_d = \Delta L / L \times 100 \qquad (5\text{-}2)$$

式中，ε_d——收缩率，%；

L——试件的整体长度，mm；

ΔL——收缩量，即小梁试件的整体收缩量，mm。

不同类型稳定土收缩率试验测试结果如表 5-19 所示，不同类型稳定土收缩率与养护龄期的关系如图 5-11 所示。

表 5-19　不同类型稳定土收缩率试验测试结果

混合料配合比 水泥：石灰：土：赤泥	收缩率/%					
	1 天	3 天	7 天	14 天	28 天	34 天
5：6：89：0(1＃)	0.024	0.063	0.114	0.143	0.171	0.172
5：6：89：10(2＃)	0.028	0.073	0.118	0.144	0.174	0.177
5：6：89：20(3＃)	0.026	0.060	0.098	0.122	0.145	0.149
3：3：89：0(4＃)	0.035	0.106	0.159	0.189	0.205	0.206
3：3：89：10(5＃)	0.040	0.095	0.151	0.177	0.200	0.201

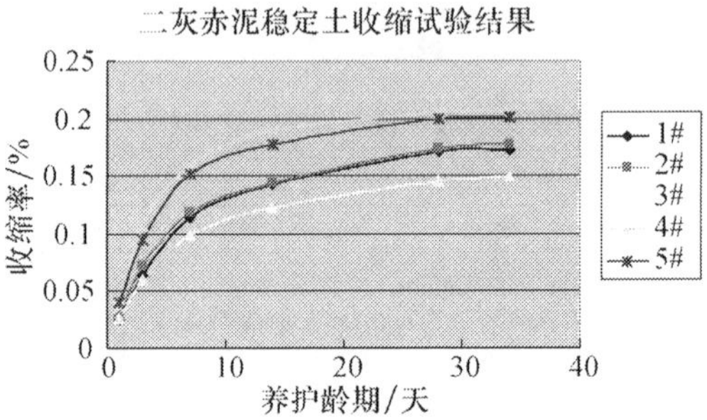

图 5-11　不同类型稳定土收缩率与养护龄期关系图

由表 5-19 及图 5-11 可以看出 4＃级配的试件整体收缩率最大，1＃和 2＃试件的收缩变形趋势相似，3＃试件的收缩变形最小，4＃和 5＃试件的收缩率变化趋势相近，且其收缩率较其他试件的都大。这表明，掺加赤泥可以有效减少水泥石灰赤泥稳定土的收缩，降低由于掺加水泥和石灰带来稳定土收缩变形的增加。由图 5-11 还可以看出，水泥石灰赤泥稳定土混合料的收缩特性可以分为 3 个阶段。

1）快速收缩阶段

主要发生在试件成型最初几天。这段时间内，水泥水化的速度小于试件表面水分的蒸发速度，水泥水化产生的水化物尚不够填充混合料中水分蒸发所留下的空隙，混合料以收缩为主，且收缩的速度较快。从收缩变形与养护龄期的关系图看，水泥石灰赤泥稳定土的快速收缩阶段主要在 7 天龄期之前。

2）缓慢收缩阶段

当混合料表层水分基本蒸发完后，混合料内部的水分向表面移动蒸发，但其速度远小于表面水分的直接蒸发速度。这一阶段的持续时间与环境湿度有关。若环境湿度较大，混合料内得以保存足够的水分供水泥水化，则水泥水化所形成的水泥石增多，使混合料又有一定的膨胀；若环境的湿度较小，混合料中的水分被蒸发出来，水泥得不到足够的水分水化，混合料的变形就以收缩为主。如此共同作用，直到水泥的水化基本完成，混合料内部的湿度与环境建立平衡。这一阶段发生在养护的 7～28 天。

3）收缩稳定阶段

当水泥的水化基本完成，且混合料内部的湿度与环境湿度平衡后，混合料的收缩进入稳定阶段。在试样养护至 28 天后，其收缩变形基本稳定。

5.3　水泥赤泥稳定碎石基层性能

5.3.1　原材料组成及性质

水泥赤泥稳定碎石混合料是由矿质集料、水泥、赤泥和水等组成的混合料，每种材料都在一定程度上影响着水泥赤泥稳定碎石混合料的路用性能。由于原材料性质的多样性和使用性能的广泛性，必须在水泥赤泥稳定碎石混合料的统一要求下对各种原材料的性质进行综合分析，保证整体上最佳的路用性能和施工的可操作性。

1）赤泥

赤泥为河南省上街铝厂的工业废渣，原始状态为颗粒状态。其化学组成及基本物理性质如表 5-13 所示。

2）水泥

水泥在混合料中吸水水化形成的水泥石，对混合料的强度、刚度具有重大的影响，而且对混合料的收缩性能有很大的影响，是水泥赤泥稳定碎石混合料的关键组分之一。

普通水泥具有早期强度高、力学性能好的特点，可以满足基层施工和使用性能的要求，因此本试验选用普通硅酸盐水泥。通常普通水泥的标号越高，综合技术性能越好，价格也就越高。从经济及推广应用角度考虑，以选用道路上广泛使用的 32.5 级（原 425＃）普通硅酸盐水泥为宜。其成分及物理性能如表 5-20 所示。

表 5-20　水泥成分及物理性能

细度	SO_3	MgO	烧矢量	矿渣	3 天抗折强度	3 天抗压强度
3.8%	2.56%	2.08%	2.35%	12.42%	4.7MPa	21.0MPa

3）碎石

碎石的特性对水泥赤泥稳定碎石混合料性能至关重要。对水泥赤泥稳定碎石混合料中碎石的选择提出如下要求：

（1）保证集料的足够强度，减少有害的黏土块和易破碎颗粒含量，以保证混合料的整体强度；

（2）尽量减少砾石用量，提高粗、细集料的棱角性，以求混合料获得较大的内摩阻力，保证集料形成较强的骨架，并保留一定的空隙以增强混合料抵抗永久变形的能力和获得较好的耐久性；

（3）限制集料的吸水率和黏土含量；

（4）限制扁平细长颗粒的含量，扁平细长颗粒含量过大难以形成稳定的嵌挤骨架结构，且扁长颗粒在施工过程中和交通荷载作用下易破碎。

结合以上要求和《公路沥青路面施工技术规范》（JTG F40—2004）中对粗集料性质的相关规定，碎石可选用石灰石，具体性能指标检测结果如表 5-21 所示。

表 5-21　石灰石性能指标检测结果

指标	颗粒粒径分布					要求
	石屑	碎石				
	0～5	5～10	10～15	15～20	20～30	
表观密度/(kg/m³)	2722	2740	2738	2775	2799	≥2500
毛体积密度/(kg/m³)	—	2668	2680	2700	2708	实测值
表干密度/(kg/m³)	—	2694	2701	2727	2731	—
捣实密度/(kg/m³)	—	1550	1545	1540	1533	—
骨架间隙率/%	—	41.9	42.4	43	44.6	—
针片状颗粒含量/%	—	12.4	9.8	9.1	7.2	≤15
压碎指标/%	—	—	19.2	19.2	—	≤26
磨耗指标/%	—	—	21.7	21.7	—	≤28
堆积密度/(kg/m³)	1546	—	—	—	—	—
空隙率/%	43.2	—	—	—	—	—
含泥量/%	2.1	—	—	—	—	≤3
细度模数/%	3.97	—	—	—	—	—

5.3.2　配合比设计

水泥赤泥稳定碎石混合料的力学特性及其他功能的实现主要依赖于水泥特性、赤泥特性与碎石混合料的级配组成。因此，水泥赤泥稳定碎石混合料应在不断改善水泥性能的同时，充分发挥骨料对于混合料性能的积极作用，设计出良好的矿料级配。

1）矿料级配

选择符合《公路沥青路面设计规范(JTG D50—2006)》的骨架密实型水泥稳定碎石级配要求进行试验。规范要求及设计级配组成如表 5-22 所示，级配曲线如图 5-12 所示。

表 5-22　骨架密实型水泥稳定碎石基层碎石级配

筛孔尺寸/mm		31.5	19.0	9.5	4.75	2.36	0.6	0.075
规范要求	上限	100	86	58	32	28	16	3
	下限	100	68	38	22	16	8	0
	中值	100	77	48	27	22	12	1.5
设计级配		100	82	48	27	22	12	2

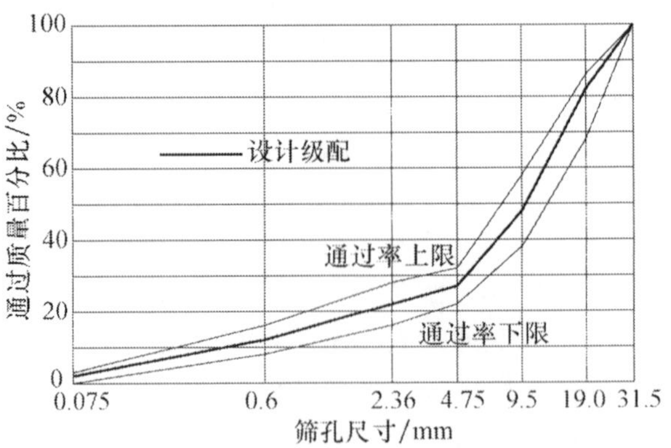

图 5-12　水泥稳定碎石基层所用碎石级配曲线

2）初定配合比

确定初始水泥含量为 6%，碎石含量为 94%，采用外掺法，改变赤泥的掺量，研究不同赤泥掺量对混合料的力学性能的影响。同时还考虑在减少水泥用量的情况下对混合料力学性能的影响，以期对其经济性能进行分析。具体配合比情况见表 5-23。

表 5-23 水泥赤泥稳定碎石混合料初定配合比方案

类别	配合比	配合比
	水泥∶赤泥∶碎石	水泥∶赤泥∶碎石
水泥赤泥稳定碎石混合料	6∶0∶94	3∶0∶94
	6∶6∶94	3∶6∶94
	6∶12∶94	3∶12∶94
	6∶24∶94	3∶24∶94

5.3.3 重型击实试验

重型击实试验是在规定的试筒内对水泥-赤泥-碎石混合料进行击实试验，绘制混合料的含水量—干密度关系曲线，从而确定最佳含水量和最大干密度。

依据规范中关于无机结合料稳定土的击实试验方法，选用了内径 15.2cm，高 12.0cm，体积为 $2177cm^3$ 的小型试筒，试验步骤按照无机结合料稳定土的击实试验方法进行。由试验得到的最佳含水量及最大干密度如表 5-24 所示。

表 5-24 水泥-赤泥-碎石混合料击实试验结果

配合比	击实指标	
水泥∶赤泥∶碎石	最佳含水量/%	最大干密度/(g/cm^3)
6∶0∶94	4.6	2.380
6∶6∶94	6.7	2.318
6∶12∶94	8.5	2.219
6∶24∶94	10.1	2.105
3∶0∶94	4.9	2.372
3∶6∶94	6.8	2.298
3∶12∶94	8.5	2.193
3∶24∶94	11.3	2.037

5.3.4 无侧限抗压强度试验

混合料的无侧限抗压强度测定用试样按照最大干密度采用静力压实法成型试件，试模尺寸为高×直径＝150mm×150mm 的圆柱体。试件从试模内脱出并称重量高后，立即用塑料袋包裹，扎紧不漏气，然后放入恒温恒湿的养生室内养护，整个养生期间养生室的温度保持在 20℃±2℃，湿度高于 95%，养生的最后一天试件浸水 24h，待试件充分饱水后进行试验。将已浸水一昼夜的试件从水中取出，用软的旧布吸去试件表面的可见自由水，并称重量高。然后将试件放到压力机上进行抗压试验。试验过程中，应使试件的形变等速增加，并保持速率约为 1mm/min，记录试件破坏时的最大压力 P。

试件无侧限抗压强度计算公式如下：

$$f_{cc}=\frac{4P}{\pi d^2} \tag{5-3}$$

式中，f_{cc}——试件无侧限抗压强度，MPa；

P——试件破坏时的最大压力，N；

d——试件直径，mm。

各配比试件 7 天和 28 天无侧限抗压强度试验结果如表 5-25 所示，其柱状对比图分别如图 5-13 和图 5-14 所示。

表 5-25 水泥-赤泥-碎石混合料 7 天和 28 天无侧限抗压强度试验结果

配合比	抗压强度/MPa		配合比	抗压强度/MPa	
水泥：赤泥：碎石	7 天	28 天	水泥：赤泥：碎石	7 天	28 天
6：0：94	5.0	10.3	3：0：94	3.7	4.7
6：6：94	9.7	11.8	3：6：94	5.0	6.2
6：12：94	10.0	10.4	3：12:94	6.4	6.5
6：24：94	7.8	7.8	3：24：94	4.3	4.1

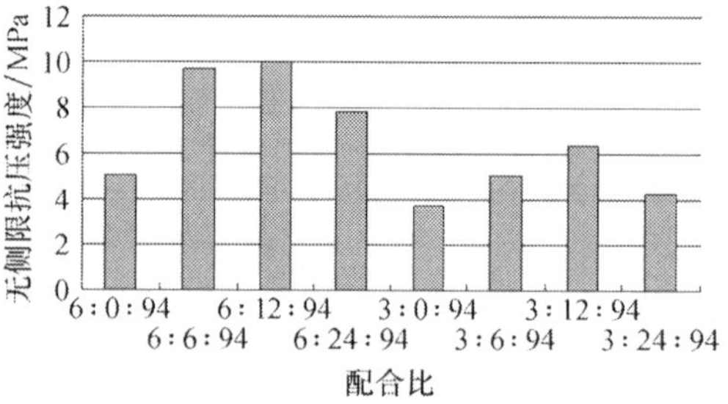

图 5-13 水泥赤泥稳定碎石各配比 7 天无侧限抗压强度对比图

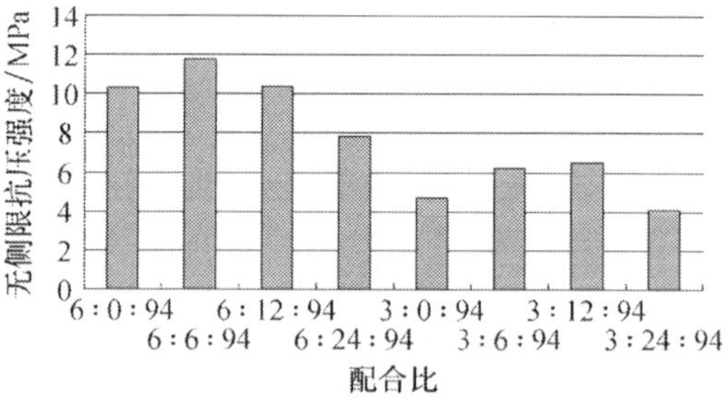

图 5-14 水泥赤泥稳定碎石各配比 28 天无侧限抗压强度对比图

水泥含量减少前的无侧限抗压强度明显好于水泥掺量减少后的试件无侧限抗压强度，这表明水泥掺量对试件的无侧限抗压强度影响显著。水泥掺量高，其抗压强度也高；水泥掺量一定时，试件的抗压强度随赤泥掺量的变化而变化，掺加赤泥试件的抗压强度均高于未掺加赤泥的试件，且赤泥掺量为 6%和 12%的试件的 7 天抗压强度值较高，效果最好，这表明赤泥掺量对试件的抗压强度影响显著，对于提高混合料的强度具有明显效果。

水泥掺量一定时，赤泥掺量为 0、6%、12%时，试件 7 天及 28 天龄期的抗压强度值较高，效果较好。对于 7 天龄期的试样，赤泥掺量为 12%时，试件的无侧限抗压强度值最大，效果最好，这表明掺加 12%的赤泥，可有效提高试件 7 天龄期的抗压强度。

由水泥-赤泥-碎石混合料各配比 7 天、28 天无侧限抗压强度对比图可知：各配合比试件 28 天龄期的抗压强度值比 7 天龄期抗压强度值要高，且未掺加赤泥的试件后期强度增长幅度要远大于掺加赤泥的试件，随着赤泥掺加比例的增加，试件后期强度的增幅逐步减缓，这表明赤泥掺量较高对于混合料的早期强度形成具有重要作用，而对于后期强度的增长作用不太显著。

5.3.5 超声波法测定动弹性模量

用常规的力学方法（测定应力-应变）测定弹性模量，需要大型仪器，测定程序比较烦琐，数据处理也比较困难，而用超声波法测定动弹性模量，测试方法简单，测定快捷，试件在测定过程中无破损。超声波是一种机械振动波，这种波在材料中的传播速度与材料的性质，特别是材料的密度、刚度有关。

采用 NM-4B 非金属超声检测仪，在无侧限抗压强度试验前测定试样的动弹性模量。首先，在超声检测仪的两个探头上涂抹一些凡士林，利用标准声示棒调试好仪器，然后用旧布吸去试件表面的可见自由水，将两个探头分别放在试件的两端中心位置，可测出超声波在试样中的传播速度，从而可确定出试件的动弹性模量，试验的仪器和试验过程分别如图 5-15 和图 5-16 所示。

图 5-15 NM-4B 非金属超声检测仪

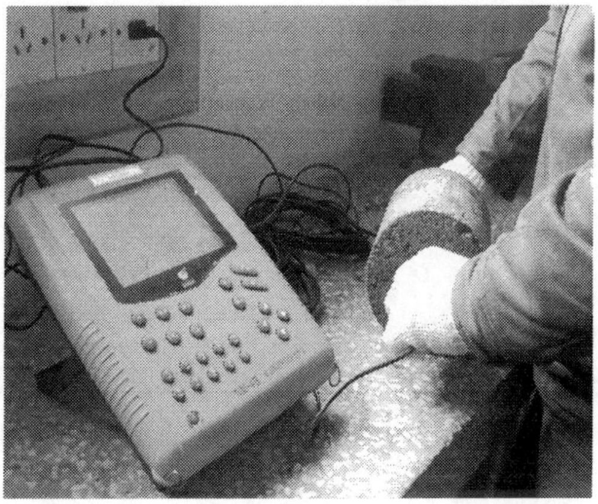

图 5-16 超声波法测弹性模量试验过程图

超声波测定材料的动弹性模量时，只要确定超声波的传播速度 V（试验中可测定超声波在长度为 l 的试样中传播时间 t，根据 $V=\frac{l}{t}$，便可计算出超声波的传播速度）和试样的密度，即可按下式计算试样的动弹性模量。

$$E_{\mathrm{d}}=\frac{(1+\mu)(1-2\mu)}{1-\mu}\cdot\rho\cdot V^{2},\quad V=\frac{l}{t} \tag{5-4}$$

式中，E_{d}——试样的动弹性模量，MPa；

ρ——试样的密度，g/cm^3；

V——超声波通过试样的速度，m/s；

t——超声波通过试样的时间，μs；

l——试件的长度，m；

μ——泊松比，取 0.3。

各配比试样的动弹性模量计算结果如表 5-26 所示。

表 5-26 不同龄期水泥赤泥稳定碎石动弹模量

配合比	动弹模量/GPa		配合比	动弹模量/GPa	
水泥∶赤泥∶碎石	7 天	28 天	水泥∶赤泥∶碎石	7 天	28 天
6∶0∶94	7.51	8.47	3∶0∶94	6.51	6.21
6∶6∶94	8.11	8.57	3∶6∶94	8.25	6.83
6∶12∶94	7.64	8.19	3∶12∶94	7.60	6.38
6∶24∶94	6.74	5.35	3∶24∶94	4.79	4.75

由弹性模量的测试结果分析，可得出以下结论。

(1) 比较试样无侧限抗压强度和弹性模量与龄期及各组分掺量的相关性，可看出弹性模量与抗压强度具有很好的一致性。说明采用超声波测定试样的动弹性模量是可行的。

(2) 当起胶凝作用的水泥掺量为 6%时，随着龄期的发展，其弹性模量也随之增加，而当水泥掺量为 3%时，试样的弹性模量随龄期的增加略有减少。表明对于水泥赤泥碎石混合料，水泥应保持一定的掺量。

(3) 随着赤泥掺量的增加，弹性模量先是增加，当赤泥掺量为水泥掺量的 1～2 倍时，混合料的弹性模量最大，之后随着赤泥掺量的增加，弹性模量有所降低，说明对于水泥赤泥碎石混合料，赤泥的掺入有一最佳量。

5.3.6 劈裂强度

劈裂试验也称为间接拉伸试验，试验原理见图 5-17，通过在圆柱体试件直径方向上施加两个相对的条形荷载，使其直径平面上产生一个较均匀的拉应力，并使试件沿这一直径方向产生拉伸破坏。

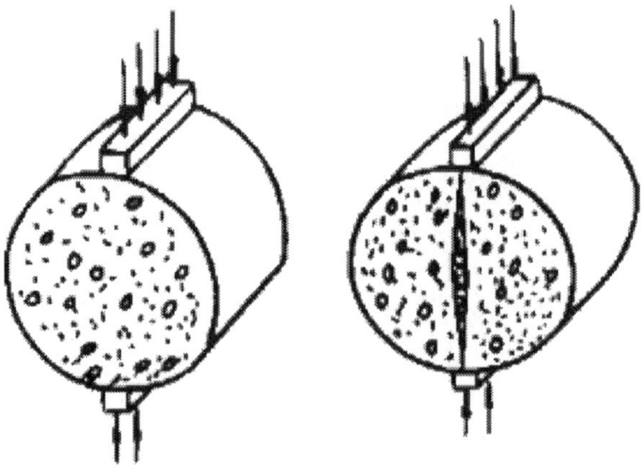

图 5-17 劈裂试验原理图

混合料的劈裂试验的试件同无侧限抗压强度试验的试件，采用静力压实法成型，试模尺寸为高×直径＝150mm×150mm 的圆柱体。试件从试模内脱出并称重量高后，立即用塑料袋包裹，扎紧不漏气，然后放入恒温恒湿的养生室内养护，整个养生期间养生室的温度保持在 20℃±2℃，湿度高于 95%，养护最后一天试验试件需浸水 24h，待试件充分饱水后进行试验。试验前用旧布吸去试件表面的可见自由水，然后将试件及带压条的模型放在路面材料强度试验仪上，并使试件在试验过程中，保持变形等速率变化，速率保持在 1mm/min，劈裂试验如图 5-18 所示。

对于有压载条的圆柱体劈裂抗拉强度 f_{ct} 按下式计算：

$$f_{ct} = \frac{2P}{\pi d_m \times l_m} \tag{5-5}$$

式中，f_{ct}——圆柱体劈裂抗拉强度，MPa；

P——极限荷载，N；

d_m——圆柱体截面的平均直径，mm；

l_m——圆柱体平均长度，mm。

各配比试件 7 天和 28 天劈裂试验结果如表 5-27所示。

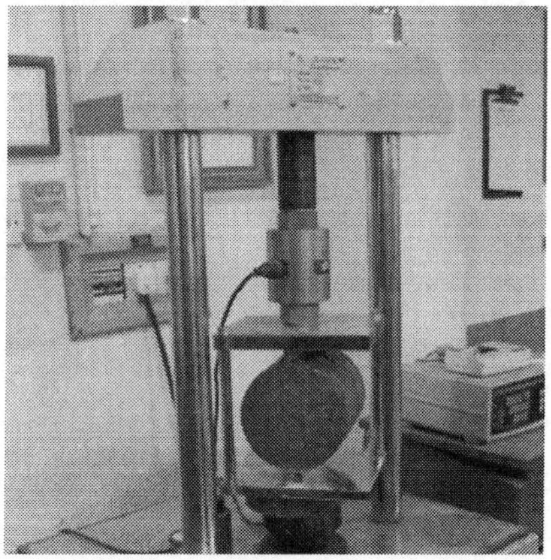

图 5-18　劈裂试验示意图

表 5-27　水泥赤泥稳定碎石不同龄期劈裂强度

强度	配合比组成(水泥：赤泥：碎石)			
	6：6：94	6：12：94	3：6：94	3：12：94
7 天劈裂强度/MPa	0.53	0.79	0.26	0.17
28 天劈裂强度/MPa	0.87	0.89	0.61	0.53

28 天龄期的试件相对 7 天龄期的试件的劈裂强度有较大的提高；水泥掺量减半前的劈裂强度明显高于水泥掺量减半后的试件的劈裂强度，表明水泥的掺量对混合料的劈裂强度有很重要的影响，水泥掺量高则劈裂强度高。

在水泥掺量为 6%时，随着赤泥掺量的增加，混合料 7 天、28 天龄期试样的劈裂强度均有所提高；而当水泥掺量为 3%时，随着赤泥掺量的增加，混合料 7 天、28 天龄期试样的劈裂强度则有较大幅度降低。表明要发挥赤泥对混合料劈裂强度的贡献，要求作为黏结料的水泥掺量应不低于某一限度。

5.3.7　收缩特性

水泥-赤泥-碎石混合料中含有水泥，水泥的水化是一个体积缩小的过程，而且混合料中的水分蒸发，也有可能发生干燥收缩，这种现象在高温季节施工或养护工作欠缺的时候更为明显。与此同时，环境温度通常也存在一定的昼夜温差，所以，水泥-赤泥-碎石混合料在修建的初期同时受到干燥收缩和温度胀缩的综合作用，相对而言，这个阶段以干燥收缩为主，温度胀缩为辅。经过一定龄期的养护后，水泥完全水化，基层被面层覆盖，混合料的含水量趋于稳定，基本不再发生变化。在以后的阶段，基层的收缩主要以温度收缩为主。

水泥-赤泥-碎石混合料作为基层时，其集料的内部广泛分布有孔隙，包括大孔隙和毛细孔。自由水存在于大孔隙中；毛细水存在于毛细孔中；表面水存在于一切固体表面；层间水存在于胶结物间；结构水和结晶水存在于矿物晶体结构的内部。混合料中的水分主要通过两种方式减少：一是部分水分散失在空气中，二是混合料中的水泥水化需要一定数量的水完成。这两种水分减少的方式都会引起混合料的收缩现象。

在第一种水分损失的过程中，混合料表面失水的速率超过内部水分向表面迁移的速率，因此会造成毛细管中产生负压，胶结料产生收缩而不能引起塑性开裂。当大部游离水失掉后，继续干燥会引起混合料较大的收缩，这种收缩主要由于吸附水和毛细管的水分失去产生各种表面张力。通常液体内部分子在各个方向受到邻近分子的吸引而平衡，其所受到的合力等于零。但在液体的表面以及在液体和空气的界面，则形成一种指向液体的力，并力图使其表面缩小，对液体产生压缩作用。这种现象不仅局限于液体，在固体表面也会发生。

混合料的第二种失水为水化收缩或化学收缩。混合料中的水泥水化以后，固相体积增加，但是水泥和水的绝对体积则是减小的，因为水化反应前后的平均密度不同，水泥胶结材料水化以后存在这种减缩的作用。大部分的硅酸盐水泥浆体完全水化以后，体积减缩的总量为7%～9%。在硬化之前，增加的固相体积填充了原来水分所占据的空间，使水泥石更加密实，但在这个过程中宏观体积呈减少的趋势。混合料中水泥掺量的增加也会使混合料干缩变形增大。

此外，集料本身的性质也会影响基层材料的整体干燥收缩性能。通常，孔隙率大、吸水率高、模量值低的集料具有较大的干燥收缩性。养护龄期的增加，胶结物不断滋生，孔隙率进一步下降，强度与刚度增大，也可能导致干燥收缩系数减小。

采用100mm×100mm×400mm棱柱体试件进行试验，试件采用人工成型。成型试件后带模养护1～2天(视混合料实际强度而定)。试件应在3天龄期(从搅拌加水时算起)从养护室取出，并立即移入干缩室内上架测试。上架前应测定试件的初始强度，测3次取平均值。从移入干缩室算起，在1天、3天、7天、14天、28天测定试件的长度。测试采用机械测试方法。所用仪器与水泥-石灰-土-赤泥的装置类似，采用百分表读数。装置示意图如图5-19所示。

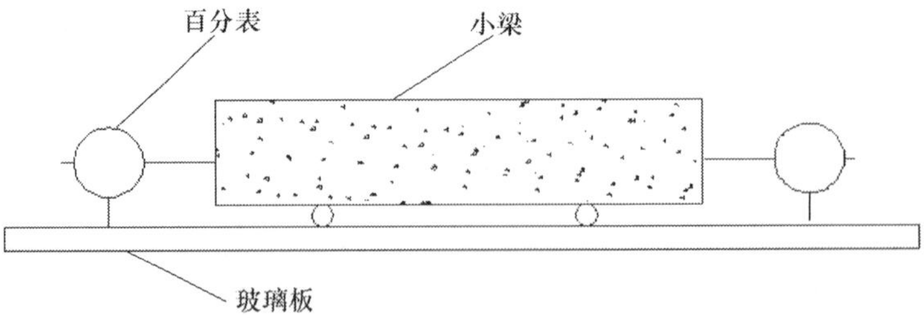

图5-19　水泥赤泥稳定碎石混合料收缩试验示意图

当环境温度发生变化或试件失水后，试件整体收缩或伸长会引起千分表触头移动并使千分表产生读数，通过千分表数值的变化得知试件的变形值，为避免千分表触头进入试件，在试件的两边都用环氧树脂粘上小的玻璃片。试样收缩试验测试示意图如图5-20所示。

图 5-20　水泥赤泥稳定碎石收缩试验测试

某一龄期的混合料的干缩率按下式计算：

$$S_d = \frac{(X_{0l} - X_{il})}{L_0} \times 100 \tag{5-6}$$

式中，S_d——龄期 d 天的混合料干缩率，%；

L_0——试件的长度，mm；

X_{0l}——试件的初始长度，mm；

X_{il}——龄期 t 天的干缩长度测值，mm。

取 3 个试件干缩率的算术平均值作为试验结果，干缩率精确至 0.0001%。水泥赤泥稳定碎石混合料干缩试验测试结果如表 5-28 所示。

表 5-28　水泥赤泥稳定碎石混合料干缩试验结果

混合料配合比（水泥∶赤泥∶碎石）	收缩率/%				
	1 天	3 天	7 天	14 天	28 天
6∶6∶94	0.0000	0.0002	0.0004	0.0009	0.0019
6∶12∶94	−0.0014	−0.0002	0.0000	0.0004	0.0019
3∶6∶94	−0.0009	−0.0002	−0.0003	−0.0002	0.0019
3∶12∶94	0.0001	−0.0001	−0.0002	−0.0003	0.0019

5.4　水泥赤泥混凝土性能

5.4.1　原材料组成及性质

(1) 赤泥：赤泥为河南省上街铝厂的工业废渣，原始状态为颗粒状态，其化学组成及基本物理性质如前。

(2) 水泥：水泥采用 425#普通硅酸盐水泥，密度为 3.10g/cm^3，用透气法测定的比表面积为 3.610cm^2/g，烧失量为 2.01%。

(3) 砂：选用细度模数为中砂的河砂。

(4) 碎石：碎石采用石灰岩，其中 20～40mm 粒径的碎石占 60%，10～20mm 粒径的占40%。

5.4.2 配合比方案

力学性能研究共设计了3组配合比方案:一组是水泥混凝土,其中包括减少了水泥用量的水泥混凝土;另一组是用磨细赤泥代替部分水泥的水泥赤泥混凝土;第三组是用粗赤泥代替部分砂的水泥混凝土,具体配合比见表5-29。所有水灰比(水/(水泥+细赤泥))的取用按配制的混凝土坍落度约为5cm进行控制,使所有混凝土试样的和易性保持一致。

表5-29 力学性能研究配合比方案

类别	编号	减少水泥用量	减少砂用量	配合比					水/(水泥+细赤泥)
				水泥	细赤泥	粗赤泥	砂	碎石	
水泥混凝土	Ⅰ0	0		1			1.86	4.14	0.47
	Ⅰ1	1/5		0.8			1.86	4.14	0.53
	Ⅰ2	1/4		0.75			1.86	4.14	0.54
	Ⅰ3	1/3		0.67			1.86	4.14	0.58
磨细赤泥代替水泥混凝土	Ⅱ1	1/5		0.8	0.2		1.86	4.14	0.47
	Ⅱ2	1/4		0.75	0.25		1.86	4.14	0.47
	Ⅱ3	1/3		0.67	0.33		1.86	4.14	0.47
粗赤泥代替砂混凝土	Ⅲ1		1/5	1		0.37	1.49	4.14	0.51
	Ⅲ2		1/4	1		0.47	1.39	4.14	0.52
	Ⅲ3		1/3	1		0.62	1.24	4.14	0.53

5.4.3 抗折及抗压强度

测定混凝土7天及28天龄期的抗折强度及抗压强度。混凝土试样尺寸为15cm×15cm×15cm,试样成型按《公路工程水泥混凝土试验规程》进行。试样的养护条件为(25±2)℃恒温、(65±5)%相对湿度环境。

抗折强度按中点加载法进行,试验机加载速率为50N/s,进行3次平行试验。抗压强度测定用抗折试验后折断的半截小梁进行,试样受压面积为15cm×15cm,试验机加荷速率为450N/s,进行6次平行试验。测定的抗折强度和抗压强度如表5-30所示。

表5-30 抗折强度及抗压强度测定结果

类别	编号	减少水泥用量	减少砂用量	抗折强度/MPa		抗压强度/MPa	
				7d	28d	7d	28d
水泥混凝土	Ⅰ0	0		6.99	7.37	35.6	59.7
	Ⅰ1	1/5		5.54	6.43	27.6	37.7
	Ⅰ2	1/4		5.35	6.20	25.8	38.2
	Ⅰ3	1/3		4.36	5.77	18.9	33.3
磨细赤泥代替水泥混凝土	Ⅱ1	1/5		6.18	7.68	30.0	56.1
	Ⅱ2	1/4		5.50	7.19	24.3	37.1
	Ⅱ3	1/3		4.98	6.37	24.4	33.7

续表

类别	编号	减少水泥用量	减少砂用量	抗折强度/MPa		抗压强度/MPa	
				7 天	28 天	7 天	28 天
粗赤泥代替砂混凝土	Ⅲ1		1/5	5.43	6.61	26.5	34.1
	Ⅲ2		1/4	5.31	6.28	25.2	35.0
	Ⅲ3		1/3	5.01	6.00	22.5	30.8

由表 5-30 可以得出如下结论。

(1) 水泥混凝土中减少水泥用量会导致混凝土强度的降低。

(2) 磨细赤泥代替部分水泥，形成水泥细赤泥混凝土，当细赤泥代替水泥用量较合适时，可获得满意的强度。特别是对于路用水泥混凝土的重要指标——抗折强度，用磨细赤泥代替部分水泥，能有相当好的效果。如用细赤泥代替 1/5 水泥用量形成的水泥细赤泥混凝土(II1)28 天龄期的抗折强度甚至略高于对比试样的抗折强度。细赤泥代替 1/4 水泥试样(II2)28 天龄期的抗折强度也与对比试样抗折强度几乎相当。II1、II2 的抗压强度与对比试样的相比有一定程度的降低。当细赤泥代替水泥用量达到 1/3 时(II3)与对比试样相比，抗折强度与抗压强度均有明显的降低。这说明，细赤泥代替水泥用量有一定的有效范围，超出范围后，会引起混凝土力学性能的明显降低，水泥用量相同的两组混凝土，一组中有细赤泥(II1、II2、II3)，另一组中没有细赤泥(I1I2I3)，比较其抗折强度及抗压强度可以看出，前者有细赤泥的混凝土比后者无细赤泥的混凝土的抗折强度有较明显的提高，而抗压强度除个别情况，两者相当。

由此结果可看出，用磨细赤泥代替 1/4 以下水泥用量形成的水泥赤泥混凝土具有相当高的抗折强度。从力学性能考虑，这种具有较高抗折强度的水泥赤泥混凝土用于路面是完全可行的。减少了水泥用量，将会有显著的经济效益。

(3) 用粗赤泥代替部分砂形成的水泥粗赤泥混凝土，其抗折强度及抗压强度与水泥混凝土对比试样相比均有较为明显的降低。因此，从强度角度考虑，这种代替没有优势。

5.4.4　模量及温度胀缩系数

用超声波法测定了水泥混凝土及部分水泥赤泥混凝土的动态弹性模量。测定结果如表 5-31 所示。根据有关文献及本试验的测定，动态弹性模量与静态弹性模量之间的关系为静态弹性模量(E_t)≈70%动态弹性模量(E_d)。按《公路工程水泥及水泥混凝土试验规程》(JTG E30—2005)规定的三分点加载方法，用静力法测定了混凝土小梁的抗折静态弹性模量(E_t)，并测定了混凝土小梁在－20～50℃的平均温度胀缩系数(α)。

表 5-31　弹性模量及温度胀缩系数

类别	减少水泥	外掺剂及掺量	$E_d/(10^4\text{MPa})$	$E_t/(10^4\text{MPa})$	$\alpha/(10^{-6}\cdot 1/℃)$
水泥混凝土	0	—	4.56	3.17	9.71
赤泥代替水泥	1/3	—	4.29	2.92	10.80
		CaO 占赤泥用量 5%	4.22	—	—
		Na_2CO_3 占赤泥用量 2%	4.02	—	—

形成的水泥赤泥混凝土的动态弹性模量与水泥混凝土的动态弹性模量相比，略有降低。掺加外加剂后，对动态弹性模量几乎没有产生影响。因此，用赤泥代替部分水泥后，水泥赤泥混凝土的刚性仅略有降低。温度膨胀系数随赤泥的掺入略有增加，但变化不大，相对增加约 10%。可以认为对水泥混凝土在温度作用下的变形性能没有明显影响。

5.4.5 耐磨性能

根据砂浆试样的抗磨耗性能推断分析水泥混凝土的抗磨耗性能。一般情况下，混凝土容易被磨耗的部分是砂浆部分。因此，砂浆的耐磨性对混凝土的耐磨性有举足轻重的影响。而且砂浆的耐磨性试验比混凝土的耐磨性试验容易进行。耐磨性试验在道瑞式硬度仪上进行。试样尺寸为 4cm×4cm×16cm，磨耗面积为 4cm×4cm。标准砂作为磨耗用砂，磨耗时间为 2h。以磨耗过程中试样的重量损失为标准描述耐磨性能。试验结果如表 5-32所示。

表 5-32　试样磨耗重量损失

试样	水泥：赤泥：砂	水/(水泥+细赤泥)	龄期/天	磨耗质量损失/g
水泥砂浆	1：0：2.5	0.46	28	26
水泥赤泥砂浆	0.67：0.33：2.5	0.46	28	24

用赤泥代替 1/3 水泥形成的水泥赤泥砂浆的磨耗量与水泥砂浆的磨耗量相当，甚至略低于水泥砂浆的磨耗量。说明水泥赤泥砂浆的耐磨性与标准水泥砂浆的耐磨性相同，甚至略有提高。因此，水泥赤泥混凝土的耐磨性与水泥混凝土的相比，并不因为用赤泥代替部分水泥而降低。

5.4.6 渗透性能

混凝土的耐久性与混凝土的渗透性有很大关系，实验方法可用路面透水量测定仪，测定渗入混凝土试件内的水量。混凝土试样尺寸为 20cm×20cm×20cm。在进行实验前把试样在 105℃下烘干，并冷却到室温，然后用路面透水量测定仪按规程要求进行测定，测定 20h 内渗入混凝土中水的体积。透水量测定时混凝土的龄期为 28 天，测定结果如表 5-33所示。

表 5-33　渗透性试验结果

类别	编号	减少水泥用量	渗水量/mL
水泥混凝土	I0	0	15
水泥赤泥混凝土	Ⅱ3	1/3	18

水泥赤泥混凝土(赤泥代替水泥 1/3)的渗透性要略大于水泥混凝土的渗透性。说明水泥赤泥混凝土中的空隙率要略大于水泥混凝土的空隙率。

5.4.7 抗冻性能

经数次冻融循环后测定抗压强度损失，以此描述混凝土的抗冻性能。试样采用抗折试验后的半截小梁，试样龄期为 7 天。饱水后在冰箱中－25℃冻 8h，然后取出放入 20℃中 16h，称为一个冻融循环。9 次冻融循环后试样的抗压强度与冻前饱水后的抗压强度进行比较，以强度损失率描述抗冻性能。试件抗压强度测定时，受压面积为 15cm×15cm，试验机加荷速率为 450N/s。测定结果如表 5-34 所示。

表 5-34　抗冻试验结果

类别	减少水泥用量	抗压强度/MPa		强度损失/%
		冻前泡水 16h	9 次冻融循环后	
水泥混凝土	0	33.9	32.2	5.08
水泥赤泥混凝土	1/3	26.8	25.1	6.30

用赤泥代替 1/3 水泥形成的水泥赤泥混凝土，抗冻性比水泥混凝土的抗冻性略有降低，说明赤泥代替部分水泥对水泥混凝土的抗冻性影响不大。

5.5　赤泥用于路面结构层中的固化作用机理

5.5.1　赤泥用于水泥石灰稳定土垫层时的固化作用机理

1. *石灰与土、石灰与赤泥的作用机理*

水泥-石灰-赤泥-土混合料在压实成型后，系由固相（水泥、石灰、赤泥、土）、液相（水溶液）和气相（空气）三相组成。三相之间相互作用的结果，使得水泥-石灰-赤泥-土混合料具有一定的强度和刚度，从而满足了路面垫层的性能要求。

水泥-石灰-赤泥稳定土的强度形成过程中，主要依靠黏合料发生的一系列反应，使得赤泥与结合料紧密连接到一起。水泥-石灰-赤泥稳定土的强度形成机理很大程度上与水泥凝结硬化形成强度类似：混合料充分拌和后，在一定 pH 条件下（碱性环境中），通过各种途径的一系列化学反应和离子交换作用，使混合料中的矿物成分在微颗粒周围形成晶体结构的多种水化物。这种以微颗粒和水化物组成的胶体粒子在分子力作用下，凝聚成网状结构，在吸收化学反应过程中放出的热量、外界压力（碾压）、温度（气温）的作用下硬化，形成以化学键结合的结晶体网状结构骨架而形成强度，生成密实而坚硬的半刚性板体。

石灰与土相互作用，亦可以改善土的性质。石灰作为一种土壤固化剂，与土发生盐基交换产生胶结，黏土颗粒与石灰相互作用，通过钙离子减少土的体积变化、从而使土壤的液限减小、塑限增大，自由膨胀率和塑性指数降低。在初期主要表现在土的结团、塑性降低、最佳含水量增加、最佳密实度减小；在后期，由于结晶结构的形成，提高了土板体性、强度和水稳定性。土为三相结构，加入石灰共同产生物理吸附作用，并发生离子交换反应、氢转化钙的碳化反应、火山灰反应及氢氧化钙的结晶反应，使得土的凝聚作用加强，强度逐渐提高。由于土基含有一定量的硫酸盐和腐殖质成分（分解胡敏酸），土本身的亲水性、膨胀性、塑性增大，对以后水泥的水解和结构形成是不利的；掺入石灰后，石灰与土的微粒部分和腐殖质发生吸附交换，可以一定程度上阻止这种不利影响。由于土中含有大量的粗粒砂，在一般温度下，石灰与微石英砂或其他硅土材料的化学作用是很强烈的，在集料拌和后的长时间内土体液相石灰浓度很高,利于含水硅酸钙稳定存在,反过来促进结构的产生和加强。

将消石灰加到土中并加水拌和后,土的性质和结构很快开始变化。开始是絮凝和絮聚,随后黏土颗粒就形成粗杯状的较大颗粒。这种变化将依次改变土的液限、塑限、塑性指数和压实性能。

根据化学分析和微观结构分析。通常认为石灰加入土后,发生一系列的化学反应和物理化学反应,主要有离子交换反应、$Ca(OH)_2$ 的结晶反应和碳酸化反应以及火山灰反应。这些反应的结果是使黏土颗粒絮凝,生成氢氧化钙、碳酸钙晶体和硅铝酸钙等凝胶胶结物。这些胶结物逐渐由凝胶状态向凝聚状态转化,使石灰土的刚度不断增大,强度和水稳性不断提高。

在偏光显微镜下观察经水化保养 30 天的石灰赤泥混合料试样薄片,可看到赤泥中的透明物(如钙钛矿和硅酸钙等)呈均匀的细小微粒团块状,如图 5-21 所示。

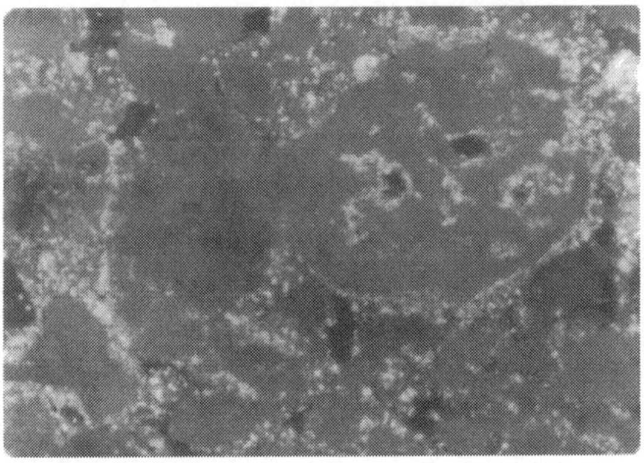

图 5-21　石灰赤泥混合料试样微观结构(正交偏光)×250

因被铁浸染,透明度很差,多呈棕色或暗红色。团块大小在 0.07～0.7mm。加入的石灰以及分散的隐晶质或星点状的凝聚体白色颗粒分布于赤泥颗粒边缘或孔隙中起胶凝作用。赤泥团块主要起骨料作用。从整体看,赤泥团块较大,表面粗糙,各团块间孔隙较大,加入的石灰量不足以充满全部孔隙,所以试件显得不致密。在高倍扫描电镜下观察发现,赤泥团块表面呈蜂窝状,如图 5-22 所示,大小空洞的壁较紧地连接在一起。

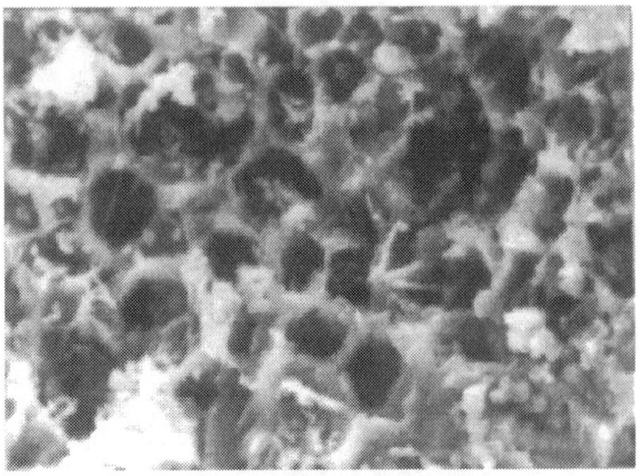

图 5-22　赤泥颗粒表面的蜂窝状构造(扫描电镜)×4000

根据能谱分析,如图 5-23 所示,组成蜂窝的矿物是硅酸二钙。赤泥颗粒的这种外观和成分的形成是因为它是由铝土矿、石灰、碱和粉煤灰按比例配制的生料经高温煅烧后再用水浸出造成的。在浸出中,高温下生成的可溶性铝酸钠被溶解,残留下来的则是硅酸二钙等不溶或难溶的化合物。

在扫描电镜下观察到，洞壁结构比较致密；在很多洞壁上粘满了胶体很隐晶体的氢氧化钙，在高倍扫描电镜下也难分辨出其晶体颗粒，如图 5-24 所示。另外，看到大多数蜂窝内是空的，石灰的水化物主要胶结蜂窝外壁，较少填充蜂窝，这样减少了胶结面积，对混合料的强度形成不利。

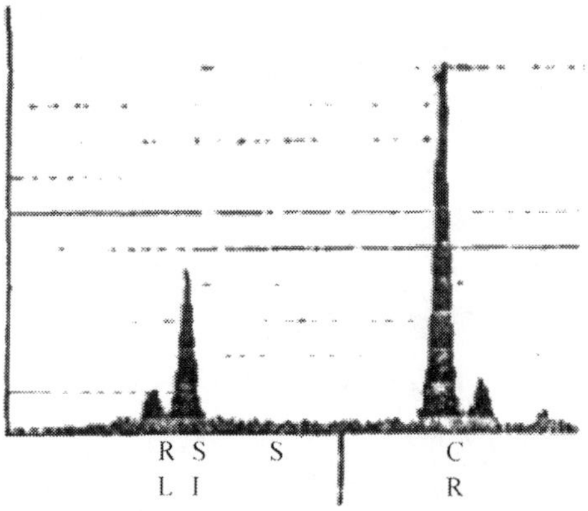

图 5-23　赤泥颗粒蜂窝壁的 X 射线能谱图

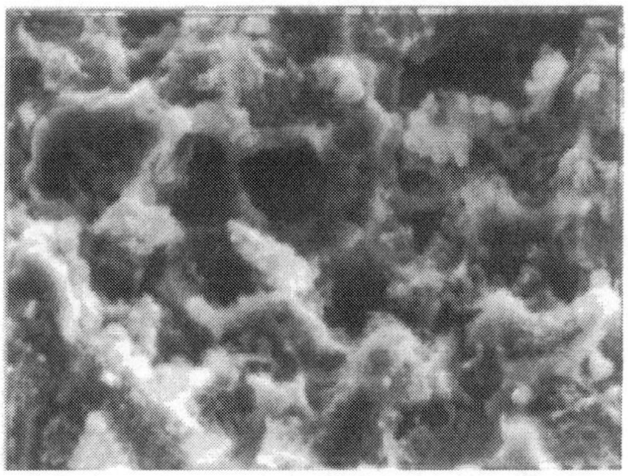

图 5-24　赤泥颗粒表面黏结的隐晶体氢氧化钙(扫描电镜)×4000

在试样的局部可观察到分布在矿物颗粒上和孔隙处的短针状晶体，如图 5-25 所示，测定的能谱成分(图 5-26)应该是硅铝酸钙晶体，但含有少量的硫(在赤泥中应是硫化钙的形式)。

图 5-25　赤泥石灰混合料试样中的短针状晶体(扫描电镜)×6000

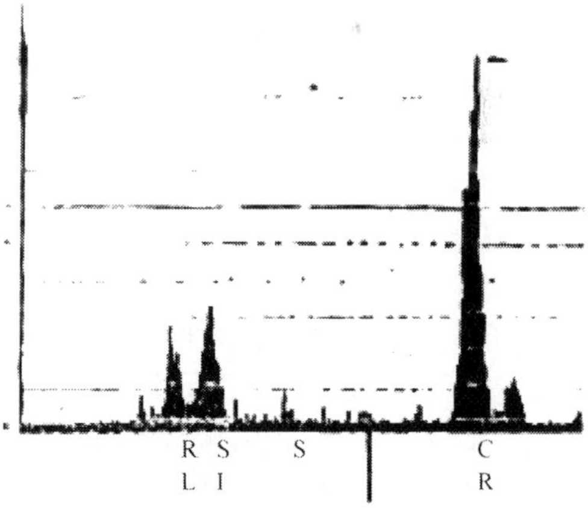

图 5-26　短针状晶体的 X 射线能谱图

在赤泥石灰混合料中，主要的胶凝材料是石灰，以上观察到的现象主要与石灰的水化过程有关。石灰的硬化过程，B. B. 澳新提出的理论中，把该过程划分为 6 个时期，即溶解期、胶化期、凝聚期、晶体期、干燥期和碳酸化期。

在前期，石灰的变化是石灰水解，生成氢氧化钙。氢氧化钙溶于水，生成过饱和溶液，析出后呈乳胶状，并靠石灰颗粒的吸水作用使胶体粒子靠近和黏结，形成凝聚结构和凝聚强度。此时的强度，是由范德华分子吸力的作用产生的，强度很小。后期氢氧化钙晶体长大，形成结晶结构。该结构中，各晶体通过结晶接触点以化学键相互作用，因此具有较高的强度。在干燥过程中，由于水的表面张力，产生凹形弯月面的毛细管压力，使粒子更加紧密而得到附加的强度。该强度很小，但水蒸发将使溶液过饱和，从而促使结晶和硬化。最后是碳酸化，即氢氧化钙从空气中吸收二氧化碳生成碳酸钙。此时，固相体积增大，使试件进一步致密，获得最终的碳酸化强度。

除石灰还有以下因素也有助于试件硬化和力学强度的提高。

(1) 赤泥自身的胶凝性。其来源除赤泥中含有少量极分散的水化石榴石和方钠石等颗粒具有类似黏土粒子间吸附作用，主要矿物硅酸二钙具有胶凝性，进行了类似水泥水硬性胶凝反应。尽管该矿物的水化速度很慢，但确实有少量已经水化，并产生某些反应，生成了在研究中看到的少数针状、棒状晶体，强化试样。这也可从赤泥掺量与试样强度的测试结果得知。

(2) 赤泥表面粗糙，且蜂窝壁致密，具有一定的强度，对强化试件有利。因在试件受力时，这种颗粒表面不利于颗粒与胶结物之间产生滑移和分离。然而，在胶凝物质掺量比较低时，其水化物不足以填充蜂窝，这时只胶凝外壁，窝内保持空洞，从而减少胶凝面积，对试件的强度不利。这与总胶凝量为 6%(3%水泥+3%石灰)时的水泥石灰赤泥稳定土 7 天、28 天无侧限抗压强度低于总胶凝量为 11%(5%水泥+6%石灰)时的 7 天、28 天无侧限抗压强度一致。

石灰对混合料强度的形成机理总结如下。

石灰在混合料中的作用如下。

作为基层主要掺和料的赤泥虽然具有很多的活性成分，如 CaO 占 44.25%，胶凝矿物 α'-硅酸二钙占 53%，但它本身很少具有自凝性和黏结性，必须掺用熟石灰激发活性，生成一系列的水化物，产生胶凝能力，凝固其本身和凝固其他材料，如黏土。在土中掺入适量的石灰，并在最佳含水量下拌匀，通过机械压实使各种材料的微小分子相接触，在适当的水分和温度下，各种材料的活性和具有胶凝性能的矿物发生水化反应，生成具有胶凝性能的晶体或胶凝水化物，随着龄期的延长，水化反应越充分，产生的水化物越多，在赤泥混合料分子结构内部形成晶体骨架网络，这种水化、凝结和硬化的过程就是赤泥混合料强度的形成机理，是一个复杂的物理、化学反应，从而使土的性质发生了根本变化。

(1) 石灰在水溶液中的解离作用。

熟石灰在水溶液中可溶解解离成 Ca^{2+} 和 OH^-，并散发微量的热：

$$Ca(OH)_2 \longrightarrow Ca^{2+} + 2OH^-$$

这一过程提供了大量的 Ca^{2+} 和 OH^- 离子，使混合料液相的 pH 升高。这是其他后续反应的基础。$Ca(OH)_2$ 虽是强碱，但在水溶液中由于离子间的相互吸引，表现出一定的电离度，且电离度随 $Ca(OH)_2$ 溶液浓度的减小或温度的升高而增大。

(2) 石灰的结晶作用。

液相水溶液中的氢氧化钙可以在溶液水分蒸发造成的过饱和状态下发生溶解的逆反应——结晶作用，形成氢氧化钙晶体，其化学反应式如下：

$$Ca(OH)_2 + nH_2O \longrightarrow Ca(OH)_2 \cdot nH_2O$$

石灰吸收水分形成含水晶格并由胶体逐渐成为晶体，这种晶体相互连接，并与赤泥结合形成共晶体，把固体颗粒胶结成整体，从而产生一定的结构强度。与不定型的$Ca(OH)_2$相比，晶体$Ca(OH)_2$的溶解度几乎减小一半，因此由晶体$Ca(OH)_2$形成的结晶结构的水稳定性比由$Ca(OH)_2$胶体形成的凝聚结构的水稳性好，使得混合料的稳定性提高。

(3) 石灰的碳化作用。

液相中的$Ca(OH)_2$也可以与气相或溶解于水中的CO_2反应，产生碳化作用：

$$Ca(OH)_2 + CO_2 + nH_2O \longrightarrow CaCO_3 + (n+1)H_2O$$

$CaCO_3$晶体具有较高的强度和水稳定性，对粉煤灰的胶结作用使粉煤灰得到了加固。当$CaCO_3$晶体沉积在混合料颗粒间隙中时，产生一定的胶结强度。由于CO_2可能由混合料的空隙进入，混合料的表层碳化后形成的硬壳阻碍CO_2进一步渗入，$Ca(OH)_2$的碳化作用相当缓慢，是形成混合料后期强度的原因之一。

另外，赤泥中的主要胶凝成分SiO_2、CaO和Al_2O_3等也与熟石灰发生一系列化学反应，主要的水化反应如下。

$$2CaO \cdot SiO_2 + nH_2O \longrightarrow Ca(OH)_2 + CaO \cdot SiO_2(n-1)H_2O$$

$$2CaO \cdot SiO_2 + nH_2O \longrightarrow 2CaO \cdot SiO_2 n \cdot H_2O$$

$$SiO_2 + xCa(OH)_2 + mH_2O \longrightarrow xCaO \cdot SiO_2 \cdot nH_2O$$

$$Al_2O_3 + xCa(OH)_2 + mH_2O \longrightarrow xCaO \cdot Al_2O_3 \cdot nH_2O$$

由于熟石灰与赤泥、土中的活性物质发生了一系列的相互作用，使土的性质发生了根本改变。初期主要表现为土的结团、塑性降低、最佳含水量增加和最大密度减少等，后期主要表现为结晶结构的形成，从而提高其板体性、强度和稳定性。

2. 水泥与土、水泥与赤泥的作用机理

在偏光显微镜下观察经水化保养30天的水泥赤泥混合料试样薄片，可观察到水泥中各矿物多呈细小分散颗粒，在正交光下透明，呈隐晶体，均匀地分散于赤泥颗粒边缘或孔隙中，形成亮边(图5-27)，起胶凝作用。有少量呈集合状颗粒(白色)存在。试件结构不致密，各颗粒间存在大量孔隙(黑色)。

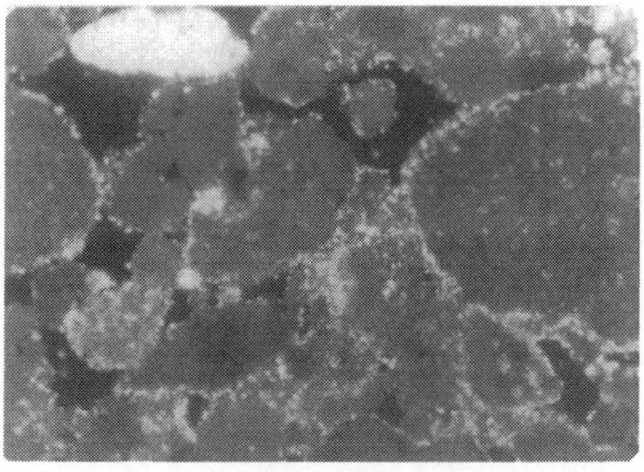

图5-27 水泥赤泥混合料试样微观结构(正交偏光)×250

在高倍扫描电镜观察下可看到，水泥水化生成针状晶体如图5-28所示，赤泥颗粒表面的水泥水化产物如图5-29所示，赤泥颗粒周围的"亮边"是由胶质物质和细针状及毛发状晶体组成的。

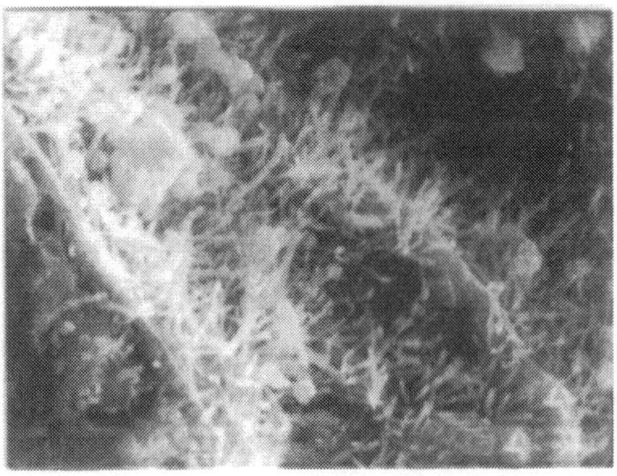

图 5-28　水泥水化生成针状晶体（扫描电镜）×6000

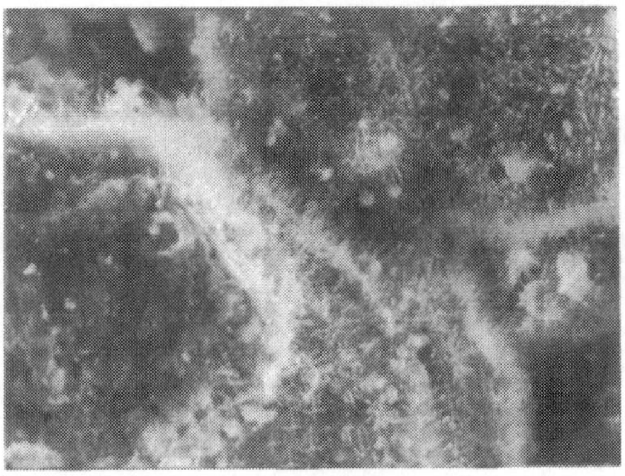

图 5-29　赤泥颗粒表面的水泥水化产物（扫描电镜）×2000

这些晶体都生长在赤泥颗粒表面黏结的由水泥矿物水化生成的凝胶状物质上，个别未水化的较大矿物颗粒也分散在其中。在试件中，赤泥主要起骨料作用。在水泥的整个水化过程中，水泥矿物有石膏水化溶解和再结晶、几种铝酸盐和硅酸盐的水化、分解和结晶及氢氧化钙的碳酸化作用等，形成胶体、针状或各种形状的晶体，共同起凝结和硬化作用。

水泥分布在土中构成坚固的核心，在所有的空隙中形成水化水泥的骨架，联结土粒。在水泥稳定土中，由于水泥用量很小，水泥的水化完全是在土的围绕下进行的，其凝结速度比在水泥混凝土中进行得缓慢。水泥与土拌和后。水泥矿物与土中的水分发生强烈的水解和水化反应，同时从溶液中分散 $Ca(OH)_2$，并形成其他水化物。

水泥在稳定土中的作用主要是改变土的塑性，增加土的强度和稳定性。水泥加入塑性土中后能大大降低土的塑性。随着龄期的增长，塑性指数越小，同时，将大大增加稳定土的强度和稳定性；而且水泥剂量越大，稳定土的强度越高，稳定性越好。水泥在混合料中强度的形成主要有以下几个反应。

1）水泥石骨架的形成

硅酸三钙（$3CaO \cdot SiO_2$）：在水泥中掺量最高（占 40%～45%），是决定强度的主要因素。

$$2(3CaO \cdot SiO_2) + 6H_2O \longrightarrow 3CaO \cdot 2SiO_2 \cdot 3H_2O + 3Ca(OH)_2$$

硅酸二钙（$2CaO \cdot SiO_2$）：在水泥中掺量也很高（占 30%～35%）. 主要产生后期强度。

$$2(2CaO \cdot SiO_2) + 4H_2O \longrightarrow 3CaO \cdot 2SiO_2 \cdot 3H_2O + Ca(OH)_2$$

铝酸三钙（$3CaO \cdot Al_2O_3$）：约占水泥重量的 6%，其水化速度最快，能促进早凝。

$$3CaO \cdot Al_2O_3 + 6H_2O \longrightarrow 3CaO \cdot Al_2O_3 \cdot 6H_2O$$

铁铝酸四钙（$4CaO \cdot Al_2O_3 \cdot Fe_2O_3$）：约占水泥重量的 10%，能促进早期强度。

$$4CaO \cdot Al_2O_3 \cdot Fe_2O_3 + 2Ca(OH)_2 + 10H_2O \longrightarrow 3CaO \cdot Al_2O_3 \cdot 6H_2O + 3CaO \cdot Fe_2O_3 \cdot 6H_2O$$

硫酸钙（$CaSO_4$）：约占水泥重的 4%。

$$3CaSO_4 + 3CaO \cdot Al_2O_3 + 32H_2O \longrightarrow 3CaO \cdot Al_2O_3 \cdot 3CaSO_4 \cdot 32H_2O$$

当水泥的各种水化物生成后，有的继续硬化，形成水泥石骨架；有的与土相互作用，发生吸附活性形成稳定联结，生成结晶矿物，使土固结，提高混合料的强度。

2）氢氧化钙的物理化学作用

离子交换及团粒化作用：在水泥水化后的胶体中 Ca^{2+} 与 OH^- 共存，而构成土的矿物表面会带有 Na^+、K^+，Ca^{2+} 会与土中的 Na^+、K^+ 离子进行当量吸附交换，使土粒形成土团，而水化物具有强烈的吸附性使混合料进一步结合起来形成稳定联结。

硬凝反应：随着水化反应的深入，Ca^{2+} 离子析出量大于离子交换需要量后，在碱性环境中则与土中的矿物 SiO_2 和 Al_2O_3 发生反应，生成不溶于水的稳定结晶矿物。

碳酸化作用：水化物中 $Ca(OH)_2$ 不断地吸收水中的 HCO_3^- 和空气中 CO_2 作用生成碳酸钙。$Ca(OH)_2+CO_2 \longrightarrow CaCO_3+H_2O$ 这样的反应也能使土固结，提高土的强度，但是比硬凝反应的作用要差一些。氢氧化钙的物理化学作用使土粒形成稳定的团粒结构，水泥石将形成的稳定团粒结构包裹并连接形成坚强的整体。因此，水泥稳定土是水泥石的骨架作用与氢氧化钙的物理化学作用共同作用的结果。

尤其当用水泥稳定黏性土时，黏性土中的单个颗粒较水泥颗粒小得多，因此，水泥不可能包土颗粒。实际上，黏性土被粉碎后成一个一个小土块，小土块被水泥浆包围，然后在压实作用下被压缩成一整体。用水泥稳定非黏性土时，由于非黏性土的单个土颗粒的尺寸大于水泥颗粒，水泥由可能全部或部分包单个土颗粒。如单个土颗粒被水泥包，并通过压实使颗粒紧密接触，当水泥硬化时，它们将胶结在一起。胶结时非黏性土具有明显的黏性，并使它能够抵抗交通荷载或温度应力引起的形变。混合料中胶结面积增加，能够改善材料的强度。

3）各种离子交换作用

所谓离子交换作用是指稳定剂中高价阳离子在一定的条件下替换基层材料中某些低价金属离子（K^+，Na^+）等的作用。通过离子交换，使基层材料颗粒凝聚而增强了黏聚力，并使水稳定性提高。混合料加水拌和后，形成的 Ca^{2+} 能与赤泥表面的 K^+ 和 Na^+ 等离子进行当量吸附交换：

$$\text{赤泥}+Ca^{2-} \longrightarrow \text{赤泥}+Ca^{2+}+Na^+(\text{或}\ K^-) \quad (\nearrow Na^+,\ \searrow K^+)$$

4）赤泥中的 $2CaO \cdot SiO_2$ 矿物质进行的类似于水泥水硬性胶凝反应

上述四种反应不全都是立刻完成的，有的随着时间的推移逐渐发展，经一段时期后才会结束。在此期间胶体、晶体不断增多、长大，彼此逐渐接触、交叉，除将未参加化学反应的赤泥中的其他矿物黏结在一起，还形成一个胶体加晶体的空间网络结构。这个坚固的空间网络是混合料强度形成结构的原因。形成混合料强度的另一个必要条件是压实。当混合料加水拌和后，应及时碾压，让上述化学反应在压实了的混合料中进行，如果不压实，化学反应照常进行，但形不成网络结构，反应后的混合料变为一堆具有一定水稳定性的松散集合体，没有强度，不能形成板体结构。

5.5.2　赤泥用于水泥稳定碎石基层时的固化机理

水泥赤泥稳定碎石混合料强度的形成始于水泥的水化。水泥遇水后，硅酸三钙、硅酸二钙、铝酸三钙和铁铝酸四钙与水反应，生成六角形的 $Ca(OH)_2$、纤维状 C—S—H、方板状水化铝酸钙以及六角板状水化铝酸钙。因此，水泥赤泥稳定碎石的强度形成过程，从微观上是一个水化产物由无定形凝胶向低结晶度、最终到高结晶度的发展过程。

在水泥赤泥碎石混合料体系中，水泥水化作用产生各种具有凝聚作用的凝胶体，对混合料的强度有贡献作用，水泥水化的产物与赤泥可发生作用，如 5.5.1 小节所述，水泥水化产物可与赤泥作用，也产生具有凝聚作用的胶结物，对水泥赤泥碎石混合料的强度也有贡献作用。同时赤泥掺入水泥稳定碎石后，增加了水泥水化凝胶物（水化产物）的数量，从而增强了硬化浆体中颗粒之间的联结强度；赤泥掺入后，不但不妨碍水泥的水化作用过程，而且对水泥的水化有促进作用，即加速了水泥的水化。

因此，水泥赤泥碎石混合料形成强度的机理是水泥的水化作用、水泥水化产物与赤泥的作用、赤泥对水泥水化的促进作用等共同作用的结果。

5.5.3 赤泥在水泥混凝土中的固化机理分析

1）水化程度的分析

为了研究赤泥对水泥水化程度的影响，分析了水泥赤泥净浆的烧失量。所用水泥赤泥净浆的水灰比（水/水泥＋细赤泥）为 0.32。水泥赤泥净浆养护至预定龄期后磨细，用丙酮—乙醚法除去试样中的自由水，然后测定其 950℃下的烧失量。烧失量反映了水泥赤泥硬化浆体中的化学结合水量。实际上也反映了水泥的水化程度。赤泥的烧失量为 6.52%，水泥烧失量为 2.01%。根据烧失量可计算出水泥赤泥硬化浆体中相对于灼烧水泥重量的化学结合水含量分数。计算公式如下：

$$P=\frac{S-y\cdot A-(1-y)\cdot B}{(1-y)(1-B/100)}\times 100 \tag{5-7}$$

式中，P——相对于灼烧水泥重量的化学结合水含量，%；

S——水泥赤泥硬化浆体的烧失量，%；

A——赤泥的烧失量，$A=6.52\%$；

B——水泥的烧失量，$B=2.01\%$；

y——赤泥在水泥赤泥总量中的份额当赤泥代替 1/5 水泥用量时，$y=0.2$；代替 1/4 水泥用量时，$y=0.25$。

测得的烧失量及计算的相对于灼烧水泥重量的化学结合水含量如表 5-35 所示。

表 5-35　水泥赤泥硬化浆体烧失量及化学结合含水量（占灼烧水泥百分比）

类别	减少水泥用量	S/%		P/%	
		7 天	28 天	7 天	28 天
水泥硬化浆体	0	15.76	19.82	14.24	17.97
	1/5	15.20	18.71	15.68	20.15
水泥赤泥硬化浆体	1/4	15.00	18.64	16.14	21.09
	1/3	14.77	18.52	17.23	22.97
	1/2	13.40	16.84	18.64	25.67

由试验结果可知，随着水化龄期的增长，烧失量增加，表示水化程度随龄期的增长而

增加，随着赤泥代替水泥用量的增加，水泥赤泥硬化浆体的烧失量减少；但计算所得的相对于水泥重量的化学结合水量却在增加，这说明随着赤泥掺入，水泥的水化程度得到了提高，或赤泥也部分参与了水泥的水化反应或赤泥也部分发生了类似水泥水化的反应，从而增加了水泥赤泥硬化浆体中的化学结合水数量。这意味着掺入赤泥增加了凝胶物(水化产物)的数量，从而增强了硬化浆体中颗粒之间的联结强度。但由于赤泥发生的所谓的水化作用不如水泥的水化作用强烈，水泥赤泥硬化浆体的烧失量(代表水泥赤泥总量的化学结合水含量)随赤泥代替水泥用量的增加而略有减少。试验结果指出，赤泥不但不妨碍水泥的水化作用过程，而且对水泥的水化有促进作用。

2）水化生成物分析

对水泥硬化浆体及水泥赤泥(细赤泥代替 1/3 水泥用量)硬化浆体在水化 28 天后用差热仪进行了差热分析，对其水化生成物进行分析研究。试验条件如下：试样重量 0.1g；参比物为氧化铝；升温速度为 15℃/min；试验温度范围 0～1000℃；走纸速度为 2mm/min。

对于纯水泥硬化浆体，差热曲线上 165℃左右较大的吸热峰是水化产物硅酸钙凝胶(C—S—H)放出化学结合水所致。在 200℃左右的吸热峰代表单硫型水化硫铝酸钙失去结晶水 450℃左右的吸热峰表示水泥水化生成的氢氧化钙晶体失去化学结合水，720℃左右的吸热峰是由氢氧化钙与二氧化碳生成的碳酸钙分解引起的。

用赤泥代替 1/3 用量水泥形成的水泥赤泥硬化浆体，其差热曲线与纯水泥硬化浆体的差热曲线相比，形式完全相同。但在 165℃左右的吸热峰要大于纯水泥浆体的吸热峰。说明有赤泥时，硅酸钙凝胶的生成量较多，表示水泥的水化程度较高，这与前面的分析结论一致。而在 450℃左右的吸热峰及 720℃左右的吸热峰明显较小，表示 $Ca(OH)_2$ 结晶体及相应的由 $Ca(OH)_2$ 生成的碳酸钙量减少。这表明水泥水化生成的氢氧化钙在结晶前大部分与赤泥发生了相互作用，互相结合，使得 $Ca(OH)_2$ 结晶数量减少，从而也使得 $CaCO_3$ 的生成量相应减少，赤泥与水泥的水化产物 $Ca(OH)_2$ 反应形成的产物(结构及形式不详)对整个水泥赤泥的结构强度有利。同时，由于一部分 $Ca(OH)_2$ 被消耗，促进了水泥的进一步水化，即加速了水泥的水化。

3）微观结构形态分析

对龄期 28 天的纯水泥硬化浆体及水泥赤泥(赤泥代替 1/3 水泥用量)硬化浆体用扫描电子显微镜观察分析了其微观结构形态，由扫描电镜的微观结构照片可以看出，赤泥对水泥硬化浆体的微观结构形态没有明显的影响，两者均形成较致密的空间连续结构并可看到有大量生成的凝胶物质。

5.6　赤泥用做道路材料的施工技术要求

5.6.1　水泥石灰赤泥稳定土垫层施工技术

水泥石灰赤泥稳定土垫层施工的要求是要得到一个水泥、石灰剂量符合规定，水泥、石灰和水分分布均匀、密实度大的混合料，经过养生后，水泥石灰赤泥稳定土垫层成为一种结硬的整体性材料，而且表面平整，具有规定的路拱坡度。

水泥石灰赤泥稳定土的拌和方法可采用就地拌和法(或称为路拌法)和中心站拌和法(或称为集中厂拌法)两种。通常,二级及以下的公路垫层采用路拌法,而对于二级及以上公路采用厂拌法。采用路拌法施工时,必须严格避免在稳定土层下部留下“素土”夹层,这在下卧层是半刚性材料的情况下尤为重要。一旦在半刚性基层下部留下“素土”夹层,特别是细粒土和有塑性的细粒土的理疗土夹层,半刚性基层和其上的面层在开放交通后就很容易破坏。为了避免出现“素土”夹层,可设专人跟在拌和机后面经常检查是否拌和到底。可靠的方法是用多铧犁跟在拌和机后面从底部将素土翻起一遍,再用专用拌和机拌和一遍。

水泥石灰赤泥稳定土垫层路拌法施工工艺流程见图 5-30。

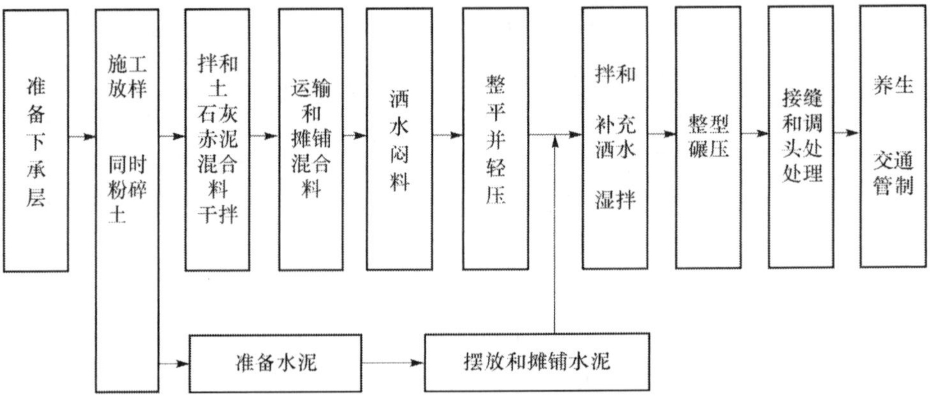

图 5-30 水泥石灰赤泥稳定土垫层路拌法施工工艺流程

按照施工流程,水泥石灰赤泥稳定土垫层施工工艺详述如下。

1) 准备下承层

水泥赤泥稳定土垫层的下承层表面应平整、坚实,具有规定的路拱,没有任何松散的材料和软弱点。下承层的平整度和压实度应符合有关技术规范的要求。下承层的平整度和压实度应符合表 5-36 和表 5-37 中规范的规定。

表 5-36 竣工工程外形的检查项目、频度和质量标准

工程类别	项目		频度	质量标准	
				高速公路和一级公路	二级和二级以下公路
水泥石灰赤泥稳定土垫层	高程/mm		每 200m4 点	+5,+10	+5,−15
	厚度/mm	均值	每 200m 每车道 1 点	−8	−10
		单个值		−15	−20
	宽度/mm		每 200m4 个断面	+0 以上	+0 以上
	横坡度/%		每 200m4 个断面	±0.3	±0.5
	平整度/mm		每 200m2 处,每处连续 10 尺(3m 直尺)	8	12
			连续式平整仪的标准差/mm	3.0	

表 5-37　质量合格标准值

工程类别	检查项目	检查数量	标准值	极限低值
路基	压实度	200m4 处 (灌砂法)	重型压实标准 二级和二级以下公路 93%以上,高速公路和 一级公路不小于 95%	二级和二级以下公路 88%,高速公路和 一级公路 90%
	碾压检查	全面,随时	无“弹簧现象”	
	弯沉值	每一评定段(不超过 1km)每车道		
水泥石灰赤泥 稳定土垫层	压实度	6～10 处	底基层 96%	92%

下承层的准备要点如下。

(1) 准备土基。

土基不论是路堤还是路堑,必须用 12～25 吨二轮压路机或等效的碾压机械进行碾比检验(压 3～4 遍)。在碾压过程小,如发现土表层过于松散,应适当洒水;如土过湿,发生“弹簧”现象,应该采用挖开晾晒、换土、掺石灰或水泥等措施进行处理。

进行压实度及弯沉值测定。一般情况下每 50 延米为一断面,每个断面至少测两个点(内外双轮间隙各一个点)。凡不符合设计要求的路段,必须根据具体情况,分别采用补充碾压、换填好的材料,挖开晾晒等措施,使之达到有关规范的规定标准。

新完成的土基,必须按相关规范的规定进行验收,逐个断面检查下承层标高是否符合设计要求。下承层标高误差应符合相关技术规范的规定,凡验收不合格,必须采取措施,使其达到标准后,方可铺筑水泥稳定碎石基层。

(2) 在槽式断面的路段,两侧路肩上每隔一定距离(如 5～10m)应交错开挖泄水沟(或做盲沟)。

2) 施工放样

在底基层或老路面或土基上恢复中线。直线段每 15～20m 设一桩,平曲线段每 10～15m设一桩,并在两侧路肩外缘设指示桩。

3) 备料

一般情况下,水泥石灰赤泥稳定土垫层所用的土应是经过选择,技术经济都比较合理的土料。选取土的料场时,将沿线所有料场的土料,用肉眼鉴别,初步选定一些备用料场,从每个用料场取有代表性的土料,送试验室进行原土料及水泥石灰赤泥土混合料的物理力学性质试验。根据试验结果,选定准备开采使用的料场。

对于水泥、石灰料,应选择公路两侧宽敞,临近水源且地势较高的场地集中堆放。当堆放时间较长时,应覆盖封存。如采用生石灰块,应在使用前 7～10 天充分消解。消解后的石灰应保持一定的湿度,不得产生扬尘,也不可过湿成团。消解后的石灰宜过孔径 10mm 的筛,并尽快使用。

根据各路段水泥石灰稳定赤泥垫层宽度、厚度及预定的干密度,计算各路段需要的干混合料质量;根据混合料的配合比、材料的含水量以及所用运料车辆的吨位,计算各种材料每车料的堆放距离。

4）选料的运输和摊铺

选料装车时(通常用装载机或挖掘机)，应该注意每辆车的装载数量基本相等，并根据各路段需要的选料数量按计算距离卸料。在该料场供应的路段范围内，由远到近将土料堆放在路的一侧。应该严格掌握卸料的距离，避免选料不够或过多。用于路段的选料，最好当天摊铺均匀，第二天就用水泥处治。应该避免将料长时间堆放，造成水分大量蒸发，或遭雨而使含水量过大，甚至造成弹簧现象。堆放在路幅上的料堆在下雨时会阻止雨水排出路外，并成为一个滞水堆，使雨水能更多地渗入下承层。由于料堆的保护作用，渗入下承层中的水很难蒸发。在随后的施工过程中，局部含水量过大的下承层经常发生弹簧现象。已经摊铺的选料如遭雨淋，特别在雨量较大的情况下，不但选料本身可能变得过分潮湿，而且为雨水侵入下承层创造十分有利的条件，因此下承层也可能变成过分潮湿。在随后的施工中，这些过湿状态的土都可能造成“弹簧”现象。如果选料中有较大的土块，或小于 5mm 的土团(石料除外)少于 80％，则也应该进行粉碎，然后用平地机整平。如选料中超尺寸的石料颗粒过多，则应该在料场进行剔除。必须注意，在选料摊铺前应该使下承层表面湿润。

5）洒水预湿

实际上在翻松和粉碎土的过程中，就需要洒水预湿土。洒水预湿土可以使水在土体中分布较为均匀，可以节省摊铺水泥后的加工操作时间。由于在摊铺水泥时，大部分需要的水量已经加到土里面了，在摊铺水泥后的拌和过程中就可以减少很多洒水工作量。预湿土可以使拌和过程中水泥黏结在土颗粒上，而不致漏落在处置层的底部。经过预湿的土更容易碾压密实。预湿过程中，应使土的含水量约为最佳含水量的 70％。预湿时，应该将水均匀地喷洒在土上，水浸入土颗粒后，蒸发损耗就减少。如果隔天预湿土，有可能因遭受夜雨而变得过分潮湿，则可以在当天的清晨进行预湿工作。

6）整平和轻压

土经过预湿后，应该整形成要求的路拱和坡度，并用 6～8 吨的两轮光面压路机碾压 1～2 遍，使土层具有平整光滑的表面，同时具有一定的密实度，以便摊铺水泥。

7）摆放和摊铺水泥

水泥应在当日用汽车(运水泥的车应有防雨设备)直接送到摊铺路段，直接卸在做标记的地点，并检查有无遗漏或多余。然后打开水泥袋将水泥倒在土层上，并用刮拌板将水泥均匀摊开。应注意每袋水泥的摊铺面积相等。水泥摊铺完毕后，表面应没有空白位置，也没有水泥过分集中的地点。

水泥的摊铺可采用人工和摊布车两种方法。采用摊布车摊铺水泥比用人工摊铺水泥要均匀得多。使用效率高的摊布车时，即使水泥剂量只有 1％也能摊均匀。用人工摊铺水泥时，实际可能操作的最小水泥剂量约为 2％。

如果预湿的土被水泥摊布机压实了，水泥摊铺完后，应立即耙松被压实的土，并开始拌和。通常可用平地机的齿耙松土。

8）拌和

这个阶段的目的是使水泥完全均匀地分布到土中。用旋转式松土机或专门的稳定土拌和机进行拌和，在用机械拌和的头一二遍，通常是进行“干拌”。然后边洒水边拌和，即进行“湿拌”。干拌的目的是使水泥分布到全部土中，不要求达到完全拌和，而是预防加水过程水泥成团。所谓干拌，实际上是拌和预湿的土及水泥，并不是真要求土是干的。

9）补充洒水和湿拌

(1) 在上述拌和过程结束时，特别在用农业机械进行拌和的情况下，如果混合料的含水量不足，应用喷管式洒水车补充洒水。洒水距离应长些，水车起洒处和另一端“调头”处都应超出拌和段 2m 以上。洒水车不应在正进行拌和的以及当天计划拌和的路段上“调头”和停留，以防局部水量过大。

(2) 常用的洒水车仅两侧各有一个喷嘴，喷出的水量不均匀，不适宜用做路面施工。应在后面改接一根直径 50mm，长约 2m 的横向水平钢管，管壁钻三排直径为 4mm 的孔眼。洒水车不应使洒水中断。

(3) 洒水及拌和过程中，应及时检查混合料的含水量，含水量宜略大于最佳值，不应小于最佳值。可用含水量快速测定仪测定混合料的含水量。混合料的最佳含水量也可以在现场人工控制。最佳含水量时的混合料，在手中能紧捏成团，落在地上能散开，并应参考室内试验最佳含水量时混合料的状态。

(4) 混合料拌和均匀后应色泽一致，没有灰条、灰团和花面，没有粗细颗粒成“窝”，且水分合适和均匀。

(5) 在洒水拌和过程中，应配合人工拣出成团颗粒，消除粗细颗粒成“窝”以及局部过分潮湿或过分干燥。

10）整型

混合拌和均匀后，立即用平地机进行初平，在直线段，平地机由两侧向路中心刮平，在曲线段，平地机由内侧向外侧刮平；需要时，再返回刮一二遍。用轮胎压路机、轮胎拖拉机或平地机立即在刚初平的路段上快速碾压一遍，以暴露潜在的不平整。再用平地机整平(在用轮胎压路机碾压时，因轮胎表面没有花纹、碾压后表面比较光滑，再用平地机整平前，应该用齿耙把低洼处的表层 5cm 以上耙松，避免在较光滑的表面上产生薄层找补的情况)。必要时，用新拌成的水泥土混合料进行找补。然后再用平地机整平一次。每次整平都要按照要求的坡度和路拱进行。特别要注意接缝处的整平，务必使接缝顺适平整。整平工作还应包括路肩在内。

当用人工整型时，应用锹和耙将混合料摊平，用路拱板进行初步整形。用拖拉机初压 1～2 遍后，根据实测的压实系数，确定纵横断面的标高，并设置标志和挂线，利用锹和耙按线整型，并再用路拱板校正成型。

在低洼处，严禁用薄层混合料找补。因为薄层找补极易在使用过程中脱皮压碎，导致面层破坏。因此，水泥石灰赤泥稳定土垫层摊铺和整平时，要严格掌握纵向坡度和路拱。摊铺时，一般要按“宁高勿低”的原则，最后整平(终平)时，一般要按“宁刮勿补”的原则处理。在整型过程中，严禁任何车辆通行。

11）碾压

(1) 根据路宽、压路机的轮宽和轮距的不同，制订碾压方案，以求各部分碾压到的次数尽量相同。

(2) 水泥石灰赤泥稳定土垫层整平到需要的断面和坡度后，混合料的含水量等于或略大于最佳含水量时，立即用 12 吨以上三轮压路机、重型轮胎压路机或振动压路机在路基全宽内进行碾压，压路机的碾压顺序如图 5-31(a)所示。直线段，由两侧路肩向路中心碾压；平曲线段，由内侧路肩向外侧路肩进行碾压。碾压时，应重叠 1/2 轮宽，后轮必须超过两段的接缝处，后轮压完路面全宽时，即为一遍。一般需要碾 6～8 遍。压路机的碾压速度头两遍以采用 1.5～1.7km/h 为宜，以后宜采用 2.0～2.5km/h。采用人工摊铺整形的稳定土层，宜先用拖拉机或 6～8 吨两轮压路机或轮胎压路机碾压 1～2 遍，碾压顺序如图 5-31(b)所示，然后再利用重型压路机碾压。

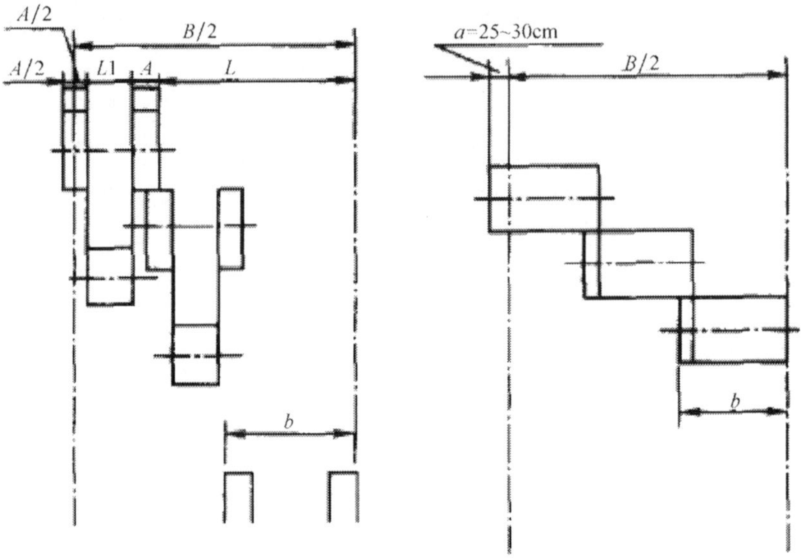

（a）二轮压路机碾压成型　　（b）三轮二轴压路机碾压程序

图 5-31　二轮、三轮压路机碾压程序图

B. 路面宽度；*b*. 压路机滚轮宽度

(3) 严禁压路机在已完成的或正在碾压的路段上调头或急刹车，应保证稳定土层表面不受破坏。

(4) 碾压过程中，稳定土的表面应始终保持湿润，如水分蒸发过快，应及时补洒少量的水，但严禁洒大量的水碾压。

(5) 碾压过程中，如发生“弹簧”松散起皮等现象，应及时翻开换以新的稳定土混合料或添加适量的水泥重新拌和，或用其他方法处理，使其达到质量要求。

(6) 经过拌和整形的水泥石灰赤泥稳定土，宜在胶结料初凝前并在试验确定的延迟时间内完成碾压，并达到要求的密实度，同时没有明显的轮迹。

(7) 在碾压结束之前，用平地机再终平一次，使其顺适，路拱和超高符合设计要求。终平应仔细进行，必须将局部高出部分刮除并扫出路外，对于局部低洼之处，不再进行找补。

12) 接缝和“调头”的处理

(1) 当天工作段的衔接处应搭接拌和。第一段拌和后，留 5～8m 不进行碾压；第二段施工时，前段留下未压部分，要再加部分水泥石灰重新拌和，并与第二段一起碾压。当天其余各段的接缝都可以这样处理。

(2) 应十分注意每天最后一段末端缝(工作缝)的处理。工作缝和“调头”处的处理如图 5-32 所示。在已碾压完成的水泥稳定土层末端沿稳定土垫层挖一条宽约 30cm 的槽，直挖到下承层项面。此槽与路的中心线垂直，靠稳定土的一面应切成直线，而且应垂直向下。将两根方木(长度为水泥石灰赤泥稳定土垫层宽度的一半，厚度与其压实厚度相同)放入槽内，并紧靠着已完成的稳定土，以保护其边缘，不致遭第二天工作时的机械破坏。

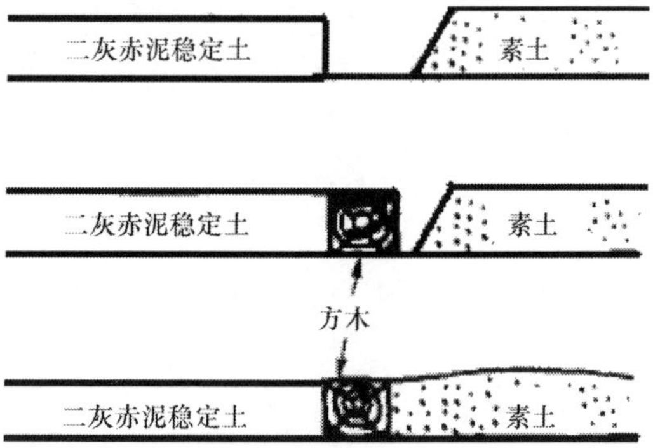

图 5-32　横向接缝处理示意图

(3) 工作缝也可按下述方法处理：在水泥石灰赤泥稳定土混合料拌和结束后，在预定长度的末端，按前述方法挖一条横贯全路宽的槽，槽内放两根与压实厚度等厚的方木，方木的另一侧用素土回填至 3～5cm 长，然后进行整形和碾压。第二天，邻接的作业段拌和结束后，除去顶木，用混合料回填，靠近顶木未能拌和的一小段，应人工进行补充拌和。

(4) 纵缝的处理。水泥石灰赤泥稳定土垫层的施工应该避免纵向接缝；如必须分两幅施工时，纵缝必须垂直相接，不应斜接。

13) 养生及交通管制

水泥石灰赤泥稳定土垫层经拌和、压实后，必须有一段养生时间，使稳定土表面经常湿润，防止稳定土中水分蒸发，以保证水泥充分发挥作用。可以用潮湿的帆布、粗麻袋、稻草或其他合适的潮湿材料覆盖，但不能用潮湿的有黏性的土覆盖，因为这种土会黏结在稳定土层的表面，难以清除干净。

5.6.2　水泥赤泥稳定碎石基层施工技术

水泥赤泥稳定碎石基层的施工分为路拌法和厂拌法。路拌法在我国二级及以下公路较为常用，厂拌法很少采用。随着筑路机械化水平的提高，要修筑质量较高的级配集料基层和底基层，应尽可能采用厂拌法。根据我国的公路施工现况，路拌法仅适用于底基层和三、四级公路的基层施工。一、二级和高速公路基层的水泥赤泥稳定碎石必须采用厂拌法和摊铺机摊铺施工。厂拌法施工流程如图 5-33 所示。

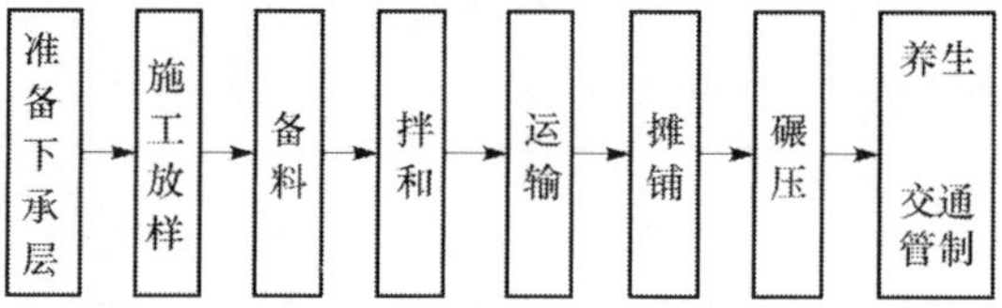

图 5-33　水泥赤泥稳定碎石厂拌法工艺流程

其中，准备下承层和施工放样同 5.6.1 小节。水泥赤泥稳定碎石下承层的压实度和平整度应符合表 5-38 和表 5-39中规范的规定。

表 5-38　水泥赤泥稳定碎石基层质量合格标准值

工程类别	检查项目	检查数量	标准值	极限低值
水泥赤泥稳定碎石基层	压实度	6～10 处	96%	92%
	弯沉值	每一评定段，每车道 40～50 测点		

表 5-39　水泥赤泥稳定碎石基层竣工工程外形检查项目、频度和质量标准

工程类别	项目		频度	质量标准	
				高速公路和一级公路	二级和二级以下公路
水泥石灰赤泥稳定土垫层	高程/mm		每 200m4 点	+5，−15	+5，−20
	厚度/mm	均值	每 200m 每车道 1 点	−10	−12
		单个值		−25	−30
	宽度/mm		每 200m4 个断面	+0 以上	+0 以上
	横坡度/%		每 200m4 个断面	±0.3	±0.5
	平整度/mm		每 200m2 处，每处连续 10 尺(3m 直尺)	12	15

1）备料

在集料拌和厂，首先应进行料场场地硬化，并根据设计要求对不同颗粒粒级进行分隔，然后开始进料。进入料场不同粒级的碎石和石屑，应按指定位置进行卸料堆放，不得混卸。

每批进场的碎石和石屑都必须抽检质量，质量不合要求不得进场。

为了让级配碎石的级配符合规定，一般至少选择大粒径、小粒径和石屑 3 种规格进行备料，如果条件许可或工程质量要求较高时，最好采用大、中、小粒径和石屑 4 种规格进行备料。

2）拌和

（1）拌和机械：水泥赤泥稳定碎石混合料可以在中心站用多种机械，如用强制式拌和机、卧式双转轴桨叶式拌和机等进行集中拌和，但都必须有自动计量系统，且粒料的数量应按设计要求和备料的规格数相匹配。

（2）在正式拌制水泥赤泥稳定碎石混合料之前，必须先调试所用的厂拌设备，使混合料的颗粒组成和含水量都达到规定的要求。

（3）在采用未筛分碎石和石屑时，如未筛分碎石或石屑的颗粒组成发生明显变化时，应及时重新调试设备。

3）运输

由于水泥赤泥稳定碎石材料的特殊性，容易在装料、运输和卸料过程中产生粗细料离析。因此，在装料时，拌和机的出料口距离车厢的高度应尽可能小，且装料次序应按图 5-34进行（如车辆载重量较小可按一层装料，载重量较大时按二层装料），以避免装料和运输途中发生粗细集料的离析。

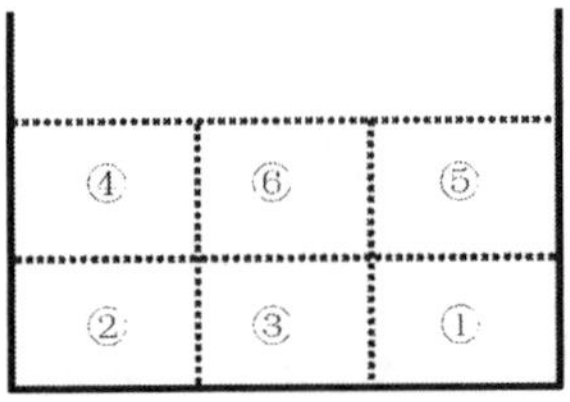

图 5-34　装料次序示意图

4）摊铺

碎石混合料摊铺可用沥青混凝土摊铺机、水泥混凝土摊铺机或专用的稳定土摊铺机摊铺，摊铺机最好装有双夯锤。

碎石混合料运至摊铺机前时，应有专人指挥卸料，在摊铺机料仓中余半仓料时运输车应及时缓慢接上仓，料慢速将料卸入料仓，卸完后立即开走，以便下一车及时卸料。摊铺机后应设专人消除粗细分离所造成的集料离析现象。

若在一般公路上，没有摊铺机时，也可以用带有自动找平装置的平地机摊铺混合料。采用平地机摊铺时，首先，据摊铺层的厚度和要求达到的压实度，计算每车混合料的摊铺面积将混合料均匀地卸在路幅中央，路幅宽时，也可将混合料卸成两行。然后用平地机将混合料按松铺厚度摊铺均匀。在平地机后设一个 3 人小组，及时消除粗细集料离析现象。对于粗集料窝和粗集料带，应添加细集料，并拌和均匀；对于细集料窝，应添加粗集料，并拌和均匀。

5）碾压

根据路宽、压路机的轮宽和轮距的不同，制定碾压方案，应使各部分碾压到的次数尽量相同，路面的两侧应多压 2～3 遍。

摊铺后，当混合料的含水量为最佳含水量（±1%～±2%）时，应立即用轻型压路机并配合 12 吨以上压路机在结构层全宽内进行碾压。直线段由两侧路肩向路中心碾压，碾压时应重叠 1/2 轮宽，后轮必须超过两段的接缝处，后轮压完路面全宽时，即为一遍。一般需碾压 6～8 遍。压路机的碾压速度，头两遍以采用 1.5～1.7km/h 为宜，以后宜采用 2.0～2.5km/h。碾压过程中，混合料的表面应始终保持湿润，如水分蒸发过快，应及时补洒少量的水，但严禁洒大量水碾压。

严禁压路机在已完成的或正在碾压的路段上调头或急刹车，应保证水泥赤泥稳定碎石基层的表面不受破坏。

在碾压结束之前，用平地机再终平一次，使其纵向顺适，路拱和超高符合设计要求。终平应仔细，必须将局部高出部分刮除并扫出路外；对于局部低洼之处，不再进行找补，可留待铺筑路面时处理。

6）接缝的处理

（1）横向接缝的处理

用摊铺机摊铺混合料时，靠近摊铺机当天未压实的混合料，可与第二天摊铺的混合料一起碾压，但应注意此部分混合料的含水量。必要时，应人工补洒水，使其含水量达到规定的要求。

（2）纵向接缝的处理

应避免纵向接缝。如摊铺机的摊铺宽度不够，必须分两幅摊铺时，宜采用两台摊铺机前后相隔 5～8m 同步向前摊铺混合料。在仅有一台摊铺机的情况下，可先在一条摊铺带摊铺一定长度后，再开到另一条摊铺带上摊铺，然后一起进行碾压。

对于不能中断交通的路段，只能采用半幅施工的方法，接缝处理应对接，必须保持平整接合。在前半幅摊铺时，在靠后半幅的一侧用方木或钢模板做支撑，方木或钢模板的高度与水泥赤泥稳定碎石基层压实厚度相同；在摊铺后半幅之前，将方木或钢模板除去；如在摊铺前半幅时未用方木或钢模板支撑，靠近边缘的 30cm 左右难以压实，而且形成一个斜坡，在摊铺后半幅时，应先将未完全压实的部分和不符合路拱要求的部分挖松并补充洒水，待后半幅水泥赤泥稳定碎石摊铺后一起整平和碾压。

5.7 赤泥道路材料的技术经济性分析

利用工业废渣赤泥为主要原材料，配以石灰、黏土和碎石，配制成本低廉、性能优良的新型赤泥道路材料——水泥石灰赤泥稳定土垫层、水泥赤泥稳定碎石基层以及水泥赤泥混凝土，具有节省资源，保护环境等优点，同时带来了明显的经济效益和不可估量的社会效益及环境效益。

5.7.1 经济效益分析

赤泥道路材料的研究开发不但形成了特点鲜明的新型路面，而且降低了筑路成本。以下是对水泥石灰赤泥稳定土垫层、水泥赤泥稳定碎石基层及水泥赤泥混凝土 3 种新型赤泥道路材料与传统材料在公路实际应用中成本的比较分析。

1）水泥石灰赤泥稳定土垫层与传统水泥石灰稳定土垫层经济性比较

以一条长 1km，宽 14m，垫层厚度为 30cm 的道路为例，比较分析了水泥石灰赤泥稳定土垫层和传统水泥石灰稳定土垫层的造价。比较分析结果如表 5-40 所示。

表 5-40 每千米水泥石灰赤泥稳定土垫层与水泥石灰稳定土垫层造价比较表

材料种类	单价/(元/吨)	水泥石灰稳定土垫层 水泥∶石灰∶土=5∶6∶89		水泥石灰赤稳定土垫层 水泥∶石灰∶土∶赤泥=5∶6∶89∶20	
		数量	总价格	数量	总价格
水泥	370	357	132 090	276	102 120
石灰	45	428	19 278	332	14 940
赤泥	20	—	—	1 105	2 210
黏土	10	6 355	63 550	4 919	49 190
水	5	1 085	5 425	1247	6 235
合计/元		220 343		174 695	

从材料费的角度，水泥石灰赤泥稳定土垫层较传统的水泥石灰稳定土垫层每千米造价节省 220 343−174 695=45 648(元)。对于赤泥，据测算，堆存 1 吨湿赤泥的成本达 30～40元。如果再加上此部分的费用，则每千米水泥石灰赤泥稳定土垫层节省的费用为 45 648+35 元/吨×1105 吨/km=84 323 元。

2）水泥赤泥稳定碎石基层与水泥稳定碎石基层经济性比较

以一条长 1km，宽 14m，基层厚度为 30cm 的道路为例，比较分析了水泥赤泥稳定碎石基层与水泥稳定碎石基层的造价。比较分析结果如表 5-41 所示。

表 5-41 每千米水泥赤泥稳定碎石基层与水泥稳定碎石基层造价比较表

材料种类	单价/(元/吨)	水泥稳定碎石 水泥∶碎石=6∶94		水泥赤泥稳定碎石基层 水泥∶赤泥∶碎石=6∶12∶94	
		数量	总价格	数量	总价格
水泥	370	600	222 000	474	175 380
赤泥	20	—		947	18 940

续表

材料种类	单价/(元/吨)	水泥稳定碎石 水泥∶碎石=6∶94		水泥赤泥稳定碎石基层 水泥∶赤泥∶碎石=6∶12∶94	
		数量	总价格	数量	总价格
碎石	55/(元/m³)	6 760	371 800	5 338	293 590
水	5	460	2 300	892	4 460
合计/元		596 100		492 370	

从材料费的角度，水泥赤泥稳定碎石基层较传统的水泥稳定碎石层每千米造价节省 596 100−492 370=103 730(元)。对于赤泥，据测算，堆存 1 吨湿赤泥的成本达 30～40 元。如果再加上此部分的费用，则每千米水泥赤泥稳定碎石基层节省的费用为 103 730+35 元/吨×947t 吨/km=136 875 元。

3) 水泥赤泥混凝土路面与水泥混凝土路面经济性比较

以一条长 1km，宽 14m，面层厚度为 24cm 的混凝土路面为例，比较分析了水泥赤泥混凝土路面与水泥混凝土路面的造价。各种材料的成本如表 5-42 所示，每千米水泥混凝土路面、磨细赤泥替代部分水泥混凝土路面以及粗赤泥替代部分砂混凝土路面材料费比较分析结果如表 5-43 所示。

表 5-42　各种材料的价格

材料种类	单位	单位成本	材料种类	单位	单位成本
水泥	元/吨	370	碎石	元/m³	55
磨细赤泥	元/吨	148	砂	元/m³	50
粗赤泥	元/吨	20	水	元/吨	5

表 5-43　每千米水泥混凝土路面与水泥赤泥混凝土路面材料费比较表

材料类别		密度/(g·cm⁻³)	项目	配合比						总材料费/元
				水泥	细赤泥	粗赤泥	砂	碎石	水	
水泥混凝土	I0	2.40	①	1			1.86	4.14	0.47	748 335
			②	1 080			2 008	4 469	508	
			③	399 600			100 400	245 795	2 540	
	I1	2.32	①	1			2	4	1	663 771
			②	858			1 994	4 439	504	
			③	317 384			99 719	244 150	2 520	
	I2	2.30	①	1			2	4	1	637 003
			②	795			1 972	4 389	572	
			③	294 173			98 588	241 381	2 862	
	I3	2.28	①	1			2	4	1	603 882
			②	708			1 965	4 375	613	
			③	261 947			98 270	240 602	3 064	

续表

材料类别		密度/(g·cm^{-3})	项目	配合比						总材料费/元
				水泥	细赤泥	粗赤泥	砂	碎石	水	
磨细赤泥代替水泥混凝土	Ⅱ1	2.32	①	1			2	4	0	
			②	835	209		1 941	4 320	490	676 888
			③	308 886	30 889		97 049	237 613	2 452	
	Ⅱ2	2.28	①	0.75	0.25		1.86	4.14	0.47	
			②	769	256		1 908	4 246	482	653 834
			③	284 588	37 945		95 375	233 516	2 410	
	Ⅱ3	2.24	①	0.67	0.33		1.86	4.14	0.47	
			②	675	332		1 874	4 171	474	624 470
			③	249 772	49 209		93 702	229 419	2 368	
磨粗赤泥代替砂混凝土	Ⅲ1	2.38	①	1		0.37	1.49	4.14	0.51	
			②	1 065		394	1 587	4 408	543	726 367
			③	393 983		7 880	79 329	242 460	2 715	
	Ⅲ2	2.36	①	1		0.47	1.39	4.14	0.52	
			②	1 054		496	1 466	4 365	548	716 195
			③	390 153		9 912	73 286	240 102	2 742	
	Ⅲ3	2.34	①	1		0.62	1.24	4.14	0.53	
			②	1 044		647	1 295	4 323	553	704 536
			③	386 333		12 947	64 737	237 751	2 767	

注：①——材料的配合比

②——材料的用量，水泥、磨细赤泥、粗赤泥和水的单位为 t；碎石、砂的单位为 m^3

③——材料的成本，单位为元

从材料费的角度，以磨细赤泥代替 1/3 水泥混凝土，每千米混凝土路面节省材料费 748 335－624 470＝123 865(元)。对于赤泥，据测算，堆存 1 吨湿赤泥的成本达 30～40 元。如果再加上此部分的费用，则每千米水泥赤泥混凝土路面节省的费用为

$$123\ 865+35\ \text{元/吨}\times 332\ \text{吨/km}=135\ 485\ \text{元}。$$

5.7.2 社会效益和环境效益

随着铝工业的发展，生产氧化铝排出的赤泥量日益增加，目前全世界每年产生约 6000×10^4 吨赤泥。2004 年，我国赤泥排放量已超过 550×10^4 吨(每生产 1 吨氧化铝排放 1.0～1.5 吨赤泥)，历年来的堆存量已达数亿吨。目前国内外氧化铝厂大多采取赤泥库(坝)湿法存放，也有少量采用脱水干化处理。赤泥的湿存法不仅占用大量土地和农田、耗费较多的堆场建设和维护费用，同时，由于赤泥中的剩余碱除了一小部分依靠自然沉降分离对溶液返回再用，更大量的废碱液渗透到附近农田，造成土壤碱化、沼泽化，污染地表地下水源，危害居民的身体健康。采用脱水干化处理的赤泥，晒干的赤泥形成的粉尘到处飞扬，破坏生态环境，造成严重污染。在土地资源日趋紧张、环境保护日趋重要的当今社会，赤泥的综合治理已成为人们关注的焦点之一，赤泥能否合理、有效地进行综合利用，将

决定铝工业的发展前途和命运，因此对其进行综合利用和无害化处理十分必要。

将赤泥作为路基材料应用于公路建设，工艺简单、操作方便、无二次污染、投资少、见效快、经济效益高，是原材料消耗量大、赤泥配比高、比较理想的赤泥综合利用技术之一。利用赤泥修路可减少土地的占用和环境污染，节约大量用于铺筑路基的水泥和碎石。

参考文献

曹瑛，李卫东，刘艳改. 2007. 工业废渣赤泥的特性及回收利用现状[J]. 硅酸盐通报，(1)：143-145.
梁旭. 2009. 工业废渣赤泥在公路中的应用技术研究[M]. 重庆：重庆交通大学.
谢源，付毅. 2002. 赤泥道路基层材料配制与成型工艺研究[J]. 矿冶，(1)：4-7.

第 6 章　流态粉煤灰水泥混合料台背填筑

6.1 引　　言

6.1.1 背景

随着公路等级的不断提高，桥梁、涵洞等公路构造物所占比重也越来越大。据不完全统计，仅通道与涵洞，高等级公路平均约 3 座/km。桥台、涵洞(通道)是公路的主要构造物，这些构造物背后的回填是一项容易忽视又不容易做好的工作，常由于多种因素，如设计、施工等导致公路使用性能降低。对于公路桥台和涵洞，其危害主要表现为公路路面施工完成后桥涵构造物本身与台背填土在继续沉降过程中出现的差异沉降导致的车辆通过时产生的腾空跳跃现象，俗称“桥头跳车”。桥头跳车现象在高等级公路中危害极大，高速行驶的车辆跳跃时不仅乘车舒适性得不到保证，而且行车安全性也大大降低。因跳车不得不在桥头频繁减速、加速，既影响了道路的通行能力，又增加了车辆的损耗和废气排放。此外，桥头跳车还会对桥梁的工作状况产生不利影响，加速桥头路面及伸缩缝的破坏。国内外资料表明，因桥头跳车而增加的道路维修费大得惊人，美国大约 25%的桥梁(约 150 000 座)受到桥头跳车的影响，全国每年为此花费的修理费用达 1 亿美元以上。另外，跳车问题也会损害运输部门在公众心中的形象。因此，如何有效控制桥头跳车保证公路交通安全和高速运营越来越引起人们的重视。

鉴于桥头跳车的危害，如何解决这一世界性难题已成为广大路桥工作者及相关科研人员非常关注的问题。桥头台背、基坑回填大部分施工作业面较窄，大型压实机械作业困难，小型设备又难压实，桥涵台背沉降产生的原因归结为以下几个方面：

(1) 路堤下天然地基的沉降；

(2) 路堤填筑材料的压缩；

(3) 排水不畅及填土流失；

(4) 桥台与台后填土的刚度差异；

(5) 施工中压实度不足。

国内外大量文献资料就台背回填材料以及回填中的沉降、稳定性问题进行了分析研究。理论上工程中采用沙砾土或碎石土等透水性较好、强度高、稳定性较好的材料可以降低回填部分的工后沉降，但是由于这些填料具有容重大、不易压实的缺陷，实际工程中反而产生了较大的工后沉降，致使过渡段出现错台、路面沉陷、搭板断裂等病害。

长期以来，科研人员和路桥工作者进行了大量的研究工作，提出了许多行之有效的处理措施。其中，应用轻质填料及减轻路堤自重，进而减小桥台台背处地基的沉降和不均匀沉降被认为是解决桥头跳车的根本办法。因此，许多新型台背回填材料应运而生。迄今为止，应用与研究较多的填料有级配砂砾、土工泡沫 EPS、气泡混合轻质土及无砂大空隙混凝土等。一些工程在路桥过渡段中还尝试采用土工格栅加筋回填材料，以降低路桥过渡段的差异沉降。

流态粉煤灰水泥混合料是利用工业废渣粉煤灰掺入一定量的水泥及外加剂形成一种初期流动性强，后期具有一定强度且成型速度快的混合料。该浆体具有质轻、流动性好、施工性简便(无需振捣和机械碾压)、耐久性好等优点，其自身压缩沉降非常小，刚性比一般的填土路基要好得多，可大大地减轻自身荷载，降低地基应力，抑制软基的沉降、侧移和破坏。通过在桥台背部填充恰当形状的楔形轻质体，可大大缩减桥台与路基连接附近的差异沉降，使沉降曲线连续、缓慢而均匀地变化，从根本上消除桥头跳车问题。

6.1.2　流态粉煤灰水泥混合料技术研究应用现状

流态粉煤灰水泥混合料施工工艺简单，无须碾压和振捣，依靠混合料自身的流动性即可达到密实效果，具有较高的承载力，同时具有自重轻和减少工后地基压缩沉降的特点，施工工期短，成本低，并且能有效解决由于粉煤灰存放造成的环境污染问题，符合当前大力提倡的环境友好型交通的发展需求。适用于桥台背、基坑、房建、市政建设中不易碾压的沟槽、洞坑等部位的回填施工。

1996 年河北省原交通科学研究所(现河北省交通规划设计研究院)通过《用粉煤灰水泥流态处理路基基坑回填》课题，对流态粉煤灰水泥混合料的配合比、抗压强度、收缩性能、承载力以及现场施工工艺等进行了研究。研究成果获得省交通运输厅科技进步一等奖、2000 年获河北省科技进步三等奖，并于 2009 年被河北省交通运输厅作为重点推广项目，在河北省黄石高速公路、黄石高速公路衡水支线(现大广高速公路衡水段)、唐津(现长深高速公路)高速公路采空区、青银高速公路等进行应用，取得了良好的效果。

2008 年徐江萍教授对流态水泥粉煤灰浆的材料组成、物理性能、强度特性、收缩特性、固结特性、抗压回弹模量特性等进行了系统研究，并对施工工艺及施工关键技术进行了探索。兰红伟等多位公路工作者对流态粉煤灰回填基坑、台背的施工工艺及质量控制方法进行总结研究。河北省交通规划设计院编写了《流态粉煤灰水泥混合料施工技术指南》(DB 13/T 1510—2012)，众多研究者的不断探索和大量的工程应用实践为流态粉煤灰水泥混合料回填路基基坑及桥涵台背技术的推广应用提供了丰富的实践经验和有力的技术支持。

6.2　流态粉煤灰水泥混合料配合比设计

6.2.1　原材料

1. 粉煤灰

粉煤灰是原煤经粉碎加工在高温条件下燃烧熔化后冷凝残留的烧结物，以玻璃体形态存在。粉煤灰组织疏松，其中 50%～70%为空心的玻璃质球体。不同电厂的燃料种类、煤粉细度、收集方式不同，其化学成分和物理性质也不同。按燃料种类，粉煤灰分为硅铝型粉煤灰和硫钙型粉煤灰两种。硅铝型粉煤灰是由部分结晶物质和非结晶物质组成的混合体，含大量的硅、铝及少量的钙和硫；硫钙型粉煤灰由褐煤燃烧而成，钙、硫为主要成分。

传统上常用氧化物分析描述粉煤灰的化学成分，我国火电厂粉煤灰的主要氧化物组成为 SiO_2、Al_2O_3、Fe_2O_3 及少量的 CaO、MgO 等。粉煤灰本身并无胶凝性，只有在碱性的激发下才具有活性，粉煤灰的活性主要来自活性 SiO_2（玻璃体 SiO_2）和活性 Al_2O_3（玻璃体 Al_2O_3）。粉煤灰中的钙含量在 3%左右，它对胶凝体的形成是有利的。有些粉煤灰本身含有足量的游离石灰，无须再加石灰就可和水反应，称为自凝性。因此，粉煤灰中的活性 SiO_2、活性 Al_2O_3 和 f-CaO(游离氧化钙)都是活性的有利成分。

粉煤灰粒径大小不等，形状也不规则，一般呈银灰色或灰色，粒径为 0.5～300μm，颗粒组成以微细玻璃球体为主。

在流态粉煤灰水泥混合料中，粉煤灰主要评价指标包括比重、细度、需水量比、烧失量及化学组分。

(1) 粉煤灰比重较小，质轻，粉煤灰颗粒内呈蜂窝结构。

(2) 粉煤灰的细度通常用一定孔径的筛余量表示，也可用比表面积表示。

(3) 烧失量反映了粉煤灰中残留碳粉的高低，这是因为粉煤灰烧失量绝大部分来源于残留碳分，粉煤灰的残留碳分越高，粉煤灰的烧失量越大，品质越差。

(4) 需水性对于粉煤灰的工程性质是非常重要的指标。粉煤灰需水量可以定义为粉煤灰和水混合物达到某一流动度的情况下所需的用水量，粉煤灰的需水量越小，相应的工程利用价值越高。工程中通常采用需水量比表示粉煤灰的需水性。

(5)《流态粉煤灰水泥混合料施工技术指南》(DB 13/T 1510—2012)中规定了用于流态粉煤灰水泥混合料中的粉煤灰细度（比表面积≥2500cm²/g)，烧失量≤20%，SiO_2、Al_2O_3、Fe_2O_3 总含量≥70%。

2. 水泥

水泥在流态粉煤灰水泥混合料浆体中主要起胶结料的作用，并能提高浆体强度。水泥掺量对浆体的强度、收缩、固结沉降以及抗压回弹模量等都有一定影响。可选用 32.5＃和 42.5＃硅酸盐水泥或普通硅酸盐水泥，其技术性质和技术标准应满足现行国家标准。

3. 外加剂

为了优化流态粉煤灰水泥混合料性能，可以在其中掺加高效减水剂、早强剂及引气剂，以改善流态粉煤灰水泥混合料水泥浆体的强度、收缩、固结沉降以及抗压回弹模量等性能指标。

6.2.2 配合比设计

稠度和强度是流态粉煤灰水泥混合料的主要技术指标，是流态粉煤灰水泥混合料配合比设计的主要依据。

1. 设计指标

1) 强度指标

道路受力随着深度的增加而逐渐降低，因此对道路材料强度的要求也是随着深度的增加而逐渐减小。流态粉煤灰水泥混合料用于桥梁台背、基坑回填，其强度与路基相当即可，可以比路面基层、底基层材料的强度低。用于高速公路底基层的二灰混合料强度标准为大于等于 0.6MPa，因此流态粉煤灰水泥混合料的强度可依此标准进行设计：路堤部分，7 天的大于等于 0.2MPa，28 天的大于等于 0.3MPa；路床部分，7 天的大于等于 0.2MPa，28 天的大于等于 0.4MPa。原则上以 28 天设计强度为准，如果工期紧，可按照 7 天强度进行设计。

强度的测定依照《流态粉煤灰水泥混合料施工技术指南》(DB 13/T 1510—2012)中规定的方法进行。

2) 稠度指标

稠度又称流动性，是指浆体在自重或外力作用下流动的性能。稠度是流态粉煤灰水泥混合料浆体的一项重要指标，是施工需要的重要性能。

稠度的测定采用《流态粉煤灰水泥混合料施工技术指南》(DB 13/T 1510—2012)中规定的方法，该试验方法操作简单，方便直观，能够较为真实地反映实际施工浇筑的状态。

直接用罐车、滚筒加流槽以及泵送浇筑时，流态粉煤灰水泥混合料的稠度宜为 10～12cm。具体根据现场确定，尽可能在可浇筑的情况下采用较低值，对强度和收缩等后期性能都有利。

2. 配合比设计方法

1) 初选配合比

当水泥采用 32.5＃普通硅酸盐水泥时，参考配合比可选为水泥：粉煤灰＝6～10：94～90，用水量为 55％～65％(外掺)，要求扣除粉煤灰含水量。当采用 42.5＃普通硅酸盐水泥或硅酸盐水泥时，适当减少水泥掺量，若粉煤灰品质有所提高时，水泥掺量也可适当减少。

2) 实验室配合比

对一系列水泥剂量的流态粉煤灰水泥混合料制件进行标养，按《流态粉煤灰水泥混合料施工技术指南》(DB 13/T 1510—2012)中规定的抗压强度试验方法，在压力机上对流态粉煤灰水泥混合料试件进行抗压强度的测定。选择满足设计强度要求的配比作为实验室配比。

3) 工地配合比

工地配合比采用的水泥剂量应比室内试验确定的剂量多 0.5％～1.0％，采用具有电子计量的混凝土拌和设备时，可增加 0.5％，采用滚筒式搅拌机拌和时，宜增加 1％。

3. 粉煤灰含水量对配合比的影响

室内配合比设计是以干料重量为参数进行的，而施工现场粉煤灰或大或小都有一定的天然含水量，这将直接影响混合料含水量的大小及各种原材料的比例。以下以实例说明配合比设计中粉煤灰含水量及各种材料用量的计算过程。

配合比设计为水泥∶粉煤灰=8∶92。

假定水泥用量为 m_1，粉煤灰用量为 m_2，则 $m_1:m_2=8:92$；粉煤灰的天然含水量为 $W_{粉}$，施工现场粉煤灰实际用量为 $m_2'=m_2\cdot(1+W_{粉})$；

则混合料固有含水量为 $W_{混合料}=(m_2'-m_2)/(m_1+m_2)$；

实际需外加水量 $=(m_1+m_2)\cdot(W_{设计}-W_{混合料})$；

以粉煤灰含水量为30%，每盘混合料水泥用量25kg为例，通过以上公式计算粉煤灰实际用量为373.75kg，而水用量为123.125kg。

其比例关系为水泥∶粉煤灰∶水=8∶119.6∶39.4。

由此可见，粉煤灰含水量的测定和控制是关键环节，是必须且至关重要的。因此在操作中要做到：①对进场粉煤灰进行多次、多点取样检测，测定其含水量大致范围，及时调整各种原材料的比例关系；②对粉煤灰进行必要的覆盖，这样既可减小粉煤灰含水量的波动，还可防止因扬尘而造成对环境的污染。

6.3 流态粉煤灰水泥混合料性能

本节将详细阐述流态粉煤灰水泥混合料的强度、收缩及抗压回弹模量等性能的变化规律，分析影响流态粉煤灰水泥混合料性能的关键因素，为指导流态粉煤灰水泥混合料施工提供依据。

6.3.1 流态粉煤灰水泥混合料的物理性能

1. 流动性

流态粉煤灰水泥混合料的流动性是指在本身自重作用下能够流动并均匀密实的性质，流态粉煤灰水泥混合料这一流动性使其具有自密实的工程特性，这就为其在桥台背、基坑回填中应用提供了条件。流动性大小与加水量、水泥用量等因素有关。

检测方法如下。

(1) 采用高度200mm，内径100mm的金属坍落度圆筒进行试验。

(2) 湿润坍落度筒及底板，坍落度筒内壁和底板上应无明水。底板应放置在坚实水平面上，并把筒放在底板中心，然后用脚踩住两边的脚踏板，坍落度筒在装料时应保持固定的位置。

(3) 将新拌的含有要求水泥掺量的流态粉煤灰水泥混合料材料填满坍落度筒。

(4) 清除筒边底板上的混凝土后，垂直平稳地提起坍落度筒至15cm以上，提离过程在5s内完成；从开始装料到提离坍落度筒的整个过程应不间断进行，并应在120s内完成。

(5) 提起坍落度筒后，用钢尺测量拌和物最终的最大直径和最小直径，在这两个直径之差小于50mm的条件下，用其算术平均值作为稠度测试值，否则，此次试验无效。拌和物的稠度值以 mm 为单位，测量精确至 1mm。

2. 容重

1）试验设备

台称：精确到克；直尺：精确到毫米。

2）测量方法

试块养护到一定的龄期，用直尺测量每一边的长度，每一边测两次，取平均值作为此边的长度，用台秤称其重量。

3）计算结果

容重的计算公式为

$$W_{容} = \frac{G}{A \times B \times C} \times 10^9 \tag{6-1}$$

式中，$W_{容}$——容重，kg/m^3；

G——试块的自然重量，kg；

A——试块的长度，mm；

B——试块的宽度，mm；

C——试块的高度，mm。

6.3.2 流态粉煤灰水泥混合料强度

1. 强度形成机理

1）粉煤灰的特性

(1) 粉煤灰的矿物组成和结构。

粉煤灰的结构是在煤粉燃烧和排出过程中形成的，比较复杂。从物相上讲，粉煤灰是晶体矿物和非晶体矿物的混合物，其矿物组成的波动范围较大。在显微镜下观察，粉煤灰是结晶体、玻璃体及少量未燃烧碳分组成的复合结构的混合体。其中结晶体包括石英、莫来石、磁铁矿等；玻璃体包括光滑的球体形玻璃体粒子、形状不规则孔隙少的小颗粒以及疏松多孔的玻璃球体等；未燃烧碳分多以疏松多孔形态存在。

(2) 粉煤灰的形态与活性特征。

粉煤灰是以颗粒形态存在的，通常按形状将其分为珠状颗粒和渣状颗粒两大类。其中珠状颗粒包括漂珠（漂珠形空心微珠）、空心沉珠（空心微珠）、复珠（子母珠）、密实沉珠（实心沉珠）和富铁玻璃微珠等 5 大品种。渣状颗粒包括海绵状玻璃渣粒、碳粒、钝角颗粒、碎屑和黏聚颗粒等 5 种形态。图 6-1 和图 6-2 是粉煤灰放大 2000 倍和放大 4000 倍的微观电镜照片。

粉煤灰的活性包括物理活性和化学活性两个方面。

物理活性是粉煤灰颗粒效应、微集料效应等能促进制品胶凝活性效应的总和，与自身化学元素性质无关，是粉煤灰能够直接被利用的最有实用价值的活性，是早期强度的主要来源。

化学活性是指其中的可溶性 SiO_2、Al_2O_3 等成分在常温下与水和石灰缓慢反应，生

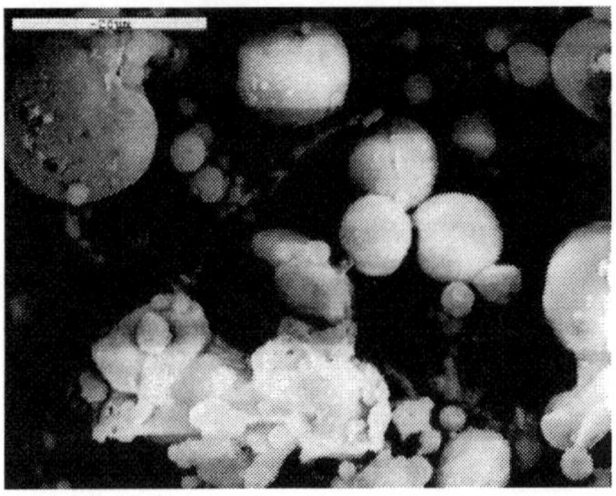

图 6-1　放大 2000 倍微观电镜照片

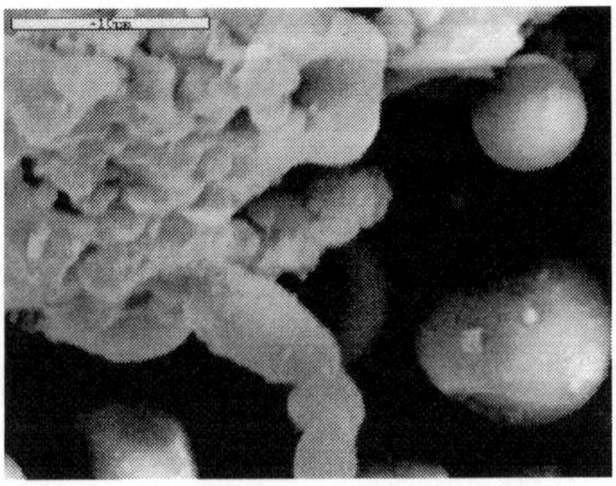

图 6-2　放大 4000 倍微观电镜照片

成稳定的硅铝酸钙盐的性质，也称火山灰活性。因此粉煤灰化学活性的决定因素是其中可溶性的 SiO_2、Al_2O_3 玻璃体含量以及玻璃体解聚的能力。

2）粉煤灰在流态粉煤灰水泥混合料中的行为和作用

在新拌流态粉煤灰水泥混合料中，粉煤灰微珠既有独特的“滚珠轴承”和“解絮”行为，又能与水泥共同发挥微集料作用。在混合料的后期硬化中，粉煤灰表现出优异的火山灰活性。

（1）粉煤灰的活性行为。

粉煤灰的活性行为包括火山灰—$Ca(OH)_2$，火山灰—水泥矿物以及火山灰—硅酸盐水泥这 3 个系统的水化反应。

（2）粉煤灰的充填行为和致密作用。

普通粉煤灰密度为 1.8～2.3g/cm^3，约是硅酸盐水泥的 2/3。虽然粉煤灰的密度比水泥的密度小，但是应用优质粉煤灰的水泥混合料的密度却有所增加，这表明粉煤灰在水泥混合料中的充填行为可以增加混合料的密实程度，这种现象可以认为粉煤灰在混合料中具有充填性特点。

在新拌混合料阶段，粉煤灰充填于水泥颗粒之间，使水泥颗粒“解絮”扩散，改善了和易性，增加了黏聚性，从而使混合料初始结构致密化；粉煤灰的细度小，颗粒强度比较高，粉煤灰的致密作用对混合料强度的发展十分有利，而且粉煤灰致密作用减少了混合料中的孔隙体积和较粗的空隙，特别是填塞了浆体毛细孔的通道，对耐久性也十分有利。

图 6-3～图 6-6 为流态粉煤灰水泥混合料硬化浆体放大 4000 倍的 7 天、14 天、28 天和 360 天微观电镜照片。

从图 6-3 可看出 7 天时，粉煤灰表面仍然非常光滑，只在间隙中存在水泥的水化产物，且将粉煤灰表面包裹起来，可以隐约看出片状的氢氧化钙晶体，此时水泥粉煤灰硬化浆体的强度主要由水泥水化所产生的凝胶体决定。随着养生龄期的延长，粉煤灰开始参与同水泥水化释放的氢氧化钙进行的二次水化反应。

从图 6-4～图 6-6 可看出 14 天时，有了一些反应的迹象；28 天时，粉煤灰表面已经长出纤维状水化硅酸钙和水化铝酸钙；到了 360 天，粉煤灰表面的纤维已经很长，意味着粉煤灰与氢氧化钙的反应趋于彻底。由此可知，随着龄期的延长，水化产物凝胶体更加丰

图 6-3　7 天微观电镜照片

图 6-4　14 天微观电镜照片

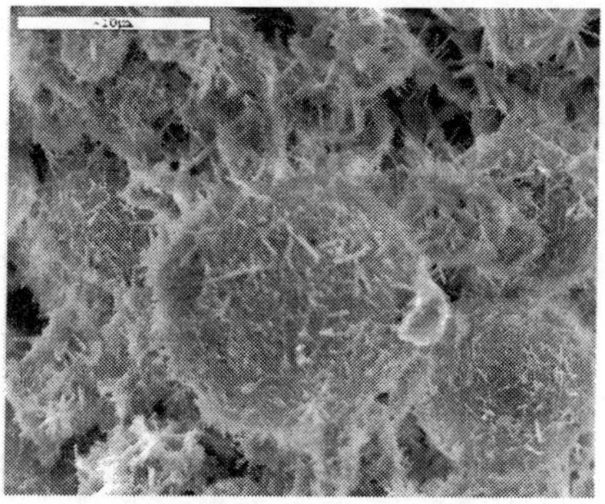

图 6-5　28 天微观电镜照片

图 6-6　360 天微观电镜照片

富，空间架构更加完善，流态粉煤灰水泥混合料硬化浆体的强度也逐渐增大。

2. 抗压强度测试方法

1）试件制作与养护

（1）选择尺寸为 70.7mm×70.7mm×70.7mm 的带底试模，如图 6-7 所示。

（2）制作流态粉煤灰水泥混合料试件时，将试模内壁事先涂刷薄层机油或脱模剂。

（3）成型时，将拌制好的混合料一次性装满试模，用捣棒均匀地由边缘向中心按螺旋式插捣 25 次，插捣过程中如混合料低于试模口，应随时添加，可用油灰刀插捣数次，并用手将试模一边抬高 5～10mm，各振动 5 次，使混合料高出试模顶面 6～8mm。

（4）待表面水分稍干后，将高出试模部分的混合料沿试模顶面刮去并抹平。

图 6-7　抗压强度成型试件

（5）试件制作后应在(20±5)℃温度环境下放置一昼夜(24±2)h，当气温较低时，可适当延长时间，但不应超过两昼夜，然后对试件进行编号并拆模。试件拆模后，应在标准养护条件下，继续养护至规定龄期，然后进行试压。

(6) 标准养护条件温度为(20±3)℃，相对湿度60%～80%，养护期间，试件彼此间隔不少于10mm。

2) 强度测试

(1) 试验设备：实验室材料试验机，最大压力为150kN；钢尺，精确到1mm。

(2) 试件从养护地点取出后应及时进行试验。试验前将试件表面擦拭干净，测量尺寸，并检查其外观。并据此计算试件的承压面积，如实测尺寸与公称尺寸之差不超过1mm，可按公称尺寸进行计算。

(3) 将试件安放在试验机的下压板(或下垫板)上，试件的承压面应与成型时的顶面垂直，试件中心应与试验机下压板(或下垫板)中心对准。开动试验机，当上压板与试件(或上垫板)接近时，调整球座，使接触面均衡受压。承压试验应连续而均匀地加荷，加荷速度应为每秒钟0.025～0.15kN(混合料强度不大于0.5MPa时，宜取下限，混合料强度大于0.5MPa时，宜取上限)，当试件接近破坏而开始迅速变形时，停止调整试验机油门，直至试件破坏，然后记录破坏荷载。

3) 强度计算

(1) 混合料立方体抗压强度计算式为

$$f_{\mathrm{m,cu}} = \frac{N_u}{A} \tag{6-2}$$

式中，$f_{\mathrm{m,cu}}$——混合料立方体试件抗压强度，MPa；

N_u——试件破坏荷载，N；

A——试件承压面积，mm^2。

(2) 流态粉煤灰水泥混合料抗压强度应精确至0.01MPa。

(3) 以3个试件测值的算术平均值的1.3倍作为该组试件的混合料立方体试件抗压强度平均值(精确至0.1MPa)。

(4) 当3个测值的最大值或最小值中有一个与中间值的差值超过中间值的15%时，则把最大值及最小值一并舍去，取中间值作为该组试件的抗压强度值；如有两个测值与中间值的差值均超过中间值的15%时，则该组试件的试验结果无效。

3. 用水量对强度的影响

保持水泥剂量以及粉煤灰量不变，掺入占胶凝材料总量2%的高效减水剂(减水率为2.5%)制作试件，用水量分别选择55%、60%、62%、65%。将试件在标准条件下养生至规定龄期，然后进行抗压强度试验，测试结果见表6-1，稠度与用水量关系见图6-8，强度与用水量关系见图6-9。

表6-1　不同用水量强度试验结果

编　号	用水量/%	稠度/cm	7天强度/MPa	28天强度/MPa
1	55	10.5	0.45	0.70
2	60	12.0	0.42	0.62
3	62	15.0	0.25	0.42
4	65	20.0	0.18	0.36

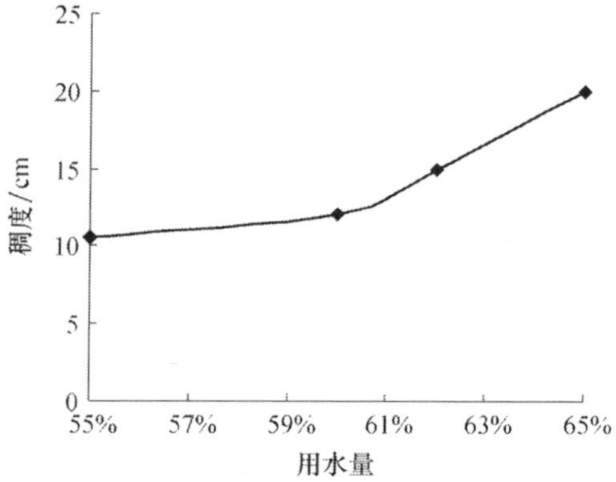

图 6-8　稠度与用水量关系

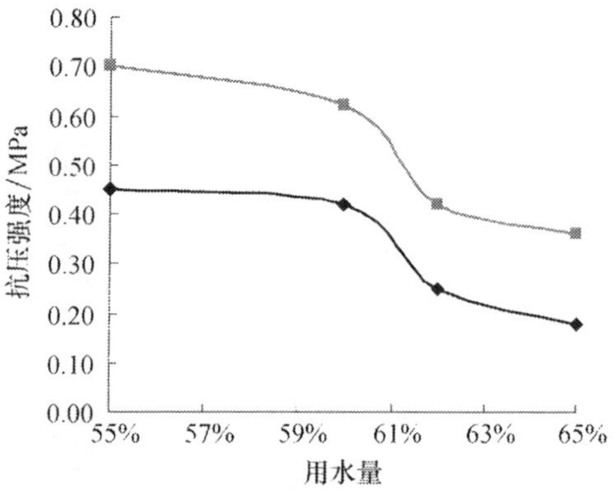

图 6-9　强度与用水量关系

由图 6-8 可知，流态粉煤灰水泥混合料浆体的稠度与用水量有着密切的关系，当用水量较小时，浆体较稠，流动性差，不能满足施工要求。随着用水量增大，浆体的稠度迅速下降，同时泌水变得严重。当用水量超过某一界限时，浆体迅速稀化，流动性突然变大，这种现象在施工过程中也时有出现，施工人员在加水时感觉稠度有一个突变。因此要控制浆体的稠度，严格控制用水量。

由图 6-9 知，流态粉煤灰水泥混合料浆体的强度随用水量的增大而不断减小，在用水量超过 60%以后强度有明显下降。

4. 水泥用量对强度的影响

采用 6%、8%和 10%的水泥剂量分别制作试件测试其 7 天、14 天、28 天、60 天、90 天和 180 天的硬化浆体抗压强度，试验结果见表 6-2。

表 6-2　不同水泥剂量的流态粉煤灰水泥混合料抗压强度试验结果

方案编号	水泥剂量/%	用水量/%	稠度/cm	抗压强度/MPa					
				7 天	14 天	28 天	60 天	90 天	180 天
1	6	63	10.6	0.32	0.42	0.56	0.65	0.74	0.80
2	8	60	10.9	0.48	0.60	0.76	0.86	0.94	1.00
3	10	60	11.6	0.53	0.68	0.82	0.95	1.02	1.10

由图 6-10 可知流态粉煤灰水泥混合料的抗压强度随水泥剂量的增加而增加。分析原因可知流态粉煤灰水泥混合料硬化浆体的抗压强度主要由水泥决定，所以在同一龄期下，流态粉煤灰水泥混合料硬化浆体的抗压强度随水泥剂量的增加而增加。

由图 6-11 可知，同一水泥剂量的流态粉煤灰水泥混合料硬化浆体的抗压强度随着龄期的增加而增加。究其原因，在新拌混合料中粉煤灰以惰性填料的方式填充混合料孔隙，几乎不参与水化反应；7 天后，在水泥的水化产物 $Ca(OH)_2$ 的激发下，粉煤灰的火山灰效应得以发挥，二次水化反应开始，粉煤灰中的活性组分 SiO_2 和 Al_2O_3 与水泥中的 $Ca(OH)_2$ 发生反应，生成水化硅酸钙凝胶和水化铝酸钙凝胶。水化产物填充水泥浆体的孔隙，增加水泥浆体的密实度，所以后期强度仍有显著提高。

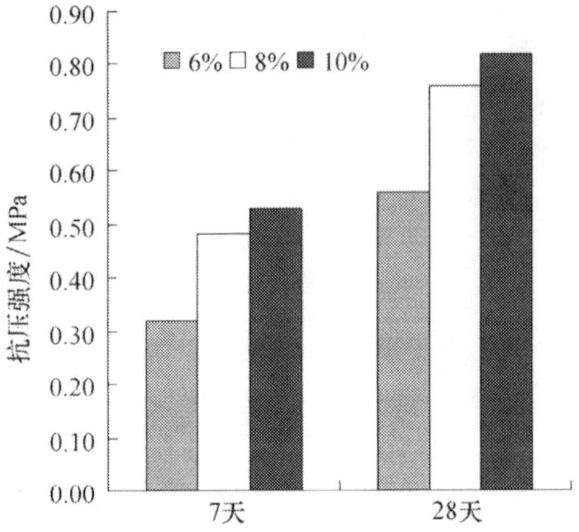

图 6-10　强度随水泥剂量变化图

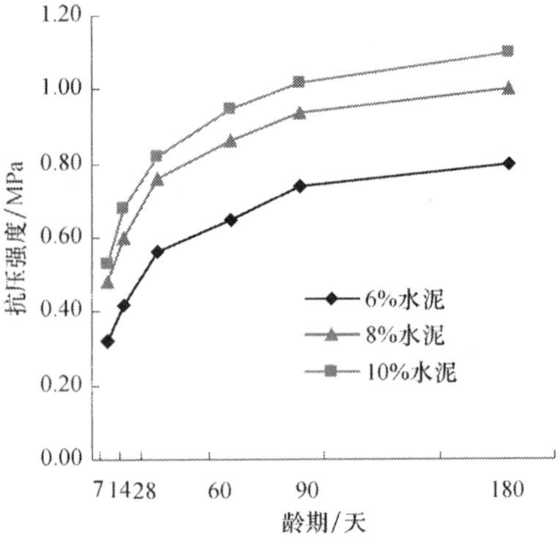

图 6-11　强度随龄期变化曲线

5. 外加剂对强度的影响

选用配合比水泥：粉煤灰=8：92，分别添加减水剂和早强剂，制作试件标养至不同龄期，测试其抗压强度，测试结果见表 6-3。

表 6-3　掺外加剂的流态粉煤灰水泥混合料抗压强度

编　号	外加剂种类	用水量/%	稠度/cm	抗压强度/MPa					
				7 天	14 天	28 天	60 天	90 天	180 天
1	—	60	10.9	0.48	0.60	0.76	0.86	0.94	1.00
2	1.5%减水剂	60	11.2	0.52	0.65	0.84	0.90	0.98	1.05
3	2.0%早强剂	60	11.6	0.56	0.70	0.82	0.88	0.95	1.02

从图 6-12 可知，早强剂的加入加速了水泥水化进程，减水剂的掺入起到了减水作用，在 7 天、14 天时流态粉煤灰水泥混合料硬化浆体的强度已明显高于基准试件。28 天后外

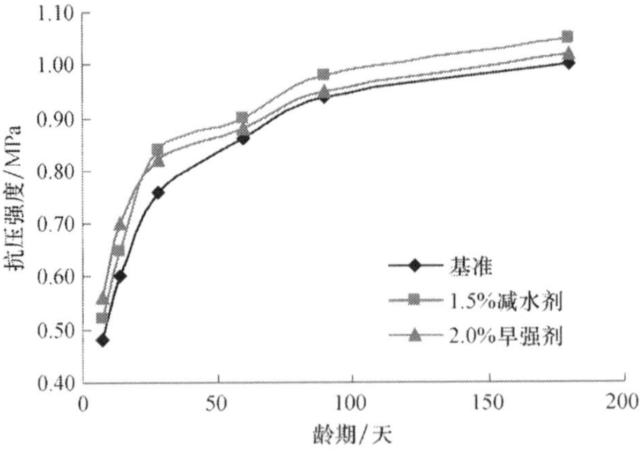

图 6-12　不同外加剂流态粉煤灰水泥混合料抗压强度曲线

加剂对抗压强度的影响逐渐降低，这是由于外加剂的掺入提高了流态粉煤灰水泥混合料的早期强度。

6.3.3　流态粉煤灰水泥混合料收缩性能

流态粉煤灰水泥混合料浆体在硬化过程中暴露于空气中，由于水分蒸发而引起的体积收缩变形称为干燥收缩。浆体浇筑完成后，一部分水分留在浆体内部，一部分从浆体表面蒸发，而且表面的水分损失先于内部，水的蒸发使浆体发生干缩。在浆体硬化后，内部的游离水会由里及表逐渐蒸发失水，导致浆体由表及里逐渐产生干燥收缩。

流态粉煤灰水泥混合料浆体干燥收缩是由于水分蒸发导致的毛细管张力作用、吸附水及分子间力作用、层间水作用和碳化作用等引起的收缩的宏观表现。当水分蒸发时，毛细管水面下降，弯液面的曲率半径变小，致使毛细管压力增大，从而产生收缩。毛细水蒸发完结后，随着相对湿度的继续减小，浆体的吸附水开始蒸发，使颗粒表面水膜变薄，颗粒间距离变小，分子力增大，导致宏观体积进一步收缩。其收缩量要比毛细管作用的影响大得多。当吸附水膜减薄到一定程度后，收缩量逐渐减小，直至终止收缩。

塑性收缩是新拌流态粉煤灰水泥混合料浆体表面脱水导致失水引起的收缩，浆体在初凝前由于水分蒸发，浆体内部水分不断向表面迁移，形成浆体在塑性阶段体积收缩。新拌浆体颗粒之间的空间完全充满水，当高风速、低相对湿度、高气温等因素作用时，水从浆体内部向表面移动使表面脱水，当内部水分向表面迁移供应不上蒸发量的情况下，产生毛细管负压力使浆体收缩。

流态粉煤灰水泥混合料中的粉煤灰在早期不参与水化反应，而是以填料的方式填充空隙，因此，粉煤灰对减少收缩起到一定的积极作用，在后期因其二次水化反应生成更多固相成分而弥补收缩。因此煤灰的掺入无论是在水化早期还是在后期，都能很好地抑制化学收缩的发展。

1. 收缩率测试方法

1）试验设备

小梁试模（40mm×40mm×160mm），实验室水泥砂浆收缩膨胀试验仪，如图 6-13 所示。

2）测试方法

将制作好的小梁试件放在实验室的收缩膨胀试验仪上，上下面均抹平，试样上放一玻璃片，然后把千分表固定在表面，在常温下让水分自由散失，每天在相同的时间测定 3 次收缩量变化，取其平均值，直到收缩变化趋于稳定。

测定试件变形前，记下表盘的刻度值；将制作好的试件放在工作台上，将校准过的测量框架套在试件上使试件的顶头与框架的测量头准确接触，记下表盘上的刻度值；每日上下午分别记下表盘上的

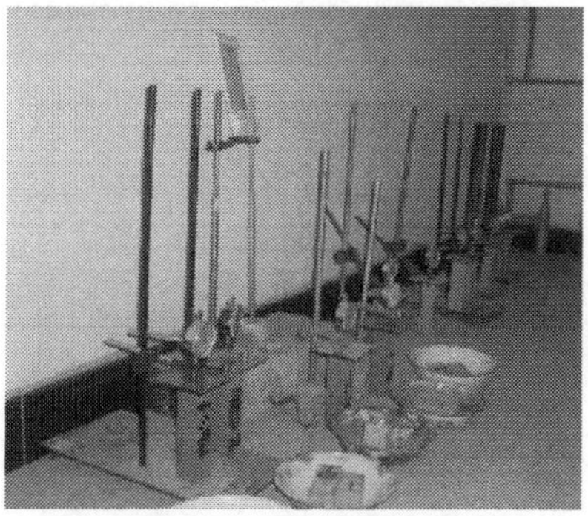

图 6-13　收缩膨胀试验仪

刻度值。

3）计算结果

收缩应变的计算公式为

$$\text{收缩应变} = \frac{L_1 - L_2}{L} \tag{6-3}$$

式中，L_1——试件养护7天时的基准长度，mm；

L_2——试件在各龄期的长度，mm；

L——有效长度，$L=160$mm。

如果试件收缩，则在计算结果前加上“＋”号，如为膨胀则加上“－”号。

2. 水泥剂量对收缩特性的影响

制作不同水泥剂量（6%、8%、10%）的流态粉煤灰水泥混合料试件，测定其不同龄期的收缩变形。试验结果见表6-4。

表6-4　不同水泥剂量的流态粉煤灰水泥混合料浆体收缩试验结果

时间/h	6%水泥	8%水泥	10%水泥
	收缩应变（10^{-6}）		
12	0	+3	−19
24	+2	−3	−13
48	+5	−6	−26
72	+11	−12	−31
96	+44	+31	+13
120	+194	+205	+175
144	+355	+380	+325
168	+425	+455	+400
192	+450	+468	+412
216	+455	+468	+412
240	+462	+468	+412
264	+462	+468	+412
288	+462	+468	+417
312	+462	+475	+422

由图6-14可知，①不同水泥剂量的流态粉煤灰水泥混合料浆体的累计收缩量随着时间的增加而增加，大约192h后趋于稳定。②收缩后期，水泥剂量为8%的混合料比6%的累计收缩量大，但可以看出，在120h之前，水泥剂量为6%的浆体累计收缩量是最大的，由此可知收缩主要发生在前期。总的来看，累计收缩量与水泥剂量的变化之间没有明显的关系。③在96h之前水泥剂量为10%和8%的流态粉煤灰水泥混合料浆体出现短暂的膨胀现象，这与室内湿度的波动有关。

3. 裂缝的防治措施

裂缝对于高含水量裂缝的流态粉煤灰水泥混合料是不可避免的，而且大风、高温天

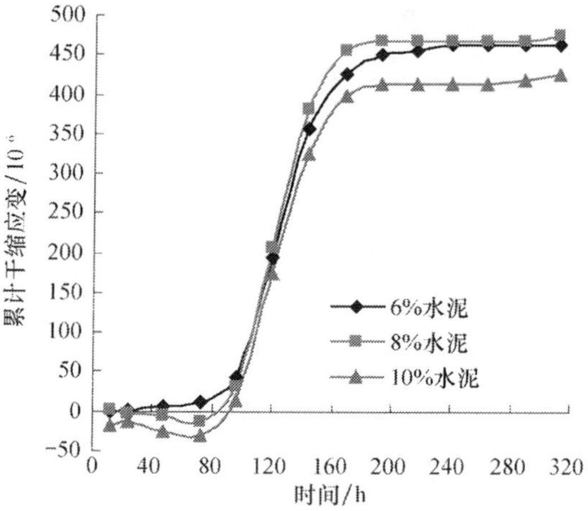

图 6-14　累计收缩应变变化曲线

气，也会加快流态粉煤灰水泥混合料的失水收缩造成裂缝。通过对实体工程的施工调查发现，裂缝一般出现在即将凝固前。为此，采用分层灌注工艺、在混合料凝固前加盖塑料布保水等方式，减少裂缝的发生；采用高标号水泥粉煤灰浆灌缝处理，以增加混合料的整体强度。

6.3.4　流态粉煤灰水泥混合料抗压回弹模量

路基作为路面结构的基础，其抗变形能力对路面结构的强度、刚度和稳定性起着决定性的作用，路基回弹模量是路面设计中的重要力学参数，许多研究学者也对流态粉煤灰水泥混合料硬化浆体的抗压回弹模量进行了研究，以更好地了解该材料的结构性能，为桥台背、基坑的稳定性和变形控制分析以及受力分析提供必要的参数。有研究表明，流态粉煤灰水泥混合料的模量与 5%的水泥土的模量值接近。因此流态粉煤灰水泥混合料的抗压回弹模量值能够满足桥台背、基坑回填的要求。

1. 抗压回弹模量测试方法

1）试验设备

（1）杠杆压力仪或其他合适的仪器：荷载量程不大于 1.5kN。

（2）击实筒：内径 152mm、高 166mm 的金属圆筒。

（3）护筒：高 50mm、筒内垫块直径 151mm、高 50mm。

（4）承载板：直径 50mm、高 80mm。

（5）千分表：2 只，量程 2mm，分度值 0.001mm。

（6）秒表：分度值 0.1s。

2）测试方法

（1）将装有试样的击实筒底面放在杠杆压力仪的底盘上，将承载板放在试样的中心位置，并与杠杆压力仪的加压球座对正。将千分表固定在立柱上，并将千分表的测头安放在承载板的表架上。

(2) 对试样在杠杆压力仪的加载架上施加砝码，用预定的最大压力进行预压，将预定最大压力分为 4～6 级进行加载，每级加载时间为 1min，记录千分表读数。卸载，当卸载 1min 时，记录千分表读数，再施加下一级荷载。

(3) 如此逐级进行加载和卸载并记录千分表读数直至最后一级荷载。

(4) 为使试验曲线的开始部分比较准确可将第 1、第 2 级荷载再分别分成小级进行加载和卸载。试验中的最大压力也可略大于预定的最大压力。

3) 计算结果

回弹模量计算公式为

$$E=\frac{\pi pD}{4l}(1-\mu^2) \tag{6-4}$$

式中，E——回弹模量，kPa；

p——承载板上的压力，kPa；

D——承载板直径，cm(D=5.0cm)；

l——相应于压力的回弹变形(加载读数减卸载读数)，cm；

μ——泊松比。

流态粉煤灰水泥混合料试件的回弹模量测定应进行 3 次平行试验，每次试验结果与回弹模量的均值之差应不超过 5%。

2. 水泥掺量对回弹模量的影响

制作不同水泥剂量(6%、8%、10%)的流态粉煤灰水泥混合料试件，每组配合比成型 6 个试件，成型的试件脱模并标养 180 天后，其中 3 个试件测定抗压回弹模量，3 个试件测定饱水抗压强度。测定结果见表 6-5。

表 6-5　180 天抗压回弹模量与饱水抗压强度试验结果

编　号	配合比	饱水抗压强度/MPa	抗压回弹模量/MPa
1	水泥：粉煤灰=6：94	0.78	758
2	水泥:粉煤灰=8：92	0.88	869
3	水泥:粉煤灰=10：90	1.02	876

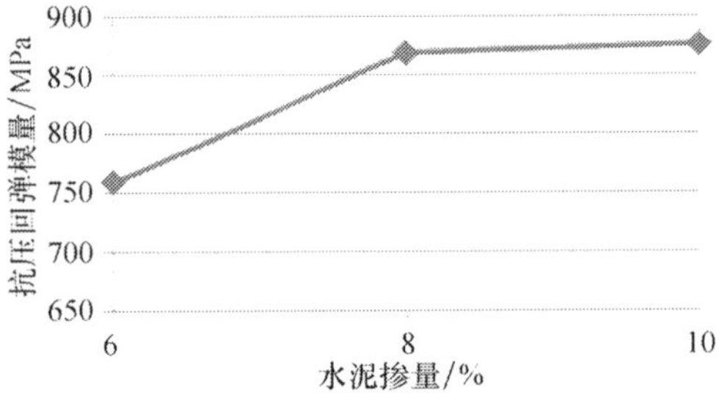

图 6-15　抗压回弹模量与水泥掺量关系图

从图 6-15 可知，流态粉煤灰水泥混合料硬化浆体的抗压回弹模量随着水泥剂量的增加而增加。

6.3.5　流态粉煤灰水泥混合料水稳定性能

1. 抗渗透性

桥头台背多存在水损害问题，用流态粉煤灰水泥混合料作为桥头台背的回填材料，需要了解流态粉煤灰水泥混合料的渗透特性。

流态粉煤灰水泥混合料硬化浆体的渗透系数测试方法参照土工渗透试验中变水头试

验进行。采用水泥剂量为 8%的流态粉煤灰水泥混合料制作试件后标养 28 天进行透水试验,结果见表 6-6。

表 6-6　透水系数试验结果

水力梯度 i		6	12	18
平均透水系数/(cm/s)	水泥：粉煤灰=8：92	6.8×10^{-7}	7.2×10^{-7}	9.3×10^{-7}

试验结果表明流态粉煤灰水泥混合料硬化浆体的渗透系数非常低,即使有水的渗入,也具有良好的不透水性能。

2. 软化系数

软化系数是描述材料浸水后强度性能变化的指标:

$$软化系数 = \frac{饱水后抗压强度}{饱水前抗压强度} \tag{6-5}$$

采用水泥剂量为 8%的流态粉煤灰水泥混合料制作试件后标养 7 天、28 天,分别测试其软化系数,试验结果见表 6-7。由测试结果可知,流态粉煤灰水泥混合料硬化浆体的渗透系数非常低,软化系数较高,具有良好的水稳性。

表 6-7　软化系数试验结果

配比	7 天			28 天		
	浸水前抗压强度/MPa	浸水后抗压强度/MPa	软化系数	浸水后抗压强度/MPa	浸水后抗压强度/MPa	软化系数
水泥：粉煤灰=8：92 水外掺 57%	0.69	0.60	0.87	1.0	0.91	0.91

6.4　流态粉煤灰水泥混合料施工工艺

6.4.1　施工前期准备

为顺利开展施工并保证工程质量必须做好以下五方面的准备工作。

(1) 对进场的原材料按批进行抽检,保证原材料质量符合要求。经常检测粉煤灰的含水率,及时调整水泥和水的用量。

(2) 对工程所需要的滚筒式拌和机、起重机、铲车及流槽等设备进行检查和调试,保证设备处于良好状态。

(3) 对堆放水泥、粉煤灰的场地,应先清除虚渣、杂物,并打扫干净,堆放地不能有积水。水泥要注意防潮和雨淋。

(4) 对基坑上方的路基进行整平并压实,以便放置拌和机。

(5) 应备有足够的原材料和水,应有充足的电源和备用设备,确保施工连续进行。

6.4.2　施工方法选择

流态粉煤灰水泥混合料施工方法主要有 3 种。

(1) 在回填现场采用滚筒式拌和机直接拌和,然后通过流槽回填。

(2) 采用混凝土拌和机拌和,罐车运输浇筑。

(3) 对回填量较大的工地可修建搅拌池,经过多级搅拌后回填。

第一种方法比较简单,适合于工程量较小的施工;第二种方法计量准确,拌和均匀,强度较高;第三种方法搅拌均匀,适合于工程量较大,没有混凝土拌和楼的情况。施工中可以根据现场情况灵活选择。图 6-16 为滚筒搅拌机现场搅拌回填,图 6-17 为桥台背回填现场。

图 6-16　滚筒搅拌机与流槽

图 6-17　桥台背回填

6.4.3　下承层处理

下承层处理包括基坑清理和台阶开挖。

当采用流态粉煤灰水泥混合料进行台背及挡墙内侧基坑回填时,回填的范围应符合图纸要求。首先用人工清理开挖基坑内的废渣和浮土,清理出基坑侧面及基底的硬土,并用小型夯实机具(气夯)将基底夯实,压实度达到 91%。

考虑到台背回填需要在与路基的搭接部位开挖台阶,现场控制开挖不小于 1m 宽的台阶。如果大型构造物较多,台背填方高,可采用分台阶浇筑流态粉煤灰水泥混合料的方法,即在浇筑完基坑后,路基每填筑 1～2m 开挖一个台阶。人工清理干净,将土重新用于路基,然后浇筑流态粉煤灰水泥混合料。这种处理方法可以避免路基填筑到顶后再开挖台阶,解决土方数量太多,人工清理量太大,土方外运量大,不利于施工的问题。

6.4.4　排水处理

排水是保证流态粉煤灰水泥混合料硬化浆体浇筑质量的重要环节之一。当与桥台搭接处为路基,桥台基坑基底也为路基时,需要专门进行排水设置,如果路基材料为砂砾等透水性材料,则搭接处及基底不考虑排水。

6.4.5　混合料拌和

对混合料拌和工艺的要求如下。

（1）要在拌和场地标识正确的配合比设计，各种计量器均要保证计量准确。

（2）拌和时间：要求混合料必须充分拌和均匀、达到适宜流动性。拌和开始阶段是粉煤灰的润湿阶段，润湿时间与粉煤灰的品质有关。球型体多时，润湿时间短，相应拌和时间短。碎颗粒多，则吸水多，润湿表面的水分减少，则润湿时间长，相应拌和时间长。经验表明润湿时间不少于3min，滚筒式拌和机拌和均匀至少要4min，具体根据稠度确定，如果较稠，拌和时间要适当延长。

（3）根据材料（粉煤灰）含水量的检测结果，严格控制各种材料用量，如使用连续式拌和设备施工时，应通过拌和设备测试，确定各种原材料的传输速度，严格控制比例关系，防止失调。外加水量以混合料能够流动为原则。

（4）外加剂使用前需调成适当稠度的溶液加入拌和机拌和。

（5）每天在开工后一小时及收工前一小时取成品混合料做试件检测抗压强度。

6.4.6　混合料运输

（1）现场拌和时可将混合料直接顺导流槽倒入基坑。

（2）集中拌和时采用混凝土运输车运输，一定要在混合料初凝时间前送达现场，且保证连续供应、不离析。

6.4.7　混合料浇筑

（1）模板检查：模板支设要牢固，接缝要填塞密实，防止跑模、漏浆、污染环境。

（2）流槽使用的必要性。尽管流态粉煤灰水泥混合料不像水泥混凝土拌和物那样容易产生离析，但是浇筑高度过高，倾倒过程中浆体会呈现中间高、两边低的现象，这将直接导致浇筑的不均匀性；当下一车倾倒时，由于太高，会将已稍微凝结的浆体冲散，水分聚集到凹处，而且新浇筑的浆体在隆起处很难流淌，混合料倾斜高度不得大于2m，否则必须采用导流槽进行浇筑，使浆体能够顺着导流槽均匀、平整地流到基坑里（图6-18）。

图6-18　流态粉煤灰水泥混合料浇筑施工

（3）分层浇筑顺序及厚度。混合料应按一定厚度、顺序和方向分层浇筑，层与层之间的连接在初凝之前完成。如果太薄，一部分水分会很快被下层浆体吸收，另一部分水分蒸发，这样不等湿料在可塑性阶段成型，就产生早期开裂。如果太厚，则排水将太慢。因此,需要有一个合适的分层厚度,根据试验工程观测,厚度为 30～50cm 时较为适宜。

(4) 人工辅助摊铺。在浇筑流态粉煤灰水泥混合料的同时进行人工辅助摊铺,尤其当基坑中流态粉煤灰水泥混合料有明显的离析时,应用铁耙等工具进行搅拌,使得浆体流动均匀,效果更好。

(5) 当采用流态粉煤灰水泥混合料回填基坑时,浇筑完毕后对基坑中流态粉煤灰水泥混合料用刮板进行整平,浇筑至距离原地面 20cm 时停止施工。

(6) 当进行台背回填时,应先做包边土,厚度稍高于每次流态粉煤灰水泥混合料的浇筑厚度,宽度不小于 1m,并夯实至规定的压实度,内侧切成立面,填至搭板以下 45cm 时停止施工。

(7) 当气温低于 5℃时不得进行流态粉煤灰水泥混合料施工。

(8) 浇筑过程中进行分仓可有效保证流态粉煤灰水泥混合料硬化浆体的浇筑质量。首先浇筑第一个仓,待已浇筑浆体的切面比较坚硬时,拆除分仓所用的模板,再进行下一仓浇筑。图 6-19 为分仓浇筑现场,实体工程验证,分仓浇筑效果良好。

图 6-19　分仓浇筑

6.4.8　养生

混合料浇筑完成后,应在表层结硬后灌注适量水进行养生,或洒水后覆盖塑料膜养生(图 6-20),亦可覆土养生,养生 7 天。养生期间禁止车辆、行人通过。

养生湿度和龄期对流态粉煤灰水泥混合料硬化浆体强度有着显著影响,在浆体硬化初期进行保湿养生,可以保证水泥水化需水量。在温度适宜的条件下,保湿养生的强度要高于空气养生,可防止由于失水过多而产生早期裂缝(图 6-21)。

图 6-20　覆盖养生

图 6-21　早期裂缝

浆体浇筑后如不及时养生,或养生不到位,易产生塑性收缩裂缝和早期收缩裂缝。

6.5　流态粉煤灰水泥混合料在基坑、桥台背回填中的应用实例

6.5.1　流态粉煤灰水泥混合料在石家庄市环城公路桥涵台背中的应用

1. 工程概况

石家庄市环城公路主线全长 46.1km，设计标准为一级，全立交、双向六车道，设计时速为 80km/h。该工程建设工期紧、技术要求高、施工难度大、沿线桥涵构造物很多，大小台背 200 余个。台背填方较高，如果按常规的石灰土或沙砾进行台背回填处理，很难解决压实度不足、碾压留有死角、地基沉降等问题。根据工程特点，为保证桥涵台背施工质量，应用流态粉煤灰水泥混合料回填技术。

2. 原材料与配合比

1) 粉煤灰的技术指标

(1) 粒径：0.0010～300mm。

(2) 含水量：32%。

(3) 松方干密度：0.89g/cm^3。

(4) 比表面积：3200cm^2/g。

(5) SiO_2、Al_2O_3、Fe_2O_3 之和：88.41%。

(6) 烧失量：12.5%。

2) 水泥

本工程所用水泥为石家庄市鹿泉鼎新水泥厂生产的 P.O32.5 水泥，初凝时间为 200min。

3) 外掺剂

外掺剂的作用是与粉煤灰混合后激发粉煤灰的活性，本工程中所用外掺剂为石家庄生产的铁圆 FSS-V 型高效减水剂，粉末状材料，该减水剂的技术标准如下。

(1) 比表面积：3900cm^2/g。筛余量(0.08mm)：6%。

(2) 单浆可泵时间：31h 凝固。

(3) 初凝时间：25min。

(4) 减水率：11%。

(5) 抗压强度比：3 天≥125.8，7 天≥122.5，28 天≥121.7。

4) 配合比

本工程中流态粉煤灰水泥混合料中各种材料用量(重量比)为水泥∶粉煤灰∶水∶外掺剂＝84∶864∶54∶1.29。用水量根据实际情况调整，保证拌和物呈流塑状。

3. 施工工艺与质量控制

本工程采用具有电子计量系统的 JS-1000 型强制式搅拌机，搅拌时间控制在 50～52s，并用混凝土罐车运送到施工现场。

回填施工前，对回填区的淤泥、松软土层及杂物进行清理并用小型夯实机将基底夯实。按每层厚度 50cm 的控制标准将流态粉煤灰水泥混合料由导流槽导入基坑。浇筑完毕后，对顶面进行收面处理，并进行覆盖养生。

在流态粉煤灰水泥混合料回填台背的过程中，对其稠度进行了逐盘检测，保证每盘混合料稠度满足要求，并按每 $50m^3$ 制作 3 组试件的检测频率，对其抗压强度进行验证，保证 7 天及 28 天强度满足要求。

6.5.2 流态粉煤灰水泥混合料在青银高速公路石家庄段桥头及基坑部位的应用

1. 工程概况

青银高速公路河北段全长 181.859km，主线以石家庄市为中心，西接太原，东南达济南，是冀中平原的经济大动脉和运输主通道，该路段设计标准为全封闭、全立交、双向四车道，设计时速为每小时 120km，全线共有特大桥 2 座，总长 3467 米；大桥 11 座，总长 3106.4 米；中桥 27 座，总长 1672.19 米；小桥 31 座，总长 812.97 米；天桥 31 座，总长 2543.4 米；分离立交 37 座，总长 2534.18 米；互通式立交 11 座，其中主线下穿式 6 座，主线上跨式 5 座；通道 228 座；涵洞 79 座。全线结构物共计 457 座。为保证桥涵台背施工质量，采用了流态粉煤灰水泥混合料回填技术。

2. 原材料及配合比

（1）本工程所用粉煤灰为石家庄热电厂湿排灰，其物理性能及化学分析试验结果见表 6-8。

表 6-8 粉煤灰物理性能及化学分析试验结果

比表面积 /(cm^2/g)	烧失量 /%	SiO_2 /%	Al_2O_3 /%	Fe_2O_3 /%	CaO /%	MgO /%
2.509	11.36	44.5	31.33	3.73	3.28	1.02

（2）水泥为石家庄产路牌 P.S 32.5 水泥和邢台产奎山 P.O 32.5 水泥。

（3）外加剂为河北省混凝土外加剂厂生产的 DH_{3G} 高效减水剂，检测结果见表 6-9。

表 6-9 DH_{3G} 高效减水剂检测结果

序 号	检验项目	单 位	标准要求	测试结果
1	减水率	%	≥10	19.0
2	泌水率比	%	≤100	65
3	含气量	%		2.6
4	凝结时间差	min	初凝－90～＋120 终凝－90～＋120	＋60 ＋60
5	抗压强度比	%	R_1≥130 R_3≥120 R_7≥115 R_{28}≥110	158 138 135 128
6	收缩率比	%	≤135	110
7	对钢筋腐蚀情况		无	无

(4) 本工程中两种水泥采用的配合比分别如下。

① 路牌 P. S 32. 5 水泥：粉煤灰：外加剂＝8％：92％：0. 8％。

② 奎山 P. O 32. 5 水泥：粉煤灰：外加剂＝6％：94％：0. 6％。

3. 施工与质量控制

施工采用 JS-350 型滚筒搅拌机搅拌，搅拌时间控制为 4min/盘。

结合工程中遇到的情况，有针对性地对如下事项进行了严格控制。

(1) 粉煤灰比重不大，一般不具有自硬性，其黏结力为 0，极不耐冲刷。因此流态粉煤灰水泥混合料耐冲刷能力差，施工中针对这些特点，对外露部分进行封闭加固。

(2) 流态粉煤灰水泥混合料冻敏感性强，一方面是由于自身持水性强，另一方面是因为毛细水上升程度高(一般为 1～1. 5m)，因此应注意将此层次设置在冰冻深度以下。

(3) 当气温低于 5℃时，应停止施工浇筑。

6. 5. 3　流态粉煤灰水泥混合料在邯长高速公路的应用

1. 工程概况

邯长高速公路河北段西起长治市黎城县下湾村，东至邯郸涉县招岗村，全长 13. 09km。全封闭、全立交、双向四车道。部分桥涵构造物台背基坑回填作业面较窄，无法满足机械化施工的需要，为确保台背回填的质量，消除桥头跳车隐患，该工程采用流态粉煤灰水泥混合料回填技术。

2. 原材料及配合比

1) 粉煤灰

粉煤灰的物理及化学分析试验结果见表 6-10。

表 6-10　粉煤灰的物理及化学分析试验结果

比表面积 /(cm^2/g)	烧失量 /％	SiO_2 /％	Al_2O_3 /％	Fe_2O_3 /％	CaO /％	MgO /％
2. 743	19. 32	49. 02	25. 66	3. 07	21	0. 59

2) 水泥

水泥为 P. O 32. 5 水泥，各项技术指标满足规范要求。

3) 外掺剂

外加剂以能激发粉煤灰早期活性，具有早强、增稠和减水作用为标准，在工程中采用的减水剂为 GK-5A 高效减水剂。减水剂检验结果见表 6-11。

表 6-11　减水剂检验结果

序　号	检验项目	单位	标准要求	测试结果
1	减水率	％	≥10	22
2	凝结时间差	min	初凝－90～＋120 终凝－90～＋120	＋30 ＋38

续表

序　号	检验项目	单位	标准要求	测试结果
3	抗压强度比	%	R_1≥140 R_2≥130 R_3≥125 R_4≥120	158 131 126 124
4	对钢筋腐蚀情况		无	无

4）配合比设计

本工程中用到的流态粉煤灰水泥混合料配合比设计按28天抗压强度0.6MPa进行设计，分别测试70.7mm×70.7mm×70.7mm的立方体试件7天、28天的抗压强度。测试结果见表6-12。根据测试结果最终确定配合比为水泥∶粉煤灰∶水＝8∶92∶67，外掺剂（减水剂）为水泥用量的1%。

表6-12　配合比设计结果

组　号	配合比	龄期/天	破坏荷载/kN	抗压强度/MPa	
01	水泥∶粉煤灰∶水＝7∶93∶70	7	2.04	0.41	0.39
			1.87	0.37	
			2.01	0.40	
01		28	3.28	0.66	0.61
			3.04	0.61	
			2.81	0.56	
02	水泥∶粉煤灰∶水＝8∶92∶67	7	2.72	0.54	0.53
			2.66	0.53	
			2.66	0.53	
02		28	6.79	1.36	1.39
			6.79	1.36	
			7.26	1.45	
03	水泥∶粉煤灰∶水＝9∶91∶60	7	3.53	0.71	0.69
			3.3	0.67	
			3.44	0.69	
03		28	9.6	1.92	1.97
			9.83	1.97	
			10.06	2.01	

3. 施工工艺及质量控制

（1）首先清除基坑内的浮土、积水、虚渣等，并将基底夯实整平，对基坑侧壁进行处理，确保模板结合紧密不漏浆。

（2）在拌和场地标识正确的配合比设计，各种衡器均保证计量准确。

（3）采用强制式搅拌机进行混合料的拌和，拌和时间不小于2min。

（4）施工中严格检测粉煤灰的含水量，并根据粉煤灰含水量的检测结果，严格控制各种材料比例，防止失调。外加水量以混合料能够流动为原则，不宜过大或过小，配料数量允许偏差(各成分均以质量计)控制:水泥±1%、粉煤灰±3%、水、外加剂±3%。

(5) 每天在开工后一小时及收工前一小时取成品混合料做试件检测抗压强度,其中一组检测结果见表 6-13。

表 6-13　流态粉煤灰水泥混合料抗压强度抽检结果

组　号	配合比	龄期/天	破坏荷载/kN	抗压强度/MPa	
01	水泥∶粉煤灰∶水=8∶92∶67	28	3.39	0.68	0.69
			3.54	0.71	
			3.33	0.67	
02		28	3.55	0.71	0.73
			3.79	0.76	
			3.66	0.73	

(6) 混合料浇筑过程中浇筑速度应与拌和速度相匹配,使浇筑工作可以连续进行。

(7) 浇筑完成后的结构层应进行覆盖养护,期间严禁车辆、行人通行。

6.5.4　其他应用实例

流态粉煤灰水泥混合料具有价格低廉、流动性强的特点,可以大量使用工业废渣,减少环境污染,其混合料具有一定的强度,适于公路建设中不易碾压的基坑、桥台背等部位的回填。在河北省黄(黄骅港)石(石家庄)高速公路、黄石高速公路衡水支线、唐(唐山)津(天津)高速公路(河北段)采空区、京津公路跨外环立交桥台背、衡水市环城路桥台背、大广高速公路衡大段、石家庄市三环路等重点工程的桥台背回填中都使用了流态粉煤灰水泥混合料回填技术,多年来的实体工程验证,使用效果良好。因此,流态粉煤灰水泥混合料是非常好的桥涵台背、基坑回填材料。

参 考 文 献

高英力,周士琼. 2002. 粉煤灰对水泥浆体化学收缩的影响[J]. 混凝土,(6):37-39.

侯喜冬. 2006. 流态粉煤灰在高速公路台背回填中的应用[J]. 建材技术与应用,(1):47-48.

刘国元,等. 2007. 流态水泥粉煤灰浆在台背回填中的应用[D]. 西安:长安大学.

刘强. 2009. 高流态粉煤灰回填路基三背关键技术研究[D]. 重庆:重庆交通大学.

王彦章. 2008. 浇注式水泥粉煤灰在桥涵台背回填中的应用研究[D]. 西安:长安大学.

习志臻,俞海勇,管小军. 1997. 粉煤灰水泥浆体的微观分析[J]. 江西建材,(4):11-14.

赵永桢. 2009. 流态粉煤灰施工技术在台背回填中的应用[J]. 桥隧机械 & 施工技术:61-66.

第 7 章　电石灰粉煤灰稳定盐渍土路面基层

7.1　引　　言

本项目主要立足沧州土质海岸沿海地带，研究应用二渣土做路面基层、底基层结构的工艺技术。所谓二渣土指电石灰(化工产业生产乙炔气体时排出的废渣)和粉煤灰(火力发电粉煤燃烧后的粉状废渣)改良盐渍土(沧州区域滨海地带盐渍土)。受滨海地带地质环境和盐渍土的工程特性共同制约，公路工程易出现翻浆、坍塌、溶陷等病害。通常用远调优质土替代沿途盐渍土，但由此诱发了工程成本加大、工期延长、当地的自然环境和生态系统遭到破坏、沿线农民的生计遭受影响等一系列问题。因此，利用二渣土做高等级公路底基层具有重要意义。

7.1.1　背景

(1) 渤海黄骅大港已具备年吞吐量超亿吨的能力，无论是建设阶段，还是通航后实现其设计功能，疏港公路网均是其主要依赖的支持性条件。由于沧州为土质海岸，公路不仅需要穿越滩涂，而且要挺进大海。只有如此，黄骅大港才能与陆路有效联结，发挥其巨大的功能。

(2) 沧州境内濒临渤海湾的整个海岸线均为土质海岸，沿海地带多为泥沼地段(图 7-1)，加之滩涂盐业、养殖业开发，形成了地表、地下复杂水系(图 7-2)，加剧了公路工程的建设难度。

图 7-1　土质海岸氯盐渍土地表泥泞状况

(3) 沧州沿海地带，多为《公路工程现行技术规范》禁用的盐渍土(图 7-3)，满足规范要求的工程用土需要远途调运，其运距一般为 20km 左右。

图 7-2　滩涂盐汪子

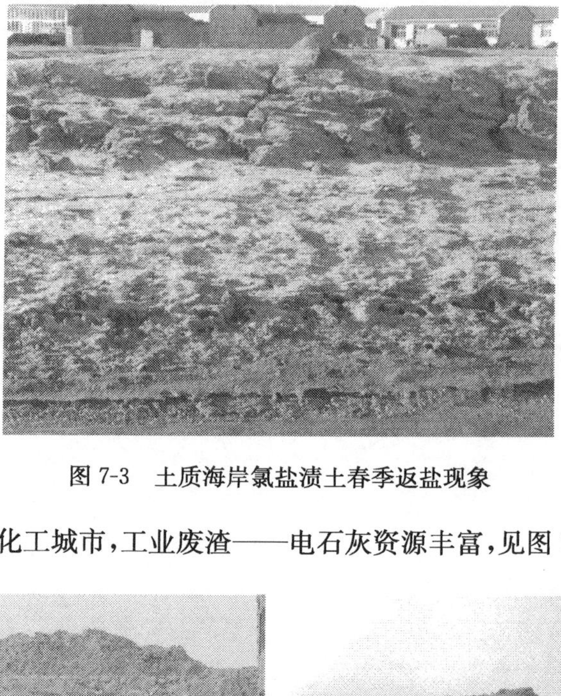

图 7-3　土质海岸氯盐渍土春季返盐现象

(4) 沧州是一个化工城市，工业废渣——电石灰资源丰富，见图 7-4。

图 7-4　堆放的电石灰

(5) 沧州市、渤海新区等都有相当规模的火力发电厂，工业废渣——粉煤灰资源丰富。

对于一个没有砂石资源的地区，在浅海、滩涂上建设公路，处理泥沼、软基和盐渍环境，仅依靠传统技术与材料，不仅质量无法保证，而且成本昂贵，速度迟缓，远不能满足黄骅大港需要。于是开展了二渣土修筑路面基层技术研究，以充分利用工业废渣——电石灰、粉煤灰和当地资源——盐渍土，达到减少工业废渣污染，减少征用耕地，降低工程成本的目的。

7.1.2 国内外发展状况

迄今为止，国内外道路工程关于盐渍土的研究主要局限于原材料性能及工程性质分析，对于改良盐渍土工程性质及改良效果研究很少。利用工业废渣——电石灰、粉煤灰稳定盐渍土做路面基层研究尚属空白。因此，对于盐渍土的改良，缺少相关成果借鉴，只能在参考国内外一般成果的基础上进一步研究。

7.1.3 研究内容

本研究以实现二渣土作为沿海高速公路沧州歧口至海丰五合同段路面底基层为目的，主要研究内容如下。

(1) 沿海高速公路沧州歧口至海丰段滨海盐渍土的工程特性试验研究，包括盐渍土的基本物理特性(如密度、含水量、含盐量、液塑限、最佳含水量、最大干密度)、力学特性(如无侧限抗压强度、CBR、压缩特性)等。

(2) 电石灰改良盐渍土做路基填料的可行性研究。主要包括不同掺量电石灰改良盐渍土的工程特性试验研究；掺电石灰改良盐渍土的液塑限、最佳含水量、最大干密度、无侧限抗压强度、CBR、压缩特性、耐久性能、三轴试验强度；通过对试验数据进行统计分析，研究电石灰掺量对改良盐渍土工程特性的影响，确定电石灰的最佳掺量，阐述电石灰改良盐渍土做路基填料的可行性。

(3) 二渣土做路面底基层结构的可行性研究。主要包括不同掺量电石灰、粉煤灰稳定盐渍土的工程特性试验研究，包括电石灰、粉煤灰改良土的液塑限、最佳含水量、最大干密度、无侧限抗压强度、抗弯拉强度、压缩特性、抗冻融性能、抗干湿循环性能、抗干缩性能、抗温缩性能、三轴试验强度等，通过对试验数据分析，可知在电石灰、粉煤灰掺量不变的条件下，电石灰、粉煤灰的掺入比对改良盐渍土工程特性的影响；电石灰、粉煤灰掺量对改良盐渍土工程特性的影响；电石灰、粉煤灰改良土的抗裂性能。经研究电石灰、粉煤灰改良盐渍土做底基层的可行性，如可行确定电石灰、粉煤灰、土的最佳配比。

(4) 设计试验段，进行试验段试验。

(5) 确定二渣土结构层质量检测指标及方法。

(6) 完成二渣土做路面基层、底基层的作业工法，丰富国家现行施工技术规范。

7.2 二渣土的工程性能试验

二渣土的工程性能试验研究主要包括研究原则、试料、二渣土的强度形成机理与强度形成微观效应、室内试验、试验路段、研究结论等。

7.2.1 原则

二渣土作为路基填料或路面底基层，从经济角度讲，其掺量越少造价越低。然而，掺量低则改良效果差，为在技术性能和经济之间寻求一个平衡点，并结合高速公路的基本要求制定研究原则如下。

二渣土用于高等级公路路面基层、底基层，其配方宜满足：

(1) 施工时，压实度≥96%；

(2) 无侧限抗压强度，基层≥0.8MPa，底基层≥0.6MPa；

(3) 抗冻性能按中冻区考虑，残留抗压强度比≥65%；

(4) 改良土具有满足要求的抗干缩和温缩裂缝的能力；

(5) 改良土造价要尽可能低且改良土造价小于外地调运土造价。

7.2.2 试料

二渣土的工程性能试验研究试料主要包括电石灰、粉煤灰和盐渍土等。

1. 电石灰

电石灰取自沧州中捷金牛化工厂(图 7-5)，氧化钙含量为 59%，氧化镁含量为 0.47%，有效氧化钙镁含量为 59.47%，电石灰的密度为 0.97g/cm^3，含水量为 74.6%。电石灰试料的颗粒组成见表 7-1。

图 7-5　试验用电石灰

表 7-1　电石灰试料的颗粒组成

粒径/mm	2.0	1.0	0.5	0.25	0.075
通过率/%	100	98.3	95.7	63.3	90.1

2. 粉煤灰

粉煤灰取自黄骅电厂(图 7-6)，试验用粉煤灰的性质指标如表 7-2 所示。

图 7-6 试验用粉煤灰

表 7-2 试验用粉煤灰性质

烧失量/‰	比表面积/(cm^2/g)	密度/(g/cm^3)	SiO_2/%	Al_2O_3/%	Fe_2O_3/%
12.95	3973	2.03	42.17	3.97	31.25

3. 盐渍土

渤海湾沧州区域盐渍土主要特征如下。

(1) 距海岸 15～20km，海拔 2～3m 地带属潮间带，土壤含盐量为 5%，地下水矿化度为 100～150g/L。靠近内陆平原海拔为 3～5m 地带不受海潮影响，土壤含盐量为 0.1%～0.9%，地下水矿化度为 2～22g/L。

(2) 底土和地下水的盐分组成与海水基本一致，主要以氯化物为主，氯根含量占阴离子总量的 70%～90%，其次为硫酸盐。

(3) 滨海盐渍土属疏松沉积物。含水层分布于第四纪岩层中，厚度大，自由水面一般在 1.5m 左右，雨季则升达地表。含水层底板深达 2000m。地下水矿化度高达 100～150g/L。

试验研究所用土料选自沿海高速公路沧州段 K43+700 处(图 7-7)。研究表明，盐渍土为氯盐渍土，含盐量最大为 3.7%。试验中，土料为地表下 0.5m 范围内，如含盐量略小于 3.7%，则人工加盐至 3.7%；如含盐量过小，则弃土。

配制后的土料颗粒粒径在 0.074～0.005mm 的为 82.72%，小于 0.005mm 的为 17.28%，液限为 39，塑限为 19，最大干密度为 1.88g/cm^3，最佳含水量为 18.2，pH 为 8.1，易溶盐总量为 37g/kg，其中 CO_3^{2-} 为 0.137g/kg，HCO_3^- 为 1.137g/kg，Cl^- 为 19.383g/kg，SO_4^{2-} 为 2.613g/kg，Ca^{2+} 为 0.365g/kg，Mg^{2+} 为 0.546g/kg，$K^+ + Na^+$ 为 12.811g/kg。

图 7-7　试验用土料

7.2.3　二渣土的强度形成机理

电石灰是化工行业的排放物，属工业废渣，其改良盐渍土的主要机理如下。

1. 离子交换反应

电石灰溶于水后易解离成 Ca^{2+} 和 OH^-，Ca^{2+} 与土中的低价 K^+、Na^+ 等阳离子进行交换反应。这种离子交换反应导致土的分散性、湿坍性、黏附性和膨胀性降低。该反应过程随着 Ca^{2+} 在土中的扩散而逐渐进行，并在初期进展迅速，这是电石灰固化土初期性质得到改善的重要因素。

2. 火山灰反应

电石灰加入土中，氢氧化钙与土中活性氧化硅和氧化铝起化学反应，生成水化硅酸钙和铝酸钙等硅酸盐产物，此反应为火山灰反应。

$$SiO_2 + xCa(OH)_2 + mH_2O \longrightarrow xCaO \cdot SiO_2 \cdot nH_2O$$

$$Al_2O_3 + xCa(OH)_2 + mH_2O \longrightarrow xCaO \cdot Al_2O_3 \cdot nH_2O$$

生成的新化合物与水泥水解后的产物相似，是一种水稳性良好的结合料。火山灰反应是在不断吸收水分的情况下逐渐发生的，因此具有水硬性。这是构成电石灰土强度的重要因素。

3. 氢氧化钙的结晶反应

电石灰加入土中，氢氧化钙溶解于水，形成氢氧化钙的饱和溶液。随着水分的蒸发和电石灰土反应的进行，可能引起土中溶液某种程度的过饱和。氢氧化钙晶体即从过饱和溶液中析出，从而产生氢氧化钙的结晶反应。

$$Ca(OH)_2 + nH_2O \xrightarrow{\text{晶化}} Ca(OH)_2 \cdot nH_2O$$

此种反应使氢氧化钙由胶体逐渐成为结晶体。这种晶体相互结合，并与土粒结合形成共晶体，把土粒胶结成整体。晶体的氢氧化钙与无定形的氢氧化钙相比，溶解度几乎减小一半，因此促使电石灰土强度和水稳性提高。

4. 氢氧化钙碳酸化反应

氢氧化钙吸收水分和二氧化碳可生成不溶解的碳酸钙。

$$Ca(OH)_2+CO_2+nH_2O\xrightarrow{\text{碳化}}CaCO_3+(n+1)H_2O$$

碳酸钙具有较高的强度和水稳定性，它对土的胶结作用使土得到了加固。二氧化碳从混合料的孔隙渗入或随雨水渗入，在电石灰土的表层碳酸化后则形成一层硬壳，从而阻碍二氧化碳的进一步渗入。因此，氢氧化钙的碳化是个相当长的反应过程，只能提供电石灰土后期强度。

可见，电石灰固化土强度的提高是电石灰土中离子交换反应以及电石灰与土发生化学反应的结果。其中离子交换反应引起土的性质初期变化和使土具有初步水稳性；火山灰反应是构成电石灰土强度的重要因素；氢氧化钙的结晶与碳酸化反应能增加电石灰土后期强度。

电石灰改良盐渍土的后期强度不高，抗冻融、抗水稳能力也不是很强。因此，电石灰改良盐渍土一般仅用于路基填料，而不用于底基层填料。为了使得改良土适于做底基层填料，尝试再掺入粉煤灰。

5. 二渣土的强度机理分析

相比于电石灰改良盐渍土，二渣土的性能有了很大改善，7 天无侧限抗压强度显著提高，抗冻融能力显著增强，抗水稳定性和抗干缩性能大幅提高。当电石灰含量、含盐量、冻融循环次数和初始干密度处于基准水平时，无侧限抗压强度随粉煤灰含量的增加而逐渐变大，这是由于稳定土中活性硅、铝物质与粉煤灰中的游离钙之间的化学反应。土中活性硅、铝物质来自黏粒中相应的氧化物及其水化物和层状硅酸盐的溶解。溶解出的硅、铝物质在稳定土的碱性条件下能以多种单体或多聚体形态存在，这些新生的胶凝物质晶体具有较强的胶结能力和稳定性。由于粉煤灰是空心球体，掺入粉煤灰稳定土的最佳含水量增大、最大干密度减少。但其强度、刚度及稳定性均有不同程度的提高。火山灰反应生成物的多样性均与此有关。随着养生龄期的增长，试件的强度也增大。当粉煤灰含量一定时，随冻融循环次数的增加，无侧限抗压强度下降；而在冻融循环次数一定时，粉煤灰含量越多，试件的强度越大。二渣类稳定土材料经受较多次的冻融循环，但强度下降较小，说明粉煤灰有利于试件的强度增长，这与粉煤灰的性质有关，粉煤灰为空心玻璃体结构，温度敏感性很差，所以受温度的影响不是很大。

另外，粉煤灰的活性要在某种激发剂的作用下才能显示出来，由于粉煤灰颗粒中玻璃体的主要成分是二氧化硅和三氧化二铝，它们属酸性和中酸性氧化物，所以在碱性环境下最易发生化学反应。而电石灰就是优良的激发剂。

当在粉煤灰中加入电石灰和水后，由于电石灰水呈碱性，粉煤灰玻璃体中的可溶性物质——二氧化硅和三氧化二铝开始溶解，并逐渐成为二氧化硅、三氧化二铝的饱和溶液。这种溶液与氢氧化钙溶液相遇便产生火山灰反应：

$$xCa(OH)_2+SiO_2+nH_2O \longrightarrow xCaO\cdot SiO_2\cdot (n+x)H_2O$$

$$yCa(OH)_2+Al_2O_3+mH_2O \longrightarrow yCaO\cdot Al_2O_3\cdot (m+y)H_2O$$

上述反应类似于水泥与水的反应，其生成物含水硅酸钙是一种凝胶，含水铝酸钙是种晶体，具有水硬性和较高的强度。

火山灰反应是二渣中最主要的化学反应，此外还有氢氧化钙的碳化和结晶的反应。随着火山灰反应的进行，二渣内部开始产生水化硅酸钙和水化铝酸钙，这些水化物是外观似糨糊的凝胶体，该凝胶体与水泥水解后的产物类似。由于是在不断吸收水分的情况下逐渐产生的，该凝胶具有水硬性质。在该凝胶物的胶连下，二渣材料被胶结在一起形成凝胶结构。该结构的特征如下。

(1) 无定形性。

凝胶物外观上不具有晶体物质的有序形状，表现出形貌毫无规则的各向同性特点。

(2) 连续性。

随着火山灰反应的进行，凝胶物质可以覆盖整个材料，形成一个连续整体。

(3) 密实稳定性。

火山灰反应是粉煤灰类材料中最主要的一类化学反应，经过持续不断的作用，形成的凝胶物质积累密致，相应的密实程度很高，因此该凝胶结构具有良好的结构稳定性和显著的结构承载力。

随着龄期的延长，在生成凝胶物的同时，开始出现一些纤维状或棒状的结晶体。结晶体的来源一方面是二渣之间进一步反应的结果；另一方面是原有凝胶物的转化，从而在二渣材料中又产生了第3种结构——凝胶晶体缩合结构。由于依附于凝胶物质的纤维和棒状晶体能够相对远程地相互交织、缔结，构成了网架结构的结晶体，在进一步强化材料相互连接性的同时，又提高了凝胶结构的密实性。依赖于上述3种结构，二渣材料的强度开始形成，并随着这些结构的不断积累和发展，表现出材料的各种力学性质相应产生和提高。但由于粉煤灰结构上的稳定性、与电石灰反应的缓慢长期性，要形成和完善这3种结构，并随之达到较高的强度。

上述3种反应不是立刻完成的，而是随着时间的推移逐渐发展，经一段时期后才告结束，在此期间胶体、晶体不断增多、长大，彼此逐渐接触、交叉，除将未参加化学反应的粉煤灰中的其他矿物黏结在一起，还形成了一个胶体加晶体的空间网络结构，这个坚固的空间网络是二渣混合料强度形成的结构原因。

6. 二渣土强度形成微观效应

研究表明：电石灰∶粉煤灰∶盐渍土＝8∶22∶70的二渣土可用于高速公路路面底基层。从28天、180天龄期改良土的SEM扫描图片可看出，改良土多呈聚粒状，期间空隙为小黏土胶粒填充，骨架颗粒分散在由这些微粒构成的胶结物基底上，同时发现含有片状物质——氢氧化钙。改良土从28～180天龄期的微观结构发生了较大变化，由初期原松散的颗粒结构变成颗粒的团聚状结构，在粒状之间和表层生成了许多凝胶物质。随龄期增长，反应生成坡缕缟石。该矿物将土粒连接成整体，形成凝胶及纤维晶体结构。到180天时，坡缕缟石不断增多、增长，结晶体由原悬臂状变成部分连接到土颗粒上，形成了结晶体网架结构，该结构具有一定强度和稳定性，是二渣土强度的要因之一。

7.2.4 室内试验

本研究按《公路路面基层施工技术规范》(JTJ034—2000)和现行试验规程执行。其内容包括二渣土的基本工程性能试验和耐久性试验。根据大量试验和已有的工程经验确定其试验的配方为

① 电石灰∶粉煤灰∶土=14∶16∶70；
② 电石灰∶粉煤灰∶土=10∶20∶70；
③ 电石灰∶粉煤灰∶土=8∶22∶70；
④ 电石灰∶粉煤灰∶土=6∶24∶70；
⑤ 电石灰∶粉煤灰∶土=5∶25∶70；
⑥ 电石灰∶粉煤灰∶土=10∶10∶80；
⑦ 电石灰∶粉煤灰∶土=8∶12∶80；
⑧ 电石灰∶粉煤灰∶土=5∶15∶80；
⑨ 电石灰∶粉煤灰∶土=4∶16∶80；
⑩ 电石灰∶粉煤灰∶土=20∶20∶60；
⑪ 电石灰∶粉煤灰∶土=14∶26∶60；
⑫ 电石灰∶粉煤灰∶土=10∶30∶60；
⑬ 电石灰∶粉煤灰∶土=8∶32∶60；
⑭ 电石灰∶粉煤灰∶土=6∶34∶60。

在试验中，为了便于说明，对上述配方均采用配方①或配方②等方式代替。如配方①即为电石灰∶粉煤灰∶土=14∶16∶70。

1. 基本性能试验

二渣土的基本工程性能试验包括塑性指数、击实、CBR 性能、无侧限抗压强度、抗弯拉强度、抗压回弹模量和三轴试验。

1)“二渣土”的液限、塑限及塑性指数

掺量不变，塑性指数随着掺入比的增大而增大，塑限随着掺入比的增加而减小。当二渣掺量增加时，液限、塑限都略有增加，而塑性指数改变不明显。

2) 二渣土的击实试验

改良盐渍土中增加粉煤灰量后，干密度减小。如果二渣掺入比相同，则总掺量越小，改良土的最大干密度越大。如总掺量不变，则掺入比越大，最大干密度越大。如果掺量不变，则掺入比越大，最佳含水量越小。如果掺入比不变，则二渣掺量越大，改良土的最佳含水量越大。

3) 二渣土的 CBR 试验

随着电石灰含量的增加，相同压实度的改良土的 CBR 增大，而如果电石灰和粉煤灰

的掺入比和掺入量一定，则随着压实度的增大，改良土的 CBR 增大。粉煤灰对改良土的 CBR 影响较小。

4）二渣土的无侧限抗压强度

按改良土的配方和不同配方各自的最佳含水量和最大干密度，用压实法（压实度为96%）制备试件，试件尺寸为 φ50mm×50mm，浸润饱和后，在标准养护箱（温度 20℃，湿度 95%）中养护至规定龄期后，进行无侧限抗压强度试验。试验揭示了其强度规律如下。

（1）当电石灰掺量大于 8%时，二渣改良土的无侧限抗压强度随着掺入比的增加先缓慢增加，在掺入比达到 3∶1 时近似达到最大，而后随着电石灰掺入量的减少而迅速减小。

（2）当电石灰掺量小于 8%时，二渣土的无侧限抗压强度随着电石灰含量增加而增大。

（3）改良土无侧限抗压试验成果表明，二渣混合料中并非电石灰含量越大越好，当电石灰含量超过 8%后，电石灰与粉煤灰存在一个最佳比例，即粉煤灰∶电石灰＝3∶1。

（4）当二渣掺量为 20%时，二渣土的 7 天无侧限抗压强度在 0.5MPa 左右，不满足底基层的无侧限抗压强度要求。随着二渣掺量的增加，二渣土的无侧限抗压强度增大，当二渣掺量为 30%时，其 7 天龄期无侧限抗压强度约为 0.7MPa，完全满足底基层的无侧限抗压强度要求。

（5）当龄期从 7 天增至 28 天后，不同配方的无侧限抗压强度都增长了 50%～100%，表明粉煤灰的掺入能有效提高改良土的长期强度。28 天龄期后，改良土的强度增长渐趋缓慢。

（6）干湿循环试验、冻融试验及无侧限抗压强度试验表明，二渣混合料并非电石灰含量越大越好。在二渣掺量一定的条件下，当电石灰含量≥8%时，粉煤灰∶电石灰的最佳质量配比为 3∶1；当电石灰含量小于 8%时，增加电石灰含量能有效改善改良土的工程性能。

（7）当电石灰含量超过一定值（8%），存在最佳质量配比是由于当电石灰含量超过一定值后，过多的电石灰沉积在土孔隙中，电石灰与粉煤灰之间的火山灰反应不完全，以单独颗粒存在，反而使得改良土强度不高。

（8）据干湿循环试验、冻融试验及无侧限抗压强度试验结果，建议电石灰＋粉煤灰掺量为 30%，电石灰∶粉煤灰≈1∶3。由此，以电石灰∶粉煤灰∶土＝8∶22∶70 作为本项目底基层的施工配方。

5）二渣土的抗弯拉强度

二渣土的抗弯拉强度和弯拉模量与掺入比的关系与无侧向抗压强度与掺入比之间关系的规律相同。随着龄期的增长，抗弯拉强度和抗弯拉模量都有较大增长（图 7-8 和图 7-9）。

6）二渣土的三轴试验

对电石灰∶粉煤灰∶土＝8∶22∶70，改良土的不固结不排水强度指标和固结不排水指标的内摩擦角和黏聚力都随压实度的增加而增大，对相同压实度的改良土，掺入比改变对内摩擦角的影响不大，对黏聚力有一定影响，总之，随着掺入比的增大，黏聚力略有下降。

7）二渣土的抗压回弹模量试验

随着二渣含量的增加，相同压实度的改良土的回弹模量增大。等量的电石灰比粉煤

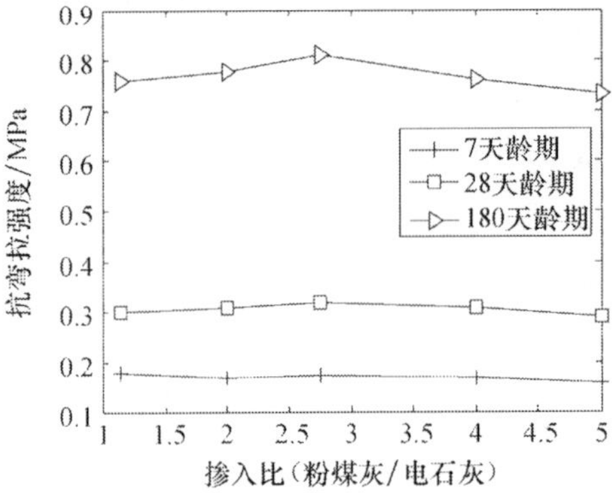

图 7-8　30%二渣掺量抗弯拉强度与掺入比的关系图

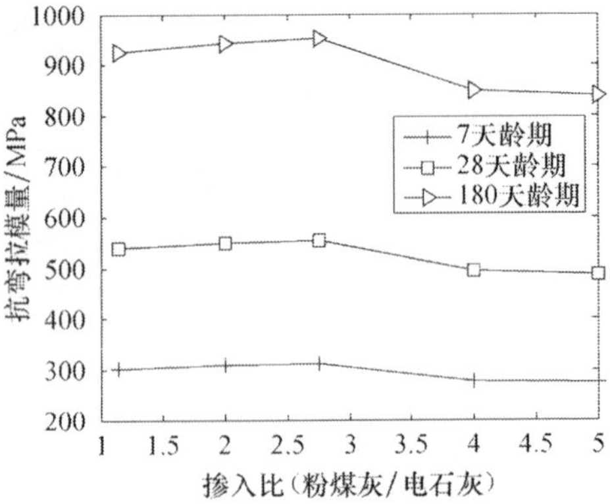

图 7-9　30%二渣掺量抗弯拉模量与掺入比的关系图

灰的作用更大些。当二渣掺入比和掺入量一定时,则随着压实度的增大,回弹模量增大。

2. 二渣土的耐久性试验

本研究具体试验过程按《公路工程无机结合料稳定材料试验规程》(JTG E51—2009)和现行的《固化类路面基层和底基层技术规程》执行。内容包括水稳定性、抗冻性、干缩性、温缩性和抗裂性试验与评价。

1) 二渣土水稳定性试验

水稳定性由干湿循环试验确定,其规律如下。

(1) 当电石灰掺量大于 8%时,二渣土对比试件强度、干湿循环后试件强度和水稳定系数都是随着掺入比的增加先缓慢增加,在掺入比达到 3∶1 时近似达到最大,而后随着电石灰掺入量的减少而迅速减小(图 7-10)。

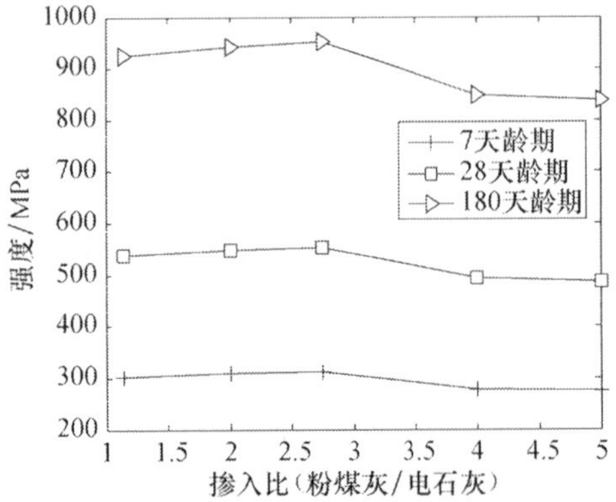

图 7-10　30%"二渣"掺量抗弯拉模量与掺入比的关系图

(2) 当电石灰掺量于小于 8%时,二渣土对比试件强度、干湿循环后试件强度和水稳定系数都随掺入比的增大而降低,即随着电石灰含量的增加而增大。

(3) 干湿循环试验表明,当电石灰含量超过 8%时,二渣存在一个最佳比例(即电石灰∶粉煤灰=1∶3)。

(4) 二渣掺量对试件强度有一定影响,掺量越大则强度就越大。对于水稳系数,30%"二渣"掺量的水稳系数整体上要大于 20%或 40%的二渣掺量。总之,二渣土能够满足实际工程对耐干湿循环能力的要求(图 7-11)。

2) 二渣土的抗冻试验

掺入比对冻融、未冻融强度和残留抗压强度比均有影响,具体如下。

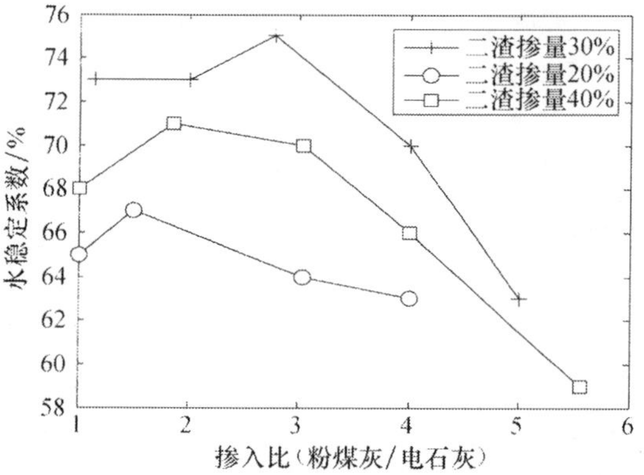

图 7-11　掺入比对二灰改良土水稳定系数的影响

(1) 当电石灰掺量大于 8%时,二渣土未冻融试件强度、冻融后试件强度和残留抗压强度比都随掺入比的增加先缓慢增加,在掺入比达到 3∶1 时近似达到最大,而后随着电石灰掺入量的减少而迅速减小。

(2) 当电石灰掺量小于 8%时,二渣土未冻融试件强度、冻融后试件强度和残留抗压强度比都随掺入比的增大而降低,即随着电石灰含量的增加而增大。

(3) 冻融试验表明,二渣混合料中并非电石灰含量越大越好,当电石灰含量超过 8%后,二渣存在一个最佳比例(粉煤灰∶电石灰=3∶1)。

(4) 二渣掺量对未冻融试件强度、冻融试件强度和残留抗压强度比有一定影响,掺量越大强度就越大。当二渣掺量为 20%时,残留抗压强度比在 65%左右,从理论上满足要求,但考虑施工现场的各种不确定性因素,有一定风险。当二渣掺量为 30%时,残留抗压强度比在 72%以上,已超过规范规定值,满足要求。当二渣掺量为 40%时,残留抗压强度比更大,也满足规范要求。

3) 二渣土的干缩试验

集料过细、含水量过大和初期养生不当,都会导致基层材料的很大干缩。主要体现在以下几方面。

(1) 半刚性基层材料毛细管中水的弯液面存在毛细管张力,以压力的形式作用于毛细管壁,其大小与毛细管的半径成反比。当水分蒸发时,毛细管水面下降,弯液面的曲率半径变小,致使毛细管压力增大从而产生收缩。

(2) 毛细水蒸发完结后,随着相对湿度的继续减小半刚性基层材料的吸附水开始蒸发,使颗粒表面水膜变薄,颗粒间距离变小,分子力增大,导致其宏观体积进一步收缩。其收缩量要比毛细管作用的影响大得多。当吸附水膜减薄到一定程度以后,收缩量逐渐减小,直至终止收缩。

(3) 半刚性基层材料中有大量层状结构晶体或非晶体,如黏土矿物、C-S-H 凝胶、C-A-H 结晶体等,其层间夹有大量的层间水与水化离子。随着相对湿度的进一步下降,层间水蒸发,致使晶格间距减小,从而引起整体收缩。

(4) 半刚性材料中 $Ca(OH)_2$ 和 CO_2 反应生成 $CaCO_3$ 析出水而引起体积收缩。

① 由于半刚性基层材料性脆,在温度与湿度变化时较易产生裂缝,当沥青混凝土面

层较薄时，这种裂缝往往要扩展到面层，形成反射裂缝，将大大降低路面使用寿命，为此需要研究二渣改良土的干缩变形特性。

② 随着失水量的增大，二渣土的干缩应变变大，在失水初期，干缩应变增大较快，在失水率达到4%～7%后，干缩应变增长趋于平缓。

③ 干缩应变在很大程度上受二渣混合料的影响，其规律是二渣掺量越大，干缩应变就越小。

④ 随着失水率的增大，二渣土的干缩系数先增大后减小。当失水率达到3%～5%时，干缩系数达到最大值，而后急剧减小；当失水率达到6%左右时趋于平缓，在 $100\times10^{-6}/\%$；当失水率达到6%以上时，干缩系数缓慢减小，变化不大。

根据干缩应变和干缩系数的发展变化特点，采取如下措施控制干缩裂缝。

(1) 压实中含水量宜控制在最佳含水量±0.5%内，但应视具体施工条件选择，如气候炎热，水分蒸发散失速度快，或运输路程较长，在运料过程中水分损失较多，含水量则上调。其控制原则是在保证压实质量的情况下尽量降低。

(2) 碾压过程中出现混合料表面干燥时，最好不要用洒水车或水管喷水，防止水分喷洒过量，可采用压路机自身的间歇喷水装置补少量水。另外，应控制洒水车停放，以免滴漏。

(3) 本研究试料中含有一定量的硫酸钠，硫酸钠对基层的干缩裂缝有一定的抑制作用，但含盐量过大，会造成基层的盐胀量加大，破坏基层的稳定，因此工程用土含有的硫酸盐不小于试验中硫酸钠含盐量(试料为 SO_4^{2-} 为2.613g/kg)，同时不超过0.4%。

(4) 在各施工环节上减少离析，保持混合料均匀、强度分布均匀，避免出现薄弱地段。

(5) 控制摊铺机速度在2～2.5m/min，防止摊铺机过快而将混合料拉得过虚，产生潜在裂缝。及时碾压，可适当加大压实力，提高压实度，增强基层抗压强度，从而增大其抵抗内部收缩变形应力的能力。

(6) 压路机合理组合及控制其碾压顺序、速度。碾压速度不宜过快，特别是振动压实时，否则会将混合料内部拉裂，表面也会出现微小裂缝，形成隐患。

(7) 含水量的控制影响到压实度和裂缝。由于混合料在运输、碾压过程中还有水分散失，尤其夏季水分蒸发速度快，施工过程中水的含量按比最佳含水量大1%左右控制。含水量过小摊铺时容易离析，基层表层松散，碾压容易起皮，难以压实；含水量过大碾压时粘轮，表面起拱，而且基层成型后水分散失越多裂缝越多。所以施工过程中要根据天气状况及时调整。

(8) 及时养生。覆盖专用养生膜是理想的养护方法，可使基层表面及内部保持潮湿状态，避免混合料内部含水量分布不均匀而导致收缩应变。避免基层曝晒时间过长导致水分蒸发过快，覆盖养生膜前应先洒水湿润。完工后及时养护，养生期不少于7天，并且保持表面湿润，在铺筑基层、面层之前尽量封闭交通，以减少车辆荷载的影响。

4) 二渣土的温缩试验

当温度从40℃到−30℃变化时，温缩应变增大。在40℃到0℃时，温缩应变增加较为缓慢，增速也较为稳定。然而温缩应变在0℃后增速有一个明显的放缓。研究表明，由于采用风干试件，其内含有一定的自由水，在0℃后其自由水结冰，体积发生膨胀，从而抵消了一部分体积收缩，在宏观上表现为温缩应变放缓。当温度降为－5℃后，温缩应变增速又开始增加，并在－10℃温缩应变增速达到最大值，而后温缩应变增速又开始减小。

当温度从40℃到－30℃变化时，温缩系数的总体变化规律是先增大，后减小，而后再增大、减小。具体来说，在40℃到30℃时，温缩系数快速增加，在30℃到－5℃时，温缩系数有减小的趋势，在－5℃到－10℃时，温缩系数快速增加，并达到极值，而后又开始缓慢减小。

5）二渣土的抗裂性能评价

随着二渣掺量的增加，干缩开裂系数和温缩开裂系数减小，改良土的抗干缩和抗温缩性能提高。当二渣总掺量一定时，干缩开裂系数和温缩开裂系数随着粉煤灰含量的增加而降低，表明粉煤灰掺量比例越大，改良土的抗干缩和抗温缩能力越大。

对比干缩开裂系数和温缩开裂系数，发现干缩开裂系数远大于温缩开裂系数，说明二渣土底基层开裂，通常湿度变化是主因，温度变化影响较小。配方（电石灰：粉煤灰：土＝8：22：70）的干缩开裂系数和温缩开裂系数都小于1，能抵抗温缩变形，也能抵抗干缩变形而不致开裂，故可作为底基层材料。

7.2.5　试验路段

试验路选在沿海高速公路沧州段五合同K43＋621.8～K43＋850处，设计宽度31.0m。路面结构为上面层4cmAC-13C改性沥青混凝土，中面层6cmAC-16C沥青混凝土，下面层10cmATB-25沥青碎石，基层2×18cm水泥稳定碎石，底基层18cm二渣土。二渣土配合比为电石灰：粉煤灰：盐渍土＝8：22：70，最大干密度1.628g/cm^3，最佳含水量18.5%，压实度控制标准96%。电石灰用量1.21m^3/m，粉煤灰用量2.86m^3/m。

7.2.6　二渣土的工程性能研究结论

在盐渍土中掺加二渣后，其工程特性得到显著改善，结论如下。

(1) 盐渍土掺加电石灰后，其工程特性得到有效改良，当电石灰掺量由5%增加至8%时，改良土的工程特性得到有效提高，当掺量不到5%或掺量大于8%时，改良效能均降低。

(2) 当电石灰掺量为8%时，改良土的强度、抗水稳定性、抗冻融稳定性、UU抗剪强度指标、CU抗剪强度指标均较高；当电石灰掺量为8%时，压实度90%以上的改良土CBR都满足规范要求，回弹模量大于40MPa。因此，8%电石灰掺量的改良土可做路基填料。

(3) 电石灰改良盐渍土的7天龄期无侧限抗压强度不高，不能满足做路面结构层底基层的要求。

(4) 试验表明，电石灰掺量对二渣土的工程性能有很大影响。当电石灰掺量大于8%时，二渣土的水稳定性能、抗冻融循环性能、无侧限抗压强度都随着掺入比的增加先缓慢提高，在掺入比达到3：1时近似达到最大，而后随着掺入比的增大而迅速减小；当电石灰掺量小于8%时，二渣土中的电石灰掺量对其水稳定性能、抗冻融循环性能、无侧限抗压强度具有较大影响，随着电石灰掺量增加，水稳定性能、抗冻融循环性能、无侧限抗压强度都有显著提高。

(5) 二渣土中当电石灰含量超过8%后，从改良土工程特性角度，二渣存在一个最佳比例(即粉煤灰：电石灰≈3：1)；另外，随着二渣掺量的增加，二渣改良土的无侧限抗压强度增大。当二渣掺量为20%时，二渣土的7天无侧限抗压强度在0.5MPa左右，不满足底基层的无侧限抗压强度要求。当二渣掺量为30%时，其7天龄期无侧限抗压强度约为0.7MPa，完全满足高速公路底基层的无侧限抗压强度要求。

(6) 随着龄期的增长，二渣土的无侧限抗压强度快速增长。当龄期从7天增至28天后，不同配方的无侧限抗压强度都增长了0.5～1.0倍，在28天龄期后，改良土的强度增长渐趋缓慢；据二渣土的干湿循环试验、冻融试验及无侧限抗压强度试验结果，建议本项目二渣掺量为30%(且粉煤灰：电石灰≈3：1)。由此，选择电石灰：粉煤灰：土＝8：22：70为本项目二渣土做底基层的施工配方。

(7) 二渣土中强调电石灰最佳含量配比，是由于当电石灰含量超过一定值(8%)时，过多的电石灰沉积在土孔隙中，电石灰与粉煤灰之间的火山灰反应不完全，以单独颗粒存在，反而使得改良土强度不高。

(8) 对于二渣土，抗弯拉强度和抗弯拉回弹模量都随着龄期的增长而增大，随着二渣掺量的增加而增大。

(9) 二渣土的极限拉应变在0.07%～0.1%，远小于极限拉应变。

(10) 干缩试验表明，随着失水量的增大，二渣土的干缩应变变大，在失水初期，干缩应变增大较快；在失水率达到4%～7%以后，干缩应变增长趋于平缓。干缩应变在很大程度上受二渣混合料的影响，总体规律是二渣掺量越大，干缩应变就越小。

(11) 通过干缩试验研究，提出应采用多种措施控制干缩变形，如控制碾压含水量、采取适宜的施工工艺，强调了及时养生等。

(12) 温缩试验表明，当温度从40℃到－30℃变化时，温缩系数的总体变化规律是先增大，后减小，而后再增大，再减小。具体来说，在40℃到30℃时，温缩系数快速增加，在30℃到－5℃时，温缩系数有减小的趋势，在－5℃到－10℃时，温缩系数快速增加，并达到极值，而后又开始缓慢减小。

(13) 干缩和温缩试验表明，配方(电石灰：粉煤灰：土＝8：22：70)的二渣土干缩和温缩变形小，在施工条件下不会导致底基层开裂，抗裂性能好。

(14) 电石灰改良土路基填筑中，如用16吨压实机械，最佳松铺厚度为30～35cm，最佳碾压遍数为6遍，最后一遍为静压；采用18吨压实机械，最佳松铺厚度为35～40cm，最佳碾压遍数为6遍，最后一遍为静压。

(15) 二渣土的松铺系数为1.56，最佳碾压工艺为用2台振动压路机和3台光轮压路机组合在结构层全宽内碾压。碾压顺序：由外侧边缘向路中心进行，前后两次的轮迹需重叠20～30cm。先用振动压路机静压1遍，再振动碾压4遍，后用三轮压路机压4遍。

7.3　二渣土路面基层施工工法

所谓工法是以工程为对象、工艺为核心，运用系统工程的原理，把先进技术和科学管理结合起来，经过一定的工程实践形成的综合配套的工程建设与养护施工方法。它必须具有先进、适用和保证工程质量与安全、提高施工效率、降低工程成本等特点（建设部、交通部《工法管理办法》）。

电石灰粉煤灰稳定盐渍土路面基层施工工法（简称二渣土路面基层施工工法）完成于2009 年，基于 2007～2009 年黄骅港集散公路网路面基层、底基层试验路、大量的室内外试验和 2011 年《电石灰粉煤灰稳定盐渍土作高等级公路底基层研究》成果总结而成。现简述如下。

7.3.1　产生背景

随着黄骅港吞吐能力的增加，掀起了疏港公路网（南、中、北、东、西 5 条疏港公路和军盐路、中辛路等，计百余千米）的建设热潮。该公路网由沧州路桥工程公司中标承建。

但由于黄骅港沿海滩涂为土质海岸，建筑材料匮乏（地材仅有盐渍土），建设成本太高。并且，石灰稳定土这种常用结构因石灰对盐渍土的稳定效果极差（做浸水试验时，其试件坍塌液化）而失去优势。于是，开展了稳定盐渍土的研究。经反复研究，试验结果如下。

（1）水泥稳定盐渍土具有良好的路用性能。

（2）石灰、粉煤灰稳定盐渍土具有良好的路用性能。

（3）电石灰、粉煤灰稳定盐渍土具有良好的路用性能。

（4）经综合研究分析，得到结论如下：水泥稳定盐渍土虽然路用性能良好，但作业时效性太强（施工作业间隔受水泥初凝时间限制），且成本高；石灰、粉煤灰稳定盐渍土虽然路用性能良好，但成本较高，且石灰中未烧透石块损伤稳定土拌和机拌齿；电石灰、粉煤灰稳定盐渍土不仅路用性能良好，而且电石灰颗粒细腻均匀，施工方便，成本低。于是研究完善该工法就具有非常明显的实用价值。

7.3.2　工法应用情况

1. 标准化

2008 年，电石灰、粉煤灰稳定盐渍土工法已标准化，广泛应用于沧州沿海一带高等级公路垫层、底基层和一般公路基层工程。

2. 优秀 QC 小组

电石灰、粉煤灰稳定盐渍土 QC 小组，被沧州市交通运输局、河北省交通厅评为 2008 年度优秀 QC 小组。

3. 成果鉴定

2011 年 10 月 16 日《电石灰、粉煤灰稳定盐渍土作高等级公路底基层研究》项目，经河北省交通运输厅组织的专家鉴定，研究成果达到国内领先水平。

7.3.3　研发单位

二渣土路面基层施工工法主研单位：沧州路桥工程公司。

7.3.4 工法特点

1. 充分利用工业废渣和弃土

电石灰、粉煤灰分别为化工生产乙炔气体和热电产业的工业废渣；盐渍土是公路工程禁止直接使用的弃土。该工法充分利用工业废渣稳定盐渍土，做路面基层、底基层，质量可靠、工期缩短、造价降低，具有一定的先进性和新颖性。

2. 工艺流程简洁

传统工法(二灰土)工艺流程：消灰→筛灰→准备路基→施工放样→洒水湿润路基→运土和铺土→运输和摊铺粉煤灰→运输和摊铺石灰→拌和Ⅰ及洒水→闷料→拌和Ⅱ→整形→碾压→接缝和调头处处理→验收→养生。

新工法(二渣土)工艺流程：准备路基→施工放样→洒水湿润路基→运输和摊铺盐渍土→运输和摊铺粉煤灰→运输和摊铺电石灰→拌和及洒水→整形→碾压→接缝和调头处处理→验收→养生。

新工法工艺流程环节少，电石灰颗粒细腻均匀，施工快捷、安全，成本低廉，质量可靠(完全符合或超过传统二灰土技术指标)，具有一定的先进性、实用性和新颖性。

3. 适用范围

(1) 工法适用于沿海地区盐渍土资源丰富地带，修筑高等级公路底基层和一般公路基层。

(2) 以电石灰氧化钙含量大于等于石灰活性物质——氧化钙＋氧化镁含量为基本技术条件；电石灰价格小于等于石灰(或袋装粉状石灰)价格为最佳经济条件。

4. 工艺原理

1) 电石灰的化学成分

电石灰(俗称噶石灰)，是化工厂用碳化钙(俗称噶石或电石)为原料生产乙炔气体的副产品。电石与水反应后，生成乙炔气体和电石灰放出热量。乙炔气体被收集后剩下的副产品主要是氢氧化钙，与路用消石灰化学成分相同。因此，它具有稳定土壤的功能。其化学成分见表 7-3。

表 7-3 电石灰的化学成分 (单位：%)

化学成分 / 材料名称	SiO_2	Al_2O_3	Fe_2O_3	CaO	MgO	SO_2	FeO
电石灰	0.2～5	0.1～3.5	0.1～0.9	55～70	0.3～1.2	—	—

表 7-3 结果表明，电石灰有效钙含量高达 55%～70%，相当于路用Ⅲ级以上消石灰。因此，用它做稳定剂修筑稳定土做路面基层、底基层和结构垫层从理论上是可行的。

2) 组成设计

以黄骅港疏港公路路面底基层——二渣土组成设计为例。

（1）原材料试验。

① 电石灰有效钙镁含量：62.9%。

② 土 Ip：21.5；土有机质含量：0.888%；盐渍土类型：氯盐盐渍土；土含盐量：5.6%；CBR：3.2%；土颗粒分析：0.074～0.002mm，82.1%；<0.002mm，19%。

③ 粉煤灰试验结果（JTJ 051—1993）为烧失量：4.2% ≤ 20%，合格；密度：2.06g/cm^3；比表面积：4260cm^2/g≥2500cm^2/g，合格；$SiO_2+Fe_2O_3+Al_2O_3=91.8\%$。粉煤灰符合现行《公路路面基层施工技术规范》（JTJ 034—2000）要求。

（2）组成设计试验结果。

① 沿线盐渍土适宜用电石灰、粉煤灰稳定。

② 二渣土强度见表 7-4。

③ 强度评价：由表 7-4 分析可知，二渣土强度达到了现行《公路路面基层施工技术规范》（JTJ 034—2000）石灰稳定土强度要求（高速公路和一级公路，底基层≥0.8MPa）和二灰稳定土强度要求（高速公路和一级公路，基层 0.8～1.1MPa；底基层≥0.6MPa）。

表 7-4　二渣土无侧限抗压强度试验

配合比	无侧限抗压强度/MPa	CV/%
6∶20∶74	0.68	11.76
8∶20∶72	0.85	1.18
10∶20∶70	0.89	2.25
12∶20∶68	0.91	2.20

④ 理论配比为电石灰∶粉煤灰∶盐渍土=6∶20∶74。

⑤ 施工配比为电石灰∶粉煤灰∶盐渍土=8∶20∶72；最佳含水量：20.0%；最大干密度：1.55g/cm^3。

3）试验路段验证

2007 年 10 月 1 日，于南疏港公路 K15+100～K15+400 处，按施工配比铺筑了 300m 二渣土试验路，经业主、监理和项目经理部质检组鉴定，符合规范和质量标准要求。

7.3.5　施工工艺流程及操作要点

1. 工艺流程

二渣土路面基层施工工法工艺流程见图 7-12。

二渣土施工与二灰土施工没有本质区别，只是省去了消灰、筛灰、二次搬倒（将消石灰由灰场运至灰土施工现场）和闷料 4 道工序。而电石灰是由产地直接运往施工现场使用。

2. 二渣土路面基层施工工法技术控制要点

二渣土路面基层施工技术控制，首先应遵循如下基本准则。

（1）施工期的最低气温应在 5℃以上，并应在重冰冻（−5～−3℃）到来之前一个月到一个半月完成。

（2）一级公路路面底基层（电石灰、粉煤灰稳定盐渍土）压实度：95%。

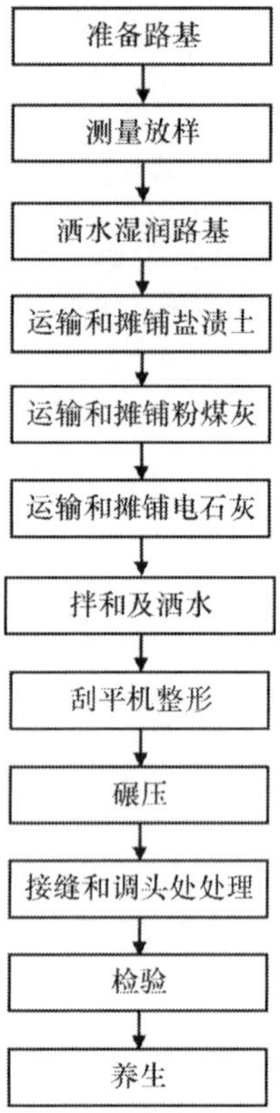

图 7-12 二渣土施工工艺流程图

(3) 所用电石灰须满足规范要求——消石灰Ⅲ级或以上等级;粉煤灰符合规范要求。

(4) 用公路专用稳定土拌和机进行路拌法施工;严禁用贴补方法找平;压实层厚:20cm/层;选用 18～20 吨三轮压路机和振动压路机。

(5) 盐渍土塑性指数:12～20,最大粒径≤15mm。

(6) 二渣土 7 天浸水抗压强度≥0.6MPa。

(7) 按试验规程做延时试验,并严格控制自加水拌和至碾压成型时间;如无试验资料,可按拌成混合料的堆放时间不宜超过 24h 控制。

(8) 如设置路缘石,必须注意防止路缘石阻滞路面表面水和结构层中水的排除。

(9) 覆盖素土,保湿养生;养生期间,除洒水车外封闭交通或采取措施,确保表层不受损害。

(10) 各种混合料的试验,按《公路工程无机结合料稳定材料试验规程》(JTG E51—2009)执行。

其次,严格按如下技术要领控制操作。

1) 准备下承层

电石灰、粉煤灰下承层为土基(路基顶层为石灰改良土)。

(1) 须用 12～15 吨三轮压路机或等效的压路机进行 3～4 遍碾压检验。在碾压过程中,如发现土过干、表层松散,应适当洒水;如土过湿,发生弹簧现象,应采用挖开晾晒、换土、掺石灰或水泥等措施进行处理。

(2) 对于土基应进行压实度检查,对不符合要求的路段,必须根据具体情况,采取措施,使之达到规范规定的标准。

(3) 新完成的路基,必须按规范要求进行验收。凡验收不合格者,必须采取措施,使之达到标准后方可铺筑二渣土底基层。

(4) 应按规范要求规定逐个断面检查路基标高。

(5) 在槽式断面的路段,两侧路肩上每隔一定距离(5～10m)交错开挖泄水沟(或做盲沟)。

2) 施工放样

(1) 在土基上恢复中线,直线段每 15～20m 设一桩,平曲线段每 10～15m 设一桩,并在两侧路肩边缘外设指示桩(图 7-13)。有时设土堆作为标识(堆顶加白灰,见图 7-14)指导、控制铺土厚度。

(2) 在两侧指示桩上用明显标记标出电石灰、粉煤灰稳定土的设计高度。

3) 备料

(1) 运到现场的粉煤灰,应含有足够的水分,防止扬尘。在干燥和多风季节,应使料堆表面保持湿润,或者覆盖。如在堆放过程中,部分粉煤灰凝结成块,使用时应将灰块打

图 7-13　用 RTK-GPS 定位系统测量确定中线及铺土边线

图 7-14　挖掘机按测量布设的控制点铺土

碎。场地集中堆放的粉煤灰，应覆盖，避免雨淋。

(2) 土和电石灰的备料。

① 当分层采集土时，应将土分层堆放在堆土场，然后从前到后将上下层土一起装车运送到现场(图 7-15)。

图 7-15　备土(盐渍土)

② 对于塑性指数大于 15 的黏土，机械拌和时，可视土质和机械性能确定是否需要过筛。

③ 直接将电石灰运往施工现场码放成灰带；无需消解，无需过筛（因为电石灰颗粒细腻、均匀），直接使用。

④ 必须注意电石灰天然状态下的含水量，以利于调解结构层混合料最佳含水量。

⑤ 电石灰一般为码垛堆放，其表面与空气接触产生化学反应（氢氧化钙与空气中的二氧化碳反应，生成碳酸钙和水），活性丢失，因此，采购装车运输时，一定要将其表面 30～50cm 去除；同时，装运前取样测试其活性物质含量（氧化钙），满足规范要求方可。并且要加大料源检验、试验频率，开始阶段，逐车检验、试验；稳定之后，每 3～5 车检验、试验一次。

(3) 计算材料用量。根据各路段电石灰、粉煤灰稳定盐渍土层的宽度、厚度及预定的干密度，计算各路段需要的干混合料质量；根据混合料的配合比、材料的含水量以及所用运料车辆的吨位，计算各种材料每车料的堆放距离。也可于下承层上，将材料堆成条状梯形断面，控制材料用量（俗称打灰带和打土带，见图 7-16 和图 7-17）。

图 7-16　打灰带（粉煤灰码成梯形断面条形垛）

电石灰粉煤灰稳定土混合料各组成成分计算方法如下。

改良土混合料为

$$G_m = 1.03\gamma_d hbl \tag{7-1}$$

式中，G_m——电石灰改良土的干质量；

l——路段的长度；

γ_d——电石灰改良盐渍土的预期压实干容重；

1.03——损耗系数。

混合料中水的量为

$$G_w = \omega G_m \tag{7-2}$$

式中，ω——混合料含水量；

G_w——混合料中水的数量。

图 7-17　打土带(电石灰码成梯形断面条形垛)

混合料中干土的质量为

$$G_s = \frac{G_m}{1+C+D} \tag{7-3}$$

式中,C——电石灰剂量的百分率;

D——粉煤灰剂量的百分率。

混合料中电石灰+粉煤灰的质量为

$$G_h = G_m - G_s \tag{7-4}$$

混合料中电石灰的质量为

$$G_c = \frac{C}{C+D} G_h \tag{7-5}$$

混合料中粉煤灰的质量为

$$G_c = \frac{D}{C+D} G_h \tag{7-6}$$

(4) 培肩。如路肩用料与二渣土层用料不同,应采取培肩措施,先将两侧路肩培好,培肩压实高度应与稳定土层压实厚度等同。在路肩上,每隔 5～10m 应交错开挖临时泄水沟。

(5) 湿润下承层。在预定堆料的下承层上,堆料前应先洒水,使其表面湿润。

4) 运输和摊铺

(1) 材料装车时,应控制每车料的数量基本相等。

(2) 采用电石灰稳定粉煤灰时,应先将粉煤灰运到现场;采用电石灰、粉煤灰稳定盐渍土时,应先将盐渍土运到现场。在同一料场供料的路段内,由远到近将料按规范有关条款计算的距离卸置于下承层上,卸料距离应均匀。

(3) 土带或灰带每隔一定距离应留一个缺口,以利交通。材料在下承层上的堆置时间不应过长(应以试验确定的延迟时间控制)。

(4) 应通过试验确定各种材料及混合料的松铺系数。

(5) 采用机械路拌时,应采用层铺法。即每种材料摊铺均匀后,宜先用两轮压路机碾压 1～2 遍，然后再运送并摊铺下一种材料。

摊铺每层材料时应力求平整，并具有规定的路拱，一般由挖掘机配合摊铺，刮平机整平、调拱（图 7-18 和图 7-19）。集料应较湿润，必要时先洒少量水。

图 7-18　刮平机摊铺粉煤灰

图 7-19　扣锹法配合刮平机铺电石灰

5）拌和及洒水

（1）对于二级及以上公路，应采用专用稳定土拌和机进行拌和，并应先干拌两遍。

（2）用稳定土拌和机拌和时，拌和深度应直到稳定层底，并宜侵入下承层 5～10mm（不应过多），以加强上下层联结。应设专人跟随拌和机，随时检查拌和深度并配合拌和机操作员调整拌和深度。直接铺在土基上的拌和层宜避免素土夹层，其余各层严禁在拌和层底部留有素土夹层。通常拌和两遍以上，在进行最后一遍拌和之前，必要时先用多铧犁紧贴底面翻拌一遍。

（3）对于三、四级公路，在没有专用拌和机械的情况下，如为电石灰、粉煤灰稳定细粒土和中粒土，也可用旋转耕作机与多铧犁或平地机相配合先干拌 4 遍。先用旋转耕作机拌和两遍，后用多铧犁或平地机将底部素土翻起，再用旋转耕作机拌和第 2 遍，用多铧犁或平地机将底部料再翻起，随时检查调整翻犁的深度，使稳定土层全部翻透。严禁在稳定土层与下承层之间残留一层素土，但也应防止翻犁过深，破坏下承层的表面。

(4) 对于三、四级公路，在没有专用拌和机械的情况下，如拌和电石灰、粉煤灰稳定中粒土和粗粒土，也可以用缺口圆盘耙与多铧犁或平地机相配合干拌。用平地机或多铧犁在前面翻拌，用圆盘耙跟在后面拌和，即采用边翻边耙的方法。圆盘耙的速度应尽量快，使电石灰、粉煤灰和集料拌和均匀。共翻拌 4 遍，开始的两遍不应翻犁到底，以防电石灰、粉煤灰落到底部，后面的两遍，应翻犁到底，随时检查调整翻犁的深度，要求同上。

(5) 用喷管式洒水车将水均匀地喷洒在干拌后的混合料上，洒水距离应长些，水车起洒处和另一端调头处都应超出拌和段 2m 以上。洒水车不应在正进行拌和及当天计划拌和的路段上调头和停留，应防止局部水量过大。对于土壤过湿、翻浆路段进行翻拌晾晒(图 7-20)。

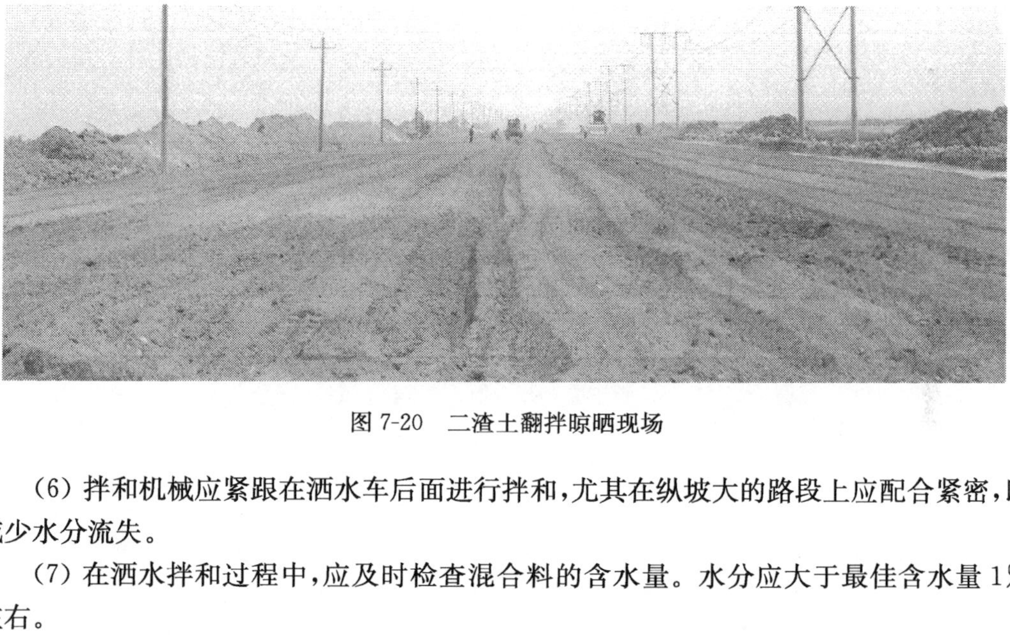

图 7-20　二渣土翻拌晾晒现场

(6) 拌和机械应紧跟在洒水车后面进行拌和，尤其在纵坡大的路段上应配合紧密，以减少水分流失。

(7) 在洒水拌和过程中，应及时检查混合料的含水量。水分应大于最佳含水量 1% 左右。

(8) 拌和过程中，要及时检查拌和深度，要使二渣土层全深都拌和均匀。拌和完成的标志是混合料色泽一致，没有灰条、灰团和花面，没有粗细颗粒窝或带，且水分合适均匀(图 7-21 和图 7-22)。工地实验室及时检验灰剂量。

(9) 对于电石灰、粉煤灰稳定级配集料，应先将电石灰和粉煤灰拌和均匀，然后均匀地摊铺在集料层上，再一起进行拌和。

6) 整形

(1) 平地机整形。

① 混合料拌和均匀后，先用平地机初步整平和整形。在直线段及不设超高的平曲线段，平地机由两侧向路中心刮平；在设超高的平曲线段，平地机由内侧向外侧刮平。必要

图 7-21　稳定土拌和机路拌二渣土

图 7-22　人工跟机挖验

时,再返回刮一遍。

② 用拖拉机、平地机或轮胎压路机快速碾压 1～2 遍,以暴露潜在的不平整。

③ 再用平地机按①所述进行整形,并用②所述机械再碾压一遍。整形过程中,应及时消除粗细集料离析现象(图 7-23)。

④ 对于局部低洼处,应用齿耙将其表层 5cm 以上耙松,并用新拌的二渣土级配集料找补平整。

⑤ 再用平地机整形一次。

⑥ 每次整形都要按照规定的坡度和路拱进行,并应特别注意接缝顺适平整。

(2) 在整形过程中,必须禁止任何车辆通行。

(3) 初步整形后,检查混合料的松铺厚度,必要时应进行补料或减料。

(4) 二渣土的松铺系数应由试验确定。也可先按理论数据或经验数据摊铺(二渣土的松铺系数为 1.5～1.7;用机械拌和及机械整形时,集料松铺系数为 1.2～1.3),在施工过程中再用实测压实结构层厚度结果修正。

图 7-23　刮平机整平

7) 碾压

(1) 根据路宽、压路机的轮宽和轮距的不同，制定碾压方案，应使各部分碾压到的次数尽量相同，路面的两侧应多压 2～3 遍。

(2) 整形后，当混合料的含水量为最佳含水量(+1%～+2%)时，应立即用轻型压路机并配合 12 吨以上压路机在结构层全宽内进行碾压(图 7-24 和图 7-25)。直线段和不设超高的平曲线段，由两侧路肩向路中心碾压。碾压时，应重叠 1/2 轮宽，后轮必须超过两段的接缝处，后轮压完路面全宽时，即为一遍。一般需碾压 6～8 遍。压路机的碾压速度，前两遍采用 1.5～1.7km/h，以后宜用 2.0～2.5km/h。

图 7-24　压路机碾压

(3) 严禁压路机在已完成的或正在碾压的路段上调头或急刹车，应保证稳定土层表面不受破坏。

(4) 在碾压过程中，稳定土的表面应始终保持湿润，如水分蒸发过快，应及时补洒少

图 7-25　压路机碾压

量的水,但严禁洒大水碾压。

(5) 碾压过程中,如有弹簧、松散、起皮等现象,应及时翻开重新拌和(加适量的石灰)或用其他方法处理,使其达到质量要求。

(6) 经过拌和、整形的稳定土,宜在试验划定的延迟时间内完成碾压,并达到要求的密实度,同时没有明显的轮迹。

(7) 在碾压结束之前,再用平地机终平一次,使其纵向顺适,路拱和超高符合设计要求。终平应仔细进行,必须将局部高出部分刮除并扫出路外;对于局部低洼之处,不再进行找补,可留待铺筑紧后结构层时处理。

(8) 按质量标准检验和规程验收图(图 7-26 和图 7-27)。

图 7-26　碾压成型的二渣土

8) 接缝和调头处的处理

(1) 同日施工的两工作段的衔接处,应采用搭接。前一段拌和整形后,留 5～8m 不进行碾压,后一段施工时,前段留下未压部分,应再加部分电石灰重新拌和,并与后一段一起碾压。

图 7-27　检测二渣土底基层压实度

(2) 经过拌和、整形的稳定土，应在试验确定的延迟时间内完成碾压。

(3) 应注意每天最后一段末端缝(工作缝)的处理。工作缝和调头处可按下述方法处理。

① 在已碾压完成的稳定土末端，沿稳定土挖一条横贯铺筑层全宽的宽约 30cm 的槽，直挖到下承层顶面。此槽应与路的中心线垂直，靠稳定土的一面应切成垂直面，并放两根与压实厚度等厚、长为全宽一半的方木紧贴其垂直面。

② 用挖出的素土回填槽内其余部分。

③ 如拌和机械或其他机械必须到已压成的水泥稳定土层上调头，应采取措施保护调头作业段。一般可在准备用于调头的 8～10m 长的稳定土层上，先覆盖一张厚塑料布或油毡纸，然后上铺约 10cm 厚的土、砂或沙砾。

④ 第二天，邻接作业段拌和后，除去方木，用混合料回填。靠近方木未能拌和的部分，应人工进行补充拌和。整平时，接缝处的稳定土应较已完成断面高出约 5cm，以利形成一个平顺的接缝。

⑤ 整平后，用平地机将塑料布上大部分土除去(注意勿刮破塑料布)，然后人工除去余下的土，并收起塑料布。

在新混合料碾压过程中，应将接缝修整平顺。

(4) 纵缝的处理。

稳定土层的施工应该避免纵向接缝，在必须分两幅施工时，纵缝必须垂直相接，不应斜接。纵缝应按下述方法处理。

① 在前一幅施工时，在靠中央一侧用方木或钢模板支撑，其高度与稳定土层的压实厚度相同。

② 混合料拌和结束后，靠近支撑木(或板)的一部分，应人工进行补充拌和，然后整形和碾压。

③ 养生结束后，在铺筑另一幅之前，拆除支撑木(或板)。

④ 第二幅混合料拌和结束后，靠近第一幅的部分，人工进行补充拌和，然后整形和

碾压。

3. 中心站集中厂拌法施工

中心站集中厂拌法施工应遵照《公路路面基层施工技术规范》(JTJ034—2000)执行。

4. 养生

(1) 二渣土碾压完成后的第二天或第三天开始养生,每天洒水的次数视气候条件而定,应始终保持表面潮湿,养生期一般为 7 天。

(2) 二渣土基层也可用素土覆盖法养生(图 7-28),养生期一般为 7～10 天;泡水养生法,养生期应为 14 天。

图 7-28　素土覆盖法养生

(3) 电石灰稳定工业废渣底基层分层施工时,下层碾压完毕后,可以立即铺筑上一层,不需专门的养生期。也可以养生 7 天后再铺筑另一层。

7.3.6　设备与材料

二渣土路面基层施工工法所用设备与材料情况如下。

1. 设备

二渣土多为路拌法施工,设备宜用 WBZ21 稳定土拌和机,其余,施工时参照《公路路面基层施工技术规范》(JTJ 034—2000)中石灰稳定土的规定即可,只是稳定剂由电石灰、粉煤灰替代,被稳定对象为盐渍土。使用设备见表 7-5。

表 7-5　二渣土试验段施工机械清单

机械名称	型　号	数　量	工作情况
三轮压路机	3Y18/21	4	良好
振动压路机	16T,18T	2	良好
挖掘机	EX200	2	良好

续表

机械名称	型　号	数　量	工作情况
平地机	PY-180	1	良好
拌和机	WDB-20	2	良好
推土机(外挂铧犁)	T80	2	良好
15 吨以上自卸汽车		8	良好

2. 材料

1) 电石灰

电石灰不低于Ⅲ级消石灰标准,试验方法同消石灰。

2) 粉煤灰

(1) 标准。

粉煤灰中二氧化硅、三氧化二铝和三氧化二铁的总含量应大于 70%,烧失量不应超过 20%,比表面积应大于 2500cm²/g(或 90%通过 0.3mm 筛孔,70%通过 0.075mm 筛孔)。

(2) 试验规程和评定标准。

① 细度按《水泥细度检验方法(筛析法)》(GB1345—2005)测定。

② 烧失量、含水率和三氧化硫含量按《水泥化学分析法》(GB/176—2008)测定。

③ 比表面积按《水泥比表面积测定方法(勃氏法)》(GB/T 8074—2008)测定。

④ 需水量比按《水泥胶砂胀缩试验方法》(JC/T 603—2004)及《用于水泥和混凝土中的粉煤灰》(GB/T 1596—2005)的有关规定测试。

⑤ 评定标准:《用于水泥和混凝土中的粉煤灰》(GB/T 1596—2005)。

3) 盐渍土

盐渍土除测定含盐量,其余同一般土壤,试验方法见现行的《土工试验规程》。

7.3.7　质量控制

二渣土质量控制与评定按照现行《公路路面基层施工技术规范》(JTJ 034—2000)和现行《公路工程质量检验评定标准》(JTGF80/1—2004)中石灰稳定土的规定执行。同时,在施工中应注意如下几点。

1. 基本要求

(1) 盐渍土与电石灰、粉煤灰充分拌和,均匀一致。

(2) 加强拌和过程中及拌和后的含水量控制。

(3) 注意碾压:先用轻型压路机稳压 1～2 遍,再用胶轮压路机碾压 2～3 遍,后用重型三轮压路机碾压 3～5 遍。碾压应先轻后重、先慢后快。

(4) 碾压过程中,若天气炎热,表层水分丢失严重,要及时喷雾补充水分。

(5) 采购电石灰时,货源处验证合格后,应一次性集中运输,切忌频繁更换取料位置,以防试验样品与原材料相差悬殊,造成损失;电石灰试验取样应表里兼顾,拌匀再取,以保证试样的代表性，避免试样偏差导致计算数据脱离实际，造成技术经济损失。

（6）因电石灰露天放置，其表层易碳化，含水量、氧化钙、氧化镁含量都会降低，施工过程中应加大滴定试验的频度，以利于及时调整灰剂量。

（7）由于生产电石灰的原材料不同，电石灰存放时间不一，储存环境差异，故电石灰的活性含量处于不稳定状态，所以应加大组成设计和施工过程中电石灰活性含量的试验频度。

（8）经试验确定一条或几条标准干密度与灰剂量的关系曲线以利施工中增减灰剂量时准确选用标准干密度，客观反映压实情况；同时加大现场钻芯取样测试强度试验频度。

（9）进行必要的二渣土路面基层耐久性试验分析（图 7-29 所示为二渣土路面基层干缩试验试件的制备），如二渣土路面基层毛细水上升高度试验等（图 7-30）。

图 7-29　制备干缩试验试件

图 7-30　毛细水上升高度试验

(10) 当所用土表层含盐量满足标准要求，可直接挖取土方；当所用土表层含盐量高于标准要求，要清除其表层含盐量高的土壤，然后边挖取土方，边将底上层土壤混合掺拌，以降低稳定土结构层含盐量。

(11) 科学组织施工，合理计划，尽量缩短作业间隔，一般按施工段落一经拌和，须当天完成的原则控制，以减少电石灰活性损失和降雨干扰。

2. 底基层原材料的检验项目

二渣土底基层原材料的检验项目见表 7-6。

表 7-6　二渣土底基层原材料的检验项目

试验项目	材料名称	目　的	频　度	仪器和试验方法
含水量	土	确定原始含水量	每天使用前测 2 个样品	烘干法
液限、塑限	土	求塑性指数，审定是否符合规定	使用前测 2 个样品，使用过程中每 2000m^3 测 2 个样品	液限塑限联合测定法
含盐量试验	土	确定土是否适宜于本工程	对土有怀疑时做此试验	易溶盐试验
有效氧化钙、氧化镁	石灰	确定石灰质量	测 2 个样品，以后每月测 2 个样品	石灰的化学分析
烧失量	粉煤灰	确定粉煤灰是否适用	每批材料进场前测定	烧失量试验

3. 施工过程检测项目

二渣土底基层施工过程检测项目见表 7-7。

表 7-7　二渣土底基层施工过程检测项目

项　目	频　率	标　准	备　注
电石灰、粉煤灰剂量	每 2000m^2 一次，至少 6 个样品，用滴定法，并与实际设计用量校核	不少于设计值−1%	现场摊铺整平过程时取样
含水量	据观察，异常时随时取样	±2%	
拌和的均匀性	随时观察	无粗细集料离析现象	
压实度	每 2000$m^2$6 处以上	满足规范要求(96%以上)	以灌砂法为准
抗压强度	稳定细粒土，每一作业段或每 2000$m^2$6 个试件；按附录 G 检查	满足规范要求	
纵断高程/m	每 20 延米 1 个断面，每个断面 3～5 个点	满足规范要求	
宽度/mm	每 40 延米 1 处	满足规范要求	
平整度/mm	每 200 延米处，每处连续 10 尺(3m 直尺)	满足规范要求	
厚度/mm	每 1500～2000$m^2$6 个点	满足规范要求	

4. 检测结果

二渣土底基层压实度检测结果见表 7-8 和表 7-9。

表 7-8　二渣土底基层压实度检测结果

碾压方式、方法	遍数	压实度/%	代表值/%
振压+静压	振 4+静 2	94.0、93.4、94.6、95.2、95.8、94 95.2、94.6、95.8、93.4、94、95.8	93.9
振压+静压	振 4+静 3	95.8、96.4、96.4、97.1、95.2、97.1 95.8、97.1、95.8、96.4、96.4、95.8	95.8
振压+静压	振 4+静 4	97.1、95.8、95.8、96.4、97.7、95.8 97.3、95.4、96.4、97.1、95.8、96.4	96.0

表 7-9　二渣土底基层施工过程检测结果

项　目	频　率	检验结果		备　注
		检测点数	合格率或代表值	
压实度	每 2000m²6 处以上	12	96.0%	
平整度	每 200m2 处	30	100%	
纵断高程	4 个断面/200m	55	100%	
抗压强度	按附录 G 检查	12	0.68MPa	
宽度	每 40 延米 1 处	6	100%	
厚度	每 1500～2000m²6 个点	30	100%	

7.3.8　安全措施

二渣土施工安全须按照现行《公路工程施工安全技术规程》(JTJ 076—1995)有关规定执行。并注意如下几点。

(1) 电石灰堆场,运灰车应缓慢行驶,避免与其他车辆发生碰撞。

(2) 装车现场,装载机应停靠于稳定地面处,保持作业过程中车身平衡。

(3) 装灰时,运灰车停靠位置应易于装车,并随时调整位置,避免偏载。

(4) 装灰时,挖掘机严禁掏空挖灰,以免电石灰坍塌吞埋设备。

(5) 用装载机或挖掘机装车时,应轻举轻放,保证运灰车安全。

(6) 用装载机或挖掘机装车时,严禁碰撞车帮马槽,避免损伤运输车辆。

(7) 核定运灰车功率,严禁超载。

(8) 严禁敞篷运输,行进过程中须用篷布遮盖,首先,防止洒落,影响交通安全;其次,预防淋雨;最后,减少其活性损失。

(9) 施工现场便道须平整、畅顺,避免运灰车颠簸。

(10) 施工现场便道纵坡陡缓应与运灰车性能匹配,确保运灰车安全行驶。

(11) 运灰车点火或卸灰前,司机应绕车环视,以免伤人。

(12) 稳定土拌和机在拌和过程中,必须采用低速,保持匀速。液压油的温度不得超过规定。不能急转弯或原地转向,严禁使用倒挡进行拌和作业。遇到底层有障碍物时,应及时提起转子,进行检查处理。

7.3.9 环保措施

二渣土施工环保措施应遵守《中华人民共和国环境保护法》、《中华人民共和国公路法》的有关规定，同时注意以下几点。

(1) 在施工时要合理安排、科学组织施工，尽量缩短工期，避开雨天作业，避免电石灰流失污染耕地或水源。

(2) 在电石灰运输过程中，采用篷布遮盖，防止洒落污染交通环境，造成车祸。

(3) 运灰车辆，完工后应及时清除车内外灰渣，以免空车行进过程中污染道路，导致扬尘，污染空气。

(4) 适当晾晒或加水，合理控制混合料拌和含水量，避免结团或起尘。

(5) 整平时，科学处理多余混合料，严禁随意丢弃，污染环境，影响文明施工。

(6) 洒水车不得随意倾卸多余水，避免泥水影响施工、污染环境。

(7) 严禁对电石灰过敏的人员参与施工或进入施工区域。

(8) 现场所有从业人员，应按规定佩带劳保用品，确保健康生产、文明施工。

7.3.10 效益分析

1. 减少占地

(1) 充分利用盐渍土。

以往，高等级公路工程对未经处治的盐渍土禁用，列入弃土行列，这样不仅需要远调好土，增加成本，延迟工期，还会毁占良田。电石灰、粉煤灰稳定盐渍土工法的研发成功，令土质海岸沿海滩涂取之不尽、用之不竭的盐渍土，在公路建设中有了用武之地。

(2) 免征灰场占地。

用电石灰修路可免征临时灰场占地(存放和消解生石灰用地)和省掉许多工序，较用生石灰可节省 20～40 元/吨；同时减少了管理环节和管理人员的负荷。

(3) 工厂免征废渣占地。

由于使用工业废料——电石灰、粉煤灰做稳定土结合料，工厂可免征废渣——电石灰、粉煤灰占地，改善了环境，节省了资金。

2. 改善环境

避免了消灰、筛灰、装灰、卸灰对环境的污染，也相对改善了施工环境；由于免征灰场占地，避免了对耕地的污染；环境污染程度的降低，也必然减少了与百姓的瓜葛和减轻了地方协调人员的压力。同时，电石灰、粉煤灰的大量路用，消除了电石灰、粉煤灰堆积过程中对环境的污染，为城乡文明化进程发挥着积极作用。

3. 施工质量

(1) 不“空鼓”。

由于电石灰未消解含量为零，所以，电石灰、粉煤灰稳定盐渍土不会出现“空鼓”现象。

(2) 计量准确。

电石灰含渣率极小，容易控制铺灰厚度和均匀度，计量准确。

(3) 设备磨损轻。

由于电石灰没有欠火灰(石灰煅烧过程中尚未烧透的石头)，所以拌和设备磨损降低。

7.3.11 应用实例

二渣土路面基层施工工法，自 2007～2009 年先后在黄骅港疏港公路网(南疏港公路、中疏港公路、军盐公路、沿海公路、中辛公路)工程中应用，修筑一级公路路面基层、底基层计 40 余千米，约 100 万平方米。2009～2011 年在沿海高速公路沧州境内五合同段等工程中修筑路面底基层，约 320 万平方米。

在以上工程中应用，发现该工法挖掘出电石灰、粉煤灰和盐渍土的路用价值，且经济效益和社会效益也极为显著，可变废为宝，减轻污染，减少占地。

7.4 效 益

研究表明二渣土的经济效益和社会效益是凸显的，下面从几个方面分析。

7.4.1 质量技术效益

通过对二渣土与二灰土和石灰稳定土相关质量技术指标比较分析(表 7-10)，可以充分说明二渣土的优势。

表 7-10 二渣土、二灰土与石灰土相关质量技术指标

结构种类 技术指标	二渣土 (电石灰剂量 8%)	二灰土 (石灰剂量 8%)	石灰土 (石灰剂量 12%)	说明
结合料残渣含量/%	电石灰残渣含量为 0	生石灰残渣含量为 3.1～11	生石灰残渣含量为 3.1～11	消石灰残渣含量一般为 1.0～3.1
工程用土	盐渍土	可用非盐渍土，也可用盐渍土	非盐渍土	
施工难度 (混合料拌和均匀度)	拌和非常均匀，对拌和机拌齿磨损程度低	拌和均匀，对拌和机拌齿磨损程度高	拌和均匀，对拌和机拌齿磨损程度高	
强度/MPa	0.6～0.8	≥0.6	≥0.8	同等剂量，二渣土强度偏高
试件制作	电石灰、粉煤灰稳定盐渍土，做浸水试验，试件完整	石灰、粉煤灰稳定盐渍土，做浸水试验，试件完整	石灰稳定盐渍土，做浸水试验，试件坍落，不成型；石灰稳定土，试件完整	
耐久性	试件经冻融试验合格	试件经冻融试验合格	试件经冻融试验合格	
环境保护	电石灰直接运往工地，卸料，铺灰，污染环节少	生石灰卸料，消解，二次运输、卸料、铺灰，污染环节多	生石灰卸料，消解，二次运输、卸料、铺灰，污染环节多	电石灰不用消解，不用征用灰场占地

7.4.2 施工安全效益

首先，由于二渣土结构应用的盐渍土，可就地取材，避免了远土调运（沧州沿海地带，一般远调土运距在 15～20km），减少了远调土运输车辆的交通隐患；其次，由于电石灰残渣含量为零，二渣土混合料在机械拌和过程中容易均匀，拌和机拌齿不但磨损轻，而且不会损伤，增加了拌和机使用过程中的安全度。

7.4.3 环境保护效益

首先，由于二渣土结构应用电石灰作为稳定剂，电石灰不用消解，直接运往工地使用，与用石灰作为稳定剂相比，避免了生石灰卸料、二次运输和卸料所产生的粉尘污染空气；其次，由于电石灰不用消解，不占用料场，避免了生石灰在消解、存放过程中，对所占料场耕地产生的污染。

7.4.4 工期效益

首先，由于二渣土结构就地取材，充分利用盐渍土，避免了远调土耗时；其次，与用石灰作为稳定剂相比，避免了生石灰卸料、消解、二次运输和卸料工序耗时；最后，由于电石灰不用消解，直接运往工地使用，不用征占石灰消解料场用地，没有恢复耕地任务等。均有益于缩短工期。

7.4.5 节约占地

据不完全统计，仅 2009～2011 年，沧州路桥工程公司在承建疏港公路网、沿海高速沧州段五合同段工程、黄骅新城起步工程、黄骅 205 国道绕城工程等先后利用工业废渣（电石灰、粉煤灰）和盐渍土修筑二渣稳定土与二灰稳定土路面基层、底基层结构，计 100 余千米，420 万 m^2，与修筑石灰稳定土路面基层、底基层结构相比，节约了大量取土占地和临时占地，对维持了生态平衡发挥了积极作用，见表 7-11。

表 7-11　修筑二渣土与二灰土路面结构节省占地分析表

材　料	用量/吨	避免占地类型	避免占地数量/亩
电石灰	101 598	减少化工厂占地 80 亩； 减少施工现场灰场占地 100 亩	180
粉煤灰	279 384	减少电厂占地 140 亩	140
盐渍土	889 056	减少取土场征地 140 亩，弃方占地 45 亩	185
合计/亩			505

7.4.6 经济效益

以沧州沿海地带二渣土与二灰土、石灰稳定土造价为例，对其进行经济分析。

1. 二渣土造价分析

参照沿海高速公路(沧州境内段)二渣土底基层阐述。以 $1000m^2$ 为计算单位。

(1) 组成设计结果。

① 配合比为电石灰∶粉煤灰∶盐渍土＝8∶22∶70。

② 最大干密度为 $1.68g/cm^3$。

③ 结构层厚度为 18cm。

(2) 材料用量。

$1000m^2 \times 0.18m = 180m^3$

$180m^3 \times 1.68g/cm^3 = 302.4t$

电石灰:302.4t×0.08＝24.19t

粉煤灰:302.4t×0.22＝66.52t

盐渍土:302.4t×0.70＝211.68t

(3) 材料费用。

电石灰:24.19t×80 元/t＝1932.20 元

粉煤灰:66.52t×70 元/t＝4656.40 元

盐渍土:211.68t×4.0 元/t＝846.72 元

材料费用合计:7415.32 元

(4) 其他综合费用。

7415.32 元×35%＝2595.36 元

(5) 造价。

7415.32 元＋2595.36 元＝10 010.68 元

2. 二灰土、石灰稳定土造价分析

用同于二渣土造价分析方法,对二灰土、石灰稳定土造价进行分析。

(1) 二灰土。

若组成设计结果为①配合比为石灰∶粉煤灰∶盐渍土＝8∶22∶70;②最大干密度为 $1.68g/cm^3$;③结构层厚度为 18cm。则其造价(以 $1000m^2$ 为计算单位)为 17 877.29 元。

(2) 石灰稳定土。

若组成设计结果为①配合比为石灰∶土＝12∶88;②最大干密度为 $1.74g/cm^3$;③结构层厚度为 18cm。则其造价(以 $1000m^2$ 为计算单位)为 25 164.65 元。

3. 经济效益分析

将上述造价计算结果列于表 7-12,由表 7-12 和图 7-31 分析看出,以 $1000m^2$ 为计算单位,二渣土路面基层造价仅占二灰土路面基层造价的 56%、仅占石灰稳定土路面基层造价的 40%。由此可见,二渣土做路面基层的经济效益是非常显著的。

表 7-12　各种结构造价表

经济指标	结构种类		
	二渣土(电石灰剂量 8%)	二灰土(石灰剂量 8%)	石灰土(石灰剂量 12%)
材料费/元	7 415.32	13 243.92	18 640.48
其他综合费用/元	2 595.36	4 635.37	6 524.17
合计/元	10 010.68	17 877.29	25 164.65

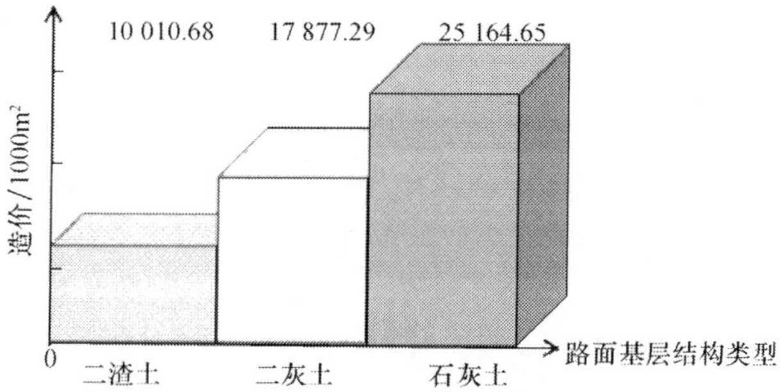

图 7-31　造价分析示意图

参 考 文 献

交通运输部. 2000. 公路路面基层施工技术规范(JTJ 034—2004).

交通运输部. 1993. 公路土工试验规程(JTJ 051—93).

孟福胜,李友林. 2010. 电石灰粉煤灰稳定盐渍土底基层技术研究[R]. 12.

第8章　废旧轮胎橡胶沥青路面

8.1 引　　言

8.1.1　橡胶沥青的起源

20世纪70年代的碎石封层开始大量使用，80年代的橡胶处理的沥青混合料出现，美国加利福尼亚州运输部就开始将废弃橡胶轮胎(称为橡胶粉改性剂)用于沥青路面。早期使用干法和湿法两种方法加入废旧胶粉，然而大部分工程在20世纪90年代竣工，近十年则基本采用湿法。本章中指的橡胶沥青，即为湿法改性的高黏度胶粉改性沥青。工程改善效果较为明显，不过近几年，修订的规范和实践提供了更加稳定的性能。与此同时，其他部门，主要是亚利桑那州、佛罗里达州和得克萨斯州等州运输部门也已将废弃轮胎成功用于沥青路面中。

加利福尼亚州运输部制订了在沥青路面中至少采用15%掺量的橡胶沥青混合料的计划，整个加利福尼亚州每年将使用近100万条废弃轮胎用于橡胶沥青的回收。在路面工程中回收利用废弃轮胎，将减少填埋垃圾的数量，取得明显的环境效益。另外，路面性能也能得到较大提高，如提高耐久性、延长使用年限、降低噪声。2004年1月份，加利福尼亚州运输部和加利福尼亚州综合废物管理委员会达成机构间协定。该协定认为，加利福尼亚州运输部增加在道路工程中使用废弃轮胎，技术成熟、成本合理，从环保角度上更有效地处理了废弃轮胎，并决定给予大力支持。

8.1.2　橡胶沥青的定义

本文的橡胶沥青是特指“高黏度湿法”胶粉改性沥青。它是用废弃橡胶轮胎(或其他原料)生产废旧胶粉，对沥青进行改性，通过搅拌使废旧胶粉颗粒在沥青体系中达到均匀分布，可在固定的大型容器中或移动的混合仓中制造。胶粉掺量上至少需要15%的富含天然橡胶的废胶粉才能达到所需的黏度。湿法工艺有如下要求：必须将废旧胶粉在高温沥青中搅拌1～2h至均匀(176～226℃)，将拌好的混合物在高温(150～218℃)下放置规定的时间(通常是45～60min)，这样可以使橡胶粉和沥青充分混合，反应过程中177℃或190℃旋转黏度值保持或高于最小值1500厘泊的废旧胶粉改性沥青称为“湿法高黏度”沥青，在物理性质方面区别湿法无搅拌材料。

8.1.3　橡胶沥青及其路面的优点

热拌橡胶沥青可以用于任何使用普通混合料的地方。温度和天气条件会影响其摊铺。橡胶沥青碎石封层能用于任何使用普通碎石封层的地方，具有更好的抗碎石剥落、抗反射裂缝性能和更长的路面寿命。同时，橡胶碎石封层可以与橡胶罩面结合构成应力吸收夹层(SAMI)，用于新建路面中。

橡胶沥青混合料沥青含量更高，改善了路面的初始抗龟裂性能，延长了路面寿命并提高了抗氧化性能，改善了抗疲劳和抗反射裂缝性能；黏度和软化点更高，提高了抗车辙性能；路面和标线的对比，增加了夜间的可视性；加厚的沥青膜和开放式纹理结构，减小了轮胎噪声；开放式纹理结构，减少了雨雪天气下喷溅的发生；更少的摊铺材料，缩短了施工时间；改善了路面性能，降低了养护成本；厚的沥青膜能更好地黏结碎石；提高的性能降低了使用周期内成本；废物再利用，节省了自然资源。

橡胶沥青路面有以下优点。

(1) 用回收的废旧轮胎摊铺路面使得运用橡胶沥青具有许多社会效益。减少轮胎储存。主要好处是将新近产生的废旧轮胎二次利用，而不是储存。估计加利福尼亚州共产生了超过 3000 万个废旧轮胎，每年超过 300 万个废旧轮胎输入加利福尼亚州，这其中每年回收约 1900 万个。这不包括过去合法储存或以其他方式处理的轮胎，尽管加利福尼亚州废物综合利用委员会(CIWMB)声称库存量已经显著减少了。

(2) 废旧轮胎的循环增值应用。把废旧轮胎当做燃料是一种有效的处理方法，有助于节省其他能源，但是，橡胶的价值被毁掉了，焚化的灰烬和残渣仍然是个问题。橡胶沥青路面产品提供了一个回收利用废橡胶材料的增值方法。橡胶提高了路面材料在路面寿命中的物理性质，并因此为纳税人和公共交通提供了长期效益。评估表明间断级配橡胶沥青混合料在一条车道上每公里摊铺厚度为 25mm 大约用 620 个轮胎。或者，每吨间断级配橡胶沥青混合料大约要用 2 个轮胎。

(3) 路面噪声消除。降低交通噪声(主要是轮胎噪声)是另一个重要的利用橡胶沥青材料的好处，在欧洲(比利时、法国、德国、奥地利、荷兰)、加拿大、亚利桑那州和加利福尼亚州(奥林奇县和洛杉矶县)有记载证明。交通噪声的显著降低，从 40%到 88%，不仅对开级配，还对间断级配橡胶沥青混合料进行了量测。但是存在关于噪声降低效果能够维持多长时间的未解决的问题。萨克拉曼多县环境评估部门和一个专门研究噪声和声音控制的咨询机构进行了一项为期 6 年的关于橡胶沥青混合料路面的研究，该研究于 1999 年完成。他们的研究成果支持了他们在报告中参考的其他相似研究的发现。萨克拉曼多研究表明橡胶沥青混合料持续保持降低交通噪声的效果达 6 年，相反在普通密级配沥青混合料路面上量测的噪声在 4 年内就倒退回路面摊铺前的水平。

(4) 路用性能优异。耐久性：橡胶沥青路面在抗裂缝和抗老化方面有优异的耐久性，橡胶沥青混合料更耐久，不需经常罩面。养护减少：当合理设计和施工时，橡胶沥青路面的养护减少。较好的施工性：橡胶沥青路面有机械摊铺，并可立即开放交通，不需等待路面固化。可循环性：橡胶沥青路面的一个主要特性就是它可以完全再利用，不仅集料可再利用，橡胶结合料也保持了较强的胶结性能，可以重新用于混合料中。安全性：橡胶沥青路面具有良好的抗滑性能，路面安全性高。开级配(或间断级配)混合料还有其他的优点，它能减少雨天时的喷溅。除此之外，与其他路面材料相比，橡胶沥青路面养护和改建时间短，可减少使用者的延误。

8.1.4　美国的应用实例

在 20 世纪 90 年代的十年间，美国亚利桑那州运输部(Arizona Department of Transportation,ADOT) 建造了超过 2500 英里的橡胶沥青路面。ADOT 常用的橡胶沥青包含 80%的热沥青和 20%的轮胎橡胶。根据路面类型、施工条件和气候,可以设计两种不同的热拌混合料。第一种是设计空隙率至少为 15%的开级配混合料,用做表面层,这种混合料含有大于 9%的胶结料并且拥有较好的抗滑性能;第二种基本上是一种设计空隙率约为 5%的密级配混合料,然而,这种混合料的细集料和矿粉显著减少从而形成一种开级配,这种混合料和 SMA 很类似,它通过弹性橡胶取代刚性的填料,胶结料的含量一般会下降至 7.5%~8.5%。ADOT 把这种开级配混合料命名为橡胶沥青混凝土磨耗层(AR-ACFC),间断级配混合料被命名为橡胶沥青混凝土(AR-AC),值得一提的是,在美国加利福尼亚州,仍有两种类似的级配设计,即开级配橡胶沥青混凝土(RAC-G)与间断级配橡胶沥青混凝土(RAC-O),应用量仅次于亚利桑那州的这两种级配,它们有一定的相似性,在此以亚利桑那州的为例进行说明。

AR-ACFC 在水泥混凝土路面(PCCP)和沥青混凝土路面(AC)上都有广泛应用。直接应用于现有混凝土路面上的 AR-ACFC 的设计厚度为 2.5cm。当用做 AC 路面的黏结层时,AR-ACFC 的厚度为一般为 1.3cm。AR-AC 同样用于 PCCP 和 AC 路面。在结构需要改善的情况下,它可以和 1.3cm 厚的 AR-ACFC 连接在一起使用,这种混合料厚度一般小于 5cm,在绝大多数情况下,其厚度为 2.5~5cm。

除了进行路面检测,ADOT 使用路面管理系统的数据进行了复查,并且提交相关信息。ADOT 为报告做了路面管理系统数据、照片、图表。工程依据覆盖层类型分为 AR-ACFC 和 ARAC,并依据原路面的类型分为柔性的(AC)和刚性(PCCP)。

1. AR-ACFC+AC

项目名称:8 号州际公路

修建时间:1990 年

这是第一个覆盖老化沥青面层上的磨耗层,位于 Gila Bend 和 Yuma 之间,这里人烟稀少,属于极端沙漠气候。这个地区海拔 870m,最高温度为 48.8℃。这里是美国夏季最炎热的地区之一。在 1990 年,原有的路面严重开裂,平整度为 70cm/km,车辙深度为 9.14mm,每千米单车道的养护费用高达 1143 美元。对这项工程的再生设计包括一层 10.2cm 厚的 AC 罩面和 1.3cm 厚的 AR-ACFC。工程图片见图 8-1。经过 10 年的使用,3%的路面开裂,平整度为 73cm/km,车辙深度为 1.27mm,每千米单车道的养护费用为 78.2 美元。没有泛油现象。数据见表 8-1。

表 8-1 8 号州际公路性能数据

性能指标	加铺前	加铺 10 年后
平整度/(cm/km)	110	73
车辙/mm	9.14	1.3
开裂/%	3%	3%
养护费/(单车道每公里·年)	$1143	$78.2

（a）加铺前的路况

（b）2000年的路况

（c）路肩的裂缝在AR-ACFC消失

图 8-1　8 号州际公路 Aztec county line MP 72-82，建于 1990 年

2. AR-ACFC+PCCP

名称：19 号州际公路（Tucson 市郊段）

修建时间：1988 年

这项工程是 4 车道、分幅的高速公路，位于 Tucson 市郊，海拔 788m。气候为温带沙漠，最高气温 44℃，最低气温 −8℃。年交通量为 400 000 单轴荷载当量（ESAL），从建成至今总交通量为 4 800 000ESALs，这是第一次关于热拌橡胶沥青薄层罩面的非实验型足尺工程。它为 2.54cm 厚的 AR-ACFC 加铺在 23cm 厚的 PCCP 上。这种 PCCP 宽 61cm，并通过中线的钢筋增加强度。PCCP 建于 1965 年，这层罩面用来改善路面的平整度和抗滑性。这项工程长约 3.2km。ADOT 路面管理系统（PMS）数据如表 8-2 所示。

表 8-2　19 号州际公路(Tucson 市郊段)性能数据

性能指标	加铺前	加铺 12 年后
平整度/(cm/km)	172	70
车辙/mm	未作调查	2.8
开裂/%	6%	1%
养护费/(单车道每公里·年)	$532	$31

可根据工程使用寿命的平均值对罩面的养护进行费用评价。

摊铺时,设计用油量为 10%。此开级配混合料中骨料的体积占到 55%,结合料体积为 25%,空隙率为 20%。通车 12 年后,空隙率已下降到 15%。原来的结合料的针入度为 48,软化点为 60℃。12 年后,针入度减少至 22,软化点上升至 71℃。这说明它有良好的抗老化能力。这次检查的结论是,这层罩面仍然具有良好的服务能力。既没有明显的车辙,也没有养护的痕迹,仅在下层接缝的位置上,产生了数量极少的反射裂缝,裂缝宽度很小,在轮迹带上是完全封闭的。虽然没有进行噪声测量,但路面与毗邻的混凝土路面的噪声水平有明显的差异。这种罩面混合料仍然具有活性并且拥有良好的弹性回复。图 8-2展示了前后的照片。

(a)　(b)　(c)　(d)　(e)　(f)

图 8-2　19 号州际公路 Tucson South MP 58-60,建于 1988 年

图 8-2(a)和图 8-2(b)是 1986 年的资料照片,图 8-2(c)是 1988 年铺罩面之前的封缝。经过 12 年,图 8-2(d)～图 8-2(f)展示的是接缝的反射裂缝贯穿了罩面层。裂缝的宽度小于 6.4mm。在大多数情况下,薄层罩面上的裂缝通过使用密封剂已经闭合了。

3. AR-AC＋PCCP

项目名称:40 号州际公路

修建时间:1990 年

此项目在亚利桑那州 Flagstaff 市附近 40 号州际公路上一段长 16.1km 的工程。相对于凤凰城和 Tucson 市的项目,这个路面处于寒冷潮湿的环境下。Flagstaff 市海拔 2135m,属高寒气候。最低气温可能达到－34.4℃,年均降雪量为 2540mm。最高气温很少超过 32℃,自从工程竣工以后所记录的最高气温为 34.4℃。另外,依据经验该区的年均降雨量为 711.2mm。该区被长期路面使用性能计划(LTPP)划为"湿冻区",其气候特征与美国东北部相似。40 号州际公路为连接东西部的主要商业要道,交通量很大,从 1989 年的 1 500 000 ESALs 增长到 1998 年的 2 500 000 ESALs,其中 35%的交通量为重卡车。

原路面建于 1969 年,是一个 22.8cm 厚的非加筋混凝土路面,典型的 4 车道划分的州际公路。右边 3.05m 宽的避险车道和左边 1.22m 宽的路肩采用的材料为 AC。文件和讨论 ADOT 的工程师通过调查文件并讨论发现,该路面由于基层材料不合格,在竣工 5 年后,即 1974 年就开始出现损坏。损坏包括宽 12.7mm 以上的角隅断裂、横向断裂以及严重的接缝破碎。到 1980 年,开裂达到 9%,行驶质量从 1577mm/km 恶化到 2524mm/km,每车道千米维修费用高达 3867.7 美元。1988 年开始设计和重建仍在考虑中。关于重建的审议表示,其费用估计达到 3000 万美元,并且需要 4 年的时间。最后的结论是,由于财政预算将不会允许重建,将选用各种罩面维护。

最终确定的设计包括一层 7.6cm 的常规 AC,然后再加铺 5.1cm 厚的 AR-AC 和一层半 1.3cm 厚的 AR-ACFC。通过使用橡胶沥青罩面,比重建费用降低了 180 万美元,时间从 4 年缩短到了 6 个月。

这种设计的效果是惊人的。1998 年路面管理系统数据显示完全没有反射裂缝,平整度为 99.4cm/km,车辙深度 2.8mm,1990 年每千米维修费用为 0,1998 年涨到 529 美元。表 8-3 是关于项目效果的评价。该项目的照片如图 8-3 所示。

表 8-3　40 号州际公路性能数据

性能指标	加铺前	加铺 10 年后
平整度/(cm/km)	253	99.4
车辙/mm	未作调查	2.8
开裂/%	9%	无
养护费/单车道每公里/年	$ 3867	$ 497

2000 年的调查验证了项目的效果,反射裂缝仍接近零,行驶非常舒适。

4. AR-AC＋AC

项目名称:Glendale 市第 51 大街

(a)

(b)

图 8-3　40 号州际公路罩面建于 1990 年

修建时间:1991 年

这个项目位于凤凰城西北郊,Glendale 市内,建于 1991 年。尽管这个项目在设计和施工期间由 ADOT 主管,但是它并不属于 ADOT 系统,没有路面管理系统数据。这段主干道为 4 车道,长 1.61km,并且这中间有一条连续左转车道。在每端都有交通信号,在 0.8km 的交叉口上还有一个。靠近和驶离信号交叉口的位置上出现了横向裂缝,这些裂缝在南向行驶的车道上,大约距离中心 3.66m。这些裂缝在轮迹带上闭合并在一些地方变窄,特别是转弯车道上的裂缝仅为 6.35mm。远离交叉口,行车道上的开裂现象变得不明显。这些裂缝都极细,并且在距离交叉口 91.5m 处就完全消失。在中间的左转车道上,裂缝一直贯穿整个工程。在中间车道能看到裂缝的边缘是弯曲的。进一步观察发现行车道上的开裂仅仅出现在南向的车道,北向的车道上则没有。图 8-4 是关于这项工程的图片。

(a)　(b)　(c)　(d)

图 8-4　Glendale 市第 51 大街,建于 1991 年

在 1991 年建设之前没有照片。图 8-4(a)～图 8-4(c)展示的横向裂缝的形式,在轮迹带上这些裂缝已经消失了。这些裂缝仅出现在交织段附近,没有养护痕迹。大部分工程都如图 8-4(d)。

交通量对路面性能的影响是显著的。在无交通和小交通量的地区,开裂的数量更多,并且更加严重。由此可知交通量对这种弹性材料是有益的。有两种可能性解释。

(1) 交通荷载揉搓路面使裂缝闭合。

(2) 动轮载产生的正应力抵消了收缩、翘曲应力,从而降低了这个路段上路面整体的拉伸应力。

通过观察揭示了车辆加速和减速所产生的应力同样对开裂有一定的影响,但是影响相对较小。进凤凰城的车辆行驶在南向车道,在早晨时交通量大,此时路面比较寒冷,容易开裂,这可能是南向车道有开裂,而北向车道没有开裂现象的原因。

总之,这个路面保持着良好的路况,没有养护的痕迹,路面平整。

8.2　橡胶沥青 AR-AC-13 施工指南

8.2.1　准备工作

本节旨在推出中国用的较多的一个 AR-AC-13 的设计与施工方法,并在此基础上,结合课题组近几年的研究，给出课题组参与设计与施工的几个工程实例（试验段），提出基于这个设计施工方法的推广设计方案，如将AR-AC-13应用于下面层、设计方法的改进以及AR-AC-16的尝试，这些探索性的方案或许会更加贴近我国目前的包括橡胶沥青在内的混合料设计现状。

根据交通部标准JTG F40—2004《公路沥青路面施工技术规范》，结合美国Arizona Test Method 815及关于AR-AC-13施工经验，提出如下施工指南。

矿料级配应符合表8-4的规定。

表8-4 橡胶沥青混凝土AR-AC-13矿料级配范围（不含外掺剂）

方筛孔尺寸/mm ＼ 类型 ＼ 层次	上面层
	AR-AC-13
16.0	100
13.2	80～100
9.5	60～80
4.75	22～42
2.36	12～32
0.075	0～3.0

1. 原材料技术要求

1）基质沥青

橡胶沥青所用的基质沥青采用70＃或90＃道路石油沥青，其技术要求见表8-5。

表8-5 道路石油沥青技术要求

检验项目			70＃
针入度(25℃,100g,5s)/0.1mm			60～80
延度(5cm/mim,15℃)/cm		不小于	100
延度(5cm/mim,10℃)/cm		不小于	20
软化点(环球法)/℃		不小于	46
溶解度(三氯乙烯)/%		不小于	99.5
针入度指数PI			－1.5～＋1.0
薄膜加热试验 163℃,5h	质量损失/%	不大于	0.8
	针入度比/%	不小于	61
	延度(15℃)/cm	不小于	15
	延度(10℃)/cm	不小于	4
闪点(COC)/℃		不小于	260
含蜡量(蒸馏法)/%		不大于	2.2
密度(15℃)/(g/cm³)			实测
动力黏度(绝对黏度,60℃)/(Pa·s)		不小于	180
PG等级			64-22

2）橡胶粉

橡胶粉颗粒规格应符合表8-6要求。橡胶粉应采用水筛法进行筛分试验。

橡胶粉密度应为(1.15±0.05)g/cm³,应无铁丝或其他杂质,纤维比例应不超过0.5%,一般含有橡胶粉质量4%的碳酸钙,以防止胶粉颗粒相互黏结。

橡胶粉应提供质量保证书,质保书应说明橡胶粉规格、加工方式、加工的废旧轮胎类型,还应说明橡胶粉的储存方式。

表 8-6　橡胶粉筛分规格

筛孔尺寸	通过率/%
2.00mm	100
1.18mm	65～100
600μm	20～100
300μm	0～45
75μm	0～5

3) 橡胶沥青

参考我国现行改性沥青产品技术标准和美国亚利桑那州橡胶沥青技术标准,并结合工程应用经验,橡胶沥青应满足的技术要求如表 8-7 所示。

表 8-7　橡胶沥青技术要求

检测项目		技术指标
黏度(177℃)/(Pa·s)		1.5～4.0
针入度(25℃,100g,5s)/0.1mm	最小	25
软化点/℃	最小	54
弹性恢复/25℃	最小	60

4) 粗集料

应采用石质坚硬、清洁、不含风化颗粒、近似立方体颗粒的碎石,粒径大于4.75mm。宜采用玄武岩集料和辉绿岩集料,粗集料质量技术要求见表 8-8。

表 8-8　沥青上面层用粗集料质量技术要求

检验项目		技术要求	
石料压碎值/%	不大于	26	
洛杉矶磨耗损失/%	不大于	28	
视密度/(t/m³)	不小于	2.60	
吸水率/%	不大于	2.0	
对沥青的黏附性	不小于	在掺加抗剥落剂后不小于5级	
坚固性/%	不大于	12	
针片状颗粒含量/%	不大于	15	
水洗法<0.075mm颗粒含量/%	不大于	1号料	0.6
	不大于	2号料	0.8
	不大于	3号料	1.0
软石含量/%	不大于	3	
上面层石料磨光值/BPN	不小于	42	
抗压强度/MPa	不小于	120	

注:① 有1个或以上破碎面为黄色节理面的集料颗粒含量应不大于5%

② 多孔玄武岩的视密度可放宽至2.45t/m³,吸水率放宽至3%

5）细集料

采用坚硬、洁净、干燥、无风化、无杂质并有适当级配的人工轧制的石灰岩细集料，不能采用山场的下脚料。细集料规格见表 8-9。

表 8-9　沥青上面层用细集料规格

规　格	公称粒径/mm	通过下列方筛孔的质量百分率/%						
		4.75mm	2.36mm	1.18mm	0.6mm	0.3mm	0.15mm	0.075mm
S16	0～3	100	80～100	50～80	25～60	8～45	0～25	0～15

注：在条件不具备的条件下，也可以采用 0～5mm 料

6）填料

橡胶沥青混凝土 ARAC-13-GG 不使用矿粉填料。

7）外掺剂

ARAC-13 橡胶沥青混凝土需要掺入必要的外掺剂以改善橡胶沥青与集料的黏附性及混凝土的水稳定性能，掺量为混合料质量的 1%～2%。适宜的外掺剂为普通水泥或消石灰。

2. 施工机械与质量检测仪器

（1）必须配备齐全施工机械和配件，做好开工前的保养、调试和试机，并保证在施工期间不发生有碍施工进度和质量的故障。沥青上面层宜采用机械化连续摊铺作业，对于单幅双车道面层，推荐实施 2 台摊铺机梯队作业，以确保摊铺面的质量。因此必须配备以下主要施工机械。

① 橡胶沥青生产设备 1 套，用管道与拌和楼直接连接，生产经过调试确保沥青泵送系统正常；

② 间歇式沥青混合料拌和机，推荐 3000 型以上拌和楼 1 套。全部生产过程由计算机自动控制，配有良好的打印装置。拌和机应配备良好的二级除尘装置；

③ 沥青混合料摊铺机 1 台，推荐 2 台；

④ 非接触式平衡梁装置 2 套(4 只)；

⑤ 压路机：10 吨以上双钢轮振动压路机至少 3 台，推荐 5 台，推荐宽幅压路机不少于 1 台；

⑥ 载重量 15 吨以上的自卸汽车不少于 10 辆；

⑦ 洒水车，给压路机供水用。

（2）必须配备性能良好、精度符合规定的质量检测仪器，并配备足够的易损部件。主要仪器设备如下。

①针入度仪；②延度仪；③软化点仪；④标准筛（方筛孔）；⑤集料压碎值试验仪；⑥砂当量仪；⑦烘箱；⑧试模（不少于 10 只）；⑨脱模器；⑩试验室用沥青混合料拌和机；⑪马歇尔试件击实仪；⑫沥青混合料马歇尔试验仪；⑬恒温水浴；⑭冰箱；⑮沥青混合料离心抽提仪（配离心加速沉淀仪）；⑯路面取芯机；⑰路面弯沉仪；⑱路面平整度仪（3m 直尺）。

8.2.2　配合比设计

1. AR-AC-13 间断级配橡胶沥青混凝土的技术标准

根据 JTG F40—2004 的规定及施工经验，并参考美国 Arizona Test Method 815，AR-AC-13 应符合表 8-10 规定的马歇尔试验技术标准。

表 8-10　热拌橡胶沥青混凝土马歇尔试验技术标准

沥青混凝土类型	试验项目	技术标准
AR-AC-13	击实次数/次	两面各 75
	稳定度/kN　　不小于	4.5
	流值/0.1mm	20～50
	空隙率/%	5.5±1.0
	矿料间隙率 VMA/%	≥19.0

AR-AC 沥青混凝土配合比设计采用马歇尔试件的体积设计方法进行，马歇尔试验的稳定度和流值并不作为配合比设计接受或者否决的唯一指标，设计过程主要包括目标配合比设计、生产配合比设计和生产配合比验证 3 个阶段。热拌 AR-AC 沥青混凝土配合比设计遵照以下步骤进行。

2. 目标配合比设计

1）原材料检测

从工程实际使用的材料中取各种代表性原材料，分别按照现行《公路工程沥青和沥青混合料试验规程》和《公路工程集料试验规程》对各类矿料进行筛分，并对基质沥青、胶粉、橡胶沥青、各类矿料和外掺剂进行检测，确保原材料的质量，不符合要求的原材料不能使用。

2）矿料配合比设计

矿料配合比设计宜利用矿料筛分结果借助计算机的电子表格通过试配法进行，矿料级配曲线按《公路工程沥青及沥青混合料试验规程》T0725—2000 的方法绘制。设计矿料配合比时，在表 8-11 的级配范围内调整各种矿料的比例，设计 3 组不同粗细的配比分别位于级配范围上方、中值、下方，绘制设计级配曲线。当反复调整不能满意时，宜更换材料进行设计。

根据实践经验选择适宜的橡胶沥青用量，分别制作上述 3 组不同粗细级配的马歇尔试件，测定试件体积指标，初选一组满足或接近设计要求的级配作为设计级配。

3）确定设计橡胶沥青用量

根据矿料设计级配和初试橡胶沥青用量试验结果，按 0.5%间隔变化，根据经验取 4 个不同的橡胶沥青用量，制备马歇尔试件，按照《公路沥青路面施工技术规范》计算各组试件空隙率、矿料间隙率、稳定度和流值等，分别绘制各项体积指标的曲线。根据设计空隙率并综合考虑其他各项体积指标是否满足表 8-7 的技术要求，确定设计沥青用量。

4）配合比设计检验

按以上设计矿料配合比和设计橡胶沥青用量制备马歇尔试件，推荐进行浸水马歇尔试验、高温动稳定度试验，浸水马歇尔试验残留稳定度不应小于 85%，混合料动稳定度不应小于 1500 次/mm。

符合要求的配合比可以作为目标配合比，供拌和楼确定各冷料仓的供料比例、进料速度及试拌使用。

3. 生产配合比设计

1）确定各种热料仓矿料的用量

对间歇式拌和楼，应从二次筛分后进入各热料仓的矿料取样进行筛分，根据筛分结果，通过计算，使混合料的级配符合目标配合比设计级配和表 8-1 的规定，以确定各热料仓的用料比例，供拌和楼控制室使用。同时反复调整冷料仓进料比例，以达到供料均衡。同时选择适宜的筛孔尺寸和安装角度，尽量使各热料仓的供料大体平衡。

2）确定最佳橡胶沥青用量

取目标配合比设计的最佳橡胶沥青用量和设计最佳沥青用量±0.3%，进行马歇尔试验，按目标配合比设计方法绘图，根据设计空隙率和其他体积指标综合确定生产配合比的设计橡胶沥青用量。按以上方法确定的设计橡胶沥青用量可能与目标配合比的设计橡胶沥青用量不一致，如相差不超过 0.2%，应按生产配合比确定的设计橡胶沥青用量进行试拌和试铺，或分析确定试拌试铺用橡胶沥青用量；如相差超过 0.2%，应找出原因，进一步试验分析后确定试拌试铺用橡胶沥青用量。

3）生产配合比设计检验

按以上生产配合比，用室内小型拌和机拌制橡胶沥青混合料，进行马歇尔试验，检验浸水残留稳定度。

4. 生产配合比验证

用生产配合比进行试拌，橡胶沥青混合料的技术指标合格后铺筑试铺段。取试铺用的沥青混合料进行马歇尔试验检验和橡胶沥青含量、矿料筛分试验，检验生产配合比矿料合成级配，由此确定正常生产用的标准配合比。

5. 关于 AR-AC-13 橡胶沥青混凝土马歇尔室内试验中几点统一做法

(1) 进行目标配合比和生产配合比设计时，制备试件的混合料，需采用小型沥青混合料拌和机拌和以模拟实际生产情况。

(2) 每组试件为 4～6 个。

(3) 试件成型温度：对于 AR-AC-13 橡胶沥青混合料，拌和击实温度参照表 8-11 温度成型。

表 8-11　AR-AC 沥青混合料室内拌和与击实温度

矿料	165～175℃
沥青加热温度	170～180℃
沥青混合料拌和温度	165～175℃

续表

试模预热温度	165～175℃
试件击实温度	160～170℃
试件成型终了温度	不低于 145℃

(4) 橡胶沥青混合料试件密度试验方法：AR-AC-13 橡胶沥青混合料统一用表干法的毛体积相对密度。

(5) 橡胶沥青混合料理论最大相对密度推荐采用实测的结果。

8.2.3　铺筑试铺路面

AR-AC-13 橡胶沥青抗滑磨耗层施工前，需先做试铺路面。橡胶沥青生产商配合面层施工单位，通过合格的混合料组成设计，拟定试铺路面铺筑方案，采用重新调试的正式施工机械，铺筑试铺路面。试铺路面宜选正线直线段，长度可为 100～200m。

试铺路面施工分为试拌和试铺两个阶段，需要决定的内容包括以下几方面。

(1) 根据各种机械的施工能力相匹配的原则，确定适宜的施工机械，按生产能力决定机械数量与组合方式。

(2) 通过试拌决定：①拌和楼的操作方式——上料速度、拌和数量与拌和时间、拌和温度等；②验证橡胶沥青混合料的配合比设计和沥青混合料的技术性能，决定正式生产用的矿料配合比和橡胶沥青用量。

(3) 通过试铺决定：①摊铺机的操作方式——摊铺温度、摊铺速度、初步振捣夯实的方法和强度、自动找平方式等；②压实机具的选择、组合、压实顺序、碾压温度、碾压速度及遍数；③施工缝处理方法；④用水准仪定点测量高程的方法确定沥青上面层的松铺系数。

(4) 确定施工产量及作业段的长度，修订施工组织计划。

(5) 全面检查材料及施工质量是否符合要求。

(6) 确定施工组织及管理体系、质保体系、人员、机械设备、检测设备、通信及指挥方式。

试铺路面的铺筑，严格按交通部标准 JTG F40—2004《公路沥青路面施工技术规范》规定操作。在试铺路面的铺筑过程中，监理工程师应一起参加，检查施工工艺、技术措施是否符合要求，测温、观色、取样，并记录试验与检测结果，检查各种技术指标情况，对出现的问题提出改进意见。上面层试铺，必须力争一次铺筑成功，使试铺面层成为正式路面的组成部分。

8.2.4　橡胶沥青混凝土磨耗层(AR-AC-13)施工

1. 原材料的控制

(1) 要注意粗细集料和填料的质量，应从源头抓起，对不合格的矿料，不准运进拌和厂。

(2) 堆放各种矿料的地坪必须硬化，并具有良好的排水系统，避免材料污染；各品种材料间应用墙体隔开，以免相互混杂。

(3) 细集料及水泥宜覆盖,细集料潮湿将影响喂料数量和拌和楼产量。

2. 关于沥青混凝土配合比设计的统一规定

(1) 目标配合比需经驻地监理工程师审查,由总监代表批准和总监助理确认后才能进行生产配合比设计。如果某种矿料产地、品种发生变化,必须重新进行目标配合比设计。

(2) 每台拌和楼均应进行生产配合比设计,由驻地监理工程师审查,总监代表和总监助理确认,经总监批准后,才能进行试拌和试铺。

3. 沥青混合料的拌制

(1) 严格掌握沥青和集料的加热温度以及沥青混合料的出厂温度。热混合料成品在储料仓储存后,其温度下降不应超过 10℃。AR-AC-13 沥青混合料的施工温度控制范围见表 8-12。

表 8-12 AR-AC 沥青混合料的施工温度 (单位:℃)

橡胶沥青加热温度	180～200
矿料温度	170～180
混合料出厂温度	170～180,超过 195 废弃
混合料运输到现场温度	不低于 165
摊铺温度	不低于 160,低于 140 废弃
初压开始温度	不低于 155
复压最低温度	不低于 130
碾压终了温度	不低于 110

(2) 拌和楼控制室要逐盘打印沥青及各种矿料的用量和拌和温度,并定期对计量和测温进行校核。推荐使用有材料用量和温度自动记录装置的拌和楼。

(3) 拌和时间由试拌确定。必须使所有集料颗粒全部裹覆沥青结合料,并以沥青混合料拌和均匀为度,总拌和时间控制在 60～65s。

(4) 要注意目测检查混合料的均匀性,及时分析异常现象(如混合料有无花白、冒青烟和离析等现象)。如确认是质量问题,应作废料处理并及时纠正。

(5) 每台拌和楼每天上午、下午各取一组混合料试样做马歇尔试验和抽提筛分试验,检验油石比、矿料级配和沥青混凝土的物理力学性质。每周应检验 1～2 次残留稳定度。

(6) 每天结束后,用拌和楼打印的各料数量,进行总量控制。以各仓用量及各仓筛分结果,在线检查矿料级配;计算平均施工级配和油石比,与设计结果进行校核;以每天产量计算平均厚度,与路面设计厚度进行校核。

4. 沥青混合料的运输

(1) 采用数字显示插入式热电偶温度计检测沥青混合料的出厂温度和运到现场温度。插入深度要大于 150mm。在运料卡车侧面中部设专用检测孔,孔口距车厢底面约

300mm。

(2) 拌和楼向运料车卸料时，汽车应前后移动 3 次装料，以减少粗集料的离析现象。

(3) 沥青混合料运输车的运量和运输速度应较拌和能力和摊铺速度有富余，根据工程规模摊铺机前方应有 3～5 辆运料车等待卸料。

(4) 运料车必须有良好的篷布覆盖设施，卸料过程中继续覆盖，直到卸料结束取走篷布，以保温或避免污染环境。

(5) 连续摊铺过程中，运料车在摊铺机前 10～30cm 处停住，不得撞击摊铺机。卸料过程中运料车应挂空档，靠摊铺机推动前进。

5. 沥青混合料的摊铺

(1) 连续稳定的摊铺，是提高路面平整度的最主要措施。对于橡胶沥青混凝土，摊铺机的摊铺速度应根据拌和楼的产量、施工机械配套情况及摊铺厚度、摊铺宽度，按 1～3m/min 调整选择，做到缓慢、均匀、不间断地摊铺。不应任意快速摊铺几分钟，然后停下来等下一车料。用餐应分批轮换进行，切忌停铺用餐。争取做到每天收工停机一次。

(2) 用机械摊铺的混合料未压实前，施工人员不得进入踩踏。一般情况下不得采用人工整修。

(3) AR-AC 沥青混合料上面层宜用非接触式平衡梁装置控制摊铺厚度。如采用两台摊铺机，两台摊铺机距离不应超过 10m，以形成良好的热接缝。

(4) 摊铺机应调整到最佳工作状态，调好螺旋布料器两端的自动料位器，并使料门开度、链板送料器的速度和螺旋布料器的转速相匹配。螺旋布料器中的混合料以略高于螺旋布料器 2/3 为度，使熨平板的挡板前混合料的高度在全宽范围内保持一致，避免摊铺层出现离析现象。

(5) 检测松铺厚度是否符合规定，以便随时进行调整。摊铺前熨平板应预热至规定温度。摊铺机熨平板必须拼接紧密，不许存有缝隙，防止卡入粒料将铺面拉出条痕。

(6) 摊铺遇雨时，立即停止施工，并清除未压实成型的混合料。遭受雨淋的混合料应废弃，不得卸入摊铺机摊铺。

6. 沥青混合料的压实成型

(1) 沥青混合料的压实是保证沥青面层质量的重要环节，应选择合理的压路机组合方式及碾压步骤。为保证压实度和平整度，初压必须在摊铺后较高温度下及时进行。为防止橡胶沥青黏结橡胶轮胎，AR-AC 沥青混凝土不宜使用胶轮压路机。

(2) 橡胶沥青混凝土施工碾压工艺建议采用 5 台双钢轮振动压路机，压实工艺分为初压、复压和终压。初压采用两台压路机静压 1 遍，振动碾压 3 遍，复压采用两台压路机振动碾压 3 遍，终压采用 1 台压路机以静压方式碾压 1～2 遍以消除轮迹。

(3) 压路机应以缓慢而均匀的速度碾压，压路机的适宜碾压速度建议按表 8-13 选用。

表 8-13　压路机碾压速度　（单位：km/h）

压路机类型	初　压	复　压	终　压
静载钢轮压路机	2～3	—	3～6
钢轮振动压路机	2～4	3～5	—

（4）为避免碾压时混合料推挤产生壅包，碾压时应将驱动轮朝向摊铺机；碾压路线及方向不应突然改变；压路机启动、停止必须减速缓行，不准刹车制动。压路机折回不应处在同一横断面上。

（5）初压应紧跟摊铺机进行碾压，随摊铺机逐步推进。复压、终压应分清段落，设置明显标志，便于司机辨认。对松铺厚度、碾压顺序、压路机组合、碾压遍数、碾压速度及碾压温度应设专岗管理和检查，使面层做到既不漏压也不超压。

（6）压实完成 12h 后，才允许施工车辆通行。

7. 施工接缝的处理

（1）纵向施工缝。施工纵缝应设置在道路中部双黄线位置，在另一半幅施工前，应用锯缝机将施工纵缝切割整齐，并铲除不规整部分。

（2）横向施工缝。全部采用平接缝。用 3m 直尺沿纵向位置，在摊铺段端部的直尺呈悬臂状，以摊铺层与直尺脱离接触处定出接缝位置，用锯缝机割齐后铲除；继续摊铺时，应将摊铺层锯切时留下的灰浆冲洗干净，涂上少量黏层沥青，摊铺机熨平板从接缝处起步摊铺；碾压时用钢筒式压路机进行横向压实，从先铺路面上跨缝逐渐移向新铺面层。

8. 施工阶段的质量管理

（1）原材料的质量检查：包括橡胶沥青、粗集料、细集料、外掺剂等。

（2）混合料的质量检查：橡胶沥青用量、矿料级配、稳定度、流值、空隙率、残留稳定度；混合料出厂温度、运到现场温度、摊铺温度、初压温度、碾压终了温度；混合料拌和均匀性。

（3）面层质量检查：厚度、平整度、宽度、高程、横坡度、压实度、横向偏位、渗水系数、构造深度、摩擦系数及摊铺的均匀性。

以上检查项目、检查方法、检查频率和质量要求列于表 8-14。所列为施工阶段的质量检验标准，交工验收按国家相关标准进行。

压实度采用双控指标，要求马歇尔标准密度的压实度不小于 96%，最大理论密度压实度为 92%～96%。

渗水系数应作为常规试验进行检测，施工单位自检和监理组抽检，可按取芯压实度检验频率随机选点。渗水系数要求不大于 200ml/min，渗水系数合格率应不小于 90%，当合格率小于 90%时应加倍频率检测，如检测结果仍小于 90%，需对该段面层进行处理。

面层混合料的离析包括沥青混合料的温度离析和沥青混合料的级配离析，离析可以暂时作如下控制。

（1）施工过程中采用红外温度探测器检测的温度差不应超过 20℃。

（2）核子密度仪检测的密度差不应超过 0.075g/cm^3（大体上相当于空隙率相差 3%）。

8.2.5 注意事项

（1）在拌和楼生产橡胶沥青混凝土时，橡胶沥青由于黏度较大，泵送时间较长，易造成热料仓等料，导致矿料过热，进而使得混合料出料温度偏高，同时还将影响拌和楼混合料产量。解决办法：保证生产橡胶沥青的基质沥青供给温度大于 160℃，供给拌和楼的橡胶沥青大于 185℃，同时尽量缩短橡胶沥青供给管道长度，并于供给橡胶沥青前 30～60min 用导热油对管道进行预热。

（2）实际生产时，应确保冷料进料速度与生产配合比设计取热料仓矿料时基本一致，以避免热料仓矿料因级配发生较大波动而影响实际生产配比。

（3）拌和楼生产沥青混合料通常使用矿粉，但在 ARAC-13 中仅使用水泥，因此必须事先与拌和楼管理人员协调水泥添加事宜，一般不宜使用粉料回收仓作为水泥储存仓，生产过程中坚决禁止将回收粉料回收到水泥储存仓中。

（4）运料车装料时，应遵循前后中的顺序，以避免混合料发生离析，后场技术人员应予以关注。

（5）前场摊铺机摊铺速度应与拌和楼生产能力保持一致，避免摊铺速度忽快忽慢甚至停机等料，否则都将对路面平整度造成影响。

（6）路面碾压，初压第一遍必须采用静压，以避免路面发生波浪、推移，从而影响平整度。

（7）混合料抽提试验，矿料级配应与生产配比经水泥和胶粉修正过的配比进行比较，橡胶沥青含量应以燃烧法检测，不具备条件的可以直接抽提，并与橡胶沥青中基质沥青用量进行比较。

表 8-14　AR-AC 沥青混合料上面层施工阶段的质量检查标准

项目		检查频度	质量要求或允许差	试验方法
施工温度	沥青混合料出厂温度	每车料一次	符合表 8-12 规定	温度计测定
	运输到现场温度			
	初压温度			
	碾压终了温度			
矿料级配，与生产设计标准级配的差（%）	0.075mm	逐盘在线检测	±2	计算机采集数据计算
	≤2.36mm		±5	
	≥4.75mm		±6	
	0.075mm	每日上午、下午各 1 次	±2	拌和厂取样，用抽取后的矿料筛分
	≤2.36mm		±4	
	≥4.75mm		±5	
沥青含量与设计之差/%		逐盘在线检测	−0.1，+0.1	计算机采集数据计算
		每日上午、下午各 1 次	−0.4，+0.4	拌和厂取样，离心法抽提
马歇尔试验	稳定度　不小于	每日上午、下午各 1 次	4.5	拌和厂取样，室内成型试验
	流值/mm		20～50	
	空隙率/%		4.5～6.5	

续表

项　目		检查频度	质量要求或允许差	试验方法
压实度/%	不小于	1次/200m/车道	96%(马歇尔密度)	现场钻孔试验
厚度/mm	不超过	1次/200m/车道	−3	钻孔检查并铺筑时随时插入量取，每日用混合料数量校核
平整度/mm	不大于	每车道连续检测	1.2	用连续式平整度仪检测
渗水系数/ml/min	不大于	与压实度相同	200	改进型渗水仪
摩擦系数		1处/200m	符合设计要求	摆式仪
构造深度		1处/200m	符合设计要求	铺砂法

注：检查频率为单幅双车道

8.3　橡胶沥青混合料性能检测

8.3.1　高温性能

1. 沥青的高温性能评价

本小节将对橡胶沥青的高温性能从常规指标和SHRP指标两方面进行评价。

1）高温常规指标

软化点与60℃黏度通常可反映沥青高温使用条件下的性能。沥青的软化点越高，60℃黏度越大，其高温性能越好。除此之外，沥青针入度是根据气候条件选取标号的主要依据，也应将针入度作为橡胶沥青高温性能评价指标之一。值得注意的是，橡胶沥青60℃黏度太大，在实验室中用布氏旋转黏度计无法准确测出，美国的研究和使用经验表明，177℃黏度能够更好地反映橡胶沥青的性能。最终选择针入度、软化点和177℃黏度这3个指标作为橡胶粉沥青的高温性能的常规指标。

检测采用橡胶粉改性沥青的加工工艺，在(185±5)℃下，用高速搅拌器，将沥青与橡胶粉共炼90min，橡胶粉的掺量为沥青质量的19%。

橡胶沥青的常规指标要求见表8-15和实测结果见表8-16。

表8-15　橡胶沥青的常规指标要求

指标名称	针入度(25℃,100g,5s)/0.1mm	软化点/℃	黏度(177℃)/(Pa·s)
指标要求	25～75	≥54.4	1.5～5

注：该要求为美国材料与试验协会(ASTM)D6114—97的规范要求

表8-16　橡胶沥青的常规指标实测结果

基质沥青＼指标	针入度(25℃,100g,5s)/0.1mm	软化点/℃	黏度(177℃)/(Pa·s)	胶粉种类
加德士	38.3	68.4	3.3	上海20目
加德士	36.5	69.0	3.5	河北20目

续表

基质沥青＼指标	针入度(25℃,100g,5s)/0.1mm	软化点/℃	黏度(177℃)/(Pa·s)	胶粉种类
加德士	54.5	60.0	1.8	南京 80 目
加德士	43.5	64.5	2.1	南京 20 目
加德士	49.5	61.7	1.6	南京 60 目
宏润	36.6	70.9	4.1	河北 20 目
宏润	39.1	69.5	3.8	上海 20 目
埃索	34.8	68.0	3.2	上海 20 目
中海	38.4	65.6	2.9	上海 20 目
东海	39.5	66.1	2.9	上海 20 目
加德士 90#	51.2	62.2	2.7	上海 20 目
盘锦 90#	48.8	64.6	3.0	上海 20 目
加德士	47.8	60.6	1.4	宜宾 20 目
加德士	58.3	62.3	2.0	南京 20 目
加德士	59.7	59.2	1.3	南京 60 目
加德士	55.8	62.2	2.3	上海 20 目

注：　最后 3 行数据是胶粉沥青先在 165℃的烘箱中老化 48h，再测得的指标

不难发现，所有的基质沥青经过橡胶粉改性之后，其针入度和软化点在数值上有很大的改变，都符合规范(表 8-15)的要求；橡胶沥青的黏度随着基质沥青性质的不同也有所变化，只有个别超出了规范(表 8-16)的范围。

2) 高温 SHRP 指标

常规指标是静态的指标，而道路路面实际上主要承受车轮滚动产生的动态荷载。加载方式偏离路用实际，多数常规指标只能定性为经验性指标，用于橡胶沥青的新型胶结料的性能评价时，需要重新积累使用经验。

美国 SHRP 提出采用动态剪切流变仪(dynamic shear rheometer，DSR)，对原样沥青和 RTFOT 后残留沥青试样分别进行两次动态剪切试验，以 $G^*/\sin\delta$ 作为评价沥青结合料高温稳定性的指标。G^* 为复数模量；δ 为相位角。试样在高温设计温度下进行，剪切速率为 10rad/s，分级条件必须同时满足下列两条要求：

(1) 原样沥青的 $G^*/\sin\delta$ 不得小于 1.0kPa；

(2) RTFOT 后残留沥青的 $G^*/\sin\delta$ 不得小于 2.2kPa。

SHRP 动态剪切流变仪的沥青动态复数模量参数如下：

$$\tau = \frac{2T}{\pi r^3}$$ (τ 为剪应力，T 为最大扭矩，r 为板半径)

$$\gamma = \frac{\theta r}{h}$$ (γ 为剪应变，θ 为板旋转角)

$$G^* = \frac{\tau_{max} - \tau_{min}}{\gamma_{max} - \gamma_{min}}$$ (τ_{max}，τ_{min}，γ_{max}，γ_{min} 分别为试样承受最大和最小剪应力、剪应变)

$$\delta = 2\pi f \Delta t$$ (δ 为相位角，Δt 为应变滞后时间)

δ 反映了沥青的黏、弹性性状，δ 越小说明材料的力学响应部分弹性越大，产生残余变

形的可能性也越小。因此，评价沥青的高温性能仅有复数模量 G^* 是不够的。SHRP 采用 $G^*/\sin\delta$ 评价沥青的高温性能，成为车辙因子，其数值越大说明沥青材料弹性越大，抗车辙能力越强。

表 8-17 和图 8-5 是用加德士沥青和河北 20 目胶粉(内掺 19%)搅拌得到的橡胶改性沥青样品的 DSR 常规指标测试结果。按 SHRP 分级标准，原样的橡胶沥青为 76℃，RTFOT 老化后为 70℃，所以橡胶改性沥青的高温分级是 70℃。薄膜老化后，橡胶沥青只比原样的橡胶沥青降低了一个等级，说明橡胶沥青的高温性能提高很明显。这与黄文元研究结论类似：不同目数、不同胶粉掺量的橡胶沥青和 SBS 改性沥青、基质沥青的 SHRP 高温分级次序是 40 目 17%橡胶沥青(76℃)＞80 目 17%橡胶沥青(76℃)＞120 目 17%橡胶沥青(70℃)≈SBS 改性沥青(70℃)＞80 目 10%橡胶沥青(70℃)＞70＃基质沥青(64℃)。

表 8-17　橡胶沥青的 DSR 常规指标测试结果

沥青性质 \ 温度/℃	52	58	64	70	76	82
原样橡胶沥青 $G^*/\sin\delta$/kPa	10.9400	5.9550	3.3910	2.0370	1.2700	0.8429
	10.9000	5.9280	3.3570	2.0110	1.2620	0.8377
均值/kPa	10.9200	5.9415	3.3740	2.0240	1.2660	0.8403
RTFOT 后沥青 $G^*/\sin\delta$/kPa	13.1500	7.1120	4.1000	2.4820	1.5840	1.0570
	13.1100	7.1100	4.0920	2.4840	1.5830	1.0400
均值/kPa	13.1300	7.1110	4.096	2.4830	1.5835	1.0485

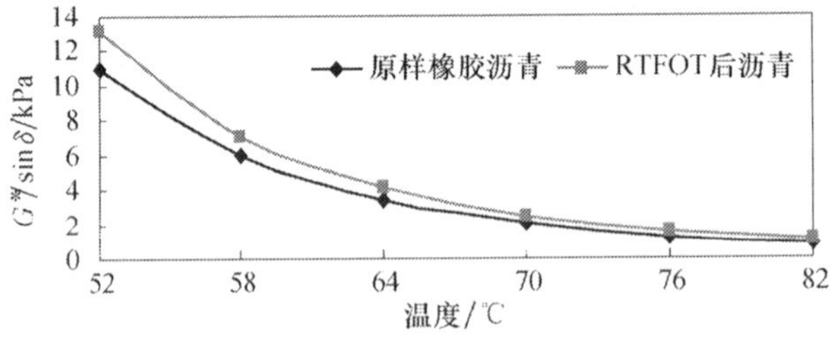

图 8-5　橡胶沥青的 DSR 常规指标分析

2. 混合料的高温性能

随着交通量的不断增大以及车辆行驶的渠化，沥青路面在行车荷载的反复作用下，由于永久变形的累积会导致路表面出现车辙，影响了路面的平整度和行车舒适性。轮迹处沥青面层厚度减薄，面层的整体刚度降低，容易产生其他病害。雨天路表排水不畅，降低了路面的抗滑能力；由于车辙内积水而使车辆漂滑，使车辆在超车或更换车道时方向失控，影响了车辆操控的稳定性和高速行车的安全性。车辙的产生，严重影响了路面的使用寿命和服务质量。我国多采用半刚性基层路面，路表车辙的产生绝大多数由混合料高温性能不足引起，所以沥青路面高温稳定性是其重要的路用性能，尤其当橡胶沥青混合料设计时，由于沥青用量偏大，其高温抗车辙性能将是非常重要的检测指标。

从之前几节可以看出，在美国的应用中，橡胶沥青混合料沥青用量较常规沥青混合料高 50%以上，通常沥青用量越高，混合料高温性能越差，橡胶沥青的高沥青用量是否会影响其高温性能，是值得深入研究的。以往的橡胶沥青混合料研究，对橡胶沥青混合料高温稳定性能涉及较少，对橡胶沥青混合料的高温稳定性的影响因素更是缺乏系统的研究，深入研究橡胶沥青混合料高温性能的规律和影响因素，对于指导施工有着现实意义。

1) 高温稳定性试验方法

目前沥青混合料高温稳定性能的试验方法主要有单轴高温蠕变试验(无侧限)；车辙试验(浸水车辙)；SHRP-Superpave 设计中评价沥青混合料高温性能的体积指标试验，即最大旋转压实次数下的残余空隙率。

在我国采用车辙试验(浸水车辙)较为适宜，因为这种方法较为常见，各施工单位容易试验，结果直观。在车辙试验过程中，板状沥青混合料试件上轮辙的产生与发展都与实际沥青路面车辙的产生与发展十分相似，大量的调查也表明，车辙试验动稳定度与实际路面的车辙相关性甚好，另外车辙试验也有较好的可操作性，所以对于本次研究，最终选择车辙试验为主要方法。

车辙试验最初是由英国道路研究所(TRRL)开发，与实际路面的车辙相关性甚好，在日本、欧洲、北美都有广泛的应用。车辙试验是评价沥青混合料在规定温度条件下抵抗塑性变形能力的方法。现在世界上采用的车辙试验方法有以下四类。

(1) 以英国和日本为代表：利用直径为 200mm 的实心试验轮对 300mm×300mm×50mm 的板试件进行反复荷载行车试验。

(2) 以英国为代表：TRRL 于 1990 年提出了一个新的试验方法。利用直径为 20cm 的实心试验轮对现场钻芯取得直径为 195～205mm，高为 35～50mm 的圆柱体试件进行反复荷载行车试验。

(3) 以法国为代表：法国道路与桥梁试验中心(LCPC)采用直径为 400mm 的充气轮胎对 500mm×180mm×100mm 的梁试件进行反复荷载行车试验。

(4) 以美国佐治亚州为代表的沥青混凝土面层分析仪(APA)，其荷载通过压在试件顶的充气(充气压力可调，0.827～1.38MPa)硬橡胶管(直径可调，12.9～29mm)施加垂直荷载。试件可以是板式 300mm×125mm×75mm 或直径为 150mm，高为 75mm 的圆柱体。以 0.6m/s 的轮速反复荷载行车试验。

现在国内的车辙试验仪器基本都是采用日本的技术。

沥青混合料的车辙试验首先是用轮碾成型法成型板块试件。放置一段时间后，在试验机上，一定温度下(一般为 60℃)保温 1h。而后进行测试，以一个轮压为 0.7MPa 的实心橡胶轮胎以一定的速度(42 次/min)行走，测量试件在变形稳定期时(碾压 45min 后)，每分钟的变形需要胶轮行走的次数，即动稳定度，次/mm。动稳定度按下式计算：

$$\mathrm{DS}=\frac{(t_2-t_1)42}{d_2-d_1}c_1c_2$$

式中，DS 为动稳定度，次/mm；t_2 为稳定期结束时间，即 60min，t_1 为稳定期开始时间，即 45min；42 为胶轮每分钟行走的次数；d_1、d_2 为 45min 和 60min 对应的位移。c_1 为试验机类型修正系数，曲柄连杆驱动为 1.0，链驱动为 1.5；c_2 为试件系数，实验室制备为 1.0，路面切割为 0.8。

车辙试验的另一个评价高温稳定性能指标是相对变形指标，即在规定作用次数、时间下所产生的变形与试件总厚度的比值，这个次数根据实际交通荷载和沥青混合料使用要求的不同而改变，一般都是取试验结束时 60min 的永久变形（车辙深度）计算相对变形。计算公式为

$$\delta = \frac{\Delta l}{l} \times 100\%$$

车辙试验前，首先用马歇尔方法进行混合料设计。击实次数为双面 75 次。拌和温度为 170～175℃。击实温度为 155～160℃。在取得最大理论密度的过程中，值得注意的是，橡胶沥青混合料的黏度较大，不适宜采用真空法实测，因为混合料结团现象严重，实测值有较大的偏差，可用计算法求得混合料的最大理论密度。试件的毛体积密度由水中重法测得。

然后在各自的最佳油石比成型车辙试件。试件成型后在常温下静置 48h，进行车辙试验（包括常规车辙和浸水车辙）。在车辙试件成型时，值得注意的是短期老化和压实次数。即将新拌的橡胶沥青混合料在(165±5)℃的烘箱中作短期老化 2h±5min 后再成型车辙试件；成型车辙试件的压实次数为 40 次。每组试验做平行三个试件。数据分析时取三个试件动稳定度的平均值，当三个数据的变异系数大于 20%时，取中间两个相差较小的数据的平均值。

选取亚利桑那州级配为例做检测。根据美国亚利桑那州的间断级配橡胶沥青混合料规范，并参照国内外的工程经验，拟定了粗、中、细三种橡胶沥青混合料的级配（以下简称 AR-AC-13 粗、AR-AC-13 中、AR-AC-13 细）。级配如表 8-18 和图 8-6 所示。

表 8-18　拟定的橡胶沥青混合料三种级配

筛孔尺寸/mm 级配类型	通过下列筛孔的质量百分率/%				
	13.2	9.5	4.75	2.36	0.075
AR-AC-13 粗	100	65	30	20	0
AR-AC-13 中	100	70	35	21	0
AR-AC-13 细	100	72	40	22	0
亚利桑那州规范	80～100	60～80	28～42	14～22	0～3

注：为了提高混合料的抗冻融劈裂性能，参考国内外的工程经验，在混合料中还外掺了 1.5%的普通硅酸盐水泥

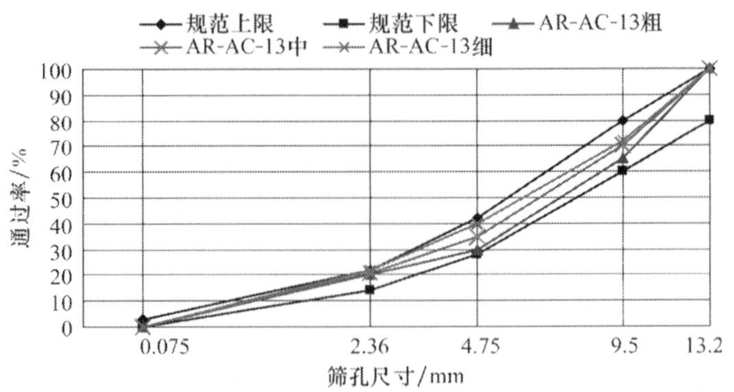

图 8-6　拟定橡胶沥青混合料级配组成图

2）不同基质沥青的橡胶沥青混合料

根据 SBS 改性沥青的使用经验，基质沥青性能对改性沥青性能有很大影响；我国沥青供应商较多，作为一种改性沥青，基质沥青性能对橡胶沥青也有很大影响，为此，研究基质沥青的性能对橡胶沥青混合料高温性能的影响。

(1) 基质沥青品牌的影响。

选择加德士 70＃、埃索 70＃、中海 70＃、河北宏润 70＃、金山东海 70＃这 5 种沥青进行混合料试验。其中，前两种是进口沥青；后 3 种是国产沥青，都是国内市场上比较有代表性的品牌。基质沥青中芳香分含量是评价该基质沥青是否适于改性的一个有效指标，如对 SBS 改性沥青，基质沥青中芳香分含量越高，其改性效果越好，相应高温性能也越优异。5 种基质沥青芳香分含量按照中华人民共和国交通部标准 JTJ052—2000《公路工程沥青及沥青混合料试验规程》中 T0618—1993“沥青化学组分试验(四组分法)”测试，结果见表 8-18，从表中可以看出，5 种沥青的芳香分含量差别较大，基本涵盖了目前国内多数品牌的基质沥青。将上述 5 种基质沥青和掺量为 19％(内掺)的 20 目废轮胎胶粉制备的橡胶沥青，在最佳油石比 8％下成型车辙试件。测试结果如表 8-19和图 8-7 所示。

表 8-19　基于不同基质沥青的橡胶沥青混合料车辙试验结果

基质沥青 70＃	芳香分含量/％	动稳定度/(次/mm)	车辙深度/mm
加德士 70＃	45	3860	3.450
埃索 70＃	54	3816	2.853
中海 70＃	27	3276	2.798
金山东海 70＃	18	3470	2.673
河北宏润 70＃	39	4049	4.308

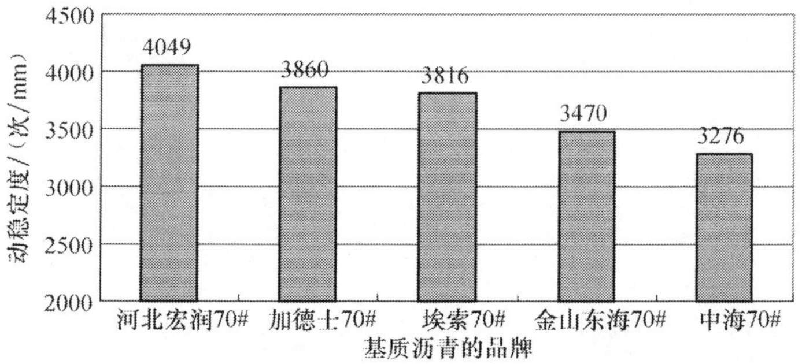

图 8-7　采用不同品牌基质沥青的橡胶沥青混合料动稳定度比较

从图 8-7 的结果可以看出基质沥青品牌对橡胶沥青混合料高温性能有一定影响，且与芳香分含量有一定关系，3 种芳香分含量较高的基质沥青(宏润、加德士、埃索)的橡胶沥青高温性能较好，两种芳香分含量较低的基质沥青(金山东海、中海)的橡胶沥青高温性能稍逊；但从表中也可以看出，动稳定度最大与最小的基质沥青的芳香分含量并不是最高或最低的；此外最小的动稳定度比最大的动稳定度仅低 15％，且都符合我国规范中关于改性沥青混合料动稳定度大于 2800 次/mm 的指标要求。由此可以看出，橡胶沥青混合料的高温性能随基质沥青性质的变化而有所不同，基质沥青中的芳香分含量对高温性能有较明显的影响，但其影响程度不像 SBS 改性沥青中那么强烈。

(2) 基质沥青标号的影响。

我国气温较高的地区使用 70＃基质沥青，东北、西北等寒冷地区在面层使用标号更大的 90＃沥青；而美国加利福尼亚州生产橡胶沥青时也常在 70＃沥青中加入 2%的延展油，这相当于将 70＃沥青变成了 90＃沥青。针对 90＃沥青制备的橡胶沥青的混合料的高温性能是否会降低、加入延展油后对高温性能影响如何，研究了基质沥青标号及延展油对混合料高温性能的影响。所用基质沥青是加德士 70＃、90＃(根据美国加利福尼亚州橡胶沥青处理方法，向加德士 70＃中加入 2%的延展油可调成 90＃)和盘锦 90＃，采用 3 种橡胶沥青进行车辙试验，测试的结果如表 8-20 所示。

表 8-20 不同标号基质沥青车辙试验结果

基质沥青名称	177℃黏度/(Pa·s)	动稳定度/(次/mm)
加德士 70＃	3.3	3860
加德士 90＃	2.7	2881
盘锦 90＃	3.0	3347

从表 8-19 看出，基质沥青(加德士)的标号增加，与之对应的橡胶沥青混合料的动稳定度下降接近 25%，说明基质沥青标号提高对其制备的橡胶沥青混合料高温性能有负面影响，也说明延展油的加入可能会影响橡胶沥青混合料的高温性能，但 90＃沥青制备的橡胶沥青混合料仍旧可以满足规范中改性沥青混合料车辙动稳定度大于 2800 次/mm 的指标要求，其中盘锦 90＃沥青制备的橡胶沥青混合料动稳定度达到 3347 次/mm。

(3) 不同胶粉产地的橡胶沥青混合料。

橡胶粉改性沥青是轮胎橡胶粉在高温条件下(180℃以上)与基质沥青融胀反应得到的改性沥青胶结料。橡胶粉在与高温沥青充分混合状态下吸收沥青轻质组分而融胀，同时在颗粒表面形成沥青质含量很高的凝胶膜。橡胶沥青中橡胶粉掺量通常接近 20%，融胀后橡胶粉体积约为胶结料的 40%，橡胶粉颗粒通过凝胶膜连接，形成一个黏度很大的半固态连续相体系。

由于橡胶沥青中胶粉的掺量接近 20%，所以它的性质必然会对橡胶粉改性沥青混合料高温性能有较大的影响。

由于橡胶粉来源、加工工艺不同，橡胶粉的化学组分、级配组成、粗糙度、颗粒形状等物理参数会有很大的差别。这样势必会增大橡胶粉改性沥青性质的不稳定性，在混合料的路用性能上也会存在很大差别。本节选取上海、河北、宜宾、南京 4 处的 20 目轮胎橡胶粉作对比试验，将上述胶粉与加德士基质沥青制备了 4 种橡胶粉改性沥青，采用 AR-AC-13 粗级配，进行车辙试验，试验的结果见表 8-21 和图 8-8。

表 8-21 不同来源胶粉的橡胶沥青混合料车辙试验结果

胶粉来源	黏度(177℃)/(Pa·s)	动稳定度/(次/mm)
河北	3.5	3858
上海	3.3	3729
南京	2.1	1732
宜宾	1.4	1702

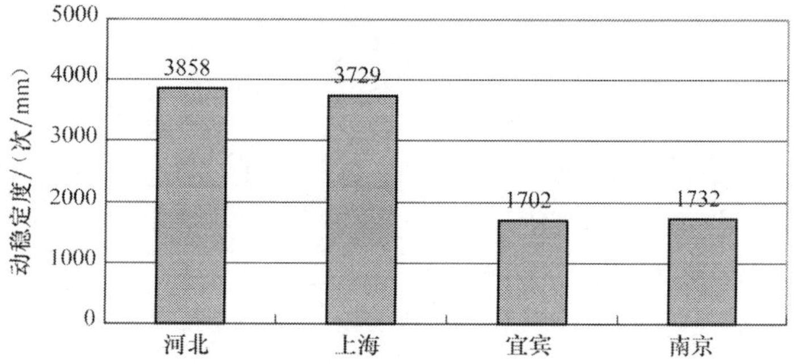

图 8-8　不同来源胶粉的橡胶沥青混合料的动稳定度比较

由图 8-8 可以看出，不同来源的胶粉制备的胶粉改性沥青混合料的高温抗车辙性能差别很大，河北和上海两地的胶粉制备的橡胶沥青混合料高温性能较好，南京和宜宾两地的胶粉制备地橡胶沥青混合料高温性能较差，动稳定度分别只有河北胶粉制备混合料动稳定度的 44.9%和 44.1%。所以在橡胶沥青质量控制的流程中，胶粉来源是第一个环节，也是十分重要的一环。

(4) 不同胶粉掺量的橡胶沥青混合料。

橡胶沥青是一种复合材料，组成材料比例的变化对其性能有很大的影响。在研究胶粉掺量影响时，选取上海产的 20 目胶粉作为沥青改性剂，掺量(内掺)依次为 17%、19%、21%。试验室的加工工艺都是简单搅拌共炼。基质沥青为加德士 70＃，级配为 AR-AC-13 粗级配。接着拌和混合料进行车辙试验，试验结果如表 8-22 所示，图 8-9 更直观地表现了胶粉的掺量与其对应的橡胶沥青混合料的高温抗车辙性能的关系。

表 8-22　不同掺量的胶粉对橡胶沥青混合料车辙试验结果

胶粉掺量	黏度(177℃)/(Pa·s)	动稳定度/(次/mm)	永久变形/mm	相对变形/%
17%	2.7	3312	3.870	7.7
19%	3.3	3860	3.456	6.9
21%	3.5	3981	3.552	7.1

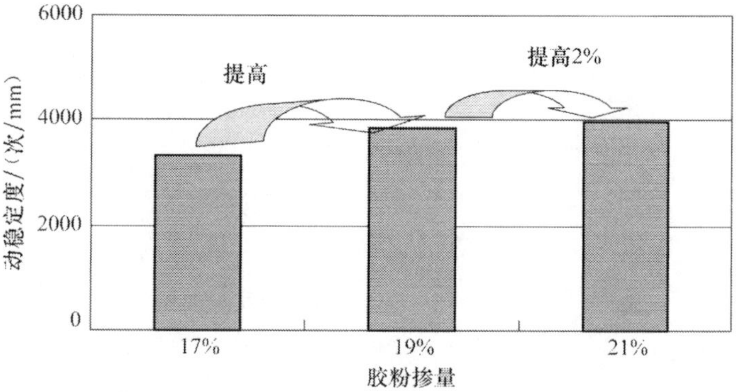

图 8-9　不同掺量的胶粉沥青混合料的动稳定度比较

由图 8-9 可以看出，胶粉掺量对橡胶沥青混合料的高温抗车辙性能影响是很大的。随着胶粉掺量的增加，混合料车辙试验的动稳定度也增加，但增加的幅度不一样。胶粉掺量从 17%增加到 19%，动稳定度增加了 16.5%；而从 19%增加到 21%，动稳定度只增加了 2%。说明 19%～21%胶粉掺量的混合料的动稳定度已基本达到峰值，该掺量比例对于橡胶沥青的高温稳定性是合适的比例。国内外的工程实践也证实了这一结论，如美国加利福尼亚州规定橡胶沥青中废胶粉占橡胶沥青总量 18%～22%。

8.3.2　疲劳性能

未来我国高速公路的建设将进入平缓期，新建道路数量减少，但是大量的旧路面需要维护翻修，在旧水泥路面加铺沥青面层、旧沥青路面罩面层以及应力吸收中间层等，橡胶沥青疲劳抗裂性能大有可为。目前对于橡胶沥青以及橡胶沥青混合料疲劳性能的基础研究较少，橡胶沥青以及橡胶沥青混合料的疲劳性能影响因素众多，对于胶粉的选择、胶粉掺量的选择、基质沥青的选择及混合料体积设计方法都需要进一步细化研究。

1. 沥青的抗裂性能评价

沥青路面的裂缝成因主要包括疲劳开裂与低温开裂两种，主要起抗裂作用的是混合料中填充集料空隙的沥青胶浆，沥青的抗裂性能在一定程度上反映了沥青混合料的抗裂性能。本小节对常用的重交沥青、SBS 改性沥青与橡胶沥青进行对比，以 SHRP 分级试验对橡胶沥青的抗裂性能进行研究。

本次试验选用加德士 70＃重交沥青（JDS 70＃）以及泰普克Ⅰ-D 型 SBS 改性沥青（后文中以 SBS 表示）与橡胶沥青作对比，这两种沥青的性能指标检测结果见表 8-23 与表 8-24。

表 8-23　加德士 70＃基质沥青性能指标检测结果

检验项目		检测结果	规范要求	试验方法
针入度(25℃,100g,5s)/0.1mm		63	60～80	T0604
软化点(R&B)/℃		49	≥46	T0606
延度(5cm/min,15℃)/cm		101	≥100	T0605
延度(5cm/min,10℃)/cm		25	≥20	
薄膜老化试验(163℃,5h)	质量变化/%	0.09	±0.8	T0609
	针入度比/%	68	≥61	T0604
	延度(15℃)/cm	24	≥15	T0605
	延度(10℃)/cm	6	≥6	

表 8-24　泰普克 SBS 改性沥青性能指标检测结果

检验项目	检测结果	规范要求	试验方法
针入度(25℃,100g,5s)/0.1mm	57	40～60	T0604
软化点(R&B)/℃	73	≥60	T0606
延度(5cm/min,5℃)/cm	29	≥20	T0605

续表

检验项目		检测结果	规范要求	试验方法
离析,48h 软化点差/℃		1.5	<2.5	T0661
薄膜老化试验(163℃,5h)	质量变化/%	0.09	±1.0	T0609
	针入度比/%	71	≥65	T0604
	延度(5℃)/cm	17	≥15	T0605

本次试验使用的橡胶沥青选择加德士 70＃重交沥青作为基质沥青,橡胶粉选择河北产 20 目斜交胎胶粉,参考美国亚利桑那州橡胶沥青标准要求对橡胶粉的目数进行控制,筛分结果见表 8-25;胶粉掺量选用内掺 19%,加工方式采用室内小型搅拌机对流式搅拌,反应温度控制在 185℃,反应时间 90min,试验用橡胶沥青均为现拌现用,以保证试验结果的稳定性,制成的橡胶沥青的基本性能检测结果见表 8-26。橡胶沥青的各项指标符合设计要求,177℃黏度为 3.3Pa·s,具有一定的代表性。

表 8-25　河北产 20 目橡胶粉筛分结果

筛孔尺寸	通过率/%	设计要求/%
10 目(1.18mm)	100	65～100
30 目(0.6mm)	55.2	20～100
50 目(0.3mm)	13.9	0～45
200 目(0.075mm)	0.5	0～5

表 8-26　橡胶沥青性能指标检测结果

检验项目	检测结果	设计要求	试验方法
针入度(25℃,100g,5s)/0.1mm	37	≥25	T0604
软化点(R&B)/℃	68.5	≥54	T0606
密度/(g/cm³)	1.05	实测	T0603
177℃黏度/(Pa·s)	3.3	1.5～4.0	T0625
弹性恢复/%	75.5	60	T0662

2. 橡胶沥青疲劳抗裂性能评价

本次试验选用动态剪切流变试验对橡胶沥青的疲劳抗裂性能进行比较评价,以下先对试验方法进行简单介绍,然后进行试验数据分析比较。

DSR 是研究黏弹性材料的基本试验仪器。SHRP 在沥青胶结料路用性能规范中采用 DSR 评价沥青材料的高温性能与中温疲劳性能。

DSR 的工作原理如图 8-10 所示,它是将沥青试样夹在来回振荡的旋转轴和固定板之间,振荡板从起点 A 开始转动到 B 点,再从 B 点转回,经过 A 点到 C 点,从 C 点再转回到 A 点,这样形成一个循环周期。DSR 试验过程中,摆动板连续不断地摆动,速度为 10rad/s,频率约等于 1.59Hz。

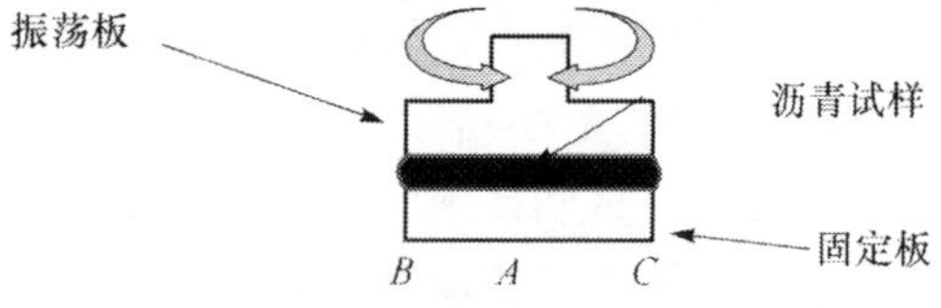

图 8-10　DSR 工作原理图

当力(或剪应力 τ)通过旋转轴加到沥青上时,DSR 就会测量沥青对此施加的力(或剪应力 τ)的反应。如果沥青是一个完全的弹性材料,其反应就与瞬时施加的力一致,两者的时间滞后就为零。若是完全的黏性材料,荷载和反应之间的时间滞后就会很大。冰冷的沥青就像弹性材料,温度高的沥青就像黏性材料。

在大多数路面承受交通的温度下,沥青的状况既像一个弹性固体,又像一个黏性液体。DSR 试验中通过测定沥青材料的复数剪切模量 G^* 和相位角 δ 表征沥青材料的黏性和弹性性质。

应力应变的波形如图 8-11 所示,复数剪切模量 G^* 是最大剪应力(τ_{max})和最大剪应变(γ_{max})的比率,它是材料重复剪切变形时总阻力的度量,包括两部分:弹性(可恢复)部分和黏性(不可恢复)部分。

相位角 δ 是施加的应力和由此产生的应变的滞后时间,它是可恢复与不可恢复变形的相对指标。对于完全弹性的材料,荷载作用时,变形同时产生,相位角 δ 为零;黏性材料在加载和应变响应之间有较大的滞后,相位角 δ 接近 90°。两者关系如图 8-11 所示。

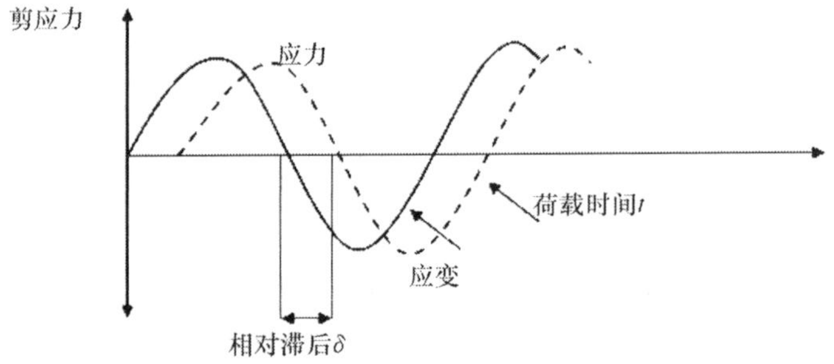

图 8-11　恒应力流变仪应力应变波形图

复数模量 G^* 和相位角 δ 的正弦值两个参数相乘,产生一个与疲劳有关的系数——疲劳开裂因子 $G^* \sin \delta$,此因子也称为中等温度劲度。Superpave 沥青胶结料规范将 $G^* \sin \delta \leqslant 5000\text{kPa}$ 作为沥青胶结料的疲劳开裂控制指标,其含义可以理解为随着沥青结合料在服务期的逐渐老化,$G^* \sin \delta$ 不断增大,若在未达到设计年限前沥青胶结料 $G^* \sin \delta > 5000\text{kPa}$,其疲劳破坏将比预期提前,也就是说,该种沥青胶结料的抗老化性能差导致了疲劳寿命的缩短。

本次试验采用 AR-1500 型 DSR(图 8-12),通过时间扫描,对加德士 70＃基质沥青、SBS 改性沥青、橡胶沥青这 3 种材料,试验温度从 40℃降到 13℃,研究其复数模量 G^* 和相位角 δ 随温度变化情况以及疲劳因子 $G^* \sin \delta$ 的变化,对比这 3 种沥青的疲劳性能。

沥青路面的疲劳破坏是发生在路面服务了一定年限以后,这时的沥青结合料已经经历了相当程度的老化。所以 SHRP 规范要求试验所使用的试样要先经过 RTFOT 模拟混合料在拌和、运输和摊铺等过程中的老化,还要进行空气压力老化(PAV),模拟沥青路面长期暴露在自然界中所受到的老化。

试验是为了对比加德士基质沥青、SBS 改性沥青、橡胶沥青这 3 种沥青的疲劳性能,并与后续混合料疲劳试验结果对比,混合料试件未进行长期老化,同时考虑到试验简便

图 8-12　AR-1500 型 DSR

性，对沥青仅进行了薄膜烘箱老化(TFOT)，模拟混合料拌和过程中的老化，没有进行PAV 长期老化。

按照 AASHTO 标准 TP5—93 规范，采用应变控制方式加载，试样应变值 $\gamma=1\%$，试验频率为 10rad/s，采用直径为 8mm，厚度为 2mm 的试样。

DSR 试验结果见图 8-13～图 8-15。

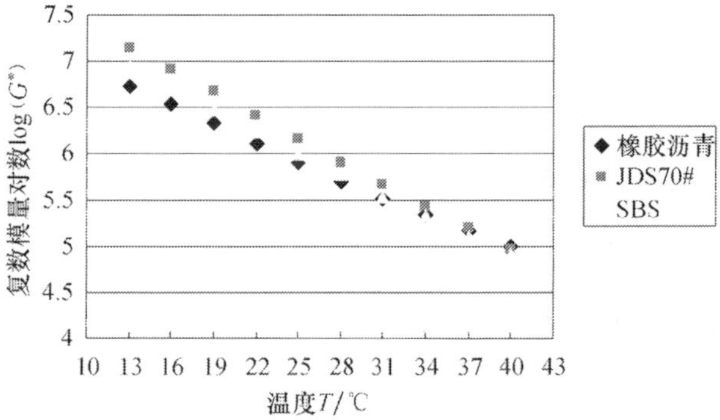

图 8-13　3 种沥青复数模量对数值随温度变化图

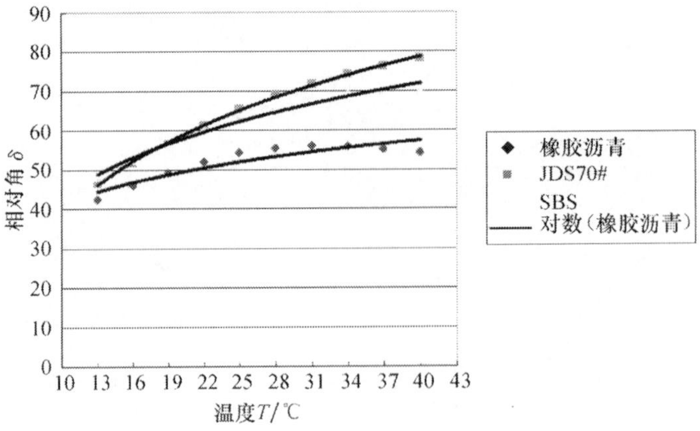

图 8-14　3 种沥青相位角随温度变化图

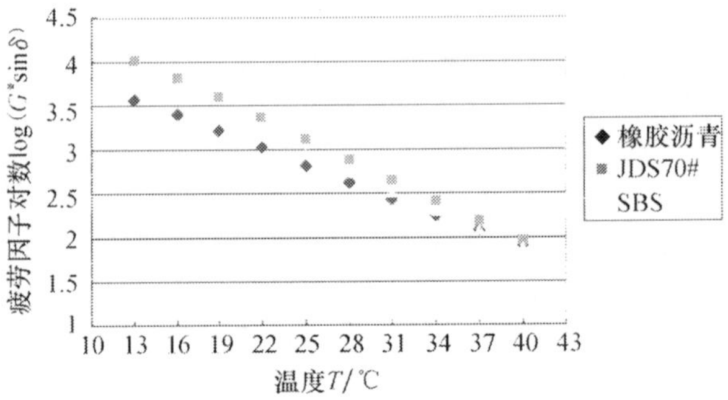

图 8-15　3 种沥青疲劳因子对数值随温度变化图

表 8-27　3 种沥青在不同温度下的 $G^* \sin\delta$ 值

沥青类型 / 试验温度/℃	加德士基质沥青/kPa	SBS 改性沥青/kPa	橡胶沥青/kPa
19	3926	2481.5	1633.5
16	6380.5	4033	2485.5
13	10150	6326.5	3666

从图 8-14 和图 8-15 中可见，3 种沥青的复数模量 G^* 与温度 T 在半对数坐标上是线性相关的，并且相关性很好。随着温度降低，复数模量 G^* 逐渐增大。40℃时，3 种沥青的复数模量 G^* 很接近，随着温度降低，数值逐渐拉大，基质沥青的变化速率最快，SBS 改性沥青次之，橡胶沥青的变化速率最小。

3 种沥青的相位角 δ 与温度 T 呈对数曲线关系，随着温度降低，相位角 δ 逐渐减小。相对于基质沥青与 SBS 改性沥青，橡胶沥青的相位角一直保持在一个较低的水平，说明其温度敏感性较低。

理想的结合料是一种比较柔软的弹性材料，具有较小的疲劳因子 $G^* \sin\delta$，使得路面在汽车荷载的作用下变形时，卸载后既能够迅速恢复，又能使内部摩擦生的大部分能量以热的形式散失，这样就可以避免或减少路面因产生应力累积而导致疲劳破坏。

由图 8-15 可见，3 种沥青的疲劳因子 $G^* \sin\delta$ 对数值与温度 T 在半对数坐标上是线性相关的，并且相关性很好。随着温度降低，$G^* \sin\delta$ 值逐渐增大，沥青抗疲劳性能逐渐降低。

Superpave 沥青胶结料规范将 $G^* \sin\delta \leqslant 5000\text{kPa}$ 作为沥青胶结料的疲劳开裂控制指标，由表 8-27 可见，基质沥青在 16℃时，$G^* \sin\delta > 5000\text{kPa}$，达到疲劳极限；SBS 改性沥青在 13℃时，$G^* \sin\delta > 5000\text{kPa}$，达到疲劳极限；橡胶沥青在 13℃时，$G^* \sin\delta$ 值仍保持在 5000kPa 以下。说明 3 种沥青中，橡胶沥青的抗疲劳性能最好，SBS 改性沥青次之，基质沥青最差。

3. 橡胶沥青低温抗裂性能评价

SHRP 通过研究认为常规指标（包括低温针入度、低温延度等）很难评价沥青的低温性能，应采用流变力学指标。通过对多种试验方法的比较，弯曲梁流变试验的极限劲度模量 S 及蠕变速率 m，与反映沥青混合料低温抗裂性能的约束温度应力试验（TSRST）的破断温度具有良好的相关关系，本小节采用弯曲梁流变试验评价橡胶沥青的低温抗裂性能。

SHRP 的弯曲梁流变仪（bending beam rheometer，BBR）是利用传统的弯曲梁蠕变原理测定低温条件下沥青结合料劲度模量的方法。胶结料小梁为双支撑中点加载模式，计算蠕变劲度的公式为

$$S(t) = \frac{PL^3}{4bh^3\Delta(t)}$$

式中，$S(t)$ 为随时间变化的劲度模量，$t=60\text{s}$；

P 为中点恒载，980mN；

$\Delta(t)$——随时间变化的梁跨中变形，$t=60\text{s}$；

L——小梁的支撑点间距 $L=102\text{mm}$；b——梁的高度，b=12.5mm；。

h——梁的高度，h=6.25mm

$S(t)$ 由计算机自动计算获得，m 值表示劲度模量 $S(t)$ 随时间的变化率，也由计算机自动获得。m 值表示为双对数坐标图上劲度与时间关系曲线某一时间所对应的斜率，如图 8-16 所示。

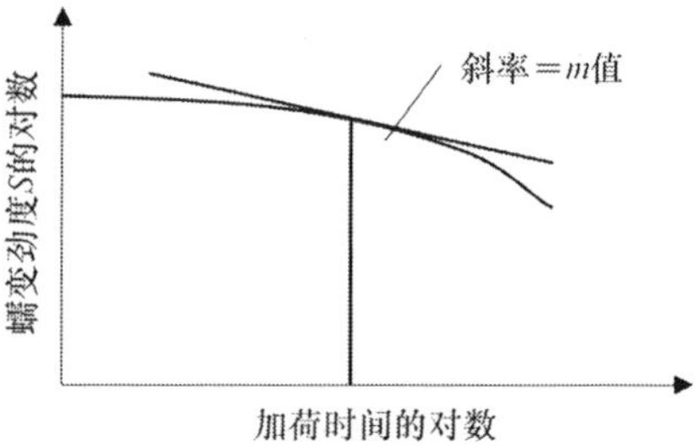

图 8-16　m 值的确定方法

SHRP 研究认为若沥青材料的劲度太大，则呈现脆性，路面容易开裂破坏，而表征沥青劲度随时间的变化率 m 值越大，当温度下降使路面产生收缩时，结合料如同降低了劲度的材料，则材料中的拉应力越小，低温开裂的可能性也越小。因此，为了评价沥青结合料的低温抗裂性能，要求沥青试样在试验温度下弯曲劲度模量 S 不超过 300MPa，蠕变曲线斜率 m 不小于 0.3。

本次试验采用 Canon 弯曲梁流变仪进行试验，试验装置与试样加载如图 8-17 所示。

对 SBS 改性沥青与自制的橡胶沥青试样先进行 TFOT 短期老化，然后分别在 −12℃、−18℃、−24℃下进行 BBR 试验，试验结果见表 8-27，两者的低温劲度模量对比见图 8-18。

（a）试件加载　　（b）试验装置

图 8-17　弯曲梁流变仪

表 8-28　弯曲梁蠕变试验结果

沥青类型	−12℃		−18℃		−24℃	
	S/MPa	*m* 值	*S*/MPa	*m* 值	*S*/MPa	*m* 值
SBS 改性沥青	103	0.399	287	0.313	613	0.235
橡胶沥青	76.4	0.361	136	0.320	315	0.250

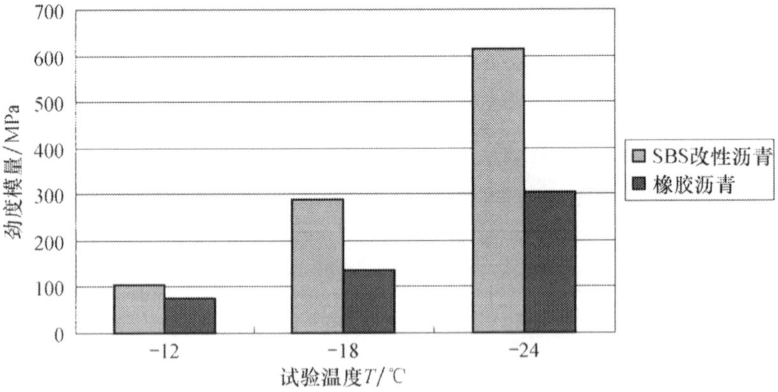

图 8-18　低温劲度模量对比

从表 8-28 和图 8-18 中可以看出以下几方面。

(1) 橡胶沥青在 3 个温度下的劲度模量 S 都小于 SBS 改性沥青，低温劲度模量越小，代表沥青的抗裂性能越好。并且随着温度降低，橡胶沥青与 SBS 改性沥青的 S 值差值增大，说明橡胶沥青劲度模量随温度变化的幅度较小，温度敏感性小，低温性能较好。

(2) m 值的大小反映了沥青劲度的时间敏感性及应力松弛能力，m 值越大，沥青的应力松弛能力越好，抗裂性能越好。橡胶沥青的 m 值在－12℃时低于 SBS 改性沥青，而在－18℃和－24℃下高于 SBS 改性沥青，说明其应力松弛能力好，低温性能好于 SBS 改性沥青。

(3) 复合材料的低温劲度取决于组成成分的低温劲度与各自比例。SBS 材料的低温柔性比轮胎橡胶粉要差一些，并且掺量只有 5%左右，而橡胶沥青中胶粉掺量在 20%左右，这可能是橡胶沥青低温劲度低于 SBS 改性沥青的原因。

(4) 综合来看，橡胶沥青低温劲度低，柔韧性好，低温抗裂性能好。同时，也可以减少冬季车辆行驶时产生的震动和噪声，提高行驶舒适性。由于行驶时路面变形增大，也会减少路面结冰的可能。

4. 混合料的疲劳性能

1) 检测所用仪器和方法

本次试验使用的是自制的三分点弯曲疲劳试验夹具，在 MTS-810 材料试验机上进行。

本次试验参考美国 AASHTOTP8 标准要求，并基于我国实际情况对夹具进行设计。美国标准要求小梁尺寸为 50mm×63mm×380mm，由于我国标准车辙板为 300mm×300mm，高 50mm，同时缺少大型车辙板碾压成型装置，所以采用 50mm×50mm×240mm 小梁进行试验。

根据小梁尺寸设计夹具尺寸，两端支点中心间距（小梁的跨径）为 210mm，三分点处加载，中间纯弯段长 70mm，如图 8-19 所示。

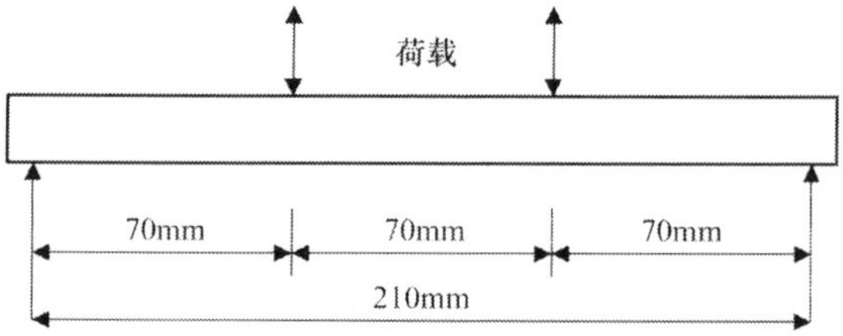

图 8-19　三分点加载小梁弯曲疲劳试验示意图

试验采用 MTS-810 材料试验机控制加载，力传感器精确到 1N，位移控制精确到 0.001mm，温度用环境箱进行控制，精确到 0.1℃，夹具的两个加载点和反力点都可以夹紧小梁，并且可以自由平移和旋转。在每个荷载作用周期结束时，夹具将试件拉回初始位置，满足 AASHTO 标准对三分点小梁试验的基本精度要求。

夹具主要分为底座、外框、侧板三个部分，由特制螺栓连接，接头处设计成球座，能够保证外框自由转动，同时外框与底座之间能够很好地传递荷载。夹具各部分设计简图见图 8-20，夹具与 MTS-810 材料试验机安装后整体图见图 8-21。

试验中需要针对不同的材料选择合适的应变水平。应变水平的大小直接反映了试件发生弯曲变形的程度。而对于实际路面，路面的变形程度反映了车轮荷载作用力的大小，路面受车载作用的变形程度的大小直接影响实际路面的疲劳寿命。实验室内疲劳试验应变水平在一定程度上代表了实际路面所承受的车辆荷载作用大小。

在沥青混合料疲劳试验过程中，应变水平的大小应控制在一个合理的范围内。应变水平过大则会导致疲劳寿命过短，与实际路面的疲劳破坏行为不相符；而应变水平过小，则会使得试验周期过长甚至出现无法达到疲劳破坏点的现象（即试件在小应变水平下，劲度模量无法衰减至初始劲度模量的 50%）。而在本次研究中，所有试验的应变水平调节

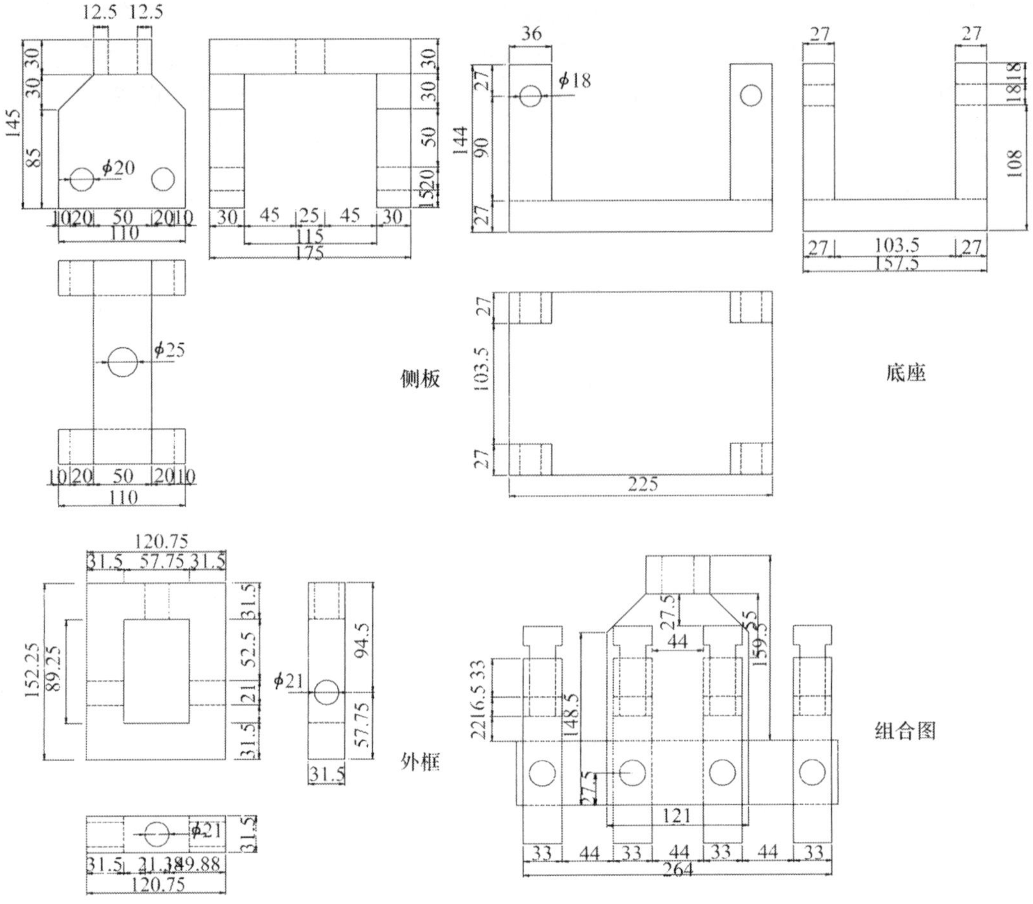

图 8-20　夹具设计简图

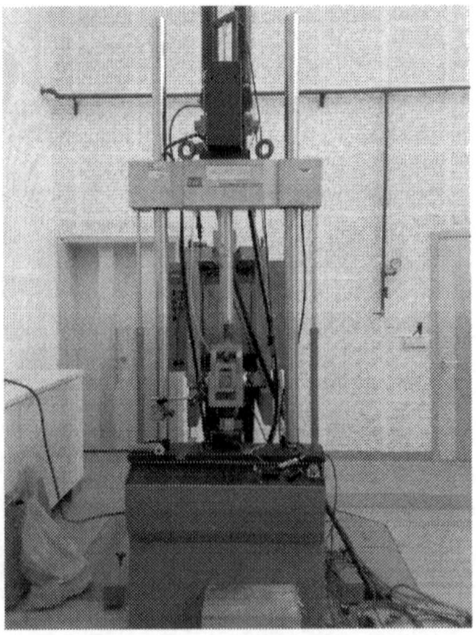

图 8-21　MTS-810 材料试验机与夹具整体

均将试件疲劳寿命控制在 $1\times10^3\sim1\times10^5$ 次，这样既保证了准确性又缩短了试验时间。

本次试验每个应变级位下采用 4 根小梁平行试验，结果按试验数据的离散程度进行弃差处理，弃差的标准为当一组平行试验测定值中某个数据与平均值之差大于修正标准差的 k 倍时，舍弃该值，并以其余测定值的统计结果作为试验结果，同时保证每组试验的有效试件不少于 3 根。当试件数目 n 为 3、4、5、6 根时，k 值分别为 1.15、1.46、1.67、1.820。

具体的试验安排如表 8-29 所示。

表 8-29　三种沥青混合料的试验方案

试验安排	混合料类型		
	70＃基质沥青	SBS 改性沥青	橡胶沥青
级配类型	AC-13	AC-13	AR-AC-13
油石比	4.8	5.0	8.0
设计空隙率/%	4	4	4
试验温度/℃	15	15	15
加载波形	偏正弦波	偏正弦波	偏正弦波
试验频率/Hz	10	10	10
应变水平(微应变)	450、650、750	750、1000、1250、1500	750、1000、1250、1500
平行试验次数	4	4	4
总试验次数	12	16	16

2) 疲劳试验结果

以往的研究表明，同一应变下若干试件的对数疲劳寿命表现为正态分布，并且应变大小与疲劳寿命在双对数坐标上表现为直线关系，通常可表示为

$$\lg N_f = k - n\lg\varepsilon \tag{8-1}$$

式中，N_f——试件破坏时荷载作用次数；

ε——试验时所控制的小梁跨中底面应变水平(微应变)，通过控制小梁三分点处最大挠度值实现，通过公式(8-3)计算；

k——回归常数，与材料组成和性质有关；

n——回归常数，与试验条件和材料特性有关。

3 种沥青混合料应变控制的三分点弯曲疲劳试验结果分别见表 8-30～表 8-33，以及图 8-22～图 8-25。在每个应变水平下均进行 4 次平行试验，并对结果进行弃差处理，表中数据均为有效试件结果的平均值，保证率为 50%。

表 8-30　基质沥青混合料疲劳试验结果

混合料类型	应变水平(微应变)	疲劳寿命	有效试件个数
基质沥青 AC-13	450	113 000	3
	600	41 900	4
	750	15 600	4

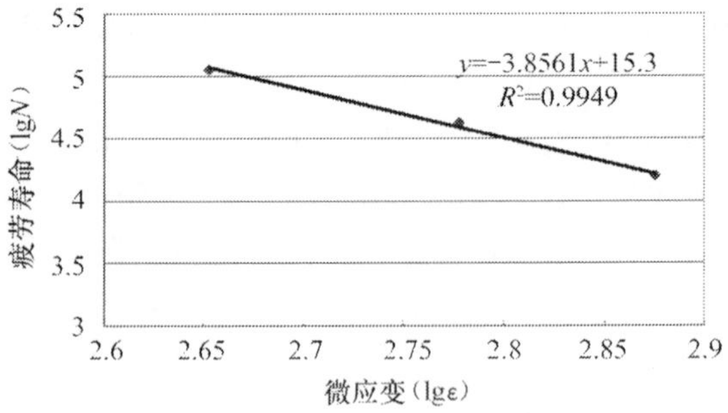

图 8-22 双对数坐标下基质沥青 AC-13 混合料疲劳曲线图

从图 8-22 中可以看到，在双对数坐标下，基质沥青混合料的疲劳寿命与应变水平有着很好的线性关系，相关系数平方达到 0.9949，数据回归出的基质沥青应变疲劳方程为 $\lg N_f = 15.3 - 3.8561\lg\varepsilon, R^2 = 0.9949$。

表 8-31 SBS 改性沥青混合料疲劳试验结果

混合料类型	应变水平(微应变)	疲劳寿命	有效试件个数
SBS 改性沥青 AC-13	750	203 000	3
	1 000	61 000	3
	1 250	13 100	4
	1 500	5 300	4

从图 8-23 中可以看到，在双对数坐标下，SBS 改性沥青混合料的疲劳寿命与应变水平有着很好的线性关系，相关系数平方达到 0.99，数据回归出的 SBS 改性沥青应变疲劳方程为：$\lg N_f = 20.841 - 5.386\lg\varepsilon, R^2 = 0.99$。

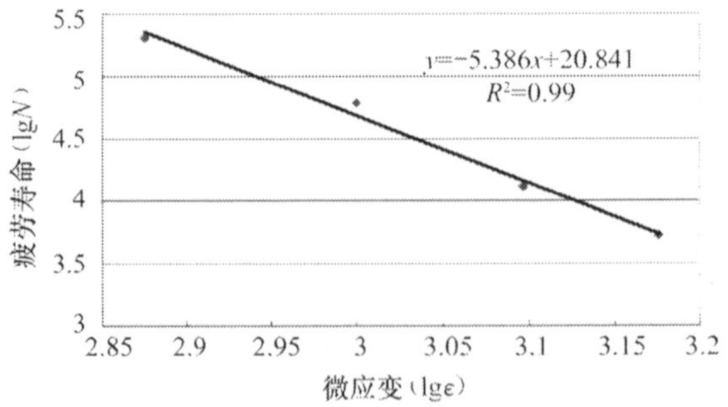

图 8-23 双对数坐标下 SBS 改性沥青混合料疲劳曲线图

表 8-32 橡胶沥青混合料疲劳试验结果

混合料类型	应变水平(微应变)	疲劳寿命	有效试件个数
橡胶沥青 AR-AC-13	750	830 000	3
	1 000	180 000	4
	1 250	43 900	4
	1 500	17 300	4

从图 8-24 中可以看到，在双对数坐标下，橡胶沥青混合料的疲劳寿命与应变水平有着很好的线性关系，相关系数平方达到 0.9986，数据回归出的橡胶沥青应变疲劳方程为 $\lg N_f=22.185-5.6538\lg\varepsilon, R^2=0.9986$。

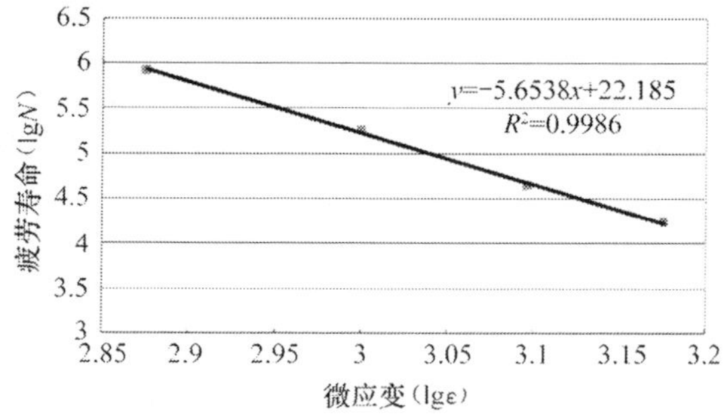

图 8-24　双对数坐标下橡胶沥青混合料疲劳曲线图

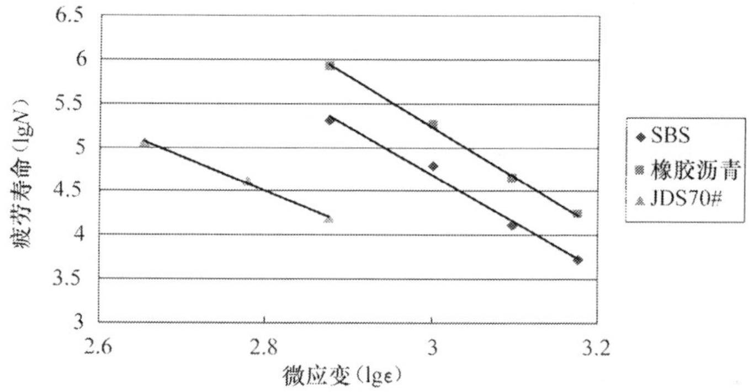

图 8-25　3 种沥青混合料疲劳曲线综合图

表 8-33　三种沥青混合料的应变疲劳方程

混合料类型	应变疲劳方程
基质沥青 AC-13	$\lg N_f=15.3-3.8561\lg\varepsilon, R^2=0.9949$
SBS 改性沥青 AC-13	$\lg N_f=20.841-5.386\lg\varepsilon, R^2=0.99$
橡胶沥青 AR-AC-13	$\lg N_f=22.185-5.6538\lg\varepsilon, R^2=0.9986$

将三种沥青混合料的疲劳曲线放在一起比较，如图 8-25 所示，从斜率 n 来看，试验结果为 3.8561～5.6538，基质沥青混合料要明显小于两种改性沥青混合料，而 SBS 改性沥青混合料与橡胶沥青混合料之间相差不是很大，n 值大小主要反映了沥青混合料对于应变水平变化的敏感程度，与材料组成和试验条件有关。

从截距 k 来看，试验结果在 15.3～22.185，同样基质沥青混合料要远小于两种改性沥青混合料，橡胶沥青混合料大于 SBS 改性沥青混合料，k 值反映了沥青混合料疲劳寿命的大小，可以看到，在同一应变水平下，橡胶沥青混合料的疲劳寿命最高，SBS 改性沥青次之，基质沥青混合料最低。

参考文献

河北省质量技术监督局. 废轮胎橡胶沥青及混合料技术标准(DB13/T 1013—2009). 河北省道路与结构材料工程技术中心等编写. 2009.

王国清，杜群乐，等. 2007. 废旧轮胎橡胶沥青道路应用成套技术研究[R]. 河北省高速公路管理局. 3.

王书斌，杜群乐，等. 2008. 抗裂沥青混合料技术研究[R]. 河北省保沧高速公路筹建处. 3.

第9章 沥青路面乳化冷再生应用

9.1 引 言

沥青路面冷再生技术是一种新型环保型筑路技术，在常温下充分利用原有道路材料对道路进行大修改造，大大减少了对新的筑路材料的需求和能源消耗，节约投资；现场冷再生可半幅施工，半幅开放交通，对交通影响小，社会效益显著。

20世纪20年代，美国就已开始了沥青路面再生技术的试验研究。第二次世界大战以后，艾森豪威尔总统启动了超过20年的公路网特别是州际高速路网大建设，很长一段时间，沥青路面行业的资源、资金和人力重点投放于新建路面，沥青再生技术的研究与应用进展缓慢。1973年，石油危机爆发，原油、资金、石材紧张产生的困难与环保法律的约束，使沥青再生技术重新引起人们的重视并得以迅速推广应用。1981年，美国40个州使用了350多万吨的厂拌热再生沥青混合料，1985年这类混合料的使用量达到了2亿吨，到了80年代末期，再生沥青混合料已用于替代50%的传统新沥青混合料。随着道路摊铺技术的不断提高，沥青混合料再生技术研究与应用发展加快，至20世纪90年代，美国对废旧沥青混合料的使用率达到了90%以上。Superpave(superior performing asphalt pavement)沥青混合料是美国战略公路研究计划(SHRP)的研究成果之一，它不仅包含全新的沥青和沥青混合料技术规范，更为沥青混合料的设计提供了一种革新的方法，这一方法目前已延伸应用至废旧沥青混合料的再生技术中。

欧洲国家拥有环保传统，也非常重视沥青再生技术。沥青路面再生技术在德国发展最快，它首先将再生沥青混凝土应用于高速公路路面养护，到1979年，已实现全部将废旧沥青路面材料再生利用。芬兰也在全国提倡进行旧沥青路面废料的回收利用，所得废料经再生后主要用于轻交通道路的路面或基层。2006年，欧洲沥青铺装协会的所有成员国废旧沥青混合料的利用率均达到了100%。沥青再生技术已发展到了相当高的水平。

由于地域环境的限制，导致资源相对匮乏，日本非常重视不可再生能源的回收利用，20世纪70年代初就已制订一系列技术规范和应用指南，不仅在全国开展旧沥青混合料的回收，而且补助应用旧沥青混合料的道路工程公司。目前日本国内厂拌热再生沥青混合料的用量达到了4000多万吨，旧沥青混合料使用率已达100%，占总沥青混合料用量的一半以上。

总体来说，沥青混合料的再生利用的规模和水平，与一国的经济和社会发展水平相关性很大。经济发达国家，路网发达，沥青路面使用率高，环境保护压力大，路网服务水平要求高，财政预算监管严格，平衡财政预算和路网服务水平的要求高。发达国家的沥青路面旧料再生率普遍较高，再生技术相对成熟。而在发展中国家，由于经济和社会发展水平低，或者尚处在大规模构建快速路网的时期，普遍较少应用沥青路面再生技术。

在再生技术研究方面，发达国家也已经形成了相当成熟的体系。美国在 20 世纪 90 年代，对沥青混合料再生技术的可靠性问题进行了详细研究，研究结果表明，采用再生沥青混合料摊铺的路面，路用性能和使用年限与新沥青路面差别很小；1997 年，美国国家沥青技术中心(NCAT)颁布的《沥青路面再生技术指南》指出，正确进行配合比设计的再生沥青混合料的使用性能与新沥青混合料相当；1997 年澳大利亚 AUST-ROADS 也推出了适用于本国的《路面沥青混合料再生指南》，指出采用添加 60%沥青回收材料的沥青混合料摊铺的路面，使用年限与新沥青路面相当，而且高温稳定性能有了明显提高；日本道路协会的系列研究报告表明，重交通道路也可以部分或全部采用热拌再生沥青混合料，前提是要对混合料的设计与质量进行严格控制，铺筑后的使用性能与只用新沥青材料铺筑的路面没有很大差距。

经过 40 多年的持续发展，美、欧、日等发达国家目前在废旧沥青混合料再生技术研究与实际应用方面均取得了显著成就，不仅证明了沥青混合料再生利用在技术与性能上的可行性，而且颁布了系统的沥青再生技术指南，开发了一系列先进的、标准化的再生机械设备，并进行了大规模的推广应用。

自 20 世纪 90 年代，在长期高速增长的经济需求推动下，我国公路路网进入史无前例的大构建时期。截至 2010 年底，我国公路通车总里程达 398.4 万千米，其中高速公路 7.4 万千米。高速公路中沥青路面比例已达到 95%以上，我国在 20 世纪 90 年代后陆续建成的高速公路已经进入大、中修期，若沥青路面寿命为 10～15 年，从现在起每年有 12%的沥青路面需要翻修，加上公路网的数量，预计大中修产生的沥青混合料旧料将超过每年 7000 万吨。大中修的主要对象是路面结构，传统的“挖除新铺”，很快将无法实验。公路网的规划大量变现和现有沥青路面迫切需要养护的现状下，我国已经开始进入一个公路建设和养护并重的时期。传统的沥青路面大、中修养护方式如铣刨加铺，成本高、周期长、资源需求大、产生海量的路面“废料”难以处置，重建需要大量的石料和沥青等资源，这不仅造成资源的极大浪费；同时也造成严重的环境污染，破坏了生态环境，影响到公路交通的可持续发展。近几年来，各种路面再生技术在我国快速发展，厂拌、就地、热再生、冷再生(水泥、乳化沥青、泡沫)的实体和试验工程频见报道，渐成规模。

表 9-1 是乳化沥青冷再生在我国技术演进的代表案例列表。2004 年的营大一级公路的应用，可以说是乳化沥青冷再生技术成功规模化应用的开端。2008 年之前，由于技术和工艺尚未完全成熟，加上应用主体是质量敏感度较高的高速和干线公路，乳化沥青再生层的应用层次基本局限在路面基层的位置，江苏沪宁高速路改扩建工程中，甚至将乳化沥青再生用在了柔性基层下面的位置，体现了当时产业界对乳化沥青再生层整体性能低于热沥青的认识。2008 年以后，随着一些重大项目的成功应用，特别是江西昌九高速完工后体现出来的突出的抗反射裂缝性能，越来越多的项目开始尝试乳化沥青再生层向上突破。江苏干线公路现场再生项目中，普遍用到了下面层位置，甚至只在再生层上加 1 层罩面。2009 年在石黄高速重车方向大修时，除了主体采用再生层替代下面层，还大胆尝试了部分替代中面层。

表 9-1　乳化沥青冷再生技术演进

时间	省份	项目名称	工程量/km	面积/m^2	层位	实施方式
2004	辽宁	营大一级公路	20	460 000	上基层	就地冷再生
2005	江苏	宁沪高速改扩建	24	480 000	下基层	厂拌冷再生
2006	江西	昌九高速公路	25	550 000	上基层	厂拌冷再生
2007	江西	昌九高速公路	72	1 584 000	上基层	厂拌冷再生
2007	河北	京沪高速沧州段	23	120 000	上基层	厂拌冷再生
2007	江苏	干线公路	11	121 000	下面层	厂拌冷再生
2008	陕西	铜黄高速公路	18	180 000	下面层	厂拌冷再生
2008	江西	九景高速公路	15	330 000	上基层	厂拌冷再生
2008	江苏	干线公路	15	225 000	中面层	就地冷再生
2009	江苏	干线公路	15	150 000	下面层	厂拌冷再生
2009	江苏	干线公路	20	300 000	中面层	就地冷再生
2009	江西	九景高速公路	105	2 310 000	上基层	厂拌冷再生
2009	河北	黄石高速公路	10(重车道)	30 000	下中面层	厂拌冷再生
2009	陕西	铜黄高速公路	50	500 000	下面层	厂拌冷再生

相比热拌沥青混合料或热拌再生混合料，沥青冷再生具有的技术特点如下。

旧料利用比例最高。除了新加入的胶结料，冷再生利用旧料的比例通常达到 100%，只有在某些技术类型(如泡沫)，或者原有矿料级配确是有特别严重问题时，会需要加入不高于 20%的新集料。

完全冷态作业，除了泡沫沥青技术需要热沥青罐供料，所有其他冷再生技术均在完全常温状态下作业，燃油消耗数量级下降，作业过程低排放、低粉尘、无沥青烟、作业工人工作环境远优于热拌沥青混合料作业环境。

当用柔性胶结料为主进行再生时，再生混合料性能体现为纯粹的柔性特性，混合料空隙率结构呈非联通高度分散格局，混合料的抗裂和抗疲劳性能优异。

再生混合料初期强度较低，但开放交通后一年时间内，材料整体性会持续改善，抗车辙能力普遍较高。如果存在致命的材料和结构设计缺陷，一般会在 1 个月内充分暴露。除了乳化沥青再生，不宜在没有罩面前直接开放交通。由于冷再生早期的强度较弱，表面构造相对较差，一般不宜作为磨耗层使用。

从施工工艺上讲，沥青路面冷再生主要分为厂拌冷再生和就地冷再生两种。厂拌冷再生是指将回收的沥青路面材料运至拌和厂，经破碎、筛分，以一定比例与新集料(如果有必要)、沥青类结合料、活性填料(水泥、石灰等)、水在常温下进行拌和、摊铺、碾压，最终形成满足路用性能要求的结构层的技术。现场冷再生是指采用带铣刨功能的路拌型机械，或者是专用的冷再生列车，一次性完成旧路材料的破碎、胶结料的均匀拌和、摊铺、碾压。厂拌冷再生和现场冷再生的比较如下。

现场冷再生设备投资门槛高，基本为国外设备厂商垄断，装备价值动辄上千万，产能也只能达到日产 2000～3000 吨混合料，优点是设备移动方便，灵活性高，无需搬运旧料，无需生产和旧料堆放场地。厂拌再生设备投资门槛低，在连续式稳定土生产设备上进行升级改造就可实现设备专业化，产能很大，也与稳定土设备相仿，缺点是搬场费用较高，旧料需要集中处置和堆放，需要建设较大面积混合料生产厂区。

现场冷再生适合处置基层结构较为完好的路段，如全部再生沥青旧料，通常需要调高路面标高。厂拌冷再生可以安排基层结构的修复或柔性化替代，可在充分利用旧料的同时灵活调整路面标高。

现场冷再生适合处理旧路面材料本身没有重大(严重车辙、级配缺陷)问题的情况，再生过程本身不会造成进一步离析。厂拌冷再生集中处置旧料，可以灵活调整材料组成，材料生产的稳定性和纠正能力较强。

现场冷再生不存在运输和旧料含水量控制的问题，工艺环节少，影响施工质量的工艺和气候变量较厂拌冷再生少。

冷再生主要采用乳化沥青、泡沫沥青、水泥、石灰或粉煤灰等作为广义上的再生剂。欧美(美国、法国、德国等)高等级公路沥青路面一般是以柔性路面为主，采用沥青稳定基层或沥青碎石基层，其主要病害有车辙、裂缝等，其裂缝主要以疲劳裂缝形式为主，两者的成因主要为荷载和环境等因素。半刚性基层沥青路面除法国、南非使用，也是我国高等级公路的主要结构形式，形成我国特有的“强基薄面”结构模式，裂缝型式主要为半刚性基层收缩裂缝扩展到沥青面层形成的反射裂缝，随着水进入裂缝易发生水损害，车辙、裂缝的成因主要是重载和环境等。国内外实施水泥或泡沫沥青全深度冷再生时，将面层沥青混合料和基层通过水泥再生后用做基层或底基层，再生层材料性能类似于半刚性基层，可能会产生温缩裂缝和反射裂缝等，最终影响道路的使用功能。国外将乳化沥青冷再生混合料用做再生路面的基层或联结层，其中全深度冷再生混合料作为基层；部分深度就地冷再生技术主要应用在交通量不高的低等级公路，作为联结层(下面层)使用。国内 2007 年之前厂拌冷再生的乳化沥青冷再生混合料一般用做高速公路基层，而近二、三年逐步应用在高速公路联结层。

沥青路面再生相关的胶结料类型，总的来说可以分为无机结合料和沥青结合料两类。各种胶结料在应用场合上有一定的重叠，但总体上并不构成相互替代的关系。表 9-2 是美国的胶结料选用参考，说明如下。

(1) 对于一些沥青层和结构均较薄的路面，再生的层次可能接触到土基，对于含泥量达到显著程度的材料，最佳再生胶结料是石灰或熟石灰，再生后的结构层强度并不很高，介于半刚性和无结合料基层之间。

(2) 对于涉及的含土材料相对较少，无结合料旧料比例较高的全结构再生，也会采用水泥再生，再生后的结构层是典型的半刚性结构层。

(3) 对于基本不含土，无机或无结合料旧料和沥青旧料均较多，粉料含量大于 5%的场合，是适合于泡沫再生的最佳场合。就国内情况看，基层料含量超过 10%就属于这种类型。这种情况下乳化沥青也可以使用，但其用量达到 3%～6%，性价比不及泡沫。

(4) 当处置对象基本是沥青胶结旧料(基层料含量低于 5%)时，通常粉料含量会低于 2%，是采用乳化再生的最适宜场合。这种情况下，也可以采用泡沫(＋水泥)再生，但必须添加新细集料(一般为 15%以上)，以弥补粉料不足。同时，在性能和技术开发潜力方面，与乳化沥青存在差异。完全工业化后，两者之间成本差异不大，泡沫略低。

表 9-2 冷再生胶结料的选择

类 型	比 例	应用条件		
石灰 熟石灰	3%～6%	PI>10 PI10～30	0.075 通过率<20% 0.075 通过率>25%	ppmSO_4<3000
水泥	3%～6%	PI<10		
泡沫	1%～3%(+水泥)		0.075 通过率 5%～20%	
乳化沥青	3%～6%	SE>30	0.075 通过率<20%	全深度
乳化沥青	1.5%～4%		0.075 通过率<7%	100%旧料

乳化沥青冷再生技术是采用高品质乳化沥青(项目级配方设计)作为结合料,采用专用的乳化再生机械、专业化施工工艺的成套冷再生技术。乳化沥青冷再生混合料是对沥青旧料的裹覆型、柔性再生。黏结力强,新旧胶结料交融充分,旧料利用率高,适用于纯粹沥青旧料再生。相比其他再生类型,乳化沥青冷再生具有裹覆型再生、柔性再生、大比例再生的特点,特别适合沥青面层旧料再生以及冷再生材料用于路面偏上结构层的场合。

9.2 原理与性能特点

虽然同为沥青胶结料的柔性材料,生产和施工工艺也较为接近,乳化沥青冷再生混合料与传统沥青混合料还是存在非常显著的差异。主要体现在以下两个方面。

(1) 热拌沥青混合料沥青胶结料基本以纯物理的方式与石料发挥作用,其黏聚力的形成和维持主要取决于胶结料对石料的物理性渗透和胶结料的黏度变化。而乳化沥青再生是一个化学过程,乳化沥青对旧料的裹覆、乳化沥青破乳乃至混合料早期强度的形成,都是一个化学可控的过程。

(2) 乳化冷再生的对象是沥青旧料,与新集料不同,沥青旧料表面大多被旧沥青覆盖,旧沥青外表呈现多孔状态,乳化沥青再生会导入水分,水分挥发后,混合料内部会形成与热拌沥青混合料不同的空隙结构和胶浆结构,这会直接导致混合料的性能差异。

9.2.1 乳化沥青混合料工作原理

众所周知,沥青在常温状态下呈半固态,不具有施工工作性。冷再生技术需要解决的首要问题是使胶结料在常温下具有工作性。乳化沥青采用机械结合化学的方法形成水包油的乳液系统来实现这个目的,沥青颗粒悬浮在水相介质中,整个乳液的流动性取决于水的流动性,胶结料的常温工作性借此实现。

乳化沥青加工过程中(图 9-1(a)),沥青与表面活性溶液(乳化剂皂液)同时注入胶体磨,胶体磨转子部分相对于固定不动的定子部分高速旋转,定子和转子之间间隙很小,沥青在这个高速运动的狭小空间被迅速剪切成细小颗粒(3～10μm)。沥青的表面积/表面能迅速增长,这样的状态是非常不稳定的,如无其他干预,将很快向表面能更小的状态转化,也就是重新团聚以获得更小表面积。如图 9-2(a)所示,乳化剂是由极性的亲水基团

(如胺基)和非极性的亲油基团(如烷基)构成,与沥青在胶体磨中高速混合过程中,乳化剂将迅速分散并聚集在沥青颗粒的表面(图 9-1(b)),有效隔离水与沥青界面,同样达到降低表面能的目的。同时,亲水的极性基团,通常带有同性电荷,同性电荷的排斥作用,有效维持了乳液的稳定性。通常情况下,冷再生用乳化沥青的沥青含量较高(建议大于65%),这样的乳化体系,在不受污染和密闭的条件下,一般可以保持较长时间的稳定性。

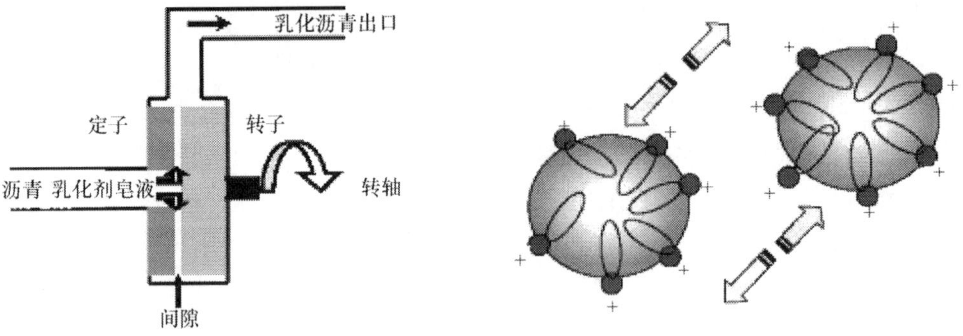

(a)　　(b)

图 9-1　乳化沥青形成原理

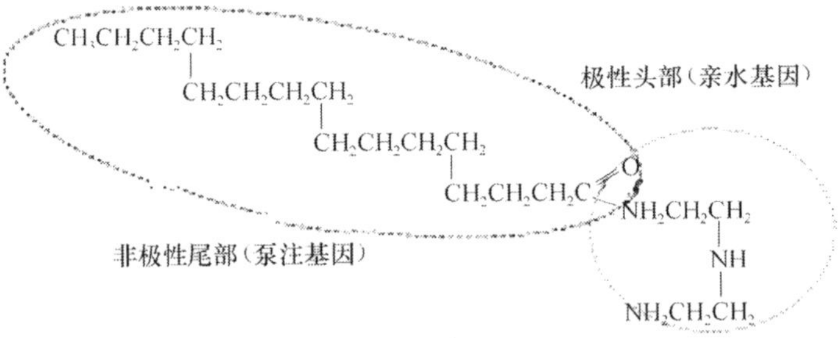

(a)

(b)

图 9-2　乳化剂结构

当乳化沥青与再生料拌和时,在合理时间范围内维持一定程度的乳液状态是拌和与施工工作性的关键,这里主要涉及一个乳液的破乳过程。如图 9-1(a)所示,再生料及新鲜石料表面通常带有电荷(通常为负电荷),而乳化沥青选用的乳化剂极性亲水基团的电荷通常与石料电荷相反(通常为正电荷),当乳化沥青与再生料及新鲜石料接触时,乳化剂会受石料表面的异性电荷吸引,脱离沥青颗粒向石料表面聚集。失去了乳化剂膜保护的沥青颗粒陆续团聚形成连续相,这就是破乳过程,乳化沥青的破乳过程就是乳化沥青冷再生料工作性丧失的过程,破乳过程的完成,也就意味着混合料常温工作性的彻底丧失。如果在拌和过程中破乳过程过早完成，乳化沥青将无法实现充分的裹覆，而如果在施工过程的某个阶段就已结束，即使拌和实现了裹覆，也会在摊铺和压实过程中遇到严重问题。再生料和新石料的活性/电荷特性是不可预见的，而破乳进程还会受到日照、气温、风力等气候条件的显著影响，因此，乳化沥青配方必须进行项目级设计，或者在经验基础上建立覆盖面更广的典型配方。在沥青样品同样不可预见且不易改变的情况下，作为核心变量的乳化剂就显得尤为重要。如图 9-2(b)所示，乳化剂是一个化学可控的变量，因为乳化剂的基团类型特别是基团组合形态是可变的，极性基团的相对大小、数量及其与非极性集团结合的位置，都会显著影响乳化沥青破乳过程。通常情况下，小的极性基团、较少的极性基团数量、较规则的位置，都会使乳化沥青破乳进程加快，反之则相反。乳化沥青配方设计的核心，实际上是乳化剂类型的选择、复配和定量。

乳化沥青破乳进程的控制是乳化沥青冷再生工程实施成败的关键，但它不是唯一的乳化沥青再生路面形成的关键进程。如图 9-3(b)所示，在破乳过程中，还有两个重要过程在同步进行：一方面乳化剂极性基团与石料表面的化学结合，这一结合的强度要超过水的氢键与石料表面的结合(众所周知，热沥青与石料表面结合的强度是低于水与石料结合强度的，理论上，热拌沥青混合料中沥青与石料的界面迟早会被水取代)；另一方面，极性基团已经与石料表面结合的乳化剂的亲油基团部分继续融入团聚后的沥青并将沥青拉近石料表面，而水被从界面位置排除。这两个过程，并称为凝聚过程。成功完成了凝聚过程的状态，可以形象地看做沥青被乳化剂牢牢铆接在石料/旧料表面。再生路面施工完成，到具备临时通行条件，再到摊铺面层，乃至更长的时间，都有可能是乳化沥青再生料的凝聚过程。凝聚过程并非越快越好，越是相对缓慢的凝聚过程，最后形成的胶结效力反而可能更大。但是，现实的再生施工环境是不允许过慢的凝聚过程的，往往因为临时通车或者工期的需要要求一定的初期凝聚强度。最终强度和破乳进程/初期强度是一对矛盾，但好在这对矛盾并非不可调和。通过材料的选择，适当采用活性控制填料，乃至更彻底有效的解决方法，进行有效的乳化剂复配调整(图 9-2(b)的乳化剂形态，同样影响凝聚速度和最终强度)，都可以有效平衡它们之间的关系，从而获得理想的工程和使用性能。

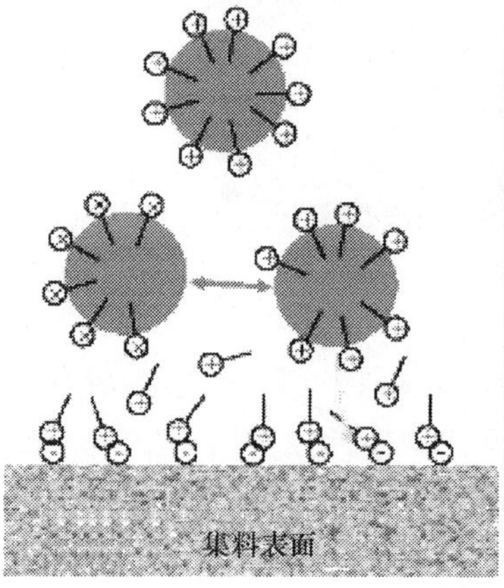

(a)

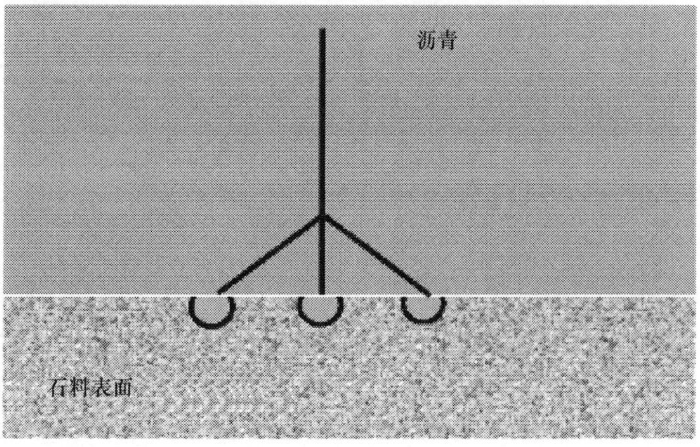

(b)

图 9-3　乳化沥青混合料工作性和胶结原理

沥青在常温状态下呈半固态，不具有施工工作性。冷再生技术需要解决的首要问题是使胶结料在常温下具有工作性。乳化沥青采用机械结合化学的方法形成水包油的乳液系统实现这个目的，沥青颗粒悬浮在水相介质中，整个乳液的流动性取决于水的流动性，胶结料的常温工作性借此实现。

乳化沥青在混合料中的作用是化学过程，沥青旧料的表面活性千差万别，加上气候条件的差异，会直接带来拌和状态、摊铺压实状态、强度形成速度、最终性能的影响。沥青旧料是无法选择的。因此，乳化沥青配方设计必须做到项目级，恰当的乳化沥青配方及其对材料、气候的适应性，是成功的乳化冷再生应用的前提条件。

9.2.2　再生混合料的性能

沥青旧料表面丰富的纹理结构以及乳化沥青充分的裹覆作用和强度形成特点，在乳化再生混合料内部形成了独特的空隙分布结构。乳化再生的孔隙率与泡沫再生相近，空隙率在8%～14%，但是，只要空隙率能控制在12%以下，浸水24h劈裂试件就可以得到类似图9-4的效果，实际水没有完全浸入试件内部，表明空隙分布高度分散，形不成连通的空隙通道。另一方面，已经明确慢裂型阳离子乳化剂参与沥青与集料界面作用，能够起到混合料抗水损坏的作用。

图9-4　乳化浸水劈裂

河北黄石高速公路石辛段大修工程同时采用了泡沫和乳化厂拌冷再生技术，乳化冷再生层普遍替代下面层，甚至尝试用到了中面层，目前已成功使用两年。河北省交通设计院结合该项目及两个技术提供方的参数建议，进行了详尽的性能比较研究。

采用马歇尔击实仪50次双面击实试件，将试件连同试模一起侧放在60℃的鼓风烘箱中养生48h，将试模从烘箱中取出，乳化沥青试样应立即放置到马歇尔击实仪上，双面各击实25次，在室温下冷却至少12h，然后脱模。试件按照我国沥青路面再生规范进行路用性能的评价试验。

试件分成两组，每组 3 个平行试件，一组浸泡在 40℃的恒温水浴中 1h 后进行马歇尔试验；另一组在 25℃恒温水浴中浸泡 23h，再放入 40℃恒温水浴中 1h 后测其马歇尔稳定度，试验结果见表 9-3。

表 9-3　马歇尔试验结果

水泥/%	乳化沥青/%	空隙率/%	稳定度/kN	浸水稳定度/kN	残留稳定度/%
1.0	3.0	10.9	6.49	6.82	105.2
	3.5	10.1	5.64	6.29	111.7
	4.0	9.8	4.27	4.11	96.3
1.5	3.0	10.5	6.07	6.26	103.2
	3.5	10.7	6.17	6.86	111.2
	4.0	10.3	4.51	4.31	95.6

对比表 9-4 和表 9-5，乳化沥青有明显更高的残留强度比，甚至有超百的情况，从一个侧面证明了简单的浸水条件对乳化再生没有明显的水损坏作用。表 9-5 中，水泥剂量的变化，对劈裂强度值和干湿劈裂强度比也没有明显的影响。

表 9-4　不同泡沫沥青用量下混合料的劈裂强度结果

泡沫沥青用量/%	干劈裂强度/MPa	湿劈裂强度/MPa	残留强度比/%
1.5	0.65	0.50	75.9
2.0	0.71	0.60	84.6
2.5	0.84	0.76	88.7
3.0	0.79	0.68	86.0
3.5	0.74	0.63	85.2

表 9-5　劈裂试验结果

水泥/%	乳化沥青/%	劈裂强度/MPa	浸水劈裂强度/MPa	干湿劈裂强度比/%
1.0	3.0	0.64	0.58	91.3
	3.5	0.67	0.69	103.0
	4.0	0.76	0.64	83.6
1.5	3.0	0.70	0.62	89.5
	3.5	0.77	0.65	83.6
	4.0	0.73	0.86	118.8

因此，单独针对乳化再生，进行了与热沥青混合料条件一样的冻融劈裂试验。试验结果同样体现了乳化再生较强的水损坏能力。将养生好的一组试件以标准的饱水试验方法真空饱水，再放入塑料袋中加入约 10mL 水，扎紧袋口，将试件放入－18℃的冰箱保持 16h，取出试件立即放入 60℃的恒温水槽中，撤去塑料袋保温 24h。将两组试件全部浸入 25℃的恒温水槽中 2h 后进行劈裂试验。试验结果如表 9-6 所示。

表 9-6　冻融劈裂试验结果

水泥/%	1.0			1.5		
乳化沥青/%	3.0	3.5	4.0	3.0	3.5	4.0
TSR/%（击实 50 次）	69.7	94.8	71.5	79.5	87.4	73.5
TSR/%（击实 75 次）	79.7	82.1	80.6	67.7	103.7	82.5

常规指标主要集中在力学指标和水损坏条件前后的变化，并不能充分体现冷再生混合料的技术特点。特别是，在现有的技术规范体系中，重点关注高温性能和常温结构性指标，尚没有非常关注材料的柔性性能（低温变形、抗裂、疲劳）表现。唯一的一个低温小梁弯拉指标，由于局限于试件的尺寸和试验条件（过快的加载速度），测试条件不客观（在室温环境下做－10℃试件的断裂试验），实际上对混合料低温抗裂能力的区分力也非常有限，试验复现性也不佳。

2011 年，交通部公路科研院—美德维实伟克（RIOH-MWV）联合实验室，依托北京和上海两个实验室，针对乳化沥青冷再生的柔性性能，进行了大量的开发性和开放性的研究工作。

经过大量的调研和比选，选定了非标准的半月形抗弯拉应力测试（SCB）试验方法，尝试了低温性能的研究，并根据实际情况确定了试验试件尺寸和试验条件。试验方法如下。

（1）成型直径 15cm 试件，高度 15cm 左右。

（2）对试件进行切割，将试件顶部和底部各切去 3～5mm，保留中间部分。再将中间部分切成厚 50mm 部分切片，侧向不均匀切片淘汰。将切好的圆形切片，再沿着直径方向切成两部分，就得到 SCB 半圆形试件，如图 9-5 所示。

（3）在半圆形试件直径中心位置切口，切口深度 15mm，间距越小越好。SCB 试件由底边的两个托轮和半圆弧中点的加载轮组成，采用滚轴作为加载条和托轮，以减少摩擦。SCB 试验上部和下部加载环直径为 8mm。两个托轮间的距离是 SCB 试样直径的 0.8 倍，如图 9-6 所示，$2a/D=0.8$。

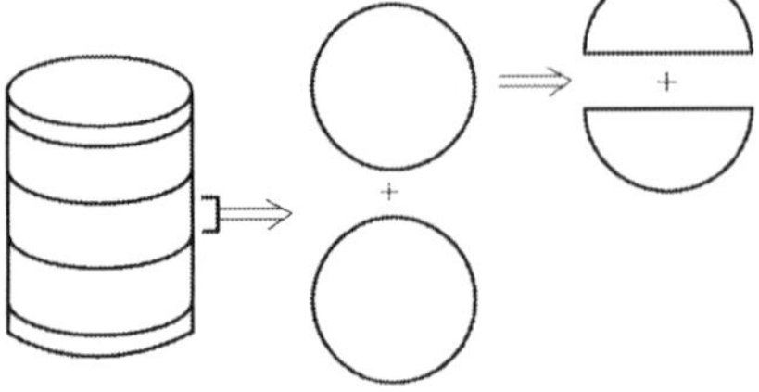

图 9-5　试件的制作

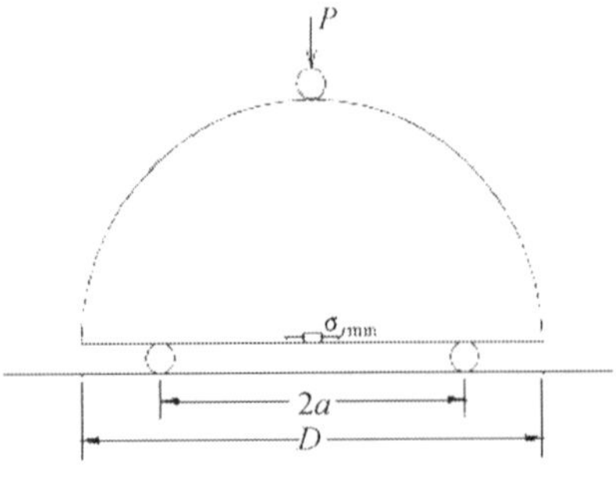

图 9-6　试验加载

（4）试件在规定温度（－10℃）下保温至恒定。

（5）试验前，使上压条与试件紧密接触，预加荷载不超过 300N。启动试验机，以规定的加载速率向试件加载，直至破坏。荷载传输采用位移控制系统，加载速率为 0.005mm/min，以压力机压头的位移作为垂直变形。试验过程中需记录以下数据：荷载、加载位移、荷载—加载位移曲线图。

经过初步试验，发现在 1mm/min 的加载条件下，SCB 方法对不同的沥青混合料具有显著改善的区分度（橡胶沥青混合料、SBS 改性沥青、普通热拌沥青混合料），平行试验的变异性与一般的强度试验接近，是一个有效的低温性能测试方法。

所有试件的成型方法为旋转压实 50 次。所有试件采用同样的乳化沥青配方，配方变化时，预湿水量会有一定的变化，以保证良好的拌和状况。

SCB 测试获得的结果是荷载和位移的曲线。在荷载和位移值换算为应力应变的过程中，试件的几何参数是重要变量，需要进行修正计算。如下引入三个修正公式，最后计算结果可能不是真实值，但相对比较的意义与真实值是等同的。

影响应力应变计算结果的几何参数有三个：加载跨径（120mm）、断裂部位厚度（a）和断裂部位高度（h）。

$$\sigma_a = \frac{P_p \times 120}{b \times h^2} \times 1000$$

式中，σ_a——修正的峰值应力；

P_p——峰值荷载，kN；

b——试件断面的宽度，mm；

h——试件断面的高度，mm。

$$\varepsilon_a = \frac{h \times d}{120^2} \times 1000$$

式中，ε_a——修正的峰值应变；

d——峰值的跨中挠度，mm；

h——试件断面的高度，mm。

尝试性检测时，发现外观上（纹理）分别从上下部切割的试件有明显的差异，而检测结果发现数据的变异性偏大。在后续的试验中，采取了以下措施：

(1) 装料的过程中特别注意集料的离析，有意留少量细料抹平最后表面；

(2) 每个圆柱体试件切割成四个待测试件，编号标记上下层位置；

(3) 所有待测试件在试验前测试空隙率。

首先，为了探讨 SCB 方法对区分沥青混合料低温性能的有效性，采用该方法尝试测试了多种热拌沥青混合料。包括轮胎橡胶沥青（油石比 8.0%AR-AC-13）、SBS 改性沥青（AC-13）、70＃沥青混合料（AC-13）、温拌再生沥青混合料。表 9-7 是测试的结果，每种混合料测试样本量只有两个。尽管样本量较少，但数据体现的规律仍然是非常明确的。

在－10℃的温度条件下，橡胶沥青仍然体现了卓越的抗拉变形能力，几乎达到了 SBS 改性沥青的两倍，峰值荷载较 SBS 低（与其他强度指标的规律一样），但由于变形进程长，变形大，其断裂曲线面积仍然比 SBS 改性沥青混合料高 54%。而相比普通 70＃改性沥青 AC-13，同样的级配下，SBS 改性沥青混合料的峰值荷载和峰值变形均有明显的增加，断裂曲线面积增加超过1倍，而在利用了45%回收沥青混合料旧料的情况下，采用了温拌工艺，再生混合料的峰值荷载小幅增加，断裂曲线面积有所下降。以上规律，与各种材料多年的使用经验吻合，表明SCB方法的确是一个对沥青混合料低温性能区分度很好的试验方法。

乳化冷再生最后的试验方案设计如下：

(1) 2%乳化沥青+0.5%水泥，试件8个；

(2) 2%乳化沥青+2%水泥，试件8个；

(3) 4%乳化沥青+0.5%水泥，试件8个；

(4) 4%乳化沥青+2%水泥，试件8个。

表9-7　其他混合料测试结果

类　型	空隙率/%	峰值荷载/kN	Adjusted stress /MPa	峰值变形/mm	Adjusted strain	断裂能量 /(J/m²)
Rubber-2	—	7.93	5.61	1.62	7.15	5524
Rubber-4	—	9.16	5.84	2.25	9.91	7298
SBS-2	3.7	10.00	6.32	1.11	4.60	2378
SBS-4	3.8	12.09	6.15	1.39	6.42	2900
AH-2	3.1	9.21	5.13	0.75	3.38	923
AH-4	2.9	9.82	5.50	0.91	4.03	1064
H-2	4.4	9.76	5.46	0.64	2.74	862
H-4	4.4	10.94	5.41	0.99	4.52	1072
WR-4	2.8	9.48	5.62	0.97	4.43	915
WR-2	2.4	10.53	5.79	0.55	2.39	800

对比表9-6和表9-7的结果，4%乳化沥青再生混合料，峰值荷载是普通沥青混合料的50%左右，峰值变形较普通沥青混合料略大，最终断裂曲线面积与普通沥青混合料相当甚至略高。表明在低温抗裂指标方面，较高乳化沥青用量的再生混合料表现不次于普通热拌沥青混合料。断裂曲线体现的柔性特点优于热拌沥青混合料。出现这样的结果，可能与乳化沥青冷再生混合料中实际胶结料含量较高和空隙高度分散的特殊结构有关。

表9-8是全部数据均值的汇总表。乳化沥青和水泥是冷再生混合料中两种具有胶结功能的材料，一个是柔性有机胶结料，一个是刚性的无机胶结料，两者对胶结强度贡献值的相对大小，决定了再生混合料的最终分类。为了更好地比较，两种材料的总量当然是一个方面，相对值也很有意义，4个方案的乳化沥青与水泥用量比值分别为4∶1,1∶1,2∶1和8∶1。

表9-8　测试结果汇总

序　号	位置	空隙率/%	峰值荷载 /kN	Adjusted Stress/MPa	峰值变形 /mm	Adjusted Strain at Peak	Full Area /mm²	断裂能量 /(J/m²)
Ⅰ	上部	11.42	1.76	0.97	0.99	4.31	1.58	451.67
Ⅱ		11.68	2.72	1.51	0.48	2.07	1.61	467.20
Ⅲ		11.02	3.74	2.10	0.87	3.80	2.86	842.29
Ⅳ		10.55	3.94	2.21	0.80	3.48	2.04	593.84

续表

序　号	位置	空隙率/%	峰值荷载/kN	Adjusted Stress/MPa	峰值变形/mm	Adjusted Strain at Peak	Full Area/mm^2	断裂能量/(J/m^2)
Ⅰ	下部	12.78	2.64	1.42	0.76	3.30	1.74	488.90
Ⅱ		11.69	3.34	1.85	0.52	2.25	1.92	551.27
Ⅲ		11.86	5.09	2.72	0.95	4.12	3.81	1054.72
Ⅳ		10.86	5.01	2.85	0.96	4.17	2.84	843.20
Ⅰ	全部	12.10	2.20	1.20	0.86	3.73	1.66	470.29
Ⅱ		11.69	3.03	1.68	0.50	2.17	1.77	509.23
Ⅲ		11.44	4.42	2.41	0.92	3.99	3.34	948.50
Ⅳ		10.71	4.48	2.53	0.88	3.82	2.44	718.52

首先比较上下部位对各指标绝对值的影响。空隙率几乎没有体现出差异。除了 1 个点异常，下部的试件变形能力和峰值荷载均较上部略高，同时，断裂曲线（荷载—变形）的下包面积也是下部试件明显高于上部试件。说明需要认真对待和很好地控制处理试件的离析问题。在进行乳化沥青和其他分析时，采用全部试件的均值比较，规避离析问题。

2%和 4%的乳化沥青用量，也是最可能采用的乳化沥青用量范围。水泥用量最可能采用的范围是 0～2%，没有采用 0，是因为本方案采用的乳化沥青配方，水泥有一定的调节浆态的作用。如表 9-8 所示，当乳化沥青用量为 2%时，2%的水泥用量下抗变形能力比 0.5%的水泥用量下降 42%，但峰值荷载增加 38%，断裂曲线面积基本相当。当乳化沥青用量为 4%时，2%的水泥用量和 0.5%的水泥用量的峰值荷载和峰值变形均相当，但断裂曲线面积 0.5%水泥用量比 2%水泥用量增加 32%。根据实验结果可得出如下结论。

(1) 当乳化沥青用量较小时，水泥颗粒未被沥青充分包裹，水泥石仍然能够发育，水泥石的发育一方面会贡献一部分强度，同时也会使材料特点整体向半刚性材料偏移。而乳化沥青再生最大的优势是再生料体现显著的柔性材料特点。在这样的情况下，水泥的采用主要取决于再生料所处的结构层次。

(2) 当乳化沥青用量较大时，水泥颗粒能够被沥青充分包裹，水泥石难以发育或很难依托石料界面发育，再生混合料整体强度受水泥用量影响很小。但水泥存在于胶结料当中，仍然会增加胶结料本身的脆性。在这样的情况下，水泥的用量有必要控制在尽可能低的水平。

如上所述，乳化再生由于充分形成了油膜分布和裹覆，使沥青在强度形成（胶结）过程中发挥决定性作用，符合柔性路面材料的强度形成路径。而泡沫再生中，水泥与沥青的作用对强度形成同样重要，因此，体现了介于半刚性和柔性之间的强度形成路径。

从性能上讲，最能体现路面材料柔性特点的性能是疲劳性能和低温抗裂性能。针对沥青类再生，从疲劳和抗裂两个角度重点考量其柔性特点，具有非常突出的现实意义。2009 年，依托黄石高速公路沥青路面再生项目，实施了乳化和泡沫再生混合料的疲劳试验。考虑到泡沫再生沥青点焊＋水泥结两种强度形成方式，泡沫再生混合料试件切割过程对试件损伤较大，疲劳对比试验采用了无需切割试件的间接拉伸疲劳模式。间接拉伸疲劳试验主要是通过 Cooper 试验机加载一恒定的水平应力，试件竖向变形 10mm 作为疲劳破坏的标准，荷载作用的次数作为试件的疲劳寿命。试验温度为 15℃，其应力水平为 300kPa。

试验结果如图 9-7 所示，乳化再生混合料试件的劈裂疲劳寿命比泡沫再生大 2/3 左右。此外，最重要的一个不同是泡沫再生料在变形仅达到 1mm 时就加速发展，在迅速增加到 3mm 后试件断裂，脆性破坏特点显著。而乳化再生件的拐点变形在 5mm 左右，此后虽然加剧发展，但幅度明显较泡沫缓，疲劳破坏累计是一个持续过程，呈现了显著的柔性特点。

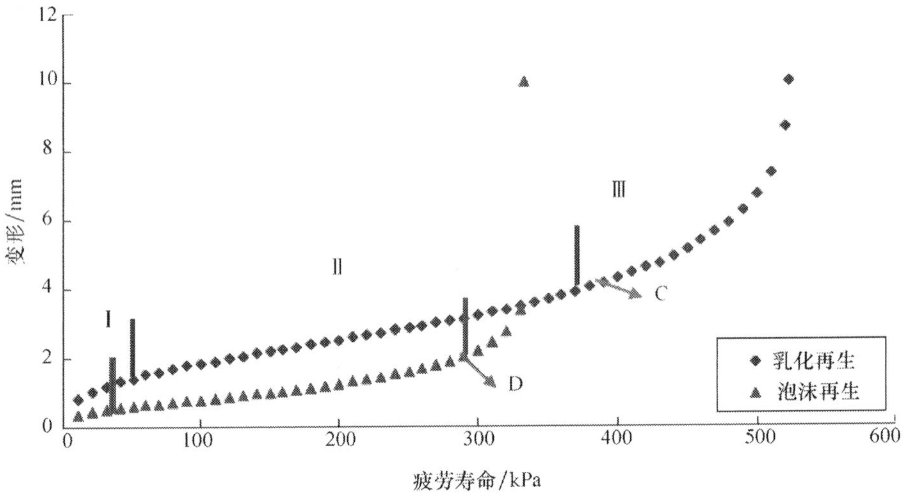

图 9-7　泡沫与乳化再生劈裂疲劳试验结果

图 9-8 左是典型的泡沫疲劳破损状况，图 9-8 右是典型的乳化疲劳破损状况。除了可以明显看到两者之间的色泽差异，泡沫件完全断裂，裂缝位置有明显的材料缺失，乳化件则尚未断裂，裂缝位置也没有明显的材料缺失。

图 9-8　再生料的脆性(左)与柔性(右)劈裂疲劳破坏对比

9.3 混合料设计

《公路沥青路面再生技术规范》(JTG F41－2008)中乳化沥青冷再生混合料试验使用小马歇尔方法成型，成型方法及指标要求如下。

成型方法(小马歇尔)：常温双面击实 50 次→60℃烘箱不脱模养生 40～48h 在 60℃条件下再双面击实 25 次→冷却至室温→脱模→测试。

相关的混合料性能要求见表 9-9。

表 9-9 乳化再生混合料设计指标(JTG F41—2008)

试验项目			技术要求
空隙率/%			9～14
劈裂试验(15℃)	劈裂强度/MPa	不小于	0.40(基层、底层面)、0.50(下面层)
	干湿劈裂强度比/%	不小于	75
马歇尔稳定度试验(40℃)	马歇尔稳定度/kN	不小于	5.0(基层、底基层)、6.0(下面层)
	浸水马歇尔残留稳定度/%	不小于	75
冻融劈裂强度比 TSR/%		不小于	70

注：① 任选劈裂试验和马歇尔稳定度试验之一作为设计要求，推荐使用劈裂试验
② 空隙率宜控制在 12%以内

部颁标准采用了二次成型的方法，主要是考虑冷再生层实际上存在二次碾压过程，一次是常温状态下摊铺碾压；二次是养生完毕后，摊铺上层热沥青结构时，冷再生层也能升温到 60℃左右，在热沥青混合料碾压成型时，水分蒸发后形成的空隙被进一步压缩。考虑二次碾压是非常重要的，模拟第一次碾压的设计结果作为冷再生施工质量控制的标准，模拟第二次碾压的设计结果作为性能验证和验收的依据。

但是，部颁标准起草时，我国成熟的规模化应用还很少，尽管已经尽可能吸收了正在进行的昌九等规模化项目的反馈，但对二次成型分别采用多少击实次数，由于没有充分的实践和理论依据，采用了与热拌相同的总击实次数。实际上，马歇尔击实单向压缩的方式，对于流动性较好的热沥青混合料基本适用，对于强调揉搓影响的冷料施工就会与现场实际碾压结果出现重大偏差。

昌九高速公路施工时，还没有部颁标准，混合料设计的主要依据是美国科氏公司标准，采用了同样的成型方法，完全没有考虑国内采用稳定土碾压机械明显强于美国采用的热拌碾压组合的事实，与此同时，出于对早期强度的顾忌，明显地提高了现场空隙率的要求。在这样的特殊背景下，初期施工时，出现了一些质量问题。指挥部和专家组对问题段落进行了大量的钻芯考察，证实了二次碾压的显著差异，根据实际取得芯样的结果，分别对室内成型方法进行了标定，最后确认了利用增加次数的二次成型的大马歇尔方法进行室内混合料设计。在 114km 昌九高速公路初期教训和整体成功应用的基础上，将该混合料设计方法归结整理，出台了江西省地方标准《沥青路面乳化沥青厂拌冷再生技术规范》(DB 36/T 573—2010)，该标准也是目前国内唯一的基于大规模应用基础的地方标准(表 9-10)。其主要的成型方法及指标要求如下。

室内成型方法(大马歇尔):常温双面击实 150 次→60℃烘箱中不脱模养生 48h→60°条件下再双面击实 70 次→冷却至室温→脱模→测试。

表 9-10　江西乳化再生混合料性能指标

项　目	单　位	技术要求
空隙率	%	7～12
40℃马歇尔稳定度(φ152.4mm)	kN	≥13.5
40℃浸水马歇尔残留稳定度	%	≥75
15℃劈裂强度	MPa	≥0.5
15℃干湿劈裂强度比	%	≥75
冻融劈裂强度比(TSR)	%	≥70
60℃动稳定度	次/mm	≥1000

RIOH-MWV 也小结了 2011 年参与实施的两个中等规模项目的现场碾压数据,见表 9-11。

表 9-11　取芯实验结果

<table>
<tr><th>项目</th><th>桩号/km</th><th>高度/mm</th><th>空隙率/%</th><th>平均空隙率/%</th><th>再生方式</th><th>说　明</th></tr>
<tr><td rowspan="10">西宝高速</td><td>K236+005</td><td>164.4</td><td>9.83</td><td rowspan="5">10.4</td><td rowspan="10">厂拌</td><td rowspan="10">“K”桩号取芯位置为路肩,芯样直径 10cm;“AK”桩号取芯位置为匝道(试验路),芯样直径 15cm</td></tr>
<tr><td>K236+375</td><td>162.6</td><td>10.28</td></tr>
<tr><td>K236+495</td><td>171.1</td><td>9.42</td></tr>
<tr><td>K236+600</td><td>172.6</td><td>—</td></tr>
<tr><td>K237+000</td><td>154.7</td><td>11.88</td></tr>
<tr><td>K237+600</td><td>177</td><td>—</td><td rowspan="5">9.4</td></tr>
<tr><td>AK0+250</td><td>—</td><td>10.10</td></tr>
<tr><td>AK0+255</td><td>—</td><td>9.17</td></tr>
<tr><td>AK0+260</td><td>—</td><td>9.56</td></tr>
<tr><td>AK0+280</td><td>—</td><td>8.68</td></tr>
<tr><td rowspan="10">上海奉贤泰青公路</td><td>—</td><td>76.6</td><td>11.0</td><td rowspan="5">11.1</td><td rowspan="10">厂拌</td><td rowspan="5">4cm HMA 罩面后</td></tr>
<tr><td>—</td><td>66.3</td><td>10.2</td></tr>
<tr><td>—</td><td>76.0</td><td>13.4</td></tr>
<tr><td>—</td><td>68.9</td><td>10.5</td></tr>
<tr><td>—</td><td>67.2</td><td>10.5</td></tr>
<tr><td>—</td><td>95.0</td><td>12.2</td><td rowspan="5">12.4</td><td rowspan="5">4cm HMA 罩面前</td></tr>
<tr><td>—</td><td>102.9</td><td>11.6</td></tr>
<tr><td>—</td><td>85.7</td><td>14.3</td></tr>
<tr><td>—</td><td>71.1</td><td>12.2</td></tr>
<tr><td>—</td><td>72.4</td><td>11.4</td></tr>
</table>

分析上述内容,可以得出如下结论。

在大型碾压设备作用下,特别是稳定土施工时常用的单钢轮振动压路机,冷再生沥青混合料的现场碾压控制在 12%以下是可能的。

乳化沥青冷再生结构层在铺筑上部 HMA 前后，存在二次压实现象，热拌施工前后的空隙率相差 1%～3%，这与室内二次成型之间的差异是一样的。

同时，RIOH-MWV 上海实验室前期研究结果表明，空隙率对混合料的性能影响很大，因此，有必要对混合料的成型方法进行研究，以模拟现场实际情况。由于国内目前的设计方法仍以马歇尔方法为主，此次试验以江西规范为依托，使用不同的成型方法，模拟现场二次压实的空隙率，确定乳化沥青冷再生混合料的成型方法。目标是分别明确不同成型条件下的二次碾压组合，以第一次成型模拟冷再生结构层施工完成后而未摊铺面层时，进行早强性能试验，第二次成型模拟面层摊铺后，进行最终性能测试。

研究包括：

江西规范的大型马歇尔成型方法(直径 150mm 试件，马歇尔双面击实 150 次＋60℃条件下双面击实 70 次)；

直径 100mm 试件，马歇尔双面击实 100 次＋60℃条件下双面击实 47 次；

交通部规范成型方法(直径 100mm 试件，马歇尔双面击实 50 次＋60℃条件下双面击实 25 次)；

旋转压实，150mm 试件，旋转成型 30 次；

旋转压实，150mm 试件，旋转成型 30 次、40 次、50 次、75 次。

以上所有的试件成型前，均在 25℃室温条件下进行，沥青旧料也已恒温到 25℃。测试结果汇总见表 9-12。图 3.1～图 3.4 是关键数据与各种成型组合的关系。

表 9-12　各种成型方法结果汇总

成型方法	空隙率/%	15℃干 ITS/MPa	40℃马歇尔稳定度/kN	60℃马歇尔稳定度/kN
M150＋70(L)	9.5	—	21.64	—
M100	12.7	0.51	9.27	—
M100＋47	9.6	0.84	11.19	4.37
M50	15.1	0.46	6.37	—
M50＋25	13.6	0.69	9.59	—
S30(L)	11.2	—	19.45	—
S30	13.1	—	—	3.05
S50	10.9	—	—	5.08
S30*	13.9	0.55	—	—
S40*	13.4	0.6	—	—
S50*	12.2	0.72	10.6	—
S75*	10.9	0.77	—	—

从图 9-9 看，马歇尔二次成型前后的空隙率相差非常明显，也在室内模拟的条件下验证了实际施工中二次成型的存在。乳化沥青冷再生的施工质量控制和混合料设计，必须考虑二次成型。江西地方标准大型马歇尔 150＋70 的二次成型组合，与根据尺寸换算的小型马歇尔 100＋47 的二次成型组合，所获的空隙率非常接近，且均接近江西地标的空隙率范围中值。

部标中的50+25次马歇尔成型组合，尽管还是表现了二次成型的效力，但是，空隙率远超出了合理的范围，说明冷料在马歇尔模式下的成型效力，远低于热拌料的成型效力。而在这样的成型组合下进行混合料设计，或者因空隙率过大导致混合料性能偏低，或者因试图降低空隙率而采用过大的沥青用量。

美国进行混合料设计时基本采用旋转压实30次。图9-9的空隙率也在13%左右，这与美国进行再生施工时采用较轻的碾压设备有关。30次的旋转压实的碾压效果，达到了75次二次成型的效果，这与在热拌连续式混合料成型时75次马氏击实和70～80次旋转压实形成较大差异，说明了成型过程中的揉搓效果对冷再生料压密的重要性。从图9-9看，随着旋转次数的增加，空隙率持续下降，旋转压实50次时，已经进入空隙率要求范围区间。

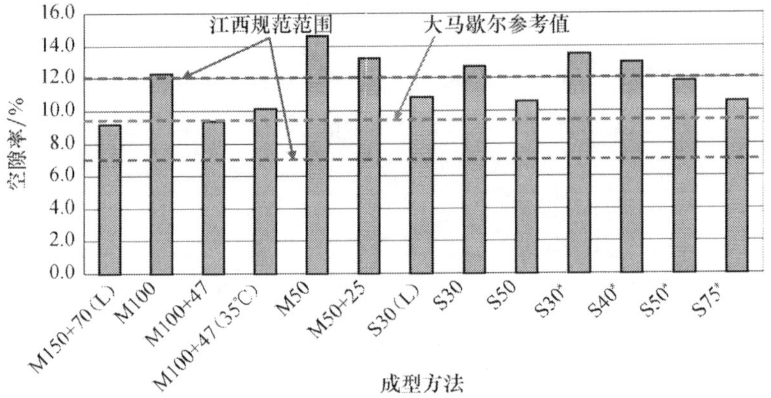

图9-9 空隙率与成型方法间的关系

非常明显，随着碾压次数的增加，空隙率下降以后，各强度指标均呈现显著的增加趋势，最为关键的劈裂强度(图9-10)，最高值与最低值相差接近1倍，二次成型前后的差异也非常明显。小马歇尔试验100+47组合与旋转压实试验75次的劈裂强度数值接近。马歇尔稳定度的数值比小马歇尔成型略高。

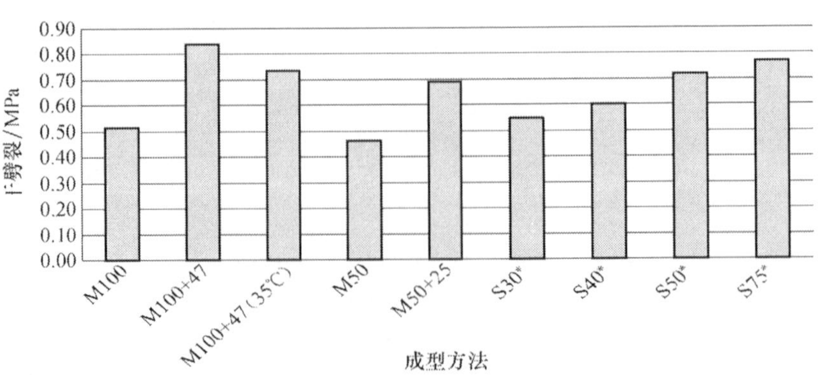

图9-10 干劈裂与成型方法间的关系

综合上述试验结果，最终推荐乳化沥青冷再生混合料成型方法，第一阶段成型模拟结构层施工完成未摊铺面层，第二阶段模拟面层摊铺完成后最终路用性能，具体步骤如下

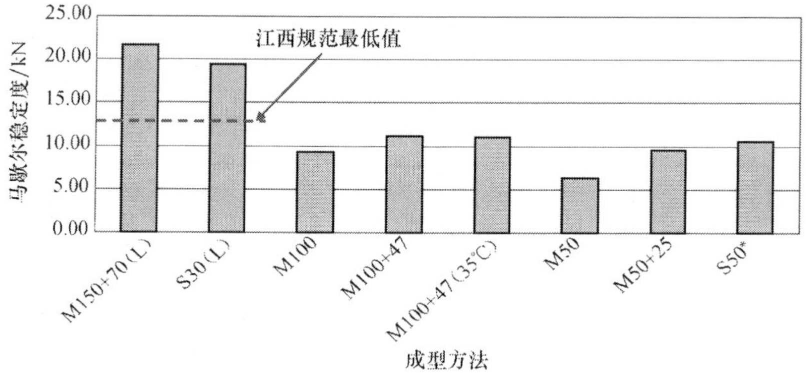

图 9-11　浸水马氏与成型组合关系

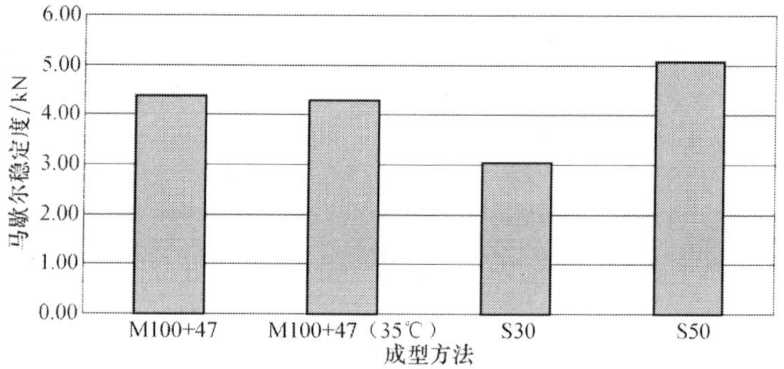

图 9-12　稳定度与成型组合关系

（常温指室温 25℃）。

1）小马歇尔法试件（φ101.6mm×63.5mm）

常温双面击实 100 次→60℃烘箱不脱模养生 40～48h→60℃条件下再双面击实 50 次→冷却至室温→脱模→测试。

2）大马歇尔法试件（φ152.4mm×95.3mm）

常温双面击实 150 次→60℃烘箱不脱模养生 40～48h→60℃条件下再双面击实 70 次→冷却至室温→脱模→测试。

3）旋转压实法成型小试件（φ100.0mm×63.5mm）

模拟第一阶段：常温旋转压实 45 次→脱模→60℃烘箱养生 40～48h。

模拟第二阶段：常温旋转压实 75 次→脱模→60℃烘箱养生 40～48h。

4）旋转压实法成型大试件（φ150mm×95.3mm）

模拟第一阶段：常温旋转压实 30 次→脱模→60℃烘箱养生 40～48h。

模拟第二阶段：常温旋转压实 50 次→脱模→60℃烘箱养生 40～48h。

乳化沥青冷再生混合料配合比设计包括铣刨料分析、乳化沥青配方选择、混合料配合比（新加集料、填料、水、乳化沥青用量）设计和混合料性能验证 4 项内容。

乳化沥青路面冷再生配合比设计流程如图 9-13 所示。

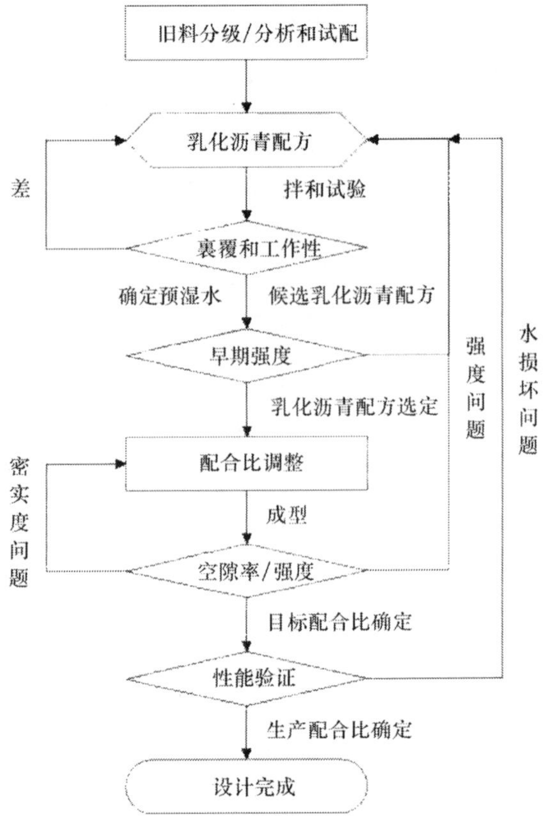

图 9-13　乳化沥青冷再生混合料配合比设计流程

1. 铣刨料分析

采用随机取样的方法，取具有足够用量的铣刨料，并低温烘干确定原材料含水量。剔除烘干的铣刨料中大于 26.5mm 的颗粒，并将其分 0～4.75mm，4.75～9.5mm，9.5～19mm，19～26.5mm 4 档进行筛分，确定各档级配组成，并对各档铣刨料进行抽提，分析得出铣刨料抽提后的级配及沥青含量。

2. 乳化沥青配方配伍性设计

乳化沥青的配伍性设计目的是确保乳化沥青的化学活性与旧料的化学活性匹配。既不会因为两者的化学结合过快导致混合料裹覆不充分或施工工作性不足，也不会因为两者的化学凝结过慢而导致胶结料黏结力形成过慢而无法及时开放交通或进行下一道施工工序。

根据铣刨料分析结果确定的级配组成，按照《公路沥青路面再生技术规范》(JTG F41—2008)中乳化沥青冷再生混合料的级配范围要求进行初步级配合成。然后进行配伍性设计，试验步骤如下。

1）拌和试验(室内裹覆试验)

综合考虑旧料、新料(如果需要)、活性填料性质、气候及施工条件，备用 3～5 种乳化沥青配方，对每个配方，按照 0.5%的变化量确定 5 个乳化沥青用量，在各乳化沥青用量下与合成级配的矿料分别进行试拌，观察混合料的工作性、拌和均匀性、与集料裹覆状态及混合料的浆态。如果拌和完成后集料表面颜色接近乳化沥青本身颜色，且裹覆均匀全面，基本无花白料，和易性好，有少量浆体，但浆体不流淌、不聚集，粗细料不分离，则混合料达到理想拌和状态。淘汰始终无法达到混合料理想拌和状态的乳化沥青配方。3 个以上乳化沥青用量下均能实现理想拌和状况的配方即可推荐为配伍性试验的初选乳化沥青配方，对应的液体组合(乳化沥青用量和预湿水用量)即为该乳化沥青用量下的推荐液体组合。

2）早期强度试验

根据初步选定的乳化沥青配方，在推荐液体组合下，成型试件，在 25℃条件下进行养生，养生结束后立即进行混合料早期强度试验(黏结力试验、磨耗试验和钻芯试验)。黏结力试验(配合钻芯)和磨耗试验分别测试混合料表面和内部的黏聚力早期形成状况。表面黏聚力的形成状况，表征最早交通开放时间。内部黏聚力的形成状况，表征混合料整体性的初步形成和化学凝聚作用的基本完成。相关指标如表 9-13 所示。

表 9-13　早强指标要求

试验项目		技术要求
黏结力试验/(g/cm^2)	不小于	185
磨耗试验/%	不大于	2
钻芯试验(芯样完整性)		完整

配伍性试验的结果是推荐与项目旧料(气候条件)配伍的乳化沥青配方，并给出每个乳化沥青用量对应的预湿水量(液体组合)，以及通过了早期强度测试的液体组合。在此基础上，进一步进行混合料设计。

3. 混合料配合比设计

选取 5 个乳化沥青用量，间隔 0.5%，在每个乳化沥青用量对应的液体组合下，拌制乳化沥青冷再生混合料，按照《公路沥青路面再生技术规范》(JTG F41—2008)中规定的方法，确定最佳乳化沥青用量(液体组合)。

试验步骤如下。

(1) 向拌和机内加入足够的(大约 1150g)按合成级配配制的混合集料，并拌和均匀。按照计算的最佳外掺水量加水，与混合集料拌和均匀，拌和时间一般为 1min。

(2) 按照计算的乳化沥青用量加入乳化沥青，拌和均匀，拌和时间一般为 1min。

(3) 将拌和均匀的混合料装入试模，放到马歇尔击实仪上，双面击实 50 次。将试样连同试模一起侧放在 60℃的鼓风烘箱中养生至恒重，养生时间一般不少于 40h。

(4) 将试模从烘箱中取出，立即放置到马歇尔击实仪上，双面击实 25 次，然后放在地面上，在室温下冷却至少 12h，然后脱模。

(5) 养生后试件分两组，一组直接浸泡于25℃水浴中23h，再在15℃恒温水浴中完全浸泡1h，然后取出试件立即进行15℃的劈裂试验，即湿劈裂强度；另一组浸入15℃水浴中1小时，然后取出试件立即进行15℃的劈裂试验，即为干劈裂强度。根据干、湿劈裂强度和残留强度比，综合确定最佳乳化沥青用量，该乳化沥青用量对应的拌和用水量即为最佳拌和用水量。

4. 设计配合比验证

乳化沥青冷再生混合料的指标要求见表9-14。

表9-14 乳化沥青冷再生混合料技术指标要求

试验项目			技术要求
空隙率/%			8～14
劈裂试验(15℃)	劈裂强度/MPa	不小于	0.55
	干湿劈裂强度比/%	不小于	85
马歇尔稳定度试验(40℃)	马歇尔稳定度/kN	不小于	6.5
	浸水马歇尔残留稳定度/%	不小于	80
冻融劈裂强度比/%		不小于	70
车辙动稳定度/(次/mm)		不小于	2000

注：① 任选劈裂试验和马歇尔稳定度试验之一作为设计要求，推荐使用劈裂试验
② 空隙率宜控制在12%以内

9.4 施工工艺

冷再生项目都是大中修项目，与新路比较，技术和实施的复杂程度显著提高，主要体现在以下几个方面。

(1) 病害分布离散，病害原因复杂，处置方案的确定需要有很强的技术把握力，而不可避免的分段实施，给施工组织增加困难。即使很好的设计，在实际施工中仍然需要频繁的方案修正。

(2) 分段实施，而每一段的维修和养护历史差异悬殊，旧料差异性大。

(3) 一般无法实现断交施工，施工组织难度大，要求施工各个环节必须密切配合，一次成功。

(4) 由于施工对交通干扰很大，业主对施工质量事故的容忍力明显低于新路。

(5) 取决于重要程度、病害程度，养护、大中修项目有大有小，要求各种技术方案具有灵活性、可扩充性和便捷性。

乳化冷再生技术是专业分工和合作的产物，涉及化工配方设计、土木材料设计、设备制造、土木施工、原材料加工5个专业门类(图9-14)。由于拌和、施工和强度形成均受化学控制，而化学作用受原材料活性、时间和气候的影响，对每个专业环节均提出了特殊的要求。同时，5个环节如果不能密切协同，很难保证工程的顺利实施，更不用说实现高性能、面层替代的目标。因此，成套技术，就是将已经或具备条件的掌握乳化沥青再生技术

关键点的 5 个专业单位整合在一起,协同作业,密切配合,不仅最大限度发掘沥青路面旧料的可持续应用潜力,同时确保这些技术发掘的成果,能够在实体工程中实现稳产、高产、灵活、可控。

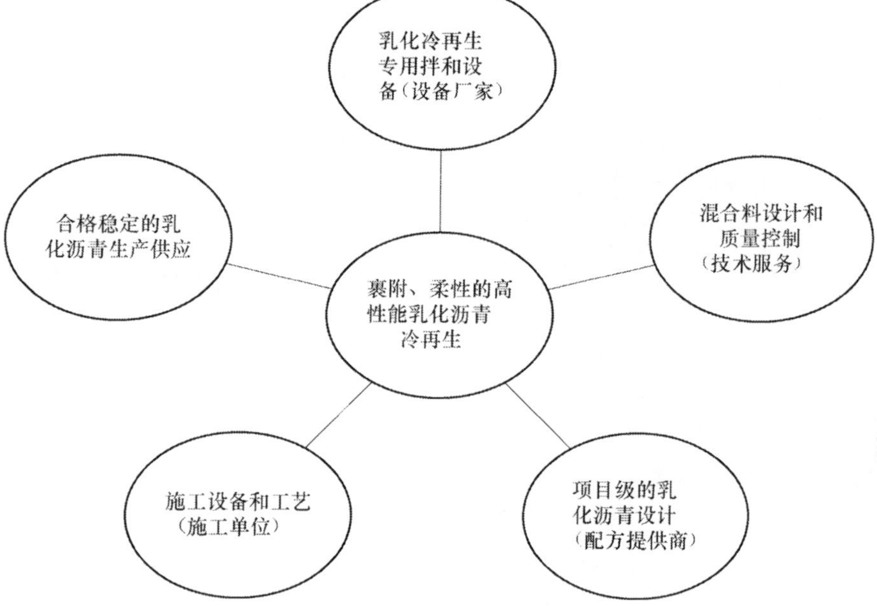

图 9-14　乳化沥青冷再生混合料配合比设计流程

稳定土拌和设备基本构架的升级版。骨料的配料精度达到或超过热拌和楼水平。所有的冷料仓配料单独闭环控制。采用双拌和缸设计,无机材料(集料、矿粉、水泥、水)混合与有机材料(沥青)混合分开,增强整体拌和功率的同时,方便质量过程控制。管路设计和卸料系统充分考虑乳化沥青及其混合料的物料特性。

乳化沥青再生成本相对较高,应用的层次偏上,技术要求甚至高于热沥青混合料,更加强调过程控制。因此,不能采用传统的稳定土拌和楼进行乳化再生混合料的生产。在 2009 年河北省高速公路首次改进版试用的基础上,2010 年,MWV 公司与专业的连续式拌和楼生产厂商合作,联合开发了乳化沥青再生专用设备(图 9-15),其主要特点如下。

(1) 骨料的配料精度达到或超过热拌和楼水平。所有的冷料仓配料单独控制,通过单独的闭环控制系统,实现配料误差小于 2%。粉料仓、水、乳化沥青计量和控制系统特别设计,实现粉料投放精细控制(1%～1.5%投放时仍然可以把误差控制在小于 2%)。同时,水和乳化沥青的输送控制精度小于 1%。硬件设计时,充分考虑各种材料投放系统计量标定的便捷。

(2) 系统采用双拌和缸设计,无机材料(集料、矿粉、水泥、水)混合与有机材料(沥青)混合分开,增强整体拌和功率的同时,实现便捷的质量过程控制。操作机手可以根据对两个拌缸出料状况的观察,迅速发现异常,准确采取调整措施。质量控制人员,能够通过对两个拌缸出料的取样,准确掌握工程质量状况。

(3) 设备启动和关闭以及物料的投放启动和关闭次序得到精准设置,将废弃材料的量控制到最小。同时，通过物料累加量计算技术，监控过渡仓储料状况，并自动采取措施避免堵缸。

(4) 针对旧细料容易起拱的情况，采取破拱增强措施。针对乳化沥青黏附对乳化沥青泵、管路和拌和锅的影响，专门设计了残余乳化沥青排除和清洗的程序。确保设备连续运行的顺畅。

图 9-15　乳化再生生产设备

作为最主要的黏结剂，合格稳定乳化沥青的生产对项目成功极其重要。普通生产黏透层油的乳化沥青生产设备通常不能满足需要。冷再生用的乳化沥青生产质量要达到微表处所用乳化沥青级别。具体要求如下。

(1) 冷再生用高品质的乳化沥青要求主要有 3 个方面：较高的固含量(规范规定大于 62%)，细腻的乳液状态(粒径分布集中且集中在 1～7μm)，储存稳定(较长时间储存不发生水油相分离，不允许发生破乳)。

(2) 冷再生项目乳化沥青消耗量远大于其他乳化沥青应用方向，单个拌和楼满负荷消耗量可能超过 120 吨/天，而且，为了得到更好的品质，出厂前提倡在大罐储存 12h 以上。乳化沥青生产设备的库区配备、物料供应、管路设计必须满足这一需要。

(3) 乳化沥青的稳定性可能会受到外界化学物质侵袭而遭破坏，因此，乳化沥青的运输需要可靠和强大的物流系统支持。

乳化沥青冷再生是一个化学相关的技术，其施工过程受气候(气温、风力、湿度、阳光)、时间衔接、材料变异性、细节处理等方面的影响要超过热拌沥青混合料。因此，专业化施工是成功的乳化沥青再生实施的前提条件(图 9-16)。

(a)

(b)

图 9-16　专业化乳化沥青生产设备和厂区

乳化沥青冷再生沥青混合料要求配备以下主要机械。

(1) 拌和机。拌和机必须采用定型产品，要保证其实际出料(生产量的 80%)能力超过实际摊铺能力的 10%～15%。所有料斗、乳化沥青生产装置、水箱、罐仓都要求装配高精度电子动态计量器，经计量标定后方可使用。

(2) 摊铺机。应根据路面层的宽度、厚度，选用合适的摊铺机械。

(3)压路机。至少应配备振动钢轮压路机 2～3 台和胶轮压路机 2 台。

(4)自卸汽车。数量应与拌和设备、摊铺设备、压路机相匹配。

(5)装载机、洒水车。

(6)水泥钢制罐仓。罐仓内应配有水泥破拱器，以免水泥起拱停流。

乳化沥青冷再生混合料日常质量检测仪器一般要求具备:水泥凝结时间、安定性检验仪器;土工击实仪;马歇尔击实仪;间接抗拉强度试验仪;密度测定设备;标准筛(方孔);沥青混合料抽提仪。

乳化再生料可以采用沥青混合料和无机基层料的摊铺机械摊铺。单钢轮强幅振动的初始夯实作用和重型胶轮的揉搓作用对摊铺面密实和整体性的形成均非常重要。厂拌乳化沥青冷再生混合料的压实可用钢轮压路机和轮胎压路机。初压采取双钢轮压路机静压1～2 遍，复压用大吨位(22 吨或更高)单钢轮压路机高幅低频碾压 4～6 遍，然后用低幅高频碾压 3～4 遍，终压用胶轮压路机碾压 4～6 遍，若胶轮压路机碾压后有明显轮迹，可用双钢轮压路机静压 1～2 遍，以消除轮迹。压路机碾压时可喷少量的水雾，以防止压路机黏轮。具体施工工艺根据试验路情况进行调整并最终确定。图 9-17 是典型的冷再生施工的摊铺和碾压组合。

(a)

(b)

图 9-17　摊铺和碾压

9.5 应用案例

9.5.1 江西昌九高速公路

昌九高速公路是江西省建成的第一条高等级公路，全长 133.4km。路面结构形式为 16cm(4cm＋5cm＋7cm)厚热拌沥青混凝土面层＋22cm 厚水泥稳定碎石基层＋33cm 厚级配碎石底基层，分期分批于 1993、1994、1996 年建成通车。2007 年平均日交通量为 26000 辆/日，2010 年平均日交通量达 30000 辆/日，重车比例高达 32%，超载现象非常严重。2000～2003 年，昌九高速公路路面龟裂、唧泥、车辙、坑槽等病害不断发生(图 9-18)，路面使用性能严重下降，养护费用以平均每年 40%的速度增加，成为江西省的“永修路”(图 9-18)。为彻底改变现状，于 2004～2005 年完成了 6.24km 柔性再生试验路，2006 年完成了 25.255km 的乳化沥青厂拌冷再生层＋罩面层，2007 年 5～9 月完成了 83.041km 的乳化沥青厂拌冷再生层＋罩面层的技术改造。大修结构为原路基及碎石层＋20cm 修复的基层＋12cm 再生层＋6cm 普通 AC20＋6cm 改性 AC20＋4cm 改性 AC13。

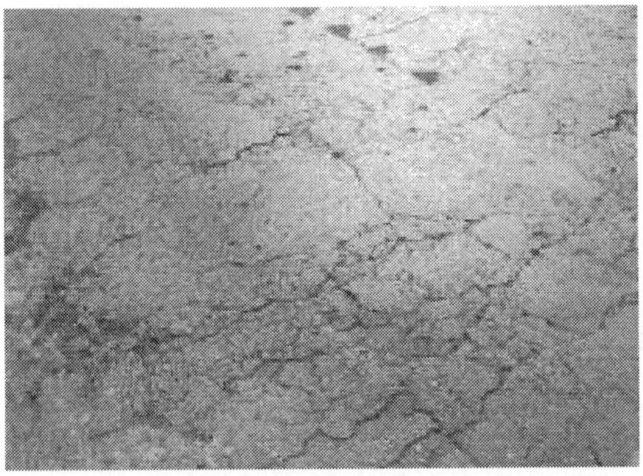

(a)

(b)

图 9-18　昌九高速公路路面病害情况

再生层在施工实施后 3 天即能成功钻取试件，且孔位杯口完整，后期经受交通未崩溃

(图 9-19)。

(a) (b)

图 9-19 昌九高速公路施工现场及钻芯情况

项目实施 30 个月后,路面无明显病害(图 9-20)。

(a) (b)

图 9-20 昌九高速公路技术改造通车 4～6 年

9.5.2 江西九景高速公路

九景高速公路为杭瑞高速在江西省的一段,全长 133.64km。路面结构形式为 12cm(3cm+4cm+5cm)热拌沥青混凝土面层+20cm 水泥稳定碎石基层+27～32cm 级配碎石底基层,于 1999、2000 年建成通车。2009 年平均日交通量为 9021 辆/日,2010 年平均日交通量为 9514 辆/日。2005～2007 年,九景高速公路路面龟裂、坑槽、沉陷、唧泥、车辙等病害不断发生(图 9-21),严重影响了路面的使用和服务水平,养护费用逐年增加。因此,2008 年完成了 20.751km 的乳化沥青厂拌冷再生层+罩面层试验路,2009 年 6～10 月完成了 112.889km 的乳化沥青厂拌冷再生层+罩面层的技术改造。大修结构为原路旧有结构层+12cm 再生层+6cm 普通 AC20+6cm 改性 AC20+4cm 改性 AC13。

项目实施 5 个月后,路面没有病害(图 9-22)。

（a）

（b）

图 9-21　九景高速技术改造前路面严重损坏部位

（a）　（b）

图 9-22　九景高速技术改造通车 5 个月后

9.5.3　S340 国道江苏段

常州市公路管理处和江苏省交通科学研究院采用壳牌乳化沥青，在 S340 省道赵庄至后阳段实施了冷再生项目。再生技术在该工程右半幅中应用了约 9.7km，原有路面结构为 4cmAC13＋6cmAC25，再生方案是将左半幅的原沥青路面铣刨后采用再生技术在右半幅进行加铺，加铺的沥青路面结构为 7.9～13.6cm 冷再生层＋4cm 橡胶沥青 AC13＋8cmSup25，工程在 2007 年 7 月初开工，于 2007 年 9 月结束。

该项目是试验段直接开放交通的经历。2007 年 6～7 月长江流域持续高温。7 月下旬，试验段完成 3 天左右，现场钻芯即取出完整芯样。由于 S340 省道是重要交通通道，且全线改造需要输入建筑材料，7 月 28 日，在没有任何保护措施的情况下，试验段开放交通。在持续 5 天 35℃高温后连续暴雨，气温仍然偏高。图 9-23 是开放交通一周后的照片。随处可见砂石料运输车辆甩落的石料，以及大型货车制动的轮迹。但是并没有再生材料散失和车辙情况，路表外观与连续密级配沥青老路面接近。

（a）　　（b）

图 9-23　常州 S340 省道冷再生

该项目临时开放交通状况证明：乳化沥青冷再生材料具有典型的裹覆型柔性材料的特点，更加具有进入更高路面层次，接近交通直接左右的能力。

9.5.4　河北黄石高速公路(G1811)

2009 年 6～8 月，河北省黄石高速公路局部大修，采用了 15cm 乳化沥青再生替代 10cm 下面层的实施方案，上面还有 12cm 中上面层。图 9-24、图 9-25 是乳化沥青再生技术各个施工环节的实施过程。

（a）　　（b）

图 9-24　生产与出料

（a）　（b）

图 9-25　卸料与在重车道的摊铺

黄石高速公路全部在重车方向的行车道使用。两年后现状如图 9-26、图 9-27 所示。

图 9-26　替代下面层，上面 6cm+6cm 热拌

图 9-27　替代中面层，上面 6cm 热拌

9.6　经济与社会效益

我国高速公路路网规模，已接近 7×10^4km，以每年 10%进入大修计算，仅高速公路大中修里程就达到 7000km，涉及沥青路面旧料量达到 2000 万～3000 万方。如全部采用废弃重建方式，按 3m 堆高计算，需占地 1×10^7 m^2，同时，需开除削平超过 5×10^5 m^2、高

100m 的山头。

到 2012 年底，我国高速公路路网规模已接近 9×10^4km，沥青路面以每年 8%进入大中修计算，仅高速公路路面大中修里程就会达到约 7000km，涉及沥青路面旧料量达到 2000 万～3000 万 m^3。如全部采用废弃重建方式，按 3m 堆高计算，需占地 $1\times10^7m^2$，同时，需开除削平超过 $5\times10^5m^2$ 高 100m 的山头。沥青材料老化后，只是组分含量变化，仍然有很高的利用价值，以恢复本性的方式进行乳化再生，是资源循环利用的典范，也是标准的可持续经济发展模式。

采用冷再生技术，最大限度地利用了旧路面铣刨废料，节约了筑路材料资源，减少了环境污染和破坏，整个工艺过程无需加热，如果采用电力供应，施工现场基本上没有碳排放。乳化冷再生主要用于替代沥青路面结构中的下面层或柔性基层。相对于替代的这两种材料优点如下。

(1) 考虑沥青、乳化剂、加工等成本，乳化沥青(固含量 62%以上)的价格与基质沥青同样是合理的(按 5000 元/吨单价计算)。

(2) 乳化沥青冷再生的替代目标是柔性基层(ATB)和中下面层材料 AC25 或 AC20。在这两种情况下，乳化沥青再生均可以保持与 HMA1 个百分点的用量差距，按照 5000 元/吨单价计算，每吨混合料节约 50 元。

(3) 转场和铣刨运输费用。冷再生方案与铣刨加罩没有明显差异，与项目和地区相关性大，在相对比较时可忽略。

(4) 加工成本。与热拌和最大的差异是石料加热耗能以及沥青保温耗能。骨料加热消耗燃油 7kg/t。冷再生混合料比 HMA 每吨节约燃油，按 6000 元/吨计算，节约成本 42 元/吨。一般产量较稳定的热拌和楼，导热油加热系统燃油消耗折合 1kg/t 混合料，成本 7 元/吨。

(5) 原则上 100%采用旧料，外加不超过 1%的水泥，石料价格按 60 元/吨计算，水泥按 450 元/吨，节约 55 元。

(6) 连续式冷再生拌和楼的造价约为热拌和楼 50%，计算折旧成本按 10 年计算，设备折旧费节约 3 元/吨，场地、人工等成本的差异不计，实际应低于热拌。

(7) 拌和过程的电力消耗、运输、摊铺成本、进出场费，暂时假定与热拌相同，实际应低于热拌。

实际结构设计中，再生层的厚度会比被替代的热沥青层多 20%，由于压实密度再生层为热拌材料的 88%，实际增加材料用量只有 10%。

参 考 文 献

江西省质量技术监督局. 2010. 沥青路面乳化沥青厂拌冷再生技术规范(DB36/T573—2010).

吴旷怀，李燕枫，杨国梁. 2008. 乳化沥青冷再生沥青混合料的研究[J]. 暨南大学学报(自然科学版)，29(3)：281-285.

张淑文，张肖宁. 2011. 乳化沥青冷再生设计与施工质量控制研究[J]. 路基工程，(5)：77-79，82.

第 10 章　大掺量 RAP 厂拌热再生沥青路面

10.1　引　　言

10.1.1　大掺量厂拌热再生简介

厂拌热再生是将回收沥青路面材料(RAP)运至沥青拌和厂(场、站)，经破碎、筛分，以一定的比例与新集料、新沥青、再生剂(必要时)等拌制成热拌再生混合料铺筑路面的技术。

一般 RAP 与新材料的典型掺配比例为 10∶90～30∶70。RAP 的使用比例 20%是最成熟的技术，是最常使用的参配量。如果通过添加低黏度的软沥青、再生剂等材料，使 RAP 的使用比例在 30%以上，达到 50%，并在沥青混合料的整个生产过程中工艺可行，且铺筑的路面满足相应的路用性质，通常把这个掺配比例范围内的厂拌热再生称为大掺量厂拌热再生。

近年来我国的公路建设发展迅速，2011 年底公路通车总里程达 405.5 万千米，其中高速公路为 8.5 万千米。在加快公路建设的同时，路面功能的保持与恢复将逐渐成为我国各级道路管理部门的主要任务。在对旧沥青道路进行重建翻新中，都会产生大量的废弃沥青混合料，有资料显示，我国路面养护每年产生超过 4000 多万吨废弃料，这些废料中有沥青、各级配集料等，是一笔可以利用的财富，如将其丢弃，既浪费资源、污染环境，又造成经济损失。

沥青再生技术是指对不能满足使用要求的沥青混凝土路面废料通过各种措施进行处理后重新利用的技术，包括对旧沥青混凝土路面进行翻挖、破碎、筛分，与新集料、新沥青、再生剂重新混合，形成具有预期路用性能的混合料，并重新铺筑成路面的各种结构层(包括面层和基层)。沥青路面的再生技术，已在世界上的许多国家和地区得到广泛应用，目前已成为国际上道路维修改造的主要方法之一。

厂拌热再生是当前世界上使用最普遍的沥青再生方法，它是将回收的沥青路面材料与新的沥青、集料材料(有时还包括再生剂)混合，在拌和厂集中生产再生热拌沥青混合料的过程。再生的热拌沥青混合料如果经过正确的设计和施工，性能通常能够相当于甚至优于传统的热拌沥青混合料。据统计，美国公路部门每年回收超过 5000 万吨的混合料，其中 33%用于厂拌热再生，47%被用于其他形式的再生，废弃的混合料不超过 20%。与其他再生技术相比，厂拌热再生混合料变异性小，质量有保证，经过严格的配合比调整，再生沥青混合料能确保技术指标不低于使用全部新料拌制的沥青混合料，路用性能满足高级路面的使用要求；厂拌热再生除了无法解决软弱路基或底层的问题，适用于各类破坏路面，具有较好的适应性；能最大限度地发挥沥青混凝土路面废料的作用。既可利用原路废弃材料重新铺筑路面，也可以将回收材料再生后用于其他工程。

厂拌热再生具有以下优点。

(1) 再生混合料的性能与传统的HMA混合料性能相同或比其更优,可用于沥青路面的表层。

(2) 再生沥青路面可以重复使用旧沥青路面材料,减少新材料的用量,节约自然资源,减少废料处理问题并降低相关费用,具有较高的经济性。

(3) 可以用来修正原沥青路面的设计问题,使其性能优化,且可修复路表面绝大多数的破坏,如松散、泛油、推挤、集料磨光、车辙和裂缝等。

(4) 通过添加新的集料、沥青或添加剂改善原混合料的级配和沥青问题,可以在厚度不变或变化较小的情况下改善路面结构。

(5) 可以保持原路面的线形和标高不变。

(6) 再生热拌沥青混合料的运输、摊铺和碾压设备及施工工艺与传统的热拌沥青混合料基本相同,只需要对现有的拌和设备进行较小的改动,且可以满足现有的环保要求。

但是,厂拌热再生也具有一定的局限性。

(1) 一般厂拌热再生混合料中RAP用量较少,仅为混合料总量的10%~30%。

(2) 厂拌热再生混合料生产过程中的产量和生产效率受RAP用量的影响。

(3) 为了避免出现拌和楼中混合料的加热温度过高,厂拌热再生混合料的拌和、摊铺温度比传统的热拌沥青混合料低,再生混合料比一般混合料硬,可供碾压的时间短,影响路面的压实。

大掺量厂拌热再生具有以下优点。

(1) 大掺量厂拌热再生可以更有效地利用旧沥青路面材料,更进一步减少新材料的用量,最大限度地节约自然资源,减少废料处理问题并降低相关费用,具有较高的经济性。

(2) 通过温拌技术实现的大掺量厂拌热再生,最大限度地实现了资源的重复利用。同时可以减轻热拌过程中沥青老化,延长沥青路面的使用寿命。在国家实现生态文明建设,发展经济、环保、节约和友好型社会国家发展战略的大背景下,具有重要的社会和经济意义。

10.1.2 国内外厂拌热再生应用现状

1. 国外厂拌热再生再生应用

美国在20世纪90年代实现了再生旧料掺配率为40%~50%,日本开展厂拌热再生技术研究也较早,目前,日本沥青铣刨料再生利用率已超过90%。并且在日本基本上每个固定拌和站都能生产再生沥青混合料。

德国最早将再生料应用于高速公路路面养护,英国规定沥青铣刨料用于生产磨耗层沥青混凝土的最大添加量为10%,其余各层的最大添加量为50%。

综上可知,美国、日本、欧洲等对再生沥青混合料应用技术的研究及发展都取得了很大的成就,已经形成了比较完善的再生利用技术,并且达到了规范化和标准化的成熟程度,在生产中得到了广泛的推广应用。

2. 国内厂拌热再生利用应用

20世纪80年代初,我国开始研究沥青混合料再生技术,厂拌热再生技术研究与国外存在较大差距，有待展开深入和系统研究。2002年路新公司在北京市重点改造工程二环路应用了厂拌再生沥青混合料，其RAP掺配率为20%～30%。2003年在广佛高速公路大修工程中将15%RAP厂拌热再生混合料用于下面层。我国2008年发布实施了《公路沥青路面再生技术规范》(JTG F4—2008)，但我国厂拌热再生沥青混合料掺入RAP比例为10%～30%。

10.1.3 大掺量厂拌热再生工作流程

为了详细介绍大掺量厂拌热再生技术，本章以多条国省干线维修工程为依托，在借鉴国内外研究成果的基础上，针对厂拌热再生存在二次老化和RAP用量低的问题，从沥青材料老化再生过程机理出发，通过一系列技术措施介绍厂拌热再生关键技术研究。主要内容如下。

(1) 分析普通沥青老化再生过程，为旧沥青再生提供理论基础。

(2) 研究新沥青、国产再生剂及进口再生剂对老化沥青的再生效果，研究老化程度对沥青再生的影响，评价再生方法的适用性。

(3) 研究温拌技术对沥青老化的影响，对比分析温拌技术对沥青老化和再生沥青混合料性能的影响。

(4) 研究大掺量旧油石厂拌再生沥青混合料路用性能。

(5) 铺筑试验路，总结大掺量厂拌热再生沥青混合料路面施工工艺，跟踪检测，对研究结果进行验证。

10.2 沥青老化分析及沥青再生方法选择

10.2.1 沥青老化分析

沥青再生过程中了解RAP中沥青的老化规律和老化程度有重要意义，可据此进行再生剂的选择、用量确定以及新沥青比例的确定。

沥青是原油经过处理后得到的产品，是由多种极其复杂的碳氢化合物和这些化合物的衍生物组成的混合物。它的化学组成元素主要是碳和氢(占97%以上)，其次是少量的氧、硫、氮等以及微量的钒、铁、锰、镍等金属元素。沥青成分复杂，主要由烷烃、环烷烃、缩合的芳香烃等化合物组成。鉴于沥青组成结构的复杂性以及目前分析技术的限制，要将沥青分离为纯粹的化合物单体存在许多困难，许多研究者开始进行沥青的组分研究。当前我国最常用的是四组分分析，即将沥青分为饱和分、芳香分、胶质和沥青质四组分。

沥青中饱和分的含量不能过多，否则会降低沥青中分散介质的芳香度，使沥青不能形成稳定的胶体溶液；沥青中的芳香分可以提高分散介质的芳香度，使胶体体系变得稳定；胶质具有较好的黏附性，能增加沥青延度，并促进芳香分对沥青质的胶溶效果，沥青质的存在主要起到改善沥青的高温性能的目的，但含量过多会使沥青低温性能下降。总之，具有合适的组分含量是保证沥青良好使用性能的必要条件。

沥青老化组分迁移理论认为，沥青老化主要是组分上逐渐发生变化，总的趋势是小分子量的化合物向大分子量的化合物转化，高活性、高能级的组分向低活性、低能级的组分转移。以四组分为例，沥青老化的整个过程可简化表示为芳香分—胶质—沥青质的转化过程。随着时间的推移，沥青中沥青质越来越多，而沥青质含量对沥青的流变性质（主要是黏弹性）有很大影响，随着沥青质含量的增加，沥青便会出现黏度增大，针入度下降等特征。同时，理论和试验均显示沥青的延度主要取决于芳香分的含量，随着其含量的减少而减少，故老化沥青的延度较低。另外，软化点对沥青流变性质存在很大的依赖性，即黏度越大的沥青，一般软化点也较高，故老化沥青的软化点也偏高。

1. 组分分析试验结果对比

混合料中沥青的长期老化行为与其使用期限有密切关系，随着沥青路面使用年限增加，自然因素作用引起的组分位移，使沥青组分构成失调，是沥青材料向脆硬方向转化的本质原因。对“七五”期间修筑的多条试验路进行长期跟踪检测并在现场取样分析，表 10-1 为某一级公路试验结果。

表 10-1　原始沥青及回收沥青性质

项　目	针入度/0.1mm	软化点/℃	延度(15℃)/cm	四组分分析			
				饱和分	芳香分	胶质	沥青质
原样沥青	86	47.5	>120	18.6	30.2	47.5	3.7
7 年后	53	53	55	16.8	25.1	46.0	12.1
10 年后	30	67	8	16.0	21.2	48.1	14.7

经过长期自然因素作用后回收沥青的化学组分与原沥青相比较有明显的变化，表现为油分减少，胶质和沥青质增多。沥青组分变化主要是氧化、缩合作用造成的，沥青中分子量较小的油分在氧化缩合作用下分子量增大，向胶质转化，而饱和烃由于分子比较稳定，变化不大，而胶质向沥青质转化，沥青质本身则聚合成更大的分子。

2. 三大指标对比分析

比较沥青老化前后三大指标的变化是评价沥青抗老化性能及老化程度的有效方法。美国曾在使用 4 年和 6 年的沥青路面车道不同深度挖取试样，进行沥青抽提试验和测试指标，并与原沥青材料进行对比分析，其试验结果见表 10-2。

表 10-2　美国某工程回收沥青的物理性质

使用年数	指标	取样位置/cm			
		原样	0～0.5	0.5～2.5	2.5～4.5
4 年	针入度/0.1mm	95	33	52	52
	软化点/℃	45	60.2	52	53
6 年	针入度/0.1mm	—	24.8	47.5	43.5
	软化点/℃	—	63.7	55	55.3

由表 10-2 知，沥青路面中不同位置处沥青的老化程度是不同的，同一深度，使用 6 年的旧沥青要比使用 4 年的针入度小、软化点高，说明随时间推移，沥青老化不断加深。

为了更进一步了解沥青路面的老化行为，长安大学耿九光博士研究了西安地区几条城市道路不同使用年限的沥青路面老化情况，试验结果见表10-3。

表10-3　西安市城市道路回收沥青指标

沥青编号	1	2	3	4	5	6	RTFOT 85min后的试样
道路名称	经九路	大南门广场盘道	北大街	张家堡广场	西影路	枣园东西路	
修筑时间/年	1991	1995	1998	1999	2002	2003	
服务时间/年	14	10	7	6	3	2	
软化点/℃	68.5	68.8	66.5	65.8	58.6	57.6	52.3
针入度(25℃)/0.1mm	30	32	29	35	48	54	56
延度/cm	3.9	4	4.8	5.3	8.8	9.5	24.1
黏度/(Pa·s)	2.568	2.455	1.731	1.595	1.029	0.615	0.523
Stiffness/MPa	278	167	142	112	86.2	79.5	80.4
m-value	0.284	0.321	0.349	0.365	0.415	0.406	0.405

由图10-1～图10-3可知，随着沥青路面使用年限的延长，延度和针入度随着年限增加而减小，软化点增大。其中延度的变化幅度最大，使用两年后衰减为9.5cm，使用三年后衰减为8.3cm，使用六年后衰减为5.3cm，以后的服务期内沥青延度检测结果均小于5.0cm，变化幅度较小，针入度的衰减规律和延度基本一致。

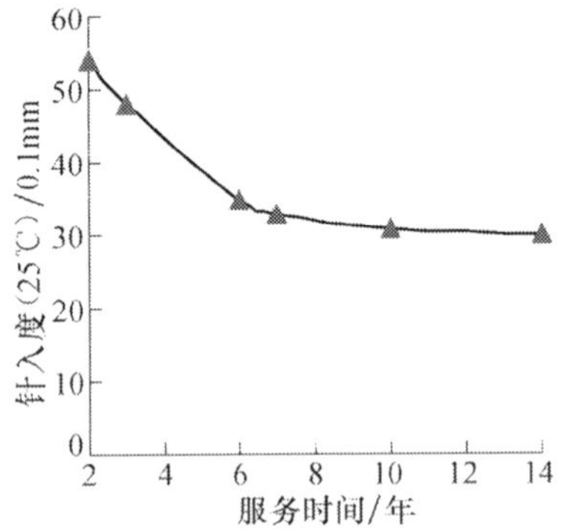

图10-1　路面回收沥青针入度—服务时间曲线

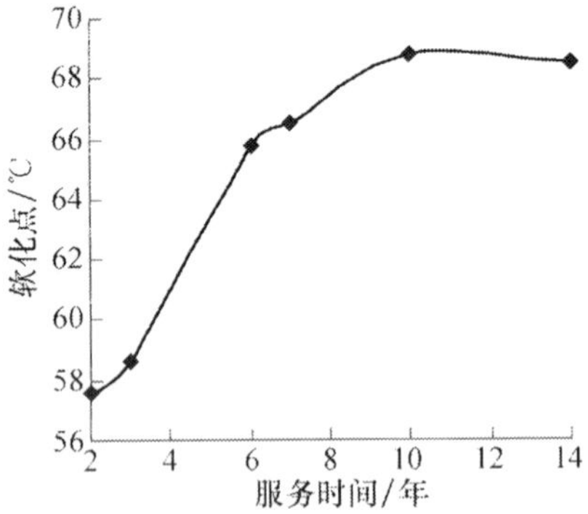

图10-2　路面回收沥青软化点—服务时间曲线

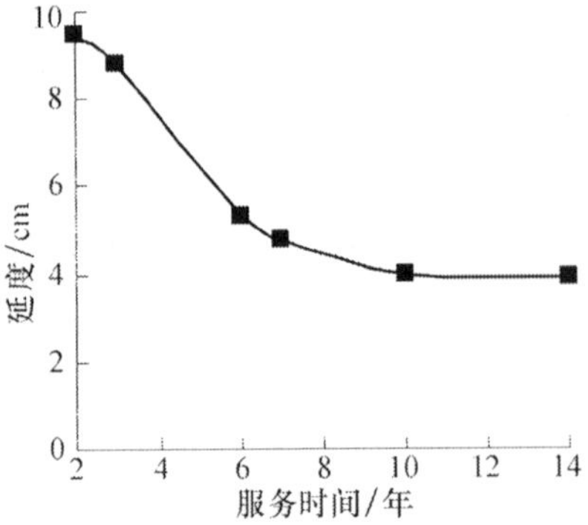

图10-3　路面回收沥青延度—服务时间曲线

10.2.2　沥青再生技术

沥青胶结料性能的恢复是沥青路面再生的技术关键，从10.2节分析可知，沥青老化在组分上表现为各组分之间配伍性的失调，胶质和沥青质增多，油分减少；旧沥青再生就是沥青老化的逆向过程。

根据生产调和沥青的原理，在旧沥青中加入某种组分的低黏度油料（即再生剂），或者加入适当稠度的沥青材料，进行调配，使调配后的再生沥青具有适合的黏度和所需要的路用性质，以满足筑路要求的再生工艺，这个角度上，再生沥青也是一种调和沥青。

理论上，调节沥青组分是沥青再生的基本途径，而且实际应用中也可按这一原则进行再生剂的选择和开发；从生产工艺看，在现有的再生沥青混合料生产过程中补充一定量的油分是可行的。但是，以组分作为沥青再生的检测指标和控制条件现实意义不大，必须通过合适的控制指标，既能在内在本质上调节组分使旧沥青获得再生，又能够在实际操作中便于测试和计量。目前衡量再生沥青性能要求的指标主要有黏度、针入度、延度、软化点等。

1. *沥青再生方法与再生标准确定*

1）旧沥青再生方法

老化沥青再生就是调节旧沥青组分，将旧沥青黏度调节到所需的黏度范围，使旧沥青重获良好的流变性质，主要有新旧沥青调和法和再生剂调和法。

(1) 新旧沥青调和法。

新旧沥青调和法就是向老化沥青中加入调节组分(新沥青或再生剂)恢复其流变性能，满足所需的路用性能，对于老化程度较轻的沥青，加入新沥青就可以满足路用性能要求。

沥青胶体结构理论认为沥青是一个胶体分散体系，其分散相是以沥青质为核心吸附部分胶质而形成的胶束，并分散在芳香烃、饱和烃组成的分散介质中。研究表明只有当沥青中各种组成成分的量符合一定的关系时，沥青才具有很好的性质。从第 2 章的老化机理分析可知，沥青路面质量劣化实质是其中的沥青结合料发生老化，即沥青胶结料的组成成分发生变化，主要表现为芳香分减少，胶质和沥青质增加。沥青化学组分的移行，引起沥青物理、力学性质的变化，通常表现为针入度变小、延度降低、软化点和脆点升高，沥青变硬、变脆、延伸性降低。由于新鲜的软沥青含有较多软沥青质成分，根据组分调节理论，向老化沥青中加入所失去的组分，使组分重新协调，就能恢复沥青的原有性能。因此用适当比例的新鲜软沥青可调和旧沥青，从而达到再生的目的。

(2) 再生剂调和法。

对于老化较严重的沥青，只加入新沥青不能满足要求，需要加入适量的再生剂，再生剂对旧沥青主要起到调黏和调柔两方面的作用。研究表明再生剂最好是芳香族油类，芳香族油具有优良的溶解性和渗入性，可以将大分子链间的许多连接点隔断，使网络结构中的连接点大大减少，老化沥青的刚度降低；良好的溶解性和渗入性也可使处于凝胶状态的沥青融胀，从而促使大分子间的相互运动，增加了大分子的柔顺性。再生剂必须具有如下功能。

① 调节旧沥青的黏度，使旧沥青过高的黏度降低，达到沥青混合料所需的黏度。使过于脆硬的旧沥青混合料软化，以便在机械和热的作用下充分分散，和新沥青、新集料均匀混合。

② 渗入旧混合料中，与旧沥青充分交融，使在老化过程中凝聚起来的沥青质重新溶解分散，调节沥青胶体结构，从而达到改善沥青流变性质的目的。

适当的黏度、良好的流变性质、足够的芳香分含量以及较低的薄膜烘箱试验黏度比是再生剂良好品质的重要表征。

再生剂含有大量的轻质成分，主要成分是芳香分和饱和分，再生剂加入旧沥青后，富含的高缩合度芳香烃对老化沥青中的沥青质、胶质的吸附和溶解作用要远大于原老化沥青中小分子芳香分和饱和分对它们的吸附和溶解作用。因此，旧沥青与再生剂间化学组分将发生重新分配，从而改善沥青四种组分之间的配伍关系，形成更为稳定的胶体结构，改变沥青的流变性能，使沥青性能达到要求。

欧、美、日、俄等对沥青再生剂的研究比较早，表 10-4～表 10-6 统计了国外主要的再生剂质量标准和相应规范。

表 10-4　美国维特根公司再生剂质量标准

技术指标		试验方法	L*	M*	H*
黏度(60℃)/(Pa·s) 闪点/℃		ASTM D2174-071 ASTM D92-72	0.08～0.5 >177	1～4 >177	5～10 >177
挥发性	初期沸点	ASTM D160-61	>149	>149	>149
	2%		>191	>191	>191
	5%		>210	>210	>210
黏附性 N/P		ASTM D2006-70	>0.5	>0.5	>0.5
化学组成$(N+A_1)/(P+A_2)$		ASTM D2006-70	0.2～1.2	0.2～1.2	0.2～1.2
密度		ASTM D70-72	报告	报告	报告

* 适宜的抽吸温度(施工温度)：L=46℃，M=88℃，H=93℃

表 10-5　苏联再生剂质量标准

技术指标	蒸馏萃取物	残留萃取物
链烃环烷烃/%	7～10	12～17
芳香烃/%	85～90	75～85
树脂/%	5～7	5～8
黏度 C_{60}^{5}/s	5	13
加热损失(160℃,h)/%	0.13	0.44
闪点/℃	>190	>200

表 10-6　日本再生剂质量标准

项目	试验方法	技术要求
运动黏度 60℃/s	JIS K2283	8～1000
闪点/℃	JIS K2265	≥230
薄膜箱试验后黏度比 60℃	JIS K2283	≤2
薄膜箱试验后质量变化比率/%	JIS K2207	±3 以下
相对密度	JIS K2249	报告

从国外规范要求可以发现黏度、闪点、薄膜箱试验后黏度比、薄膜箱试验后质量比及饱和分、芳香分含量等再生剂本身性能指标，在各个国家或行业标准中被反复强调。以美、欧、日标准为参考，根据我国国情及技术条件，JTG F41—2008 中提出再生剂技术标准见表 10-7。

表 10-7　热拌沥青混合料再生剂质量要求

检验项目	RA-1	RA-5	RA-25	RA-75	RA-250	RA-500	试验方法
60℃黏度 cSt	15-175	176-900	901-4500	4501-12500	12501-37500	37501-60000	T0619
闪点/℃	≥220	≥220	≥220	≥220	≥220	≥220	T0633
饱和分含量	≤30	≤30	≤30	≤30	≤30	≤30	T0618
芳香分含量	实测	实测	实测	实测	实测	实测	T0618
薄膜烘箱试验前后黏度比	≤3	≤3	≤3	≤3	≤3	≤3	T0619
薄膜烘箱试验后质量变化/%	≤4	≤4	≤4	≤4	≤4	≤4	T0609 或 T0610
	≥−4	≥−4	≥−4	≥−4	≥−4	≥−4	
15℃密度	实测	实测	实测	实测	实测	实测	T0603

本研究采用了进口 Cyclogen 再生剂和国产某重芳香烃类再生剂两种再生剂，其指标如表 10-8 所示。

表 10-8　本项目选用再生剂的主要指标

指　标		Cyclogen 再生剂	国产再生剂	JTG F41—2008 规范要求
黏度，60℃，CST/(mm²/s)		200～500	200～1095	176～900
闪点/℃		≥224	≥186	≥220
饱和分含量/%		≤28	≤19.6	≤30
芳香分含量/%		≤28	≤18.6	实测
薄膜烘箱试验前后黏度比		≤2.5	≤3	≤3
薄膜烘箱试验前后质量变化/%		≤4	≤5	≤4，≥−4
15℃密度/(g/cm³)		0.98～1.02	0.88～1.00	实测
运动黏度/(mm²/s)		381.3	1061.6	—
ROTF 老化	质量损失	−1.14	−4.45	≤4，≥−4
	163℃老化后运动黏度/(mm²/s)	554.54	1915.68	—

在选用沥青再生方法时，应根据旧料中沥青的含量和老化程度综合确定是否需采用再生剂。在沥青老化较为严重，或为了尽可能地利用旧料，应当考虑添加再生剂。否则，会使新沥青的掺配比例变大，对经济性和沥青含量要求两个方面不利。

本项目主要对比分析了新沥青调和再生法、再生剂调和再生法、新沥青及再生剂复合调和再生法三方面内容：①再生剂（新沥青）用量对再生效果影响；②再生方法对不同老化程度沥青的适用情况；③再生剂（新沥青）用量范围预估。

2）旧沥青再生标准确定

70＃沥青混合料下面层是河北省沥青路面主要路面结构组合形式。对大交通量及重载交通情况，下面层使用的沥青偏软是导致高温车辙的主要原因之一。适当采用针入度更小的沥青可有效预防沥青路面高温变形病害，硬质沥青路面最早出现在 20 世纪 80 年代的法国，目前国内交通部门和科研院所已展开对 50＃硬沥青的研究和应用。综上所述，本项目对再生沥青指标提出高低两个标准，即 70＃沥青要求和 50＃沥青要求。

3）老化沥青制备

由于从旧沥青混合料中抽提沥青的操作是非常复杂的，一次回收所得沥青的量很少，而且回收抽提过程中的溶剂以及矿粉除净程度均可能影响检测结果。基于以上考虑，本项目采用河北省常用的中海 70＃道路石油沥青经过 165℃烘箱老化不同时间得到不同老化程度的沥青，详见表 10-9。采用新沥青和再生剂两种方法进行再生试验，分析不同因素对再生沥青性能的影响规律。制备的不同老化程度的老化沥青 3 大指标见表 10-9。

表 10-9　模拟老化沥青性能指标

老化方案	性能指标		
	针入度/0.1mm	延度/cm	软化点/℃
RAP 抽提沥青	27.5	7.8	61.5
70＃原样沥青	70.8	128	48.5
1＃老化沥青	45.5	34.7	54
2＃老化沥青	31.1	10.1	58
3＃老化沥青	17.9	1.4	67.0
4＃老化沥青	14.8	0	70.3

2. 新沥青调和法再生沥青

1）新沥青掺量对再生效果影响分析

为研究新沥青掺量与再生沥青性能的相互关系，采用 70＃沥青与 3＃模拟老化沥青与分别按 0∶10、2∶8、4∶6、6∶4、8∶2 和 10∶0 的比例在 150℃下加热充分混合，测定三大指标，试验结果如表 10-10 所示。

表 10-10　不同比例的新旧沥青(3＃)混合后的三大指标

掺配比例(新∶旧)	性能指标		
	针入度/0.1mm	延度/cm	软化点/℃
0∶10	17.9	1.4	67.0
2∶08	22.2	5.1	65.0
4∶06	28.8	7.3	61.0
6∶04	37.8	17.2	59.0
8∶02	50.2	79.9	54.5
10∶0	70.8	128	48.5

由图 10-4～图 10-6 知，3＃老化沥青与 70＃沥青调和再生沥青的针入度按指数关系增大，软化点呈线性减小，延度指标随着新沥青用量的增大而缓慢增大，在新沥青用量超过 60％以后，再生沥青的延度出现大幅增加。

2）旧沥青老化程度对再生效果影响分析

根据以往 AC20 再生沥青混合料配合比设计经验，RAP 抽提试验所得 RAP 沥青含量通常在 2.5％～3.4％，RAP 掺配率在 40％～70％时，再生沥青混合料中新沥青占沥青总量的 40％～70％。即新沥青掺量不会超过 80％，据此确定本试验中新沥青∶旧沥青比例为 6∶4。

采用不同老化程度的沥青分别与 70＃沥青在 150℃下加热充分混合。然后测定三大指标，试验结果如表 10-11 所示。

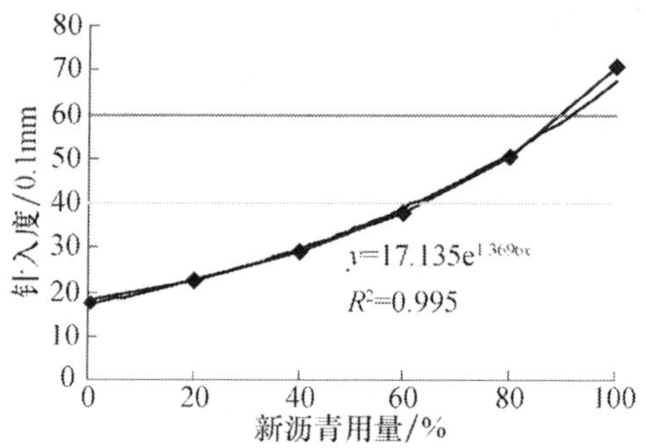

图 10-4　再生沥青针入度—新沥青用量曲线

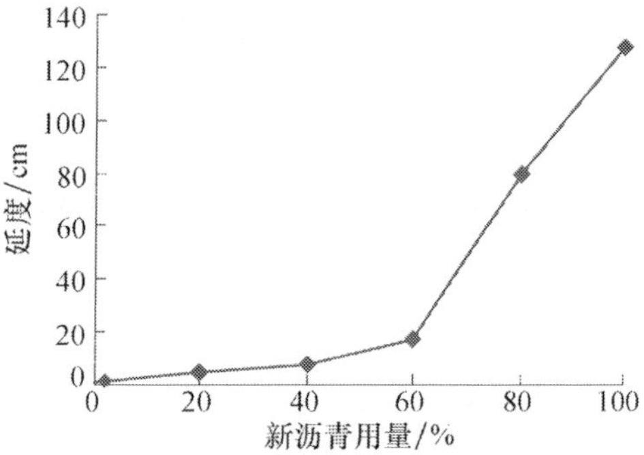

图 10-5　再生沥青延度—新沥青用量曲线

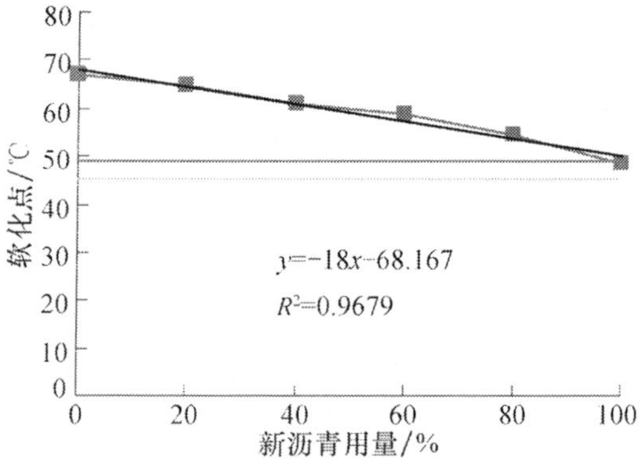

图 10-6　再生沥青性能—新沥青用量曲线

表 10-11　不同老化程度沥青的再生沥青三大指标(新旧沥青比例为 6∶4)

老化沥青试样编号	性能指标		
	针入度/0.1mm	延度/cm	软化点/℃
原样沥青	70.8	128	48.5
1#老化沥青	53.0	110	52.0
2#老化沥青	49.4	98	53.0
3#老化沥青	37.2	19	54.5
4#老化沥青	32.3	8	56.5

由表 10-11 知,在新旧沥青比例为 6∶4 情况下,只有 1#老化沥青再生沥青延度和软化点指标满足规范要求,同时四种老化沥青的针入度延度均不同程度地低于规范对 70#沥青的要求。1#老化沥青、2#老化沥青三大指标均可满足规范对 50#沥青的要求。

3) 新沥青用量范围确定

对 3#老化再生沥青的三大指标与新沥青用量进行了回归分析,得出如表 10-12 关系式。其中针入度和软化点与老化沥青掺量的相关系数 R^2 分别为 0.995 和 0.9679。

表 10-12　再生沥青三大指标与新沥青掺量之间的关系

指　标	数学模型	相关系数 R^2
针入度(25℃)/0.1mm	$y=17.135e^{1.3696x}$	0.995
软化点/℃	$y=-18x+68.167$	0.9679
延度(5℃)/mm	$y=123.88x-22.116$	0.7881

为验证表 10-12 中回归式的普遍适用性(延度指标的相关性较低,这里仅研究针入度和软化点),将针入度指标回归模型化为

$$y = Ae^{Bx} \tag{10-1}$$

式中,y——再生沥青针入度,0.1mm;

x——新沥青用量,%;

A——待定系数,当仅知新旧沥青针入度值时,为旧沥青针入度,0.1mm;

B——待定系数,与新沥青针入度有关。

将软化点回归模型化为

$$y = cx + d \tag{10-2}$$

式中,y——再生沥青软化点,℃;

x——新沥青用量,%;

c——待定系数,当仅知新旧沥青软化点值时,为旧新沥青软化点差,℃;

d——待定系数,当仅知新旧沥青软化点值时,为新沥青软化点,℃。

用这两个公式模型对四种老化再生沥青指标进行计算,并与实际试验值相对比,结果见表 10-13。

表 10-13　回归模型对多种再生沥青的指标计算情况表

项目分类		性能指标		
		针入度/0.1mm	延度/cm	软化点/℃
原材	原样沥青	70.8	128	48.5
	1#老化沥青	43.5	34.7	54.5
	2#老化沥青	31.1	10.1	58.0
	3#老化沥青	17.9	1.4	67.0
	4#老化沥青	12.8	0	70.0
待定系数	1#A	43.5		6.0
	1#B	0.487		48.5
	2#A	31.1		9.5
	2#B	0.823		48.5
	3#A	17.9		18.5
	3#B	1.375		48.5
	4#A	12.8		21.5
	4#B	1.710		48.5

续表

项目分类		性能指标		
		针入度/0.1mm	延度/cm	软化点/℃
新旧沥青比例(6∶4)再生沥青的计算值	1＃老化沥青	58.3		52.1
	2＃老化沥青	50.9		49.0
	3＃老化沥青	40.8		59.6
	4＃老化沥青	35.7		61.4
新旧沥青比例(6∶4)再生沥青的试验值	1＃老化沥青	53	110	52.0
	2＃老化沥青	49.4	98	53.0
	3＃老化沥青	37.2	19	54.5
	4＃老化沥青	32.3	8	56.5
偏差	1＃老化沥青	−5.3		−0.1
	2＃老化沥青	−1.5		3.9
	3＃老化沥青	−3.6		−5.1
	4＃老化沥青	−3.4		−4.9

比较再生沥青的针入度计算值与室内试验值可以发现，针入度偏差最大为 5.3(0.1mm)，与现行规范沥青针入度试验复现性试验允许误差 8%相比已经非常准确，可见 $y=Ae^{Bx}$ 对指导生产和研究具有较高的应用价值。

软化点计算值与室内试验值偏差也较小，四种再生沥青中偏差最大的为−5.1℃。

为进一步检验公式模型的普遍适用性，采用表 10-13 中确定的系数对不同掺量 3＃旧沥青的再生沥青指标进行计算，结果见表 10-14。

表 10-14　3＃旧沥青再生沥青的指标计算表

指　标	旧沥青掺量/%	性能指标		
		针入度/0.1mm	延度/cm	软化点/℃
试验值	100	17.9	1.4	67.0
	80	22.2	5.1	65.0
	60	28.8	7.3	61.0
	40	37.8	17.2	59.0
	20	50.2	79.9	54.5
	0	70.8	128.0	48.5
计算值	100	17.9		67.0
	80	23.6		63.5
	60	31.0		59.5
	40	40.8		56.0
	20	53.8		52.0
	0	70.8		48.5
偏差	100	0.0		0.0
	80	−1.3		1.5
	60	−2.2		1.5
	40	−3.0		3.0
	20	−3.6		2.5
	0	0.0		0.0

由表 10-14 可知对于 3＃老化沥青，偏差随新沥青用量增大而增大，但再生沥青针入度计算值与实测值偏差最大只有 3.6(0.1mm)，再生沥青软化点的计算值与实测值的偏差最大为 3.1℃。

高的相关系数以及表 10-13 和表 10-14 的实例验证结果均表明所建立的针入度—新沥青用量计算模型及软化点—新沥青用量计算模型具有普遍适用性。一般通过简单计算就可用于预估再生沥青性能指标或新沥青用量，该模型用于估算最佳新旧沥青掺量时精度很高。

随着新沥青用量增大，再生沥青的延度可以达到指标要求，且再生沥青的三大指标能够同时达到 70＃沥青的标准。根据表 10-11 和表 10-13 反算满足 70＃沥青要求的新沥青最小用量，结果见表 10-15。

表 10-15　新沥青最小用量计算结果(70＃沥青标准)　(单位：%)

控制指标	针入度	延　度	最终掺量
1＃老化沥青	66	20	66
2＃老化沥青	80	35	80
3＃老化沥青	88	67	88
4＃老化沥青	90	89	90

根据表 10-11 和表 10-13 反算满足 50＃沥青要求的新沥青最小用量结果见表 10-16。

表 10-16　新沥青最小用量计算结果(50＃沥青标准)　(单位：%)

控制指标	针入度	延　度	最终掺量
1＃老化沥青	0	0	20
2＃老化沥青	31	30	31
3＃老化沥青	59	63	63
4＃老化沥青	67	80	80

如果 RAP 与再生料的级配类型相同，则 RAP 的抽提油石比一般不会高于再生混合料的最佳油石比，通过调查一般 $OAC_{RAP} < OAC_{总} < 1.5OAC_{RAP}$，按照这一标准计算以1＃老化沥青(针入度为 43.5)为例，按照表 10-16 结果计算，得 RAP 用量在 22%～34%。而按照表 10-17 计算，1＃、2＃和 3＃老化沥青的用量均在 30%以上。

综上所述，一方面新沥青调和再生具有明显的局限性，在沥青老化严重或 RAP 掺配比例较大时，不满足 RAP 大掺量目标(>30%)要求；另一方面根据路面结构使用情况，再生沥青性能尽量选择 50＃沥青标准，这可大幅增加 RAP 掺量同时减少老化程度对 RAP 掺量的影响。

3. 再生剂调和法再生沥青

采用 70＃沥青的调和再生效果是有限的，因此进一步对再生剂的再生效果进行系列研究。沥青材料同上，再生剂的质量指标见表 10-9。

采用两种再生剂对模拟老化沥青进行再生，不同掺量情况下老化沥青再生结果见表 10-17～表 10-22。

表 10-17　不同掺量再生剂对老化沥青 1 的再生效果(再生剂 1)

再生剂掺量/%	性能指标		
	针入度/0.1mm	延度/cm	软化点/℃
0	43.5	34.7	54.5
1	54.8	100.0	54.5
2	60.9	89.6	54.0
3	65.1	100.0	52.5

表 10-18　不同掺量再生剂对老化沥青 1 的再生效果(再生剂 2)

再生剂掺量/%	性能指标		
	针入度/0.1mm	延度/cm	软化点/℃
0	43.5	34.7	54.5
3	56.5	100.0	53.0
5	64.9	100.0	51.0
7	75.3	100.0	48.0
9	89.9	100.0	47.0

表 10-19　不同掺量再生剂对老化沥青 2 的再生效果(再生剂 1)

再生剂掺量/%	性能指标		
	针入度/0.1mm	延度/cm	软化点/℃
0	31.1	10.1	58.0
1	34.5	13.7	55.5
2	38.4	18.9	54.5
3	40.9	20.1	54.0
4	46.7	40.4	52.5
5	48.9	43.7	52.0
7	64.0	72.5	49.8
9	67.8	91.0	49.0

表 10-20　不同掺量再生剂对老化沥青 2 的再生效果(再生剂 2)

再生剂掺量/%	性能指标		
	针入度/0.1mm	延度/cm	软化点/℃
0	31.1	10.1	58.0
3	40.7	27.9	54.5
5	48.7	42.1	53.0
7	54.1	95.6	49.5
9	63.1	100	48.5
11	73.2	100	46.8
15	95.2	100	44.5

表 10-21　不同掺量再生剂对老化沥青 3 的再生效果(再生剂 1)

再生剂掺量/%	性能指标		
	针入度/0.1mm	延度/cm	软化点/℃
0	17.9	1.4	67
7	31.4	7.6	61.8
11	40.7	9.1	59.3
13	50.0	11.0	57.3

表 10-22　不同掺量再生剂对老化沥青 3 的再生效果(再生剂 2)

再生剂掺量/%	性能指标		
	针入度/0.1mm	延度/cm	软化点/℃
0	17.9	1.4	67.0
9	32.0	8.0	58.0
13	43.5	17.0	55.3
15	49.5	28.9	55.5

1) 再生沥青性能影响因素分析

主要分析不同型号再生剂、不同再生剂用量以及沥青老化程度三个关键因素对再生沥青性能的影响规律。

(1) 再生剂种类对再生效果影响分析。

以 2＃老化沥青再生曲线为例,对比两种再生剂对再生效果的影响关系如图 10-7 所示。

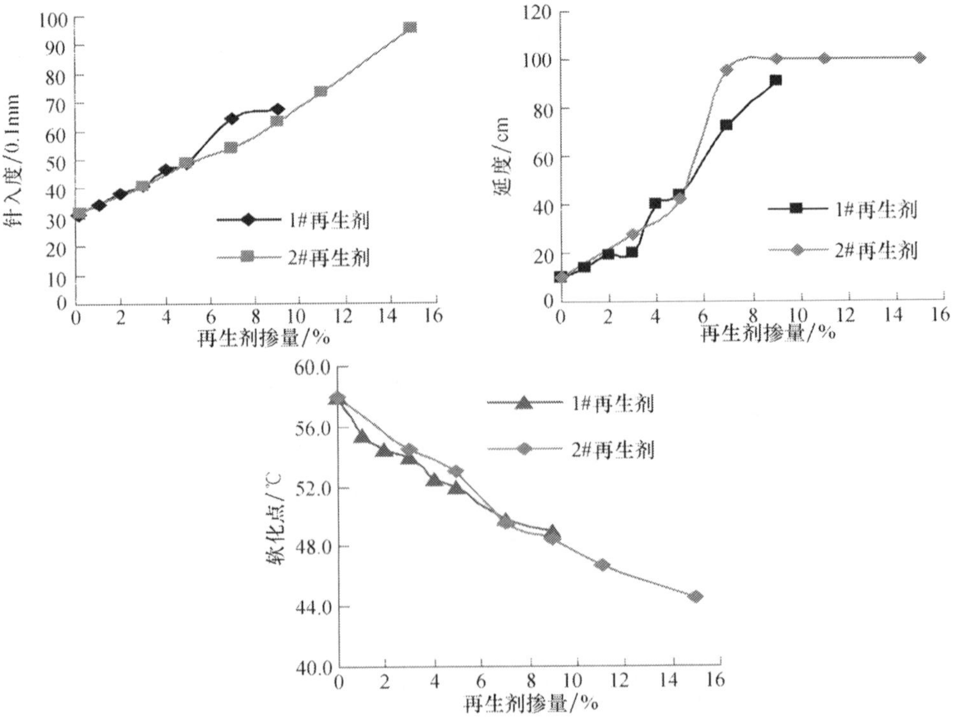

图 10-7　不同再生剂对 2＃老化沥青的再生效果曲线

再生沥青的针入度曲线基本重合，说明两种再生剂对针入度的再生恢复效果相当；1＃再生剂的延度曲线大部分在 2＃线下方，尤其随再生剂掺量增大差距越来越明显，说明 2＃再生剂对老化沥青的延度恢复方面优于 1＃再生剂；1＃再生剂的再生沥青软化点线基本在 2＃线下方说明 1＃再生剂使再生沥青软化点指标下降快于 2＃再生剂。综上所述，2＃再生剂再生效果优于 1＃再生剂。

(2) 再生剂用量对再生效果影响。

由图 10-8～图 10-10 可知，不同掺量再生剂调和再生沥青的针入度和软化点的规律性相当明显，随再生剂掺量增大，再生沥青针入度指数增加，软化点线性降低。延度指标随掺量变化关系不明显，但随着再生剂掺量增大再生沥青延度不断增大。

(3) 沥青老化程度对再生效果影响。

由图 10-8 曲线可以看出，沥青老化程度越轻，则针入度指标再生恢复越容易（较小再生剂量即可达到规范要求），再生曲线随再生剂用量的增大，其针入度曲线的斜率越来越大。而且老化程度越轻，曲线斜率增大速度越快。由图 10-10 可知，沥青老化越严重，则再生沥青延度越难恢复。

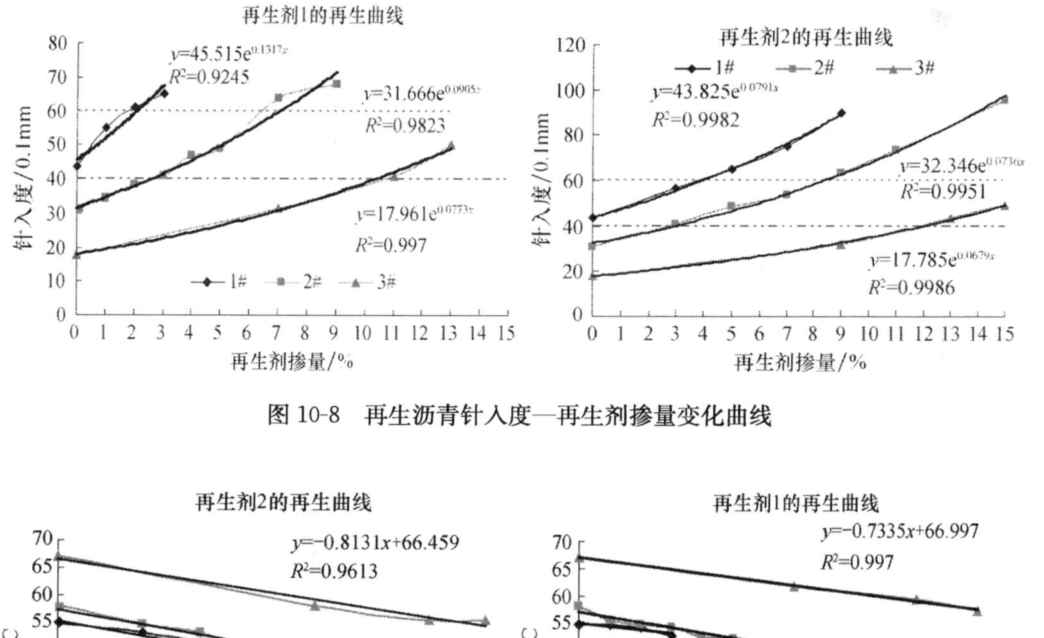

图 10-8　再生沥青针入度—再生剂掺量变化曲线

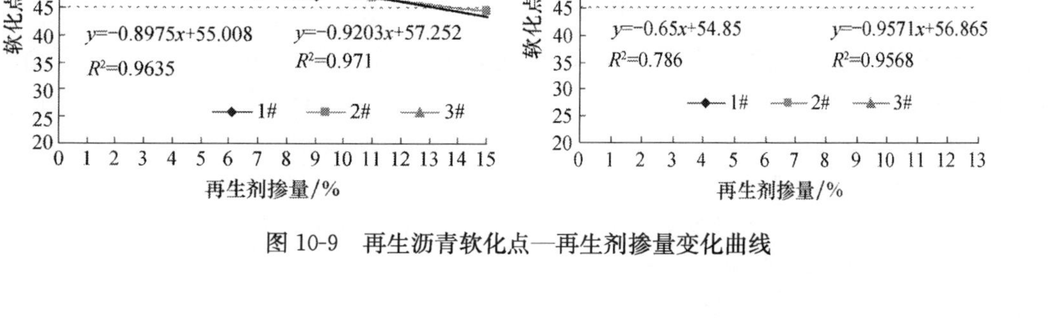

图 10-9　再生沥青软化点—再生剂掺量变化曲线

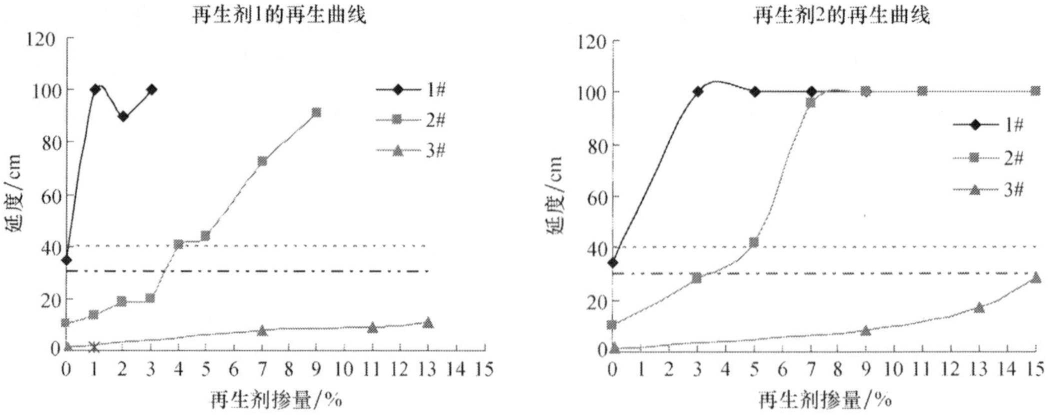

图 10-10　再生沥青延度—再生剂掺量变化曲线

2）再生剂掺量确定

将再生沥青指标与再生剂掺量的拟合关系汇总见表 10-23。

表 10-23　再生沥青指标与再生剂掺量之间的回归关系

指　标	再生剂编号	老化沥青编号	拟合关系	相关系数 R^2
针入度(25℃)/0.1mm	1#	1#	$y=45.515e^{0.1317x}$	0.9245
		2#	$y=31.666e^{0.0905x}$	0.9823
		3#	$y=17.961e^{0.0773x}$	0.997
	2#	1#	$y=43.825e^{0.0791x}$	0.9982
		2#	$y=32.346e^{0.0736x}$	0.9951
		3#	$y=17.785e^{0.0679x}$	0.9986
软化点/℃	1#	1#	$y=-0.65x+54.85$	0.786
		2#	$y=-0.9571x+56.865$	0.9568
		3#	$y=-0.7335x+66.997$	0.997
	2#	1#	$y=-0.8975x+55.008$	0.9635
		2#	$y=-0.9203x+57.252$	0.971
		3#	$y=-0.8131x+66.459$	0.9613

由表 10-23 知，只有 1＃再生剂和 1＃老化沥青的再生沥青针入度和软化点的相关系数较低，分别为 0.9245 和 0.786。其他再生组合的相关系数均在 0.98 和 0.95 以上。这说明与再生剂再生沥青性能与针入度和软化点与再生剂掺量存在密切相关性。这与新沥青调和再生规律十分相似，再生剂本质也是一种主要由碳氢化合物组成的混合物，本试验所用再生剂主要成分就是从石油工业中直接提取的树脂和油分，与石油沥青具有相似特性，故在旧沥青再生过程中反映出相似规律。

根据图 10-8～图 10-10，考虑再生沥青的三大指标要求，得出不同再生剂对不同老化程度沥青再生时的最小掺量见表 10-24。

表 10-24　再生剂最小掺量范围(70＃沥青标准)

控制指标	针入度		延度		软化点		最终掺量	
再生剂编号	1＃	2＃	1＃	2＃	1＃	2＃	1＃	2＃
1＃老化沥青	2%	4%	0.5%	0.5%	0～3%	0～9%	2%	4%
2＃老化沥青	6.5%	8.5%	4%	5%	0～9%	0～11%	6.5%	8.5%
3＃老化沥青	—	—	—	—	0～13%	0～15%	—	—

表 10-25　再生剂最小掺量范围(50＃沥青标准)

控制指标	针入度		延度		软化点		最终掺量	
再生剂编号	1＃	2＃	1＃	2＃	1＃	2＃	1＃	2＃
1＃老化沥青	0	0	0%	0%	0～6%	0～10%	0	0
2＃老化沥青	2.5%	3%	3.5%	3.5%	0～8%	0～13%	3.5%	3.5%
3＃老化沥青	10.5%	12%	—	15%	0～13%	0～15%	—	15%

由表 10-24 可知,对 1＃老化沥青在再生剂掺量为 2%(1＃再生剂)和 4%(2＃再生剂)时,再生沥青三大指标即可同时满足规范要求;对 2＃老化沥青再生剂掺量为 6.5%(1＃再生剂)和 8.5%(2＃再生剂)时,再生沥青三大指标即可同时满足规范要求;对 3＃老化沥青在 15%掺量范围内两种再生剂都无法将其再生至 70＃石油沥青要求。但如果按照 50＃沥青标准进行再生,则对沥青老化程度要求降低并且再生剂用量会相应成倍减少。

可见,再生剂调和法对旧沥青老化程度要求较高,且再生剂用量也较大。鉴于此,以下研究采用了新沥青＋再生剂的双再生法进行旧沥青再生研究。

4. 新沥青＋再生剂复合再生沥青

根据本项目需要和以上试验结论,新旧沥青按照 6∶4 掺配比例固定不变,对比再生效果,分析影响因素并确定材料用量。

采用两种再生剂对模拟老化沥青进行再生,不同掺量情况下老化沥青再生结果见表 10-26。不同掺量再生剂再生效果变化曲线见图 10-11。

表 10-26　不同掺量再生剂对老化沥青的再生效果

再生剂编号	旧沥青编号	再生剂掺量/%	再生沥青性能指标		
			针入度/0.1mm	延度/cm	软化点/℃
1＃	1＃	0	53	110	52
		3	62	124	49.5
	2＃	0	49.4	98	53
		5	74.4	110	48
		7	92.1	130	46
	3＃	0	37.2	19	54.5
		5	49.3	42	51.5
		7	65.7	98	51
	4＃	0	32.3	8	56.5
		5	47.2	38.5	53.5
		7	53.2	66.7	51.5

续表

再生剂编号	旧沥青编号	再生剂掺量/%	再生沥青性能指标		
			针入度/0.1mm	延度/cm	软化点/℃
2#	2#	0	49.4	98	53
		2.5	56.3	100	51.3
		5	70.9	116	49
		7	81	135	48.5
	3#	0	37.2	19	54.5
		5	54	89	52.5
		7	68	109	50.5
	4#	0	32.3	8	56.5
		5	40.5	47.2	54.0
		7	50.2	74	52.5

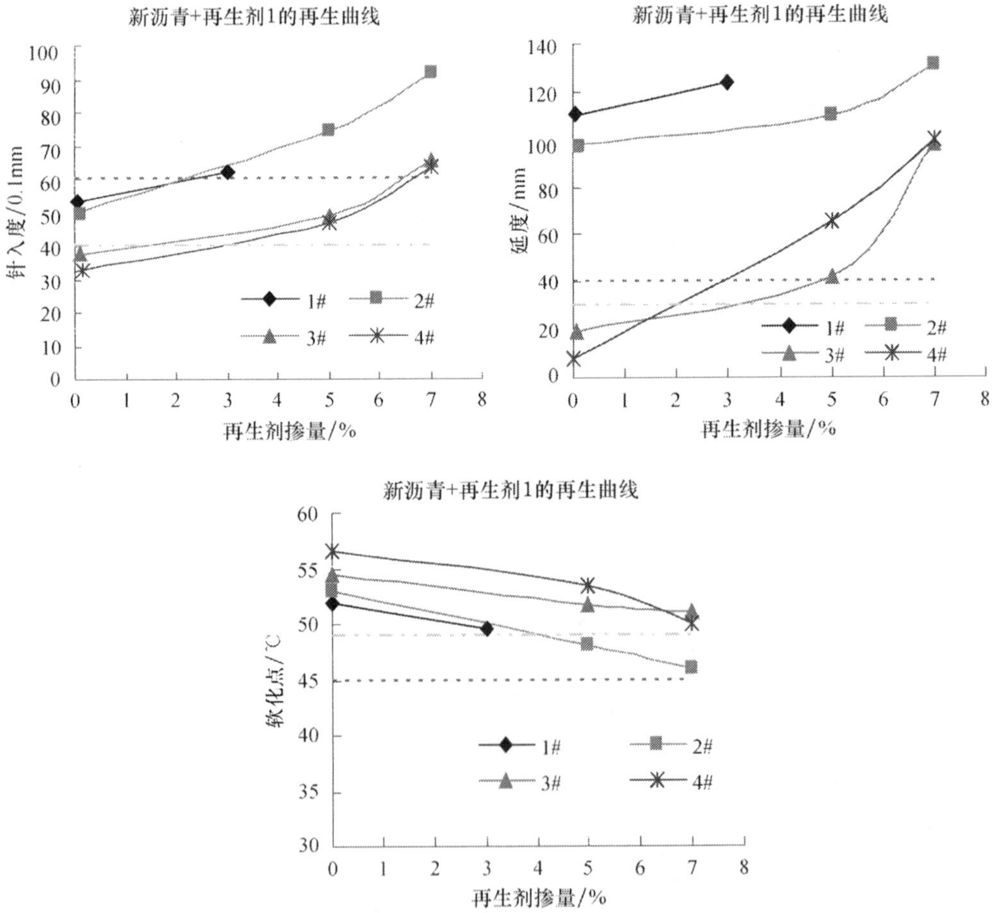

(a) 再生剂1

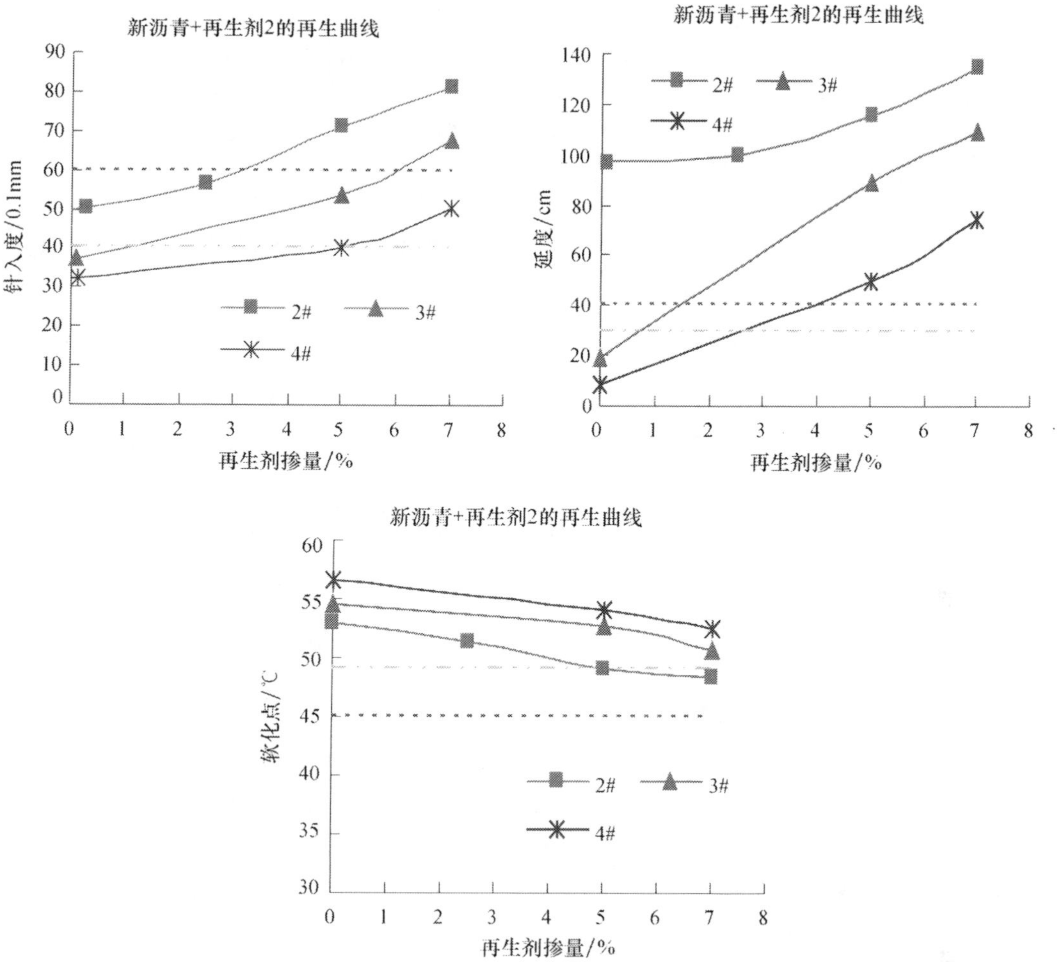

（b）再生剂2

图 10-11　不同掺量再生剂再生效果变化曲线

1）再生剂掺量、沥青老化程度对双再生效果影响分析

再生沥青的针入度和延度随再生剂掺量增大而增大。新旧沥青比例为 6∶4 情况下，1＃和 2＃老化沥青在再生剂掺量为 3%时再生沥青的针入度即可满足 70＃沥青的规范要求；3＃沥青再生剂掺量为 7%（1＃再生剂）和 6%（2＃再生剂）时，再生沥青针入度即可大于 60(0.1mm)；4＃沥青即使再生剂掺量为 7%也不能满足再生沥青针入度大于 60(0.1mm)的要求。1＃和 2＃老化沥青在不加再生剂时再生沥青的延度就基本满足 70＃沥青规范要求；3＃沥青再生剂掺量为 7%（1＃再生剂）和 6%（2＃再生剂）时，再生沥青延度可大于 60(0.1mm)；4＃沥青即使再生剂掺量为 7%也不能满足 70＃沥青延度要求。

再生沥青软化点随再生剂掺量增加而降低，但再生剂掺量高达 7%时再生沥青软化点仍满足规范对 70＃道路石油沥青的要求。

2）复合再生法再生剂用量确定

对比新沥青调和再生法、再生剂调和再生法以及双再生法的再生沥青的三大指标随（新沥青）再生剂掺量的变化曲线可发现，针入度指标随新沥青（再生剂）掺量的增大而呈指数形式增长，软化点与新沥青（或再生剂）掺量呈线性关系。对双再生法的再生沥青三大指标的回归关系见表10-27和表10-28。

表10-27　双再生法的再生沥青针入度与再生剂掺量的回归式

沥青编号	1#再生剂		2#再生剂	
	回归式	相关系数 R^2	回归式	相关系数 R^2
2#	$y=49.085e^{0.0876x}$	0.996	$y=48.542e^{0.0729x}$	0.9891
3#	$y=36.375e^{0.0764x}$	0.9392	$y=36.813e^{0.0838x}$	0.9885
4#	$y=31.721e^{0.092x}$	0.9718	$y=31.79e^{0.0596x}$	0.9491

表10-28　双再生法的再生沥青软化点与再生剂掺量的回归式

沥青编号	1#再生剂		2#再生剂	
	回归式	相关系数 R^2	回归式	相关系数 R^2
2#	$y=-x+53$	1	$y=-0.6761x+52.888$	0.97
3#	$y=-0.5096x+54.455$	0.9942	$y=-0.5x+54.667$	0.9231
4#	$y=-0.8654x+56.795$	0.9199	$y=-0.5577x+56.564$	0.9902

由于多种原材料（旧沥青、新沥青及再生剂）和试验过程复杂化（如搅拌过程及加热时间延长）等因素使再生沥青回归式的相关性变小（与新沥青再生法和再生剂再生法相比），但其基本规律是不变的，仍旧存在指数关系（针入度）和线性关系（软化点），这是由材料的物理化学特性决定的。

按照现行规范中对70#沥青和50#沥青的要求，从图10-8得出再生剂最小掺量，分别见表10-29和表10-30。

表10-29　再生剂最佳掺量范围（70#沥青标准）

控制指标	针入度		延　度		软化点		最终掺量	
再生剂编号	1#	2#	1#	2#	1#	2#	1#	2#
1#老化沥青	2.5%	3.0%	0	0	0～7%	0～5	2.5%	3.0%
2#老化沥青	2.5%	3.5%	0	0	0～7%	0～7%	2.5%	3.5%
3#老化沥青	6.5%	6%	5%	1.5%	0～7%	0～7%	6.5%	6.0%
4#老化沥青	7.0%	—	3%	2.7%	0～7%	0～7%	7%	—

表10-30　再生剂最佳掺量范围（50#沥青标准）

控制指标	针入度		延　度		软化点		最终掺量	
再生剂编号	1#	2#	1#	2#	1#	2#	1#	2#
1#老化沥青	0	0	0	0	0～3%	0～3%	0	0
2#老化沥青	0	0	0	0	0～4%	0～5%	0	0
3#老化沥青	1.5%	1.0%	3.0%	0.7%	0～7%	0～7%	3.0%	1.0%
4#老化沥青	3.0%	5.0%	2.0%	2.7%	0～7%	0～7%	3.0%	5.0%

3) 老化沥青再生适用性分析

由表 10-29 可知，在大掺量情况下(新旧沥青比不大于 6∶4)，对 1＃和 2＃老化沥青再生剂掺量为 3%时，再生沥青三大指标可同时满足规范要求；对 3＃老化沥青再生剂掺量为 7%(1＃再生剂)和 6%(2＃再生剂)可以满足规范要求；对 4＃老化沥青在 7%掺量范围内两种再生剂都无法将其再生至 70＃沥青要求。

以上分析可以看出，旧沥青老化程度越严重再生就越困难，即使增加再生剂用量其再生效果也受到很大影响。工程实践中要根据 RAP 沥青老化程度判断是否可用于再生，尤其大掺量再生工程中严重老化的 RAP 的材料性能及经济效益明显下降，不推荐采用厂拌热再生。

10.2.3　沥青老化分析结果与沥青再生方法结论

(1) 对于大掺量 RAP 再生沥青混合料，新沥青调和再生法和再生剂调和再生法的再生效果有明显的局限性。在沥青老化严重及老化沥青掺配比例较大时，仅靠添加新沥青很难满足要求。新沥青＋再生剂复合再生法可实现增大旧沥青用量和减少新沥青(再生剂)用量的目标，其再生效果明显优于前述两种再生方法。

(2) 通过不同老化沥青再生试验验证，两种再生剂对老化沥青针入度的再生恢复效果相当；2＃再生剂对老化沥青的延度恢复方面优于 1＃再生剂，随再生剂掺量增大差距越来越明显；1＃再生剂的再生沥青软化点低于 2＃再生剂再生沥青。综合分析 3 方面因素可知 2＃再生剂再生效果优于 1＃再生剂。

(3) 再生沥青各指标中针入度与新沥青(或再生剂)用量相关性最好，以针入度为主要判断指标确定再生剂掺量。建立了针入度—新沥青(或再生剂)用量关系模型 $y=Ae^{Bx}$，式中 A 为旧沥青针入度，B 与新沥青(或再生剂)黏度有关，该关系式可以准确预估新沥青(或再生剂)用量。

(4) 依据沥青老化程度，确定再生方法。按照规范对 70＃、50＃沥青要求，调配再生混合料中的沥青指标。对掺配旧沥青掺量不小于 40%的厂拌热再生沥青混合料，针对不同老化程度的旧沥青，采用不同的再生方法：针入度不小于 45(0.1mm)、40(0.1mm)的旧沥青，适用于新沥青调和再生法；针入度不小于 30(0.1mm)、45(0.1mm)的旧沥青，适用于再生剂调和再生法；针入度不小于 20(0.1mm)、15(0.1mm)的旧沥青，适用于新沥青＋再生剂复合再生法；针入度小于 15(0.1mm)的旧沥青，RAP 材料性能和经济效益明显下降，不适宜采用厂拌热再生。

10.3　大掺量 RAP 厂拌热再生沥青混合料关键技术

旧料掺配率不仅影响厂拌热再生路面的经济性，而且影响再生路面的使用性能。旧料掺配率受原材料温度、拌和设备、出料温度等关键因素影响，在现有的间歇式热再生拌和设备确定的条件下，如何合理控制原材料加热温度、降低出料温度是提高 RAP 掺配率面临的技术挑战。本章详细分析了 RAP 掺配率影响因素，通过采用温拌再生技术降低出料温度，实现提高 RAP 掺配率的目标。在此基础上进行了大掺量 RAP 再生混合料设计，通过系统地研究系列 RAP 掺量的再生混合料性能，最终确定 RAP 合理最大掺配率。

10.3.1 RAP 掺配率影响因素分析

大掺量 RAP 厂拌热再生沥青混合料必须满足以下三个原则。

（1）从理论上要满足温度可行性，即大掺量厂拌热再生沥青混合料需要满足热力学原理，在确定的 RAP、新集料及沥青加热温度下，RAP 掺配比例应满足出料温度要求。

（2）工艺上要满足生产可行性，生产时要满足拌和等环节的设备特性参数的允许条件，在生产大掺量热再生沥青混合料不能严重降低设备的生产效率，满足路面铺筑各环节衔接要求。

（3）再生路面质量满足相关规定，再生沥青混合料材料性能必须满足相关规范要求。

由以上分析可知，影响 RAP 掺配率的主要因素包括生产温度、拌和生产周期和混合料性能。这里通过分析生产温度和拌和时间确定初始 RAP 最大掺配率，然后进行混合料设计，最后进行再生混合料性能验证。

1. 生产温度影响

厂拌热再生设备包括连续式和间歇式两大类，我国绝大多数为间歇式拌和设备，以下研究围绕间歇式拌和设备展开。

与普通新拌沥青混合料不同，再生沥青混合料包括一定比例的 RAP、新沥青结合料、新集料和再生剂(必要时)，RAP 中包含了集料与沥青结合两部分。间歇式拌和就是将预热或者不预热的 RAP 投入到拌缸内进行搅拌，在拌和缸内旧料和新集料发生热交换，旧料升温，然后再加入沥青继续拌和均匀出料。旧料是通过吸收新集料热量而升温的，因此热再生沥青混合料的拌和温度不仅受新集料、沥青加热温度的影响，还受到 RAP 预热温度、掺配比例等因素的影响。若旧料掺配率太大，就可能使混合料温度下降太多，不但影响拌和质量，而且影响混合料的摊铺和压实。

1）新集料加热温度

过高的石料温度会产生以下不利后果：①加热温度超过 200℃时，某些石料会发生粉化；②温度高于 220℃的石料与沥青接触界面上的沥青膜会迅速焦化。《公路沥青路面再生技术规范》(JTG F41—2008)建议间歇式拌和设备应适当提高新集料加热温度但最高不宜超过 200℃，以下研究以此温度为最高限。

2）RAP 加热温度

再生沥青混合料的拌和是厂拌热再生的核心工艺，成功的拌和应同时满足以下几个条件：

（1）不烧伤 RAP 中含有的沥青结合料，拌和时二次老化程度较小；

（2）不能使 RAP 产生沥青烟，造成二次污染；

（3）尽管 RAP 不能明火加热，但再生混合料的拌和温度应满足规范要求；

（4）RAP 能充分分散，其结合料、矿料与新沥青、新集料充分搅拌，混合均匀。

高的 RAP 预热温度可保证旧沥青能够彻底融化，利于拌和；要考虑加热对旧沥青的老化作用，旧料中的沥青在高温下会分解；旧沥青混合料的运输和传送过程中温度过高将会出现黏结现象。

研究 RAP 预热温度的目标就是在对沥青老化程度较小，满足生产的前提下尽量提高旧料的预热温度。设置了四个预热温度范围，即 70～90℃、90～120℃、120～140℃和 140℃以上。

(1) 当预热温度在 70～90℃时，优势为再生料表面裹覆沥青未化开，在输送、称量、放料过程中不黏结，甚至可用皮带输送；沥青烟产生量最小，可避免二次燃烧，直接引入主滚筒一级除尘前，再生滚筒燃油量小，产能高。劣势为再生料加热温度不够，骨料未烧透；旧沥青与旧料不好分离，在搅拌过程中与再生剂、新料、新沥青不能很好地混合，严重影响成品料质量。

(2) 当预热温度在 90～120℃时，优势为旧料融化较彻底，再生料表面裹覆的沥青化开，有利于与新料、新沥青的混合，提高了混合料的质量；对新骨料加热不需过高温度，缩短了搅拌时间，提高了生产效率。劣势为加热的旧料在输送、称量、放料过程中易产生黏结。需采取防黏结措施或需人工定时清理；沥青蓝烟量较大。

(3) 当预热温度在 120～140℃时，优势为旧料融化和再生料表面裹覆沥青分离彻底，新骨料出料温度不需太高，有利于提高混合料质量和生产效率。劣势为沥青易老化，在输送、称量、放料过程中有沥青渗出，且再生料的油石比难以控制；沥青烟量大。会对布袋造成损害，对环境产生二次污染，必须增加较复杂装置进行二次燃烧。

(4) 当预热温度在 140℃以上时，沥青出现严重老化。

综上所述，为确保旧沥青料加热重融而不使其老化，回收料的预热温度应为 90～120℃。为确保再生沥青混合料的质量，在本研究中回收料预热温度控制在 100～110℃。

3) 出料温度确定

对 70＃道路石油沥青混合料规范推荐范围为 145～165℃，本研究中热拌再生沥青混合料出料温度控制为 150～160℃，以下计算取中值 155℃。目前还出现了温拌沥青混合料，它主要通过发泡、降黏及增强表面活性等途径实现降低沥青混合料的出料温度及摊铺碾压温度，但混合料性能影响不明显。温拌沥青混合料的出料温度一般在 120～140℃。

4) RAP 掺配率计算

新集料和 RAP 在拌和时发生热交换，旧料是通过新集料的热传导旧料升温至混合料温度均匀，此过程遵循能量守恒定律。

$$Q_{吸} = c_{\mathrm{RAP}}\rho_{\mathrm{RAP}}(t_{\mathrm{end}} - t_{\mathrm{RAP}}) \tag{10-3}$$

$$Q_{放} = c_{\mathrm{virgin}}(100 - \rho_{\mathrm{RAP}})(t_{\mathrm{virgin}} - t_{\mathrm{end}}) \tag{10-4}$$

$$Q_{放} = Q_{吸} \tag{10-5}$$

$$\rho_{\mathrm{RAP}} = \frac{100c_{\mathrm{virgin}}(t_{\mathrm{virgin}} - t_{\mathrm{end}})}{c_{\mathrm{RAP}}(t_{\mathrm{end}} - t_{\mathrm{RAP}}) + c_{\mathrm{virgin}}(t_{\mathrm{virgin}} - t_{\mathrm{end}})} \tag{10-6}$$

式中，ρ_{RAP}——RAP 掺配率，%；

t_{end}——拌和温度，℃；

t_{RAP}——RAP 预热温度，℃；

t_{virgin}——新集料加热温度，℃；

c_{virgin}——新石料的比热容，0.92J/(kg·℃)；

c_{RAP}——RAP比热容，按混合物计算。

$$c_{\mathrm{RAP}} = \sum c / \sum m = (100c_{\mathrm{virgin}} + c_{\mathrm{alphalt}}P)/(100 + P) \tag{10-7}$$

式中，c_{alphalt}——沥青比热容，2.14～2.90J/(kg·℃)，计算时取中值2.52J/(kg·℃)；

P——RAP油石比，%，本项目取3.01。

新集料允许加热温度分别取180℃和200℃；RAP加热温度取100℃和110℃；出料温度取130℃、140℃、150℃和160℃。根据公式(10-7)按照不同温度组合计算RAP最大可能掺配率见表10-31。

表10-31　不同温度组合的RAP最大可能掺配率计算表

方案序号	t_{virgin}/℃	t_{RAP}/℃	t_{end}/℃	ρ/%
1	180	100	160	24.1
2	180	100	150	36.3
3	180	100	140	48.8
4	180	100	130	61.3
5	180	110	160	27.6
6	180	110	150	41.6
7	180	110	140	55.9
8	180	110	130	70.4
9	200	100	160	38.8
10	200	100	150	48.8
11	200	100	140	58.8
12	200	100	130	68.9
13	200	110	160	43.2
14	200	110	150	54.3
15	200	110	140	65.6
16	200	110	130	76.9

如图10-12所示，出料温度为160℃时，RAP计算最大掺配率为24.1%～43.2%；出料温度为150℃时，RAP计算最大掺配率为36.3%～54.3%；出料温度为140℃时，RAP计算最大掺配率为48.8%～65.6%；出料温度为160℃时，RAP计算最大掺配率为61.3%～76.9%。出料温度每降低10℃则RAP计算最大掺配率范围会相应增加10%以上，可见出料温度是RAP掺配率的主要影响因素。

以上只是理论计算，在实际生产中还要考虑各个环节中的热量损失，因此，合理的方案设计应该考虑一定的热损失系数，调查得知一般情况下热损失系数为0.05～0.15，取平均值为0.10。出料温度150℃对应的RAP计算最大可能掺配率为51.7%，而出料温度130℃对应的最大可能掺配率计算值为75%。以上计算表明出料温度高于150℃即采用热拌沥青混合料无法实现RAP掺量超过50%再生混合料生产，通过降低出料温度可实现RAP掺配率大于60%，甚至可高达75%。

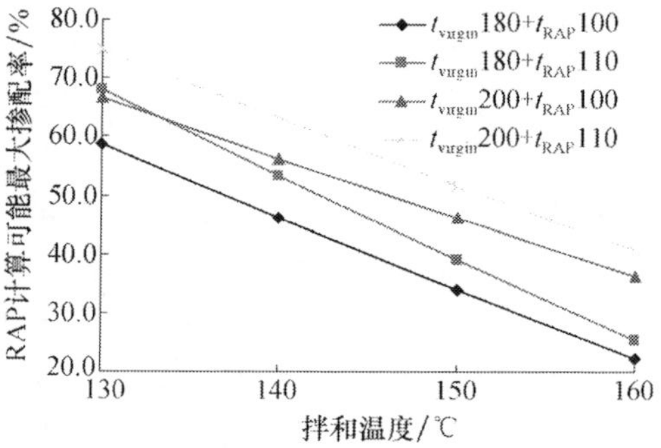

图 10-12　考虑热损失的 RAP 最大掺配率计算曲线

综上所述，为实现不低于 50%RAP 掺配率目标，确定出料温度为 130～140℃。

2. 拌和时间影响

拌和时间是影响 RAP 掺配率的另一个重要因素，均匀搅拌和充分混合是获得优质沥青混凝土的重要条件，掌握拌和时间是十分必要的。为了使旧料能充分吸收新集料的热量而升温，必须延长混合料在拌和缸内的拌和时间，故生产效率有所降低。

旧料掺配率、新料加热温度不同必然导致新旧料在搅拌缸中的热传递拌和时间不同。研究拌和时间—RAP 掺量关系的试验方案：RAP 预热温度 110℃，新集料加热温度为 170～200℃，拌和温度为 135℃，拌和锅温度保持 135℃不变，集料温度差不大于 5℃则认为已拌和均匀。试验方法：首先根据出料温度计算确定新集料加热温度，每组混合料总质量为 5200g，每个掺配率下准备若干组试样，按照 5s 间隔确定拌和时间，进行拌和均匀性试验，用红外温度计测试试样温度，至拌和均匀。试验结果如表 10-32 和图 10-13 所示。

表 10-32　不同 RAP 掺配率下干拌时间测定表

RAP 掺配率/%	20	30	40	50	60	70
新集料加热温度/℃	150	150	165	170	190	205
干拌时间/s	5	10	20	25	35	40

由图 10-13 知，随 RAP 掺配率增大，新集料与 RAP 搅拌均匀至温度平衡的干拌时间不断延长，在 RAP 掺配率小于 30%时，拌和时间延长 12s；掺配率为 50%时，延长了 25s；掺配率为 70%时，干拌时间达 40s。可见 RAP 掺配率增大必然会损失拌和效率，应该控制生产效率下降不大于 30%为宜，否则必将影响设备利用率和生产工序的上下衔接。

从拌和时间角度确定合理 RAP 掺配率不应大于 50%。

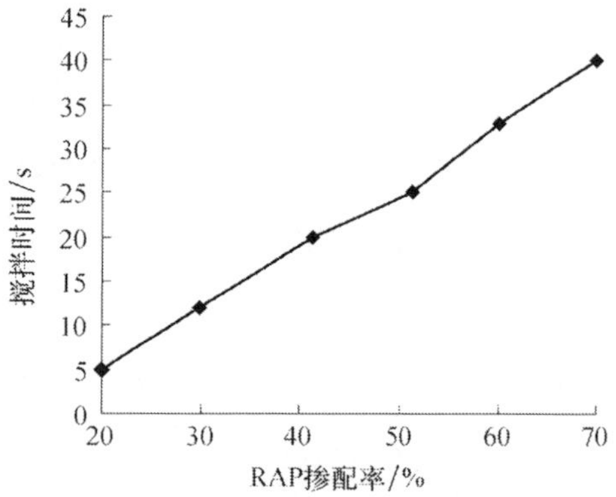

图 10-13　干拌时间随旧料掺配率变化曲线

10.3.2　温拌再生技术提高 RAP 掺配率

采用温拌技术可以实现出料温度控制在 130～140℃，进而实现提高 RAP 掺配率达 50%以上的研究目标。温拌再生沥青混合料与热拌再生沥青混合料的原理相同，但温拌再生沥青混合料拥有独特的优势：①根据相容性理论，老化沥青与新沥青存在浓度梯度，在拌和的过程中存在分子扩散作用，由于温拌剂能够降低沥青的黏度，在拌和过程中更加有利于老化沥青分子的扩散；②温拌技术能够使再生混合料在相对较低温度下生产和施工，可减少 RAP 旧沥青二次老化，通过降低出料温度可拓宽 RAP 掺量范围。

温拌技术主要包括发泡型、表面活性和降黏型三大类，本次应用的 Sasobit 温拌剂是降黏型温拌技术中最具有代表性的产品之一。Sasobit 是一种长链脂肪族烃，称为 FT 固体石蜡，以薄片、颗粒或粉末的形式存在，其熔点大约是 100℃，在超过 120℃时，可以完全溶解于沥青胶结料中，降低沥青的高温黏度。本项目用 Sasobit 由德国 Schiimann Sasol 公司生产，技术指标见表 10-33。

表 10-33　Sasobit 的性能指标

项目	熔点/℃	25℃针入度/0.1mm	135℃黏度/cp	15℃密度/(g/cm^3)	闪点/℃
实测值	97	0.8	9.8	0.94	291

从表 10-33 可知，Sasobit 的熔点为 97℃，远高于沥青软化点，而 135℃的黏度仅为 9.8cp，说明 Sasobit 具有如下的重要性质：低温下具有较高的熔点能提高沥青的软化点，高温下的黏度很低能降低沥青的高温黏度。这一性质决定了其既能降低施工温度又能保持甚至提高夏季温度下黏度。

同 HMA 一样，WMA 的拌和温度与碾压温度由沥青的黏温曲线确定，已有不少学者对温拌技术进行了多方面的研究，但将温拌技术应用于再生沥青混合料的研究还较少。本项目研究了掺加不同剂量 Sasobit 的不同程度的老化沥青在不同温度下的黏度，并分析其黏温曲线。

沥青样本制备：先把 Sasobit 按确定的剂量加入试验要求温度的沥青中，手工搅拌 1min 至均匀，再置于烘箱中恒温 15min。采用布氏旋转黏度计测试黏度，测试方法：将制备好的沥青放入盛样筒中，将转子与盛样筒放在黏度计上，使沥青试样在恒温容器中保温，达到试验所需的平衡温度(15min)，最后开机测试。

1. 温拌剂掺量的确定

当前温拌沥青混合料的拌和及压实温度比热拌沥青混合料约低 20℃，考虑大掺量 RAP 再生混合料拌和温度的需要，确定大掺量 RAP 再生沥青混合料拌和温度为 130～140℃，成型(压实)温度为 125℃。在控制沥青总蜡含量不大于 3%的前提下，在 70＃道路使用沥青中添加 0%、1.5%、2.0%、2.5%和 3.0%(与沥青质量比)的 Sasobit 进行布氏黏度试验，试验温度为 130℃，结果见表 10-34 和图 10-14。

表 10-34　不同温拌剂掺量 70＃沥青黏度试验结果

温拌剂掺量/%	0	1.5	2.0	2.5	3.0
布氏黏度/(Pa·s)	0.287	0.232	0.211	0.165	0.154

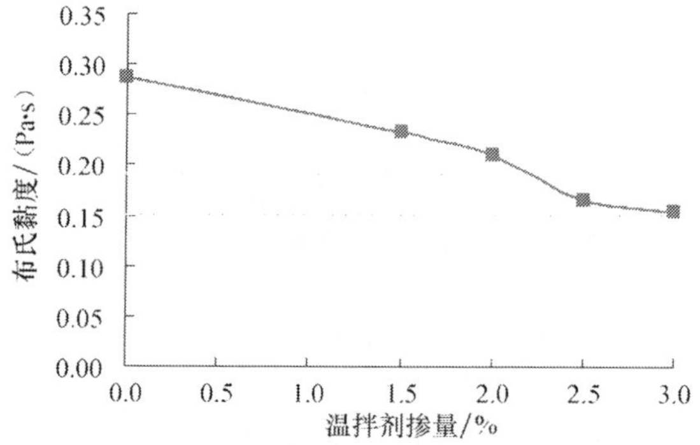

图 10-14　沥青黏度—温拌剂掺量变化曲线

Sasobit 能够显著降低 70＃石油沥青黏度，随 Sasobit 用量不断增大，沥青黏度呈现先急后缓的降低过程，在掺量为 2.5%时，沥青黏度为 0.165Pa·s，满足现行规范混合料拌和温度对应沥青黏度在(0.17±0.02)Pa·s 范围内要求。当 Sasobit 用量增大到 3.0%时，沥青黏度降低了 3.3%，变化幅度不大。确定 Sasobit 最佳掺量为 2.5%。

2. 温拌剂对不同老化程度沥青黏塑性影响

与 70＃道路石油沥青相比，再生沥青混合料中的沥青必将存在老化程度差异。为分析不同老化程度沥青对温拌剂降黏效果的影响，分别对四种老化沥青掺加 2.5%Sasobit，在 130℃进行布氏黏度试验，结果见表 10-35 和图 10-15。

表 10-35　不同老化程度沥青的黏度测试结果

温拌剂掺量	布氏黏度/(Pa·s)				
	70＃	1＃	2＃	3＃	4＃
原样	0.287	0.350	0.725	0.936	1.120
＋2.5%Sasobit	0.165	0.213	0.250	0.275	0.322

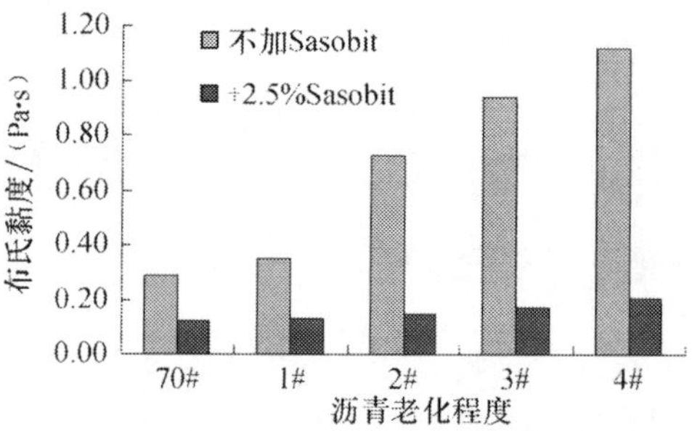

图 10-15　沥青老化程度对降黏效果的影响

未掺加 Sasobit 时，130℃布氏黏度有明显差别，掺加 2.5%Sasobit 后沥青的黏度受老化程度影响减小，70＃沥青黏度最小为 0.165Pa·s，4＃老化沥青的黏度为 0.322Pa·s。

不同 RAP 中沥青老化程度难以统一，因此本项目采用 70＃道路石油沥青作为研究对象，对不同老化程度的 RAP 首先检查三大指标，而后再根据施工温度要求适量增大 Sasobit 用量。

3. 黏温曲线

为确定温拌再生沥青混合料施工中拌和及压实温度，设计了 2.5%Sasobit＋70＃道路石油沥青在 90～175℃的布氏黏度试验，以确定黏温曲线，结果见表 10-36。

表 10-36 不同温度下 2.5%Sasobit＋70＃沥青的黏度试验结果

温拌剂掺量/%	温度/℃							
	90	100	110	120	130	140	150	175
0	2.712	1.763	0.850	0.450	0.287	0.19	0.117	0
2.5	2.675	1.700	0.662	0.338	0.165	0.11	—	0

以黏度为(0.17±0.02)Pa·s时的温度作为沥青混合料的拌和温度范围，以黏度为(0.28±0.03)Pa·s时的温度作为沥青混合料的压实成型温度范围。由图 10-16 知，70＃沥青的最佳拌和温度为 140～145℃，压实温度 128～133℃；加入 2.5%Sasobit 的温拌沥青混合料的拌和温度 130～132℃，压实温度为 122～125℃。温拌再生沥青混合料的拌和温度降低了 13℃。

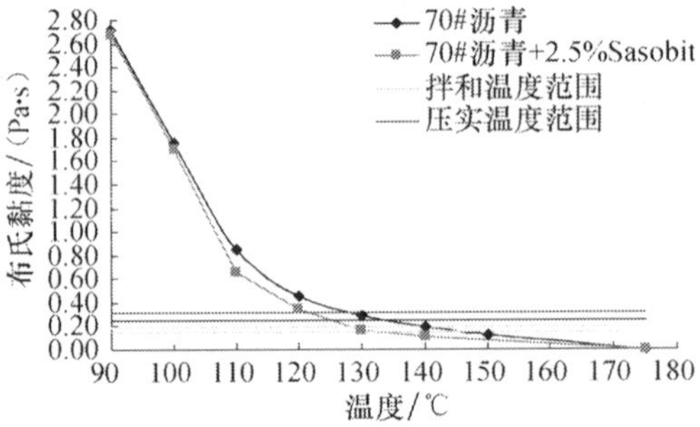

图 10-16 2.5%Sasobit＋70＃道路石油沥青黏温曲线

综上所述，Sasobit 温拌剂减小了沥青老化程度对温拌沥青黏度的影响，确定 Sasobit 合理掺量为 2.5%，此时温拌再生混合料拌和出料温度控制为 130～132℃。

4. 不同温度下沥青老化分析

通过沥青薄膜加热试验对比温拌、热拌对沥青老化的影响，试验温度分别为 135℃和 163℃，其他条件不变，按照 JTJ052—2000 中 T0609 要求进行试验，检验加热残留物的针入度、延度和软化点，结果如表 10-37 和图 10-17。

表 10-37　不同老化温度下 70＃沥青指标比较

试验温度/℃	性能指标			劣化幅度(%)		
	针入度/0.1mm	延度/cm	软化点/℃	针入度	延度	软化点
70＃沥青	73.8	100	48.5	—	—	—
135℃老化	62.5	64.7	50.3	15%	35%	−4%
163℃老化	45.5	34.7	54.3	38%	65%	−12%

注：劣化幅度$=\frac{\|原样沥青指标-老化沥青指标\|}{原样沥青指标}\times 100\%$

沥青薄膜加热试验反映沥青在混合料拌制中的老化情况，从图 10-17 可知，135℃时沥青三大指标劣化程度均远小于 163℃时沥青的变化。可见温拌技术减轻了混合料生产过程中的沥青老化程度，有效延长了沥青路面的耐久性。

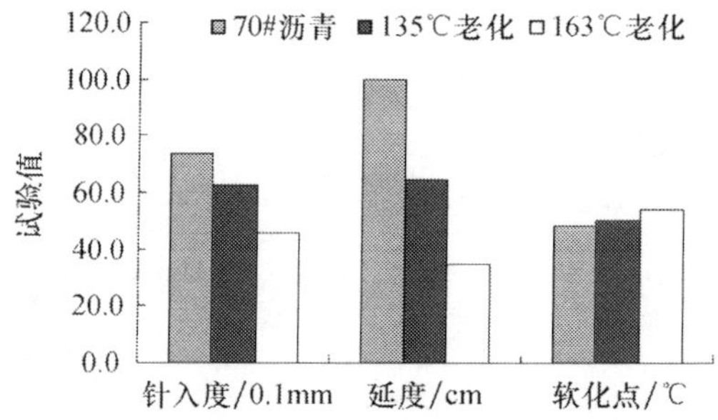

图 10-17　沥青老化程度对比图

10.3.3　大掺量 RAP 厂拌热再生沥青混合料配比设计

1. 原材料

1) 新集料性能指标

新集料分为 10～20mm、5～10mm、3～5mm、机制砂和矿粉，产自邢台，为石灰岩。集料的密度和吸水率检测结果见表 10-38，各种材料的筛分结果见表 10-39。

表 10-38　集料的密度和吸水率检测结果

材料	毛体积密度/(g/cm³)	表干密度/(g/cm³)	表观密度/(g/cm³)	吸水率/%
10～20mm	2.827	2.832	2.842	0.18
5～10mm	2.732	2.742	2.760	0.38
3～5mm	2.802	2.818	2.847	0.57
机制砂	—	—	2.822	—
矿粉	—	—	2.718	—

表 10-39　各种材料的筛分结果

筛孔尺寸/mm	26.5	19	16	13.2	9.5	4.75	2.36	1.18	0.6	0.3	0.15	0.075
10～20 碎石	100	93	66.4	35.5	1.8	0.4	0.4	0.4	0.4	0.4	0.4	0.4
5～10 碎石	100	100	100	100	97.8	17.6	2.5	1.6	1.1	0.9	0.9	0.9
3～5 碎石	100	100	100	100	100	92.8	9.8	1.5	0.7	0.6	0.5	0.2
机制砂	100	100	100	100	100	100	79.5	52.1	32.7	18.3	13.7	10.8
矿粉	100	100	100	100	100	100	100	99.1	98.2	96.6	94.6	86.0

2）回收路面材料

取自冀州市交通局拌和站，混合均匀后进行了抽提筛分试验，结果列于表 10-40～表 10-42。为调整再生混合料级配方便，将 RAP 分为大于 4.75mm 和小于 4.75mm 两档分别进行抽提筛分试验。

表 10-40　抽提试验的油石比结果

不同 RAP 材料	整体	>4.75mm	<4.75mm
试验结果/%	3.05	2.34	4.19

表 10-41　RAP 的筛分结果

材料	筛孔尺寸/mm											
	26.5	19.0	16.0	13.2	9.5	4.75	2.36	1.18	0.6	0.3	0.15	0.075
整体	100	97.4	95.6	92.6	82.1	63.3	43.5	32.3	27.9	19.1	15.8	11.2
>4.75mm	100	90.0	81.7	69.0	46.3	22.7	16.9	15.0	13.0	9.8	8.3	6.5
<4.75mm	100	100	100	100	100	99.8	65.8	45.6	38.4	26.4	22.1	18.0

表 10-42　不同粒径 RAP 抽提集料的密度指标

RAP	毛体积密度/(g/cm³)	表干密度/(g/cm³)	表观密度/(g/cm³)	吸水率/%
10～20mm	2.677	2.698	2.734	0.780
5～10mm	2.685	2.704	2.739	0.737
3～5mm	2.684	2.708	2.750	0.889
0～3mm	2.691	—	2.691	—

3）沥青

70＃道路石油沥青，密度 1.031g/cm³，主要指标的检测结果见表 10-43。

采用上述 70＃道路石油沥青，经过一定时间标准老化后得到不同老化程度的沥青。

表 10-43　几种沥青三大指标检测结果

沥青试样	针入度/0.01mm	延度/cm	软化点/℃
70＃原样沥青	73.8	>100	48.5
2＃老化沥青	31.1	10.1	57.5
3＃老化沥青	17.9	1.4	67.0

4）再生剂

选用 2＃再生剂，为进口再生剂。

5）温拌剂

Sasobit 温拌剂，详见 10.3.2 小节。

2. 马歇尔法再生沥青混合料配合比设计结果

RAP 经过压实、磨损和破碎，骨料的级配会变细，在 RAP 掺量不断增加时，仅用新集料改善混合料级配，就会发生无法达到目标级配的现象。此时需要将 RAP 筛分成不少于两档的材料备用。

本次设计中 40%和 50%RAP 的再生混合料采用混合均匀的不分档 RAP，而 70%和 100%RAP 的再生混合料采用两档 RAP 材料进行配比设计。以 50%RAP 的再生沥青混合料配比设计为例进行说明。

1）50%RAP 再生沥青混合料的级配设计

各种材料的添加比例如表 10-44 所示，级配曲线见图 10-18。

表 10-44　50%RAP 再生混合料的集料掺配比例

材料	10～20 碎石	5～10	机制砂	再生料
比例	30%	13%	7%	50%

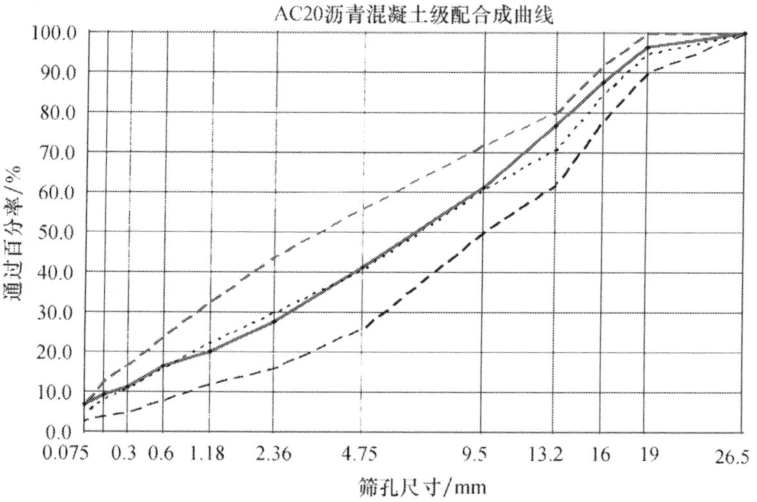

图 10-18　50%RAP 矿料级配曲线

2）马歇尔试验结果分析

采用马歇尔试验法设计沥青混合料，双面各击实 75 次，考虑热量散失和外界影响因素，确定温拌再生沥青混合料的拌和温度为 135℃，压实温度为 125℃。沥青的加热温度为 170℃，矿料的加热温度为 170～180℃，铣刨料加热温度为 100℃。

Sasobit 改性剂用量为新加沥青用量的 2.5%。参照现行规范进行新沥青用量估算，并且根据以往设计经验进行适当调整后，确定新沥青油石比分别为 1.5、2.0、2.5 和 3.0 共四组，根据 JTG F40—2004 规范进行马歇尔试验，试验结果如表 10-45 所示，试验曲线见图 10-19。

表 10-45　沥青混合料马歇尔试验结果

油石比 /%	试件密度 /(g/cm³)	理论密度 /(g/cm³)	空隙率 /%	VMA /%	VFA /%	稳定度 /kN	流值 /mm
1.5	2.451	2.633	6.9	13.2	47.6	10.88	1.68
2.0	2.461	2.614	5.8	13.3	56.1	10.00	2.02
2.5	2.504	2.594	3.5	12.2	71.4	10.31	1.83
3.0	2.497	2.576	3.0	12.8	76.3	9.58	1.87

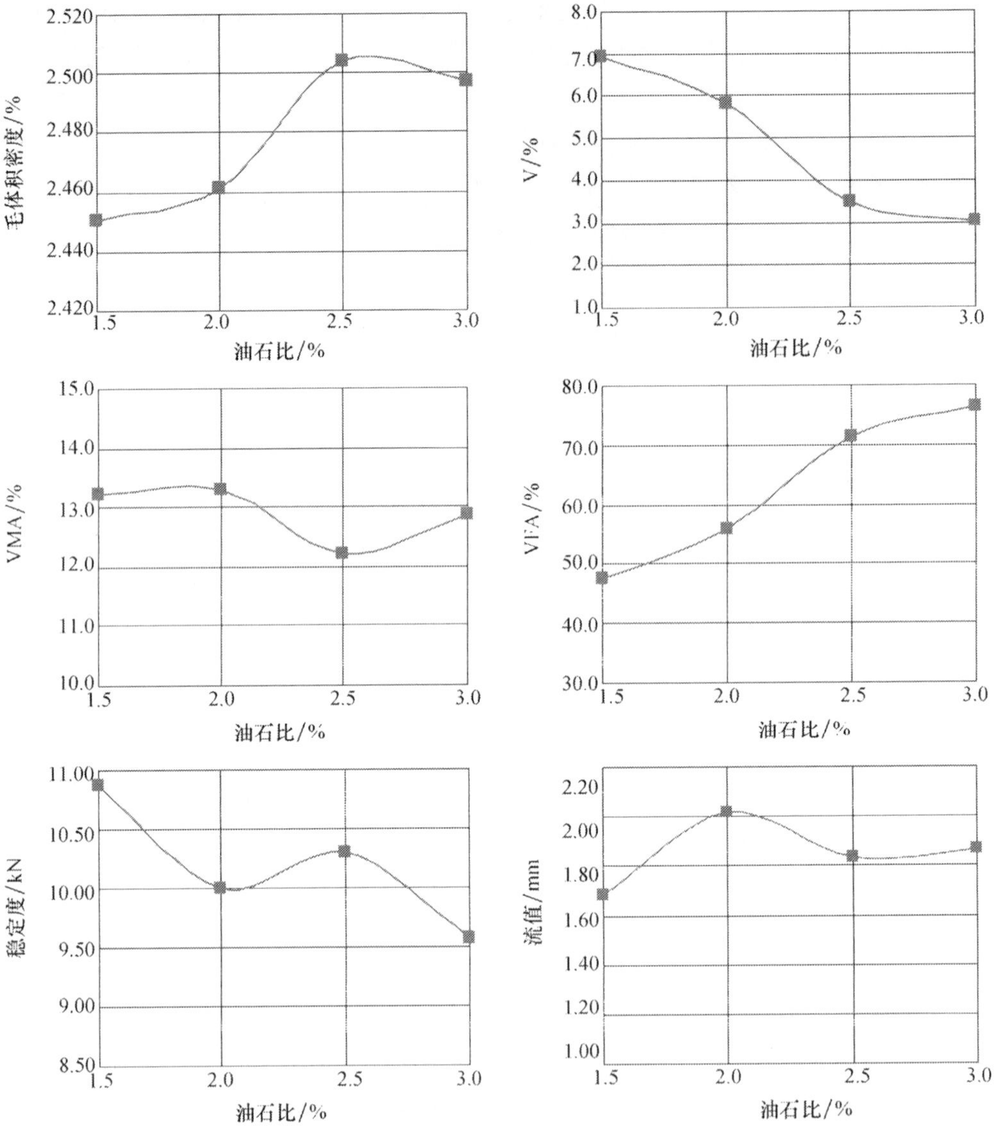

图 10-19　马歇尔试验曲线图

3）确定配合比设计结论

50%RAP 再生沥青混合料配合比设计结论如表 10-46 所示。

表 10-46　50%RAP 再生沥青混合料配合比设计结论

油石比范围/%	最佳油石比/%	毛体积密度/(g/cm³)	孔隙率/%	VFA/%	稳定度/kN	流值/0.01mm
2.7～3.0	2.6	2.502	3.4	72.4	10.16	1.84

3. 其他方案的配合比设计结果

1）矿料配合比设计

表 10-47 中 RAP 掺配比例为 RAP 中矿料质量比例，在称料时应该按照 RAP 抽提结果

反算 RAP 总质量，这样才能保证再生混合料级配不受 RAP 含油量和掺加比例变化的影响。

表 10-47　不同 RAP 掺量的再生混合料配比方案中的集料掺配比例

方案	10～20mm 碎石	5～10mm 碎石	3～5mm 碎石	机制砂	矿粉	>4.75mm RAP	<4.75mm RAP	RAP
0%RAP	38	25	5	28	4	0	0	0
40%RAP	32	15	0	0	0	0	0	40
70%RAP	17	13	0	0	0	40	30	0
100%RAP	0	0	0	0	0	80	20	0

2）级配曲线

其他材料设计方案的矿料级配曲线见图 10-20。

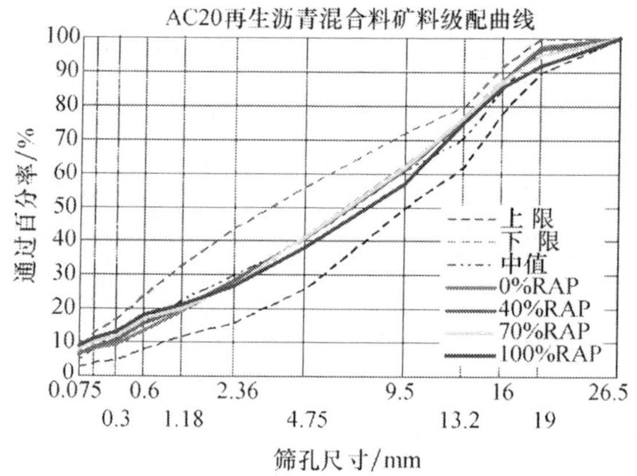

图 10-20　其他材料设计方案的矿料级配曲线

3）沥青材料

为对比 RAP 再生混合料与老化沥青混合料的性能关系，本项目按照 50%RAP 的再生混合料中新旧沥青的比例，将新沥青与模拟老化沥青掺配均匀作为配比设计原材料备用。

4）配合比设计结论

多个材料配比方案的配合比设计结论见表 10-48。

表 10-48　其他方案的配合比设计结论

方案	油石比范围 /%	最佳油石比 /%	毛体积密度 /(g/cm^3)	孔隙率 /%	VFA /%	稳定度 /kN	流值 /0.01mm
50%RAP+2.5%再生剂	2.3～2.5	2.4	2.513	3.3	72.3	10.4	1.89
50%RAP+5.0%再生剂	2.3～2.5	2.4	2.521	3.3	71.2	8.4	2.12
50%RAP+7.5%再生剂	2.2～2.4	2.3	2.517	3.3	71.7	11.1	1.85
40%RAP	2.9～3.3	3.0	2.493	4.0	69.9	9.7	1.88
70%RAP	2.0～2.2	2.1	2.511	3.0	75.4	9.4	2.28
100%RAP	1.0～1.5	1.3	2.461	3.1	77.0	11.9	2.08
0%RAP	3.9～4.5	4.1	2.537	3.5	72.6	10.2	1.95
0%RAP+老化沥青	3.8～4.5	4.1	2.539	3.4	73.2	9.7	2.05

10.3.4　沥青用量预估方法对比

1. 沥青用量预估方法综述

确定沥青用量是再生沥青混合料配合比设计中重要环节，准确预估沥青用量可以减少试验工作量，提高配合比设计数据准确性。由于掺加 RAP 使再生沥青混合料中引入旧石料、老化沥青及矿粉等影响因素，使得再生沥青混合料目标沥青含量的确定变得更加复杂。目前适用于确定再生沥青混合料目标沥青含量的方法主要有借助新混合料沥青用量法、规范计算法以及 Superpave 沥青含量估算法。

1) 借用新混合料沥青用量法

现行规范(JTG F41—2008)规定回收沥青路面材料 RAP 掺量不超过 20%时，热再生混合料的总沥青用量与没掺加 RAP 的沥青混合料基本一致。

借用新混合料沥青用量法是热再生沥青混合料最实际可行的方法，这种方法假定回收料添加并不影响再生混合料总沥青用量，也就是说根据新旧集料的级配所得到的混合料级配就可以确定目标沥青含量，而回收料添加量对这个结果没有影响。根据这一原则，实验室就可以将相同新集料级配所确定的沥青用量作为再生混合料的目标沥青用量。

这种方法的前提条件是必须有同类集料和相同级配的混合料相关试验数据。

2) 规范计算法

现行规范(JTG F41—2008)提出了估算沥青总用量：

$$P_b = 0.035a + 0.045b + K_c + F \tag{10-8}$$

式中，P_b——估计的混合料中的总沥青用量，%；

K——系数，$K=0.18$，当 0.075mm 筛孔通过率为 6%～10%；$K=0.20$，当 0.075mm 筛孔通过率不大于 5%；

a——2.36mm 筛孔以上集料的比例，%；

b——通过 2.36mm 筛孔且留在 0.075mm 筛孔以上集料的比例，%；

c——通过 0.075mm 筛孔以上集料的比例，%；

F——常数，$F=0\sim2.0$，取决于集料的吸水率，缺乏资料时采用 0.7。

计算新沥青用量：

$$P_{nb} = P_b - P_{ob} \times r/100 \tag{10-9}$$

式中，P_b——热再生混合料的总沥青用量，%；

P_{ob}——RAP 中的沥青含量，%；

r——RAP 掺配比例，%。

3) Superpave 沥青含量估算法

借鉴 Superpave 混合料体积设计法计算再生混合料的估计总沥青用量，其设计思路：假定再生集料与新集料的作用相似，新旧集料的添加比例并不影响混合料的总沥青用量。

Superpave 的估算值是根据一个以集料和沥青的体积特性(集料级配、Superpave 有效密度、毛体积密度、沥青含量、沥青密度等)为参数的经验公式计算的。该估算方法引入了集料有效密度和有效沥青用量的概念，具有重要的理论意义。

再生混合料合成级配的有效相对密度按照式(10-10)进行估算：

$$G_{se}=G_{sb}+C\times(G_{sa}-G_{sb}) \tag{10-10}$$

式中，C——系数，与矿料吸水性有关，常取 0.8；吸水性集料可以取 0.6 或者 0.5；

G_{se}——合成有效相对密度；

G_{sb}——合成毛体积相对密度；

G_{sa}——合成表观相对密度。

吸进矿料中的沥青胶结料按照式(10-11)计算：

$$V_{ba}=\frac{(1-P_b)\left(\frac{1}{G_{sb}}-\frac{1}{G_{sa}}\right)(1-VV)}{\frac{P_b}{G_b}+\frac{1-P_b}{G_{se}}} \tag{10-11}$$

式中，V_{ba}——吸收的胶结料的体积；

P_b——胶结料含量，可根据级配类型和以往设计经验确定；

G_b——胶结料相对密度；

VV——混合料设计空隙体积。

混合料的有效胶结料的体积 V_{be} 的估算公式如下：

$$V_{be}=0.176-0.0675\lg(S_n) \tag{10-12}$$

式中，V_{be}——有效胶结料的体积；

S_n——集料的公称最大粒径，mm。

有效沥青体积和吸收沥青体积之和就是估算总沥青用量的体积。按照式(10-13)将其换算为以质量百分比表示的沥青用量 P_{bj}，

$$P_{bj}=\frac{G_b(V_{be}+V_{ba})}{G_b(V_{be}+V_{ba})+W_s} \tag{10-13}$$

式中，W_s——单位体积混合料中集料的质量，按式(10-14)计算：

$$W_s=\frac{(1-P_b)\times(1-VV)}{\frac{P_b}{G_b}+\frac{1-P_b}{G_{se}}} \tag{10-14}$$

由于在所使用的沥青总体积中有效沥青体积占绝对多数，而有效沥青用量的估算是以公称最大粒径为基础的，并不包含级配信息，因此最终确定的热拌沥青用量主要受公称最大粒径控制。尤其当集料的吸水率较低时，级配的差别引起的沥青用量差别是微小的。

2. 应用实例

以 40%RAP 再生沥青混合料为例，按照以上方法进行总沥青用量估算。

(1) 由 10.3.3 小节可知 0%RAP 混合料的集料和 40%RAP 的新集料相同，两种方案的合成级配见表 10-49。

表 10-49　0%RAP 和 40%RAP 的合成级配比较

筛孔	26.5	19	16	13.2	9.5	4.75	2.36	1.18	0.6	0.3	0.15	0.075
0%方案	100.0	97.3	87.2	75.5	62.1	41.2	27.5	19.2	13.5	9.4	8.0	6.9
40%方案	100.0	96.7	87.5	76.4	61.1	41.1	28.2	20.1	15.7	10.3	8.4	6.2
偏差	0	0.6	−0.3	−0.9	1.0	0.1	−0.7	−0.9	−2.2	−0.9	−0.4	0.7

从表 10-49 可知，两条合成级配曲线相差很小，关键筛孔通过率均在现行规范(JTG F40—2004)要求的允许偏差范围内。可以认为是相同级配。0%RAP 混合料的最佳油石比为 4.1，因此可以将 40%RAP 混合料的总油石比初始估计为 4.1。

(2) 应用规范推荐计算公式估计沥青总用量，计算过程如下。首先根据 40%级配和集料特性确定计算公式的相应参数见表 10-50。

表 10-50　规范计算法参数取值列表

参　数	a	b	K	c	F
取　值	71.8	22.1	0.18	6.2	0.7

估计总沥青用量：

$$P_b = 0.035 \times 71.8 + 0.045 \times 22.1 + 0.18 \times 6.2 + 0.7 = 5.3$$

估算新沥青用量：

$$P_{nb} = P_b - P_{ob} \times r/100 = 5.3 - 2.96 \times 40\% = 4.1$$

换算为油石比，则总油石比为 5.6，新沥青油石比为 4.3。

(3) Sup 法。再生混合料合成级配的有效相对密度计算：

$$G_{se} = G_{sb} + C \times (G_{sa} - G_{sb}) = 2.754 + 0.85 \times (2.777 - 2.754) = 2.773$$

按照设计要求再生混合料设计孔隙率定为 4%，根据以往设计经验再生混合料的胶结料含量假定为 0.05。则吸进矿料中的沥青胶结料体积为

$$V_{ba} = \frac{(1 \times P_b)\dfrac{1}{G_{sb}} \times \dfrac{1}{G_{sa}}(1 \times VV)}{\dfrac{P_b}{G_b} + \dfrac{(1 \times P_b)}{G_{se}}} = \frac{(1 \times 0.05) \times \dfrac{1}{2.754} \times \dfrac{1}{2.777} \times (1 \times 0.04)}{\dfrac{0.05}{1.032} + \dfrac{1 \times 0.05}{2.773}} = 0.0070$$

本研究设计混合料的最大公称粒径为 19.5，有效胶结料的体积 V_{be} 为

$$V_{be} = 0.176 - 0.0675\lg(S_n) = 0.176 - 0.0675 \times \lg 19.5 = 0.0889$$

单位体积混合料中集料的质量 W_s 为

$$W_s = \frac{(1 - P_b) \times (1 - VV)}{\dfrac{P_b}{G_b} + \dfrac{1 - P_b}{G_{se}}} = \frac{(1 - 0.05) \times (1 - 0.04)}{\dfrac{0.05}{1.032} + \dfrac{1 - 0.05}{2.773}} = 2.333$$

将估算总沥青用量的体积换算为以质量百分比表示的沥青用量 P_{bj}：

$$P_{bj} = \frac{G_b(V_{be} + V_{ba})}{G_b(V_{be} + V_{ba}) + W_s} = \frac{1.032 \times (0.0070 + 0.0889)}{1.032 \times (0.0070 + 0.0889) + 2.333} \times 100\% = 4.07\%$$

估算新沥青用量：

$$P_{nb} = P_b - P_{ob} \times r/100 = 4.07 - 2.96 \times 40\% = 2.89$$

换算为油石比，则总油石比为 4.2，新沥青油石比为 3.0。

3. 综合分析

按照 3.2.2 计算得到不同 RAP 掺量的估计沥青混合料油石比列入表 10-51，不同方法确定估计油石比比较见图 10-21。

表 10-51　大掺量 RAP 再生沥青混合料估计油石比计算结果

RAP掺量	总油石比				新沥青油石比			
	新集料设计油石比	规范计算法	SUP计算法	试验确定	新集料设计油石比	规范计算法	SUP计算法	实验确定
40%	4.1	5.6	4.1	4.2	2.8	4.3	2.9	3.0
50%	4.1	5.7	4.1	4.1	2.5	4.1	2.6	2.6
70%	4.1	5.9	4.2	4.3	1.9	3.6	2.1	2.1

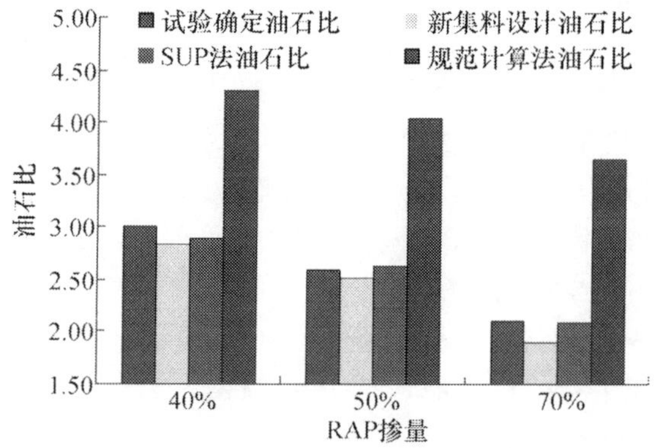

图 10-21　不同方法确定估计油石比比较图

由表 10-51 和图 10-21 知，规范计算法得到的估计油石比远高于试验确定的最佳油石比；而其他三种方法得到的总油石比已十分接近。参考新集料油石比稍低于再生混合料最佳油石比，这是 RAP 中的沥青老化以及 RAP 中集料充分吸收沥青的因素造成的。Sup 计算法得到的油石比稍低于再生混合料最佳油石比，但偏差不大。

随 RAP 掺量增大，由于借鉴新集料设计油石比没有考虑 RAP 中集料和老化沥青的影响，再生混合料新沥青油石比越来越低于试验确定最佳值。

而 Sup 法由于考虑了 RAP 中集料的体积特性和吸收沥青体积的因素，由此确定的再生混合料新沥青油石比与试验确定的最佳值相同。

综上所述，无论是总油石比计算结果，还是新沥青油石比计算结果，均表明 Sup 计算法确定的再生混合料估计沥青用量最精确，推荐在再生沥青混合料配合比设计中使用。

10.3.5　大掺量 RAP 再生沥青混合料性能分析

1. 试验内容与方法

再生沥青混合料的路用性能是评价再生技术和再生工艺的重要指标，同样也是能否推广应用的关键。对常规沥青混合料的高温稳定性能、低温抗裂性能以及水稳定性能的研究已经很多，但对再生沥青混合料尤其大掺量 RAP 再生沥青混合料的路用性能的系统研究尚不多见，为探索大掺量 RAP 再生沥青混合料的技术可行性，对其进行路用性能研究是十分必要的。通过与常规沥青混合料及普通掺量 RAP 的再生沥青混合料对比，并探索研究了再生沥青混合料中如 RAP 掺配率、再生剂用量、沥青老化程度等关键因素的影响关系，对比了模拟老化沥青混合料与RAP再生沥青混合料的性能的关系。

1）高温抗变形性能

在车辆及自然界多种因素的长期作用下，RAP中沥青发生了不同程度的老化，软化点升高，针入度变低，导致再生沥青混合料高温抗变形能力有不同程度的改善。本研究旨在研究大掺量再生沥青混合料高温性能具体改善的程度，尤其各个因素对其高温性能的影响规律。

沥青混合料的高温稳定性测试方法包括单轴加载试验，三轴压缩试验，径向加载试验（劈裂试验），弯曲蠕变试验，扭转剪切试验，简单剪切试验，车辙试验，大型直道、环道试验，野外现场试验等。车辙试验是模拟沥青路面在车轮的反复作用下产生车辙的情况，在实验室采用一个小型车轮在沥青混合料板块状试件上进行往复行走试验，从而使板块试件形成像实际沥青路面那样的辙槽的一种工程试验方法。车辙试验由于设备简单，试验方便，原理直观，其试验结果与实际沥青路面车辙之间有良好的相关性，这里采用车辙试验检验再生沥青混合料的抗车辙能力。

按照《公路工程沥青及沥青混合料试验规程》(JTJ 052—2000)的相关规定，对不同旧料掺量、不同再生剂掺量的再生沥青混合料在各自最佳油石比条件下进行车辙试验，动稳定度(DS，次/mm)的具体结果见表10-52。

2）低温抗裂性能

路面裂缝包括温缩裂缝和反射裂缝，路面裂缝是路表水分进入道路结构内部的主要途径之一，是引起水损害的重要因素。由于RAP中沥青混合料中含有老化沥青，沥青由于老化而变得黏稠，延展性下降，再生沥青混合料的极限拉应变小，应力松弛性能差，导致再生沥青混合料的低温抗裂性能不同程度下降，更容易产生裂缝，所以对再生沥青混合料低温性能的评价显得更加必要。

目前国内外用于研究沥青混合料低温抗裂性能的试验方法有多种，主要包括间接拉伸试验、直接拉伸试验、蠕变试验、受限试件的温度应力试验、切口小梁试件的弯曲试验、应力松弛试验等。本研究采用弯曲试验评价再生沥青混合料的低温抗裂性能。

弯曲试验在万能材料试验机上进行，试件采用轮碾法成型，然后切制成长250mm、宽30mm、高35mm的小梁，跨径200mm，中点加载，加载速率50mm/min，试验温度−10℃±0.5℃。通过试件破坏时最大荷载和跨中挠度计算得到抗弯拉强度B_R、弯曲劲度模量B_S和最大弯拉应变B_ε。

3）水稳定性

由于沥青路面的耐久性主要依靠沥青与集料之间的黏附程度，虽然施工方法、交通条件、环境因素以及混合料的性质也对沥青路面有影响，但水和矿料的作用是影响沥青路面耐久性的主要因素之一。水经由沥青路面孔隙、裂缝进入沥青路面内部后，在车轮轮胎动态荷载产生的动水压力或真空抽吸冲刷的反复作用下，水分逐渐渗入沥青与矿料的界面或沥青内部，使沥青与矿料之间的黏附性降低，并逐渐丧失黏结能力，从而使沥青膜逐渐从矿料表面剥离，沥青混合料掉粒、松散，使沥青路面结构的整体性发生破坏，从而对沥青路面的耐久性产生重要影响。水损害表现的形式主要有坑洞、网裂、唧浆及严重的辙槽。

资料表明，多数情况下，再生沥青混合料的水稳定性会劣于常规沥青混合料，因此，研究大掺量 RAP 再生沥青混合料的水稳定性就显得尤为重要。

目前，沥青混合料的水稳定性试验方法主要有煮沸、80℃浸入试验、浸水马歇尔试验、真空饱水马歇尔试验、浸水间接拉伸试验、冻融台座试验、浸水车辙试验、Lottman 条件下的间接拉伸试验等。冻融劈裂法是对 Lottman 条件下的间接拉伸试验的一种改进，该法易于反映不同石料及不同黏附性的差别，能较全面地再现我国北方寒冷地区沥青路面的实际工作状况。这里采用冻融劈裂试验检验再生沥青混合料的水稳定性。

按《公路工程沥青及沥青混合料试验规程》(JTJ 052—2000)中的相关规定，对大掺量 RAP 再生沥青混合料在最佳油石比下进行冻融劈裂试验，具体计算结果汇总见表 10-52。

表 10-52　不同设计方案的再生沥青混合料性能试验结果汇总

方案编号	材料设计方案	动稳定度/(次/mm)	劈裂抗拉强度比/%	最大弯拉应变/$\times10^{-6}$
1	0%RAP(160℃)	1715	97	2021
2	0%RAP(135℃)	2273	96.6	2039
3	40%	2944	86.8	2118
4	50%	4847	80.8	2205
5	50%+2.5%再生剂	3138	91.7	2293
6	50%+5%再生剂	2401	91.7	2153
7	50%+7.5%再生剂	3195	91.7	2163
8	70%	3058	117.1	1916
9	100%	1750	99.4	2142
10	0%+10h	1707	89.2	2310
11	0%+15h	2406	84	2100
12	0%+15h+5%再生剂	1423	74.6	2266
13	0%+15h+7%再生剂	1454	93.1	2301

注：方案 1 为热拌沥青混合料，其余方案均为温拌沥青混合料

2. 性能试验结果分析

1) 温拌沥青混合料与热拌沥青混合料性能比较

为验证温拌再生技术的适用性，进行了热拌混合料设计，拌和和击实温度控制为 145～150℃和 133～139℃。图 10-22 为两种热拌沥青混合料的高低温稳定性和水稳性能检测结果。

由图 10-22 可知，温拌混合料的动稳定度和弯曲应变均高于热拌沥青混合料，冻融劈裂强度比低于热拌沥青混合料，但相差不大，仅低 0.4%。这说明温拌沥青混合料完全可以与热拌沥青混合料性能相媲美。

2) RAP 掺配率对再生混合料性能的影响分析

通过研究 RAP 掺配率对再生混合料性能影响的变化关系，为大掺量 RAP 再生沥青混合料的设计提供数据支持，分别进行了一系列 RAP 掺配率混合料性能试验。在掺配

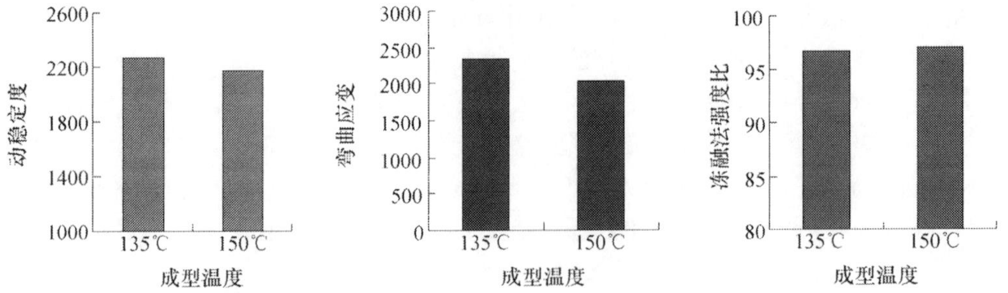

图 10-22　温拌热拌再生沥青混合料性能对比

率大于 70%时，由于粉料比例大，加入沥青后会成坨成块，不易搅拌均匀，通过延长拌和时间使混合料拌和均匀后出料。实际生产中必然降低生产效率，但研究 70%RAP 及 100%RAP 再生沥青混合料性能对研究再生混合料性能随 RAP 掺配率变化趋势有重要意义。

由车辙试验结果可知，同组三个试件的试验结果数据较为离散，另外不同掺配率的再生混合料的 DS 结果也较为离散，可见受旧沥青性质和 RAP 均匀性等因素影响，再生混合料的高温稳定性能比常规沥青混合料波动大。

由图 10-23 知，RAP 加入后，沥青混合料的高温稳定性能明显得到改善，且再生沥青混合料的动稳定度随着旧料掺配率的增加而增加。在 RAP 掺配率由 30%增大到 50%时动稳定度提高幅度较大，而由 50%增加到 100%阶段动稳定度增大不多。100%RAP 采用的是两档 RAP，与其他方案相比其级配偏细，因此动稳定度增长不明显。通过进一步细筛分将 RAP 分为三档，可以保证级配曲线稳定性进而减小混合料性能波动幅度。

由图 10-24 可知，随着 RAP 掺配率的增大，最大弯拉应变接近线性减小，其中旧料掺配率为 70%再生料的最大弯拉应变减小了 17%，在 RAP 掺配率为 60%时，最大弯曲应变已经下降至规范最低值要求。可见，再生混合料的低温变形能力随着掺配率的增大而迅速降低，采用较大的旧料掺配率的再生路面发生开裂的可能性明显增大，这也说明了再生沥青路面最大潜在危害在于低温抗裂性能的大幅衰减。

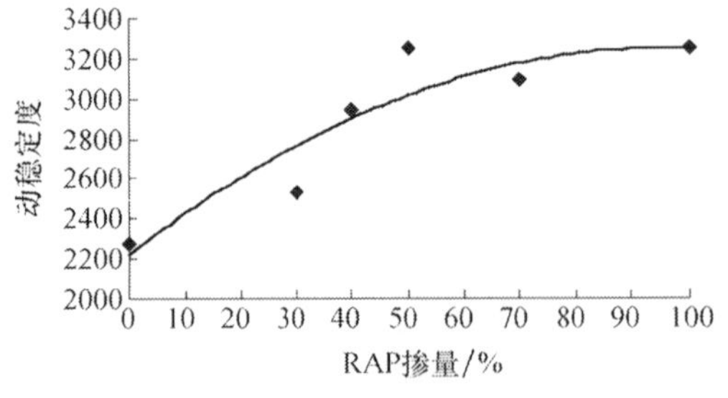

图 10-23　再生混合料动稳定度—RAP 掺量关系图

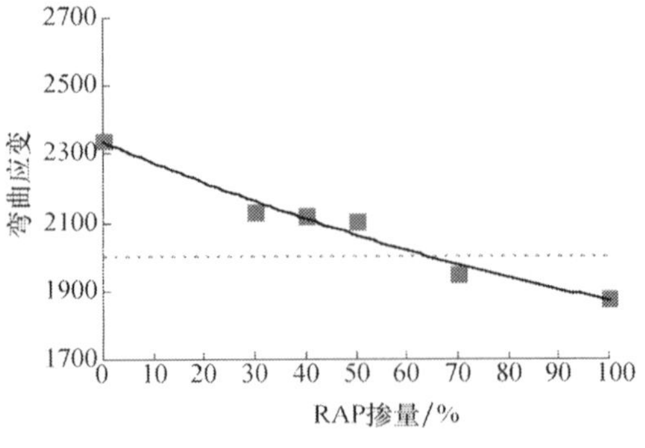

图 10-24　再生混合料弯曲应变—RAP 掺量关系图

尽管试验结果略有起伏，但再生料冻融劈裂抗拉强度比随掺配率增加下降的总体趋势明显。随着旧料掺配率的增加，再生沥青混合料冻融劈裂抗拉强度比一直下降，见图10-25。

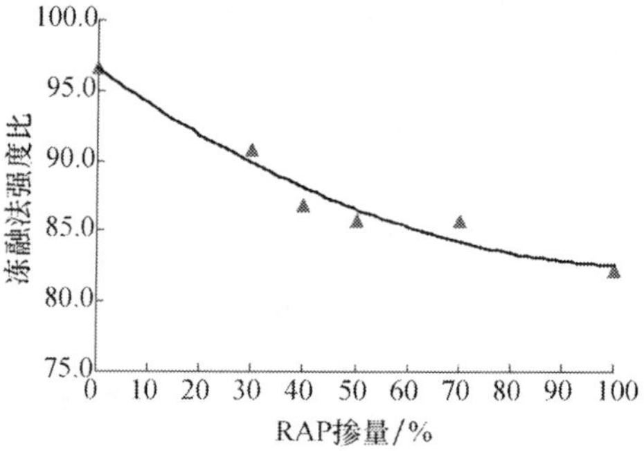

图10-25　再生混合料冻融劈裂强度比—RAP掺量关系图

与新沥青混合料相比，RAP掺配率为30%再生料的强度比变化了6%；掺配率为40%和50%RAP再生料的变化幅度较大，分别为10%和11%，即使100%RAP时，其水稳定性能仍能满足规范要求，在RAP掺配率大于50%后再生混合料的水稳定性下降速度趋缓。

以上分析说明，旧料掺配率较大时，再生料抗水损害能力会有较大幅度的降低，有必要进行水稳定性检验以确定再生料的抗水损害能力能否满足要求。

综合以上三个方面研究结论可以发现，随RAP掺配率增大，再生沥青混合料的高温稳定性不断提高，水稳定性和低温抗裂性能下降，在RAP掺配率大于50%以后各项性能指标变化幅度趋缓。掺入RAP对再生沥青混合料高温性能是有益的，虽然对水稳定性能有一定损失，但仍能满足相关要求，影响RAP掺量的关键指标是低温抗裂性能，RAP掺配率超过60%，再生沥青混合料低温抗裂性能难以满足规范要求。

3）再生剂对再生混合料性能影响分析

分别研究再生剂用量对RAP再生混合料和模拟老化沥青混合料的性能影响关系。

（1）再生剂用量对RAP再生沥青混合料性能的影响。

选用RAP掺配率为50%的材料设计方案，对比研究掺加0%、2.5%、5.0%和7.5%再生剂的再生混合料路用性能，绘制再生沥青混合料性能与再生剂用量曲线如图10-26和图10-28所示。

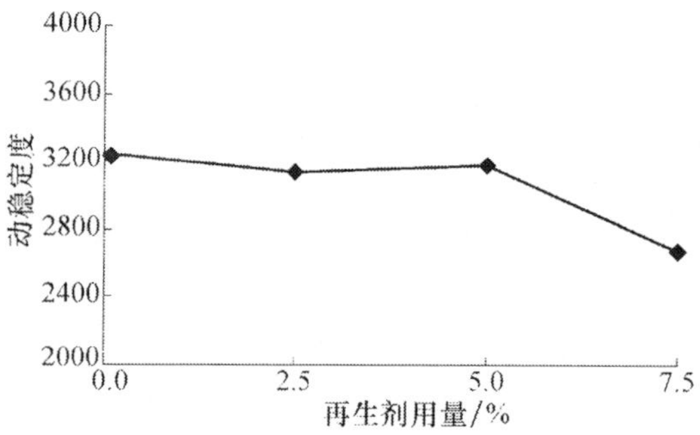

图10-26　再生混合料动稳定度—再生剂用量关系图

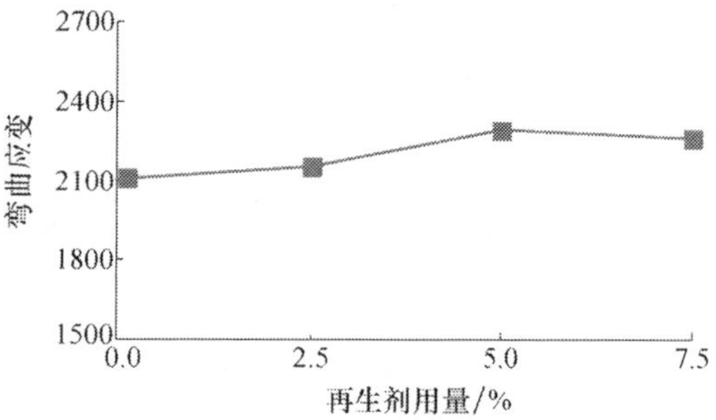

图10-27　再生混合料弯曲应变—再生剂用量关系图

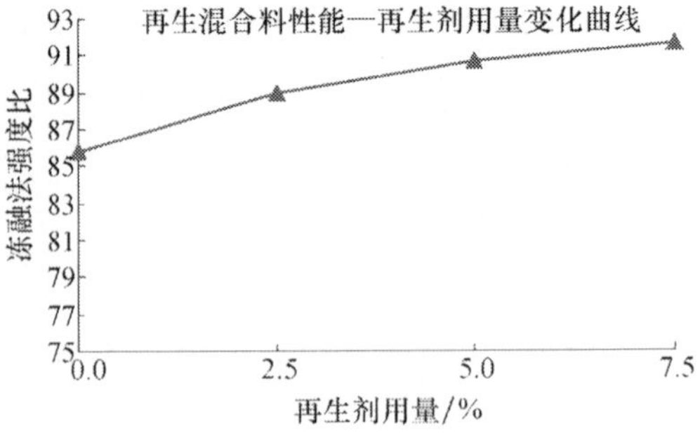

图 10-28　再生混合料冻融强度比—再生剂用量关系图

随再生剂用量增大，再生沥青混合料的动稳定度总体呈不断降低趋势，表明混合料高温性能下降。主要原因是添加再生剂后沥青胶结料的黏度下降，混合料表现为高温性能下降，车辙试验动稳定度降低。虽然再生剂＋RAP 再生沥青混合料的动稳定度要低于单一 RAP 再生沥青混合料，但是仍满足现行规范要求。

再生剂添加量在 0％～5％时动稳定度下降幅度不大，约为 3.2％，但用量由 5％增加至 7.5％时，动稳定度有大幅度下降，约为 15.5％，如图 10-27 所示。

由图 10-27 可知，随再生剂用量增大，再生沥青混合料的最大破坏应变不断增加，表明低温性能得到改善。沥青性质对混合料的低温性能有决定性的影响，添加再生剂后，混合料中的胶结料延度增加、变形能力增强，从而使混合料自身的低温性能得到改善。

再生剂用量增大到 5％时，弯曲应变增大了 9％，之后随再生剂用量进一步增大，弯曲应变指标变化不大。

由图 10-28 知，随着再生剂用量增大，再生沥青混合料的冻融劈裂强度比不断增加，增加速度先快后缓，再生剂用量为 5％时，再生沥青混合料冻融劈裂强度比提高了 5.5％，再生剂用量为 7.5％，冻融劈裂强度比提高了 6.6％。

(2) 对模拟老化沥青混合料性能影响。

为作对比，参照 RAP 掺量为 50％的设计方案中旧沥青与新沥青的比例，将模拟老化沥青与新沥青混合，再生剂用量分别为 0％、2.5％、5.0％和 7.5％，按照最佳油石比制作性能试件，研究掺加再生剂的模拟老化沥青混合料路用性能，绘制沥青混合料性能与再生剂用量曲线如图 10-29 和图 10-30 所示。

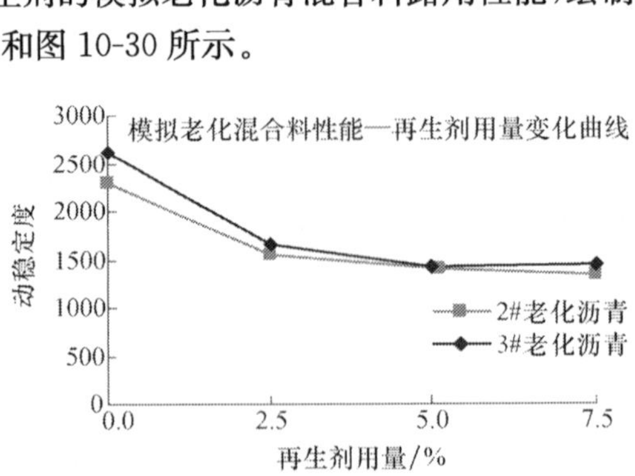

图 10-29　模拟老化沥青再生混合料动稳定度—再生剂用量关系图

随再生剂用量增大，混合料的动稳定度呈现先快后慢的下降趋势，在 0%～2.5%时两种混合料均下降了约 60%，但用量由 2.5%增加至 7.5%时，动稳定度下降不多，约为 8%和 9%。

由图 10-30 可知，随再生剂用量增大，再生沥青混合料的最大破坏应变不断增加。2＃沥青混合料再生剂用量增大到 2.5%时，弯曲应变增幅较大，之后增幅减缓；3＃沥青混合料再生剂用量增大到 5.0%时，弯曲应变增幅较大，之后随再生剂用量进一步增大，弯曲应变指标变化不大。沥青老化程度越严重，弯曲应变曲线拐点对应的再生剂用量越大。

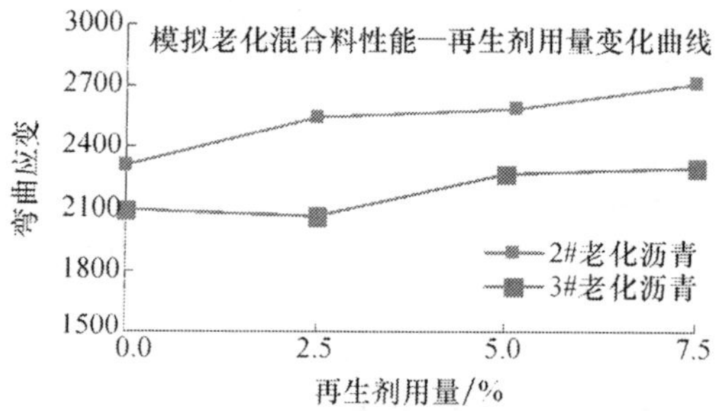

图 10-30　模拟老化沥青再生混合料弯曲应变—再生剂用量关系图

由图 10-31 知，随着再生剂用量增大，2＃沥青混合料的冻融劈裂强度比增加较为平缓；而 3＃沥青混合料在再生剂用量增大到 5%前，再生沥青混合料冻融劈裂强度比提高不大，之后随再生剂用量进一步增大，冻融劈裂强度比有大幅提高。

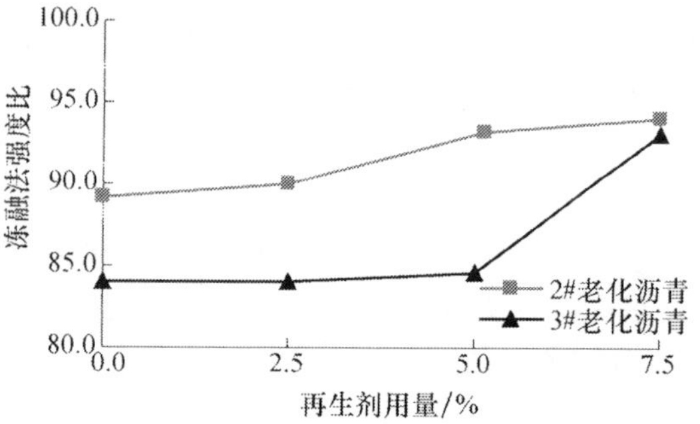

图 10-31　模拟老化沥青再生混合料冻融强度比—再生剂用量关系图

4) 模拟老化沥青混合料与 RAP 再生混合料性能对比

如图 10-32 所示。

在新沥青用量相同的情况下，50%RAP 再生沥青混合料的弯曲应变与冻融劈裂强度比介于两种模拟老化沥青混合料之间，这与 RAP 抽提沥青的技术指标居于 2＃和 3＃老化沥青指标中间相对应。回收沥青指标接近 2＃老化沥青，而 50%RAP 再生混合料的低温性能及水稳定性更接近 3＃沥青混合料。50%RAP 再生沥青混合料的动稳定度明显高于模拟老化沥青混合料，这说明 50%RAP 再生沥青混合料的高温性能高于相同条件下模拟老化沥青制作的全新混合料。

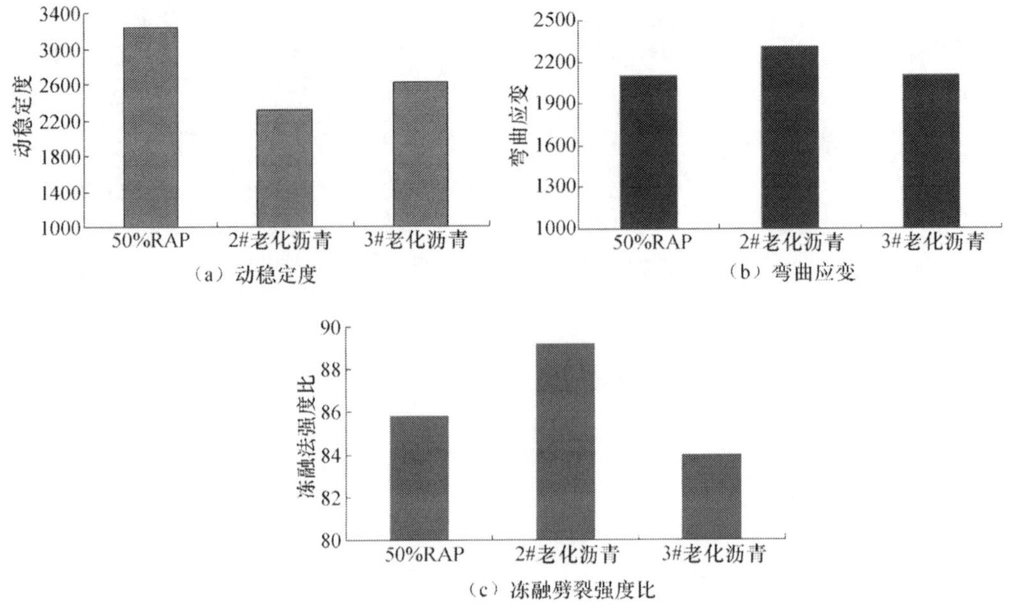

图 10-32　模拟老化沥青混合料与 RAP 再生混合料性能对比

10.3.6　大掺量厂拌热再生沥青路面影响因素及设计方法综述

(1) 大掺量 RAP 厂拌热再生沥青混合料的出料温度必须控制在 150℃以下才能使 RAP 最大可能掺配率不低于 50%。随 RAP 掺配率增大，拌和时间呈线性增加，在拌和设备生产效率下降不大于 30%条件下，允许 RAP 最大掺配率为 50%。温拌再生技术通过降低再生混合料的拌和温度可提高 RAP 掺配率达 70%以上，由此确定 RAP 最大掺配率为 50%。

(2) Sasobit 温拌剂减小了沥青老化程度对温拌沥青黏度的影响，确定 Sasobit 合理掺量为 2.5%，此时温拌再生混合料拌和出料温度控制为 130～132℃。

(3) 沥青老化试验和沥青混合料性能研究表明温拌沥青混合料性能与热拌再生混合料性能相似，但大大减轻了混合料施工过程中的沥青老化程度，有效延长了沥青路面的耐久性。

(4) 采用新集料油石比、规范计算法以及 Superpave 计算法对不同掺量 RAP 再生沥青混合料的估计用油量进行推算，并与实验室确定的最佳油石比对比，表明 Sup 计算法确定再生混合料估计沥青用量最精确，推荐在大掺量 RAP 再生沥青混合料配合比设计使用 Sup 计算法。

(5) 随 RAP 掺配率增大，再生沥青混合料的高温稳定性不断提高，水稳定性和低温抗裂性能下降，RAP 掺配率大于 50%以后各项性能指标变化幅度趋缓。掺入 RAP 对再生沥青混合料高温性能是有益的，虽然对其水稳定性能有一定损失，但仍能满足相关要求，影响 RAP 掺配率的关键指标是低温抗裂性能，RAP 掺配率超过 60%，再生沥青混合料低温抗裂性能难以满足规范要求。

(6) RAP 掺配率为 50％再生沥青混合料随再生剂用量增大，其高温性能降低先缓后快，再生剂添加量在 0％～5％时动稳定度下降幅度不大，约为 3.2％，但用量由 5％增加至 7.5％时，动稳定度有大幅度下降，约为 15.5％；低温抗裂性能不断提高，再生剂用量增大到 5％时，弯曲应变增大了 9％，之后随再生剂用量进一步增大，弯曲应变指标变化不大；水稳定性也有所提高，再生剂用量为 5％时，再生沥青混合料冻融劈裂强度比提高了 5.5％；再生剂用量为 7.5％时，冻融劈裂强度比提高了 6.6％。

(7) 对模拟老化沥青混合料随再生剂用量增大，动稳定度呈现先快后慢的下降趋势，拐点再生剂用量为 2.5％，此时动稳定度下降了约 60％；再生沥青混合料的最大破坏应变提高先快后缓。随沥青老化程度的增加，混合料最大破坏应变拐点对应的再生剂用量不断增大。随再生剂用量增大再生混合料的水稳定性不断提高。

(8) 在新沥青比例相同的情况下，50％RAP 再生沥青混合料的弯曲应变与冻融劈裂强度比介于两种模拟老化沥青混合料之间，这与 RAP 抽提沥青的技术指标居于 2＃和 3＃老化沥青指标中间相对应。只是回收沥青指标接近于 2＃老化沥青，而 50％RAP 再生混合料的低温性能及水稳定性更接近 3＃沥青混合料。50％RAP 再生沥青混合料的动稳定度明显高于模拟老化沥青混合料，这说明 50％RAP 再生沥青混合料的高温性能高于相同条件下模拟老化沥青制作的全新混合料。

(9) 通过混合料试验验证，50％RAP 温拌再生沥青混合料性能满足现行规范要求，由此确定本项目 RAP 最佳掺量为 50％。

10.4　大掺量 RAP 厂拌热再生混合料施工工艺研究

为了检验室内研究成果的工程可行性，本项目通过相关项目现场调查和资料分析初步提出了大掺量 RAP 厂拌热再生路面施工工艺，并按照该施工工艺指导了试验路实体的铺筑施工。同时通过现场施工实践补充并完善了施工工艺，提出了大掺量厂拌热再生路面的质量控制标准。

10.4.1　大掺量 RAP 厂拌热再生施工关键技术

大掺量 RAP 厂拌热再生是将旧的沥青路面混合料切削回收，集中到再生拌和厂，再根据旧混合料性能的变化，掺入不同的添加材料，然后拌和成符合路面技术性能要求的再生混合料，最后运入施工现场，摊铺并碾压成为新的沥青路面。

厂拌热再生施工工艺流程如图 10-33 所示，主要包括 RAP 回收、再生剂添加、再生混合料配合比设计、再生混合料的拌和、现场施工控制和初期养护等关键环节，这与普通路面的施工过程有很多相同之处，故在介绍时将重点介绍再生路面施工与普通路面的不同之处。

1. RAP 的回收与处理

1) RAP 回收

从原路面获得回收混合料的方法主要有挖掘与破碎法和冷铣刨法。

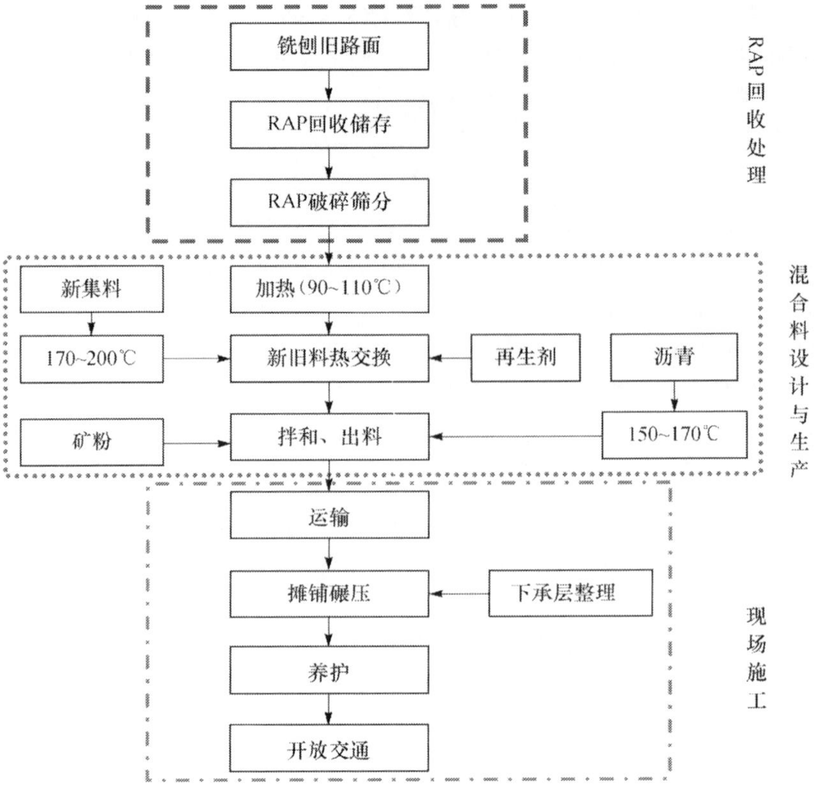

图 10-33　厂拌热再生路面施工工艺流程图

(1) 挖掘与破碎法。

将挖掘回收的混合料用卡车运输到指定地点进行集中破碎。采用挖掘设备的形式取决于破碎机械能够处理的回收混合料的最大尺寸。这种方法特别适用于由于交通量增大而将原道路提高等级进行改造,以及使用的材料较为均衡的情况。

用该方法回收时,要将面层材料、连接层材料和基层材料分开几乎不可能,旧料中的杂质(如黏土、粉尘、石块等)进入混合料中,影响再生沥青混合料性能。同时为了得到合适粒径的均匀回收料,必须将成团或成块的刨碎料放入破碎机内破碎,增加了再生的程序和时间。

(2) 冷铣刨法。

冷铣刨法是目前应用最广泛的方法,也是回收旧沥青混合料的推荐方法。冷铣刨机可以调整厚度分层进行铣刨,从而可以减少旧料中的杂质,改善材料的离异性。铣刨的旧料不需要破碎或者只有少量需要破碎,并且其生产效率比较高,产生的灰尘也比较少,可以得到拌和厂能够直接使用的合适粒径材料。但是,冷铣刨所产生的粉料相对较多。

2) RAP 破碎与存储

破碎的目的是减小 RAP 的最大粒径,使之降低到一个可接受的尺寸。从路面翻挖回收的大块的 RAP 材料以及经过储存的结块的 RAP 材料均应进行一定的破碎以减少大粒径集料的含量和材料的变异性,满足再生混合料设计要求。对 RAP 混合料进行破碎的设备与集料的破碎设备相似，包括颚式、锤式以及反击式等破碎设备。同时为了防止产生粉尘，各破碎机及筛分装置要全部密闭。铣刨回收的旧料一般不需要二次破碎。

旧沥青混合料的破碎分为冷破碎法和加热破碎法。加热破碎法是采用各种热能使沥青旧料热融分解。早期，国外沥青路面再生强调沥青和骨料的充分利用，为防止沥青再生过程中的老化与骨料及配合比的破坏，多采用蒸汽和水煮方法。这样虽然消除了噪音与粉尘，但在破碎过程中使得回收料的含水量增加，为其后的再生混合料生产带来了很多不利因素，并且其设备和破碎工艺相对复杂，占地面积也较大。

目前常用的是冷破碎法，采用破碎机械在气温较低时破碎，并用筛分机把超规格大颗粒及尘土、石粉筛除，质量较好的规格旧料堆存备用(图10-34)。具有生产效率高、成本低、工艺简单等优点。

图10-34　RAP破碎筛分现场

来源不同、沥青含量不同以及集料级配不同的RAP应分别存放。大的、锥形的储存料堆比低的、水平的储存料堆更好，因为锥形料堆能够在料堆表面形成20～25cm厚的硬壳，保护下面混合料不被水分侵蚀，并且不结块。

2. 再生混合料拌和

1) 间歇式拌和楼改造

要得到高质量的再生沥青混合料，除了必须对旧沥青混合料、新集料和新沥青进行准确计量，保证级配和油石比符合要求，还需在加热的状态下对各组分进行充分的搅拌，才能使再生沥青混合料重新获得优良的性能。这也是对沥青再生设备的基本要求。

沥青拌和楼分为连续滚筒式拌和楼和间歇强制式拌和楼两大类，国内以间歇式再生设备为主流，用间歇式拌和楼生产热拌再生沥青混合料时，如果RAP材料和新鲜集料直接混合，会产生大量的烟尘，将导致干燥筒、热料提升器和振动筛分仓等处发生堵塞，因此需要对间歇式拌和楼进行改造。根据将RAP材料输送到拌和锅和计量秤中方法的不同，需对间歇强制式拌和楼进行相应改进，包括四种型式的厂拌再生设备。

第一种型式是将冷旧再生混合料装入专用的配料装置中，计量称重后送入热集料提升机，再与热集料一起进入到不再经过筛分的专用旁通热料仓内，经计量称重后再进入拌和机的搅拌器内，拌制出热再生混合料。

第二种型式是热集料仍经过筛分计量称重后进入搅拌器而冷旧再生料经上述配料装置计量称重后也送入搅拌器，再与热集料一起拌和，拌制出热再生混合料。

以上两种型式机构简单，投入成本低，拌和机易于改制。但由于都依靠热集料使冷旧再生混合料升温并拌和均匀，必须使热集料加热至220℃左右，并且要增加拌和时间10%以上，故生产率降低，且冷旧再生料的加入量一般不得超过15%。

第三种型式是在拌和机的烘干筒内增加一套进入冷旧再生混合料的再生环。经计量称重的冷旧再生混合料由再生环进入烘干筒内与热集料一起加热，再进入热集料提升机，不经筛分直接进入专用旁通热料仓内，计量称重后进入搅拌器，拌制出热再生混合料。这种型式投资成本较低，冷旧再生混合料的加入量可达35%，但由于热集料未经过筛分工序，故再生混合料的级配难以控制。

第四种型式是新增一套独立的冷旧再生混合料顺流烘干、加热滚筒和计量装置，冷旧再生混合料加热至100℃左右，经计量称重后进入搅拌器内，与筛分后的热集料一起拌和，拌制出再生混合料。这种型式可确保再生混合料的质量，不会降低拌和机的生产率，冷旧再生混合料的加入量可达到50%，是一种较为理想的再生混合料生产方式。

2) 再生混合料生产工艺

与全新沥青混合料生产时的最大区别在于厂拌热再生沥青混合料生产中增加了旧料输送系统—加热—称量—存储—再生剂供给等环节。

(1) 配料设计。

按再生混合料的组成设计，将旧料、新集料、新沥青及再生剂(如有需要)进行配料，再生混合料设计应注意选用品质良好的集料和沥青材料，通过各项试验确定材料配合比；若旧料老化严重，则应注意选用合适的再生剂。根据级配设计需要可使用一种筛分均匀的RAP，必要时将RAP分档。

(2) 再生剂添加。

再生剂添加方式对整个再生混合料的使用品质有很大的影响，按工序分主要有两种方法。①在混合料拌和前将再生剂喷洒在旧料上，拌和均匀，静置数小时至1～2天，使再生剂充分渗透到旧料中，将旧料软化。静置时间的长短，应根据旧料老化的程度、施工温度和试验喷洒结果而定。②先将旧料加热至100℃左右，然后在拌缸内边喷洒再生剂边拌和旧料，接着将加热过的新料和旧料拌和，再加入新沥青材料，再拌和均匀。这种方法简化了工序，提高了生产效率。

(3) 拌和控制温度和搅拌时间。

再生沥青混合料的拌和是厂拌热再生工艺的核心技术，成功的拌和应同时满足以下几个条件：

① 不烧伤回收料中含有的沥青结合料，拌和时二次老化程度较小；

② 尽管回收料不能明火加热，但再生混合料的拌和温度应满足规范要求；

③ 回收料要能充分分散，其结合料、矿料与新沥青、新集料充分搅拌，混合均匀；

④ 不能使回收料产生沥青烟，造成二次污染。

对旧料的加热温度及新集料加热的控制非常重要，旧料加热温度太低，进入搅拌缸吸收的热量太多，导致拌和温度太低，影响产品质量；反之，旧料加热温度太高，旧沥青容易分解，并且熔化的沥青会部分黏住提升机、计量系统，影响正常工作。拌和时旧料将通过吸收新集料的热量而继续升温直至温度平衡，为保证再生混合料能达到足够的搅拌温度就必须首先提高新集料的加热温度，但集料温度过高会导致旧料沥青与新集料接触产生蓝烟现象，影响产品质量，也不利于环保。因此，在再生沥青混合料生产过程中，必须严格控制新旧集料的加热温度，将其控制在最佳温度范围之内。

(4) 再生混合料拌制生产过程。

以第四种改进设备为例，对照厂拌热再生沥青混合料生产系统原理图(图 10-35)进行阐述。

新骨料经由冷料仓输送至烘干筒，加热石料经提升、除尘及筛分后，存入不同的热料仓备用。与此同时，破碎的旧油石经由旧料仓输送至第二烘干筒，加热后送至热回收料储存仓。通过称重系统按照设定比例称量热 RAP、热新骨料，进行干拌，根据需要向再生剂供给系统添加再生剂。添加沥青、矿粉、湿拌、出料等环节与新沥青混合料生产环节相同不再赘述。

3. 混合料摊铺、碾压和初期养护

摊铺前须将工作面清扫干净，按规定喷洒透层，待乳化沥青完全破乳后，及时铺筑沥青层，期间需限制交通，防止污染工作面。

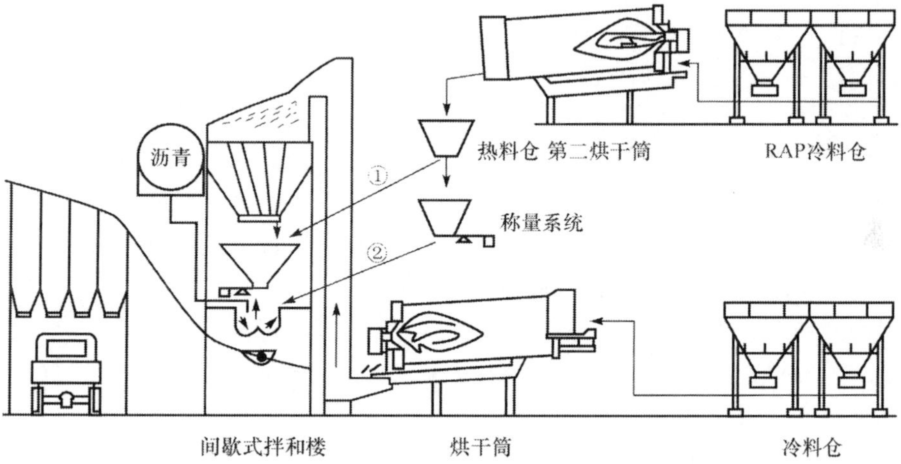

图 10-35　厂拌热再生沥青混合料生产系统流程图

再生沥青路面的摊铺、碾压和初期养护等工艺、质量要求与一般路面施工基本相同。再生沥青的黏温曲线不仅与新沥青相关，同时受 RAP 掺量、新旧沥青比例、沥青老化程度等因素的影响，随温度降低，大掺量厂拌热再生沥青混合料会比新沥青混合料更难以压实，因此摊铺完成后必须及时碾压。

10.4.2　大掺量 RAP 热再生沥青路面施工质量控制与质量保证(QC/QA)

良好的 QC/QA 控制能够有效地保证大掺量 RAP 热再生沥青路面质量。QC 通常是指为控制再生混合料的生产及确定生产过程中再生混合料的质量必须进行的检验。这些 QC 检验通常由承包商进行。QA 是指那些为了确定再生混合料能否被接受以及被评价的产品是否与业主的要求相一致而必须进行的检验。这些 QA 检验通常由业主进行。除了应控制与传统的热拌沥青混合料系统的指标参数，再生热拌沥青混合料的 QC/QA 还必须进行一些附加试验。

1. 前期准备工作

在再生料的生产过程中除按规范进行生产管理外，还应特别注意一个问题：碎石、石屑的级配会不可避免地出现波动，即使是同一条碎石生产线，因机械磨耗、雨天等原因、不同生产时间的碎石、石屑，级配也会有所不同，尤其是旧料的离散性，在拌和楼生产的前一天应该进行筛分试验，根据筛分试验的结果，调整各种材料的配合比使其靠近生产验证确定的级配。

再生混合料摊铺前的准备工作，包括修整原有路基、清理基层上的泥土等杂物，修整基层表面，浇洒透层油或黏层油，必要时还应考虑设置下封层。基层拱度不当时，要进行调拱。在摊铺前一二天，应对基层表面状况进行一次检查，无论是未补强而仅设置整平层，还是加铺了补强层，其上面又设置了下封层，如发现局部出现坑洞、脱皮等损坏现象，应进行修补。粒料基层如不设置下封层，应在摊铺前扫除浮动石子和尘土，并浇洒透层油，以保证基层与沥青面层能较好地黏结。若基层设置有下封层，或再生沥青面层直接加铺在旧沥青面层上，则应在表面浇洒黏层油。在陡坡、急弯路段尤其要注意浇洒黏层油，以免沥青面层产生滑移。

2. 回收料质量控制和质量检测

由于材料、施工机械与技术水平、维修与改扩建历史等原因，旧沥青路面材料是一种不稳定的材料，旧沥青混合料中的沥青含量、沥青性能具有较大离散性，如果不改造直接把旧沥青混合料应用到再生路面中，将带来再生路面质量的不稳定。废旧混合料的评价关系到旧沥青路面再生的成败，必须加强对回收料的管理，控制好其离散性，不能让离散性影响了对其的评价。经过分析相关资料，吸收试验路施工经验，总结减少旧混合料离散性措施如下。

1）回收过程中质量控制

（1）分段开挖铣刨。铣刨时逐段落、逐车道进行，减少旧路面材料带来的差异性。

（2）保持基本相同的铣刨方式。使铣刨机对旧料骨料的破坏程度基本相同，减少其级配差异性。

（3）清除泥土等杂质。若旧路面沥青面层和基层有一定的结合力，翻挖时有时会将基层的少部分材料带起，应尽量清除，否则会影响再生料的性能。

2）回收料破碎过程质量控制

预处理可以把混入其中的团块状和板结的沥青混凝土打散，并充分混合回收料。进行检测该混合料的级配，看是否需要筛除粉料。通过预处理的回收料经筛分系统把粉料筛除或部分筛除。

3）回收料储存质量保证措施

（1）对旧料堆进行恰当的管理，分类堆放，避免把不同来源或性质的旧料堆在一起。

（2）经过预处理的回收料，用装载机铲运到回收料堆料场后均匀地铺开，装载机、推土机和汽车等不得碾压铺好的回收料。堆场应平整、松散，堆置高度一般应小于1.5m，以不结块为准。

4）回收料使用质量保证措施

使用时从料堆的一端开始在全高范围内铲料，使回收料得到充分混合。由于在铣刨作业的装卸料过程和回收料的预处理过程中，回收料都得到一定程度的混合，这样在回收料使用前事实上已经进行了多次拌和，可使回收料的差异性进一步减小。一旦料堆建立，尽量避免对使用中的料堆中途补充回收料。如果对使用中的料堆重新补充，必须通知实验室并重新检验才能应用。

5）回收料试验检验

预处理完毕的回收沥青混合料必须进行试验，检验其矿料级配、沥青含量、沥青的针入度。并根据回收料性能进行配合比设计或调整原有配合比。试验结果发现数据离散性大或对数据有怀疑应增加试验频率。

3. 集料级配检验与质量控制

沥青混合料的集料级配是最重要的检验项目之一，必须对集料的级配进行控制才能保证最终产品具有满意的级配。尤其对再生沥青混合料，由于回收料的0.075mm筛孔通过率较大，必须加强对0.075mm筛孔通过率的控制。混合料的集料级配应从以下四个环节进行检验控制。

（1）在混合料设计及验证过程中，应对集料和RAP材料的料堆取样进行检验。当开始生产后，则只需对添加到集料料堆中的新集料取样进行检验，这是因为原料堆的级配已经被确定。新加入料堆的材料的级配应在容许误差的范围内，与原来料堆尽量保持一致，否则最终将影响再生混合料的级配。引起料堆中级配变异的原因包括料源的变化、运输或储存过程中的离析以及取样及试验误差等。

（2）从冷料输送带上取样检验。输送带上包括输送到拌和设备中的混合集料。该处级配的变异主要是由料堆中级配的改变、集料的离析、冷料仓中不恰当的装料方式、个别冷料仓不适当的安装以及取样和试验误差等引起的。

（3）在间歇式热拌沥青混合料拌和设备的热料仓中取样。该处引起级配变异的原因主要包括冷料进料器中级配不合适、粉尘收集系统进料不稳定、生产率的改变（随着生产率的变化筛分结果改变）、筛孔堵住、筛网或料仓壁漏洞以及取样和试验误差等。使用热料仓可以部分修正生产中级配波动的影响。

（4）从生产出的热拌沥青混合料中取样。可以从混合料运输车中取样也可以从摊铺机后取样。这种对最终产品进行检验的方式必须严格控制，因为可看成混合料能否被接受的依据。该处级配的变异包括热料仓中级配不正确，各个热料仓材料比例不恰当、回收沥青混合料组成的变化、拌和楼或储料仓中集料的离析，以及取样和试验误差等。

通过对几个部位级配情况的评价就能够查明级配问题并快速判断问题发生的部位。

例如,如果料堆的级配是满意的而冷料进料级配变化了,那么问题可能在于混合料发生离析,冷料仓中不恰当的装料方式或取样试验的误差等。这有助于快速判断并及时纠正问题。

4. 沥青含量检测及质量控制

沥青含量是另外一个必须评价指标,沥青含量对保证混合料是否具有满意的性能是非常重要的。沥青用量低的混合料耐久性差,而沥青含量高的混合料稳定性差。沥青的真实含量直接影响混合料的性能,控制沥青用量是非常重要的。

沥青含量测试方法通常有离心分离法或燃烧法两种。离心分离法是向沥青混合料中加入溶剂将沥青溶解。沥青胶结料和溶剂能通过滤纸而集料则不能通过。这是一种在沥青含量的测试中应用较广的试验方法。缺点是使用的溶剂有毒而且难处理,并且沥青溶液中会或多或少地含有细矿粉成分影响试验结果。

近年来,出现直接采用燃烧法测定沥青含量,燃烧法是将沥青混合料试样置入炉中,在538℃高温下使集料表面的沥青胶结料燃烧,从而能够在30～40min内自动测量沥青胶结料含量。集料的级配可以通过标准筛分确定。该方法简单方便,但会造成有些石料崩解破碎等情况。

在间歇式拌和设备中引起沥青含量不准确的原因可能包括以下几种:集料称量不准确、沥青胶结料称量不准确、沥青胶结料储罐阀门泄漏、离析及取样和试验误差等。

5. 体积性质的现场管理

实验室设计的体积性质与拌和厂生产出的热拌再生沥青混合料的体积性质会存在一定偏差。这些体积性质包括矿料间隙率(VMA)及混合料的空隙率(VTM)。热拌沥青混合料的现场管理对鉴别及有效协调拌和厂生产的和实验室设计的混合料之间的差异提供了一种可行的手段。可以采用以下措施调整再生沥青混合料的体积指标。

(1) VMA受0.075mm筛孔通过量以及粗集料与细集料的相对比率的影响最大。

(2) 在厂拌热再生沥青混合料中通过降低0.075mm筛孔的通过率增加VMA,也可以通过使集料级配偏离最大密度线(MDL)增加VMA。

(3) VTM受沥青含量、0.075mm筛孔的通过率以及粗集料与细集料的相对比率等因素的影响。

(4) VTM可以通过降低沥青含量和减少0.075mm筛孔通过率增大。

图10-36和图10-37给出了协调实验室设计与拌和厂生产的热再生沥青混合料间差异的一般性指南。

6. 施工温度及压实度质量控制

生产过程中对应密切监控混合料温度,以保证沥青在集料上裹覆良好,以及保证压实。不同的掺配比例,新料的加热温度对新旧料在搅拌缸中的热传递时间及出料温度等均产生显著影响。拌和时必须准确掌握加热和掺配工艺,切实控制拌和温度,新集料加热温度为160～200℃,RAP加热温度易控制在90～110℃。

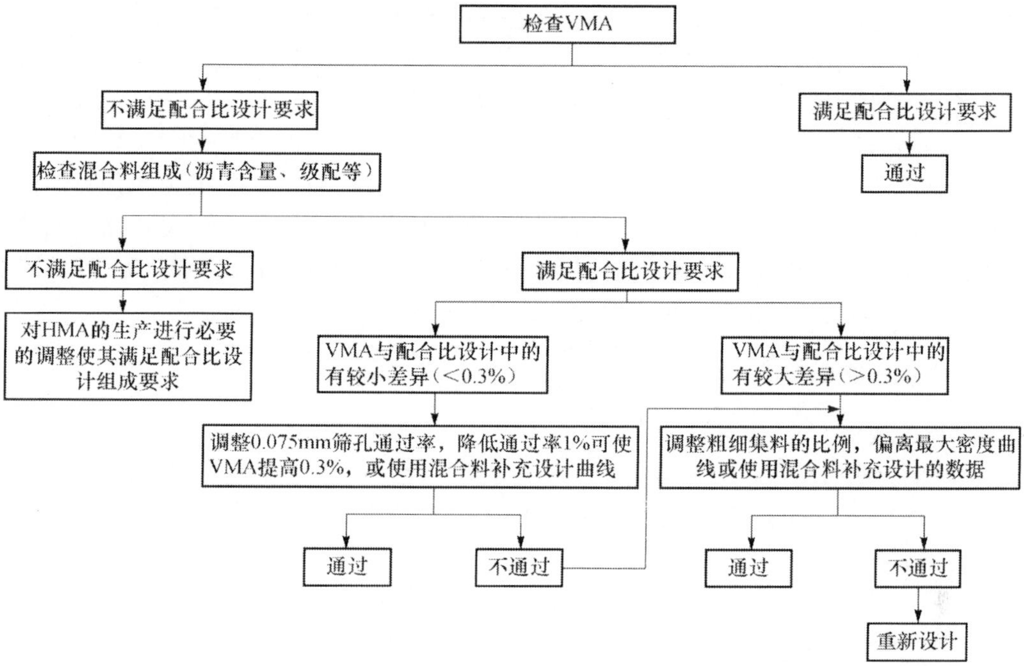

图 10-36 实验室设计与拌和厂生产的热再生沥青混合料的 VMA 差异协调流程图

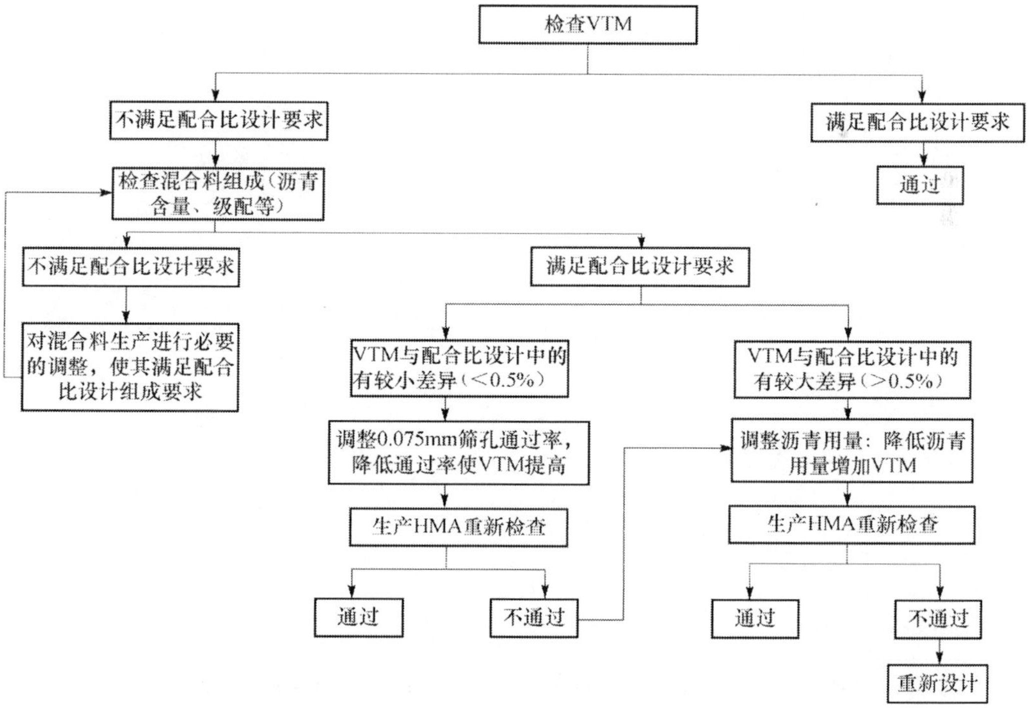

图 10-37 协调实验室设计与拌和厂生产的热再生沥青混合料的 VTM 差异指南

最大理论密度(TMD)应每天检测，这是计算混合料空隙率的需要，也用于确定路面压实度。最大理论密度的变化表明沥青含量、集料级配、相对密度、吸水率及RAP的组成等的变化或者取样及试验误差等。

为了保证路面的混合料具有优良的性能，应将其碾压至一个良好的现场密度。常用的检验现场密度的两种方法分别为无核密度仪法和钻芯法。通常QC过程中采用无核密度仪法，而QA则一般采用钻芯法。当采用无核密度仪进行QA检验时，必须用钻芯法对无核密度仪的准确度进行标定。一般出现压实度不足的情况可能是由于标准密度取值错误、级配或沥青含量控制不准确、混合料温度过低、层厚过薄(降温快或桥面碾压时)或过厚，碾压工艺不合适，压路机不足或取样和试验方法不正确等。

7. 检验频率与人员资格要求

1) 检验频率

影响检验频率的因素包括项目的大小、重要性及材料的变异性等，因此不可能对所有的项目都建立一个期望的检验频率。表10-53给出了一个项目的建议最小检验频率。

表10-53　每个项目建议的检验数量

试验	频率
料堆级配	1次/天
冷料进料级配	1次/天
热料仓级配	1次/天
抽提的沥青含量和级配	2次/天
实验室压实芯样的空隙率、稳定度、流值	2组/天
最大理论密度	2次/天
温度	全天定期检测
现场密度	6～10次/天
回收沥青混合料组成(沥青含量和级配)	1次/星期(如果回收沥青混合料变异较大时，增加检测频率)
再生混合料中回收的沥青胶结料的一致性	1次/1000吨HMA(在项目初期增加频率)

2) 技术人员资格

不正确的取样及试验方法可能会导致试验结果发生很大的变异，对试验人员的资格进行严格限制以确保将取样和试验的误差(对某些试验会产生50%以上的变异)降至最低。

10.4.3　实体工程验证

1. 工程实体概况

省道(S393)郑昔线横穿冀州市西部4个乡镇，是冀州市境内主要干线公路和去往省会石家庄市的重要出口道路。冀州段东起冀州市区迎宾大街交叉口，西至码头李镇闫寨村，路面宽11～15m，全长23.4km。郑昔线冀州段大修工程按二级公路标准建设，该工程2009年1月份进场施工，于9月初竣工。

国道(G106)京广线衡水市辖段北起衡水市(武邑县)与沧州界(泊头市)交界处,南至衡水市(冀州市)与邢台市(南宫市)交界,途经武邑、桃城区、冀州三县市区,公路等级为一级公路。境内全长 96km,原路衡水南段于 1997～1999 年建设,衡水北段于 2001～2002 年建设。经过多年的行车碾压,公路出现纵缝、横缝、网裂、龟裂、唧浆、沉陷、沥青路面老化等病害,G106 衡水市辖段大修工程于 2010 年 6 月开工。

课题组分别在 2009 年 8 月铺筑了郑昔试验路,包括 RAP 掺量为 40%和 50%两段共 1000m,起讫点为北楮宜—庄子头。在 2010 年 8 月铺筑了 106 国道试验路,包括 RAP 掺量为 40%和 50%两段约 1000m,起讫点为解村—邢台市界。

两条试验路所在路段交通量较大,尤其 G106 的平均日交通量在 12000 辆左右(自然辆),且重载超载现象普遍(图 10-38)。

图 10-38　G106 试验路上的大型重载车辆

2. 原材料检测

1) 集料

粗集料分为 10～25mm、10～20mm 和 5～10mm 三档;细集料为 3～5mm 和机制砂,填料是矿粉,均为石灰岩。筛分结果见表 10-54～表 10-56。

表 10-54　新集料及矿粉主要性能指标列表

试验项目	JTG F40—2004 要求	实测指标	
		5～15mm	3～5mm
压碎值/%	≤26	18.5	—
磨耗值/%	≤28	16.9	—
吸水率/%	≤2.0	0.44	—
黏附性	≥5 级	5 级	—
坚固性/%	≤12	0.2	0.1

续表

试验项目	JTG F40—2004 要求	实测指标	
		5～15mm	3～5mm
针片状含量/%	≤15	14.6	—
软石含量/%	≤15	1.9	—
含泥量/%	≤1.0	0.2	0.8
砂当量/%	≥60	—	86

表 10-55　细集料技术指标

试验项目	JTG F40—2004 要求	细集料实测指标	
		机制砂	矿粉
坚固性/%	≤12	3.4	—
含泥量/%	≤3.0	1.2	—
含水量/%	≤1.0	—	0.9
亲水系数	≤1.0	—	0.787

表 10-56　新集料及矿粉密度指标

材料	表观密度/(g/cm³)	毛体积密度/(g/cm³)	吸水率
10～25 碎石	2.717	2.705	0.4
10～20 碎石	2.748	2.710	0.3
5～10 碎石	2.721	2.714	0.4
3～5 碎石	2.677	2.601	1.0
机制砂	2.766	2.605	2.2
矿粉	2.717	2.717	

2) RAP

本项目所用 RAP 主要来自冀州市干线公路维修工程的旧沥青路面，以 20＃和 13＃沥青混合料为主。采用冲击镐。铲车对路面进行翻松，将油面运回拌和站分类存放。翻松得到的旧料块尺寸较大，用破碎装置将其破碎后，筛分分堆存放。通过在旧料堆的上中下部位取样进行抽提筛分试验，RAP 油石比为 2.4，筛分结果列入表 10-57。

表 10-57　旧沥青混合料筛分试验

筛孔尺寸/mm	26.5	19	16	13.2	9.5	4.75	2.36	1.18	0.6	0.3	0.15	0.075
平均通过率/%	100	99.0	96.2	92.1	83.7	67.9	44.6	34.2	27.7	18.4	16.0	11.7

将 RAP 抽提出的集料用 2.36mm 筛开，检测密度结果如表 10-58 所示。

表 10-58　RAP 抽提料的密度检测结果

材料	比例/%	表观密度/(g/cm³)	毛体积密度/(g/cm³)
>2.36mm	55.4	2.732	2.672
<2.36mm	44.6	2.678	2.477

3）沥青

70＃道路石油沥青技术指标如表 10-59。

表 10-59　70＃道路石油沥青技术指标

试验指标		指标要求	实测结果
针入度/0.01mm100g,25℃,5s		60～80	71
15℃延度/cm,不小于		100	>100
软化点/℃,不小于		45	50.5
蜡含量/%,蒸馏法,不大于		2.2	1.9
闪点/℃,不小于		260	286
溶解度/%,不小于		99.5	99.7
密度 25℃/(g/cm³)		实测	1.034
薄膜加热试验	质量变化/%不大于	±0.8	−0.13
	残留针入度比/%,不小于	61	71
	残留延度 10℃/cm,不小于	6	10

4）其他

Sasobit 温拌剂。

3. *矿料配合比设计及马歇尔试验分析*

目前最普通的厂拌热再生系统是按照 RAP 掺配率在 20%以下的情况配置系统的。一般新集料加热温度为 170～180℃，RAP 加热温度为 100～110℃，这时在拌和过程中即可实现出料温度为 150～160℃的要求，不需要提高新集料温度和延长拌和时间。

郑昔试验路和 106 线试验路都包括 RAP 掺配率为 40%和 50%两个段落。以 RAP 掺配率为 40%的配比设计为例进行说明。

1）矿料配合比结果

矿料配合比结果见表 10-60。40%RAP 的 AC20 级配曲线见图 10-39。

表 10-60　矿料配合比结果

筛孔尺寸/mm	比例	26.5	19	16	13.2	9.5	4.75	2.36	1.18	0.6	0.3	0.15	0.075
10～25 碎石	18%	93.9	5.2	1.1	0.3	0.2	0.2	0.2	0.2	0.2	0.2	0.2	0.2
10～20 碎石	12%	100	100	99.8	86.3	53.4	9.6	1.1	0.8	0.8	0.8	0.8	0.8
5～10	16%	100	100	100	100	93.6	8.7	2.2	1.7	1.4	1.2	1.1	0.6
机制砂	14%	100	100	100	100	100	100	66.5	44.0	32.3	20.6	17.9	9.8
再生料	40%	100	99.0	96.2	92.1	83.7	67.9	44.6	34.2	27.7	18.4	16.0	11.7
矿粉	0%	100	100	100	100	100	100	100.0	99.9	99.3	89.8	82.7	60.2
合成级配		98.9	82.5	80.7	77.3	68.9	43.8	27.7	20.3	16.0	10.5	9.2	6.3
规范上限		100	95	80	68	58	38	25	16	10	7	5	4
规范下限		100	100	92	80	70	50	35	25	20	15	11	8

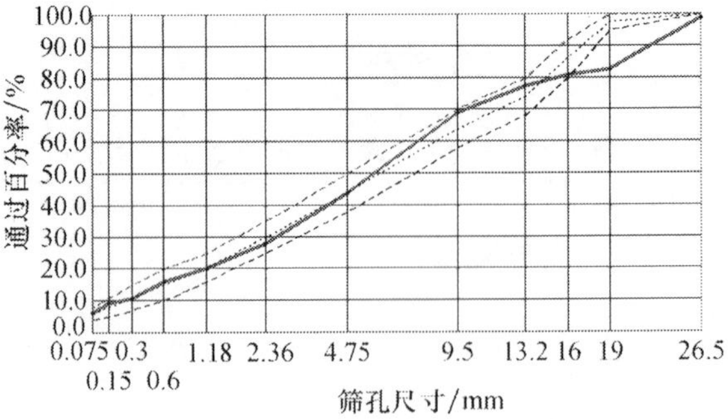

图 10-39　40%RAP 的 AC20 级配曲线图

2）马歇尔试验

采用击实 75 次/面，沥青的加热温度为 170℃，矿料的加热温度为 190～200℃，铣刨料加热温度为 90～100℃，拌和温度 135℃。干拌时间为 35s，总拌和时间为 200s。

Sasobit 改性剂用量为新沥青用量的 2.5%。新沥青油石比分别为 2.0%、2.5%、3.0%、3.5%和 4.0%共五组，根据 JTG F40—2004 规范进行马歇尔试验，试验结果如表 10-61所示。

表 10-61　沥青混合料马歇尔试验结果

油石比/%	试件密度/(g/cm³)	空隙率/%	VMA/%	VFA/%	稳定度/kN	流值/mm
2.0	2.463	5.2	11.2	53.8	15.09	2.81
2.5	2.465	4.3	11.6	62.6	12.87	2.68
3.0	2.476	3.2	11.7	73.0	10.64	3.24
3.5	2.481	2.2	11.9	81.8	10.50	3.35
4.0	2.471	1.8	12.7	85.9	8.28	3.98

3）油石比确定

确定沥青混合料的最佳油石比及对应的技术参数如表 10-62 所示。

表 10-62　RAP 掺配率为 40%的再生沥青混合料配合比设计参数

油石比范围/%	最佳油石比/%	密度/(g/cm³)	空隙率/%	VMA/%	VFA/%	稳定度/kN	流值/0.01mm
2.5～3.0	2.7	2.469	3.9	11.6	66.7	12.0	2.9

4）50%RAP 掺配率的配比设计参数指标

原材料掺配比例见表 10-63，50%RAP 的再生沥青混合料配合比设计参数见表 10-64，马歇尔试验结果曲线如图 10-40 所示，50%RAP 的 AC20 级配曲线如图 10-41 所示。

表 10-63　原材料掺配比例

10～25 碎石	10～20 碎石	5～10 碎石	机制砂	铣刨料
20.00%	15.00%	5.00%	10.00%	50.00%

表 10-64　50%RAP 的再生沥青混合料配合比设计参数

油石比范围/%	最佳油石比/%	密度/(g/cm³)	空隙率%	VMA/%	VFA/%	稳定度/kN	流值/0.01mm
2.2～2.9	2.4	2.477	3.6	11.4	68.7	12.7	3.2

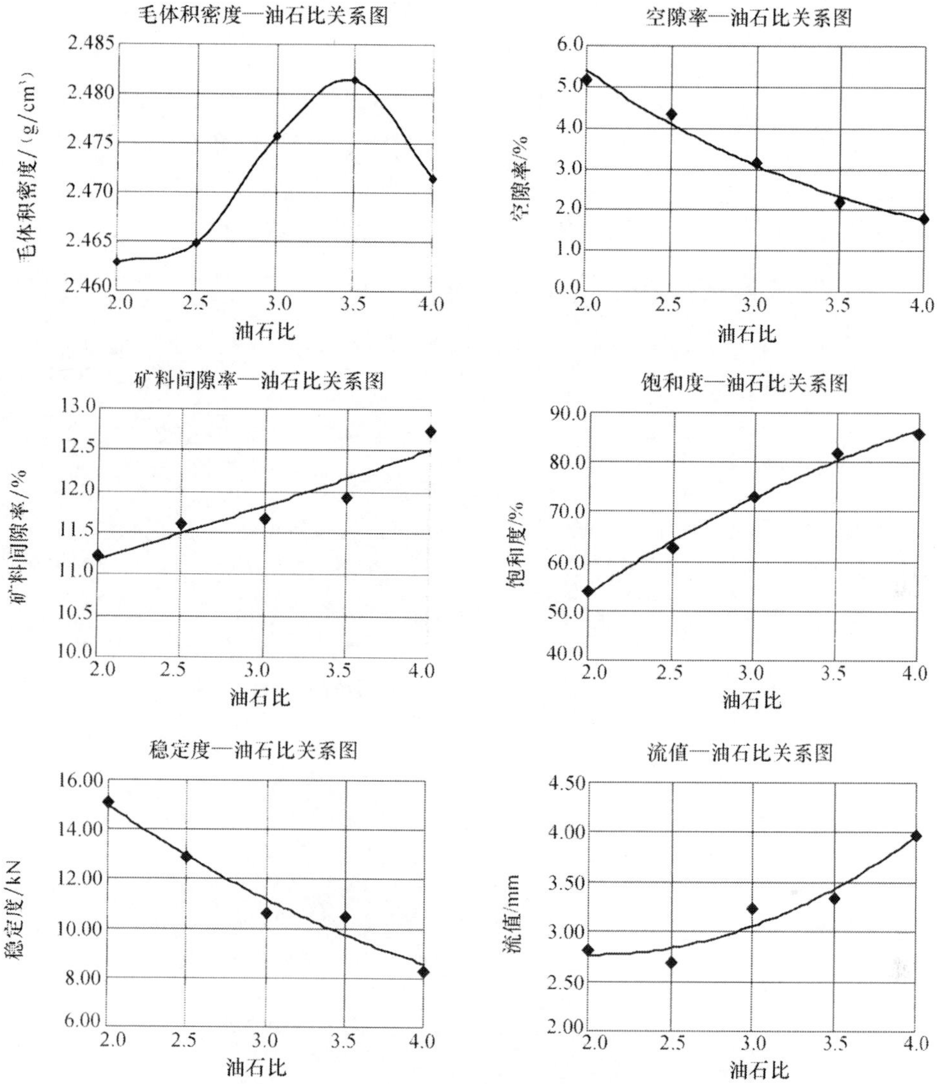

图 10-40　马歇尔试验结果曲线

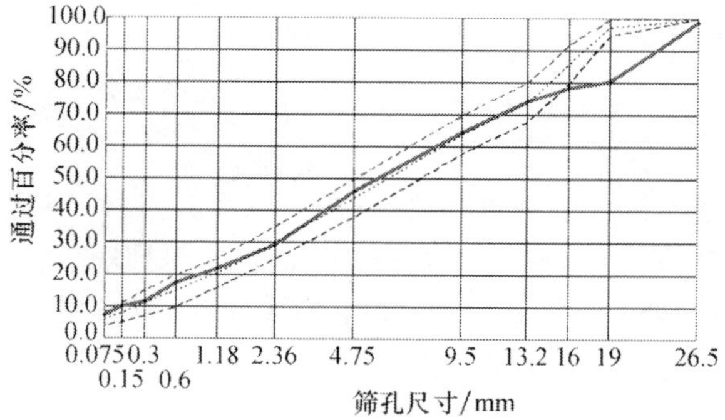

图 10-41　50%RAP 的 AC20 级配曲线图

4. 混合料生产

本项目所使用的厂拌热再生拌和生产系统由主机与再生设备配套联合组成，属间隙式拌和设备中第四种型式(图 10-42、图 10-43)。其中主机是 AMP4000-C 型沥青混凝土拌和机，为间歇式拌和楼，再生设备为 PRD-2000 型沥青混合料热再生搅拌机，再生控制系统为单独设计，但与主控制系统实现了互交配方、称量、放料，可确保同步。

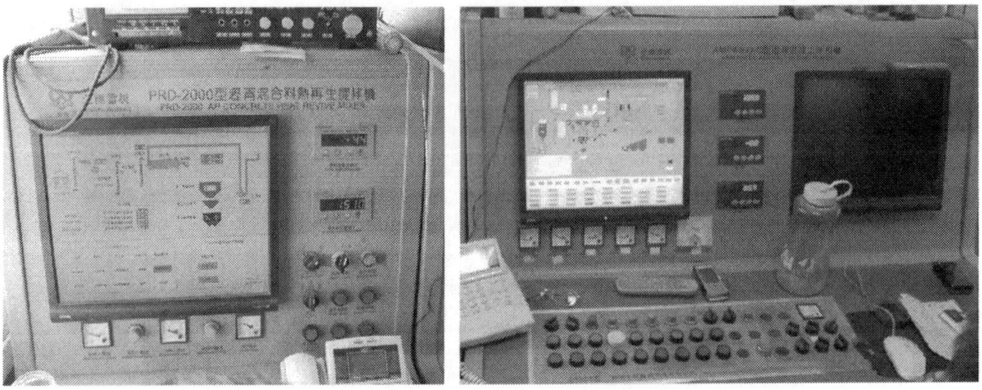

图 10-42　厂拌热再生沥青混合料生产系统的联合控制平台

图 10-43　厂拌热再生沥青混合料拌和设备

1) 温拌剂添加方式及投料顺序

由于本次试验路的生产数量有限，为简易起见，Sasobit 温拌剂采用人工投放，将其按照每盘料计算量准确称量，装入塑料袋中，待喷洒沥青的同时从观察孔投拌和仓。在大批量生产时可以安装一个与沥青同步的材料投放系统，由拌和楼操作系统统一控制。

2) 生产工艺控制参数

新骨料加热温度为 190～200℃。

RAP 加热温度为 90～100℃。

沥青加热温度为 160℃。

干拌时间为 35s,湿拌时间为 15s。

出料温度为 135℃。

5. 摊铺和碾压

摊铺过程中运料车在摊铺机前 10～30cm 处停住,空档等候,由摊铺机推动前进开始缓缓卸料,避免撞击摊铺机,影响路面摊铺质量。

一台摊铺机的铺筑宽度不宜超过 6m(双车道),采用两台摊铺机应前后错开 10～20m,呈梯队方式同步摊铺,两幅之间重叠 3～6cm,上下层的搭接位置宜错开 20cm 以上。

受 RAP 掺配率、新旧沥青比例、沥青老化程度等因素的影响,随温度降低,大掺量厂拌热再生沥青混合料会比新沥青混合料更难压实,因此摊铺完成后必须及时碾压,本项目采用胶轮在前,紧跟摊铺机,可有效减缓沥青混合料温度散失速度,为进一步压实赢得了时间。压实设备安排见表 10-65,图 10-44 为郑昔试验路摊铺碾压现场。

图 10-44　郑昔试验路摊铺碾压现场

表 10-65　压实设备安排

压实次序	初压	复压	静压	收面
压实设备	XP301 胶轮(30t)	DD130 振动双钢轮	DD130 振动双钢轮	XP302 胶轮(30t)

在施工过程中连续抽查三个施工日的共 40 辆运输车辆的到场温度以及相应混合料的摊铺碾压温度,如表 10-66 所示。

表 10-66　混合料温度检测

摊铺日期	8 月 27 日	8 月 28 日	8 月 29 日
到场温度/℃	145～150	130～129	130～140
摊铺温度/℃	140～150	124～129	125～130
初压温度/℃	125～134	115～124	125
复压温度/℃	110～120	100～105	—
静压温度/℃	85～100	85～100	80

6. 现场质量检验

1) 郑昔试验路

(1) 路面钻芯检测结果。

在摊铺完毕后，第二天，随机钻取芯样四个，芯样见图 10-45。

由图 10-45 可以看出下面层与基层黏结良好，说明透层能够将上下层连接在一起，整体发挥作用，表 10-67 为郑昔试验路芯样检测结果。

表 10-67　郑昔试验路芯样检测结果

现场桩号	类型	位置	厚度/mm	芯样密度	压实度	备注
K61+800	50%	右幅	52.6	2.420	98	8.27
K61+260	50%	右幅	48.3	2.365	96	8.28
K61+040	40%	左幅	50.2	2.355	95	8.28
K60+600	40%	右幅	49.7	2.403	97	8.29

注：以每天的最大理论密度为标准密度

图 10-45　郑昔试验路下面层芯样

芯样最薄为 48.3mm，满足现行规范对二级公路下面层厚度（设计值 8%）的要求。

压实度极值为 95，平均值为 96.5，满足现行规范 93%要求。

(2) 抽提筛分试验。

表 10-68 列出了在 50%RAP 试验路施工过程中进行的三组抽提筛分试验结果。

表 10-68　50%RAP 的混合料三组抽提筛分结果

筛孔尺寸/mm	19	16	13.2	9.5	4.75	2.36	1.18	0.6	0.3	0.15	0.075
8月27日	97.6	90.2	77.8	59.9	40.4	27.0	21.4	16.7	13.7	11.5	8.8
8月27日	94.9	89.3	72.7	56.2	40.7	26.7	19.2	14.8	11.8	9.3	7.4
8月28日	99.3	92.2	78.7	59.3	41.6	26.7	20.2	14.7	11.2	8.8	7.3
设计级配	98.7	91.9	76.8	61.0	43.5	28.7	21.5	17.0	11.6	9.7	6.5
8月27日	−1	−2	1	−1	−3	−2	0	0	2	2	2
8月27日	−4	−3	−4	−5	−3	−2	−2	−2	0	0	1
8月28日	1	0	2	−2	−2	−2	−1	−2	0	−1	1

从筛分结果看，三组抽提试验的平均值与设计值基本吻合，偏差系数较小，9.5mm 三个筛孔的极差较大为−5，但在规范要求范围内，其他筛孔均较好。这说明本次试验路施工控制水平良好，材料均匀性好。图 10-46 为试验路路面，可以看出压实后沥青混合料表面均匀美观，基本上看不出离析带。

图 10-46 碾压成形后的 50%RAP 路面

(3) 渗水试验。

对三天两段试验路共进行九组渗水检测，试验结果见表 10-69。

表 10-69 郑昔公路试验路路面渗水检测结果

日期	试验路段落	测点 1	测点 2	测点 3	测点 4	测点 5
8 月 27 日	50%施工段	30mL	50mL	52mL		
8 月 28 日	50%施工段	210mL	182mL	370mL	240s	
8 月 29 日	40%施工段	10mL	140mL	180mL	2mL	69mL

由表 10-69 可知，试验路压实度较好，路面密实。仅 8 月 28 日出现一个 240s 不合格渗水结果。其他八个测点均满足要求，可以证明下面层基本不渗水。

2) G106 试验路

(1) 压实度及厚度检验。G106 试验路芯样检测结果见表 10-70。

表 10-70 G106 试验路芯样检测结果

现场桩号	级配类型	取芯部位	厚度/mm	试件密度/(g/cm³)	标准密度/(g/cm³)	压实度/%
K329+200	下面层	衡水—邢台方向	7.0	2.324	2.469	94
K329+300	下面层	衡水—邢台方向	6.7	2.383	2.469	97
K329+640	下面层	衡水—邢台方向	6.9	2.344	2.477	95
K329+700	下面层	衡水—邢台方向	6.9	2.345	2.477	95

从表 10-70 结果看，厚度控制良好，与设计值的最大偏差为−0.3%；路面空隙率全部都在 7%以内，说明下面层的压实度较好。

(2) 混合料均匀性检验。

试验路压实后沥青混合料表面材料均匀，基本上不存在离析现象，这是材料设计、拌和站控制及现场摊铺碾压组织共同作用的结果，如图 10-47 和图 10-48 所示。

图 10-47　G106 试验路施工现场

图 10-48　碾压成形后试验路路面

通过分析生产记录可以准确了解拌和站的生产精确水平，掌握当天混合料组成波动情况，课题组收集了拌和站热料仓的生产记录，统计分析结果如表 10-71 所示。

表 10-71　G106 试验路热料仓结果分析

项　目	骨料 1#	骨料 2#	骨料 3#	骨料 4#	粉　料	沥　青
设定值	1055.0	635.0	940.0	1176.0	194.0	182.9
平均	1061.6	632.0	939.8	1180.0	194.0	182.9
S	23.5	19.0	9.9	10.3	2.3	0.5
Cv%	2.22	3.01	1.06	0.87	1.17	0.26

从表 10-71 可知，拌和站在实际生产中各热料仓料与设置还有一定差距，填料及沥青控制较好。

(3) 温拌沥青减少沥青老化。

分别对拌和站和沥青施工现场进行调查，从图 10-49 和图 10-50 可以看出，在热拌混合料出料时，有阵阵浓烟，而温拌沥青混合料出料时基本没有沥青浓烟。在施工现场卸料和摊铺中也没有刺鼻烟雾，对改善筑路工人的工作环境有重要意义。

(a) 热拌料

(b) 温拌料

图 10-49　拌和楼出料时沥青烟情况比较

（a）热拌料施工现场

（b）温拌料施工现场

图 10-50　摊铺现场沥青烟情况比较

10.5　技术要点总结

（1）对于大掺量 RAP 再生沥青混合料，新沥青调和再生法和再生剂调和再生法的再生效果有明显的局限性。在沥青老化严重及老化沥青掺配比例较大时，仅靠添加新沥青很难满足要求。新沥青＋再生剂复合再生法可实现增大旧沥青用量和减少新沥青（再生剂）用量的目标，再生效果明显优于前述两种再生方法。

（2）再生沥青各指标中针入度与新沥青（或再生剂）用量相关性最好，建议以针入度为主要判断指标确定再生剂掺量。建立了针入度—新沥青（或再生剂）用量关系模型 $y=Ae^{Bx}$，式中，A 为旧沥青针入度，B 与新沥青（或再生剂）黏度有关，该关系式可以准确预估新沥青（或再生剂）用量。

（3）依据沥青老化程度，确定再生方法。按照规范对 70＃、50＃沥青要求，调配再生混合料中的沥青指标。掺配旧沥青掺量不小于 40％的厂拌热再生沥青混合料，针对不同老化程度的旧沥青，采用不同的再生方法：针入度不小于 45(0.1mm)、40(0.1mm)的旧沥青，采用新沥青调和再生法；针入度不小于 30(0.1mm)、45(0.1mm)的旧沥青，采用再生剂调和再生法；针入度不小于 20(0.1mm)、15(0.1mm)的旧沥青，采用新沥青＋再生剂复合再生法；针入度小于 15(0.1mm)的旧沥青，RAP 材料性能和经济效益明显下降，不适宜采用厂拌热再生。

（4）温拌再生技术可提高 RAP 最大可能掺配率达 70％以上，由于现有生产条件和混合料性能确定了合理最大 RAP 掺配率为 50％。根据温拌沥青黏度变化规律确定温拌剂最佳掺量为 2.5％，并确定了混合料的拌和温度为 135℃。

（5）对比分析新沥青混合料油石比法、现行规范计算法及 Sup 计算法对大掺量再生混合料设计中估计沥青总用量与实际室内试验值的偏差，表明 Sup 计算法最接近室内试验值，规范计算法计算值偏差最大。本项目提出采用 Sup 法确定大掺量 RAP 再生混合料设计估计沥青总用量。

（6）系统的性能验证表明 RAP 掺配率不大于 60％时，再生沥青混合料的高低温及水稳定性能均可满足规范要求。随 RAP 掺量增大，再生沥青混合料的高温稳定性不断提高，水稳定性和低温抗裂性能下降，在RAP掺量大于50%以后各项性能指标变化幅度趋缓。影响RAP掺量的关键指标是低温抗裂性能，再生剂可以有效提高混合料的低温性能，但高温性能会有一定下降。RAP掺量超过60%，再生沥青混合料低温抗裂性能会难以满足规范要求。

(7) 首次将大掺量RAP再生沥青混合料应用于工程实践，分别铺筑了40%RAP和50%RAP的试验路四段共2km，经现场试验和跟踪检测技术状况良好。通过试验路工程总结提出了大掺量厂拌热再生路面施工质量控制标准。

参考文献

常魁和，高群. 2001. 公路沥青路面养护新技术[M]. 北京：人民交通出版社.
陈启宗. 2002. 沥青路面再生技术设备选型及配套[J]. 工程机械文摘，(10)：40-43.
郭忠印，李立寒. 2003. 沥青路面施工与养护技术[M]. 北京：人民交通出社.
吕伟民，严家伋. 1989. 沥青路面再生技术[M]. 北京：人民交通出版社.
日本道路协会. 1990. 日本路面废料再生利用技术指南[M]. 王元勋，张文魁，译. 北京：人民交通出版社.
张晋炮. 1996. 沥青路面就地再生维修法实用性的评价[J]. 国外公路，(5)：41-45.

第 11 章　旧水泥混凝土路面利用技术研究

11.1 引　言

水泥混凝土路面是高级路面之一，截至 2012 年底，全国通车里程已达 400.82 万千米，其中高速公路近 9 万千米，一级公路 6.44 万千米，二级公路 30.87 万千米，三级公路 38.80 万千米，四级公路 246.95 万千米，等外公路 70.35 万千米。有路面铺装的里程为 191.80 万千米(不包括简易铺装路面)，其中水泥混凝土路面 137.55 万千米。水泥混凝土路面所占比重为 71.72%，在我国交通运输业中起着重要作用。

水泥混凝土路面特点：与沥青混凝土路面相比，水泥混凝土路面有许多优点，如承载能力强、弯拉强度高、疲劳寿命长、材料来源广泛、建成初期养护管理费用较低等。但同时也存在缺点，主要是后期修复难度大、成本高、时间长、效果不好。尤其是在现实情况下，重型车辆越来越多，而水泥混凝土路面结构形式对重载超载的高度敏感，使用寿命急剧缩短，养护费用增长快速。当水泥混凝土路面出现病害后，往往发展迅速，在短短两三年内病害成倍增长，很快便使整个路段的使用性能不满足行车的要求。

目前，一方面由于重型车辆的影响，水泥混凝土路面出现了较多病害；另一方面，修建于早期的水泥混凝土路面到了使用寿命，也出现了破损严重的问题，大量水泥混凝土路面面临改建问题。如何对旧水泥混凝土路面进行经济、迅速、有效的维修或改建，是目前必须解决的问题。水泥混凝土路面病害比较严重，修补无效时，传统方法是将旧水泥混凝土路面挖除，重新设计和修建新的路面。挖除的旧水泥混凝土板废弃后，造成资源浪费和环境污染，成本也较高，社会反响比较强烈。

近些年，随着一些新型设备和关键技术的发展，旧水泥混凝土路面利用出现了一些好的方法。在保证工程质量的同时，大大降低了工程造价，节约了资源，解决了水泥混凝土废弃垃圾污染环境的问题。在取得经济效益的同时，取得了很好的社会效益。

旧水泥混凝土路面利用方法分为再生利用和原路利用。

(1) 再生利用可分为现场再生利用和回收再生利用。

现场再生利用的方法有水泥混凝土路面碎石化技术、水泥混凝土路面冲击压实技术和水泥混凝土路面打裂压稳技术。水泥混凝土路面碎石化技术是指利用专用设备将旧水泥混凝土路面原路破碎成料径较小的碎石，进行利用的一种技术。专用设备主要是多锤头破碎机和共振破碎机。水泥混凝土路面冲压技术是指利用冲击压路机旧水泥混凝土路面冲压发裂成块度较大(一般 40～60cm)，进行利用的一种技术。专用设备主要是五边形冲击压路机。水泥混凝土打裂压稳技术是指利用专用设备将旧水泥混凝土路面每隔 30～60cm 横向打裂，经压实后直接作为新路面结构的基层或底基层水泥混凝土路面再生利用关键技术。专用设备主要是门板式打裂机。

部分国家水泥混凝土路面再生利用情况见表 11-1。

表 11-1 部分国家水泥混凝土路面再生利用情况表

国家	美国	日本	丹麦	荷兰	德国	俄罗斯
利用率/%	80	70	67	90	80	70
碎石化工艺	G	G	G	G	G	G
打裂压稳工艺	G	L	G	G	G	G

注:G 标识普遍采用;L 标识有限采用

回收再生利用。再生集料利用:主要是指将旧水泥混凝土块填入专用破碎机如鄂式破碎机破碎成一定粒径的碎石,如作为水泥稳定碎石材料进行利用,或作为片石、浆砌利用。

(2) 原路利用:主要是指利用旧水泥混凝土路面作为基层,在上面加铺其他结构层的方法。在原水泥混凝土路面上直接加铺沥青混凝土,俗称"白+黑";在原水泥混凝土路面上直接加铺新的水泥混凝土路面,俗称"白+白"。旧水泥混凝土路面利用方法的选择应考虑多方面的因素,主要根据原路技术状况,同时应考虑地理位置和环境因素的影响。原路直接加铺利用技术中主要的问题是反射裂缝,尤其是加铺沥青混凝土时,尽管采用新方法和新工艺能够减少或延缓反射裂缝的产生,但不能从根本上解决问题,消除或控制裂缝产生。因此,本章主要讨论旧水泥混凝土路面现场再生方法及再生后利用方法。

11.2 旧水泥混凝土路面碎石化技术

11.2.1 国内外研究概况

国外水泥混凝土路面碎石化技术开始于 20 世纪 80 年代初,随着水泥混凝土路面病害的大量出现,碎石化工艺逐渐发展成熟。碎石化最初是为了方便清除水泥混凝土路面和分离路面中的钢筋而进行的,随着研究的深入和设备的改进,碎石化后现场利用成为现实。实施碎石化的设备主要有多锤头破碎机和共振式破碎机。共振式破碎方法破碎程度更高,破碎后粒径更小,旧水泥混凝土板块强度损失程度也较高。

第一个热拌沥青(HMA)混合料罩面的水泥混凝土路面碎石化项目是 1986 年在美国纽约完成的,从那时起,整个碎石化程序和相应的设备一起随着在各种水泥混凝土路面的改造施工而不断完善。在 20 世纪 90 年代,内华达州、阿肯色州和伊利诺伊州也对碎石化技术进行了研究,实施了较多的工程实践,其中阿肯色州完成旧水泥混凝土路面碎石化 320 多公里,内华达州完成旧水泥混凝土路面碎石化四个路段,伊利诺伊州完成旧水泥混凝土路面碎石化 10 个路段。截至 2001 年,美国有 35 个州使用了此技术,项目数量超过 300 个,长达 900 多千米,面积约 1280 万平方米。

我国的碎石化工艺研究起步较晚,直到 2002 年,由山东省公路养护工程有限公司从美国引进 Badger 州立公路设备公司生产的多锤头破碎设备,碎石化技术才开始逐步应用。近几年推广应用较多。

通过国外的研究表明，碎石化技术比冲击压实技术更能彻底消除反射裂缝的出现。

11.2.2 碎石化设备

实施碎石化的设备主要有多锤头破碎机（图 11-1）、共振式破碎机（图 11-2）和 Z 型压路机（图 11-3）。

图 11-1 多锤头压路机

图 11-2 共振式破碎机

国内多锤头破碎机最早是山东省的公路养护设备公司生产。其原理是对设在自走式底盘后部和两排不同质量的锤头，通过分别控制其落锤高度快速冲击破碎旧水泥混凝土路面。

该设备具有以下特点。

(1) 锤头高度可以独立调整，满足不同类型的混凝土路面的破碎，使之达到满意的破碎效果。

(2) 破碎锤头设在底部，设备重量在破碎前加到混凝土路面上，而且一次性破碎即可满足，避免了设备对破碎后混凝土路面的扰动。

(3) 可以在开放交通的情况下半幅路面施工，在安排紧密的情况下，破碎、碾压、摊铺面层可以一次完成，最大限度地减少交通管制的时间，增加了工作区的安全性。

图 11-3 Z 型压路机

路面共振破碎机是一种新型路面破碎机械，用于旧水泥路面破碎。动力采用大功率柴油发动机，驱动与振动采用闭式液压系统，液压泵、马达等关键元器件采用国际知名品牌产品。具有动力强劲，工作可靠等优点。

采用共振技术，调节振动锤头的振动频率接近水泥路面的固有频率，激发锤头下水泥路面局部范围产生共振，使路面内部颗粒间的内摩擦阻力迅速减小而崩溃，轻而易举地将水泥路面击碎。工作锤头上装有专用传感器，感应路面的振动反馈，由电脑自动调节振动频率，从而控制被击碎颗粒大小和破碎深度。其主要特点如下。

(1) 采用高振频、低振幅，破碎效率高，破碎深度大。

(2) 破碎后的碎石尺寸理想均匀，粒度上部较小，下部较大，碎石纹路规则排列。

(3) 可使钢筋混凝土中的钢筋完全与混凝土剥离。

(4) 不损坏路基，不损坏地下设施、不损伤周围建筑物。

(5) 不丢弃原道路材料，将原道路材料再生利用。

(6) 振动影响范围小，施工适应性大，能对市政、机场、港口和重要设施附近的公路进行施工。

(7) 采用小振幅，施工时产生的噪声小，对环境污染小。

Z 型压路机为单钢轮压路机，钢轮外包 Z 型钢箍并通过螺栓固定在压实轮表面。一般自重不小于 10 吨，用于碎石化后的表面碾压。其作用一是对表面有较好的压实效果，有利于表面平整；二是可以保证轮下颗粒不向外挤出。

11.2.3 原理

碎石化技术是将旧水泥混凝土路面破碎成粒径不同的上、中、下三层，其中上层粒径小于 37.5cm，中层粒径小于 22.5cm，上层粒径小于 7.5cm，其顶面和侧面破碎效果如图 11-4所示，使旧水泥混凝土板成为相互咬合嵌挤、紧密结合的新的柔性结构层，其效果类似级配碎石。具有以下特点。

(1) 碎石化后粒径较小，其板体性大大降低，防止反时裂缝的效果比起同样应用于混凝土路面改造项目中的冲击发裂、稳压及增加应力缓冲层等技术更有效。

图 11-4 破碎效果图

(2) 破碎并压实的混凝土路面是由破碎完成后的混凝土块组成的紧密结合、内部嵌挤、高密度的材料层。

(3) 破碎材料具有较强的抗车辙能力和抗剪强度。

(4) 碎石化的混凝土路面不是一般的粉料基层，也并不是处于无应力状态，与一般的密级配粒料相比，水泥混凝土面板在破碎时，混凝土产生侧向体积膨胀，混凝土颗粒的粒径越小，膨胀趋势越大，产生的预应力越大，因此，碎石化混凝土路面可以为 HMA 罩面提供更高的结构强度。

(5) 就地再生，环保无污染。

(6) 施工简便，改造周期短，综合造价低。

一般情况下，在碎石化完成后，在其顶面喷洒 3kg/m^2 左右 50%的慢裂乳化沥青透层油，使表面松散的粒料有一定结合力，上面直接做沥青混凝土面层或水泥混凝土面层，加上原有结构的路面基层和底基层，整体形成了一个类似长寿命路面的结构层。在美国，长寿命路面使用可达 50 年，其面层为车辆荷载的高压应力区，面层下的柔性抗疲劳层为最大拉应变区。目前，河北省大部分工程采取了直接加铺沥青混凝土的方法。如果碎石化后不能直接加铺面层，而作为底基层，再加其他路面基层，经济性不好，可以采用水泥混凝土冲击压实技术方案经济。因此，主要讨论直接加铺沥青混凝土方案的情况。

直接加铺沥青混凝土对原水泥混凝土下及其路面基层有较高的要求，一是要求原路面基层具有较好的完整性、稳定性和强度；二是要求旧水泥混凝土路面具有一定的强度，破碎后的材料也具有一定的强度。这样旧水泥混凝土路面破碎后顶面的回弹模量或弯沉值能够控制在一定的标准，能够满足路面设计的要求。其数值可以通过试验获得，回弹模量可在碎石化后用承载板法(T 0943—2008)测得，碎石化后顶面的弯沉值也可用贝克曼梁测定路基路面回弹弯沉试验方法(T 0951—2008)测得。一般情况下，对于直接加铺沥青混凝土的路面结构，回弹模量平均值宜控制在 150～500MPa。碎石化后的顶面回弹弯沉与回弹模量之间存在联系，在将碎石化后的板块及其下结构层看做同种材料构成的情况下，可以参照路面补强公式得

$$E_t = 1000\frac{2p\delta}{l_o}m_1m_2 \tag{11-1}$$

式中，E_t——碎石化路面顶面的当量回弹模量，MPa；

p——标准车型弯沉测定车的轮胎压力，MPa；

δ——标准车型的轮胎接地当量圆半径，cm；

l_o——原路面计算弯沉，0.01mm；

m_1——用标准轴载汽车在原路面上测得的弯沉值与用承载板在相同压强条件下测得的回弹变形值之比，即轮板比，一般取 1.1；

m_2——原路面当量回弹模量扩大系数，为了安全，取 1.0。

按路面设计标准采用双轮组单轴载 100kN 作为标准轴载，p 取 0.7MPa，δ 取 10.65cm，简化为

$$E_t = \frac{16401}{l_o} \tag{11-2}$$

11.2.4　原路要求

不是所有的旧水泥混凝土路面都适用于碎石化技术，需要考虑旧路的承载能力、病害程度、交通状况和修建及养护历史等。由于直接加铺混凝土要求基层强度较高，旧水泥混凝土路面的基层和底基层要求有较好的承载能力。80 年代修建的灰土基层的水泥混凝土路面碎石化后加铺沥青混凝土难以实现，一般应具有水泥稳定碎石基层或其他粒料类半刚性基层的旧水泥混凝土路面有碎石化直接加铺沥青混凝土的可能。同时要求路面病害控制在一定程度。

1. 原路技术状况要求

根据河北省的实践经验和其他省市的情况介绍，参照美国公路科研部门的研究结果，

旧水泥混凝土路面直接加铺面层的原路技术条件建议如下。

(1) 原路面基层基本无松散,具有较好的整体性,以保证面层碎石化后,其顶面回弹模量不小于 250MPa。建议原路面总厚不小于 55cm,路面基层为水泥稳定碎石或二灰碎石结构。

一般要求碎石化后顶面弯沉要求在 150～500MPa,经过路面结构计算,当顶面弯沉小于 250MPa 时,作为路面基层,直接加铺沥青混凝土方案不够经济;如作为底基层,需要加铺半刚性基层和面层,同样存在造价较高的问题。因此,建议顶面回弹模量不小于 250MPa。如不能达到要求,可采用其他再生方法。

(2) 路面病害 PCI 应处于 50%～70%,;

(3) 路面脱空率 30%～50%;

(4) 面层弯沉大于 45(0.01mm),符合要求的测点占 30%～50%;弯沉指标是指旧水泥混凝土板边的弯沉值,是评定旧水泥混凝土路面承载力和脱空的指标之一,与碎石化后的路面回弹弯沉并无直接关系。碎石化后顶面弯沉的测试点随机抽取,并不固定在板边。且碎石化后的顶面弯沉一般比原路所测值较大,主要原因是板破碎后失去了整体和荷载传递的性能。

(5) 原路面破碎后,其粒料力学性能满足规范要求。主要是压碎值和磨耗值。

2. 技术状况检测方法

1) 旧水泥混凝土路面和基层强度和承载能力调查方法

旧水泥混凝土路面的强度和抗压回弹模量可用钻孔取芯法取得试件,用水泥混凝土圆柱体抗压弹性模量试验方法(T 0557—2005)测得抗压回弹模量,用水泥混凝土圆柱体劈裂抗拉强度试验方法(T 0561—2005)测得劈裂抗拉强度,以确定旧水泥混凝土路面的强度。同样,旧水泥混凝土路面基层可用钻孔取芯法取得试件,利用《公路工程无机结合料稳定材料试验规程》(JTG E51—2009)中无机结合料稳定材料室内抗压回弹模量试验方法(T 0808—1994)测得抗压回弹模量。

2) 路面病害调查方法

目前,水泥混凝土路面病害调查方法主要以人工为主,虽然国内外在路面病害自动采集和识别方面取得了较多进展,但其准确程度还难以达到要求。有的也有采用病害自动采集,人工辅助识别的方法。旧水泥混凝土路面病害的识别标准和计算方法按《公路技术状况评定标准》(JTH H20—2007)进行。

3) 旧水泥混凝土板脱空调查

对于明显的板底脱空,可以通过是否存在错台、唧泥现象判断,也可以根据敲击的声音确定。对于隐性的脱空和脱空的程度,检测方法主要以贝克曼梁、FWD、探地雷达为主。探地雷达检测后的判断方法,主要通过对检测图像的分析,目前还没有明确的技术指标和判断标准。

利用弯沉测试时,测试方法可根据《路基路面现场测试规程》(JTG E60—2008)进行。我国的实践经验规定,弯沉值超过 0.2mm 的,应确定为板块脱空。

美国 ASSHTO 采用了多级加载截距法。根据 FWD 的检测结果回归到不同荷载作用下弯沉盆中心处弯沉值和荷载的线性关系，用进一步计算得到回归线的截距值作为判断依据。与 0.05mm 标准比较，大于标准的认为是脱空，小于标准的认为是不存在脱空。其示意图如图 11-5 所示。

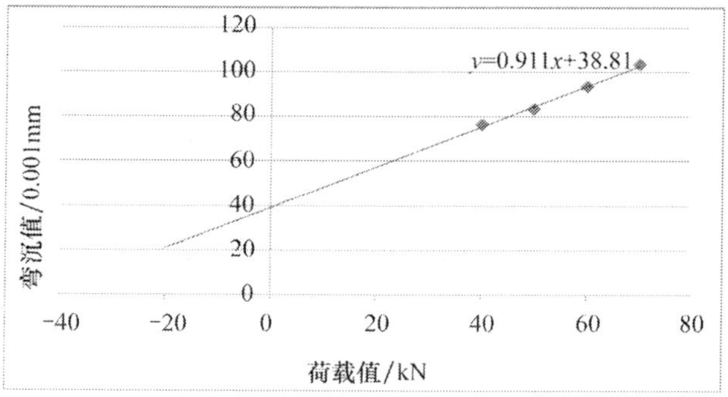

图 11-5　FWD 截距法计算示意图

美国 ASSHTO 采用的另一种方法是弯沉盆夹角法。根据弯沉盆曲线图，对距 FWD 承载板中心 30cm 与 180cm 位置的弯沉值连线，该线与水平线的夹角与标准值 22°进行比较，大则是板底存在脱空，否则不存在脱空。

2000 年后，在石家庄市利用 SWS-2 型多波列振动映象与工程检测系统，采用振动频率作为判定标准，对旧水泥混凝土路面脱空进行了研究，取得了一定的经验，可供参考。

(1) 检测路段。振动映象检测路段为 107 国道(新乐段)K220＋250～K227＋250、107 国道(石家庄段)K285＋500～K288＋100；307 国道(石家庄段)K314＋720～317＋100、K290＋200～K297＋700；301 省道(石家庄段)K3＋650～K7＋200；302 省道(无极段)K21＋000～K24＋200、K26＋000～K28＋650、K29＋000～K33＋200、K41＋430～K44＋000、K46＋000～K48＋250。累计检测总长度 37.87 千米。

其中，302 省道(无极段)曾于 2000 年用压浆加固方法进行了处理；301 省道(石家庄段)是 1999 年新修道路；107 国道(石家庄段)、307 国道(石家庄段)已使用一定年限，未进行加固处理；107 国道(新乐段)正在进行压浆加固处理，部分路段在测试前已做压浆处理。

(2) 检测设备。SWS-2 型多波列振动映象与工程检测系统。

(3) 检测方法。测试时将传感器用黄油与路面粘接，以保持振动信号的有效接收。面波测试时接 6 道传感器，振动映象接一道且连续设置采样道 60～100 道。传感器与检测车上的主机相连，用 20 磅锤敲击路面，仪器会自动将信号记录下来。

在路面瞬态激振产生的振动信号中，包含丰富的路面和路基状况信息。瞬态振动信号中包含瑞雷波、纵波、拉夫波等，对这些信号进行反演分析，可获得下部介质的波速，通过相关分析，可检测路基的施工质量；当路面与其下层出现脱空现象时，在表面激振时，还将出现共振现象，通过傅氏变换，将采集的时域振动信号转换到频率域中，根据幅频特征分析，可实现脱空部位检测。

(4) 资料处理。对于单道检波器采集的时域振动信号 $f(t)$，通过傅氏变换可获得频率域中的幅频值：

$$F(\omega)=\int_{-\infty}^{\infty}f(t)\mathrm{e}^{-i\omega t}\mathrm{d}t \tag{11-3}$$

在多道检波器接收到由瞬态振源产生的有序波形中，瑞雷波传播速度是由瞬态激振所产生的一定频带宽度的不同频率成分的瑞雷波所合成的群速度，为了获取相速度的频散曲线，就必须对时间域的瑞雷波进行必要的数学处理。

若地面布置有 n 个检波器，道间距为 Δx，其记录到的时间域瞬态瑞雷波信号为 $f_1(t),f_2(t),\cdots,f_n(t)$，根据傅氏变换，其频谱为

$$F_j(\omega)=\int_{-\infty}^{\infty}f_j(t)\mathrm{e}^{-i\omega t}\mathrm{d}t \quad (j=1,2,\cdots,n) \tag{11-4}$$

对任意相邻两道 $f_j(t),f_{j+1}(t)$，其自功率谱为

$$S_{jj}(\omega)=F_j(\omega)\cdot F_j^*(\omega) \tag{11-5}$$

$$S_{(j+1)(j+1)}(\omega)=F_{j+1}(\omega)\cdot F_{j+1}^*(\omega) \tag{11-6}$$

其互功率谱为

$$\begin{aligned}S_{(j+1)j}(\omega)&=F_{j+1}(\omega)\cdot F_j^*(\omega)\\&=|F_{j+1}(\omega)|\cdot|F_j^*(\omega)|\mathrm{e}^{-i\Delta\psi(\omega)}\end{aligned} \tag{11-7}$$

式中，$F_j^*(\omega),F_{j+1}^*(\omega)$——$F_j(\omega),F_{j+1}(\omega)$的复共轭谱。

由振动理论可知，相位转过 2π 所对应的时间为周期 T，这样瑞雷波从 j 点行至 $j+1$ 点所需的时间 t 为

$$t(f)=\left[\frac{\Delta\psi(f)}{2\pi}\right]\cdot T=\frac{\Delta\psi(f)}{2\pi f} \tag{11-8}$$

由于瑞雷波沿两点传播的路径为直线，其传播速度为

$$V_{\mathrm{R}}(f)=\frac{\Delta x}{t(f)}=\frac{2\pi f\Delta x}{\Delta\psi(f)} \tag{11-9}$$

式中，$V_{\mathrm{R}}(f)$——频率为 f 的瑞雷波的相速度。

根据式(11-7)与式(11-9)，只要知道道间距和每一频率的相位差，就可求出每一频率的相速度，从而可以得到勘探地点的频散曲线。通过正反演拟合，可实现瑞雷波速度检测。

在实际工作中，可用瑞雷波速度 V_{R} 测试压实度。在弹性理论中，密度 ρ 与横波速度 V_{S} 有如下关系：

$$V_{\mathrm{S}}=\sqrt{\frac{G}{\rho}} \tag{11-10}$$

式中，G——剪切模量，MPa。

介质密度是介质孔隙度的函数，孔隙度降低，使 ρ 增大，同时 G 也增大，但剪切模量 G 的增大要比密度 ρ 的增长快得多，结果导致波速随密度的增大而增大。根据理论分析，土层瑞雷波速度 V_{R} 与剪切波速 V_{S} 非常接近，其误差通常小于 5%。因此，面波速度随深度的变化实际上反映了剪切模量随深度的变化。

研究结果表明，当路面与路基状况良好时，振动信号将呈现高频特征；当面层存在

脱空现象时，振动信号将呈现低频特征，且振动幅度较大，衰减较慢。存在脱空或路基强度较低路段的主频值通常小于 50Hz，路基路面良好状态时主频值通常大于 200Hz，当检测到有低于 50Hz 与高于 200Hz 两个振动基频同时存在时，板下存在轻微脱空。如图 11-6～图 11-9、表 11-2～表 11-3 所示。

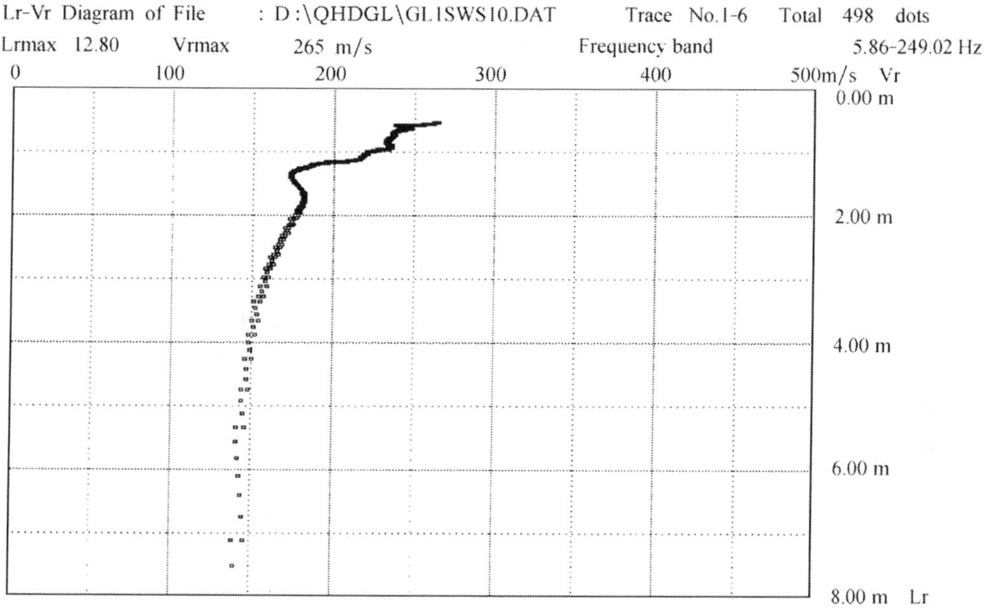

图 11-6　面波频散曲线

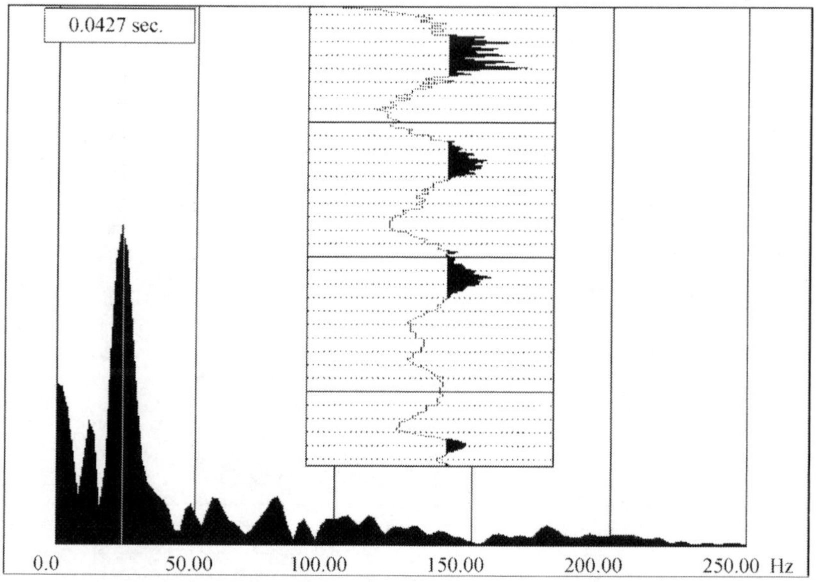

图 11-7　存在脱空时的时域振动波形及频谱特征

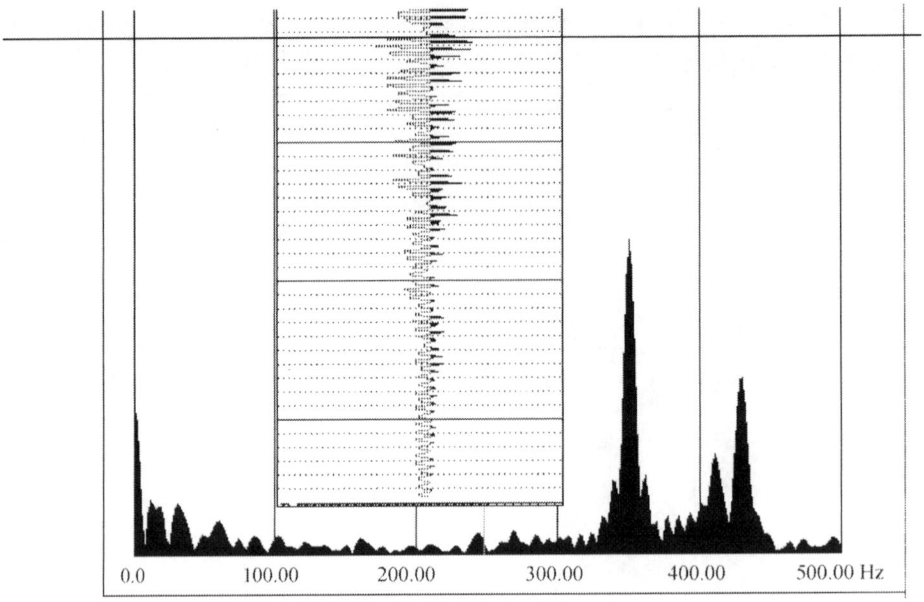

图 11-8　无脱空时的时域振动波形及频谱特征

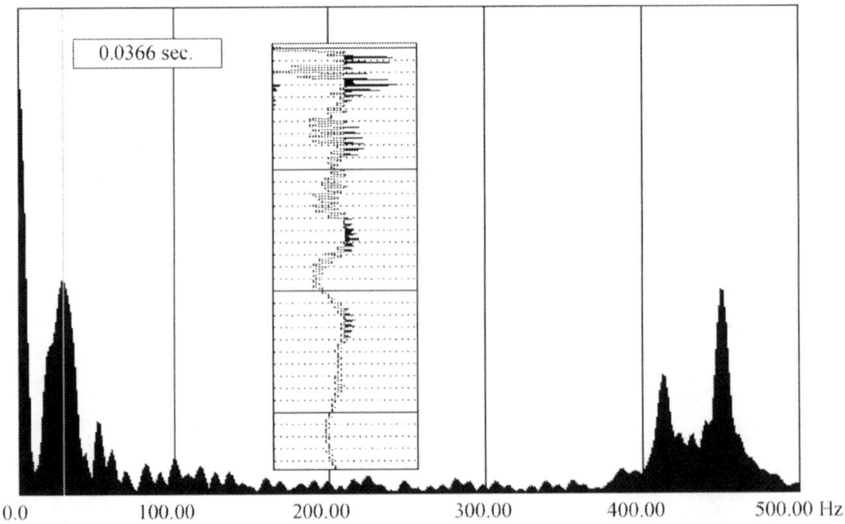

图 11-9　轻微脱空时的时域振动波形及频谱特征

表 11-2　307 国道(石家庄市区段)

路　段	脱空道数	总测道数	脱空率/%	总体脱空率/%
K314＋720～K317＋100	21	70	17.10	67.80
K297＋700～K293＋340	57	70	61.40	
K293＋300～K290＋200	55	56	83.90	

表 11-3　302 省道(无极段)

路　段	脱空道数	总测道数	脱空率/%	总体脱空率/%
K21+000～K24+200	52	70	54.30	71.60
K26+000～K28+650	66	70	67.10	
K29+000～K33+200	57	90	40.00	
K40+000～K41+400	56	70	42.80	
K41+430～K44+000	40	70	32.80	
K46+000～K48+250	44	70	30.00	

4) 弯沉检测可用贝克曼梁进行现场测定

可视情况每 2～4 块板选一测点，弯沉仪测点与支座应放在同一板块的接缝处，在横向接缝板边距板角 30～50cm 处测定弯沉。混凝土板承载能力的评价宜用横向接缝两边的平均弯沉值。

$$D = \frac{D_u + D_z}{2} \tag{11-11}$$

式中，D——平均弯沉值，0.01mm；

D_u——未受荷板接缝边缘处的弯沉值，0.01mm；

D_z——受荷板接缝边缘处的弯沉值，0.01mm；

11.2.5　多锤头碎石化施工工艺

1. 施工工艺探讨

碎石化施工工艺主要考虑两个方面：一是碎石化对道路内构造物和沿线构造物的影响，保证原有设施的安全；二是如何调整设备，达到理想的碎石化效果。

1) 碎石化工艺对构造物的影响

(1) 碎石化施工会对路面两侧的构造物造成振动影响，碎石化冲击产生的能量以波的形式通过地基从波源向外传播，并随着传播衰减，其振动参数与振动能量、振源距离、地质、地形等条件有关。应通过试验确定施工时水平方向的安全距离，以保证两侧构造物的安全。

我国目前没有施工振动影响的标准，根据《建筑振动工程手册》有关振动的影响和允许振动标准的建议，以振动加速度小于 1.0m/s^2，振动速度小于 10mm/s 为安全标准。

测试设备主要有压电加速度传感器、电压滤波积分放大器、智能信号采集分析仪和笔记本电脑。

测试路边振动衰减时，测试点应放在有一定强度的地面上，传感器根据需要放置。现场测试时传感器间距可按 0.5～2m 设置，选择不同的横断面形式，如带排水沟和不带排水沟等。

利用《水泥混凝土路面再生利用关键技术》中广东省 G105 国道的测试数据如表 11-4～表 11-5 所示。

表 11-4　加速度峰值测试结果　(单位:m/s^2)

断面类型	距离破碎机的距离					允许范围
	0.5m	3m	5m	7m	10m	
A 断面	4.4	1.12	0.06	0.05	0.02	<(1.0)
B 断面	4.62	1.36	0.08	0.06	0.04	
C 断面	4.73	2.15	0.87	0.09	0.05	

表 11-5　速度峰值测试结果　(单位:mm/s)

断面类型	距离破碎机的距离					允许范围
	0.5m	3m	5m	7m	10m	
A 断面	20.01	15.31	7.58	1.88	0.07	<(10)
B 断面	15.1	7.22	8.14	2.47	0.16	
C 断面	22.62	16.12	11.51	7.12	3.29	

注:A 断面路基外侧有排水沟且排水沟上有盖板
B 断面路基外侧有排水沟但盖板
C 断面路基外侧无排水沟

通过表中实测数据可以看出,C 断面振动情况最为明显,B 断面次之,A 断面振动最弱。说明排水沟具有明显的减振作用。有排水沟时,安全距离可取 5m,无排水沟时,安全距离可取 7m。

(2) 碎石化施工对埋置在路面下构造物的影响。试验方法与上述方法相同,只是传感器所放位置是在埋深方向。但实际上由于是旧水泥混凝土路面,传感器在埋深方向上比较困难。参考路基土的冲压试验过程,考虑旧水泥混凝土路面及路面基层结构对荷载的扩散作用,碎石化对路基的冲击作用有限,通过现场的观察和已实施的效果,对埋深在 1m 以下的构造物有影响,但一般不会危及其安全。

2) 通过试验段确定设备的工作参数

碎石化设备作为一种施工机械,其锤重是固定的,可以控制的指标主要有落锤高度和锤迹间距。这两项指标决定了重锤在原水泥混凝土板块平面上的锤击位置分布特征和每个锤击位置上作用的冲击能大小,从而最终决定了破碎后结构层在整个厚度范围内的粒径分布特征以及力学性质。

(1) 破碎效果影响试验段布置情况见表 11-6。将试验段选在 K140+460～K140+680 的行车道上进行,将该路段分为五个小段落,落锤间距保持 8cm 不变,落锤高度以 0.05m 的级差从 1.10m 变化到 1.30m。然后固定落锤高度,落锤间距以 1cm 的级差从 5cm 变化到 11cm。

表 11-6　破碎效果影响试验段布置情况表

落锤高度/m	落锤间距/cm	破碎车道	破碎区间
1.10	6	行车道	K140+460～K140+480
1.15	6	行车道	K140+480～K140+500
1.10	6	行车道	K140+500～K140+520
1.15	6	行车道	K140+520～K140+540

续表

落锤高度/m	落锤间距/cm	破碎车道	破碎区间
1.20	6	行车道	K140＋540～K140＋560
1.10	5	行车道	K140＋560～K140＋580
1.10	6	行车道	K140＋580～K140＋600
1.10	7	行车道	K140＋600～K140＋620
1.10	8	行车道	K140＋620～K140＋640
1.10	9	行车道	K140＋640～K140＋660
1.10	10	行车道	K140＋660～K140＋680
1.10	11	行车道	K140＋680～K140＋700

(2) 试坑选在 K140＋460～K140＋700 的行车道上。观察开挖到基层的试坑可以发现，上层的颗粒较小，大致在 8cm，下层的颗粒大致在 28cm。当固定落锤间距，变化落锤高度时，表面松散层厚度随落锤高度增大而减小，当落锤间距减小至 5cm 时，水泥混凝土板块表面的松散颗粒因过密的落锤间距而挤出。碎石化效果图见图 11-10。

图 11-10　碎石化效果

(3) 落锤高度对碎石化层顶面回弹模量的影响。

① 落锤间距不变，随着落锤高度的增大，碎石化层顶面回弹模量变化较小。落锤高度从 110cm 变化到 130cm，回弹模量仅变化了 5%，先由小到大，在 110cm 左右达到最高值，随后降低，如图 11-11 所示。

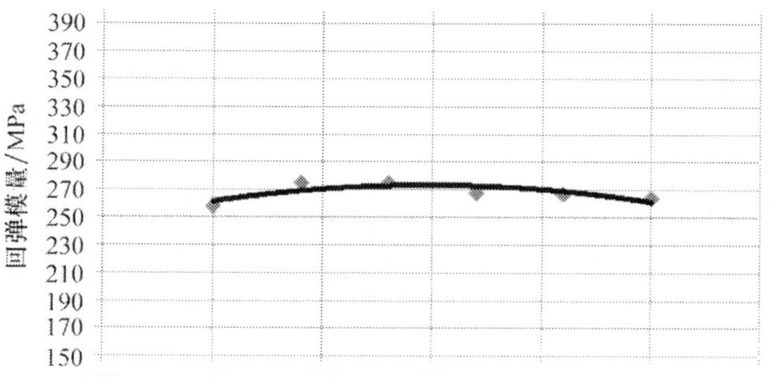

图 11-11　回弹模量随落锤高度变化图

② 落锤高度不变，随着落锤间距的增大，碎石化顶面的回弹模量也增大，如图 11-12 所示。

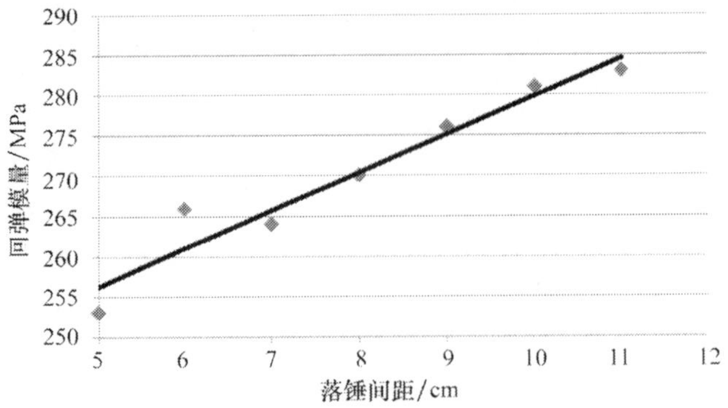

图 11-12 回弹模量随落锤间距变化图

③ 碎石化层顶面强度的均匀性随着落锤高度的变化而变化。当落锤间距取 6cm 不变时，其强度变异性变化如图 11-13 所示。

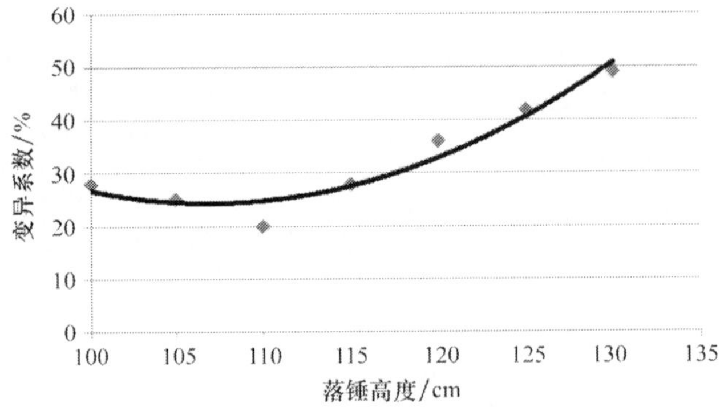

图 11-13 回弹模量变异系数随落锤高度变化图

④ 碎石化层顶面强度的均匀性随着落锤间距的变化而变化。当落锤取高度 120cm 不变时，其强度变异性变化如图 11-14 所示。

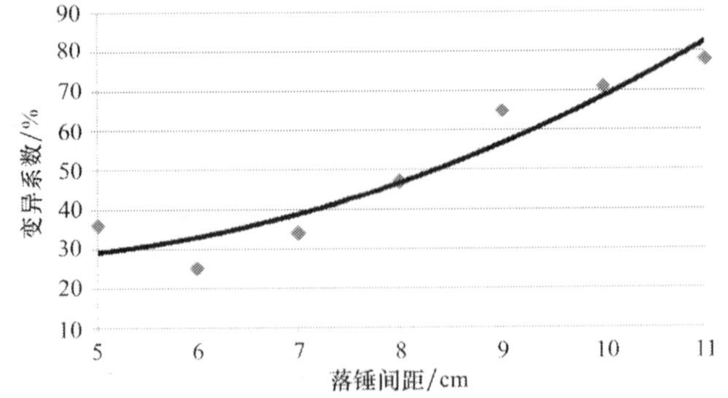

图 11-14 回弹模量变异系数随落锤间距变化图

根据现场试验结果，通过对粒径、回弹模量和回弹模量变异系数的研究，确定落锤高度为 120cm，落锤间距为 6cm。

(4) 碎石化施工时还应注意利用落锤势能和落锤从路面反弹时的能量，调整液压缸的工作状态，使落锤降落与设备支配落锤下落同步，落锤反弹与设备支配落锤上升同步，效果会更好。也能更好地保护设备。不同路段就根据路面的强度进行调整。

2. 施工工艺

根据施工工艺的探讨和一些施工经验，建议施工程序如下。

1) 施工前准备

(1) 对沿线不宜实施碎石化的路段进行标注。对于埋深 1m 以上的构造物的路段可以正常破碎；对于埋深 0.5～1m 的构造物的路段可降低落锤高度，降低破碎强度；对于小于 0.5m 和桥梁上面则禁止破碎，采取其他方法处理。

对于路肩外侧有建筑物的路段也应进行测量和标注，以避免损坏建筑物。对 7m 以外的建筑物影响不大，可正常施工。小于 7m 的建筑物路段可通过降低落锤或在路侧开挖边沟等措施减少对建筑物的影响。

(2) 与桥梁连接段应标明破碎的位置，一般可以破碎到桥头搭板的后端，或根据路面设计线的高程破碎到指定位置。

(3) 施工前将原路面进行彻底清扫，并务必清除原路面及路缘石的污染物(包括嵌缝料)。这些材料的存在，将会影响到透层施工效果。

(4) 在破碎前应保证施工路段明流水和渗透水排水通畅。

(5) 交通管制。

由于碎石化后的路面在没有摊铺完沥青混凝土面层之前不允许开放交通，所以对交通管制的要求比较严格，建议在条件允许时一次性全封闭施工段落；若条件不允许，应至少实行半封闭施工。

2) 试验路段

按施工工艺探讨的方法通过试验路段确定相应参数。

(1) 选择有代表性的路段作为试验段，长度不小于 200m。

(2) 通过调整落锤高度、锤迹间距调整破碎效果和对回弹模量的影响。一般情况下，当锤间距不变，落锤高度由小到大时，其顶面回弹模量变化不大，但破碎的均匀性变差；当落锤高度不变，落锤间距小到大时，其顶面回弹模量随间距增大而增大，其破碎均匀性更加均匀。但落锤间距不可能过大，否则破碎块度大到一定程度，其结构原理发生变化，失去了破碎的意义。因此，需要通过试验确定出落锤高度、间距和破碎顶面的回弹模量、均匀性达到一个最佳点。另外，破碎效果还取决于破碎机的工作速度和被破碎路面的强度。

(3) 随机选取独立位置，开挖大于 1m×1m 的试坑，度坑不能选择在有横向接缝或工作缝的位置。路面破碎粒径应在全深度内检测，直到破碎效果满足要求。试坑应用密级配碎料回填并压实至要求。

(4) 通过试验段破碎，最终符合要求的破碎设置应记录备查，并应用于该工程。

(5) 根据病害调查和强度及承载能力试验结果，结合试验路段情况，在施工过程中不断地进行小的调整以确保结果满足要求。

3) 碎石化施工

(1) 利用试验路段确定的破碎机参数将破碎机落锤高度、锤迹间距调整到位。

(2) 从外车道向内侧车道破碎，尽量从高处向低处破碎；两幅破碎一般要保证10cm左右的搭接宽度。

(3) 清除原路的填缝料、胀缝材料，切除暴露的加强钢筋。

(4) 对碎石化后明显下凹的地方采用级配碎石进行填充处理。

(5) 用Z型压路机碾压1～2遍，用单钢轮振动轮压路机碾压1遍。

(6) 进行回弹模量或弯沉测试，对比回弹模量较小或弯沉值较大的地方挖开重新处理，直到符合承载要求。

(7) 在顶面喷洒3kg/m^{2}左右50%的慢裂乳化沥青透层油，然后在表面均匀撒布厚度为0.5～1.0cm的石屑，用光轮压路机确定。

(8) 破碎后的水泥混凝土路面不得开放交通，施工车辆也尽量选用轻型车辆。

11.2.6　共振碎石化施工工艺

1. 施工工艺探讨

1) 共振碎石化与多锤头碎石化施工工艺的对比

共振破碎技术克服了重锤冲击式破碎法的不足，并带来了在水泥路面破碎改造工程中意想不到的好处。

(1) 破碎后的碎石尺寸理想、均匀。由于共振破碎力发生在整个水泥板块厚度范围内，能使板块较均匀地分裂，通过微调振动频率，改变振动的力度，可使破碎后的碎块尺寸达到3～8英寸(8～20cm)的较理想尺寸。

(2) 破碎后的粒度上部较小，下部较大。由于振动力是由面板上部向下部传递的，振动锤并不在一个点上连续振动，而是快速向前移动，所以振动在混凝土中存在衰减梯度，从而使上部的破碎粒度较小，下部的破碎粒度较大。这样的结构带来了很大好处，首先是小粒度可更好地消除反射裂缝，同时下部的较大的粒度提高了路基的承载能力；其次是上部小粒度有利于路面渗水的横向排除，下部的大粒度又可起到阻止渗水向下渗透的作用。

(3) 破碎后的碎石纹路规则排列，并与路面形成35°～40°夹角。共振破碎的工作锤头在激发路面共振的同时快速向前移动，冲击的合力指向前下方，从而使振碎的裂纹与路面形成了一定的夹角。这一夹角可使碎石块之间相互嵌合，经压实后相互啮合得更紧，从而使碎石层起到更好的砾石稳定层的作用。而普通重锤冲击式破碎方法的冲击力是垂直向下的，碎石裂纹也只能是大致垂直于路面的，这不利于稳定层的承重与稳定。如图11-15所示。

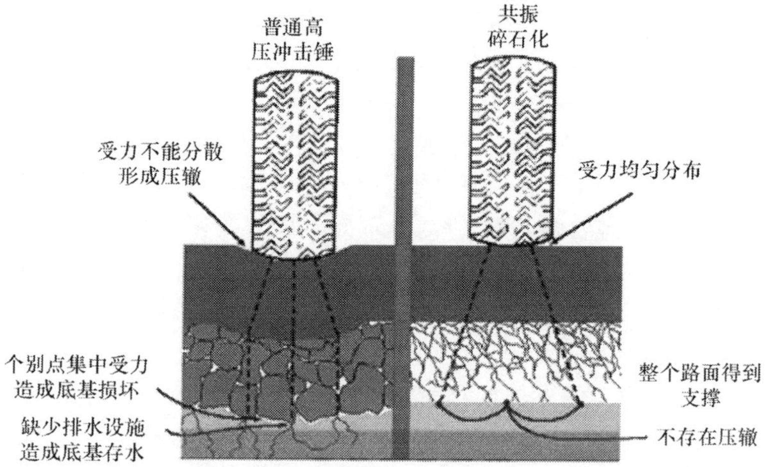

图 11-15　多锤头碎石化与共振碎石化对比图

(4) 破碎深度可控制，不冲击路基，保证路基下的管线设施完好无损。共振式破碎机通过调节振动频率和振幅，即可控制破碎的深度。因为它是在以试图接近混凝土的固有频率振动，在发生共振的瞬间，锤头就向前运动了，垂直向下的冲击力很小，而且面板下边的材料为非混凝土，不会与之共振，所以避免了对路基的冲击，路基下的其他管线设施自然就不会受到影响了。路基不受冲击，保持了原有路基的平整度和密实度的均匀性。而普通的重锤冲击式破碎方法的冲击力垂直向下，要以路基为依托打碎面板，所以冲击力通过面板直接传递给路基。为将面板底部击碎，巨大的重锤会使路基受到严重冲击，破坏了原有路基的平整度和密实度的均匀性，并且会使地下管线及其他设施受到影响。

(5) 可使钢筋混凝土中的钢筋完全与混凝土剥离。共振破碎技术使振动发生在水泥板块内部，对于钢筋混凝土，钢筋的固有频率与水泥混凝土有异，从而使钢筋很容易与水泥碎块完全剥离。实际效果也证明，共振破碎后的钢筋网确实与原有水泥彻底脱离。如果钢筋串起了大大小小的混凝土块，就必然引起局部应力集中，造成反射裂缝。普通重锤冲击破碎工艺要想使钢筋网与水泥碎块脱离，难度是非常大的。

(6) 振动影响小，施工适应范围大。共振破碎技术是工作头与局部水泥板块之间的振动，高频低幅，振动波衰减很快，传递范围很小，一般不会影响到施工点附近 2～3m 外的构件。而重锤冲击式的振动力是非常大的，它可通过路基波及施工周围的建筑，所以施工前应做一定的防范，一般 20m 之内不应有振动敏感型建筑物。所以共振破碎技术的应用范围比较广，市政、机场、港口、重要设施附近的公路等对振动级别有要求的地方，采用共振技术可很好地解决问题。

(7) 噪声小，不扰民。共振破碎的振幅较小，锤头与路面共振破碎所产生的噪音还没有机器发动机的噪音大。而低频高幅的重锤冲击式破碎法就不同了，它的振动噪声和振动波一样传递很远，影响较大。

(8) 破碎深度大。通过调节振动频率和振幅，共振破碎设备可使破碎深度达到 660mm。完全满足一般机场跑道、停机坪和一些港口码头水泥面板的破碎改造任务。

(9) 施工效率高。共振破碎机的生产率可达 10000 平方码/天(即每天 8360m^2)。由于其工作点很窄,在公路上施工时,可单车道施工,不用断绝交通,每天可完成 2km 左右的破碎工作。

共振碎石化工艺与多锤头碎石工艺相比,也存在一些缺点。

(1) 由于碎石化粒径较小,旧水泥混凝土板应力基本释放,所以碎石化后顶面回弹模量较小,加铺路面结构时需要的路面较厚,也可能不能直接作为基层应用,造成应用方案不经济。

(2) 对于较好的路面或与基层结合很好的路面,振动频率较高,共振不宜实现。

2) 通过试验段确定设备的工作参数

(1) 在路面碎石化施工正式开始之前,应根据路况,在有代表性的路段选择宽 4m(或一个车道)的路面作为试验段。根据经验逐级调整破碎参数对路面进行破碎。目测破碎效果,当碎石化后的路表呈鳞片状时,表明碎石化的效果能满足规定要求,记录此时采用的破碎参数。

(2) 为了确保路面被破碎成规定的尺寸,在试验段内随机选取两个独立的位置开挖 1m^2 的试坑,试坑的选择应避开有横向接缝或工作缝的位置。试坑应开挖至基层,以在全深度范围内检查碎石化后的颗粒是否在规定的粒径范围内。如果破碎的混凝土路面粒径没有达到要求,那么应提高设备控制参数,并相应增加试验段。循环上一过程,直至混凝土路面粒径满足要求,并记录此时的碎石化参数备查。在正常碎石化施工过程中,应根据路面实际状况对破碎参数不断做出微小调整。

2. 共振碎石化施工工艺

基本与多锤头碎石化施工工艺程序相同,只是参数有所不同。

11.2.7 质量控制

碎石化施工主要从两个方面进行质量控制:一是破碎后粒径应符合要求;二是承载力(用回弹模量或弯沉表示)符合要求。

1. 粒径要求

碎石后料径要求见表 11-7。

表 11-7　碎石后料径要求

位置	上层(1/3 板厚)	中层(1/3 板厚)	下层(1/3 板厚)
粒径标准/cm	<7.5	<22.5	<37.5
保证率/%	75	75	75
查检方法和频率	直尺,20m 一处	直尺,试验段 50m 一处,正常施工不均匀时抽检 5%	直尺,试验段 50m 一处,正常施工不均匀时抽检 5%

2. 承载能力要求

碎石化后的顶面回弹模量控制在 250～500MPa,小于 250MPa 时进行相应处理。

11.2.8　直接加铺沥青混凝土设计

1. 直接加铺沥青混凝土设计探讨

确定碎石化后的顶面回弹模量后，就可以按《沥青路面设计规范》的规定进行补强设计。

当以路表回弹弯沉作为设计指标时，其路表计算弯沉为

$$l_s = 1000\frac{2p\delta}{E_1}\alpha_c F \tag{11-12}$$

式中，l_s——路表计算弯沉值，0.01mm；

F——弯沉综合修正系数；

α_c——理论弯沉系数；

E_1——材料抗压回弹模量，MPa；

其他符号意义同上。

根据沥青路面设计原理，l_s（路表计算弯沉值）$\leqslant l_d$（路表设计弯沉值）

$$l_d = 600Ne^{-0.2} \times A_C \times A_s \times A_b \tag{11-13}$$

式中，l_d——设计弯沉值，0.01mm；

Ne——设计年限内一个车道累计当量轴次（次/车道）；

A_C——公路等级系数，高速公路、一级公路为 1.0，二级公路为 1.1，三、四级公路为 1.2；

A_s——面层类型系数，沥青混凝土路面为 1.0，热拌和冷拌沥青碎石、沥青贯入式路面、沥青表处为 1.1；

A_b——路面结构类型系数，半刚性基层沥青路面为 1.0，柔性基层沥青路面为 1.6。

当以沥青层的层底拉应力为设计指标时

$$\sigma_m \leqslant \sigma_R \tag{11-14}$$

$$\sigma_m = p\overline{\sigma_m} \tag{11-15}$$

式中，$\overline{\sigma_m}$——理论最大拉应力系数。

$$\sigma_R = \frac{\sigma_s}{K_s} \tag{11-16}$$

式中，σ_R——路面结构层材料的容许拉应力，MPa；

σ_s——沥青混凝土的极限劈裂强度，MPa；

K_s——抗拉强度结构系数。

对沥青混凝土层的抗拉强度结构系数为

$$K_s = 0.09Ne^{0.22}/A_C \tag{11-17}$$

式中，Ne——设计年限内一个车道累计当量轴次（次/车道）；

A_C——同上。

加铺沥青混凝土面层也可采用美国各州认可的 AASHTO 沥青路面设计方法。碎石化后利用路面结构数 SN 和结构层系数 a_i 的概念确定沥青混凝土加铺层的厚度。

$$SN = \sum_i a_i \cdot D_i \tag{11-18}$$

式中，D_i——对应结构层厚度。

沥青混凝土加铺层厚度 D_1 为

$$D_1 = \frac{SN_1}{a_1} = \frac{SN - SN_{eff}}{a_1} \tag{11-19}$$

式中，SN_{eff}——碎石化后路的有效结构数。

$$SN_{eff} = \alpha_2 D_2 m_2 + \alpha_3 D_3 m_3 \tag{11-20}$$

式中，α_2、α_3——碎石化层和原路面基层的结构层系数；

D_2、D_3——碎石化层和原路面基层的结构层厚度；

m_2、m_3——碎石化层和原路面基层的结构层排水系数。

结构层系数的关键参数仍然是回弹模量，回弹模量的测量方法与前面相同。排水系数在 AASHTO 沥青路面设计方法中有推荐值。

2. 设计时应注意的问题

(1) 回弹模量平均值要求在 250～500MPa，部分原路面水泥混凝土材料较好时，回弹模量会更大，现场测试中出现个别值在 600MPa、700MPa 的情况，进行上部结构设计时，必须将弯拉指标作为主要设计指标；

(2) 等级较高的公路上，碎石化层上的沥青混凝土结构一般不宜小于 12cm；

(3) 上面层必须密级配防水型沥青混合料；

(4) 必须完善排水设施；

3. 破碎后顶面的回弹模量值

可按《公路沥青路面设计规范》的原理，利用专用设计程序(如 HPDS)计算和设计。

11.2.9 效益分析

1) 经济效益分析

以标准二级公路正港线为例，以每千米为单位，以挖除旧水泥混凝土路面重建为标准，进行比较。重建方案与加铺方案如图 11-16 所示，两方案经济比较见表 11-8。

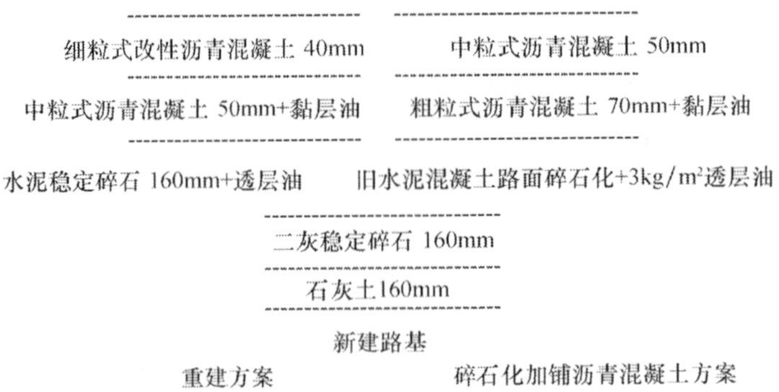

图 11-16　重建方案与加铺方案对比

表 11-8　方案经济比较

挖除重建	单价/(元/m²)	合价/万元	直接加铺	单价/(元/m²)	合价/万元
40mm 沥青混凝土	40	48.00	50mm 沥青混凝土	48	57.60
50mm 沥青混凝土	48	57.60	70mm 沥青混凝土	64	76.80
160mm 水稳碎石	27	32.40	$3kg/m^2$ 透层油	14	16.80
160mm 二灰碎石	26	31.20	碎石化	18	21.60
160mm 石灰土	20	24.00			
路基处理	10	12.00			
旧水泥面挖除	16	19.40			
合计		224.60			172.8

每公里造价可降低 23%。

2）资源、能源节约分析

根据结构对比可以计算得出，每千米标准二级公路可节约石子、砂子 $3600m^3$，水泥 430 吨，土方 $1900m^3$，石灰 460 吨，还可节约了用水，节省了大量资源和能源。

3）减少环境污染

碎石化工艺利用了旧水泥混凝土路面，减少旧水泥混凝土破碎块约 $2880m^3$，避免废弃而污染环境。

4）交通影响分析

重建方案需要断交施工，施工周期较长。直接加铺沥青混凝土方案可不断交施工，其施工周期只有重建方案的五分之一。交通影响较小，具有更好的社会效益。

11.2.10　案例

先后于 2010 年对省道 302 线 K10＋900～K48＋650 段、国道 107K269＋200～K272＋450段和 2011 年对省道 393 线 K140＋460～K144＋400 段，共计 106240 平方米水泥路面进行了多锤头碎石化工艺施工。在石太高速进行了共振碎石化施工。

1. 多锤头碎石化施工工艺案例

1）案例概况

本段大修工程起点位于京港澳高速公路高邑县连接道口，桩号 K140＋460，终点位于高邑南立交桥，桩号为 K144＋840，全长 4.380km。路线经过高邑县，该路段公路等级为二级。快车道 K140＋460～K144＋400 段路面宽 16m，两侧各 5m 绿化带，K144＋400～K144＋840 段路面宽 7.7m；慢车道 K140＋460～K144＋400 段路面宽 5m、K144＋400～K144＋800 段路面宽 5.5m，郑昔线与 G107 互通立交两侧匝道各长 300m，路基宽 12m，路面宽 12m。

原路面结构：全线快车道原路面为水泥路面，现路面结构自上而下依次为 26cm 水泥混凝土面层、15cm 水泥稳定碎石基层、18cm 水泥稳定土底基层；

公路的修建时间及维修历史：省道郑昔线始建于 1971 年，该段于 2007 年进行了大修。

2）交通量分析预测

该段公路所通达区域内，随着经济的飞速增长，该段公路的交通量猛增。根据省道郑昔线西大营观测点近 3 年观测的交通量值，按照公路工程技术标准(JTG B01—2003)表 2.0.2 折算成小客车如表 11-9 所示。

表 11-9　交通量车辆组成情况表

年度	折算值/所占比例	小型货车	中型货车	大型货车	特大型货车	小型客车	大型客车	拖挂车	合计
2007	折算值	820	918	1006	706	1073	392	196	5111
	占比例	16%	18%	20%	14%	21%	8%	4%	100%
2008	折算值	978	1009	1267	792	1122	401	205	5774
	占比例	17%	17%	22%	14%	19%	7%	4%	100%
2009	折算值	1059	1133	1354	905	1280	434	240	6405
	占比例	17%	18%	21%	14%	20%	7%	4%	100%

从表 11-9 可以看出，在全部汽车出行中，平均货车比重占 83%，大、特大型货车和拖挂车占 39%，拖挂车占 12%，平均客车占 27%。从近三年的交通量调查看，交通量有明显的上涨趋势。

远景交通量的预测是设计路面结构的基础，是为了项目决策提供依据。由于所处区域公路运输占主导地位，本项目不考虑转移交通量的影响，仅考虑公路自然增长交通量和大修完成后的诱增交通量。以 2009 年的交通量为基数，预测年限为工程实施后 15 年，年增长率为 4%，预测特征年为 2015 年、2020 年和 2025 年，预测结果见表 11-10。

表 11-10　交通量预测表(折算为小客车)　(单位:辆/日)

特征年	小型货车	中型货车	大型货车	特大型货车	小型客车	大型客车	拖挂车	合计
2009	1059	1133	1354	905	1280	434	240	6405
2015	1340	1434	1713	1145	1620	549	304	8104
2020	1630	1744	2084	1393	1971	668	369	9860
2025	1983	2122	2536	1695	2397	813	450	11996

3）路面检测及路面病害分析

(1) 路面检测数据。

由于交通量较大，重车所占比例较高，水泥混凝土路面出现了各种各样的病害：路面出现错台、破碎板、裂缝等病害。根据《公路工程技术状况评定标准》，采用人工调查方式。路面损坏率占 12.05%。PCI 为

$$\mathrm{PCI} = 100 - 10.66\mathrm{DR}^{0.461} \tag{11-21}$$

式中，DR——路面破损率，为各种损坏的折合损坏面积与路面调查面积之比，%。

路面平整度采用平整度仪进行检测，测得的路面平整度 IRI 为 4.6。可得 RQI 为

$$\mathrm{RQI} = \frac{100}{1 + 0.0185e^{0.58\mathrm{IRI}}} \tag{11-22}$$

综合路面损坏程度以及路面平整度情况分析，路面状况指数 PQI 评定为 64，如表 11-11 所示，已经影响了路面行驶质量，路面状况也跟着下降，从路线整体看，公路技术状况指数 MQI 评定为 67，如表 11-12 所示。

表 11-11　路面使用性能评定表

项目名称	道路等级	路面使用性能	路面损坏	路面行驶质量	路面车辙	路面抗滑性能	路面结构强度
		PQI	PCI	RQI	RDI	SRI	PSSI
			0.5	0.4		0.1	
郑昔线	二级	64	61	66		72	

表 11-12　公路技术状况指数评定表

项目名称	道路等级	公路技术状况指数	路面使用性能	路基	桥隧构造物	沿线设施
		MQI	PQI	SCI	BCI	TCI
			0.7	0.08	0.12	0.10
郑昔线	二级	67	64	80	80	65

通过检测路面脱空率达到 45%。

其单点弯沉值处大于 45(0.01mm)的保证率达到 45%。

原路总厚度为 59cm。

(2) 现场旧水泥混凝土路面出现了各种各样的病害照片(图 11-17)。

(a) 破碎板

(b) 裂缝

图 11-17　路面现场病害图

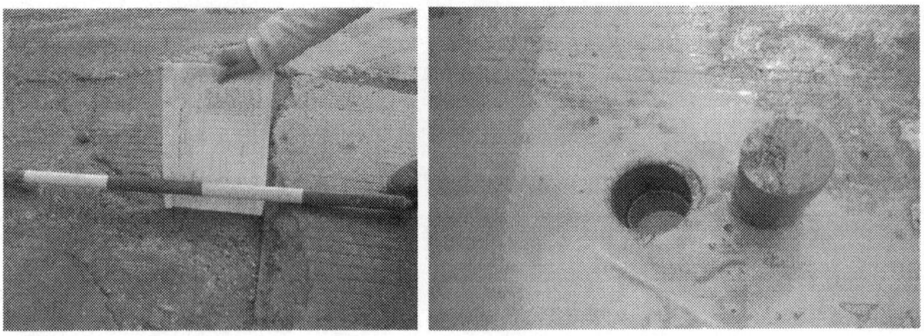

（c）错台　　　　　　　　　　　　　　（d）路面取芯

图 11-17　路面现场病害图(续)

4）加铺沥青混凝土路面结构设计

通过对碎石化后顶面进行回弹模量试验，测得其代表回弹模量为 260MPa。

根据旧路破碎后的回弹模量和此路的交通量预测情况，进行路面结构设计计算，计算书如下。

一、轴载换算及设计弯沉值和容许拉应力计算

序号	车型名称	前轴重(kN)	后轴重(kN)	后轴数	后轴轮组数	后轴距(m)	交通量
1	黄河 JN150	49	101.6	1	双轮组		677
2	日野 KF300D	40.75	79	2	双轮组	<3	755
3	太湖 XQ641	33	67	1	双轮组		1280
4	黄海 DD690	56	104	2	双轮组	>3	289
5	东风 SP9250	50.7	113.3	3	双轮组	>3	382
6	吉尔 130	25.75	59.5	1	双轮组		1059

设计年限　15　　车道系数　0.4　　交通量平均年增长率　4%

一个车道上大客车及中型以上的各种货车日平均交通量

Nh=1777，属重交通等级

当以设计弯沉值和沥青层层底拉应力为指标时：

路面营运第一年双向日平均当量轴次：4967

设计年限内一个车道上的累计当量轴次：1.452075×10^{7}

属重交通等级

路面设计交通等级为重交通等级

公路等级　二级公路

公路等级系数　1.1　　面层类型系数　1　　路面结构类型系数 1.6

路面设计弯沉值：39(0.01mm)

层位	结构层材料名称	劈裂强度(MPa)	容许拉应力(MPa)
1	细粒式沥青混凝土	1.4	0.45
2	中粒式沥青混凝土	1	0.32
3	中粒式沥青混凝土	0.8	0.26

二、改建路面加铺补强层厚度计算

加铺路面的层数：3

标准轴载：BZZ－100

路面设计弯沉值：39(0.01mm)

路面设计层层位：3

设计层最小厚度：50(mm)

层位	结构层材料名称	厚度(mm)	20℃平均抗压模量(MPa)	标准差(MPa)	15℃平均抗压模量(MPa)	标准差(MPa)	容许应力(MPa)
1	细粒式沥青混凝土	40	1400	0	2000	0	0.45
2	中粒式沥青混凝土	50	1200	0	1600	0	0.32
3	中粒式沥青混凝土	?	900	0	1200	0	0.26
4	改建前原路面		260				

按设计弯沉值计算设计层厚度：(弯沉值按新建路面 F 公式计算)

LD＝39(0.01mm)

H(3)＝50mm　　　LS＝38.7(0.01mm)

由于设计层厚度 H(3)＝Hmin 时 LS≤LD，

故弯沉计算已满足要求。

H(3)＝50mm(仅考虑弯沉)

按容许拉应力计算设计层厚度：

H(3)＝50mm(第 1 层底面拉应力计算满足要求)

H(3)＝50mm(第 2 层底面拉应力计算满足要求)

H(3)＝50mm　　$\sigma(3)$＝0.278MPa

H(3)＝70mm　　$\sigma(3)$＝0.237MPa

H(3)＝59mm(第 3 层底面拉应力计算满足要求)

路面设计层厚度：

H(3)＝50mm(仅考虑弯沉)

H(3)＝59mm(同时考虑弯沉和拉应力)

通过对设计层厚度取整以及设计人员对路面厚度进一步的修改，

最后得到路面结构设计结果如下：

细粒式沥青混凝土	40mm
中粒式沥青混凝土	50mm
中粒式沥青混凝土	60mm
改建前原路面	

三、交工验收弯沉值和层底拉应力计算

层位	结构层材料名称	厚度(mm)	20℃平均抗压模量(MPa)	标准差(MPa)	15℃平均抗压模量(MPa)	标准差(MPa)	综合影响系数
1	细粒式沥青混凝土	40	1400	0	2000	0	1
2	中粒式沥青混凝土	50	1200	0	1600	0	1
3	中粒式沥青混凝土	60	900	0	1200	0	1
4	改建前原路面		260				

计算改建路面各加铺层顶面交工验收弯沉值：(按新建路面 F 公式计算)

第 1 层路面顶面交工验收弯沉值 LS=37.3(0.01mm)

第 2 层路面顶面交工验收弯沉值 LS=44.4(0.01mm)

第 3 层路面顶面交工验收弯沉值 LS=51.2(0.01mm)

计算改建路面各加铺层底面最大拉应力：(未考虑综合影响系数)

第 1 层底面最大拉应力 σ(1)=－0.233(MPa)

第 2 层底面最大拉应力 σ(2)=0.115(MPa)

第 3 层底面最大拉应力 σ(3)=0.257(MPa)

旧水泥混凝土路面碎石化(顶面喷洒 $3kg/m^2$ 50%r 乳化沥青)，6cm 粗粒式沥青混凝土，5cm 中粒式沥青混凝土，4cm 细粒式沥青混凝土。

5）工程施工

(1）碎石化施工前的准备工作。

① 隐蔽构造物的调查与标记。构造物埋深或填土高度在 1m 以上的不会由于破碎带来损坏。对不满足以上条件的，可以降低锤头高度对水泥路面进行打裂或采用其他人工风镐等可行的方案进行处理。

② 与桥梁连接段的路面。与桥梁连接段应标明破碎的位置，一般可以破碎到桥头搭板的后端，或根据路面设计线的高程破碎到指定位置。

③ 路面清扫及污染物的清除。施工前将原路面进行彻底清扫，并务必清除原路面及路缘石的污染(图 11-18)。这些材料的存在，将会影响透层施工效果。

图 11-18　路面清扫

图 11-19　现场施工图

④ 在现场进行了交通管制。

(2）通过试验路段确定碎石化工艺技术控制指标。

(3) 根据整个试验段的结果，同时考虑不同路段的病害和原路强度情况进行适当调整，按规范的施工工艺进行施工(图 11-19)。

(4) 根据加铺结构设计结果，按沥青混凝土路面施工规范，加铺了 4cm 细粒式沥青混凝土＋5cm 中粒式沥青混凝土＋6cm 中粒式沥青混凝土。

6) 质量控制

根据质量控制标准，对碎石化后的粒径进行了检验，符合要求。对顶面进行了回弹模量检测，对不符合要求的路段进行了处理，使其达到了强度要求。

沥青混凝土路面的施工质量按规范进行检测，达到了标准要求。

7) 效益分析

实施路段(K140＋460～K144＋400)路面宽 16m，总面积为 63 040m^2。其方案经济效益见表 11-13。

表 11-13　两种方案经济效益对比表

挖除重建	单价/(元/m^2)	合价/万元	直接加铺	单价/(元/m^2)	合价/万元
40mm 沥青混凝土	40	252.16	40mm 沥青混凝土	40	252.16
50mm 沥青混凝土	48	302.592	50mm 沥青混凝土	48	302.592
160mm 水稳碎石	27	170.208	60mm 沥青混凝土	54	340.416
160mm 二灰碎石	26	163.904	3kg/m^2 透层油	14	88.256
160mm 石灰土	20	126.08	碎石化	18	113.472
路基处理	10	63.04			
旧水泥面挖除	16	100.864			
合计		1178.848			1096.896

造价降低了 7%。节约石子、砂子 18912m^3，水泥 2259 吨，土方 9981m^3，石灰 2417 吨，还可节约用水，节省大量资源和能源。碎石化工艺利用旧水泥混凝土路面，减少旧水泥混凝土破碎块约 16390m^3，避免废弃而污染环境。实施交通管制，但不断交施工，其施工工期从 2011 年 8 月 5 日至 9 月 10 日，仅 35 天。只有重建方案的约 1/5。交通影响较小，具有更好的社会效益。

8) 工程效果

国道 107 线、省道 302 线、省道 393 线工程施工完成后，已经历了 1～3 年的时间，目前，道路没有出现病害，效果良好(图 11-20)。

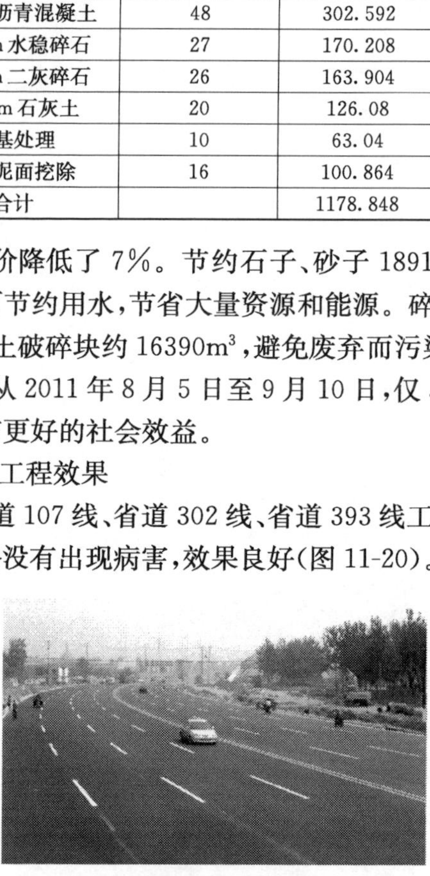

国道107碎石化加铺沥青混凝土交工图

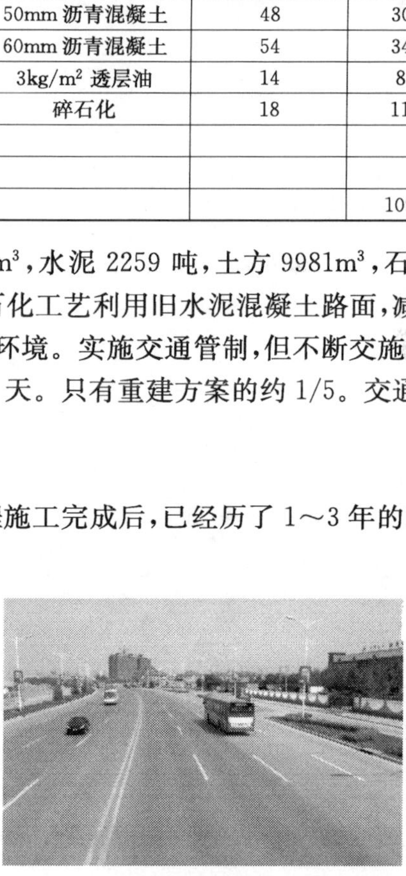

国道107碎石化加铺沥青混凝土现状效果图

图 11-20　碎石化加铺施工和通行后现状效果图

省道393线碎石化加铺沥青混凝土施工图

省道393线碎石化加铺沥青混凝土现状图

图 11-20　碎石化加铺施工和通行后现状效果图(续)

2. 共振碎石化施工工艺案例

1）案例概况

石太高速公路旧路路面结构为 25cm 水泥混凝土面板＋18cm 二灰碎石＋15cm 石灰土，其路面主要病害包括交叉破裂、破碎板、横向和纵向裂缝、唧泥和底板脱空、沉陷等。

2）施工设备

使用美国共振机器公司(Resonant Machines Inc)的 RB500 系列共振破碎机进行路面碎石化处理并加铺沥青路面结构。

3）承载板试验

在试验段破碎完之后，对该路段水泥混凝土板进行承载板试验，以分析破碎后碎石化层顶面的当量回弹模量。在该路段选择七个测点，每点测三次，测试结果如表 11-14 所示。

表 11-14　承载板测定结果表

路线和编号:石太高速	路面结构:旧水泥混凝土路面	
测定层位:碎石化表层	测定用汽车型号:东风，轴载:100kN	
承载板直径/cm:30	测定日期:2007 年 10 月 6 日	
碎石层顶面当量回弹模量/MPa	承载板压力/MPa	计算回弹变形/0.01mm
287.5	0.1	8
306.9	0.2	15
345.3	0.3	20
287.8	0.5	40
306.9	0.6	45
322.3	0.7	50
306.9	0.8	60

将承载板测试数据计算出回弹模量：

$$E_0 = \pi D(1-\mu_0{}^2)\sum p_i \Big/ \left(4\sum l_i\right) \tag{11-23}$$

式中，p_i——第 i 级承载板压力，MPa；

D——承载板直径，m；

μ_0——碎石层的泊松比，计算中 μ_0 取值为 0.15；

l_i——对应 p_i 的计算回弹变形值。

计算可得破碎后的水泥碎石层顶面的当量回弹模量 E_0＝309.2MPa。

4）加铺沥青混凝土设计

（1）路面工程设计指标与参数。

原水泥混凝土路面设计弯拉强度值为 5.0MPa。石太高速公路河北段原沥青路面设计容许弯沉值 lR＝0.395mm（1986 年规范），设计年限内一个车道上的累计当量轴次 Ne＝1500 万次，设计年限为 t＝15 年。换算为设计弯沉值 l_d＝22.0（0.01mm）（2006 年规范）。

2006 年石太高速公路河北段的日平均混合交通量约为 3.5 万辆，折合标准轴载约为 3500 次/日。参照原沥青路面设计容许弯沉值的计算参数，按照新规范要求，加铺柔性基层沥青路面的结构类型系数 A_b＝1.2，计算确定加铺沥青路面设计弯沉值 l_d＝26.4（0.01mm）。

旧水泥混凝土面板碎石化后路表实测代表弯沉值 l_0 和路面顶面当量回弹模量 E_t。

根据类似工程经验，原旧水泥混凝土路面碎石化后其路表顶面的当量回弹模量值在 200～400MPa。通过检测回弹，取碎石化旧混凝土面板后的路面顶面当量回弹模量 E_t＝280MPa。

（2）路面结构加铺层的计算。

从路面计算结果看，旧混凝土面板破碎后，加铺沥青层的中、下面层所受的层底拉应力与加铺沥青层的厚度有关，加铺沥青层的厚度越小，拉应力越大。同时，破碎旧混凝土面板后路面的当量回弹模量值越大，中、下面层所受的拉应力越小。

加铺沥青混凝土面层结构的确定主要考虑两方面：①受主线桥涵、路面顺接等标高控制，加铺厚度应尽量减少，以减少投资，降低实施难度；②考虑加铺层结构及路面整体结构的受力合理性，尽量增加加铺层厚度或采取其他技术措施，降低层底拉应力，以保证路面的使用寿命。

计算结果如下。

层位	结构层材料名称	厚度（cm）	抗压模量（MPa）（20℃）	抗压模量（MPa）（15℃）	计算信息
1	细粒式沥青混凝土	4	1400	2000	计算应力
2	中粒式沥青混凝土	8	1200	1800	计算应力
3	粗粒式沥青混凝土	10	1000	1400	计算应力
4	回弹模量		280		

计算新建路面各结构层及土基顶面竣工验收弯沉值：

第 1 层路面顶面竣工验收弯沉值 LS＝21（0.01mm）

第 2 层路面顶面竣工验收弯沉值 LS＝23.7（0.01mm）

第 3 层路面顶面竣工验收弯沉值 LS＝29.7（0.01mm）

计算新建路面各结构层底面最大拉应力： 第 1 层底面最大拉应力 σ(1)＝－0.191(MPa) 第 2 层底面最大拉应力 σ(2)＝0.052(MPa) 第 3 层底面最大拉应力 σ(3)＝0.184(MPa)

5）施工流程

（1）施工准备

① 交通管制及分流。在碎石化施工前制定交通管制及分流方案，以满足通车及施工要求。破碎实施过程中及完成后，碎石化层顶面不允许任何车辆通行。应实行严格的交通管制，以防止车轮推挤破坏碎石化效果。

② 铣刨旧路面微表处，清除沥青混合料贴补材料。路面碎石化施工前，应对旧水泥混凝土板块上的沥青表面修补材料进行清除，否则会直接影响碎石化质量。本项目的旧水泥面板上有一层沥青微表处，碎石化前用铣刨机进行了铣刨。

③ 排水系统设置。路面碎石化处理前，应将土路肩挖除至混凝土路面底层同一高度或以下，以使渗入碎石化结构层的水能从侧向排出。

④ 严重病害部位的处理。在路面破碎之前应对出现软弱沉陷、松散基层等严重病害的部位进行修复处理。在修复时，首先对出现病害处的混凝土路面进行清除，之后对基层或路基进行检查处理，最后用贫混凝土材料对开挖处进行浇注。

⑤ 构造物的标记和保护。施工前，应调查核实现有结构物情况，并在现场做出明确标记，必须在确保这些构造物不会因施工造成损坏的前提下，方可进行施工。

⑥ 设置高程控制点。在有代表性路段设置高程控制点，以便在施工中监测高程的变化。开工前，应对路面高程及设计高程进行复核，必要时，应根据高程变化情况对路面设计高程进行调整。

（2）试振

为了确保共振破碎的质量，保证破碎后的水泥混凝土颗粒的粒径和强度符合要求，实施共振破碎以前必须进行破碎试振。试振后开挖试坑，检查破碎粒径的分布情况及均匀程度，并确定设备参数。

试验过程如下。

① 石太高速水泥混凝土路面破碎试验段一：不清除沥青微表处，直接对水泥混凝土路面进行破碎。现场确定有代表性的三块水泥混凝土面板，分别为面板完好、轻度破损和破损严重的三块板进行破碎试验。

用美国 RMI 公司的 RB500 系列共振破碎机进行破碎，此次破碎的振动频率为 44Hz，振幅为 20mm。由于锤头中心距共振机车轮外缘为 100cm，并且锤头不能水平移动，路面边缘有 90cm 的面板无法破碎。

面板破碎后，微表处与面板剥离，板块顶面 3～5cm 被破碎成碎石屑。用吹风机吹除表面层后浇水，以判断破碎后路面是否有裂缝及渗水情况。为了检验破碎效果，使用风镐凿挖试坑检验破碎粒径范围。检验结果表明水并不下渗，且破碎后的路面硬度很大，使用风镐无法进行凿挖。这说明破碎后的路面仍基本为一个整体，达不到规定的破碎效果。

人工清除破碎后的表层微表处后，再以相同的步骤进行第二次破碎。破碎后，板块顶面 3～5cm 是粒度较小的碎石屑透水结构，用吹风机吹除顶面层后，再浇水检验裂缝渗水情况，并凿挖 $1\times2m^2$ 的试坑检验其破碎效果。检验结果表明，在 5～25cm 深度范围内，粒径多为 15～25cm 粒度较大的碎石块嵌锁紧密不透水层，底下 3～5cm 厚的混凝土并没有被破碎。破碎后的碎石纹路规则排列，并与路面形成 35°～40°夹角。二灰基层整体性完好。

② 石太高速水泥混凝土路面破碎试验段二：铣刨沥青微表处并清表后，再对水泥混凝土路面进行破碎。

此试验段对水泥混凝土路面一次性破碎，试验过程同试验段一。破碎后，板块顶面 3～5cm 是粒度较小的碎石屑透水结构，用吹风机吹除顶面层后，再浇水检验裂缝渗水情况，并凿挖 $1\times2m^2$ 的试坑检验其破碎效果。检验结果表明，在 5～25cm 深度范围内，粒径大都是 5～25cm 粒度较大的碎石块嵌锁紧密不透水层。破碎后的碎石纹路排列规则，并与路面形成 35°～40°夹角。二灰基层整体性完好。

(3) 施工

① 路面破碎。按照先外侧车道及路肩、后内侧车道的顺序进行破碎施工。两幅破碎一般要保证 20cm 左右的搭接破碎宽度。机械施工过程中要灵活调整行进速度、频率等，尽量达到破碎均匀。因锤头不能水平移动，路面两侧边缘 50～75cm 无法进行破碎，解决方案是使可共振机械与边缘成 30°～50°的角度破碎。

② 破碎后的压实。破碎后的路面采用钢轮压路机(不小于 9 吨)振动压实，压实 3～5 遍，使表面混凝土块均匀密实。压实速度控制在 5km/h 以内。压实的主要作用是将破碎的路面表面的扁平颗粒进一步破碎，同时稳固下层块料，为新铺沥青面层提供一个平整的表面。

压实过程中应注意，共振碎石化施工是使旧水泥混凝土路面被共振破碎而不是粉碎。因此，将表面压平和"压稳"即可，不可能也不必要达到一般意义上的压实。尤其是在路面综合强度过高或过低的路段，应避免过度压实，以免造成表面粒径过小或将碎石化层压入基层。

③ 乳化沥青透层。为使表面较松散的粒料有一定的结合力，使用慢裂乳化沥青做透层，用量控制在 $2.5\sim3.0L/m^2$。乳化沥青透层表面再撒布一层洁净的粒径为 3～5mm 的石屑，石屑用量以不粘轮为标准。用钢轮压路机以较慢的速度碾压 1～2 遍。

④ 表面整平。在加铺沥青面层前，必须利用沥青混合料对路面碎石化后的表面凹处进行找平，以保证加铺沥青面层的平整度及路面使用性能。

⑤ 摊铺沥青面层及碾压。对于在碎石化施工过程中发现的部分软弱沉陷、松散基层，应及时换填贫混凝土材料。此外，在铺筑沥青混合料以前所有松散的填缝料、胀缝材料、切割移除暴露的钢筋或其他类似物应进行清除，如需要，应填充沥青混合料。

6) 实施效果

通车一年多，路面在运煤超载重车的大交通量，以及夏季高温、冬季严寒的较恶劣环境作用下没有发生明显的变形破坏(图 11-21)。

11.3　旧水泥混凝土路面冲击压实技术

11.3.1　国内外研究概况

旧水泥混凝土路面的冲击压实技术是由路基的冲击压实技术发展来的。冲击压实技术20世纪80年代在国外开始使用，最初主要应用于土石方压实，1995年该项技术引进亚州，首先应用于香港新机场全部场道地基压实，取得了巨大成功，1996年该项技术引进内地，先后在云南、河北的高速公路路基压实中使用。在路基压实中应用的冲击压路机是三楞形，而在旧水泥混凝土路面上进行冲击压实的是五边形。国内对旧水泥混凝土路面冲击压实技术研究较早的是2000年广东省205国道，2002年山东、安徽等省总结采用了蓝派冲击压路机械进行旧水泥混凝土路面冲击发裂的施工工艺和检测方法，对实际效果进行了对比分析，进一步对施工工艺进行了完善。

11.3.2　施工设备

1995年冲击压路机引进我国，它不同于传统的静碾压路机、振动压路机和打夯机，而是集三种压实功能于一身。1998年国内郑工、徐工、厦工陆续研发出系列产品。碎石化路面现状如图11-21所示，用于旧水泥混凝土路面的冲击压路机为五边形(图11-22)。

图11-21　碎石化路面现状图

图11-22　五边形冲击压路机

冲击压路机的特点如下。

(1)压实力大。由于施工能量大，接触路面时间短，瞬间冲击力较大，约是平常压路机的10倍。

(2)影响深度深。工作时连续冲击路面，产生强烈的冲击波，具有地震波的传播特性，低频高幅，对地表深层作用较强的冲击能量。垂直影响深度可达1m以上，水平影响可达10m。

(3)压实效率高。其工作速度可达9～12km/h，每天可完成约15 000m^2。

11.3.3　原理探讨

冲击压路机工作原理如图11-23所示，所具有的能量由三部分组成。

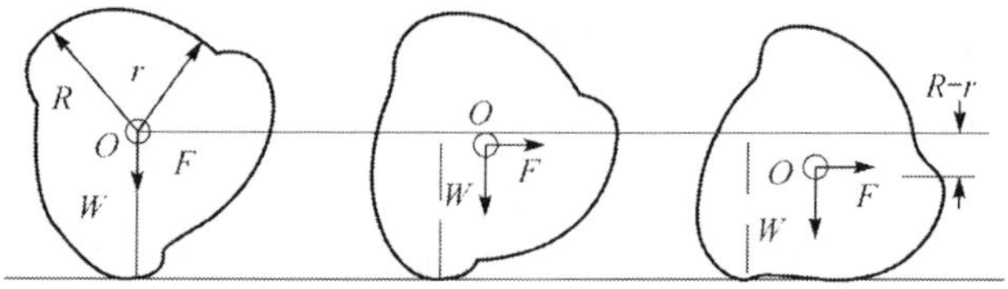

图 11-23　冲击压路机工作原理图

(1) 冲击轮重心提升后所具有的势能；因为冲击压路机的轮不是圆的，着地时的半径不同，通过半径的变化就会有势能的产生。

$$N_1 = M \times g(R-r) \tag{11-24}$$

式中，N_1——静态能量；

M——冲击轮质量，kg；

g——重力加速度，m/s^2。

(2) 冲击轮转动速度带来的动能：

$$N_2 = \frac{1}{2}M(v_0^2 - v_t^2) \tag{11-25}$$

式中，N_2——速度带来的能量；

M——冲击轮质量，kg；

v_0——冲击初速度，m/s；

v_t——冲击末速度，m/s。

(3) 转动惯性能量。

$$N_3 = \frac{1}{2}I(\omega_0^2 - \omega_t^2) \tag{11-26}$$

式中，N_3——转动惯性能量；

I——转动惯量；

ω_0——转动初角速度，rad/s；

ω_t——转动末角速度，rad/s。

由于冲击压路机接触地面时间很短，瞬间产生的冲击力是较大的，至少可达 2000kN 以上。

旧水泥混凝土冲击压实技术就是利用五边形专用压路机将旧水泥混凝土路面发裂成 40～60cm 块度，同时进一步压实水泥混凝土下面的路面基层，使混凝土块与原路面基层紧密结合在一起。

旧水泥混凝土路面冲击压实后主要用于路面结构中的底基层，主要原因如下。

(1) 由于旧水泥混凝土板被冲击发裂成不规则的裂块，其块度较碎石化大，局部有可能破碎，其顶面强度的差异性也较大。

(2) 旧水泥混凝土路面冲击发裂后直接加铺面层，由于发裂的块度较大，虽然能够延缓反射裂缝，但不能彻底消除反射裂缝。

(3) 旧水泥混凝土冲击发裂适应于路况较碎石化技术路段更差的情况，其原路面基层的强度会更低，且变异性更大，不宜直接作为路面基层。

11.3.4 对原路技术要求

同样，并不是所有的旧水泥混凝土路面都能实施冲击压实技术，也需要考虑旧路的承载能力、病害程度、交通状况和修建及养护历史等，同时还应考虑方案的经济性。与碎石化技术相比，由于冲击压实后作为底基层使用，对原路况标准的要求也可适当降低，但也应有适当的范围。

1. *技术状况要求*

根据河北省的实践经验和其他省市的情况介绍，旧水泥混凝土路面冲击压实后作为底基层，其原路技术条件建议如下。

(1) 原路面基层具有较好的整体性，原路基含水量接近于最佳含水量，以保证面层发裂后，其顶面回弹模量不小于 150MPa。

(2) 路面病害 PCI 应处于 30%～50%。

(3) 路面脱空率 50%～70%。

(4) 面层弯沉大于 70(0.01mm)，符合要求的测点大于 50%。

2. *病害调查方法*

与旧水泥混凝土碎石化技术中的病害调查方法相同。

11.3.5 施工工艺

1. *施工工艺探讨*

2004 年开始，石家庄市在国道 107、307 和省道正港线等路线上进行了施工工艺的研究。下面以国道 G307 的施工过程进行探讨分析。

(1) 做好小桥涵、地下管线等隐藏构造物的调查工作，在表面上做标记，确定其埋深。参考相关振动检测技术结论，结合经验，冲击压实的影响深度为 1.5m。对于埋深小于 1.5m 的构造物应进行标注，避免冲压。做好沿线易受施工影响的建筑物的调查工作，采取相应的处理措施。水平方向的安全距离建议取 25m，对于距离路缘石小于 25m 的建筑物应进行标注，对应路段避免冲压，也可在路侧挖边沟减少水平振动的影响。

(2) 在未冲压前，对原路面进行弯沉检测，高程测量，钻芯取样。

(3) 本路段先冲压中纵向施工缝，后边纵向施工缝，再板中，先中间后两边。前五遍以 6 千米/小时的速度冲压，冲压两遍后仅出现微小裂缝或不出现裂缝，从第四遍开始出现明显裂缝，冲压五遍后每块板平均出现 2～4 条间距 0.6～1.4m 纵向裂缝，且每块板有 1～2 条裂缝贯穿板长，设拉力杆位置开始出现破碎带。对冲压五遍后的路面进行弯沉检测，高程测量，钻芯取样，检查碎块尺寸。五遍后以 9～12 千米/小时的速度冲压，随着冲压遍数的增加，逐渐出现斜向和横向裂缝，斜向裂缝较多且明显，横向裂缝较少且不明显，只有少数板块形成网状裂缝，板块尺寸为 0.3～0.75m^2。将破碎块清除后发现破碎未到底部，并呈 30°～45°斜面。冲压 10 遍后经钻芯取样观察发现芯样裂缝贯穿，整体表明破碎效果较佳。全路段平均冲击压实 13 遍。对每隔 20m 桩号处的四块混凝土面板，详细描述记录冲压后路面的破裂状况，包括裂缝方向、宽度、数量、长度、间距、碎块数比例及破碎程度等。采用目测、照相及录像等方法记录(图 11-24)。

图 11-24　施工现场

对于旧水泥混凝土路面的冲击顺序，《公路冲击碾压应用技术指南》中要求，冲压时从边缘往中间顺序。在实际工作时，按这样的顺序施工，板边出现碎板现象较多。这是因为边板有如下特点。①为半无限大板，边界少一半约束。②边板为重车车道，渠化交通造成了边板承受了大量的行车荷载，标准轴载累计作用次数，明显大于超车道，砼面板的疲劳强度降低。③边板位于横坡的最低处，雨水积聚下渗，进一步降低了地基的承载力。尤其在边板外侧有绿化带时，更是如此。由于边板具有以上特点，所以如果先冲击边板，边板的外缘很容易断裂并嵌入基层，而使纵向施工缝拱起(板下松散的石灰土向未受冲击的另一侧板边积聚)，实测数据高达 2～3cm，所以再冲击纵向施工缝时，整个路面板无法向两侧位移(边板的边部已经嵌固入基层)。再加上拱起和砼的初始裂纹，有时一遍过去，破碎带立刻就出现了。因此，对冲击顺序要特别慎重，建议按上述程序施工。

(4) 按原板块不同状态分别分析冲压后情况。原混凝土板块无裂缝、板型基本完好冲压后情况：四周支承较好的板块，冲压第 1、2 遍后仅出现微小裂纹或不出现裂纹；冲压五遍后，出现横向裂纹，每块板有 1～2 条。10 次以后开始观测到贯通的横向裂缝，原板块间未出现错台，说明原基础较好较均匀。已有纵向或横向裂纹原混凝土板块冲压后情况：既有裂纹一般都是由于板下基础较弱，冲压初始(5～8 遍)均在原有裂纹基础上发展成网状裂缝或生成新纹，板块破裂明显，缝间距 1～2cm；冲压 10～15 遍后，网状破裂加剧，缝缘处甚至粉碎性破碎，粉碎后的板块较容易挖掘。原混凝土面板已破碎，但已用沥青混凝土修补过的路面冲压后情况：由于表层沥青混凝土的黏结作用及变形大的特性，所以在冲压 15 遍后，仍难见到大的裂缝出现，但挖开后发现已破碎，也达到较好的破碎效果，但破碎程度略轻。

(5) 标高变化：本路段由南向北定为 1～4 车道，在机械冲击压前后，通过两次对路中心线标高的测定，得到了旧水泥路面前后标高的变化情况，全线平均下沉 2.4cm，最大下沉 8cm，路基下沉方差很大，局部下沉较大的地方，说明原有路基压实度不够。

(6) 沉降量变化：对冲压 5 遍、10 遍和 15 遍后沉降量进行比较，开始时整体的沉降量由大到小，冲压 10 遍后平均沉降量已基本稳定。路中沉降值大于两侧沉降值。

有些路段随着冲压遍数的增加,出现了"弹簧"现象。可能是由于冲压影深度大,路基含水量没有处在最佳含水量,如果继续冲压,可能会加剧"弹簧"现象向更深发展,使原有路基失去原有强度。因此,对于"弹簧"现象严重的路段应进行换填处理。同时也说明,冲压遍数不宜太多,沉降量达到稳定,块度符合要求即可。

(7) 冲压施工会对路面两侧的构造物造成振动影响,冲击产生的能量以波的形式通过地基从波源向外传播,并随着传播衰减,其振动参数与振动能量、振源距离、地质、地形等条件有关。应通过试验确定施工时水平方向的安全距离,以保证两侧构造物的安全。

我国目前没有施工振动影响的标准,根据《建筑振动工程手册》有关振动的影响和允许振动标准的建议,以振动加速度小于 1.0m/s^2,振动速度小于 10mm/s 为安全标准。

测试设备主要有压电加速度传感器、电压滤波积分放大器、智能信号采集分析仪和笔记本电脑。

测试方法

测试路边振动衰减时,测试点应放在有一定强度的地面上,传感器根据需要放置。现场测试时传感器间距可按 0.5～2m 设置,选择不同的横断面形式,如带排水沟和不带排水沟等。

《水泥混凝土路面再生利用关键技术》中广东省 G105 国道的测试数据如表 11-5～表 11-16 所示。

表 11-15 广东省 G105 加速度峰值测试结果 (单位:m/s^2)

断面类型	距离冲压设备的距离					允许范围
	5m	10m	20m	25m	30m	
A 断面	13.60	4.63	0.07	0.05	0.01	<(1.0)
B 断面	15.80	6.57	0.09	0.07	0.03	
C 断面	17.23	8.81	1.90	0.08	0.05	

表 11-16 广东省 G105 速度峰值测试结果 (单位:mm/s)

断面类型	距离冲压设备的距离					允许范围
	5m	10m	20m	25m	30m	
A 断面	26.54	17.85	8.13	6.60	1.95	<(10)
B 断面	28.29	18.40	9.46	7.30	2.74	
C 断面	32.53	20.05	10.97	8.26	3.61	

注:A 断面路基外侧有排水沟且排水沟上有盖板
B 断面路基外侧有排水沟但盖板
C 断面路基外侧无排水沟

通过表中实测数据可以看出,C 断面振动情况最为明显,B 断面次之,A 断面振动最弱。说明排水沟具有明显的减振作用。有排水沟时,安全距离可取 20m,无排水沟时,安全距离可取 25m。

冲压施工对埋置在路面下构造物的影响。试验方法与上述方法相同,考虑旧水泥混凝土路面及路面基层结构对荷载的扩散作用,冲压对路基的冲击作用比碎石化强,但同样有限,通过现场的观察和已实施的效果,对埋深在 1.5m 以下的构造物有影响,但一般不会危及其安全。

2. 施工工艺程序

根据施工试验的情况，建议施工程序如下。

(1) 调查路线上隐藏的构造物，对于埋深小于 1.5m 的，在水平方向安全距离的起点和终点进行标注。调查沿线建筑物距路缘石的距离，对于小于 25m 的建筑物，在水平方向安全距离的起点和终点进行标注。

(2) 进行交通管制。

(3) 冲压顺序应遵循的原则是先中纵向施工缝后边纵向施工缝，再板中，先中间后两边。

(4) 冲压速度应先慢后快。前五遍的冲压速度控制在 6km/h 左右(牵引车一档行驶)；后五遍的冲击速度控制在 9～12km/h(牵引车二档行驶)；10 遍以后的冲压速度根据板块破碎尺寸确定。原则是宜快不宜慢。

(5) 冲压过程中，出现"弹簧"现象，应及时处理。

(6) 旧路面冲压完成后应尽快进入下一道工序的施工，防止雨水渗入旧路面。

11.3.6　质量控制

冲压施工质量以发裂尺寸、沉降量和弯沉等指标进行控制。发裂尺寸要求块度在 0.4～0.6m，其保证率为 75%。沉降量要求两次检测沉降量差值小于 5mm 为收敛指标。路面弯沉应小于 100(0.01mm)。

11.3.7　加铺设计

根据路况和经济性的比较，旧水泥混凝土路面冲压后应做垫层或底基层使用。如果直接加铺沥青混凝土，反射裂缝无法彻底消除。路况方面，如果旧路强度能够允许直接加铺沥青混凝土，还不如实施碎石化的效果好，应采用碎石化直接加铺沥青混凝土的方案。

作为垫层或底基层也需要一定的强度，其回弹模量应与对应的结构层的回弹模量相当。因此旧水泥混凝土路面冲压后作为底基层时，其顶面回弹模量应大于 180MPa；作为垫层时，其顶面回弹模量应大于 150MPa。

根据破碎后顶面的回弹模量值，可按《公路沥青路面设计规范》的原理，利用专用设计程序(如 HPDS)计算和设计。

11.3.8　效益分析

1. 经济效益分析

以标准二级公路正港线为例，以每千米为单位，以挖除旧水泥混凝土路面重建为标准，进行比较。重建方案与加铺方案如图 11-25 所示。

重建方案	冲压加铺沥青混凝土方案
细粒式改性沥青混凝土 40mm	细粒式沥青混凝土 40mm
中粒式沥青混凝土 50mm+粘层油	中粒式沥青混凝土 50mm+粘层油
水泥稳定碎石 160mm+透层油	水泥稳定碎石 180mm透层油
二灰稳定碎石 160mm	旧水泥混凝土冲压
石灰土160mm	
新建路基	

图 11-25　重建方案与加铺方案对比

方案经济比较见表 11-17(每千米 12000m²)。

表 11-17　方案经济比较

挖除重建	单价/(元/m²)	合价/(万元/m²)	直接加铺	单价/(元/m²)	合价/(万元/m²)
40mm 沥青混凝土	40	48	40mm 沥青混凝土	40	48
50mm 沥青混凝土	48	57.6	50mm 沥青混凝土	48	57.6
160mm 水稳碎石	27	32.4	180mm 水稳碎石	30	36
160mm 二灰碎石	26	31.2	旧路冲压	8	9.6
160mm 石灰土	20	24			
路基处理	10	12			
旧水泥面挖除	16	19.2			
合计		224.4			151.2

每千米造价可降低 32.6%。

2. 资源、能源节约分析

根据结构对比可以计算得出，每千米标准二级公路可节约石子、砂子 1680m³，土方 1900m³，石灰 460 吨，还可节约用水，节省大量资源和能源。

3. 减少环境污染

碎石化工艺利用了旧水泥混凝土路面，减少旧水泥混凝土破碎块约 2880m³，避免废弃而污染环境。

4. 交通影响分析

重建方案需要断交施工，施工周期较长。直接加铺沥青混凝土方案由于加铺水泥稳定碎石，也需断交施工，但施工时间较短，其施工周期只有重建方案的 1/3～1/2。交通影响较小，具有更好的社会效益。

11.3.9　案例

1. 项目基本情况

路线起讫点：本段大修工程起点位于木刀沟大桥引道终点，桩号 K4＋063，终点位于新赵线与正港线交叉路口，桩号 K19＋421，全长 15.358 千米。路线经过藁城县，路线等级为二级。

原路基、路面宽度：K4＋063～K19＋421 段路基宽度为 15.0m，路面宽度为 11.4m，两侧各 0.3m 路缘石和 1.5m 的绿化平台。

原路面结构：原路面为水泥混凝土路面，结构为 2×15cm 石灰土、22cm 水泥混凝土面层。

公路的修建时间及维修历史：新赵线小果庄至正港线段修建于 1998 年，2000 年由县级公路升级为省道，至今没有进行过大修。

2. 交通量分析预测

交通量分析见表 11-18。

表 11-18　交通量车辆组成情况表

观测站：增村镇　（单位：辆/日）

年度	折算值/所占比例	小型货车	中型货车	大型货车	特大型货车	小型客车	大型客车	拖挂车	合计
2009	折算值	1182	821	936	402	1912	191	915	6359
	占比例	19%	13%	15%	6%	30%	3%	14%	100%

从表 11-18 可以看出，在全部汽车出行中，平均货车比重占 47%，大型货车占 6%，拖挂车占 14%，平均客车占 33%。

交通量预测：远景交通量的预测是设计路面结构的基础。本项目不考虑转移交通量的影响，仅考虑公路自然增长交通量和工程完成后的诱增交通量。这里以 2009 年的交通量为基数，预测年限为工程实施后 15 年，年增长率 2009～2025 年为 4%，预测特征年为 2015 年、2020 年和 2025 年，预测结果见表 11-19。

表 11-19　交通量预测表（折算为小客车）　（单位：辆/日）

特征年	小型货车	中型货车	大型货车	特大型货车	小型客车	大型客车	拖挂车	合计
2009	1182	821	936	402	1912	191	915	6359
2015	1496	1039	1139	489	2419	242	4458	8046
2020	1820	1264	1441	619	2943	294	1409	9789
2025	2214	1538	1753	753	3581	358	1714	11 910

11.3.10　病害调查

1. 路面检测数据

路面使用性能评定见表 11-20，公路技术状况指数评定见表 11-21。

表 11-20　路面使用性能评定表

项目名称	道路等级	路面使用性能	路面损坏	路面行驶质量	路面车辙	路面抗滑性能	结构强度指数
		PQI	PCI	RQI	RDI	SRI	PSSI
			0.6	0.4			
新赵线	二级	48	53	63			

表 11-21　公路技术状况指数评定表

项目名称	道路等级	公路技术状况指数	路面使用性能	路基	桥隧构造物	沿线设施
		MQI	PQI	SCI	BCI	TCI
			0.7	0.08	0.12	0.10
新赵线	二级	64	50	75	100	60

由于旧路路面损坏，水泥路面出现板角断裂、错台、破碎板、裂缝、露骨、坑洞、沉陷、接缝料损坏等病害。路面损坏率占 31%。路面平整度采用平整度仪进行检测，测得的路面平整度 IRI 为 6.0，综合路面损坏程度以及路面平整度情况分析，路面状况指数 PQI 值评定为 50，已经影响了路面行驶质量，路面状况也跟着下降，从路线整体看，公路技术状况指数 MQI 评定为 59，按照《公路水泥混凝土养护技术规范》和《公路技术状况评定标准》的规定，该路段评定等级为差。通过检测，路面脱空率为 61%；面层弯沉大于 70(0.01mm)的保证率达 56%；原路总厚度为 52cm。

2. 路基、路面病害及特征照片

随着经济的迅速发展，交通量逐年增加，路面出现了各种各样的病害：板角断裂、错台、破碎板、裂缝、露骨、坑洞、接缝料损坏等。其中，连续的断板、碎板总长度约为 6 千米，主要是因为过村路段水害严重。典型的病害照片如图 11-26 所示。

（a）破碎板　　（b）碎板、拱起、修补

图 11-26　现场病害图

（c）错台

图 11-26 现场病害图(续)

3. 加铺路面结构设计

根据旧路的弯沉值和此路的交通量及车辆构成情况，进行路面结构设计计算，计算书如下。

一、轴载换算及设计弯沉值和容许拉应力计算

序号	车型名称	前轴重(kN)	后轴重(kN)	后轴数	后轴轮组数	后轴距(m)	交通量
1	北京 BJ130	13.55	27.2	1	双轮组		1182
2	金杯 SY132	12.8	27.6	1	双轮组		547
3	尼桑 6TW(1)13	44.35	87.75	2	双轮组	<3	468
4	大力 SH1261	60	100	2	双轮组	<3	134
5	常州 G680GIQK	38	58	1	双轮组		1912
6	瓦房店 WK173A	29	75	2	双轮组	>3	127
7	五十铃 EXR181	60	100	3	双轮组	>3	305

设计年限 12 车道系数 0.6 交通量平均年增长率 4%

一个车道上大客车及中型以上的各种货车日平均交通量

Nh=1768，属重交通等级

当以设计弯沉值和沥青层层底拉应力为指标时：

路面营运第一年双向日平均当量轴次：2630

设计年限内一个车道上的累计当量轴次：8654413

属中等交通等级

当以半刚性材料结构层层底拉应力为设计指标时：

路面营运第一年双向日平均当量轴次：2025

设计年限内一个车道上的累计当量轴次：6663570

属中等交通等级

路面设计交通等级为重交通等级

公路等级 二级公路

公路等级系数 1.1 面层类型系数 1 路面结构类型系数 1

路面设计弯沉值：27(0.01mm)

层位	结构层材料名称	劈裂强度(MPa)	容许拉应力(MPa)
1	细粒式沥青混凝土	1.4	0.51
2	中粒式沥青混凝土	1	0.36
3	水泥稳定碎石	0.8	0.45

二、改建路面加铺补强层厚度计算

加铺路面的层数:3

标准轴载:BZZ—100

路面设计弯沉值:27(0.01mm)

路面设计层层位:3

设计层最小厚度:150(mm)

层位	结构层材料名称	厚度	20℃平均抗压	标准差	15℃平均抗压	标准差	容许应力
(mm)	模量(MPa)(MPa)	模量(MPa)	(MPa)	(MPa)			
1	细粒式沥青混凝土	40	1400	0	2000	0	0.51
2	中粒式沥青混凝土	50	1200	0	1600	0	0.36
3	水泥稳定碎石	?	1300	0	3000	0	0.45
4	改建前原路面		200				

按设计弯沉值计算设计层厚度:(弯沉值按新建路面 F 公式计算)

LD=27(0.01mm)

H(3)=150mm　　LS=28.9(0.01mm)

H(3)=200mm　　LS=24.2(0.01mm)

H(3)=170mm(仅考虑弯沉)

按容许拉应力计算设计层厚度:

H(3)=170mm(第 1 层底面拉应力计算满足要求)

H(3)=170mm(第 2 层底面拉应力计算满足要求)

H(3)=170mm(第 3 层底面拉应力计算满足要求)

路面设计层厚度:

H(3)=170mm(仅考虑弯沉)

H(3)=170mm(同时考虑弯沉和拉应力)

通过对设计层厚度取整以及设计人员对路面厚度进一步的修改,最后得到路面结构设计结果如下:

细粒式沥青混凝土	40mm
中粒式沥青混凝土	50mm
水泥稳定碎石	180mm
改建前原路面	

三、交工验收弯沉值和层底拉应力计算

层位	结构层材料名称	厚度 (mm)	20℃平均抗压模量(MPa)	标准差 (MPa)	15℃平均抗压模量(MPa)	标准差 (MPa)	综合影响系数
1	细粒式沥青混凝土	40	1400	0	2000	0	1
2	中粒式沥青混凝土	50	1200	0	1600	0	1
3	水泥稳定碎石	180	1300	0	3000	0	1
4	改建前原路面		200				

计算改建路面各加铺层顶面交工验收弯沉值:(按新建路面 F 公式计算)

第 1 层路面顶面交工验收弯沉值 LS=25.9(0.01mm)

第 2 层路面顶面交工验收弯沉值 LS=30.3(0.01mm)

第 3 层路面顶面交工验收弯沉值 LS=37.5(0.01mm)

计算改建路面各加铺层底面最大拉应力:(未考虑综合影响系数)

第 1 层底面最大拉应力 $\sigma(1)=-0.228$(MPa)

第 2 层底面最大拉应力 $\sigma(2)=-0.121$(MPa)

第 3 层底面最大拉应力 $\sigma(3)=0.283$(MPa)

根据路面结构计算结果,决定采用以下结构设计:

对旧水泥路面冲击压实,18 厘米水泥稳定碎石,5 厘米中粒式沥青混凝土,4 厘米细粒式改性沥青混凝土。

4. 实施效果

本案例已完成设计,尚未实施完工。石家庄市最早完成的是国道 307 线西出口,至今已 7 年时间,只有少量病害,还没有进行再次大修。

11.4　旧水泥混凝土路面打裂压稳技术

11.4.1　国内外研究概况

20 世纪 80 年代,打裂压稳施工工艺开始在国外应用,在美国是一种普遍采用的水泥路面破碎技术。英国最早研究和开发该项技术的是运输试验中心,美国运输研究委员会在 20 世纪 80 年代进行了试验总结,发表了许多相关论文,各州也制定了相关的施工规程。打裂的断片面积要求在 0.4～0.6m^2,在打裂作业时严禁将路面和基层震碎。

为把损坏的面板打裂,人们制造出了各种相应的机器设备。最早是利用装在挖掘机臂架上的液压破碎镐进行打裂,其施工速度和效果难以适应大面积工程的要求。在实际施工作业中,一般采用门板式破碎机打裂压稳旧混凝土路面。

理论上的分析研究和实际施工情况都表明,冲击压路机的打裂—压稳,与门板式打裂机和常规压路机联合作业施工的效果近似。打裂压稳工艺可以延缓加铺沥青混凝土面层反射裂缝的出现,并充分利用原有路面的强度,降低工程成本。且施工速度快,节省资金,保护环境。该技术可使使用寿命延长 8 年以上。

11.4.2　板式打裂压稳设备

打裂压稳技术主要设备是门板式打裂机(图 11-27)和压稳设备 25 吨胶轮压路机。该技术具有破碎颗粒大,生产效率高,施工速度快、节约路面改造费用及环境保护的特点。同时也可通过调试门板式破碎机落锤的高度,进一步破碎水泥混凝土路面,满足彻底清除路面的要求。

图 11-27　门板式打裂机

11.4.3　原理探讨

打裂同样是一个能量转换的过程,门板式重锤通过自行式设备提升,然后自由下落,与路面接触,将旧水泥混凝土路面打裂成表面具有规则裂缝的整体,而又不损坏基层。接着用轮胎压路机碾压使破裂的板块稳定。被打裂的旧水泥混凝土板的裂缝并不是纵向垂直的,而是带有一定不规则的倾斜角度。因此,打裂后的旧水泥混凝土块相互嵌挤在一起,形成强度。由于打裂后块度较原水泥板小很多,通过重型压路机的碾压,使块体与基层也能有效地嵌挤在一起,消除了原路脱空的影响,恢复了基层对水泥混凝土板块的支承作用。在减少反射裂缝的同时,也更加有利于基层或底基层承载能力的提高。由于破碎块较碎石化和冲压技术后的块度较大,还存在一定的结构性能和荷载传递能力,打裂压稳后的顶面回弹模量较前两种技术要高,有利于减薄加铺层结构,降低工程造价。

11.4.4　原路技析状况要求

打裂压稳后的旧水泥混凝土路面一般用于道路的基层和底基层,国外多用于基层,因此对原路技术状况的要求比碎石化工艺和冲压工艺更高一些。用做基层时建议如下。

(1) 原路面基层基本无松散,具有较好的整体性,以保证面层碎石化后,其顶面回弹模量不小于 3000MPa。建议原路面总厚不小于 55cm,路面基层为水泥稳定碎石或二灰碎石结构。

(2) 路面病害 PCI 应处于 70%～80%。

(3) 路面脱空率小于 30%。

(4) 面层弯沉基本小于 45(0.01mm),符合要求的测点大于 70%。

用做底基层时,要求与冲压相同。

11.4.5　施工工艺

(1) 调查路线上隐藏的构造物,对于埋深小于 1.5m 的,在水平方向安全距离的起点和终点进行标注。调查沿线建筑物距路缘石的距离,对于小于 10m 的建筑物,在水平方向安全距离的起点和终点进行标注。确定安全水平距离和埋深深度的方法与碎石化工艺相同。

(2) 进行交通管制。

(3) 清洁路面。

(4) 在正式开始施工之前,应通过 100m 单车道的试验段确定适合本项目的破裂程序。主要是确定门板的提升高度和打裂间距。试验中首先选择有代表性的路段,通过调整门板高度和间距观察破碎的效果,符合要求的打裂程度和顶面回弹模量的对应的参数就是试验的结果,可以指导施工。

根据《水泥混凝土路面再生利用关键技术》的研究,在门板高度一定的情况下,破碎后路面的回弹模量随着打裂间距的增大而增大,间距越大,破坏力就越小,板的整体性就越强。在打裂间距一定的情况下,破碎后路面的回弹模量随着门板高度的增大而减小。同理分析,门板提升得越高,对板体的破坏作用就越强,整体性就越差,破碎后板体的模量随之降低。在门板打裂间距一定的情况下,打裂后路面的模量变异系数随着打裂高度的增加先减小后增大;同样,在打裂高度一定的条件下,变异系数随着打裂间距的增加也是先减小后增大。说明变异系数与打裂的均匀性有密切关系。根据其建议,打裂高度控制在 115～125cm,打裂间距控制在 35～45cm。具体施工参数的选择要通过试验段确定水泥混凝土路面再生利用关键技术。打裂现场施工如图 11-28 所示。

图 11-28　打裂现场施工图

在确定破裂程序满足要求后,应确定压稳程序,一般压稳遍数为 3～5 遍。控制标准:在按确定程序施工的试验路段,每 25m 取一点,在破裂完成后对这些点进行水准测量,并在每压稳 1 遍时测量每点的沉降量变化,如果每次压稳后最大沉降变化量小于 5mm,则认为压稳施工达到要求。任何情况下压稳次数不得小于两遍。压实速度不应超过 4.8km/h。

(5) 破裂和压稳施工在确定破裂和压稳程序后,应严格按确定程序施工。操作人员可以根据路面的具体情况进行设备的细微调整,以满足破裂要求。

(6) 清扫。在混凝土路面破裂后,应清除表面所有的松散、破碎的混凝土,尘土和外来物。

(7) 挖补。如果原有混凝土路面局部在施工中发现已不稳定或暴露出了软弱或损坏基层,应清除不稳定路面板和软弱基层,并全深度用适宜材料填充压实。

(8) 清缝和封缝。在布洒粘层油前,应清除接缝中的松散料。如果接缝宽度较大应采用许可的封缝料进行封缝。

(9) 撒布粘层油。在沥青面层施工以前在混凝土路面表面撒布沥青粘层油,数量为 0.2～0.5L/m²。如有必要,可以改变材料类型和撒布量以保证混凝土路面和沥青面层的结合。

(10) HMA 罩面。破裂压稳技术要求的最小厚度为 8cm。

(11) 排水边沟。在以下情况下必须设置排水边沟:竖曲线底部、原路面翻浆处、平曲线超高低侧和所有存在排水问题的地段。

11.4.6 质量控制

1. 破裂程度要求

一般水泥混凝土路面破裂效果应使75%以上的路面不规则开裂相邻裂缝围成的面积为0.4～0.6m²。钢筋混凝土路面的破裂程度应达到使80%的破碎板的尺寸小于50cm,且最大不超过60cm。

打裂尺寸的检查:需要在打裂路面一定范围内均匀洒水后施工,可以看到有气泡产生,水消失后应可看见清晰的裂缝痕迹,并由此鉴定开裂的程度是否满足要求。也可以通过现场取芯的方法确定开裂的程度和深度。

2. 顶面回弹模量

打裂后的路面回弹模量与打裂前比较意义不大,主要是强度变异系数更有价值。由于打裂压稳后,破碎块得到了基层更好的支撑,其回弹模量变异系数均小于打裂前。

经过试验和施工经验,取顶面回弹模量标准值为300MPa。小于标准值的路段的路基应进行相应处理。

11.4.7 效益分析

打裂压稳后旧水泥混凝土路面用做底基层时,在成本、资源、能源、交通影响等方面的效益与冲压技术基本相当。当作为基层时,其经济效益和社会效益更加显著。

11.5 再生集料利用技术

11.5.1 国内外研究现状

旧水泥混凝土打碎后作为集料再生利用最早开始于第二次世界大战后欧洲的建筑重建。由于战时施工建筑物被毁,需要重新建设。一方面,如果把旧水泥混凝土作为废料和垃圾处理,会带来资源的浪费和环境的污染;另一方面,重建工作在短时间内会需要大量的建筑原材料,出现了原材料紧缺的情况。这大大促进了旧水泥混凝土破碎后作为材料应用技术的研究和开发。

国内在这方面也进行了大量的研究,湖南省交通勘察设计院进行了系统研究,合肥市2007年发布了《合肥市城市道路水泥稳定再生集料基层施工技术指南(试行)》,宁常高速公路、京台高速公路山东德州段路面维修工程进行了试验和应用。

11.5.2 破碎设备

国外常用的再生集料强化设备主要有立式偏心轮高速研磨设备、卧式强制研磨设备、加热研磨设备等。国内主要是颚式破碎机(图11-29、表11-22)和反击破碎机(图11-30、表11-23)。

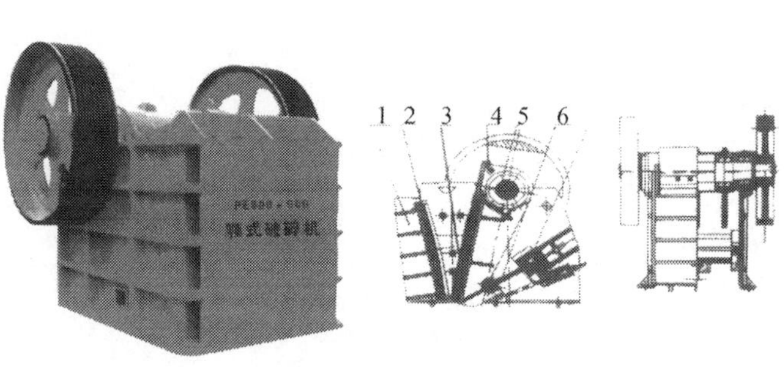

图 11-29　颚式破碎机

1-机架；2-固定颚板；3-活动颚板；4-动颚；5-偏心轴；6-肘板；7-调整座

图 11-30　反击破碎机

表 11-22　部分颚式破碎机参数表

型号规格	进料粒度/mm	排料口间隙/mm	产量/(t/h)	功率/kW	外形尺寸/mm
PE250×750	210	25～60	10～40	22	1667×1545×935
PE400×1000	210	25～60	15～50	30	1550×1964×1380
PE150×1200	210	25～60	20～60	37	1560×2104×1415
PE150×250	125	10～40	1～3	5.5	896×745×935

列颚式破碎机是用于物料初级破碎的设备，具有破碎比大，产品粒度均匀，破碎抗压强度不超过 320MPa 的各种物料。其结构牢固、工作稳定、维修方便，运行费用经济等特点。

反击破碎机可处理粒度不大于 200mm，破碎抗压强度不超过 320MPa 的花岗岩、石灰石等物料。具有破碎比大、破碎效率高、维修方便等优点。加工出的成品石料呈立方体，是高等级公路路面用石料及水电行业石料的理想设备。

表 11-23　部分反击破碎机参数表

型号	转子尺寸/mm	进料口尺寸/mm	最大进料边长/mm	功率/kW	生产能力/(t/h)
PF1007	Φ1000×700	440×730	300	37	30～55
PF1010	Φ1000×1050	440×1080	350	75	50～80
PF1210	Φ1250×1050	440×1090	350	110	70～130
PF1214	Φ1250×1400	440×1430	350	132	90～180

11.5.3　再生集料性能研究

再生集料在公路工程中主要用于水泥稳定粒料，其材料性能和用其生产的混合料的性能要符合规范的要求才能使用。因此，应从这两个方面进行试验研究。由于该项工作的试验规程和标准在规范中已有明确规定，这里不再赘述，仅以骨架密实型水泥稳定碎石为例，相应的试验内容、试验方法和标准下。

1. 再生集料材料试验

表 11-24 再生集料材料试验

试验项目	试验方法	规范标准	备注
筛分试验	T 0302—2005 粗集料及集料混合料的筛试验	JTG D50—2006 表 6.1.6.2 级配范围	
压碎值试验	T 0316—2005 粗集料压碎值试验	高速公路和一级公路不大于 30%；二级及以下公路不大于 35%	

2. 再生集料混合料性能研究

表 11-25 再生集料混合料性能研究

试验项目	试验方法	规范标准	备注
最大干密度和最佳含水量	T 0842—2009 无机结合料稳定材料振动压实试验方法	通过试验干密度—含水量曲线确定	JTG E51—2009
无侧限抗压强度	T 0805—1994 无机结合料稳定材料无侧取抗压强度试验方法	JTG D50—2006 表 6.1.5 规定	力学性能
无侧限抗压回弹模量	T 0808—1994 无机结合料稳定材料室内抗压回弹模量试验方法		力学性能
劈裂强度	T 0806—1994 无机结合料稳定材料间接抗拉强度试验方法		力学性能
抗弯拉性能	T 0806—1994 无机结合料稳定材料弯拉强度试验方法		力学性能
抗冻性能	T 0858—2009 无机结合料稳定材料冻融试验方法		路用耐久性能
干缩性能	T 0854—2009 无机结合料稳定材料干缩试验方法		路用耐久性能
温缩性能	T 0855—2009 无机结合料稳定材料温缩试验方法		路用耐久性能
疲劳试验	T 0856—2009 无机结合料稳定材料温缩试验方法		路用耐久性能
抗冲刷性能	T 0860—2009 无机结合料稳定材料抗冲刷试验方法		路用耐久性能

11.5.4 效益分析

混凝土是土木工程中使用量巨大的人造材料。根据权威部门的统计结果，混凝土成为了砂子、卵石与碎石等天然资源的最大消费者，现在正以每年约 80 亿吨的速度消耗天然骨料。全世界混凝土每年的使用量约 28 亿吨，我国混凝土年产量占世界总量的 48%，13 亿～14 亿，按照集料占混凝土总体积的 3/4 计算，生产水泥还需用石灰石碎石，每年就有 21 亿吨左右的砂石集料被开采，其中我国则需 10 亿吨，砂石资源的大量消耗对人类的生存环境构成重大威胁。与此同时，旧水泥混凝土板块，产生了大量的建筑垃圾。

鉴于废弃混凝土排放量的增加和某些地区砂石料资源的短缺，若对废弃混凝土回收再利用将会对以上的问题有一定程度的缓解。将废弃混凝土经过技术处理加工成可利用的骨料，这样不仅可以为砂石料紧缺的问题提供了一个合理的途径和解决方法，同时又对废弃混凝土进行了回收再利用，保护生态环境。有研究表明，用废弃混凝土做再生骨料，可节省 62%的天然石子资源；若用废弃混凝土做生产水泥的原料，可以节约优质石灰石 60%，节约黏土近 40%，铁粉 35%。同时，CO_2 的排放量可减少 20%。所以用此方法可保护天然资源，减轻环境污染，解决环境问题。

参考文献

侯利国. 2005. 碎石化技术在旧水泥路面改造加铺沥青路面中的应用[J]. 中外公路，25(5)：41-44.

李昌铸. 2009. 水泥混凝土路面再生利用关键技术[M]. 北京：人民交通出版社：163-164.

张西农. 2005. 水泥路面改造工程中的共振破碎技术[J]. 建设机械技术与管理，(02)：46-50.

第 12 章　温拌沥青混合料应用技术

12.1 引　　言

温拌沥青混合料技术是指施工温度介于热拌沥青混合料和常温拌和混合料之间的沥青路面施工技术。在同样原材料条件下，温拌的拌和温度和压实温度一般比热拌的低30～60℃。温拌技术的核心是采用物理或化学手段，增加沥青混合料的施工操作性，同时，这些物理或化学添加剂不应对路面使用性能构成负面影响。

温拌混合料技术的判断依据有两个：一是有足够的施工操作降温幅度（温降大于30℃）；二是温拌沥青混合料路用性能达到沥青面层材料相应热拌沥青混合料的技术要求。

12.1.1 沥青混合料温拌技术发展历程

温拌沥青混合料技术是近十几年，在全球气候变暖、能源紧缺的大背景下快速发展的具有革命性意义的沥青铺面技术。1997 年，在欧盟、日本等的推动下，通过了《京都议定书》，要求在 2010 年，全球温室气体的排放量比 1990 年减少 5.2%，作为最主要的缔约者，欧盟承担了最大比例的消减任务。节能减排、抑制全球变暖已是国际共识。在政策面的强力推动下，温拌沥青技术在欧洲发端并迅速进入应用阶段。2000 年，第一届国际沥青路面大会，Harrison 和 Christodulaki 首次报道该技术。胶结料降黏型和沥青发泡型两大主流温拌技术陆续研发成功并投入应用。

2002 年，美国沥青路面协会（NAPA）主席带队，对温拌技术在欧洲的应用进行了考察。随后，在联邦公路管理局（FHWA）组织下，成立了由全美沥青技术中心（NCAT）、各州公路工作者协会（AASHTO）、NAPA 以及若干州运输部组成的温拌沥青技术工作小组（WMA TWG）。2003 年，表面活性平台温拌研发成功并首次应用。由此，三大主流温拌技术体系宣告成型，此后，温拌技术的发展如雨后春笋，在发达国家特别是欧洲发端并迅速投入应用阶段。2004 年以后，以 NCAT 为代表的著名研究机构，选取三个有代表性的主要温拌沥青技术，展开了综合性的室内外研究工作。2005 年，两个温拌试验段嵌入了著名的 NCAT 环道。2005～2006 年末，NCAT 陆续提交了针对这三个技术的研究报告。

鉴于温拌技术的日新月异的发展，2007 年 5 月～6 月，沥青工作小组组织了一个半官方的赴欧温拌技术考察团，团员主要来自 FHWA、各州运输部、NAPA、沥青学会（AI）等，其中还包括 FHWA 主席。行程覆盖挪威、德国、比利时和法国。考察团明确了降低排放污染、节约能源、改善摊铺压实工作性、改善工人操作环境是温拌技术发展的四大动力，明确了温拌技术的前提是路用性能必须达到现有路面技术标准，考察团还制定了推动温拌技术发展的技术路线和行动纲要。

在欧美等发达国家和地区,无论在技术层面,还是在政策层面,温拌沥青技术均成为了沥青路面工业和对应管理机构的研究和关注热点。

我国对温拌的研究和应用,始于 2005 年。十六届五中全会提出把节约资源作为基本国策,“十一五”国民经济和社会发展纲要进一步提出要把能耗降低 20%左右,主要污染物排放量减少 10%作为约束性指标。2005 年,北京路桥路兴物资中心和交通部公路科学研究院合作尝试研究温拌沥青混合料,2005 年 9 月,在北京 110 国道辅线首次成功铺筑了温拌试验路。

以此为发端,温拌技术应用步伐逐步加快,除了北京和上海,节能、减排在我国的绝大多数城市还没有普遍落实到政策实施的层面,因此,尽管在温拌节能、环保作用方面开展了一些研究,结果相当积极,但并不像欧美一样成为决定性的动力。在我国,温拌技术被道路研究者用于解决热拌实施中的问题,拓展热拌无法或覆盖有困难的应用领域,因此,在具体的道路路面应用技术方案方面,我国处于相对领先地位。截至 2007 年 12 月,已经在北京、上海、江苏、河南、辽宁、河北、四川、浙江八个省市实施了逾二十个项目,成功应用于城市道路、高速公路和城市快速道路薄层铺装、低温季节和高海拔地区施工、桥面超薄层、隧道路面等路面类型,进入 2008 年,温拌技术全面进入在隧道路面、超薄磨耗层以及低温施工的应用阶段。与此配合,多省市温拌产品标准与地方标准进入或已经完成了制定程序。

图 12-1 为表面活性平台温拌技术在全球和中国历年的项目数统计,由此不难看出,温拌在全球的发展速度堪称罕见,而中国尽管起步稍晚,但发展势头更加迅猛,也已经占有重要地位,实际上,在国内应用的温拌技术,已经基本实现了与全球最新技术同步。

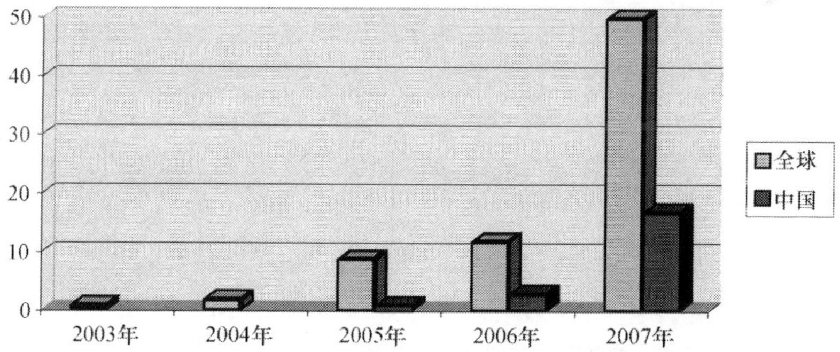

图 12-1　Evotherm 技术应用发展趋势

温拌沥青混合料技术,符合全球和我国可持续发展战略和建设节约型社会、和谐社会的国家目标。温拌技术在降耗、减排、操作性、路面再生方面的发展,对于交通基础设施可持续发展与和谐发展,具有战略性意义。成熟、先进、合理成本、易操作的温拌沥青技术,也一定会在不久的将来进入规模化应用的实施阶段。

12.1.2　国内外温拌技术的研究

随着各个国家对于温拌沥青混合料日益重视,沥青温拌应用技术的研究和开发也成为道路技术界的关注热点。

美国国家沥青路面协会(NAPA)资助国家沥青技术中心(NCAT),针对 Aspha-min、Evotherm 和 Sasobit 三种温拌技术路线,开展了综合性应用技术研究,研究报告在 2006 年陆续形成,是目前对温拌技术最系统的室内研究。

NCAT 室内研究的基本结果如下。

(1) 为了评价各种温拌沥青混合料在不同温度时的压实性能,采用了振动压实设备成型试件,并在四个温度条件下进行了试件的成型。evotherm 可以降低孔隙率 1.5%左右;sasobit 可以降低孔隙率 0.9%左右;aspha-min 可以降低孔隙率 0.8%左右。

(2) 利用沥青路面分析仪(APA)进行车辙试验,从试验结果中可以看出,采用温拌沥青混合料并不会降低沥青混合料抗车辙性能,总体抗车辙能力还有一定程度的增强。

(3) 花岗岩、石灰岩两种石料,三种沥青与热拌对比 TSR 试验(表 12-1)显示,Sasobit 和 Aspha-min 混合料的抗水损坏能力有所降低。针对花岗岩进行三种温拌技术加热拌的浸水汉堡车辙的结果显示,只有 Evotherm 的浸水汉堡车辙没有出现水损坏拐点,而即使在同时添加了抗剥落剂的情况下,Sasobit 和 Aspha-min 仍然出现了水损坏拐点。

表 12-1　NCAT 汉堡车辙水损拐点

材料类型	拐点次数	拐点次数(抗剥落剂)	抗剥落剂类型/用量
热拌	6500	无剥落	0.75%LF6500
Zeolite	3975	8500	1.5%石灰
Sasobit	3450	无剥落	0.4%Magnabond
Evotherm	无剥落	—	无

与此同时,2005 年,在 NCAT 试验环道(2.7km 长,每年实际行驶当量轴次 200 万次)铺设了 Evotherm 温拌试验段,目前通车当量轴次已经超过 700 万次。2007 年底,针对所有试验段落进行了性能检测,全环道平均车辙为 5.9mm,两个温拌段落分别为 2.0mm 和 3.6mm,且无其他病害。

除了材料的工程性质和使用性能,温室气体排放和污染方面的变化也是温拌技术研究的重点。在 2005 年底,PINCHIN 环境测试公司对 MCASPHALT 公司位于加拿大的沥青拌和站和施工现场进行温拌和热拌对比污染物测试的结果,如图 12-2 和图 12-3 所示,温室气体排放下降近 50%,而施工现场烟气和致癌物质下降幅度更分别在 51%和 86%。后续的国内外测试结果体现了近似的趋势,差别是多数测试的现场烟气测试的下降幅度要大。

发达国家温拌技术的应用,主要发展动力是温拌在节能、减排、减少施工过程污染方面的作用,只要不明显牺牲路用性能的温拌技术,都能够得到一定程度的应用。温拌技术在欧美,主要不是用来解决沥青路面施工本身的技术问题,因此,无论研究和应用,还是实体工程的案例,主要是针对其最广泛采用的连续型级配普通沥青胶结料。

由于温拌技术应用已经有相当数量,而 NCAT 的相关研究已经打下了研究基础。美国温拌工作小组的技术工作重心，已经转移到建立温拌技术考察体系、长期性能考察以及针对已经完成评估的温拌技术准入和制定规范。

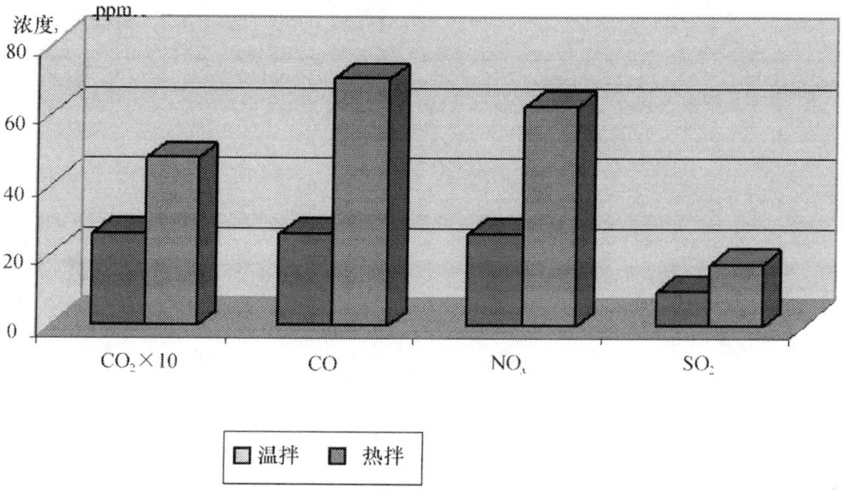

图 12-2　温拌与热拌排放比较

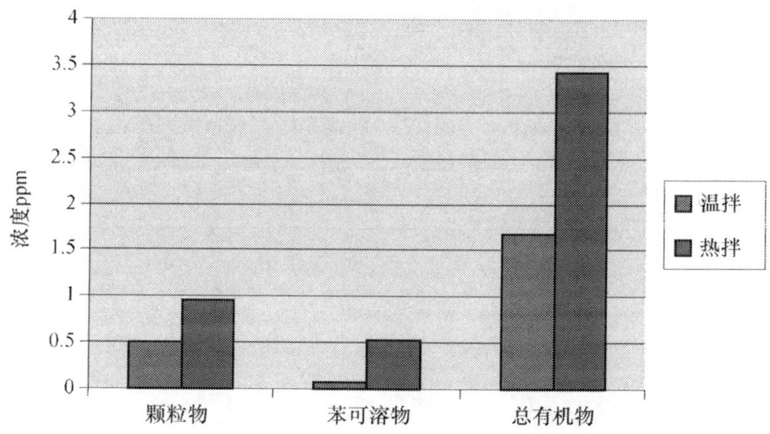

图 12-3　温拌与热拌施工现场烟气的比较

我国的研究始于 2005 年，2005 年 9 月，交通部公路科学研究院和北京路桥路兴物资中心合作，在 110 国道辅线昌平段，完成了国内第一段温拌沥青试验路。110 国道辅线，是一条双向四车道通道，与北京—昌平高速公路相连接，经过车辆调查并进行换算后，目前该道路的双向日均当量轴次为 8161 次/日(N1)，属于重交通道路，大型车辆(运煤车/大客车)比例较高。

试验路总长约 200m，原有路面铣刨后进行 4cm 石灰岩 AC13 罩面，温拌乳化沥青的基质沥青为北京常用的 90＃沥青。从表 12-2 和表 12-3 的结果看，除了马氏稳定度略低(沥青老化减轻)，温拌的主要指标均优于热拌，特别是动稳定度，有较明显的提高，呼应了 NCAT 的相关结果。

表 12-2　110 国道温拌混合料路用性能

测试项目	温拌沥青混合料	热拌沥青混合料	规范要求
马歇尔稳定度/kN	11.3	13.3	≥8
冻融劈裂试验的残留强度比/%	86.3	81.5	≥75
浸水马歇尔试验残留稳定度/%	85.9	83.2	≥80
动稳定度/(次·mm^{-1})	2057	1294	≥1000
渗水试验/(mL·min^{-1})	<40	<40	≤120

表 12-3　110 国道温拌混合料路面检测结果

测试项目	现场检测	规范要求
渗水系数/(mL·min^{-1})	70	≤300
构造深度/mm	0.55	≥0.55
摆值/BPN	53	≥45
压实度/%	93.2	最大理论密度的 92%

图 12-4 是该温拌试验段通车两年的路面状况。表面构造保持正常，使用性能保持良好，没有明显车辙、坑洞、剥落、泛油等病害。

图 12-4　110 国道温拌项目通车 1 年(左)和 2 年(右)后的状况

2006 年，西部交通建设科技项目"温拌沥青混合料应用技术研究"立项，作为国家级专题研究项目，主要承担单位(交通部公路科学研究院、同济大学等科研院所)对多种温拌技术进行了全面的评估，并积极在各地组织实施多条试验路。基础性的研究工作还在进行，已经完成了多种温拌技术评估、节能减排效果监测、混合料烟气与温度关系、混合料常规性能等多项研究，该项目计划于 2008 年年底结题。目前已经发表的结论如下。

(1) 温拌沥青混合料能够达到沥青路面规范面层用沥青混合料的技术要求，冻融劈裂比和动稳定度还在一定程度上高于热拌沥青混合料。

(2) 温拌工艺显著降低温室气体和有毒气体的排放，与热拌相比，温室气体排放浓度减少约 50%，沥青烟排放减少 80%。小规模数据表明燃油消耗降低 22%。这样降低了对大气环境的污染和对施工人员的健康损害。

(3) 多条不同类型、不同材料温拌试验路实施表明，温拌混合料具有很好的摊铺和碾压工作性，因此沥青老化现象得到了明显的减缓，实际使用性能良好。同时，能够有效延长施工季节。

除了国家级研究项目，大学、研究机构、道路管理机构以及重点企业也积极投入到温拌技术研究开发中。2007 年同济大学首先研究实施了直投式模式、温拌在超薄层的应用，制定了相应的技术指南。

2007 年，台金高速公路有限公司与江苏省交通科学研究院合作，在浙江省交通厅立项“温拌沥青混合料技术在长公路隧道沥青路面铺装中的应用研究”科研课题。在 7.6km 的台金高速苍岭隧道首次实施了无烟化隧道路面施工。温拌段落长度为双向 1000m，选择隧道中间位置进行，其他部位仍然实施热拌。隧道路面结构为中面层 6cm 温拌沥青混合料 Sup-20＋上面层 4cm 温拌沥青混合料 Sup-13。如图 12-5 所示，温拌施工时，隧道中施工条件较热拌有根本性改变。烟气大大减少，洞内气温下降至少 10℃，压路机避免开锅状况，可以持续作业。

图 12-5　苍岭隧道项目温拌(左)热拌(右)施工现场

2007 年 11 月中旬，河北省公路局在 3℃条件下成功实施了 4cm 的普通 70＃沥青 AC-13 温拌沥青路面摊铺。此路为津汕(现为长深)高速公路沧州段南大港引线，位于沧州市南大港区，温拌试验路全长 1km，宽度为 12m，路面结构为 4cm AC-13＋5cm AC-20 沥青混凝土。面层摊铺时，环境温度为 3℃，风力为 4～5 级。混合料实际生产时出料沥青温度控制在 130～135℃，混合料到场后的温度在 120～125℃。初压采用 30 吨胶轮压路机先压两遍，再采用 16 吨钢轮压路机低频振动压两遍，紧跟着采用 16 吨钢轮压路机低频振动压实三遍，最后静压两遍。通过现场观测，初压的紧凑性十分重要，尤其在低温有风天气，这涉及混合料的碾压保温性。如表 12-4 所示，密实度达到了非常理想的效果。温拌技术是解决低温季节施工一个非常有价值的方案。

表 12-4　津汕高速公路连接线低温施工密实度检测结果

厚度	空气中重/g	水中重量/g	表干面重/g	毛体积密度/(g/mm)	最大理论密度/(g/mm)	空隙率/%	马歇尔密度压实度/%	最大理论密度压实度/%
5.43	868.6	516.8	870.2	2.458	2.596	5.3	98.9	94.7
5.73	852.8	510.2	856.9	2.475	2.596	4.7	99.6	95.3
5.80	1069.5	640.3	1075.3	2.453	2.596	5.5	98.7	94.5
4.65	816.6	491.9	819.5	2.492	2.596	3.9	100	96.0
8.58	1615.5	966.6	1618.5	2.478	2.596	4.5	99.7	95.5

2007 年 11 月下旬，石黄高速公路在相对低温下成功进行了超薄层密实型级配罩面。2008 年 5 月，石家庄市环城公路又成功铺筑了国内第一条温拌橡胶沥青混合料路面试验路。在此基础上，有关方面正在制定相关技术标准，2007 年底，辽宁省交通科学研究院主持 Sasobit 和 Evotherm 的研究，该项目已经结题并正在制定"温拌技术指南"。

2007 年 12 月，四川省公路局在海拔 1100m 的阿坝州实施了桥面薄层铺装，在海拔 3900m 的日隆镇成功实施了温拌试验段。四川映（秀）日（隆）公路改建项目途径高原过渡区，起点海拔 900m，途经最海拔高达 4500m 的垭口，终点为海拔 3800m 的日隆镇，路面面层方案为 90＃AC-20＋SBS 改性沥青 AC-13。2007 年 11 月 28 日，在 D 标段靠近日隆镇实施了 AC-20 的温拌试验段，同一天，相邻段落继续进行热拌施工。热拌出料温度为 180℃，温拌出料温度为 135℃，山的阳面地表温度为 5℃左右，阴面地表温度为－8℃。试验段落处在阳面，海拔 3900m。如图 12-6 所示，在高海拔摊铺沥青路面经常性使用的高温出料方式对沥青老化影响是非常显著的，烟气远超过正常施工条件，温拌在兼顾有效压实的基础上，很好地保护了沥青的低温品质。

图 12-6　海拔 3900m 的映日公路热拌（左）温拌（右）施工现场

2006～2008 年，同济大学与上海机场道路建设有限公司、上海市政研究院合作，陆续实施了五个温拌试验项目，包括普通上海所有试验项目的基础上，上海机场道路建设有限公司编制了温拌沥青混合料产品技术标准并于上海质监局报备，同时申报上海市科技进步奖。

表 12-5 是上海第一条温拌试验路的室内研究结果，同样可以看到温拌对动稳定度提高的趋势。这条实验路的沥青采用壳牌 70＃，粒径 5mm 以上石料选用优质的辉绿岩，5mm 以下的矿料选用石灰岩。混合料的设计拌和温度为 110℃，设计摊铺温度为 100～110℃。

表 12-5　上海新市路项目室内结果

检测项目	普通沥青混合料			SBR 改性沥青混合料	
	温拌测试	热拌测试	规范要求	温拌测试	规范要求
空隙率/%	3.1	3.8	4.0	4.3	4.0
VMA/%	14.1	14.6	>14	15.8	>14
马歇尔稳定度/KN	8.4	8.9	>8.0	9.8	>8.0
冻融劈裂/%	80	76	>75	81	>80
动稳定度/(次/mm)	1500	900	>1000	4600	>2800

图 12-7 左是新市路的施工现场，右图是 2008 年在长江隧道中的温拌施工现场，从两个图看，低烟甚至无烟的施工环境是温拌施工的基本特点之一。

图 12-7　新市路(左)和长江隧道(右)施工现场

2008 年 7 月，浦东路桥公司完成了针对 SMA 的温拌综合性能的评估，得出的动稳定度和抗疲劳显著改善的结论，与 NCAT 和交通部公路科研院的研究结论基本吻合。表 12-7 为间接拉伸疲劳试验的结果，测试温度为 15℃，控制水平应力脉冲恒定为 500kPa，以垂直变形 10mm 为破坏临界值，以破坏时的荷载作用次数作为该试件的疲劳寿命。如表 12-6 所示，温拌料体现了针对热拌几乎全面的性能优势。TSR 和动稳定度建立了很好的关系。在沥青老化减轻的情形下，沥青与石料黏结界面的改善是对动稳定度提高最合理的解释。

为了进一步研究确定和验证温拌沥青混合料的拌和工艺及摊铺碾压工艺，选择在浦东港五期规六路实施温拌 SMA 试验路。该试验段长 1000m，宽 16m，设计上面层 4cm SMA-13，中面层 5cm AC-20，下面层 8cm AC-30，基层为 40cm 大三碴，试验项目同样取得了性能上的成功。同时，同一个拌和楼同一天的温拌热拌出料的对比(图 12-8)，也说明了温拌对于减少高黏度沥青混合料沥青老化的重大意义。

表 12-6　SMA-13 沥青混合料性能

试验项目	实测值		技术要求
	热拌料	温拌料	
空隙率/%	3.26	3.37	3～4
沥青饱和度/%	81.15	81.04	75～85
矿料间隙率/%	17.42	17.7	≥17.0
VCA_{min}/%	41.8	41.8	≤VCA_{DRC}
VCA_{DRC}/%	40.07	40.16	—
马歇尔稳定度/kN	6.63	7.02	≥6.0
TSR/%	86.4	92.7	≥80
动稳定度/(次/mm)	5767	7185	≥2000
流值/0.1mm	31.7	33.9	20～50

表 12-7　沥青混合料的间接拉伸疲劳寿命测试结果

沥青混合料类型	温拌	热拌
平均疲劳寿命/次	7217	5142
破坏形态	未破裂	破裂

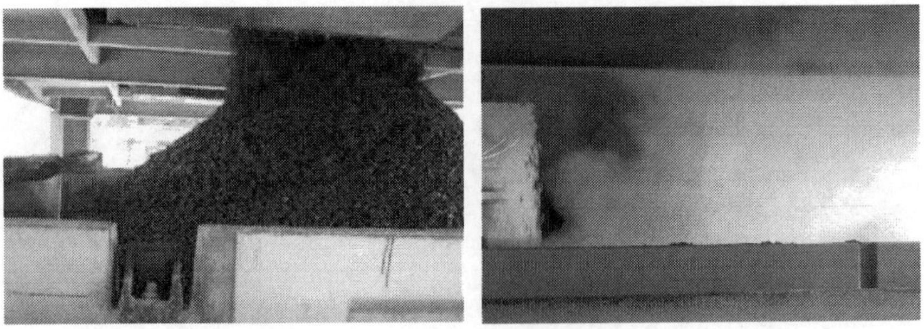

图 12-8　SMA 温拌(左)热拌(右)出料

2007～2008 年,东南大学承担了江苏省温拌技术课题并陆续展开了 Superpave 体系和 SMA 体系的研究。

国内温拌的研究和应用,绝大多数都选择了表面活性温拌技术平台。

12.1.3　温拌沥青混合料技术国内应用

温拌沥青混合料技术中国应用项目目录

05 年 9 月　北京昌平 110 国道支线 4cm AC-13
06 年 5 月　上海虹口新市路 4cm AC-13
06 年 6 月　北京顺义 4cm AC-13 6cm AC-20
06 年 9 月　北京六环匝道 4cm AC-13 6cmAC-20
06 年 9 月　北京百葛路改性温拌 4cm SMA-13 试验路
07 年 6 月　北京四环主干道 4cm AC-13
07 年 8 月　江苏常州一级公路 4cm AC-13
07 年 8 月　河南驻马店驻宓高速 4cm AC-10,6cm AC-20
07 年 9 月　上海逸仙高架市政快速干道 2.5cm UTAC-10
07 年 9 月　上海 A4 高速公路(超薄罩面)2.5cm UTAC-10
07 年 9 月　北京市通久路市政道路 4cm AC-13 2km
07 年 9 月　辽宁沈阳地方道路 4cm AC-13
07 年 11 月　河北石黄高速(超薄罩面)2.5cm UTAC-10
07 年 11 月　河北省津汕高速公路(低温施工)4cm AC-13+5cm AC-16 2km
07 年 11 月　浙江台金高速苍岭隧道 4cm Super-13,6cm Super-20 2km
07 年 11 月　四川都汶路(高原低温施工)UTAC-10 1km
07 年 11 月　四川映日路(高原低温施工)AC-13 1km
08 年 5 月　石家庄环城公路温拌橡胶沥青项目 4cm AR-AC-13 2km
08 年 5 月　上海长江隧道温拌 4cm SMA-10 8km 隧道段全线采用
08 年 6 月　上海市中山西路温拌项目 4cm AC-13,6cm AC-20 2km
08 年 6 月　上海浦东机场北通道温拌 4cm SMA-10
08 年 6 月　北京奥运工程 4cm AC-13

08 年 6 月 北京奥运停车场 4cm AC-13
08 年 7 月 江西省武吉高速九岭山隧道项目 4cm AC-13,6cm AC-20
08 年 7 月 上海市南北高架 2.5cm UTAC-10 3km
08 年 9 月 江苏省锡澄高速(超薄罩面)2cm UTAC-6.7,2.5cm UTAC-10
08 年 10 月 江苏省无锡市具区路 4cm SMA-13
08 年 11 月 张家口快速通道,隧道和桥面铺装,4cm AC-13 和 5cm AC-20 5km
08 年 11 月 宁波大碶疏港路 4cm AC-13
08 年 11 月 北京温拌橡胶沥青 4cm AR-AC-13
08 年 11 月 上海沪青平公路 4cm SMA-13 3km
08 年 11 月 浦东中环线匝道 4cm SMA-10 和 2.0cm SMA-5
08 年 11 月 青海德令哈市纬七路 7cm AC-25 2km
08 年 12 月 上海徐汇区古美路 4cm AC-13 2km
08 年 12 月 陕西小康高速 7cm AC-25 和 4cm AC-16 1km
08 年 12 月 上海卢湾区兴安路水泥混凝土路路面加铺 4cm AC-13 300m

12.2 温拌技术路线与应用

12.2.1 温拌技术主要的路线

温拌技术快速发展的另一个表现是新技术层出不穷,截止到 2011 年底,进入初步应用阶段的温拌技术已经超过几十种。按照其工作机理,温拌技术均可以归入三大主要技术派别。

1. *沥青发泡法*

该方法的基本原理是在混合料拌和过程中或者沥青进入拌和锅/筒之前导入水,诱发沥青发泡,通过发泡形成的沥青膜结构实现较低温度下对集料的裹覆,以及降低沥青混合料的操作温度。Aspha-Min、WAM-Foam、LEA 和 Astec 的绿色双滚筒等,均可以归入此类。按照发泡方法的不同,又可分为拌和过程细微发泡和拌和前机械发泡两种类型。

作为最早的温拌技术之一,WAM-Foam 技术由壳牌国际石油公司和挪威 Kolo-Veidekke 公司共同开发,现与 BP 共同拥有。其基本原理是分阶段加入沥青,将常用沥青分为硬质沥青和软质沥青,两种沥青分两阶段通过各自的管路加入拌和锅。首先将软质沥青注入,在较低的集料温度条件下,软质沥青仍然可以实现对石料的充分裹覆,在此基础上,通过泡沫发生装置注入硬质沥青,发泡后的硬质沥青在相对低温条件下仍然具有较好的工作性。该温拌过程无需任何添加剂,降温幅度可以超过 30℃,但是,由于涉及较大规模的设备和拌和楼改造,WAM-Foam 技术的研究和应用均不多见。图 12-9 为 WAM 系统对拌和楼的改造,这一改造算得上是一个较大的工程。

Aspha-Min 是德国 Eurovia Services GmbH 的技术,技术核心是一种含有 18%结合水的硅酸铝矿物(沸石)。该种沸石结构存在大量可以容纳大分子群的孔隙,而且这些孔

图 12-9　WAM 发泡拌和楼系统改造

隙互相连同，在沥青混合料拌和过程中，加入 0.3%沸石。在高温作用下，结合水会释放出来，从而产生连续的细微发泡作用，这一细微发泡作用，不仅帮助沥青完成对集料的裹覆，其缓释作用还会保证沥青混合料在较低温度下的拌和和压实工作性。该技术需要安装单独的向拌和锅添加沸石粉末的装置，不需要对拌和楼系统进行大的改造，通常的操作温度降低幅度在 30℃以下。该技术开发较早，2002 年 NAPA 考察后引进美国，拥有较高知名度，研究也已经相当充分。

LEA(low energy asphalt)技术开发较晚，2005 年才开发成功，由于其降低温度和节能的幅度较大，其问世后受到普遍关注。其技术路线(间歇式拌和楼)如下：沥青事先与化学添加剂混合，热沥青与 130℃左右粗集料首先在拌和锅拌和，至完全裹覆，向拌和锅加入湿砂/湿石屑，继续拌和过程中同时发泡，细料向粗集料夺取沥青，直到最后拌和均匀。湿砂/湿石屑引入的水量较大，而且其出料温度在 90℃，沥青混合料含水量较高，比需要基本烘干水分的热拌和其他温拌，能耗降低。这些水能够起到润滑和增加工作性的作用，但在完成碾压后可能会有其他影响。对于 LEA 的评估及其应用定位的研究，目前还在进行中。

ASTEC 设备公司，基于其厂拌热再生连续式双滚筒拌和楼，在沥青添加口增加发泡喷嘴排杆，开发了名为“绿色双滚筒”的温拌技术。据 ASTEC 报道，该技术在 30%旧料再生的情况下，可以将施工温度降低 15～30℃。

2. 胶结料降黏型

胶结料降黏型是在沥青胶结料生产或沥青混合料拌和时添加一种低熔点的有机降黏剂，以改善沥青胶结料的流变性能，从而降低沥青混合料的拌和、摊铺、压实温度。

热拌沥青混合料的施工工作性取决于沥青的高温黏度，而其抗变形能力与沥青在夏季路面使用温度条件下的黏度相关，添加有机添加剂，使得沥青高温黏度下降的同时，夏季温度下黏度不变化甚至提高，可以认为温拌最朴素的技术思路。该技术路线最具代表性的是 Sasobit 和 REDISET。

Sasobit 是德国 Sasol Wax 公司的产品，原为抗车辙添加剂，后因其具有一定的降低施工温度的作用，也用做温拌添加剂。众所周知，天然石蜡是对沥青高温性能有害的成分，主要原因是软化点和熔点偏低，与夏季正午路面温度接近。Sasobit 是由煤气采用“费-托工艺”生产出的长链石蜡，分子链具有 40～115 个或者更多碳原子组成，远高于天然石蜡(22～45 个碳原子)，因此软化点明显提高。Sasobit 会在 116℃的时候转化为液态，Sasobit 加入沥青(约 3%)后，会明显降低沥青高温黏度，同时提高沥青软化点，沥青混合料的生产温度降低较少，但是，蜡在与石料黏结和低温性能方面存在问题，所以也不能一味用提高 Sasobit 的用量达到更高的降温效果。图 12-10 为 Sasobit 降黏添加剂的外观图像。

图 12-10 Sasobit 降黏添加剂

Akzo Nobel 公司的温拌添加剂 REDISET，采用的也是降低沥青黏度的成分，但同时还含有抗剥落成分，一定程度弥补了胶结料与石料黏结的缺陷。

降黏技术路线最大的问题来自降黏添加剂的用量。控制用量，则很难达到好的降温效果，但用量增大，虽然能够取得好的温拌效果，但对胶结料性质改变过大，会产生意想不到的副作用。

3. 表面活性平台

表面活性平台技术路线的特点是少量的表面活性添加剂(0.5%～1%对沥青胶结料)、水与热沥青在拌和过程中共同作用，借助拌和的强大分散能力实现彼此交织。表面活性剂富集于残留微量水和沥青的界面，三者共同作用，暂时性在胶结料内部形成较稳定的结构性水膜，由于水膜润滑作用不受温度影响，温度下降时，水膜润滑作用能够很大程度上抵消沥青黏度增大的作用，从而实现温拌效果。这一技术路线最具代表性的产品是 Evotherm。

由于 Evotherm 温拌添加剂独特的功能，沥青在拌和的过程中得到充分分散，在沥青内部形成独特的水膜润滑结构，很好地实现了在较低温度下的拌和及碾压功能，图 12-11 为 Evotherm 工作状态。然而，温拌沥青混凝土对于拌和楼并没有太大改动，只需要另外增加一套输送系统。

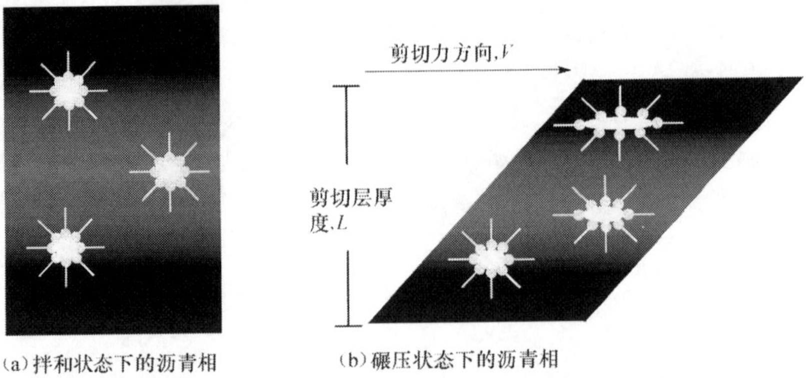

图 12-11　Evotherm 工作状态示意图

拌和状态：从图中可以看出，化学表面活性剂和水膜形成独特的颗粒分散在沥青液体中，化学剂的存在，降低了沥青与水的界面张力，使微量的水分稳定地存在于沥青中，水膜起到润滑的作用，从而降低了沥青的动力黏度，增加了低温下的和易性。

碾压状态：当受到碾压时，水膜结构受到破坏，水膜内部微量的水分排除出去，此时，化学添加剂分子向石料与沥青界面转移，起到抗剥落剂的效果，另外，沥青性能不受到任何影响。

2003 年，作为全球主要的乳化剂供应商，美国 MeadWestvaco 公司基于其路面用表面活性技术平台开发了 Evotherm 温拌技术。2003 年 11 月，该技术首次在南非实施试验段。此后，该技术在全球不断积累的应用经验基础上，经过了一次工艺革新，两次产品升级，技术趋于成熟。2007 年底开始，技术应用全面转入规模化阶段。

2003～2007 年上半年，Evotherm 技术采用乳化沥青添加模式。即将添加剂首先作为乳化剂生产一种高残留物(70%)乳化沥青，将该乳化沥青通过沥青管路投放到拌和锅进行拌和。该方式最大的好处是水、沥青、添加剂与乳化沥青已经充分混合。尽管项目实施得很成功，但乳化沥青的保温(80℃)和与现有热沥青管路的配合，在项目实施中遇到了很多协调困难，而且过大的水量也降低了节能效果。另外，由于添加剂首先要求有乳化作用，沥青首先要求能乳化，也限制了材料对路用性能的适应性。

2007 年开始，采用了直投式添加模式，添加系统的简图及实体照片如图 12-12 所示。直接用配制添加剂活性水溶液，在沥青和集料拌和过程中喷入该溶液(添加剂通过简易的独立系统送入拌和锅)，经充分搅拌后生产温拌混合料。直投式的采用，极大地增大了添加剂供应的便利性，同时，由于引入的水量仅相当于乳化沥青模式的 10%～20%，节能效果更加明显，对材料和沥青也几乎没有选择性。对设备和材料的适应性，使得 Evotherm 与现有沥青混合料技术体系实现了无缝连接。

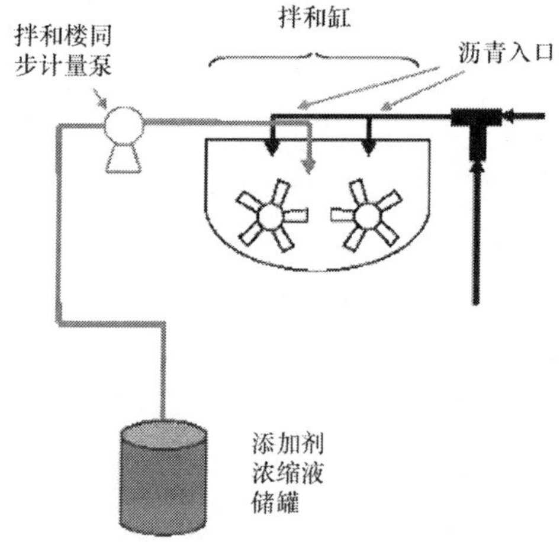

(a)添加系统简图

(b)添加系统实体照片

图 12-12　Evotherm 温拌剂添加系统

直投式添加模式的采用为添加剂本身的技术升级带来了技术空间。乳化沥青模式的添加剂要求乳化能力强，需要调强酸强碱，无法很好地兼顾添加剂水溶液的稳定性、沥青对石料裹覆以及沥青对石料的黏结等工程特性。直投式添加方式采用后不久，添加剂即升级为稳定的中性水溶性型，完全解决了添加剂的稳定性问题。

12.2.2　温拌在我国的主要应用

温拌技术是一种从操作性能及路用性能上完全不逊于热拌的技术，但是，不管哪一种温拌技术方式，相对于热拌，均会带来工程直接成本一定程度的上升。如果节能减排的成本超过温拌的直接成本，且温拌所表现出的减排效益往往只是宏观的表现，也就是说，表现出的更大程度是社会效益的体现，那么，温拌技术要替代热拌，从政策到技术，再到具体实施环节，还需要进一步的完善。结合我国国情和道路技术条件，温拌技术至少有以下六个具备较好的应用前景的针对性方案。

1. 超薄面层、路面性能恢复方案

超薄面层(罩面厚度在 2.5cm 以下)，由于能够快速有效地恢复路面使用性能，同时成本相对较低、使用寿命优于表面处理等措施，一直都是欧美国家最常用的大中修方案。在美国一些地区，在老沥青路上甚至经常采用 1.25cm 左右的极薄罩面。我国即将进入老路面大中修的高峰期，在当前沥青价格趋涨的情况下，采用超薄罩面是大势所趋。

但是，由于我国老路面破损情况较欧美国家严重，沥青罩面时要面对较多的老路面不均匀性的问题，而以往采用热拌技术时，超薄罩面相对降温较快，有效摊铺操作时间很短，我国道路各界普遍对纵向裂缝敏感，倾向采用全幅摊铺的罩面模式，我国超薄罩面技术一直都不太成功。

采用温拌技术，可以有效解决上述问题。

(1) 温拌层施工接缝更容易，易于分幅摊铺，保障超薄面层的有效实施。

(2) 温拌施工温度比热拌低 40℃左右，温度下降速度减缓为热拌的一半以下，为压实等操作赢得了时间。

(3) 温拌混合料更适合手工操作，特别适合集中应对摊铺前后发现的修补等下承层不均匀性问题。

2. 人口密集区城市道路罩面

人口密集地区，道路罩面必须回避人流的集中出行。另一方面，热拌混合料产生的烟尘，会使本来就不良的密集城区空气条件恶化，且施工会对交通产生干扰。城市道路的罩面工程，通常在深夜开工，凌晨又必须开放交通，这一时段施工对热拌混合料施工质量是不利的，这也是城市路面施工质量相对较低的重要原因之一。

温拌沥青混合料，在夜间施工工作条件下具有比热拌沥青明显好的施工工作性，更短的开放交通间隔和更长的有效压实时间都有利于提高城市道路罩面夜间施工质量。采用温拌沥青技术，会带来显著的性能改善和寿命的提高，无论是压实不足导致的坑洞破坏还是为了保证压实采用偏高的沥青用量带来车辙病害都会明显减少，由此节省的费用将超过温拌技术增加的 5%～10%的直接费用。除此以外，快速开放交通和无烟的温拌技术，使得道路罩面在白天两个交通高峰之间的实施更多地成为可能。

3. 沥青混合料集中厂拌再生

在大力提倡“循环经济、可持续发展、节约型社会”的大背景下，老沥青路面的再生利用是大势所趋。目前，常用的再生技术主要有热再生和冷再生。冷再生技术用泡沫沥青或乳化沥青稳定破碎料，由于老化的胶结料和新胶结料之间没有物质交换，而且两者之间的黏结以较弱的物理黏结为主，抗冲击和耐水损能力有限，冷拌再生料目前还没有突破用于面层的限制；热再生可分为现场热再生和厂拌热再生，由于一直没有解决设备费用昂贵、燃油消耗巨大、施工噪声和空气污染大、质量控制难等问题，现场热再生技术还没有为我国道路工程界接受。厂拌热再生的质量和拌和条件控制较好，但是，由于有旧料的二次老化以及输送的问题，通常采用新料提供主要拌和热量的模式，旧料利用的比例一直偏低，严重影响了厂拌热再生技术的发展。

温拌沥青技术，是很有前途的厂拌再生料面层应用的技术方案。首先，温拌技术要求集料温度较低，正好是沥青的安全加热温度，不会造成老胶结料的进一步老化。其次，旧料的加热温度与热再生相同，与新集料有干拌过程，已经熔化的老胶结料，在拌和过程中与新胶结料物质交换，也能够真正达到再生目的，温拌再生，与热拌再生一样，可以用于面层。再次，温拌再生要求骨料加热温度显著低于热拌再生，因此，再生料的添加比例将可以得到显著的增加，从而能够更大量地处置旧料，降低面层成本。

温拌集中厂拌再生，使得再生料在面层中的规模化应用多了一种更有效和更可靠的选择。

4. 长大隧道工程路面施工

长大隧道的沥青路面施工如何排除烟尘一直都是一个技术难点，很多长大隧道因此选择水泥路面，但水泥路面又带来了噪声大和维修困难的问题。通常情况下，长大隧道路面具有基础坚实、湿度较大、路面温度低等工况特点。

温拌沥青技术是一个恰当的长大隧道路面解决方案。无烟尘的温拌混合料，将免去施工的多数通风成本，完全改变工人操作环境，同时，Evotherm 平台温拌混合料的较好的抗水损坏能力，将保证路面抵抗隧道的单纯性潮湿工况。温拌沥青技术，也比较适合较低的隧道路表温度低的压实工况。

温拌技术在改善隧道内施工环境和改善压实方面的作用，是最早也是最容易被技术界接受的技术价值。2008 年以来，温拌技术已经被多个隧道实体工程项目采用，其中包括河南省郑始高速公路、河北张石高速公路、上海长江隧道等项目。

5. 山区或交通不便地区路面施工

在山区或交通不便地区实施高等级路面施工，拌和楼的布设问题是难点，需要有效平衡两个矛盾。一方面，山区和交通不便地区，一般交通效率相对低下，单位时间内的有效运达里程较小，为保证施工质量，需要设置比平原区、交通便捷区更密的拌和楼布局；另一方面，山区缺乏平地、交通不便地区普遍基础设施落后，拌和站场设置成本偏高。

采用温拌技术用于山区或交通不便地区高等级路面，可以减少拌和站场设置，集中资金建设大型站场，集中供料。同时，保障路面的充分压实。

6. 低温季节和寒冷地区的沥青路面

Evotherm 平台温拌沥青混合料的料温低，在同样环境温度条件下，下降同样温度幅度的时间是热拌的两倍，同时，Evotherm 温拌混合料的可压实温度范围比热拌混合料要宽，对于一些具有严格工期要求的项目，温拌技术使低温季节的施工成为了可能。对于寒冷地区，温拌技术的采用可以显著延长沥青面层年度、月度和日作业时间，从而公路建设的投资回报周期缩短，人力和物力成本下降。

12.2.3　温拌剂在我国的研发

随着温拌技术在我国的推广与应用，国内广大技术与研究人员也对温拌技术进行了深入的研究与开发，对温拌沥青技术在我国的规模化应用提供了有力的支持与保障。

基于表面活性温拌技术的研发产品，在我国有代表性的有天津市政工程研究院研发的格瑞温拌剂、山东大山路桥研发 APLT 温拌剂和部公路研究院研发的相关产品等。基于胶结料降黏型技术的研发产品，在我国有代表性的有中国石油克拉玛依炼厂研制的 KWB 型有机降黏温拌剂等。

12.2.4　温拌技术的施工控制

1. 添加装置安装

拌和楼需加装温拌添加剂自动添加装置(图 12-11)。添加受沥青喷洒信号控制,但同时能够根据需要调整喷洒延时和喷洒时间,喷洒扇面需与沥青喷洒扇面基本重叠。为了尽快排除拌和过程产生的水汽需要在拌和缸中设置排气口,以消散气体,排气口口径在50cm 以上,排气口的设置高度稍大于混合料拌和区高度,以便气体顺利排出。

2. 生产和摊铺

生产添加纤维的沥青混合料时,纤维必须在混合料中充分分散,拌和均匀。拌和机应配备同步添加装置,松散的絮状纤维可以在喷入沥青的同时或稍候采用风送设备喷入拌和锅,拌和时间宜延长 5s 以上。颗粒纤维可在粗集料投入的同时自动加入。为避免粉料被蒸汽带出,温拌拌和通常采用矿粉后加法,温拌添加剂同步喷入拌和缸,温拌添加剂在沥青开始喷洒后延时 3s 左右喷入,喷入时间基本与沥青喷洒时间重叠,添加剂喷洒完毕后约 6s,水汽基本散失后,再添加矿粉。表 12-8 为温拌基质沥青混合料的施工温度;表 12-9 为 SBS 改性沥青混合料的正常施工温度范围;表 12-10 为橡胶沥青混合料正常施工温度范围。

表 12-8　温拌基质沥青混合料的施工温度　　(单位:℃)

施工工序		石油沥青标号			
		50#	70#	90#	110#
沥青加热温度		150～170	145～165	140～160	135～155
集料加热温度		115～130	110～125	105～120	
出料温度		115～125	110～120	105～115	100～110
运输到场温度		110	105	100	95
摊铺温度,不低于	正常施工	105	100	95	90
	低温施工	120	110	105	100
开始碾压温度,不低于	正常施工	100	95	90	85
	低温施工	110	105	100	95
混合料储料仓储存温度		储存过程中温度降低不超过 10			
混合料废弃温度		≥150	≥150	≥150	≥150

表 12-9　SBS 改性沥青混合料的正常施工温度范围　　(单位:℃)

施工工序	SBS I-C	SBS I-D
沥青加热温度	165～170	165～170
集料加热温度	135～145	
沥青混合料出料温度	120～140	125～145
改性沥青 SMA 出料温度	125～145	130～150
混合料废弃温度	150	
混合料储料仓储存温度	拌和出料后降低不超过 10	
摊铺温度,不低于	115	120
初压温度,不低于	110	115

表 12-10　橡胶沥青混合料正常施工温度范围　　(单位:℃)

施工工序	正常施工	低温施工
环境温度	>10	3～10
矿料加热温度	130～135	135～140
沥青加热温度	170～190	170～190
沥青混合料出料温度	130～150	135～150
混合料摊铺温度,不低于	125	130
开始碾压温度	120	125
碾压终了温度,不低于	70	70

摊铺机熨平板需提前半小时预热,摊铺厚度控制,必须坚决避免摊铺面因过薄形成的拉带裂纹。在改性沥青施工时,或者较低气温施工时,应尽量避免在摊铺面进行人工补料等操作。

3. 压实

根据混合料的级配类型,选择合理的压路机组合方式及碾压步骤。一般推荐轮胎压路机进行复压,必要时且稍有手工补料的位置,可采用轮胎进行初压。一般情况下,每幅摊铺范围(不超过 6m)内需要配置两台钢轮压路机,两台轮胎压路机。如果采用双机梯队或者一次性摊铺宽度超过 6m 摊铺作业时,推荐采用两台初压钢轮压路机、3～4 台轮胎压路机,一台终压钢轮压路机,如果在低温施工情况下,需要对碾压方式及遍数进行调整,分别如表 12-11 和表 12-12 所示。另外,橡胶沥青施工碾压采用双钢轮振动压路机如表 12-13所示。

表 12-11　一般情况下的碾压组合

压路机类型	初压		复压		终压	
	适宜	最大	适宜	最大	适宜	最大
钢轮压路机	2～3(振压)	3(振压)			2～3(静压)	3
轮胎压路机	—	—	4～5	6		

表 12-12　低温气候条件下的碾压组合

组合类型	初压		复压		终压	
	适宜	最大	适宜	最大	适宜	最大
钢先型	1(钢轮振压)		5～6(胶轮)	7	2～3(钢轮静压)	3
胶先型	2～3(胶轮)	3	2～3(钢轮静压)	3	2～3(胶轮)	3

表 12-13　橡胶改性沥青混合料碾压组合

组合类型	初压		复压		终压	
	适宜	最大	适宜	最大	适宜	最大
钢轮	1(钢轮静压) 3(钢轮振压)	4	3(钢轮振压)	4	1～2(钢轮静压)	3

12.2.5 小结

(1) 节能、减排、改善施工工作性、提高施工便利性是温拌技术的主要特点，但是与此同时，温拌混合料用于沥青面层，需要达到面层材料的全部技术要求。

(2) 温拌技术发端于欧洲，目前在欧美已经成为了道路技术新热点，由于契合国际国内产业导向的总体趋势，在我国的推广应用速度很快，2007 年已经完成在我国应用的大多数技术尝试和积累。

(3) 温拌技术发展三个主要技术路径：沥青发泡路径、胶结料降黏路径、表面活性平台。基于国外研究成果、本项目在国内的室内外尝试，表面活性平台实际成为了温拌技术开发的主要基础平台。

(4) 国外研究应用较集中在普通沥青连续级配，节能减排是其主要应用动力。国内节能减排法规导向作用相对滞后，温拌混合料的工程技术应用成为了其应用的重要动力，在应用技术开发方面，国内总体处在相对领先地位。

12.3 应用实例

石家庄市环城公路（以下简称“石环公路”）是河北省政府批准建设的一条重要省级干线公路，也是石家庄市规划的第三条环城公路。它是将公路绕城功能和城市快速路功能合二为一的城市快速道路。环路建成后，将充分发挥以下三项功能。

(1) 扩展城市的发展空间。

(2) 构建起现代化城市交通网络。

(3) 有力促进城市建设和“1＋4”组团发展。

石环公路总长 79.9km，有Ⅰ、Ⅱ级两种公路标准建设，Ⅰ级公路为双向六车道，设计行车速度为 80km/h，长 53.8km，Ⅱ级公路为两车道，设计行车速度为 60km/h，长 26.1km。Ⅰ级公路路基宽 33m，为(0.75m 土路肩＋2.5m 硬路肩＋3×3.75m 行车道＋0.5m 路缘带＋3/2m 中央分隔带)×2＝33m；路面结构全厚为 72cm，为 4cm(AC-13C)改性沥青砼＋6cm(AC-20C)改性沥青砼＋8cm(AC-25C)沥青砼＋18cm 水泥稳定碎石＋18cm 二灰稳定碎石＋18cm 二灰稳定土。

2008 年 5 月，在石环公路东环 K64＋660～K66＋000 进行了 Evotherm 温拌橡胶沥青、Evotherm 温拌 SBS 沥青两种试验路段，为进行对照研究，分别实施了热拌橡胶沥青和热拌 SBS 两种对照试验路。

12.3.1 原材料及性能评价

1. 温拌添加剂

温拌添加剂沥青分散技术(disperse asphalt technology，DAT)浓缩液由美德韦斯伟克公司(MeadWestvaco)提供。DAT-F6 浓缩液技术指标如表 12-14 所示。

表 12-14　DAT-F6 浓缩液技术指标

性质	结果
物理形态	黄绿色液体
沸点/℃	100
密度(g/cm³),25℃	1.03
pH,25℃	6.5～11
有效含量/%	8.5～9.0
胺值*	167.5～185.6

2. 橡胶沥青

橡胶沥青由山东大山路桥工程公司采用湿法工艺现场加工生产，基质沥青为进口加德士 A-70 沥青，橡胶粉添加量为 18%，橡胶粉目数为 20 目，橡胶沥青技术指标如表 12-15所示。

表 12-15　橡胶沥青技术指标

检测项目	检测方法	规范指标	检测指标
175℃运动黏度/(Pa. S)	T0625—2000	1～4	3.5
针入度(25℃,100g 5s 0.1mm)	T0604—2000	<40	37
延度(5cm/min,5℃)	T0605—1993	≥10	15
软化点(环球法,℃)	T0606—2000	≥55	65
闪点(℃)	T0611—1993	≥230	230

3. 矿料

采用山东章丘玄武岩，鹿泉石灰岩加工的 0～3mm、3～5mm 机制砂，技术标准满足《公路沥青路面施工技术规范》相关要求。

4. 混合料级配组成

试验段采用 AR-AC-13 型级配，设计方法采用马歇尔设计方法，油石比为 7.5%。

(1)拌和试验。橡胶沥青加热温度为 180℃，石料加热温度 140℃，混合料出料温度 140℃，和易性良好。

(2)成型试验。混合料在 120℃的条件下，恒温 2h，马歇尔击实次数为双面各 75 次。级配组成如表 12-16 所示。

表 12-16　温拌沥青混合料级配组成

项目	各筛孔通过率/%									
	16mm	13.2mm	9.5mm	4.75mm	2.36mm	1.18mm	0.6mm	0.3mm	0.15mm	0.075mm
目标配合比	99.2	87.6	60.2	32.7	22.0	16.7	9.0	3.7	2.3	1.6
级配范围	100	80	55	25	14	—	—	—	—	0
	100	100	80	42	22	—	—	—	—	3

5. 温拌橡胶沥青混合料路用性能评价

温拌橡胶沥青混合料(AR-AC-13C 型)路用性能评价结果如表 12-17 所示。

表 12-17　温拌橡胶沥青混合料性能评价结果

试验项目	单位	技术要求		试验结果
动稳定度*	次/mm	改性沥青混合料	≥3600	4437
冻融劈裂	%	改性沥青混合料	≥80	82.5
残留稳定度	%	改性沥青混合料	≥85	94.2
渗水系数	mL/min	密级配沥青混凝土	≤120	63

* 指标要求为石环公路招标文件内的技术标准

从上述试验结果可以看出,温拌橡胶沥青混合料高温稳定性和水稳定性均满足规范要求。

12.3.2　温拌剂添加设备安装

1. 喷洒杆安装

为了保证分散剂顺利地喷洒在沥青上,避免与石料的直接接触,喷头位置的选择非常重要。分散剂喷头方向必须和沥青喷头方向相匹配,以保证分散剂喷洒区域和沥青喷洒点区域重合,另外,喷头安装高度应该不低于沥青喷头的高度,以避免沥青喷洒在分散剂喷洒杆上,喷洒杆实际的安装图片如图 12-13 所示。

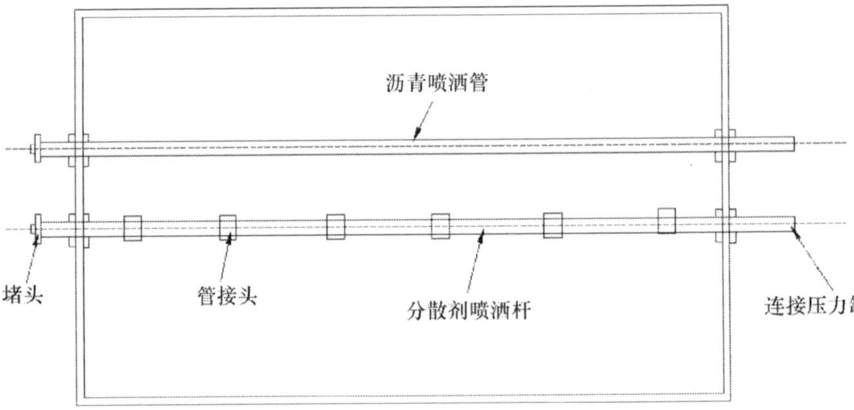

图 12-13　喷洒杆安装示意图

2. 电路安装

要求由专业电工安装:①接一个 220V 交流电插线板到设备前,供设备内部信号控制系统使用,需要用电笔测量插线板电路的火线位置,以保证与设备插头上的火线标记相匹配;②从拌和楼中央控制室接一根沥青喷洒信号线(火线,220V),与喷洒设备预留的信号接口相连接。

3. 气路安装

喷洒设备有两个气路接口，分别为气动隔膜泵和压力罐提供动力。需从拌和楼空压机气管上接两个三通，分别将两根气管接上，打开气源，查看压力罐接头处稳压表是否在 0.6MPa 的位置。如接口需要变径，需提前准备好变径接头。

4. 添加剂标定

在正式生产前，需要对添加剂的添加量进行标定，主要通过调整控制面板上的延时继电器(即喷洒时间)实现。首先根据混合料的类型与拌和缸每次出料的数量确定每次喷洒量；例如，3000 型拌和楼每次出料 3 吨，每吨混合料要求添加 2.5kg 添加剂，则每次添加剂的添加量为 2.5×3＝7.5kg；然后估算出添加时间，添加设备每秒喷洒量约为 1.1kg，7.5/1.1＝6.8s，将延时继电器时间调到 6.8s，按下手动喷洒按钮，待喷洒完成，读控制面板上流量计上的读数，如与要求的喷洒量有误差，通过增加或减少喷洒时间调整，直至达到要求喷洒量。

如果喷洒时间固定，可通过调整压力罐出口处的手动阀门增加或减少添加剂的流量达到要求的喷洒量。

5. 排气口的设置

考虑气体的反冲力会影响到矿料的计量，需要在拌和缸中设置排气口，以消散气体，排气口直径为 50～60cm，外接排气管，排气管的长度为 1.5m，排气口的设置高度稍大于混合料拌和区高度，以使气体顺利排出。一般情况下，可使用拌和缸的观察孔作为排气口。

12.3.3　温拌沥青混合料施工

1. 温拌沥青混合料拌和

由于温拌沥青混凝土增加了温拌添加剂喷洒过程，因此，需要对原有混合料的拌和顺序进行调整。

1) 热料仓配比及下料顺序确认

根据目标配合比，热料仓筛孔尺寸取热料进行热料仓配比设计、同时，确认拌和楼加料程序，矿粉采用后加法，温拌浓缩液与沥青质量比 5∶95，温拌浓缩液在沥青开始喷洒后延时 3s 开始喷入，喷入时间控制在 8～10s，且必须保证在沥青喷洒结束之前完成浓缩液的喷洒，在沥青喷洒结束后延后 6s 添加矿粉，避免在水蒸气排出时添加矿粉，影响矿粉计量精度、减少矿粉损失和减少矿粉堵塞概率，室内外实践证明，后添加矿粉基本不影响温拌料的裹覆性及质量。

2) 拌和温度范围控制

温拌沥青混合料施工控制温度范围如表 12-18 所示。

表 12-18 温拌沥青混合料温度控制范围

施工工序	橡胶沥青
环境温度/℃	>15
矿料加热温度/℃	135～140
改性沥青加热温度/℃	175～185
沥青混合料出料温度/℃	135～140
混合料摊铺温度/℃，不低于	125
开始碾压温度/℃，不低于	120
复压温度/℃，不低于	100
碾压终了温度/℃，不低于	60

注：如果矿料温度和沥青加热温度与表中要求有偏差，可以在此基础上进行调整，但是必须以表中出料温度为准

2. 温拌沥青混合料摊铺与碾压

1）摊铺

在石环公路的沥青路面施工中，为最大限度地解决温度离析和级配离析，要求全过程使用沥青混凝土转运车，但在 Evotherm 温拌橡胶沥青混合料的施工过程中，发生了混合料在转运车受料斗内结块被卡的现象，后来转运车被停用。为了解决摊铺中的温度离析与级配离析，在试验路铺筑中使用了陕西中大机械集团研制的大宽度、抗离析摊铺机 DT1600，取得了良好的效果，如图 12-14 所示。

图 12-14 摊铺

2）碾压参数的控制

由于温拌橡胶沥青混合料级配属断级配，部分空隙需用橡胶颗粒填充，为避免胶轮压路机的搓揉使橡胶颗粒上浮，造成构造深度降低，甚至泛油，故在碾压过程中只能使用钢轮压路机，而不能使用胶轮压路机，碾压方法同 SMA 路面碾压方法，在本次试验路的路

面碾压过程中，使用了 DD-110、CC-501、CC-722 和 BOMAG-184 分两组联合作业的碾压方案，完成初压和复压，并使用 DD-130 完成终压，对于压路机的碾压组合、碾压温度范围及碾压遍数如表 12-19 所示，碾压速度控制如表 12-20 所示。

表 12-19　压路机碾压组合、遍数及碾压温度

压路机类型	初压		复压		终压	
	适宜	最大	适宜	最大	适宜	最大
钢轮压路机	2～3	3	2～3	4	2～3	3
碾压温度范围	如表 12-18 所示					

表 12-20　压路机碾压速度　单位：(m/min)

压路机类型	初压		复压		终压	
	适宜	最大	适宜	最大	适宜	最大
钢轮压路机	4～5	6	4～5	6	3～5(静压)	6(静压)

3）碾压注意事项

(1) 因为橡胶沥青混合料不易发生推移，为保证压实度和平整度，应做到初压和复压的压路机紧跟碾压，采用振动压实，并保证在高温条件下完成碾压工作，才能取得良好的压实效果。

(2) 由于碾压时压路机喷水，造成橡胶沥青混合料表面温度降低，对压实极为不利，应采用间歇式喷头，并且保证呈雾状喷洒。

(3) 碾压宜采用“高频、低幅”，如此对提高压实度、防止石料损伤、保持石料有良好的棱角性和嵌挤作用很重要。大振幅碾压很容易造成压实过度，使石料压碎，或橡胶颗粒上浮。

(4) 由于橡胶沥青混合料级配的特殊性，碾压橡胶沥青混合料时须密切注意压实度的变化，对此种结构过碾是大忌。碾压和温度检测如图 12-15 和图 12-16 所示。

图 12-15　碾压

图 12-16　初压温度检测

3. 检测

1）路面表面层检测

温拌橡胶沥青混凝土试验路(AR-AC-13C)路面表面层检测结果如表 12-21 所示。

表 12-21　各项指标检测结果

检测项目		检测结果
温度/℃	初压温度	120～130
	复压温度	100～110
	终压温度	60～70
压实度	%	98.5～100.9
渗水系数	mL/min	53.3～96.7
摩擦系数	BPN	60～70
构造深度	mm	0.51～0.88

2）节能减排相关检测

(1) 拌和站燃油测试。根据 HMA 和 WMA 两种混合料集料加热温度的要求，对拌和站的燃油用量进行了测试，结果如表 12-22 所示。

表 12-22　节能测试结果

混合料类型	集料加热温度/℃	燃油消耗/(kg/t)	降幅/%
热拌沥青混合料	175～185	7.0	21.43
温拌沥青混合料	130～135	5.5	

(2) 排放检测。排放检测分为拌和楼排放检测和现场排放检测。

拌和楼检测项目包括大气漂浮物和二氧化硫。

大气漂浮物(PM10)检测方法参照中华人民共和国国家标准-大气飘尘溶度的测定方法(GB6921—86),测试结果见表 12-23。

表 12-23　PM10 测试结果

测点名称	测点位置	混合料类型	PM10 监测结果/(mg/m^3)
沥青拌和站	距离出料口 5m 处	温拌橡胶沥青混合料	0.05
		热拌橡胶沥青混合料	0.07

二氧化硫检测方法参照中华人民共和国国家标准-固定污染源排气中二氧化硫的测定-定电位电解法 HJ/T(76—2000),测试结果见表 12-24。

表 12-24　二氧化硫测试结果

测点名称	测点位置	混合料类型	SO_2 监测结果/(mg/m^3)
沥青拌和站	烟道中心	温拌橡胶沥青混合料	23
		热拌橡胶沥青混合料	33

从测试结果可以看出,温拌橡胶沥青较热拌橡胶沥青 PM10 降幅为 30%,SO_2 降幅为 30%。

现场排放检测项目包括大气漂浮物、二氧化硫、二氧化碳、一氧化碳、一氧化氮和二氧化氮。

大气漂浮物(PM10)检测方法参照中华人民共和国国家标准-大气飘尘溶度的测定方法(GB6921—86),测试结果如表 12-25 所示。

表 12-25　PM10 测试结果

测点名称	测点位置	混合料类型	PM10 监测结果/(mg/m^3)
路面摊铺现场	摊铺机上	温拌橡胶沥青混合料	0.03
		热拌橡胶沥青混合料	0.05

二氧化硫检测方法参照中华人民共和国国家标准-固定污染源排气中二氧化硫的测定-定电位电解法 HJ/T(76—2000),测试结果如表 12-26 所示。

表 12-26　二氧化硫测试结果

测点名称	测点位置	混合料类型	SO_2 监测结果/(mg/m^3)
路面摊铺现场	摊铺机上	温拌橡胶沥青混合料	7
		热拌橡胶沥青混合料	12

一氧化碳检测方法参照中华人民共和国国家标准-固定污染源排气中一氧化碳的测定非色散红外吸收法(HJ/T 44—1999),测试结果如表 12-27 所示。

表 12-27　一氧化碳测试结果

测点名称	测点位置	混合料类型	CO 监测结果/ppm
路面摊铺现场	摊铺机上	温拌橡胶沥青混合料	8
		热拌橡胶沥青混合料	15

二氧化碳检测方法参照中华人民共和国国家标准-空气质量二硫化碳的测定二乙胺分光光度法(GB/T 14680—93)，测试结果如表 12-28 所示。

表 12-28　二氧化碳测试结果

测点名称	测点位置	混合料类型	CO_2 监测结果/ppm
路面摊铺现场	摊铺机上	温拌橡胶沥青混合料	20
		热拌橡胶沥青混合料	22

二氧化氮检测方法参照中华人民共和国国家标准-环境空气二氧化氮的 Saltzman(GB/T 15435—1995)，测试结果如表 12-29 所示。

表 12-29　二氧化氮测试结果

测点名称	测点位置	混合料类型	NO_2 监测结果/ppm
路面摊铺现场	摊铺机上	温拌橡胶沥青混合料	2
		热拌橡胶沥青混合料	7

一氧化氮检测方法参照中华人民共和国国家标准-环境空气氮氧化物的测定 Saltzman(GB/T 13906—92)，测试结果如表 12-30 所示。

表 12-30　一氧化氮测试结果

测点名称	测点位置	混合料类型	NO 监测结果/ppm
路面摊铺现场	摊铺机上	温拌橡胶沥青混合料	2
		热拌橡胶沥青混合料	3

从测试结果可以看出，温拌橡胶沥青混合料较热拌橡胶沥青混合料 PM10 降幅为 40%，SO_2 降幅为 42%，CO 降幅为 47%，CO_2 降幅为 10%，NO 降幅为 30%，NO_2 降幅为 70%。

12.3.4　小结

通过本次试验路的铺筑，对试验路进行了简单的总结如下。

(1) 结合室内试验结果，通过试验路的成功铺筑，得出了温拌沥青混合料的温度范围，在出料温度为 135～140℃，初压温度为 120～130℃，复压温度为 100～110℃，相比热拌沥青混合料温度降低 50℃左右。

(2) 温拌沥青混合料的各项检测指标均满足《公路沥青路面施工技术规范》相关要求。

(3) 温拌沥青混凝土对于拌和楼的改动很小，只需要添加一个输送装置，就可以很好地实现温拌沥青混合料的生产。另外，温拌沥青混合料拌和工序较热拌沥青混合料有所变动，通常采用矿粉后加法，温拌添加剂和沥青同时喷入拌和缸进行搅拌。

(4) Evotherm 温拌橡胶沥青技术在节能减排方面较热拌橡胶沥青混合料表现出很大的优势。

(5) 温拌沥青混凝土路面施工可实现低温季节的施工。

参 考 文 献

胡安宇，张永平，王飞. 2001. 基于软硬沥青复配的沥青混合料温拌技术的研究[J]. 武汉理工大学学报（交通科学与工程版），35(06)：1170-1173.
黄文元，秦永春. 2008. 沥青温拌技术在国内外的应用现状[J]. 上海公路，(3)：1-4.
李彦伟，等. 2011. 温拌沥青路面施工技术[M]. 北京：人民交通出版社.
李彦伟，檀宗斌，等. 2009. 高等级公路半刚性基层沥青路面实用新技术[M]. 北京：人民交通出版社.
刘伏龙，赵永祯. 2010. Evotherm 温拌沥青混凝土施工技术初探[J]. 市政设施管理，(03)：44-46.
彭煜，蔺习雄，等. 2011. KWB 有机降粘剂对温拌沥青性能的影响研究[J]. 石油沥青，25(02)：1-5.
秦永春. 2009. 基于表面活性剂的温拌沥青混合料的设计及相关性能研究[S]. 上海：同济大学.
王普清，杜群乐，李彦伟，等. 2010. 温拌沥青混合料技术研究[R]. 河北省交通运输厅公路管理局等.

第13章　热拌沥青混合料双层摊铺施工

13.1　引　　言

热拌沥青混合料双层摊铺技术能够产生并不断发展，很大程度上取决于沥青路面超薄面层技术的开发应用。最早的超薄沥青面层技术出现在法国，称为“Euroduit”，后来在英国被称为“Safepave”，1992年引入美国后发展为Novachip。由于超薄面层厚度很小散热快，又多采用改性沥青结合料，对摊铺碾压温度要求比较苛刻。因此要保证良好的施工质量，必须尽可能减少面层热量散失过快、碾压温度难以保证的问题。鉴于此，在应用超薄面层较多的荷兰、德国、法国、比利时等国家开始了新的尝试，将超薄面层和下面黏结层沥青混合料(Binder)一次摊铺碾压成型。

1993年，德国赫曼克奇纳(Hermann Kirchner)公司和埃尔夫特(Erfurt)应用科学大学的Elk Richter教授共同研发了沥青混合料双层摊铺技术。混合料双层摊铺技术是将上层(磨耗层)沥青混合料和下层的热拌沥青混合料同时摊铺碾压，利用下层沥青混合料释放的热量延长碾压时间，将较薄的上面层压实，是一种“热接热”(hot-on-hot)的沥青路面施工工艺。双层摊铺路面的厚度最大可以达到12cm，上层厚度一般在2～4cm。双层摊铺施工工艺的出现解决了超薄上面层铺筑质量难题。

德国戴纳派克(DYNAPC)公司很快就生产出了热拌沥青混合料双层摊铺机。这种摊铺机由标准摊铺机改造而成，只需加装两组功能模块。标准摊铺机采用F 300 CS型，两组功能模块一个是45吨容量的沥青混合料斗，盛放黏结层混合料；另一个功能模块称为AM 300，包含一个25吨容量磨耗层料斗、两个螺旋布料器和熨平板，模块配有两个可升降的辅助轮，组装熨平板时可以提供支撑。

图13-1是戴纳派克双层沥青摊铺机AM 300模块的图片，图13-2为戴纳派克双层沥青摊铺机功能模块介绍。

戴纳派克高性能摊铺机F 300 CS可以随时安装功能模块进行双层摊铺作业，摊铺机主要技术参数见表13-1。

表13-1　戴纳派克摊铺机F 300 CS和戴纳派克AM 300技术参数

参数名称	单位	技术参数值	
容积		F 300 CS	AM 300
料斗容积	t	45	25
工作和运输			
摊铺宽度	m	16*1	11.75*2
最大摊铺速度	m/min	20	
行驶速度	km/h	3.6	
尺寸			

续表

参数名称	单位	技术参数值	
运输重量	t	30	16
总长	mm	7367	8100
总高	mm	3500	3600
运输宽度	mm	3000	3300
发动机			
道依茨,水冷		BF6M 1015C	BF6M 1013 ECP
功率	kW	259	160
速度	r/min	1800	1800

图 13-1　戴纳派克双层沥青摊铺机 AM 300 模块

图 13-2　戴纳派克双层沥青摊铺机模块组成

① F 300 CS 高性能摊铺机；② AM 300 模块含 25t 磨耗层料斗；③ 熨平板 1:高压实熨平板；④ 熨平板 2:磨耗层普通熨平板；⑤ 45t 大容量黏结层料斗

双层摊铺机工作流程与普通摊铺机基本相同，工作流程示意见图 13-3。和传统摊铺方式一样，黏结层混合料车将下层混合料输送至大容量料斗，再将面层混合料输送至上方第二个料斗，之后开始摊铺。通过刮料板将混合料输送到螺旋布料器，混合料被均匀摊铺和预压实，由于下层混合料熨平采用的是高密实熨平板，摊铺压实度达到 90%以上。上面层混合料同时摊铺在已经预压好的下黏结层上。

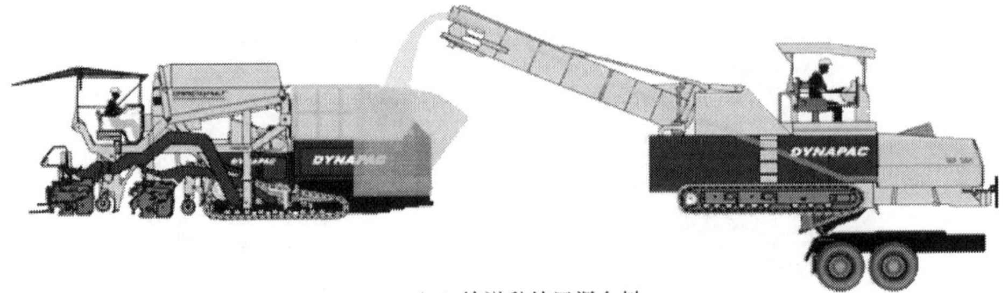

（a）输送黏结层混合料

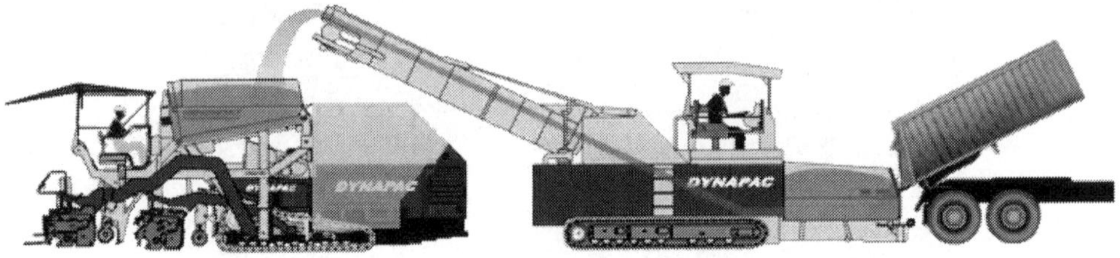

（b）输送表面层混合料

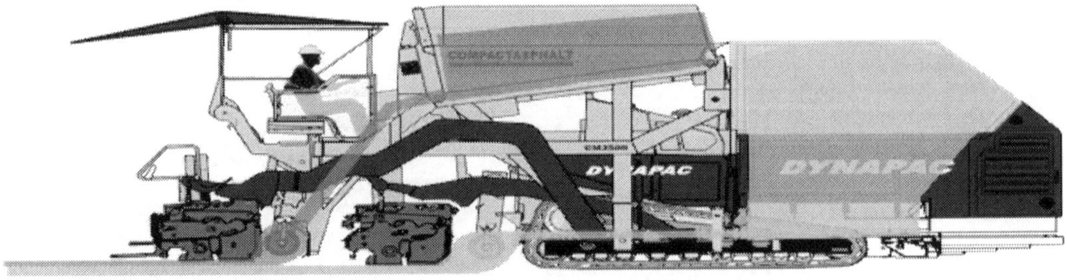

（c）两层混合料一次摊铺成型

图 13-3　戴纳派克双层沥青摊铺机工作流程示意图

双层摊铺技术实现了两层不同类型混合料的“热接热”摊铺成型，可以充分利用下层的余热将较薄上层摊铺压实，不需要额外喷洒黏层油即可实现很好的层间连接。而普通摊铺工艺只能算是“热接冷”摊铺方式，必须洒布黏层油或者黏结防水层才能保证层间的黏结。

由于双层摊铺技术对于保证薄面层施工质量方面有明显的优越性，在荷兰、德国、法国、美国、日本等发达国家得到越来越多的应用，较多用于双层排水沥青混凝土的摊铺，截止到 2007 年年底，使用双层摊铺技术铺筑的路面累计达到 50 万平方米。2007 年中国河北省引进了国内首台 DYNAPAC 公司双层摊铺机，并开始在高等级公路上研究应用。

13.2　双层摊铺沥青混合料路用性能

沥青路面暴露于自然环境中，直接承受车辆荷载和外部环境因素的作用，是公路工程中最易出现破损和性能衰退的部分。以全国高速公路沥青路面使用状况为例，尽管竣工验收平整度、弯沉值和抗滑性能都达到了较高水平，不少指标甚至大大超出了规范的要求。但是，在通车后大交通量、重载货车渠化行驶、高轮压和严酷气候条件等因素的作用下，沥青路面较多出现行车道平整度、抗滑指标衰减较快、车辙、开裂、唧浆等病害。1996 年开始的欧洲路面研究项目 COST333 对欧盟主要国家路面破坏模式进行了调查，将主要破坏模式归纳为沥青层车辙、始于路表的开裂、纵向平整度、抗滑性能衰减、轮迹带纵向裂缝等。Nunn 对英国 1984 年建成的数条大交通量高速公路沥青路面裂缝进行了研究，认为沥青路面出现自沥青层底向路表逐渐发展的疲劳开裂在很多情况下并非厚沥青层路面的主要破坏模式。Brown 认为，对于大交通量道路的沥青路面，下面的结构层应力水平不大可能产生显著的车辙变形，将重点放在限制沥青面层应变是合适的。

13.2.1　沥青混合料路用性能研究概述

为提高沥青路面使用耐久性和路表使用性能，国内外都开展了积极的研究，不断提升沥青混合料的路用性能。通过改进路面结构设计、开发高性能材料、改善施工工艺等途径，持续改进沥青混合料的高温稳定性、低温抗裂性、水稳定性、抗滑性能、防渗水能力等路用性能。

在美国，1987 年启动了历时 5 年，耗资 1.5 亿美元的战略公路研究计划，目的是改善美国路网服务水平和耐久性，提高道路的安全性。其中最重要的研究成果之一 superpave，是一个高性能沥青路面设计与分析系统，目的是要按照路面的使用性能进行路面结构设计和材料设计，以达到路面抗车辙、抗疲劳、抗低温开裂及延长使用寿命的目的。

在欧洲，为了应对重轴载、大交通量对路面技术的挑战，欧洲沥青路面协会（European Asphalt Pavement Association）提出了重载交通路面技术（heavy duty asphalt pavement）对策，主要内容包括提高沥青路面的刚度，特别是基层刚度；增加基层厚度；采用 SMA 等优质沥青混合料等。

最近，长寿命路面（long-life pavement，long-lasting pavement）、永久路面（perpetual pavement）等概念的提出更能体现沥青路面耐久性研究的新方向。按照美国沥青路面联盟（asphalt pavement alliance）的定义，长寿命路面是指设计使用年限达 50 年，在设计使用年限内无需进行结构性的修复和重建，仅需根据路表浅层损坏状况进行路表功能恢复的沥青路面。David E. Newcomb 等研究认为，长寿命沥青路面应当是三个功能结构层的组合：最上层是 10～15cm 高质量表层沥青混合料层，中间是高模量抗车辙沥青混合料层，最下面是高柔性抗疲劳沥青混合料层。

在国内，沙庆林认为，要使我国高速公路沥青混凝土面层保持耐久的使用性能，路面有足够的承载能力、不会产生结构性破坏，关键是沥青混合料的矿料质量和级配问题。沥青面层混合料应具备较强的高温抗永久形变能力、适宜的油石比、良好的密实性等。从长远看，还要减少严重温度裂缝(含对应裂缝)和增加沥青混凝土层的疲劳寿命。

王哲人提出，通过路面材料、施工工艺和路面结构一体化提高路面耐久性。他认为，高速交通对沥青路面结构提出了多功能要求，这些功能主要包括平整度、抗滑、抗车辙、抵抗低温缩裂、抗疲劳，以及防止水损害。其中基本矛盾是功能与耐久性，主要矛盾是高温车辙与低温抗裂、密实与抗滑、疲劳裂缝与反射裂缝。解决这些矛盾的关键是正确处理三者之间的关系，实现材料、工艺和结构一体化。

孙立军认为，交通比较繁重路段的沥青路面结构，沥青层应具备一定的厚度，否则很难与基层形成一个整体而长期共同发挥作用。过大的基层模量在减小弯沉和面层底面的弯拉应力同时，也增大了面层的剪应力，使沥青面层发生剪切疲劳破坏的概率大大增加。他认为，目前沥青路面结构耐久性应重点研究解决局部抗力缺陷问题。

13.2.2 双层摊铺沥青混合料路用性能

双层摊铺技术通过专门的摊铺设备将两种不同类型的沥青混合料结合成整体参与路面结构工作。由于双层摊铺技术主要用来铺筑沥青表面层和黏结层，其路表功能特性研究尤其重要，本小节通过室内试验对双层摊铺混合料的有关路用特性进行研究。

作为层状结构的沥青路面，沥青层之间良好的黏结性能和抗剪切能力非常重要。层间结合条件应力变形分析表明，层间结合不良时沥青层层底可能出现受拉状态，弯沉增加，剪应力增大。研究发现，汽车荷载作用下，路面层间界面的平均剪应力与相对水平位移关系曲线如图 13-4 所示。

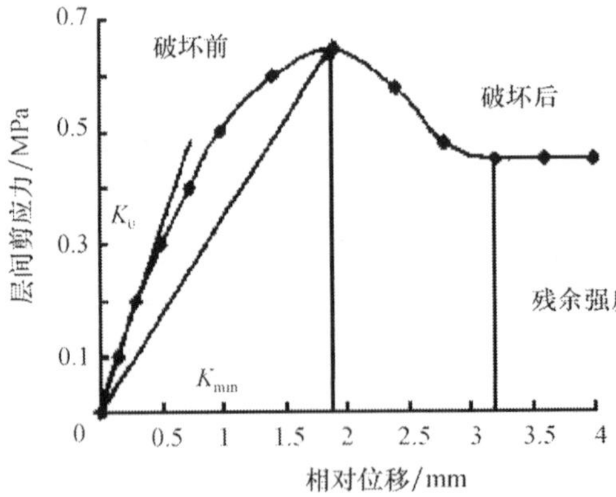

图 13-4　路面层间平均剪应力与相对位移曲线

由图 13-4 可知，层间界面的平均剪应力随着水平位移的不断增加而增大，直至材料的极限抗剪强度，此时可认为路面的层间黏结发生破坏，但在破坏以后层间还有一定的残余抗剪强度，破坏后强度迅速下降并趋于平直线。当层间剪应力达到黏结层材料的容许抗剪强度时，层间即发生破坏。

路面分层施工过程中，下承层表面经过充分振动碾压，钢轮压路机终压，表明已经非常光滑平整，加铺上层沥青混合料后，上下层之间结合面摩阻力要远小于混合料内部由沥青结合料黏结作用和粗骨料嵌挤形成的摩阻力。层间界面在路面结构内形成薄弱环节，水平抗剪切能力较弱。因此，目前多采用撒布 SBS、SBR 改性沥青黏结层改善层间性能。

1. 直剪强度试验

直剪试验中，对试样施加一个竖向荷载和一个水平推力。水平力会使基底试件与面层试件间产生剪切破坏，借此模拟沥青混凝土路面受到行车荷载作用下，上下结构层间发生剪切破坏的情况，试验采用 45°斜剪试验设备见图 13-5。试验加载速率为 2mm/min。

图 13-5　斜剪试验夹具

分别切割了双层摊铺试件芯样、单层摊铺试样(层间设置了 SBS 改性沥青黏结防水层、乳化沥青黏层)共三组试样进行了 45°斜剪试验，加载速率为 2mm/min，试件保温 60℃，图 13-6 是芯样外观。试验结果见表 13-2。

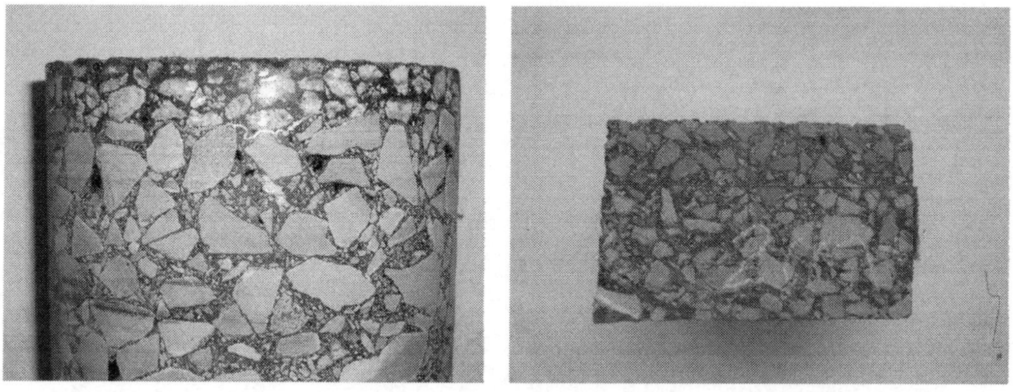

图 13-6　双层摊铺试件芯样

表 13-2 黏结层抗剪强度试验结果

试验名称	试件编号	SBS 改性沥青黏结层	乳化沥青黏结层	双层摊铺试件芯样
45°斜剪/kN	1	11.5	1.60	12.2
	2	5.15	3.59	14.2
	3	12.7	2.66	11.2

从试验结果可以看出，双层摊铺试件的破坏抗剪力大于其他两种层间结合状态的试件。洒布 SBS 黏结防水层试件和洒布黏层油的试件抗剪性能离散性大，分析认为是施工过程中质量的不均匀引起的，由于喷洒的沥青量会发生变化以及洒布的石子的数量也会有大的变化，造成了层间抗剪力的不均匀。而双层摊铺试件芯样不仅抗剪强度高，且表现出良好的均匀性，从图 13-6 也可以看出，由于双层摊铺采用的"热接热"的施工方式，两层不同类型的混合料在碾压过程中互相嵌挤，虽然是两种不同的混合料，但是实际上已经成为一个整体。

2. GTM *旋转剪切试验*

GTM 试验机采用揉搓方法成型沥青混合料试件，工作原理如图 13-7 所示。通过 GTM 分别对"热接热"和"热接冷"两类试样进行了试验。

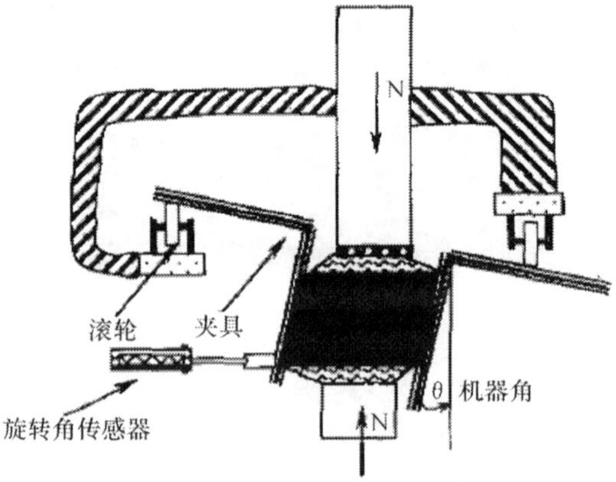

图 13-7 GTM 工作原理示意图

当滚轮旋转时，试件便承受设定的垂直压强(与作用于沥青路面的车轮的最大接地压强相同)。上滚轮与下滚轮之间的连线和水平线呈一定的角度，称为机器角。当滚轮旋转时，会对试件产生旋转揉搓作用。上、下滚轮的角度是固定的，因此和上、下滚轮同在一垂直面上的工作平台的倾斜角和机器角是一致的，而工作平台可以绕着上、下滚轮的连线自由转动，这样的揉搓动作使沥青混合料中的粒料如同承受剪切作用一样，在三维空间不停地产生相对位移。

在某一设定的机器角下，GTM 自动记录下如沥青混合料的抗剪强度、剪应变等参数的变化。

GTM 主要试验参数在平衡状态下取得，平衡状态指的是 GTM 试验时每旋转 100 次试件的密度变化率为 0.016g/cm^3 时的状态。

GTM 提高的主要试验参数如下。

(1) 试件的最大密度：试件处于平衡状态时的密度。

(2) 旋转剪切系数(GSF)：指 GTM 测定的混合料剪切强度与理论剪应力的比值。

(3) 旋转稳定值(GSI)：指混合料试验成型过程中，最大角应变与最小角应变的比值，表征材料是否出现塑性。

(4) 剪切强度：指在一定温度、剪切角及荷载作用下，材料抵抗剪切变形的能力。

(5) 旋转压实系数(GCI)：指 GTM 试验时，试件在 30 转时的密度与 60 转时的密度的比值，表征材料容易压实的程度，可以作为确定碾压工艺的参考。

“热接热”试件成型方法：室内称取 AC-20 混合料(相对密度 2.399，最大理论相对密度 2.553，空隙率 6%，滨州 70＃沥青，油石比 4.0%)和 AC-13 混合料(密度 2.512，理论密度 2.672，空隙率 6%，SBS 改性沥青，油石比 4.4%)；按照①3cm AC-13＋7cm AC-20＋②4cm AC-13＋6cm AC-20＋③5cm AC-13＋5cm AC-20 三种组合成型试件；放入 60℃保温箱中保温 10h，然后再转至 GTM 试验机进行试验至平衡状态。表 13-3 为试验结果。

表 13-3 “热接热”组合试件 GTM 试验结果

项目	3cm AC-13＋7cm AC-20	4cm AC-13 ＋6cm AC-20	5cm AC-13＋5cm AC-20
转数	196	190	206
空隙率 VV/%	4.1	4.1	4.0
稳定值 GSI	1.06	1.08	1.09
抗剪强度/kPa	690	758	579
安全系数 GSF	3.1	3.4	2.6

“热接冷”试件成型方法：先成型 AC-13 试件(密度 2.399，空隙率 6%，高度 10cm，滨州 70＃沥青，油石比 4.0%)，将成型好的试件切割成 6cm 高，在毛面加设黏层(SBS 改性沥青，分别为每平方米 1.2kg、1.5kg、1.6kg、1.8kg、2.0kg)，放入 60℃室温中保温 8h，然后将光面向下放入 GTM 试模中，上面放入已经拌好的 SAC-10 混合料(密度 2.512，空隙率 6%，高度 4cm，SBS 改性沥青，油石比 4.4%)，转至 10cm 高，放入 60℃室温中保温 10h，然后再转至平衡状态，整个试验压力均为 0.7MPa。图 13-8 为冷接试件。试验结果见表 13-4。

表 13-4 冷接试验结果

黏层用量/(kg/m^2)	1.2	1.5	1.6	1.8	2.0
稳定值 GSI	1.04	1.05	1.06	1.05	1.07
抗剪强度/kPa	320	365	392	432	446

对照表 13-3 和表 13-4 结果可以小结如下。

(1) 热接混合料抗剪强度明显大于冷接的试件。4cm AC-13＋6cm AC-20 组合结构热接抗剪强度提高 70%。

(2) 4cm AC-13＋6cm AC-20 结构组合在热接结构中抗剪强度最高。

(3) 层间喷洒黏结防水层时，抗剪强度会随着用油量增加而变大，但是变形(GSI)也会增大，当在 1.8kg/m^2 时，达到最佳值。

切割　　抹黏层油　　成型

图 13-8　冷接混合料试件

13.3　双层摊铺沥青混合料热物理特性

沥青混合料路面暴露于高温、低温、降雨、降雪等自然环境中，并且承受车辆荷载的反复碾压作用，必须具备足够的强度和密实度要求。而要达到这一要求，就必须在规定的较高温度下充分压实。因此，研究沥青混合料热物理特性非常必要。

13.3.1　热能传递规律

热力学第二定律指出，凡是有温差存在的地方，就有热能自发地从高温物体向低温物体传递(传递过程中的热能常称为热量)。自然界和人类生产生活中温差几乎无处不在，因此热能的传递是一种极普遍的物理现象。

热能传递有三种基本方式：热传导、热对流和热辐射。

1. 热传导

物体各部分之间不发生相对位移，依靠分子、原子及自由电子等微观粒子的热运动而产生的热能传递称为热传导，简称导热。导热现象的规律用公式(13-1)表达，也称傅里叶(Fourier)定律。

$$q=\frac{\Phi}{A}=-\lambda\frac{\mathrm{d}t}{\mathrm{d}x} \tag{13-1}$$

式中，q——热流密度，$\mathrm{W/m^2}$；

Φ——单位时间内通过某一给定面积的热量，为 W；

λ——导热系数，W/(m·K)，混凝土导热系数为 0.8～1.2W/(m·K)；

$\frac{\mathrm{d}t}{\mathrm{d}x}$——温度沿 x 方向变化梯度；

A——热传递面积。

不同材料的导热系数 λ 不同，即使是同一种材料，导热系数还与材料温度有关。一般金属材料的导热系数最高，良导电体也是良导热体(如铜、铁)；液体次之，气体最小。例如，纯铜在 0℃的导热系数是 401W/(m·K)，混凝土板 35℃的导热系数是 0.78W/(m·K)，而空气在 30℃的导热系数只有 0.0267W/(m·K)。

2. 热对流

热对流是指流体的宏观运动而引起的流体各部分之间发生相对位移，冷热流体相互掺混所导致的热量传递过程。热对流仅发生在流体中，而且由于流体中的分子同时在进行着不规则的热运动，热对流必然伴随热传导现象。工程上特别注意流体流过一个物体表面时流体与物体表面间的热量传递过程，称为对流传热。对流传热的基本计算公式是牛顿冷却。

流体被加热时　$$q = h(t_w - t_f) \tag{13-2}$$

流体被冷却时　$$q = h(t_f - t_w) \tag{13-3}$$

式中，t_w、t_f——分别为物体表面温度和流体温度，℃；

h——是表面传热系数，W/(m²·K)。

对于引起流动的原因，对流传热可分为自然对流和强制对流。自然对流是由流体冷、热各部分的密度不同引起的，暖气片表面附近的受热空气的向上流动是一例。如果流体的流动是由水泵、风机或其他压差作用造成的，则称为强制对流。式(13-3)中，表面传热系数的大小与对流传热的许多因素有关。不仅与流体的物性以及换热表面的形状、大小、布置有关，而且与流速有密切关系。例如，自然对流条件下，空气表面传热系数为 1～10，水则可以达到 200～1000；而在强制对流条件下，气体的表面传热系数为 20～100，水则可以达到 1000～1500。

3. 热辐射

物体通过电磁波传递能量的方式称为辐射。物体会因各种原因发出辐射能，其中因热而发出辐射能的现象称为热辐射。自然界中各个物体都在不停地向空间发出热辐射，同时又不断吸收其他物体发出的热辐射。辐射和吸收过程的综合结果就造成了以辐射方式进行的物体间热量传递——辐射传热，也称辐射换热。前面所述的导热和对流传热都必须依靠物质媒介的存在才能实现，而热辐射可以在真空中传递，而且在真空中辐射能的传递最有效。实验表明，物体的辐射能力与温度有关，同一温度下不同物体的辐射和吸收能力大不一样。

在热辐射研究中，有一个重要的理想物体概念是黑体，指能吸收投入到其表面上的所有热辐射能量的物体。一切实际物体的辐射能力都小于同等温度下的黑体，所以实际物体单位时间内发出的热辐射热量由斯忒潘-玻尔兹曼(Stefan-Boltzmann)定律给出(13-4)。

$$\Phi = \varepsilon A \sigma T^4 \tag{13-4}$$

式中，T——黑体的热力学温度，K；

σ——是斯特潘-玻耳兹曼常量，即黑体辐射常数，5.67×10^{-8}W/(m²·K⁴)；

A——辐射表面积，m²；

ε——实际物体的辐发射率，其值总小于 1，沥青混凝土为 0.92。

从式(13-4)中可以看出，同一种发热材料，辐射表面积越大，温度越高，辐射热量也越大。

13.3.2 多空隙沥青混合料热物特性

新摊铺的高温沥青混合料面层，既有与下承层进行热传导，又有辐射引起的热交换和对流引起的热传播。上表面附近被加热的空气，在气流运动的情况下，将其中含有的热量带走，而另外的空气物质又补充其位置。与此同时，底面也与下承层之间进行着热传导。因此，传导、对流和辐射是组成新铺沥青混合料层热量平衡的三种基本方式。如果用 B_K、B_S 表示对流热交换系数和辐射热交换系数，则高温沥青混合料对流散热和辐射散热量可近似用 B_K、B_S 与混合料与空气绝对温度差的乘积计算获得。

根据有关文献，B_K、B_S 计算公式如下：

$$B_S = C_p K_p \tag{13-5}$$

式中，$K_p=\dfrac{T_1^3+T_1^2T_2+T_1T_2^2+T_2^3}{10^8}$(这里 T_1，T_2 分别是混合料、空气的绝对温度，K)，系数 C_p 对于沥青混凝土取 3.46。

$$B_K \approx 2.6(\sqrt[4]{\Delta T}+1.54v) \tag{13-6}$$

式中，$v\leqslant 5.0\mathrm{m/s}$。

为定量粗略考察新铺改性沥青混合料面层的热量散失状况，以 5cm 厚度沥青混合料面层为例进行计算，各种计算参数选取按前文建议值和式(13-5)和式(13-6)计算确定，结果见表 13-5。

表 13-5 沥青混合料热量损失估算

环境温度/℃	混合料温度/℃	传导散热/($\mathrm{W/m^2}$)	对流散热/($\mathrm{W/m^2}$)	辐射散热/($\mathrm{W/m^2}$)	总散热量/($\mathrm{W/m^2}$)
10	165	2480	1422	1314	5216
30	145	1840	979	903	3722

由表 13-5 可以看出，新摊铺的高温沥青混合料向温度较低的下承层散失热量的比例更大。显然新拌沥青混合料因为不是液体形态，热能传递中没有热对流料散热过程。但是，必须注意在实际施工中，当外界风速较大时，将出现强制对流，表面传热系数 h 将增大到 20～100，使热沥青混合料表面刚刚形成的高温空气层热对流加速，进而加剧沥青混合料热辐射。对于多空隙沥青混合料，由于结构内部存在大量相互连通的空隙通道，将大幅度增加混合料的辐射散热和对流散热，在降低温度环境下铺筑，如不采取有效措施，必将导致混合料散热过快，温度迅速降低，影响有效压实。

影响新摊铺沥青混合料热量散失的因素很多，包括混合料特性、工地温度、混合料摊铺层厚度、太阳辐射、风速、下承层温度、湿度等。这些因素都会直接影响沥青混合料层的冷却速度和温度保持时间。美国国家沥青研究中心根据摊铺层厚、下承层温度不同给出了沥青混合料适宜摊铺温度要求，见表 13-6，以保证混合料能够充分压实。

表 13-6　沥青混合料适宜摊铺温度

下承层温度/℃	摊铺层厚度					
	13mm	19mm	25mm	38mm	51mm	>76mm
−7～0	—	—	—	—	—	126*
0～4	—	—	—	154	146	138
4～10	—	—	154	149	141	135
10～16	—	154	149	143	138	132
16～21	154	149	143	138	135	129
21～27	149	143	138	135	132	127
27～32	143	138	135	132	129	127
>32	138	135	132	129	127	124

* 当在含有冰冻水分下承层上铺筑时温度需提高 8℃

国内外学者关于沥青路面温度特性的课题开展了大量的试验和理论研究。大致可将成果归纳为两类：一类是基于气象学和热传导学的基本原理，采用数值或解析方法建立沥青路面结构的温度分布计算模型；另一类是通过实测路面温度分布，结合气象资料，采用统计回归的方法建立路面温度分布与各影响因素之间的定量关系。

1972 年，Williamson 对沥青混合料的导热系数进行了研究，提出了具有 90%准确度的公式

$$k_{\mathrm{m}} = k_{\mathrm{a}}^{m} \cdot k_{\mathrm{b}}^{n} \cdot k_{\mathrm{v}}^{p} \cdot k_{\mathrm{w}}^{q} \tag{13-7}$$

式中，k_{m}——沥青混合料导热系数；

k_{a}——骨料导热系数；

k_{b}——沥青导热系数；

k_{v}——空气导热系数；

k_{w}——水的导热系数；

m、n、p、q——分别为混合料中骨料、沥青、空气和水的体积百分比，以小数计。

1993 年完成的美国 SHRP 研究计划中 Superpave 成果中就提出了一个沥青路面混合料设计温度公式为

$$T_{\mathrm{20mm}} = (T_{\mathrm{air}} - 0.00618\,\mathrm{Lat}^2 + 0.2289\mathrm{Lat} + 42.2) \times 0.9545 - 17.78 \tag{13-8}$$

式中，T_{20mm}——沥青路面 20mm 深度设计温度；

T_{air}——最高气温 7 天平均值；

Lat——项目地区地球纬度。

瑞奇特在实验室通过马歇尔试验证明了压实(压实遍数)和沥青温度之间的关系。将 150℃的沥青混合料压实到 100%所需能量仅为同样压实 120℃沥青混合料所需能量的 1/3，此时沥青空隙率为 3%。当沥青混合料温度低于 100℃时，即使增加两倍的压实功，理论上最多仅能达到 95.3%的压实度，且沥青空隙率为 7%。恶劣天气状况下通常会遇到这种情况，这也是沥青摊铺层质量下降的原因。

沥青混合料温度对压实度有至关重要的作用。鲍赛米耶尔认为，如果摊铺层厚度为 4cm，沥青混合料温度为 135℃，则可用压实时间只有约 6min。而当沥青混合料温度为

160℃时，在同等空气温度条件下压实相同厚度摊铺层，可用压实时间将延长至 10min，见图 13-9。

维杜卡发现基层温度每相差 10℃则冷却时间相差 17～30min，提高基层温度可以大大延长冷却时间。图 13-9 表明了摊铺层厚度、混合料温度和可用压实时间之间的关系。沥青混合料温度越高，可用压实时间越长。

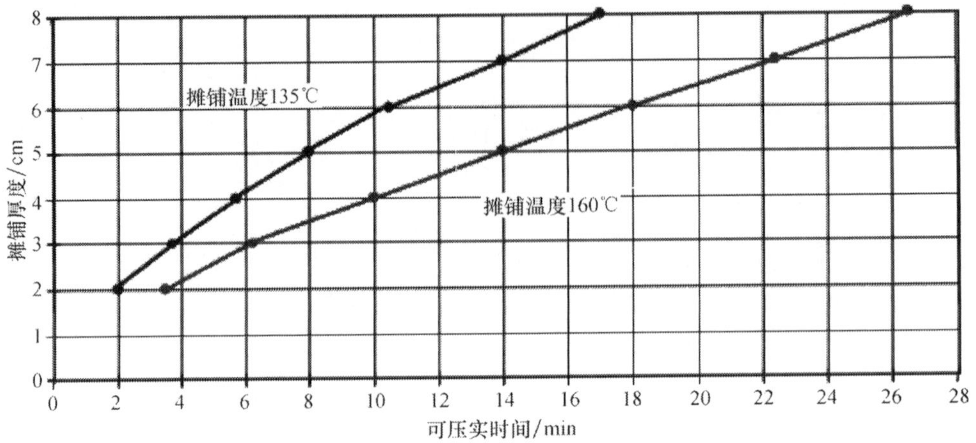

图 13-9　有效压实时间与摊铺层厚度、混合料温度关系

休伯纳和乌尔瑞奇对新铺沥青混合料热量散失特性进行了研究，结果见图 13-10，其中 KA 采用双层摊铺技术。显然，在冷的基层上摊铺 4cm 的沥青黏结层混合料经过 25min 后温度下降了 70℃，厚度为 8cm 的单层摊铺温度降低略有减缓，而使用双层沥青摊铺技术只有很小的温度损失。

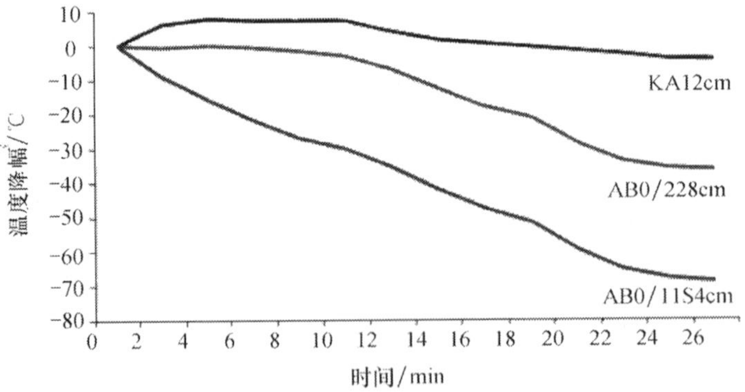

图 13-10　摊铺作业时路表 2cm 处温度变化

戴恩尼斯发现摊铺层厚度约为冷却时间的 1.8 次幂。例如，摊铺层厚度加倍，则冷却时间相应递增 $2^{1.8}$倍，即 3.5 倍。图 13-11 是压实温度与车辙深度的关系，压实温度越高(140℃)，则压实度越高，车辙深度越小。

选择某高速公路双层摊铺沥青混合料路面进行现场温度降低规律试验，结果见图

13-12。混合料摊铺时间为 2007 年 9 月中旬，上午 8:30 开始，中午 12:05 结束。气温最高为 24℃，最低为 12℃，基本无风。由温度下降曲线可以看出，混合料的摊铺温度基本保持在 161～168℃，温度下降到 130℃的时间在 25～35min，下降到 110℃的时间在 42～55min，由此可见，双层摊铺的沥青混合料可压实时间比较充裕，可以保证面层和黏结层良好地压实。

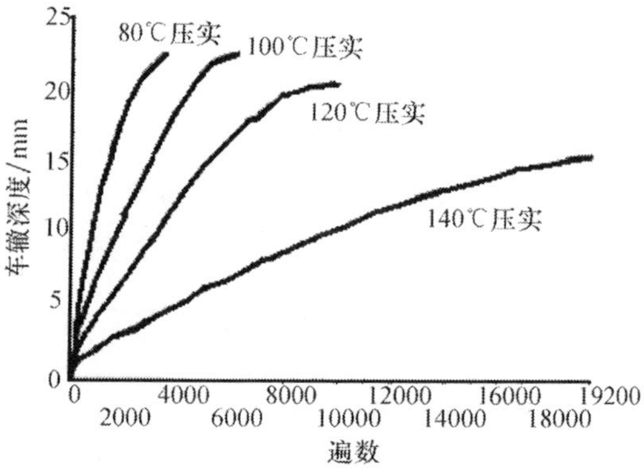

图 13-11　不同压实温度的车辙实验

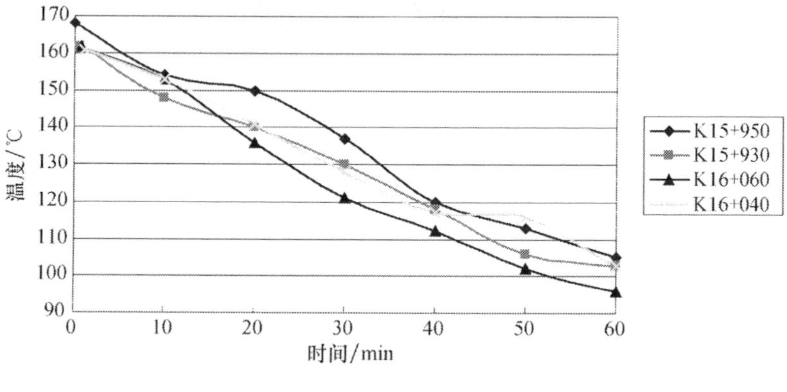

图 13-12　双层摊铺沥青路面现场温度变化曲线

13.4　沥青混合料双层摊铺施工

2007 年河北省在国内首次引进双层摊铺机后，开始在高等级公路上进行试验性应用，收集施工数据，总结施工经验，累计铺筑里程达 80 多千米。从双层摊铺施工工艺、质量控制、质量检验等方面进行了系统的总结。

13.4.1　平铁二级公路沥青路面双层摊铺施工

承德平铁二级公路 2007 年进行改建，设计路面结构沥青面层为 3cm AC-13＋5cm AC-20 沥青混合料。采用双层摊铺技术进行试验铺筑，专门设计了多种面层结构组合，见

表 13-7。

表 13-7　试验沥青面层形式

层次	试验方案 1	试验方案 2	试验方案 3
上层	2cm AC-10	1.5cm AC-10	2.5cm AC-13
下层	6cm AC-20	6.5cm AC-25	5.5cm AC-25

1. 原材料

上、下面层均采用 90＃重交沥青，集料采用石灰岩碎石，细集料采用机制砂并掺加部分河砂，经检验，原材料技术指标满足《沥青路面施工技术规范》JTG F40—2004 技术指标要求。沥青混合料的矿料级配见表 13-8，沥青混合料设计结果见表 13-9。

表 13-8　沥青混合料合成矿料级配

筛孔/mm	26.5	19.0	16.0	13.2	9.5	4.75	2.36	1.18	0.6	0.3	0.15
AC-20	100	96.1	88.7	78.3	62.9	39.6	24.3	16.0	11.7	7.9	6.4
AC-13	—	—	100	99.4	75.0	47.1	29.3	21.7	14.7	9.5	6.8
AC-10	—	—	—	100	98.8	54.7	32.3	22.7	15.9	10.3	7.9

表 13-9　沥青混合料设计结果

混合料	最佳油石比/%	毛体积相对密度	设计空隙率/%	油石比范围/%
AC-20	4.1	2.432	4.0	3.7～4.3
AC-13	4.8	2.401	3.6	4.5～4.9
AC-10	4.6	2.408	3.4	4.5～4.8

2. 施工要点

(1) 下面层拌和楼产量控制在 210t/h，上面层料拌和楼产量控制在 70t/h 左右，同时在生产中根据结构层厚度和压实后密度计算两种料的用量，保证出料量相匹配，实际施工中两种料的生产比例按 3∶1 控制。

(2) 配备一台混合料转运车，负责将两种混合料分别输入上、下层料斗中。摊铺速度一般控制在 2～4m/min，摊铺速度要与出料速度相匹配。双层摊铺机的最大摊铺宽度为 12m，其两侧各有 1.5m 宽的伸缩板，根据路幅宽度需要进行调整。

(3) 摊铺前 2h，对两套熨平板同时进行加热，保证熨平板温度达到 100℃。上、下两层混合料摊铺时，松铺系数分别采用 1.1 和 1.15。上、下两层分别采用无接触式平衡梁自动找平装置，控制摊铺厚度和平整度。

(4) 首先采用 4 吨的钢轮压路机稳压 1～2 遍，然后采用 3 台 10 吨的振动压路机复压 4～6 遍。终压采用 12 吨的压路机碾压。终压温度控制在 90℃以上，但不高于 110℃。

(5) 施工横接缝采用平接缝，仔细计算混合料的数量，保证上、下层铺筑量的一致，当出现不匹配时(一般下层料会略多)应将多余下层切掉，切缝应在混合料尚未冷却硬结前进行，采用铁镐将边缘切除，可以留出下层料 2m 左右，待第二天施工时衔接。

3. 质量控制

质量控制主要是保证压实度和平整度达到技术要求。双层摊铺机的下层熨平板采用了高密实振捣锤,可以使摊铺密度达到 90%,为了调整振捣的频率,事先安排了压实度的检测,根据初压结果,调整振捣频率。摊铺时采用灌砂法检测摊铺后的压实度,依此结果调整夯锤和夯板的频率、振幅,保证下层混合料初始压实度达到 90%。

由于上层料会嵌挤到下层料中,压实度检测是比较困难的工作。当密度相差不大时,可以钻芯后直接检测芯样的密度进行压实度计算。当磨耗层较薄时,也可以主要控制下层的压实度,不再考虑磨耗层的密度。当上、下层料的标准密度相差较大时,可以采用理论法和钻芯后切割法检测两层路面的压实度。理论法主要根据两层路面的厚度,换算出上、下层路面试件的标准密度,取芯后将检测芯样的密度与计算的标准密度进行比较,得出压实度。

通过钻芯切割法检测芯样密度,埋置锡箔纸于上、下层之间,记录下位置,双层摊铺后在此位置取样,可以根据锡箔纸的位置切割试件。但从芯样效果看,由于两层之间有嵌挤,切割后密度还是有一定的偏差。

4. 小结

(1) 科学组织、精心计算、保证现场混合料供应匹配。由于双层摊铺涉及两台拌和楼生产混合料,在输送混合料过程中需要根据两个料斗的容量,科学组织混合料生产运输,不断料、不等料。

(2) 结合设备特点,认真控制平整度。双层摊铺过程中要时刻关注下面层和上面层摊铺厚度均匀性和平整度,一旦发现较大变异,及时调整设备运行情况。

(3) 确保下面层初压密度,摊铺成型后及时充分碾压。正式摊铺前一定要对下层混合料初始摊铺密实度进行检验,保证达到 90%。初压采用特制的戴纳派克(DYNAPAC) CC142 型双钢轮压路机,静压 2~4 遍,使磨耗层的密实度从 85%提高到和黏结层一样的 90%,并使黏结层和磨耗层一定程度的黏合;初压完成后,磨耗层和黏结层作为一个 90%密实度的整体,采用大吨位的双钢轮压路机(戴纳派克 CC722 型,最大工作质量 17.985 吨)振动压实即可,且碾压时间也相应延长,保证充分压实。

(4) 为防止摊铺机中心位置混合料的离析,摊铺机熨平板前面的螺旋布料器靠近中心位置的一端左右各安装了一小片反方向旋转的螺旋布料器叶片,从而把粗混合料也送到摊铺机熨平板中心位置。

(5) 由于二级公路曲线路段较多,双层摊铺机需要不断进行施工参数设定,对于路拱外形控制存在不利影响。

13.4.2 黄石高速公路沥青罩面双层摊铺施工

黄石(石家庄—黄骅港)高速公路一期工程石家庄至辛集段长 40.38km,1998 年年底建成通车,采用沥青混凝土路面结构,石家庄至黄骅方向路面结构如下。

上面层:4cm SAC-16 沥青混凝土。

中面层：5cm SAC-20 沥青混凝土。

下面层：6cm SAC-25 沥青混凝土。

上基层：18～20cm 水泥稳定碎石。

下基层：19～20cm 二灰稳定碎石。

底基层：20cm 二灰土。

项目建成通车后交通量并不大，但是随着二期工程辛集至沧州段 2000 年建成通车，交通量迅速增长。分别对石家庄至黄骅方向进行了三次交通量调查，结果见表 13-10。

表 13-10　石黄高速公路一期工程交通量统计（石家庄至黄骅方向）

序号	统计时间	按车型分类统计交通量/辆							合计
		小型	中型	大型	重型	特一	特二	特三	
1	2001.07.23	1631	1156	311	18	0	1	0	3117
2	2003.02.24	2103	1394	1355	61	9	24	1	4947
3	2004.08.10	3366	2667	2440	254	62	17	25	8831

从表 13-10 中看出，石黄高速公路南半幅日交通量增长迅速，2003 年 2 月 24 日的日交通量是 2001 年 7 月 23 日的 1.59 倍，增长比例为 59％；2004 年 8 月 10 日的日交通量是 2001 年 7 月 23 日的 2.83 倍，增长比例为 183％。其中，大、重型车辆所占比例依次为 10.6％、28.6％、30.5％，可见大、重型车辆比例正在逐年增加。

随着重型货运车辆不断增加，沥青路面病害也逐渐显现，行车道上出现了横缝、纵缝、坑槽、唧浆、网裂、沉陷等病害。2007 年对该段路面病害进行了详细检测，以行车道轮迹带小面积挖补处的路面沉陷、唧浆等病害表现尤为突出。石家庄至黄骅方向病害比较严重。尤其是开始的 28km，病害比较集中，表现为横向裂缝、纵向裂缝（伴随沉陷）、车辙、局部修补后再次出现病害、唧浆等。剩余路段病害相对轻微。黄骅至石家庄方向因为重车比例相对较少，病害较轻微，虽然也出现了横向裂缝、少量纵向裂缝、沉陷及唧浆，但数量少、程度轻。

横向裂缝分布较规则均匀，平均每千米 40 余条。石家庄至黄骅方向横向裂缝主要分布在行车道和超车道，已采用热沥青灌缝。部分行车道横向裂缝伴随沉陷、唧浆等病害，比例大约有 20％。黄骅至石家庄方向横向裂缝较规则，灌缝效果较好，较少发生沉陷、唧浆等次生病害。路段车辙检测结果显示，绝大部分路段的车辙深度在 15mm 以下。路表横向力系数测定结果表明，绝大部分路段的 SFC 指标大于 40，路面总体抗滑性能水平较高。

为保证石黄高速公路一期工程良好的路面使用性能，决定对全长 40.14km 进行中修罩面施工，罩面采用 2cm SAC-10＋4cm AC-13C，使用 DYNAPC 公司生产的双层摊铺机进行施工，一次铺筑完成。

1. *原材料*

SAC-10 采用 5～10mm（玄武岩），AC-13C 采用石灰岩。沥青采用 SBS 改性沥青，符合改性沥青技术要求 I-D 标准。具体试验结果见表 13-11～表 13-13。

表 13-11　玄武岩粗集料技术指标

试验项目		高速公路及一级公路		玄武岩实测指标
		表面层	其他层次	5～10mm
石料压碎值/%不大于		26	28	—
洛杉矶磨耗损失/%不大于		28	30	—
表观相对密度不小于		2.60	2.50	2.845
吸水率/%不大于		2.0	3.0	1.26
与沥青的黏附性，不小于		4 级	4 级	—
坚固性/%不大于		12	12	0.4
针片状含量/%不大于	混合料，不大于	15	18	13.1
	大于 9.5mm	12	15	8.6
	小于 9.5mm	18	20	13.2
水洗法<0.075mm 颗粒含量/%不大于		1	1	0.7
软石含量/%不大于		3	5	0.4

表 13-12　石灰岩粗集料技术指标

实验项目		高速公路及一级公路		石灰岩实测指标	
		表面层	其他层次	5～10mm	3～5mm
石料压碎值/%不大于		26	28	—	—
洛杉矶磨耗损失/%不大于		28	30	—	—
表观相对密度不小于		2.60	2.50	2.729	2.729
吸水率/%不大于		2.0	3.0	0.48	0.60
毛体积相对密度		实测		2.694	2.685
与沥青的黏附性不小于		4 级	4 级	—	—
坚固性/%不大于		12	12	0.4	0.4
针片状含量/%不大于	混合料	15	18	11.3	—
	大于 9.5mm	12	15	10.6	—
	小于 9.5mm	18	20	11.5	—
水洗法<0.075mm 颗粒含量/%不大于		1	1	0.4	0.9
软石含量/%不大于		3	5	0.6	—
磨光值(BPN)不小于		42	—	—	—

表 13-13　SBS 改性沥青技术指标

试验项目	SBS(I-D)改性沥青技术要求	实测结果
针入度(25℃，5s，100g)	60～80	55
针入度指数 PI	−1.5～+1.0	0.4208
5℃延度/cm 不小于	20	27
软化点/℃不小于	46	74.5
135℃运动黏度，不大于	3	2.7
闪点/℃不小于	260	271

续表

试验项目		SBS(I-D)改性沥青技术要求	实测结果
溶解度/%,不小于		99	99.3
弹性恢复/%,不小于		75	89
储存稳定性离析,48h 软化点差,不大于		2.5	0
密度/(g/cm³)		实测	1.036
薄膜加热试验	质量变化/%	±0.8	−0.09
	针入度比/%不小于	61	74
	5℃延度/cm 不小于	15	15

2. 混合料设计

SAC-10 集料采用 5～10mm 玄武岩、3～5mm 石灰岩、机制砂、矿粉及水泥,集料级配见表 13-14。对照《公路沥青路面施工技术规范》(JTG F40—2004)中给出的密级配沥青混凝土 AC-10 和断级配排水磨耗层 OGFC-10 集料级配,这里采用的级配在 4.75mm 筛孔通过率仅为 30%～40%,而 AC-10 通过率为 45%～75%,OGFC-10 通过率为 50%～70%。因此,仅从级配看,SAC-10 将更加具备良好的构造深度和抗滑排水路表特征。

SAC-10 沥青混合料马歇尔试验结果和 GTM 试验结果分别见表 13-15 和表 13-16。

表 13-14 SAC-10 集料级配

筛孔/mm	9.5	7.5	4.75	2.36	1.18	0.6	0.3	0.15	0.075
通过率/%	100	71.3	35.0	25.7	21.8	17.7	12.4	10.9	8.1
范围/%	100	66～73	30～40	23～31	18～24	15～19	11～15	8～12	7～9

表 13-15 SAC-10 型沥青混凝土马歇尔试验结果

技术指标	击实次数	稳定度/kN	流值/mm	密度/(g/cm³)	空隙率/%	饱和度/%	矿料间隙率/%
试验结果	75	10.89	2.9	2.459	5.7	61.9	14.9

表 13-16 SAC-10 混合料 GTM 试验设计结果

类型	最佳油石比/%	密度/(g/cm³)
SAC-10C	4.7	2.529

AC-13C 采用石灰岩,分别为 10～15mm、5～10mm、3～5mm、机制砂、矿粉、水泥,各种集料掺配比例见表 13-17。AC-13C 混合料级配见表 13-18。

AC-13C 沥青混合料马歇尔试验结果和 GTM 试验结果分别见表 13-19 和表 13-20。

表 13-17 AC-13C 集料掺配比例

集料粒径	10～15mm	5～10mm	3～5mm	0～3mm	矿粉	水泥
集料掺配比例/%	46	7	10	34	2	1

表 13-18　AC-13C 混合料级配表

筛孔/mm	16.0	13.2	9.5	4.75	2.36	1.18	0.6	0.3	0.15	0.075
通过率/%	100	96.1	82.4	49.4	30.8	21.3	15.2	10.1	8.8	7.3
范围/%	100	95～100	72～85	42～56	28～38	20～28	12～22	8～17	7～12	4～8

表 13-19　AC-13C 型沥青混凝土马歇尔验证试验结果

技术指标	击实次数	稳定度/kN	流值/mm	密度/(g/cm³)	空隙率/%	饱和度/%	矿料间隙率/%
试验结果	75	15.9	3.7	2.414	5.0	61.9	13.1

表 13-20　AC-13C 沥青混凝土 GTM 试验结果

类型	最佳油石比/%	密度/(g/cm³)
AC-13C	4.3	2.465

3. 施工控制

为保证沥青混合料供应，采用了两台意大利玛莲尼拌和楼，分别为 2000 型和 4000 型；配备 5 台压路机，分别为 1 台 CC122、3 台 DD130、1 台悍马 13。碾压时，先由 CC122 稳压一遍，DD130 静压一遍，再用振动压路机复压 4～5 遍。铺筑试验段时，通过无核密度仪检测每碾压一遍后压实度的变化，找出密度变化小时对应的碾压遍数，确定碾压工艺。现场一个断面的密实度试验结果见表 13-21 和图 13-13。

表 13-21　无核密度仪检测跟踪检测结果

碾压步序	碾压进程	碾压点密实度			
		3 点钟方向	6 点钟方向	9 点钟方向	12 点钟方向
1	摊铺后	2188	2206	2181	2195
2	4t 压路机后	2263	2251	2248	2248
3	DD130 静压后	2308	2281	2309	2323
4	DD130 振压一遍后	2318	2310	2311	2268
5	DD130 振压二遍后	2339	2344	2338	2328
6	DD130 振压三遍后	2364	2348	2365	2364
7	DD130 振压四遍后	2418	2422	2396	2406
8	DD130 振压五遍后	2419	2428	2407	2412

从表 13-19 和图 13-13 可以看出，经过 5 遍振动碾压后，混合料密实度基本不再变化。

为检验拌和楼生产的稳定性，检验实际沥青混合料的级配及油石比，在现场或拌和楼抽取两种级配的沥青混合料进行抽提筛分试验，检测结果见表 13-22 和表 13-23。从抽提筛分结果看，油石比控制在设计幅度范围内，但是偏粗。

表 13-22　SAC-10 抽提筛分结果

滤纸重/g	4.50	筛孔直径/mm	筛余重/g	分计筛余/%	通过率/%	设计级配
试样+滤纸重/g	1106.8	26.5	0	0	100	—
		19	0	0	100	—
试样重/g	1102.3	16	0	0	100	—
		13.2	0	0	100	—
滤纸+矿料重/g	1060.6	9.5	24.3	2.3	97.7	100.0
		7.5	240.8	22.8	74.9	66~73
矿料重/g	1056.1	4.75	439.3	41.6	33.3	30~40
		2.36	89.8	8.5	24.8	23~31
沥青重/g	46.2	1.18	59.1	5.6	19.2	18~24
		0.6	48.6	4.6	14.6	15~19
油石比/%	4.4	0.3	38.0	3.6	11.0	11~15
		0.15	10.6	1.0	10.0	8~12
最佳油石比/%	—	0.075	23.2	2.2	7.8	7~9
		筛底	82.4	7.8	0.0	

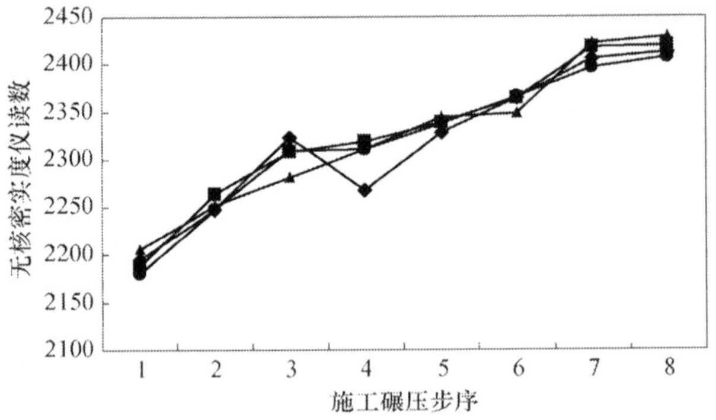

图 13-13　沥青混合料密实度与碾压遍数关系

表 13-23　AC-13C 抽提筛分结果

滤纸重/g	4.40	筛孔直径/mm	筛余重/g	分计筛余/%	通过率/%	设计级配
试样+滤纸重/g	1244.9	31.5	0	0	100	—
		26.5	0	0	100	—
试样重/g	1240.5	19	0	0	100	—
		16	4.8	0.4	99.6	100
滤纸+矿料重/g	1193.9	13.2	25.0	2.1	97.5	95~100
		9.5	166.5	14.0	83.5	72~85
矿料重/g	1189.5	4.75	458.0	38.5	45.0	42~56
		2.36	209.4	17.6	27.4	28~38
沥青重/g	51.0	1.18	89.2	7.5	19.9	20~28
		0.6	63.0	5.3	14.6	12~22

续表

滤纸重/g	4.40	筛孔直径/mm	筛余重/g	分计筛余/%	通过率/%	设计级配
油石比/%	4.3	0.3	44.0	3.7	10.9	8～17
		0.15	11.9	1.0	9.9	7～12
最佳油石比/%	—	0.075	40.4	3.4	6.5	4～8
		筛底	77.3	6.5	0.0	

4. 质量检验

压实度检测。由于双层摊铺施工的沥青混合料上下两层结构互相嵌挤，两种级配的沥青混合料没有明显的分界线，密度测定存在一定困难。因此，将两层芯样同时取出，实测芯样的毛体积密度，对双层摊铺的沥青混合料采用计算法确定沥青混合料的理论最大密度，以此评价压实度。表 13-24 是压实度测定结果。

表 13-24　双层摊铺芯样压实度

现场桩号	位置	厚度/mm	试件密度/(g/cm³)	计算理论密度/(g/cm³)	压实度/%
K291+755	距边 0.65m	54.9	2.421	2.584	93.7
K291+755	距边 4.5m	50.6	2.409	2.584	93.2
K291+730	距边 0.65m	54.0	2.409	2.584	93.2
K291+730	距边 4.5m	63.4	2.446	2.584	94.7
K291+695	距边 0.65m	56.1	2.385	2.584	92.3
K291+695	距边 4.5m	59.5	2.399	2.584	92.8
K291+660	距边 0.65m	56.8	2.372	2.584	91.8
K291+660	距边 4.5m	59.7	2.355	2.584	91.1
K291+610	距边 0.65m	62.8	2.419	2.584	93.6
K291+610	距边 4.5m	52.8	2.396	2.584	92.7
K291+570	距边 0.65m	54.3	2.440	2.584	94.4
K291+570	距边 4.5m	55.2	2.436	2.584	94.3
K291+530	距边 0.65m	44.1	2.367	2.584	91.6
K291+530	距边 4.5m	50.7	2.344	2.584	90.7

对摊铺成型的路面测试渗水系数，结果见表 13-25。从检测结果看，尽管混合料级配较粗，但路面仍然具有良好的密实性，路面渗水系数满足要求。

表 13-25　渗水系数检测结果

桩号	路面情况	试验位置	渗水时间/s	渗水量/mL	渗水系数/(mL/min)
K291+550	干燥、无污染	行车道	180	34	11
K291+650	干燥、无污染	行车道	180	25	8
K291+755	干燥、无污染	行车道	180	18	6

采用铺砂法测定了路表构造深度，检测数据见表 13-26。双层摊铺路面在抗滑指标上也满足要求。

表 13-26　路表构造深度检测结果

桩号	测点	构造深度测定值/mm	平均值/mm
K291+550	1	0.67	0.67
	2	0.66	
	3	0.68	
K291+650	1	0.64	0.65
	2	0.66	
	3	0.65	
K291+755	1	0.69	0.69
	2	0.76	
	3	0.63	

工程交工验收进行了横向力系数、平整度和车辙检测。横向力系数平均值为 51.8，国际平整度指数(IRI)平均值为 1.35，车辙深度平均值为 1.75mm。图 13-14 是工程完工通车后照片(左侧是双层摊铺罩面，右侧是普通路面)，可以看出，双层摊铺施工的断级配混合料面层具有良好的雨天行车性能。

图 13-14　双层摊铺段沥青面层与普通面层对比

13.5　经济社会效益和应用前景

高等级公路网是一个国家和地区经济社会发展重要保障，也是现代高质量生活的必要组成部分。路面频频维修，不仅耗费大量资金，而且用户难以忍受施工导致的交通延误。考虑到节约资源和可持续发展，干线公路、桥梁隧道等重要设施维修带来的巨大经济损失和出行干扰，国际上对基础设施工程的结构设计使用年限有进一步延长的趋势。因此，尽量提高结构物的安全性与耐久性，延长结构物的使用年限，正在逐步成为结构设计的一项重要指导原则。

欧美发达国家大规模公路建设开始于 20 世纪 50～60 年代。美国的州际公路系统就是从 1956 年开始建设，到 80 年代末基本结束。随着建成通车时间增加，交通量不断增长，路网老化破损逐渐加剧，服务水平降低，公路养护压力日益加大。我国从 1980 年代末开始，进入了高等级公路建设的快速发展时期。截至 2010 年底，全国公路网总里程达到 398.4 万千米，其中高速公路通车里程达到 7.4 万千米。因此，如何实现公路路网经济高效的管理，维持路网良好通行服务水平是世界各国面临的共同挑战。

沥青面层混合料性能是决定沥青路面耐久性的重要因素。近年来，国内外都投入了大量人力物力开展沥青混合料组成设计理论、方法及新技术研究。按照荷载特征、环境条件、结构响应特性，科学准确地设计出满足使用要求的各种路面结构层材料，已经成为当今道路工程技术发展的重要方向。在沥青混合料方面，在传统的沥青混凝土(asphalt concrete)基础上，先后出现了 SMA(stone masitc asphalt)、Superpave 沥青混合料、OGFC (open gradation frication course)、排水沥青混合料 PA(porous asphalt)等新型面层混合料。

从世界范围看，干线公路交通量不断增长、车辆载重量增加、重型轮胎应用增多是一种普遍现象，因此对沥青面层材料性能提出了更高的要求。可以预见，高性能沥青面层材料的研究和应用仍将作为改善沥青路面性能和耐久性的一个重要手段，得到了广泛重视。

作为一种高性能沥青面层材料，多空隙排水沥青混合料(porous asphalt)本身具备良好的路表使用性能，与双层摊铺技术结合，有着独特的技术优势，也已经引起业界广泛关注和应用：①摊铺施工时间缩短 50%；②节省沥青用量；③改善沥青混合料层间黏结，提高路面质量；④延长有效压实时间，适应更长距离的热拌沥青混合料运输；⑤模块化机械设计，仍可摊铺单层沥青混合料，提高机械使用效率；⑥摊铺排水沥青混合料可有效降低噪声水平。

双层摊铺技术用于摊铺沥青面层，其直接经济效益非常直观明显。以某高速公路沥青路面为例，原设计沥青上中面层为 4cm AC-13 沥青表面层＋SBS 改性沥青防水层＋7cm AC-20 沥青中面层。上面层采用改性沥青、玄武岩石料，费用较高。采用双层摊铺技术后，上面层减薄为 3cm，且取消 SBS 改性沥青防水层。改性沥青混凝土单价按 15 元/m^2，SBS 改性沥青防水层按 12 元/m^2，则 25m 宽高速公路每千米节省投资 67.5 万元。缩短施工工期近一半时间。从节能角度看，表面层减薄 1cm、取消 SBS 改性沥青防水层，每千米可以节省玄武岩石料 625 吨、改性沥青 81.5 吨。

以上只是施工直接经济效益。通过上面层和中面层一次施工，减少层间污染，增强上中面层整体性能，可以将上表面层和中面层看做一个整体结构层，承担车辆荷载作用。减少了沥青路面表层病害发生概率，降低路面养护成本。

可以预见，随着经济社会不断发展，公共投资预算约束不断加强，公众对公路运输服务期望值持续提高，双层摊铺技术在高等级公路沥青路面养护工程中将有更大的应用空间。未来几年内，双层摊铺技术可能在以下几个方面得到进一步研究应用。

(1) 高速公路、城市主干道高性能沥青面层施工。特别是采用降噪、排水等薄沥青面层技术，如 PA、OGFC。

(2) 高速公路沥青路面路表功能恢复施工。当路表出现车辙、开裂及抗滑性能不足时，应用双层摊铺技术铺筑较高质量的表面功能层。

(3) 特大桥桥面沥青混凝土铺装层的施工。

沥青混合料双层摊铺技术作为一种沥青路面施工新工艺，将在中国高等级公路沥青路面建设和养护实践中不断发展，日益完善。

参考文献

蒋玮，等. 2012. 透水沥青混合料的热物特性与热阻功能. 功能材料，3(43)：379-382.

刘立新. 2006. 沥青混合料粘弹性力学及材料学原理. 北京：人民交通出版社.

吕伟民，孙大权. 2007. 沥青混合料设计手册. 北京：人民交通出版社.

吕伟民. 2001. 沥青混合料设计原理和方法. 上海：同济大学出版社.

沙庆林. 1999. 沥青和沥青混凝土现状(下). 国外公路，3：8-15.

孙立军，等. 2005. 沥青路面结构行为理论. 北京：人民交通出版社.

吴赣昌. 1995. 半刚性路面温度应力分析. 北京：科学出版社.

Adams M C. 2003. Porous Asphalt Pavement With Recharge Beds 20 Years and Still Working. STORM-WATER.

Cahill T H. 2003. Asphalt：The Right Choice for Porous Pavements. Hot Mix Asphalt Technology.

Huber G. 2000. Performance Survey on Open-Graded Friction Course Mixes. Washington，D. C.

Morgan P A . 2007. The feasibility of using twin layer porous asphalt surfaces in the UK. unpublished project report.

National Center for Asphalt Technology. Design，Construction and Performance of New Generation Open-Graded Friction Course Mixes. www. ncat. us.

Oliver J. 1999. Thin bituminous surfacings and desirable road user performance. ARRB.

第 14 章　低碳水泥混凝土

14.1 引　　言

14.1.1　低碳水泥混凝土定义

低碳混凝土是绿色混凝土的一种。“低碳”最通俗的解释就是减少二氧化碳的排放量，低碳混凝土即为生产混凝土的过程中能减少二氧化碳排放量的一类绿色混凝土。而在全世界，除了煤电和钢铁行业，生产、使用过程中二氧化碳排放量最大的就是水泥行业。据资料显示，我国不但是世界水泥生产大国，仅去年一年的水泥生产量就达到了 14 亿吨，而且还是世界工程开工量最多的国家，且两者皆居世界首位。我国虽然为发展中国家，经济、社会还处在不断发展阶段，高耗能、高排放也是在所难免，然而至今百年间，西方国家对环境的肆意破坏和严重污染已经造成地球上再也没有多余的“资本”供人随意挥霍、任意践踏了，所以在保障经济平稳发展的同时，确保环境的均衡也成为不可推卸的责任，而这就需要更多“低耗能”的高科技的建筑材料满足人们的日常需要，因此，在许多具有特殊功效的特种混凝土以及具有保温、耐热的墙体材料逐渐开始广泛使用时，生态水泥(ecology cement material，ECM)也在人们的构想中逐渐成为现实。

14.1.2　低碳混凝土的特点

(1) 可以根据不同要求，配制出具有特定性能(防冻、抗渗、耐热、耐酸等)的混凝土产品。

(2) 拌和物可塑性良好，可浇筑成不同形状和大小的制品或构件。

(3) 与钢筋复合组成的钢筋混凝土，互补优缺，使混凝土的应用范围更广阔。

(4) 可以现浇成抗震性良好的整体建筑物，也可以做成各种类型的装配式预制构件。

(5) 可以充分利用工业废料，减少对环境的污染，有利于环境保护。

(6) 自重大，抗拉强度低，呈脆性，易开裂。

14.1.3　低碳混凝土组成材料

1)水泥

应用最早的水泥石大约在 2000 年前，希腊和古罗马人在建筑工程中使用的一种石灰和火山灰的混合物。19 世纪初，英、法等国将黏土化的石灰(或泥灰岩)经烧结成为水硬性材料，当其中氧化铝和氧化硅含量之和达到 20%～35%时，称为天然水泥。但这种水泥烧成温度低，不易控制成分。1824 年英国人阿斯普丁用石灰和黏土的人工混合物烧成一种水硬性的胶凝材料，它在凝结硬固后的颜色、外观和当时英国用于建筑的优质波特兰石头相似，故称为波特兰水泥。他为此取得了专利，1825 年在英国建厂生产。但阿斯普丁所得产物，因烧成温度低而质量不够好。现在真正的波特兰水泥石是 1850 年由英国人 I. C. 约翰孙制造的，从此开始了波特兰水泥工业。一百多年来，硅酸盐水泥的生产工艺和性能不断改进，同时又研制了众多的新品种，迄今已发展到 100 多种。

水泥以良好的性能在现代建筑中占据了不可取代的地位，特别是近几十年以来，人们进入了水泥掺量越高，混凝土性能越好的误区。然而随着混凝土结构因不耐久而破坏事件的频繁出现，人们开始关注耐久性问题。随着“高性能混凝土”的提出，人们对水泥的认识开始由“越多越好”的误区开始向“适量”转变。

本试验采用河北太行山牌 P. O42. 5R 普通硅酸盐水泥，其物理性能指标见表 14-1。

表 14-1 水泥的物理性能指标

指标	细度		凝结时间/min		安定性（代用法）	强度/MPa			
						抗折强度		抗压强度	
	筛析法/%	比表面积/(m^2/kg)	初凝	终凝		3 天	28 天	3 天	28 天
测试值	4.0	435	250	320	无裂缝、弯曲现象	5.2	8.2	32.9	48.6

2)ECM 水泥

ECM 水泥的成分与高铝黏土接近，主要以玻璃体状态存在，另有一部分为莫来石、α 石英、方解石及 β 硅酸二钙等少量晶体矿物。其主要化学成分为 SiO_2 占 45%～60%；Al_2O_3 占 20%～30%；Fe_2O_3 占 5%～10%，以及少量的 CaO、MgO、Na_2O、K_2O、SO_3 等。ECM 水泥的活性，主要取决于玻璃体的含量，以及无定形的 Al_2O_3 和 SiO_2 的含量，而 ECM 水泥的细度、需水量比也是影响活性的主要物理因素。

本试验采用的 ECM 水泥的各项性能见表 14-2 和表 14-3。

表 14-2 ECM 水泥的化学成分

化学成分	SiO_2	Al_2O_3	CaO	TiO	Fe_2O_3	MnO	MgO	Na_2O	K_2O
含量/%	34.78	16.60	34.02	1.04	1.02	1.26	0.42	0.53	0.45

表 14-3 ECM 水泥的物理性能

密度/(g/cm^3)	比表面积/(m^2/kg)	活性指数/%		流动度比/%	三氧化硫/%	氯离子/%	含水量/%	烧失量/%	玻璃体含量/%
		7 天	28 天						
2.89	421	87	106	102	0.15	0.025	0.09	0.10	91.9

3)砂和石子(集料)

粗骨科(碎石和卵石)是水泥混凝土的主要组成成分之一。其重量占混凝土总重的 60%～70%。随着高性能混凝土(HPC)概念的提出及其在工程中的广泛应用，发现粗骨料的其他许多特性，如自身强度、弹性模量、颗粒形状、级配组成、表面洁净度、吸水率等，对混凝土力学性能也有非常重要的影响；而其化学组成、热膨胀系数、导热系数、比热等热学特性，与混凝土的收缩与徐变、耐久性密切相关。

碱骨料反应是混凝土产生耐久性破坏的重要原因之一，而且这种破坏一旦发生，混凝土将产生整体性破坏而无法补救。破坏发生是由于骨料中的活性成分，如 MgO、CaO 等，与水泥产生化学反应，引起混凝土体积膨胀，从而使混凝土内部产生自应力，超过其承载能力而导致破坏失效。

粗骨料的强度、弹性模量对混凝土的力学性能有影响。在高强混凝土中，其破坏不仅发生在浆体与骨料界面，粗骨料本身也会发生贯穿性破裂，表明粗骨料的强度、弹性模量已成为影响高强混凝土力学性能的重要因素之一。总体上看，粗骨料的强度应大于混凝土强度，变形特性（一般以弹性模量表示）应与水泥砂浆的变形特性尽量接近，使两者受力、变形情况一致较为有利。除此之外，粗骨料的表观密度、吸水率对混凝土的耐久性，尤其是抗冻融性能有重要影响。骨料吸水也会导致和易性随时间而损失。

粗骨料的颗粒形状，按形成方式和表面粗糙度的不同，可分为碎石和卵石两种。就力学性能而言，碎石表面由于是新近破碎面，粗糙、新鲜，化学活性也高，而与砂浆的黏结力强，在相同水胶比的条件下具有比卵石混凝土更高的强度。但在另一方面，碎石的针片状含量一般比卵石高，对混凝土的力学性能会有负面影响，尤其对抗折强度的损害更为显著。在对混凝土拌和物和易性的影响方面，卵石表面由于较为光滑，相同水胶比拌和而成的混凝土具有比碎石混凝土更好的和易性。

良好的颗粒级配能够最大限度地减少孔隙率，降低水泥砂浆的用量，从而节约水泥，降低成本。而水泥用量的降低又可以减小混凝土的干缩，降低水化热，这对大体积混凝土的浇筑是十分有利的。除此之外，良好的颗粒级配，还可以在用水量相同的情况下，提高混凝土的和易性，具有显著的技术经济效果。

粗骨料用量对混凝土性能具有一定影响，粗骨料在混凝土中存在一个最优用量问题。一定条件下，增加粗骨料用量，可以降低混凝土单位成本，减小混凝土收缩徐变，并增强抗腐蚀能力，提高混凝土的耐久性。同时，由于粗骨料本身具有比砂浆更高的强度，在一定体积含量范围内还能相应提高混凝土强度。但骨料含量也不能太高，否则会使浆、骨料界面黏结质量降低，混凝土整体性减弱，从而降低混凝土强度与抗渗、抗冻性能。

混凝土中所用砂的粗细程度、颗粒级配、有害物质的含量、坚固性、含泥量、泥块含量和石粉含量（所用砂为人工砂时）对混凝土性能有重大影响。砂过细，增加了砂的总表面积，势必增加水泥浆的用量，而过多的水泥用量将导致混凝土水化热过高、收缩大而且还会导致混凝土的耐久性不良。砂中混有草根、树叶、云母、黏土等有害物质会妨碍水泥与砂的黏结，降低混凝土的强度和耐久性。

砂率是混凝土配合比设计的三个基本参数之一。确定合理的砂率可使混凝土拌和物具有良好的工作性，在搅拌、运输和成型过程中，能满足施工所需的流动性、黏聚性和保水性。

本试验采用细度模数为 2.3 的天然中砂；4.75～26.5mm 连续级配碎石。砂、石物理性能见表 14-4 和表 14-5。

表 14-4　砂料性能

含水率/%	表观密度/(kg/m^3)	紧密堆积密度/(kg/m^3)	松散堆积密度/(kg/m^3)
1.8	2500	1760	1600

表 14-5　石料性能

含水率/%	表观密度/(kg/m^3)	紧密堆积密度/(kg/m^3)	松散堆积密度/(kg/m^3)	压碎指标/%
0.8	2650	1540	1430	5.0

4）减水剂

严格控制用水量是保证低碳混凝土质量的重要措施之一。在混凝土中使用减水剂，不仅能够降低混凝土水胶比，节约水泥，而且能够有效提高混凝土的强度，改善和易性及耐久性，对减水剂进行优选的主要任务是研究各种类型及品质的减水剂对混凝土性能的影响。目前，应用最广泛的减水剂是萘系减水剂，本试验采用山西黄河化工有限公司生产的 HJUNF-2A 高效减水剂(粉剂)。表 14-6 是减水剂的主要技术指标参数。

表 14-6　减水剂主要技术指标

序号	检验项目	标准要求	实测结果	试验方法
1	3 天抗压强度比/%	≥130	157	JT/T523—2004—5.6.1
	7 天抗压强度比/%	≥125	149	
	28 天抗压强度比/%	≥120	145	
2	减水率/%	≥15	20.9	JT/T523—2004—5.5.1
3	钢筋锈蚀	无锈蚀危害	无锈蚀	GB 8076—1997
说明	外加剂的掺量为水泥用量的 1.0%			
试验条件	环境温度:21℃;湿度:59%			

5）活性剂

三乙醇胺和 Na_2SO_4。

6）水

《混凝土用水标准》(JGJ 63—2006)规定，拌制混凝土用水宜优先采用符合国家标准的饮用水。本试验直接采用日常饮用水。

14.2　低碳混凝土的性质

14.2.1　低碳混凝土拌和物的和易性

1. 和易性的概念

和易性是指混凝土拌和物易于施工操作(搅拌、运输、浇筑、捣实)，并能获得质量均匀密实的混凝土的性能。和易性是一项综合性的技术指标，包括三方面的性能。

(1) 流动性:流动性是指混凝土拌和物在自重或机械振捣作用下，能流动并均匀密实地填满模板的性能。

（2）黏聚性：黏聚性是指混凝土拌和物在施工过程中，具有一定的黏聚力，不会发生分层和离析现象，保持整理均匀的性能。

（3）保水性：保水性是指混凝土拌和物保持水分不易析出的能力。

混凝土拌和物必须具有良好的和易性，才便于施工，并能获得均匀而密实的混凝土，从而保证混凝土的强度和耐久性。

2. 和易性的测定

1）坍落度测定

在工地和实验室，通常是做坍落度试验测定拌和物的流动性，并辅以直观经验评定黏聚性和保水性。测定流动性的方法是将混凝土拌和物按规定方法装入标准圆锥坍落度筒（无底）内，装满刮平后，垂直向上将筒提起，移到一旁，混凝土拌和物由于自重将会产生坍落现象，然后量出向下坍落的尺寸就叫坍落度，作为流动性指标。坍落度越大，流动性越好。图 14-1 为坍落度试验。

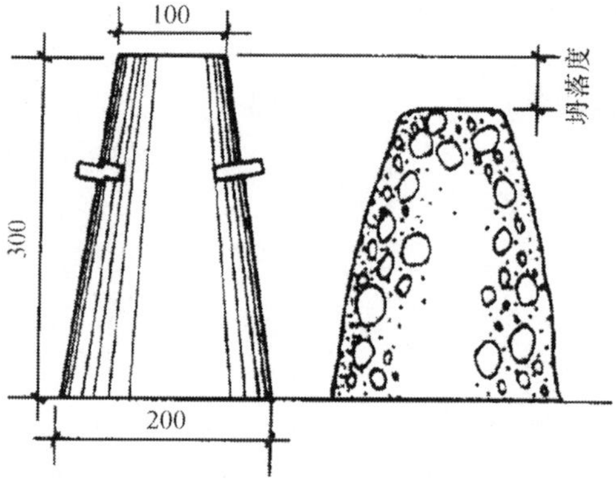

图 14-1　混凝土拌和物坍落度的测定

在做坍落度试验的同时，应观察混凝土拌和物的黏聚性、保水性及含砂情况，以便更全面地评定混凝土拌和物的和易性。

根据坍落度的不同，可将混凝土拌和物分为 4 级，见表 14-7。坍落度试验只适用于骨料最大粒径不大于 40mm，坍落度值小于 10mm 的混凝土拌和物。

表 14-7　混凝土按坍落度的分级

级别	名称	坍塌度/mm
T1	低塑性混凝土	10～40
T2	塑性混凝土	50～90
T3	流动性混凝土	100～150
T4	大流动性混凝土	≥160

2）维勃稠度测定

对于干硬性的混凝土拌和物（坍落度值小于 10mm）通常采用维勃稠度仪测定其稠度，见图 14-2。

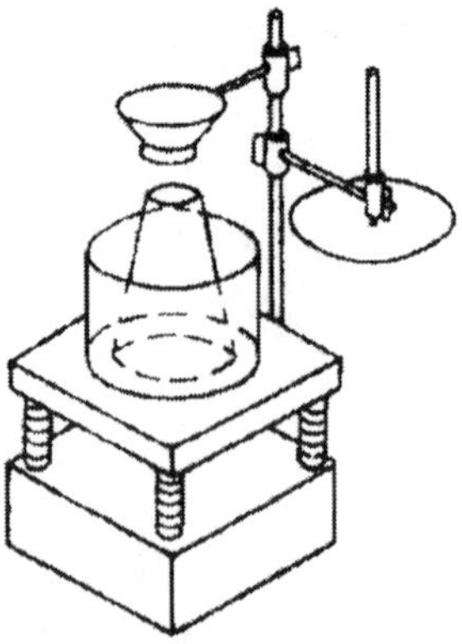

图 14-2　维勃稠度仪

维勃稠度测定方法：开始在坍落度筒中按规定方法装满拌和物，提起坍落度筒，在拌和物试体顶面放一透明圆盘，开启振动台，同时用秒表计时，到透明圆盘的底面完全为水泥浆所布满时，停止秒表，关闭振动台。此时可认为混凝土拌和物已密实。所读秒数，称为维勃稠度。该法适用于骨料最大粒径不超过 40mm，维勃稠度在 5～30s 的混凝土拌和物稠度测定。

3）泵送混凝土的稳定性测定

稳定性常用相对压力泌水率(S10)评定。试验仪器采用普通混凝土压力泌水仪。

相对压力泌水率(S0)的测定方法是将混凝土拌和物按规定方法装入试料筒内，称取混凝土质量 G0，尽快给混凝土加压至 3.5MPa，立即打开泌水管阀门，同时开始计时，并保持恒压，泌出的水接入 1000mL 量筒内，加压 10s 后读取泌水量 V10，加压 140s 后读取泌水量 V140。混凝土加压至 10s 时的相对泌水率 S10＝V10/V140(%)。

经研究表明，混凝土拌和物在泵送过程中的摩阻力是拌和物的流动性与稳定性的综合反映。而且流动性与稳定性又有一定的关系。因此，拌和物的可泵性一般可用坍落度值和相对压力泌水率两个指标评定。

3. 影响和易性的因素

1）水泥数量与稠度的影响

混凝土拌和物在自重或外界振动力的作用下要产生流动，必须克服其内在的阻力，拌和物内在阻力主要来自两个方面：一个是骨料间的摩擦力，另一个是水泥浆的黏聚力。骨料间摩擦力的大小主要取决于骨料颗粒表面水泥浆层的厚度，即水泥浆的数量。水泥浆的黏聚力大小主要取决于浆的干稀程度，即水泥浆的稠度。

混凝土拌和物在保持水灰比不变的情况下，水泥浆用量越多，包裹在骨料颗粒表面的浆层就越厚，润滑作用越好，使骨料间摩擦力减小，混凝土拌和物易于流动，于是流动性就大。反之则小。但若水泥浆量过多，这时骨料用量必然减少，就会出现流浆及泌水现象，而且会多消耗水泥。若水泥浆量过少，致使不能填满骨料间的空隙或不够包裹所有骨料表面时，则拌和物会产生崩塌现象，黏聚性变差，由此可知，混凝土拌和物水泥浆用量不能太少，但也不能过多，应以满足拌和物流动性要求为度。

在保持混凝土水泥用量不变的情况下，减少拌和用水量，水泥浆变稠，水泥浆的黏聚力增大，使黏聚性和保水性良好，而流动性变小。增加用水量则情况相反。当混凝土加水过少，即水灰比过低时，不仅流动性小，黏聚性也因混凝土发涩而变差，在一定施工条件下难以成型密实。但若加水过多，水灰比过大，水泥浆过稀，则拌和物虽流动性大，但将产生严重的分层离析和泌水现象，并且将严重影响混凝土的强度和耐久性。因此，绝不可以单纯用加水的方法增加流动性。而应采取在保持水灰比不变的条件下，以增加水泥浆量的办法调整拌和物的流动性。所以在灌注混凝土时，发现坍落度较小后不能采取直接在砼运输车斗内加水，单方面满足坍落度要求，而应将该砼退回商砼站，并同时通知商砼站在拌和时调整坍落度，使砼到达现场时满足施工要求。

以上讨论可以明确，无论是水泥数量的影响，还是水泥稠度的影响，实际都是水的影响。因此，影响混凝土拌和物和易性的决定性因素是拌和用水量。

2）砂率的影响

砂率是指混凝土中砂的质量占砂、石总质量的百分比。

砂率是表示混凝土中砂子与石子的组合关系，砂率的变动，会使骨料的总表面积空隙率发生很大的变化，因此对混凝土拌和物的和易性有显著的影响。当砂率过大时，骨料的总表面积和空隙率均增大，在混凝土中水泥浆量一定的情况下，骨料颗粒表面积将相对减薄，拌和物就显得干稠，流动性就变小，如果保持流动性不变，则需增加水泥浆，就要多耗水泥，反之，若砂率过小，拌和物中石子多而砂子过少，形成的砂浆量不足以包裹石子表面，并不能填满石子间空隙，在石子间没有足够砂浆润滑层时，不但会降低混凝土拌和物的流动性，而且会严重影响其黏聚性和保水性，使混凝土产生骨料离析、水泥浆流失，甚至出现崩散现象。

由上可知，在配置混凝土时，砂率不能过大，也不能太小，应该选用合理的砂率。

所谓合理砂率是指在用水量及水泥用量一定的情况下，能使混凝土拌和物获得最大的流动性，且能保持黏聚性及保水性能良好的砂率。

3）组成材料性质的影响

水泥品种的影响：在水泥用量和用水量一定的情况下，采用矿渣水泥或火山灰水泥拌制的混凝土拌和物，流动性比用普通水泥时小，这是因为前者水泥的密度较小，所以在相同水泥用量时，它们的绝对体积较大，因此，在相同用水量情况下，混凝土就显得较稠，若要二者达到相同的坍落度，前者每立方米混凝土的用水量必须增加一些，另外，矿渣水泥拌制的混凝土拌和物泌水性较大。

骨料性质的影响：骨料性质指混凝土所用骨料的品种、级配、颗粒粗细及表面形状等。在混凝土骨料用量一定的情况下，采用卵石和河沙拌制的混凝土拌和物，其流动性比碎石和山砂拌制的好。用级配好的骨料拌制的混凝土拌和物保水性好，用细砂拌制的混凝土拌和物的流动性较差，但黏聚性和保水性好。

外加剂的影响：混凝土拌和物掺入减水剂或引气剂，流动性明显提高，引气剂还可以有效改善混凝土拌和物的黏聚性和保水性，二者还分别对硬化混凝土的强度与耐久性起着十分有利的作用。

4）拌和物存放时间及环境温度的影响

搅拌拌制的混凝土拌和物，随着时间的延长会变得越来越干稠，坍落度将逐渐减小，这是拌和物中的一些水分逐渐被骨料吸收，一部分被蒸发，水泥的水化与凝聚结构的逐渐形成等作用所致。

混凝土拌和物的和易性还受温度的影响，随着环境温度的升高，混凝土的坍落度损失得更快，因为这时的水分蒸发及水泥的化学反应进行得更快。在高温情况下，商砼站在开始拌和混凝土时，应考虑砼到现场的时间及在现场等待灌注的时间，综合其他因素，使混凝土在使用时满足监理，施工单位的要求。

14.2.2 低碳混凝土强度

1. 混凝土强度种类

参照 GB 50010—2002 规定《混凝土结构设计规范》：以边长为 150mm 的立方体试件为标准试件，按标准方法成型，在标准条件下（温度为(20±2)℃，相对湿度为 95%以上）养护 28 天龄期，用标准试验方法（图 14-3）测得的极限抗压强度，称为混凝土标准立方体抗压强度。

抗压强度(MPa)＝破坏荷载(N)/受压面积(mm^2)。

混凝土的轴心（棱柱体）抗压强度：150mm×150mm×300mm 的棱柱体抗压测得。

混凝土的轴心抗拉强度：150mm×150mm×750mm 的棱柱体劈裂法测得。

混凝土的抗折强度：150mm×150mm×600(550)mm 的棱柱体抗折测得。

图 14-3 混凝土立方体抗压强度试验

2. 混凝土立方体抗压强度标准值与强度等级

根据《混凝土结构设计规范》(GB50010—2002)规定：在立方体极限抗压强度中，具有 95%保证率的抗压强度，称为立方体抗压强度。混凝土强度等级按立方体抗压强度标准值确定。采用符号 C 与立方体抗压强度标准值（单位为 MPa）表示，如 C25，C30 等。混凝土的强度等级有 C15，C20，C25，C30，C35，C40，C45，C50，C55，C60，C65，C70，C75，C80 共 14 个强度等级。

当采用非标准试件确定强度时，应将抗压强度值乘以折算系数（表 14-8）。

表 14-8 试件尺寸及折算系数

骨料的最大粒径/mm	试件尺寸/mm^3	折算系数
≤30	100×100×100	0.95
≤40	150×150×150	1.00
≤60	200×200×200	1.05

3. 影响混凝土强度的因素

1）水泥的强度和水灰比

水泥的强度和水灰比是决定混凝土强度的最主要因素。水泥是混凝土中的胶结组分，其强度的大小直接影响混凝土的强度。在配合比相同的条件下，水泥的强度越高，混凝土强度也越高。当采用同一水泥（品种和强度相同）时，混凝土的强度主要决定于水灰比。在混凝土充分密实的情况下，水灰比越大，水泥石中的孔隙越多，强度越低，与骨料黏结力也越小，混凝土的强度就越低。反之，水灰比越小，混凝土的强度越高。

混凝土的抗压强度与水灰比和水泥强度之间符合以下近似关系：

$$f_{cu} = \alpha a f_{ce}(C/W - \alpha b) \tag{14-1}$$

式中，C——每立方米混凝土中的水泥用量，kg；

W——每立方米混凝土中的用水量，kg；

f_{cu}——混凝土 28 天抗压强度，MPa；

f_{ce}——水泥的实际强度，MPa；

αa，αb——经验系数，与骨料品种等有关，其数值需通过试验求得，通常取值碎石为 $\alpha a=0.46$，$\alpha b=0.07$；卵石为 $\alpha a=0.48$，$\alpha b=0.33$。

f_{ce}应通过试验确定，当无法取得水泥实际强度数值时，可采用下式估计：

$$f_{ce} = \gamma c \cdot f_{ce,k} \tag{14-2}$$

式中，$f_{ce,k}$——水泥强度等级值，MPa；

γc——水泥强度等级值的富余系数（一般取 1.13）。

2）骨料的影响

骨料的表面状况影响水泥石与骨料的黏结，从而影响混凝土的强度。碎石表面粗糙，黏结力较大；卵石表面光滑，黏结力较小。因此，在配合比相同的条件下，碎石混凝土的强度比卵石混凝土的强度高。骨料的最大粒径对混凝土的强度也有影响，骨料的最大粒径越大，混凝土的强度越小。

砂率越小，混凝土的抗压强度越高，反之混凝土的抗压强度越低。

3）外加剂和掺和料

在混凝土中掺入外加剂，可使混凝土获得早强和高强性能，混凝土中掺入早强剂，可显著提高早期强度；掺入减水剂可大幅度减少拌和用水量，在较低的水灰比下，混凝土仍能较好地成型密实，获得很高的 28 天强度。在混凝土中加入掺和料，可提高水泥石的密实度，改善水泥石与骨料的界面黏结强度，提高混凝土的长期强度。因此，在混凝土中掺入高效减水剂和掺和料是制备高强和高性能混凝土必需的技术措施。

4）养护的温度和湿度

混凝土的硬化是水泥水化和凝结硬化的结果。养护温度对水泥的水化速度有显著的影响，养护温度高，水泥的初期水化速度快，混凝土早期强度高。湿度大能保证水泥正常水化所需水分，有利于强度的增长。

在 20℃以下，养护温度越低，混凝土抗压强度越低，但在 20～30℃内，养护温度对混凝土的抗压强度影响不大。养护湿度越高，混凝土的抗压强度越高，反之混凝土的抗压强度越低。

5）龄期

混凝土在正常养护条件下，其强度将随着龄期的增加而增长。最初的7～14天，强度增长较快，28天以后增长缓慢，龄期延续很长，混凝土的强度仍有所增长。

6）温度对混凝土性能的影响

混凝土的温度，决定于本身储备的热能，由于混凝土温度与外界气温有差别，混凝土与周围环境之间就会产生热交换，新拌混凝土热量变化情况，除了水泥的水化增加混凝土热量，其余都属于混凝土与周围环境的热交换，当环境温度很低时，这种热交换会很快地降低混凝土的温度，新搅拌混凝土温度降低的快慢决定水化程度的大小，换而言之，温度降低越快，强度的增长越慢。当混凝土过早受冻后，强度就不会再增长，尚在混凝土内部的游离水分也就越高，结冰后的冻胀应力就越大，混凝土就容易造成破坏，混凝土强度降低的原因，归纳起来有以下三个方面。

(1) 水结冰后体积增加9，混凝土内游离水分越多，冻胀应力就越大，冻胀了的体积在解冻后不会缩回去，而是保留了下来。因此，新拌的混凝土受冻后孔隙度显著提高。如果孔隙率增加至15。强度就会下降10。当冻胀应力大到产生裂缝时，混凝土结构受到破坏，强度就不会再增加了。

(2) 在骨料周围，有一层水膜或水泥浆膜，在受冻后，其黏结力受到严重损害，解冻后也不能恢复，曾做过实验，如果黏结力完全丧失，强度将降低13。

(3) 在结冰与溶解过程中，会发生水分转移的现象，受冻时由于混凝土表面温度低，先结冰产生冻胀压力把水分挤向混凝土内部。溶解过程中外部先溶解则内部应力大，又将水分向表面挤压，水分反向迁移，由于水分体积的反变化，使混凝土各组分的相对位置发生变化，这对强度还很低的新混凝土很容易造成结构性裂纹。在混凝土浇筑后的最初几个小时是危险性最大的时刻，混凝土的耐久性，可能被一两次冻融循环严重损坏。通过观察发现只要使新拌混凝土还温一定时间，让混凝土达到一定的强度，就可以不怕冻害，由此引出受冻害的临界强度这一概念。临界强度的概念定义：新拌混凝土在受冻后再恢复还温养护，强度可继续增长，并达到设计标号95以上时，新需要的初始强度。达到临界强度时的混凝土已有相当一部分拌和水固定到已经形成的水化物中，此时不但可冻结的水量较少，混凝土本身已具有了一定强度，产生了一定的抗冻能力。目前临界强度的概念已为许多国家接受，并且在规范中使用。

4. 提高混凝土强度的措施

(1) 采用高强度等级的水泥。

(2) 采用水灰比较小，用水量较少的干硬性混凝土。

(3) 采用级配良好的集料及合理的砂率值。

(4) 采用机械搅拌、机械振捣，改进施工工艺。

(5) 加强养护。

(6) 在混凝土中掺入减水剂、早强剂等外加剂。

在相同水胶比下，随着ECM水泥掺量的增大，低碳混凝土的抗折强度呈现先增大后减小的趋势。其中，当 ECM 水泥的掺量为 50%，混凝土试件的抗折强度出现峰值。这说明，低碳混凝土中，ECM 水泥的掺量存在最佳值。这是因为 ECM 水泥具有“形态效应”和“微集料效应”，能改善和增强混凝土的结构强度，提高匀质性和致密性；但是当 ECM 水泥掺量过大时，其微充效应和形态效应不足以补偿普通水泥大量减少而对其强度的损害，故当 ECM 水泥掺量为 50%时出现拐点。

不同的水胶比下，低碳混凝土试件的抗折强度随着龄期的增长而增大，其中 3 天和 7 天龄期的抗折强度低于基准混凝土，而 28 天龄期的抗折强度高于基准混凝土。低碳混凝土表现出早期强度低，后期强度高的原因：ECM 水泥在前 3 天龄期中水化反应程度低。当掺量为 30%～70%时，由于早期 ECM 水泥水化量很少，而水泥熟料也大大减少，其早期水化产物会减少很多，界面黏结较弱，这就是造成低碳混凝土早期强度相对于同水胶比的基准混凝土低的主要原因。随着龄期的增长，骨料与水泥基材料界面 C-S-H 等水化产物逐渐增加，且 CH 的数量和取向程度越来越小，界面得到持续的强化；同时，由水泥和 ECM 水泥组成的胶凝材料体系水化形成的水化产物质量更好，凝胶结构更均匀、密实，吸附、黏结性更强；此外，从长期角度考虑混凝土孔隙率会降低，根据中心质假说，未水化水泥颗粒和 ECM 水泥颗粒与水化产物比值（H/L）最佳值随孔隙率下降而提高，同时在一定的 H/L 粒子比值下，强度随孔隙率的减少而提高。这为低碳混凝土长期强度达到较高等级提供了理论依据。

14.2.3　低碳混凝土耐久性

混凝土的耐久性是指混凝土在实际使用条件下能抵抗各种破坏因素的作用，长期保持强度和外观完整性，维持混凝土结构的安全和正常使用的功能。

低碳混凝土的耐久性包括抗冻性、抗渗性等。

1. 低碳混凝土抗氯离子渗透

大量钢筋混凝土结构使用功能的最终失效绝大多数以钢筋锈蚀表现。根据 P. K. Mehta 的观点，在影响混凝土耐久性的因素中，钢筋锈蚀是排在第一位的，而氯盐引起的钢筋锈蚀，更是在世界范围内对钢筋混凝土的基础设施等造成了巨大破坏。混凝土中的氯离子来自两部分：一部分是混凝土原材料中带入的，可以通过混凝土原材料的品质指标进行控制；而另一部分则是环境中的氯离子通过渗透、扩散或毛细吸附等方式进入混凝土内部的，对于该部分氯离子，混凝土的抗氯离子侵入性则显得尤为重要。氯离子通过混凝土保护层达到钢筋表面导致钢筋去钝化发生锈蚀，主要由两方面决定：一方面，混凝土基体对氯离子扩散渗透的阻碍性能，混凝土基体存在的迁移通道决定着氯离子在混凝土中的迁移速度和穿越保护层达到钢筋的时间，迁移通道本质上由混凝土中多孔材料的孔结构特征参数控制（空隙率、平均孔径、最可几孔径分布、孔的形状等）；另一方面，混凝土对氯离子的物理化学固化能力影响氯离子的渗透速度。

氯离子可以通过扩散、渗透和毛细管吸附等各种方式进入混凝土内部，以扩散为主。

扩散是一种介质在有浓度差而无压力差时在另一种介质中进行传输的形式，一般用菲克定律描述。菲克定律假设基质的成分和微结构是均匀的，而且传输介质不与基体发生反应。菲克第一定律的数学表达式为

$$J = -D\frac{\mathrm{d}C}{\mathrm{d}x} \tag{14-3}$$

式中，J——扩散通量，$\mathrm{kg/m^2 \cdot s}$；

D——扩散系数，$\mathrm{m^2/s}$；

C——扩散物质(组元)的体积浓度，$\mathrm{kg/m^3}$；

x——与基体表面的距离，m；

$\frac{\mathrm{d}C}{\mathrm{d}x}$——浓度梯度；

“$-$”——扩散方向与浓度梯度的方向相反。

菲克第一定律只适用于$\frac{\mathrm{d}C}{\mathrm{d}x}$和$J$不随时间变化即稳态扩散的场合。但实际上，大多数扩散过程都是在非稳态条件下进行的。非稳态扩散的特点：在扩散过程中，$\frac{\mathrm{d}C}{\mathrm{d}x}$和$J$均随时间变化。此时，需要应用菲克第二定律，其数学表达式为

$$\frac{\partial C}{\partial t} = D\frac{\partial^2 C}{\partial x^2} \tag{14-4}$$

式中，t——扩散时间，s；

$\frac{\partial C}{\partial t}$——在距离基体表面$x$处，浓度随时间的变化率。

利用边界条件对该方程进行求解可得

$$C(x) = C_{0(x=0)}\left(1 - \operatorname{erf}\frac{x}{2\sqrt{Dt}}\right) \tag{14-5}$$

式中，$C(x)$——t时刻距离表面x处的氯离子浓度；

$C_{0(x=0)}$——氯离子在$x=0$处的初始浓度；

erf——误差函数。

混凝土是一种多孔的、在各尺度上多相的非均质复杂体系，因此，氯离子在向混凝土内部迁移时，并非完全遵循菲克定律。在实际计算氯离子迁移速度时，往往根据菲克的扩散理论和氯离子的迁移量，得出一个有效的、实用的扩散系数。

混凝土的抗氯离子渗透性是混凝土耐久性的关键指标之一。国内外混凝土耐久性调查表明，钢筋锈蚀是钢筋混凝土耐久性破坏的最主要原因，而氯离子侵蚀导致的钢筋锈蚀尤为严重。当周围环境中的氯离子侵入混凝土内部达到一定浓度时，会引起钢筋锈蚀，导致钢筋承载力下降和混凝土开裂、剥落。

在混凝土中，渗透性是指某气体、液体或离子受压力、化学势或在电场作用下在混凝土中渗透、扩散或迁移的难易程度。

(1) 抗氯离子渗透试验采用 ASTM C1202 的直流电量法，该法对混凝土渗透性能评价如表 14-9。

表 14-9　ASTM C1202 对混凝土渗透性的评价

电量/C	Cl^- 渗透
4000	高
2000～4000	中等
1000～2000	低
100～1000	很低
100	可忽略

(2) 试验采用 ASTM C1202 建议的直流电量法评价混凝土试件抗氯离子渗透性能。在直流电压作用下，氯离子能通过混凝土试件向正极方向移动，以测量一定时间内通过混凝土的电荷量反映混凝土抵抗氯离子渗透的能力。

① 制作边长为 100mm 的混凝土立方体试件，在标准条件下养护 28 天，试验时以 3 块试件为一组。在养护期龄结束时从中间切取(50±2)mm 的标准试件。试件移送实验室时要避免冻伤或其他物理伤害。

② 将试件暴露在空气中至表面干燥，用腻子和树脂密封材料涂刷试件圆柱表面或侧面。

③ 测试前进行真空饱水。将试件放入真空干燥器中，启动真空泵，数分钟后真空度达 133Pa 以下，维持这一真空度 3h 后注入足够的蒸馏水，直至淹没试件，试件浸没后恢复常压，再继续浸泡(18±2)h。

④ 从水中取出试件，抹掉多余水分(保持试件所处的相对湿度在 95%以上)，将试件安装于试验槽内。

⑤ 将浓度为 3%NaCl 的溶液和 0.3mol/L 的 NaOH 溶液分别注入试件两侧的试验槽中，注入 NaCl 溶液的试验槽内的铜网连接电源负极，注入 NaOH 溶液的试验槽中的铜网连接电源正极(图 14-4)。

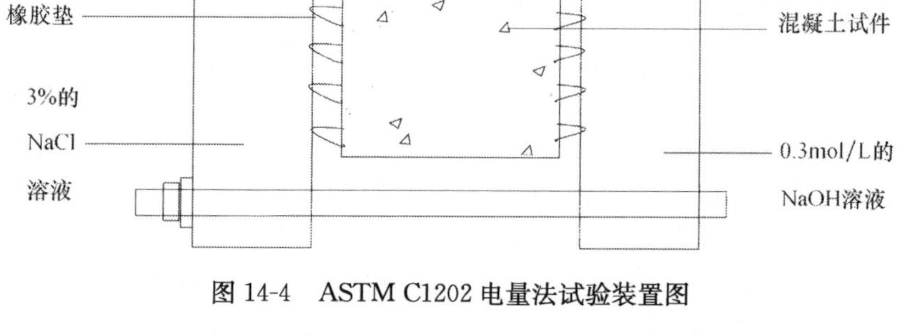

图 14-4　ASTM C1202 电量法试验装置图

⑥ 接通电源(保持试验槽中充满溶液)，施加(60±1)V 直流恒电压，并记录初始读数

I_0。开始时每隔5min记录一次电流值，当电流值变化不大时，每隔10min记录一次电流值；当电流变化很小时，每隔30min记录一次电流值，直至通电6h(电流值读数实际来自数字电压表，由于是1Ω电阻上的电压，电流与电压在数值上相等)。采用自动采集数据的测试装置时，记录电流的时间间隔设定为5～10min，自动采集电流装置时应具备自动计算电量的功能。电流测量值精确到±0.5mA。电通量试验如图14-5所示。

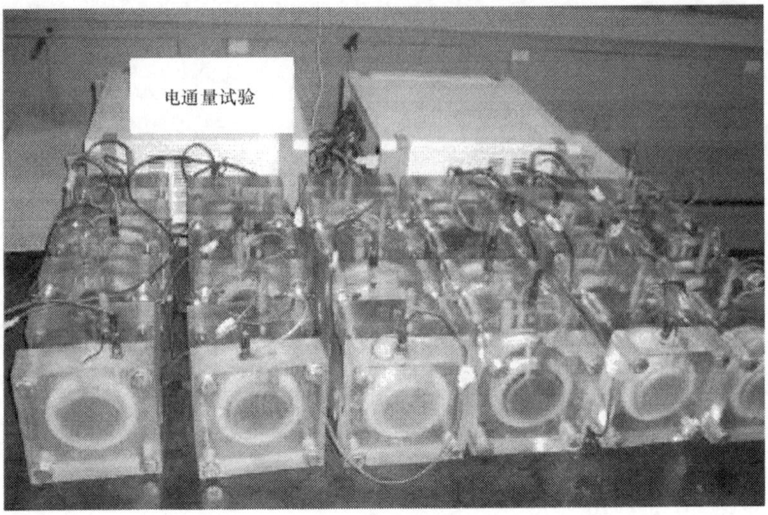

图14-5　电通量试验图

(3) 低碳混凝土具有良好的抗氯离子渗透性能，是因为活性剂和ECM水泥的掺入对低碳混凝土的孔径分布、孔的几何形状的改善有积极作用；活性剂激发ECM水泥的水化反应，能产生较多的C-S-H凝胶，而C-S-H凝胶会吸附一部分氯化物，并改善混凝土孔结构、堵塞扩散通道，造成氯离子扩散系数下降，从而库仑电量较低。ECM水泥掺量越大，阻挡和结合氯化物的能力越强，表现为氯离子扩散系数低，库仑电量小。

(4) 提高混凝土抗氯离子渗透的措施。

① 掺入外加剂(引气剂、减水剂等)。

② 合理选择水泥品种。

③ 减少水灰比。

④ 选择级配良好的集料。

⑤ 加强振捣、养护。

2. 低碳混凝土抗冻性

抗冻性是指混凝土在水饱和状态下能经受多次冻融循环作用而不被破坏的性能。在寒冷地区，混凝土受冻融循环破坏往往是导致混凝土劣化的主要因素。抗冻性可间接反映混凝土抵抗环境水浸入和抵抗冰晶压力的能力，因此，抗冻性常作为混凝土耐久性的指标。

混凝土中的冻害，是由于混凝土细孔中的水分受到冻结，伴随着这种相变，产生膨胀压力；剩余的水流到附近的孔隙和毛细管中，在水运动的过程中，产生液体压力；膨胀压力及液体压力使混凝土被破坏。这种现象称为混凝土的冻害。冻害的基本机理除了混凝土的组织膨胀劣化，表面层剥落与开裂等现象均会发生。

(1) 膨胀劣化。这是混凝土冻害的基本机理，是一般结构物均能见到的一种冻害现象。劣化基本原因是由于混凝土中水分冻结，水泥石的组织发生膨胀，初期时观察到裂纹发生，继续进行冻融时，混凝土的组织产生崩裂。混凝土由于冻融而产生的裂纹是龟甲状的。

(2) 表层剥离。由于混凝土表面受水分濡湿，潮湿部分由于膨胀劣化，出现表层剥落。在这种情况下，仅掺入引气剂是不行的，最重要的是降低水灰比和充分养护，使混凝土的结构致密。

(3) 由于使用了多孔质吸水率高的骨料，骨料中水分冻结膨胀，骨料表面砂浆剥离，这种现象称为崩裂。在这种情况下，即使掺入引气剂，也难以预防。

混凝土是由硬化水泥浆体和骨料组成的含毛细孔的复合材料。为了获得混凝土所必要的和易性，其拌和水量总要多于水泥水化所需的水量，那部分多余水便以游离水的形式滞留于混凝土中，形成占有一定体积的连通毛细孔，这些连通毛细孔就是导致混凝土遭受冻害的主要原因。

混凝土受冻融循环作用破坏的根本原因是水结冰产生约 9%的体积膨胀。如果混凝土中的孔完全充满水，这么大的膨胀足以使混凝土开裂破坏。理论上，当混凝土的饱和度小于 91%时，混凝土就不会受冻破坏。混凝土受冻时，粗孔中的水先结冰，在水结冰膨胀的推动下，孔中未结冰的水将向周围迁移，形成静水压力，这是冻融破坏的动力。当静水压力超过混凝土强度能承受的程度时，就会损坏混凝土。混凝土的饱和度越高，结冰速度越快，混凝土的静水压力和破坏力就会越大。实际上，由于水的不均匀分布，以及在静水压力作用下未结冰水并不能自由、快速地向周围迁移，混凝土的临界饱和度一般远小于 91%。但冻和融反复进行，致使混凝土承受疲劳作用而不断加重破坏。所以混凝土的抗冻性还和冻融循环次数有关。

混凝土在饱水状态下因冻融循环产生的破坏作用称为冻融破坏，混凝土的抗冻耐久性(简称抗冻性)是指饱水混凝土抵抗冻融循环作用的性能。抗冻性是混凝土耐久性最重要的指标之一。

混凝土处于饱水状态和冻融循环交替作用是混凝土发生冻融破坏的必要条件。水在混凝土毛细孔中结冰造成的冻胀开裂使混凝土的弹性模量、抗压强度等力学性能严重下降，对混凝土结构的安全运行构成极大的威胁。一般混凝土的冻融破坏，在其表面均可看到裂缝和剥蚀。

一般认为混凝土的冻融破坏是一个物理作用的过程。1945 年，Powers 提出了混凝土冻融破坏的静水压假说，此后又与 Helmuth 一起提出了渗透压假说。这两个假说结合在一起，较为成功地解释了混凝土冻融破坏的机理，为混凝土抗冻性的研究奠定了理论基础。

1) 静水压假说

混凝土是水泥浆体、粗细骨料和水的混合物，硬化混凝土中的孔隙有凝胶孔、毛细孔、空气泡等。各种孔隙之间的孔径差异很大，凝胶孔的孔径为 15～100Å；毛细孔孔径一般在 0.01～10μm，而且往往相互连通。空气泡是混凝土搅拌和振捣时自然吸入或掺加引气剂人为引入的，且一般呈封闭的球状。混凝土在水中时，毛细孔处于饱和状态，而空气泡内壁虽也吸附水分，但常压下很难达到饱和。由于孔隙表面张力的作用，不同孔径的孔内水的饱和蒸汽压和冰点不同，孔径越小，孔内水的饱和蒸汽压越小，冰点越低。当环境降低到－1～－1.9℃时，毛细孔中的水都能结冰，而凝胶孔中的水分子物理吸附于水泥浆固体表面，估计在－78℃以上不会结冰。因此，凝胶孔水实际是不可能结冰的，对混凝土抗冻性有害的孔隙只是毛细孔。

水转变为冰时体积膨胀9%，迫使未结冰的孔溶液从结冰区向外迁移，因此产生静水压力。显然，静水压力随孔隙水流长度的增加而增加，存在一个极限流程长度，如果孔隙水的流程长度大于该极限长度，则静水压力将超过混凝土的抗拉强度，从而造成混凝土的破坏。混凝土拌和时掺入引气剂后，空气泡直径达25～500μm，且不易吸水饱和。空气泡的存在使受压迫的空隙水可就近排入其中，缩短了空隙水的流程长度，减少了静水压力，从而使混凝土的抗冻性大大提高，这就是引气混凝土抗冻性远好于普通混凝土的原因。

Fagerlund 进一步用模型描述了 Powers 的静水压假说，其假定的静水压物理模型如图14-6所示。设两个空气泡之间的间距为 d，两空气泡之间的毛细孔吸水饱和并部分结冰，空气泡之间的某点 A 离一侧空气泡的距离为 x，由结冰生成的水压力为 p，则由达西定律，水的流量与水压力梯度成正比：

$$\frac{dv}{dt} = k\frac{dp}{dx} \tag{14-6}$$

式中，$\frac{dv}{dt}$——冰水混合物的流量；

$\frac{dp}{dx}$——水压力梯度；

k——冰水混合物通过部分结冰材料的渗透系数。

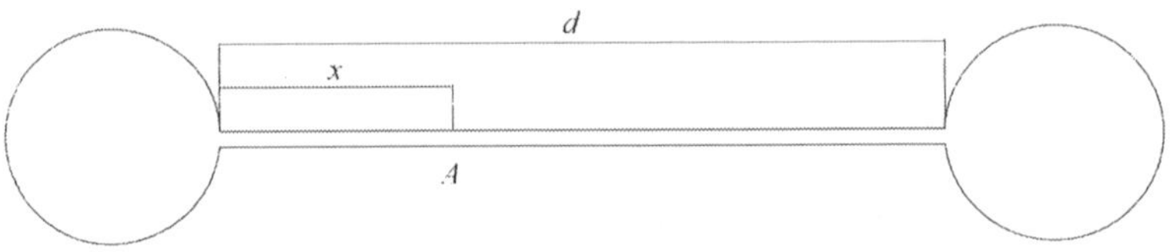

图14-6　静水压假说模型

冰水混合物的流量，即厚度为 x 的薄片混凝土中的单位时间内由于结冰产生的体积增量为

$$\frac{dv}{dt} = 0.09\frac{dw_f}{dt}\cdot x = 0.09\frac{dw_f}{d\theta}\cdot\frac{d\theta}{dt}\cdot x \tag{14-7}$$

式中，$\frac{dw_f}{dt}$——单位时间内的结冰量；

$\frac{dw_f}{d\theta}$——结冰速度，即温度每降低1℃，水结冰的增量；

$\frac{d\theta}{dt}$——降温的速度。

将式(14-7)代入式(14-6)积分得

$$p=\frac{0.09}{2k}\cdot\frac{\mathrm{d}w_{\mathrm{f}}}{\mathrm{d}\theta}\cdot\frac{\mathrm{d}\theta}{\mathrm{d}t}\cdot x^{2} \tag{14-8}$$

在厚度 d 的范围内，最大水压力在 $x=d/2$ 处：

$$P_{\max}=p\big|_{x=\frac{d}{2}}=\frac{0.09}{8k}\cdot\frac{\mathrm{d}w_{\mathrm{f}}}{\mathrm{d}\theta}\cdot\frac{\mathrm{d}\theta}{\mathrm{d}t}\cdot t^{2} \tag{14-9}$$

由式(14-9)可见，结冰产生的最大静水压力与材料的渗透系数 k 成反比，与空气泡间距 d 成正比，与降温速率 $\frac{d\theta}{dt}$ 及毛细孔水含量(与水灰比、水化程度有关)成正比，空气泡间距是影响混凝土抗冻性的重要参数。

2) 渗透压假说

静水压假说成功地解释了混凝土冻融过程中的很多现象，如引气剂的作用、结冰速度对抗冻的影响等，但却不能解释另外一些重要现象，如混凝土不仅被水的结冰所破坏，还会被一些冻结过程中体积并不膨胀的有机液体如苯、三氯甲烷的冻结所破坏；非引气浆体当温度保持不变时，出现连续的膨胀，引气浆体在冻结工程中的收缩等。为此，Powers 和 Helmuth 提出了渗透压假说，从另外一方面解释了混凝土的冻害机理。

渗透压假说认为，由于混凝土孔溶液含有 Na^{+}、K^{+}、Ca^{2+} 等盐类，大孔中的部分溶液先结冰后，未冻溶液中的盐的浓度上升，与周围较小空隙中的溶液之间形成浓度差。这个浓度差的存在使小孔中的溶液向已部分冻结的大孔迁移。即使是浓度为 0 的孔溶液，由于冰的饱和蒸汽压低于同温下水的饱和蒸汽压，小孔中的溶液也要向已部分冻结的大孔溶液迁移。可见，渗透压是孔溶液的盐浓度差和冰水饱和蒸汽压差共同形成的。

根据物理化学原理，水和冰两相间的渗透压为

$$P_{\mathrm{osm}}=RT\left(\frac{1}{V_{\mathrm{w}}}-\frac{1}{V_{\mathrm{i}}}\right)\ln\frac{P_{\mathrm{w}}}{P_{\mathrm{i}}} \tag{14-10}$$

式中，P_{osm}——渗透压；

R——气体常数；

T——绝对温度；

P_{w}、P_{i}——水和冰在温度 T 时的蒸汽压；

V_{w}、V_{i}——水和冰的摩尔体积。

实际中的渗透压要比式(14-10)计算复杂得多：渗透压不仅是冰水饱和蒸汽压差形成的，孔溶液的盐浓度差也形成渗透压；毛细孔的弧形界面张力抵消一部分渗透压；毛细孔水就近迁入未吸水饱和的空气泡，失水的毛细孔壁受到的压力也会抵消一部分渗透压，这种毛细孔压力不仅不使水泥石膨胀，还使其产生收缩，这就是当混凝土的水饱和度小于某个临界值时，冻结反而引起混凝土收缩的原因。

静水压和渗透压目前既不能由试验测定，也很难用物理化学公式准确计算。对静水压和渗透压哪个是冻融破坏的主要因素，很多学者有不同的见解。Powers 后来偏向渗透压假说，而 Fagerlund、Pigeon 等的研究结果却从不同侧面支持了静水压假说。一般认为，水灰比较大、强度较低以及龄期较短、水化程度较小的混凝土，静水压力破坏是主要的；而对水灰比较小、强度较高及含盐量大的环境下冻结的混凝土，渗透压可能起主要作用。

(1) 混凝土冻融的室内试验方法,国际上最有代表性的,并作为耐久性设计要求的有两大类。一类为快冻法,这是美国、日本、加拿大等国采用的方法,以美国 ASTM C666-92 为代表;另一类为慢冻法,以苏联 ROCT10060-76 为代表。

我国各部门的混凝土抗冻试验方法也主要是这两类。经国内各部门的多年实践总结,慢冻法的试验周期长、试验误差大、试验工作量大,而更主要的是以慢冻法为依据的抗冻指标,不能满足混凝土的耐久性要求,因此,目前水工、港工、铁道、公路、市政等部门及试验规程中,均把快冻法列为混凝土的抗冻试验标准,取消了慢冻法。

本书以快速冻融法为例。采用 100mm×100mm×400mm 的棱柱体试件,试件标养28天后,在温度 15~20℃的水中浸泡 4 天,浸泡时水面至少高出试件 200mm。测量前应将试件表面浮渣清洗干净,擦去表面积水。凡达到以下 3 种情况之一即可停止试验:①已达到 300 次循环;②动弹性模量下降到 60%以下;③重量损失率达 5%。相对动弹性模量、重量损失率、耐久性系数公式(14-11)~式(14-13)。

$$P = \frac{f_n^2}{f_0^2} \times 100\% \tag{14-11}$$

式中,P——经 N 次冻融循环后试件的相对动弹性模量,以 3 个试件的平均值计算;

f_n——N 次冻融循环后试件的横向基频,Hz;

f_0——冻融循环试验前测得的试件横向基频初始值,Hz。

$$\Delta W_n = \frac{G_0 - G_n}{G_0} \times 100\% \tag{14-12}$$

式中,ΔW_n——N 次冻融循环后试件的重量损失率,以 3 个试件的平均值计算,%;

G_0——冻融循环试验前的试件重量——kg;

G_n——N 次循环后的试件重量——kg。

$$K_n = \frac{P \times N}{300} \tag{14-13}$$

式中,K_n——混凝土耐久性系数;

P——经 N 次冻融循环后试件的相对动弹性模量;

N——达到上述 3 种情况之一时的冻融循环次数。

(2) 依据《水工混凝土试验规程》(DL/T515—2001) 进行了各配合比混凝土试件的抗冻性试验(图 14-7)。采用快速冻融试验机测定混凝土的抗冻性能,一次冻融循环历时3~4小时,降温和升温终了时,试件中心温度应分别控制在(−17±20)℃和(8±2)℃,试件中心和表面的温差小于 28℃。

① 在抗冻试模内成型件,3 个试件为一组,进行标准养护。试验龄期按 28 天计,到达龄期的前 4 天,将试件在(20±3)℃的水中浸泡 4 天。

② 将已浸水的试件擦去表面水后,称初始质量,测量初始自振频率。

③ 随后将试件装入试件盒中,按冻融介质要求,注入淡水,水面应浸没试件顶面 20mm。

④ 经过 50 次冻融循环对试件检测一次,测试时,小心将试件从盒中取出,冲洗干净,擦去表面水分,称量和测定自振频率,并做必要的外观描述。每次测试完毕后,应将试件调头重新装入试件盒,注入淡水,继续试验。在测试过程中应防止试件失水,待测试件须用湿布覆盖。

⑤ 出现下列情况之一者即可停止试验：冻融至预定的循环次数；相对动弹性模量下降至初始值的 60%；质量损失率达 5%。

混凝土抗冻试验机见图 14-7。

图 14-7　混凝土抗冻试验机

(3) 在相同的水胶比下，不同 ECM 水泥掺量的低碳混凝土的抗冻性能比基准混凝土高出约 20%，抗冻性能优于基准混凝土。低碳混凝土抗冻性得到改善主要表现在 3 个方面：①活性剂激发 ECM 水泥的火山灰效应，固定了 $Ca(OH)_2$，使之不致因浸析而扩大加速冰冻劣化的孔隙；②ECM 水泥的形态效应使低碳混凝土拌和物的用水量减少，明显有利于减少混凝土内部孔隙和毛细孔；③ECM 水泥的微集料效应可使结构更密实，并使孔隙细化有助于微细气孔分布均匀。

(4) 提高混凝土抗冻性的措施。

① 掺入外加剂(引气剂、减水剂、防冻剂等)。

② 选择级配良好的集料。

③ 加强振捣、养护。

14.3　低碳混凝土在高速公路服务区的应用

14.3.1　工程概况

青兰高速属于国家高速公路网规划的一条东西横向线(图 14-8)。编号为 G22。青兰高速青岛—兰州：青岛—莱芜—泰安—聊城—邯郸—长治—临汾—富川—庆阳—平凉—定西—兰州。邯郸至涉县段是其中的重要组成部分。邯涉服务区是该线上所设置的服务区之一，位于涉县，在邯涉高速公路主线 K58＋900～K60＋000 处。服务区分设于高速公路东西两侧，内设综合楼、加油站、修理间和配电房泵房等七个单体建筑。

图 14-8　青兰高速公路

14.3.2　低碳混凝土配合比

路面混凝土配合比设计是根据设计弯拉强度、耐久性、工作性能要求和经济合理的原则，通过试验确定低碳混凝土各成分的配合比例（表 14-10）。配合比设计的主要任务是选择好水胶比、砂率和活性剂掺量这三个参数。

表 14-10　低碳混凝土各成分配合比

水胶比/(W/C)	水/(kg/m³)	水泥/(kg/m³)	ECM 水泥/(kg/m³)	替代率/%	砂率/%	砂子/(kg/m³)	石料/(kg/m³)	活性剂/kg
0.40	157	196.5	196.5	50	34	646	1254	31

14.3.3　工程施工

（1）施工准备。恢复中线，检测基层标高；原材料试验和混凝土配合比报批；拌和楼和摊铺机设备的调试；检验校核计量系统；在线外进行试拌试铺。

（2）每道工序、每个路段开铺有开工申请报告、开工通知。

（3）铺前清理场地，洒水润湿基层。

（4）混凝土拌和。混凝土的拌和除要控制好配合比，主要控制拌和时间和拌和物的坍落度、稠度及外掺剂的掺量。配合比的控制是通过电子配料秤称量进行的，如无特殊情况，不能采用手动控制，以减小计量误差。拌和时间控制在 35～40s 为佳，坍落度、稠度通过测定砂和碎石材料的含水量、外掺剂中的含水量，设定施工配合比的用水量进行控制，坍落度控制在 1.8～2.5cm 为佳。另外，当现场气温大于 35℃或雨天时不宜拌和。

（5）混凝土运输。混凝土采用自卸车运输，在运输过程中应不漏浆、不离析、不变干，并严禁淋雨。混凝土拌和料从出料至浇注完毕的时间，应控制在允许的最长时间（初凝前 30min）以内。

（6）混凝土路面摊铺。混凝土路面摊铺采用滑模式摊铺机施工，摊铺能力为 0～2m/min，宽度在 6m 内可调，厚度在 30cm 内可调，用导线自动找平和导向。机组配套完整、摊铺均匀，具有均匀布料、振捣、压实、做面修整找平、放置传力杆、不塌边等功能。一旦开始摊铺，未到预定长度时不宜停机。

(7) 施工缝、接缝的处理。第 1 次摊铺时，摊铺机布料摊铺在施工缝位置后 1m 处开始，向前摊铺离开施工缝位置后，安装封头模板、传力杆钢筋及角隅边板，将余料挖去调往摊铺机前重新摊铺。非第 1 次施工接缝的处理，将摊铺机尽量靠近已施工的板端约 1.5m 处开始摊铺，摊铺机向前行进后安装模板，用人工将该部分留空补上，人工振捣，人工做面整修。

(8) 边缘 10cm 整修及表面拉毛。采用滑模摊铺时，距边缘 10cm 范围需配以人工整修找平，方法是用铝合金板条压边，人工批荡，板条压边的连续长度应不小于 15m 且安置顺直，板条顶面通过拉通线或全跨横断面直尺控制高程及平整度、顺直度。

经过摊铺机整修表面和人工整修边缘后，根据气候、温度、稠度等实际情况，一般在混凝土初凝至终凝进行拉毛处理，要求纹理顺直、走向与板边垂直，均匀、表面无波纹现象。

(9) 切割与胀缝设置。路面缩缝切割采用软切割和硬切割两种方式，每隔三条缩缝软切割 1 条，中间三条缩缝采用硬切割，缩缝切割按图纸的规定进行，顺直度最大偏差不大于 10mm，任何 1m 边缘的剥落长度不大于 300mm。

(10) 该合同段采用先湿养 1～2 天，待缩缝切割完成后，再覆盖薄膜养护，养生期间严禁车辆通行。纵缝切割及填缝。整幅浇注或分车道浇注的混凝土路面均采用切缝机切割纵缝，缩缝、胀缝或纵缝采用业主指定的填缝料和方法施工。

14.3.4　小结

低碳混凝土应用于高速公路服务区，其和易性、流动性得到了改善；到龄期的混凝土抗折强度合格。施工现场如图 14-9 所示。

图 14-9　施工现场图

14.4　低碳混凝土应用于成峰公路改建工程

14.4.1　工程概况

成峰公路成安至107国道改建是邯郸市为提高成峰工业走廊沿线各种生产要素和物质资源高效组合、利用的先期配套工程。项目全长23.2km，设计建设标准为双向四车道一级公路，估算总投资22640万元。先期实施的商城工业园区至107国道段全长8.7km，其中成安段长1.1km，磁县段长3.7km，马头工业园区段长3.9km。起于成安县商城西，向西经北豆公、中华大街、小马庄、辛庄营，在辛庄营村西跨越滏阳河后，终于107国道杏园互通。如图14-10和图14-11所示。

图14-10　成峰公路全貌图

图14-11　成峰公路实况图

14.4.2　低碳混凝土配合比

低碳混凝土应用于成峰公路改建项目路缘石部分。施工工艺为滑模施工。

滑模摊铺混凝土配合比设计首先要满足工作性的要求，其次是力学性能，再次是耐久性，最后考虑经济性。

1）工作性

滑模摊铺由于连续摊铺、快速推进、长距离运输等特点，特别强调混凝土的工作性能，它关系到滑模摊铺的成败，这也是滑模摊铺混凝土异于普能混凝土的特殊要求。滑模摊铺对水泥混凝土工作性能要求如下。

滑模摊铺路面时，水泥混凝土必须振捣密实，禁止出现蜂窝麻面，所以新拌水泥混凝土有一个最大振动黏度系数和最小坍落度要求。

水泥混凝土保证滑模摊铺机能连续稳定地摊铺，保证路面易于成型，不出现塌边流角现象，因此新拌水泥混凝土有一个最小振动黏度系数和最大坍落度要求。

实践表明，不同气温、风力、运距和等待时间对坍落度的要求不一样，不同类型的滑模摊铺机对坍落度的要求也不一样，室外摊铺施工的坍落度应该比室内试配的大12cm。

2）力学性能

路缘石设计抗压强度 30MPa 以上，配合比按抗压强度进行设计。根据保证率 85%的要求，设计强度提高系数采用 1.13，即试配强度为 33.9MPa。

3）耐久性

耐久性包括耐磨性和抗冻性两个指标。我国南方属亚热带气候，霜期短，一般不考虑抗冻性。配合比设计重点考虑耐磨性，借鉴国内外已取得的成果，为保证混凝土路面有足够的耐磨性，应重点控制砂率、砂的细度模数、ECM 水泥的掺量和混凝土的含气量。

4）经济性

在保证混凝土的工作性、力学性和耐久性的条件下，尽量节约工程费用。费用节省的有效方法是减少每方混凝土中的水泥，有以下 4 种途径：一是以粉煤灰代替部分水泥；二是掺入外加剂，降低混凝土容重和用水量；三是在满足摊铺机对滑料最大径要求的前提下，可采用合理的集料级配；四是在保证混凝土工作性的条件下尽量降低砂率。

低碳混凝土配合比设计是根据设计抗压强度、耐久性、工作性能要求和经济合理的原则，通过试验确定低碳混凝土各成分的配合比例（表 14-11）。配合比设计的主要任务是选择好水胶比、ECM 水泥替代率和两种不同活性剂掺量这 4 个参数。

表 14-11　低碳混凝土施工配合比　（单位：kg/m^3）

水胶比(W/C)	水	水泥	ECM 水泥	砂子	石料	三乙醇胺	Na_2SO_4
0.53	157	188.5	188.5	638	1185	1.1	3.3

14.4.3　工程施工

路缘石是路面边缘与其他构造物分界处的标石，不仅具有拦截汇集路面雨水和美化路容的作用，同时对路面边缘起到良好的保护作用。滑模摊铺机摊铺路缘石在公路施工中属先进施工工艺，虽然铺筑的路缘石在外观上有不尽如人意之处，但它能够提高路缘石内在的施工质量，加快施工进度，节省人力物力，经济效益也不错，所以应大力推广应用滑模摊铺机摊铺路缘石。滑模施工工艺流程如图 14-12 所示。

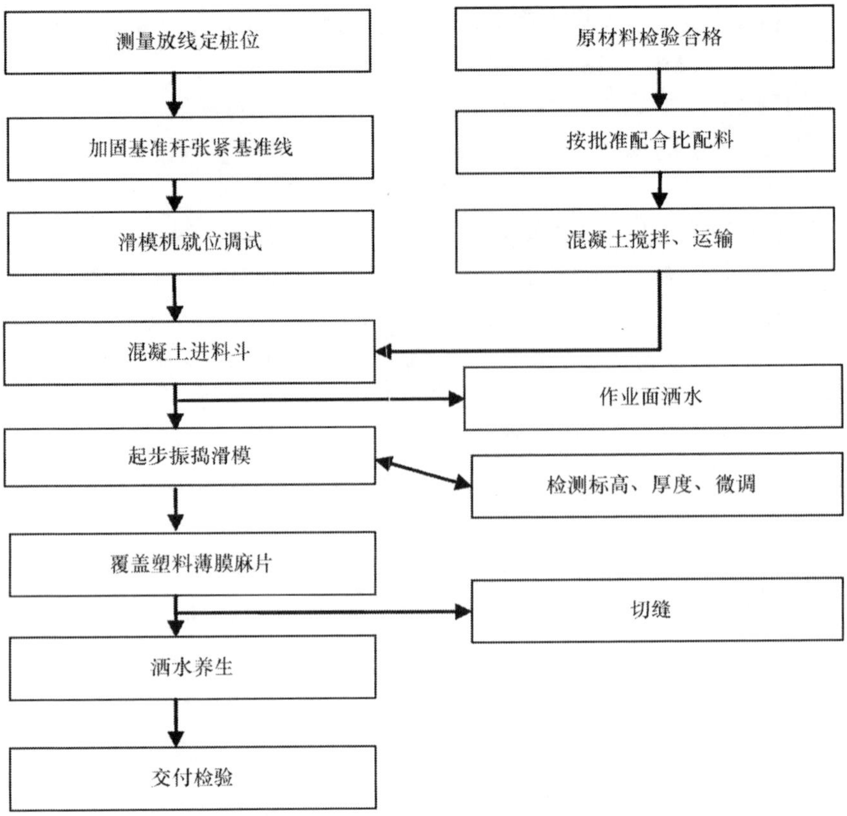

图 14-12　滑模施工工艺流程图

1. 施工质量控制和注意事项

1）低碳混凝土搅拌和运输

（1）搅拌注意事项。

混凝土的搅拌质量直接影响路缘石的滑模质量，因此，要指定专人在现场负责配料的过磅、加水和 ECM 水泥掺加，严格按配合比进行搅拌，不合格的混凝土不许出场。固定专人操作搅拌机，力求每盘混凝土坍落度保持一致。要经常抽查坍落度，依气候和运输距离适时调整施工配合比。中央分隔带路缘石用混凝土，必须使用强制式搅拌机拌和。使用滚筒式搅拌机，因坍落度小，存在出料不畅、搅拌时间长的现象。滚筒式搅拌机可用于侧缘石混凝土拌和，以刚能够顺畅出料为宜。

（2）运输注意事项。

混凝土运输路程不能太长，以 5km 为宜，最长不超过 8km。如运输路程太长，则要另设拌和场地。避免混凝土发生离析和因天气炎热使坍落度发生变化。上料前应检查混凝土状况，不合格的坚决不能用。大于标准坍落度的混凝土容易造成路缘石沉陷变形，表面起泡；小于标准则会下料振捣困难，需提起模具进行清理，影响进度与质量。运输路程长且可使用的混凝土，上料前必须派人用铁锹从下向上翻拌，以防因坍落度不同，影响滑模施工质量。

2) 测量放桩、架设基准绳

(1) 测量放桩。测量放桩间隔：直道每 10m 一桩、弯道每 5m 一桩，在匝道上桩位应加密，每 2.5m 一桩。保证路缘石和侧缘石的纵向线性流畅美观。

(2) 基准杆制作。滑膜机用基准杆与沥青混凝土摊铺机用基准杆略有不同。因滑模摊铺机纵向传感器和水平传感器共用一根基准绳，纵探测杆和水平测杆要成一交角，基准绳必须卡在基准杆横杆的端头上，稍做加工可通用。

用 φ20、长 85cm 圆钢或钢钎，φ16、长 35cm 的圆钢制作成纵向和横向可自由调整位置的基准杆。为防止纵向探测杆在滑行中卡住，横杆端头下部要打磨成斜面。为防止基准绳从卡口处脱落，要用细铁丝加固，为避免铁丝将水平探测杆抬起引起水平高度变化，需驾驶员在前后水平探测杆越过基准杆的瞬间，将水平传感器控制开关由自动拨为手动，越过后再恢复到自动位置。

3)基准绳位置

基准杆用大锤加固好，先将基准绳在地面张紧到一定程度，再搭放到基准杆横杆端头卡口上。放上横杆再张紧易引起横杆摆动。

基准杆加固在距模具 50～75cm 的位置，基准绳距模具前后端水平 20～30cm，前后一致，这样有利于滑模机就位调试。基准绳长 100m，施工前应架设 300m 的基准绳。

2. 检测控制

1)施工前检测

施工前要检查基准杆是否加固好，基准绳在横杆端头有无松动、偏位。检测基准绳张紧度。目测水平和纵向线性是否平滑，如个别桩位有问题，可适当调整。滑模机靠线就位，水平和纵向传感器拨在自动位置，灵敏度开关拨向高位(作业时拨向低位)。检测路缘石顶面高程、依据桩位(铁钉)检测路缘石模具位置。如有问题，可通过传感器支架上的螺旋摇把进行调节。检测模具前后端距作业面距离，模具前端比后端要抬高 1cm，保证工作仰角，防止模具前端切入工作面无法作业。

2)施工中检测

施工过程中的检测是非常重要的。每过一个桩位就要检测路缘石顶面高程或直接检测路缘石内侧顶面距沥青路面的高度，这个高度就是沥青路面面层的厚度，误差控制在 ±5mm。检测基准绳距模具的水平距离，如有偏差要及时调整。

滑模施工中的最大难度就是路缘石和侧缘石的水平线性和高程的控制。控制得不好，易形成波浪状，也会给沥青路面施工带来问题，很难使路缘石、侧缘石内侧厚度与沥青上面层顶平顺相接，尤其是侧缘石顶面高于沥青路面的上面层时，会妨碍道路出水。水平线性控制好坏与混凝土的坍落度、和易性、驾驶员操作水平、起步能否平稳、行走速度是否均匀、振捣强度是否合适、上料是否连续等因素有关，施工中应给予足够重视。

沥青路面摊铺上面层时，也应重视与路缘石的平顺相接，先用小型压路机沿路缘石内侧碾压一遍，可防止将沥青混合料向路缘石一侧挤压，使其厚度高于路缘石内侧，影响路面质量与美观。

3. 接缝处理

施工结束时，要做好接缝处理。将路缘石、侧缘石端头向内 0.5～1m 切成斜坡状，防止混凝土向外坍落发生裂缝。开工前沿横截面与滑模方向成直角切割，以保证其截面完整。滑模前模具后段应靠近端头，先进行振捣，待混凝土与其充分相接后再起步行走。

4. 修整、养生、切缝

滑出路缘石、侧缘石后，要有专人进行修整，需配备 6m 长铝合金直尺，修整纵向线性；用夹板修整水平线性，保证线性流畅。

当天施工的路缘石、侧缘石要用塑料薄膜或麻袋片覆盖养生。次日掀开切缝，每 5m 切割一道诱导缝，宽度为刀片厚度，深度为路缘石高度的 2/3；每 15m 切割一道涨缝，宽度为 1cm，深度切透，后期填充马蹄脂和麻絮。切割后要清理干净现场，以保证沥青路面层与层的黏接。洒水养生每天 4～6 次，养生 7 天。洒水车除养生，还要在开工前给滑模机加水，作业结束后要及时冲洗和清理料斗内和输送皮带上残留的混凝土。滑模施工如图 14-13 所示。

图 14-13　滑模施工图

14.4.4　小结

通过试验工程检测，选择合适的配合比，低碳混凝土各项性能指标均满足质量要求，因此将其用于道路工程建设是完全可行的。

低碳混凝土的施工工艺与普通混凝土基本相同，可以采用一般混凝土的生产设备，但在施工工艺控制中要注意以下几点。

(1) 要保证搅拌的均匀性。

(2) 低碳混凝土拌和物由于 ECM 水泥密度下，过振会造成混凝土表面形成浮浆层，严重影响混凝土层间质量，振捣不足会使混凝土形成蜂窝麻面，不密实，因此，应严格控制现场混凝土的振捣时间。

(3) 低碳混凝土对于早期养护比较敏感，如不注意，易发生裂缝、脱粉等表面质量问题，一经浇注应及时覆盖，保持湿润。养护时间较普通混凝土长，暴露面的潮湿养护时间不得少于 14 天，干燥或炎热气候条件下的潮湿养护时间，不得少于 21 天。

低碳混凝土集高环保、低排放量、高强、高抗渗、高耐久性等优越性能于一身，它的某些性能是普通硅酸盐水泥混凝土难以达到的。其施工工艺与普通混凝土基本相同，既可以用来生产预制构件，也可以用于现浇工程，具有普通混凝土的万能性，应用现有的施工方法和施工机具便可施工，推广应用较为方便。

低碳混凝土中掺入一定量的矿物副产品，从根本上充分发挥矿物副产品对混凝土的技术优势。在满足结构功能要求的前提下，加大矿物副产品具有显著的意义，不仅能减少对环境的污染、提高环境资源利用率，还能有利于人类的健康，还能明显改善混凝土性能，建造具有几百年乃至上千年使用寿命的混凝土建筑。具有明显的经济效益和社会意义。

参考文献

李健，白明杰. 2006. 激发剂在中低强度混凝土中的应用. 混凝土，(4)：86-88.

宋少民，李红辉，邢峰. 2008. 大掺量粉煤灰混凝土抵抗碳化合钢筋锈蚀研究. 武汉理工大学学报，30：38-42.

孙永军，杨慧，张振，等. 2009. 矿物掺合料混凝土在水利工程中的应用. 低温建筑技术，(2)：81-83.

于奎峰，韩玉海，姜福香，等. 2009. 双掺高性能混凝土配合比试验研究. 铁道建筑，(5)：116-119.

Mindess S，Young J F，Darwin D. 混凝土. 北京：化学工业出版社：195-212.

第 15 章　海洋疏浚泥陶粒水泥混凝土

15.1 引　　言

15.1.1　国内外研究现状

随着我国改革开放和沿海经济的快速发展,港口、航道、海洋和海岸工程的建设和维护项目迅速增长和深水化,疏浚工程得到了迅猛发展。疏浚泥的海洋倾倒对倾倒区海域的环境产生了很大的负面影响,这些影响大多都是长期的,而且是很难通过人为努力弥补的。

疏浚泥利用的有效办法主要是将疏浚泥转化为填海工程和建筑材料的原材料进行再利用。开发疏浚泥综合利用技术是国内外的热点。通过这些技术的推广和应用,在创造经济价值的同时,将使大量疏浚泥“上岸”,在陆地上消化处理,还海洋一片纯净。

疏浚泥烧结(烧胀)陶粒是一种热处理技术,使用该技术可以使疏浚泥替代陆地黏土为原料生产陶粒,这在陆地黏土资源日益短缺的背景下,是建材行业取材的一条出路。

现有陶粒多采用页岩和黏土,烧制页岩陶粒破坏环境,烧制黏土陶粒减少耕地,都不符合建材绿色化的发展趋势,疏浚泥陶粒一方面可以减小开采页岩和黏土造成的陆地环境破坏和疏浚泥异位倾倒带来的海洋环境污染,另一方面可为滨海和近海地区的建设开辟水工材料和建筑材料的新途径。实现海洋工程废弃物资源化利用,符合环境友好、节能、绿色的建筑材料发展趋势。疏浚泥陶粒因其环保效应和良好的市场方兴未艾,我国南海、东海、黄海和渤海海域均已经展开疏浚泥陶粒烧制研究和生产。

汶川地震发生后,国家和市场更加希望高强轻质的建筑材料的出现与应用,无疑使疏浚泥陶粒的发展前景更加广阔,目前很多省市的建设科技部门对疏浚泥陶粒的应用给予了更多的关注与支持。将疏浚泥陶粒应用于公路工程,不但可以大量消耗疏浚泥,同时能够为路面带来些优异的性能。

疏浚泥陶粒用于水泥混凝土、沥青混凝土、基层、房屋建筑和桥梁将会在以下性能中体现其优点。碱骨料反应小、抗渗性能好、噪声小、自重轻、弹性模量低、在拌和过程中产生的灰尘较少,环保节能。在基层中,对混合料的这种干燥收缩性能会起到一定的补偿作用,阻止裂纹产生,而且对其抗冻性能也有一定的提高。此外,无机结合料稳定陶石混合料弹性模量低,对面层变形适应性较强。陶粒水泥混凝土由于自重轻在房建与桥梁的抗震方面优势也很明显。

15.1.2　国内外陶粒水泥混凝土工程应用

陶粒混凝土的工程应用开发一直是国内外学者的应用热点。1968 年在英国伦敦召开了第一届国际陶粒混凝土会议。70 年代初陶粒混凝土的发展出现了两种倾向:一是用于结构混凝土，也就是用于加筋量很大的承重混凝土，甚至用于预应力的混凝土；第二是用于生产混凝土制品，包括砌块、肋间空心混凝土填充块、隔墙、屋面板、外墙挂板等。国外高强陶粒混凝土主要应用于高层建筑、桥梁和预应力结构。美国、前苏联、德国等用于结构的陶粒混凝土比例占 30％～35％。

混合骨料混凝土，也称特定密度混凝土，是在普通混凝土与轻骨料混凝土发展的基础上应运而生的一种过渡性混凝土，是以轻骨料代替部分普通粗、细骨料，体积密度在 1950～2200kg/m^3、强度在 40～80MPa 的中高强度的混凝土。

20 世纪 60 年代初，德国首先将混合骨料混凝土用在预应力轻骨料混凝土桥梁上，最初是为了改善轻骨料混凝土弹性模量低和预应力梁式桥端部的局部受压状态。德国首创的这个经验，大大提高了大跨径桥梁的科学性、安全性和经济性。此后，在荷兰、挪威等地大量建造的用悬臂法施工轻骨料混凝土箱梁桥，都在其支座附近的桥梁端部使用了特定密度混凝土。

日本采用高强陶粒配制混合骨料混凝土，在相同配合比下，抗折强度和抗压强度以及折压比和拉压比都与碎石混凝土相当。采用这种混凝土制作了日本第二著名高速公路侧道桥的 21.3m 预制先张法 PC 空心板梁，荷载挠度曲线形状与同强度的碎石混凝土梁基本一致。

混合骨料混凝土在海工建筑中也有广泛应用。海工建筑的主要特点是现场施工困难，只能在岸上或近海预制，然后将其运输到海上，靠海船拖拽到现场，结构浮力是主要矛盾，用轻骨料混凝土或混合骨料混凝土当然是最佳方案。典型的工程实例有加拿大建造的 Tarsiut 护岛沉箱，是一座地处北极的结构，四个 69m×15m×11m 巨大预应力混凝土沉箱先在船坞中建造，用驳船拖引，最后建造在距海岸 40km 处疏浚平坦的沙垫层上；Heidrun TLP 浮体石油平台，整个 65 700m^3 的壳体全部采用最大密度为 2000kg/m^3 的高强轻骨料混凝土，这个结构物在挪威建好后拖到北海 345m 深的海上油田使用，FIP 评委会特别推荐授予其为土木工程结构中突出贡献的结构；Hibernia 石油平台，是美孚石油公司在 Hibernia 沿海油田修建的重力结构。为了增加这个北美最大的浮体结构的漂浮性，轻骨料替代了所用高强混凝土中 50％的普通粗骨料混凝土，密度减少 2170kg/m^3；TrollOil 和 TrollWestGBS 石油平台，位于挪威北海海域，前者为漂浮式，后者为世界上最大的重力基式结构。分别使用了 20 000m^3 和 60 000m^3 体积密度为 2250kg/m^3 的 75MPa 级“特定密度混凝土”，所用轻骨料为 4～12mm 的 Leca800。以 25％～50％的 Leca800 代替普通骨料配制 50MPa 级的混凝土，混凝土的密度可以降低 100～200kg/m^3，28 天强度在置换量为 25％时基本不变，在置换量为 50％时下降 8MPa，这一下降可以通过降低水胶比弥补。

我国进入 21 世纪后在已有道路、桥梁主体结构和桥面铺装上也对陶粒混凝土做了初步尝试。广州在立交桥的引桥的桥面使用了页岩陶粒沥青混凝土，用于桥面的修补。台湾展开了页岩陶粒沥青混凝土的性能研究。这些尝试取得了一定的成绩，为我国进一步将陶粒应用于公路工程中开辟了先河。

综上所述，在国际上，陶粒混凝土和混合骨料混凝土已经在结构混凝土中广泛应用，取得了很多宝贵的经验。需要说明的是，无论在国内还是在国外，还没有使用疏浚泥陶粒作为陶粒的研究和实践工作。另外一点，国外虽然将混合骨料混凝土应用到了具体的工程上，但是关于这方面的理论研究还不够系统和深入。因此，本研究将海洋疏浚泥陶粒应用于公路工程中，在国内外属于首次。不但如此，本文将疏浚泥陶粒广泛应用于公路工程的水泥混凝土面层、沥青混凝土面层、二灰稳定粒料基层、水泥稳定粒料基层以及桥梁工程、房建工程的混凝土中，这种陶粒广泛应用于公路工程多领域在国内外也是首开先河。

15.1.3 陶粒水泥混凝土的力学性能

对于混合骨料混凝土力学性能的研究，A. Hol 和 P. Ries 研究认为：混合骨料混凝土随着普通粗骨料含量的提高，其体积密度也随之增长，混凝土的弹性模量也随之增加，但对其抗压强度却影响不大。同时他们还指出，在其表观密度较高时，劈拉强度略有提高。我国学者袁杰、张宝生等也对不同比例的页岩陶粒和碎石混凝土的基本力学性能进行了研究，结果表明随着粗骨料中碎石比例的增大，混合骨料混凝土的立方体抗压强度、轴压强度、劈拉强度逐渐提高，弹性模量与干表观密度也逐渐增大，破坏形式也由延性破坏逐渐转变为脆性破坏。祁景玉等采用了混合型骨料的配料方案，即不但以部分碎石取代陶粒，形成混合型粗骨料，而且同时以部分矿渣和粉煤灰取代工程砂，形成混合型细骨料，成功研制了低体积密度、高性能的轻骨料混凝土。试验研究表明，向其中加入碎石可抵御微裂纹的扩展；加入陶粒可明显改善骨料与砂浆界面的黏结强度；加入矿渣和粉煤灰，则可使混凝土孔隙率下降、强度增长。田耀刚对混合骨料混凝土的物理力学性能进行了研究，结论证明随着粗骨料中轻骨料所占比例的增加，硬化混凝土的 28 天抗压和抗拉强度有减小趋势，但是在轻骨料约占粗骨料体积的 50％时混凝土的抗压强度出现了极大值。计亦奇等采用最大粒径为 16mm 的圆球形页岩陶粒和石子的复合骨料取代普通碎石骨料配制高强高性能混凝土，试验结果表明当陶粒取代量小于 50％时，混凝土的强度基本不变，甚至略有增加，而且混凝土的比强度在 50％左右也是比较高的。张宝生等也分别对水灰比为 0.29 和 0.45 的混合骨料混凝土力学性能进行了试验研究，结果表明当水灰比为 0.29 时，轻骨料占粗骨料体积的 50％时比强度最高；水灰比为 0.45 时，则轻骨料占粗骨料体积的 25％时比强度最高，可见水灰比大小不同的情况下，轻骨料在混合骨料中的体积含量对混凝土力学性能的影响规律还不相同。

中外学者的研究表明：轻骨料与碎石以不同体积比配制的混合骨料混凝土，其力学性能的影响规律还不清晰，并且与陶粒的种类有较大关系。对于疏浚泥陶粒，混合骨料混凝土的材料配比与其力学性能的关系需要深入研究和探讨。

15.1.4 陶粒水泥混凝土的体积变形性能

高强高性能混凝土大多是采用低水灰比（$W/C<0.40$）、高胶凝材料用量，掺用活性矿物掺和料和高效减水剂配制而成。因此导致高强高性能混凝土的收缩性能，尤其是自收缩，与普通混凝土有较大差别。一般认为，高强高性能混凝土的早期自收缩大，其产生的原因主要是自干燥。自收缩引起混凝土早期开裂，最终造成混凝土的强度和耐久性下降，已成为当今混凝土工程一大通病，严重影响了混凝土结构的安全性和使用寿命。为了抑制高性能混凝土的自收缩，除了从水泥、掺和料和外加剂入手，国内外很多学者还从骨

料入手，通过利用轻骨料吸收和释放水分，可以在混凝土硬化早期为硬化混凝土提供良好的内部湿养护环境，改善低水胶比时的混凝土早期收缩和开裂的倾向。

Arnon、Bentur 分别用饱和面干轻骨料(SSD)和预湿 30min 的轻骨料(AD)替代所有普通骨料(包括粗骨料和细骨料)体积的 25％配制了两种混合骨料混凝土，研究表明掺加 25％AD 的混凝土几乎和未掺加轻骨料的混凝土同时开始发生自收缩，可见 AD 中储存的水分不足以减少自收缩，而掺加 25％SSD 的混凝土则没有自收缩现象。Kovler 利用孔隙率 50％，粒径只有几毫米，容重在 50kg/m^3 以下的预湿轻骨料部分代替普通骨料掺入高强混凝土中，通过发挥其在混凝土内部的自养护作用减小高强混凝土的自收缩，结果表明用以上预湿轻骨料掺入水灰比为 0.25 的混凝土中可以完全消除自收缩且对强度的影响。计亦奇等采用骨料复合的改性措施抑制混凝土的自收缩。研究结果表明，采用陶粒与石子的复合骨料取代普通骨料后，能够显著减少其自收缩，使体积稳定性大大改善。宋培晶、丁建彤等也对混合骨料混凝土的收缩性能进行了研究试验，采用中、高吸水率轻骨料与低吸水率轻骨料混合的方法，可在不增加混凝土密度的前提下，减小高强轻骨料混凝土的早期收缩；以刚度较大的石子替代部分轻骨料，则高强轻骨料混凝土的收缩随着石子替代量的增加而减小，且这种趋势随龄期的增加而变得明显，不过另一方面石子吸水率低，蓄水能力差，对浆体收缩的补偿作用小，所以当石子替代量大于 70％后，收缩不再呈减小趋势。

由于预湿轻骨料的蓄水作用，人们多用它取代部分普通骨料补偿混凝土的收缩，但是另一方面轻骨料的刚度较小，对收缩的抑制作用较弱，这两方面的综合作用将会怎样影响混合骨料混凝土的收缩变形，目前的研究还不清楚，特别是对于疏浚泥陶粒混合骨料的级配、体积比、轻骨料的吸水率和预湿程度与混凝土早期自收缩和开裂的关系，是需要深入研究探讨的课题。

15.1.5　陶粒水泥混凝土的耐久性

对于混凝土结构甚至是高强混凝土结构的耐久性能方面，在远没有达到预期使用寿命前就发生破坏现象，因此混凝土的耐久性问题日渐成为关注的热点。国内外关于普通混凝土和轻骨料混凝土的抗渗性和抗冻性已经研究了很多，但对于混合骨料混凝土的研究还很少。

混凝土的抗渗性是和耐久性密切相关的一种重要性能，几乎所有的混凝土耐久性破坏都以水为反应物或媒介，抗渗性能优劣体现出混凝土自身抵抗水分侵入的能力。Holm、Newman 等将陶粒混凝土的抗渗性归因于陶粒与水泥石之间优良的界面结构、整体更加均质以及弹性变形更加协调一致。Nishi 认为，在陶粒周围包裹有一层结构致密的水泥石是陶粒混凝土具备高抗渗性能的主要原因。王发洲采用 ASTMC 1202—97 快速氯离子渗透试验方法与溶液气压法研究了混凝土的抗渗性。结果表明，在相同强度等级条件下，高性能陶粒混凝土具有较低的渗透性。宋宏伟利用工级粉煤灰与硅灰取代水泥，配制出陶粒混凝土，其抗渗性能达到 P32 以上，氯离子渗透性很低甚至可忽略不计。蒋明采用压力渗水法的研究结果表明，在掺加硅灰后，陶粒混凝土的抗渗标号可达 P40，水渗透深度只有 3～5cm。

大量工程实际也证实,陶粒混凝土具有良好的抗钢筋锈蚀能力。美国将二战时期采用陶粒混凝土建造的西尔玛号运油船停放于得克萨斯州的海水中 30 年,后又沉入海底,以考察陶粒混凝土的抗侵蚀能力。20 世纪 80 年代的检测结果表明,尽管这艘 1919 年建造的船只已经历了 70 年的海水作用,且最小钢筋保护层厚度只有 15mm,但打开后未见钢筋有锈斑。而取芯测试结果表明,陶粒混凝土的抗压强度甚至还增加了一倍以上,可见,陶粒混凝土的抗侵蚀能力是非常好的。

对于轻骨料混凝土的抗冻性,国内外已通过大量的研究证明轻骨料的多孔性起到引气剂的作用,使混凝土抗冻性提高。陶粒混凝土的抗冻性与普通混凝土相比并不逊色,很多轻骨料混凝土的抗冻性能优于普通混凝土。关于混合骨料混凝土的抗冻性,D. Joz 采用预湿轻细骨料部分取代普通细骨料的办法提高高性能混凝土在除冰盐环境下由冻融循环而造成的表面剥落现象。研究表明,用粒径 2～4mm 的预湿轻细骨料取代 50％体积的普通砂可以和掺加引气剂取得同样好的抗表面剥落性,且比掺加引气剂具有更好的经济性和易控制性。但是应该指出,掺轻细骨料会使混凝土的弹性模量有所降低。橘大介对采用 24h 吸水率为 5.7％的高强陶粒配制混凝土的研究表明,300 次冻融循环后,质量损失在±0.5％的抗冻性良好。曹诚采用快冻法测试了上海申威陶粒混凝土的抗冻性能,结果表明,高强陶粒混凝土的抗冻性能十分优良,经过高达 450 次的冻融循环作用,试件的质量和动弹性模量几乎无损失。郑秀华的研究表明,预湿程度对标养 28 天页岩陶粒混凝土的抗冻性有影响,随着预湿程度的增加,抗冻性有所降低,但仍能满足 300 次冻融循环要求,而且随着养护龄期的延长,影响越来越弱。

15.2 疏浚泥陶粒水泥混凝土材料设计方法

疏浚泥陶粒水泥混凝土是以水泥和水组成的水泥浆体为黏结介质,将分散其间的不同粒径的疏浚泥陶粒、碎石、砂料胶结,在一定的条件下,硬化成为具有一定力学性能的一种人工石材。疏浚泥陶粒水泥混凝土在实际工程中已经有比较成熟的应用,其生产技术和水平较成熟,许多独有的特点得到应用发挥。本部分内容根据实际工程中的应用工艺对疏浚泥水泥混凝土材料的各向性能及其影响因素进行直观性的研究。

15.2.1 材料的选择和实验方法

1. 海洋疏浚泥陶粒

海洋疏浚泥陶粒是用港口工程与航道疏浚工程产生的疏浚物烧制的陶粒。海洋疏浚泥陶粒一般成球形或椭球形,如图 15-1 所示。

表征疏浚泥陶粒的技术参数主要有以下几个。

1) 密度等级

按照堆积密度的不同可以划分为八个密度等级,见表 15-1,陶粒的密度等级直接影响其配制的混凝土的密度和性能。一般陶粒的堆积密度越大,以其配制的混凝土的密度和强度也就越高。

图 15-1　海泥陶粒

表 15-1　海洋疏浚泥陶粒的密度等级划分和堆积密度范围

密度等级	堆积密度范围/(kg/m³)
300	210～300
400	310～400
500	410～500
600	510～600
700	610～700
800	710～800
900	810～900
1000	910～1000

通过试验研究和数值模拟，公路用海洋疏浚泥陶粒的密度等级宜在 600～800。

2) 粒型、最大粒径

海洋疏浚泥陶粒的颗粒形状分为圆球型、普通型和碎石型三种。陶粒表面特性对新拌混合物的分层度的影响很明显，表面较光滑或呈圆球形的陶粒抗离析性较差，表面多孔而粗糙或呈碎石形的陶粒抗离析性较好。陶粒的最大粒径对于筒压强度、新拌混凝土及硬化混凝土的性能都有重要影响。一般情况下，粒径越大筒压强度越小。一般测量筒压强度的陶粒粒径范围是 10～20mm。

新拌混凝土中，在水泥浆中疏浚泥陶粒的颗粒密度小，会逐步上浮。其运动速度与粒径的平方成正比。因此，粒径越大，陶粒越容易上浮，相应混凝土的强度越低。疏浚泥陶粒粒径越小，颗粒分布越均匀，但是由于粒径减小，陶粒的表面积增加，将会导致水泥用量的增加，而水泥用量的增加会进一步增加混凝土与陶粒的密度差值，这对于减轻陶粒混凝土的离析反而不利。

国外对陶粒的最大粒径有一些规定和建议如下。例如，德国标准规定用于结构的混凝土的陶粒最大粒径不得超过 25mm，Leca 公司推荐使用最大粒径小于 12mm 的陶粒。一般，国外很多陶粒厂家不提供粒径大于 16mm 的陶粒。不过，我国许多陶粒生产厂家提供的产品最大粒径普遍在 20mm 以上，有的甚至超过 30mm。我国主要考虑最大粒径的尺寸，受到结构物的尺寸及钢筋的密度限制，最大粒径不能大于结构物最小尺寸的 1/3～1/5，不能大于钢筋净间距的 3/4，道路面板厚度的 1/2。

公路用海洋疏浚泥陶粒的最大粒径不宜超过 20mm，最好选用粒径 16mm 以下的陶粒。如果采用泵送则不宜超过 16mm。

3）吸水率

疏浚泥陶粒具有多孔结构，吸水率比普通集料高。空隙率及孔结构差别会导致吸水率差别很大，同时，由于烧制工艺不同，吸水率也有很大差异。

疏浚泥陶粒在混凝土中伴随着吸水和放水过程，因此，其吸水率对混凝土的性能影响很大。对于新拌混凝土，陶粒在拌和与运输过程中继续吸水，会降低混凝土的工作性。一般吸水率越高陶粒内部的孔隙越多，空隙越多，陶粒的表观密度越小，筒压强度越小。表观密度影响所配置混凝土的密度和强度，表观密度越大所配置混凝土的密度和强度越大，所以在原料选择上尽量选择吸水率低的陶粒，另一方面，如果吸水率过低，其蓄水作用性能降低，对混凝土的性能不利。

公路用海洋疏浚泥陶粒混凝土采用的陶粒的吸水率应在 3%～12%。

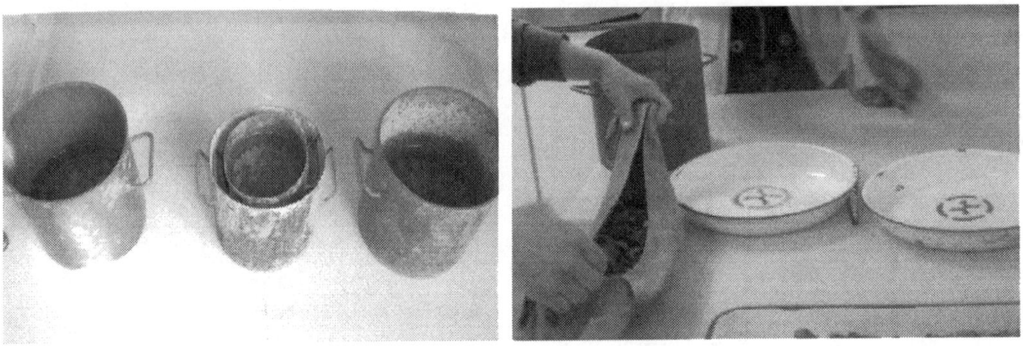

图 15-2　吸水率试验

4）筒压强度

筒压强度是反映疏浚泥陶粒力学性能的一项重要指标。该指标的测试方法的优点是易于操作，缺点是集料在筒中受压时处于“点受力”，不能真实反映集料在混凝土中的破坏状态，一般学者认为筒压强度的大小与混凝土强度之间没有太大的直接联系。实际选料时，在满足其他要求的情况下，通过一定的对比试验，认为陶粒的筒压强度对于特重和重交通等级的公路应大于 4MPa，对于中等和轻的交通等级的公路应大于 3MPa。

试验的具体操作：筛取 10～20mm 粒级的疏浚泥陶粒试样，其中 10～15mm 粒径的体积含量应占 50%～70%。然后用承压筒（带筒底）装试样，分别测定 3 次松散料重，取其算术平均值。对疏浚泥陶粒乘以 1.10 的填充系数作为试样量。按上述试样量称取试样，装入承压筒，先用木锤沿筒壁四周轻敲数次，然后装上导向筒和冲压模，检查冲压模的下刻度线是否与导向筒的上缘重合，如不重合，再轻敲筒壁四周直至完全重合。然后把承压筒放在压力机的下压板上，以每秒 300～500N 的速度匀速加荷。当冲压模压入深度为 20mm 时，记下压力值。压力值除以承压面的面积，即得到筒压强度值。

公路用的海洋疏浚泥陶粒的筒压强度宜在 3MPa 以上。测定轻骨料颗粒强度的承压筒如图 15-3 所示，筒压强度试验如图 15-4 所示。

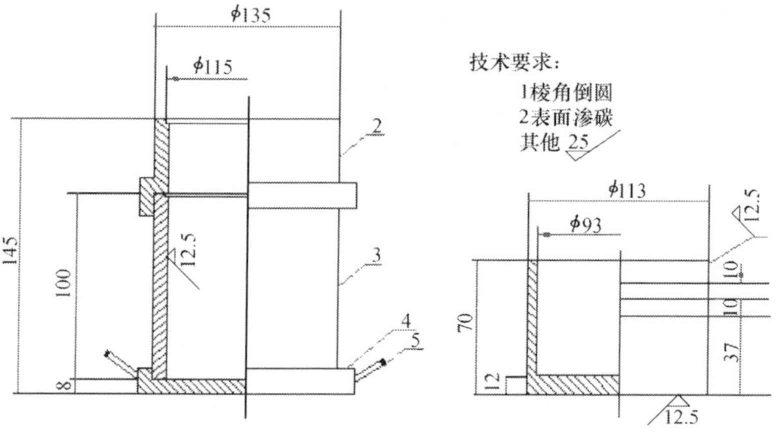

图 15-3　测定轻骨料颗粒强度的承压筒示意图

1-冲压模；2-导向管；3-筒体；4-筒体；5-把手

图 15-4　筒压强度试验

5）级配

疏浚泥陶粒中大小不同的颗粒之间的数量比例，称为陶粒级配。良好的骨料级配可减小孔隙率，节约水泥，提高密实度及良好的工作性。然而如果级配选用不当，会致使陶粒比表面积、空隙率过大，需要耗费很多的水泥砂浆，才能使混凝土获得一定的流动性，将直接影响混凝土硬化后的各种性能指标，如强度、耐久性等。如果级配选择不当，即使多加水泥，硬化后的性能也会受到影响。

陶粒级配一般比较单一，这与烧制工艺密切联系，在烧制陶粒的过程中，制粒的辊筒是相对转动制粒的，一般都选用同样的两个辊筒，有时候会选择孔径不同的辊筒，但是不管选择哪种辊筒，成粒的陶粒的粒径都比较均匀，保证在预热、焙烧和冷却阶段实现同步。因此，建议采用不同窑次的不同粒径的陶粒混合，得到连续级配的陶粒。

公路用海洋疏浚泥陶粒水泥混凝土的陶粒级配应采用合成级配，有条件的路段最好采用4.75～16的级配，一般应选择4.75～19的级配，如条件受限，也可采用4.75～26.5的级配，不过采用此级配，需要海洋疏浚泥陶粒具有5MPa以上的筒压强度。级配筛余见表15-2。

表15-2　海洋疏浚泥陶粒的级配范围

		方筛孔尺寸/mm					
		2.36	4.75	9.50	16.0	19.0	26.5
				累计筛余(以质量计)/%			
合成级配	4.75～16	95～100	85～100	40～60	0～10		
	4.75～19	95～100	85～95	60～75	30～45	0～5	0
	4.75～26.5	95～100	90～100	70～90	50～70	25～40	0～5

6)其他指标

海洋疏浚泥需要满足的其他指标：粒型系数≤1.2，软化系数≥0.85，坚固性<5%，煮沸质量损失≤4%，烧失量≤4%，硫化物和硫酸盐含量<0.5%，含泥量<1.0%，其中，坚固性按质量损失计，硫化物和硫酸盐含量按三氧化硫计，有机物含量不深于标准色。标准色为标准溶液的颜色，标准溶液获取方法：取10mL浓度为2%的鞣酸溶液注入390mL浓度为3%的氢氧化钠溶液中，加塞后剧烈摇动，静止24h即得标准溶液。

2. *碎石*

《水泥混凝土路面施工技术规范》(JTG F30)规定高速公路、一级公路、二级公路及有抗(盐)冻要求的三、四级公路混凝土路面使用的粗集料级别应不低于Ⅱ级，无抗(盐)冻要求的三、四级公路混凝土路面、碾压混凝土及贫混凝土基层可使用Ⅲ级粗集料。有抗(盐)冻要求时，Ⅰ级集料吸水率不应大于1.0%；Ⅱ级集料吸水率不应大于1.0%。用做路面和桥面时粗集料应按最大公称粒径的不同采用2～4个粒级的集料进行掺配，碎石的最大公称粒径不应大于31.5mm，如果选用陶粒的最大粒径是5～20mm，那么碎石的粒径也宜选用5～20mm的碎石。同时还要做碎石的筛分曲线。

3. *水泥*

根据《水泥混凝土路面施工技术规范》(JTG F30)对水泥的要求，特重、重交通路面宜采用旋窑道路硅酸盐水泥，也可以采用41.5普通硅酸盐水泥、旋窑硅酸盐水泥或普通硅酸盐水泥；中、轻交通的路面可采用矿渣硅酸盐水泥；低温天气施工或有快通要求的路段可采用R型水泥，此外宜采用普通型水泥。水泥的强度应满足表15-3要求，疏浚泥陶粒混凝土的水泥品种及强度应满足表15-4的要求。

表15-3　各级交通等级路面水泥各龄期的抗折强度、抗压强度

交通等级	特重交通		重交通		中、轻交通	
龄期/天	3	28	3	28	3	28
抗压强度(≥MPa)	24.5	57.5	21.0	51.5	16.0	41.5
抗折强度(≥MPa)	3.5	7.5	3.0	7.0	2.5	6.5

表 15-4 陶粒混凝土选用水泥品种及强度等级

混凝土强度等级	水泥强度等级	水泥品种
LC4.0 LC7.5 LC10 LC15 LC20 LC25 LC30	31.5	火山灰质硅酸盐水泥、矿渣硅酸盐水泥、粉煤灰硅酸盐水泥、普通硅酸盐水泥
LC30 LC35 LC40 LC45 LC50	41.5 或 51.5	矿渣硅酸盐水泥、普通硅酸盐水泥

4. 砂

根据混凝土强度与容重的需要以及工程所处条件差异。配置海洋疏浚泥陶粒混凝土的细集料可选用河砂、陶砂或机制砂的一种或几种。轻砂的细度模数不宜大于 3.0,其大于 5mm 的累计筛余量不宜大于 5%(按重量计)。由于海洋疏浚泥陶粒混凝土中使用两种密度不同的粗细集料,集料的分层离析现象较为严重。理论分析和实验研究均表明,采用粗细集料连续级配设计可有效缓解两种集料引起的混凝土分层离析。其中砂的最大粒径应与陶粒的最小粒径吻合。因此,在配置海洋疏浚泥陶粒水泥混凝土时,细集料可采用中粗砂。

5. 掺料和减水剂

通过对比试验,确定海洋疏浚泥陶粒水泥混凝土的掺料和减水剂的用量。

掺料宜为粉煤灰、矿渣和硅灰中的至少一种。取代水泥的百分率为 10%~18%,超量取代系数为 1.4~1.8。

海洋疏浚泥陶粒水泥混凝土应选用与硅酸盐水泥适用性好、适用于公路、桥梁的高效减水剂,剂量为水泥和掺料总量的 0.6%~1%。

6. 材料的检验依据和试验方法

(1) 疏浚泥陶粒试验可参照《陶粒及其试验方法》(GB/T17431.1-2)进行。

(2) 碎石和砂试验按照《公路工程集料试验规程》(JTG E42)进行。

(3) 疏浚泥陶粒水泥混凝土试验可参照《公路工程水泥及水泥混凝土试验规程》(JTGE30)、《普通混凝土力学性能试验方法标准》(GB/T50081)、《普通混凝土拌合物性能试验方法标准》(GB/T50080)、《混凝土外加剂应用技术规范》(GB50119)、《公路工程混凝土外加剂》(JT/T522)、《普通混凝土配合比设计规程》(JGJ55)、公路工程水泥及水泥混凝土试验规程(JTG E30)。

7. 试验材料性质

疏浚泥陶粒:青岛海之粒陶粒厂生产的 800 级陶粒,堆积密度 784kg/m^3,表观密度

1349kg/m^3，筒压强度 7.5MPa，1h 吸水率 3.9%，24h 吸水率 7.7%，孔隙率 58%，粒径 5～20mm。

碎石：粒径 5～37.5mm，压碎值为 13%，含泥量<0.5%，堆积密度 1470kg/m^3，表观密度是 2709kg/m^3。

疏浚泥陶粒、碎石以及二者混合后的级配曲线比较光滑，落在规范要求的骨料级配范围之内。

水泥：425 水泥，密度 3130kg/m^3。

砂：中砂，含泥量小于 1.0%，堆积密度 1460kg/m^3，表观密度 2650kg/m^3。

外加剂：FDN-2 萘系减水剂，掺量 0.2%～1%，减水率 18%～25%。

15.2.2　不同强度海洋疏浚泥陶粒混合骨料混凝土的正交试验方法

1. 试验方法简介

混凝土试验的设计方法一般有三种。

一是孤立变量法，例如，考虑水泥用量(A)、水灰比(B)和减水剂用量(C)是影响配制高性能混凝土的主要因素，设因素 A 的三个水平分别用 A_1、A_2、A_3 表示，B、C 的表示方法也一样。先固定水灰比为 B_1、减水剂用量为 C_1，变化 A，三次试验结果发现 A_3 较好，然后固定水泥用量为 A_3，C 为 C_1、变化 B，结果发现 B_2 较好，则固定 A_3、B_2，变化减水剂用量 C，结果 C_2 好，于是得出结论 $A_3B_2C_2$ 就是最优配合比。用这种方法安排试验可以减少试验次数，在一定程度上可以较快得出符合要求的配比，但它最大的缺点是试验的代表性差。

二是全面试验法，如上面提到的例子，是一个三因素三水平试验，如果将三个因素的每个水平都组合一次，则需要做 27 组试验。将 27 组试验都做完，称为“全面试验法”。该方法对事物内部的规律性剖析得比较清楚，但是要求的试验次数太多，在实际中很难做到。

三是正交试验法，该方法利用“均衡分散性”和“整齐可比性”这两条正交性原理，从大量的试验中选出适量具有代表性的试验点，编制出有规律排列的表格，确定试验方案。根据对试验结果的分析，不但可以找出最优组合，而且可以分析出因素与结果之间的关系，即当因素的水平变化时，结果是怎样变化的。2002 年，宋东升、蒋永辉、薛启龙以实际工程为例，将泵送压力作为一个因素，采用正交设计及极差分析的方法，论述了大体积混凝土最优配合比的产生过程。

但是在工程实践中，正交试验方法被较多地采用，正交试验是利用“均衡分散性”和“整齐可比性”这两条正交性原理，从大量的试验中挑选出适量具有代表性的试验点，编制规律排列的表格，进行试验。因此本研究也采用正交试验方法，通过选择起主要作用的因素，以及因素的水平，拟定正交试验，绘制正交试验表格，制定相应的试验方案。

2. 影响混合骨料陶粒混凝土物理力学性能的因素

(1) 预湿时间。预湿时间也就是陶粒吸水的时间，预湿时间的长短与混凝土的性能有很大关系。

首先，预湿时间越长陶粒的饱水程度越大，饱水程度与分层度有关，饱水越大，表观密度越大，这样有利于减小浆体—骨料的密度差，能够减小陶粒上浮。因此预湿时间越长，混凝土的分层度相对越小。

其次，预湿陶粒可以提高混凝土的抗冻性能，这是因为在水泥水化初期，陶粒从水泥浆中吸水，使界面过渡区水泥石结构较水泥浆体密实。随着时间的延长，水泥水化不断消耗水泥浆中水分，水泥浆中的相对湿度逐渐降低，相对湿度小于陶粒中相对湿度时，陶粒中的水就会逐渐释放出来，起到混凝土内部“自养护”作用，使陶粒界面处水泥水化更充分，水泥石结构更加致密，这对抗冻性十分有利。预湿程度越高，这种自养护作用越强，抗冻性能越好，但是一些学者研究表明，当预湿程度高于饱和吸水率的 91%时，抗冻性能开始下降。

再次，预湿陶粒对陶粒混凝土的收缩变形也有很大关系，预湿程度越大，“自养护”作用越强，陶粒的“补水”作用越强，塑性收缩越小，同时可以减小和延迟自干燥作用，减小自收缩变形。

一般陶粒 1h 的吸水率是 24 小时吸水率的 62%～94%。所以合理选择预湿时间对混凝土的性能影响很大，根据不同种类的陶粒吸水率选择预湿时间。

(2) 水胶比。一般随着水胶比的减小，轻骨料混凝土的强度增加，但是由于受陶粒自身强度的限制，当混凝土的强度接近该种陶粒配制的混凝土所能达到的极限强度时，再增加水胶比，混凝土强度增加趋势比较缓慢。在配制混凝土时，应充分注意水胶比对混凝土强度的影响规律，避免一味降低水胶比。

(3) 砂率。砂率对混合骨料混凝土的工作性和物理力学性能也有很大影响。随着体积砂率提高，混凝土的表观密度增大，这是因为提高体积砂率就降低了混凝土粗骨料的体积率，在粗集料组成相同的情况下，降低了混凝土中陶粒的含量。砂在混凝土中的作用主要是填充粗骨料空隙，使骨料堆积结构更加致密，其表面光滑，也起到滚动润滑的作用，能减小粗集料颗粒之间的摩擦阻力，因此随着砂率的增加，混凝土拌和物的流动性增大。并且因细集料的比表面积比粗集料大很多，增大砂率可以提高混合骨料混凝土的黏聚性，混凝土拌和物黏性越大，其稳定性、均匀性越好。因此增大砂率能提高混合骨料混凝土的匀质性。但是当砂率超过 40%以后，继续增大混合骨料混凝土的体积砂率就会引起砂浆与轻粗集料间的密度差增加，进而导致次轻混凝土的匀质性变差，试验中观察到有明显的分层离析和轻微泌水现象。这也是次陶粒混凝土强度随砂率的增加而增加，当砂率超过一定值之后反而下降的主要原因。

(4) 掺料。掺料作为一种人工火山灰质材料，取代部分水泥，可以节约水泥，改善陶粒混凝土性能。掺加粉煤灰或者硅灰等可以减少水泥用量，可以减小陶粒与水泥砂浆的密度差，减小陶粒上浮，提高混合物的匀质性。但是粉煤灰掺量较大时，因早期活性低，会较大程度地降低早期强度，因此，在掺加粉煤灰时应根据具体工程，选择最佳掺量。

(5) 陶石比。陶石比即陶粒与碎石的体积比。将陶粒和碎石混合使用，其混合比例和方式需要开展专门的研究。由于陶粒比水泥砂浆轻，碎石比水泥砂浆重，在混凝土振捣过程中陶粒和碎石会产生一定的分层，这对混凝土的强度有很大影响。此外由于陶粒经过烧制后，质量轻，强度低于碎石，二者混合，也将与传统混凝土性能有所不同。另外，陶粒表面较碎石表面粗糙，界面处的黏结程度会有所差异，这可能也会影响混凝土性能。一般碎石的量越多,混合骨料混凝土的强度越高,陶石比与强度的规律是有待进一步研究的主要问题。

(6) 振捣时间。陶粒混凝土拌和物主要是由陶粒、细集料、胶结材和水组成。这四种组成材料的密度各不相同,在混凝土拌和、振捣后会产生分层现象。一般对于普通混凝土,密度较小的水、水泥浆及带有较小细集料的水泥砂浆上浮,粗集料及较大颗粒的细集料及包裹它们的水泥浆下沉,造成混凝土整体的不均匀,形成了混凝土的分层结构。但对于疏浚泥陶粒混凝土,则是密度较小的陶粒、水等上浮,水泥浆和细集料下沉,造成混凝土整体的不均匀,形成了陶粒混凝土的分层结构。对于混合骨料混凝土,骨料由碎石和陶粒两种材料组成,振捣后陶粒会向上浮动,而碎石会向下沉。振捣时间越长,分层越明显,匀质性越不好,因此,应该合理控制振捣时间。

在影响混凝土分层度的因素中表面特性、矿物掺和料、轻骨料的绝对体积、外加剂等在选择原料时就可以得到控制,而振捣时间是属于施工技术上的问题,需要技术人员把握好振捣时间才能减小陶粒上浮,使得粗骨料在混凝土内部分布均匀。关于合适的振捣时间问题很多学者都在研究。王发州等采用统计学原理,提出利用方差分析计算分层度的方法和相应的测试方法。并采用这种方法,研究了 10s、20s、30s 和 40s 的振捣时间对混凝土分层度的影响规律,研究表明随着振捣时间延长,陶粒混凝土分层度增大。当振捣时间超过 30s 后,混凝土分层度呈迅速增加的趋势,认为对其研究的陶粒混凝土,适宜的振捣时间不应大于 30s。陶粒的种类不同,振捣时间也不一样,对于碎石形页岩振捣时间在 20s 左右为宜。(陶粒的饱水程度不同,分层度也有所不同,因为饱水处理的陶粒的表观密度增加,可以减小浆体—骨料的密度差。除应控制振动时间,还应注意采用高频低振幅振动器。

(7) 养护工艺。混凝土浇筑完毕之后,需要对混凝土表面进行覆盖和浇水养护。在规范中对养护有严格规定,不得少于 7 天或 14 天。养护期间要注意温度。当温度低于 5℃时,水化作用十分缓慢,要考虑加热保温养护,或延长养护时间,且不得浇水。当外界气温高于 5℃时,应在混凝土浇筑完毕后 12h 内进行覆盖和浇水养护,在夏季气温较高时,可缩短 2～3h。当混凝土的强度达到设计强度的 70%时,即可以停止养护。混凝土养护过程中,发现覆盖不好、浇水不足、导致表面泛白或出现细小的干缩裂缝等现象,如不严重,则可以认真覆盖、加强养护、延长浇水日期、充分浇水、进行补救。

陶粒内部所含水分可供陶粒混凝土养护之用,并能减少混凝土收缩变形。当混凝土表面的水分蒸发时,陶粒内部的水分从集料向基体转移,水分的连续迁移在一定时期内维持着混凝土内部水化反应的进行。这个时期持续的长短视周围气候条件和陶粒的饱水率而定,在温和的气候下,可保证适宜的水化,而不必采用防止蒸发的措施,如用湿麻袋或喷湿的塑料薄膜。但在炎热的气候条件下或风速很大的条件下,仍然有必要加强养护以防止表面失水干燥,在这种情况下,连续的潮湿养护是防止过渡蒸发和收缩开裂的最有效方法。养护期间如果温度下降,就要特别注意,以防止冷缩引起的干裂。对一般高强、高性能陶粒混凝土的集料吸水率都很低,因此要加强养护,如在混凝土达到要求的强度时尽早拆模进行养护;当仅以水泥作为胶凝材料时,一般情况下养护时间不少于 7 天;当掺加了粉煤灰、磨细矿渣和硅灰等活性矿物掺和料时,应适当延长养护时间。

3. 正交试验的制定

以上七个因素对混合骨料海洋疏浚泥陶粒混凝土的物理力学性能的影响程度不同。本研究拟定水泥用量、净用水量、砂率和陶石比四个因素，按照每个因素选取三个水平进行正交试验，如表 15-5 所示，确定不同强度的海洋疏浚泥陶粒混合骨料混凝土的配合比。试验分不同配制强度进行。试验结果表明：在混凝土强度比较低时，水泥用量和净用水量是影响其强度的主要因素。随着配制强度的不断提高，陶石比的水平对混凝土的强度起着越来越大的影响。因此，在轻骨料混凝土配合比设计和普通道路混凝土的配合比设计基础上，本研究给出了海洋疏浚泥陶粒混合骨料混凝土的配合比设计方法。

表 15-5　L9(34)正交表

因素/水平/序号	因素 A	因素 B	因素 C	因素 D
1	1	1	1	1
2	1	2	2	2
3	1	3	3	3
4	2	1	2	3
5	2	2	3	1
6	2	3	1	2
7	3	1	3	2
8	3	2	1	3
9	3	3	2	1

15.2.3　疏浚泥陶粒混凝土的配合比设计

1. 配合比设计方法

海洋疏浚泥陶粒水泥混凝土进行配合比设计时，可以考虑两种方法：绝对体积法和松散体积法。一般对于砂轻疏浚泥陶粒混凝土的配合比设计，比较适合绝对体积法，也可以采用松散体积法；疏浚泥陶粒全轻混凝土的配合比设计采用松散体积法比较妥当。

上述砂轻混凝土，指细集料采用砂、粗集料采用疏浚泥陶粒等；疏浚泥陶粒全轻混凝土是指细集料和粗集料全部采用疏浚泥陶粒。

在本研究中，以保证材料的路用性能为主要目标，细集料采用中砂，粗集料用疏浚泥陶粒等，配合比设计方法采用绝对体积法。

对于混合骨料混凝土的配合比设计，国内外都没有相应的规范可供参考。本研究首次进行海洋疏浚泥陶粒混合骨料混凝土的理论试验研究。研究中采用了以陶粒混凝土配合比设计为基础，综合考虑疏浚泥陶粒的力学性能特点以及路面工程对材料的基本要求，提出了疏浚泥陶粒混合骨料混凝土的配合比设计方法。

2. 配合比设计步骤

1）确定试配强度

海洋疏浚泥陶粒水泥混凝土的试配强度要求具有 95%的保证率，因此，试配强度为

$$f_{cu,o}=f_{cu,k}+1.645\sigma$$

式中，$f_{cu,o}$——海洋疏浚泥陶粒混合骨料混凝土的适配强度，MPa；

$f_{cu,k}$——海洋疏浚泥陶粒混合骨料混凝土的立方体抗压强度标准值（强度等级），MPa；

σ——海洋疏浚泥陶粒混合骨料混凝土强度标准差，MPa，取值见表 15-6。

表 15-6　海洋疏浚泥陶粒混合骨料混凝土强度标准差取值

混凝土强度等级	≤MC20	MC20～MC40	≥MC40
σ/MPa	3.0	5.0	6.0

例如，如果想配置 MC50 的混凝土，其试配强度为 $f_{cu,o}=f_{cu,k}+1.645\sigma=50+1.645\times6=59.87$(MPa)。

2)水泥用量

根据表 15-7 水泥用量及表 15-8 最大水灰比和最小水泥用量，初步定 mc。

参照表 15-7 进行调整，可以给出较宽的范围，初步确定单位体积的水泥用量。

表 15-7　水泥用量　（单位：kg/m³）

适配强度/MPa	海洋疏浚泥陶粒密度等级				
	600	700	800	900	1000
10～15	270～350	260～340	240～330		
15～20	290～400	280～380	270～370	260～360	250～350
20～25		320～400	310～390	300～380	290～370
25～30		370～450	360～440	350～430	340～420
30～40		410～500	390～490	380～480	370～470
40～50			420～530	410～520	400～510
50～60			450～550	440～540	430～530

表 15-8　海洋疏浚泥陶粒混合骨料混凝土的最大水灰比和最小水泥用量

环境条件	最大水胶比	最小水泥用量/(kg/m³)	
		配筋混凝土	无筋混凝土
不受风雪影响	不作规定	270	250
受风雪影响，露天；位于水中及水位升降范围或潮湿环境	0.5	325	300
寒冷地区位于水位升降范围，受水压作用	0.45	375	350
严寒地区位于水位升降范围	0.4	400	375

水用量的规定，见表 15-9。

表 15-9　不同和易性和不同用途海洋疏浚泥陶粒混合骨料混凝土的净用水量

用途	稠　度		净用水量/(kg/m³)
	维勃稠度/s	坍落度/mm	
振动台成型	5-10	0～10	155～180
振动棒或平板振动器	—	30～50	165～200

续表

用途	稠　度		净用水量/(kg/m³)
	维勃稠度/s	坍落度/mm	
机械振捣	—	50～70	180～210
人工振捣或钢筋较密	—	60～80	200～220

砂率的范围可参考表 15-10 选定。

表 15-10　砂率参考表

用途	细集料品种	砂率/%
预制	轻砂	35～50
	普通砂	30～40
现浇	轻砂	—
	普通砂	35～45

3）计算混凝土单位体积粗细集料用量

根据上述配合比设计的基本方法，采用体积法进行配合比设计。

4）对试配得到的配合比进行试验，按照道路水泥混凝土的制备方法进行调整

15.2.4　不同强度混合骨料疏浚泥陶粒混凝土的物理力学性能

根据配合比可以制作出不同强度的混凝土。对于海洋疏浚泥陶粒混合骨料混凝土，对硬化后混凝土强度影响最为直接的是陶石比和振捣时间。关于其他因素的影响规律，通过正交试验已经在 15.2.3 节中对取值范围进行了推荐。对于陶石比和振捣时间的影响是混合骨料混凝土的材料配合比设计的重要内容。本节对这两个因素的影响规律进行了深入研究。

1. 混合骨料混凝土的工作机理

混合骨料混凝土是一种复合骨料的混凝土，不但能够改善高强普通混凝土性能上的不足，同时也提高普通陶粒混凝土的强度，兼具二者混凝土的优点。

陶粒的多孔饱水性，可以在养化阶段释放空隙内部的水分，增强水泥砂浆的水化程度，减少因消耗毛细水而引起的自收缩。同时能够提高普通混凝土中界面过渡区的性能。而且陶粒的表面构成主要是硅酸盐和铝硅酸盐玻璃相，具有潜在的化学活性，能够与水泥水化生成的 $Ca(OH)_2$ 发生化学反应。陶粒的粗糙表面，与水泥石的机械啮合作用很强。在普通混凝土中，加入陶粒能够明显降低混凝土的弹性模量。弹性模量减小，也能明显减小混凝土的收缩值和收缩应力。

对于普通陶粒混凝土，其强度低，弹性模量小，引入碎石后，骨料的骨架作用明显提高，强度明显提高。

陶粒和碎石进行混合制成的混合骨料混凝土可以改善很多普通混凝土和陶粒混凝土的性能及其破坏形式，是一种应用前景很好的混凝土材料。

2. 影响混凝土物理力学性能的主要因素

根据以上考虑，此部分主要针对陶石比和振捣时间两个因素进行实验研究。陶石比

即陶粒和碎石的比例，一般对于混合骨料，骨料的比例是指体积。各学者的研究表明，随着骨料中碎石比例不同，各组混凝土的抗压强度、劈裂强度差异明显，破坏形式有脆性破坏和延性破坏。且也有研究表明对于抗压强度，存在一个最优的陶石比范围使得混合骨料混凝土中两种集料能互相搭配填充，达到混凝土的孔隙率最低，强度和密实度最高。

混凝土的密实度与振捣时间关系密切，振捣时间越短，内部气泡越多，力学性能不好；振捣时间越长，空隙越少，但是陶粒和碎石的分层离析越大。因此应该存在一个合理的振捣时间。

3. 陶石比对抗压、抗折强度的影响

试验方案：

陶石比分别取 0/1(全部是碎石)、1/2、1/1、2/1、∞(全部是陶粒)，配制不同强度的海洋疏浚泥陶粒混合骨料混凝土，对 MC20、MC30、MC40 和 MC50 不同等级的抗压强度和抗折强度进行了分析对比。试验方案见表 15-11。

表 15-11　试验方案

强度等级	试强度/MPa	陶石比	每 7 天	每 28 天
MC20	26.58	0	6	6
		1/2	6	6
		1/1	6	6
		2/1	6	6
		∞	6	6
MC30	38.23	0	6	6
		1/2	6	6
		1/1	6	6
		2/1	6	6
		∞	6	6
MC40	49.87	0	6	6
		1/2	6	6
		1/1	6	6
		2/1	6	6
		∞	6	6
MC50	59.87	0	6	6
		1/2	6	6
		1/1	6	6
		2/1	6	6
		∞	6	6

通过采用前述的配合比设计方法，成功配制出了 MC20、MC30、MC40 和 MC50 的海洋疏浚泥陶粒混凝土。从表 15-11 和图 15-5～图 15-7 可以看出，随着龄期的增长，混凝土的强度越来越高。从表中还可以看到，7 天强度基本上可以达到 28 天强度的 80%。这是因为在陶粒混凝土早期，陶粒本身作为多孔材料，具有微泵效应，会吸收一定的水分和

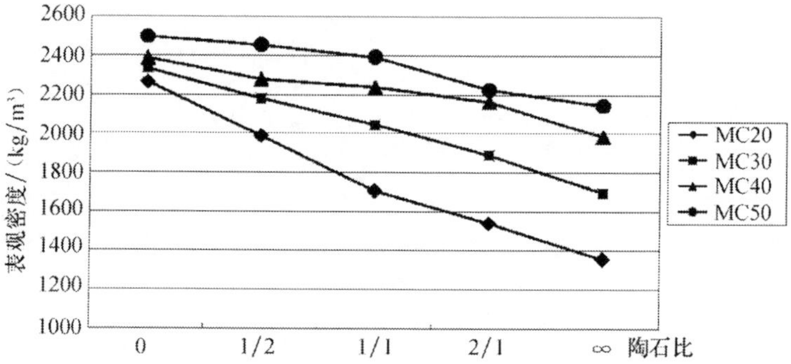

图 15-5　表观密度与陶石比与强度等级的关系曲线

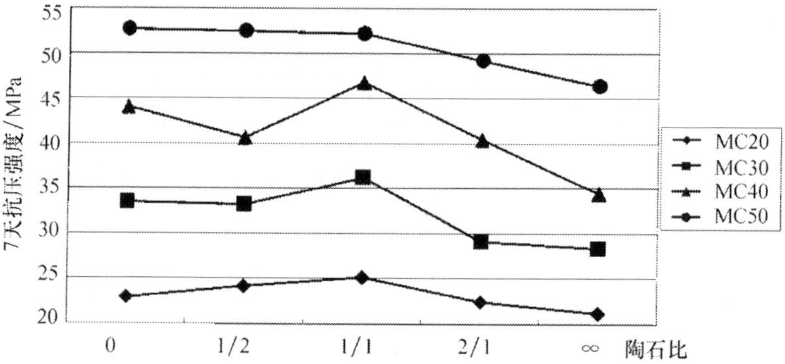

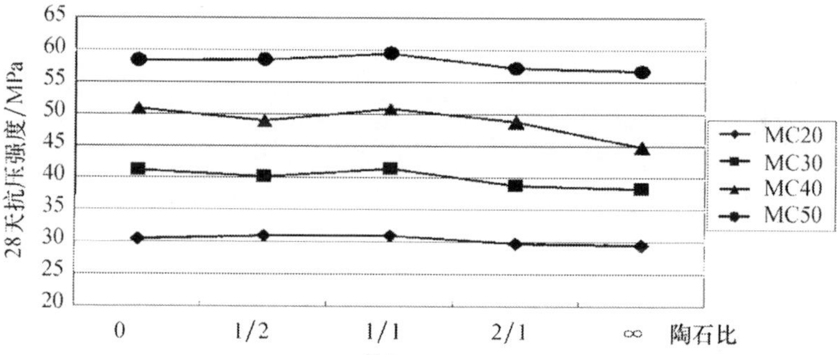

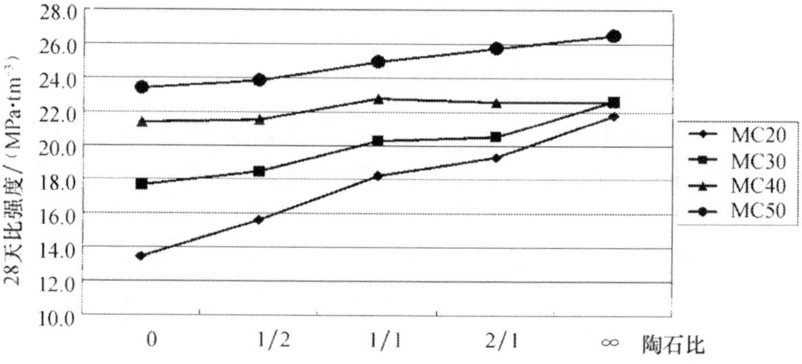

图 15-6　抗压强度与陶石比和强度等级的关系曲线

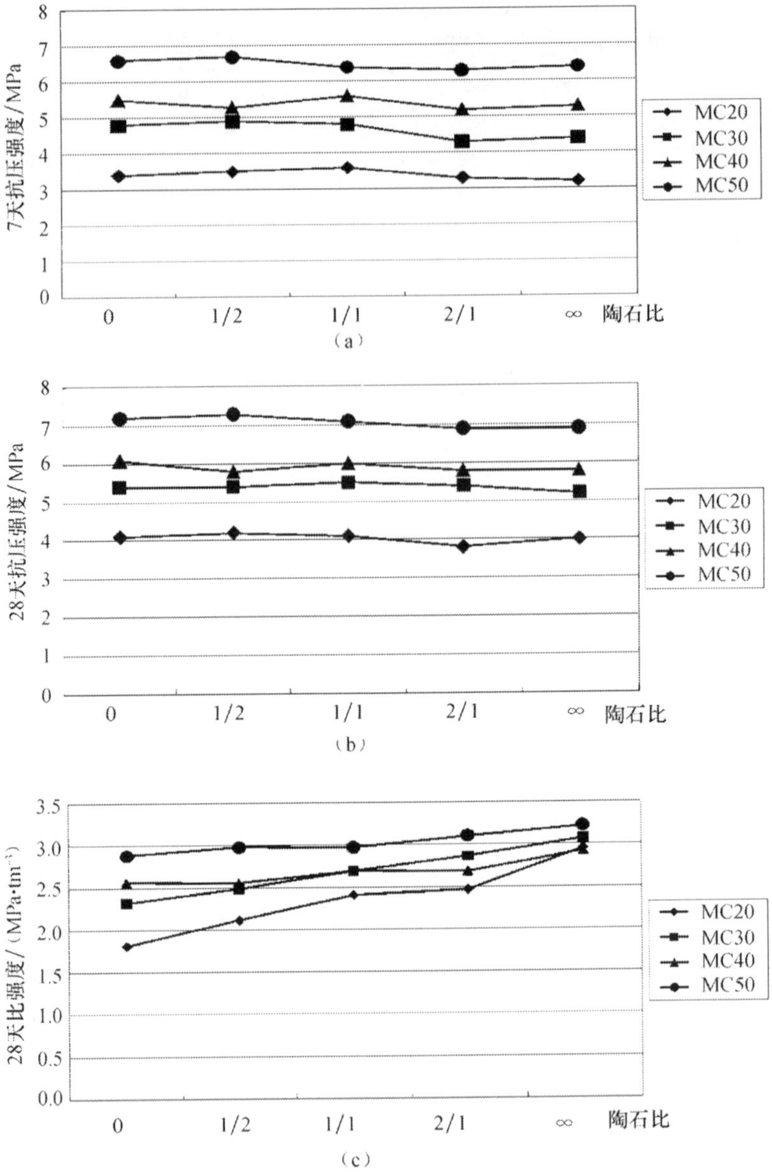

图 15-7　抗折强度与陶石比和强度等级的关系曲线

水泥浆体，在陶粒内部形成水化产物，强化了陶粒本身强度和与水泥石的界面强度，减少了陶粒与水泥石界面破坏的概率。随着水泥石的不断硬化，陶粒本身强度较低，为混凝土破坏的薄弱环节，抗压强度随龄期的增长较缓慢。

从结果列表及图表还可以看出，随着陶石比的增加，混合骨料混凝土的表观密度减小，这是因为陶粒的密度远远小于碎石密度，随着陶粒掺入量的增加，骨料的密度减小，混合骨料混凝土的表观密度减小。

从图 15-7 中还可以看到，随着陶石比的增加，抗压强度和抗折强度都是先增大后减小，并且曲线都出现拐点，约在陶石比 1/1 处抗压、抗折强度出现拐点，同时在此处混合骨料混凝土抗压、抗折比强度值也开始下降。比强度是强度和密度的比值,比强度越高,材料轻质高强的技术优势越显著。随着陶粒比的增加,比强度的变化规律与强度变化规律相同,28 天的比强度在陶石比 0～1/1 时达到最大值,说明陶石比 1/1 时混合骨料混凝土的轻质高强性能最好。

出现这种现象,经分析是因为在这种陶石比的情况下,集料与水泥石的有效接触面积最大,集料在混凝土中的骨架作用及与水泥石的黏结啮合作用最强,所以抗压、抗折强度出现了极值,并且比强度最大。关于陶石比对混合骨料混凝土的强度影响,国内众多学者一致认为对于陶粒和碎石两种材料制作的混凝土,存在一个最佳的比例问题,本研究认为最佳比例还与众多因素有关,包括陶粒、碎石、砂、水泥、外加剂以及振捣时间等。

4. 振捣时间对抗压、抗折强度的影响

陶粒和碎石的密度不同,因此在混凝土中陶粒上浮,碎石下沉,振捣时间越长,这种分层现象越明显,关于振捣时间对抗压、抗折强度的影响现在还没有系统的研究。

试验方案:

陶石比选用 2/1,水灰比采用 0.38,砂率采用 40%,制备 MC35 混凝土,振捣时间分别取 5s、10s、15s、20s、25s,标准养护室进行养护,进行试验,试验方案如表 15-12 所示。

表 15-12 试验方案

振捣时间/s	陶石比	每 7 天	每 28 天
5	2/1	3	3
10	2/1	3	3
15	2/1	3	3
20	2/1	3	3
25	2/1	3	3

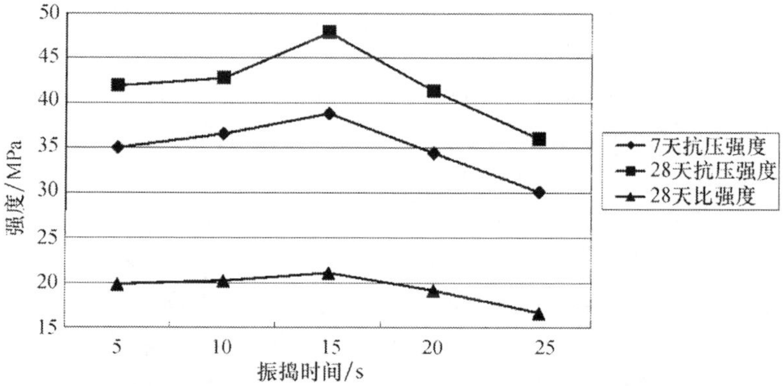

图 15-8 抗压强度与振捣时间关系曲线

振捣混凝土的目的是要将新拌混凝土内部的气泡振捣出来。随着振捣时间的增加,混凝土的内部空气减少,混凝土越来越密实,强度也越来越大。振捣时间对混凝土的抗压、抗折强度以及比强度的影响较大。从图 15-8、图 15-9 和表 15-12 中可以看到,随着振捣时间的增加,混合骨料混凝土的抗压强度、抗折强度以及 28 天的比强度增加。这主

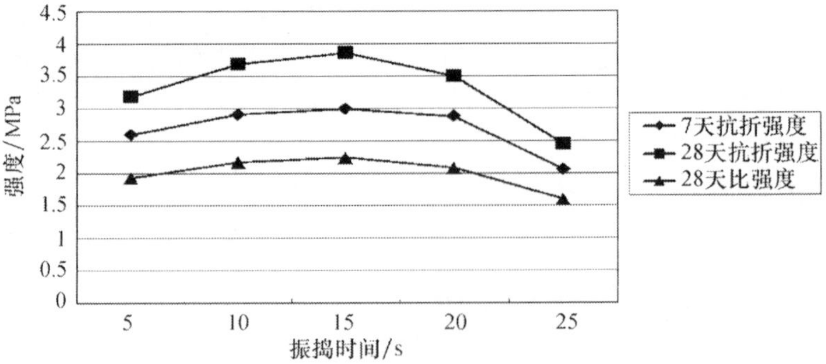

图 15-9　抗折强度与振捣时间关系曲线

要是因为，混凝土的强度与混凝土的密实性有关，振捣时间越长，混凝土越密实，强度越高。但是振捣时间增长，强度增加仅限于一定的范围，本实验中在 15s 左右，这三种强度同时达到最大值，抗压、抗折强度均满足规范要求。当振捣时间继续增加时，混合骨料混凝土的强度和比强度开始下降，这是因为，振捣时间过长，混凝土出现分层离析现象严重，碎石集中在底部，陶粒集中在上部，泌水严重，严重降低了混凝土的性能。

15.2.5　混合骨料疏浚泥陶粒混凝土工作性能研究

1. 混合骨料混凝土的匀质性分析

对于混合骨料混凝土，由于各集料组分的密度不同，其大小分布在基相水泥砂浆密度的两侧，且相差甚大，所以在混凝土浇灌成型的过程中，两种不同密度的集料会沿着相反的方向移动，由于这种相对运动，混合骨料混凝土的分层度会与陶粒混凝土和普通混凝土有所不同。本节分析了陶粒混凝土、混合骨料混凝土和普通混凝土分层度产生的原因，并将三者进行了比较。

前述已经提到了振捣时间对分层度的影响，下面将对陶粒混凝土、混合骨料混凝土和普通混凝土的分层度进行详细的分析。

对于普通密度混凝土，比重较小的水、水泥浆及带有较小细骨料的水泥砂浆上浮，粗骨料及较大颗粒的细骨料及包裹它们的水泥浆下沉，造成混凝土整体的不均匀，形成了普通集料下沉的分层结构。

对于轻骨料混凝土，则是比重较小的轻骨料、水等上浮，水泥浆和细骨料却下沉，造成混凝土整体的不均匀，形成了陶粒上浮的分层结构。

混合骨料混凝土是由两种集料组成的，且颗粒的级配也不同，一般陶粒的粒径最大为 20mm，最小是 5mm，以 10～20mm 的粒径居多。而一般使用的碎石，粒径在 19mm 以上的占 40％～60％，将陶粒和碎石掺和使用时，碎石和陶粒相互碰撞、摩擦，将减小二者自身的下降和上浮的速度，同时，碎石颗粒和颗粒之间容易形成空间，将陶粒包裹在空间内，阻止了陶粒的上浮。从这个角度说，混合骨料混凝土的匀质性要好于陶粒混凝土和普通混凝土。

与陶粒混凝土相比，混合骨料混凝土中的陶粒可能会受到碎石的摩擦以及大颗粒碎石之间形成的空间的阻挡，使得陶粒的上浮受到一定的限制，上浮现象比陶粒混凝土小，匀质性将比陶粒混凝土好。在普通混凝土中碎石下沉，振捣时间长，则容易使得混凝土上部的碎石减少，骨架作用减小。但是在混合骨料混凝土中，陶粒裹着水泥砂浆颗粒，且与碎石的碰撞、摩擦也将减小碎石的下沉速度，能够改善普通混凝土的不均匀现象，分层度也比普通混凝土小。

从理论分析，混合骨料混凝土的分层度会比陶粒混凝土和普通混凝土好。图 15-10、图 15-11、图 15-12 分别表示了三种混凝土中的骨料分布情况，椭球形网状颗粒代表海洋疏浚泥陶粒，多边形实体代表碎石。

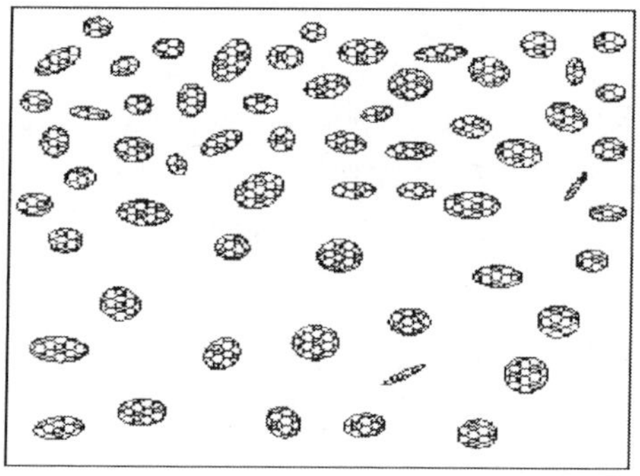

图 15-10　陶粒混凝土分层

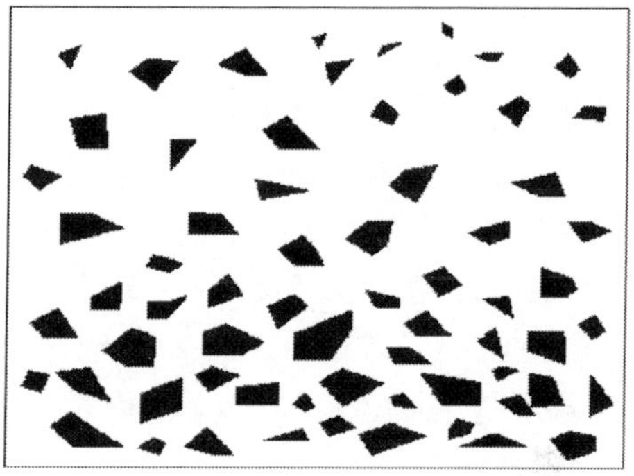

图 15-11　普通混凝土分层

2. 拌和物的工作性能评价

混合骨料混凝土拌和物的工作性包括流动性、黏聚性（抗材料分离性）、保塑性和匀质性。目前国际上仍没有统一的方法评价混凝土的工作性能，也没有一种试验方法能综合评价次轻混凝土的工作性能。本研究采用以下几种方法综合评价次轻混凝土的工作性能。

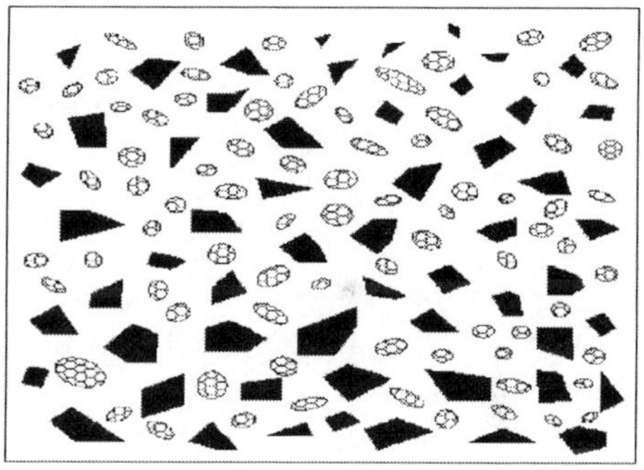

图 15-12　混合骨料分层

(1) 坍落度。坍落度试验常用来评价混凝土的流动性，反映混凝土拌和物在自重作用下克服屈服剪切应力而塌陷的程度，并结合目测观察的方法评价混凝土的黏聚性和保水性。该方法既简单又实用，且适用于现场操作，所以至今仍在世界范围内广泛使用。但是坍落度试验存在局限性，该方法对操作人员的技术有较高的要求，所以稍不正规的操作就会造成较大的试验误差。另外，对不同配比的混凝土，最终坍落度值相同，但是其坍落速度和过程往往呈现较大的差别。所以，用单一的坍落度值不能全面地反映次轻混凝土的工作性。

(2) 扩展度。扩展度是测量坍落度试验时混凝土水平流动圆圈直径所得的数据，它可以反映混凝土的稠度指标及其离析趋势，其测量结果主要与混凝土拌和物的塑性黏度与屈服应力有关。扩展度用来评价新拌混凝土拌和物的离析性和黏滞性。但它不能评价大流动性混凝土拌和物在有约束条件下流动过程中的稳定性。

(3) 分层度。虽然坍落度和扩展度试验可以较好地反映混凝土拌和物的流动性和黏聚性，但它们却难以对次轻混凝土拌和物在浇筑过程中的分层离析程度（匀质性）进行直观有效的评价。次轻混凝土混合料中密度比基相—水泥浆体小的陶粒，在浇筑过程中容易上浮至混凝土的中上层，而密度比基相大的普通集料则会下沉，分布在混凝土的中下层，从而使混凝土中骨料会出现严重的分层离析现象，因此需要采用一种实验方法专门对其进行精确直观的评价。丁建彤曾采用分层度试验对陶粒混凝土集料上浮进行研究，采用的仪器是由直径为10cm相互连通的钢筒分上中下三层嵌套而成，上、下层高10cm，中层筒高1.95cm。这套仪器由于内径较小，在振动过程中不能消除筒壁对拌和物因摩擦而造成的黏滞力，导致试验结果很难准确反映实际工程中的混凝土在振捣时的分层现象。另外由于该仪器仅分为三层，高度小且不相同，难以准确评价各层内部集料的分布情况，因此会带来较大的试验误差。

本研究在此仪器的基础上，进行改进，自行设计加工了试验模具。该套模具是按照抗折试块的几何尺寸制作而成的。拌和物装入模具，经振捣后分别取出1～5层拌和物，装入5mm钢筛用水冲刷干净水泥砂浆，分别挑出各层拌和物中的陶粒和普通集料，烘干后分别测试各层混凝土拌和物中的陶粒和普通集料的含量 G_i 与 G_j $(i,j=1\sim5)$，精确到0.1g，并根据式(15-1)和式(15-2)分别计算各层陶粒和普通集料的质量方差，分别用分层度 FC_l 和 FC_a 表示。FC越大，表明集料分布越不均匀；相反，FC越小，混凝土拌和物的均匀性越好。

$$FC_l=\frac{\sqrt{\sum_{i=1}^{5}(G_i-\bar{G})^2}}{10} \tag{15-1}$$

式中，$\bar{G}$——1～5层陶粒质量的平均值。

$$FC_a=\frac{\sqrt{\sum_{i}^{5}(G_i-\bar{G})^2}}{10} \tag{15-2}$$

式中，$\bar{G}$——1～5层普通集料质量的平均值。

3. 海洋疏浚泥陶粒运动分层的理论研究

新拌海洋疏浚泥陶粒混合骨料混凝土中，海洋疏浚泥陶粒的颗粒密度为 ρ_p，质量为m在静止水泥砂浆中上浮时所受的力主要包括

$$\text{重力}\quad F_g=mg \tag{15-3}$$

$$\text{浮力}\quad F_b=\frac{m}{\rho_p}\rho g \tag{15-4}$$

$$\text{阻力}\quad F_D=C_D\frac{\rho u^2}{2}A_D \tag{15-5}$$

式中，u——颗粒相对于水泥砂浆的运动速度；

ρ——水泥浆的密度；

g——重力加速度；

A_D——垂直于上浮运动方向的投影面积；

C_D——总阻力系数。

根据牛顿第二定律有海洋疏浚泥陶粒的运动微分方程：

$$F_b - F_g - F_D = m\frac{du}{dt} \tag{15-6}$$

将式(15-2)～式(15-4)带入海洋疏浚泥陶粒的运动微分方程为

$$\frac{du}{dt} = \left(\frac{\rho - \rho_p}{\rho_p}\right)g - \frac{C_D A_D}{2m}\rho u^2 \tag{15-7}$$

令粒径为 d,假定陶粒为球形,则运动微分方程可写为

$$\frac{du}{dt}\left(\frac{\rho - \rho_p}{\rho_p}\right)g - \frac{3C_D}{4d}\frac{\rho}{\rho_p}u^2 \tag{15-8}$$

海洋疏浚泥陶粒的自由上浮速度是指其在水泥砂浆中上浮时,所受到的力相互平衡时达到的相对速度 u_t,亦称终端速度。对于球形陶粒,当 $du/dt=0$ 时,由式(15-7)可得

$$du = \sqrt{\frac{4dg(\rho - \rho_p)}{3C_D\rho}} \tag{15-9}$$

对于新拌海洋疏浚泥陶粒混凝土,处于斯托克斯定律区,$C_D=24/Re$,($Re=\rho u_o D/\mu<2$)则有

$$u_t = \frac{d^2(\rho - \rho_p)g}{18\mu} \tag{15-10}$$

式中,μ——水泥浆的动力黏度。

分析得知,作用于球体的总阻力 $F_D=3\pi\mu\mu_o D$,其中 1/3 的总阻力是海洋疏浚泥陶粒表面上水泥砂浆压力的不均匀性产生的,2/3 的总阻力是海洋疏浚泥陶粒陶粒表面上水泥浆的摩擦力产生的。

上述是自由海洋疏浚泥陶粒在水泥砂浆中的运动分析,实际的上浮速度还要受到下列因素的影响。

(1) 浓度的影响。实际气—固、液—固两相物系中,颗粒的数量很多,存在着相互干扰,例如,陶粒间的相互碰撞、水泥砂浆与陶粒之间的附加作用力等,这些因素将使得陶粒的干扰上浮速度低于单个陶粒的自由上浮速度。通常,当陶粒出现干扰上浮时,可先按单陶粒计算自由上浮速度,再按浓度进行修正,即

$$u_t = u_t(1 - C_V)^{5.5} \tag{15-11}$$

式中,C_V——陶粒体积浓度。

(2) 模板效应。当模板水平最小边长 D 与陶粒直径 d 比值不是太大时,模板会增加陶粒上浮时的阻力,使陶粒的上浮速度较自由上浮速度小。考虑模板的影响时,陶粒上浮速度可进行修正:

$$u_t = \frac{u_t}{1 + 2.104(d/D)} \tag{15-12}$$

(3) 非球形度的影响。对于非球形陶粒,由于其上浮投影面与同体积球形陶粒不同,所受到的阻力也有差异,实际上浮速度与同体积球形陶粒也明显不同,可用 φd_e 代替式(15-12)中的粒径 d 计算上浮速度。其中 d_e 为非球形陶粒当量直径,φ 为陶粒的球形度,分别为

$$d_e = \sqrt[3]{6V_p/\pi} \tag{15-13}$$

$$\varphi = A_s/A_p \tag{15-14}$$

式中，V_p——陶粒的体积；

A_p——陶粒的表面积；

A_s——体积等于 V_p 的球形陶粒的表面积。某些陶粒的球形度参考经验值可取 $\varphi=0.85\sim0.95$。

(4) 混合骨料参数。对于海洋疏浚泥陶粒混合骨料混凝土，水泥浆的密度介于陶粒和碎石之间，陶粒上浮和碎石下沉相互影响，考虑碎石的下沉对陶粒上浮的阻力，将减缓陶粒的上浮速度，因此，考虑不同陶石比 t 的影响，可以修正：

$$u_t = u_t(1 - cs \cdot \sin(2\arctan(t)))^n \tag{15-15}$$

式中，cs——混合骨料影响系数，可取 0.3～0.5；

n——根据陶石比的不同可取 10～13。

理论分析、数值模拟和模型试验均表明，新拌混合骨料混凝土的分层离析现象，比单一骨料的混凝土的离析现象出现得晚。当陶石比为 1 时，离析现象的出现需要相当长时间的静止和过度振捣。因此，海洋疏浚泥陶粒混合骨料混凝土具有很好的抗离析性能。

15.3 混合骨料疏浚泥陶粒混凝土细观模拟关键技术

在研究混合骨料混凝土的物理力学性能中，如果考虑每一个影响因素进行平行试验，试验的组数太多，在实验室内无法完成，而且混凝土试验周期长，获得数据的周期长。虽然大部分已经引入正交试验，但正交试验也只是从大量的试验中挑选出适量具有代表性的试验点，结果仍然不如全面试验更实际。随着计算机应用技术和数值分析方法的进步，进行混凝土断裂试验过程的细观模拟已经成为可能，在数值的结果与试验结果具有较好一致性的条件下，可以取代部分试验，而且可以避开试验机特性对于试验结果的影响，真正用来研究混凝土类材料性能。因此，通过数值模拟的方法，以实际试验数据为基础，建立细观数值试件，可以研究其宏观的物理力学性能，并用可以用数值试验结果验证试验的正确性。

15.3.1 混凝土结构的计算分析模型

混凝土作为重要的建筑材料，已有百余年历史，其力学性能是科学界和工程界极为关心的课题。混凝土是一种可以在多尺度下研究的复合材料，其研究主要集中在三个尺度，即宏观、细观和微观，Wittmann 最先把这三个尺度的研究应用到混凝土材料的研究中。宏观尺度下，一般假定混凝土为均匀各向同性材料，可以满足工程要求，但很难考虑到混凝土的细观组成以及力学性质的复杂性。微观尺度下，能够辨清硬化水泥砂浆的颗粒以及粗骨料石子的结构，而细观尺度所包含的范围较大，结构单元尺寸从几百微米到几个厘米，甚至更大些，如图 15-13 所示。在该尺度下，颗粒结构是最重要的，可以观察到骨料颗粒以及它们之间较大的空隙。

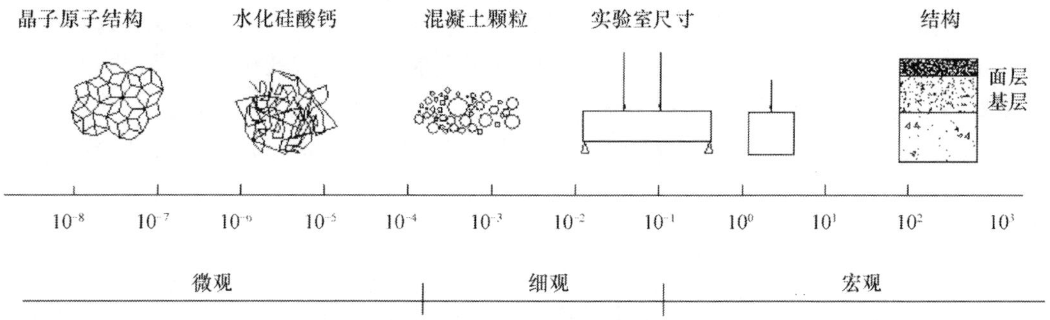

图 15-13　混凝土的层次结构示意图

人们已经认识到从混凝土细观尺度出发研究混凝土宏观损伤与断裂过程的许多优点，如果能清楚地认识混凝土的断裂过程和破坏机理，就能够为改善混凝土的力学性能和研制高性能混凝土提供科学依据。

立足于对混凝土细观结构的认识，人们提出了许多研究混凝土断裂的细观力学模型和方法，最具典型的有格构模型(lattice model)、随机粒子模型(rando mparticle model)、Mohamed AR 等提出的细观模型、随机骨料模型(random aggregate model，RAS)及唐春安等提出的随机力学特性模型。这些模型都假定混凝土是砂浆基质、骨料和两者之间的黏结带组成的三相复合材料，用细观层次上的简单本构关系模拟复杂的宏观断裂过程。另外，相关文献还根据混凝土材料特性与分形维数的相关关系，运用分形方法定量描述了混凝土的损伤演化行为。

迄今为止，尽管应用格构模型进行数值模拟的成果较多，并且有很多优点，但该类模型不能反映单元实际变形形态，单元的破坏为不可逆过程，很难反映卸载和动力反复加载问题。随机骨料模型未考虑各相力学特性在计算域内的随机分布，随机力学特性模型未考虑骨料颗粒在计算域内的随机分布。而丁庆军的改进随机骨料模型，认为体积率与面积率相等，但并没有相应的理论支持。本章将提出新的混合骨料混凝土的细观模拟方法，建立混合骨料混凝土随机骨料结构。

15.3.2　模拟骨料颗粒的空间分布

1. *"取和放"方法*

随机骨料结构的模拟分为两步：一是组合随机分布的骨料颗粒；二是用砂浆填充骨料颗粒间的空隙。由于砂浆的分布完全依赖于骨料颗粒的分布，因此两者不必分开考虑。对于一个给定类型的骨料颗粒，它的形状是确定的，则在产生 RAS 时的主参数应是颗粒的尺寸和空间分布。因此学者都采用蒙特卡罗随机抽样原理用取过程和放过程实现。取过程是指从尺寸分布遵循某一给定规律的骨料级配曲线中取出骨料颗粒，而放过程是指把骨料颗粒一个接一个地放入混凝土剖面中。在放的过程中不仅要防止放进去的颗粒与已存在的颗粒重叠，还应使颗粒的空间分布尽可能在宏观上均匀分布。前人已在不同复杂程度上使用过此法，并称为"取和放"方法。

取过程和放过程在某种意义上是同时进行的，在取过程中产生一个颗粒后，颗粒便立即被放入混凝土剖面中。在取和放的过程中，应首先将骨料分成几个级配段，并确定每一级配段中需要产生的骨料数量，然后从大级配段到小级配段按顺序取出、放入骨料颗粒。其中应注意只有当某一级配段骨料颗粒按需要数量放够后才进入下一级配段，这样做有利于小颗粒填充到大颗粒间的空隙中。

2. 骨料分级

在配制混凝土中，一般根据单位体积混凝土的重量确定粗骨料的总数量。对大部分混凝土，粗骨料体积率在0.3～0.5。由于受边界影响，不能有骨料颗粒非常接近混凝土的表面，骨料颗粒与边界的距离应大于等于颗粒半径。因此在接近混凝土表面，将会有更少的骨料颗粒。为了避免分析过于复杂，二维混凝土细观分析限定从表面区域分离的剖面，这样可以忽略边界影响，并且学者一般认为骨料的面积率将等于体积率。

用$P(D)$表示级配曲线（D为筛孔直径），$P(D)$指通过直径为D的筛孔的骨料颗粒的累积百分率，则在级配段$[D_s, D_{s+1}]$里骨料的总数量可表示为

$$A_{agg}[D_s, D_{s+1}] = \frac{P(D_{s+1}) - P(D_s)}{P(D_{max}) - P(D_{min})} * R_{agg} * A_{con} \tag{15-16}$$

式中，$A_{agg}[D_s, D_{s+1}]$——指在级配段$[D_s, D_{s+1}]$中骨料的面积；

D_{max}——最大骨料直径；

D_{min}——最小骨料直径；

R_{agg}——粗骨料面积与混凝土面积比；

A_{con}——混凝土面积。

3. 取过程

取过程应从包含最大尺寸颗粒的级配段开始。对于级配段$[D_s, D_{s+1}]$，取过程步骤如下。

(1) 算出这一级配段中要生成的骨料的面积。

(2) 产生随机数确定骨料颗粒形状。对于圆形骨料，产生的随机数是a_i的值。

(3) 产生随机数确定骨料颗粒的尺寸。若直径D在D_s和D_{s+1}之间均匀分布，则$D = D_s + (D_{s+1} - D_s) \times a$，其中$a$是一个在0到1之间均匀分布的随机数。调整骨料颗粒直径D，并计算颗粒面积。

(4) 将骨料颗粒放到混凝土面积中。

(5) 重复步骤(2)～(4)，直至用于产生新的混凝土面积小于$\pi D_s^2/4$，不足以生成另一个颗粒。那些剩下的用于产生新骨料的面积将被转入下一个级配段中。

(6) 重复步骤(1)～(5)，进入下一级尺寸级配段，直到最小尺寸级配段里最后一个颗粒被产生和放置。

4. 放过程

在混凝土剖面上使用X-Y笛卡儿坐标系。取过程中，骨料颗粒的节点坐标是采用颗

粒内部的相应参考点 O 建立的局部坐标系。当将颗粒放入混凝土剖面时，颗粒的位置用参考点 O 的 X-Y 坐标系确定。假定参考点的位置在剖面中随机均匀分布，那么 O 的坐标为

$$X_O = X_{min} + \eta_1 \times (X_{max} - X_{min}) \tag{15-17}$$

$$Y_O = Y_{min} + \eta_2 \times (Y_{max} - Y_{min}) \tag{15-18}$$

式中，X_O、Y_O——O 点的坐标；

X_{min}、X_{max}、Y_{min}和 Y_{max}——混凝土剖面 X 和 Y 坐标的最小值和最大值；

η_1 和 η_2——两个在 0 和 1 之间均匀分布的不相关随机数。

当把骨料颗粒放入混凝土剖面时，首先要满足如下两个条件。

(1) 骨料颗粒必须整个位于剖面中，即骨料颗粒范围不能超出时间的边界，对于圆形颗粒，骨料形心在[a,b]内随机分布：

$$\begin{cases} a < X_O - r \\ b > X_O + r \\ a < Y_c - r \\ b > Y_c + r \end{cases} \tag{15-19}$$

以上四个条件必须同时成立。

(2) 后放的骨料颗粒不能与已存在的颗粒重叠。

Bazant 提出了混凝土骨料颗粒随机分布模型，阐述了混凝土骨料颗粒圆心位置的产生方法。混凝土骨料随机分布模型由骨料颗粒及骨料间的介质组成，认为混凝土内的骨料颗粒位置是随机分布的，并且相互之间真正接触的情况很少。为此，假定每个骨料颗粒都有一个影响范围，在该范围内，其他骨料颗粒不能进入，如图 15-14 所示。

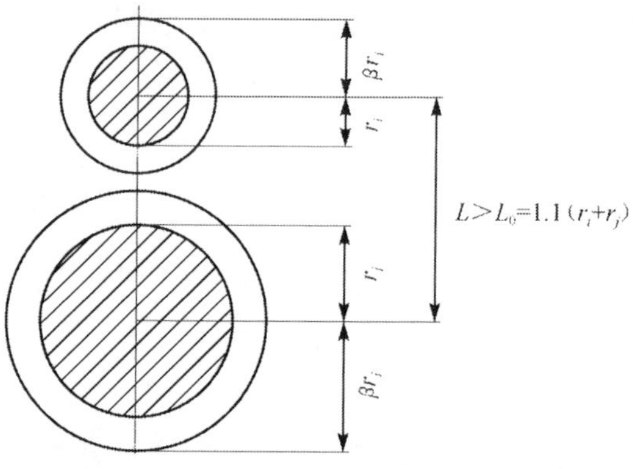

图 15-14　两个相邻骨料之间的最小距离

图 15-14 中，r_i，r_j 分别为第 i，j 个骨料颗粒的半径；βr_i，βr_j 分别为第 i，j 个骨料颗粒的影响半径；L 为第 i，j 个骨料颗粒之间的距离。

在确定混凝土骨料随机位置的时候，要保证混凝土试件中的各个骨料不能相互接触，相互之间有一定的最小距离。通常情况下，该最小距离可定义为 $L_0=1.1\times(r_i+r_j)$，即 $L>L_0$。

确定第 i 个骨料颗粒位置的步骤如下：首先，产生一个在给定区间满足均匀分布的伪随机数，并由公式(15-17)和式(15-18)得到该骨料颗粒的 x，y 坐标，由此确定该骨料颗粒的圆心位置。然后，判断该骨料颗粒是否落入到此前所产生的第 $1,2,\cdots,i-1$ 个骨料颗粒及其影响范围内，如果落入，则需重新计算，直到与所有的骨料颗粒及其影响范围均无冲突。重复上述过程，最终即可得到混凝土试件的随机骨料分布模型。

15.3.3　随机骨料模型的建立

试验研究是最有效的途径，但是由于实验室试验周期长，而且还有人为等因素的影响，得到的结果也并不合理。剖面级配的影响关系见图 15-15。通过数值模拟的方法进行研究，引入了数字试件的概念，建立随机骨料模型，通过输入材料的参数，计算模型的破坏荷载。如果通过这种模型计算的破坏荷载与试验相差不大，那么说明模型建立正确，将会利用此模型进行大量的计算，从而减少了实验室试验的工作量。在本章中希望能够开发一个如图 15-16 所示的计算软件，当输入任意的体积级配、体积率和剖面位置时，就能够得到剖面级配和剖面的面积率，当输入材料的属性时可以计算出剖面模型的破坏荷载，从而对比不同骨料状态下试件的弯拉强度。

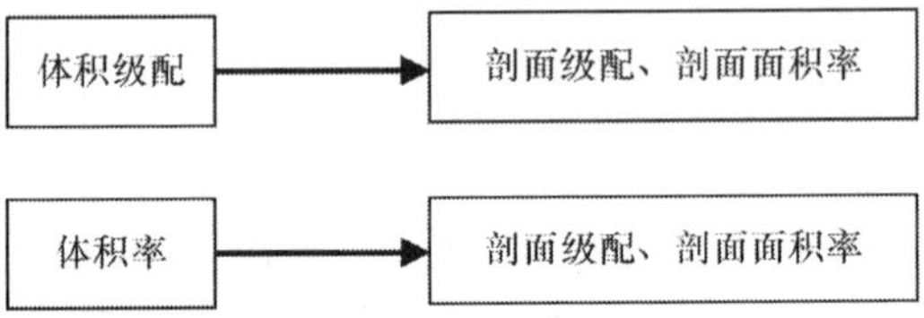

图 15-15　剖面级配的影响关系

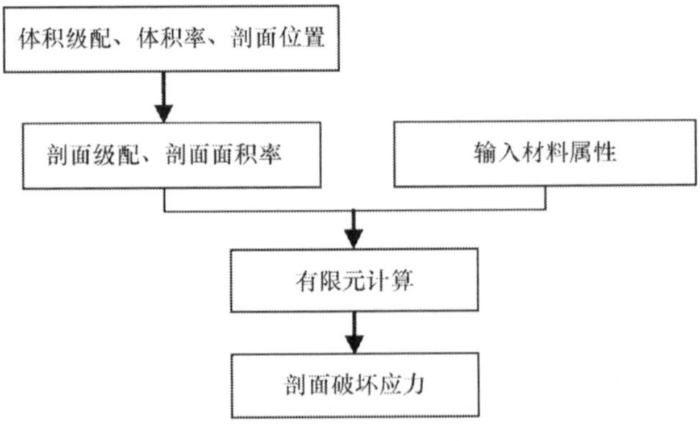

图 15-16　软件计算流程图

具体方案：保持骨料的体积率不变，改变粗骨料体积级配，通过计算机模拟对数字试件进行多次切割，探讨体积级配和剖面面积级配、体积级配和剖面面积率的关系。然后改变体积率，按照同样的方法进行多次切割，研究粗骨料体积率与剖面面积率、剖面级配之间的关系。

具体步骤如下。

(1) 首先，根据体积率和两种骨料的级配曲线(级配曲线见试验部分)，编程得到每个级配段的骨料个数。其中骨料的个数以级配段的粒径中值为准计算。

(2) 将骨料放到三维模型中，方法为先将粒径大的放进去，比较圆心距。然后再放次一级的，比较这一级与以上所有级配的圆心距，用这样的方法将所有骨料都放进去。

(3) 展示三维骨料模型。

(4) 建立函数关系式将三维骨料模型沿中线切开，用图形展示切面。

(5) 同时得到切面骨料的面积率和剖面级配。

(6) 建立剖面级配与体积级配的关系，面积率与体积率的关系。

流程图如图 15-17 所示。

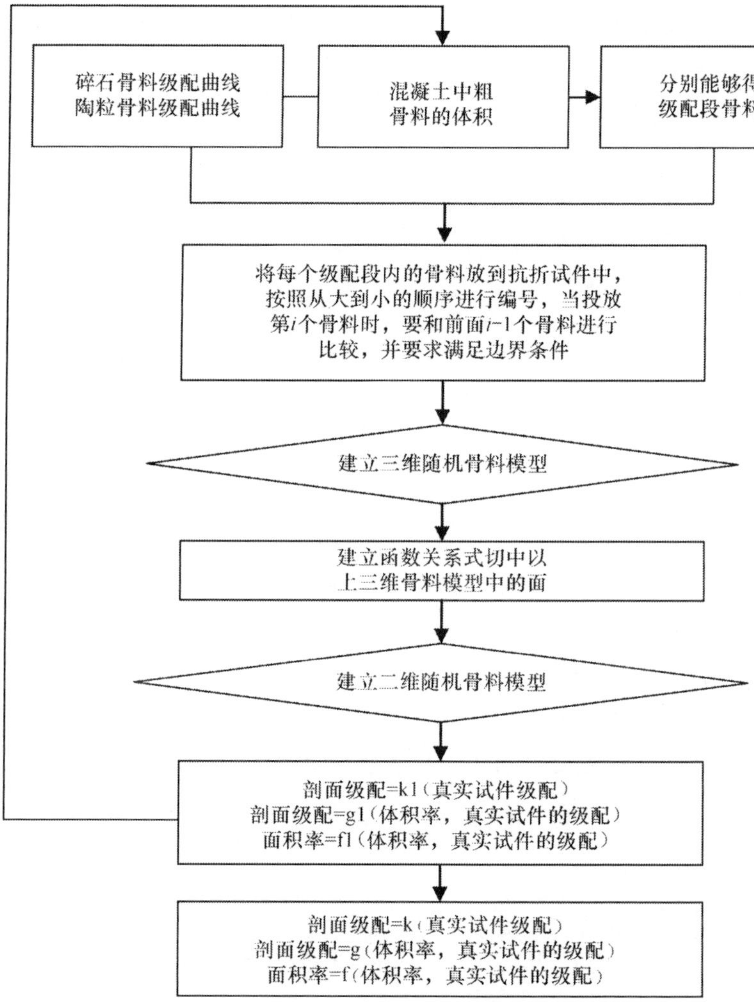

图 15-17　流程图

1) 三维随机骨料模型

通过编写程序，生成混合骨料混凝土的三维随机骨料模型。图 15-18 为计算机模拟的数字试件，其粗骨料体积率为 0.388，大小为 150mm×150mm×600mm。黑色为碎石，网格为陶粒。

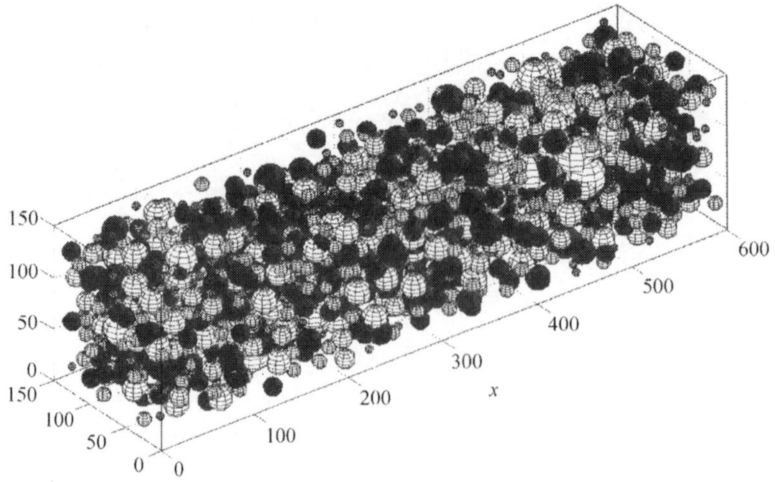

图 15-18　三维骨料模型

2）二维随机骨料模型

通过编写程序，沿试块长度方向的中间位置进行切割，可以得到三维试块的二维剖面骨料随机分布形态，如图 15-19 所示。实线圆代表陶粒，虚线圆代表碎石。

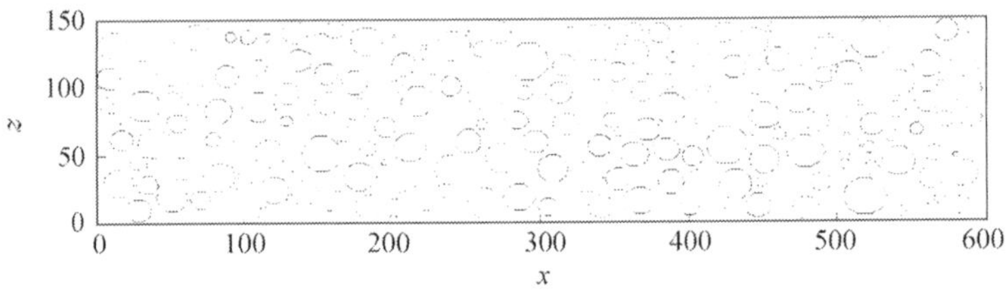

图 15-19　二维随机骨料模型

3）体积级配与剖面面积级配的关系

剖面面积级配指在剖面中骨料切面粒径落在某个级配段的个数。骨料被切中的概率是一定的，因此体积级配与剖面面积级配具有一定的关系。本研究对表 15-13 的体积级配下的剖面粒径进行了统计，得到体积级配与剖面面积级配的关系。

表 15-13　体积级配与剖面粒径级配

级配/mm \ 方孔直径/mm		1.36	3.75	9.50	16.00	19.00	26.50	31.50
A	3.75～16.00	100.00	94.00	60.00	10.00	—	—	—
	剖面级配	100.00	91.61	52.03	4.78	—	—	—
B	3.75～19.00	100.00	94.00	74.00	44.00	4.00	—	—
	剖面级配	100.00	92.33	68.48	27.92	3.73	—	—
C	3.75～26.50	100.00	94.00	80.00	50.00	24.00	4.00	—
	剖面级配	100.00	93.11	74.47	39.47	21.32	1.32	—
D	3.75～31.50	100.00	94.00	80.00	64.00	40.00	20.00	4.00
	剖面级配	100.00	92.80	76.07	51.58	33.70	14.39	2.11

对四种体积级配曲线得到关系式如下：

$$S_2 = 0.3005V_2^2 + 0.6989V_2 - 0.003 \tag{15-20}$$

$$S_2 = 0.6008V_2^2 + 0.4070V_2 + 0.0055 \tag{15-21}$$

$$S_2 = 0.3241V_2^2 + 0.6773V_2 + 0.0009 \tag{15-22}$$

$$S_2 = 0.3855V_2^2 + 0.6040V_2 + 0.0113 \tag{15-23}$$

因此，本研究认为体积级配与剖面级配的关系通式为

$$S_2 = aV_2^2 + bV_2 + c \tag{15-24}$$

式中，a,b,c 为公式的系数。

从式(15-24)可以看出，体积级配与剖面级配的关系曲线是一条抛物线的右半支。本研究只对四种不同的混合骨料的筛余曲线进行了系数的计算，如式(15-20)、式(15-21)、式(15-21)和式(15-23)。本研究开发了相应的计算机程序，对任意一条体积筛余曲线，都能拟合出 a,b,c 的数值。当然，一般地，可以按相应的骨料级配根据式(15-20)、式(15-21)、式(15-22)和式(15-23)选择参数。

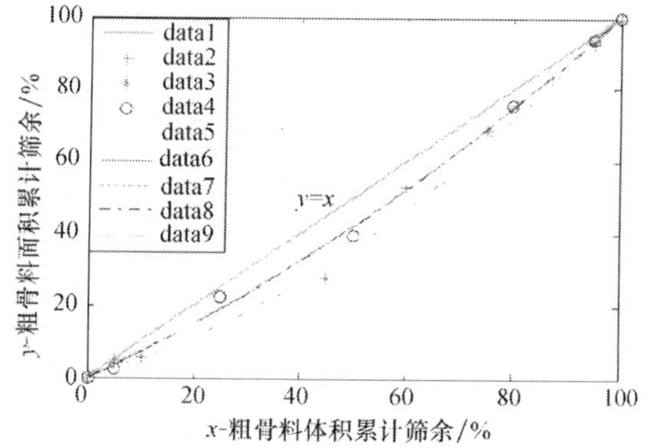

图 15-20　体积累计筛余与面积累计筛余关系的曲线拟合

data1 为直线 $y=x$；data2、data3、data4、data5 分别表示级配 A、B、C、D；data6、data7、data8、data9 分别表示体积级配 A、B、C、D 下切割得到的剖面级配与体积级配的拟合曲线。从图 15-20 中可以看出，拟合得到的曲线都在直线 $y=x$ 下方，说明体积累计筛余都略大于面积累计筛余。根据以上的关系，就可以得到任意一个体积级配下的剖面级配。

4) 体积级配与剖面面积率的关系

本研究在体积率不变的情况下，根据规范要求的骨料级配范围，选出四条不同的混合骨料的级配曲线，换算成分计筛余曲线，进行有限次运算，得到了不同级配下剖面面积率的均值和不同级配下的骨料的剖面分布形式。

表 15-14　四条级配曲线的累计筛余

级配＼粒径/mm	1.36	3.75	9.50	16.0	19.0	26.5	31.5	37.5
A:3.75～16.0	100.00	94.00	60.00	10.00	0	0	0	0
B:3.75～19.0	100.00	94.00	74.00	34.00	14.00	0	0	0
C:3.75～26.5	100.00	94.00	80.00	50.00	24.00	4.00	0	0
D:3.75～31.5	100.00	94.00	80.00	64.00	40.00	20.00	4.00	0

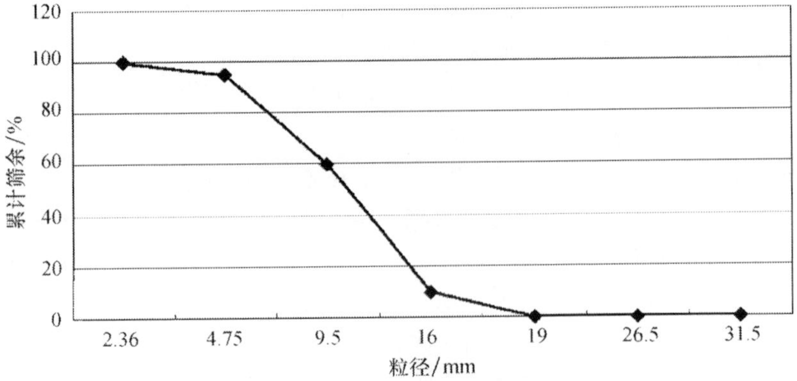

图 15-21　级配曲线 A

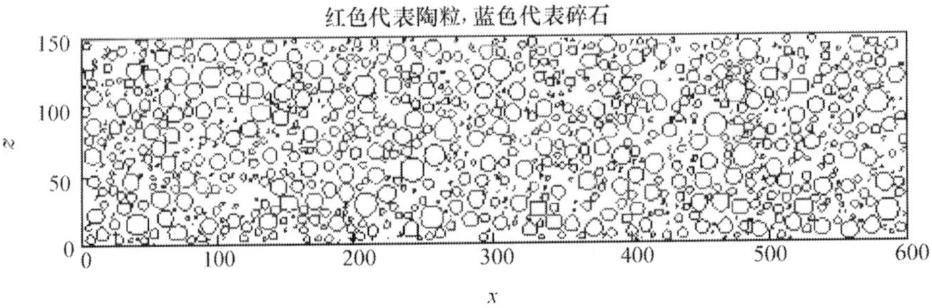

图 15-22　级配曲线 A 对应的剖面图

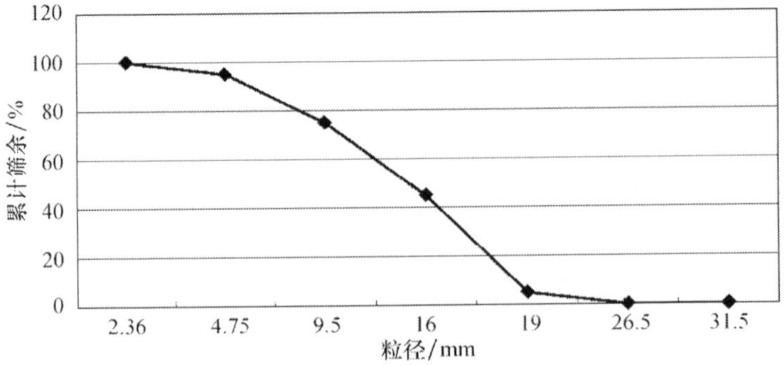

图 15-23　级配曲线 B

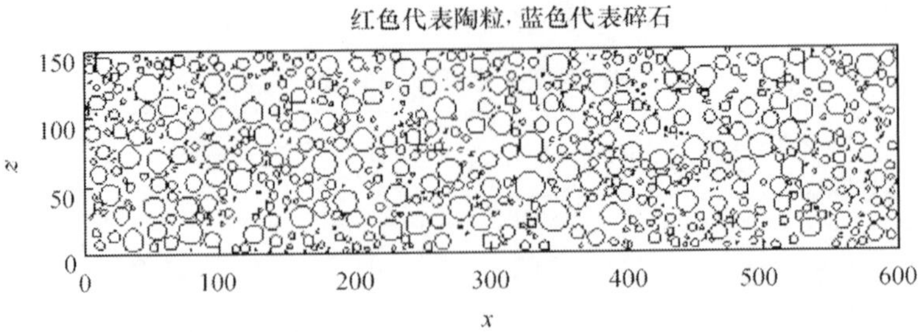

图 15-24　级配曲线 B 对应的剖面图

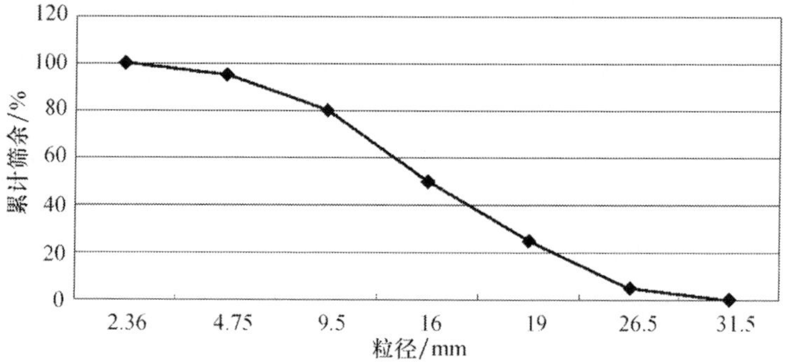

图 15-25 级配曲线 C

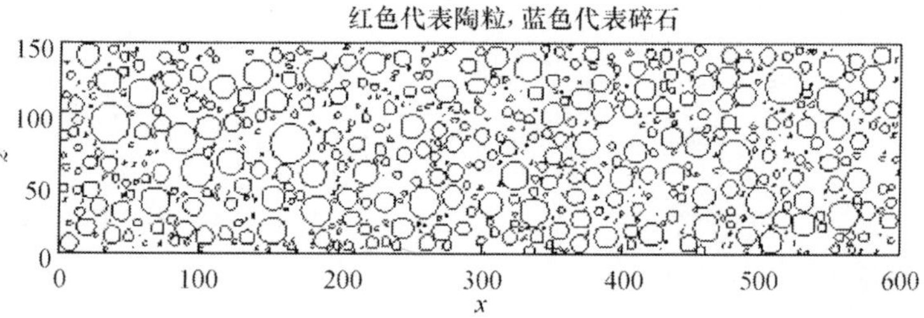

图 15-26 级配曲线 C 对应的剖面图

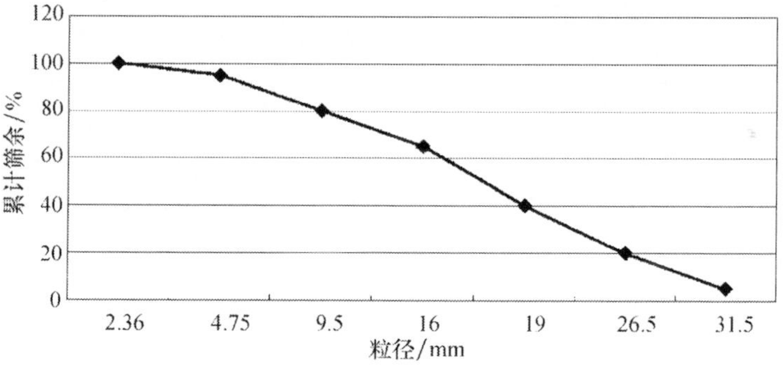

图 15-27 级配曲线 D

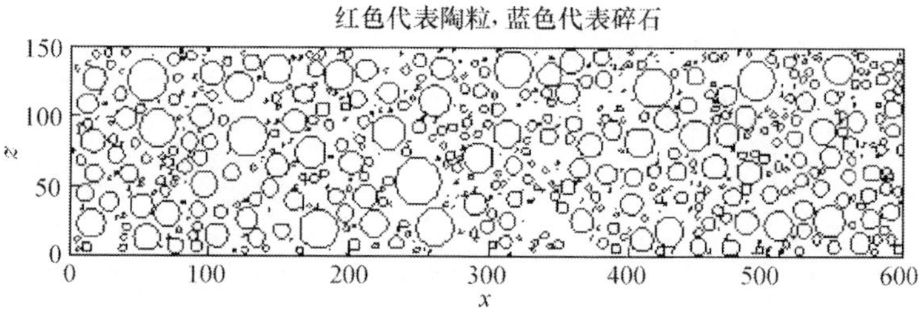

图 15-28 级配曲线 D 对应的剖面图

表 15-15　剖面级配与面积率

曲线编号	级配曲线 1	级配曲线 2	级配曲线 3	级配曲线 4
面积率	0.4019	0.3994	0.4052	0.3988

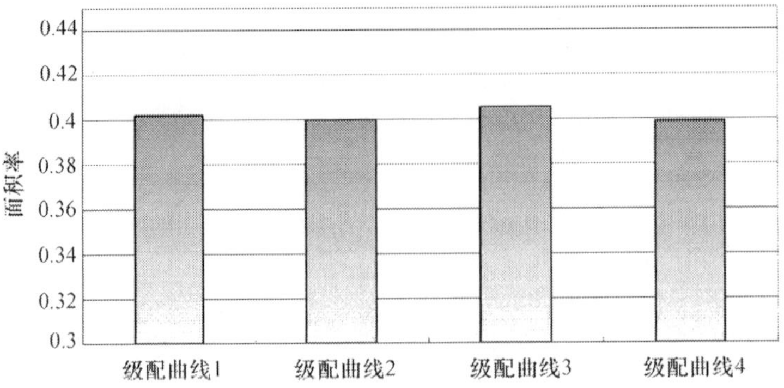

图 15-29　级配曲线与面积率的关系

从不同级配曲线与剖面面积图可以看到，在体积率不变的情况下，体积级配对剖面面积率的关系影响不大。

5）体积率与面积率、剖面级配的关系

(1) 三维颗粒级配不变，研究粗骨料体积率与剖面面积率的关系。

对数字试件进行大量的切割，得到的剖面积率取平均值得到表 15-16 所示。

表 15-16　粗骨料不同体积率对应的剖面面积率

体积率	0.38 * 0.8	0.38 * 0.85	0.388 * 0.90	0.388 * 0.95	0.388 * 1.0
面积率	0.3332	0.3508	0.3637	0.3895	0.4068

根据表 15-16 中粗骨料体积率和剖面面积率的关系，利用最小二乘法原理拟合得

$$S = 0.9582V + 0.0342 \tag{15-25}$$

式中，V——体积率；

S——剖面积率。

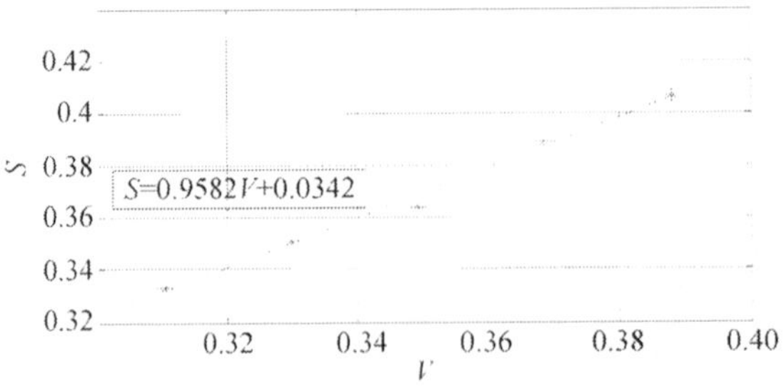

图 15-30　粗骨料的体积率与剖面面积率关系的线性拟合

从公式(15-25)和图 15-30 可以看到，在中截面处体积率和剖面面积率呈线性关系。当体积率较小时，体积率小于面积率。当体积率很大时体积率大于面积率，但是对于一般混凝土试块的制作，骨料的体积都在 0.3～0.5，在这个范围内，体积率小于面积率。对任

意给定的体积率都可以求出剖面的面积率。

(2) 三维颗粒级配不变，研究粗骨料体积率与剖面级配的关系。

图 15-31 中，data1、data2、data3、data4、data5 分别代表 A、B、C、D、E 体积率对应的剖面级配曲线。

从表 15-17 及图 15-31 可以看出，改变粗骨料的体积率，数字试件的剖面级配无影响。也就是说，剖面级配并不随着粗骨料的体积率的改变而改变。

表 15-17　粗骨料不同体积率对应的剖面级配

体积率	级配	方孔径/mm						
		1.36	3.75	9.50	16.00	19.00	26.50	31.50
A	0.388×0.80	100.00	99.80	96.48	73.63	50.68	11.96	0.87
B	0.388×0.85	100.00	99.78	96.58	73.56	49.14	9.21	1.58
C	0.388×0.90	100.00	99.81	96.42	72.92	49.66	9.61	1.62
D	0.388×0.95	100.00	99.80	96.17	73.52	50.38	10.90	1.93
E	0.388×1.00	100.00	99.81	96.45	74.00	50.40	10.72	1.15

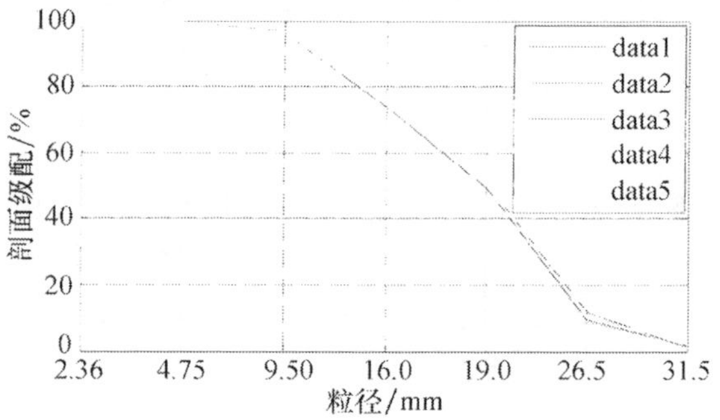

图 15-31　粗骨料的不同体积率与剖面级配之间的关系

6) 试件剖面面积率与剖切位置的关系

以上研究的体积级配和剖面面积率、体积级配与剖面级配、体积率和面积率的关系都是根据 $y=75$cm 面即中面进行研究的。现研究一下 y 等于不同值时，切面的体积率和面积率的关系。表 15-18 的数据是通过在不同的 y 坐标值下，经过大量的切割计算，取其平均值得到的。

表 15-18　不同的 y 坐标值下切割数字试件得到的剖面积率

y 坐标值/mm	0	3	5	8	11	15	18
剖面积率	0	0.1123	0.2299	0.3778	0.4753	0.4692	0.4241
y 坐标值/mm	25	30	50	75	100	120	125
剖面积率	0.3904	0.4066	0.405	0.4046	0.4068	0.4044	0.3849
y 坐标值/mm	130	135	139	142	145	147	150
剖面积率	0.4154	0.4781	0.4700	0.376	0.2327	0.1184	0

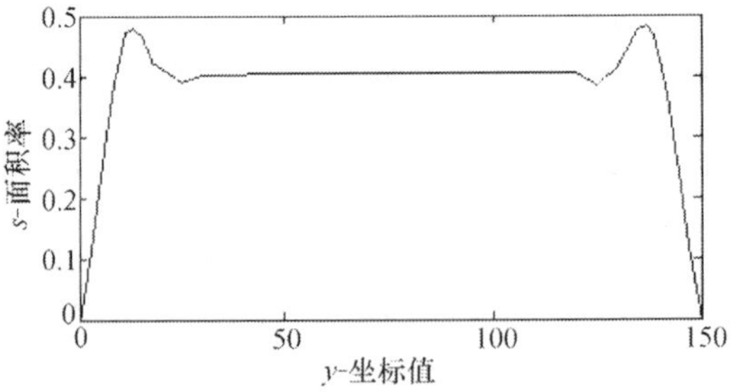

图 15-32　试件剖面面积率在 y 方向的变化折线图

通过拟合得到如图 15-32 所示的关系曲线。从图中可以看出，当 $y<11$mm 或 $y>139$mm 时，试件的剖面积率随着坐标的增加而增大(或减小)，二者呈线性关系。出现这种现象是因为这个区域边界影响大，大粒径的骨料受到边界的约束而重新随机生成导致这部分剖面面积率出现最大值。

当 y 继续增大，面积率减小并趋于稳定，这是因为在中间，边界的影响很小，所以面积率趋于稳定。

针对这个规律，可以对沿 y 方面的剖面进行计算，找到混凝土在 y 方向的最不利位置。

15.4　实 体 工 程

试验路段是将一种新型的材料在某段路面上进行铺筑验证，在车辆荷载作用和环境影响下，研究其使用性能。铺筑试验路段意义重大，主要表现在铺筑路面的成本很大，将一种材料直接进行路面铺筑，如果使用性能不好，将影响使用寿命。一方面影响路面的使用，另一方面也将带来资金上的浪费，因此，在一种新型材料使用前都要进行试验路段的铺筑和测试。

15.4.1　试验工程概况

河北省省道隆昔线，起自邢台市隆尧县，由东向西经内邱县终于山西省昔阳，是连接河北、山西两省的一条重要交通干线。隆昔线与南郝线、京深高速公路、国道 107 线、平涉线相连接，构成四通八达的综合运输网，是邢台西北部的重要干线公路。隆昔线内邱柳林至獐貘段，直接影响到邢台、晋中的几个县市，是晋煤外运的主要通道，是沿线各地区经济发展的重要命脉，是一条集“运输、旅游、政治、经济”为一体的重要干道，对西北部经济的发展起着重要作用。全线按二级公路进行设计。按照邢台市公路工程管理处下达的《关于在隆昔线柳林至獐貘段安排多孔改性水泥混凝土试验路段的意见》的指示以及业主提供的资料，遵循大力推广新技术、新材料的原则，试验段中混合骨料混凝土的试验路段长度 3000m。

试验路选择了邢台和青岛两段道路，下面重点介绍在邢台实体工程的应用情况。

15.4.2 混合骨料混凝土路面施工工艺和使用性能

1）预湿时间

前面已经讨论了预湿时间对新拌混合骨料混凝土的分层度，对硬化混凝土的抗冻性能以及收缩性能的影响。众多学者也纷纷研究了预湿时间对强度和耐久性能的影响，认为 1h 的预湿时间既可以节省施工时间又能够满足性能要求。所以在本研究欲铺筑的试验路段的施工过程中建议采用预湿时间为 1h。

2）拌和工艺

陶粒本身具有一定的吸水率，因此需对陶粒进行预湿。

预湿方法：先浸泡 1h，然后摊开自然风干到饱和面干燥状态进行试验。

实验室采用的拌和方案：试件在实验室制作，采用搅拌机，搅拌顺序：先将陶粒、砂、水泥干拌 30s，然后加水搅拌 30s，再加入外加剂搅拌 90s 后出锅，振动成型，并在标准条件下养护至一定龄期后进行试验。流程图见图 15-33。

根据试验进行对比分析，给出施工的拌和建议，参照图 15-33 进行。

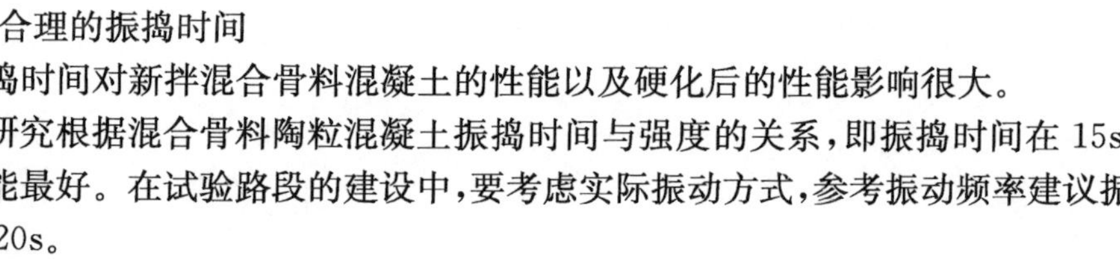

图 15-33 预湿处理的轻骨料混凝土拌和流程图

3）合理的振捣时间

振捣时间对新拌混合骨料混凝土的性能以及硬化后的性能影响很大。

本研究根据混合骨料陶粒混凝土振捣时间与强度的关系，即振捣时间在 15s 左右混凝土性能最好。在试验路段的建设中，要考虑实际振动方式，参考振动频率建议振捣时间在 10～20s。

4）养护工艺

陶粒混凝土的早期强度高，7 天强度基本上可以达到 28 天强度的 80%。

因此，对本试验路段根据需要采取合适的养护技术，温度 20±2℃，湿度 80%以上养护时间不少于 14 天，养护期内其余时间湿度不低于 60%。

图 15-34　试验性路段现场施工

5）使用性能

路面的使用性能可以分为功能性和结构性两方面。功能性是道路使用者对路面使用的直接要求，主要包括行使舒适、行车安全、运行经济和减少对环境的不良影响（如降低噪音等）等方面，路面的功能性能主要决定于路面混凝土材料性质（如弹性模量等）和路面的表面构造特征，后者又包括细构造（波长小于 0.5mm），粗构造（波长为 0.5～50mm），宏构造（波长为 50～0.5m）和不平整度（波长 0.5～50m）。作为功能性所依托的路面结构性能，其物理力学性质和状况随行车荷载和环境因素的不断作用而随时间发生变化，主要表现为各种路面损坏的出现和结构承载能力的退化。路面损坏和结构承载能力的退化互为因果，许多损坏特别是各种断裂，往往是由于路面承载能力不能适应荷载和环境因素的作用而引起的，而损坏的出现又进一步削弱了路面结构的承载能力。按表 15-19 中规定水泥混凝土面层实测项目进行测量。对试验路段进行测量，满足要求。

表 15-19　水泥混凝土面层实测项目

项次	检查项目		规定值或允许偏差		实测均值
			高速公路、一级公路	其他公路	
1	弯拉强度/MPa		在合格标准之内		在合格标准之内
2	平整度	σ/mm	1.2	2.0	1.4
		最大间隙 h/mm	—	5	3

续表

项次	检查项目	规定值或允许偏差		实测均值
		高速公路、一级公路	其他公路	
3	抗滑构造深度/mm	一般路段不小于 0.7 且不大于 1.1；特殊路段不小于 0.8 且不大于 1.2	一般路段不小于 0.5 且不大于 1.0；特殊路段不小于 0.6 且不大于 1.1	0.9

15.5　经济效益分析

海洋疏浚泥陶粒混合骨料混凝土是一种绿色环保、节能的筑路材料。进入 21 世纪，我国加快了从海洋大国向海洋强国迈进的步伐。近岸和离岸工程和航道工程的建设和维护产生了大量的疏浚泥，在吹填造地之外，每年海洋倾倒量在 2 亿立方米左右。在国家中长期发展规划纲要中，对海洋固体废弃物的减量化与资源化给予了重视，加快疏浚泥在公路工程中的应用研究，对实现节能减排，变废为宝，实现可持续发展，践行循环经济，具有重要意义。

对于滨海平原和少山地区，采用海洋疏浚泥陶粒作为筑路材料，通过本课题的研究，技术上的关键环节均已克服，技术上可行。对于石料运距远的滨海地区，疏浚泥陶粒在直接成本上优于传统骨料，后期维修养护成本也低于普通路面，经济上可行。因此本成果具有很好的推广价值。

在我国大力发展沿海经济，加快港口建设步伐的背景下，在滨海区域将海洋疏浚泥陶粒用于公路工程建设具有深远的意义，应用前景广阔，同时又避免了海洋疏浚泥恣意倾倒带来的弊端，社会意义同样是深远的。本部分将对其进行全面的经济效益分析。

15.5.1　路面初期直观费用的对比

直观经济性分析，即以现时工地实际材料、人工和机械设备使用台班等价值直观地对比分析。为方便分析问题，仅变换面层材料类型，其余层次的厚度与材料基本保持一致，计算时仅考虑两种基层的材料及施工经济性。

由于海洋疏浚泥陶粒混合骨料混凝土面层在材料要求、施工设备和工艺上有自己的特点，它不能套用水泥混凝土面层的定额。其经济分析主要根据河北邢台疏浚泥陶粒混凝土面层试验路所用材料及施工机具，以试验路实际发生的单价进行分析。疏浚泥陶粒混合骨料混凝土面层配合比见表 15-20。水泥混凝土面层配合比见表 15-21。

表 15-20　疏浚泥陶粒混合骨料混凝土面层配合比

每方材料用量/(kg/m^3)	水泥	陶粒	碎石	水	砂
质量	367	262	526	165	745

表 15-21　水泥混凝土面层配合比

每方材料用量/(kg/m^3)	水泥	粉煤灰	碎石	水	砂
质量	360	40	1255	170	646

15.5.2　单价分析

以每 1000m^2 施工面积费用计算，厚度均为 24cm，按以上差异并考虑机械材料单价，具体计算如表 15-22 所示，按照实际发生的价格，水泥混凝土 260 元/m^3，海洋疏浚泥陶粒混凝土 275 元/m^3。

表 15-22　人工、材料、机械单价汇总表

序　号	名　称	单　位	代　号	预算单价/元	备　注
1	人工	工日	1	16.57	16.57
2	机械工	工日	3	16.57	16.57
28	32.5 号水泥	t	242	273.92	275.00
29	42.5 号水泥	t	243	356.74	285.00
35	石油沥青	t	260	4749.62	4300
44	生石灰	t	278	214.97	160.00
45	砂	m^3	285	55.06	28.00
46	中(粗)砂	m^3	286	55.06	28.00
50	粉煤灰	m^3	313	39.38	33.00
51	矿粉	t	315	192.07	120
52	碎石(2cm)	m^3	320	84.71	48.00
53	碎石(4cm)	m^3	321	83.68	48.00
54	碎石(8cm)	m^3	323	83.68	48.00
63	75kW 以内履带式推土机	台班	403	606.77	500
66	2m^3 以内单斗挖掘机	台班	432	1272.50	1000
67	2m^3 以内轮胎式装载机	台班	438	832.31	400
68	120kW 以内自行式平地机	台班	444	1072.45	900
71	12～15t 光轮压路机	台班	461	370.52	500　18-21T
72	15t 以内自行式振动压路机	台班	468	862.96	800　22T
73	200t/h 以内稳定土厂拌设备	台班	506	982.79	1000
78	6m 以内自找平沥青摊铺机	台班	540	1663.22	2700
83	3m^3 以内混凝土搅拌运输车	台班	592	811.27	650
84	75m^3/h 以内混凝土搅拌站	台班	611	707.06	1000
89	12t 以内自卸汽车	台班	651	848.66	400 18T
91	6000L 以内洒水汽车	台班	671	554.12	200

15.5.3　综合单价分析

在考虑相同路面使用寿命及养护费用的情况下，仅从初期建设投资方面分析这两类不同面层路面的工程造价。在设计年限相同的公路上，假设路面能承受相同荷载疲劳应力与温度疲劳应力，使用海洋疏浚泥陶粒混合骨料混凝土面层，在水泥混凝土面层、级配碎石底基层厚度等相同的情况下，使用海洋疏浚泥陶粒混凝土的路面可相应减薄层厚 1cm；同时，海洋疏浚泥陶粒混合骨料混凝土的施工方法、机械设备及所用人工与目前常用水泥路面相近，可认为两者仅在材料费用上有差别，海洋疏浚泥陶粒混合骨料混凝土只是在材料方面和施工工艺要求更高些。

下面采用静、动态计算方法，对水泥面层、海洋疏浚泥陶粒混合骨料混凝土面层两种类型路面的投资效果进行经济综合评价，以便得出一个较为直观的结论。

对于不同结构的路面，其路面养护费用亦不同，养护费受道路等级、路面类型、环境条件和交通量等多因素的影响。借鉴山东省的经验，并结合河北的实际情况，水泥混凝土路面的大修周期按 8～12 年计算，海洋疏浚泥陶粒混合骨料混凝土路面按 8～12 年计算。对于重交通环境，假设在路面结构设计中的各结构层厚度等均相同，且面层、底基层类型亦相同，仅改变面层类型时，两种不同面层类型路面方案的经济效益可按总算法计算。总算法就是根据方案的基本投资与使用年限内的所有维修费的总和评价。初建费和大修费用按工程经验估算。计算公式为

$$S = P + C \cdot n \tag{15-26}$$

式中，S——总费用；

P——初始投资；

C——年维修费；

n——设计使用年限。

根据现有的早期维修费用计算，见表 15-23。

表 15-23 高等级公路路面总费用比较

项目 \ 路面结构	26cm 水泥混凝土面层＋20cm 水稳碎石基层＋18cm 级配碎石底基层/(元/m²)	26cm 海洋疏浚泥陶粒混合骨料水泥混凝土面层＋20cm 水稳碎石基层＋18cm 级配碎石底基层/(元/m²)
初期建安费	131.8	143.6
早期病害大修	0	0
大修费	70	35
历年养护费	3.25	1.63
费用总计	205.05	180.23

由表 15-23 可知，海洋疏浚泥陶粒混合骨料混凝土路面的初期投资增加 11.8 元/m²，即增加费用 129.8 万元/km，但使用寿命延长，养护费用大幅度降低。按 25 年的路面总费用分析，实际海洋疏浚泥陶粒混合骨料混凝土路面可以降低维修费用 73.12 万元/km，经济效益是十分显著的。在设计使用年限内，维修少会产生一些间接经济效益、社会效益，从长远看，使用海洋疏浚泥陶粒混合骨料混凝土是非常合算的。

采用动态计算法中的寿命周期费用分析法。新建路面分析期为 25 年，把分析期内不同时期支出的费用，按一定的贴现率折算为现值，一般折现率取 8.10%，分析表 15-24 中初建费、养护费及大中修费等折现以后的费用，比较海洋疏浚泥陶粒混合骨料混凝土路面和普通水泥混凝土路面费用和效益的差异。计算公式为

$$P_{\mathrm{V}} = I_{\mathrm{V}} + \sum_{i=1}^{n} X \times \mathrm{PW}_t - S \times \mathrm{PW}_n \tag{15-27}$$

式中，I_{V}——初期建设费用；

X——各期不同费别的费用现值系数；

PW_t——t 年现值系数；

PW_n——n 年现值系数；

n——分析期；

S——残值。

表 15-24 高等级公路路面 25 年使用期比较

项 目 \ 路面结构	26m 水泥混凝土＋20m 水稳＋18cm 级配碎石底基层/(元/m²)	26cm 海洋疏浚泥陶粒混合骨料混凝土＋20cm 水稳＋18cm 级配碎石底基层/(元/m²)
初期建安费折现	131.8	143.6
早期病害大修折现	0	0
大修费折现	23.24	10.12
历年养护费折现	1.18	0.59
费用总计折现	156.22	154.31

从表 15-24 可以看出，虽然海洋疏浚泥陶粒混合骨料混凝土路面的初期投资增加 11.8 元/m²，但从 25 年路面使用情况综合看，将大修、历年养护费折现后，海洋疏浚泥陶粒混合骨料混凝土路面的综合投资减少 1.9 元/m²，即降低维修费用 3.2 万元/km。

15.6 结　　论

本研究的工作包括试验和理论两部分。首先通过正交试验方法选择陶石比和振捣时间作为影响混合骨料混凝土强度的主要因素，拟定了正交试验方案，进行了配合比的设计，研究了疏浚泥混合骨料混凝土的抗压性能、抗折性能、收缩性能和抗冻性能。进行混合骨料混凝土试验研究时，由于因素和水平太多，加上试验的离散型，仅依靠有限次数的试验分析，不能完全准确地得到配比、振捣时间对强度的影响规律。因此，本研究还建立了二维随机骨料模型的数字试件，在建立的数字试件的基础上，进行了有限元的初步研究。本研究所做的工作及得到的结论可归纳为以下几点。

(1) 对混合骨料疏浚泥陶粒混凝土用于面层进行了经济性分析，以现在疏浚泥陶粒的价格和现在的碎石价格，每延米混合骨料路面的价格是普通水泥混凝土路面价格的 1.14 倍。

(2) 详细分析了影响混合骨料混凝土强度的各种因素，最终选择陶石比和振捣时间作为影响混凝土强度的主要因素，选择了适宜的水平，进行了正交试验表格的制定。根据陶粒混凝土的配合比设计并结合普通陶粒混凝土的设计方法，给出了混合骨料疏浚泥陶粒混凝土的配合比设计方法。在实验室内进行了混合骨料混凝土的试验研究，配制出了满足一定等级公路面层要求的混凝土。

(3) 在混凝土试验中，得到混合骨料混凝土的物理力学性能与陶石比的关系。随着陶石比的减小，混合骨料混凝土的抗压强度和抗折强度都逐渐增加，比强度增加。当陶石比达到一定值时，混合骨料混凝土的抗压强度和抗折强度的比强度值与普通混凝土相当，并符合规范要求。此后随着陶石比的继续降低，混合骨料混凝土的抗压、抗折强度降低，比强度减小。本试验表明，当陶石比为 1/1 时混合骨料混凝土的抗压、抗折比强度与普通混凝土相当。由于试验结果与材料的性质关系密切，陶石比在 1/1 左右时，混合骨料混凝土比强度达到最大。

(4) 同样，得到了振捣时间与混合骨料混凝土的物理力学性能的关系。对比了不同振捣时间对物理力学性能的影响，试验结果表明，振捣时间为 15s 时，具有最高的抗压和抗折比强度，也满足规范要求。同样，由于材料的性质对混凝土性能的影响，本研究认为在 15s 左右时，混合骨料混凝土的性能最好。

(5) 当陶石比 1/1、振捣时间为 15s，其他试验条件相同的情况下，通过对比陶粒混凝土、混合骨料混凝土和普通混凝土的抗冻性能发现，陶粒混凝土的抗冻性能最低，混合骨料混凝土与普通混凝土的抗冻性能相当，这说明混合骨料混凝土还是具有较好的抗冻性能。同样在上面提到的相同的试验条件下，陶粒混凝土的收缩率最大，混合骨料混凝土其次，普通混凝土最小，并且混合骨料混凝土的收缩率和普通混凝土的收缩率相差不大，耐久性能优良，抗冻、疲劳、耐磨、抗渗均满足要求。

(6) 本研究根据疏浚泥陶粒和碎石的分计筛余曲线，通过大量计算机试验，建立了混合骨料混凝土的二维细观数字试件。建立了体积级配和剖面级配函数关系式。发现沿中面切开面积率和体积率不相等，得到了体积级配和面积率关系不大的结论。并对数字试件进行静力模拟试验。

(7) 提出了海洋疏浚泥混合骨料混凝土路面的设计方法和施工要点以及使用性能的评定方法，为进一步应用推广提供了理论与试验基础。

参 考 文 献

丁庆军，等. 2005. 集料组成对次轻混凝土宏观性能影响的研究[J]. 武汉理工大学学报，(5)：37-39.

胡曙光，王发州. 2006. 轻集料混凝土[M]. 北京：化学工业出版社：19-29.

焦双健，魏巍. 2006. 疏浚泥陶粒路用性能分析[C]. 第一届南海论坛，广州，12.

孔丽娟，等. 2007. 混合骨料混凝土应力-应变全曲线的研究[J]. 武汉理工大学学报，(7)：18-21.

李志国. 2006. 综合利用独流减河入海口清淤的海泥抷烧黏土砖实验研究[J]. 天津建设科技，(1)：7-9.

屈彦玲. 2007. 混凝土抗剪强度尺寸效应的细观数值模拟[J]. 国防交通工程与技术，(3)：29-31.

田文玉. 2006. 建筑材料质量控制与检测. 重庆：重庆大学出版社：27-44.

王根元. 2005. 轻骨料宽频吸声砖的研制. 新型墙材，(2)：28-30.

王树和，甄飞，等. 2007. 高强轻集料混凝土力学性能影响因素研究[J]. 武汉理工大学学报，29(9)：104-107.

张宝生. 2006. 轻骨料预湿程度对混合骨料混凝土力学性能的影响[J]. 混凝土，(10)：24-26.

郑淑英. 2006. 中国海上排污与倾倒收费政策及标准研究[M]. 北京：海洋出版社.

周顺和. 2005. 开挖施工中产生的废弃物在新加坡的循环利用[C]. 第二届全国非饱和土学术研讨会论文集. 杭州：04：686-691.

Kuo. 2007. Organo-modified reservoir sludge as fine aggregates in cement mortars [J]. Construction and Building Materials，21：3.

Mun K J. 2007. Development and tests of lightweight aggregate using sewage sludge[J]. Construction and Building Materials，21：1583-1588.

第 16 章　桥梁预应力混凝土结构智能张拉控制系统

16.1 引　　言

在工程结构构件承受外荷载之前，对受拉模块中的钢筋，施加预压应力，提高构件的刚度，推迟裂缝出现的时间，增加构件的耐久性。对于机械结构，其含义为预先使其产生应力，其好处是可以提高构造本身刚性，减少振动和弹性变形。这样做可以明显改善受拉模块的弹性强度，使原本的抗性更强。在结构承受外荷载之前，预先对其在外荷载作用下的受拉区施加压应力，以改善使用性能的结构型式，称为预应力结构。

压浆是利用灰浆将预应力孔道填充密实以保护预应力筋免遭锈蚀，保证结构物的耐久性。预应力筋在高应力状态下更易锈蚀（约是普通状态下的 6 倍），尤其以钢丝组成的钢丝束、钢绞线等，如不及时采取防锈措施，很快就会因锈蚀而断裂；预应力施工两个关键工序，预应力张拉及预应力孔道灌浆，分别关系到预应力结构的安全性和耐久性。传统的桥梁预应力施工存在着较大的局限性，导致现役桥梁寿命短命。其原因有以下两点。

原因 1：预应力张拉不合格，压浆不密实

在使用的预应力桥梁中发现，有相当数量的箱梁在顶板、腹板、底板、横隔板以及齿块等部位出现了各种不同形式的裂缝，其中箱梁腹板裂缝最为普遍和严重。同样，预应力简支梁板在运行中大量出现底板、腹板裂缝，承载能力下降。如图 16-1 所示。

图 16-1　危桥预应力管道压浆不密实

原因 2：预应力施工质量通病

预应力施工质量通病主要体现在：断丝、滑丝；锚下开裂、下陷；张拉强度和时间失控；锚夹具质量差；绞线在孔道内缠绕；多穿或少穿绞线；砼质量、材料质量问题。有问题并不可怕,可怕的是这些问题被隐瞒,将给结构留下了很大质量、安全隐患。

梳编穿束工艺消除了各根绞线受力不均引起的滑丝、断丝等事故,是保证有效预应力均匀度的根本措施。预应力智能张拉技术通过计算机程序控制张拉力值,自动测量预应力筋伸出量,规范施工过程,张拉以后生成张拉数据能对张拉过程进行还原,其取代传统的、依靠人工控制的张拉方式乃大势所趋。预应力压浆经计算机程序控制压浆过程,提出改"压"为"疏导"的大循环新理念,同时智能化施工能完全排除人为因素的干扰,通过精密仪器测量、计算机高速运算,依照程序保证压浆质量。丰富的工程数据便于对施工质量进行监督与控制。

16.2　穿 束 工 艺

16.2.1　短束梳编穿束和长束梳编穿束

1. 短束梳编穿束

对于跨径小于或等于 45m 的预制梁及其他钢束长度较短、根数较少、重量较轻的预应力钢束可采用短束梳编穿束工艺。短束梳编穿束工艺步骤(以一束 9 根的钢束为例)如下。

(1) 机具准备:扎钩、扎丝、梳束板(可用锚具代替)、透明胶带、刀片、油性笔、号码纸等。

(2) 下料:每束钢绞线下料时应有一根钢绞线长出 10～20cm 作为中间钢绞线,其余各根钢绞线下料长度应基本一致。

(3) 编号:每根钢绞线的两端应编上同样的号码,以透明胶带将写好的号码绑在钢绞线的两端,同时对锚具进行编号,两端的锚具应同时编号,一块锚具顺时针编号,另一块锚具逆时针编号。编号应写在锚具的外露面(上夹片的一面)。

(4) 端头绑扎:端头绑扎宜分层进行。如图 16-2 所示 1、2、8 号钢绞线作为一层,7、9、3 号钢绞线作为一层,4、5、6 号钢绞线作为一层,先逐层绑扎再整体绑扎。如图 16-3 所示。绑扎好后的钢绞线根据每束钢绞线根数的不同呈正方形、矩形、梯形等形状。

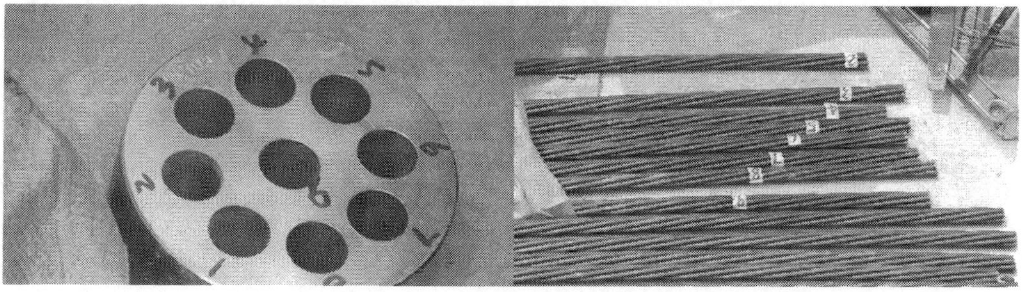

图 16-2　编号的锚具与钢绞线

(5) 梳束:利用梳束板或锚具对钢绞线进行梳理,每梳理钢绞线长度约 1m 时,用扎丝将钢绞线扎紧,绑扎时扎丝端头朝上。逐段绑扎直至将钢绞线梳理完毕。如图 16-4 所示。

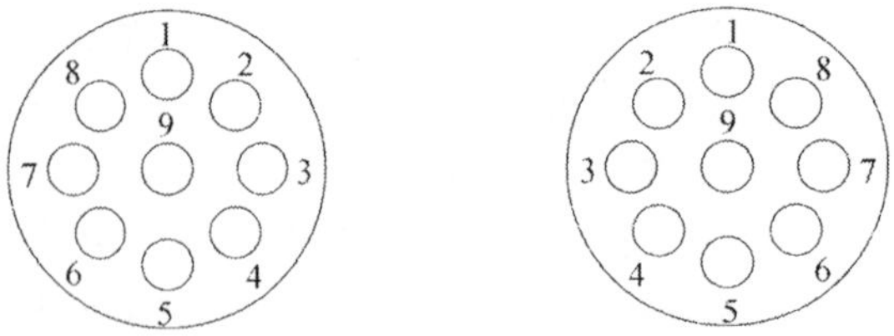

图 16-3　锚具顺时针、逆时针分别编号

(6) 穿束:穿入端端头可用塑料瓶套住并用胶带缠紧,用人工或启动卷扬机缓慢匀速拉动钢绞线进行穿束。如图 16-4 所示。

图 16-4　绑扎与整体穿束

(7) 对中调整:穿束完毕后,将穿入端钢丝绳、塑料瓶和胶带等去除,使钢绞线编号外露,先将中间钢绞线套入锚具孔内中间位置,上夹片,稍微顶紧,再将其他钢绞线分别套入对应的锚具孔内。旋动锚具使两端锚具各孔位对中。保持 1 号钢绞线均在上方。

(8) 注意事项:

① 钢绞线的编号在两端按从小到大呈锥形排列,以透明胶粘牢;

② 钢绞线绑扎须牢固,顺序不能打乱,绑扎后的钢绞线要能成为一个有一定刚度的整体;

③ 钢绞线在穿束时,注意绑扎接头须朝上,防止扎丝刮坏锚垫板。

2. 长束梳编穿束

跨径大于 45m 的预制梁、连续现浇构件及其他钢束长度较长、钢绞线根数较多、重量较重的预应力钢束应采用长束梳编穿束工艺。长束梳编穿束工艺的主要步骤如下。

(1) 钢绞线下料完毕后在其一端套入锚板作为梳束工具(也可用限位板),用砂轮锯将该端钢绞线各索端头切割 20～30cm,但保留中心一根钢丝。

(2) 将中心丝穿入具有与锚具相似位置孔的牵引螺塞(牵引螺塞上各孔距略大于钢绞线直径)后镦头,镦头直径大于牵引螺塞孔的直径,以满足整束穿束时拖动钢绞线平动的要求。

(3) 镦头后的整束钢绞线通过牵引螺塞和螺旋套连接,牵引螺塞外径和螺旋套内径相同，均带有丝口，拧紧即可。

(4) 钢绞线穿束前钢绞线端头(包括切割部分)须用胶带缠绕保护(注意牵引头缠胶带以前，应先用卷扬机牵引，使各根钢绞线在镦头处长短一致)，防止穿束过程中钢绞线端头散索。

(5) 将牵引螺塞与螺旋套连接，螺旋套另一端由卷扬机上的钢丝绳牵引，穿束时由卷扬机缓慢牵引整束钢绞线平动完成整束穿束。若受场地限制可利用转向滑轮，也可增加卷扬机，钢绞线牵引时应采用锚板边梳理边绑扎，绑扎间距宜为 1.0m。在穿束过程中，注意只克服钢绞线与波纹管的摩阻，便于对系统的保护。如图 16-5～图 16-7 所示。

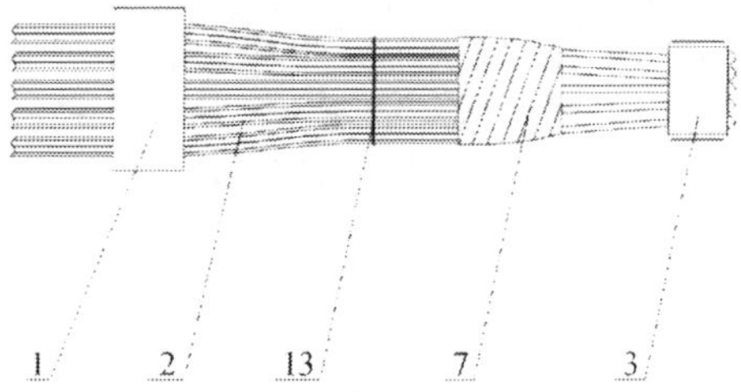

图 16-5　绑扎示意图
1-梳束板(或锚具)；2-钢绞线；3-牵引螺塞；7-绑扎胶带；13-扎丝

图 16-6　钢绞线的墩头及镦头后整束钢绞线

图 16-7　牵引螺塞和螺旋套连接

16.2.2　分节段施工的连续梁桥、刚构桥的梳编穿束

分节段施工的连续梁桥、刚构桥预应力混凝土结构梳编穿束注意事项如下。

(1) 对于分节段施工的连续梁桥、刚构桥，宜采用梳束板梳束，梳束板上各孔的大小应略大于钢绞线直径，也不宜过大，防止其在穿束过程中扭转与其他钢绞线缠绕。

(2) 梳束板各孔的间距宜为 2mm，并且各孔位应做好对应编号，其位置应与锚具安装孔位保持一致。

(3) 梳束时，连接器周边带挤压套的钢绞线与梳束板之间钢绞线线形应平顺，没有相互缠绕，对已梳理顺直的钢绞线可在远端进行逐段绑扎。

(4) 梳束结束后，将绑扎好的整束钢绞线进行编号再穿束。

分节段施工的连续梁桥、刚构桥预应力筋梳编穿束步骤应按“长束梳编穿束工艺”执行。

16.3 预应力张拉技术

16.3.1 传统预应力张拉施工技术本身的不足

(1) 张拉力控制误差过大：传统预应力张拉工艺按照设计规程所要求的张拉控制应力进行张拉控制，张拉过程中直接通过事先标定的千斤顶、油表和液压系统，人工读取机械式油压表的读数控制张拉力，因此，具有以下缺陷：①压力表的读数误差较大；②手工加压，控制误差大，分辨率低，难以精确控制张拉力。研究表明，预应力筋张拉控制应力的实测值不稳定，波动范围为－15.0%～15.0%。如此大的偏差和波动，很难控制张拉力的大小。

(2) 预应力筋伸长值测量不准确：在预应力张拉施工中，预应力筋伸长值普遍由人工测量，存在着读数误差大，测量过程慢，人为影响因素大、信息反馈不准确等问题。同时手工完成张拉记录，人工痕迹明显，可信度降低。

(3) 未能实现张拉力和张拉伸长值的“双控”：由于预应力张拉过程的复杂性，预应力张拉控制都采取张拉力和伸长值双控的方法，以保证预应力度的建立。在预应力张拉工艺中，张拉伸长值是在压力表读数达到预定值后，再用钢尺进行人工测量张拉伸长值，油压表和预应力筋伸长值的测量是由不同的人先后操作完成的，此时如果张拉伸长值超过规范要求的范围，则无法补救，这就意味着此预应力构件不能按照设计考虑的受力状态工作。

(4) 张拉过程不规范：预应力张拉步骤由人工控制完成，其同步对称张拉、停顿时间、加载速率、持荷时间随意性大。规范规定持荷时间为 5 分钟，实际持荷时间往往取决于现场操作人员，加载速率过快直接导致预应力损失过大，锚下预应力达不到设计要求等。

(5) 千斤顶、张拉油泵与压力表标定结果稳定性不易保持：现在所用机具的标定混乱，千斤顶、压力表和油泵应是一个完整的张拉施力系统，必须结合施工现场整体标定，实际上却是分割标定——只标定千斤顶与压力表，有的还是动态标定，其误差大又违背使用条件。

(6) 工人工作经验和工作责任感影响施工的质量。

(7) 思想上不重视，缺乏相应的实时监控及检测手段，不能及时发现问题并解决问题。

16.3.2　施工实践中可能存在的问题

(1) 工人不按设计张拉顺序张拉。如在张拉四孔空心板过程中,设计要求左右交叉对称张拉,但实际工人为了省事,往往先把一侧腹板预应力束张拉完毕,然后再张拉另一侧,这样可以减少对千斤顶的移动,降低劳动强度,但非对称张拉会导致对梁板的损伤。

(2) 先浇筑混凝土后穿束预应力筋的方式下,预应力筋穿不进去的事情时有发生。施工方往往不愿意对梁板进行“开膛破肚”,于是经常通过先穿预应力筋后浇筑梁板,甚至采取少穿预应力筋的方式解决,这些问题在传统的张拉方式中都无法发现,为桥梁留下安全隐患。

(3) 施工方工人操作的时候把预应力筋根数搞错。某项目一束预应力筋延伸量误差达到 20%,经过技术员现场分析,发现预应力筋穿错根数,三个孔本应该依次是 8、8、9 根预应力筋,结果依次穿成了 9、8、8 根,甚至,周围所有的梁都穿错了。如果施工方责任心不够、监督不到位,这些问题很可能都不被处理。

(4) 实际中由于锚具质量问题或者锚下混凝土捣鼓不严实的问题,如果张拉力值达到设计目标值可能就会导致锚下混凝土塌陷,如图 16-8所示,为了避免返工减少损失,施工方可能采取不张拉到设计力值的方法避免梁板受损。因此严重欠张。

(5) 传统的张拉方式伸长量的测量比较粗糙,甚至靠手测、目测,因此反映的数据不可避免存在较大偏差。某项目由于设计有时候没有考虑张拉时千斤顶提及大小,张拉时靠近梁板底座的孔道无法放入千斤顶,于是采取叠加工作锚具的形式解决,结果张拉伸长量偏低。经技术人员核查,发现锚具对预应力筋有严重的刮伤,使得预应力筋伸不出来,如果这些问题不被发现,那么这两孔的张拉力值都会达不到设计要求。

图 16-8　锚下混凝土塌陷

(6) 一个断面如果有三个孔道,设计值均为 30MPa,传统张拉仪可能由于操作工人工作经验不足,导致其中一个孔张拉力值到达 31MPa,另外一孔的张拉力值只有 29MPa(实际上传统张拉仪连这个精度都很难达到),那么梁板在使用的时候一个孔的预应力筋会过度受力,导致梁板寿命受到影响。

(7) 传统张拉方式,工人很难做到耐心地按照规范的要求在张拉力达到设计值后持荷 5 分钟,实际可能只持荷了若干秒甚至几乎没有持荷,那么会无法克服预应力筋的早期松弛,导致锚下有效预应力达不到设计值;而即使持荷,也无法做到在持荷过程中出现压力下降的情况下缓和地进行压力补张。

(8) 人员安全性方面,人工测量伸长量的时候可能由于锚下混凝土捣鼓不严实而出现安全事故。

(9) 经济效益层面,传统张拉方式需要较多人员参与张拉过程,导致人力成本的提高。

(10) 标准化、规范化方面,传统张拉很难做到梁板张拉施工的规范化、标准化管理,操作工程随意性大,管理难度大。

在传统张拉方式下,几乎没有延伸量误差在规范要求之外的数据,施工单位也几乎不会把预应力筋退锚重拉,因为张拉完毕后监管者无法知道实际的张拉情况,很多问题只有等到若干年以后才能发现。所有的一切,都只因为张拉过程无法追溯,“预应力张拉质量的好坏随着封锚的完成,被掩盖得严严实实”。

正是这样或那样的原因,导致桥梁事故不断。《环球时报》曾经专门刊发社论:所有新建大桥的垮塌无一例外都是责任事故,它们都垮在建设及使用过程的管理上。虽然桥梁事故或出现病害原因很复杂,但桥梁结构质量施工的管控依然是重中之重,见图 16-9。

图 16-9　桥梁事故

16.3.3　预应力智能张拉系统

LZ-5903 预应力智能张拉系统是湖南联智桥隧技术有限公司自主研究开发的桥梁预应力结构张拉设备,该系统已经服务于湖南省多个高速公路建设项目,并在河北省、辽宁省、江苏省、浙江省等多个省市的高速公路、市政项目预应力桥梁结构施工上得到了运用,该系统工作性能稳定成熟,可以运用于桥梁预制梁板、现浇梁板的预应力张拉控制。系统通过一台计算机可以同时以无线的方式控制多个张拉仪作业。图 16-10 为一台计算机控制两台张拉仪的施工。图 16-11 为一台计算机控制四台张拉仪的施工(梁板两端各放两台)。

图 16-10　一台计算机带两个张拉仪器

图 16-11　一台计算机控制四台张拉仪施工

1. 系统硬件介绍

LZ-5903 预应力智能张拉系统由主机、油泵、千斤顶三大部分组成。预应力智能张拉系统以应力为控制指标,伸长量误差作为校对指标。系统通过传感技术采集每台张拉设备(千斤顶)的工作压力和钢绞线的伸长量(含回缩量)等数据,并实时将数据传输给系统主机,进行分析判断,同时张拉设备(泵站)接受系统指令,实时调整变频电机工作参数,从而实现高精度实时调控油泵电机的转速,实现张拉力及加载速度的实时精确控制。系统还根据预设程序,由主机发出指令,同步控制每台油泵的每一个机械动作,自动完成整个张拉过程。

压力采集装置在张拉过程中负责采集千斤顶油缸的压力值,通过下位机传给控制主机,主机根据标定参数换算成张拉力值。

位移采集装置在张拉过程中负责采集钢绞线伸长量(回缩值),通过下位机传给控制主机。其控制原理如图 16-12～图 16-13 所示。

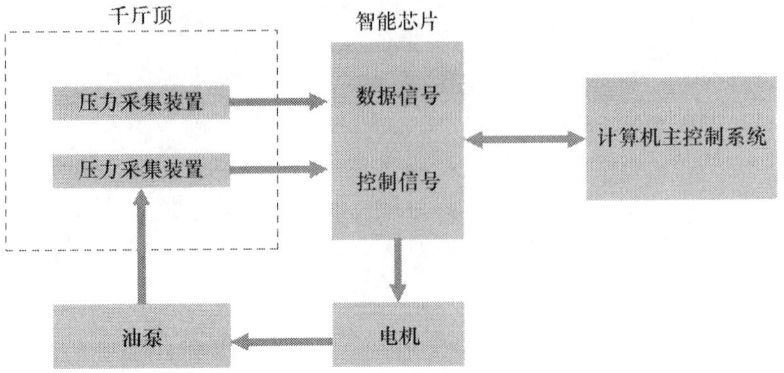

图 16-12　张拉系统工作基本原理图

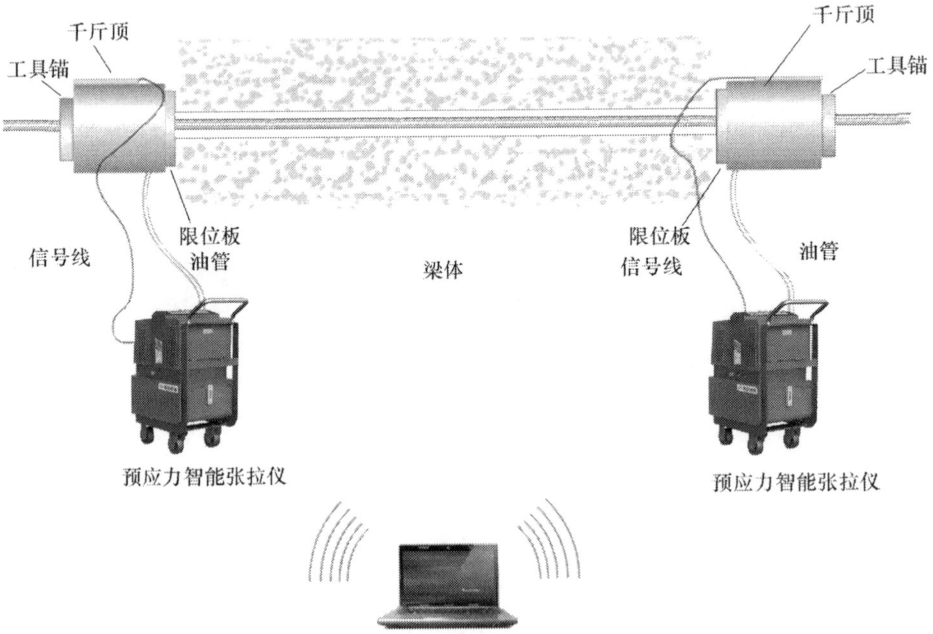

图 16-13　张拉控制系统结构图

1) 预应力智能张拉系统油泵

此设备为超高压动力输出装置,它的作用主要是为梁体的张拉装置(千斤顶)提供可靠、稳定的提升动力,具有提升、保压、回程等功能。该设备能够精准地实现程序设定的命令,通过无线通信接口与计算机进行数据交换。采用成熟技术确保数据通信的可靠交互。图 16-14 为系统油泵组成部件示意图。

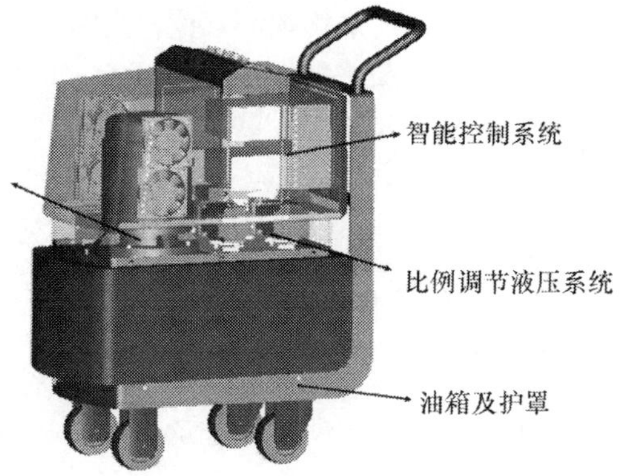

图 16-14　系统的油泵组成

2）智能千斤顶

它采用新型密封件，高压自增强油缸强度，优化千斤顶结构尺寸，在保证千斤顶行程，油压不变的前提下，重量比常规穿心式千斤顶减轻 30%～45%，出力比达到 0.6∶1，同时千斤顶长度和外径减小，能减小预留预应力筋的长度，可广泛应用于先张法和后张法的预应力施工。自身附带电子位移传感器，用于千斤顶内杠伸长量的测试。具有精度高、误差小、量程大、移动平顺等特点；自身附带高精度压力传感器，能精准测量千斤顶输出的力值。图 16-15 为智能千斤顶及其尺寸(150 吨)示意图。

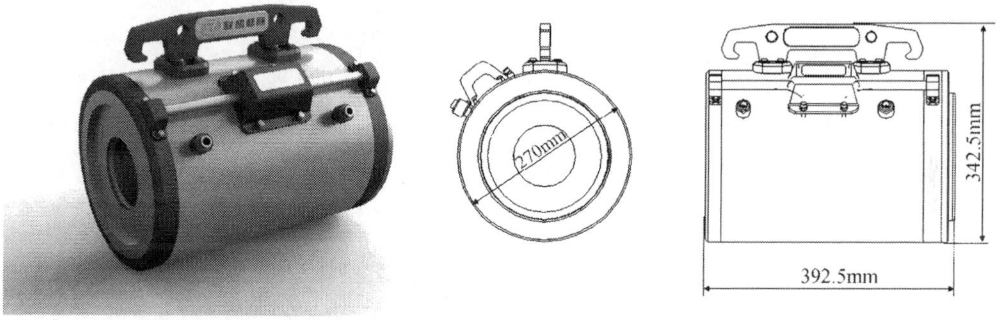

图 16-15　智能千斤顶及其尺寸示意图

3）设备无线连接

本系统采用局域网 WiFi 连接计算机与智能张拉仪，利用计算机自带的无线网卡，使用方便快捷，性能可靠。无线控制可以减少工地上线路的连接，方便施工。

4）高压油管

油管包括进油管、回油管，构成千斤顶提升、回程的油路。

2. 智能系统特点

采用多种创新设计，精确控制张拉力值大小，精确测量预应力筋伸长量，实现自动补张，自动采集预应力筋伸长量，及时校核伸长量误差，真正实现“双控”操作。可同时控制两个或多个千斤顶的张拉，真正实现“多顶同步”张拉施工工艺。张拉加载速率、停顿点、持荷时间等张拉要素自动控制。系统采用无线采集控制,远程监控,便于操作,模块化设计,具有较高可靠性及可维护性。掌握梁板信息和张拉有关的技术信息,能实现验收评估自动化。随时掌握张拉设备的状况,如性能、校准状况等。智能分析处理数据,形成工程管理所需的各种报表。能及时自动反馈数据至相关部门,相关部门可及时下达指令。系统采用傻瓜式操作控制,软件界面友好,易于操作,可靠性高。该电动液压装置采用了立式电机安装,油泵内置油箱,噪声小,漏泄小,寿命长,组合结构合理,实现了手动、自动一体化设计。

3. 智能操作界面功能

1) “安全须知”提醒操作人员时刻提高安全意识。图 16-16 为系统软件界面示意图。

图 16-16　系统软件界面

2) 阅读“使用前请阅读安全须知”提示后,进入软件欢迎界面。软件分为建设管理单位、监理单位、施工单位三大模块,如图 16-17 所示,采用用户名和密码登录的形式,不同用户登录以后获取不同权限。

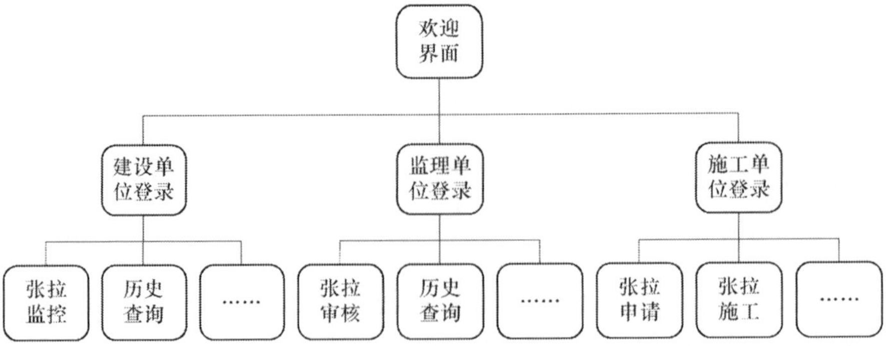

图 16-17　软件模块示意图

3）以施工单位模块相关功能进行介绍。施工单位登录以后可以通过软件牢牢控制张拉器具的使用状况，控制梁板张拉时的龄期、强度，获取钢绞线的实际弹性模量，得到符合实际情况的理论伸长量等。图 16-18 为张拉参数输入界面。

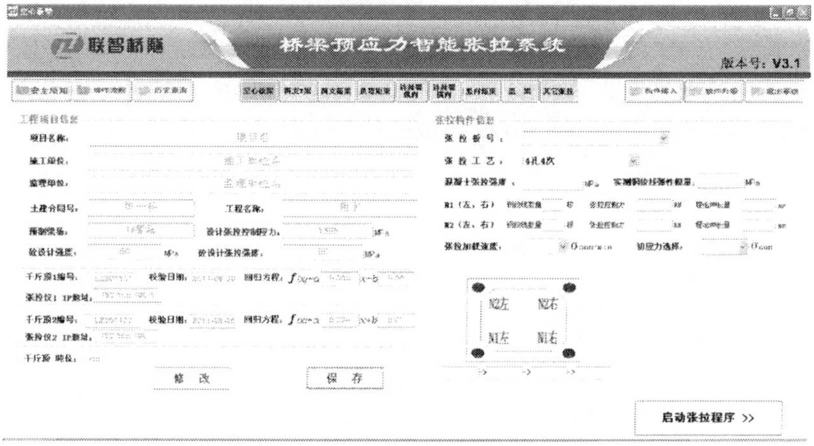

图 16-18　张拉参数输入界面

（1）安全须知：提示张拉过程中应该注意的安全事项。点击该按钮，弹出图 16-19 所示界面。

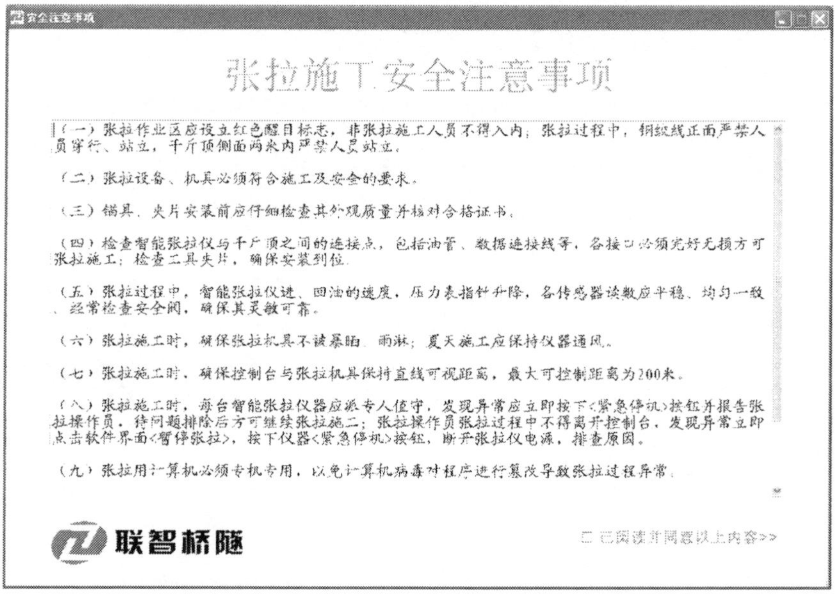

图 16-19　张拉安全须知

（2）操作流程：仪器操作使用的流程。点击该按钮，弹出图 16-20 所示界面。

（3）历史查询：对历史张拉数据、曲线、现场张拉人员等信息进行查询。点击该按钮，可以查询某种梁板类型在某个时间区间内的张拉历史数据。双击图 16-21 中的数据可以查看历史张拉曲线；点击图中“打印”按钮可以打印张拉结束后生成的表格。历史张拉曲线只能通过软件进行打开,有效防止了数据的造假。

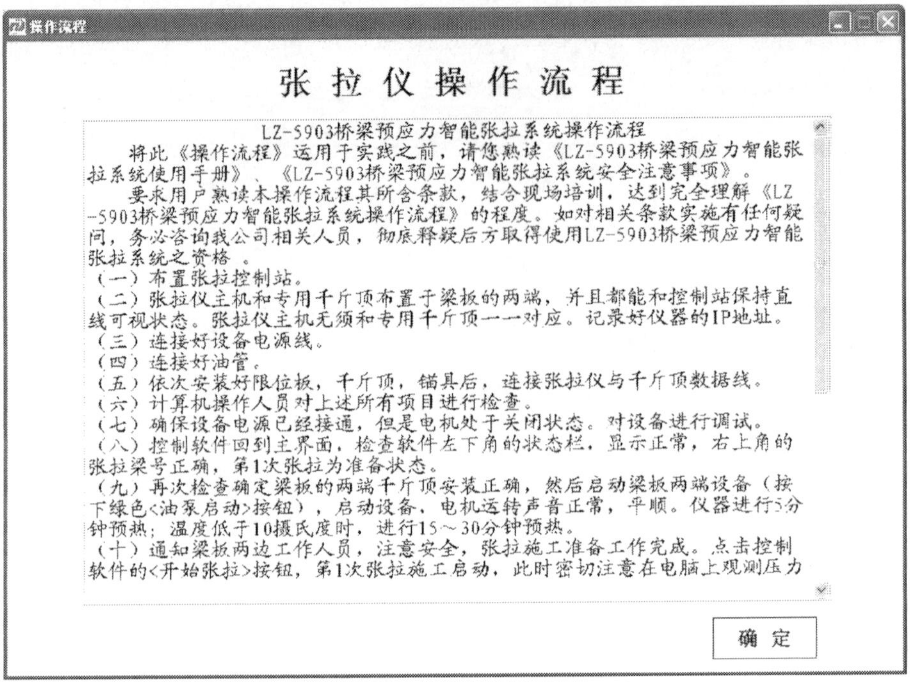

图 16-20　张拉操作流程

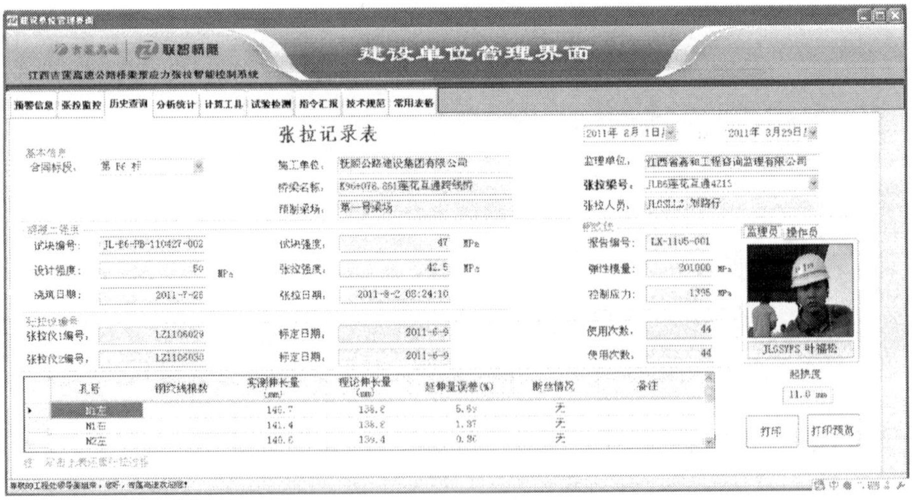

图 16-21　张拉历史数据查询

(4) 空心板梁:选择该项对空心板梁进行张拉。

(5) 简支 T 梁:选择该项对简支 T 梁进行张拉。

(6) 简支箱梁:选择该项对简支箱梁进行张拉。

(7) 负弯矩束:选择该项对负弯矩束进行张拉。

(8) 连续梁纵向:选择该项对连续梁纵向束进行张拉。

(9) 连续梁横向:选择该项对连续梁横向束进行张拉。

(10) 竖向短束:选择该项对竖向短束进行张拉。

(11) 盖梁:选择该项对盖梁进行张拉。

(12) 其他张拉:选择该项对其他方式预应力束进行张拉。

(13) 构件输入:确定待张拉梁板的类型后,选择该项对此类型梁板进行相关数据的输入。

(14) 软件升级:连接到因特网以后,点击该按钮可以将软件升级到最新版本。

(15) 退出系统:关闭智能张拉系统软件。

(16) 工程项目信息:输入与梁板相关的信息、智能张拉系统相关信息。

(17) 张拉构件信息:待张拉梁板的各类参数。

(18) 启动张拉程序:启动张拉控制软件模块。

4) 软件使用

(1) 连接到无线网络。无线网络采用的 WiFi 局域网形式,技术成熟,稳定性高,有效控制距离大。

【方法】 在笔记本"无线网络列表"中找到设备无线网络名称(一般是 LZ5903-xxx)。如图 16-22 所示。确认一顶张拉有一个网络名称可连接,两顶张拉有两个网络名称可连接,四顶张拉则有四个网络名称可连接,以此类推。连接到上述网络名称的任意一个无线网络即可,实际中,可以选择更靠近计算机的仪器进行连接。

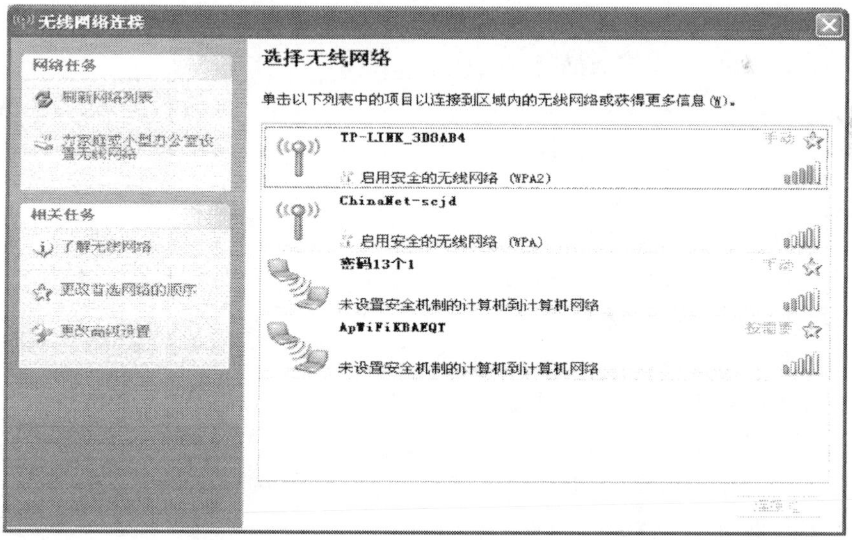

图 16-22 无线 WiFi 网络连接

(2) 一次性输入工程项目信息,一劳永逸,减少工作强度。填入的信息能够自动导入张拉结束以后最终生产的表格中。图 16-23 为张拉系统信息界面。

项目名称:填入桥梁所属项目名称。如"某某高速公路"。

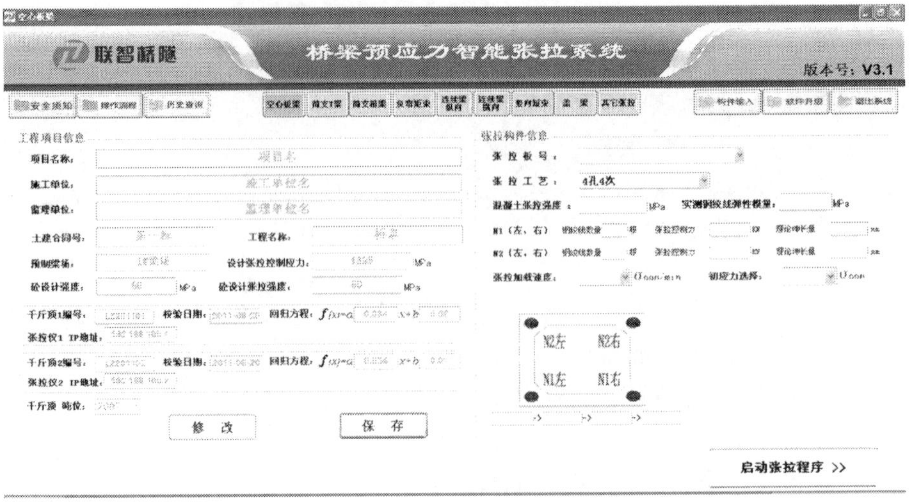

图 16-23 张拉系统信息界面

施工单位:填入施工单位名称。如“某某施工单位”。

监理单位:填入监理单位名称。如“某某监理单位”。

土建合同号:填入合同段号。如“某某合同段”。

工程名称:填入桥名。如“某某大桥”。

预制梁场:填入梁场名称。如“某某预制梁场”。

设计张拉控制应力:填入设计的张拉控制应力值。如“1395”。

砼设计强度:填入梁板混凝土设计强度。如“50”。

砼设计张拉强度:填入梁板混凝土设计张拉强度。如“40”。

输入千斤顶编号、校验日期、回归方程、张拉仪 1IP 地址:分别填入千斤顶 1 铭牌所示的对应编号、校验日期以及相应的回归方程,与该千斤顶配套使用的张拉仪 IP 地址。

采用 IP 地址的形式控制仪器,可以实现在同一个梁场施工的仪器信号互不干扰。

千斤顶吨位:选择所采用的千斤顶吨位。

根据选用的千斤顶吨位,系统自动调节油泵的出油量大小,从而使一个油泵能够配套不同型号的千斤顶,节约设备购买成本。

【注意】 IP 地址可由仪器机身部位找到。

对上述输入内容进行了保存,其界面如图 16-24 所示。

(3) 以“简支 T 梁”为例进行“构件输入”信息的说明。

在软件界面点击相关按钮,此时进入简支 T 梁张拉构件信息页面(图 16-25),设置待张拉梁板的具体参数。

系统已经录入最常见的梁板类型及其张拉顺序,用户一般只需要通过选择即可完成内容的输入,降低使用者技术门槛。

张拉梁号:输入待张拉梁板的梁号。具体梁号根据用户的习惯编写。

张拉工艺:设置了常见的简支 T 梁张拉工艺,包括“3 孔 4 次”、“5 孔 6 次”、“5 孔 7 次”、“6 孔 8 次”。孔数代表简支 T 梁预应力筋孔道的个数,次数代表要分多少次进行张拉。

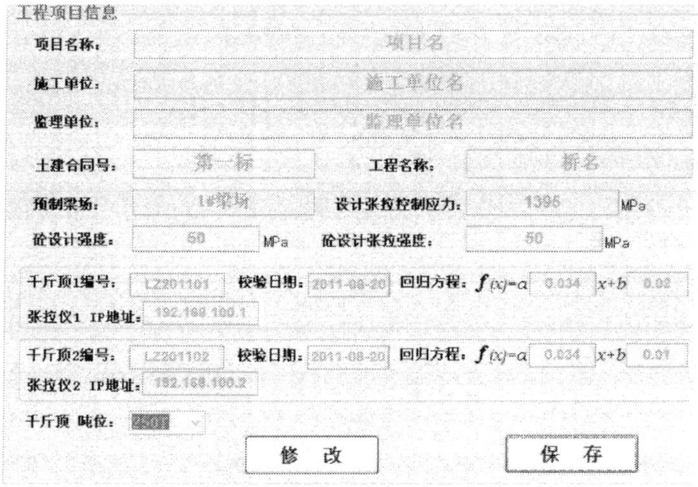

图 16-24　张拉参数输入

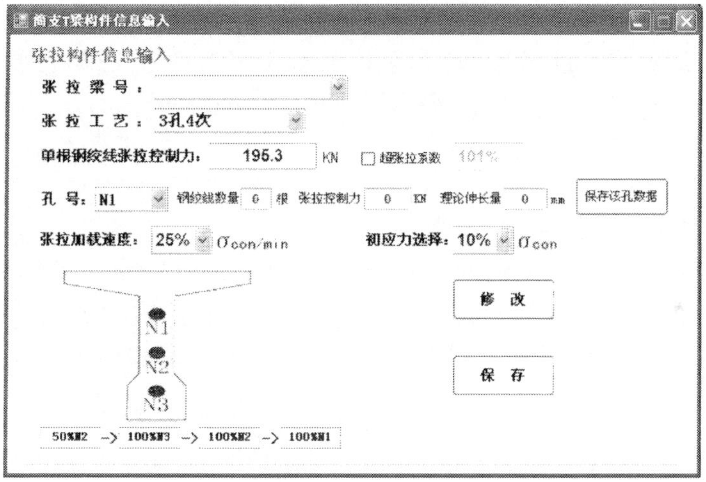

图 16-25　张拉数据输入

【举例】 如果选择"3 孔 4 次"，则对话框下部出现 3 孔 T 梁的示意图，并在其下体现其常采用的张拉顺序"50％N2→100％N3→100％N2→100％N1"。用户还可以根据具体情况对张拉顺序进行更改。

单根预应力筋张拉控制力：输入单根预应力筋张拉控制应力，具体力值由设计单位提供。

【计算方法】 单根预应力筋张拉控制＝张拉控制应力×预应力筋的截面积。

"超张拉系数"为可选项目，可根据用户的要求选择 101％、102％、103％、104％、105％五档超张拉百分比。

【举例】 如用户预备以 103％控制应力进行张拉，则勾选"超张拉系数"，并选择其后的值为"103％"。

孔号选择：选择相应孔号，输入该孔对应的预应力筋根数，系统自动计算张拉控制力；

施工单位输入包含了千斤顶工作长度的预应力筋理论伸长量。输入完毕以后点击“保存该孔数据”完成该孔数据的输入。

【举例】 选择 N1，若对应的预应力筋跟数为 4 根，单根预应力筋张拉控制应力为 195.3kN，则系统自动计算张拉控制力为 781.2kN。在输入理论伸长量数值以后，点击“保存该孔数据”。

张拉加载速度：对进油速度进行智能控制，施工单位根据具体情况选择不同速度。有五档不同的加载速度可进行选择。分别为 30%、25%、20%、15%、10%。该百分比表示每分钟可以达到张拉控制力的百分比数。

【举例】 选择 25%张拉加载速度，表示每分钟可以增加的应力为控制应力总值的 25%。

初应力选择：即初始行程的张拉控制应力，有四档不同大小的初应力可以进行选择，分别为 10%、15%、20%、25%；其对应的第一行程张拉控制应力依次为 20%、30%、40%、50%。

【举例】 初应力如果选择 10%，则第一行程应力为 20%，最后一行程应力为 100%。

(4) 通过两个案例说明张拉一片梁板需要如何在软件中进行相关参数的输入。

【案例 1：两顶张拉】 欲用两个千斤顶张拉梁号为“1-1”的 3 孔 T 梁，N1、N2、N3 孔预应力筋根数分别为 8 根、9 根、9 根，理论伸长量分别为 212mm、210mm、210mm，单根预应力筋张拉控制力为 195.3kN，要求每分钟可以达到控制力的 25%力值，初始行程为 10%控制应力，张拉顺序为 50%N2→100%N3→100%N2→100%N1。张拉时混凝土强度为 52.5MPa，其预应力筋弹性模量为 196000MPa。

步骤 1：进入程序，在弹出的对话框中输入对应内容。输入完毕以后的表格见图 16-26(其中 N2、N3 孔数据被隐藏)。值得注意的是，输入每孔的数据以后，要点击“保存该孔数据”，输入数据才会生效。所有数据输入完毕，保存即可。

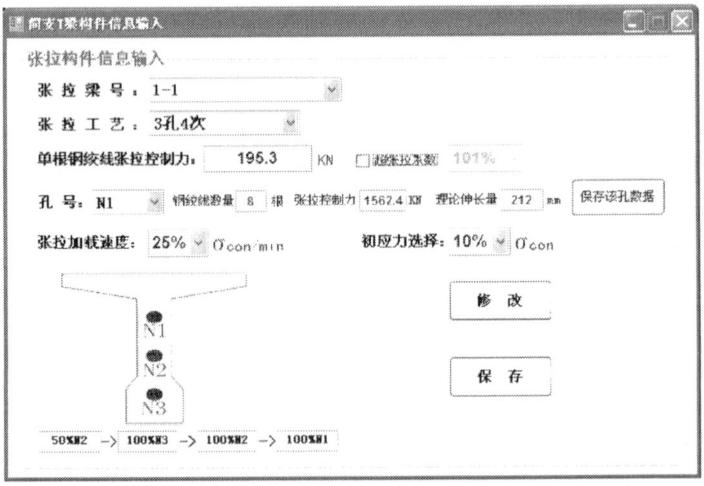

图 16-26　张拉参数输入对话框

步骤 2：进入主程序，回到张拉构建信息模块。

张拉梁号：在下拉菜单中选择待张拉梁号，下拉菜单中的选项来源于“构件输入”所保存的内容。

混凝土张拉强度：填入实测的梁板混凝土强度。

实测预应力筋弹性模量：填入通过实验得出的该批次预应力筋实测弹性模量，其值是预应力筋张拉理论延伸量计算的一个依据。

其他参数均来自于“构件输入”所保存的内容，不可修改。

输入完毕以后的表格见图 16-27。

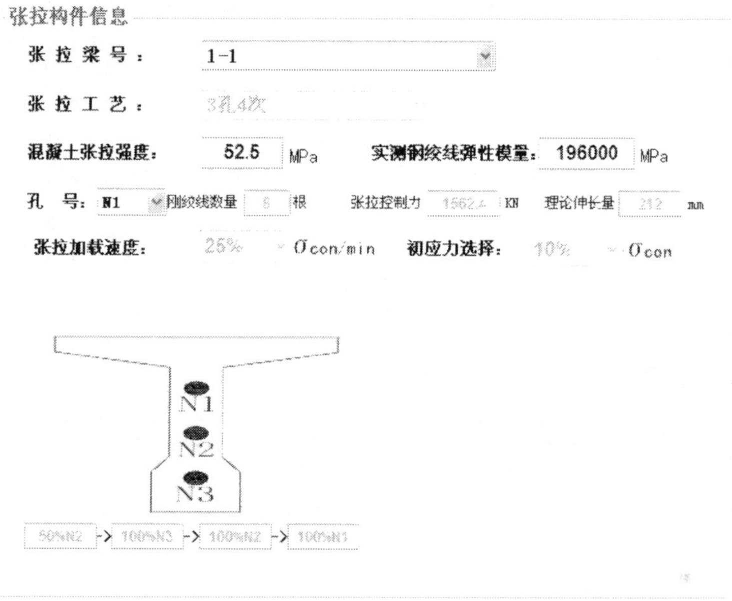

图 16-27　张拉参数信息

步骤 3：启动“桥梁预应力智能张拉系统”的控制界面。控制界面如图 16-28 所示。

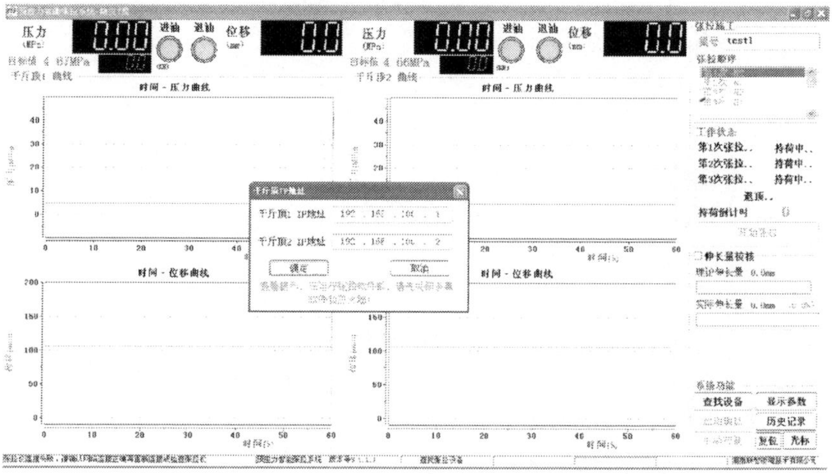

图 16-28　启动张拉界面

输入设备 IP 地址，建立电脑与张拉仪的无线连接。仪器 IP 地址可以在仪器数据采集控制盒侧面找到。参照格式输入 IP 地址，点击“确定”。

控制软件左下角会提示张拉仪连接成功。

软件接着弹出“参数确认”表格，如图 16-29 所示，对张拉参数进行再一次确认，以防止出错。确认参数无误以后，点击“确定”按钮。

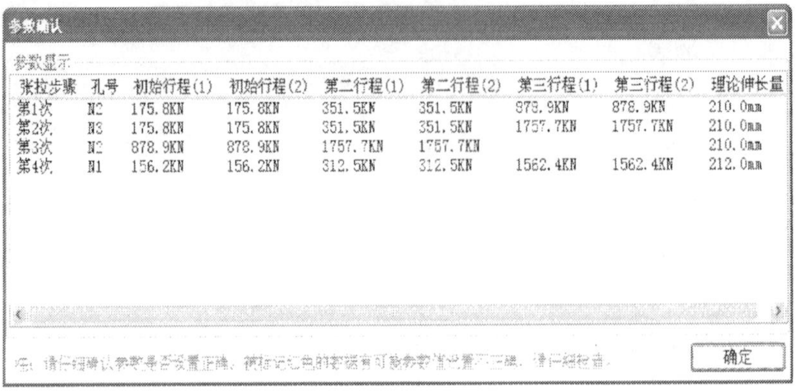

张拉步骤	孔号	初始行程(1)	初始行程(2)	第二行程(1)	第二行程(2)	第三行程(1)	第三行程(2)	理论伸长量
第1次	N2	175.8KN	175.8KN	351.5KN	351.5KN	878.9KN	878.9KN	210.0mm
第2次	N3	175.8KN	175.8KN	351.5KN	351.5KN	1757.7KN	1757.7KN	210.0mm
第3次	N2	878.9KN	878.9KN	1757.7KN	1757.7KN			210.0mm
第4次	N1	156.2KN	156.2KN	312.5KN	312.5KN	1562.4KN	1562.4KN	212.0mm

图 16-29　张拉参数表格

步骤 4：点击开始张拉，仪器开始工作。张拉控制界面见图 16-30。

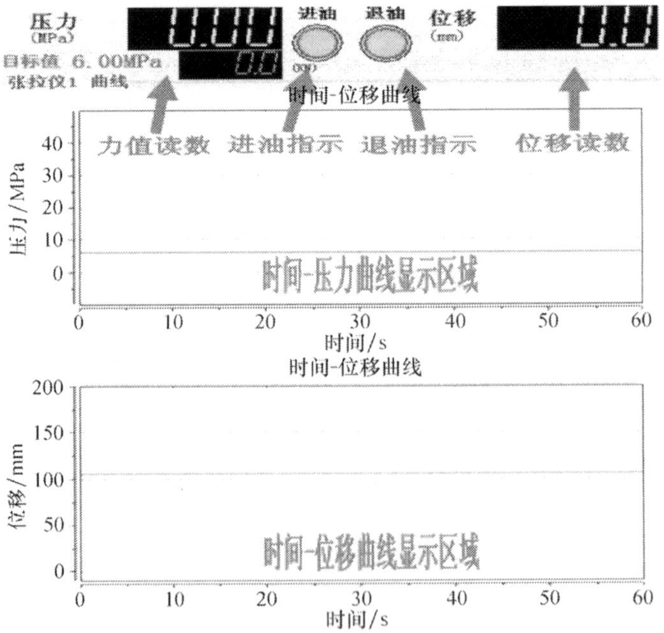

图 16-30　张拉控制界面介绍

压力读数：显示千斤顶油压值(MPa)以及此时的张拉控制力值(kN)。

进油指示灯：该灯状态为红色的时候，表示当前处于进油状态。

退油指示灯：该灯状态为绿色的时候，表示当前处于退油状态。

位移指示：显示位移大小。每一行程张拉之前位移读数自动清零，因此，张拉开始之时并不要求张拉系统千斤顶内缸完全归位。

时间—压力曲线：反映随着时间推移的压力变化曲线。

时间—位移曲线：反映随着时间推移的位移变化曲线。

图 16-31 为两顶张拉过程中数据显示示例。

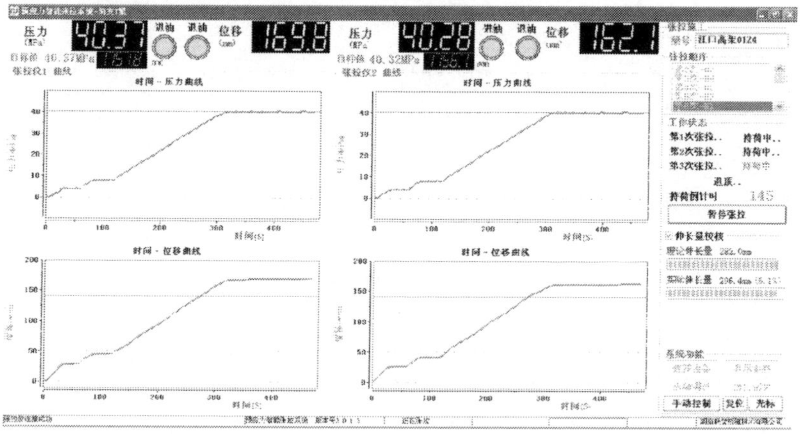

图 16-31　张拉过程观测图

【案例 2：四顶张拉】　欲用四个千斤顶张拉梁号为“2-2”的 6 孔 T 梁，N1、N2、N3 孔预应力筋根数分别为 4 根、4 根、3 根，理论伸长量分别为 142mm、141mm、140mm，单根预应力筋张拉控制力为 195.3kN，要求每分钟可以达到控制力的 25%力值，初始行程为 10%控制应力，张拉顺序为 100%N1→100%N2→100%N3。张拉时混凝土强度为 50MPa，其预应力筋弹性模量为 195000MPa。

步骤 1：进入程序，在弹出的对话框中输入对应内容。输入完毕以后的表格见图 16-32。所有数据输入完毕，保存即可。

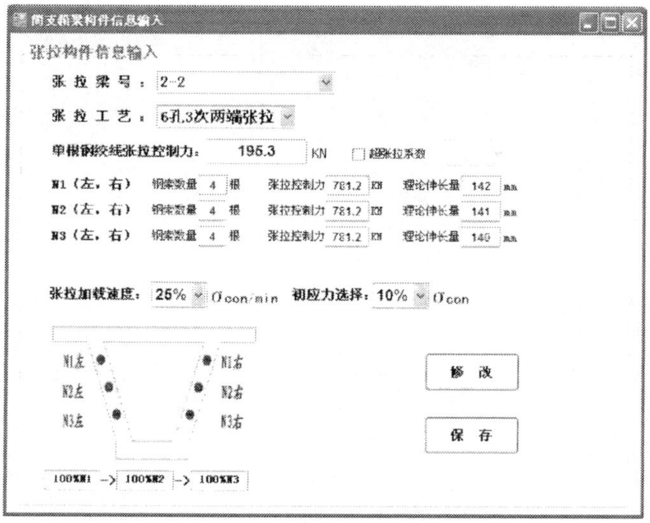

图 16-32　张拉程序对话框

步骤 2:进入主程序,回到张拉构建信息模块。

张拉梁号:在下拉菜单中选择待张拉梁号,下拉菜单中的选项来源于“构件输入”所保存的内容。

混凝土张拉强度:填入实测的梁板混凝土强度。

实测预应力筋弹性模量:填入通过实验得出的该批次预应力筋实测弹性模量,其值是预应力筋张拉理论延伸量计算的一个依据。

其他参数均来自于“构件输入”所保存的内容,不可修改。输入完毕以后的表格见图 16-33。

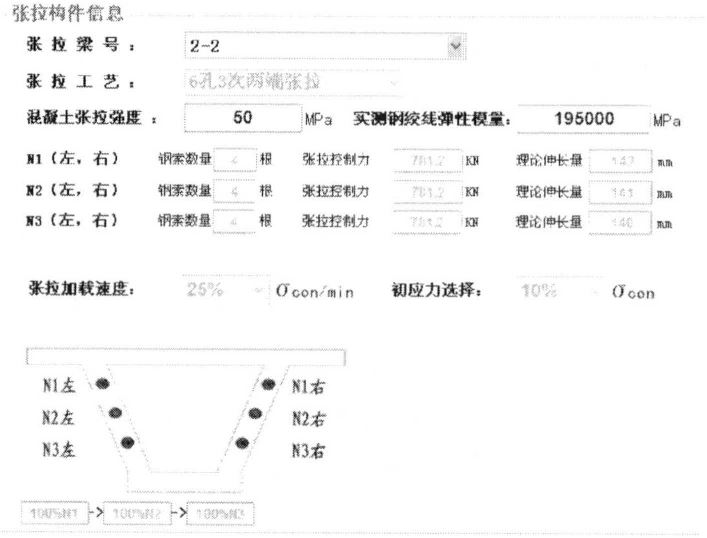

图 16-33　张拉构件参数输入

步骤 3:启动“桥梁预应力智能张拉系统”的控制界面。控制界面如图 16-34 所示。

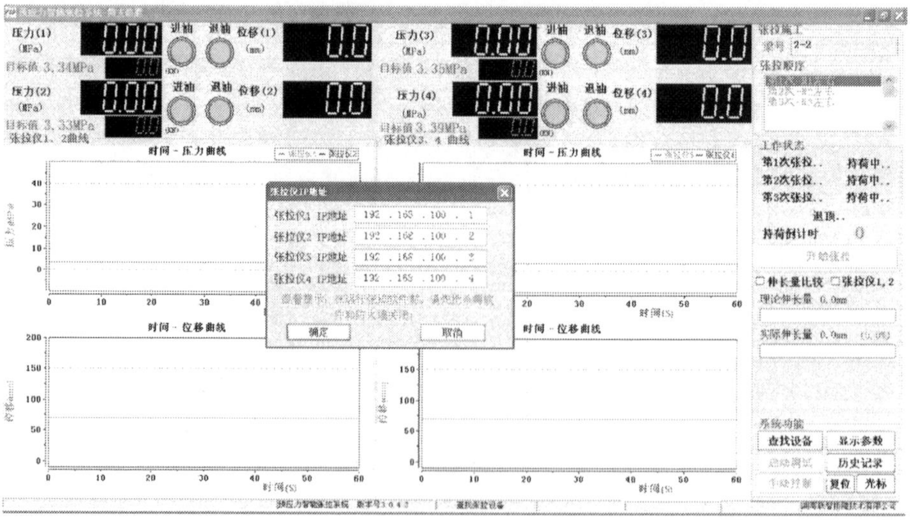

图 16-34　启动张拉连接智能张拉仪

输入设备 IP 地址，建立电脑与张拉仪的无线连接。仪器 IP 地址可以在仪器数据采集控制盒侧面找到。参照格式输入四台仪器 IP 地址，点击“确定”。其中张拉仪 1、张拉仪 2 应为同一束预应力筋的两端；张拉仪 3、张拉仪 4 应为同一束预应力筋的两端。

控制软件左下角会提示张拉仪连接成功。

软件接着弹出“参数确认”表格，对张拉参数进行再一次确认，以防止出错。确认参数无误以后，点击“确定”按钮。保存的张拉参数表格见图 16-35。

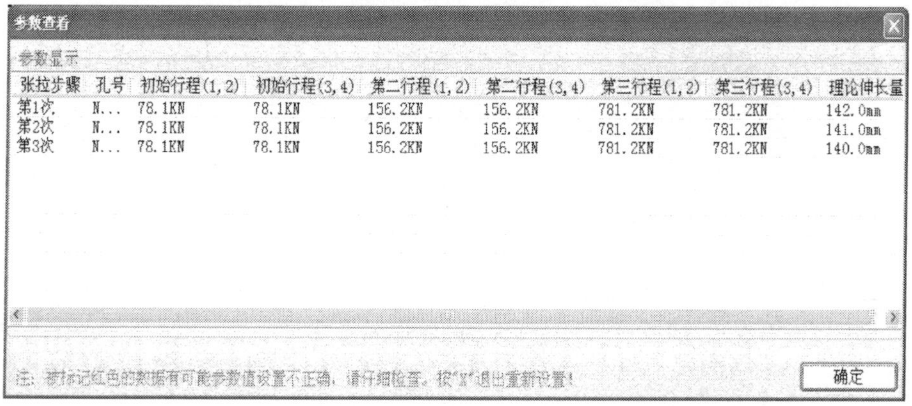

图 16-35 张拉参数表格

步骤 4：点击开始张拉，仪器开始工作。

各读数含义与【案例 1】相同。

图 16-36 为四顶张拉过程中数据显示示例。同一束预应力筋两端的压力、位移分别显示在同一坐标图中，方便比较两端仪器的同步性。

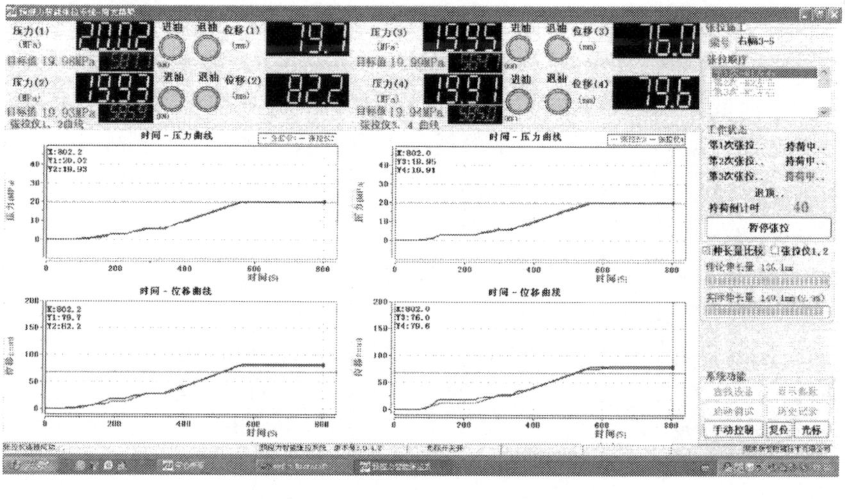

图 16-36 张拉过程主要数据显示

张拉完毕，设备自动退顶，电脑自动生成张拉表格，如图 16-37 所示。

沈阳绕城高速　　ZJ636

预张拉力张拉记录表

承包单位：抚顺公路集团　　监理单位：辽宁第一监理事务所　　土建合同号：综合三　　编号：

工程名称	兴衣公铁	预制梁场	第一梁场
构件编号	6月5日	张拉时间	2011年9月28日10时4分
砼设计强度	50 MPa　砼试块强度　MPa	弹性模量	MPa　控制张拉力　1395 MPa
张拉仪1编号	LZ201101	标定日期	2011年8月20日
张拉仪2编号	LZ201102	标定日期	2011年8月20日

张拉顺序示意图

钢束编号	张拉断面	记录项目	初始行程 10%	第一行程 20%	第二行程 50%	第三行程 50%	第四行程 100%	设计张拉控制力(KN)	总伸长量(mm)	理论伸长量(mm)	延伸量误差(%)	断丝及处理情况
N1左	张拉仪1	张拉力(KN)	56.80	114.70			583.80	585.90	153.70	150.00	2.50	
		伸长量(mm)	7.20	19.40			84.80					
	张拉仪2	张拉力(KN)	56.20	115.90			585.00	585.90				
		伸长量(mm)	18.30	23.70			88.80					
N1右	张拉仪1	张拉力(KN)	58.50	114.10			583.60	585.90	157.80	150.00	5.20	
		伸长量(mm)	11.10	24.40			89.00					
	张拉仪2	张拉力(KN)	55.60	114.70			584.40	585.90				
		伸长量(mm)	17.40	21.80			91.60					
N2右	张拉仪1	张拉力(KN)	56.50	117.10			586.20	585.90	155.10	150.00	3.40	
		伸长量(mm)	9.80	20.60			86.80					
	张拉仪2	张拉力(KN)	56.20	115.60			591.80	585.90				
		伸长量(mm)	22.90	29.20			95.90					
N2左	张拉仪1	张拉力(KN)	55.30	121.80			586.20	585.90	149.30	150.00	-0.50	
		伸长量(mm)	14.50	25.30			87.20					
	张拉仪2	张拉力(KN)	58.50	115.00			585.30	585.90				
		伸长量(mm)	19.60	25.20			91.80					
N3左	张拉仪1	张拉力(KN)	55.60	115.90			589.70	585.90	155.50	150.00	3.70	
		伸长量(mm)	14.10	26.50			90.60					
	张拉仪2	张拉力(KN)	56.20	114.40			591.80	585.90				
		伸长量(mm)	20.90	26.20			94.20					
N3右	张拉仪1	张拉力(KN)	56.50	115.30			586.80	585.90	157.30	150.00	4.90	
		伸长量(mm)	11.30	22.70			89.40					
	张拉仪2	张拉力(KN)	55.60	115.90			592.90	585.90				
		伸长量(mm)	16.90	25.10			90.50					
备注										起拱度	6 mm	

自检意见：	监理意见：
质检人员：　　年　月　日	监理员或专业监理工程师：　　年　月　日

图 16-37　自动生成张拉表格

(5) 界面其他相关功能说明如下。

梁号：显示当前正在张拉的梁号名称。

张拉顺序：由选择的张拉工艺决定张拉顺序。某孔张拉完毕以后，软件自动跳到相邻的下一孔张拉。

工作状态：提示当前正在张拉的行程。

持荷倒计时：系统默认非最后一行程的持荷时间为 30 秒，持荷时间过后自动开始下一行程张拉；系统默认最后一行程的持荷时间为 300 秒，持荷时间过后自动回油退顶。

伸长量校核：为可选项。勾选"伸长量校核"，可以在张拉过程中实时对比当前张拉力值对应的理论伸长量与计算得到的实际伸长量，得出延伸量误差百分比，从而实现张拉过程中对张拉情况进行监控。出现异常情况设备能自动暂停张拉。

查找设备：重新建立电脑与张拉仪之间的无线连接。

显示参数：显示/隐藏张拉参数。

启动调试：手动启动设备的数据采集功能，在对设备进行调试，判断设备数据采集功能是否能正常的时候使用，正式张拉的时候，应当"关闭调试"。

历史记录：能够打开历史张拉的数据文件，查看历史张拉曲线，再现张拉过程。

手动控制：弹出/关闭手动控制选项，通过电脑用手动的方式控制仪器的进油/回油。

复位：使系统工作状态进入初始状态。

光标：开启/关闭光标。

4. 主要控制部件工作原理

(1) 位移传感器：位移传感器相当于一个电阻，其拉杆移动的时候类似于一个滑动变阻器，位移传感器的拉杆随着千斤顶油缸的移动而移动，会引起电流的变化，从而采集到位移数据；压力传感器用来采集油压值，也安装在千斤顶上，有的设备将传感器安装在油泵上，而油泵上的实际压力由于管道的存在，会与千斤顶内的油压值有差别；有的厂家直接采用应变测力传感器安装在千斤顶与梁体之间测力值，实际上会因为很难对准中心而导致测力误差很大。

（2）变频电机：控制油泵的电机为变频电机，因此可以很好地控制油泵机的出油量，同一台张拉油泵可以连接不同类型的千斤顶；也因为这样，可以在持荷过程中压力出现下降的时候缓和地进油进行补压，还可以在回油过程中的锚固阶段缓慢回油，减少预应力筋对工作夹片的冲击。

(3)智能无限控制系统：每个张拉油泵都有一个数据采集控制盒，负责采集来自千斤顶的数据，并将这些数据通过无线反馈给计算机。数据采集控制盒的核心为单片机，与计算机的通信方式为 WiFi 局域网。油泵与计算机的通信利用计算机通信中的握手原理，一旦某方的信号失去，会立刻自动停止油泵工作，保证张拉过程不会因为通信系统的问题导致张拉事故。

16.3.4　推广效应效果

1）提高了桥梁预应力结构张拉质量

（1）施加的预应力得到了精确控制，降低了由于预应力施加不足或超过引起的桥梁开裂、下挠、破坏等风险，有利于保证结构安全，提高耐久性，延长使用寿命，降低养护维修成本。

（2）实现对称同步张拉，保证施加应力均衡，消除了对称张拉受力不均衡对结构造成的扭曲等危害。

（3）通过规范张拉行为大幅度减小了张拉过程中预应力的损失，保证了有效预应力符合设计要求。

案例 1：湖南省通平高速已经张拉了 3027 片预应力 T 梁，图 16-38 体现效果如下。

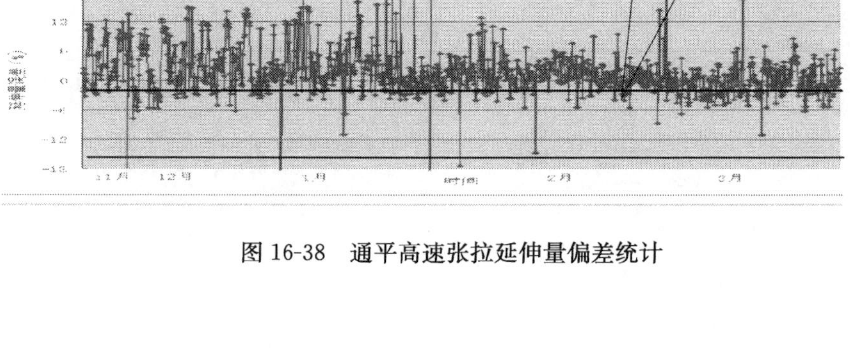

图 16-38　通平高速张拉延伸量偏差统计

① 智能张拉真实掌握了施工质量，便于及时补救和改进。预应力筋延伸量偏差客观存在，只是以前不被发现。

② 采用智能张拉后，延伸量偏差基本为正偏差，说明预应力度得到了有效保证。

③ 在开工前期，延伸量偏差较大，但在 1 月后偏差范围逐渐减小，3 月后基本控制在规定范围内。说明由于采用智能张拉技术，施工质量得到了有效控制，预应力质量大幅度提高。

从图 16-38 可以看出，延伸量超过±6%的情况客观存在，只是以前没有发现，随着加强施工管理，施工质量得到了控制，趋势向好，到 3 月底时，延伸量误差基本控制在±6%(红线)范围内，说明应用智能张拉系统让张拉质量显著提升。

案例 2：湖南省洞新高速已经张拉了 1592 片预应力混凝土梁板，图 16-39 同样体现了采用智能张拉系统取得了良好效果。

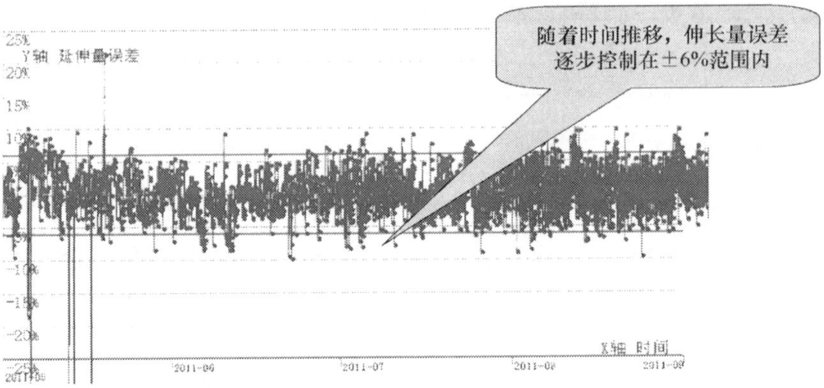

图 16-39　洞新高速张拉延伸量偏差统计

2）及时发现了施工中各种质量问题，杜绝了张拉数据造假，体现可控性

经常发现的质量问题有锚下砼开裂、下陷，滑丝、断丝，张拉控制应力错误、张拉顺序错误、穿索错误、孔道漏浆、偷工减料和弄虚作假等，并得到了及时排除，消除了结构质量隐患。

案例 1：发现断丝，并及时处理，消除隐患

某项目十一标断丝情况见图 16-40。

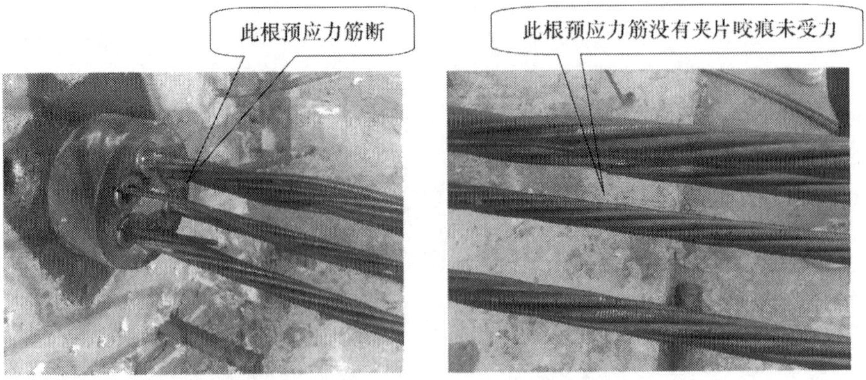

图 16-40　及时发现张拉断丝现象

从分析曲线图见图 16-41。

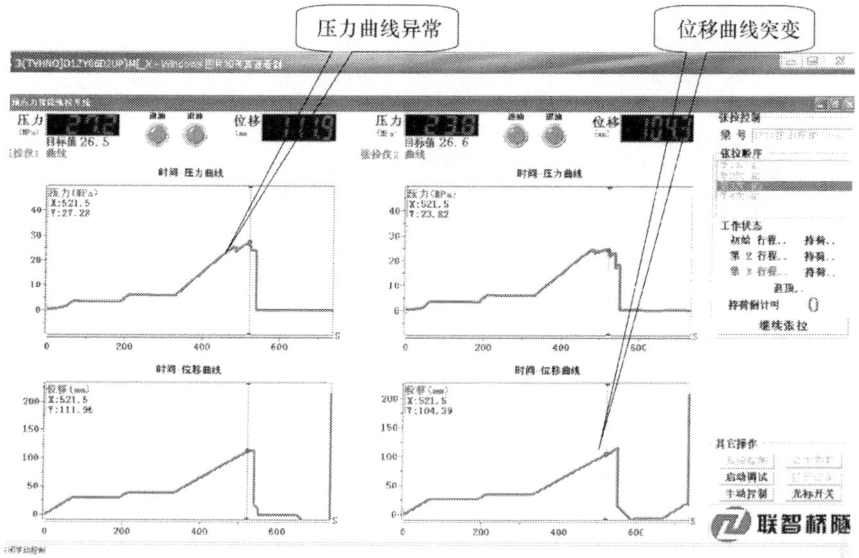

图 16-41　异常曲线分析

调查结论：压力值和位移值在第三个张拉行程中出现异常状况，通过现场调查，发现一个工具夹片没有安装，用张拉 5 根预应力筋的力张拉 4 根预应力筋，导致了预应力筋断丝。

案例 2：某项目四标锚垫板下陷和破裂

如图 16-42 所示。

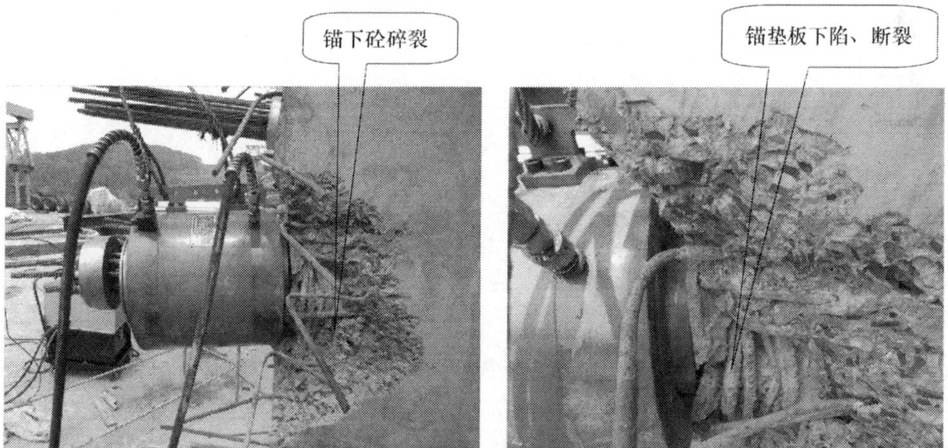

图 16-42　锚下混凝土振捣不密实导致锚垫板下陷

采用远程监控技术，质检员及时发现了这一质量问题，经调查为锚下砼浇筑欠密实，并进行了及时处理，消除了质量隐患。

案例 3:发现孔道漏浆

某项目十七标,40 米 T 梁先穿预应力筋后浇筑梁板,孔道漏浆,导致两端延伸量偏差达 34.6%,如图 16-43 所示。

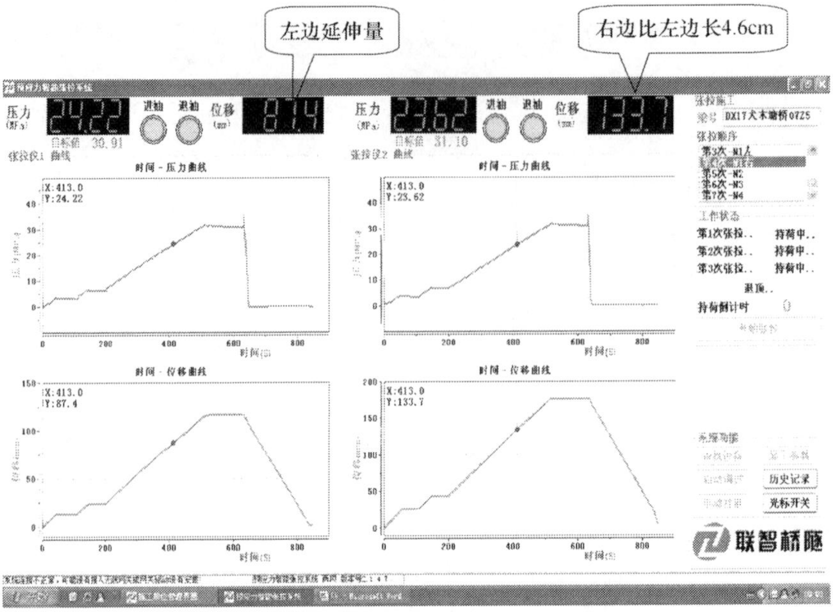

图 16-43　漏浆导致两端伸长量不一致

案例 4:某项目对 14 片梁板进行了静载试验,发现“挠度超限”,按规定要报废处理。首先怀疑为预应力施加不到位,通过调阅张拉数据发现张拉应力和延伸量都是合格的,后经专家论证和重新进行荷载试验,发现检测单位计算理论挠度取值错误,实际上梁板是合格的。智能张拉挽回了巨大经济损失和声誉,同时也证明了智能张拉系统的数据是可靠的,经得起实践检验。

3) 保证预应力张拉各项技术指标达到规范要求,促进了预应力构件标准化和精细化施工,提高了桥梁预应力施工工艺和技术水平

《公路桥涵施工技术规范》(JTG/TF50—2011)较以前施工规范对预应力张拉施工提出了很高的要求:①张拉力控制应力的精度宜为±1.5%;②各千斤顶之间同步张拉力的允许误差为±2%;③锚固持荷时间由原来的 2 分钟延长到了 5 分钟。

传统的张拉方式将无法达到规定的技术指标要求。“传统的预应力张拉方式,施工质量的好坏随着封锚的完成,被掩盖得严严实实。预应力智能张拉技术的应用,改变了这一切。监督人员能在不去现场的情况下对张拉施工质量进行及时、高效的掌握。随着对数据的密切关注,对异常数据进行原因分析、现场调研,预应力施工质量管理水平产生了质的飞跃。”

随着大力推进交通信息化,推广先进技术已经引起业内人士的密切关注。交通运输部有关部门已经着手将此技术列入“公路工程施工质量安全智能控制与远程监控”项目,进一步深化研究。

16.4　预应力压浆技术

16.4.1　传统压浆的不足

传统压浆和真空辅助压浆均采用单缸的泵，其无法保证压力的稳定，容易在灌浆过程中在浆体中形成气塞，导致压浆不饱满；真空辅助压浆采用真空度提高浆体的流动性，然而现有的封锚技术（漏气）无法保证真空度的建立。

16.4.2　现行规范对桥梁预应力压浆质量的要求

《公路桥涵施工技术规范》（2011 版）对桥梁预应力混凝土结构压浆提出的要求，将压浆质量提高到了前所未有的高度。要求从四个方面保证压浆密实度：

① 对压浆材料提出严格的技术要求，要求压浆材料具有“低水胶比、高流动度、零泌水率”的特性；

② 采用合理的压浆设备；

③ 采用先进的压浆工艺；

④ 精细的施工组织管理。

16.4.3　大循环智能压浆控制有效保证了管道压浆施工质量

再好的张拉技术也必须在管道压浆密实的条件下才能保证结构的耐久性。使用大循环智能压浆系统压浆后，钢绞线包裹率达到 100%，饱满度超过了 98%。如此高的饱满度，攻克管道压浆密实度难题，除了改“压”为“疏导”的大循环新理念，另一个重要原因是其智能化施工能完全排除人为因素的干扰。以往压浆施工中，压浆是否饱满完全依靠施工人员用肉眼观察，凭经验判断，误差值非常大。而智能压浆则通过精密仪器测量、计算机高速运算，依照程序保证压浆质量，与传统压浆有着本质区别。大循环智能压浆原理图与操作现场分别见图 16-44、图 16-45。

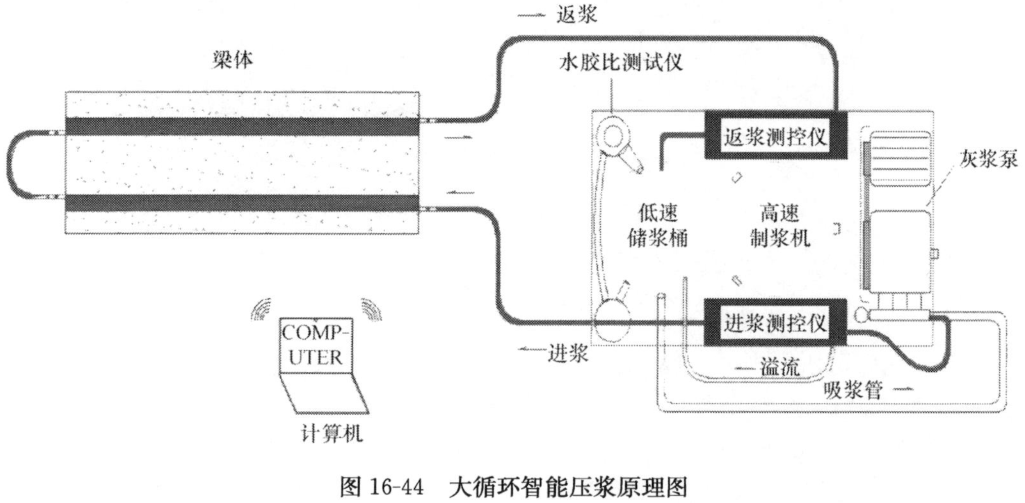

图 16-44　大循环智能压浆原理图

图 16-45　大循环智能压浆操作现场

16.4.4　循环智能压浆主要技术特点

1. 浆液满管路持续循环排出管道内空气

管道内浆液从出浆口导流至储浆桶，再从进浆口泵入管道，形成大循环回路，浆液在管道内持续循环，通过调整压力和流量，将管道内空气通过出浆口和钢绞线丝间空隙完全排出，还可带出孔道内残留杂质，如图 16-46 所示。

图 16-46　排出孔道内空气

2. 参数(压力、水胶比、流量)控制

1) 精确调节和保持灌浆压力

自动实测管道压力损失，以出浆口满足规范最低压力值设置灌浆压力值，保证沿途压力损失后管道内仍满足规范要求的最低压力值。关闭出浆口后长时间保持不低于 0.5MPa 的压力。(2011 版桥涵施工技术规范 7.9.8 条规定“对水平或曲线管道，压浆压力宜为 0.5～0.7MPa，关闭出浆口后宜保持一个不小于 0.5MPa 的稳压期 3～5min)当进、出浆口压力差保持稳定后，判定管道充盈。

2）实时监测流量、自动计算管道内浆液体积

实时监测进浆、返浆流量及计算管道内浆液体积与充盈程度。

3）实时监测水胶比

水胶比测试仪可实时监测浆液水胶比，当实测水胶比超过规范要求时及时给出警示信息。（2011 版桥涵施工技术规范 7.9.3 条规定"浆液水胶比宜为 0.26～0.28）

3. 一次压注双孔，提高工效

对于跨径 50m 内的预制梁，单孔长度小于 55m 的预应力管道均可双孔同时压浆，从位置较低的一孔压入，从位置较高的一孔压出回流至储浆桶，节约劳动力，提高工效 100%，如图 16-47 所示。

图 16-47　一次性完成两根管道注浆

4. 实现高速制浆

系统集成了高速制浆机，该设备将水泥、压浆剂和水进行高速搅拌，如图 16-48 所示，其转速为 1420r/min，叶片线速度大于 10m/s，能完全满足规范要求。（2011 版《桥涵施工技术规范》7.9.4 条规定"搅拌机的转速应不低于 1000r/min，其叶片的线速度不宜小于 10m/s。）

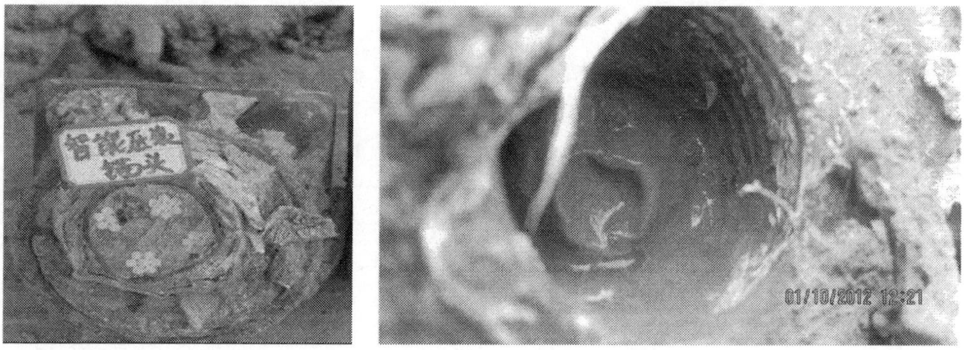

图 16-48　压浆饱满

5. 规范压浆过程控制,实现远程监控

灌浆过程由计算机程序控制,不受人为因素影响,准确监测到浆液的水胶比、灌浆压力、稳压时间、流量及充盈度各个指标,自动记录,并打印报表。无线传输将数据实时反馈至相关部门,实现预应力管道压浆的远程监控,如图 16-49 所示。

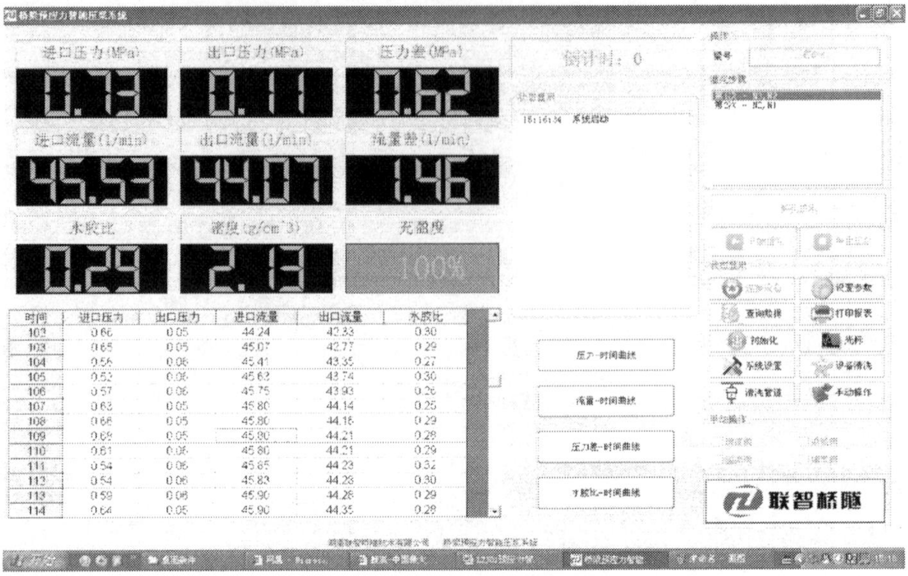

图 16-49 智能压浆施工监控

6. 系统集成度高,简单适用

系统将高速制浆机、储浆桶、水胶比测试仪、进浆测控仪、返浆测控仪、压浆泵集成于一体,现场使用只需将进浆管、返浆管与预应力管道对接,无需增加管道长度,即可进行压浆施工。操作十分简单,适用于各种结构的管道压浆。长管双孔大循环智能压浆原理见图 16-50。智能压浆与传统压浆对比见图 16-51、表 16-1。

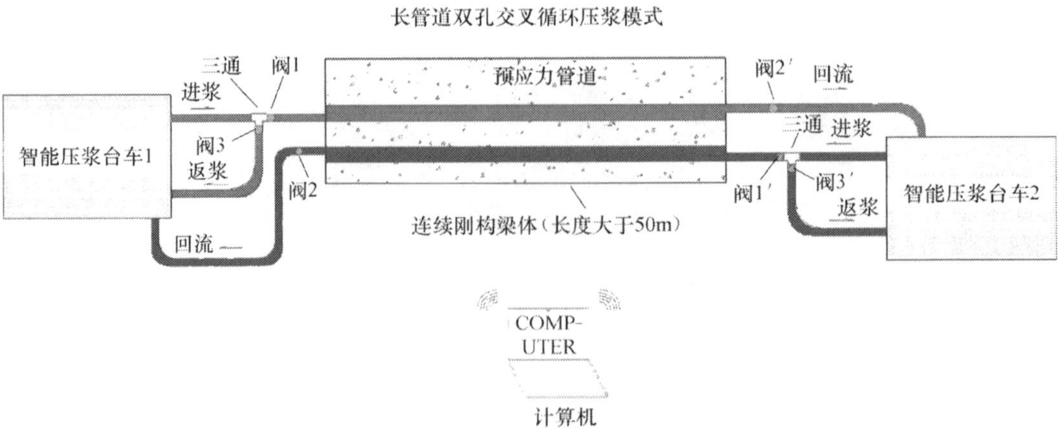

图 16-50 长管双孔大循环智能压浆原理

图 16-51　压浆密实度对比

表 16-1　传统压浆与大循环智能压浆技术、经济对比一览表

序号	比较内容	传统压浆	大循环智能测控压浆
1	排净管道空气	普通压浆靠浆液自流排气，真空辅助压浆因封锚问题难以达到真正负压	大循环回路让浆液在管道内持续循环以排净管道内空气
2	压力大小及稳压时间控制	较随意，往往导致出浆口没压力，致压浆不密实	自动调整压力大小，以保证全管路按规范要求的大小和时间持压、稳压
3	水胶比控制	现场材料比控制不严，往往通过加水改善流动性	实时监测水胶比，超限报警，切实控制浆液性能
4	测试管道实际压力损失	无此功能	实时测试得到管道压力损失便于调整灌浆压力
5	流量控制	无此功能	实时监控流量，以发现管道是否畅通，复核压浆量
6	压浆工艺	低进高出，压浆过程不得中断，排气孔要依次打开，操作难度大	封闭循环回路解决这些难题，工艺简单，易操作
7	工效	一次压一孔	两孔同时压注，工效提高一倍
8	压浆记录	人工记录，可信度低	自动记录，可真实再现整个压浆过程
9	质量管理	真实质量状况难以掌握，压浆密实与否难查验	可进行质量追溯，还原压浆全过程，提高管理水平
10	经济效益	采用高性能压浆剂，一个梁场 500 片梁计算，需增加材料费用 70 万元	不依赖高性能材料，节约材料费用 40 万元，提高工效 100%，节省人工 50%

16.5 经济效益

传统张拉需要两端各1人操作油泵、各1人量测伸长量、各1人记录张拉数据，共需6人同时作业。智能张拉只需1人操作电脑，1人照看张拉现场，共2人可完成张拉。节约4人，效益可观。按4人每月工资、费用2万元计算，按2年工期计算，可节约人力成本48万元。传统压浆工艺必须采用高性能压浆剂，以一个梁场500片梁计，需增加费用70万元。大循环智能压浆工艺不依赖特殊压浆材料，可采用普通压浆剂改善浆液性能，可节约材料费用40万元。由于实现双孔同时压浆，提高工效100%，节省人工50%，经济效益明显。

与传统张拉与压浆相比，预应力智能张拉、压浆系统配套使用后，能让混凝土构件形成牢固的有效预应力体系，显著延长预应力结构生命，保证桥梁结构安全性和耐久性，有利于保障人民生命财产安全，降低桥梁全寿命周期成本。

"十二五"期间，全国高速公路通车里程将达到8.3万多公里，桥梁建设规模巨大。以湖南省为例，2011年在建高速公路桥梁长度达到了800公里，投资约900亿元。若消除预应力张拉不合格和管道压浆不密实导致的桥梁病害，以延长结构使用寿命10%估算，可节约后期桥梁养护和加固资金投入约90亿元，全国交通行业若推广使用，发挥的经济效益将有数千亿元，如果推广至高铁、市政等其他行业，产生的经济效益难以估量。

16.6 结　　语

坚持钢绞线梳编穿束工艺，采用智能张拉技术和循环压浆工艺，推进精细化、标准化施工，是在现行技术条件下保证桥梁结构的设计预应力度，防止预应力桥梁梁体开裂和超限下挠，保证桥梁结构的安全和耐久性的最佳途径。

参考文献

陈海斌，张云文，秦江. 2012. 预应力混凝土智能张拉与智能压浆新工艺应用. 内蒙古公路与运输，(05)：1-3.

梁晓东，吴涛，刘德坤. 2012. 预应力智能张拉与传统张拉的比对试验研究. 公路，(04)：144-147.

王欣. 2012. 预应力智能张拉压浆系统在施工中的应用. 山西建筑，(20)：182-183.

第17章　公路桥涵多节三岔挤扩灌注桩

17.1　引　　言

17.1.1　桩基技术的发展

桩基是一种历史悠久的基础形式，我国很早就使用木桩解决软土地基上的基础问题，到了近代，一方面是高、重建筑和精密设备对地基基础的要求日益严格，另一方面是成桩技术的进步，使桩基具有更突出的承载力高、变形量小、抗液化、抗拉拔能力强的优点，促使桩基发展十分迅速，已广泛应用于建筑、桥梁、铁路、水利、港口和近海工程等诸多领域。随着生产的发展和技术的进步，桩基技术在桩型和施工工艺等方面不断推陈出新，成桩工艺和应用都比过去更多样化，特别是在桩基设计和施工领域中提出了许多崭新的概念和理论。从发展趋势看，它是实现基础施工工业化的途径之一，因此是一种很有发展前途的深基础。

20世纪50年代后期印度开始在膨胀土中采用多节扩孔桩，60年代和70年代印度、英国及前苏联在黑棉土、黄土、亚黏土、黏土和砂土中采用多节扩孔桩，当时有20余篇文献报道了直孔桩、扩底桩、两节和三节扩孔桩的对比试验(包括模型试验和现场静载试验)结果。国外经验表明，多节扩孔桩与直孔桩相比，承载力大幅提高，沉降小，技术经济效果显著。以苏联北乌拉尔地区为例，在硬和半硬的亚黏土中采用了两节和三节扩孔桩，其承载力可达800kN，而相应的直孔桩的承载力则为200～220kN，表明前者桩体积因带扩大头而增加27%，承载力却增加近3倍。

1979年建设部建筑机械研究所和北京市机械施工公司在国内首先研制开发出挤扩、钻扩和清虚土的三联机，简称ZKY-100型扩孔器。同年，北京市桩基研究小组首先在劲松小区对用该机的挤扩装置制作成的四节挤扩分支桩(桩身直径400mm，挤扩分支直径560mm，每一节为6个分支，单支宽度200mm、高度200mm、桩长8.70m)和相应的直孔桩(桩径400mm、桩长8.85m)进行了竖向受压静载试验，结果表明，前者的极限荷载为后者的135%。三联机(ZKY-100型扩孔器)的成桩原理是在长螺旋钻成孔后，向孔内下入专用的挤扩、钻扩和清虚土的三联机，通过地面液压站控制挤扩油缸及其相连的撑压板的扩张与收缩，在桩身不同部位挤压出扩大头空腔，然后利用加压油缸推出扩孔，旋转三联机，形成扩大头空腔，挤、钻扩孔后，放入钢筋笼，灌注混凝土成桩。挤钻扩孔灌注桩适用于地下水位以上的填土层、黏性土层、粉土层、砂土层和粒径不大的沙砾层，扩径处宜设置在较硬实的土层。

20世纪90年代，北京俊华地基基础工程技术集团研制开发出该公司的第一代锤击式挤扩装置和第二代YZJ型液压挤扩支盘成型机及挤扩多分支承力盘桩，后者在北京、天津、河南、安徽、湖北等地的工程中得到应用，取得较显著的技术经济效益。需要指出的是，YZJ 型挤扩支盘成型机的主要技术特征已被 ZKY-100 型扩孔器及日本久保田铁工株式会社的挤扩装置专利(1978)的主要特征涵盖。

近年来，上海地区推出凹凸型钻孔灌注桩，即在成孔过程中，采用高速、控压造凹凸工艺，选择合适部位，扩大孔径，然后灌注混凝土而成桩体，并在几个工程中成功应用。

随着 21 世纪的到来，桩基础施工技术在各个方向都取得了长足的发展：①桩尺寸向两极发展；②向攻克桩成孔难点方向发展；③向低碳节能桩方向发展；④向扩底桩方向发展；⑤向变截面桩方向发展；⑥向埋入式桩方向发展；⑦向组合式工艺桩方向发展；⑧向高强度桩方向发展；⑨向多种桩身材料方向发展；⑩向条形桩基方向发展等。

DX 桩作为变截面新桩型的代表，近年来得到了迅速的发展。DX 桩实质上是多节扩孔桩的新一代产物，是在应用 YZJ 型支盘挤扩机的实践中，总结国内外同类型机具的优劣特点、分析各类扩孔机具在不同土体中的成型机理，在支盘桩的基础上进行多方位的实质性改进，明显改善了挤扩成型效果的一种新桩型。在第一代 DX 挤扩装置的基础上，研发出第二代钻扩清一体化机，该设备可以同时完成钻孔、扩孔以及清孔施工，大大提高了施工效率。

2008 年 12 月 29 日，《公路桥涵多节三岔(DX)挤扩灌注桩技术规程》(DB13/T 999—2008)河北省质量技术监督局正式签署发布，2008 年 12 月 31 日正式实施。《桥梁桩基挤扩灌注桩施工工法》GGG(冀)C1062—2010 中国公路建设行业协会于 2010 年 12 月 27 日审批通过。

17.1.2 多节三岔挤扩灌注桩介绍

1. 基本原理

多节三岔(DX)挤扩灌注桩(简称 DX 桩)，是一种变截面桩，是在钻(冲)孔后，向孔内下入专用的 DX 挤扩装置，通过地面液压站控制该装置的弓压臂的扩张和收缩，按承载能力要求和地层土质条件，在桩身不同部位挤压出 3 岔分布或 $3n$ 岔(n 为挤扩次数)分布的扩大岔腔或近似的圆锥盘状的扩大头腔后，放入钢筋笼，灌注混凝土，形成桩身、分岔、分承力盘和桩根共同承载的桩型。

2. 承力岔

利用 DX 挤扩装置的三个均匀布置的弓压臂，在桩孔同一标高位置上，沿径向外侧放射状进行三维挤扩，在桩周土体中形成三个均匀分布的楔形腔体，腔内灌注混凝土后形成桩受力结构的一部分，称为承力岔。承力岔的宽度、高度和长度(即扩大直径部分)取决于挤扩装置的构造。一个挤扩过程可挤扩出三个岔腔。

3. 承力盘

利用 DX 挤扩装置的三个均匀布置的弓压臂，在桩孔同一标高位置上，经过 n 次挤扩过程，挤扩出由 $3n$ 个单楔形腔体形成的近似的圆锥盘状的扩大头腔体，腔内灌注混凝

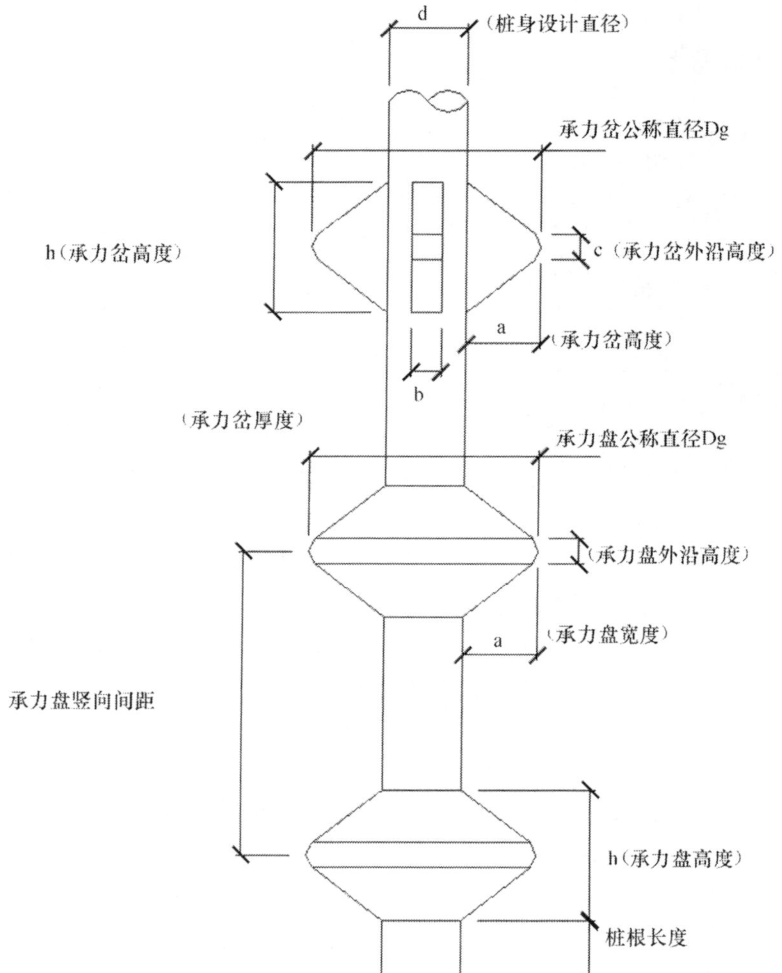

图 17-1　DX 挤扩灌注桩构造示意图

土后形成桩受力结构的一部分，成为承力盘。形成承力盘腔的条件是相邻单岔腔体需挤压重叠搭接。

承力岔和承力盘统称为扩径体。DX 桩有以下几种类型：多节 3 岔型桩、多节 3*n* 岔型桩、多节承力盘桩及多节 3 岔(或 3*n* 岔)与承力盘组合桩。

4. DX 桩适用条件

承力盘、承力岔应设置在可塑～硬塑状态的黏性土中，或稍密～密实状态($N<40$)的粉土和砂土中；还可设置在密实状态($N\geqslant40$)的粉土和砂土及中密～密实状态的卵砾石层的上层面上；底承力盘也可设置在强风化岩或残积土层的上层面上。设置承力盘的土层厚度宜大于 3*d*(*d* 为桩身直径)，且除底承力盘，各承力盘下 2*d* 深度范围内不应有软弱下卧层。当底承力盘下存在软弱下卧层时，其持力层厚度应通过验算确定。设置承力岔的土层厚度宜大于 2*d*，且承力岔以下 1*d* 深度范围内不应有软弱下卧层。

图 17-2　实体桩

17.1.3　DX 挤扩灌注桩特点

DX 挤扩灌注桩根据土层分布特性，将多个承力盘设置在不同深度的承载力较高的土层中，多级挤扩形成承力盘多层承载、多层端阻及多段侧阻的共同作用，荷载通过承力盘传递到土层，通过荷载沿深度的扩散，不仅减少了桩端荷载，还扩大了承力面积，从而达到大幅度提高承载力的目的。由于多层端阻承受荷载，在荷载作用下，传至桩端的荷载很小，保证了桩端土的稳定性。通过土体挤扩，承力盘周围土体得到了压密，提高了土体内摩擦角和压缩模量，其物理力学性质必然优于原状土。在承力时，由于承力盘周边土体预先受到压密，类似于"预应力"作用，减少了土体承载后的压缩量，使土体的竖向承载力及抗拔力大幅度提高。

1）成桩质量可靠

DX 三岔挤扩装置独特的双缸双向液压结构设计理念，使挤扩臂呈水平运动轨迹挤压侧面空腔上下土体，保证岔（盘）腔的挤扩均匀和完整，施工差异性小，成桩一致性好。

2）单桩承载力高

与普通直孔（等截面）灌注桩相比，桩底端及桩身多个断面面积大幅度增大，单桩承载力比普通直孔灌注桩一般提高 2～3 倍，并具备良好的抗压、抗水平、抗冲剪和抗拔能力。

3）节约、环保、工期短

由于单桩承载力的大幅提高，一般与普通混凝土灌桩相比，节约原材料约 30%，可节约桩基总造价 20%～30%。同时，相比较大直径钻（冲）孔灌注桩可缩短桩长，减小桩径或减少桩数，从而缩短工期。

4）设计灵活、适应性强

DX 桩可在多种土层中成桩，不受地下水位限制，并可以根据承载力要求采取增设分岔或分承力盘数量提高单桩承载力。

5）施工过程可控制

由于桩身分岔或分承盘是通过液压臂挤扩土层形成，挤扩过程相当静力触探，施工过程同时也是对土层承载力的一种检验。因此，施工时能大致了解土层软硬性即持力层选择的适宜程度，当发现与试桩施工有差别时，可按照设计变更要求，采取调整岔（盘）位置或增设岔（盘）数量的措施，确保桩基承载力，这是其他桩型无法实现的。

6）易于检测

挤扩灌注桩专用盘径检测器是一种直观有效的机械测孔法，其结构简单，检测直观、效率高、经济、快速可靠。检测时，提紧提绳，将盘径检测器缓慢放至孔内被测盘腔深度，松开副绳，三个测杆自由下落，主测绳稍作调整，测杆即张开与挤扩盘腔内，到盘径最大处，观察并记录主副测绳的落差，有落差和盘径的换算关系就可以得出实际挤扩腔体的直径。

7) 沉降均匀

DX 桩挤扩成盘为模具式成型，盘腔集合形状可控，离散型小。每个承力盘腔的首次挤扩压力值可反映出该处地层的软硬程度，通过对 DX 挤扩装置深浅尺寸的控制，还可以掌握各地层的厚薄软硬变化弥补勘察的不足，从而可有效控制盘持力层位置，保证单桩承载力能充分满足设计要求，确保均匀沉降。

8) DX 桩的适用土层广泛

DX 桩可应用于黏性土、粉土和砂土的交互土层，其承力盘和承力岔应设置在可塑一硬塑黏性土、标贯击数小于 40 击的稍密一密实状态粉土和砂土中。承力盘也可设置在密实状态($N \geqslant 40$)的粉土和砂土或中密一密实状态卵砾石层的上层面上。底承力盘也可时至在强风化岩或残积土层的上层面上。当进行挤扩桩时，挤扩臂对盘腔周围土体进行挤压使其空隙缩小，产生挤密效果。这相当于对承力盘周围的土体进行了预压，使其更好地与承力盘共同受力，类似于增大了承力盘的体积，显然对承载力的提高有很大帮助。

9) 工艺先进

在工艺上 DX 桩采用双油缸双向相对位移带动三对挤扩臂对土体进行挤扩或切削碾压挤扩，具有施工速度快，所成盘腔稳定、不塌孔等优点。

DX 挤扩灌注桩的荷载传递特点如下。

(1) DX 挤扩灌注桩是由多段侧阻和多段端阻共同承载的桩型，其荷载传递机理与直孔桩、单一扩大头的钻孔扩底桩有显著不同。

(2) DX 挤扩灌注桩与多节扩孔灌注桩相比，在荷载传递机理上有相近之处，但两者也有明显的差别。

(3) 摩擦型直孔桩的荷载传递也较为复杂，在极限荷载作用下，并非所有土层的侧阻力均能得到充分发挥。与直孔桩相比，由于承力盘(岔)的影响，其单位侧阻力达到极限值的时间较晚；承力盘(岔)对下方土体挤密约束作用对提高 DX 桩的极限单位侧阻力有显著效果。

17.1.4　旋挖挤扩灌注桩介绍

2006 年，北京中阔地基基础技术工程公司推出了最新一代的 DX 旋转挤扩设备(简称 DX 旋扩钻机(图 17-3))，该设备采用了边旋转边挤扩的设计思想，在连续旋转的过程中三对挤扩臂逐渐向外打开。而且挤扩臂上设计弧形切刀，可根据土体情况选择不同的挤扩臂和施工方式。对于一般土体，通常采用碾压挤扩与切削碾压挤扩相结合的方式，挤扩臂正向旋转，切刀的刀口对土体进行少量切削，同时切刀的外弧面对土体进行碾压，反转时外弧面对土体进行碾压挤扩，不进行切削。对于标贯值 $N>40$ 的土，由于土体本身十分密实，则通常以切削为主。

图 17-3　DX 旋扩钻机

图 17-4　旋挖挤扩装置与常规旋挖钻机配套

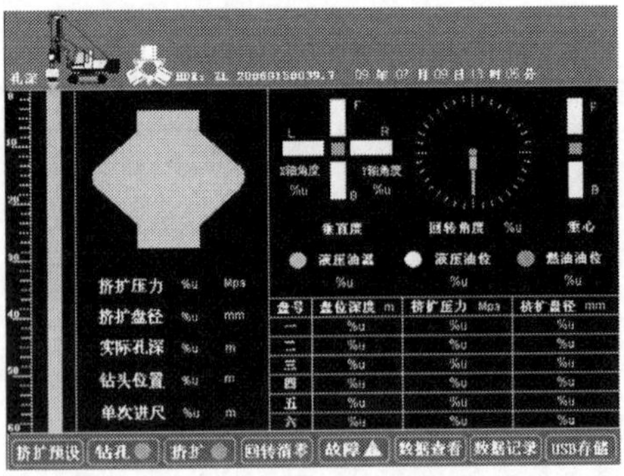

图 17-5　实时监测系统

图 17-6　承力盘腔

旋挖挤扩灌注桩是在挖孔或钻孔灌注桩钻孔后的基础上，使用专用的旋挖挤扩设备施工而成。其与普通直孔(等截面)灌注桩相比，因桩身多个断面面积大幅度增大，充分利用了好土层的地基承载力，并具备良好的抗压和抗拔能力。所以旋挖挤扩灌注桩可大幅度提高单桩承载力，降低施工沉降和工后沉降。与传统的直孔桩相比，同样可以减小桩长或减少桩的数量，从而降低混凝土和泥浆用量，有效节约工期、降低造价。

17.2　多节三岔挤扩灌注桩设计

近年来，桩的使用越来越广泛，桩的型式也有较大发展。特别是从 20 世纪 80 年代以来，我国经济和土木工程建设得到迅速发展，在桩的技术方面也有很大进展。据不完全统计，近 20 年我国每年用桩量超过 100 万根。桩基础虽然一般比天然地基的浅基础造价要高，但它可以大幅度提高地基承载力，减少沉降，还可以承担水平荷载和向上拉拔荷载，同时有较好的抗震性能，所以应用很广泛。2008 年 12 月 29 日，《公路桥涵多节三岔(DX)挤扩灌注桩技术规程》(DB13/T 999—2008)，如图 17-7 所示，河北省质量技术监督局正式签署发布，2008 年 12 月 31 日正式实施。

本规程为多节三岔挤扩灌注桩在公路桥梁建设中的应用提供理论基础，为设计提供依据，为成孔与挤扩施工提供技术指导及要求，以保证在多节三岔挤扩灌注桩基设计与施工中做到安全可靠、经济合理、确保质量、节能环保、技术先进。本《规程》的出版具有巨大的社会、经济和生态价值，对于河北省乃至全国的公路桥梁建设都具有重要的指导意义和参考价值。

17.2.1　设置要求

(1) 可塑～硬塑状态的黏性土、稍密～密实状态的粉土和砂土、中密～密实状态卵砾石层可作为 DX 挤扩灌注桩承力盘(岔)的持力土层,抗压桩底承力盘也可设置在强风化岩的上层面上。

(2) 淤泥及淤泥质土层、松散状态的砂土层、可液化土层、湿陷性黄土层、大气影响深度以内的膨胀土层不得作为 DX 挤扩灌注桩承力盘(岔)的持力土层。

(3) 抗压多节三岔挤扩灌注桩的承力盘(岔)应设置在持力土层的上部;抗拔多节三岔挤扩灌注桩的承力盘(岔)应设置在持力土层的下部。

(4) 相邻桩的中距不应小于 1.5D 或 D+1.5m,取较大者。挖孔桩中距可参照钻孔桩采用。

(5) 承力盘的竖向间距应大于 2.5D;承力岔的竖向间距应大于 1.5D;承力岔与承力盘竖向间距不应小于 2.0D。桩根长度不宜小于 2.0d。

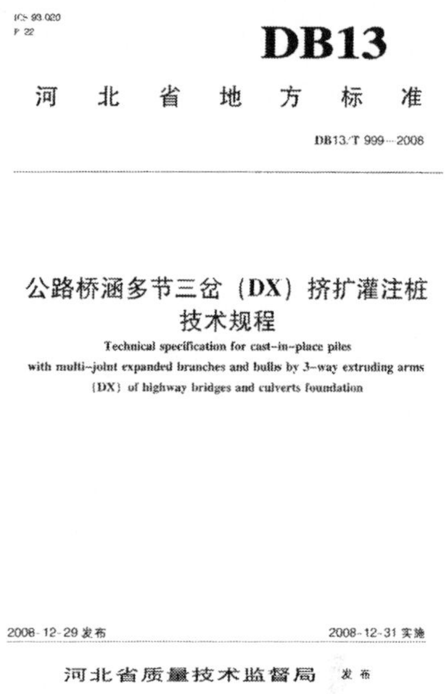
ICS 93.020
P 22

DB13

河 北 省 地 方 标 准

DB13/T 999—2008

公路桥涵多节三岔(DX)挤扩灌注桩技术规程

Technical specification for cast-in-place piles with multi-joint expanded branches and bulbs by 3-way extruding arms (DX) of highway bridges and culverts foundation

2008-12-29 发布 2008-12-31 实施

河北省质量技术监督局 发布

图 17-7 河北省地方标准

(6) 多节三岔挤扩灌注桩的第一个承力盘宜设置在弯矩零点位置下方,并应考虑冲刷及负摩阻力的影响。

17.2.2 构造要求

(1) 钻孔桩设计直径不宜小于 0.8m;挖孔桩直径或最小边宽度不宜小于 1.2m;

(2) 桩身混凝土强度等级:不宜低于 C30;

(3) 钻(挖)孔桩应按桩身内力大小分段配筋。当内力计算表明不需配筋时,应在桩顶 3.0~5.0m 内设构造钢筋。桩内主筋直径不应小于 16mm,每桩的主筋数量不应少于 8 根,其净距不应小于 80mm 且不应大于 350mm;如配筋较多,可采用束筋;钢筋保护层净距不应小于 60mm;闭合式箍筋或螺旋筋直径不应小于主筋直径的 1/4,且不应小于 8mm,其中距不应大于主筋直径的 15 倍且不应大于 300mm;钢筋笼骨架上每隔 2.0~2.5m 设置直径 16~32mm 的加劲箍一道;钢筋笼四周应设置突出的定位钢筋、定位混凝土块,或采用其他定位措施;钢筋笼底部的主筋宜稍向内弯曲,作为导向。

17.2.3 计算

1. 单桩竖向抗压承载力计算

(1) 单桩竖向抗压承载力容许值 R_a 为

$$R_a = \frac{1}{K}Q_{uk} \tag{17-1}$$

式中，K——安全系数，可取 $K=2$；

Q_{uk}——单桩竖向极限承载力标准值。

(2) 根据土的物理指标与承载力参数之间的经验关系确定单桩竖向抗压极限承载力标准值 Q_{uk} 为

$$Q_{uk}=Q_{sk}+Q_{Bk}+Q_{pk}=u\sum q_{sik}l_i+\eta\sum q_{Bik}A_{pD}+q_{pk}A_p \tag{17-2}$$

$$A_P=\frac{\pi}{4}d^2 \tag{17-3}$$

$$A_{PD}=\frac{\pi}{4}(D^2-d^2) \tag{17-4}$$

式中，Q_{uk}——单桩竖向抗压极限承载力标准值；

Q_{sk}——单桩总极限侧阻力标准值；

Q_{pk}——单桩总极限桩端阻力标准值；

q_{sik}——单桩穿过的第 i 层土的极限侧阻力标准值，如无当地经验值时，可按标准附录 C 表 C.1 取值；

q_{Bik}——单桩第 i 个盘的持力土层极限盘端阻力标准值，如无当地经验值时，可按标准附录 C 表 C.2 取值；

q_{pk}——极限桩端阻力标准值，如无当地经验值时，可按标准附录 C 表 C.2 取值；

u——桩身周长；

l_i——桩穿过第 i 层土的厚度；

η——总盘端阻力调整系数，单个和两个承力盘时 $\eta=1.00$；3 个及 3 个以上承力盘时 $\eta=0.93$；

A_{PD}——在水平投影面上的承力盘(扣除桩身设计截面面积)设计截面面积；

D——承力盘设计直径；

A_p——桩端设计截面面积；

d——桩身设计直径。

2. 单桩水平承载力计算

(1) 对于受水平荷载较大的多节三岔挤扩灌注桩，其单桩水平承载力容许值应通过静推试验确定。

(2) 多节三岔挤扩灌注桩可作为桩身设计直径为 d 的等截面灌注桩进行桩基水平承载力与位移计算。

3. 桩身强度验算与裂缝控制计算

(1) 多节三岔挤扩灌注桩应验算桩身强度及裂缝宽度。

(2) 多节三岔挤扩灌注桩的承力盘(岔)的抗剪和抗冲切验算。

1) 抗剪验算

根据国家标准《混凝土结构设计规范》(GB 50010—2010)规定，可用于多节三岔挤扩

灌注桩承力盘(岔)的抗剪验算公式为

$$V \leqslant 0.25 f_c A_v \tag{17-5}$$

式中，V——承力盘(岔)承受的最大剪力设计值；

f_c——混凝土轴心抗压强度设计值；

A_v——承力盘(岔)剪切截面积。

根据 30 余根多节三岔挤扩灌注桩实测承力盘(岔)端阻力的统计，视承力盘(岔)的位置和土层情况，极限盘(岔)端阻力为 208～2928kPa。用上述公式进行验算，取《公路桥涵多节三岔(DX)挤扩灌注桩技术规程》附录 C 表 C.2 中最大值，即 $qBk=qbk=$ 3300kPa；桩身混凝土强度等级取最低值，即 C25，$f_c=11900$kPa。以下按相应于五种承力盘(岔)设计直径的最大和最小承力盘高度的情况列表(表 17-1 和表 17-2)进行抗剪验算。

承力盘抗剪验算见表 17-1。

表 17-1　承力盘抗剪验算

桩身设计直径 d/mm	800	800	1200	1200	1500
承力盘设计直径 D/mm	1400	1900	1900	2400	2400
承力盘高度 h/mm	675	1055	775	1145	935
承力盘设计截面面积 A_{PD}/m²	1.036	2.331	1.703	3.391	2.755
承力盘最大剪力设计值 $V=3300\cdot A_{PD}$/kN	3419	7692	5619	11190	9091
承力盘总剪切抗力[V]　[V]$=0.25f_c\cdot\pi dh$/kN	5044	7884	8688	12835	13101

承力岔抗剪验算见表 17-2。

表 17-2　承力岔抗剪验算

桩身设计直径 d/mm	800	800	1200	1200	1500
承力岔设计直径 D/mm	1400	1900	1900	2400	2400
承力岔高度 h/mm	675	1055	775	1145	935
承力岔厚度 b/mm	200	250	250	300	300
承力岔设计截面面积 A_{PD}/m²	0.180	0.413	0.263	0.540	0.405
承力岔最大剪力设计值 V　$V=3300\cdot A_{PD}$/kN	594	1363	868	1782	1337
承力盘总剪切抗力[V]　[V]$=0.25f_c\cdot 3bh$/kN	1205	2354	1729	3066	2503

承力盘(岔)抗剪验算结果表明，当多节三岔挤扩灌注桩的桩身设计直径 d、承力盘(岔)设计直径 D 和高度 h 符合《公路桥涵多节三岔(DX)挤扩灌注桩技术规程》附录 D 的规定时，可不进行承力盘(岔)的抗剪验算。

2) 抗冲切验算

吉林大学钱永梅博士研究了双坡形式的承力盘(相当于多节三岔挤扩灌注桩的承力盘)的冲切破坏问题，其主要论点基本假定如下：

(1) 承力盘冲切破坏形态类似于斜拉破坏，其所形成的圆台斜裂面与水平面大致成 45°倾角，是一种脆性破坏，如图 17-8 所示；

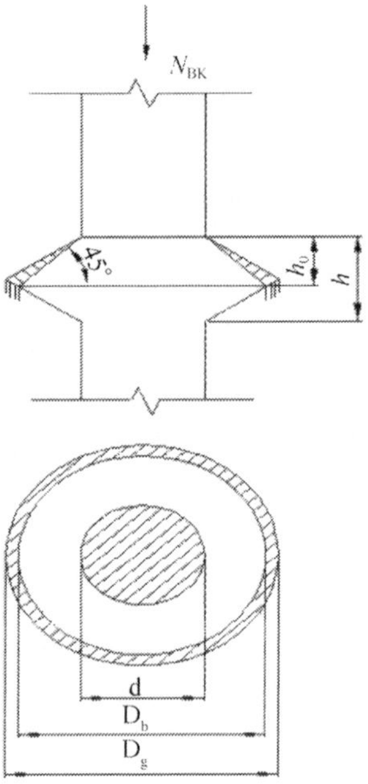

图 17-8　冲切破坏示意图

(2) 桩顶外荷载属于轴心作用荷载；

(3) 承力盘下的土为均质各向同性的。

参考混凝土独立基础冲切破坏理论，承力盘在承受桩顶传来的荷载时，如果沿桩周边的承力盘高度不够，就会发生如图 17-8 所示的由于冲切承载力不足的截面，呈圆台斜裂面破坏，为了保证不发生冲切破坏，必须使冲切面以外的地基反力产生的冲切力 F_L 不超过冲切面处混凝土的抗冲切能力，如图 17-8 所示。

根据上述理论，承力盘高度需满足如下条件：

$$F_L \leqslant 0.7 f_t \cdot L_m \cdot h_0 \tag{17-6}$$

$$F_L = q_{BK} \cdot A_L$$

$$L_m = \frac{d + D_b}{2}\pi$$

$$D_b = d + 2h_0$$

$$h_0 = \frac{h(D_g - d)}{h + D_g - d}$$

$$q_{BK} = \frac{N_{BK}}{A} = \frac{N_{BK}}{\pi\left[\left(\frac{D_g}{2}\right)^2 - \left(\frac{d}{2}\right)^2\right]} = \frac{4N_{BK}}{\pi(D_g^2 - d^2)}$$

式中，F_L——盘端地基所产生的冲切力；

f_t——混凝土抗拉强度设计值；

L_m——混凝土抗冲切破坏面中截面周长；

d——桩身设计直径；

D_b——冲切破坏圆台斜截面的下边直径；

h——承力盘高度；

h_0——承力盘有效高度；

D_g——承力盘公称直径；

A_L——考虑冲切荷载时取用的圆环面积，图 17-8 中的阴影部分；

q_{Bk}——相当于在荷载效应基本组合时承力盘的轴向压力设计值 N_{BK} 作用下的盘端阻力；

A——扣除桩身设计截面面积，在水平投影面上的承力盘公称截面面积。

经转换修正后，式(17-6)变为

$$N_{BK} \leqslant 2.2 f_t \cdot h_0 (d + h_0) \frac{D_g^2 - d^2}{D_g^2 - (d + 2h_0)^2} \tag{17-7}$$

以下按相应五种承力盘公称直径的最大和最小桩身设计直径与承力盘高度的情况列表进行抗冲切验算。验算时 q_{BK} 取最大值，即 $q_{BK} = 3300\text{kPa}$；桩身混凝土强度等级取最低值，即 C25，$f_t = 1270\text{kPa}$。

表 17-3　承力盘抗冲切验算

桩身设计直径 d/mm	800	800	1200	1200	1500
承力盘公称直径 D_g/mm	1550	2050	2050	2550	2550
承力盘高度 h/mm	675	1055	775	1145	935
承力盘轴向压力设计值 N_{BK}　$N_{BK}=0.785 q_{BK}(D_g^2-d^2)$/kN	4151	8390	6506	11922	10015
式(17-7)右部/kN	16729	18499	31531	28813	38236

承力盘抗冲切验算结果表明，当多节三岔挤扩灌注桩的桩身设计直径 d、承力盘公称直径 D_g 和高度 h 符合《公路桥涵多节三岔(DX)挤扩灌注桩技术规程》附录 D 的规定时，可不进行承力盘的抗冲切验算，也可推断不进行承力岔的抗冲切验算。

4. 相关研究

北京交通大学万飞博士以大广高速滹沱河分洪道特大桥试桩为工程背景，综合采用现场试验、理论分析和数值模拟等多种手段，对 DX 桩承载机理以及 DX 群桩的承载力和沉降控制能力进行了研究。主要得到的以下几点结论摘录供参考。

(1) 根据多个工程实例的计算分析表明，按照《公路桥涵地基和基础设计规范》(JTGD63—2007)的规定计算端阻和侧阻，按《公路桥涵多节三岔(DX)挤扩灌注桩技术规程》(DB13/T 999—2008)的规定计算盘阻，更符合实际情况。公式为

$$[P]=\frac{1}{2}u\sum q_{ik}l_i+A_p q_r+\frac{1}{2}\eta\sum q_{Bik}A_{pD}$$

(2) 通过数值模拟手段研究 DX 群桩的承载力和沉降控制能力，结论如下。

① DX 群桩的承力盘分担大比例的桩顶荷载，并且会引起承力盘下土体的沉降和盘腔上部会出现临空面。随着荷载的增大，由于桩侧摩阻力达到极限值，并且承力盘承载力的增加，桩间土的沉降由承力盘标高以上的土体沉降控制，转变为以承力盘以下的土体沉降为控制要素。

② DX 群桩的最佳桩形布置为 $3d$(桩径)桩间距。$3d$ 桩距布置的 DX 群桩和 $4d$ 桩距布置的 DX 群桩的承载力相接近，但 $3d$ 桩距的群桩沉降比 $4d$ 桩距布置的 DX 群桩的沉降更均匀。

③ DX 群桩应该用盘位平行的方式进行布置。盘位错开布置的 DX 群桩的承载力略小于盘位平行布置的 DX 群桩的承载力，两种方式在沉降控制能力方面基本相同。

17.3　多节三岔挤扩灌注桩施工

17.3.1　施工机械与设备

1. 施工机械

DX 桩可结合不同成直孔工艺，采用潜水钻机、正循环钻机、冲击钻机、螺旋钻机、钻斗钻机(旋挖钻机)、全套管贝诺特钻机及沉管机等成孔钻机。

图 17-9 DX 挤扩装置

2. DX 挤扩装置

DX 挤扩装置(图 17-9)由机头、联结器、液压站控制系统及车载系统等组成。机头由双向液压油缸装置、三岔挤扩弓压臂、液压旋转装置、压力传感器等组成。联结器包括油管和解力装置,起到柔性连接传递的作用。

(1) DX 挤扩装置设计出了液压双缸双向相对位移的运动形式,工作时,挤扩臂铰点只作水平运动而无上下运动,使挤扩臂上下土体均受挤压,可保证在砂层或其他土层在挤扩后不掉或少掉土。

图 17-10 是 DX 挤扩装置的运动轨迹,它的上臂 AB,下臂 BC 的三点运动轨迹如下:

A 点:$|x=0, y=\downarrow|$;

B 点:$|x=\rightarrow, y=0|$;

C 点:$|x=0, y=\uparrow|$,且 A 点 $|y\downarrow|=C$ 点 $|y\uparrow|$。

B 点只有水平方向运动,且 ABC 所形成的包络线均匀连续上下对称,受力总是平衡的,使挤扩过程中不掉土或少掉土,很好地完成侧面形腔。

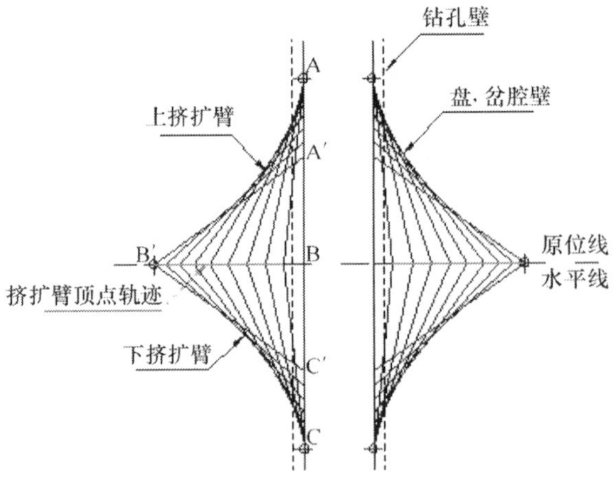

图 17-10 DX 挤扩装置的运动轨迹示意图

(2) DX 挤扩装置结构为双缸双向相对位移运动,挤扩时,外活塞杆逐渐外伸推动上臂张开挤扩,因上臂外伸距离短,力矩较小;同时,内活塞杆逐渐受拉,保护力矩逐渐增大,挤扩力矩逐渐减小,拉动下挤扩臂,使其逐渐张开挤扩。DX 挤扩装置三对等角挤扩臂对活塞杆起支撑稳固作用,当与不均匀土体及硬物顶抗时,内活塞杆不易弯曲受损,如图 17-11 所示。

(3) DX 挤扩装置设计有三对 120°等夹角的挤扩臂,挤扩时,挤扩臂一侧受顶后,挤扩装置即自动与桩孔轴心对中,从而保证了挤扩形腔与桩孔同心,如图 17-12 所示。

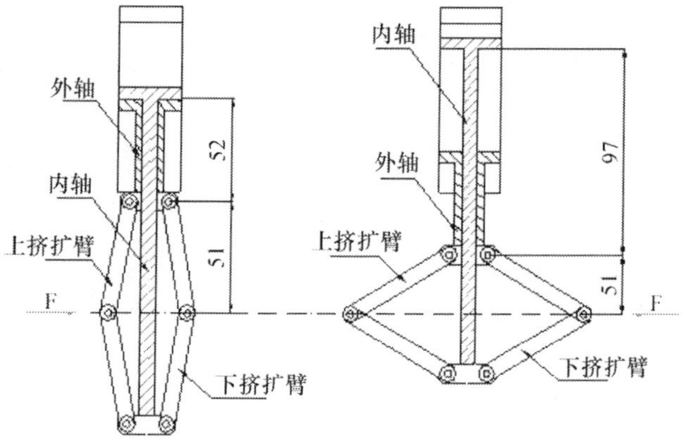

图 17-11　DX 挤扩装置活塞杆力矩

(4) DX 挤扩装置采用液压控制转角定位机构,故 DX 挤扩装置工作时转角定位准确,盘(岔)腔完整性好,成桩差异性小,施工操作安全。

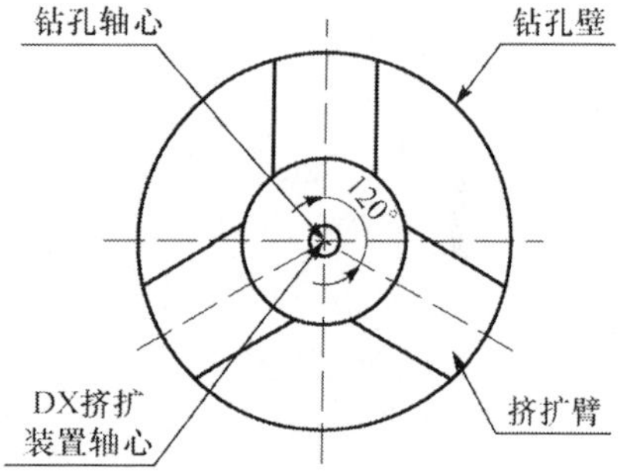

图 17-12　DX 挤扩装置俯视图

3. DX 挤扩装置特性

(1) 在挤扩过程中,双向液压油缸相对位移,3 岔挤扩弓压臂只作水平运动而无上下运动,可保证在砂层或其他土层在挤扩后不掉或少掉砂土;在孔底挤扩时,可将阀切换,使双向油缸变为单向拉式油缸,将孔底虚土压实,如图 17-13 所示。

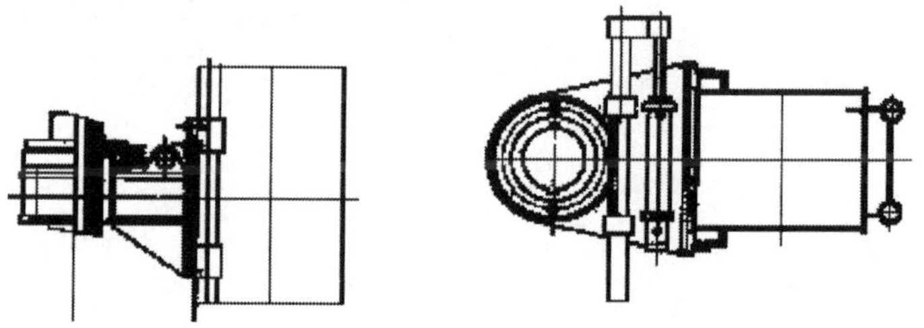

图 17-13　液压控制自动转角定位装置

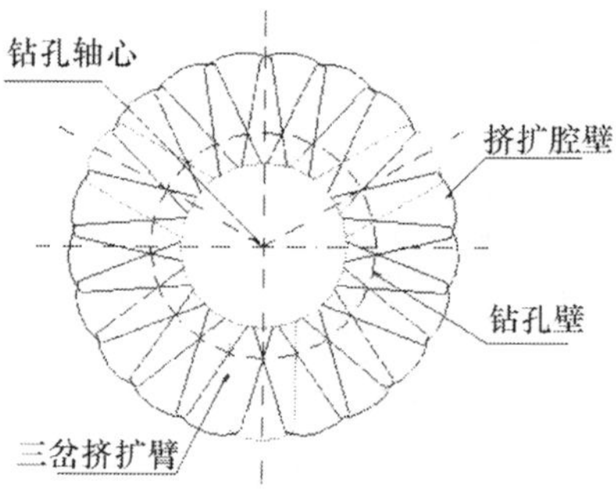

图 17-14　挤扩腔壁示意图

(2) 挤扩时双向液压油缸受拉,改变了活塞杆竖向受压的状态,并去掉挤扩固定外管,使外定位变为内定位,因此,弓压臂挤扩后能顺利回位,也使装置变得轻巧,如图 17-14 所示。

(3) 三岔式弓压臂的内外屋脊的表面形状,在挤扩过程中,使土体形成三个“小屋脊”而不塌孔并保证弓压臂挤扩后顺利回位。

(4) 当桩身较长时,挤扩装置与吊车之间采用钢丝绳柔性连接，以避免 YZJ 型支盘成型机与吊车之间因采用刚性连接而造成费工费时、垂直误差较大、甚至发生机头掉入孔底等缺点；当桩较短时可采用半刚性连接。

(5) 设置液压定位装置，以保证挤扩装置在对中状态下工作。

(6) 设置液压旋转装置，实施挤扩回位—旋转定位—挤扩回位，数次往复，完成岔或盘状的侧面型腔。

(7) 设置压力、角度和位移传感器，能准确反映挤扩装置在工作中的作用在地层上的压力值、挤扩角度值、旋转角度值和桩孔与各岔深度值，从而能够很好地反映土体、挤扩及装置工作情况，控制施工质量。

(8) 由于挤扩装置为等角度三个弓压臂同时工作，三点支撑，三个方向同时受力一次挤扩成三岔扩大腔，受力稳定合理。

17.3.2　施工

1. 施工工序

DX 桩成桩施工流程如图 17-15 所示。

(1) 泥浆护壁成孔多节三岔挤扩灌注桩的施工工序：

成直孔→检查成孔质量→将多节三岔(DX)液压挤扩装置放入孔内→按设计位置自下而上依次挤扩承力盘(岔)腔→移走多节三岔(DX)液压挤扩装置→检测承力盘(岔)腔直径→清理孔底沉淀土(渣)→下放钢筋笼→插入导管→灌注混凝土前清孔、换浆→水下灌注混凝土，拔出导管→拔出护筒，成桩。

(2) 干作业成孔多节三岔挤扩灌注桩的施工工序：

成直孔→检查成孔质量→将多节三岔液压挤扩装置放入孔内→按设计盘位自上而下依次挤扩承力盘(岔)腔→移走多节三岔液压挤扩装置→检测承力盘(岔)腔直径→清理孔底沉淀土(渣)→下放钢筋笼→安放串筒或溜管→浇筑混凝土、振捣→成桩。

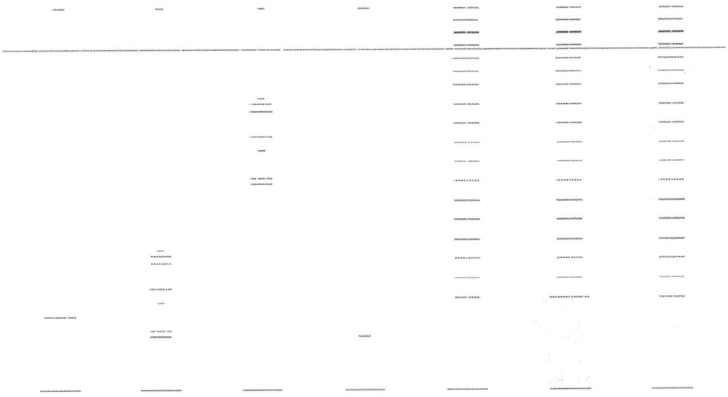

图 17-15　DX 桩成桩施工流程图

2. 施工要求

(1) 施工时，应按有关规定制定安全生产、保护环境等措施并应有完善的施工记录。

应收集成孔与挤扩承力盘(岔)腔施工工艺试验记录及静载试验资料及相关施工工艺的试验参考资料。

(2) 所有成孔、成桩机械必须经鉴定合格,不合格机械不得使用。施工现场所有设备、设施、安全装置、工具、配件及劳保用品必须经常检查,确保完好和使用安全。

(3) 桩基施工用的临时设施,如供水、供电、道路、排水、临设房屋等,必须在开工前准备就绪,施工场地应进行平整处理,以保证施工机械正常作业。

(4) 施工前宜进行试成孔、试挤扩承力盘(岔)腔,了解各土层的挤扩压力变化,检验承力盘(岔)腔的成型情况,并应详细记录成孔、挤扩成腔的各项数据,作为施工控制的依据。

3. 钻孔

DX 挤扩灌注桩是在直孔灌注桩施工流程中增加一道挤扩工序而成。钻孔成孔质量标准、泥浆的调制和管理均应符合《公路桥涵施工技术规范》(JTG/T F50—2011)。

1) 场地平整

场地要平整,且有一定硬度以免沉陷。施工平台应满足钻孔成桩作业的需要。

2) 桩位控制

在桩基础施工中,首先要认真复核原始设计数据,认定准确无误后实地放样定出桩位,并钉出沿桩位纵横轴线交叉的控制桩控制桩位,护筒埋设后,稳定钻孔,使钻架顶部的起重滑轮槽缘的铅直线对准桩位中心,并用经纬仪精确校核。由于地质条件比较复杂、软硬程度不一样,钻头在钻进的过程中可能会偏离中心,所以在钻进过程中每个作业班通过控制桩检查桩位,如有偏差及时调整钻机位置,确保孔位偏差在允许范围以内。

3) 钻机就位

为确保孔位正确,减少偏差,钻机就位前,应对钻孔各项准备工作进行检查,钻机就位之后保证钻架的平稳和牢固,钻机下如有薄弱土层应采取加固措施,确保施工中钻架不发生移位。

4) 埋设护筒

埋设护筒的深度应根据实际需要,将上部易塌孔土层全部用护筒防护,护筒内径宜比桩径大 200～400mm。护筒中心竖直线应与桩中心线重合,除设计另有规定,平面允许误差为 50mm,竖直线倾斜不大于 1%,干处可实测定位,水域可依靠导向架定位。埋设护筒时用水平尺检查垂直度,护筒顶应宜高出原地面 0.3m 以上,以便钻头定位及保护桩孔。护筒底脚处及周围用黏性土夯实,防止上部土层浸泡后沉陷造成孔口塌方。

5) 泥浆制备

成孔时制备优质泥浆,严格控制泥浆比重及冲孔时间,根据地层选用合理的钻进参数,密切注意软土层的修孔,严防缩径桩或塌孔造成加泥桩。

6) 成孔

在钻孔过程中,要随时监测泥浆的液面高度,当下降时要及时补充泥浆,施工要连续作业,不允许长时间晾孔。钻孔作业应分班连续进行,填写的钻孔施工记录,交接班时应交代钻进情况及下一班应注意事项。应经常对钻孔泥浆进行检测和试验,不合要求时,应随时改正。应经常注意地层变化，在地层变化处均应捞取渣样，判明后记入记录表中并与地质剖面图核对。

4. 挤扩施工及盘径检测

(1) 施工作业前检查、确认挤扩设备工作正常后方可使用。

(2) 应根据多节三岔液压挤扩设备的型号和设计承力盘直径确定成盘挤扩次数。

挤扩次数依据：设计盘径 D，挤扩臂宽 b，单位 cm；

挤扩次数 $=(D\times\pi)/(3\times b)\approx n$(次)；

转动角度 $a=360/(3\times n)$。

(3) 泥浆护壁成孔挤扩作业时，泥浆密度应以良好护壁、避免塌孔为原则，泥浆相对密度在 1.10～1.30。

(4) 成孔后，经对孔的垂直度、孔径、孔深等检验合格后，应即进入挤扩工序。

(5) 多节三岔挤扩装置入孔之前必须检查法兰连接、螺栓、油管、液压装置、挤扩臂分合情况，检查装置运行是否正常。

(6) 多节三岔液压挤扩装置应对准孔口中心，缓慢下放，避免碰撞孔壁。

(7) 如挤扩装置下放受阻或达不到深度，应进行二次回钻，进行正孔、扫孔或清除沉淀土(渣)。

(8) 挤扩时应注意泥浆护壁成孔，挤扩作业时应注意观察孔内泥浆面，及时补充泥浆以保持水头压力。挤扩中，认真观察挤扩压力值，及时填写挤扩记录；挤扩过程中如遇塌方、流沙等情况，应立即停止作业，及时提出挤扩装置，妥善处理后再继续挤扩作业；当土层变化需要调整承力盘(岔)的位置，调整后竖向承力盘(岔)间距应满足承力盘(岔)的相关要求。

(9) 检测盘径应注意每次施工前，应量测盘径检测器的主副绳标识，复核并重新编制落差与盘径关系表。检测时，应稳定缓慢下放检测器，到盘位深度后，轻提主副绳，调整至检测杆完全落于挤扩腔内。

5. 清孔

(1) 可根据成孔工艺选择清孔方法，不得用加深钻孔深度的方式代替清孔。

(2) 挤扩承力盘腔施工结束后，应根据设计要求、成孔工艺、地层条件和沉淀土(渣)厚度等情况选择相适宜的清孔方法清理孔底沉淀土(渣)。

(3) 在吊入钢筋骨架后，灌注水下混凝土之前，应再次检查孔内泥浆性能指标和孔底沉淀厚度，如超过规定，进行二次清孔，符合要求后方可灌注水下混凝土。

(4) 鉴于多节三岔挤扩灌注桩施工中较常规灌注桩多了一道挤扩工序，挤扩过程中常会有沉淀土(渣)掉入孔底，尤其在黏性土层中挤扩，有时可能会有较大的泥块掉入孔底，因此，施工中应特别注意把好清孔这一关。

6. 灌注水下混凝土

(1) 混凝土拌和物运至灌注地点时，应检查其均匀性和坍落度等，如不符合要求，应进行第二次拌和，二次拌和后仍不符合要求时，不得使用。

(2) 首批混凝土拌和物下落后，混凝土应连续灌注。

(3) 在灌注过程中，导管的埋置深度宜控制在 2～6m。导管使用前进行闭水试验(水密、承压、接头抗拉)，合格的导管才能使用。

(4) 在灌注过程中，应经常测探井孔内混凝土面的位置，及时调整导管埋深。

(5) 为防止钢筋骨架上浮，当灌注的混凝土顶面距钢筋骨架底部 1m 左右时，应降低混凝土的灌注速度。当混凝土拌和物上升到骨架底口 4m 以上时，提升导管，使其底口高于骨架底部 2m 以上，即可恢复正常灌注速度。

(6) 承力盘处灌注混凝土时应从最小截面的桩孔底部开始灌注，其技术要求与等截面桩相同。灌注至承力盘底端时，导管应提升至承力盘底端下约 2m；当混凝土面高于承力盘顶端 3m 时，应将导管提升至承力盘顶端上 1m，依次继续灌注至桩顶。

(7) 使用全护筒灌注水下混凝土时，当混凝土面进入护筒后，护筒底部始终应在混凝土面以下，随导管的提升，逐步上拔护筒，护筒内的混凝土灌注高度，不仅要考虑导管及护筒将提升的高度，还要考虑因上拔护筒引起的混凝土面的降低，以保证导管的埋置深度和护筒底面低于混凝土面。要边灌注边排水，保持护筒内水位稳定，不至过高，造成反穿孔。

(8) 在灌注过程中，应将孔内溢出的水或泥浆引流至适当地点处理，不得随意排放、污染环境及河流。

(9) 灌注中发生故障时，应查明原因，合理确定处理方案进行处理。

17.3.3　质量检验及标准

1. 检验与标准

(1) 多节三岔挤扩灌注桩在终孔和清孔后，应进行孔位、孔深检验。

(2) 孔径、孔形和倾斜度宜采用专用仪器测定，当缺乏专用仪器时，可采用外径为钻孔桩钢筋笼直径加 100mm(不得大于钻头直径)，长度为 4～6 倍外径的钢筋检孔器吊入钻孔内检测。

(3) 成孔成桩的质量标准见表 17-4。

表 17-4　成孔成桩的质量标准

项目	允许偏差
孔的中心位置/mm	群桩：100；单排桩：50
孔径/mm	不小于设计桩径
倾斜度	钻孔：小于 1%
孔深	摩擦桩：不小于设计规定；端承桩：比设计深度超深不小于 50mm
沉淀土(渣)厚度/mm	摩擦桩：符合设计要求，当设计无要求时，对于直径≤1.5m 的桩，≤300mm；对桩径>1.5m 或桩长>40m 或土质较差的桩，≤500mm 端承桩：不大于设计规定
清孔后泥浆指标	相对密度：1.03～1.10；黏度：17～20Pa·s；含砂率：<2%；胶体率：>98%
盘径/mm	−50
混凝土坍落度/mm	泥浆护壁：160～220；干作业：70～100
混凝土强度	应符合设计要求
混凝土充盈系数	>1.0

注：清孔后的泥浆指标，是从桩孔的顶、中、底部分别取样检验的平均值

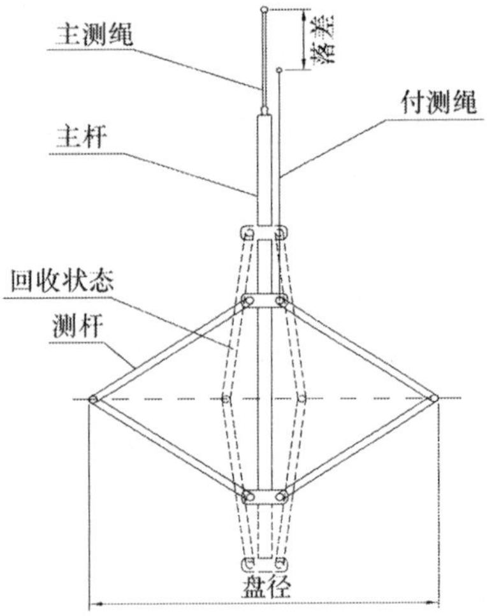

图 17-16　盘径检测器示意图

2. 盘径检测

挤扩设备出孔后，用 DX 盘径检测器对承力盘成型效果进行检测。如图 17-16 所示，盘径检测器的检验方法是利用该装置的三对测杆在盘腔处张开下滑时副绳与主绳零点（始点）的落差，与三对测杆张开角度的几何关系而测得盘腔直径。

检测时，提紧主、副绳将盘径检测器缓慢放至孔内被测盘腔位置，松开副绳，三对测杆靠自重下落，主副绳稍作调整，测杆即张开位于挤扩盘腔内，此时，观察记录主、副绳零点（始点）落差，并根据落差和盘径换算关系表（实际量测检测器获取），查得实际挤扩盘腔直径。表 17-5 为 DX-1000 型，表 17-6 为 DX-800 型。

表 17-5　DX-1000 型挤扩设备盘径检测器落差与盘径关系

落差/cm	盘径/mm
50	2020
60	2080
70	2140
80	2200
90	2260
100	2340
110	2400
120	2500

表 17-6　DX98-800 型挤扩设备盘径检测器落差与盘径关系

落差/mm	盘径/mm	落差/mm	盘径/mm
200	1020	850	1570
250	1080	900	1630
300	1150	950	1690
350	1220	1000	1750
400	1260	1050	1800
450	1320	1100	1845
500	1360	1150	1890
550	1400	1200	1940
600	1440	1250	1980
650	1470	1300	2010
700	1520	1350	2040

盘径检测器落差与盘径的换算关系不是定值，施工时定期对检测器主、辅绳进行测定，以避免量测误差，保证检测准确性。

3. 充盈系数

为保证 DX 挤扩灌注桩施工质量，其混凝土充盈系数应大于 1，沿海、大广的施工记录摘录见表 17-7、表 17-8。

表 17-7　沿海天桥试桩施工参数

桩　号	实际钻深/m	挤扩盘径/m 一盘	二盘	灌注前孔底沉渣厚度/m	砼灌注量/m^3	充盈系数
直桩	20.70	/	/	0.13	19.2	1.03
DX 桩	20.70	2.00	2.00	0.05	22.1	1.13
锚桩 1	20.80	2.00	2.00	0.12	18.0	1.15
锚桩 2	20.90	2.00	2.00	0.09	21.0	1.35
锚桩 3	20.70	2.00	2.00	0.04	21.4	1.37
锚桩 4	20.60	2.00	2.00	0.13	21.0	1.35

表 17-8　大广试桩施工参数

试桩编号	实际钻深/m	挤扩盘径/mm	灌注前孔底沉渣厚度/mm	计算混凝土量/m^3	混凝土灌注量/m^3	充盈系数
1	55.74	2500	210	100.2	102.2	1.02
2	55.69	2500	270	98.1	106.7	1.09
3	55.60	/	260	95.8	98.8	1.03
4	52.37	/	300	102.9	108.2	1.05

17.4　工 程 应 用

当前我国公路交通基础建设发展，对桥梁桩基础的承载力和沉降都提出了极高的要求。DX 桩利用多层分散承载的特点，以及承载力高和沉降小的优点，具有非常好的经济效益和社会效益。该技术在房建工程中得到了较广泛应用，但目前在公路桥梁建设中应用该项技术相对较少。为促进多节三岔挤扩灌注桩技术在桥梁桩基中的应用，对 DX 桩的承载机理、在公路桥梁基础中的承载能力、沉降控制能力等进行了研究，为将来类似工程实践提供理论指导。

多节三岔挤扩灌注桩的荷载传递机理属于端承摩擦桩或摩擦端承桩，其承载力大部分由盘端阻力提供，与等直径灌注桩显著不同，故影响两者竖向抗压承载力的因素也显著不同。影响多节三岔挤扩灌注桩竖向抗压承载力的因素较多，如桩身、承力盘径、扩径率、承力盘数量间距、承力土层特性、首扩压力值及成孔成桩施工工艺及施工质量等。为了研究多节三岔挤扩灌注桩桩型受力特性，故进行不同桩径的试桩可行性试验检测工作。

17.4.1　沿海高速公路

1. 试桩方案

本试桩工程位于河北省沿海公路乐亭至冀津界段高速公路乐亭段 K103＋913.303

处。地形、地貌特征以平地为主，为滦河冲积扇及滨海滩涂和沼泽区，地势平坦、开阔，地形起伏较小。主要岩土分层依次为：亚黏土、淤泥质黏土和软弱土、粉砂和亚黏土、密实的细砂、中砂持力层。

沿海高速公路 K103＋913.303 天桥（设计荷载汽-20 挂-100）附近两根试验桩（桩径 1.1mDX 挤扩灌注桩和直孔灌注桩各 1 根），主要进行了单桩竖向和单桩水平静载的对比试验。

1）桩型

桩型：DX 试验桩 1 根，直孔试验桩 1 根，锚桩 6 根。为节省试验费用，其中利用 4 号台的 2 根承台桩作为直孔试验桩的锚桩（锚桩 5、锚桩 6）。沿海试验桩桩位平面示意图如图 17-17 所示。

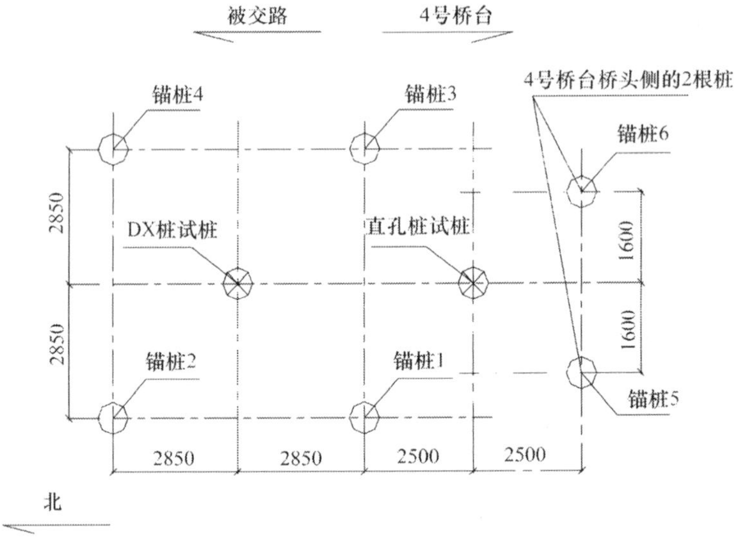

图 17-17　沿海试验桩桩位平面示意图

2）直径和桩长

如表 17-9 所示。

表 17-9　沿海试桩桩径、桩长参数

标段	工点	桩型	桩径/mm	桩长/m	承力盘/个	桩数/根
T2	K103	DX 试验桩	1100	18.5	2	1
		直孔试验桩	1100	18.5	/	1
		锚桩（DX 桩）	1000	18.5	2	6

3）试验桩的配筋和混凝土标号

（1）DX 试验桩的主筋为 10 根 φ22mm（HRB335），均通长配筋；直孔试验桩的主筋也为 10 根 φ22mm，全部为通长配筋；两根试验桩的螺旋箍筋均为 φ8mm（HPB235），其中两根试验桩的顶部 1500mm 范围加密为 φ8×100mm。

（2）为了加强钢筋笼的刚度与整体性，使吊放和灌注混凝土时不变形，应提高钢筋笼的骨架的焊接质量，并在主筋内侧每隔 2m 设置一道 φ16mm 的加强箍筋。

(3) 桩身混凝土标号采用 C30，钢筋保护层厚度不小于 50mm。

4) 锚桩

锚桩桩型采用与 DX 桩相同的桩型，设置两个承力盘，桩径 1000mm，主筋为通长配筋。

5) 岩土地层主要构成与特征(以 K103＋913.303 天桥岩土地层分析)主要以亚黏土、细砂为主。

6) 本次 DX 试验桩使用 DX98-800 型挤扩设备挤扩承力盘。

如图 17-18～图 17-20 所示。

图 17-18　试桩现场 1

图 17-19　试桩现场 2

图 17-20　试验检测

2. 检测

2006 年 7 月 24 日～30 日沿海高速公路 K103＋913.303 天桥(设计荷载为汽-20 挂-100)附近两根试验桩(DX 挤扩灌注桩和直孔灌注桩各一根)分别进行了单桩竖向和单桩水平静载的对比试验，唐山市基桩检测所进行了检测，试验结论如表 17-10～表 17-11 所示。

表 17-10　沿海试桩单桩竖向抗压极限承载力(Qu)及其对应沉降

试验桩号	桩型	龄期/天	桩长/m	极限承载力 Qu/×10kN	极限承载力对应沉降/mm
1#	直孔灌注桩	＞28	19.5	360	39.3
2#	DX 挤扩灌注桩(两个盘)	＞28	19.5	960	21.81

表 17-11　沿海试桩单桩水平极限承载力(Hu)和水平临界荷载(Hcr)

试验桩号	桩型	龄期/天	桩长/m	水平极限承载力(Hu)/×10kN	水平临界荷载(Hcr)/×10kN	水平临界荷载对应位移/mm
1#	直孔灌注桩	＞28	19.5	35	20	4.47
2#	DX 挤扩灌注桩(两个盘)	＞28	19.5	40	25	4.25

由表可以看出：

(1) 直孔试桩单桩竖向抗压极限承载力为3600kN、对应沉降为39.30mm，单桩水平极限承载力为350kN、水平临界荷载为200kN；

(2) DX试桩单桩竖向抗压极限承载力为9600kN、对应沉降为21.81mm，单桩水平极限承载力为400kN、水平临界荷载为250kN。

(3) 经唐山达实有限责任公司对三座桥的全部工程桩低应变测试表明，所有基桩桩身完整，挤扩承力盘部位有明显扩径，均为Ⅰ类桩，合格率为100%。

17.4.2　唐曹高速公路

1. 试桩方案

本次试桩工程位于唐山—曹妃甸高速公路K70+930.0南堡特大桥(设计荷载公路-Ⅰ级)0号桥台。该工区地形、地貌以沼泽、洼地为主，地势较为平坦、开阔。地层主要由软土、软弱土、淤泥质土、亚黏土和粉细砂组成，地下水埋深较浅。

本次试桩工程包括前期试桩区岩土工程勘察、试桩桩体施工和现场检测三个阶段。包括试桩方案编制—试桩区详勘—试桩桩体施工—试桩试验、测试—资料整理—试桩报告提交。

1) 试桩区场地岩土工程条件

根据南堡盐场特大桥K70+928钻孔编号为ZKTDQ1-1钻孔柱状图，试桩区按地层岩性及物理力学性质指标划分为12个大层，各层土的极限侧摩阻力和容许承载力标准值见表17-12。

表17-12　试桩区各层土参数表

土层标号	土质分类	极限侧摩阻力标准值/kPa	容许承载力标准值/kPa
1	亚砂土	30	130
2	软弱土(亚黏土)	25	120
3	亚砂土	35	150
4	亚黏土	30	140
5	粉砂	35	160
6	软弱土(亚黏土)	25	120
7	亚黏土	40	160
8	粉砂	40	180
9	亚黏土	40	170
10	亚黏土	45	200
11	亚黏土	50	220
12	粉砂	45	200

2) 试桩试验内容

(1) 竖向抗压静载荷试验：确定拟试桩在天然状态下的单桩竖向抗压极限承载力。

(2) 对施工工艺进行试验：通过对试桩的施工(图 17-21)，确定成桩工艺及相应的成桩设备，提出确保工程桩施工质量的工艺要求。

图 17-21　试桩施工

(3) 试桩设计。根据桥桩的布置情况，考虑场地条件应具有一定的代表性，选择在 K70+930.0 南堡特大桥 0 号桥台区域内进行试桩。试桩区共布置 DX 桩两根，直孔桩一根。为节省试验费用，利用 10 根桥台的工程桩做抗拔锚桩，桩径 130cm，桩长 55m，每根工程桩设计容许抗拔承载力为 4000kN。唐曹高速 DX 试验桩使用 DX-1000 型挤扩设备挤扩承力盘腔。唐曹试桩桩径、桩长参数见表 17-13。

表 17-13　唐曹试桩桩径、桩长参数

试桩编号	桩型	桩长/m	桩径/cm	承力盘径/cm	承力盘数	桩身配筋		
						主筋	螺旋箍筋	加劲筋
1	DX 灌注桩	50	150	250	3	Φ20	Φ10	Φ20
2	DX 灌注桩	50	150	250	4	Φ20	Φ10	Φ20
3	直孔灌注桩	50	150	—	—	Φ20	Φ10	Φ20

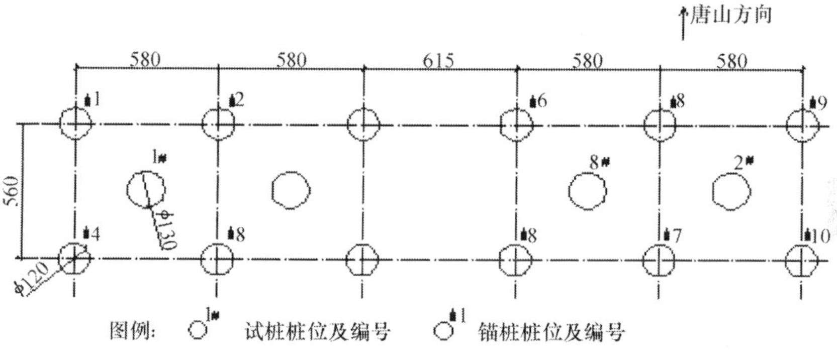

图 17-22　试桩区平面布置示意

图 17-23　挤扩施工

2. 检测

2007 年 6 月 21 日～28 日对唐曹高速公路 K70+992 南堡特大桥 0 号桥台区域的三根试桩进行了单桩竖向抗压静载试验。试验桩施工从 2007 年 5 月 8 日开始，5 月 19 日结束；试验桩试验，廊坊卓越工程检测有限公司检测工作从 2007 年 6 月 21 日开始，6 月 28 日结束，共完成单桩竖向抗压静载试验三根桩。如图 17-23～图 17-26 所示。

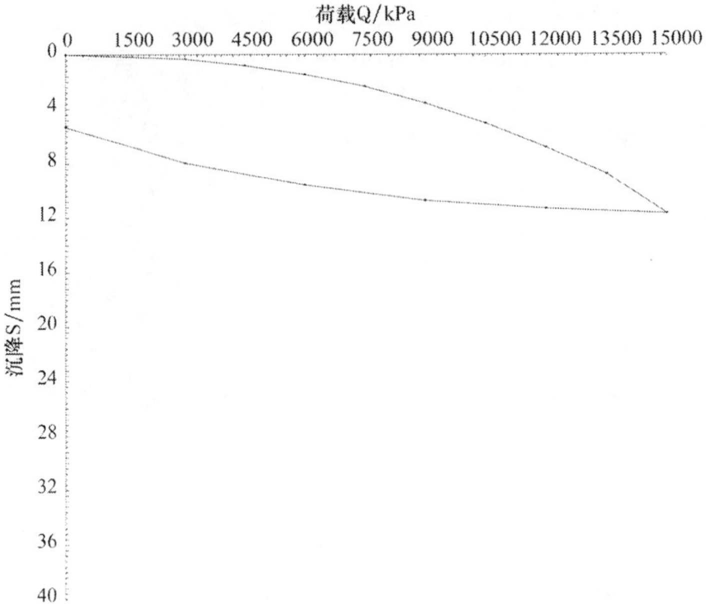

图 17-24　1 号试桩单桩竖向抗压静载试验 Q-S 曲线

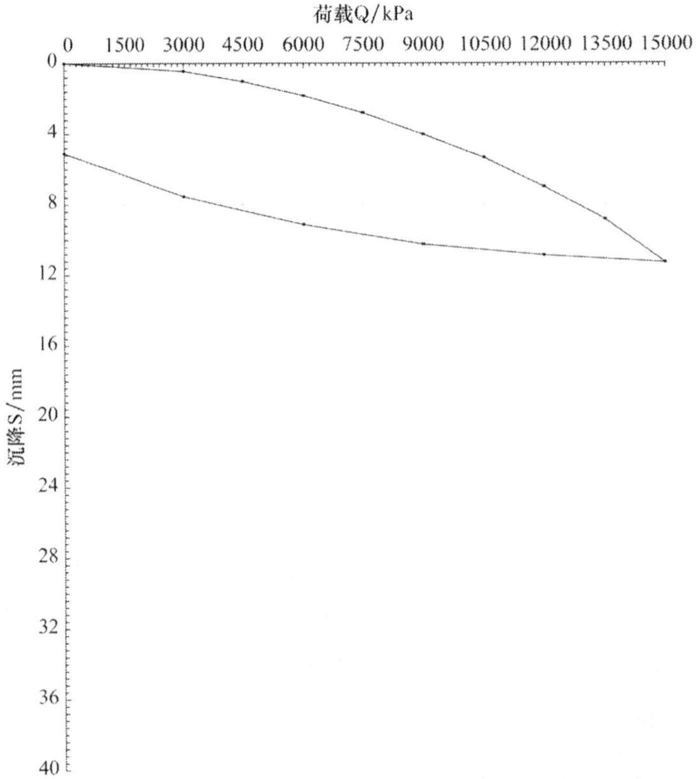

图 17-25　2 号试桩单桩竖向抗压静载试验 Q-S 曲线

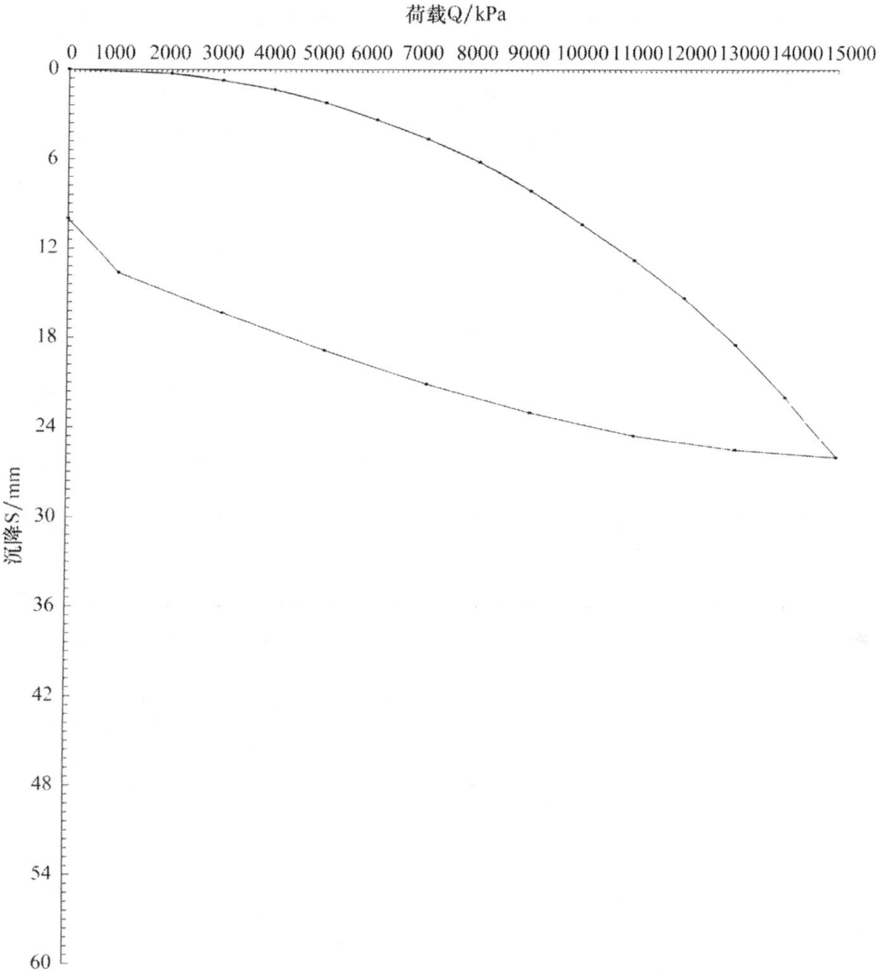

图 17-26　3 号试桩单桩竖向抗压静载试验 Q-S 曲线

三根试桩同直径同桩长，直径均为 1.5m：三个承力盘 DX 桩一根，四个承力盘 DX 桩一根，直孔灌注桩一根。试桩成果如表 17-14 所示。

表 17-14　唐曹试桩单桩竖向极限承载力及对应沉降

试验桩号	桩型	龄期/天	最大加载 Qu/X10kN	最大加载对应沉降/mm
1#	DX 桩(3 盘)	大于 28	1500	11.72
2#	DX 桩(4 盘)	大于 28	1500	11.30
3#	直孔灌注桩	大于 28	1500	26.03

试桩结果可以看出 DX 桩的单桩竖向极限承载力远远高于同直径同长度的直孔灌注桩。1# 试桩施加的最大荷载为 15 000kN。当荷载加至 15 000kN 时，其累计沉降量为 11.72mm，稳定，卸载后残余沉降量为 5.32mm。2# 试桩施加的最大荷载为 15 000kN。当荷载加至 15 000kN 时，其累计沉降量为 11.30mm，稳定，卸载后残余沉降量为

5.10mm。3＃试桩施加的最大荷载为 15 000kN。当荷载加至 15 000kN 时，其累计沉降量为 26.03mm，稳定，卸载后残余沉降量为 10.01mm。

从本次检测结果可以看出 DX 桩与普通灌注桩在相同桩径、桩长的条件下，承载力就可提高 75%～150%，比普通灌注桩节约造价 20%～30%，并且还提高了抗震性能和基桩工作的稳定性。此外，DX 桩可缩短工期 1/3 左右，并可减少灌注桩的泥浆排放量，有很好的社会环境效益。

17.4.3　大广高速公路河北段

1. 试桩方案

滹沱河幸福渠大桥位于大广高速公路饶阳县境内，地形、地貌特征以平地为主，地势平坦、开阔，地形起伏较小。由于地质条件各不相同，经研究，选取具有代表性的幸福渠大桥 0 号台附近进行 DX 挤扩灌注桩试验桩施工。施工区域主要岩土分层依次为亚黏土、细砂、亚黏土、细砂、亚黏土，以硬塑亚黏土层作为桩端持力层；稳定地下水位在孔深 20～22m。

在幸福渠大桥（中心桩号 K163＋873　30～30m 设计荷载公路-I 级）K163＋243 ZKDQ1-1 钻孔，0 号台和 1 号桥墩附近做试桩试验（静载试验及水平承载力测试），锚桩及试桩与工程桩间距满足规范的要求。表 17-15 为大广试桩桩径、桩长参数。

表 17-15　大广试桩桩径、桩长参数

桩型	桩径/cm	桩长/m	承力盘/(个/盘径 cm)	桩数/根	钢筋计/个	共计/m
DX-1	150	53	4/250	1	22	55
DX-2	150	53	3/250	1	22	55
直桩 1	150	53	0	1	18	55
直桩 2	160	51	0	1		51
锚桩(DX 桩)	130	47	3/250	9		423
合计	/	/	34/250	13		639

通过对国内外试验研究资料的调研，在分析 DX 桩承载机理及施工工艺的基础上，对大广高速公路幸福渠大桥 0 号台附近的 DX 试验桩与钻孔灌注直孔试验桩进行单桩竖向抗压承载力和单桩水平承载力测试，对二者进行比较，为桩基优化设计提供可靠的依据。本次试桩主要为：①采用 DX-1000 型设备挤扩承力盘腔；②沿桩身埋设钢筋应力计获取单桩轴向压力曲线，研究荷载传递的规律；③试桩桩型为 DX 试验桩 2 根、直孔试验桩 2 根、锚桩 9 根。

桩侧摩阻力是通过测定桩身的变形，依据桩身材料的铲族系计算出测试截面的桩身轴力，结合桩径、相邻两个测试截面的距离及其轴力差推算出来的。由于桩身尺寸和材料的不确定性，桩侧摩阻力或桩身轴力的测试应属于半直接法。

桩身应变测试的基本假定：①桩身截面除设计要求改变的部分桩段，其他为等直杆，且桩身各个部分的成桩尺寸均与设计尺寸相同；②整个桩身的材料均匀，材料力学特性相同；③桩身中的混凝土和纵向钢筋变形一致。测试布点原则：桩侧摩阻力测试应在满足设计要求或满足研究问题要求的前提下，选用合适的测试元件并合理地布置测点，在满足试验目的的前提下，测点宜少不宜多，测点的位置必须具有代表性，并应布置校核性测点。

对于桩身应变的测试，目前可供选择的测试元件有混凝土应变计、钢筋应力计（均为点式测量方式）和滑动测微计、线法监测原理，由于滑动测微计的设备和测试费用昂贵，常用前两种测试元件。本次测试中，桩身应变测试元件采用钢弦式钢筋应力传感器，测试元件距变截面的距离基本满足圣维南原理，因此测试结果可以使用。

试验桩 1，分别在桩身标高−1.99m，−9.99m，−21.99m，−30.99m 设置承力盘，试验桩 1 沿桩身布设钢筋应力计：−31.99；−29.99；−22.99；−20.99；−15.99；−10.99；−8.99；−2.99；−0.99；+5.01；+11.01。

试验桩 2，DX 桩，分别在桩身标高−9.99m，−21.99m，−30.99m 设置承力盘。试验桩 2 沿桩身布设钢筋应力计：−31.99；−29.99；−22.99；−20.99；−15.99；−10.99；−8.99；−2.99；+3.01；+9.01；+14.01。

试验桩 3，直孔灌注桩，沿桩身布设钢筋应力计的标高分别为

−33.99；−28.99；−22.99；−16.99；−10.99；−4.99；+1.01；+7.01；+13.01。

试验桩 4，直孔灌注桩，直径 160cm，桩长 52m。

试验桩桩位布置图详见图 17-27。

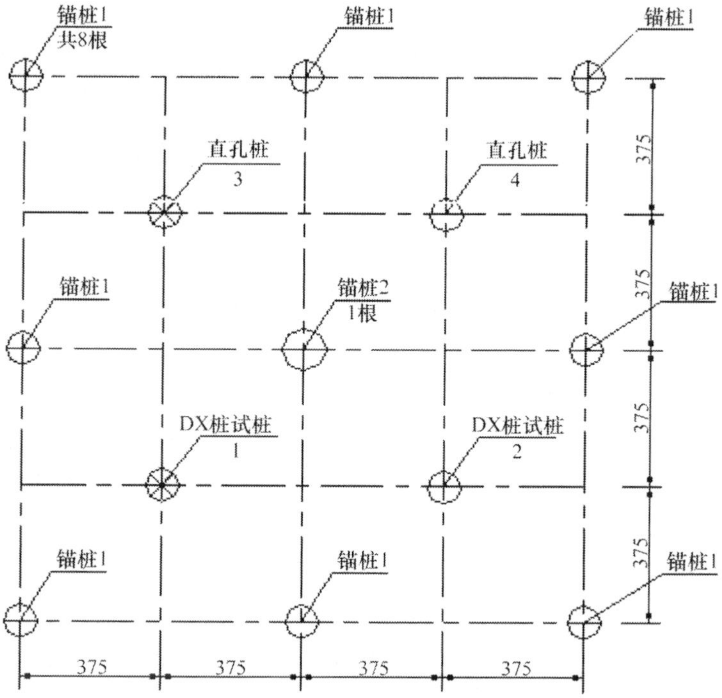

图 17-27　桩位平面布置图

2. 检测

北京市建设工程质量第一检测所对全部试、锚桩进行低应变反射波及声波透射检测，13 根桩桩身完整，为Ⅰ类桩，Ⅰ类桩占被测桩数的 100%。并对试验桩进行了单桩竖向抗压承载力检测、单桩水平承载力检测，如图 17-28～图 17-33 所示。

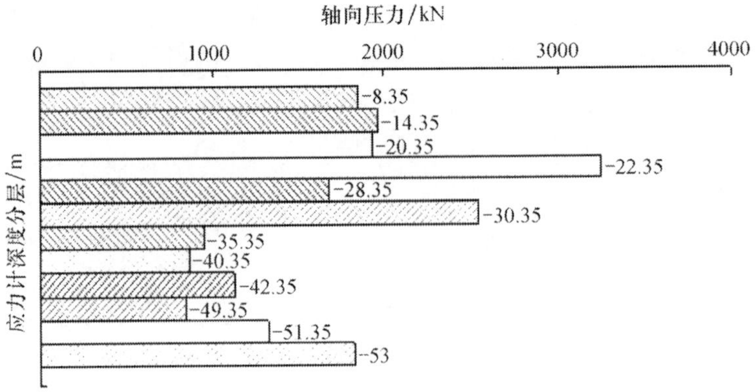

图 17-28　试验桩 1 轴向压力分层示意图

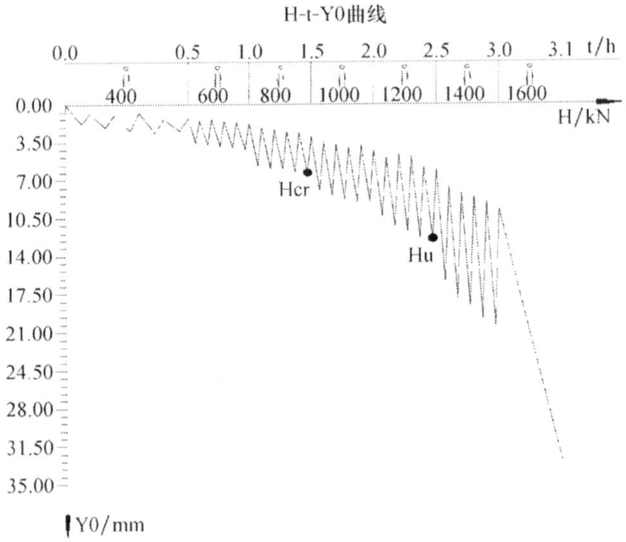

图 17-29　试验桩 1 水平承载力曲线图

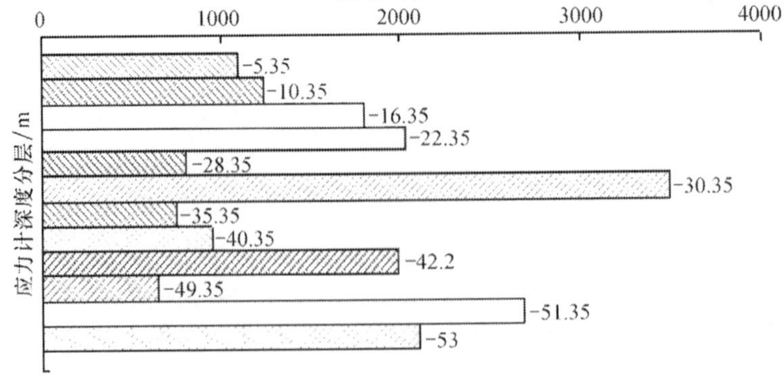

图 17-30　试验桩 2 轴向压力分层示意图

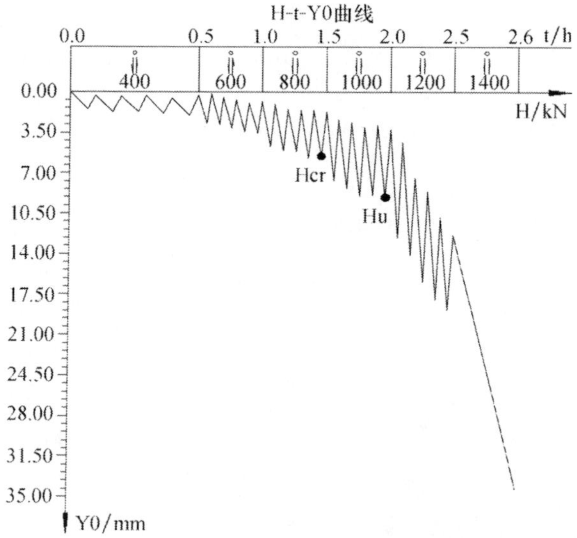

图 17-31　试验桩 2 水平承载力曲线图

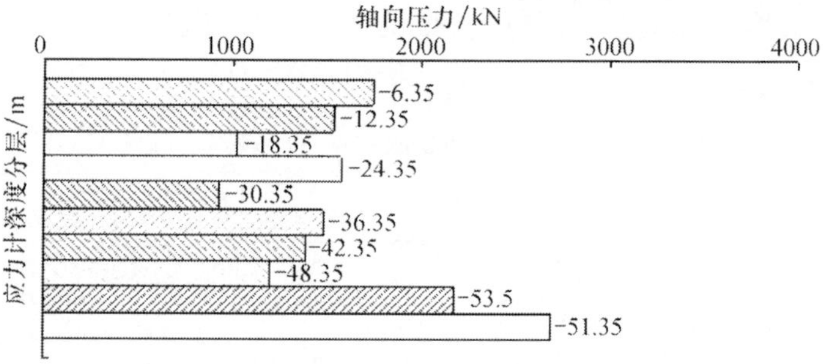

图 17-32　试验桩 3 轴向压力分层示意图

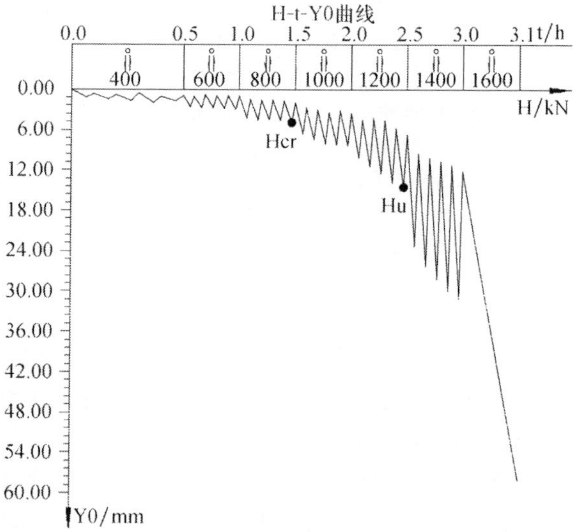

图 17-33　试验桩 3 轴向压力分层示意图及水平承载力曲线

检测主要结论如下。

(1) 直孔试验桩 3 单桩竖向抗压加载至 15400kN 时所对应沉降量为 23.84mm，单桩水平极限承载力为 1200kN、水平临界荷载为 800kN；直孔试验桩 4 单桩竖向抗压加载至 16800kN 时所对应沉降量为 25.09mm，单桩水平极限承载力为 1000kN、水平临界荷载为 800kN。

(2) DX 试验桩 1 单桩竖向抗压加载至 20160kN 时所对应沉降量为 11.67mm，单桩水平极限承载力为 1200kN、水平临界荷载为 800kN；DX 试验桩 2 单桩竖向抗压加载至 19600kN、所对应沉降为 9.10mm，单桩水平极限承载力为 1000kN、水平临界荷载为 800kN。

图 17-34　试桩试验

(3) 经北京市建设工程质量第一检测所对全部 13 根试、锚桩进行声波透射法及低应变动力检测表明，所有基桩桩身完整，均为Ⅰ类桩，Ⅰ类桩占被测桩数的 100%。

试桩试验如图 17-34 所示，大广试桩单桩竖向承载力及对应沉降见表 17-16，其单桩水平极限承载力见表 17-17。

表 17-16　大广试桩单桩竖向承载力及对应沉降

试桩号	桩型	龄期/天	单桩竖向抗压承载力/kN	累计沉降/mm
试验桩 1	直径 150mmDX 桩(4 盘)	>28	20160	11.67
试验桩 2	直径 150mmDX 桩(3 盘)	>28	19600	9.10
试验桩 3	直径 150mm 直孔灌注桩	>28	15400	23.84
试验桩 4	直径 160mm 直孔灌注桩	>28	16800	25.09

表 17-17　大广试桩单桩水平极限承载力

试桩号	桩型	龄期/天	单桩水平极限承载力/kN
试验桩 1	直径 150mmDX 桩(4 盘)	>28	1200
试验桩 2	直径 150mmDX 桩(3 盘)	>28	1000
试验桩 3	直径 150mm 直孔灌注桩	>28	1200
试验桩 4	直径 160mm 直孔灌注桩	>28	1000

17.4.4　北京市广渠路

1. 试桩方案

广渠路起点为东四环大郊亭桥西 383m，向东与东四环、丰双铁路、东五环相交后终于通州区的怡乐西路，全长 11.96km，规划为城市快速路，主路设计速度 80km/h，规划红线宽 60～70m，断面采用四幅路型式，主路双向六车道加连续停车带，辅路双向不少于四车道加非机动车道，单侧人行道宽 4m。同步实施雨水、污水、燃气、电信、电力、热力、上水、中水等市政公用管线。施工内容包括主路高架桥、两侧辅路、雨水管线、污水管线、电信管线、过街人行天桥一座以及道路相关附属设施等。广渠路五环立交上部结构为现浇连续箱梁、钢砼组合梁、小箱梁等，下部结构为桩基础。广渠路 DX 桩采用了旋挖挤扩施工，其试桩桩径、桩长参数见表 17-18。

表 17-18　广渠路试桩桩径、桩长参数

桩号	桩型	龄期/天	桩长	承力盘数	承力盘直径/cm	承力盘设置土层
试验桩 1	直径 150mm 直桩	＞28	35	0	0	
试验桩 2	直径 130mmDX 桩(2 盘)	＞28	35	2	240	第四层粉质黏土第五层中粗砂
试验桩 3	直径 120mmDX 桩(2 盘)	＞28	35	2	250	第四层粉质黏土第五层中粗砂

图 17-35　广渠路试桩施工

图 17-36　试验检测

2. 检测

北京市建设工程质量第一检测所结论，该工程混凝土强度为 C25，依据《建筑基桩检测技术规范》JGJ 106—2003G 规定，该工程单桩竖向抗压极限承载力试验桩 1＃为 19 200kN，试验桩 2＃不小于 21 600kN，试验桩 3＃不小于 24 000kN. 从图 17-37～图 17-40 可以看出 1.2mDX 桩上盘端承 8654kN，下盘端承 2678kN，合计 11 332kN，占总承载力 24 000kN 的 47.2%。1.3mDX 桩上盘端承 6025kN，下盘端承 3950kN，合计 9975kN，占总承载力 21 600kN 的 46.2%。如图 17-37～图 17-40 和表 17-19 所示。

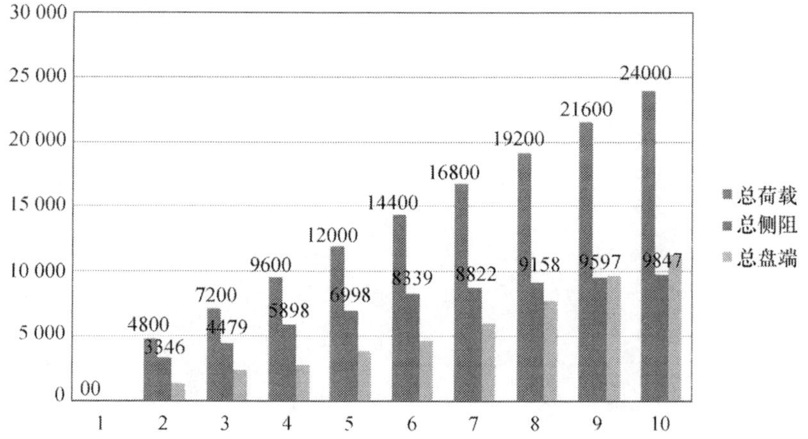

图 17-37　1.2mDX 试桩荷载柱状图

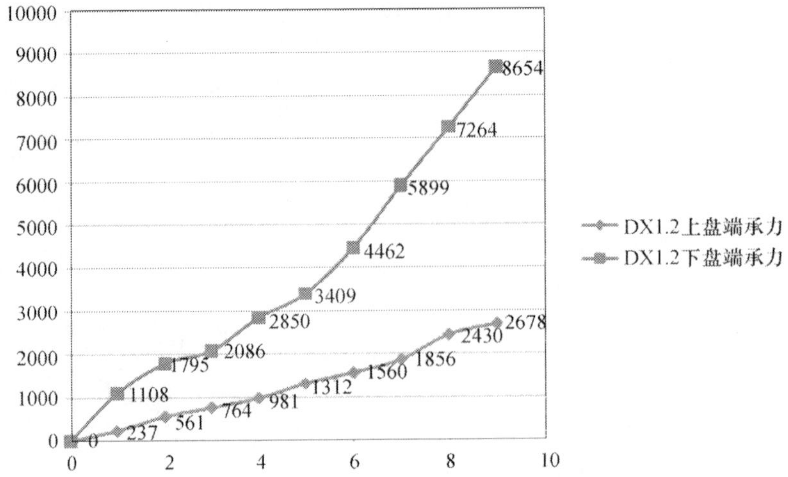

图 17-38　1.2mDX 试桩各盘端承示意图

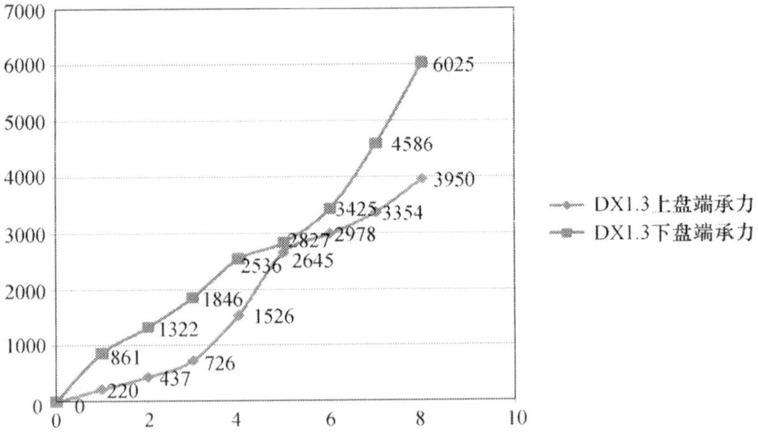

图 17-39　1.3mDX 试桩各盘端承示意图

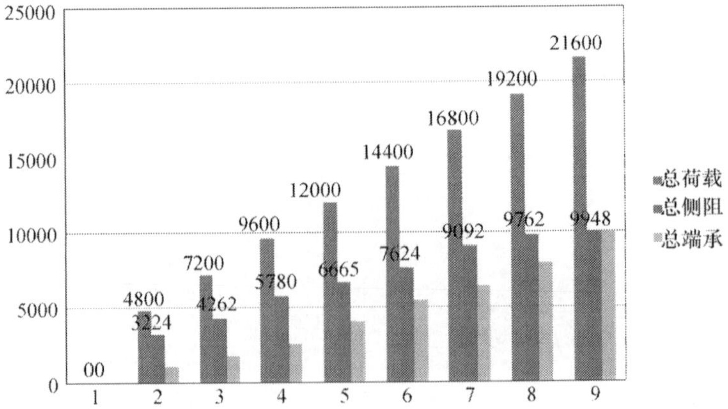

图 17-40　1.3mDX 试桩荷载柱状图

表 17-19 广渠路试桩单桩竖向承载力及对应沉降

试桩号	桩型	最大荷载/kN	累计沉降量/mm
试验桩 1	1.5m 直桩	19200	29.91
试验桩 2	1.3mDX 桩	21600	18.06
试验桩 3	1.2mDX 桩	24000	26.16

17.4.5 试验检测数据分析

当前我国基础建设呈跨越式发展，随着我国大规模基础设施建设和高层建筑增多，桩工机械得到快速发展，对桩基础的承载力和沉降都提出了极高的要求。DX 桩具有多层分散承载、承载力高和沉降小的优点，为了促进探索 DX 桩技术在大型公路桥梁桩基础中的应用，综合采用现场试验、理论分析和数值模拟等多种手段，对 DX 桩承载机理、沉降控制能力进行了研究。大广高速试桩时在承力盘端上下部位设钢筋应力计，通过对比分析试桩的受力情况，为今后的设计提供参考。

1. 数据分析

1）试验桩 1 试验数据及分析

根据检测单位从沿试验桩 1 桩身不同部位埋设的多组钢筋应力计取得的轴向荷载数据（表 17-20）绘制的轴力分布示意图（图 17-41）。

表 17-20 试验桩 1 荷载及应力计、盘位标高

应力计	试验荷载/kN											标高/m	盘位标高/m
	3360	5040	6720	8400	10 080	11 760	13 440	15 120	16 800	18 480	20 160		
1	2801	4606	6450	7617	8780	10 150	11 370	12 890	14 286	16 290	18 320	11.01	
2	2361	4060	5430	6752	7518	8668	9817	11 170	12 864	14 685	16 350	5.01	
3	1976	3356	4529	5404	6081	7045	8010	8975	10 658	12 260	14 420	−0.99	
4	1592	2482	3369	4056	4643	5423	6204	7410	8654	9865	11 170	−2.99	−1.99
5	1207	1608	2208	2707	3205	3801	4620	5840	6600	7685	9490	−8.99	
6	823	1260	1680	2100	2650	3200	3810	4570	5286	6254	6950	−10.99	−9.99
7	702	980	1210	1670	2050	2402	3100	3920	4620	5245	6000	−15.99	
8	581	700	740	1240	1450	1604	2601	3175	3860	4470	5130	−20.99	
9	360	420	560	810	1020	1200	1620	2180	2840	3350	4000	−22.99	−21.99
10	168	246	325	426	621	890	1220	1680	2130	2590	3150	−29.99	
11	0	124	210	264	354	462	652	865	1202	1524	1820	−31.99	−30.99

根据表 17-20，通过分析在承力盘上下位置摩阻力差值，可以大致计算每个承力盘在本级荷载时提供的端承力（表 17-21 和图 17-42～图 17-44）。

表 17-21 试验桩 1 各承力盘在各级荷载时提供的端承力 （单位：kN）

承力盘 \ 加载等级	1	2	3	4	5	6	7	8	9	10	11
1	384	874	1160	1348	1438	1622	1806	1565	2004	2395	3250
2	384	348	528	607	555	601	810	1270	1314	1431	2540
3	221	280	180	430	430	404	981	995	1020	1120	1130
4	168	122	115	162	267	428	568	815	928	1066	1330

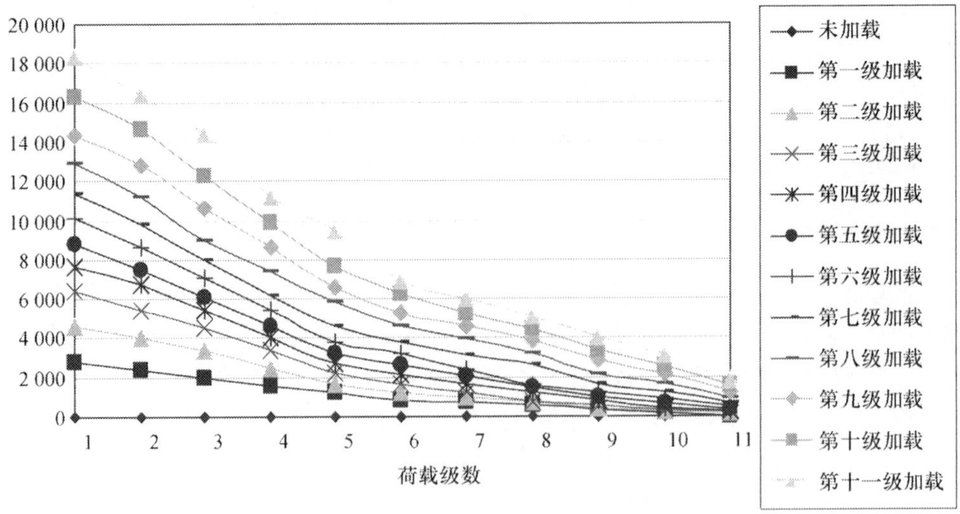

图 17-41　试验桩 1 轴力分布示意图

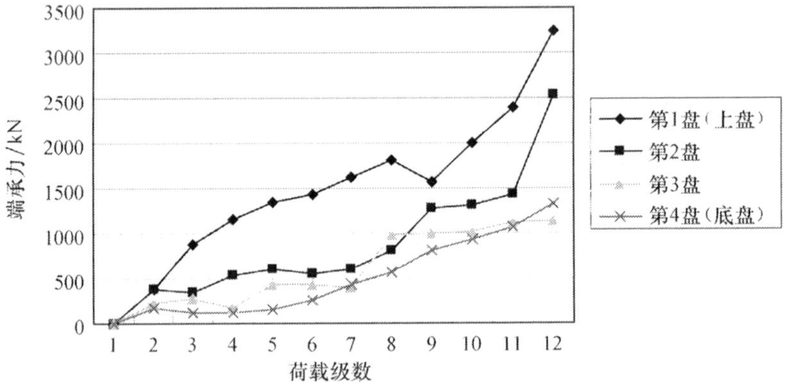

图 17-42　试验桩 1 各承力盘端承力数值及变化趋势图

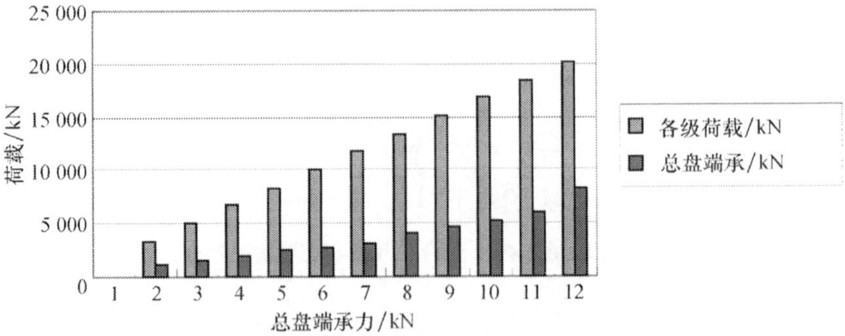

图 17-43　试验桩 1 总端承力随试验荷载增加的比例柱状图

根据表 17-20，得出桩顶至桩底各段侧摩阻力值(去掉承力盘高度段)及随荷载增加变化趋势(表 17-22 和图 17-44～图 17-45)。

表 17-22　试验桩 1 各段侧摩阻及变化趋势　　(单位:kN)

桩身＼加载等级	1	2	3	4	5	6	7	8	9	10	11
1	559	434	270	783	1300	1610	2070	2230	2514	2190	1840
2	440	546	1020	865	1262	1482	1553	1720	1422	1605	1970
3	385	704	901	1348	1437	1623	1807	2195	2206	2425	1930
4	385	874	1161	1349	1438	1622	1584	1570	2054	2180	1680
5	121	280	470	430	600	798	710	650	666	1009	950
6	121	280	470	430	600	798	499	745	760	775	870
7	192	174	235	384	399	310	400	500	710	760	850

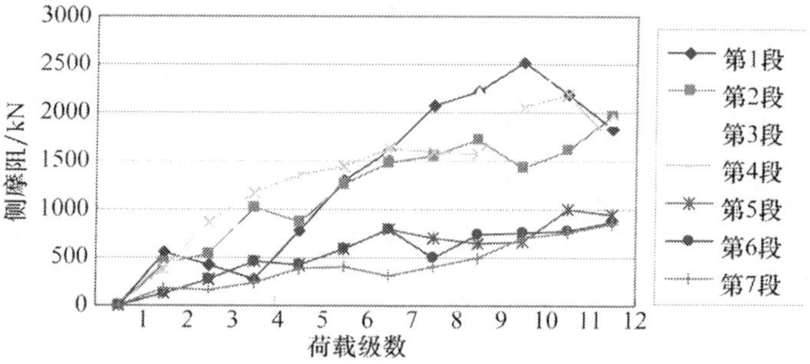

图 17-44　试验桩 1 各段侧摩阻及趋势图

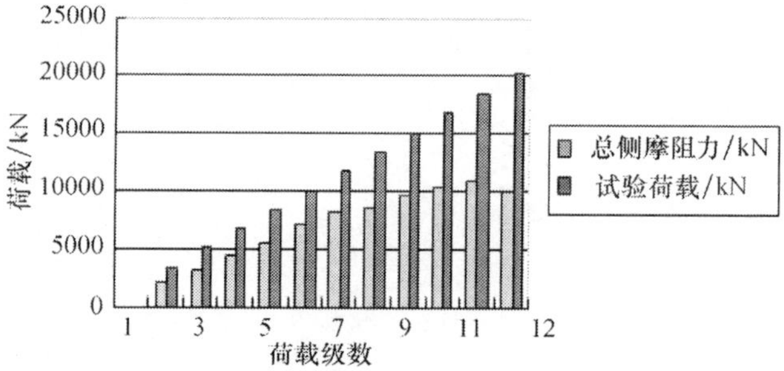

图 17-45　试验桩 1 总侧摩阻力与本级荷载数值对比柱状图

根据以上数据,可以得出总侧摩阻、桩端承、总盘端承随荷载增加的数值(表 17-23)及占最大荷载的百分比(图 17-46)。

表 17-23　试验桩 1 总侧摩阻、桩端承及总盘端承随试验荷载增加值　(单位:kN)

试验荷载	3360	5040	6720	8400	10 080	11 760	13 440	15 120	16 800	18 480	20 160
总侧摩阻	2203	3292	4527	5589	7036	8243	8623	9610	10 332	10 944	10 090
桩端承	0	124	210	264	354	462	652	865	1202	1524	1820
总盘端承	1157	1624	1983	2547	2690	3055	4165	4645	5266	6012	8250

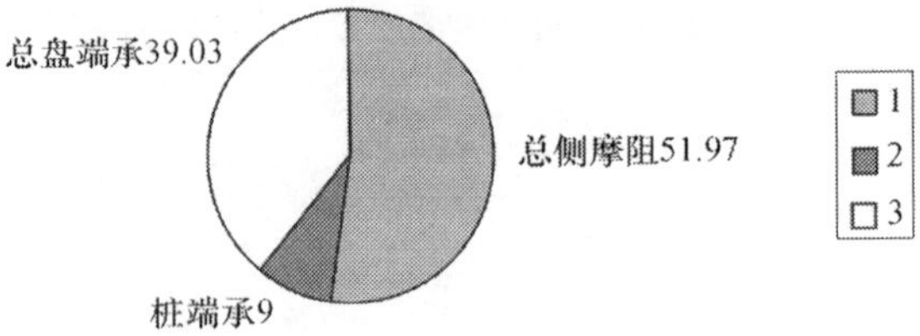

图 17-46 总侧摩阻力、桩端承、盘端承实测值占最大试验荷载比例图

2）试验桩 2 试验数据及分析

根据检测单位从沿试验桩 2 桩身不同部位埋设的多组钢筋应力计取得的轴向荷载数据(表 17-24)绘制的轴力分布示意图(图 17-47)。

表 17-24 试验桩 2 荷载及应力计、盘位标高

应力计	试验荷载/kN													标高/m	盘位标高
	2800	4200	5600	7000	8400	9800	11 200	12 600	14 000	15 400	16 800	18 200	19 600		
1	2586	3821	5049	6531	7895	9167	10 335	11 499	12 720	13 670	14 660	16 560	18 500	14.01	
2	2290	3475	4653	6020	7088	8247	9494	10 640	11 670	12 538	13 620	15 310	17 260	9.01	
3	1706	2704	3697	4784	5866	6844	8100	9174	10 120	11 101	12 220	13 870	15 460	3.01	
4	1209	1911	2611	3607	4500	5389	6373	7254	8132	9009	10 070	11 420	13 420	−2.99	
5	980	1664	2345	3121	3991	4857	5815	6863	7717	8570	9030	10 420	12 620	−8.99	
6	570	949	1422	1894	2540	3540	4230	4740	5500	6125	6780	7630	9130	−10.99	−9.99
7	486	875	1359	1746	2421	2998	3380	3920	4620	5140	5580	6930	8380	−15.99	
8	387	774	1064	1449	1738	2122	2601	3175	3880	4158	4690	6000	7430	−20.99	
9	294	587	879	1172	1463	1755	2143	2627	3120	3546	3840	4590	5440	−22.99	−21.99
10	192	500	760	998	1297	1680	2092	2488	2982	3215	3540	4120	4790	−29.99	
11	40	125	246	468	684	864	986	1136	1268	1426	1650	1860	2106	−31.99	−30.99

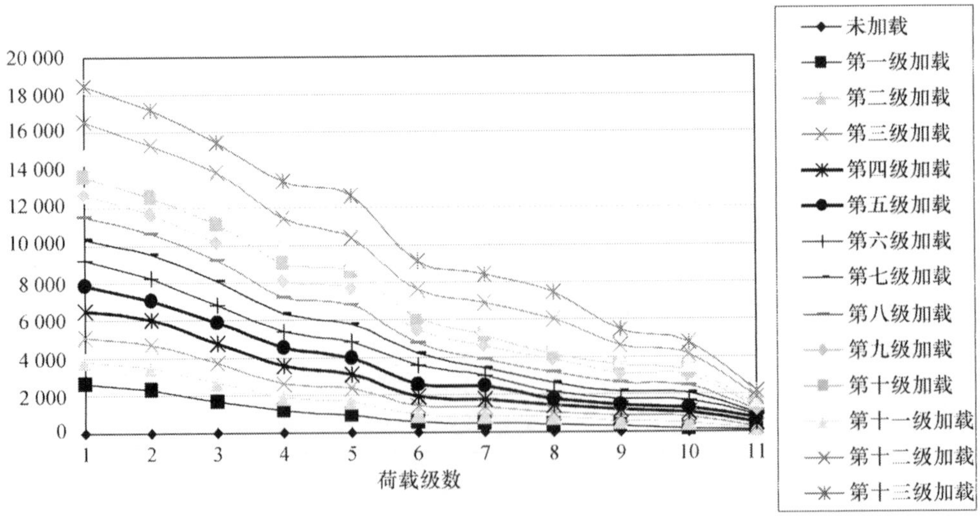

图 17-47 试验桩 2 轴力分布示意图

根据表 17-24，通过分析在承力盘上下位置摩阻力差值，可以大致估算每个承力盘在

本级荷载时提供的端承力(表 17-25 和图 17-48)。

表 17-25　试验桩 2 各承力盘在各级荷载时提供的端承力　(单位:kN)

承力盘＼加载等级	1	2	3	4	5	6	7	8	9	10	11	12	13
1	410	715	923	1227	1451	1317	1585	2123	2217	2445	2250	2790	3490
2	93	187	185	277	275	367	458	548	760	612	850	1410	1990
3	152	375	514	530	613	816	1106	1352	1714	1789	1890	2260	2684

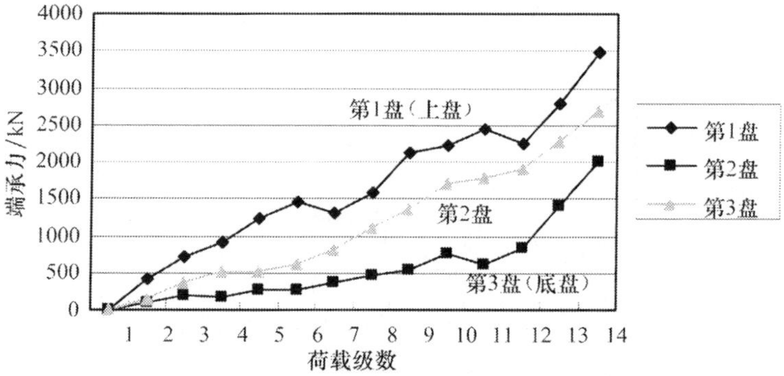

图 17-48　试验桩 2 各承力盘端承力数值及变化趋势图

根据表 17-24,得出桩顶至桩底各段侧摩阻力值(去掉承力盘高度段)及随荷载增加变化趋势(表 17-26 和图 17-49)。

表 17-26　试验桩 2 桩身各段侧摩阻力　(单位:kN)

桩身＼加载等级	1	2	3	4	5	6	7	8	9	10	11	12	13
1	214	379	551	469	505	633	865	1101	1280	1730	2140	1640	1100
2	296	346	396	511	807	920	841	859	1050	1132	1040	1250	1240
3	584	771	956	1236	1222	1403	1394	1466	1550	1437	1400	1440	1800
4	497	793	1086	1177	1366	1455	1727	1920	1988	2092	2150	2450	2040
5	229	247	266	486	509	532	558	391	415	439	1040	1000	800
6	84	74	63	148	119	542	850	820	880	985	1200	700	750
7	99	101	295	297	683	876	779	745	740	982	890	930	950
8	102	87	119	174	166	75	51	139	138	331	300	470	650
9	2105	2798	3732	4498	5377	6436	7065	7441	8041	9128	10160	9880	9330

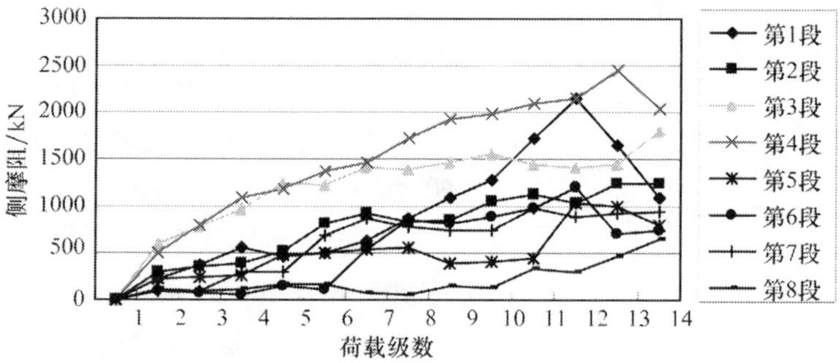

图 17-49　试验桩 2 桩身各段侧摩阻及趋势图

根据以上数据，可以得出总侧摩阻、桩端承、总盘端承随荷载增加的数值(表 17-27)及占最大荷载的百分比(图 17-50～图 17-51)。

表 17-27　总侧摩阻、桩端承、总盘端承随试验荷载增加值　(单位:kN)

试验荷载	2800	4200	5600	7000	8400	9800	11 200	12 600	14 000	15 400	16 800	18 200	19 600
侧摩阻	2105	2798	3732	4498	5377	6436	7065	7441	8041	9128	10 160	9880	9330
桩端承	655	1277	1622	2034	2339	2500	3149	4023	4691	4846	4990	6460	8164
总盘端承	40	125	246	468	684	864	986	1136	1268	1426	1650	1860	2106

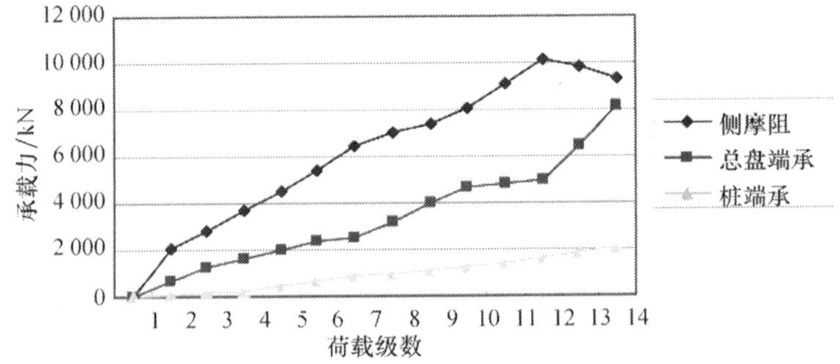

图 17-50　试验桩 2 侧摩阻、总盘端阻、桩端阻随试验荷载增加趋势图

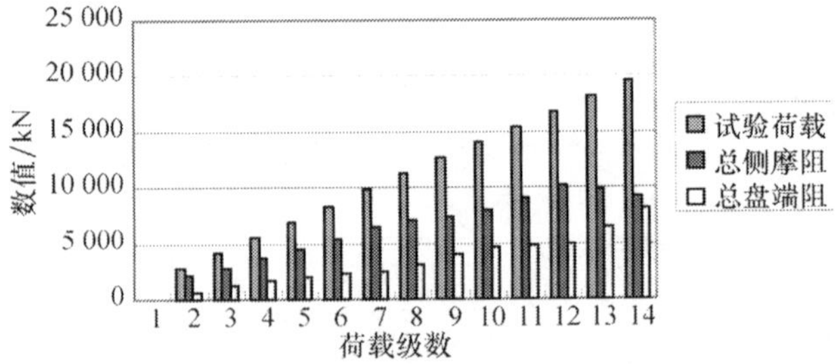

图 17-51　试验桩 2 侧摩阻、总端阻随试验荷载增加柱状图

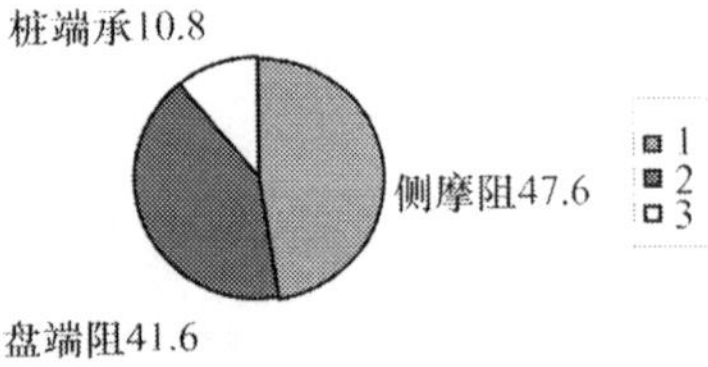

图 17-52　试验桩 2 侧摩阻、盘端阻、桩端阻占最大试验荷载比例图

3) 总结

试验桩 1 与试验桩 2 传递荷载，侧摩阻、总盘端阻变化趋势的特点基本相同，承载力都达到设计要求，但不同的是，试验桩 1 在荷载加至 20 160kN 时，下部承力盘端承力仍呈平稳缓慢上升趋势，而试验桩 2 在加至 16 800kN 时，第 3 盘(底承力盘)端承力已经开始迅速上升，这说明试验桩 1 的安全储备高于试验桩 2，如图 17-52 所示。通过荷载传递规律分析，可以得出以下结论。

(1) DX 桩的竖向承载力是多段侧摩阻及多层端阻共同作用的结果。

图 17-46 表明，在最大荷载时，试验桩 1 桩承载力的构成为侧摩阻占 51.97%，盘端承占 39.03%，桩端承占 9%。图 17-53、图 17-54 表明，随荷载逐级增加，侧摩阻及盘端承同

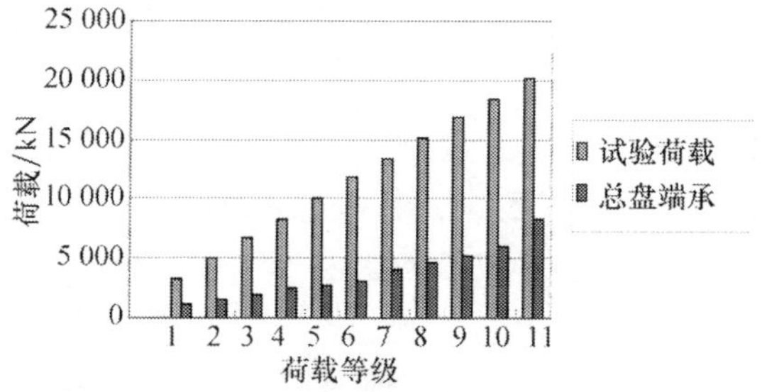

图 17-53 试验桩 1 随试验荷载增加总盘端承力变化趋势(kN)

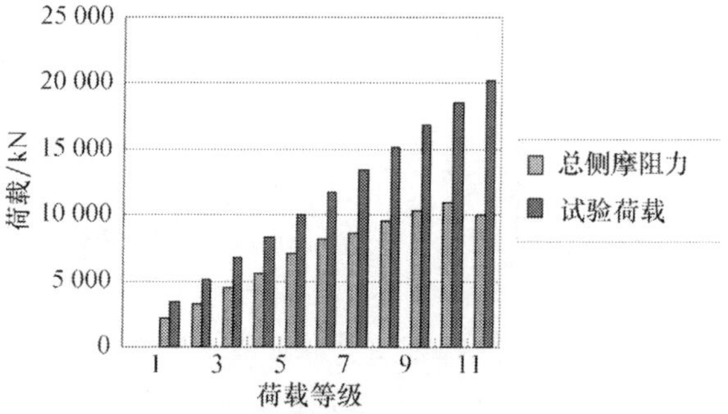

图 17-54 试桩 1 总侧摩阻力与试验荷载数值对比

时呈规律性增加,说明侧摩阻与端阻是共同发挥作用的。

DX 桩承力盘腔是 DX 专用挤扩设备通过对土体的挤压形成的,挤压使得承力盘腔周围的土体变得密实,被挤压后的土体在缓慢回弹的过程中,会紧紧"抱住"随后浇灌的混凝土,挤扩的过程实际上是对土体预应力的过程,包括承力盘、桩身的 DX 桩是一体的,在承受上部荷载时,DX 桩与土体能够紧密结合,共同作用。

(2) DX 桩传导荷载的过程是自上而下、共同、协调作用的过程。

在荷载逐级增加的过程中,图 17-42 表明,试验桩 1 上部两个承力盘端承力急剧上升,下部承力盘端承力缓慢平稳上升;图 17-44 表明,试验桩 1 桩身上部各段侧摩阻上升迅速,下部各段平稳增加,而这一切都是自上而下同步发生,相互协调的。分析各承力盘受力过程,上盘首先受力,在一定程度时,下盘接替受力,上盘端承上升迅速时,下盘上升较缓;观察第 9、10 级荷载,上部侧摩阻在上升达顶点而下降的同时,上部两个承力盘端承陡然上升;图 17-42 第 9 级,上盘端承下降时,第 2 盘端承力迅速上升,随后同时上升,这一切都表明,DX 桩传导荷载的过程是自下而上,盘与盘、上段与下段侧阻、总侧阻与总端阻共同协调作用的过程。由此可以得出以下结论。

① 由于 DX 桩的承力盘空腔是通过挤扩装置在较大的压力下挤密周围土体形成的,土的强度和变形模量得以提高。在承受竖向荷载时,承力盘端部土体因事先得到挤密及预压,土体的密实度或稠度得到较显著的提高,与原位状态的土体相比,在桩顶沉降量较小的情况下便提供较大的桩端阻力,随桩顶荷载增大,承力盘的端承作用越来越明显,发挥出较大的端阻力。

② DX 桩承力盘端阻力是按自上而下传递，第一个承力盘先承力而下部承力盘要滞后。

③ 随着桩顶荷载的增加，DX 桩上盘分担桩顶荷载的比例逐渐减小，下盘分担桩顶荷载的比例逐渐增加；进一步加载，上盘的端阻力先达到极限，下盘的端阻力进一步发挥。

④ 与直孔桩相比，DX 桩由于承力盘的影响，其单位侧阻力达到极限值的时间较晚（即桩顶沉降较大时）。

⑤ 承力盘对下方土体挤密约束作用对提高桩的极限单位侧阻力有显著效果。砂土的挤密约束增强效应比粉质黏土的更为显著。

⑥ 端阻在整个受力过程中其所占的比重很小，最大值仅占整个承载力的 10%左右，而且端阻的发挥需要桩身发生很大的沉降。

⑦ DX 桩随着沉降的增加，承力盘上部土体出现拉应力，即可能出现临空面。

2. 与直孔桩对比分析

沿海及唐曹高速的试桩从试桩结果（各项目试桩检测数据）看，DX 桩与同桩径及桩长的等截面直孔灌注桩相比，竖向承载力大幅度提高，而提高的部分主要由盘端阻力提供，水平承载和直孔桩相当并略有提高，主要原因是在桥桩设置盘位时充分考虑了桥梁桩基受力模式，上挤扩盘设置在弯矩零点以下合适土层位置。下面主要以大广试验数据进行对比分析。

与试验桩 1 同时检测的试验桩 3，桩径 150cm，有效桩长 53m，在加载至 15400kN，累计沉降 23.84mm；试验桩 4，桩径 160cm，有效桩长 51m，在加载至 16800kN，累计沉降 25.09mm，如表 17-28 和表 17-29 所示。图 17-55 是试验桩 3 各段侧摩阻力数值及变化趋势，为方便观察，特选取最后 3 段侧摩阻数值及趋势，如图 17-56 所示。

表 17-28 试验桩 3 荷载及应力计标高

应力计	试验荷载/kN													标高/m
	2200	3300	4400	5500	6600	7700	8800	9900	11 000	12 100	13 200	14 300	15 400	
1	1961	2793	3759	4718	5672	6280	7180	8120	8959	9490	10 510	11 650	13 660	13.01
2	1210	2020	2710	3480	4140	4980	5710	6540	7380	7960	9070	10 700	12 130	7.01
3	1112	1632	2280	2920	3755	4519	4962	5800	6595	7310	8060	9440	11 110	1.01
4	806	1180	1608	2074	2671	3199	3593	4300	5000	5600	6530	7910	9540	−4.99
5	680	1126	1546	1895	2244	2661	3000	3380	4030	4810	5880	7040	8610	−10.99
6	420	580	842	1052	1401	1680	2008	2423	2920	3520	4350	5510	7130	−16.99
7	260	380	460	542	745	947	1220	1640	2090	2360	3190	4300	5740	−22.99
8	141	338	370	420	480	685	702	860	1320	1670	2310	3430	4540	−28.99
9	40	120	160	182	202	320	380	402	480	640	1020	1640	2360	−33.99

表 17-29 试验桩 3 桩身各段侧摩阻力 （单位：kN）

桩身 \ 加载等级	1	2	3	4	5	6	7	8	9	10	11	12	13
1	239	507	641	782	928	1420	1620	1780	2041	2610	2690	2650	1740
2	751	773	1049	1238	1532	1300	1470	1580	1579	1530	1440	950	1530

续表

桩身 \ 加载等级	1	2	3	4	5	6	7	8	9	10	11	12	13
3	98	388	430	560	385	461	748	740	785	650	1010	1260	1020
4	306	452	672	846	1084	1320	1369	1500	1595	1710	1530	1530	1570
5	126	54	62	179	427	538	593	920	970	790	650	870	930
6	260	546	704	843	843	981	992	957	1110	1290	1530	1530	1480
7	160	200	382	510	656	733	788	783	830	1160	1160	1210	1390
8	119	42	90	122	265	262	518	780	770	690	880	870	1200
9	101	218	210	238	278	365	322	458	840	1030	1290	1790	2180

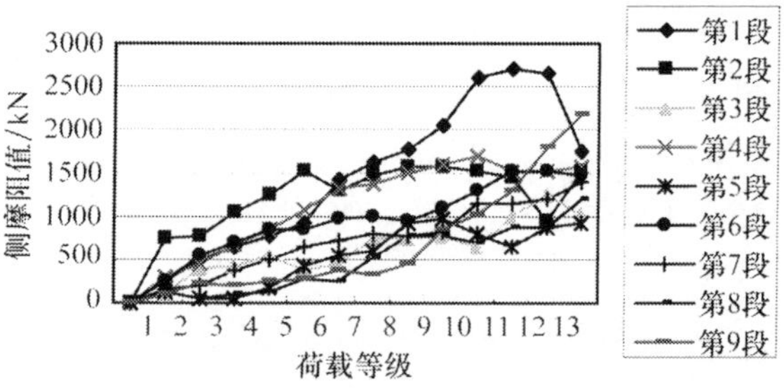

图 17-55　试验桩 3 各段侧摩阻数值及变化趋势

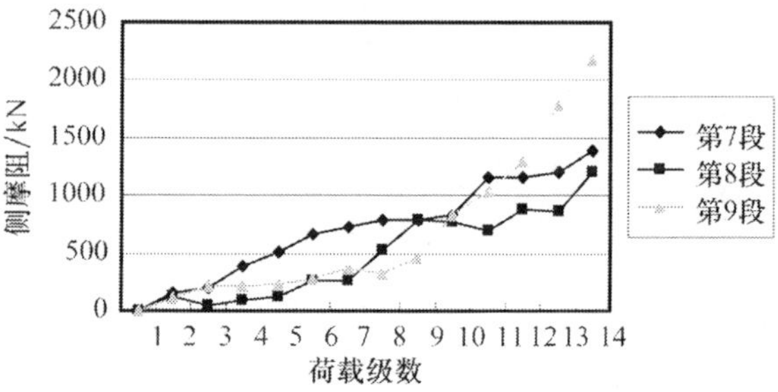

图 17-56　试桩 3 最后 3 段侧摩阻数值及趋势

图 17-55、图 17-56 表明，随荷载增加，前 6 段侧摩阻已经发挥完全，呈下降趋势，后 3 段侧摩阻开始呈增加趋势，特别是最后 1 段侧摩阻在第九级荷载时开始急速上升，而此时的荷载为 12100kN，说明该桩承载力已经全部发挥，接近极限。换言之，变形产生在全部桩身，沉降变形大是必然的。

反观 DX 试验桩 1，在加载至试验最大荷载 20160kN 时，桩上部的承力盘及侧摩阻承担了大部分荷载，下部承载力尚未充分发挥，变形主要产生在桩的上半部，沉降变形必然小。

DX 桩沉降小且均匀，这与 DX 桩的构造特点有关。在此起到重要作用的是 DX 桩的承力盘。本工程挤扩承力盘腔使用的是 DX-1000 型设备，其挤扩出的承力盘腔公称直径为 2550mm，而且像所有 DX 挤扩设备一样，其挤扩到公称直径时两挤扩臂夹角 70°，这是经过理论计算及多次工程实践得出的最佳角度。

(1) 角度大会使盘腔投影面积过小，也即“太陡”，影响竖向端承力的发挥，角度小会使承力盘突出在桩身的部位过于单薄,易被剪切,此角度时,需要的向上的端承力 P'_y 可以达到最佳效果(图 17-57)。

(2) 承力盘的锥形表面构造,使得 DX 桩的端阻应力分布迹线的曲率明显大于其他桩型,从而使应力分布更加均匀,有效降低了土体的附加应力(图 17-58)。

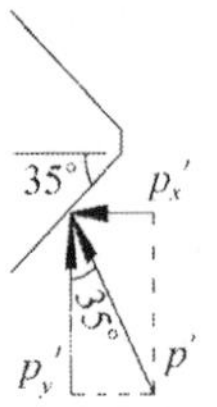

图 17-57 承力盘挤扩臂夹角示意图

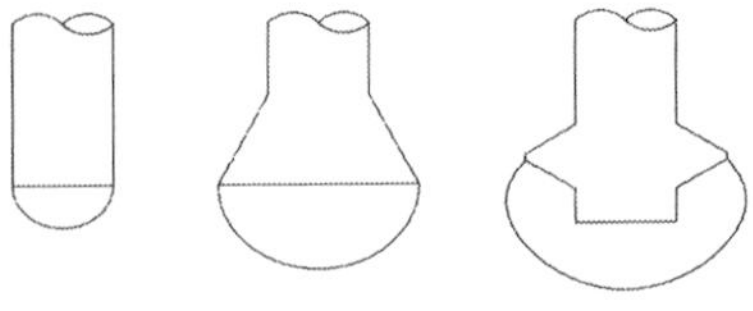

图 17-58 端阻应力分布迹线示意图

(3) 挤扩施工时,腔内沉渣会沿盘腔下部斜坡滚落,使盘腔下表面无残留沉渣,这对端承力能否正常发挥非常重要;灌注施工时,混凝土容易充满盘腔,且被盘腔周边缓慢回弹的土体紧紧"抱住",使承力盘与土体紧密结合。

DX 桩沉降量小的主要原因如下。

(1) 挤压使得承力盘腔周围的土体变得密实,是对扩径体持力层进行的预压(此时持力土层为超固结土),挤扩时形成的应力场,使距离扩径体较近范围内土体的受力性能得到显著提高,且与扩径体的协同工作能力大大增强,从而形成"亚实体"。在距离扩径体稍远范围土体的受力性能也得到了明显改善。通过对孔壁的径向挤扩,使得扩径体周围土体的孔隙比(e)减小,侧限压缩模量(E_s)提高,从而降低了大应力区域持力土层的压缩性,减小了持力土层的残留变形段,使得桩基在工作期间的沉降量减小。如图 17-59 所示。

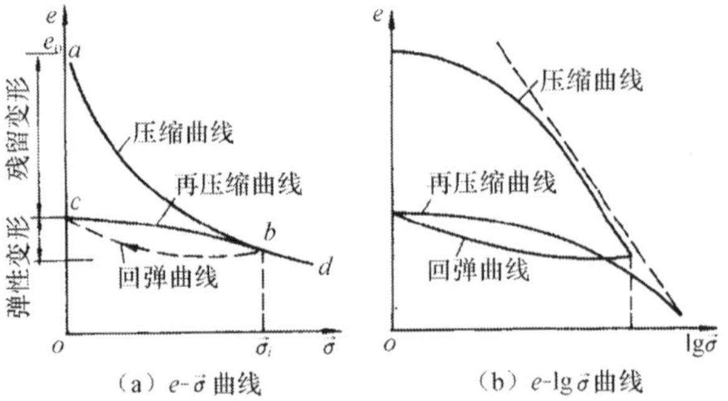

图 17-59 回弹压缩曲线示意图

(2) DX 桩的承力盘产生竖向沉降后,挤密约束其下方的土体。这种挤密约束效应引起盘下方土体的极限单位侧阻力值大幅提高,对提高桩的极限单位侧阻力有显著效果。大量研究表明,DX 桩传导荷载的过程是自上而下,即上部承力盘及侧摩阻在充分发挥作用后才会向下传递,桩身上部承力盘端承力及侧摩阻承担了大部分荷载,使桩的弹性变形仅产生在桩身上部,变形小。

DX 桩沉降均匀的主要原因:DX 专用挤扩设备在工作时,挤扩臂张开到最大角度才回收,这使得每个承力盘腔的大小、形状相同,即投影面积相同;每个承力盘腔的首次挤扩压力值可反映出该处地层的软硬程度，地面液压压力表指示数可以直观准确地显示该数值。在一定范围内通过对挤扩装置深度的调整，使同一地层的首次挤扩压力值相同，可有效控制承力盘设置在设计所选择的持力土层。这种主动调控性能是三岔双向挤扩灌注桩施工工艺的突出特点。

位于同一持力层的承力盘首次挤扩压力值相同，投影面积相同，而端承力为压强（首次挤扩压力值）与面积的乘积，因此每个承力盘的端承力也相同，结果是每根桩承载力接近，离散度小，沉降均匀。因此与直孔桩相比，多节三岔挤扩灌注桩主要优点如下。

(1) DX 桩单桩竖向承载力高。DX 桩的多个承力盘，其盘端提供了较高的端承力，从而使单桩承载力大幅提高。所用 DX 专用挤扩设备可双向挤压土层，盘腔成型效果好，沉渣少，不易塌孔。

(2) DX 桩沉降变形小，DX 桩同等条件下的沉降量为直孔桩的 35%～80%，同一工程中相同桩径和桩长时，DX 桩的承载能力和沉降性能不与承力盘个数成正比。

(3) DX 桩单桩水平承载力与同桩径的直桩基本相同。

(4) DX 桩适用土层广，盘腔成型效果好，设计灵活，盘位可主动调控，盘径检测实用准确。

17.5　经济效益分析

随着生产的发展和技术的进步，桩基技术在桩型和施工工艺等方面不断推陈出新，桩的成桩工艺和应用都比过去更多样化，特别是在桩基设计和施工领域中提出了许多崭新的概念和理论。经过多节三岔挤扩灌注桩技术在河北省的唐曹高速公路、沿海高速公路、大广高速公路、邢汾高速公路、北京广渠路等重点工程中陆续应用，技术经济效益明显，随着公路桥涵越来越多，对桩基的技术要求也越来越高，该技术的成功应用必将为交通行业节能减排工作作出积极贡献。

(1) 沿海高速在 K86＋619、K90＋824、K103＋913 三座天桥上进行了多节三岔挤扩灌注桩工程应用。

(2) 唐曹高速公路 K70＋992 南堡盐场特大桥 55～59 号桥墩桩基中采用了多节三岔挤扩灌注桩。

(3) 大广高速京衡段滹沱河分洪道特大桥及幸福渠大桥采用了多节三岔挤扩灌注桩桩基。

(4) 邢汾高速公路留村枢纽 1 号跨线桥采用了多节三岔挤扩灌注桩，其施工现场如图 17-60 所示。

图 17-60　邢汾高速施工现场

经济效益分析如下。

1. 沿海高速公路上跨天桥

以冀津沿海高速公路乐亭段的 K86＋619.91、K90＋824.617 及 K103＋913.303 三座

上跨高速天桥(图 17-61 和图 17-62)的桩基应用,社会经济效益明显。

(1) 三座天桥共使用 38 根 DX 挤扩灌注桩,混凝土浇筑总方量比原设计直孔桩的方量减少近 300m³,减少泥浆排放约 800m³。

(2) 节约钢材 9.5 吨,初步计算所减少的材料费、施工费和综合管理费约 26 万元,桩基造价比原拟采用普通直孔桩方案降低 22%左右。

图 17-61　沿海高速公路天桥

图 17-62　唐曹高速公路南堡盐场特大桥

2. 唐曹高速公路

唐曹高速公路南堡盐场特大桥采用双柱双桩(DX 多节挤扩灌注桩)每个桥墩总桩数比原直孔桩减少一半,总造价降低,工期大幅缩短,一个桥墩(半幅)DX 桩总造价至少比直孔桩节约 36%。唐曹高速公路南堡盐场特大桥 55~59 号桥墩采用 DX 桩,桩基部分可以节省混凝土 1529m³,造价可以节约 100 万元左右。

3. 大广高速公路

图 17-63　大广高速滹沱河分洪道特大桥

滹沱河分洪道特大桥(图 17-63)及幸福渠大桥采用 DX 桩后仅混凝土用量可节约 35%左右,再加上因桩数减少而节约的钢筋用量,预计节约造价约 1982 万元。DX 桩解决了桥梁承载力与成本的矛盾,同时,工程量的减少还有助于缩短工期。不仅如此,减少混凝土用量、泥浆排放量所还会减少对环境的污染。采用 DX 技术建设的桥梁,创新、经济、环保,具有良好的社会和经济效益。

以上分析结论表明,多节三岔 DX 桩是多段侧摩阻及多层端阻共同作用,是自上而下,共同、协调作用,沉降均匀且变形小,具有较大的安全储备。与支盘桩相比,单桩承载力高,成孔成桩工艺适用范围较广,低噪声,低震动,挤扩盘岔腔成形稳定而不坍塌,挤密土体,桩身稳定性好,抗拔力大;机控转角,定位准确,成桩差异性小,可实现成孔与挤扩装置一体化,挤扩效率高。

成桩质量可靠。DX 三岔挤扩装置独特的双缸双向液压结构设计理念，使挤扩臂铰点呈水平运动轨迹挤压侧面形腔上下土体，保证岔（盘）形腔的挤扩匀称和完整，沉渣少，施工差异性小，成桩一致性好。

单桩承载力高。与普通直杆（等截面）灌注桩相比，因桩底端及桩身多个断面面积大幅度增大，单桩承载力比普通直杆混凝土灌注桩（相同桩径）一般提高 1～2 倍，并具备良好的承压、抗水平、抗冲剪和抗拔能力。

节约成本，缩短工期。由于单桩承载力大大提高，一般与普通混凝土灌注桩相比，节约原材料约 30%，可节省桩基总造价 20%～30%，同时，相比较大直径钻（直）孔灌注桩可缩短桩长，减小桩径或减少桩数，从而缩短工期。

设计灵活、适应性强。DX 桩可在多种土层中成桩，不受地下水位限制，并可以根据承载力要求采取增设分岔或分承力盘数量提高单桩承载力。

施工过程可控制。DX 设备中配有压力传感器。在挤扩过程中，压力传感器可及时反馈挤扩位置的土质与地质报告不相符合的情况，人们可通过改变盘腔位置，或增加盘岔的数量，确保单桩承载力和建筑结构的均匀沉降，这是其他桩型无法实施的。

在我国经济建设高速发展，特别是提倡节能减排、自主创新的今天，DX 桩这种安全、节约、环保的新技术在建设项目中的大量应用将会产生巨大的社会效益、经济效益和环保效益。在桥梁桩基的设计施工中如采用多节三岔挤扩灌注桩，不仅节约大量建设资金，同时也有利于环境保护。

参考文献

贺德新，沈宝汉. 2001. DX 挤扩装置及 DX 多节挤扩桩的应用. 工业建筑，31(1)：27-32.

沈保汉，陈轮，等. 2004. DX 桩侧阻力和端阻力的现场试验研究. 工业建筑，34(3)（海峡两岸土工程/地工技术交流研讨会论文集）：6-9.

沈保汉，贺德新. 2004. DX 多节挤扩桩. 海峡两岸土工程/地工技术交流研讨会论文集：25-32.

沈保汉. 2004. DX 多节挤扩桩的产生及特点，工业建筑，34(3)（海峡两岸土工程/地工技术交流研讨会论文集）：1-5.

沈保汉. 2009. DX 挤扩灌注桩及其竖向承载力的若干问题. 工业建筑，39(8)：84-94.

万飞，张德华. 2010. 多节旋挖挤扩灌注桩在高速公路桥梁中应用的承载机理研究. 北京：北京交通大学.

王梦恕，贺德新，唐松涛. 2012. 21 世纪的桩基新技术：DX 旋挖挤扩灌注桩. 中国工程科学，14(1)：4-11.

第 18 章　主动除冰雪沥青路面

在世界范围内，路面冰雪问题普遍存在。尤其是初冬和初春季节，路面积雪在温度变化和车辆荷载的作用下，路面表面极易形成薄冰，影响道路交通安全，如图 18-1 所示。有研究表明，冰雪的存在使路面附着系数大大降低附着力明显减小，车辆的制动稳定性、转向操作稳定性都将变差，这些常常会使汽车刹车失灵、方向失控，车辆容易打滑、跑偏，制动距离显著延长，而且在冰雪路面上行车，长时间的强光线反射刺激，容易使驾驶员双目疼痛、流泪、视线模糊不清，进而导致交通事故频繁发生，冰雪天交通事故率明显增加。

图 18-1　冰雪条件下路面状况

据统计，因道路积雪结冰造成的交通事故占冬季交通事故总量的 35%以上。这严重影响了人民的生命和财产安全，造成了巨大的经济损失。

另一方面，冰雪道路还严重制约了道路通行能力及交通运输效率。2008 年 1 月，席卷我国南方的暴雪使京珠高速湖南段变成了巨大的停车场，6 万余人滞留其中；2009 年 2 月 12 日，席卷辽宁大部分地区的暴雪迫使全省境内 15 条高速公路全部关闭，陆路运输严重受阻；2009 年 12 月中旬，英国大部分地区由于路面冰雪，造成了高速公路严重堵塞，由此带来的经济损失高达 35 亿英镑。由此可见，如何有效解决路面冰雪问题，提高道路通行能力和运营效益，形成良好的安全管理模式，已成为困扰冰雪地区交通管理部门的重要问题，科学合理地清除路面冰雪技术的研究是十分必要和急迫的。

18.1　国内外研究概况

18.1.1　路面除冰雪技术

对路面积雪结冰的处理问题，各国道路交通部门多年来一直非常重视，并做了大量的研究工作，探索出了多种清除道路表面积雪结冰的技术。这些技术主要分为主动除冰雪技术和被动除冰雪技术两大类。

我国冬季通常采用撒布融雪剂、机械除雪和喷洒热水除冰雪技术等方式清除路面冰雪，属于被动除冰雪技术。对于此类除冰雪方式，存在融雪剂撒布量难以精确控制、路面破损等弊端，不仅造成材料的浪费，还会产生环境污染、除冰雪作业影响道路通行等问题。因此，2001年国际PIAC会议将抑制路面积雪结冰的铺装技术，即道路主动除冰雪技术作为主要的研究方向。

主动式除雪技术是利用路面特殊的力学特性或构造特性，通过行驶车辆反复作用，无需其他人为辅助即可清除路面冰雪的技术，如弹性路面铺装技术、热力融冰雪方法和蓄盐沥青路面融冰雪技术等。

18.1.2　弹性路面铺装技术

弹性路面铺装技术常用的使用方法主要有两类：①弹性路面，即采用掺加了废旧弹性材料的铺面混合料铺筑而成的路面；②镶嵌类铺装技术，即将大尺寸的废旧弹性材料镶嵌于普通路面表面，单纯利用弹性材料的弹性变形降低冰雪对路面的黏结程度，同时利用弹性材料周围冰雪层厚度的不均匀性，提高冰雪破碎的概率，从而破除路面积雪结冰。

对于弹性路面铺装技术，国外多数采用的镶嵌类铺装技术，此种方法虽然具有一定的效果，但由于在镶嵌弹性材料的过程中会破坏路面原有的状态，弹性材料周围会出现薄弱面，在环境荷载和车轮荷载的作用下，弹性材料及其周围的铺面材料会很快从路面表面脱落，这不但影响其除冰雪效果，而且还会影响路面正常的使用功能和使用寿命。

随着技术的进步，将废旧弹性材料直接掺配于铺面混合料中铺筑而成的弹性路面除冰雪技术将逐步成为主流形式。此种技术不但克服了镶嵌类铺装技术的缺点，使用性能更佳，而且方便机械化施工，后期养护管理投入低，易于推广应用。

美国工程兵寒冷地区工程实验室研究发现，自应力弹性路面可以有效破除路面积雪结冰。研究将4.75～9.5mm的弹性材料添加入铺面混合料中，并分别对弹性材料掺量为3%、6%和12%的铺面混合料进行了回弹模量测试和除冰雪性能等的试验研究。室内试验结果表明，弹性材料掺量越高，其除冰雪效果越明显。但由于未能很好地解决铺面混合料的成型和耐久性等问题，该方法仍处于室内试验阶段。

明尼苏达州运输部于1989年开始，陆续修建了两条自应力弹性路面用于除冰雪，弹性材料的掺量为2%，实践证明，路面的除冰雪效果不明显，但其他路用性能良好。德克萨斯州也修筑了自应力弹性路面，但通车3个月内即发生了严重的破损。华盛顿州、安大略等地也先后铺筑了自应力弹性路面，但路用性能和除冰雪效果都不理想。

日本道路建设公司研究了一种利用弹性材料防止路面冻结和车辆打滑的技术。其方法是在刚完工的路面上铺撒直径2cm的五角形弹性材料，用压路机将其压入沥青路面。压入路面内的弹性材料有小部分露出路面，增加了路面的摩擦力。同时，车辆荷载的作用使弹性材料变形，车辆通过后的反弹力使冰破碎，从而防止路面打滑。1998年在东京—长野的高速公路上铺筑了试验路段。研究结果表明，此项技术可以有效地清除路面积雪结冰，提高路面抗滑能力。但此种路面的耐久性差，在行车荷载的作用下，弹性材料极易从路面表面脱落，造成路面平整度下降，甚至松散、坑槽。

自1998年，哈尔滨工业大学开始了弹性路面铺装技术的探索性研究。对有弹性材料存在条件下铺面混合料的路用性能进行了研究，并对其除冰性能进行了初步探索。

18.1.3 蓄盐沥青路面除冰雪技术

采用蓄盐路面技术做成的混合料中的化学物质通过渗透压力和毛细管现象溶出，或因路面磨耗露出，盐吸收雪表面的水分产生溶解，溶解的时候释放热量，进一步促进雪溶解，冰雪融化后吸热，使周围的温度下降，这时溶液的蒸汽压小于冰雪的蒸汽压，为了达到新的平衡，促使冰雪不断融化，形成溶液，从而降低了水的凝固点，在低温条件下，上述复杂运动的平衡过程周而复始地进行，以达到路面防冻和覆冰剥落的效果。

自 1990 年日本提出禁止防滑轮胎产生粉末的相关法律之后，抗冻融路面铺装在日本急速上升，到 2007 年 3 月底共有 580 万平方米的施工业绩。

2008 年以来，哈尔滨工业大学开始蓄盐沥青路面除冰雪铺装技术的研究。探索蓄盐铺面沥青混合料组成设计和除冰雪性能等。通过对蓄盐沥青胶浆的流变性能、高温中温性能及降低冰点性能的研究，分析了 MFL 与沥青的交互作用，从胶浆角度提出了一个最佳体积粉胶比和最佳 MFL 体积掺量。基于拉拔实验原理，自主研发了相应的实验设备，开展了冰层与路面表面黏结状态的研究；根据黏结力和路面表面冰层状况对其界面特性进行了定量的分析。

18.1.4 基于能量转化的路面融冰雪技术

能量转化类融雪技术主要是利用具有导电功能的铺面材料或铺设于路面内的能量储存和转化装置，利用工业废热或太阳能储存于路面或能量转化装置内，在路面积雪结冰时，将能量释放，使路面冰雪融化，并以蒸汽形式排除掉。

其主要的形式是利用铺设于路面内的能量储存和转化装置，将其他形式的热能储存于该装置内，有效利用太阳能、土壤热能或其他工业剩余能量，达到路面融冰雪的目的。

基于能量转化的路面融冰雪技术可以提高能源利用率，而且清洁环保，适合于机场、桥面和高速公路的长大纵坡等路段的融冰雪的需要。

基于能量转化的路面融冰雪技术始于 20 世纪 40 年代的日本，随后美国、瑞士等国也相继开发了类似的专利技术，并成功应用。

在此类技术发展的过程中，人们曾尝试采用工业电能、太阳能和地热等多种能量，通过能量转化设备将其转化为热能，达到融雪化冰的目的。上述方法由于受到能量来源、管线铺设技术等限制，适用范围较为狭窄。随着能源问题的日趋紧张和技术的进步，利用地源热泵技术的融雪技术逐步成为研究热点。

地源热泵的研究历史可以追溯到 1912 年瑞士人佐伊利（H. Zoelly）提出的利用土壤作为热源的专利设想。但是大规模的应用是第二次世界大战以后才在欧洲和北美兴起。土壤源热泵的许多基础性理论，包括至今仍被设计师采用的“开尔文线源理论”等数学物理模型都是在那时提出的。在这期间，人们经过研究，还提供了大量的实验数据。但是这一方面的研究工作，在具有廉价能源，而土壤源热泵投资高（当时的能源还没有显现出短缺）这一因素打压下被迫停止。

一直到了 1973 年，“能源危机”暴发，促使人们开始对土壤源热泵产生兴趣，政府也开始支持土壤源热泵的研究工作。这一时期，对地下传热模型进行了进一步的研究，其中提出了两种经典的土壤源热泵地下传热模型的理论基础：In-gersoll 和 Plass 提出的线源理论；1983 年 BNL 提出修改过的线源理论；1986 年 V. C. Mei 提出的三维瞬态远边界传热模型。

进入 20 世纪 90 年代以后，土壤源热泵开始运用到工程实际，欧美的热泵装置已经占到了市场份额的 3%。1993 年成立了国际土壤源热泵协会(IGSHPA)，并在 1996 年推出了期刊和网上杂志。1997 年的 ASHRAE Technology Award 就授予给了一个采用土壤源热泵系统的实际应用工程。

进入 20 世纪 90 年代以后，基于能量转化的道路融雪技术开始运用到工程实际，美国、瑞典、日本、冰岛、阿根廷等多个国家纷纷铺筑了基于能量转化的道路，迄今为止，世界范围已经铺筑了超过 100 万平方米的加热路面。

2006 年开始，哈尔滨工业大学开始基于能量转化的路面融冰雪技术的研究。依据“多能量来源，多运行工况”的原则，设计开发了基于道路融雪试验系统。该系统采用太阳能和土壤源热能作为融雪系统的能量来源；通过变频热泵机组，变化埋管深度及埋管间距实现多运行工况。考虑融化的雪水在道路结构中分布对于道路融雪模型计算精度的影响，利用有限差分法建立了变时间步的道路融雪系统二维温-湿耦合融雪模型。基于我国降雪分布特点及典型道路结构形式，选择代表性城市作为研究对象，提出了我国不同地区不同融雪目标时基于能量转化的道路融雪系统设计融雪热负荷。

纵观国内外对路面除冰雪技术应用研究情况可以发现，随着人们环保节能意识的不断提高，抑制冻结类铺装技术的路面主动除冰雪技术的研究已成为重点。

弹性路面除冰雪技术因其具有施工简单，使用性能优良，并能消耗相当数量的弹性固体废弃物等优点，有效缓解我国的环境压力，节约资源，具有良好的社会经济价值和应用前景。

18.2　弹性路面除冰雪技术

18.2.1　弹性材料的技术性质

1. 原材料

由于材料来源及生产工艺的不同，弹性材料本身的性质差别较大。根据国内各生产厂的产品情况，结合使用情况，道路铺装用弹性材料多为废旧汽车轮胎加工而成。四种具有代表性的弹性材料的基本情况如表 18-1 所示。

表 18-1　弹性材料的原材料与生产工艺

弹性材料种类	A	B	C	D
原材料	胎面胶	胎面胶	胎面胶	胎面胶
生产工艺	常温粉碎法	常温粉碎法	常温粉碎法	常温粉碎法

采用的沥青的基本性能指标见表 18-2，矿料的基本技术性质见表 18-3，所用混合料

级配见图 18-2。

表 18-2　沥青的性能指标

针入度/0.1mm (25℃)	软化点 /℃	15℃延度 /cm	黏度/(Pa·s) (135℃)	$G^*/\sin\delta$ /kPa	$G^*/\sin\delta$ /kPa(RTFOT)
117	44.1	>100	0.30	1.659	2.402

表 18-3　矿料的技术指标

试验指标	试验结果	规范要求值
石料压碎值/%	20	≤28
与 110＃沥青黏附性/级	4	≥4
细长扁平颗粒含量/%	12	≤15
吸水率/%	0.9	≤2.0

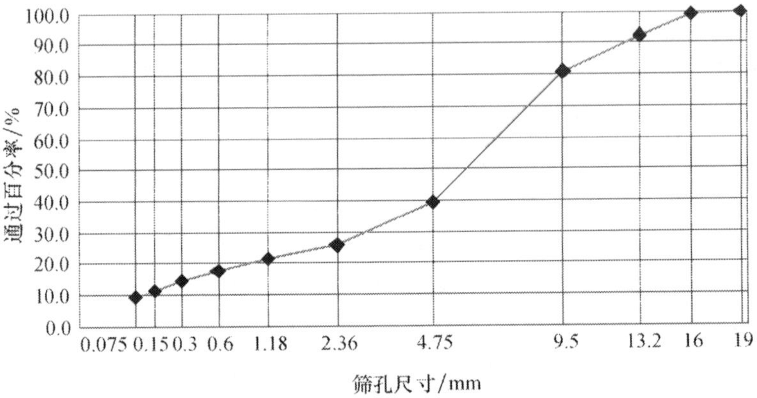

图 18-2　混合料级配

2. 弹性材料对混合料性能的影响

采用一定掺量的弹性材料，通过混合料的压实特性、体积特性及力学特性综合分析了不同形状、不同表面状况、不同物理力学性能对混合料性能的影响，由此，提出了弹性材料的技术标准。

1）弹性材料的形状特性

通过对国内常见的弹性材料的调查发现，废旧轮胎弹性材料的形状通常有接近立方状和细长扁平状两大类。研究选择了一种弹性材料，其细长扁平颗粒含量分别为 0%、15%、30%，拌制混合料，进行混合料压实特性、体积特性和耐久性等实验。

分别采用试件的回弹率、空隙率和飞散损失率评价。从实验结果可以看出，随弹性材料细长扁平颗粒含量的增加，混合料的回弹率、空隙率和飞散损失率均呈现增大的趋势；当细长扁平颗粒含量超过 10%时，混合料的回弹率和飞散损失率明显增大。

2）弹性材料的表面特性

将不同破碎工艺生产的弹性材料的形状特性和表面特性情况等汇总于表 18-4。

表 18-4　不同破碎工艺生产的弹性材料的比较

项目	常温粉碎法	低温粉碎法
密度	相同	相同
形状特性	不规则;比表面积较大	规则;比表面积较小
表面特性	表面呈凹凸状态;多毛刺	表面光滑,呈层叠状

分别对采用不同工艺生产的弹性材料拌制的混合料进行了研究,实验结果看出,与用低温粉碎法生产的弹性材料拌制的混合料相比,采用常温粉碎法生产的弹性材料拌制的混合料的回弹率和空隙率相对较大,其飞散损失率相对较小;但两者的差别不大。这说明弹性材料的表面性状对弹性沥青混合料的性能是有一定影响的,但其影响并不显著。在实际使用过程中可以结合弹性材料的颗粒形状特性进行选择。

3）弹性材料的力学特性

表 18-5　弹性材料性能指标

种类	密度/(g/cm^3)	硬度/度	弹性模量/MPa
A	1.152	62	11.6
B	1.160	49	8.9
C	1.158	57	10.8
D	1.157	53	9.6

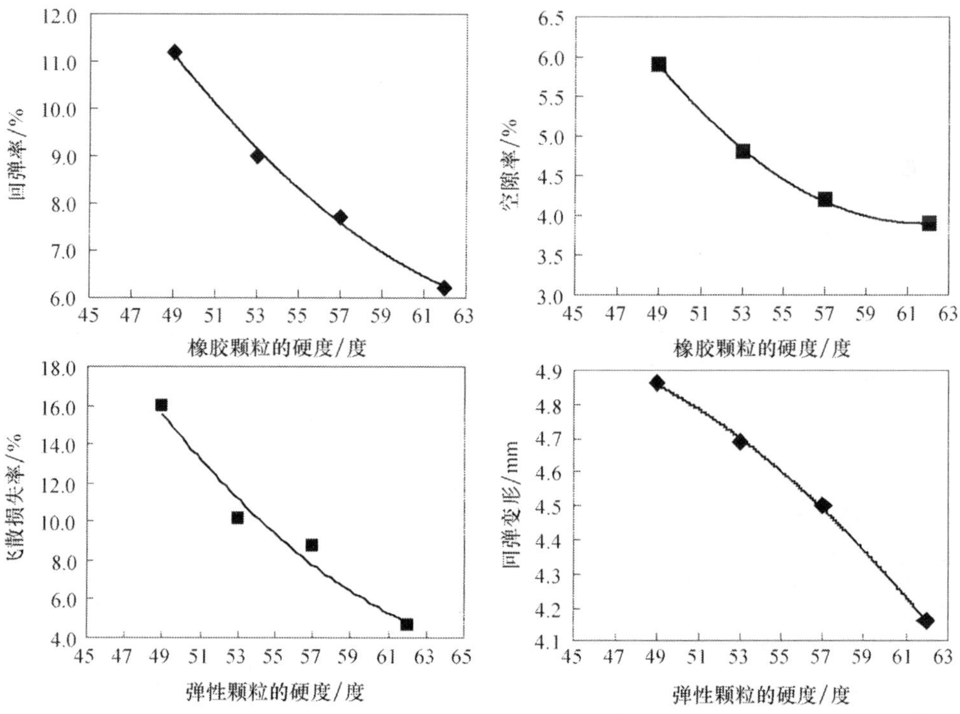

图 18-3　弹性材料的硬度对混合料性能的影响

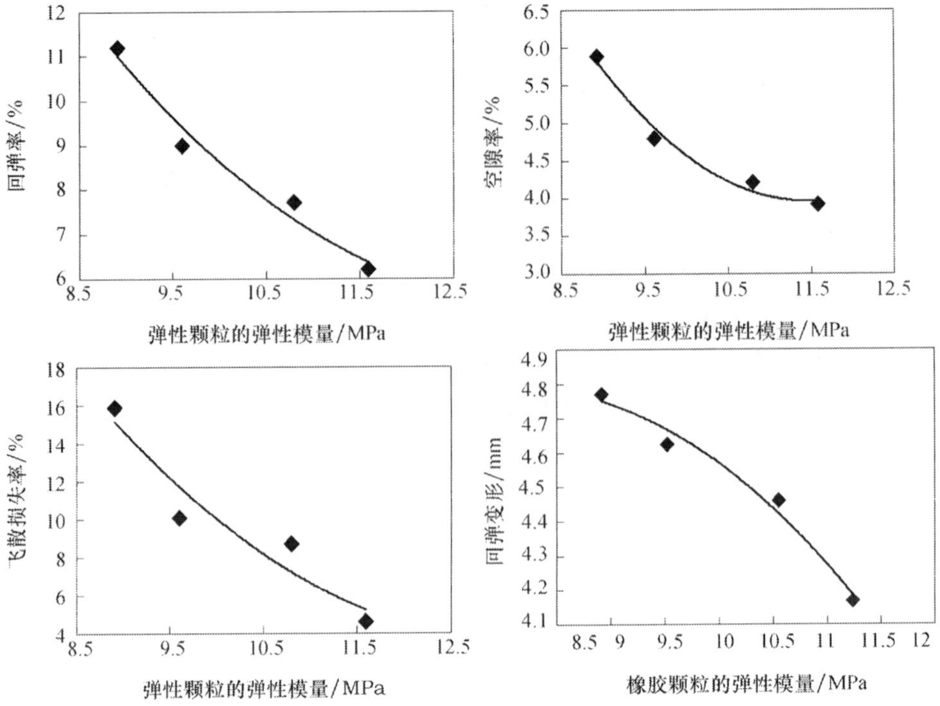

图 18-4　弹性材料的弹性性能对混合料性能的影响

随弹性材料硬度的增加，混合料的回弹率、空隙率、飞散损失率和回弹变形均呈减小的趋势。当弹性材料的硬度小于 55 时，混合料的回弹率在 8.5%以上，其空隙率和飞散损失率也分别达 4.7%和 9%以上，此时，弹性沥青混合料的密实状况和稳定性能均明显变差。

随着弹性材料弹性模量的增大，弹性沥青混合料的回弹率和飞散损失率降低，空隙率减小，回弹变形也呈现减小的趋势。这说明，随着弹性材料弹性模量的增加，混合料的压实性能和耐久性能增强，但其弹性变形性能减弱。

3. 弹性材料技术标准

研究成果表明，随弹性材料硬度的增加和弹性模量的增大，弹性沥青混合料的压实性能和耐久性能提高，但其弹性变形能力降低；当弹性材料的硬度低于 55、弹性模量低于 9.5 时，混合料的性能明显劣化，为了保证弹性沥青混合料的使用性能，应选择硬度不小于 55，弹性模量大于 9.5MPa 的弹性材料。同时扁平料含量大于 10%，其回弹与飞散实验表明混合料性能较差，因此，要求扁平料含量不大于 10%。沥青混合料用弹性材料的技术指标总结如表 18-6 所示。

表 18-6　弹性材料的技术标准

试验项目		指标
原材料		胎面胶
含水量	不大于(%)	0.75
视密度	小于(t/mP^{3P})	1.15

续表

试验项目		指标
纤维含量	不大于(%)	0.75
天然橡胶含量	(%)	15～30
细长扁平颗粒含量	不大于(%)	10
邵尔 A 型硬度	不小于(度)	55
弹性模量	大于(MPa)	9.5

18.2.2 弹性沥青混合料级配组成设计

1. 混合料组成材料配比范围的确定

在弹性沥青混合料级配设计中,需要首先确定粗矿料、弹性材料和粗弹性材料的配合比例,以形成稳定的混合料骨架结构。

研究过程中,需要同时考察多个因素的多个水平对结果的影响,并对结果进行优化。为减少试验次数并考察因素间的相互作用,需要用实验设计优化法。本书将星点设计—效应面优化法引入混合料组成材料配比范围确定的优化设计中。

研究主要针对弹性材料的掺量 XB_{1B}(%)、粗石料含量 XB_{2B}(%)以及粗弹性材料含量 XB_{3B}(%)三个影响因素,采用星点设计-效应面优化法进行配比范围的优化确定。粗弹性材料含量指的是粒径大于 2.36mm 的弹性材料含量。根据预试验,每个因素设五个水平,每个因素的取值范围为 XB_{1B}:1%～7%;XB_{2B}:20%～80%;XB_{3B}:20%～80%,其具体取值如表 18-7 所示。

表 18-7 因素代码水平及取值

因素	−1.732	−1	0	1	1.732
弹性材料掺量 xB_{1B}/%	1	2.3	4	5.7	7
粗集料含量 xB_{2B}/%	20	32.7	50.0	67.3	80
粗弹性材料含量 xB_{3B}/%	20	32.7	50.0	67.3	80

明确了影响因素及相应的代码水平后,确定弹性沥青混合料的考察指标。除了毛体积密度、空隙率、矿料间隙率、沥青饱和度指标,弹性沥青混合料的回弹变形也是主要考察指标之一。测定弹性材料 4%时,弹性沥青混合料在 5kN、10kN、15kN 力作用下的回弹变形,试验结果如图 18-5 所示。从图中可以看出,不同作用力下混合料的回弹变形的变化趋势大致相同,最终选择变化趋势明显的 15kN 下混合料的回弹变形作为考察指标。

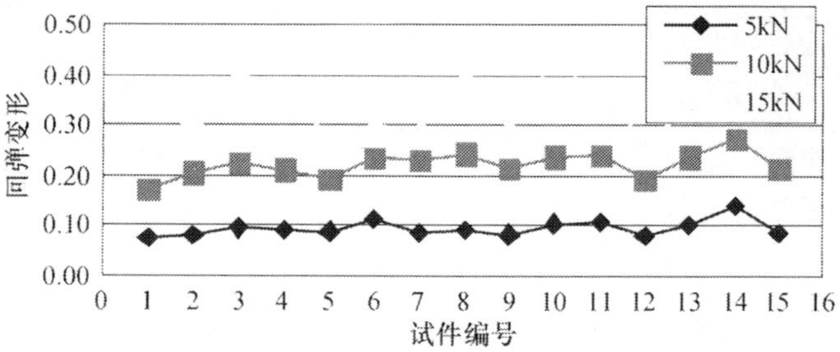

图 18-5 不同作用力下弹性沥青混合料的回弹变形

将每个指标均标准化为 0～1 的“归一值”，各指标“归一值”求算几何平均数，得总评“归一值”，实验结果如表 18-8 所示。

表 18-8　星点设计表及各项指标

实验号	xB_{1B}	xB_{2B}	xB_{3B}	$\varepsilon B_{\varepsilon B}$(15kN)/mm	$\rho BfB/g/cm$ $P3P$	VV/%	VMA/%	VFA/%	OD 值
1	2.3	32.7	32.7	0.265	2.246	8.4	21.6	61.3	0
2	5.7	32.7	32.7	0.311	2.158	8.1	21.2	61.9	0.2345
3	2.3	67.3	32.7	0.407	2.375	4.0	16.3	75.7	0.6421
4	5.7	67.3	32.7	0.352	2.239	5.5	17.6	68.6	0.4910
5	2.3	32.7	67.3	0.280	2.239	8.6	21.8	60.5	0.2195
6	5.7	32.7	67.3	0.303	2.117	10.0	22.9	56.4	0
7	2.3	67.3	67.3	0.292	2.338	5.5	17.8	69.2	0.4467
8	5.7	67.3	67.3	0.401	2.203	6.9	19.2	63.9	0.4778
9	1	50	50	0.299	2.429	3.6	15.9	77.3	0.4153
10	7	50	50	0.436	2.252	3.2	15.5	79.3	0.5774
11	4	20	50	0.352	2.246	5.5	19.8	72.0	0.6051
12	4	80	50	0.275	2.271	5.5	19.0	70.9	0.2497
13	4	50	20	0.328	2.352	2.7	14.8	81.6	0.4588
14	4	50	80	0.351	2.313	4.3	16.4	73.5	0.7866
15～20	4	50	50	0.325	2.330	3.7	15.7	76.7	0.4706

注：实验 15～20 号为重复实验

应用 SPSS 软件，总评归一值对各因素进行三元二次非线性回归分析，拟和得方程：

$$OD = -1.01 + 17.19XB_{1B} + 3.75XB_{2B} + 0.43XB_{3B} - 101.71XB^{2P}_{1PB} - 2.47XB^{2P}_{2PB} + 0.49XB^{2P}_{3PB} - 8.52XB_{1B}XB_{2B} - 8.25XB_{1B}XB_{3B} - 1.07XB_{2B}XB_{3B}$$

复相关系数 $rP^{2P}=0.73$。

以上述方程作为预测模型，对其进行分析，得到所需结果。固定粗弹性材料含量 XB_{3B} 为 50%，然后以总评归一值 OD 为因变量，以弹性材料掺量 XB_{1B} 和粗集料颗粒含量 XB_{2B} 为自变量的效应面如图 18-6 所示，同理得图 18-7 和图 18-8。

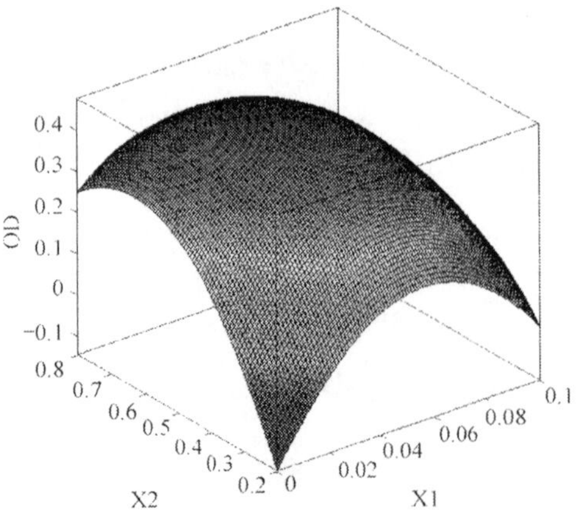

图 18-6　XB_{1B} 和 XB_{2B} 对 OD 的效应面（XB_{3B} 为 50%）

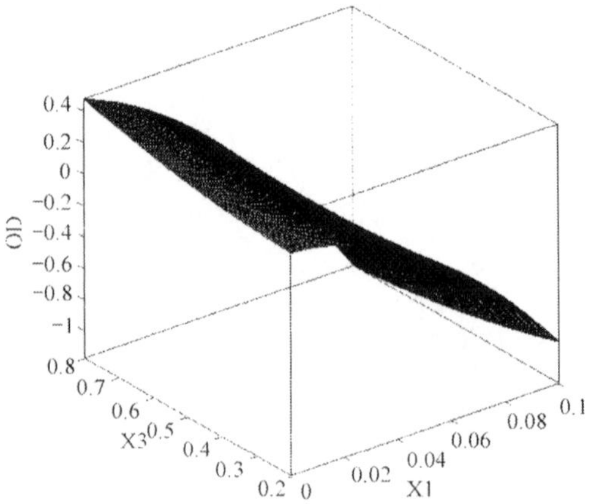

图 18-7　XB_{1B} 和 XB_{3B} 对 OD 的效应面（XB_{2B} 为 50%）

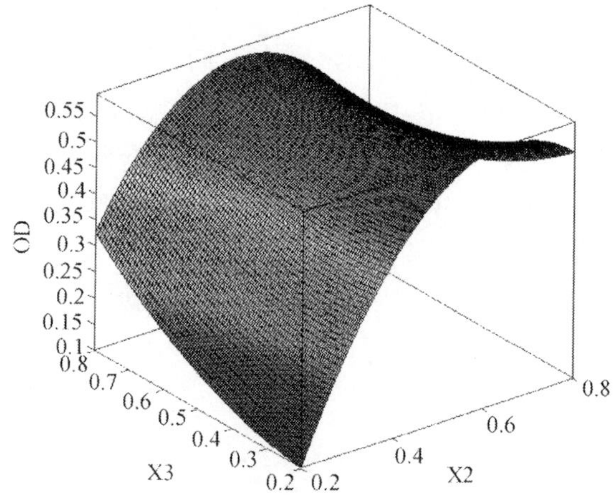

图 18-8　XB_{2B}和 XB_{3B}对 OD 的效应面（XB_{1B}为 4%）

由图中效应面的变化趋势可以判断，弹性材料掺量 XB_{1B}在 0.02～0.06 的内对总评归一值较好；粗集料含量 XB_{2B}在 0.70 附近总评归一值较好；总评归一值随着粗橡胶含量 XB_{3B}的增加而增加，但粗弹性材料含量对总评归一值影响相对较小。为了保证弹性沥青混合料的压实效果，应该适当控制粗弹性材料的含量。经过综合分析，确定根据效应面优选的三个因素较佳工艺范围：XB_{1B}：2%～6%；XB_{2B}：60%～75%；XB_{3B}：30%～60%。

为了考察实验结果的正确性，对模型进行预测性考察。首先在优化出的范围内取值，根据实验条件制备试件，进行实验，得实测值，与预测值进行比较，实测值与预测值的偏差表示实测值偏离预测值的程度，绝对值越小，预测性能越好。比较结果如表 18-9 所示。

表 18-9　实验预测值和实测值的偏差

XB_{1B}/%	XB_{2B}/%	XB_{3B}/%	实测值	预测值	偏差/%
4	75	60	0.3756	0.4372	14.1
3	60	60	0.4356	0.5217	16.1

注：偏差＝abs(实测值－预测值)/预测值×100%

从表中可以看出，预测值与实测值的偏差较小，说明星点设计-效应法应用于弹性沥青混合料试验影响因素范围的优选得到了较好的结果，具有实际应用价值。

2. 弹性沥青混合料级配组成设计

1）矿质混合料的级配设计

研究中弹性沥青混合料的配合比设计采用体积设计法进行。得到的级配见表 18-10。

表 18-10　矿料和弹性材料的级配范围

筛孔孔径/mm	通过下列筛孔的质量百分含量/%								
	16.0	13.2	9.5	4.75	1.18	0.6	0.3	0.15	0.075
集料	100	90～100	47～60	25～45	20～30	11～20	9～15	6～12	4～8
弹性材料				100	30～60	5～15			

2）最佳沥青用量的确定

采用马歇尔法确定弹性沥青混合料的最佳沥青用量。分别采用两种级配：一种为间断级配，弹性材料掺量为4%，记为JG-1；一种为连续级配，根据弹性材料掺量的不同，分别记为AC-1（弹性材料掺量为4%）和AC-2（弹性材料掺量为0%），级配如图18-9所示。采用马歇尔击实成型试件，并对试件的密度、空隙率等物理指标进行测定，试验结果如图18-10所示。

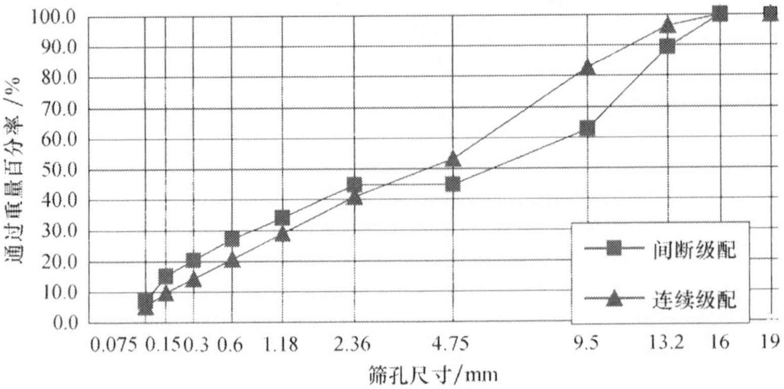

图 18-9　混合料级配曲线

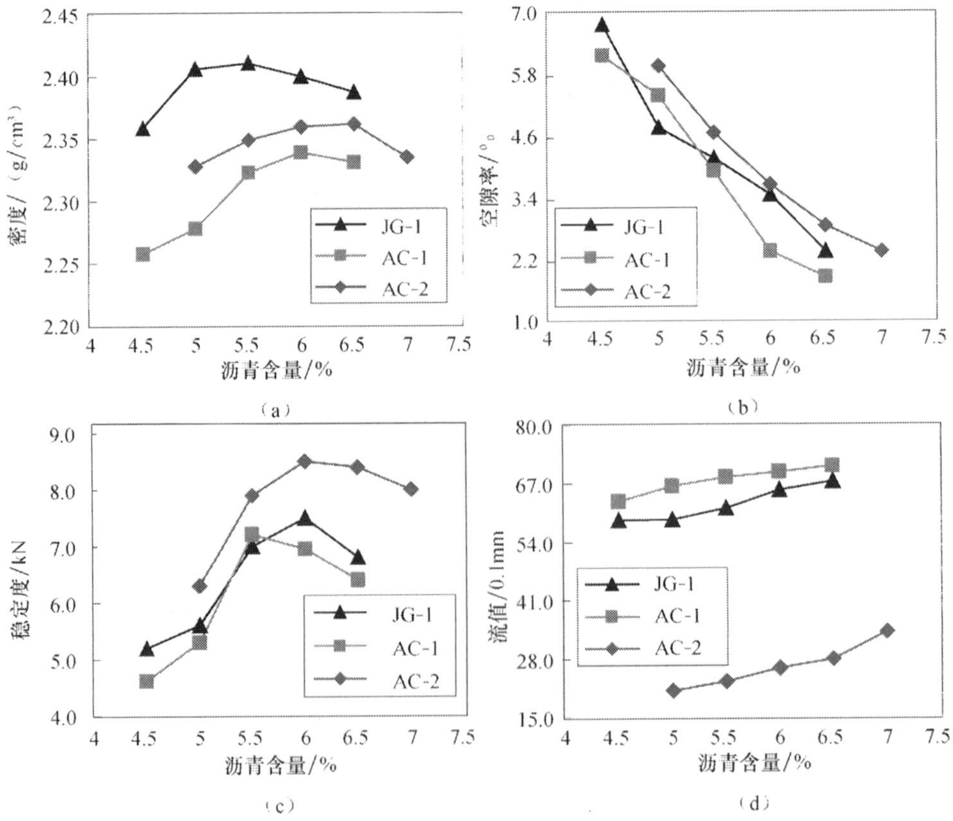

图 18-10　马歇尔实验结果图

(1) 相同沥青含量下，弹性沥青混合料的压实度并不比普通沥青混合料的压实度低，对弹性沥青混合料的压实度也是可以控制的。

(2) 从图 18-10(c)和 18-10(d)可以看出，上述三种混合料的稳定度和流值的变化趋势相同。但与普通沥青混合料相比，弹性沥青混合料的稳定度偏低，流值偏大。

(3) 间断级配的弹性沥青混合料的稳定度较连续级配的高，流值要小，这说明对于弹性沥青混合料，间断级配比连续级配更适合。

综上所述，对于弹性沥青混合料这种新型的沥青混合料，传统的普通沥青混合料的马歇尔稳定度和流值的范围并不适用，其强度和变形均存在相对的滞后。因此，在最佳沥青用量的确定中，稳定度和流值只能作为一个参考指标。

由于弹性材料的掺入，改变了沥青混合料内部组成材料间的接触状态，由原有的"石—石"接触状态变为"石—弹性材料—石"的接触状态，在弹性材料的高弹特性的影响下，弹性沥青混合料在荷载的反复作用下，更容易引起集料以及弹性材料的脱落、掉粒、飞散、进而扩展成为坑槽，影响路面的功能和使用寿命。为了防止这种破坏的发生，在确定沥青用量时，增加肯塔堡飞散实验的飞散损失率这个评价指标。图 18-11 为飞散损失率与沥青用量的关系曲线。

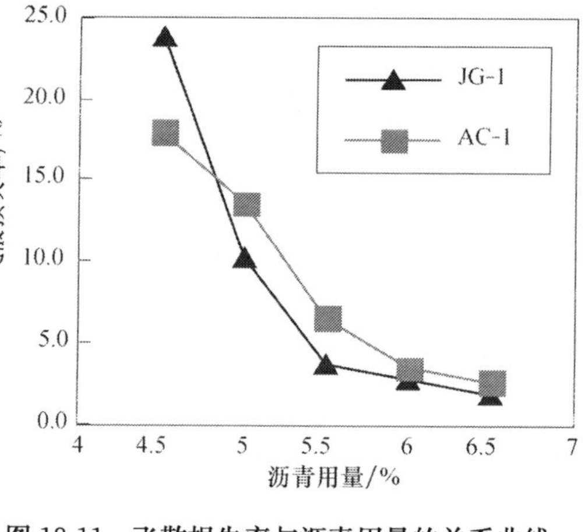

图 18-11　飞散损失率与沥青用量的关系曲线

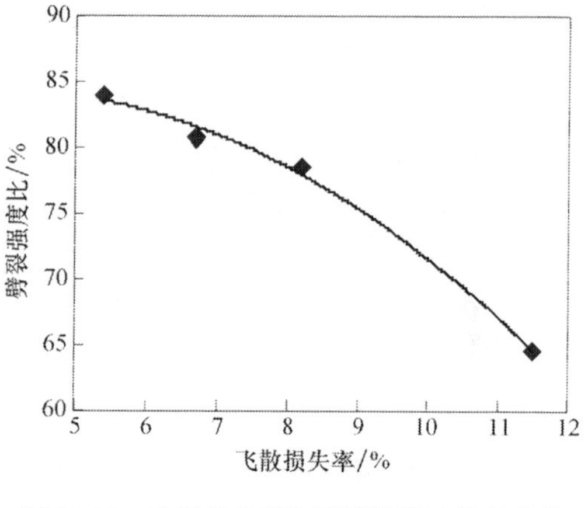

图 18-12　飞散损失率与劈裂强度比关系曲线

从图 18-11 中可以看出，随沥青用量的增加，弹性沥青混合料的飞散损失率逐渐减小，说明弹性沥青混合料的耐久性能增强。

为了分析采用飞散损失率作为沥青用量确定评价指标的可行性，对弹性沥青混合料的飞散损失率与劈裂强度比的关系进行了研究，研究结果如图 18-12 所示。

结果表明，飞散损失率与劈裂强度比具有较好的相关性；随飞散损失率的增加，混合料的劈裂强度比呈现减小的趋势；当混合料的飞散损失率大于 8%时，其劈裂强度比急剧减小。说明随飞散损失率增加，弹性沥青混合料的抗水损害性能减弱，其耐久性能变差。因此，为了保证弹性沥青混合料的使用耐久性，要求以其飞散损失率不超过 8%为混合料最佳沥青用量的控制指标。根据以上的分析，得到弹性沥青混合料修正马歇尔技术指标，见表 18-11。

表 18-11　弹性沥青混合料修正马歇尔技术指标

试验项目	间断级配	连续级配Ⅰ	连续级配Ⅱ
稳定度/kN	—	—	>7.5
空隙率/%	4	3～6	3～6
沥青饱和度/%	70～85	70～85	70～85
残留劈裂强度/%	>75		
飞散损失/%	不大于 8		
动稳定度/(次/mm)	>1200		
弯曲试验破坏应变/με	>2500		

综上所述，确定弹性沥青混合料最佳沥青用量的步骤如下。

(1) 以一定间隔变换沥青用量，分别采用马歇尔击实法成型试件并测试。

(2) 绘制沥青用量与密度、空隙率、沥青饱和度等马歇尔稳定度实验物理一力学指标关系图和沥青用量与飞散损失率关系曲线图。

(3) 根据符合各项技术指标要求的沥青用量范围，综合确定最佳沥青用量。

18.2.3　弹性沥青混合料成型工艺

弹性沥青混合料的拌和工艺、成型工艺及室外碾压工艺问题，对材料的投放顺序、原材料加热温度、拌和时间及拌和温度、成型方法的选择、成型温度、压路机械组合等对混合料的路用性能影响较大，需要合理确定相关参数。

混合料采用图 18-9 所示的级配，弹性材料的掺量均为 4%。

1. 拌和工艺

拌和工艺的最佳组合的原则是弹性材料在混合料中均匀分布，并充分溶胀，能够具有良好的黏结强度。原材料投放工艺、拌和时间、原材料的加热温度及拌和温度等均将对弹性铺面混合料的性能产生影响。弹性沥青混合料的拌和工艺详见表 18-12。

表 18-12　弹性沥青混合料施工工艺

拌和	温度/℃	沥青加热	提高 10～20
		矿料加热	190～200
		混合料拌和	提高 10～20
	时间/s	干拌时间	20～25
		总的拌和时间	70～80
摊铺	温度/℃		≥140
	松铺系数		1.25～1.30
	工艺		全宽摊铺机，整幅摊铺 摊铺机具有自动调节摊铺厚度及找平装置 具有足够容量的受料斗，能够保证连续摊铺 具有可加热的振动熨平板或振动夯等初步压实装置

续表

碾压	工艺	第一阶段:双轮钢筒式压路机(10～12 吨)碾压 2 遍;振动压路机(振动频率 45Hz,振幅 0.4～0.6mm)碾压 2 遍 第二阶段:轮胎压路机(18～26 吨)碾压 2 遍;双轮钢筒式压路机(10～12 吨)碾压 2 遍			
	顺序	初压	复压		终压
	机械	双轮钢筒式压路机	振动压路机	轮胎压路机	双轮钢筒式压路机
	速度/(km/h)	1.5～2	4～5	3.5～4.5	2.5～3.5
	温度/℃	≥135	≥115	70～80	≥65

注:沥青的加热温度和混合料的拌和温度应较普通沥青混合料高 20℃,具体依沥青品种而定

2. 室内成型工艺

1) 成型方法

根据弹性沥青混合料组成特点,采用二次成型方法对混合料的压实情况进行分析。所谓二次成型是指在一次成型后,当混合料的温度降至某一温度条件下,对混合料进行第二次成型。研究中,混合料的温度降至 80℃时,对其进行二次成型,试验结果如图 18-13 所示。

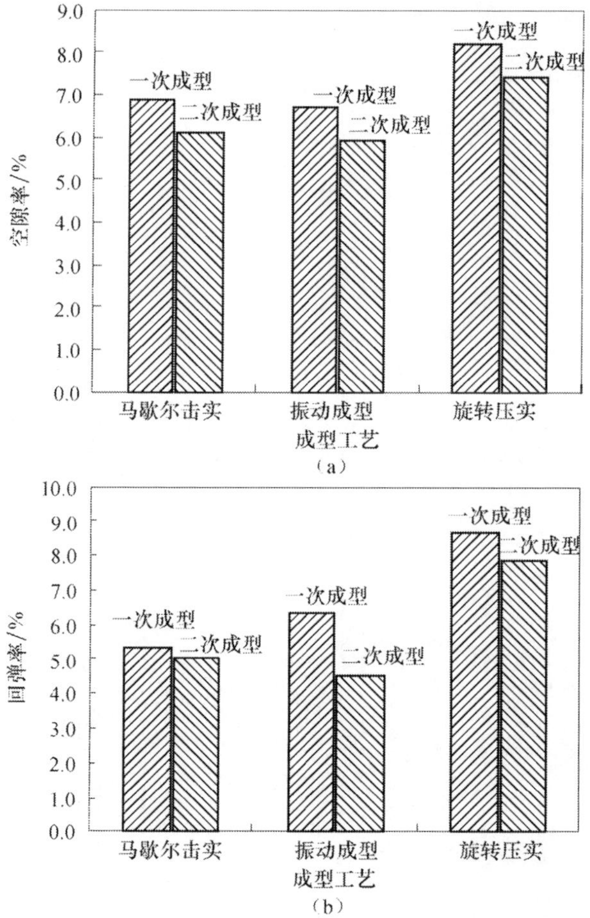

图 18-13　弹性沥青混合料二次成型结果

弹性沥青混合料经二次成型后，其空隙率和回弹量均有不同程度的减小，其压实效果均明显好于一次成型；但无论采用何种成型方法，经二次成型后的混合料的空隙率和回弹率仍旧偏高，不能满足设计要求。经过二次成型后，混合料的稳定度均有不同程度的降低。分析认为，在对混合料进行二次成型时，大的石料有不同程度的破碎，这说明在进行二次成型时，应严格控制击实次数，以便于在不破坏集料颗粒状况的情况下达到最佳的压实效果。

对于弹性沥青混合料，为了有效束缚弹性材料的弹性，增加混合料的密实程度，应采用二次成型工艺，寻求适宜的组合成型工艺。

为了寻求最佳的成型方法，对马歇尔击实和振动成型方法进行了工艺组合研究，具体的工艺组合见表 18-13，二次成型温度为 80℃，试验结果如图 18-14 所示。

表 18-13　成型工艺组合

编号	振动时间/min	一次击实次数/次	二次击实次数/次
1-1	2.0	15	60
1-2	2.0	25	50
1-3	2.0	50	25
2-1	1.0	15	60
2-2	1.0	25	50
2-3	1.0	50	25
3-1	0.5	15	60
3-2	0.5	25	50
3-3	0.5	50	25

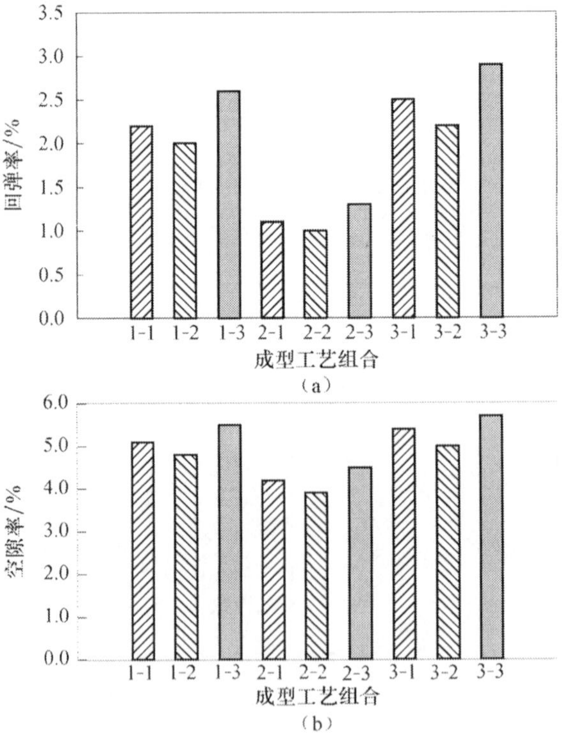

图 18-14　成型工艺组合的影响

通过对数据的分析发现，采用振动与马歇尔击实组合成型方法，弹性沥青混合料的空隙率明显减小，回弹率亦明显降低，混合料的压实效果明显好于任何一种单一成型方法；最终确定弹性沥青混合料宜采用振动与马歇尔击实组合成型方法，振动时间应控制在 1min，二次击实次数为 25 次，总的击实次数为 75 次。其他的后续试验均采用此种成型工艺。

2）成型温度

根据前期试验结果，拟定了不同的成型温度组合，对不同温度条件下成型的混合料的空隙率和强度情况进行了研究。

无论是第一次成型还是第二次成型，弹性沥青混合料的空隙率均随成型温度的升高而呈先减小后增大的趋势，在某一温度条件下达到最小值，稳定度随温度的升高呈先增大后减小的趋势，并且也有峰值的存在；第一次成型温度在 150℃左右，二次成型温度在 80℃左右，混合料的成型效果较好；而且，经二次成型后，混合料的空隙率减小，稳定度增大，这进一步证明了弹性沥青混合料进行二次成型的必要性。

研究成果显示，弹性沥青混合料的最佳成型方法为振动与马歇尔击实组合成型方法；针对弹性沥青混合料的组成特点，提出二次成型工艺，具体工艺为：先振动 1min，然后双面各击实 25 次，当试件温度降至 70～85℃时，进行二次击实，双面各 50 次。

3. 弹性材料路面的施工工艺

根据室内研究结果，通过试拌试铺，探索弹性材料的施工工艺，确定弹性沥青混合料的厂拌工艺、松铺系数和碾压工艺。

试验段检测结果显示，对于弹性沥青混合料，其适宜的碾压工艺明显不同于普通沥青混合料，为了减少由于材料的高黏特性引起的黏轮现象，在温度较高时，宜采用钢轮压路机进行碾压，并通过振动使集料充分就位，形成稳定结构；当温度降低至某一温度后，再采用轮胎压路机进行搓揉，有效抑制弹性材料的回弹，进一步巩固稳定结构的形成。根据碾压工艺的研究，一阶段碾压后压实度达到 94%即为满足要求，第二阶段碾压后的压实度应达 97%以上。

综合上述研究成果，提出弹性材料沥青路面的两阶段施工工艺。弹性材料沥青路面的施工工艺总结如表 18-12 所示。

18.2.4　弹性材料路面除冰雪性能

首先采用数值分析方法对弹性材料沥青路面的抑制冰雪机理进行研究；对弹性材料分布层位、弹性材料掺量、温度、弹性材料路面层厚度和基层类型等不同条件下的冰层的应力应变状态进行分析；对弹性材料沥青路面抑制冰雪性能的影响因素及其相应的影响规律进行研究；同时，通过室内的模拟试验研究，分析不同条件下弹性材料沥青路面的抑制冰雪效果。

1. 除冰雪机理

冰的物理力学性能。冰的变形特性与冰的介质、温度、加荷速率、加荷方向及加荷时间等因素相关。在集中或均布荷载作用下，当垂直力比较小时，冰首先出现瞬时弹性变形，然后出现塑性变形。若垂直力或弯矩较大，等于或大于冰晶间的结合力或冰的极限强度后，冰则迅速发生塑性或脆性破坏。

弹性材料路面抑制结冰机理。采用有限元分析方法，对不同路面结构形式下的冰层内部的应力应变情况进行了数值分析；并采用离散单元法（DEM）对弹性材料沥青面层的模量变化情况进行了分析，明确弹性材料沥青路面的抑制积冰的机理。

1）有限元分析

在分析过程中，全部问题均基于低温和瞬时重复荷载条件，故冰层、弹性材料和沥青混合料均假设为线弹性体，分析采用轴对称有限元模型，单元类型采用八结点单元；左右边界施加水平向约束，底部施加竖向约束，各层间的接触假定为完全连续。综合考虑计算精度和计算速度问题，水平方向和竖直方向分析范围分别取定为 3.0m 和 2.5m；计算模型和有限元网格划分如图 18-15 所示。

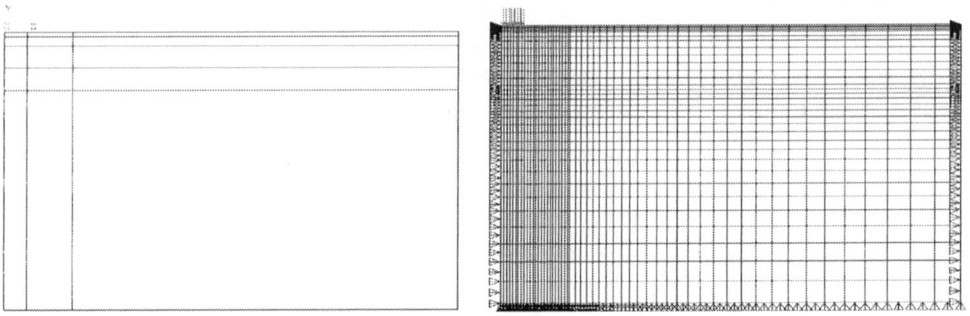

图 18-15　计算模型和有限元网格划分

参照目前我国典型的道路结构情况，拟定各结构层材料组成及参数如表 18-14 所示。分析中采用单圆均布荷载，等效后的当量圆直径为 30.12cm，压强是 0.7MPa。

拟定六种工况（表 18-15），分析弹性材料单体对冰层内应力应变情况的影响，探求弹性材料沥青路面的抑制冰雪机理。温度取定为 0℃。图 18-16～图 18-18 为冰层厚度 5mm 时的分析结果图。

表 18-14　材料性能参数表

路面结构层	弹性模量/MPa				泊松比
	0℃	−10℃	−15℃	−20℃	
冰层	3000	3800	4500	5300	0.33
沥青上面层	3160	—	—	—	0.25
弹性材料	100	—	—	—	0.40
弹性材料沥青上面层	1550	2950	3500	4100	0.38
沥青下面层	2600	3240	3900	4600	0.30
半刚性基层	1700	1700	1700	1700	0.25
柔性基层	1100	—	—	—	0.30
底基层	800	800	800	800	0.30
土基	80	80	80	80	0.30

表 18-15　结构组合情况

工况 1	工况 2	工况 3	工况 4	工况 5	工况 6
冰膜 5mm	冰膜 5mm	冰膜 5mm	冰膜 20mm	冰膜 20mm	冰膜 20mm
细粒式沥青混合料 4cm	细粒式沥青混合料 4cm	弹性沥青混合料 4cm	细粒式沥青混合料 4cm	细粒式沥青混合料 4cm	弹性沥青混合料 4cm
沥青下面层 8cm	沥青下面层 8cm	沥青下面层 8cm	沥青下面层 8cm	沥青下面层 8cm	沥青下面层 8cm
半刚性基层 20cm	半刚性基层 20cm	半刚性基层 20cm	半刚性基层 20cm	半刚性基层 20cm	半刚性基层 20cm
底基层 20cm	底基层 20cm	底基层 20cm	底基层 20cm	底基层 20cm	底基层 20cm
土基	土基	土基	土基	土基	土基

注：弹性材料的分布密度为 0.4 个/cmP^{2P}

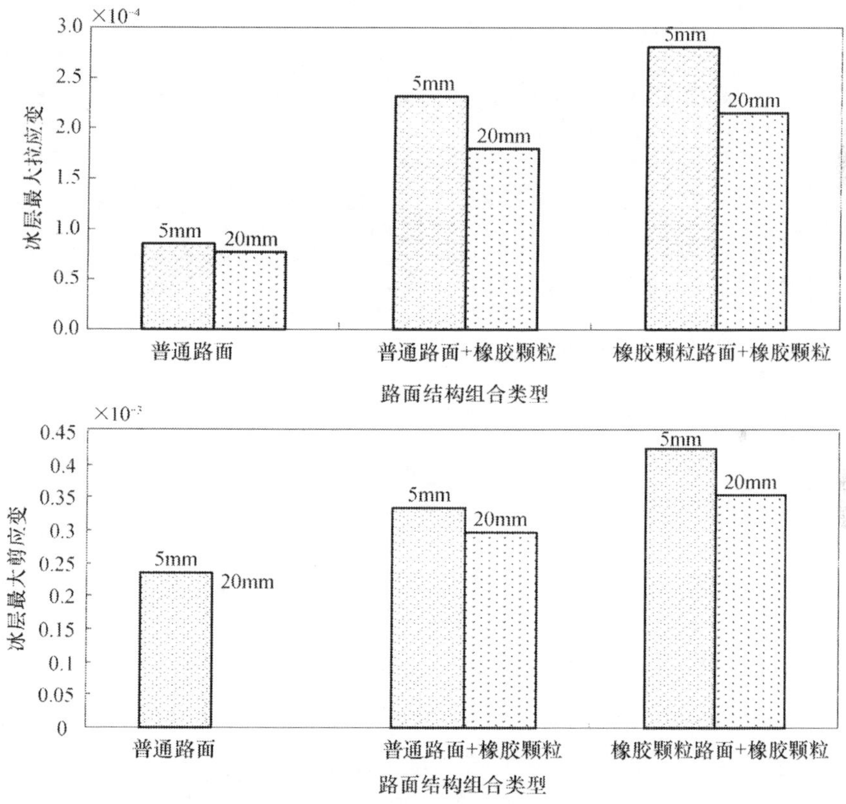

图 18-16　弹性材料单体影响分析结果

对于普通沥青路面表面的冰层，其受力均匀；在荷载作用区域内，其处于受压状态；随考察位置由荷载作用中心向外侧不断推移，冰层内的压应变逐渐减小，冰层开始呈现受拉状态，在荷载作用区域的边缘位置处冰层底面拉应变达到最大；在荷载的作用下，冰层内出现明显的剪切变形，冰层内的最大剪应变也出现在荷载作用区域的边缘位置。

在弹性材料存在的情况下，路面表面的冰层受力不均匀，在弹性材料的位置处出现明显的应力集中现象，弹性材料表面的冰层呈现受拉状态，其最大拉应变和最大剪应变均

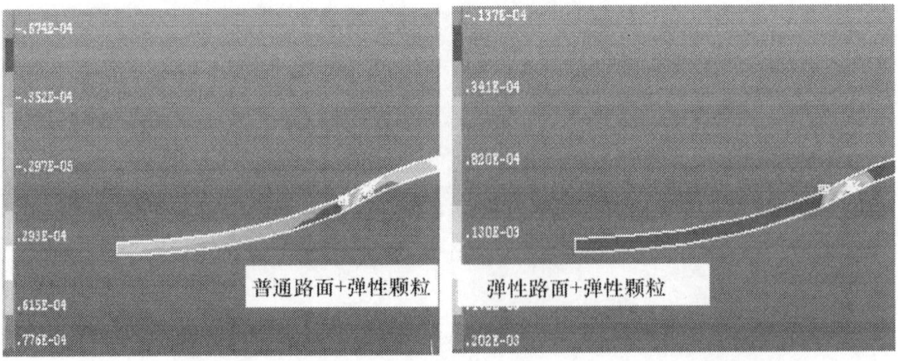

（a）冰层内最大拉应变　　　　（b）冰层内最大剪应变

图 18-17　普通沥青路面

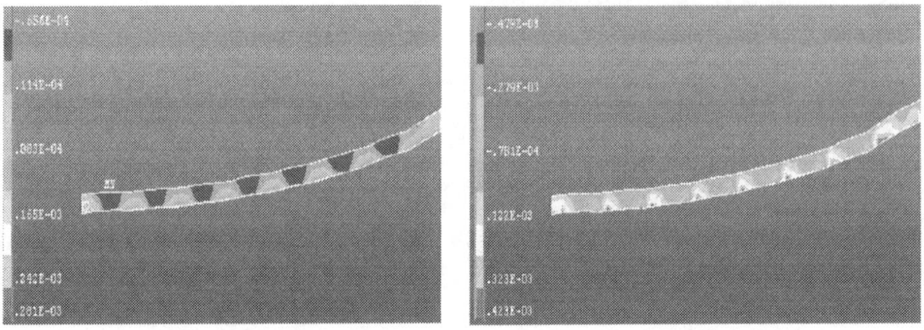

（a）冰层内最大拉应变　　　　（b）冰层内最大剪应变

图 18-18　弹性材料沥青路面

出现在弹性材料的角隅处。

计算结果显示，在相同条件下，普通沥青路面表面的冰层内的拉应变较小，与之相比，其剪应变较大，但两者均分别小于冰的极限破坏拉应变和极限破坏剪切应变，由此可见，普通沥青路面不具有破冰效果。

分析发现，在弹性材料存在的情况下，路面表面的冰层内的拉应变和剪应变均明显增大。普通沥青路面表面的冰层内的拉应变远小于有弹性材料存在的情况（普通沥青路面＋弹性材料的情况和弹性材料沥青路面＋弹性材料），两者相差在一个数量级以上；剪应变的情况也相同。

由于路面表面的积冰是以脆性破坏形式破坏的，在这种条件下，冰可以作为脆性材料处理，对于冰而言，在荷载作用下，当其内部某点产生的应力或应变超过其极限强度或极限破坏应变时，冰即产生裂纹，裂纹会随荷载的继续作用而迅速扩展，引起冰的脆性破坏。数据显示，有弹性材料存在的路面表面的冰层内的拉应变和剪应变均大于冰的极限破坏应变，根据脆性破坏强度理论，可以认为其具有破冰的效果，能够有效抑制路面结冰。

但是，通过对普通沥青路面＋弹性材料和弹性材料路面＋弹性材料两种情况下路面表面冰层内的应变的分布情况的对比分析发现，普通沥青路面＋弹性材料的冰层内的拉应变和剪应变均相对较小，这说明面层的整体柔韧性对除冰效果是有影响的，面层的模量越低，柔性越大，冰层内产生的应变越大，其破冰效果越好。

随冰层厚度的增加，普通沥青路面和弹性材料沥青路面表面的冰层内的拉应变和剪应变均呈现减小的趋势，且弹性材料路面表面冰层内的拉应变和剪应变仍明显大于普通沥青路面；但是，当冰层厚度达到 20mm 时，弹性材料沥青路面表面冰层内的拉应变和剪应变均小于冰的极限破坏应变，此时，已不足以破除路面积冰。

弹性材料的存在使得路面具有了抑制结冰的性能；弹性材料沥青路面表面的冰层的破坏是弯拉破坏和剪切破坏共同作用的结果，但剪切破坏是主要控制因素；随面层整体柔性的增加，弹性材料路面的抑制结冰效果增强；随冰层厚度的增加，弹性材料沥青路面的抑制结冰效果减弱。

2）离散单元法分析

弹性材料沥青路面的除冰机理实际上是由于冰层与弹性材料之间巨大的模量差，使冰层中产生应力集中实现的。因此，探讨弹性材料的掺量与分布对混合料模量的影响，对于设计用于除冰目的的沥青混合料路面具有指导意义。

应用离散单元方法(DEM)进行弹性沥青混合料模量分析。首先在试槽内生成颗粒（代表沥青路面），在颗粒表面进行承载板（直径 30cm）试验。由对称性，实际计算采用了半个模型，并以控制变形量 1mm 为试验结束的准则。

(1) 弹性材料掺量对沥青层模量的影响。

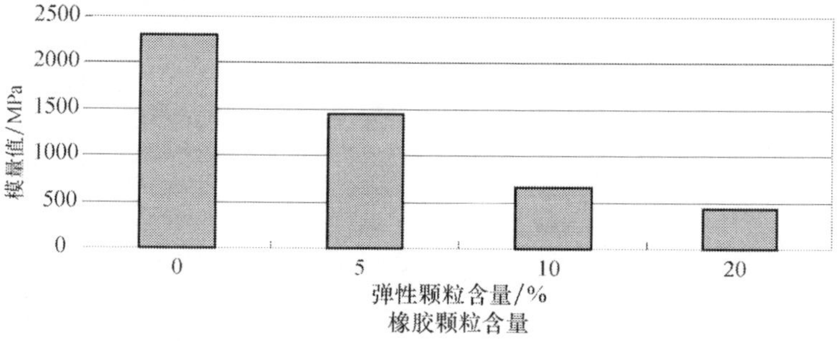

图 18-19　弹性材料含量对混合料弹性性能的影响

由图中可以看出，随着弹性材料掺量的提高，混合料的弹性模量可以大幅降低。

(2) 弹性材料位置的影响。

情况 1：

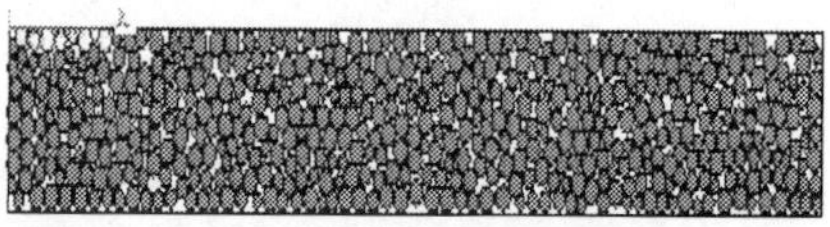

情况 2：

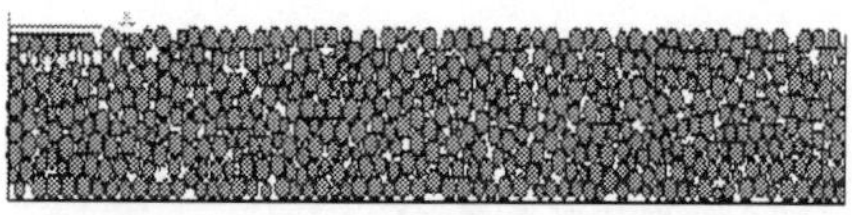

情况 3：

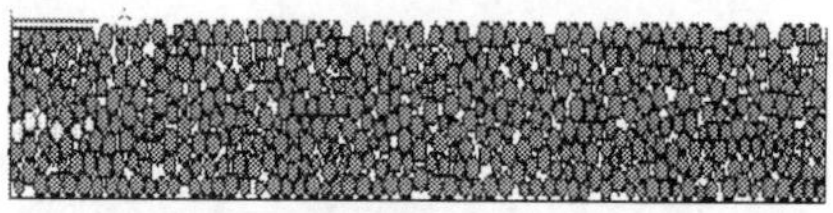

情况 4：

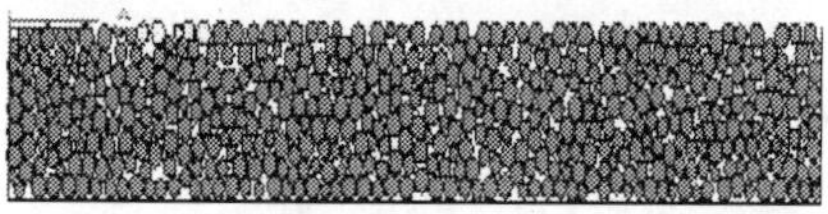

情况 5：

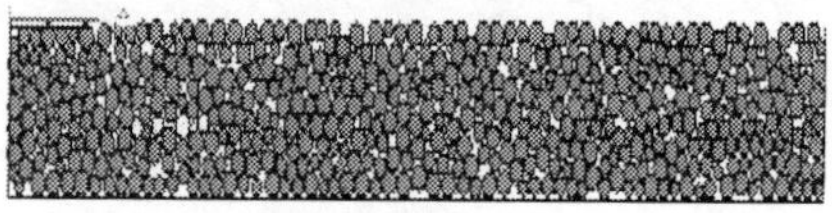

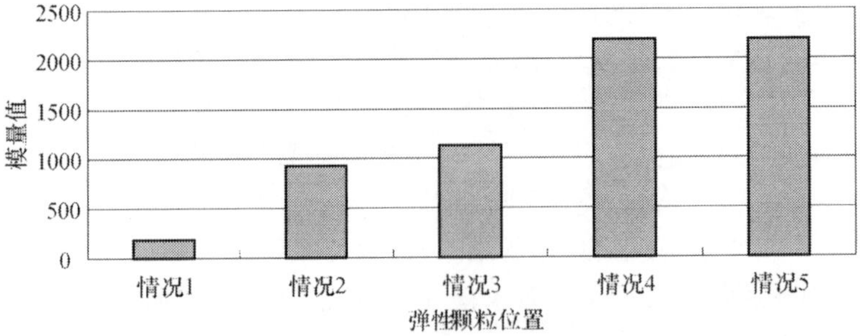

图 18-20　弹性材料的位置对混合料模量值的影响

分析结果表明，从除冰的角度看，弹性材料在路面中所处的位置对除冰的效果有非常大的影响。处于表面的弹性材料对于除冰有最好的效果（情况 1）；弹性材料只有在车轮荷载的作用下才能发挥出除冰的效果（情况 4 和情况 5）。

（3）弹性材料路面抑制结冰效果的数值分析。

采用有限元分析方法进行数值模拟。计算模型和参数情况参看图 18-21 和表 18-15。

① 弹性材料分布层位的影响。

按三种工况进行，分析中假定温度为 0℃，对弹性材料分布于不同位置的路面表面冰层的应变情况进行了分析，分析结果如图 18-21 所示。

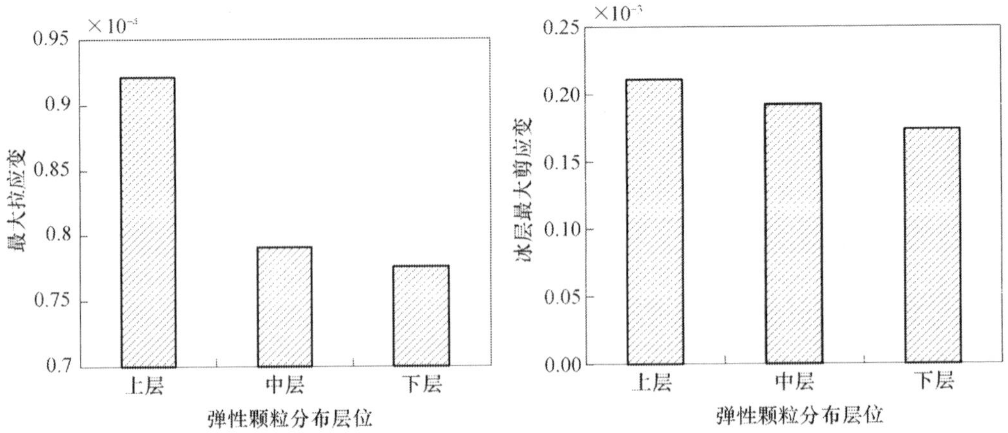

图 18-21　弹性材料分布层位影响的分析结果

弹性材料在面层中的分布层位对弹性材料路面的抑制结冰性能影响差异性较大。当弹性材料越靠近路表时，冰层内部产生的应变越大，破冰效果越明显。因此，为了获得良好的抑制冰雪性能，应该使弹性材料尽可能分布于接近路面表面的位置。

② 弹性材料掺量的影响。

分别对弹性材料掺量为 2%、4%和 6%的弹性材料路面进行研究，分析弹性材料掺量对抑制结冰性能的影响，温度取定为 0℃，分析结果见图 18-22。

随着弹性材料掺量的增加，弹性沥青混合料的弹性性能增强，相同荷载作用下路面的整体变形能力增强，冰层承受的弯拉作用力增大，冰层内产生的拉应变和剪切变形增大，

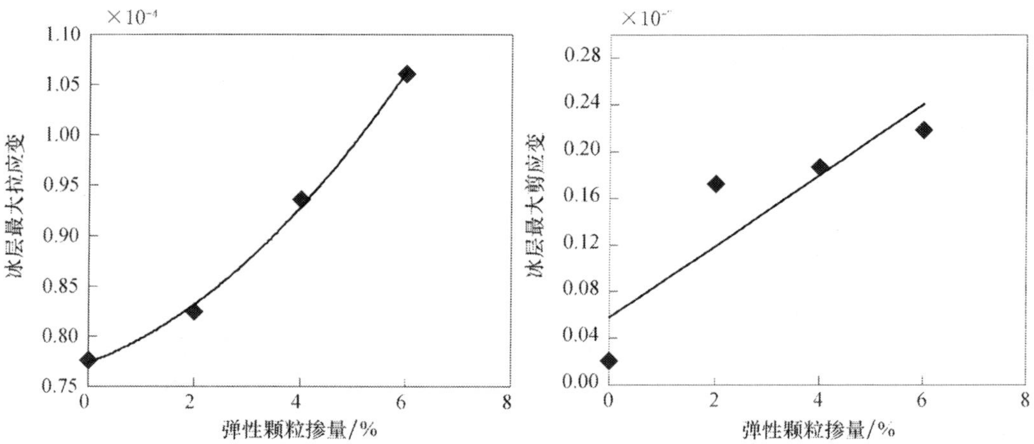

图 18-22　弹性材料掺量的影响

而且，弹性材料上面层整体柔性的增强，使得冰裂纹的扩展能力增强，致使弹性材料沥青路面的抑制冰雪性能提高。

③ 面层厚度的影响。

对 2cm、4cm 和 6cm 三种厚度的弹性沥青混合料上面层厚度的路面表面冰层的应变情况进行对比分析，确定面层厚度的变化对弹性材料沥青路面的抑制结冰效果的影响。分析中其他结构层厚度保持不变，温度为 0℃，弹性材料掺量为 4%，分析结果如图 18-23 所示。

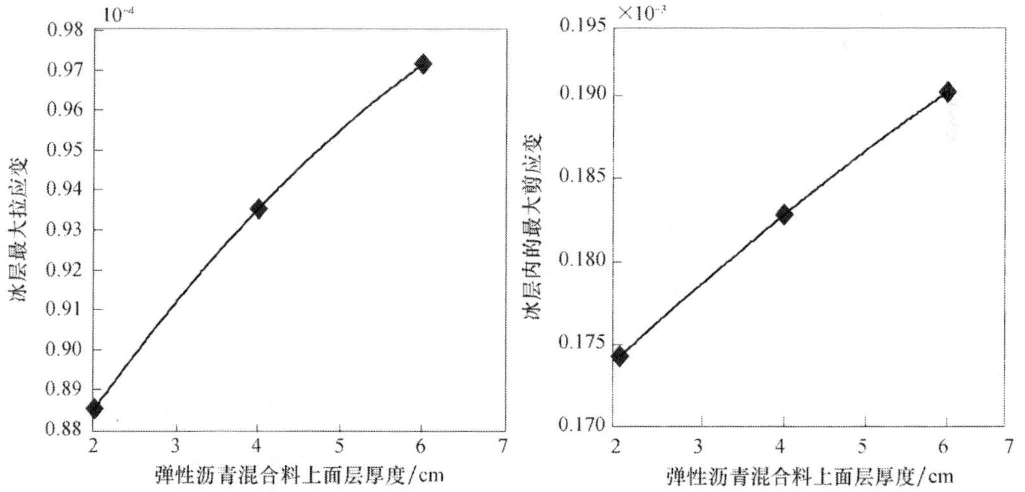

图 18-23　弹性沥青混合料上面层厚度影响分析结果

弹性材料沥青面层厚度不同，其结构的整体变形能力不同，在冰层内产生的应力和应变也会随之产生较大的变化。随面层厚度的增加，路面的整体柔性增强，在冰层内部产生的应变增大，其破冰能力提高。与其他因素相比，面层厚度的变化对冰层内的应变的影响较小。因此，在实际使用过程中可以根据需要选择适合的面层厚度。

④ 温度的影响。

为了研究温度的影响，分别对 0～20℃内不同温度条件下冰层的情况进行分析计算，分析结果如图 18-24 所示。

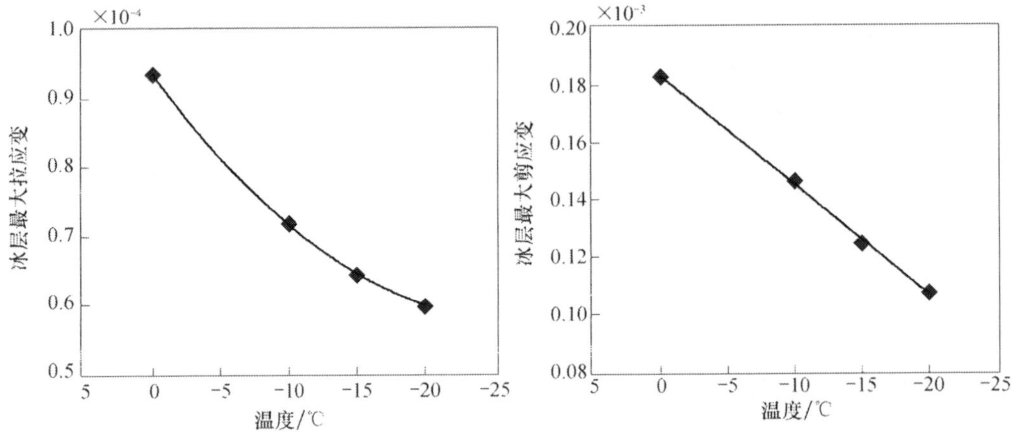

图 18-24　温度影响分析结果

随着温度的降低，冰层内的拉应变和剪应变逐渐减小。这说明弹性材料沥青路面的抑制结冰效果随温度的降低而呈减弱趋势，当温度降低至一定程度时，冰层内产生的应变已不足以引起冰的破坏。弹性材料沥青路面的抑制结冰效果受温度影响较大，其抑制结冰效果是有一定的温度适用范围的。

⑤ 基层结构类型的影响。

分别对采用半刚性基层和柔性基层的两种路面表面的冰层进行了分析，研究基层类型不同的情况下，弹性材料沥青路面的抑制结冰效果。模拟温度是 0℃，弹性材料掺量是 4%，分析结果如图 18-25 所示。

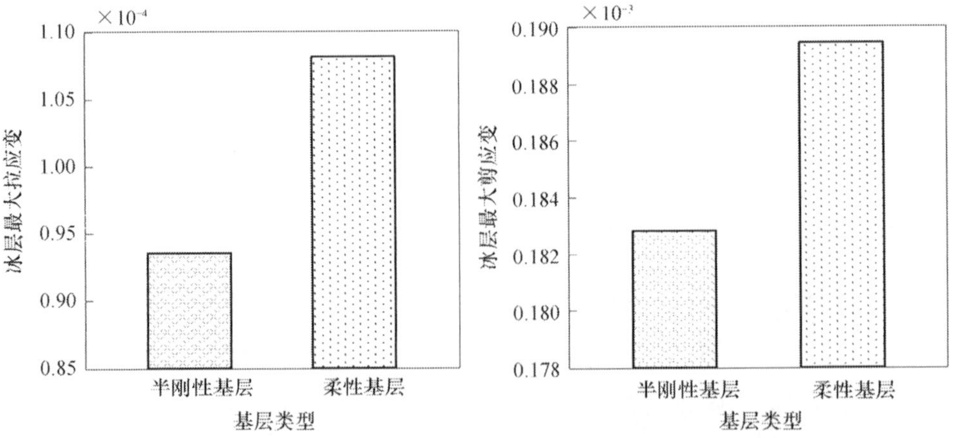

图 18-25　基层类型影响分析结果

结果显示，柔性基层条件下，冰层内的拉应变和剪应变均较半刚性基层大，其抑制冰雪效果明显好于半刚性基层。由此可见，基层类型的不同对胶颗粒沥青路面的抑制结冰性能是有影响的，为增强弹性材料沥青路面的抑制结冰效果，可以采用柔性基层路面结构组合。

⑥ 冰层厚度的影响。

分析按四种工况进行，冰层厚度变化范围为 5～20mm，温度为 0℃，分析结果如图 18-26所示。

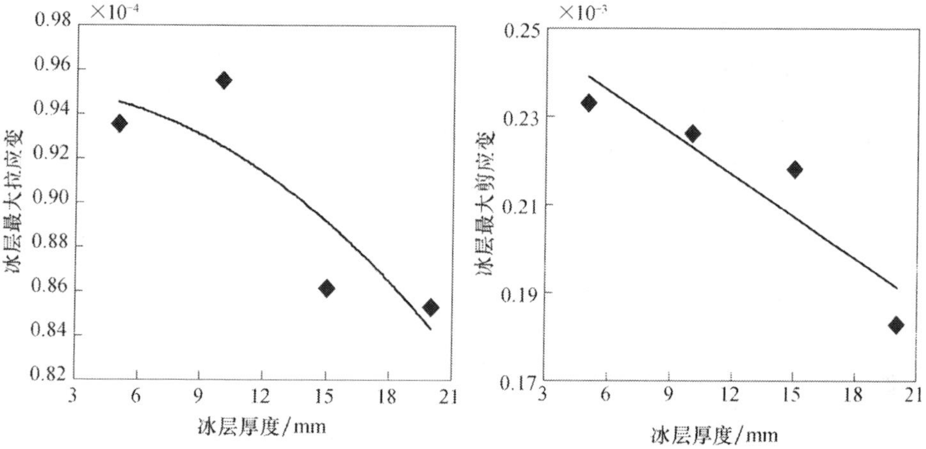

图 18-26　冰层厚度影响分析结果

随冰层厚度的增加，冰层内的剪应变呈减小的趋势；当冰层厚度小于 9mm 时，冰层厚度增加，冰层内的拉应变增大，在厚度为 9mm 时达到最大，此后，随冰层厚度的继续增加，拉应变呈现减小的趋势。当冰层厚度较小时，路面表面的冰层主要承受剪切应力的作用，其破坏主要为剪切破坏。

弹性材料沥青路面的抑制冰雪性能与弹性材料分布层位、弹性材料掺量、面层厚度、温度和基层类型等密切相关。弹性材料越靠近路表、掺量越大、面层厚度越大、温度相对越高，其抑制冰雪效果越好；柔性基层路面结构组合的抑制冰雪效果好。

2. 室内模拟试验研究

为了验证理论分析结果，研究弹性沥青混合料的实际抑制冰雪性能，在室内进行了模拟试验研究，对不同条件下弹性沥青混合料的抑制冰雪效果进行了试验研究。

1）试验方法

本研究采用自行改装的车辙试验仪器作为抑制冰雪试验仪，进行了路面抑制冰雪性能的研究，试验装置如图 18-27 所示。

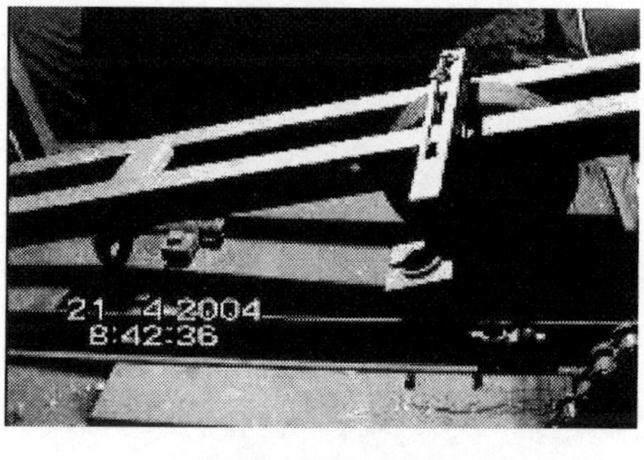

图 18-27　试验装置

2）室内模拟试验

（1）抑制结冰试验。

① 弹性材料分布层位的影响。

分别按照三种工况进行。工况一：弹性沥青混合料（弹性材料掺量为 6%）。工况二：在普通沥青混合料表面压入一层 4.75mm 的弹性材料，弹性材料满布试件表面。工况三：普通沥青混合料。试件厚度均为 3cm，试验温度为 0℃，冰膜厚度为 2.5mm 左右，试验历时 15min，试验结果如图 18-28 所示。

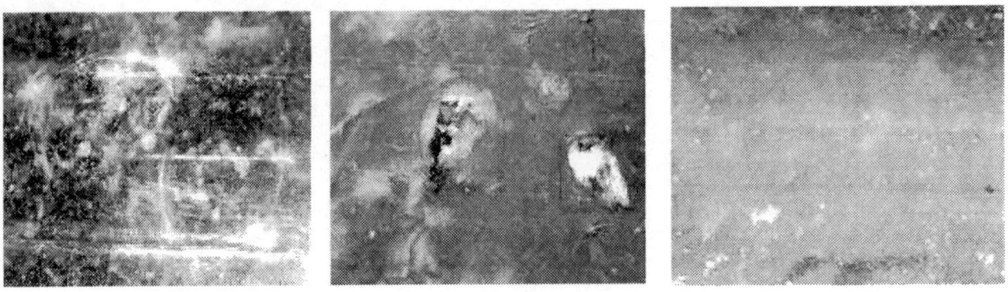
(a) 工况一　(b) 工况二　(c) 工况三

图 18-28　弹性材料分布层位影响试验对比图

对于弹性沥青混合料试件(工况一)，在车轮运行 50 次时，突出试件表面的弹性材料周围即开始出现辐射状裂纹，随车轮行走次数的增加，弹性材料顶面的冰膜破碎，而且冰裂纹向外扩展迅速，破碎面积较大；对于工况二，车轮运行 126 次后，弹性材料周围开始出现辐射状裂纹，弹性材料顶面冰膜破碎程度在荷载作用初期较为明显，但裂纹扩展范围相对较小；对于工况三，表面没有任何变化，自始至终未出现裂纹或破碎现象。

对车轮行走 20min 后冰面的破碎率进行观测，观测结果如图 18-29 所示。

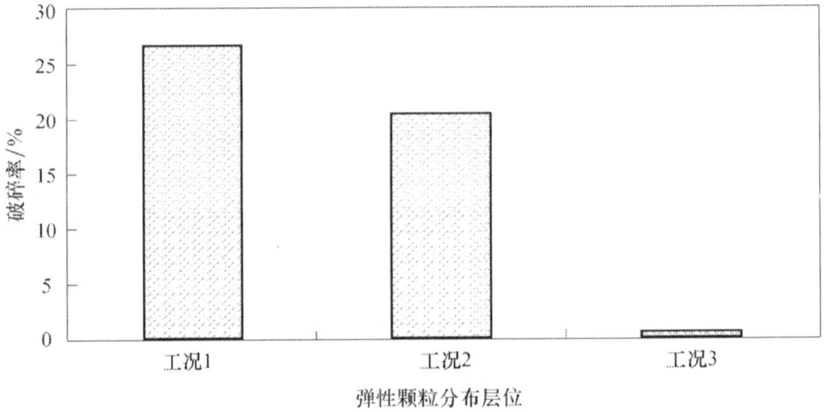

图 18-29　弹性材料分布层位影响试验结果

在有弹性材料存在的情况下，混合料表面的冰层破碎率较大，而普通沥青混合料表面的冰层的破碎率为零，其表面始终未出现裂纹或破碎现象；而且，弹性沥青混合料表面的冰的破碎率最大。

弹性材料的存在，使路面具有了抑制结冰效果；但弹性材料分布的位置对其抑制结冰性能影响较大；弹性材料路面的抑制冰雪效果受弹性材料单体变形和路面结构整体变形综合作用的影响。

② 弹性沥青混合料上面层厚度的影响。

为了研究不同表面层厚度对抑制结冰效果的影响程度，试验采用弹性材料掺量 4% 的混合料，厚度分别为 3cm 和 6cm，试验温度为 −3℃，冰膜厚度均为 1.5mm 左右，车轮行走 30min 后的试验结果如图 18-30 所示。

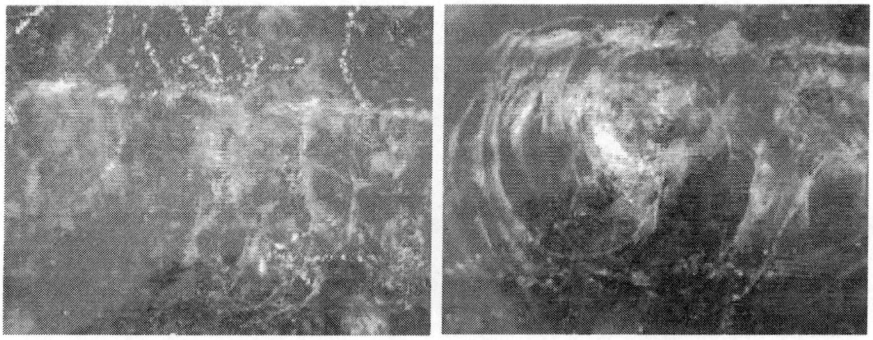

(a) 面层厚3cm　(b) 面层厚6cm

图 18-30　面层厚度影响试验对比图

通过观测可以发现，车轮走行一定次数以后，试件表面的冰膜均出现了裂纹，且随着作用次数的增加，裂纹逐渐扩展，冰的破碎面积逐步加大；厚度为 6cm 的试件表面的冰膜比厚度为 3cm 的试件表面的冰膜更早出现裂纹，且破碎面积更大。

在其他条件相同情况下，弹性沥青混合料面层厚度越大，其抑制结冰效果越好。因此，在条件允许的情况下，为了获得更好的抑制结冰效果，可适当加大弹性沥青混合料上面层厚度。

③ 弹性材料掺量影响。

为了分析弹性材料掺量对抑制冰雪效果的影响，分别对弹性材料掺量为 2%、4% 和 6% 的弹性沥青混合料进行了除冰试验，混合料层厚 3cm，冰膜厚 1.5mm 左右，温度为 0℃。试验中对冰层破碎情况进行了观测，并对车轮走行 20min 后的冰面破碎率进行了量测，试验结果如图 18-31 所示。

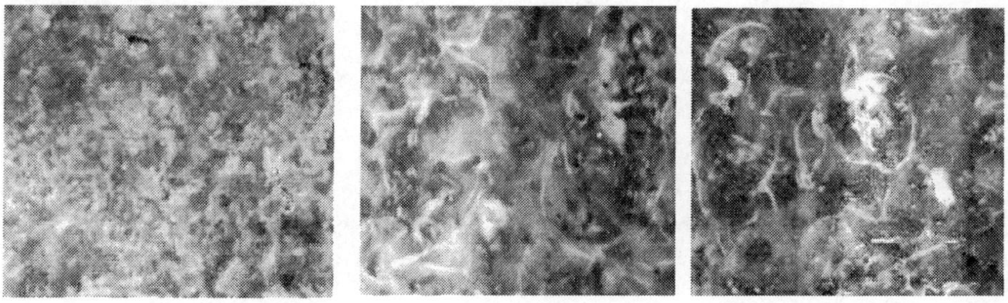

(a) 2%　(b) 4%　(c) 6%

图 18-31　弹性材料掺量对抑制冰雪效果

弹性材料掺量为 2% 时，混合料面层表面的弹性材料分布密度较小，在外荷载作用下，面层表面的冰膜几乎没有任何变化，仅在弹性材料周围出现少量裂纹；而弹性材料掺量为 4% 和 6% 的弹性沥青混合料面层表面的冰膜则出现明显裂纹；观测还发现，随着弹性材料掺量的增大，裂纹出现时间越早，车轮走行一定次数后冰面的破碎率越大。

④ 冰膜厚度影响。

为分析冰膜厚度对抑制冰雪效果的影响，在试验温度为－1℃，弹性材料掺量为 4%，面层厚度为 4cm 的情况下，分别对冰膜厚度为 2.0mm、4.0mm 和 10mm 的试件进行试验观测，并对车轮运行 30min 后的冰面破碎率进行量测，试验结果如图 18-32 所示。

图 18-32　冰层厚度影响试验对比图

冰层厚度越小，试件表面冰层的裂纹出现越早，且随车轮行走次数的增加，冰的破碎越严重。从试验结果看，在车轮行走次数一定的条件下，随冰层厚的增加，冰面破碎率呈现减小的趋势；当冰层厚度超过 9mm 以后，冰面破碎率接近 0，这说明此时弹性材料沥青路面已不足以造成路面冰层开裂破碎。

冰层厚度的变化对弹性材料路面的抑制结冰效果影响较大；随着冰层厚度的增加，弹性沥青混合料的抑制冰雪效果逐渐减弱；当冰层厚度超过 9mm 时，弹性材料沥青路面的抑制结冰效果失效。

⑤ 温度影响。

对面层厚度为 3cm，弹性材料掺量均为 4%的试件进行了不同温度条件下的抑制结冰效果试验观测，试验结果如图 18-33 所示。

图 18-33　温度影响试验对比图

在温度相对较高的情况下，表面冰膜裂纹出现较早，且破碎面较大；随温度的降低，裂纹出现的初始时间延后，且冰面破碎率呈递减的趋势；当温度低于－12℃时，冰面破碎率接近于 0，冰层表面几乎不发生任何变化。

在负温度条件下，温度越高，试件表面的冰膜越容易破碎；随温度的降低，弹性材料路面的抑制结冰效果明显减弱；当温度低于－12℃后，弹性材料沥青路面的抑制结冰性能达到极限。

(2) 除雪试验。

由于雪的堆积密度难以控制，所以研究中利用自然降雪过程，使不同试件表面的积雪厚度和堆积密度保持一致。比较弹性沥青混合料(弹性材料掺量为 4%)和普通沥青混合料的抑制积雪效果。试验温度为－1℃，试件厚度为 4cm，试验结果如图 18-34 所示。

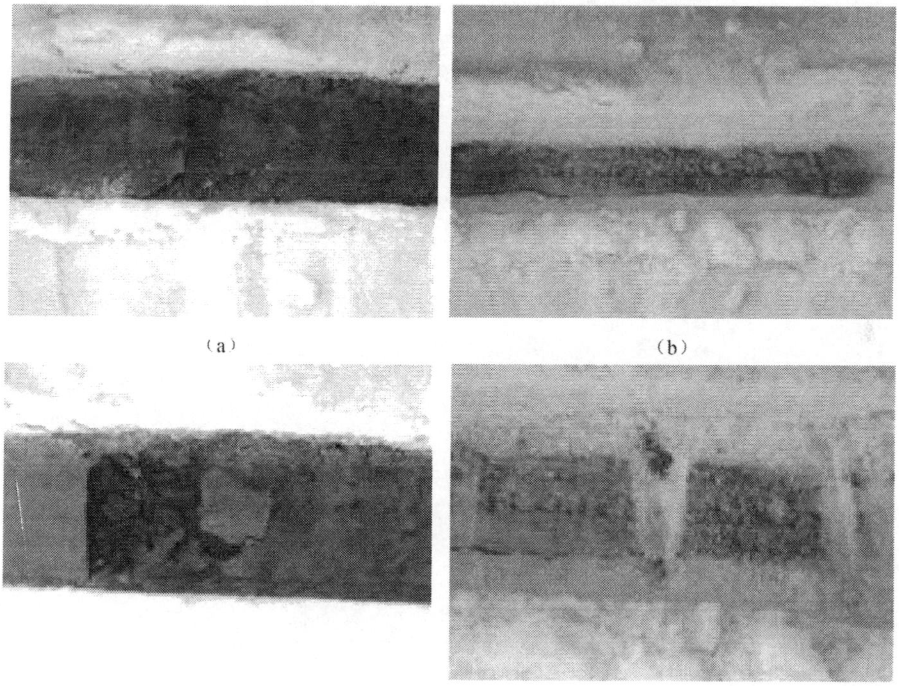

(a)　(b)　(c)　(d)

图 18-34　除雪试验照片

弹性材料沥青路面表面的积雪在荷载作用下逐渐成层分布，雪层与路面黏结强度很低，只需轻轻用力即可从路面表面剥落，如图 18-34(a)和图 18-34(c)所示。普通沥青混合料表面的积雪经压实后，与路面紧密黏结，并在荷载作用下逐渐形成薄冰，难以去除。

与普通沥青混合料相比，弹性沥青混合料的抑制冰雪性能显著；但弹性沥青混合料的抑制冰雪性能与外界环境条件及材料组成等密切相关；弹性材料掺量越大，面层厚度越大，冰膜越薄、温度越高时，弹性沥青混合料的抑制冰雪效果越好，反之则效果不显著；弹性材料沥青路面抑制冰雪性能是有一定的适用范围的，其要求温度不低于－12℃，冰层厚度小于 9mm。

18.2.5　实体工程的铺筑及应用效果评价

为了验证室内研究成果，观测弹性融冰雪路面、蓄盐沥青路面和基于能量转化的道路融雪系统的实际路用性能，选择在黑龙江省大庆市光明村至采油二厂段（实体工程1）、大庆市大广高速（实体工程2）和大庆南三路市的一座桥梁（实体工程3）作为示范工程。通过对实体工程的测试与观测，深入分析本项目提出的道路主动除冰雪技术实际应用效果。

1）工程概况

实体工程为城市主干道Ⅰ级，设计速度60km/h，双向四车道，断面形式为0.75m土路肩+0.25m路缘带+2×3.75m机动车道+0.25m路缘带+4.0m分隔带+0.25m路缘带+2×3.75m机动车道+0.25m路缘带+0.75m土路肩。

5cm JG-16　弹性沥青混合料	5cm AC-16　Ⅰ普通沥青混凝土
8cm AC-25　Ⅰ沥青混凝土	8cm AC-25　Ⅰ沥青混凝土
20cm 6%　水泥稳定砂砾	20cm 6%　水泥稳定砂砾
40cm　三灰土	40cm　三灰土
土基	土基

图18-35　实体工程的路面结构示意图

2）抑制冰雪性能

为了分析弹性路面的抑制冰雪效果，对实体工程进行了连续观测。为了分析弹性路面的抑制冰雪效果，对实体工程进行了连续观测，并对弹性路面和普通沥青路面的抑制冰雪性能进行了对比分析。

表18-16　路面露出率观测结果

测试时间	第一年		第二年	
路面类型	试验段	普通路面	试验段	普通路面
观测温度/℃	−5～12		−9～14	
路面露出率/%	35/71	17/45	23/66	7/39

从观测结果可以看出，环境温度和行车荷载作用次数条件相同时，弹性路面的露出率明显大于普通沥青路面的，且弹性路面的露出率的增长速度大于普通沥青路面。

冰层厚度较小，环境温度相对较高时，在行车荷载作用下，弹性路面和普通沥青路面表面的冰层均会产生裂纹，裂纹随行车荷载作用次数的增加而扩展，冰层逐渐破碎，并最终从路面表面剥离；但弹性路面表面的冰的裂纹出现较早，且裂纹分布密度较大，而普通沥青路面表面的冰的裂纹较少，分布较稀疏。

当降雪量较大，路面积雪厚度较大时，在行车荷载作用下，路面表面的积雪被压实，路面完全为积雪所覆盖，两种路面的抑制积雪效果亦没有差别，但弹性沥青路面上的压实雪与路面之间并未冻结，呈块状分布，可以很容易地清除掉，而普通沥青路面表面的积雪与路面却是紧密冻结的。

在温度相对较低，积雪厚度适中时，路面表面的积雪成层分布，在行车荷载作用下，部分被碾碎并被车轮带起，从路面表面剥离，路面逐渐露出，但弹性路面表面较早露出，且路面露出率明显大于普通沥青路面。

弹性路面的抑制冰雪效果明显好于普通沥青路面；但其抑制冰雪效果受冰雪层厚度、温度等条件的影响，冰雪层厚度过大或温度过低时，弹性路面和普通沥青路面的抑制冰雪效果没有明显区别。

综合实体工程的使用情况表明，弹性路面的道路融雪技术均表现出良好的道路抑制冰雪性能，而且其高温稳定性和低温抗裂性能亦得到明显改善。且在抗滑性能和降噪性能明显优于普通沥青路面。

18.2.6　效益分析与应用前景

我国的大部分地区属于冰雪地区，路面积雪结冰问题较为常见。严重影响道路交通安全和运输效率。因此，如何有效地解决冰雪路面的交通安全，避免交通事故或少出交通事故，提高道路通行能力和运营效益，形成良好的安全管理模式，已成为困扰冰雪地区交通管理部门的重要问题之一，科学有效的路面除冰雪技术的开发研究具有非常重要的社会经济价值。创造性地在道路工程中应用弹性路面铺装除冰雪技术，可有效提升资源循环利用率，提高路面除冰雪效率、增强投资效益、减少投资浪费、降低运营维护费用，具有较大经济效益。

本项目对弹性路面除冰雪技术进行了研究。该技术的优点在于：①有效利用废旧弹性材料，实现资源的有效再利用。而且，弹性路面还具有良好的高温稳定性和低温柔韧性，在抗滑与降噪方面亦具有明显优势。②该项技术属主动除冰雪技术，它利用弹性材料所具有的高弹特性，使路面在荷载的作用下产生自应力，改变冰雪与路面表面的黏结状态，使路面表面的积冰或积雪受力不均匀，产生较大的变形，进而破碎剥离。③节能环保，除冰雪过程对环境没有任何破坏。而且通过废旧弹性材料的使用，还可有效减少废旧材料堆放或处理过程中对土壤、大气和水等造成的污染。是一种环保节能的先进融冰雪工艺。虽然该技术初投资提高，但是综合考虑减少融雪剂使用的费用、减少路面冻融损坏维修费用、节省机械除雪和人工除雪对路面造成的损伤的维修费用、减少交通事故等造成的间接经济损失等费用，则采用此项道路冰雪自融技术总体经济性较好。因具有清洁、高效、节能等特点，将成为我国可再生能源利用重点推广的节能技术。

本技术的实施，将为道路建设与管理提供新的发展思路，为道路冬季安全使用提供科学理论依据和技术支撑，大幅度提高道路工程的科技水平，促进道路使用状况的改善，促进城市废物的无害化处置和再生利用，促进资源节约使用。本项目的实施和成果转化后，可使积雪道路平均行车速度提高 15%，城市能源节约 10%，大幅度提升道路使用功能和安全性，减少人民的生命和财产损失，具有良好的社会效益。

本项目以废旧材料再利用和能源有效转化为主要研究内容，在研究方向上充分考虑了生态环境的改善和保护，通过对废旧材料在路面铺装中的应用的研究和能量转化工艺及相关设备的开发，将减少固体废弃物对环境的污染，减少因化学除冰雪造成的环境污染，其环境效益是巨大的。形成的技术成果和相关产品，将促进道路除冰雪技术的产业化发展,具有广阔的成果应用和产业化前景。逐步形成生态型道路建造材料生产、高效能量转化设备制造等新型产业。

参考文献

曹宏章. 2006. 饱和颗粒土冻结过程中的多场耦合研究[D]. 北京:中国科学院.

胡文举. 2006. 基于土壤源热泵桥面融雪系统的基础研究[D]. 哈尔滨:哈尔滨工业大学.

贾璐. 2004. 沥青路面高温温度场数值分析和试验研究[D]. 长沙:湖南大学.

毛雪松. 2004. 多年冻土地区路基水热力场耦合效应研究[D]. 西安:长安大学.

宋存牛. 2006. 沙漠地区路基路面温度场暨路面工作环境温度指标研究[D]. 西安:长安大学.

唐祖全,李卓球等. 2002. 导电混凝土电热除冰雪的功率分析[J]. 重庆建筑大学学报,4(3):101-105.

王华军,赵军. 2007. 太阳能-地热道路融雪系统路面传热特性的数值研究[J]. 太阳能学报,20(6):608-611.

王华军. 2007. 流体加热道路融雪传热传质特性研究[D]. 天津:天津大学.

王庆艳. 2007. 太阳能-土壤蓄热融雪系统路基得热和融雪机理研究[D]. 大连:大连理工大学.

武海琴. 2005. 发热电缆用于路面融雪化冰的技术研究[D]. 北京:北京工业大学.

Dempsey B J,Elzeftawy A. 1976. Mathematical model for predicting moisture movement in pavement systems [J]. Transportation Research Record,612:48-55.

Diego Patricio Espin Tobar. 2003. Experimental and Computational Investigation of Snow Melting on a Hydronically Heated Concrete Slab[D] Oklahoma. Master degree dissertation of Oklahoma State University.

Ellis A W. 1998. The effect of a discontinuous snow cover on lower atmospheric temperature and energy flux patterns[J]. Geophysical Research Letters,25:2161-2164.

Gadek B,Leszkiewicz D. 2010. Influence of snow cover on ground surface temperature in the zone of sporadic permafrost,Tatra Mountains,Poland and Slovakia[J]. Cold Regions Science and Technology,60:205-211.

Hatri K C. 1984. Simulation of Soil Moisture Migration from a Point Source[D]. Doctoral degree dissertation of McGill University.

Hockersmith S L. 1999. Experimental and Computational Investigation of Snow Melting on Heated Horizontal Surfaces[D]. Master degree disseration of Oklahoma State University.

Jansson C,Almkvist E,et al. 2006. Heat balance of an asphalt surface:observations and physically-based simulations[J]. Meteorological Applications,13:203-212.

Liu X B,Ree S J. 2007. Modeling snow melting on heated pavement surfaces,Part Ⅰ:Model development [J]. Applied Thermal Engineering,27:1115-1124.

Liu X B,Ree S J. 2007. Modeling snow melting on heated pavement surfaces,Part Ⅱ:Experimental validation [J]. Applied Thermal Engineering,27:1125-1131.

Liu X B. 2005. Development and Experimental Validation of Simulation of Hydronic Snow Melting Systems for Bridges[D]Oklahoma. Doctoral degree dissertation of Oklahoma State University.

Niro NAGAI,Shigenobu MIYAMOTO. 2008. Numerical simulation of snow melting on pavement surface with heat dissipation pipe embedded[C]. Transactions of the Japan Society of Mechanical Engineers,

74(3):640-647.

Suzuki J, Ohba Y, et al. 2007. Monitoring temperatures on a real box-girder bridge and energy budget analysis for basic information on bridge cooling and surface freezing[J]. Journal of Bridge Engineering, 12(1):45-52.

Xia X. 2000. Modeling of Hydronic and Electric-Cable Snow-Melting Systems for Pavements and Bridge Decks[D]. Master degree dissertation of Oklahoma State University.

第 19 章　高速公路不停车收费系统

19.1 引　　言

电子不停车收费系统，简称 ETC(Electronic Toll Collection)，是国际上正在努力推广普及并得到迅速发展的一种道路、桥梁、隧道的自动收费系统。

目前，大多数 ETC 系统均采用微波技术，所以本文主要针对此类系统进行综述。不停车收费系统通过路边车道设备控制系统的信号发射与接收装置(称为路侧设备，简称 RSE 或 RSU)，识别车辆上设备(称为车载器或电子标签，简称 OBU 或 OBE)内特有编码，判别车型，计算通行费用，并自动从车辆用户的专用账户中扣除通行费。对使用 ETC 车道的未安装车载器或车载器无效的车辆，则视为异常车辆，实施图像抓拍和识别，人工处理。

与传统人工收费(manual toll collection，MTC)方式不同，ETC 带来的好处有节省收费站的占地面积；节省能源消耗，减少停车时的废气排放和对城市环境的污染；降低车辆部件损耗；减少收费人员，降低管理成本；实现计算机管理，提高管理水平；无需排队停车，节省出行人的时间；避免因停车收费造成收费口堵塞，形成新的瓶颈等。

据统计，单车使用 ETC 方式相对于人工收费方式每减少停车 1 次可以减少油耗 0.03 升，减少排放二氧化碳近 50%、一氧化碳约 70%、碳氢化合物约 70%。项目的节能减排效果明显，对贯彻落实科学发展观、建设资源节约型、环境友好型社会具有重要意义。

19.2 ETC 标准化情况

目前国际上 ETC 系统 DSRC 技术标准化已形成以欧洲 CEN/TC278，美国 ASTM/IEEE，日本 ISO/TC204 为核心的 DSRC 标准化体系。

19.2.1 欧洲 DSRC 标准化进展

1994 年，CEN/TC278 第 9 工作组开始了 DSRC 标准的起草工作，于 1995 年 2 月完成 ENVl2253“5.8GHz DSRC 物理层”和 ENVl2795“DSRC 数据链路层”草案的编制工作，该草案于 1997 年 7 月最终获各成员国通过。“ENNl2834DSRC 应用层”标准也于 1997 年 9 月获投票通过。

CEN/TCZ78 DSRC 标准的主要特点是：5.8GHz 被动式微波通信，中等通信速率(500kbit/s 上行，250kbit/s 下行)，调制方式为 ASK 和 BPSK。另外，欧洲的 Bosch、CGE 和 Combitech 三家公司为达到 ETC 的互操作性，联合制定了 GSS 全球短程专用规范(global specification for short-range communication)对 CEN DSRC 中的公共可选参数给

出了明确的定义，并作为 GTS(global toll system)的平台免费向市场提供。1999 年 6 月，欧洲数家公司又推出了 A1 标准，对电子标签的数据格式、DSRC 通信交易流程、防止欺骗行为的加密措施进行了定义，为不同 ETC 收费系统硬件的通用性、兼容性做好了技术准备。目前采用 CEN/TC278 标准的主要地区有欧洲、澳洲、南美、南非和东南亚。

19.2.2　美国 DSRC 标准化进展

1992 年，ASTM 对北美地区的不同 ETC 技术进行评价，休斯公司提出的 DSRC 标准被 ASTM 以 ASTM V6 草案提交各部门讨论，其主要内容是 915MHz TDMA 通信协议和主动应答器。然而不幸的是该方案遭到了 Amtech、TI、MFS 等公司的反对，他们建议采用 CEN 标准作为允许使用 915MHz 系统的补充，理由是 CEN/TC278 是欧洲国家多年努力的结果，且已进行相当广泛的试验。关于频率资源问题，1997 年 5 月 19 日，ITS America 向联邦通信委员会(FCC)提出将 5.850～5.925GHz 频带分配给智能运输服务领域，并保留 915MHz 用于近期 ETC 系统的申请。1998 年 6 月 11 日，在美国联邦通信委员会的公开会上，5 位委员一致投票建议将 5.850～5.925GHz(75MHz)频段分配给运输服务领域的短程通信。

19.2.3　日本 DSRC 标准化进展

日本制定 DSRC 标准，是从本国实际情况出发。建设省和道路公团于 1994 年 11 月邀请国内 10 家公司和集团联合进行了 ETC 收费系统的野外试验，历时 5 个月，并同时进行了全国范围内的电磁场测试，为 DSRC 频率的选定提供了依据，于 1996 年 8 月出版了“共同研究报告”。1997 年 1 月，日本 TC204 委员会完成了 DSRC 标准制定工作，已提交给邮政省和建设省待批。

19.2.4　ISO/TC204 DSRC 标准化进展

ISO/TC204 关于 DSRC 标准之争集中在是采用欧洲、美国、日本中的某一种标准还是允许多种标准存在。根据 ISO 与 CEN 签订的维也纳协议，CEN 和 ISO 工作组进行相同项目研究时，其研究成果互相交换。在 1997 年 10 月 ITS 柏林世界大会上，欧盟代表 Carl Herbert Rokitansk 博士提议 CEN/TC278 标准作为 ISO 标准，但遭到美日代表的反对。

19.2.5　中国 ETC 系统 DSRC 技术标准化动态

1996 年 8 月在国家技术监督局和交通部主管部门的指导支持下，原国家计委决定立项开展“公路交通工程设施综合标准化研究”，于 1997 年 12 月正式签订研究合同。内容是完成公路交通工程设施综合标准化研究报告和标准化体系表，并在相应的试验基础上编制国家首批急需的 20～25 项标准，ETC 收费系统 DSRC 是其中一项，整个项目研究和首批标准编制工作计划于 1999 年 10 月之前完成。

针对目前公路管理部门对 ETC 系统的需求，交通部科技司从大局出发，于 1998 年 1 月下达了“网络环境下 ETC 收费系统研究与推广应用”的联合攻关项目，旨在全面系统地研究 ETC 收费系统的技术构成、接口规范、电磁兼容性，网络结算等技术细节，以保障全国各大区域内的系统兼容性，从而确保公路管理公司以及最终用户等的利益，促使 ETC 收费系统市场健康、快速地发展。此课题的开展对 ETC 系统的应用具有重要指导意义，在此课题的研究基础上，中国交通工程设施(公路)标委会和中国 ISO/TC204 技术委员会将完成 ETC 收费系统 DSRC 标准化。

鉴于目前国际 DSRC 标准发展趋势和国内 ETC 系统应用现状，1998 年 5 月，交通部 ITSO 中心向交通部无线电管理委员会提出将 5.8GHz 频段分配给智能运输系统技术领域的短程通信(包括 ETC 收费系统)。

19.3　国内高速公路 ETC 应用技术路线

目前高速公路普遍采用的传统的人工收费方式(MTC)，即人工判别车型、人工发收通行券(卡)、人工收款找零、计算机计算费额和检测放行车辆这种半自动计费收费模式。近年来高速公路联网收费迅猛发展，传统人工收费方式由于通行能力有限而成为收费站拥堵的主要原因，因此亟须寻求一种更为先进的技术手段和管理措施满足联网收费运营管理的需求，以解决收费站因土地资源紧张而无法扩建引起的拥堵问题。ETC 电子收费技术恰恰是解决此类问题的首选。

目前国外和我国早期试点的 ETC 系统普遍采用单片式 ETC 技术，由于与我国主流的 IC 卡收费系统完全独立、互不兼容，因此建立的 ETC 系统必须自身构成一个完整的封闭式系统，即在路网内所有的入口和出口，即使是大多数交通量小、车道数量少的收费站，也必须设置一条以上的专用 ETC 收费车道。这将造成 ETC 系统规模庞大、一次性投资高、建设周期长、风险大、车道资源消耗大、利用率差，而且由于缺乏足够的备份 ETC 收费车道，整个系统的可靠性无法得到保障。因此，单片式 ETC 技术并不适合国内高速公路联网形势的要求，也不符合中国国情。要在我国联网收费的大背景下成功推行 ETC 收费，必须考虑 ETC 收费系统与已建的 IC 卡收费系统之间的有机结合，选择一种兼容 ETC 收费和 IC 卡收费的组合式收费技术。并且在今后很长一段时间内，半自动收费方式尤其是 IC 卡收费方式，仍将长期存在并发挥重要作用。

鉴于此，国家智能交通系统工程技术研究中心创造性地提出了组合式收费技术方案。组合式收费技术方案设计充分考虑了 ETC 电子收费方式和 IC 卡半自动收费方式(MTC)的适用条件，将两项技术通过双片式 ETC 电子标签加双界面 CPU 卡的模式进行有机结合(MTC+ETC)，在全路网内以最经济、最有效的手段实现准确收费、避免交通拥堵、提高服务质量等综合目标。

19.4　组合式收费系统技术特点及功能

19.4.1　组合式收费技术方案

(1) 基于 IC 卡为收费介质的收费系统，具有兼容人工半自动收费(MTC)和电子不停车收费(ETC)的能力。

(2) 收费系统前端(车道级)可以根据需要设置 MTC 车道和 ETC 车道。

(3) MTC 采用现金和非现金两种付费方式,ETC 采用非现金付费方式。

(4) MTC 的现金付费方式下,采用非接触 IC 卡作为通行券,收费员入口发卡、出口收卡,用户现金付费。

(5) MTC 的非现金付费方式,采用双界面 CPU 卡作为通行券和支付卡,用户在入口刷卡通过,出口刷卡付费,免现金交易。

(6) ETC 方式采用两片式电子标签,两片式电子标签由车载机和双界面 CPU 卡组成。

(7) 双界面 CPU 卡具有接触界面和非接触界面,由运营单位发行,作为用户卡由用户保存,可以根据运营需要做成记账卡(含有账号信息)或储值卡(电子钱包)方式,简称非现金支付卡。

(8) 双界面 CPU 卡作为非现金支付手段,既可以与车载机配合在 ETC 中使用,又可以在 MTC 中使用,通过这种方式,兼容了 MTC 和 ETC。

19.4.2　组合式收费技术特点

(1) ETC 车道控制系统应构建于高稳定性、高可靠性的操作平台下,具有完整的收费车道数据采集、车型识别、收费计算、扣款、交通指挥、监控和通信等系列功能,车辆识别采用基于 5.8GHz 微波频段的专用短程通信(DSRC)技术设备,该设备由电子标签读写控制设备和电子标签组成。

(2) 系统应使用两种类型的卡片,即传统的通行卡和双界面 CPU 卡。通行卡用于 MTC 的现金付费方式下的通行券,由收费员入口发卡、出口收卡,现金付费;双界面 CPU 卡用于 MTC 或 ETC 非现金方式下的通行券和支付卡。在 MTC 车道通过时,用户在入口刷卡通过、出口刷卡付费,免现金交易;在 ETC 车道通过时,通过两片式电子标签与系统交换信息实现不停车收费。这样 MTC 与 ETC 收费系统有机融合。

(3) 系统应按照路网环境下的多业主运营管理特点,建立完整的收费站、收费路段、收费分中心,区域收费中心的分级系统管理模式,并在此模式下利用分布式计算模型,实现多业主条件下的收费管理和分账、结算功能。

(4) CPU 卡的安全管理采用密钥多级分散机制和电子钱包联机充值认证技术,采用专用于存放认证密钥和进行认证的加密机保证密钥的安全,开发用于电子钱包远程充值的充值终端,同时在广域网连接下采用数据加密传输的方法传输认证数据。

19.4.3　关键技术和设备

1. 两片式电子标签

两片式电子标签同单片式电子标签比较,多一片可插拔的作为扩展存储器使用的 IC 卡。两片式电子标签主要作为车辆识别卡和通信中继器使用。电子标签中只记录车牌号、车型或车辆的物理参数等信息,而账号、金额方面的信息则储存在 IC 卡内。电子标签与 IC 卡之间可以进行数据交换。ETC 车道天线可以借助车载电子标签远距离快速读取 IC 卡中的数据信息,从而实现不停车通过收费站并完成收费交易。

2. 双界面 CPU 卡(Mifare pro 卡)

目前国内公路收费使用的非接触逻辑加密卡均为 Mifare I 技术标准,卡内的加密逻辑电路在一定程度上保护卡和卡中数据的安全,但无法防止恶意攻击,由于安全性一般,只能作为记账卡使用,不能用做储值卡。

CPU 卡一般称为智能卡(smart card)。CPU 卡中数据可分为外部读取和内部处理(不许外部读取)两部分,以确保卡中数据的安全可靠。CPU 卡与读写机具间必须进行复杂的双向认证及加/解密过程,而且交易过程必须符合有关金融卡交易规范,CPU 卡通过中国人民银行金融卡管理中心认证后,可作为储值卡使用。

双界面 CPU 卡是基于单芯片的、集接触式与非接触式接口为一体的智能卡,具有接触和非接触两套通信接口,其中非接触通信接口标准分为 TYPE A 型和 TYPE B 型。由于 TYPE A 型通信方式完全兼容 Mifare I 标准,所以在组合式系统中采用 TYPE A 型的双界面 CPU 卡,以便同一台 IC 卡读写机具完成两种类型卡片的操作。

3. 非接触式 IC 卡读写机具

目前,国内高速公路已使用的非接触 IC 卡读写设备完全具有支持双界面 CPU 卡进行通信的能力,或者通过读写设备软件升级就可以很容易地具备这种能力。但由于双界面 CPU 卡必须在双向安全认证的基础上才能进行电子交易,要求 IC 卡车道专用收费机具预置安全认证模块(PSAM 卡)接口及卡座,PSAM 卡由储值卡发行管理机构统一安装。

4. 电子标签读写设备

电子标签读写设备由车道天线和天线控制器等功能模块组成,车道天线是一个微波收发模块,负责调制/解调信号数据;天线控制器是控制发射和接收数据以及处理收发信息的模块。电子标签读写设备以无线通信的方式,与经过微波通信区域的电子标签进行数据交换,采集和更新标签中的收费信息。在电子标签读写设备中,关键技术在于 DSRC 专用短程通信。2000 年,国家交通部出台的《高速公路联网收费的暂行技术要求》,对于采用 5.8GHz 微波频段作为 ETC 试点应用做出了明确规定。因此,电子标签读写设备必须符合国际主流标准和国家新出台的技术规范。

19.4.4 组合式收费系统服务功能

1. 停车方式的储值卡付费

本系统使用的储值卡是一种双界面 CPU 卡,卡内以电子钱包的形式记录金额,该卡片同时作为付费介质和通行介质使用。用户车辆通过车道时,由收费人员进行刷卡,系统自动扣除卡上金额。整个过程无须现金,用户省去了携带大量现金的麻烦,使用方便,也不用交额外的服务费。

2. 不停车方式的储值卡付费

使用如上所述的一张储值卡,加上一个两片式电子标签,用户就能够在通过 ETC 车道时,获得不停车方式的储值卡付费服务。用户车辆通过车道时,把储值卡插在电子标签中,系统通过路侧天线与电子标签进行通信,读取卡上信息,自动扣除卡上金额,车辆无须停车,快速通过 ETC 车道,获得高效快捷的服务。

3. 停车方式的记账卡付费

本系统使用的记账卡是一种双界面 CPU 卡,卡内记录特定用户信息,在后台系统通过卡号与用户的银行账号对应,卡片同时作为付费介质和通行介质使用。用户车辆通过车道时,由收费人员刷卡,用户在路段上的消费被系统自动记录,作为事后向银行请求扣款的依据。

4. 不停车方式的记账卡付费

使用如上所述的一张记账卡,加上一个两片式电子标签,用户就能够在通过 ETC 车道时,获得不停车方式的记账卡付费服务。用户车辆通过车道时,把记账卡插在电子标签中,系统通过无线链路与标签和卡片进行数据交换,用户在路段上的消费被系统自动记录,作为事后向银行请求扣款的依据。

5. 停车方式的现金付费

系统兼容通行券收费方式,使得尚未申请支付卡服务的用户,能够继续使用所熟悉的“入口领卡,出口交费“的持卡通行现金付费业务。这样,不仅可以照顾用户的传统使用习惯,还能最大程度保护已有车道系统的投资。

19.4.5　收费制式

电子收费系统适应的收费制式包括封闭式收费制式和开放式收费制式。

19.5　河北省 ETC 系统总体方案

19.5.1　管理体制

河北省高速公路联网电子收费系统管理体制采用:京津冀联网电子收费清分中心——河北省联网电子收费清分中心——河北省电子收费发行系统/电子收费结算中心——高速公路各路段四级结构。

19.5.2　收费制式

河北省联网电子收费系统采用封闭式收费制式和开放式收费制式两种制式。

19.5.3 收费方式

1. 对于封闭式道路

河北省联网电子收费系统采用组合式收费方式,过程如下。

1) 入口发放通行券,出口收回,以通行券上记录的入口信息作为收费依据,支付方式采用现金支付方式。

2) 采用非现金支付卡作为通行券,入口写入入口信息,出口读取卡内信息,以卡内记录的入口信息作为收费依据,并利用非现金支付卡完成通行费的支付。

3) 使用非现金支付卡的车辆在通过 MTC 入口车道时,司机将 IC 卡交给收费员刷卡,写入入口信息,收费员将卡交还给司机;通过 MTC 出口车道时,司机将 IC 卡交给收费员,刷卡收费,操作完成后收费员将 IC 卡交还给司机。

4) 使用非现金支付卡的车辆在通过 ETC 入口车道时,结合电子标签,可不停车通过,入口信息自动写入 IC 卡中;通过 ETC 出口车道时,结合电子标签,可不停车通过,收费过程自动完成。

2. 对于开放式道路

1) 通过 MTC 收费车道时,支付方式可选用现金支付方式或非现金支付方式。

2) 使用非现金支付卡的车辆在通过 ETC 收费车道时,结合电子标签,可不停车通过,收费过程自动完成。

19.5.4 电子收费技术选择

系统采用组合式电子收费技术。

组合式电子收费技术包括电子不停车收费技术和停车非现金支付技术。

电子不停车收费技术采用专用短程通信技术,即基于两片式电子标签+非现金支付卡(市政交通一卡通卡及双界面 CPU 卡)的电子不停车收费技术。

停车非现金支付技术采用非现金支付卡作为支付手段,包括一卡通卡、符合国家标准的双界面 CPU 卡。

19.5.5 技术标准

河北省电子收费技术中的专用短程通信技术、路侧设备、车载电子标签的技术指标及产品检测应符合以下国家标准。

《电子收费专用短程通信物理层》(GB/T 20851.1—2007)

《电子收费专用短程通信数据链路层》(GB/T 20851.2—2007)

《电子收费专用短程通信应用层》(GB/T 20851.3—2007)

《电子收费专用短程通信设备应用》(GB/T 20851.4—2007)

《电子收费专用短程通信物理层主要参数测试方法》(GB/T 20851.5—2007)

采用的非现金支付卡中,双界面 CPU 卡的数据格式和数据元定义,符合《收费公路联网收费技术要求》(交通运输部 2007 年第 35 号公告)中对于卡格式的定义。在此基础上,河北省可扩展其他数据或文件定义,以满足河北省电子收费的特殊需要。

19.5.6　密钥管理系统方案

河北省电子收费系统密钥体系中与消费认证有关的密钥由“全国联网收费密钥管理中心”统一提供,这些密钥包括外部认证密钥、消费子密钥 1、消费子密钥 2 和内部子密钥。

读写机具和路侧设备中的 PSAM 卡(公路联网收费专用)、非现金支付卡母卡及传输卡(公路联网收费专用)、OBU 母卡及传输卡由“全国联网收费密钥管理中心”统一发行,河北省电子收费系统按照规定的申领程序从“全国联网收费密钥管理中心”申请和领用。

河北省电子收费密钥体系中的其他密钥(用于公路联网收费),如圈存子密钥、应用 PIN 解锁子密钥、应用 PIN 重装子密钥等,由河北省电子收费密钥管理系统自行产生。

河北省电子收费密钥管理系统所需的硬件平台、软件环境、密钥卡等由“全国联网收费密钥管理中心”统一提供,在该系统中,可以生成河北省电子收费的根密钥,并生成各类业务密钥。

河北省电子收费密钥管理系统设置在“电子收费发行中心”。根据电子收费相关国家标准的规定,本系统中应用的 PSAM 卡均设置在路侧设备中。

19.5.7　ETC 车道系统功能

(1) 与车道上行驶的车辆进行通信:系统能够通过 DSRC 链路准确、可靠地与通过 ETC 车道并持有有效电子标签的车辆进行通信,读写车辆身份及相关的收费信息。在通信时,不能因为速度变化等其他一些干扰因素影响通过系统的准确性和可靠性。

(2) 检测车辆的到来和离开并对车辆进行计数,并传送检测结果。结合车辆识别可判断来车是否有 OBU。

(3) 当车辆通过车道时,抓拍设备自动对车辆图像进行抓拍并保存。

(4) 在入口车道将入口收费站、车类等信息写入 IC 卡;在出口车道,根据车辆经过的入口收费站、车类信息,查费率表,计算通行费金额,回写出口标识,完成收费交易过程,并记录和存储相关信息。

(5) 根据车道计算机控制指令正确控制车道设备的动作,进行相应的交通指挥操作,包括自动栏杆的升起、雨棚灯的切换、通行信号灯的切换、闪光警报器的开启和关闭、费额显示器的显示等。

(6) 完成车道和收费站之间的数据交换。包括接收收费站下传的信息有同步时钟、费率表、储值卡黑名单表、记账卡黑名单表、收费站信息表、收费员信息表等系统设置参数等;上传原收费交易记录、车道设备状况和警报信息等。

(7) 收费车道系统能够以独立作业的方式工作,当收费站计算机不工作或网络出现问题时,不影响正常工作,作业参数、数据记录均存储在本地。当车道长期独立工作时,可通过人工的方式用其他存储介质将收费数据上传至收费站。

(8) 如果车辆通过 ETC 车道时出现异常，车道系统将拦截该车辆、不允许通过，由人工操作进行处理。

(9) ETC 车道与 MTC 车道的切换功能如下。

① 可以从 ETC 专用车道切换到 MTC 车道的工作模式(此时的 ETC 设备停止工作)，也可以切回到 ETC 专用车道工作模式，此时 ETC 设备恢复工作。

② 车道工作状态的切换近期可由人工切换实现；远期应实现远程控制的自动切换，即在软件的控制下自动完成工作状态的切换，而无需人工干预，系统应能自动检测和判断车道的工作状态。

19.5.8 ETC 车道操作流程

1. 车道状态

考虑到管理的便利性，系统的冗余性和防止用户的误操作，将车道系统面向用户的状态划分为以下三个：① 正常工作状态；② 人工处理状态；③ 系统维护状态。

状态之间的切换需要进行权限认证，认证的方式可以是输入用户名和密码的方式，也可以是通过员工身份卡刷卡方式。状态切换权限见图 19-1。状态切换中，实线标识的箭头表示在切换时需要进行权限认证才能进行状态切换，虚线标识的箭头表示在切换时不需要权限认证。

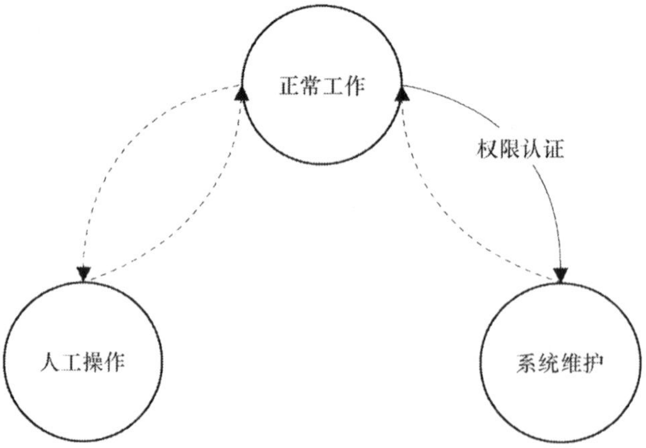

图 19-1　车道状态转换权限

这些状态由具有权限的操作员用功能键进行切换，系统在整个操作中需要的功能键：①系统维护切换键；②抬杆键；③落杆键；④清除车道队列键；⑤系统退出键。

1) 正常工作状态

ETC 车道处于正常工作状态时，车道系统可自动检测车辆的到来、判定到来车辆的合法性、依据车辆合法性控制自动栏杆、控制车辆抓拍和车牌识别、向驾驶员发布提示信息、保存过车记录、恢复车道状态、并自动按规定与收费站、结算中心等机构进行数据交互。具体描述如下。

① 当有合法车辆进入 ETC 车道时，系统自动控制车道交通辅助设施，且抬栏杆放行到达车辆。

② 车辆离开时，能判断是否有合法车辆需要连续通过，有则保持栏杆抬起状态，否则落下栏杆。

③ 当有非法车辆进入 ETC 车道时，系统放行完毕其前边的合法车辆后（如果其前边有合法车辆），立刻将其拦截在车道内并使车道进入锁定状态，同时声光提示工作人员 ETC 车道需要人工处理，且后续合法车辆产生的控制信息不能放行前面的非法车辆。

④ 当系统检测到合法的电子标签但交易出现异常情况时，系统自动进入人工处理状态，等待人工刷卡操作（由司机主动完成或收费员辅助完成），人工刷卡成功后放行。

⑤ 当车道系统出现硬件故障时，为了方便硬件故障排查，这时操作员如果按下“系统维护”切换键，系统应能进行权限验证，验证通过或系统进入“系统维护”状态，方可进行故障处理。

2）人工处理状态

通过 ETC 车道的车辆出现异常情况时，需要停车接受处理，且都需要在“人工处理状态”下完成。“人工处理状态”下处理的特殊事件可以归纳为两类：ETC 车道可以继续处理的特殊事件、需要在 MTC 车道处理的事件。ETC 车道可以继续处理的特殊事件主要包括以下两点。

（1）OBU 认证通过，交易未完成或不成功，卡片正常，ETC 车道的 IC 卡读写器成功完成对卡片的读写操作。

（2）需要在 MTC 车道处理的事件主要包括：

① OBU 认证失败或未检测到 OBU；

② 卡片被判断为无效或其他非正常情况，人工收费系统具有相应的处理功能；

③ 卡片被 ETC 车道判定为坏卡，或卡片在黑名单中，无法继续完成 ETC 交易；

④ 其他异常事件中，现有的 MTC 车道已具有相应处理功能的。

对于 ETC 车道可以继续处理的特殊事件，系统可从正常状态自动切换到人工处理状态。流程结束后，产生的数据记入 ETC 车道数据库中。

对于需要在 MTC 车道处理的事件，在处理完成后，车辆的放行需要由 ETC 车道系统控制完成，此时 ETC 车道系统应屏蔽其他操作，只允许操作栏杆机。流程结束后，产生的数据不计入 ETC 车道数据库，但应将操作数据和操作过程保存在日志中，或存放在单独的数据表中备查。

人工处理状态下，车道系统仍然可以自动检测车辆的到来、判定到来车辆的合法与否、控制车辆抓拍和车牌识别、向驾驶员发布提示信息、恢复车道状态、保存过车记录、并定时进行数据的传输和接收等。只是对自动栏杆的控制，除了需要系统依据当前车道车辆状态自动控制，也要响应操作人员对自动栏杆的控制命令。

人工处理状态下，操作员可用“抬杆”键和“落杆”键控制自动栏杆的起落。当操作人员抬杆放行当前车辆后，系统需要自动检测判定后续等待通行车辆的合法性，如果后续车辆非法，则系统需要自动落下栏杆。一般情况下，操作员不必控制自动栏杆下落，该操作由系统自动控制，但人工落杆操作可保留。

在人工处理状态下，系统应能正确处理车道车辆队列中的数据，保证车道逻辑控制的正确性。人工处理状态下的所有键盘操作、人员信息、操作内容和过程都要求记入日志中保存。

3）系统维护状态

系统维护状态用于车道硬件设备检测（测试栏杆、天线、线圈、抓拍、报警器、信息显示屏）、网络状况测试、数据查看和关闭车道系统，在该状态下车道停用。系统维护状态功能如下。

① 可单个检测设备状态的正常与否，检测的类目有天线、图像抓拍识别设备、自动栏杆抬落、报警器报警启动与停止、交通指示灯指示状态变换、信息显示屏显示与清除、线圈检测功能正常与否。

② 可测试 ETC 车道的网络状况，检测网络是否正常。

③ 可查看由中心下发的黑灰名单。

④ 可查看车道过车记录。

⑤ 可正常关闭车道系统。

⑥ 操作人员在系统检测完毕后，按下“正常工作”切换键，系统可自动恢复到前边所描述的正常工作状态。

2. 入口车道操作流程

入口车道操作流程中包括以下基本步骤：

① 车道初始状态；

② 检测有无车辆进入；

③ 电子标签有效性判断；

④ 卡片有效性判断；

⑤ 黑名单判断；

⑥ 写入入口信息；

⑦ 完成入口交易。

步骤 1：车道初始状态

当没有车辆进入车道时，车道处于初始状态，此时：

① 雨棚信号灯显示绿色箭头，车道处于开通状态；

② 自动栏杆落下；

③ 综合信息显示屏的信息显示单元清除、信号灯显示红色、报警器关闭；

④ 车检器均处于工作状态；

⑤ 路侧天线处于工作状态。

步骤 2：检测有无车辆进入

① 当路侧天线未检测到电子标签，并且车检器 1 没有检测到车辆时，系统判定没有车辆驶入，系统处于前一状态中。

② 当路侧天线检测到电子标签，或者车检器 1 检测到车辆时，系统均判定有车辆驶入。

③ 当路侧天线检测到电子标签后，系统流程进入步骤 3。

④ 当路侧天线没有检测到电子标签，而车检器1检测到车辆时，系统判断非法车辆驶入，系统提示车辆停车接受人工辅助处理，系统等待切换到人工处理模式。此时，系统的反应包括触发车牌识别摄像机动作，进行车牌识别和图像抓拍；同时综合信息显示器的报警器报警，信息显示单元给出提示信息，信号灯显示红色；系统根据车道队列情况控制栏杆状态。

步骤3：电子标签有效性判断

① 当路侧天线检测到电子标签后，开始对电子标签进行有效性判断。

② 判断时，必须读取的数据包括发行方标识、电子标签编号、电子标签类型、有效时间、电子标签网络号、电子标签版本号。

③ 根据读取的数据进行有效性判断，若判断有效则进入步骤4。

④ 若判断为无效，系统判断电子标签无效或异常，系统提示车辆停车接受人工辅助处理，系统自动切换到人工处理模式。此时，系统的反应包括触发车牌识别摄像机动作，进行车牌识别和图像抓拍；同时综合信息显示器的报警器报警，信息显示单元给出提示信息，信号灯显示红色；系统根据车道队列情况控制栏杆状态。

步骤4：卡片有效性判断

① 当电子标签有效性判断通过后，系统开始对电子标签中的卡片进行有效性判断。

② 进行卡片有效性判断，必须读取的卡片信息包括发卡方标识、卡类型、卡编号、卡版本号、卡片网络编号、卡片有效时间。

③ 根据读取的卡片数据进行卡片有效性判断，若判断有效则进入步骤5。

④ 若判断为无效、读取卡片失败、未插卡等情况时，系统判断卡片无效或异常，系统提示车辆停车接受人工辅助处理，系统自动切换到人工处理模式。此时，系统的反应包括触发车牌识别摄像机动作，进行车牌识别和图像抓拍；同时综合信息显示器的报警器报警，信息显示单元给出提示信息，信号灯显示红色；系统根据车道队列情况控制栏杆状态。

步骤5：黑名单判断

① 当卡片有效性判断通过后，系统开始对卡片进行黑名单判断。

② 若卡片不在黑名单中，则进入步骤6。

③ 若卡片在黑名单中，系统在显示终端上显示黑名单类型，并提示车辆停车接受人工辅助处理，系统自动切换到人工处理模式。此时，系统的反应包括触发车牌识别摄像机动作，进行车牌识别和图像抓拍；同时综合信息显示器的报警器报警，信息显示单元给出提示信息，信号灯显示红色；系统根据车道队列情况控制栏杆状态。

步骤6：写入入口信息

① 若卡片不在黑名单中，系统向卡内写入入口信息。

② 写入的入口信息包括路网编号、路段编号、收费站编号、车道编号、入口时间、入口状态标识、车型。

③ 若成功写入入口信息，则进入步骤7。

④ 若写入信息不成功，系统提示车辆停车接受人工辅助处理，系统自动切换到人工处理模式。此时，系统的反应包括触发车牌识别摄像机动作，进行车牌识别和图像抓拍；同时综合信息显示器的报警器报警，信息显示单元给出提示信息，信号灯显示红色；系统

根据车道队列情况控制栏杆状态。

步骤7:完成入口交易

① 若入口信息写入成功,系统作如下反应。

② 综合信息显示屏的信息显示单元显示“欢迎驶入”或其他提示信息,信号灯显示绿色;栏杆打开。当车辆驶入车检器1时,触发车牌识别摄像机动作,进行车牌识别和整车图像抓拍。

③ 车辆继续行驶,正常情况下,当车辆头部驶入收费亭前,栏杆应已完全打开。

④ 当车辆驶离车检器3后,系统应判断有无后续车辆,若没有系统控制栏杆落下;若检测到有后续车辆驶入,应判断是否为合法车辆,若为合法车辆,控制栏杆保持打开状态,否则控制栏杆落下。

⑤ 车辆驶离车检器3后,一个入口流程全部完成,系统将本次入口交易产生的全部原始数据写入数据库中,并按照规定上传,上传的数据包括本条原始数据向收费站的传输、本条原始数据向结算中心的传输。

入口流程中,在步骤2～步骤7,系统均应具备开始处理下一辆车的能力。

3. 出口车道操作流程

出口车道操作流程中包括以下基本步骤:

① 车道初始状态;

② 检测有无车辆进入;

③ 电子标签有效性判断;

④ 卡片有效性判断;

⑤ 黑名单判断;

⑥ 读入口信息;

⑦ 入口信息有效性判断;

⑧ 回写出口信息;

⑨ 完成出口交易。

步骤1:车道初始状态。出口车道初试状态与入口车道一致。

步骤2:检测有无车辆进入。出口车道流程步骤2与入口车道流程步骤2一致。

步骤3:电子标签有效性判断。出口车道流程步骤3与入口车道流程步骤3一致。

步骤4:卡片有效性判断。出口车道流程步骤4与入口车道流程步骤4一致。

步骤5:黑名单判断。出口车道流程步骤5与入口车道流程步骤5一致。

步骤6:读入口信息。①若卡片不在黑名单中,系统读取卡内入口信息。②读取的入口信息包括路网编号、路段编号、收费站编号、车道编号、入口时间、入口状态标识、车型。对于预付卡,还应读取卡中的“余额”。③若成功读取入口信息,则进入步骤7。④若入口信息读取不成功,系统提示车辆停车接受人工辅助处理,系统自动切换到人工处理模式。此时,系统的反应包括触发车牌识别摄像机动作,进行车牌识别和图像抓拍;同时综合信息显示器的报警器报警,信息显示单元给出提示信息,信号灯显示红色;系统根据车道队列情况控制栏杆状态。

步骤 7:入口信息有效性判断。①若入口信息读取成功,系统对入口信息做有效性判断,判断的内容包括是否有入口状态标识、是否有有效的入口站编码、是否超时、是否回头车、车型是否一致。②对于记账卡,如果有效性判断均正常,则根据费率计算通行费,进入步骤 8。③对于预付卡,如果有效性判断正常,则根据费率计算通行费后,还应判断卡内余额是否足够,如果卡内余额足够支付本次通行费,进入步骤 8。④如果上述有效性判断中的任何一项未通过,系统提示车辆停车接受人工辅助处理,系统自动切换到人工处理模式。此时,系统的反应包括触发车牌识别摄像机动作,进行车牌识别和图像抓拍;同时综合信息显示器的报警器报警,信息显示单元给出提示信息,信号灯显示红色;系统根据车道队列情况控制栏杆状态。卡内余额不足时,综合信息显示器的信号灯显示黄色,同时系统向电子标签发出信息,电子标签向驾驶员发出提示信息。

步骤 8:回写出口信息。①若入口信息有效性判断成功,系统向卡内回写出口信息,内容包括路网编号、路段编号、收费站编号、车道编号、出口时间、出口状态标识、车型、终端交易记录。②对于预付卡,卡内"余额"项扣减本次交易金额。③若成功回写出口信息,则进入步骤 9。④若出口信息回写不成功或写入不完整,系统提示车辆停车接受人工辅助处理,系统自动切换到人工处理模式。此时,系统的反应包括触发车牌识别摄像机动作,进行车牌识别和图像抓拍;同时综合信息显示器的报警器报警,信息显示单元给出提示信息,信号灯显示红色;系统根据车道队列情况控制栏杆状态。

步骤 9:完成出口交易。①若出口信息回写成功,系统反应如下:综合信息显示屏的信息显示单元显示正常信息,信号灯显示绿色;栏杆开始打开。当车辆驶入车检器 1 时,触发车牌识别摄像机动作,进行车牌识别和图像抓拍。②车辆继续行驶,正常情况下,当车辆头部驶入收费亭前,栏杆应已完全打开。③当车辆驶离车检器 3 后,系统应判断有无后续车辆,若没有,系统控制栏杆落下;若检测到有后续车辆驶入,应判断是否为合法车辆,若为合法车辆,控制栏杆保持打开状态,否则控制栏杆落下。④车辆驶离车检器 3 后,一个出口流程全部完成,系统将本次出口交易产生的全部原始数据写入数据库中,并按照规定上传,包括本条原始数据向收费站的传输、本条原始数据向结算中心的传输。

出口流程中,在步骤 2～步骤 9,系统均应具备开始处理下一辆车的能力。

19.5.9 ETC 车道

1. ETC 车道布局

ETC 车道自动栏杆布置模式有两种:自动栏杆前置模式和自动栏杆后置模式。

1) 自动栏杆前置模式

将栏杆机放置于收费岛头,并将收费岛进行土建改造,进行延长。将雾灯前移至延长后的岛头,自动栏杆和置于原岛头位置,综合信息显示器和车牌识别设备前移至自动栏杆前面。如图 19-2 所示。

这种布局的优势主要体现在对无法正常交易车辆的处理上,因为自动栏杆与 MTC 收费岛岛头平齐,使误入车道的非 ETC 用户车辆或无法完成交易的 ETC 用户车辆均可

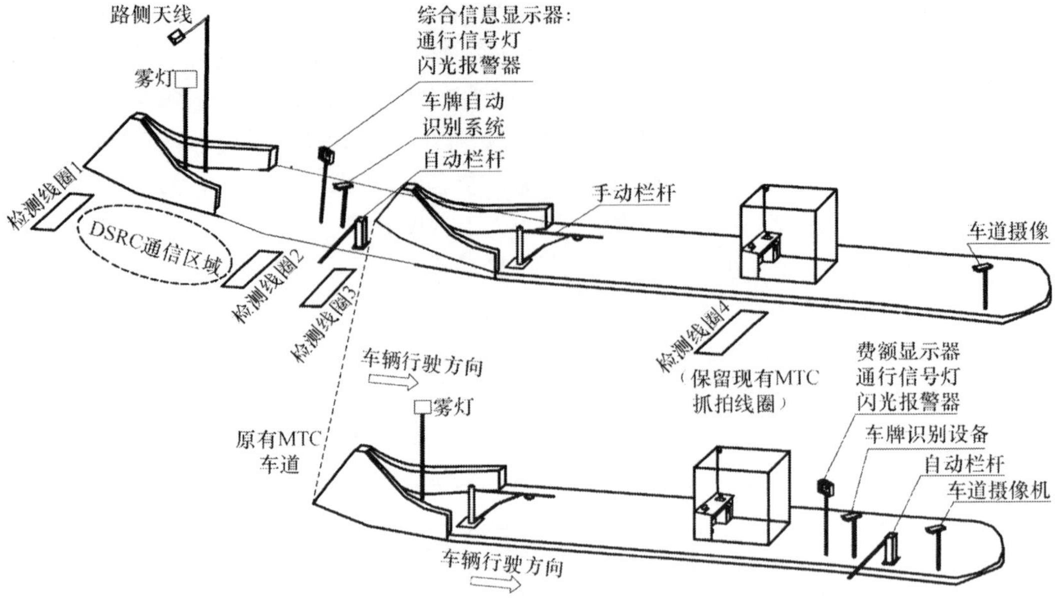

图 19-2　自动栏杆机前置模式 ETC 车道设备布设示意图

利用栏杆前所预留的空间驶离 ETC 车道，转向相邻的 MTC 车道进行人工处理，无需倒车操作。但是该类车道在建设时，往往需要对收费岛进行加长改建，因此车道的建设成本较高。这种布局更适合 ETC 车道开通初期，能很好地解决车辆误入问题，从而保证 ETC 车辆正常通行。

2）自动栏杆后置模式

将自动栏杆设置在收费亭后，即保持收费岛上原有自动栏杆位置不变。ETC 车道布局如图 19-3 所示。该方式下收费岛基本维持现状不变，岛上现有设备位置也不用调整，只需在岛头部分增加 ETC 专用设备。

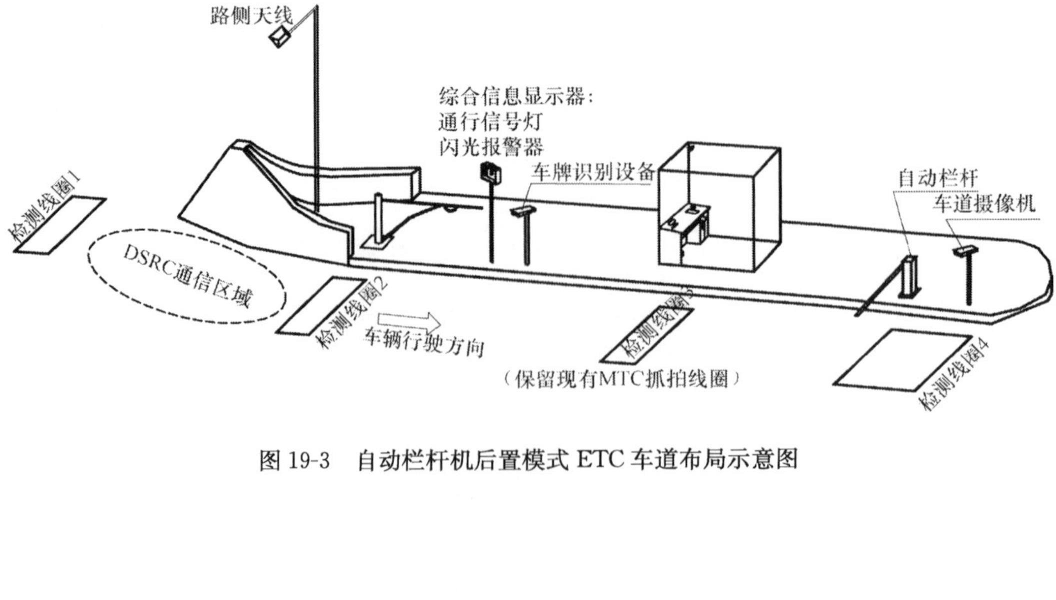

图 19-3　自动栏杆机后置模式 ETC 车道布局示意图

ETC 车道建议自动栏杆与 ETC 路侧天线至少保持 12～16m 的距离，以保证车辆以 20～30km/h 的速度通过收费车道。

这种布局无需对收费岛进行加长改建，建设成本较前置栏杆模式低，而且天线通信区的前沿与栏杆之间距离较远，驾驶员在观察到栏杆抬起后，有较充裕的时间做出反应，因此车道过车速度较高。但是对于在车道中未完成交易的车辆则无法转向相邻的 MTC 车道，必须采用倒车或人工方式处理，大大影响车道的通行效率，并且增加日常营运的管理成本。这种布局更适合 ETC 车道开通一段时间后，用户对 ETC 车道比较熟悉时采用。

2. ETC 车道的主要功能

ETC 车道具有如下主要功能。

(1) 与车道上行驶的车辆进行通信：系统能够通过 DSRC 链路准确、可靠地与通过 ETC 车道并持有有效的电子标签的车辆进行通信，读写车辆身份及相关的收费信息。

(2) 检测车辆的到来和离开并对车辆进行计数，并传送检测结果。结合车辆识别可判断来车是否有 OBU。

(3) 在入口车道将入口收费站、车类等信息写入 IC 卡；在出口车道，根据车辆经过的入口收费站、车类信息，查费率表，计算通行费金额，回写出口标识，完成收费交易过程，并记录和存储相关信息。

(4) 根据车道计算机控制指令正确控制车道设备的动作，进行相应的交通指挥操作。

(5) 完成车道和收费站之间的数据交换。

(6) 如果车辆通过 ETC 车道时出现异常，车道系统将拦截该车辆、不允许通过，由人工操作进行处理。

(7) 支持 MTC 车道的全部功能。

3. 省界合建收费站 ETC 车道设置方案

方案一：两省合建，共用一套车道设备。

在省界合建收费站，两省分别负责自己出口侧 ETC 车道的建设，每条 ETC 车道只设置一套 ETC 车道设备，车道控制器须安装双网卡，分别向本省出口侧收费站、邻省入口侧收费站传输车道处理信息，车辆在完成出口 ETC 交易后，写入该站的入口信息，交易操作即完成，车辆放行。

省界合建站 ETC 车道的收费软件，需要适应两省的数据格式和传输方式，以便数据能够正确地上传两省。

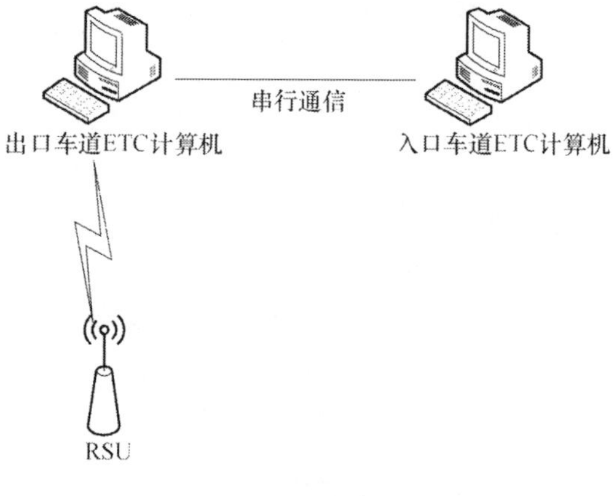

图 19-4 省界合建站方案

该方案建设费用较低，车道设备布置简单，但软件开发复杂，一套软件既要完成本省的出口收费，又要写入邻省的入口信息，出现问题时界面不宜分清，查找问题也较为复杂，协调量大。采用此方案，即一条车道布设一套 RSU、本方一台出口车道机、对方一台入口车道机。如图 19-4 所示。

出口侧需要向对侧传输代写信息，一般通过 RS232 接口进行传输。需要传输的数据包括入口路网编号、入口站编号、入口广场编号。通信数据帧格式如下。

STD	LEN	CMD	DATA	LRC

说明见表 19-1。

表 19-1　字段描述

字　段	描　述
STD	帧开始标志，1 字节，取值为 FFH(见注 1)
LEN	DATA 域的长度，2 字节
CMD	命令头，1 字节
DATA	发送的数据
LRC	异或校验值，从 LEN 到 DATA 所有字节的异或值，1 字节

按照上述数据帧格式通信时，数据帧开始标志为 FFH，如果其他字段中出现 FFH，则需要进行特殊字节转义处理。

发送数据时，如果在其他字段中出现 FFH 字节时，将 FFH 分解为 FEH 和 01H 这两个字节发送；如果在其他字段出现 FEH 字节时，需将 FEH 分解为 FEH 和 00H 这两个字节发送。

接收数据时，如果出现"FE 01"这样连续两个字节时将之合为一个字节 FFH；如果出现"FE 00"这样连续两个字节时将之合为一个字节 FEH。

方案二：两省合建，车道设备分开

相邻两省合建的 ETC 车道，类似人工收费车道的合建方式，一条车道分别设置两省的 ETC 车道设备(本省的出口设备和邻省的入口设备)。该方案把车道设备分开，界面较为简单，出现问题责任容易划分，而且软件开发工作量减小。但车道设备布设复杂，造价高，为避免无线通信相互干扰可能会涉及收费岛加长。

4. 设备技术指标

1) ETC 路侧设备技术指标

(1) 基本功能性能

路侧设备满足如下基本要求。

① 路侧设备由车道天线及天线控制器等功能模块组成。车道天线和天线控制器可以集成一体，也可以是分离模块。

② 路侧设备提供以太网或标准串行接口，与车道主控制器连接。

③ 路侧设备内置两个或两个以上符合 ISO/IEC 7816 标准的 PSAM 卡座。

④ 路侧设备采用联机工作方式。

⑤ 路侧设备的通信区域经过仔细设计，其通信范围(横向和纵向)能够根据收费车道的现场状况进行适当的调节，使之适合于单车道或多车道并列时的不停车收费。正常情

况下，车道天线通信覆盖范围应仅局限于本车道内(宽度 2.5～3.25m)，不会对相邻车道产生干扰，也不会读取到相邻车道上的电子标签。

⑥ 路侧设备的车道天线可以采用两种安装方式：采用立柱式安装在车道侧面的收费岛上或者采用吊装法安装在收费车道上方的门架上。对于吊装在门架上的车道天线，其高度宜不低于 5.5m。

⑦ 对于门架式或立柱式两种安装方式，设备制造商均应提供必要的安装图纸说明，确保对于不同的车型和合理范围内的车速，通信质量及读写操作的准确率在收费业务允许的范围内。

⑧ 在正常的通信覆盖范围和车辆通行情形内，路侧设备可对进入通信范围内的多个电子标签进行读写，不会遗漏任何一个电子标签。

⑨ 当相临两条或两条以上车道需设计成电子不停车收费车道时，各车道读写器的天线工作频率应可交叉配置，以尽可能降低相临频谱干扰。

⑩ 路侧设备提供必要的防雷击措施和浪涌电流吸收装置。

⑪ 路侧设备的供电符合收费车道工作环境。

⑫ 路侧设备的免维护寿命不低于 50 000 小时。

⑬ 路侧设备能在收费站可能存在的各种环境下稳定工作。

⑭ 路侧设备提供灵活可控的应用编程接口，以适应各种应用编程的需要。

(2) 应用接口

应提供数据传输接口和调试接口。数据传输接口采用标准 RJ45 型以太网接口或标准串行接口。调试接口主要用于设备安装时的调试。

(3) 其他技术标准

路侧设备的其他技术标准应满足国家标准的有关规定。

2) 电子标签技术性能

(1) 基本功能

电子标签满足如下基本要求。

① 采用两片式电子标签作为电子收费交易的车载设备。

② 两片式电子标签必须提供安全的信息存储器，支持 3-DES 算法的数据存取和访问控制，以存放访问控制密钥和 ETC 应用信息等。电子标签的数据存储区应具有只读或允许读写属性，以适应公路收费业务存储不同业务数据的需要。电子标签的数据存取应具备适当的权限控制机制，内部数据不应被未经授权的操作改写。

③ 普通型两片式电子标签配置的外部部件包括符合 ISO7816 标准的 IC 卡读写接口、字符显示器、红绿双色 LED 指示灯、蜂鸣器。增强型两片式电子标签在普通型两片式电子标签基础上应增加配置符合 ISO14443 TYPE-A 标准的 IC 卡读写接口，并配置大容量电池。

④ 电子标签的数据存取具备适当的权限控制机制，支持 3-DES 算法的数据存取和访问控制，内部数据不应被未经授权的操作改写。

⑤ 两片式电子标签电池使用寿命：不小于 5 年(每天交易按 10 次计算)，或可支持不小于 20000 次的读写操作。

⑥ 电子标签能以适当方式提示内部电池电量不足。

⑦ 两片式电子标签平均无故障时间(MTBF)要求大于 40 000 小时。

⑧ 为适应一车一卡的使用需求,两片式电子标签具备防止用户进行机械移位或者拆动的功能,一旦拆动应当立即在两片式电子标签内的相应信息存储区中设置相应标志字节/标志位。

⑨ 因拆卸而引起的 ETC 应用失效能够通过软件设置的方式恢复。

⑩ 两片式电子标签具有适当的工作状态等指示信息。

⑪ 两片式电子标签支持应用更新,更新方式可采用电子标签的 DSRC 无线链路方式或外部串口方式。

⑫ 两片式电子标签一般须固定安装在中小型车辆的挡风玻璃内侧或前仪表台上,大型车安装在驾驶台或者挡风玻璃下边缘的中央。正确的安装位置和方向应以不妨碍安全驾驶为前提,以不影响电子标签的读写性能为原则。

⑬ 电子标签具备良好的电磁兼容性,不会被电子标签通常所处的电磁环境干扰。

⑭ 电子标签能在汽车内可能遇到的各种环境条件下稳定工作。

⑮ 电子标签具有唯一的序列号,且该序列号不可更改、不可丢失。

⑯ 电子标签外壳有条形码,说明产品的出厂编号及型号等信息。

(2) 其他技术标准

电子标签的其他技术标准应满足国家标准的规定。

3) IC 卡读写器

(1) 基本功能

① 非接触式 IC 卡读写器主要由读写核心单元、读写天线和接口等部分组成。

② 读写器应具有极强的抗干扰能力。读写天线应全封闭、防尘防水、防震、免维护,车辆上或车道附近使用的无线电设备及各种电气装置不应对读写器工作造成干扰或错误读写。

③ 读写器与 IC 卡之间读写时应通过三重双向鉴别。双向鉴别方法采用 DES 加密算法和随机数相结合。

④ 能读写 ISO/IEC 14443 TYPE A 的逻辑加密卡和 CPU 卡,以及符合 ISO/IEC 7816 和 ISO/IEC 14443 TYPE A 的双界面 CPU 卡。

(2) 技术性能

① 工作频率为 13.56MHz。

② 传输速率应满足手持非接触式 IC 卡快速划过天线能正确读写的要求。

③ 读写距离为 0～100mm,当 IC 卡手持在 100mm 范围内,与天线平面间夹角小于等于 80°通过时,满足精度要求。

④ 工作环境条件为－20～＋70℃,相对湿度 10％～95％。

⑤ 读写器与车道控制机采用串行 RS232C 接口,9600～115 200bit/s 可调。

⑥ 读写器的读写错误率小于 0.000 01。

⑦ MTBF 大于 20 000 小时,MTTR 小于 1 小时。

⑧ 典型交易时间小于等于 300ms。

⑨ 内置两套 SAM 卡插槽。

19.5.10　发行客服与清分结算系统

1. 联网收费系统网络结构

河北省高速公路联网计算机收费系统主要由省 ETC 结算中心——片区中心/收费中心——收费站三级组成。

2. 省 ETC 结算中心系统网络结构

省 ETC 结算中心是联网收费信息处理和数据管理的中心，是高速公路收费网络最重要的节点，因此对省 ETC 结算中心的网络建设有很高的要求。

省 ETC 结算中心拓扑结构如图 19-5 所示。

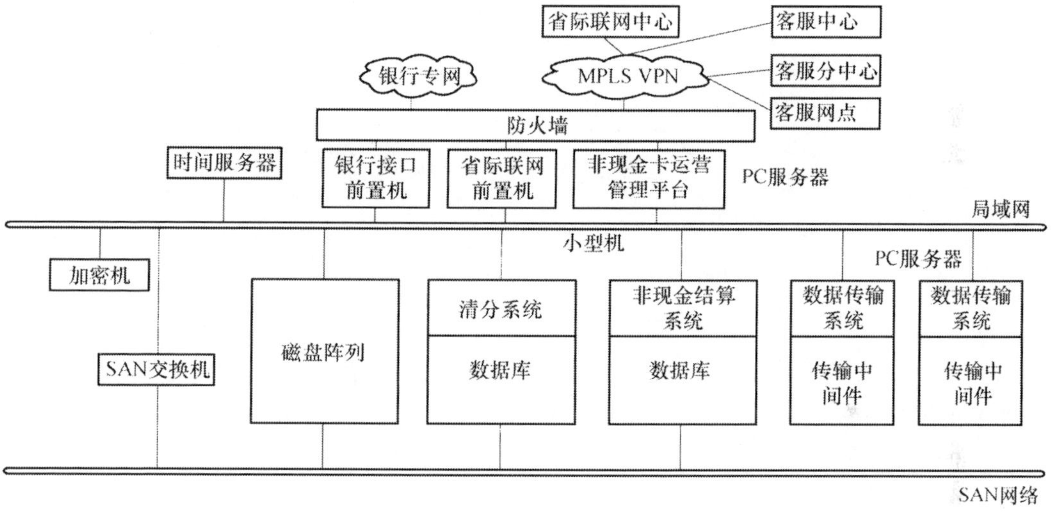

图 19-5　省 ETC 结算中心拓扑结构

3. 非现金支付卡客服系统网络结构

客服系统由三部分构成：各级客服机构、客服中心局域网和对外服务平台。其中，对外服务平台又分为客户服务网站与客户服务呼叫系统两部分。

客服系统与省 ETC 结算中心非现金支付卡运营管理系统构成两级结构，客服系统（客服中心、分中心、网点以及客户服务网站、呼叫中心）与省 ETC 结算中心非现金支付卡运营管理系统进行实时联机，实现交易认证及数据交换，完成发卡、充值等业务。

为保证业务数据的一致性、完整性与安全性，所有数据集中存储在省 ETC 结算中心非现金支付卡运营管理系统中，客服中心、分中心与客服网点不设服务器，工作站直接访问省 ETC 结算中心非现金支付卡运营管理系统服务器完成相关业务。

各客服机构（总中心、分中心）需按实际工作需求配置一定数量工作站、非接触式 IC 卡读写器、票据打印机、密码键盘、复印机（A3）、打印机（A4）、传真机、手持 RSU 设备、数码相机、网络交换机、标准机柜、保险柜、UPS 电源、液晶电视、多媒体计算机、彩色半球型摄像机、数字硬盘录像机、监控液晶显示器等。

其中工作站用来完成非现金支付卡业务办理、查询等日常业务；液晶电视与多媒体计算机连接，用于在客服中心播放电子 ETC 结算和客服系统与非现金支付卡的宣传资料；彩色半球型摄像机、数字硬盘录像机、监控液晶显示器组成客服机构的闭路监视系统。

客户服务中心、分中心(带网点)、网点的系统结构如图 19-6 所示。

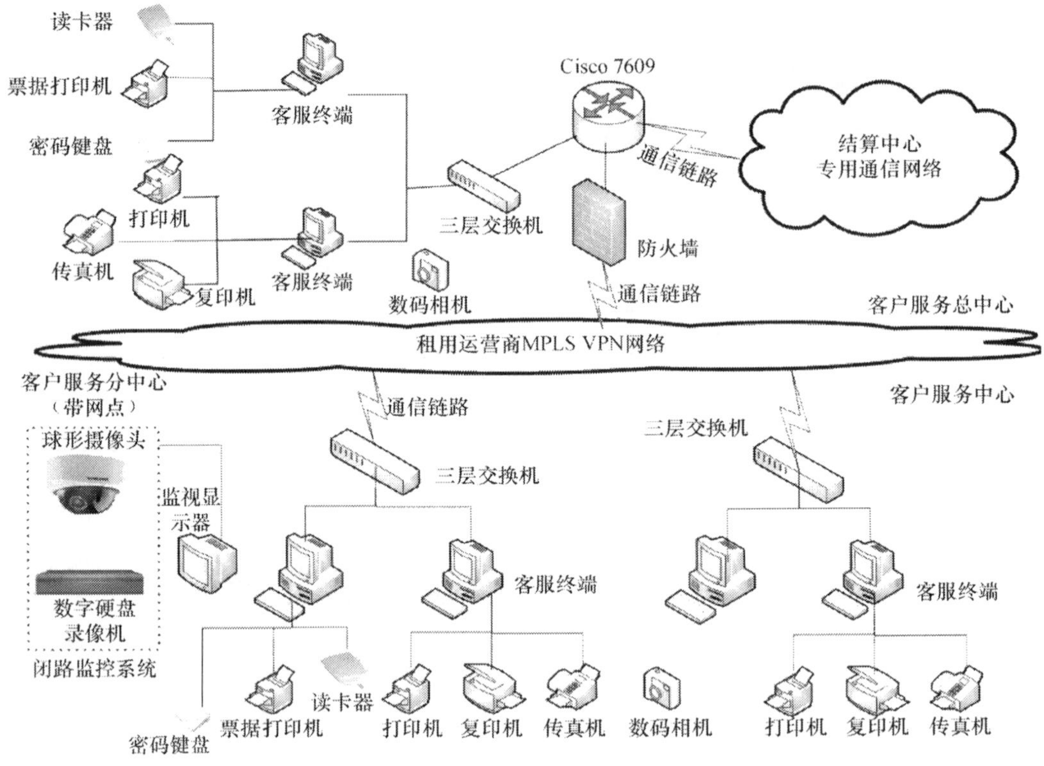

图 19-6　客户服务中心、分中心(带网点)、网点的系统结构

4. ETC 结算和客服系统 VPN 网络系统

河北省高速公路 VPN 网络系统主要由以下部分构成：

(1) 公网 MPLS VPN 网络(含 ADSL 设备)；

(2) 省 ETC 结算中心 UTM 设备；

(3) 其他新增路由器和设备(含所需无线网卡和天线等)；

(4) 客服系统交换机设备。

5. 系统构成及子系统划分

河北省 ETC 结算中心及客服系统如图 19-7 所示。

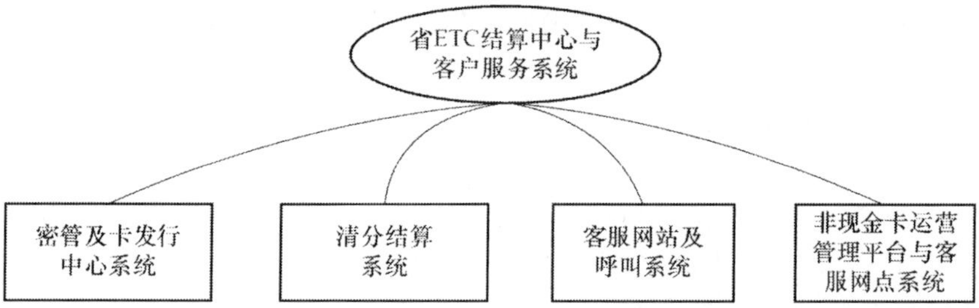

图 19-7　省 ETC 结算中心与客户服务系统

1）密钥管理及卡发行中心系统

密钥管理系统的目标是安全地产生各级主密钥和各类子密钥，并将子密钥安全地传送给卡发行系统，用来发行各类 SAM 卡、非现金支付卡、OBU，确保以上所有环节中密钥的安全性和一致性，实现集中式的密钥管理。

密钥管理系统是河北省高速公路非现金支付与 ETC 结算和客服系统中重要的环节，主要功能有密钥的产生、分配、使用、更新和销毁。

密钥管理系统负责提供用于 ETC 收费交易安全的各类应用密钥，河北省高速公路联网收费密钥管理系统采用二级密钥管理体制：全国密钥管理系统和省（市）级密钥管理系统。

全国密钥管理系统即一级密钥管理系统设置在交通运输部，本项目工程在河北省 ETC 结算中心设置二级密钥管理中心，作为交通运输部公路电子收费密钥管理及安全认证中心业务功能的延伸，河北省二级密钥管理中心的设计与建设将完全依照交通运输部一级密钥管理中心确定的统一的体系架构和技术路线，向全国联网收费密钥管理中心申领消费应用密钥（PSAM）。

密钥管理系统为卡发行和应用服务提供密钥生产、密钥存储、密钥分发、密钥管理等服务。在充分保证密钥安全性的基础上，完成密钥的生成、注入、导出、备份、恢复、更新、服务等功能，实现密钥的安全管理，保证不同机构或人员对不同密钥的读、写、更新、使用等操作具有不同的权限。

发行系统根据密钥管理系统提供的各类母卡对电子标签、非现金支付卡（与电子标签绑定）进行初始化发行操作，将初始化信息和各类密钥导入到电子标签、非现金支付卡中，使之成为可以二次发行应用的储值卡、记账卡、电子标签。密钥管理及卡发行系统的子系统划分如图 19-8 所示。

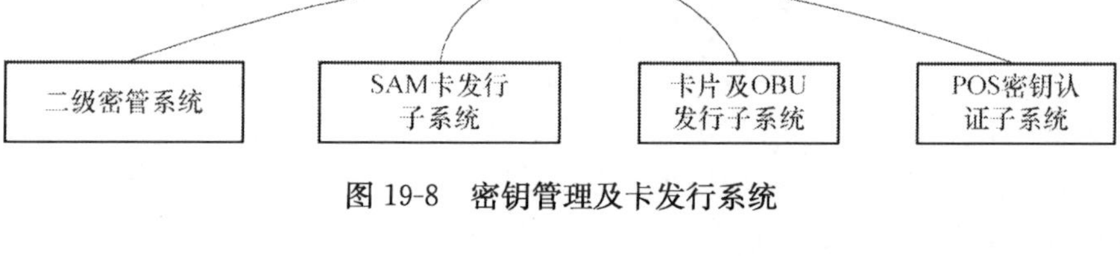

图 19-8　密钥管理及卡发行系统

密钥管理系统主要由加密机、管理终端及与卡发行设备、网络设备等组成。

(1)二级密管系统。

河北省二级密管系统从交通运输部采购，用于进行二次分散产生河北省高速公路需要使用的各类二级密钥。

二级密管系统的机房建设、运行环境、管理规范要满足交通部 ITS 中心对省二级密管机房的建设要求，在正式生产之前通过交通部 ITS 中心验收。

(2) SAM 卡发行子系统。

PSAM 卡二次发行功能主要包括：① PSAM 卡二次发行，PSAM 卡种类包括车道读写器用 PSAM、路侧天线用 PSAM、OBU 发行用 PSAM 等；② 在交通运输部提供的 PSAM 卡中导入河北省通行卡业务密钥，确保非现金支付卡和通行券在 MTC 车道上使用一张 PSAM 卡完成认证；③ PSAM 卡发行数据存储；④ 日志信息记录。PSAM 发卡系统必须有相关的安全措施保证发卡过程的安全。操作人员必须经过身份认证后才能执行发卡操作，发卡系统应记录日志信息。

除以上功能，PSAM 卡二次发行软件还提供 PSAM 卡检测、PSAM 卡库存管理、PSAM 卡状态查询等功能。

PSAM 卡发行应用软件运行在卡发行机房工作站(SAM 卡发行工作站)，并连接读写器，通过网络与省 ETC 结算中心卡发行数据库相连，数据统一存放在省 ETC 结算中心主机数据库中。

ISAM 卡发行功能主要包括 ISAM 卡发行、ISAM 卡恢复、ISAM 卡发行数据存储、记录日志信息等。

ISAM 发卡系统必须有相关的安全措施保证发卡过程的安全。操作人员必须经过身份认证后才能执行发卡操作，发卡系统应记录日志信息。

建议 ISAM 卡发行与 PSAM 卡二次发行集成为一套 SAM 卡发行软件用，并具备严格的用户权限控制措施。

(3) 非现金支付卡、电子标签发行子系统。

① 非现金支付卡一次发行。

非现金支付卡一次发行的基本功能包括卡片发行、卡片内容更改、发卡数据的储存、上传和统计、废卡管理、发行日志记录等。

非现金支付卡一次发卡系统为每张成功发行的卡片生成一条发卡记录，并将发卡记录传送到非现金结算系统。非现金结算系统应为每张成功发行的卡片建立唯一的账户，并保存发卡信息，卡片内容更改同时记录更改数据。

非现金支付卡一次发卡系统具备相关的安全措施保证发卡过程的安全。执行发卡操作的操作人员必须经过身份认证后才能执行发卡操作，发卡系统应记录日志信息。

除以上功能，建议增加非现金支付卡库存管理、状态查询、统计报表等功能。

非现金支付卡一次发行应用软件通过网络与省 ETC 结算中心卡发行数据库相连，数据统一存放在省 ETC 结算中心主机数据库中。

同时，建议非现金支付卡一次发行应用软件同时包含通行卡发行功能，即成为一套河北省高速公路联网收费及 ETC 收费卡发行软件。

② 电子标签一次发行。

电子标签发行的基本功能包括电子标签发行、电子标签恢复、电子标签发行数据的储存、上传和统计、发行日志记录等。

发卡系统应为每个电子标签生成一条发行记录，并传送到非现金结算系统。

发卡系统必须有相关的安全措施保证发行过程的安全，电子标签恢复时同时删除发行数据。操作人员必须经过身份认证后才能执行发行操作，发行系统应记录日志信息。

除以上功能，建议增加电子标签库存管理、电子标签状态查询、统计报表等功能。

电子标签一次发行应用软件通过网络与省 ETC 结算中心卡发行数据库相连，数据统一存放在省 ETC 结算中心主机数据库中。

(4) POS 密钥认证子系统。

该部分主要功能是在加密机里导入交通运输部消费密钥簇和河北省非现金支付卡充值密钥簇。加密机提供密钥的传输接口，各 POS 点通过网络连接到加密机进行远程在线式密钥认证，实现 POS 业务中读写卡中关键文件的业务认证。

POS 密钥认证子系统是非现金支付卡发行、个性化、充值等业务写卡的核心底层模块，密钥认证子系统运行在非现金结算主机上，采用后台服务方式运行。

2) 清分结算子系统

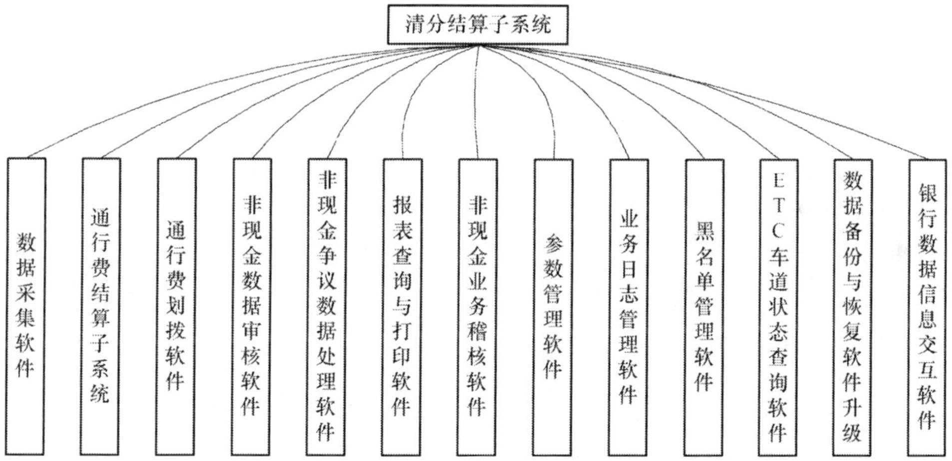

图 19-9　清分结算子系统

非现金清分结算系统负责汇总、统计、清算 ETC 收费原始交易数据，交换跨省(市)交易数据、清分结果等，对交易数据与清算结果进行验证，通过银行完成跨省(市)通行费收入的划拨。完成针对省内各个路段业主的通行费收入的拆分、结算、划拨等。省 ETC 结算中心系统形成电子收费交易数据的统计数据，并向各个路段业主提供相关报表，通过银行划拨获得电子收费通行费结算资金。

系统建设应充分利用现有系统资源，考虑京津冀高速公路不停车联网收费运营平台系统的总体架构要求，完成省内各业主间及跨省 ETC 交易原始数据、统计数据等的传输、交换。

非现金清分结算系统按功能主要划分成以下子系统。

(1) 数据采集软件。

非现金数据采集子系统主要功能有:①通过现有数据接收软件采集ETC车道、MTC车道发生的所有现金、非现金支付卡业务数据;② 实现与非现金支付卡有关的参数下发功能;③实现与非现金支付卡客服系统的数据交换功能;④实现校时功能;⑤实现采集数据的校核、完整性、一致性检查功能;⑥从备份网络接收数据功能;⑦手工数据导入功能。

(2) 通行费结算软件。

通行费结算子系统实现的主要功能有:①实现路网内所有通行费的拆分与结算;②在特殊情况下实现通行费拆分结果的调账及管理功能;③坏账管理功能,针对不能追缴的记账划转金额的在系统内的账务处理。

(3) 通行费划拨软件。

对高速公路产生通行费,由省ETC结算中心统一进行拆账,并实现账户资金的自动划拨。

通行费划拨软件主要功能包括:①进行通行费拆账后的数据汇总,生成资金划拨报表;②通过设置在银行的通行费资金汇缴户,将资金划拨至通行费清算户;③资金划拨报表审核后,生成资金划拨指令,将通行费清算户资金划拨至路段业主的收益户;④与银行数据核对功能;⑤支持现金、非现金通行费资金划拨功能;⑥操作日志记录等功能。

(4) 非现金数据审核软件。

非现金数据审核软件实现的主要功能包括:①卡账钱包平衡核查;②投诉业务数据的查询与审核;③其他错误交易查询与审核。

(5) 非现金争议数据处理软件。

非现金争议数据处理子系统实现的主要功能包括:①争议数据确认及数据改正功能;②特情退款功能;③挂失后争议数据处理。

(6)报表查询与打印软件。

报表查询与统计子系统实现的主要功能包括:①数据库数据检索功能;②数据统计功能;③业务查询功能;④报表汇总等功能。

(7) 业务稽核软件。

业务图像稽核软件的主要功能包括:①业务图像远程检索功能;②OBU安装车辆原始图像检索功能;③特情业务图像查询检索功能;④图像稽核与日志功能,可结合数据审核软件和黑名单管理软件使用。

(8) 参数管理软件。

参数管理子系统实现的主要功能包括清分结算系统管理参数的设置、更新、生效。

(9) 业务日志管理软件。

业务日志管理子系统实现的主要功能为ETC清分结算系统运营管理日志数据的存储、查询、统计。

(10) 黑名单管理软件。

包括非现金支付卡黑名单、车辆黑名单的生成、审核、自动下发、下发后校验、生效等功能,以及所有黑名单业务数据的查询、统计,黑名单数据报警等功能。

黑名单管理软件也应用于MTC系统,并实现与银行之间的信用卡黑名单数据交换。

(11) ETC 车道状态查询软件。

ETC 车道状态查询软件主要功能包括：①实时显示所有 ETC 车道当前业务状态(包括网络状态、软件状态、参数状态)；②对异常状态(如网络异常、业务停止、参数版本不符)进行报警，并记录日志；③推广至 MTC 车道状态的查询，与省 ETC 结算中心节点状态监控软件结合使用。

(12) 数据备份与恢复软件升级。

采用现有数据备份与恢复软件并进行配置升级，实现非现金主机数据库的数据备份与恢复功能。

(13) 银行数据信息交互软件。

银行接口子系统实现的主要功能包括：①发送银行划账指令，实现省 ETC 结算中心对结算账户之间的资金划拨；②记账卡通行费批扣功能；③非现金支付账户的监督、查询功能；④通行费拆分后业主收益金的划拨；⑤与银行有关的其他重划统计等功能；⑥接受银行支付名单；⑦与银行账户信息对账功能。

省 ETC 结算中心与银行间的通信采用前置机的方式，为防止恶意的入侵和破坏，前置机放置在省 ETC 结算中心防火墙的外部，通过专线与银行通信。

3) 一次发行中心、一般发行网点子系统

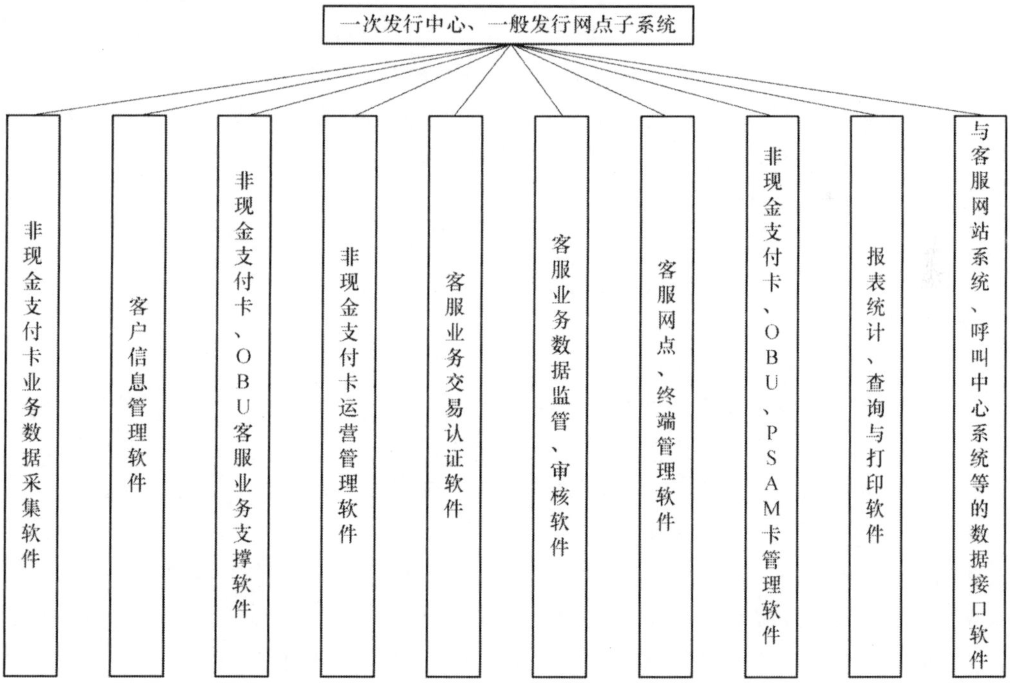

图 19-10　一次发行中心、一般发行网点子系统

(1) 非现金支付卡业务数据采集软件。

非现金支付卡业务数据采集软件负责将所有客服网点的非现金支付卡业务数据通过实时联机方式收集到非现金结算系统中。

(2) 客户信息管理软件。

完成对非现金支付卡客户的基础信息管理功能，主要包括：①管理非现金支付卡客户基础信息，包括姓名、证件号、所属单位、持有非现金支付卡种类、非现金支付卡号、资金账号等信息；②管理客户关联车辆信息，包括车牌号、OBU号、车辆类型等信息管理功能；③对客户信息进行合理规范的分类管理功能；④为客户服务及资金划拨提供基础数据功能。

(3) 非现金支付卡、OBU客服业务支撑软件。

河北非现金支付卡客服系统采用扁平化管理模式，省ETC结算中心具备非现金支付卡、OBU客服业务支撑软件，主要功能有：①支撑车载电子标签销售业务；②支撑储值卡销售和充值业务；③支撑个人银行信用记账卡办理业务；④支撑集团记账卡申领业务；⑤支持网点完成包括卡库存管理(电子标签、非现金支付卡)以及售卡、充值、转账、挂失、解挂、补卡、退卡、储值卡查询、黑名单查询等服务功能。

客服网点以B/S方式运行省ETC结算中心非现金支付卡、OBU客服业务支撑软件客户端，即可完成上述所有客服业务功能。

(4) 非现金支付卡运营管理软件。

实现非现金支付卡运营管理所需的各项业务功能，主要包括：①非现金支付卡业务参数的设定与管理，如储值卡充值上限、记账卡资金追缴周期等，具备对不同类型非现金支付卡设定不同参数功能；②非现金消费的优惠设定与管理，如折扣参数、积分计算等功能，具备对不同类型非现金支付卡设定不同参数功能；③具备针对下级客服机构的业绩考核与评定功能，通过多种报表方式体现。业绩考核和评定的方式可定制化；④在非现金支付卡大类划分基础上，可进一步进行小类的划分，如储值卡可划分为定额充值非记名卡等，以利于运营管理的分析和决策，并制定相应的管理模式。

(5) 客服业务交易认证软件。

客服网点POS在发行和充值时应连接到省ETC结算中心进行在线认证，省ETC结算中心验证请求数据的正确性和记录充值请求信息以及计算并返回充值命令。如果网络故障，客服网点PSOS将不能处理业务。

(6) 客服业务数据监管、审核软件。

客服业务数据监管、审核软件首先对采集的数据进行审核，包括数据有效性、合法性和完整性审核，还应包括对客户信息和账户的审核。

客服业务数据监管、审核还实现各客服网点业务数据的统计、分析与报表功能。

(7) 客服网点、终端管理软件。

客服网点、终端设备管理软件主要功能有：①实现所有客户网点、终端设备的基础信息管理；②实现所有客服网点工作状态以及工作人员安排情况的监控功能，如人员登录情况、业务办理情况、网络畅通状态以及客服网点的人员管理、班次管理。

(8) 非现金支付卡、OBU、PSAM卡管理软件。

非现金支付卡、OBU、PSAM卡管理子系统负责非现金支付卡、OBU、PSAM卡的入库、出库、库存管理，软件应具备管理到每一张非现金支付卡、OBU、PSAM卡的当前状态功能。

(9) 报表统计、查询与打印软件。

统计客服网点基础数据，生成各类业务报表，报表至少包括以下内容：①电子标签、非现金支付卡、PSAM 卡库存报表；②电子标签、非现金支付卡、PSAM 卡发行报表；③资金账户管理报表；④储值卡、记账卡销售报表。

(10) 与客服网站系统、呼叫中心系统等的数据接口软件。

非现金支付卡运营管理平台与客服网站系统、呼叫中心系统等的数据接口通过防火墙，与客服系统网站系统、呼叫中心系统、发票邮寄服务单位等外部系统进行数据交互，传递各种非现金支付卡业务数据。

4) 客户服务子系统

ETC 客户服务系统负责 OBU 和非现金支付卡的推广、发售、售后服务等业务，是高速公路 ETC 收费项目的重要组成部分。

中心服务平台，如图 19-11 所示，包括一次发行中心、一般发行网点，以及邮件服务中心、短信服务中心和用户投诉管理。

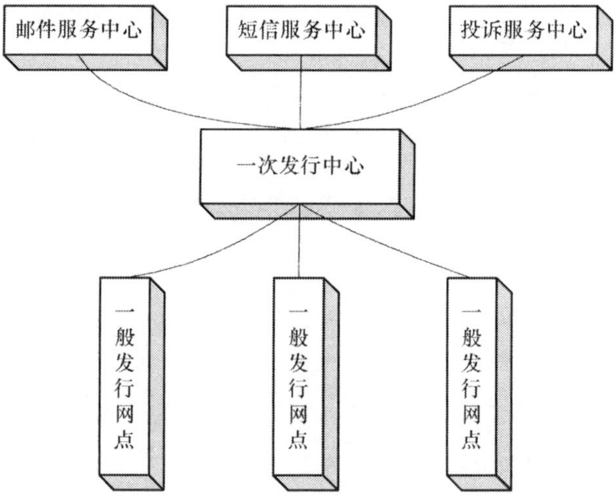

图 19-11　中心服务平台

对外服务平台，如图 19-12 所示，包括客户服务网站与客户服务呼叫系统两部分。

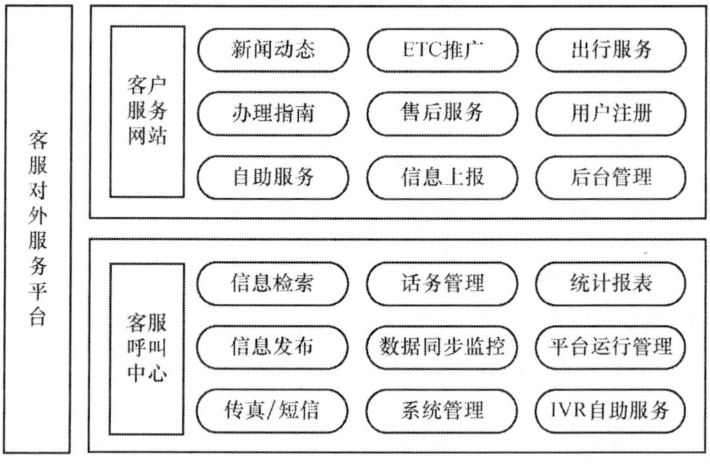

图 19-12　对外服务平台

对外服务平台中涉及应用软件包括客户服务网站和客服呼叫中心应用软件两部分，其中呼叫中心座席软件同时还提供内外网数据同步监控和客服信息发布功能。

6. 系统应用体系架构概述

ETC结算中心与客服系统应用体系结构基于以下几点：①满足和适应河北省高速公路联网收费、ETC结算和客服系统体系及应用需求；②针对不同业务系统的管理和服务体系特点，采用先进的技术实现手段，满足不同业务特点的应用。

1）ETC结算中心与客服系统体系结构

河北省高速公路联网收费系统自成体系。从管理体制上，包括省ETC结算中心、发行中心、客服中心、客服网点、网站系统、呼叫系统等。从用户角度，包括正常车辆司乘人员、用户以及后期的跨省非现金支付卡用户。从业务范围，包括联网收费、运营管理、图像稽核、IC卡管理、ETC收费等子系统。同时还包括数据分析、统计、挖掘等数据分析方面。

从外部接口上，包括电子收费专营省ETC结算中心、清算银行、客户服务平台以及后期的跨省(市)省ETC结算中心、停车场管理等其他应用系统，如图19-13所示。

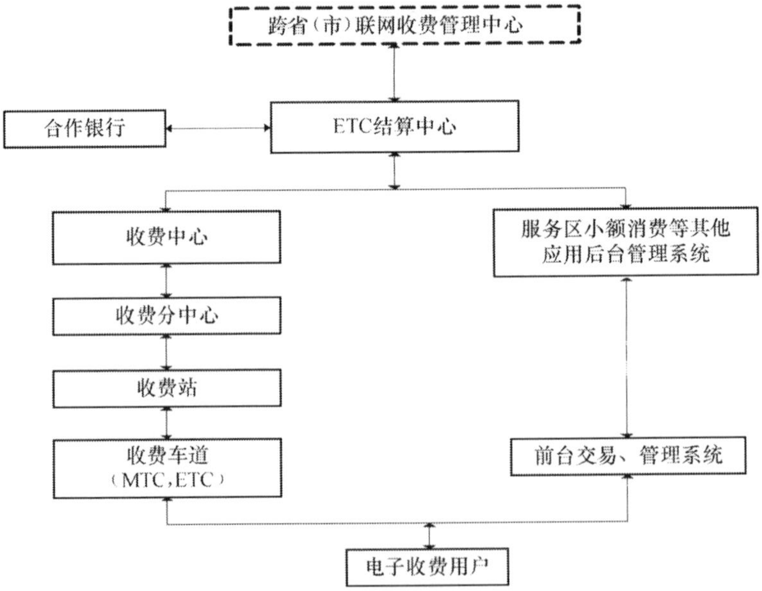

图19-13　河北省高速公路ETC结算和客服系统体系结构

2）高速联网收费开发平台技术实现

河北省ETC结算中心与客服系统工程核心业务系统是高速公路ETC业务、非现金结算业务，对不同功能要求特点的业务子系统，采用侧重点不同的技术实现方法，主要体现在以下方面：①基础结算业务采用三层架构的C/S结构；②运营管理性质业务采用统一工作流实现模式；③数据结构设计、数据分析与挖掘采用数据模型方法；④采用自定义报表工具进行更好的展示实现。

3）基础业务功能的三层结构实现

在河北省 ETC 结算中心及客服系统工程中，采用三层体系结构设计。

在业务支撑系统里，三层结构的客户/服务器体制得到了广泛的应用。所谓三层结构，就是将整个应用分成用户接口、业务功能、系统平台三层。

用户接口：是应用系统的第一层，是系统与最终用户之间的界面层，其主要功能是控制交易界面，输入各种交易所需的数据，向第二层——业务功能层提交交易请求，同时处理接收到的处理结果（显示或打印等）。这一层一般采用图形操作环境（即 GUI 图形用户接口），为用户提供友好、灵活的操作方式和多种操作功能，以完成相应的业务处理操作和管理工作。

业务功能：是应用系统的中间层，其功能是接收用户接口层传来的交易请求的指令和数据，对指令进行识别，对数据进行处理，向数据库提交数据检索、增删改等操作请求，实现业务的处理逻辑，完成整个交易的处理，并将处理结果返回到第一层。

系统平台：是应用系统的最底层，包括数据库系统、网络和操作系统等。它负责管理应用系统的数据资源，完成数据的检索、增删改等操作。

其中，业务功能层在整个系统中起着重要作用：①负责维护用户接口与业务功能之间的通信连接；②负责建立和保持业务功能和数据库之间的联结；③负责负载平衡，交易调度，提高系统的性能；④保证交易的一致性、完整性；⑤屏蔽硬件、网络、数据库的异构性，向应用层提供统一的访问接口。

采用三层结构设计具有以下优点：

(1) 能够实施负载平衡、动态伸缩技术，提高河北省高速公路应用系统的性能，同时支持大量用户的并发服务请求。

(2) 支持多种网络协议、适应广域网的运行环境。

(3) 能够使应用系统支持异构的软硬件平台和数据库系统，便于系统扩展和选择。

(4) 客户端和数据资源之间没有直接连接通道，保证系统的安全性。此环节对于河北省高速公路联网收费系统要求收费数据的高可靠性，尤其重要。

(5) 降低客户端应用的复杂性，便于软件的维护和升级，便于应用系统的大范围实施。

4）采用 B/S 与 C/S 混合模式

结合子系统不同的实现机制，各子系统可采用不同的体系结构。根据系统功能和实现方式的不同，将应用体系结构设计分为两种模式：对于收费业务管理子系统、数据处理子系统和票据管理子系统，从平台模式上采用三层 C/S 模式；对于对外服务子系统，从平台模式上采用 B/S 与 C/S 混合模式。同时，联网收费系统应用软件体系也是 B/S 与 C/S 混合的软件体系结构，这是一种典型的异构体系结构。

B/S 体系结构即 Browser/Server（浏览器/服务器）结构，是随着 Internet 技术的兴起，对 C/S 体系结构的一种变化或者改进的结构，它主要是利用先进的 WWW 浏览器技术、结合浏览器的多种脚本语言，用浏览器实现了原来需要复杂的专用软件才能实现的强大功能，并节约了开发成本，是一种全新的软件体系结构。

B/S 体系结构的数据交换一般以页面为单位，数据的动态交互性不强，修改和维护数据时速度较慢。如果在对外服务子系统中完全采用 B/S 模式，不利于系统管理、数据维护，因此在系统管理、维护人员对数据的访问和维护上采用 C/S 体系结构，使 B/S 和 C/S

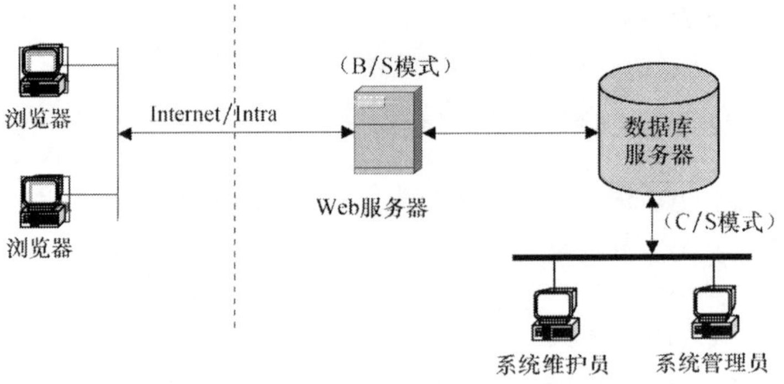

图 19-14 B/S与C/S混合的软件体系结构

体系结构有机结合,扬长避短,有效地发挥了各自的优势。其体系结构如图 19-14 所示。

5) 应用软件体系结构设计

河北省高速公路 ETC 业务系统建设采用上述三层体系结构。另外,在系统平台层和业务功能层之间,应存在通信接口层,以屏蔽底层通信细节,将有关业务数据通过网络或其他途径(如消息队列)传递给业务功能层。根据业务功能设计,其应用体系结构设计如图 19-15 所示。

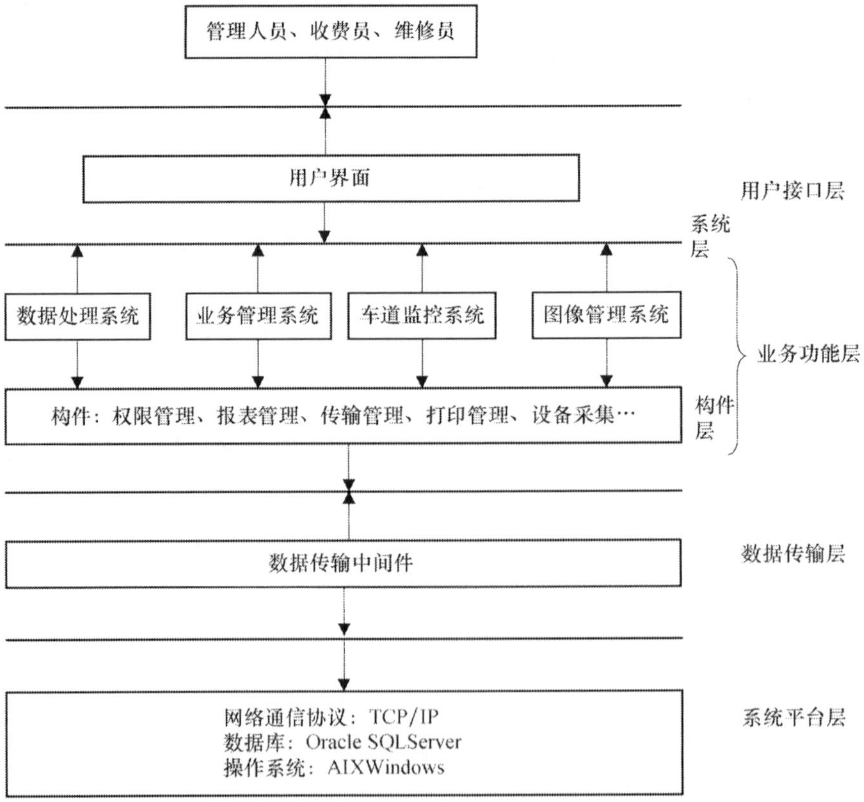

图 19-15 软件框架结构示意图

软件系统分系统平台层、业务功能层、数据传输层、用户接口层多层次结构。在系统平台层和业务功能层之间，存在数据传输层(中间件)，以屏蔽底层系统平台的差异，实现异构系统之间的可靠的数据交换，从而减少整个系统对于某种特定平台的依赖性，有利于将来系统的扩展。

业务功能层又可分为业务构件层和业务系统层两部分。构件是对高速公路收费系统中共性的部分进行提取、封装而成，具有独立性，可被功能模块通过特定的方法调用。其优点是可以根据用户需求方便地组装，同时有利于系统升级维护。构件化已成为软件设计的趋势。

软件业务功能模块设计过程中，将各个软件系统如车道软件、收费站软件、收费中心软件按照其实现功能、数据结构划分为一个个相对独立的功能模块，功能模块的定义从设计阶段就全盘考虑，包括各种扩展功能。各模块之间定义稳定可靠、标准规范的接口。

各主要功能模块关系示意图如图 19-16 所示。

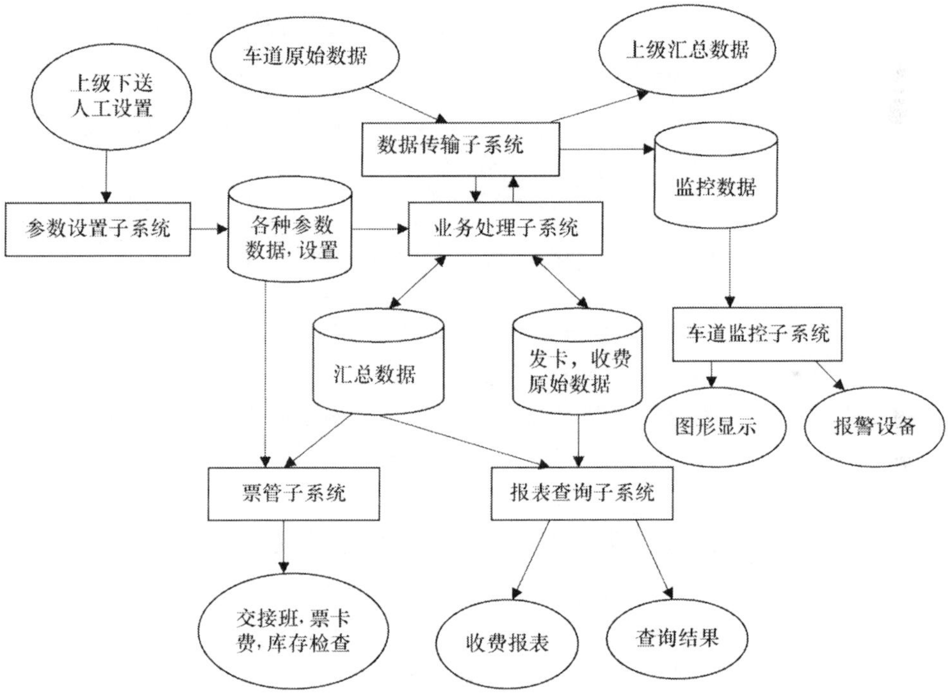

图 19-16　主要功能模块关系示意图

19.5.11　京津冀区域高速公路联网不停车收费管理架构

京津冀区域高速公路联网不停车收费示范工程采用如下管理架构：利用现有的各省(市)联网收费管理(结算)中心完成省(市)内通行数据的汇总、验证、统计与清算等业务，各省(市)联网收费管理(结算)中心与区域中心之间完成跨省(市)不停车收费(含非现金支付)原始交易数据、结算数据、黑名单、核对结果、查询请求、查询结果的传输与交换，通过银行完成跨省(市)清算资金的划拨，通过客户服务与发行系统和银行完成资金的归集、

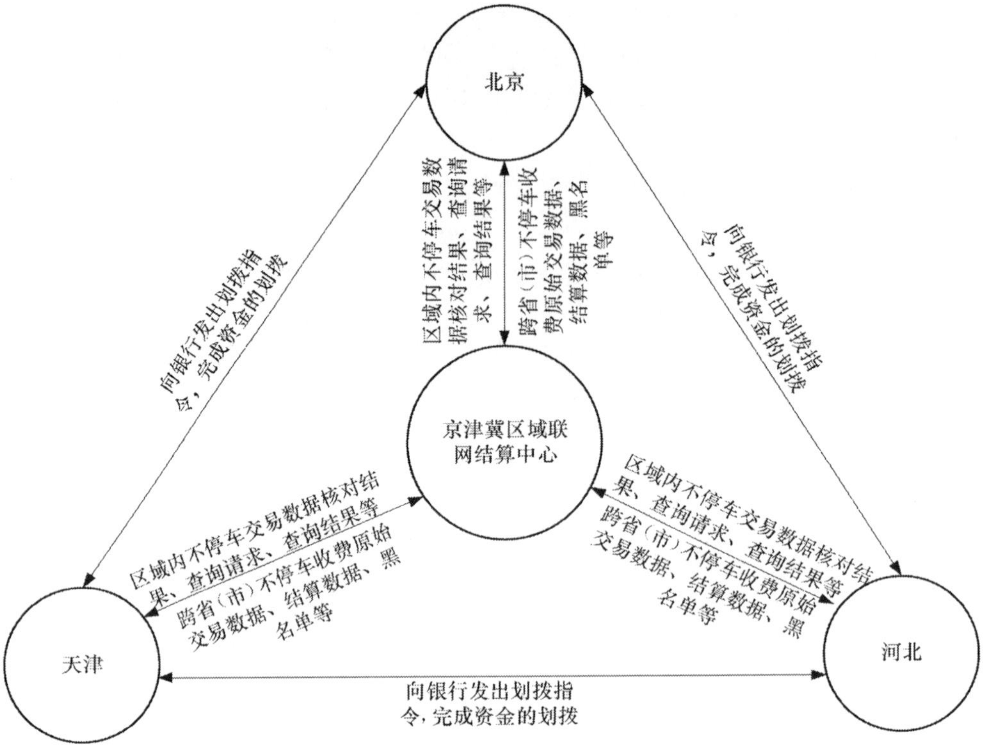

图 19-17　京津冀区域高速公路不停车收费管理体制

账户的管理等，各省（市）内仍然维持现有的管理架构不变，如图 19-17 所示。

在各省（市）内部，电子收费系统的运营管理由联网收费管理中心、路段业主、客户服务网点、银行和用户共同组成。各组成部分的关系如图 19-18～图 19-19 所示。

19.5.12　自由流不停车收费系统

自由流不停车收费系统在道路主线上每隔一定里程设置一个横跨道路上空的龙门架，架上安装不停车收费设备，实施分段开放式不停车收费。车辆无须减速，以正常行驶速度完成收费工作。其主要特征如下：

（1）无收费岛、亭等设施；

（2）进入收费点时无须减速，车辆继续高速行驶；

（3）需要建立一套高精度逃费取证处理系统，现场抓拍捕捉车辆逃费证据，以便事后依法处理，目前大多采用高速、高分辨率的摄像机对车辆牌照进行抓拍；

（4）在收费点附近，需建造一条与主线平行的普通收费车道，以便对非法无效卡车或无标识卡的车辆收费；

（5）车道天线控制器能控制多部天线并行工作，与多辆车载标识卡同时通信。

此系统主要优点为减少收费站建设投资，车速高，无行车延误，车辆通行能力接近 2000 辆/h，但设备投资大，技术上实现难度也较大，特别是如何防止和遏制逃费车辆是关键技术。这种方式适用于不停车收费用户在所有缴费用户中已成为大多数的情况。

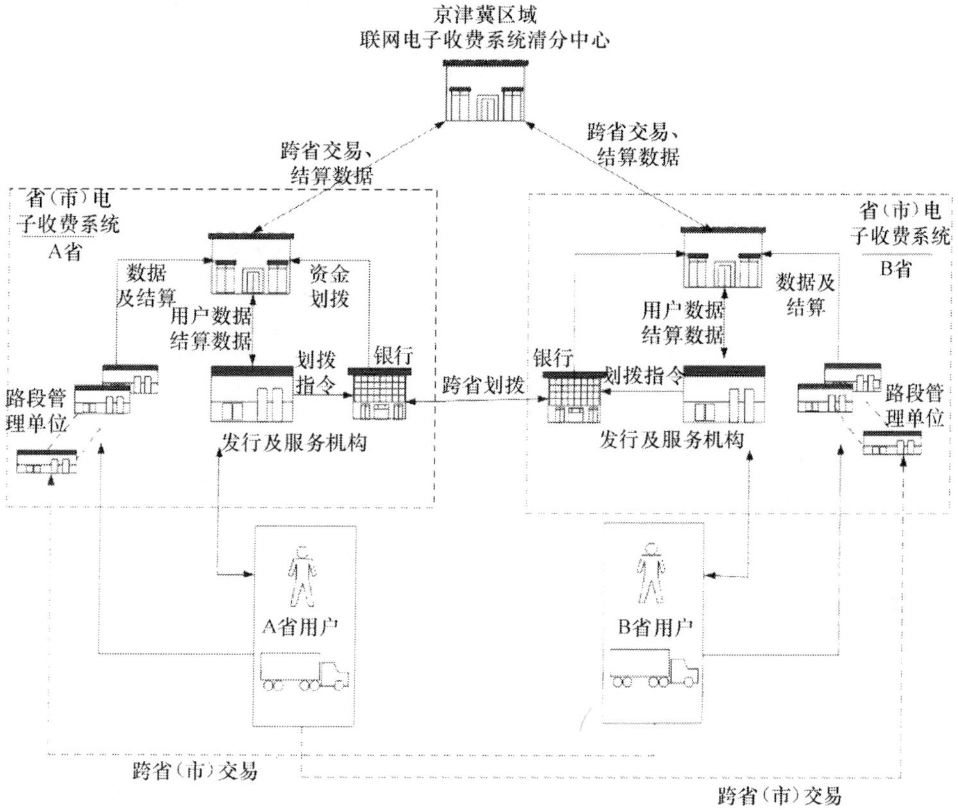

图 19-18　高速公路联网电子不停车收费运营管理架构

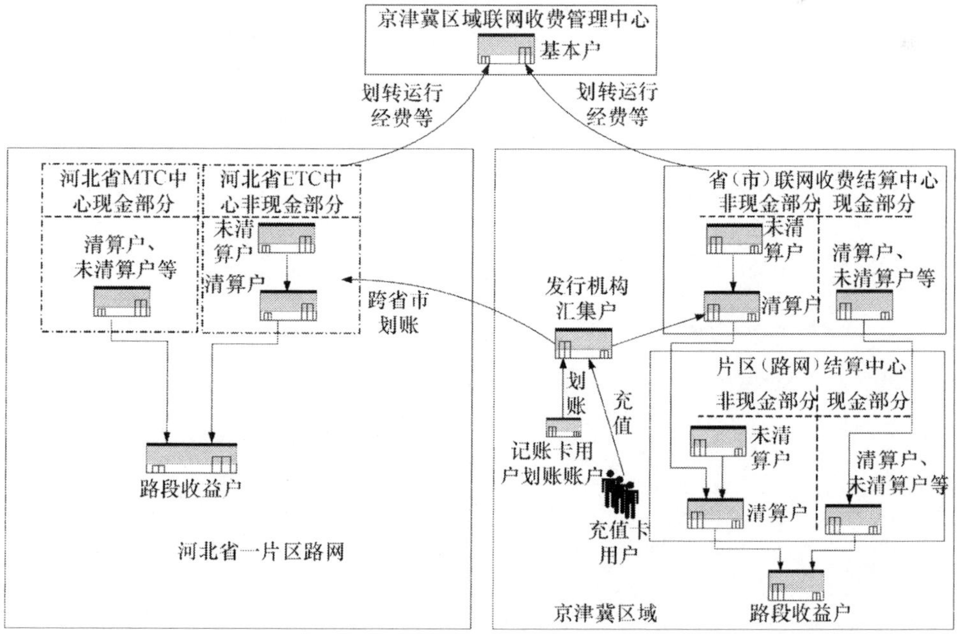

图 19-19　电子收费账户关系

参 考 文 献

交通运输部. 2007《收费公路联网收费技术要求》(交公路发[2007]35 号).
刘洋. 2004. 智能交通系统中高速公路不停车收费系统的研究[M]. 大连:大连海事大学.
彭刚. 2011. ETC 技术需求和发展分析[J],中国交通信息产业,(3):139-142.
乔剑博. 2004. 高速公路不停车自动收费系统的研制[M]. 成都:电子科技大学.

第 20 章　地源热泵取暖系统

20.1 引　　言

在我国，除一部分为热电厂集中供热，建筑物的采暖几乎全为分散的燃煤锅炉房供热。这些供热装置靠直接燃烧固体燃料煤获得热量，不仅热效率低、浪费能源，而且燃烧产生的二氧化硫气体和烟尘造成了严重的空气污染。据不完全统计，全国一个采暖期仅住宅集中采暖耗煤就达 13 亿多吨，而燃烧所产生的烟气多达 14.2 万亿立方米。多年来，人们一直在探索通过改善燃烧条件，强化烟气处理品的途径达到提高热效率和减少污染的目的，但收效甚微。随着全球性的能源危机和技术的进步，人们节能环保意识在不断增强，探索节能环保型的供热装置已成为人类的当务之急。

随着经济的发展和人们生活水平的提高，公共建筑和住宅的供暖和空调已经成为普遍的需求。作为中国传统供热的燃煤锅炉，不仅能源利用率低，而且还会给大气造成严重的污染，因此在一些城市地区燃煤锅炉正在被逐步淘汰，而燃油、燃气锅炉则由于运行费用很高而不利于推广。热泵技术利用贮存在土壤、地下水或空气中的太阳能等环境热量以及废气、废水中所含的热量用于建筑物的采暖制冷和热水供应，变得比以往格外引人注目。地源热泵系统就是一种在技术、经济及环保方面都具有较大优势的解决供热和空调的替代方式。

地源热泵是利用浅层地能进行供热制冷的新型能源利用技术，是热泵空调的一种，地源热泵是利用卡诺循环和逆卡诺循环原理转移冷量和热量的设备。地源热泵通常是指能转移地下土壤中热量或者冷量到所需要的地方，通常地源热泵都是作为空调制冷或者采暖用的。地源热泵还利用了地下土壤巨大的蓄热蓄冷能力，冬季地源把热量从地下土壤中转移到建筑物内，夏季再把地下的冷量转移到建筑物内，一个年度形成一个冷热循环。

地源热泵系统是一种利用地下浅层地热资源(也称地能，包括地下水源、土壤源或地表水源等)的既可供热又可制冷的高效节能空调系统。地源热泵通过输入少量的高品位能源(电能)，实现低温位热能向高温位转移。地能分别在冬季作为热泵供暖的热源和夏季空调的冷源，即在冬季，把地能中的热量“取”出来，提高温位后，供给室内采暖；夏季，把室内的热量取出来，释放到地能中去。热泵机组的能量流动是通过输入少量的高位能(电能)将提取的全部低位能及电能一起升级为高位能，以实现供热、制冷的目的。而其所耗电能目的只是驱动热泵机组工作，从而实现热泵机组连续性工作。

地源热泵技术作为一种有益于环境保护和可持续发展的冷热源形式，已经引起了国内外建设单位、设计单位、房地产商和生产厂商以及公众的广泛兴趣，“地源热泵”作为一个新兴的名词，越来越被人们广泛谈及。

20.1.1 国外地源热泵技术发展现状

关于地源热泵的研究分为两种热泵系统：一种为地源热泵，一种为海水热泵。其中地源热泵真正意义的商业应用也只有近十几年的历史，但发展相当迅速。如美国，截止1985年全国共有14 000台地源热泵，而1997年就安装了45 000台，每年以10%的速度稳步增长。1998年美国商业建筑中地源热泵系统已占空调总保有量的19%，其中新建筑中占30%。美国地源热泵工业已经成立了由美国能源环境研究中心（Energy & Environmental Research Center）、美国地下水资源联合会（National Ground Water Association）、爱迪生电力研究所（Edison Electric Institute）及众多地源热泵制造设计销售公司以及政府机构和建筑商等146家成员组成的美国地源热泵协会，该协会在近年中已投入大量资金从事开发、研究和推广工作。美国从2001年基本实现每年安装40万台地源热泵的目标，其中，地源热泵占15%，降低温室气体排放1百万吨，相当于减少50万辆汽车的污染物排放或种植树1百万英亩，年节约能源费用达4.2亿美元，此后，每年节约能源费用再增加1.7亿美元。

与美国的地源热泵发展有所不同，中、北欧如瑞典、瑞士、奥地利、德国等国家主要利用浅层地热资源，地下土壤埋盘管（埋深小于400m）的地源热泵，用于室内地板辐射供暖及提供生活热水。据统计，家用的供热装置中，地源热泵所占比例，瑞士为96%，奥地利为38%，丹麦为27%。同时，中、北欧海水源热泵的研究和应用也比较多。

20.1.2 国内地源热泵技术发展现状

在中国的传统的空调系统概念中，由于国家的经济发展状况和政策的影响，在相当长的时期中，北方一般以燃煤锅炉解决冬季取暖问题，在南方以水冷机组解决夏季制冷问题。在20世纪80年代以后，制冷机组的方式开始多样化，此时，出现了溴化锂机组、风冷机组，机组的容量也从原有的大中型机组过渡为大中小型机组。在20世纪90年代以后，对于取暖方式也开始有新的尝试和探讨，特别是随着可持续发展和公众环保意识的提高，世界和中国能源利用的结构都正在转变，从原有的煤、石油取暖过渡到以天然气及电等清洁能源。北京作为大气污染最为严重的城市之一，其治理大气污染的政策就包括能源结构的调整，从以煤为主改为天然气和电力替代能源。但是，替代能源虽然可以部分解决大气污染的问题，可是天然气和石油等都属于不可再生的能源，从可持续发展的角度看，必须提高能源利用效率或者寻找可以再生的能源，而地源热泵系统就是比较理想的一种方式。

地源热泵是以大地为热源对建筑进行空调的技术，冬季通过热泵将大地中的低位热能提高对建筑供暖，同时蓄存冷量，以备夏用；夏季通过热泵将建筑物内的热量转移到地下对建筑进行降温，同时蓄存热量，以备冬用。由于其节能、环保、热稳定等特点，引起了世界各国的重视。欧美等发达国家地源热泵的利用已有几十年的历史，特别是供热方面已积累了大量设计、施工和运行方面的资料和数据。

中国最早在50年代，就曾在上海、天津等地尝试夏取冬灌的方式抽取地下水制冷，天津大学热能研究所吕灿仁教授就开展了我国热泵的最早研究，1965年研制成功国内第一台水冷式热泵空调机。目前，国内的清华大学、天津大学、重庆建筑大学、河北工程大学、中国科学院广州能源研究所等多家大学和研究机构都在对地源热泵进行研究。

中国的地源热泵的研究和应用时间不长，与国外相比，在热泵机组空调系统优化设计和工程应用上还存在一定差距。2003 年《水源热泵机组》GB/T19409—2003 的正式颁布，标志着中国国内的地源热泵利用已经进入了一个全新的阶段，2005 年《地源热泵工程技术规范》GB50366—2005(2009 年修订)的正式执行，对规范化国内的地源热泵工程市场起到一定作用。

当前中国面临着巨大的能源压力，一方面中国的经济要保持较高速度的增长，另一方面又必须考虑环保和可持续发展问题。所以要求提高能源利用效率，进行能源结构调整，使用可再生能源，开展低碳经济。能源利用效率提高，会鼓励各种节能设备和技术的推广，能源结构调整的方向就是从以煤炭和石油等“有形能源”的一次能源为主转为以可再生能源为主。在中国的能源消耗中，建筑耗能的比例相当高。为了降低建筑能耗，地源热泵技术具有广泛应用前景。

20.2　地源热泵技术特点

地源热泵系统是一种利用地下浅层地热资源既可供热又可制冷的高效节能环保型空调，以其可利用再生能源、环境效益显著、应用范围广泛、运行稳定、安全、可靠且使用寿命长等特点被誉为目前可使用的对环境最友好和最经济有效的制热、供冷系统。地源热泵系统的能量主要来源于地下低品位能源，它不向外界排放任何废物，是一种理想的“绿色空调”，具备以下特点。

1) 属可再生清洁能源利用技术

地源热泵是利用了地球表面浅层地热资源(通常小于 400m 深)作为冷热源进行能量转换的供暖空调的系统。地表浅层是一个巨大的太阳能集热器，收集 47%的太阳能量，比人类每年利用能量的 500 倍还多。它不受地域、资源等限制，真正是量大面广、无处不在。这种储存于地表浅层近乎无限的可再生能源，使得地能也成为清洁的可再生能源的一种形式。

同时地源热泵技术利用地下浅层能源的过程中，不会引起区域性的地下以及地表水污染。地源热泵技术为可再生能源和清洁能源技术，水源热泵系统的水源水经过热泵机组后，只是交换了热量，水质几乎没有发生变化，经回灌至地层或重新排入地表水体后，几乎不会造成对原有水源的污染；利用地下埋管形式换热的土壤源热泵系统通过闭式管路内流动的水体与周围岩土体进行热交换，不消耗水也不会对水体产生污染。

2) 属经济有效的节能技术

地球浅层岩土体或水源的温度一年四季相对稳定，冬季比环境温度高，夏季比环境温度低，是很好的热泵热源和空调冷源，基于该特性地源热泵系统比传统空调系统运行效率高 40%，一般情况下，地源热泵的制冷、制热系数可达 3.5～5.5，因此，运行费用也相对节省 40%左右。另外，恒定的地源特性，也使得热泵机组运行更可靠、稳定，保证了系统的高效性和经济性。

与锅炉(电、燃料)供热系统相比,锅炉供热只能将 90%以上的电能或 70%～90%的燃料内能转化为热量,供用户使用。

与传统的空气源热泵相比,空气源热泵的制冷、制热系数通常为 2.2～3.0,,而且在冬季环境温度过低时,空气源热泵将无法工作;地源热泵方式的能量利用效率要比空气源热泵高出 40%以上。

3) 环境效益显著

地源热泵和其他电制冷式的中央空调机组一样,都需要电能作为驱动能源。电能本身为一种清洁的能源,但在发电时,会消耗一次能源并导致污染物和二氧化碳温室气体的排放。

所以对于电制冷式的中央空调机组,能效比的高低便间接反映了该空调系统环境污染程度。地源热泵是一种高能效比(能效比 3.5～6.0)的节能设备,地源热泵除消耗少量的电能外运行无任何污染,其运行过程无燃烧、无排烟、也无废弃物,同时噪音低;考虑到耗电环保,比空气源热泵节能 40%以上,比电供暖节能 70%以上。地源热泵虽然也采用制冷剂,但比常规空调装置减少 25%的充灌量;且属自含式系统,即能在工厂车间内事先整装密封好,因此,制冷剂泄漏概率大为减少。鉴于地源热泵显著的环保特性,即可安装在高速公路站区,又完全可以安全安装在人口密度较大区域内,无任何后顾之忧。

4) 一机多用,应用范围广

地源热泵系统可同时实现供暖、空调、生活热水于一机,即一套系统可替换传统的锅炉加空调两套系统;可应用于高速公路站区、宾馆、商场、办公楼、医院、学校、居民住宅等多种建筑,更适合于别墅住宅的采暖、空调。

5) 地源热泵空调系统维护费用低

作为地源热泵系统冷热源,地球浅层岩土体或水源温度一年四季相对恒定的特性,使得地源热泵机组运行更可靠、稳定,也保证了系统的高效性和经济性。在同等条件下,采用地源热泵系统的建筑物能够减少维护费用。地源热泵机组非常耐用,它的机械运动部件非常少,机组使用寿命长,均在 20 年以上;系统的其他部件不是埋在地下便是安装在室内,避免了室外的恶劣气候对部件的影响,其地下部分使用寿命可达 50 年,地上部分可保证 30 年。

当然,像任何事物一样,地源热泵也不是十全十美的。如其应用会受到不同地区、不同用户及国家能源政策、燃料价格的影响;一次性投资及运行费用会随着用户的不同而有所不同;采用地下水的利用方式,会受到当地地下水资源条件的制约;采用地埋管换热的利用方式,会受到当地地下地层岩性条件的限制。

20.3 地源热泵系统组成及工作原理

地源热泵技术是利用地球表面浅层地能资源如浅层岩土体、地下水、河流和湖泊中吸收的太阳能和地热能而形成的低温低位热能资源,并采用热泵循环,通过少量的高位电能输入,实现低位热能向高位热能转移的一种技术。通过消耗少量(20%～25%)高品位能量，将地下浅层大量不可直接使用的低品位可再生能源转换成可直接利用的高品位能源的装置叫做地源热泵。无废水、废气、废渣、废热等排放，属于经济效益、社会效益和生态效益显著的社会公益技术，被称为 21 世纪的绿色空调技术；地源热泵系统工作稳定，系统故障率低，维护保养费用相对较低。

由于地下一定深度的土壤和水体温度一年四季相对稳定，冬季比环境空气温度高，夏季比环境空气温度低，是一种十分理想的中央空调可利用的冷热源，这种温度特性使得地源热泵比传统空调系统运行效率要高 40%左右，节省运行费用 50%左右；地温恒定的特点也使热泵机组运行更可靠、稳定，保证了系统的高效性和经济性。与锅炉（煤、油、电）供热系统相比，锅炉供热只能将 90%以上的电能或 70%～90%的燃料内能转化为热量，供用户使用；与传统的空气源热泵相比，地源热泵系统的能源利用效率要比空气源热泵高出 40%以上。地源热泵机组工作原理就是在夏季将建筑物中的热量转移到土壤和水体中，由于土壤和水体温度低，所以可以高效地带走热量，而冬季，则从土壤和水体中提取能量，由热泵原理通过空气或水作为载冷剂提升温度后送到建筑物中。通常地源热泵消耗 1kW 的能量，用户可以得到 6kW 以上的热量或冷量。

20.3.1　地源热泵系统的主要组成部分

热泵空调系统是由热泵机组把外换热系统与内换热系统有机联系组成的一个整体。

1）热泵机组

该部分是整个地源热泵空调系统的核心部分，机组通过消耗少量的电能，夏季产出冷冻水送进空调房间给房间供冷、冬季产出热水送进供暖房间给房间供暖。

2）室外换热系统

室外换热系统主要指从热泵机组到取能终端的所有设备及管路系统。对于通过水源取能的水源热泵空调系统，室外换热系统主要指取水、回水构筑物以及从水体到热泵机组之间的辅助设备和管线；而对于室外埋管换热式地源热泵空调系统，室外换热系统部分主要指室外区域浅层埋管，以及埋管到热泵机组之间的辅助设备和管线等。

3）室内末端热交换系统

此部分为整个地源热泵空调系统实现空调供暖的终端设备，地源热泵机组制得的冷水和热水最终通过该部分实现给建筑物空调或供暖。主要形式有风机盘管冷热交换系统、高效暖气片换热系统及地板辐射采暖系统等。

20.3.2　地源热泵空调机组工作原理

1）地源热泵空调机组主要部件

地源热泵空调机组和其他电制冷式空调机组的制冷、制热基本原理相同。其主要部件为压缩机、冷凝器、膨胀阀、蒸发器。

2）机组工作循环原理

①从压缩机开始，制冷工质（如氟利昂 R22）在压缩机中经过压缩后，变为高温高压的气体（温度一般低于 105℃）；②经过冷凝器冷却后，变成低温（温度一般在 40～60℃）高压的液体；③低温高压的液态氟利昂经过膨胀阀，通过节流作用，从膨胀阀出来的制冷工质

压力和温度进一步降低；④再流经蒸发器，制冷工质蒸发吸热变为气体，再回到压缩机。完成一个制冷压缩循环。

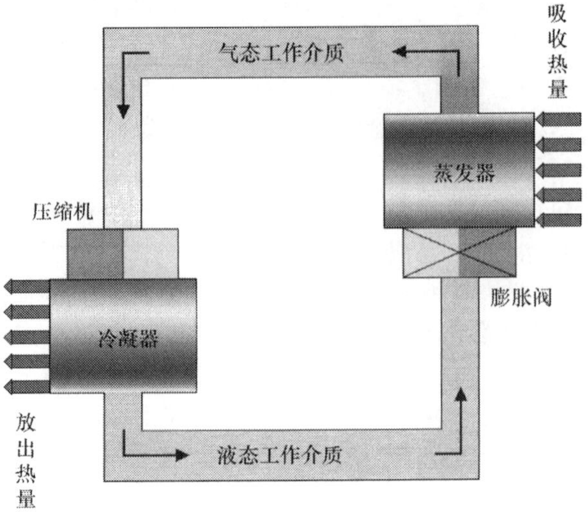

图 20-1　地源热泵空调机工作原理图

20.3.3　地源热泵供冷、供暖运行原理

地源热泵工作原理：冬季，热泵机组从地源（浅层水体或岩土体）中吸收热量，向建筑物供暖；夏季，热泵机组从室内吸收热量并转移释放到地源中，实现建筑物空调制冷。根据地热交换系统形式的不同，地源热泵系统分为地下水地源热泵系统、地表水地源热泵系统和地埋管地源热泵系统。

1）地源热泵制冷原理及供冷原理图

地源热泵系统在制冷状态下，机组内的压缩机对冷媒做功，使其进行汽—液转化循环。通过冷媒/水热交换器内冷媒的蒸发将空调循环水所携带的热量吸收至冷媒中，在冷媒循环的同时再通过冷媒/水热交换器内冷媒的冷凝，由地源侧循环水路将冷媒中所携带的热量吸收，最终通过室外地能换热系统转移至地下水或土壤里。在室内热量通过室内采暖空调末端系统、热泵机组系统和室外地能换热系统不断转移至地下的过程中，通过水—空气热交换器（风机盘管），以 5～12℃的空调循环水与室内空气热交换的形式为房供冷。

2）地源热泵制热原理及供热原理图

地源热泵系统在制热状态下，通过水管路阀门切换，把空调循环水与冷凝器换热、蒸发器与地源侧换热即可实现。通过冷媒/水热交换器内冷媒的蒸发将地源侧循环水所携带的热量吸收至冷媒中，通过室外地能换热系统吸收地下水或土壤里热能；在冷媒循环的同时再通过冷媒/水热交换器内冷媒的冷凝，由空调水循环水路将冷媒中携带的热量吸收，温升到一定温度后，通过水—空气热交换器（风机盘管），以 45℃左右的空调循环水与室内空气热交换的形式为房供暖。

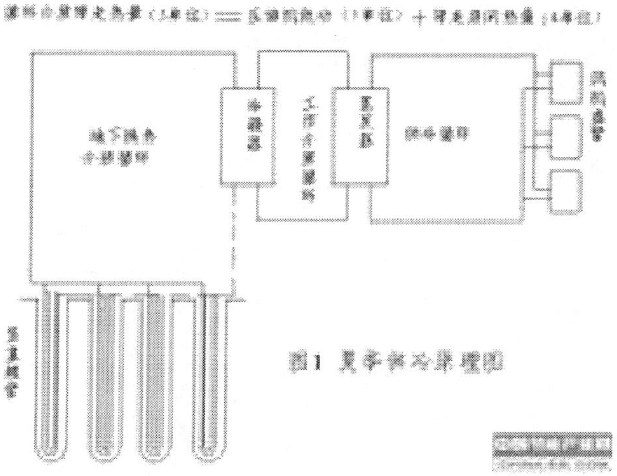

图 20-2　地源热泵制冷原理图

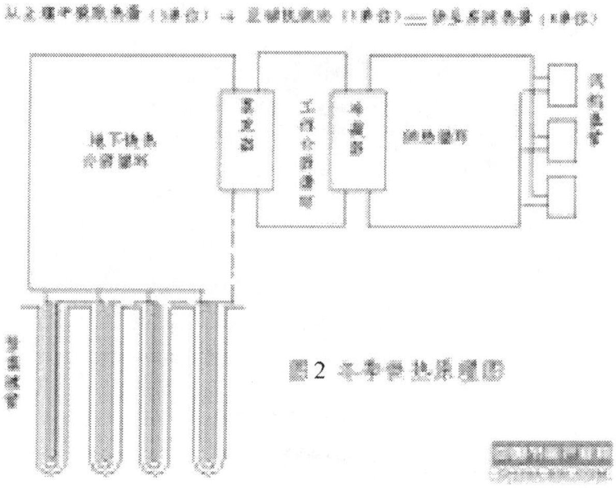

图 20-3　地源热泵制热原理图

20.4　地源热泵系统分类

从学术角度，换热的对象无论是水体或岩土体的蓄能，都是以水作为热泵机组的冷热源供给载体时，都可以归类为地源热泵系统。

20.4.1　国外相关机构对地源热泵归类

根据 ASHRAE Handbook：HVAC Applications(1995)的分类，将地热能资源按温度范围不同分为三类，其中地源热泵应用类包括了地源热泵的两种方式：水源和埋管换热式土壤源地源热泵。

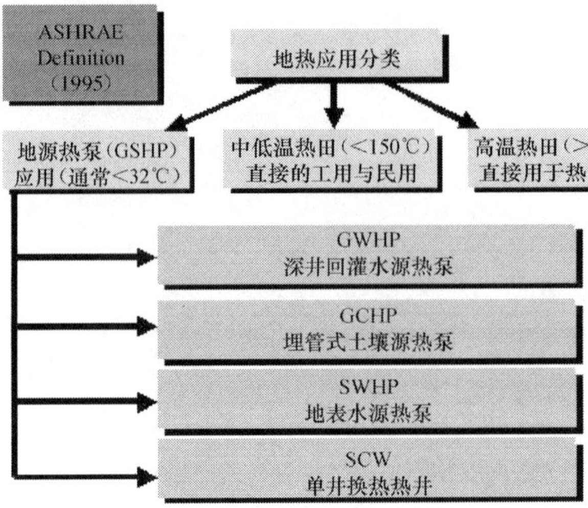

图 20-4

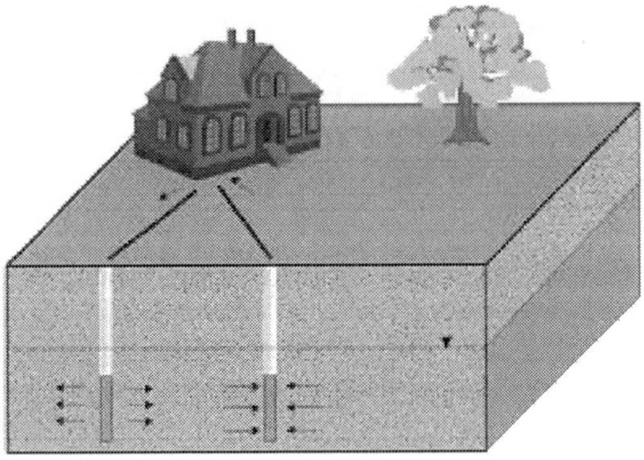

图 20-5

1) 深井回灌式地源热泵系统

深井回灌式地源热泵系统,也就是通常所说的地下水热泵系统(ground water heat pumps,GWHPS)。通过建造抽回水井群将地下水抽出,通过二次换热或直接送至地源热泵机组,经热交换后,由回灌井群灌回地下。

2) 地表水地源热泵系统

通过直接抽取或者间接换热的方式,利用包括具备可利用温度特征的江水、河水、湖水、水库水以及海水作为热泵冷热源的热泵系统划分为地表水地源热泵系统(surface-water heat pumps,SWHPS),其中利用海水作为热泵冷热源的热泵系统也称海水源热泵系统。

3) 水平埋管地源热泵系统

通过地表开挖,在一定深度(当地冻土层以下的经济深度)水平敷设换热管道,形成闭式系统方式通过中间介质(通常为水或者是加入防冻剂的水)作为热载体,使中间介质在埋于土壤内部的封闭环路中循环流动,从而实现与土壤进行热交换而给热泵机组提供热源(汇)的目的,划分为水平埋管地源热泵系统(horizontal ground-coupled heat pump)。

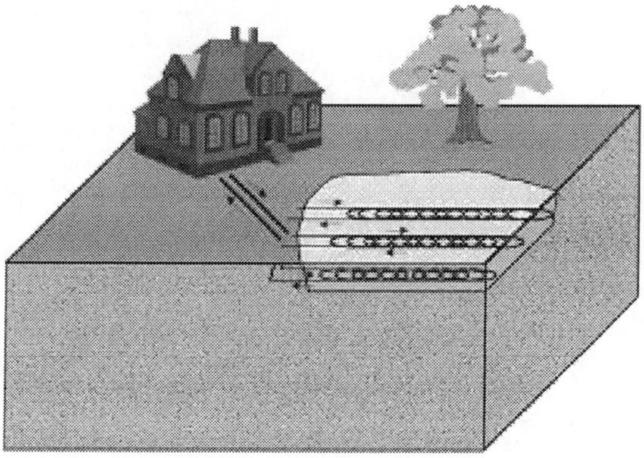

图 20-6

4）竖直埋管地源热泵系统

通过机械钻井，在一定深度（经济深度）竖井内安装换热管道并采用合适回填材料回填，形成闭式系统方式通过中间介质（通常为水或加入防冻剂的水）作为热载体，使中间介质在埋于土壤内部的封闭环路中循环流动，从而实现与土壤进行热交换而给热泵机组提供热源（汇）的目的，划分为竖直埋管地源热泵系统（vertical borehole ground-coupled heat pump）。

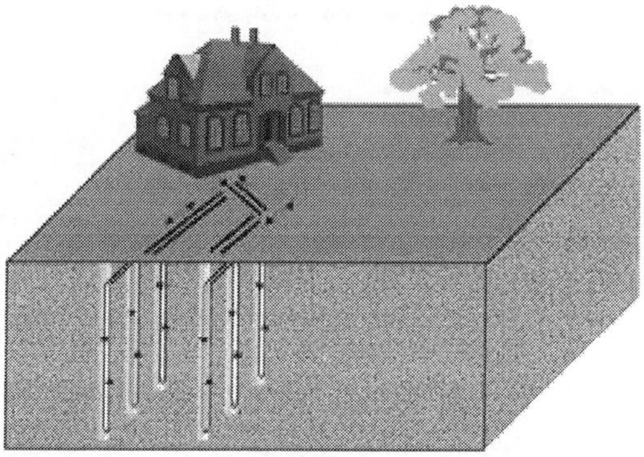

图 20-7

第 3、4 两种方式都归属于地下耦合热泵系统（ground-couple heat pumps，GCHPS），也称埋管式土壤源热泵系统，埋设管组部分术语称 Ground heat exchanger 地下热交换器。

5）单井换热地源热泵系统

单管型垂直埋管地源热泵，在国外常称为“热井”。这种方式下，在地下水位以上用钢套作为护壁管，水位以下不加任何固井设施。热泵机组出水直接在孔洞上部进入，其中一部分在地下水位以下进入周边岩土换热，其余部分在边壁处与岩土换热。换热后的流体在孔洞底部通过埋至底部的回水管被抽取作为热泵机组供水。这一方式主要应用于岩石地层，对地下围岩温度等要求较高，国内鲜有应用。

另外，地源热泵中的地下地源热泵方式也可以归类于地下季节性蓄能应用领域。北欧及中欧部分国家倡导利用浅层地热以及地下蓄能为建筑物提供冬夏季供暖及空调，这

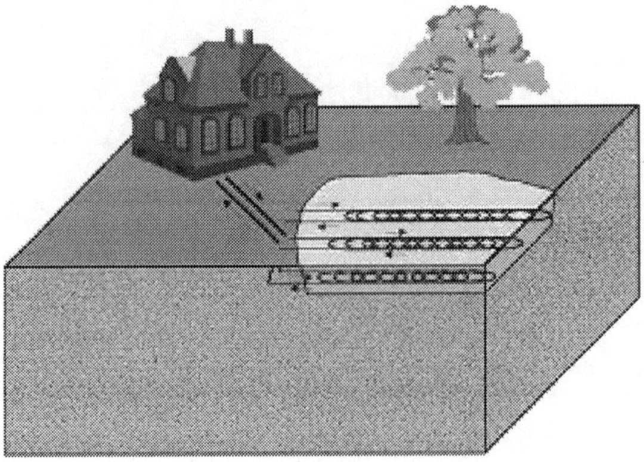

图 20-8

些国家更为关注地下季节性蓄能应用，做出了图 20-9 所示的分类。

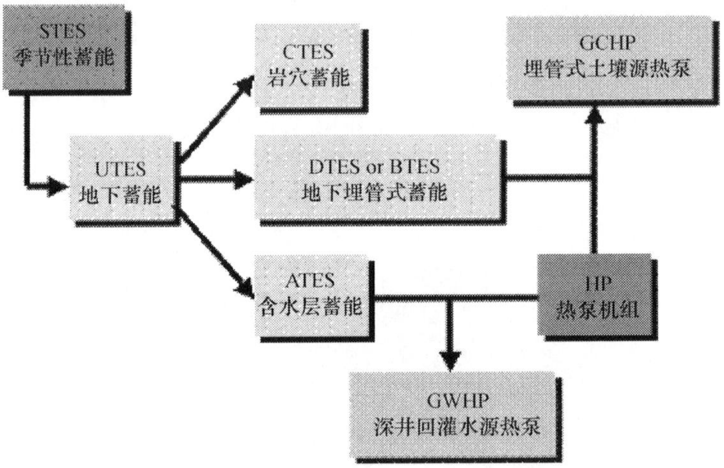

图 20-9

从原理上说，含水层蓄能应用领域与深井回灌式地源热泵方式具有很多相同之处，两者涉及的系统地下部分的施工工艺、设计原则以及相关的理论大致相同。北欧及中欧部分国家对于含水层蓄能的应用研究的许多成果都可以借鉴，应用于深井回灌式地源热泵方式的相关应用和研究。

20.4.2　国内业界对地源热泵归类

由于中国幅员辽阔，南北跨越多气候带、东西地形地势及地下水文地质条件差异大，所以对热泵空调的利用形式多种多样，就当前在国内主要使用形式而言，主要参考 ASHRAE 的分类划分标准，国内业界对地源热泵划分如下。

采用地下浅层资源或地表资源进行换热实现空调目的热泵空调统称地源热泵系统，划分为两种方式：水源热泵系统和土壤源热泵系统，其中土壤源热泵系统包含竖埋管换热形式及水平埋管换热形式，水源热泵包括深井回灌式水源热泵系统、地表水水源热泵系统、单井换热水源热泵系统、海水水源热泵系统等。

目前也有部分人根据地源热泵对水源的利用方式的不同，可以分为闭式系统和开式系统两种。闭式系统是指在水侧为一组闭式循环的换热套管，该组套管一般水平或垂直埋于地下或湖水海水中，通过与土壤或海水换热实现能量转移(其中埋于土壤中的系统又称土壤源热泵，埋于海水中的系统又称海地源热泵)；开式系统是指从地下抽水或地表抽水后经过换热器直接排放的系统。

对于北欧及中欧部分国家倡导的分类，国内倾向与把含水层蓄能的热泵应用化为深井回灌式水源热泵系统，把岩穴蓄能(相当于国内进行的地下防空洞蓄能)归于空气源热泵类。

以季节性地下蓄能方式为例，其冷热源提供可以为天然冷热源，例如，将冬季室外的降雪或冷水回灌入蓄冷井群，夏季抽取被蓄存的冷水作为空调的冷源，夏季将温度较高的地表水回灌入蓄热井群，冬季抽取被蓄存的热水作为空调预热的热源；而当采用热泵机组作为冷热源提供时，也就是说冬季将热泵机组出口的冷水回灌入蓄冷井群，而夏季将热泵机组出口的热水回灌入蓄热井群，这一方式也可以归类为典型的深井回灌式地源热泵方式。

综上所述，地源热泵可以归属为两个分支：地下地源热泵以及地表地源热泵；也可以归属为地下季节性蓄能应用与热泵技术的结合应用。但是需要强调的是，不同应用方式的分类，是为了让人们更便捷地了解或推广应用某种技术，而实际上各种不同的分类之间可能存在一定的交集。

地源热泵系统包含了抽地下水方式、埋管方式、抽取地表水方式、抽取海水方式等，具体采用某种方式要考虑功能需求并结合建设地的具体条件选择。

20.5　地源热泵系统节能特性

地源热泵技术是一项先进的空调技术，利用大地的恒温特性，解决采暖和制冷问题，属可再生能源利用技术，一套系统既解决了冬季采暖又解决了夏季制冷，与采用锅炉(煤、油、电)供暖＋分体空调制冷方式相比，不但系统简单且可减少后期管理维护费用，并节约能耗，减少排放，减少对环境的污染，节能、环保效果显著。

20.5.1　地源热泵系统的节能原理

地源热泵空调系统通过消耗少量(20％～25％)高品位能量(通常为电能)，将地下浅层大量不可直接使用的低品位可再生能源转换成可直接利用的高品位能源的装置叫做地源热泵。无“废水、废气、废渣、废热”等排放，属于经济效益、社会效益和生态效益显著的社会公益技术，被称为 21 世纪的“绿色空调技术”。

地源热泵能量来源由两部分组成：一部分由地下土壤体或水体中汲取(排放)，一般占总供热量的 75％～80％；另一部分由机械功(电能驱动)转变而来，一般占总供热量的 20％～25％；一般情况下，地源热泵的制冷、制热系数可达 4.0～6.0。

由于地下一定深度的土壤和水体温度一年四季相对稳定，是一种十分理想的中央空调可利用的冷热源，这种温度特性使得地源热泵比传统空调系统运行效率要高 40%左右，节省运行费用 50%左右；冬季比环境空气温度高，热泵机组循环的冬季蒸发温度提高，能效比也提高；夏季比环境空气温度低，夏季通过降低机组冷凝温度，提高机组效率；地温恒定的特点也使热泵机组运行更可靠、稳定，保证了系统的高效性和经济性。与锅炉(煤、油、电)供热系统相比，锅炉供热只能将 90%以上的电能或 70%～90%的燃料内能转化为热量，供用户使用；与传统的空气源热泵相比，地源热泵系统的能源利用效率要比空气源热泵高出 40%以上。由于地源热泵系统工作稳定，系统故障率低，维护保养费用相对较低。

用浅层地热能，对替代常规商品能源，改善能源结构，保障能源安全，建设资源节约型、环境友好型社会以及实现可持续发展具有重要战略意义。

除具有的市场潜力和良好的经济性能，地源热泵机组在环境效益方面与其他冷热源方面相比，更具有优势。地源热泵空调系统在运行时全部能源由电提供，无任何污染，空调排热全部进入地下用于冬季采暖，不再对小环境造成热污染，并且不再悬挂室外机，美化了建筑外表面。由于采用闭路循环系统，不消耗任何地下水资源，又不会对其带来任何污染。除此以外，由于其较高的运行性能，可有效降低常规能源消耗，减少温室气体排放，没有燃烧，没有烟气排放，也没有废弃物，不需要堆放燃料废物的场地，不会产生城市热岛效应，对环境非常友好，是理想的绿色环保产品。

随着经济快速发展，社会能源需求急速膨胀，环境污染加剧，全国面临巨大资源与环境压力，亟须提高能源利用效率和能源结构调整。推广和应用地源热泵空调系统的使用，可优化建筑空调能源结构，降低碳排放，有效改善目前大气污染状况，对于改善和保证生态环境具有重要意义。

20.5.2　地源热泵系统技术经济分析

虽然地源热泵系统集空调、供暖、热水于一体，即节能又环保，但地源热泵是否具有经济竞争性依然是一个关键性的问题。由于涉及因素很多，不同地区不同水文地质环境、不同能源结构及不同价格等都直接影响地源热泵系统集的经济性。考察地源热泵系统的经济性主要从系统初投资、使用运行成本及现金流量表等相关经济参数评价出发。以下以冬冷夏热地区多层住宅建筑为例进行简单对比分析。

1. 能耗分析

冬季采暖运行目前采暖方式有集中锅炉房供热方式、热电厂供热方式、分户燃气采暖方式，地源热泵方式。以多层住宅建筑为例，按华北冬冷夏热地区典型的有关指标计算各种采暖方式的能耗。

现有建筑耗热量指标为 31.82W/m^2，设计热负荷指标为 43.82W/m^2，节能建筑耗热量指标为 20.6W/m^2，设计热负荷指标为 28.37W/m^2。采暖全年需热量：现有建筑为 95.46kWh/m^2 年，节能建筑 61.80kWh/m^2 年。集中锅炉：现有供热系统热网输配效率 η

为 0.85，锅炉效率 η 为 0.55。热电厂供电标准煤耗为 0.408kg/kWh，供热标准煤耗为 40.7kg/GJ。地源热泵采暖 Coph＝4.25。

每平方米每年的能耗量的具体计算结果见表 20-1。

表 20-1　采暖能耗分析表

采暖方式	现有建筑能耗		节能建筑能耗	
	耗能量	标准煤	耗能量	标准煤
集中锅炉房	25.08kg	25.08kg	12.41kg	12.41kg
热电厂	13.96kg	13.96kg	9.03kg	9.03kg
分炉燃气采暖	10.6Nm^2	13.02kg	6.86Nm^2	8.43kg
地源热泵	22.46kWh	9.16kg	14.54kWh	5.93kg

从表 20-1 可知，地源热泵采暖方式全年耗能量均低于集中锅炉房和热电厂，节能效益比较明显。当地源热泵的能效系数为 4.0 时，与热电联产供热方式比，采暖的节能率约为 40%。

夏季空调运行成本比较，按国家现行空调能效标准计算，地源热泵的空调运行成本要低于单冷空调，低约 30%。

2. 经济性分析

经济性指的是各种空调采暖方式的初投资、运行费和热价。目前可对比的国内外已采用采暖空调联供方案有：①热电冷三联供，夏季，热电厂抽汽＋蒸汽吸收式制冷；冬季，热电厂抽汽＋汽水换热器换热。②热电冷三联供，夏季、热电厂热水＋热水吸收式制冷；冬季，热电厂热水＋汽水换热器供热。③直燃式冷热水机组，夏季、冬季，直燃式冷热水机组制冷、供热。④电制冷＋燃气(油)锅炉采暖。⑤地源热泵。⑥空气源热泵。各种方案的投资和全年运行成本(不包括户内系统)见表 20-2。

表 20-2　地源热泵系统经济性分析表

项　目	热电冷(蒸汽)	热电冷(热水)	直燃式	电制冷＋锅炉	地源热泵	空气源热泵
投资(万元/kW)	0.223	0.302	0.207	0.206	0.302	0.199
成本(元/kWh)	0.139	0.151	0.214	0.207	0.167	0.220

以地源热泵系统和电制冷＋锅炉供热系统进行具体分析，对于 10 000m^2 的建筑，冬季采暖运行时间按 3000 小时，设计热负荷为 50W/m^2，平均负荷按 35W/m^2。夏季空调运行时间为 2000 小时，设计冷负荷按 70W/m^2，平均负荷获按 56W/m^2。根据上述数据，计算得电制冷＋锅炉供热系统，冷热源投资为 144 万元，年运行费用为 67 万元。地源热泵系统冷热源投资为 212 万元，年运行费用为 53 万元。地源热泵初投资增加 68 万元，年运行费用节约 24 万元，三年的时间即可收回其初投资增加的费用。不同冷暖方式年制冷、供暖费用比较见图 20-10。

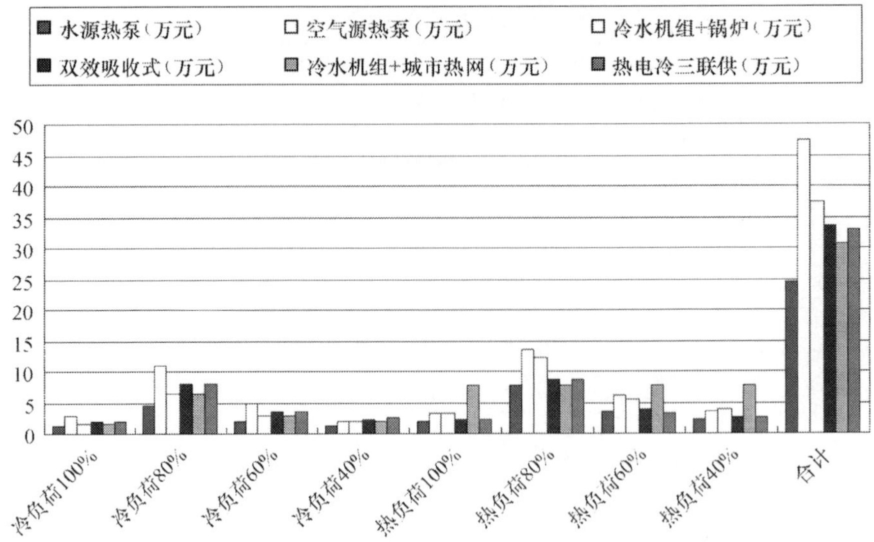

图 20-10　不同冷暖方式年制冷、供暖费用比较柱状图

20.5.3　空调能效国家标准

近年来，由于中国经济持续高速发展，加上各类产品能耗较大，特别是政府对此估计不足。缺乏《节约能源法》相配套的各类法规与产品标准，故在夏季多省区出现了不同程度的拉闸限电，给人民生活和经济发展带来了不利，若长此以往，一定会给中国经济的发展带来严重的瓶颈制约。

在电力供应趋紧的今天，国家出台了房间空气调节器、单元式空气调节机、冷水机组能效等三项空调能效标准，标准规定了房间空气调节器、单元式空气调节机、冷水机组的能效限定值、节能评价值、能效等级（表 20-3）以及超前能效限定值。其中，能效限定值是强制性要求，是空调产品在能效领域的市场准入标准。

表 20-3　冷水机组能源效率等级指标

类型	额定制冷量（CC）/kW	能效比（EER，W/W）				
		1	2	3	4	5
风冷式或蒸发冷却式	CC≤50	3.20	3.00	2.80	2.60	2.40
	50<CC	3.40	3.20	3.00	2.80	2.60
水冷式	CC≤528	5.00	4.70	4.40	4.10	3.80
	528<CC≤1163	5.50	5.10	4.70	4.30	4.00
	1163<CC	6.10	5.60	5.10	4.60	4.20

目前建筑空调电耗已占据我国电力负荷特别是高峰负荷的较大比重，旨在提高我国空调产品节能水平、提高能源利用率的空调能效等级标准出台，为加强运行管理，提高空调的能源效率，空调的节电潜力非常大，占城镇夏季用电高峰负荷 40%的空调成为国家实施能效标识制度的首批产品之一，对于电力削峰填谷、缓解电力瓶颈制约具有重要作用。

美国能源部(the department of energy,DOE)于 2002 年在强制执行标准最低为 10(Btu/W. h)(1Btu=2. 93×10^{-4}kWh)的基础上,考虑技术进步以及节省大量能源并带来环保益处的同时,将其中央空调的强制执行标准提高到 12(Btu/W. h),2006 年继续提高为 13(Btu/W. h)强制执行标准。

2004 年以来,国家有关部门及有关行业协会就相继发布为促进中央空调行业良性发展的各种政策和标准:许可制度、能效标准、建筑节能标准及中央空调工程安装技术规范等制度或标准的出台,对空调行业的发展产生深远的影响的同时,对节约能源消耗、降低碳排放、减轻环境污染产生良好效果。

20.6　地源热泵系统应用

地源热泵空调技术是一项通用的民用技术,热泵设备国内易采购,运行期间主要采用电能驱动,在配电时适当加大配电功率即可;施工设备简单;初期投资稍大,但运营费用低;当前在国家节能减排政策指引下,新建及改造建筑已多有使用。

地源热泵运行不受环境温度等气象条件限制,在不同水文地质条件区域选择水源热泵或土壤源热泵方式要因地制宜;在地温较低地区,由于冬夏吸排热平衡较差,采用该方式节能效果不是十分明显,最好用于全年平均气温高于 5℃、水文地质条件适合地区(有浅层地下水径流且可钻进成孔)且具备埋设地下换热器场地的建筑项目等,尤其适合高速公路房建等公用建筑使用。

根据多数空调专家的观点,地源热泵可划分为直接利用地下水(或地表水)为冷热源的水源热泵和利用地下耦合埋管换热的土壤源热泵,凡类似功能空调机组均可分别划归以上两类之中。地源热泵技术因其高效节能清洁环保等特点,作为一种可持续发展的冷热源形式,国外已有相当多的成功工程应用,自 20 世纪 90 年代我国部分厂家正式推出小型地源热泵空调机组以后,国内空调界现已基本接受地源热泵技术,工程应用也日渐增多,然而地源热泵空调工程作为系统工程整体,因其涉及学科专业多、水源或换热耦合埋管部分工程施工难度大,而致大部分工程不能或未达到预期效果,即便部分地源热泵空调厂家或施工队伍竭力“扬长避短”地渲染其工程效果,却仍有很多地源热泵空调潜在用户及部分暖通设计人员心存顾忌。

地源热泵技术确实是一项较为理想的空调技术,机电制冷技术发展到现在,无论进口地源热泵空调机组还是国产地源热泵空调机组,从其本身而言都基本达到性能稳定质量可靠,只要工程施工过程中解决好水文地质方面的问题,别把这项高效节能清洁环保的空调技术仅当成赢利项目而致浪费地下水、污染破坏区域水文地质环境而失去其可持续发展特性,地源热泵技术定会得到广泛发展应用。

20.6.1　水源热泵系统的应用

在水源热泵空调系统的应用中,热泵空调机组和空调房间室内的设计与应用已经相当成熟,因此,在水源热泵空调系统的实际应用中,水源部分的相关问题便成了热泵系统使用的主要环节。水源系统的水量、水温、水质和供水稳定性是影响水源热泵系统运行效果的重要因素。应用水源热泵时，对水源系统的原则要求是：水量充足、水温适度、水质适宜、供水稳定。所以，凡是满足上述四点的任何水源都可以作为地源热泵系统利用的水源，既可以是再生水源，也可以是自然水源。

再生水源是指人工利用后排放但经过处理的城市生活污水、工业废水、矿山废水、油田废水和热电厂冷却水等水源，有条件利用再生水源的用户，变废为利，可减少初投资，节约水资源。但对大多数用户，可供选择的是自然界中的水源。

在地下水丰富、水文地质条件利于回灌地区适宜采用水源热泵方式解决建筑冷暖问题。取水构筑物是水源热泵空调系统的关键设施，因为它是整个系统的能量来源。因各地的地下水(海水源除外)分布情况各不相同，水源热泵空调工程施工时一定要注重结合当地实际情况进行特殊工艺设计，以充分发挥地水热泵空调机组的清洁环保、高效节能、安全可靠的特点。除水源热泵空调机组的完善设计，在水源的提取回灌、水井防塌陷设计、井水侧大温差供水设计、井水流量的温度变频控制、水质过滤及净化、防垢除垢方面都需有全面、完善的保证措施及特殊工艺，为确保它的使用效果、使用寿命和回灌效果，应由经过长期大量的工程实践、具备丰富的水文探采经验水文地质及相关技术人员把关施工。

1. 水源热泵空调机组的水量水质要求

1) 取水构筑物出水量

任何一个工程在决定采用水源热泵空调前，应当根据本工程建筑体最大总冷热负荷量要求选配水源热泵空调机组型号数量，然后根据选配机组情况计算地下水用量，结合区域水文地质条件考察工程所在地场地条件能否满足该水量提取与回灌的建井要求，若不能满足条件，最好更换空调形式。水源需求量计算方法如下。

夏季水源需求量算法：(空调机组总制冷功率＋机组总电耗转化为热能部分)/水比热及温差＝夏季用水量。

冬季水源需求量算法：(空调机组总制热功率－机组总电耗转化为热能部分)/水比热及温差＝冬季用水量。

以上算法思想：从取水构筑物侧提取或由取水构筑物侧挟带出能量/水比热及温差＝井水用量。建井设计时取最大值。

对任何水源热泵空调厂家，用不足井水量都不可能供出工程需求的冷热量，取水构筑物抽水量足够与否关系到整个空调工程运行，因为能量来源于足量的井水；若厂家在机组设计制造过程中采用大温差节水技术(井水侧 8～10℃)，相对传统设计(井水侧 4～5℃)可节水 50%左右，工程施工时如增加随机组负荷变化而变化的井水变频控制系统装置，也可节约一定量的井水，同时利于尾水回灌。

2) 水源水质

水源水要通过机组换热器换热后转换能量给水源热泵空调机组输出以供制冷或取暖，为防止系统管道堵塞和换热器腐蚀而影响机组性能，除采取一些物理办法(如加装除沙器和电子水处理仪)及化学方法(如软水仪和投药软化)，还必须掌握区域水化学特征，以确保所采用水源水含沙量及水质达到机组使用要求。

一般地下第三系含水层较少，第四系含水层较多，水量丰富，除污染严重或咸碱水区域，地下水物化特性如矿化度、NH_4^+、Cl^-、SO_4^{2-}、NO_3^-、NO_2^- 等比较适中，用物理方法（如通过电子水处理仪等）改变井水中矿物质离子电性基本可缓解结垢，腐蚀性离子含量较低，在机组设计使用寿命期内其腐蚀量可不考虑。在第四系建井连续抽水最关键的是井水含沙量问题，由于含水层依托的第四系地层均为沙层，地下水运移到井孔必然携带大量沙砾，如果被长期不间断地抽到地面空调管路系统，不但可以磨穿换热器板片或换热铜管，还可能造成管路阻塞，即便加装过滤器，以上损坏仍有可能，更有甚者因长期抽沙形成井壁坍塌，影响第四系地层力学特性，造成地层湿陷。最基本的解决方法是在建井过程中为井壁花管（透水管）做好防沙砾渗透处理，若要等到把沙砾抽到地面再去过滤，本空调工程将会变成一个危险的工程，至少是一个系统不完善的工程。

在第四系与第三系地层覆盖较薄区域，水源大都采自基岩，华北地区由于寒武纪地层埋藏大部分较深，一般建井是在奥灰地层，水源是原生水（随地层形成而形成，与外界基本无连通交换）或次生水（有一定的补给关系，与外界连通交换并有区域流动和流向）。原生水水质与其形成地质时代有巨大关系，大都埋藏较深，目前水文地质界把它看做“战备水”而不建议开采；次生水是区域降雨可以补充的地下水，华北地区常采的一般是奥陶系灰岩地层水，水文地质界称为“奥灰水”，由其形成特性决定其水量水质。

华北地区地下基岩水水质有以下规律：径流强的石灰岩类地区，基于地下水形成特性，地下水径流流速较高，水流携带能力强，因此本类地区地下水矿化度及硬度低，NH_4^+、Cl^-较少，SO_4^{2-}、HCO_3^{2-}、Ca^{2+}、Mg^{2+}等却偏高；径流差的（石灰岩或含石膏类）地区，因地下水径流流速较低，水流携带能力差，非但水量小，水质也差，其水矿化度及硬度、NH_4^+、Cl^-、SO_4^{2-}、Na^+都较高；含石膏类地层一般径流条件偏差，相应水质也很差，其水矿化度及硬度、NH_4^+、Cl^-、SO_4^{2-} 等都很高。

施工水源热泵空调工程前，一定要先了解工程地的区域水文地质条件。在第三系、第四系地层较厚且含水层丰富地区，应以采第三系、第四系水为主；在第三系、第四系地层较薄或缺失地区，就要考虑基岩含水层，基岩含水层水量水质都与区域水文地质形成条件有巨大的关系，区域水文径流条件好，其水量就丰富，抽水回水都易解决，水质也较适用于水源热泵空调机组使用，否则就需要详细分析论证。在仅有原生水含水层区域，不建议施工水源热泵空调工程。区域水质的好坏与水中各种离子含量有直接关系，要分析区域地下水水质的好坏，可以先分析该区域地下含水层的化学环境，氧化环境或还原环境下的含水层水中各种离子含量肯定是不同的。在施工水源热泵空调工程前期调查中，一定要把区域水文地质情况搞清楚，否则会造成资源浪费或空调工程的失败。

2. 地下水源探采

有些地区由于第四系、第三系地层薄或第三系地层缺失，基岩埋藏浅，这类地区一般都在基岩层建井，如果基岩含水层为原生水，本区域一般不会有太理想的水量，即便水量能满足要求，其换热效果也有可能不会太好，因为这类含水层基本是不流动的，仅可作为一个大的蓄热或蓄冷体，与外界的热交换仅通过周围岩体骨架进行，抽回水井水水温具有强相关性，连续工作一段时间后抽水井出水水温会向回水井回水温度强烈渐近，在一定程度上会影响水源热泵空调机组的 COP 或 EER。在基岩含水层为次生水的区域，其含水层大致分为溶洞、岩石裂隙、孔隙等，含水层水量有一定的补给关系，按其补、泾、排顺序，从补给源到被补给地层的地下大区(水)域，地下水流动速度或强度与补给强度相关度大，含水层水量大小与补给源大小强度直接关联。在一个地区施工前，一般要求用物探及化探方法结合区域水文地质分析探明地下水定性含量、流向及补泾排关系，然后方能较有把握施工。

无论是第三系第四系含水层还是基岩含水层，其地下水特性都可以用水文物、化探方法探明，根据该方法探明区域水文地质状况，决定本地区能否施工水源热泵空调工程或设计施工井孔数量深度等，这样既能确保工程成功又不至于浪费资源。

3. 水源热泵空调尾水回灌

目前业界针对水源热泵空调工程用空调尾水回灌已提出过一些理论方法，如真空回灌法、负压回灌法、自然回灌法等，只是详细分析论述什么方法适用于何种地层回灌及详细回灌方法等的文献却很难找到，专门做回灌课题的机构也不多，空调界缺乏必要的水源回灌方面的理论和实践指导，以至于国内水源热泵空调工程越做越多，空调尾水回灌也越来越“泛乱”，这种现象将会严重影响水源热泵空调技术的进一步推广应用。

在第三系第四系含水层建井，其含水层地质结构一般是胶结较差或没有胶结的中、粗、细沙或沙砾层，其骨架空隙已被负压水(不同含水层水头不同)充填，当再有水向其层内充填时，一定需克服本含水层水头的阻力，两者压差越大回灌量相应加大，但并非线性正比例关系，当灌入量达到此井正常可取水量的 40%～80%(不同地区有不同系数)，回灌压力再增大时回灌量基本不再增加。根据水文地质界经验，第三系第四系含水层地下水抽水量全部回灌条件为抽回水井含水层井壁面积比例 1∶3～4 的参数分析，水源热泵空调工程用水源建井应至少有一抽水孔三回水孔的比例，同时在建井时应注意井壁管结构及防沙滤层密度，应用过程中注意不出现沉沙、糊井现象，定期用大流量回扬及 CO^{2-} 负压洗井，以确保回灌效果。

在基岩含水层建井，其含水层地质结构一般为溶洞、岩石裂隙、孔隙等，其岩体骨架空隙已被负压水(不同含水层水头不同)充填，当再有水向其层内充填时，也需克服本含水层水头的阻力，两者压差越大回灌量相应加大，只是基岩含水层一般水位较深，这时的负压回灌靠井水泵扬程施行就会能耗过大，回灌目的层所受的压力是井筒内水的自然压力。基岩含水层水量回灌模型基本类似第四系地层，区别是基岩非含水层地层裂隙或破碎带能大量容纳回水，不至于让地下水浪费。水源热泵空调工程在基岩建水源井，不必按第四系建井保证抽回水孔数目比例，应根据区域基岩水文地质条件确定其数目，在建井时应注意井壁管结构合理性，应用过程中注意不出现沉沙、尾水结垢堵塞含水层等现象，定时定期用大流量回扬及偏硫酸钠酸化洗井，确保回灌效果。

施工水源热泵空调工程中水源探采回灌是工程的关键，水源井抽水量足够与否关系到整个空调工程成败，回水井能否如数回灌空调尾水或以污染尾水回灌将影响区域水文地质环境，施工水源热泵空调工程，应以空调尾水全部回灌为原则组织施工，力争空调水源抽回水不影响第四系地层力学特性而保证楼宇地基安全，不影响区域水文地质环境。

4. 水源热泵大温差节水问题

水源热泵空调机组作为空调家族的一个分支，凭借其节能、环保、功能完备、运行稳定及易于管理等特性正在快速扩大其市场份额，然而其能量来源的根本——水源能否合理适量利用、如数回灌却关涉甚多，为节约井水泵拖动能，利于地下水回灌，应提倡水源热泵空调机组井水侧大温差供水的广泛应用。

水源热泵空调机组井水侧大温差供水通过减少地下水的提取量，从而节约井水泵拖动能；根据水文地质界经验，地下水抽水量全部回灌条件为抽回水井含水层井壁面积比例 1∶3.5～4 的参数分析，井水侧大温差供水不但利于热泵尾水回灌，节约井水泵拖动能，还可节约工程成井及井水供回水管道初投资。只要空调机组因经过大温差供水后蒸发温度的降低(冬)或冷凝温度的升高(夏)而使压缩机能耗增加量不大于井水泵因减少供水量而节约的拖动能，而且不因工况的改变而影响系统正常运行，水源热泵空调机组井水侧大温差供水的方法切实可行。

当井水回水温度不超过水源热泵空调机组要求温度极限，制冷工质就可与其充分换热；通过改变换热器内部结构，增加换热器内水源行程，就可以适量减少井水用量。目前大多数水源热泵空调机组满负荷运行时井水侧供回水温差一般取 4～5℃，通过改变机组系统结构，设定机组满负荷运行时井水侧供回水温差为 8℃，则井水用量相应减少 40%～50%，机组运行时蒸发温度(冬)降低 3～4℃或冷凝温度(夏)升高 3～4℃引起压机能耗稍有增加，此工况点压机能耗增加量与井水泵能耗减少量基本相等，机组并没因井水量的减少而更多地浪费高品位电能，只要此时系统的 EER 或 COP 没有降低，此工况点空调机组制冷量或制热量的些许降低不会构成问题。为增加井水侧大温差供水优势，基本达到减少或忽略此工况点空调机组制冷量或制热量降低的劣势，井水侧还需安装变频设备。根据多数水源热泵空调机组皆具备能量分级或无级调节功能，建筑物冷热负荷发生变化，不同的负荷特征下机组井水耗用量不同的特性，井水供给量也应随之变化，通过井水供回水温度反馈信号，用变频器通过设定井水供回水温差控制井水泵变频，调节井水供水量，实现井水供给量与空调机组正常运行井水需求量的匹配，一方面节约电能，另一方面通过负荷低谷减少出水量，有助于地下传热的进行，使水温更加恒定，也更有利于井水的回灌。

井水侧大温差供水应用于直接式水源热泵效果良好，只要通过一些方法扩大其优越性，此工况点空调机组制冷量或制热量降低的劣势就可以减少或忽略，尤其是在地下水水位埋深大或较缺水地区，其优势更加明显，但在水质较差地区安装间接式水源热泵时，本方法的应用受到一定的限制。

5. 水源热泵水源井可维护设计及维护

为确保水源井的使用效果、使用寿命和良好回灌，建井工程设计施工中应采取以下措施。

(1) 水井工艺：空调水源井出口加装旋流除污器，以保证水质；根据不同含水层的分布状况在井筒适当部位封闭止水，然后采用严格密封工艺，防止井壁坍塌、地表水渗漏或回灌水反渗，杜绝影响地面建筑物的地基结构，确保地面建筑安全。

(2) 使用寿命设计:第三系第四系建井井壁套管全部采用钢管固井,出水含水层段花管部位缠丝包棕毛,水井寿命设计一般应达到 20 年以上。基岩建井覆盖层采用钢管井壁套管全部采用固井严格封闭止水,基岩破碎段和易掉块段套管固井,水井寿命设计一般应达到 25 年以上。

(3) 防塌陷设计:第三系第四系湿陷性、半湿陷性土壤在回灌不好和承压或回灌水反渗时容易塌陷,设计施工时根据区域第四系地层土壤力学特性、浅层含水层埋深、区域水位及预计加压回灌施加压力,正确确定井口封止水段厚度,以免地表水渗漏或回灌水反渗,基本可避免湿陷塌陷。

(4) 水源井水可维护设计:任何水源井因地层及含水层的关系,无论抽回水井在运行一段时间后其出水量或回灌量都会出现一定量的衰减,应定期维护。第三系第四系水源井应定期用大流量回扬及 CO^{2-} 负压洗井,基岩井应定期用大流量回扬及偏硫酸钠酸化洗井,基本能解决水源井寿命期内按初设计能力持续运行。

6. 水源热泵水源井与区域水文地质环境的关系

任何抽水井长时期抽水都会对区域水文地质环境造成影响,影响度大小与地下富水程度等有关。无论第四系水井还是基岩水井,长期大量抽取地下水都会在井孔周围形成漏斗,当在本水文地质区域内影响半径足够大时,就导致地下水水位下降,影响区域水文地质环境,当抽出水量全部实时回灌,其扰动范围仅限于抽回水井之间的局部区域,对大环境基本不会造成影响。水源热泵工程水源井抽回水量基本平衡时,就不会造成区域地下水水位下降,仅会影响到含水层温度场的变化,第四系和基岩区含水层内的温度场变化模型不同,基岩含水层特性差异(原生水或次生水)也导致温度场变化模型差异,基岩次生水含水层温度场变化模型也因径流强度不同而不同,再者现场抽回水布置差异也影响到模型的分析建立;不管局部地下水温度场分布如何,它仅在一定程度上影响热泵机组的 EER 或 COP,回灌不得法将会造成区域地下水水位下降或水质污染。

不同含水层的地下水有不同的水质,回灌过程中应区别对待,已污染含水层的水不能与较好水质含水层的水混合抽取及回灌;井水系统应是封闭系统,用缓流池蓄水后回灌也有可能影响地下水水质。

水源热泵技术作为现代空调技术分支之一,正以其环保、节能及可持续发展等特点优势逐渐被广大用户接受和业界推广,凭借其无污染特性有可能取代传统燃煤燃气燃油锅炉等污染空气的传统供热方式,这种技术将带来节能环保还是区域水文地质环境恶化,关键是看水源热泵厂家和空调施工方对待责任的态度和技术施工能力,若都能以极负责任的态度对待环境,把环保和可持续发展放在优于本企业发展之上,水源热泵技术将会有可喜的发展前景。

20.6.2　土壤源热泵系统的应用

作为环保、节能的供冷、供暖地源热泵系统,在我国发展已有数十年的时间,尤其是近几年,地源热泵技术发展更是迅速,地源热泵空调系统的优越性也越来越被人们认可。地源热泵将有更广阔的应用空间。

在初投资能力相对较强，地质水资源状况适宜的地区，随着产品本身的技术进步和企业经营信用的上升，土壤源热泵系统将迎来一个高速发展的时期。

土壤源热泵系统的核心是土壤耦合地热交换器，即室外地埋换热系统。工程的成败关键在于室外地下换热器工程设计数量及施工的质量，土壤源热泵空调系统工程设计及施工首先要计算建筑物的冬夏空调负荷，计算出竖直埋管换热器在不同季节的地下换热量，算出总的埋管换热长度以及孔的深度，结合工程所在地的实际情况布置埋管形式。

当前国内土壤源热泵系统室外换热器布设形式采用较多的是竖埋管方式，2005 年《地源热泵工程技术规范》GB50366—2005(2009 年修订)颁发执行之前，土壤源热泵系统工程设计无据可依，设计、施工方式方法比较杂乱，规范正式执行之后对土壤源热泵市场起到规范约束作用，目前多数工程设计施工一般依据以下步骤。

1. 确定设计参数与热泵机组

(1) 计算建筑物空调夏季冷负荷及冬季热负荷(本组数据一般由设计院所提供)。

(2) 确定夏季空调循环水的供回水温度(7～12℃)及地埋管进出水温度(由设计院所、建设方、机组厂家根据预期运行费用、初投资量、场地面积、机组性能等确定，一般按5℃地下供回水温差比较经济)，确定机组中工质的夏季蒸发温度及冷凝温度(由机组厂家根据基础数据确定)。

(3) 设定供暖循环水供回水温度，取回水温度比供水温度低 7～12℃。计算冬季地埋管进出水温度(若夏季地埋管供回水温差设计为 5℃，冬季地埋管供回水温差一般在3.5℃左右)，分析热泵机组中工质冬季的蒸发温度和冷凝温度。

(4) 由建筑物空调夏季冷负荷、机组蒸发温度和冷凝温度以及冬季热负荷和冬季机组蒸发温度和冷凝温度，就可以进行热泵机组的选型设计，或将参数提供给生产厂家，由厂家选配热泵机组。

2. 计算系统吸、排热量

根据热泵机组参数计算系统夏季总放热量和冬季总吸热量。

夏季竖直埋管换热器总放热量等于建筑总冷负荷加上埋管最高水温时机组消耗功率(机组消耗功率等于机组夏季冷输出功率除以埋管最高水温时的 EER)；冬季竖直埋管换热器总吸热量等于建筑总热负荷减去埋管最低水温时机组消耗功率(机组消耗功率等于机组冬季冷输出功率除以埋管最低水温时的 COP)

$$Q_1' = Q_1 \times (1 + 1/\mathrm{EER}) \tag{20-1}$$

$$Q_2' = Q_2 \times (1 - 1/\mathrm{COP}) \tag{20-2}$$

式中，Q_1'——夏季向土壤排放的热量，kW；

Q_1——夏季设计总冷负荷，kW；

Q_2'——冬季从土壤吸收的热量，kW；

Q_2——冬季设计总热负荷，kW；

EER——设计工况下热泵机组的制冷系数；

COP——设计工况下热泵机组的供热系数。

3. 埋管形式、材料选择

1）水平(卧式)或垂直(立式)埋管形式确定

在现场勘测结果的基础上，考虑现场可用地表面积、当地土壤类型以及钻孔费用，确定热交换器采用垂直竖井布置或水平布置方式。尽管水平布置通常是浅层埋管，初投资一般较低，但它的换热性能比竖埋管小很多，并且往往受可利用土地面积的限制，所以在实际工程中，一般采用垂直埋管布置方式。

水平埋管主要有单沟单管、单沟双管、单沟二层双管、单沟二层四管、单沟二层六管等形式，由于多层埋管的下层管处于一个较稳定的温度场，换热效率好于单层，而且占地面积较少，应用多层管的较多。近年来，国外又新开发了两种水平埋管形式：一种是扁平曲线状管；另一种是螺旋状管；它们的优点是使地沟长度缩短，而可埋设的管子长度增加。管路的埋设视岩土情况，可采取挖沟或大面积开挖方法。单层管最佳深度 0.8～1.0m，双层管 1.2～1.9m，但无论任何情况，均应埋在当地冰冻线以下。由于水平管埋深较浅，其埋管换热器性能不如垂直埋管，而且施工时，占用场地大，在实际使用中，往往是单层与多层互相搭配；螺旋管优于直管，但不易施工。由于浅埋水平管受地表温度影响大，地下岩土冬夏热平衡好，适用于单季使用的情况(如欧洲只用于冬季供暖和生活热水供应)，对冬夏冷暖联供系统使用很少。

根据埋管方式不同，垂直埋管大致有三种形式：U 型管；套管型；单管型。套管型的内、外管中流体热交换时存在热损失；单管型的使用范围受水文地质条件的限制；U 型管应用最多，管径一般在 50mm 以下，埋管越深，换热性能越好，目前国内最深的 U 型管埋深已达 180m；U 型管的典型环路有三种，其中使用最普遍的是每个竖井中布置单 U 型管。

2）串联或并联形式

地下热交换器中流体流动的回路形式有串联和并联两种，串联系统管径较大，管道费用较高，并且长度压降特性限制了系统能力。并联系统管径较小，管道费用较低，且常布置成同程式，当每个并联环路之间流量平衡时，其换热量相同，其压降特性有利于提高系统能力。因此，实际工程一般都采用并联同程式，多采用单 U 型管并联同程的热交换器形式。

串联方式的优点：①一个回路具有单一流通通路，管内积存的空气容易排出；②串联方式一般需采用较大直径的管子，对于单位长度埋管换热量，串联方式换热性能略高于并联方式。其缺点：①串联方式需采用较大管径的管子，因此成本较高；②由于系统管径大，在冬季气温低地区，系统内需充注的防冻液(如乙醇水溶液)多；③安装劳动成本增大；④管路系统不能太长，否则系统阻力损失太大。

并联方式的优点：①由于可用较小管径的管子，成本较串联方式低；②所需防冻液少；③安装劳动成本低。其缺点：①设计安装中必须特别注意确保管内流体流速较高，以充分排出空气；②各并联管道的长度尽量一致(偏差应不大于 10%)，以保证每个并联回路有相同的流量；③确保每个并联回路的进口与出口有相同的压力，使用较大管径的管子做集水箱可实现此目的。

3）选择管材

一般一旦将换热器埋入地下后，基本不可能进行维修或更换，这就要求保证埋入地下管材的化学性质稳定并且耐腐蚀。常规空调系统中使用的金属管材在这方面存在严重不足，且需要埋入地下的管道的数量较多，应该优先考虑使用价格较低的管材。所以，土壤源热泵系统中一般采用塑料管材：聚乙烯（PE）和聚丁烯（PB）管材，它们可以弯曲或热熔形成更牢固的形状，一般可以使用 50 年以上；而 PVC 管材由于不易弯曲，接头处耐压能力差，容易导致泄漏，因此，不推荐用于地下埋管系统。

选择埋管种类应注意的问题：①了解制造商提供管子所属的“管子体系”，该管子由何种树脂制作而成，抵抗环境应力致裂的能力，有关管子材料说明和安装方法等。②应选择导热系数大，流动阻力小，热膨胀性好，工作压力符合系统要求，工作温度 −20～70℃，售价相应较低的管材。③在保证要求情况下，选择的管材管壁尽量薄，配套用管件不应选择金属的，最好选用相同材料或工程塑料尼龙等材料制造的管件。④应要求厂家提供管子阻力计算用的图、表或相应的数据。⑤能按要求的管子长度，成捆供应，以减少埋管接头数量。⑥选用管子时注意管子的外径、内径及厚度。

4）确定管径

在实际工程中确定管径必须满足两个要求：①从运行费上考虑管径越大越好，管道要大到足够保持最小输送功率，以降低泵的输送功率，减少平时的运行费；②从初投资上考虑管径不能太大，必须保证管内流体处于紊流区（$Re \geqslant 2100$），管道要小到足够使管道内保持紊流以保证流体与管道内壁之间的传热，以增加流体与塑料管壁的换热系数；③系统环路长度不要太长；④不同的流体对阻力和换热都有影响，因此选择管径时应特别注意。显然，上述要求相互矛盾，需要综合考虑。一般并联环路用小管径，集管用大管径，地下热交换器埋管常用管径有 20mm、25mm、32mm、40mm、50mm，管内流速控制在 1.22m/s 以下，对更大管径的管道，管内流速控制在 2.44m/s 以下或一般把各管段压力损失控制在 $4mH_2O/100m$ 当量长度以下。综合考虑，推荐采用薄壁小管径管子，并联布置方案。

5）埋管内工作流体

在国内南方地区，由于地温高，冬季地下埋管进水温度在 0℃以上，多采用软化水作为工作流体；北方地区，冬季地温低，地下埋管进水温度多低于 0℃，一般均需使用防冻液。防冻液一般应具有使用安全、无毒、无腐蚀性、导热性好、成本低、寿命长等特点。目前应用较多的有①盐类溶液，氯化钙和氯化钠水溶液；②乙二醇水溶液；③酒精水溶液等。

一般盐溶液具有安全、无毒、无污染、导热性能好、价格低、使用寿命长等优点，其缺点是系统有空气存在时，对大部分金属具有腐蚀性。在正确选用管材、部件和系统内空气被排除干净的情况下，盐溶液是一种很好的防冻液。

乙二醇水溶液相对安全、无腐蚀性，具有较好的导热性能，价格适中，但使用寿命有限，且有毒。

酒精水溶液具有无腐蚀性、较好的导热性、价格适中、使用寿命长等优点，缺点是有爆炸性和毒性。在使用酒精之前应用水将其稀释，以降低其爆炸的可能性，由于其无腐蚀性，作为防冻液很受欢迎。

在相同管径、相同流速下，其雷诺数大小依次为水、$CaCl_2$ 水溶液、乙二醇水溶液，其临界流速比为1∶2.12∶2.45。说明采用$CaCl_2$和乙二醇水溶液时，为了保证管内紊流流动，与水相比需采用大的流速和流量。

在相同流速、相同管径下，水的换热系数最大。其大小排序为水、$CaCl_2$水溶液、乙二醇水溶液，其具体比值与管径和流速有关，其大小比值为1∶0.47～0.62∶0.41～0.56。

在相同管径、相同流量下，$CaCl_2$水溶液的沿程阻力为水的1.44倍；乙二醇水溶液的沿程阻力为水的1.28倍。

6）埋管内循环水温度的设定

竖直埋管换热器中流动的循环水的温度是不断变化的。夏季供冷工况进行时，由于蓄热地温提高，机组运行时水温不断上升，停机时水温又有所下降，当建筑物的热达到最大时水温升至最高点。冬季供热工况运行时则相反，由于取热地温下降，当建筑物失热最多时，换热器中水温达到最低点。

设计时，首先应设定换热器埋管中循环水最高温度和最低温度，因为这个设定和整个空调系统有关。如夏季温度设定较低，对热泵压缩机制冷工况有利，机组耗能少，但埋管换热器换热面积要加大，即钻孔数要增加，埋管长度要加长。反之温度设定较高，钻孔数和埋管长度均可减少，可节省投资，但热泵机组的制冷系数COP下降，能耗增加。设定值应通过经济比较选择最佳状态点。埋管水温设定如下。

(1) 热泵机组夏季空调循环水设计供回水温度为7～12℃，与普通冷水机组相同。地埋管中循环水进入U管的最高温度应小于36℃（夏季地源侧供回水平均温度小于33.5℃，温差小于5℃）与冷却塔进水温度相同。（名义：25/30，最大：40/，最小与凝露：10/一，变工况：10-40/一，单位：℃）

(2) 热泵机组冬季供暖供水温度与常规空调不同，在满足供热条件下，应尽量减低供热水温度，这样可改善热泵机组运行工况、减小压缩比、提高COP，并降低能耗。

风机盘管供热能力大于供冷能力，而一般建筑物的夏季冷负荷大于冬季热负荷，所以风机盘管的选型是以夏季冷负荷选型、冬季热负荷校核。采用地源热泵空调冬季供热时，可根据冬季热负荷实际情况，让风机盘管冬季也满负荷运行而反算出供热水温度，此温度要小于常规空调60℃的供水温度(大约供水40℃)。将此温度定为热泵机组冬季供水温度，供回水温差取7～10℃。

地埋管中循环水冬季进水温度，以水不冻结并留安全余地为好，可取3～4℃（名义：0/一，最大：25/一，最小：－5/一，变工况：－5～25/一，单位：℃）。当然为了使地埋管换热器获得更多热量，可加大循环水与土壤体间温差传热，然而土壤体的温度是不变的，因此只有将循环水温降至0℃以下，为此循环水必须使用防冻液，如乙二醇溶液或食盐水。但这样会提高工程造价、增加对设备的腐蚀。在严寒地区不得不这样做，而在华北地区的工程中用水就可满足要求，不一定要加防冻液。

4. 地埋换热器总长度的确定

1）综合换热系数K的测定

土壤源热泵空调系统的最关键部分是室外地下埋管换热器设计施工，地下埋管换热器的合理设计是整个土壤源热泵系统正常运行的根本保证，只有其设计配置合理才能充分体现出土壤源热泵技术的高效、节能、环保优势；在工程设计过程中只有准确掌握工作区目的地层土壤热物性及影响其变动的参量才能找出所设计室外埋管系统的初投资与整个热泵空调系统运行费用最佳状态的结合点，从而保证热泵空调系统的经济性、运行稳定性及安全性。

土壤源热泵系统室外地下埋管换热器换热性能除受土壤换热系数影响，还受土壤的原始温度、当地地下水位、地下水径流方向及速度、埋管布置方式、回填介质、管内循环流体流速等多种因素的影响，为了能准确设计室外地下垂直 U 型埋管换热器，必须掌握工作区地层热物性及水文地质地层特性，通过对相关数据处理分析，掌握地层综合换热性能，为室外地埋换热器的设计提供较为准确的依据，寻求室外埋管换热系统初投资和运行费用最佳状态的结合点。

地层土壤热物性及影响其变动的参量是室外埋管换热器设计的最重要参数，设计人员对这些参数掌握准确程度直接关系到能否寻求到设计室外埋管系统的投资与热泵空调系统运行费用最佳状态的结合点，对保证热泵空调系统的经济性、运行稳定性及安全性至关重要。

在室外地下埋管换热器设计过程中，许多设计人员通常把地层热物性仅简单考虑为土壤换热系数，部分文献在建立地层换热数学模型时也把地层视为静态的均匀的圆柱传热体，这样会直接导致设计或计算结果与地层实际换热效果大相径庭。当前许多设计人员确定土壤换热系数的方法基本是采用实验室测试法、查表法、探针法和现场测试法等方法。

实验室测试法是通过对从钻孔取得的岩石试样进行实验室直接测量，可较准确地获得试样导热系数等。由于地下地质结构的复杂性，沿钻孔竖向取样间隔小就必然试样多，会加大测试劳动强度导致高成本；钻孔取样间隔大就难以得到整个孔深方向地质结构的详细资料，直接影响精确目的数据的获得。试样测试环境与地层原始环境差异也会导致测试结果的误差：无论土壤还是岩石地层都属于多孔介质，其热物性不仅与地理位置以及当地地层构造有关，还与地下含水层密切相关，采集后的试样已与地下时的实际情况发生变化，包括结构、水分含量等已有相当差别，试样已不能准确反应地下岩石或土壤的原始状况，对这些影响因素不可能完全避免，造成误差是必然的。利用实验室测试法获得的结果难以用于工程实际。

查表法是通过查找套用一些手册或一些研究院所实验报告给出的相关参数求解地区土壤热物性参数。姑且不谈这些原始参数在实验室测试过程中的误差大小，仅就地层本身，地质学命名相同的地层处于不同水文地质环境条件下的热物性差异就很大，即使同一种岩石成分，在不同地区其平均热物性参数也相差较大。不熟悉水文地质相关知识的暖通设计人员仅靠机械地查表计算确定土壤换热系数设计土壤换热器，其结果会与实际存在很大的差异。

探针法即浅层现场测试法，通常仅用于浅层水平埋管换热器设计需要参数的获取。

现场测试法是通过在工程现场建换热井埋设地下换热器模拟实际运行工况，通过给地层加热或吸热过程测量记录相关参量反解出地层综合换热系数的一种方法。这种方法可以比较直接地获取岩土体综合热物性第一手资料，为合理配置建筑物空调室外埋管换热器提供最直接最有效最准确的数据，所测得数据可以更准确地评估地埋管换热系统设计实施的可行性。

现场测试法采用恒热(冷)流测试法,恒热(冷)流法是在保持给地层加热(制冷)恒定功率的情况下测量土壤源侧散(吸)热能力,当恒定的加热(制冷)功率与土壤源侧散(吸)热能力相等(相近)时测量记录相关参数,利用所得数据可以求出地层综合换热系数。

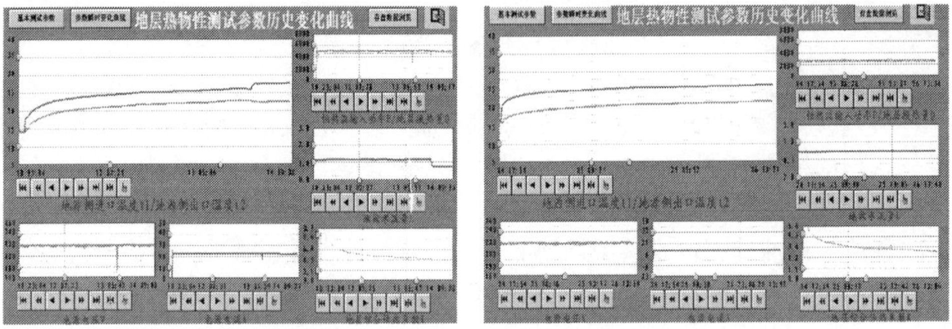

图 20-11　不同岩性地质区同深度埋管现场实测地层综合换热系数曲线

现场测试法可以直接获得土壤综合换热系数,为准确选择建筑物空调室外埋管换热器提供最直接最有效最准确的数据,所测得数据可以更准确地评估地埋管换热系统设计实施的可行性。在建立测试系统过程中可以获得准确的工作区地层原始温度、当地地下水位,查阅工作区地下水径流方向及速度等,结合测试井回填介质、管内循环流体流速等参数,可以比较准确地选择埋管布置方式、埋管深度、埋管数量等。

准确估算出土壤换热能力是设计土壤源热泵的前提条件,采用实验室测试法、查表法、探针法对土壤传热系数的估计方法已经在一定程度上阻碍了土壤源热泵空调形式在国内的推广。

现场测试法能比较真实地反映土壤源热泵地埋管换热器传热情况,得出的综合岩土热物性参数,具有较高的可靠性,能满足工程实际需求。虽然现场测试法得到的不是每个岩土层的详细热物性,只可获得整口井的综合热物性,但与其他几种方法的准确性相比,其测量误差是最小的,符合实际地质状况,满足土壤源热泵室外埋管系统只关心地层综合热物性的设计需求。使用现场测试系统对安装埋地换热器的土壤进行实测,可以更准确地指导埋管换热器设计,选择合适的埋管方式,对土壤源热泵系统经济性评价也能提供更准确的判断依据。

一般换热器换热面积计算公式为

$$F = \frac{Q}{K \times \Delta T} \tag{20-3}$$

式中,Q——换热器换热量,W;

K——传热系数,W/m · ℃;

ΔT——对数温差,℃。

(1) 综合传热系数 K 实验测定

地埋管换热器用以上公式计算很不方便,因为很难确定其换热面积。

竖直埋管换热器可以假设为“线热源”模型。引入综合传热系数进行计算，则较为简单、方便。这里，将以某一流经地埋管换热器内的流体介质与大地初始温度每相差 1℃，通过单位长度换热管，单位时间所传递的热量定义为综合传热系数 K。

$$K = \frac{Q}{(T_p - T_d) \cdot L} \tag{20-4}$$

式中，K——综合传热系数，W/m℃；

Q——换热器单位时间换热量，$Q = Cm(T_{进} - T_{出})$，W；

L—换热管有效长度，m。

$$T_P = \frac{T_{进} + T_{出}}{2} ℃; \tag{20-5}$$

式中，T_P——流体介质平均温度，℃；

$T_{进}$——U 型管换热器进水温度，℃；

$T_{出}$——U 型管换热器出水温度，℃；

C——水比热 4.180kJ/kg · K；

m——水的质量流量，kg/s；

T_d——地温，℃。

地温是恒定值（当系统运行一段时间后埋管区域会升高（夏）或降低（冬），设计时应该考虑），可通过测井实测。

影响竖直埋管综合传热系数的因素有地理位置、地质构造、埋管深度、埋管材料及管径、钻孔直径及回填材料、管中水的流速、热泵运行方式（连续运转还是间断运转）。

综合传热系数 K 可通过实验测得。由公式（20-4）可以看出，做一个地面钻孔与预计工程应用完全相同的 U 型竖直埋管，人为制作冷、热源，通入冷、热水，测出各个参数代入公式（20-4）即可计算出综合传热系数。

综合传热系数 K 在系统运行初期波动值较大，系统运行一段时间后其值应该趋于一稳定值。通过实测 K 波动应该在一个较小的范围内，在目前数据资料较少情况下可取波动平均值作为计算数据误差不会太大。

（2）传热系数 K 理论计算

垂直地埋管换热器计算的基础是单个钻孔的传热分析。在多个钻孔的情况下，可在单孔的基础上运用叠加原理扩展。

① 流体至管道内壁的对流换热热阻

$$R_f = \frac{1}{\pi d_i h} \tag{20-6}$$

② U 型埋管的管壁热阻

$$R_{pe} = \frac{1}{2\pi k_p} \ln\left(\frac{d_e}{d_e - (d_o - d_i)}\right) \tag{20-7}$$

③ 钻孔封井材料的热阻

$$R_b = \frac{1}{2\pi k_b} \ln\left(\frac{d_b}{d_e}\right) \tag{20-8}$$

④ 地层热阻，即从孔壁到无穷远处的热阻

$$R_s = \frac{1}{2\pi k_s} I\left(\frac{r_b}{2\sqrt{a\tau}}\right) \tag{20-9}$$

由 N 个平行钻孔(U 型管)组成集群的地热换热器的地层热阻

$$R_s = \frac{1}{2\pi k_s}\left[I\left(\frac{r_b}{2\sqrt{a\tau}}\right) + \sum_{i=2}^{N} I\left(\frac{x_i}{2\sqrt{a\tau}}\right)\right] \tag{20-10}$$

短期连续脉冲负荷引起的附加热阻

$$R_{sp} = \frac{1}{2\pi k_s} I\left(\frac{r_b}{2\sqrt{a\tau_p}}\right) \tag{20-11}$$

对于时间很长的情况,考虑深度方向的传热为稳定状态下的地层热阻

$$R^* = \frac{1}{2\pi k_s}\ln\left(\frac{H}{2r_b}\right) \qquad (r_b \ll H) \tag{20-12}$$

可用于确定垂直地埋管换热器长度的工程设计计算公式

制冷工况:

$$L_c = \frac{1000 Q_c[R_f + R_{pe} + R_b + R_s \times F_c + R_{sp} \times (1 - F_c)]}{(t_{\max} - t_{\infty})}\left(\frac{\mathrm{COP_c} + 1}{\mathrm{COP_c}}\right) \tag{20-13}$$

供热工况:

$$L_h = \frac{1000\ Q_h[R_f + R_{pe} + R_b + R_s \times F_h + R_{sp} \times (1 - F_h)]}{(t_{\infty} - t_{\min})}\left(\frac{\mathrm{COP_h} - 1}{\mathrm{COP_h}}\right) \tag{20-14}$$

运行份额是考虑热泵间歇运行的影响。

供热运行份额 F_h=一个供热季中热泵的运行小时数/(一个供热季天数×24)

制冷运行份额 F_c=一个制冷季中热泵的运行小时数/(一个制冷季天数×24)

或当运行时间 τ 取一个月时

供热运行份额 F_h=最冷月份运行小时数/(最冷月份天数×24)

制冷运行份额 F_c=最热月份运行小时数/(最热月份天数×24)

式中,下标 c,h——制冷工况和供热工况。

L——地热换热器所需的钻井总长度,m;

Q_c,Q_h——分别是热泵的额定冷热负荷,kW;

COP——热泵的性能系数,由热泵生产厂家提供;

h——流体至管道内壁的对流换热系数,W/m^2℃;

rb——钻孔的半径,m;

ks 和 a——地层的平均导热系数,W/m. K 和热扩散率,m^2/s;

τ——运行时间,s;

x_I——第 i 个钻孔与所考虑的钻孔之间的距离,m;

$\tau_p(s)$——短期脉冲负荷连续运行的时间,如 8 小时;

d_i——U 型埋管的内径,m;

d_o——U 型埋管的外径,m;

d_b——钻孔的直径，m；

d_e——U 型埋管的当量直径，$d_e=\sqrt{2}d_0$；

k_p——U 型管导热系数，W/m. K；

k_b——灌浆材料导热系数，W/m. K；

H——钻孔深度，m；

$$I(u)=\frac{1}{2}\int_u^{\infty}\frac{e^{-s}}{s}ds=-\frac{1}{2}E_i(-u)$$

I——指数积分

t_{∞}——地热换热器中循环液的设计平均温度通常可选为 $t_{max}=37$℃，$t_{min}=-2\sim5$℃。这两个温度的选取将影响地热换热器的设计长度，同时影响地源热泵系统的在运行时的性能系数。

$$\lambda=\alpha\rho C \tag{20-15}$$

式中，λ——岩土导热系数，W/m · K；

α——岩土热扩散率，m^2/h；

ρ——岩土密度，kg/m^3；

C——岩土比热容，kJ/kg · K。

在进行土壤热物理性能理论计算前，需要在工作区预先钻孔采集工作区地下水文地质及土壤物性系数，用采集到的物性系数能计算得出有关土壤热阻、热焓及土壤换热系数等方面设计所需要的数据。

传热系数 K 的理论计算

$$K=Q/\Delta T\times L \tag{20-16}$$

式中，K——理论综合传热系数，W/m℃；

ΔT——换热温差，℃；

L——地埋换热器理论计算长度，m。

(3) 传热系数 K 的校核确定

通过 1、2 方法得出的土壤传热系数 K 一般是不相同的。1 法是经过一定时间长度(制冷连续不间断 72 小时，制热连续 96 小时)实际运行测试并且在地温场通过换热后发生渐变得出的实际土壤传热系数，一般较可靠，实际利用价值比用通过 2 方法理论计算得出的传热系数 K 要高，所以进入实际设计阶段时一般以 1 法现场测试值为主要依据，2 方法理论计算值为校核值。

由于在用 1 法测试时测试时间长度有一定的局限性，在设计阶段应该在 1 法现场测试值基础上取系数，系数大小根据测试过程连续性和测试过程系统运行状况而定。在理论上计算得出的传热系数和在现场做热响应实验所测的传热系数相比较，取两者当中较小的综合传热系数 K 作为设计依据，以达到满足建筑物冷热负荷要求，以便保证系统能达到预期的效果。

2) 竖直埋管总长度计算

(1) 夏季竖直埋管总长度计算

① 夏季换热温差 D_{Tx}

$$D_{Tx} = T_x - T_d \tag{20-17}$$

式中，T_x——夏季竖直埋管内最高设计平均水温，℃；

T_d——地温，℃。

② 夏季每米竖直埋管散热量 q_x

$$q_x = K_x \cdot D_{Tx} \tag{20-18}$$

式中，K_x——夏季综合传热系数，W/m℃。

③ 夏季竖直埋管换热器埋管总长度 L_x

$$L_X = A \cdot \frac{Q_{夏}}{q_x} \tag{20-19}$$

式中，$Q_{夏}$——建筑物夏季总冷负荷，W；

A——安全系数，取 1.1～1.2(先取 1.25，视最后结果调整)。

(2) 冬季竖直埋管总长度计算

① 冬季换热温差 D_{TD}

$$D_{TD} = T_d - T_D \tag{20-20}$$

式中，T_D——冬季竖直埋管内最低设计平均水温，℃。

② 冬季每米竖直埋管散热量 q_D

$$q_D = K_D \cdot D_{TD} \tag{20-21}$$

式中，K_D——冬季综合传热系数，W/m℃。

③ 冬季竖直埋管换热器埋管总长度 L_D

$$L_D = A \cdot \frac{Q_{冬}}{q_D} \tag{20-22}$$

式中，$Q_{冬}$——建筑物冬季总热负荷，W；

A——安全系数，取 1.1～1.2(先取 1.25，视最后结果调整)。

3) 确定竖直埋管换热器埋管总长度

以上计算取 L_X、L_D 中较大数值为本工程埋管总长度 L_m。

地下热交换器长度的确定除了已确定的系统布置和管材，还需要有当地的土壤技术资料，如地下温度、传热系数等。在已进行过施工地区的实际工程中，可以利用管材“换热能力”和经验传热系数 K 进行经验估算管长，然后与实际计算值对比校核取值。

经验估算管长方法计算公式如下：

$$L = (Q_1' \times 1000)/K \tag{20-23}$$

式中，L——竖井埋管总长，m；

Q_1'——夏季向土壤排放的热量，kW；

分母“K”——管材“换热能力”和经验传热系数 K 的平均值。

5. 计算竖直埋管布井数量并确定布置形式

1) 竖直埋管数量计算

(1) 根据机组最大水流量和埋管管径计算

竖埋管管径确定后，可确定钻孔数：

$$n = 4000W/\pi v d_i^2 \tag{20-24}$$

式中，n——钻孔数；

W——机组水流量，L/s；

$$W = Q/1.163\Delta T \tag{20-25}$$

式中：Q——埋管的换热量，kW；

ΔT——进出管的温差(夏季取 5℃，冬季取 4℃)，℃；

v——竖埋管管内流速(0.6～1.2)，m/s；

d_i——竖埋管管内径，mm。

对竖直单 U 型管，埋管深度一般为 60～150m，孔深 H 为

$$H = L/2n \tag{20-26}$$

(2) 根据总长与孔深计算

$$n = \frac{L}{2H} \tag{20-27}$$

式中，n——U 型竖直埋管个数；

H——竖直埋管设计有效深度，m；

L——埋管总长度，m。

然后对计算结果进行圆整，若计算结果偏大，可以增加竖井深度，但不能太深，否则钻孔和安装成本大大增加。

关于竖直埋管的埋设深度应根据当地地质情况，工程及场地的大小，投资及使用的钻机性能等情况综合考虑。结合国情，根据工程实践，其中有几点应注意：①钻井深 80m 以内井深的钻井成本少，费用低，如果大于 80m，其钻井成本会提高；②井深 100m 以内，可用国产普通型承压(承压 1.0MPa)塑料管，如深度大于 100m，需采用高承压塑料管，其成本大大增加；③据有关比较，井深 80m 的造价比 150m 的要低 30%～50%，但水平连接管费用要增加 30%～50%、埋管换热能力要低 10%左右，具体视地层而定。上述是针对地面中央机房，如果采用分室型的土壤源热泵系统还要考虑建筑高度的影响。

浅埋管优点：投资少，成本低，钻机要求不高，可使用普通承压(0.6～1.0MPa)的塑料管，由于受地面温度影响，一般地下岩土冬夏热平衡性较好。其缺点是占用场地面积大，管路接头多，埋管换热效率较中深埋者低。

深埋管优点：占用场地面积小，地下岩土温度稳定，换热效率高，单位管长换热量大，管路接头少。其缺点是投资大，成本高，需采用高承压(1.6～2.0MPa)塑料管，钻机性能要求高；深层岩土温度场受地面温度影响很小，因此必须注意冬季吸热量和夏季排热量的平衡，否则将影响地源热泵的长期使用效果。在国外，有的采用在系统中加装冷却塔和辅助加热的措施，帮助地下岩土实现热平衡。

在实际工程中采用水平式还是垂直式埋管、垂直式埋管深度多大，取决于场地大小、当地岩土类型及挖掘成本。如场地足够大且无坚硬岩石，则水平式较经济。当场地面积有限时则应采用垂直式埋管，很多情况下这是唯一选择，如果场地中有坚硬的岩石，用钻岩石的钻头可成功钻孔。

2）竖直埋管布置形式

视现场情况和工程大小，埋管可沿建筑物周围布置成任意形状，如线形、方形、矩形、圆弧形等。但为了防止埋管间的热干扰，必须保证埋管之间有一定的间距。该间距的大小与运行状况（如连续运行还是间歇运行；间歇运行的开、停机比等）、埋管的布置形式（如单行布置，只有两边有热干扰；多排布置，四面均有热干扰）等有关。

关于竖井间距有资料指出：U型管竖井的水平间距一般为4.5m；也有实例中提到DN25的U型管，其竖井水平间距为6m；而DN20的U型管，其竖井水平间距为3m。结合工程场地可一字型布置、L型布置或三角形布置、矩阵型布置，根据有关测试结果分析，若采用串联连接方式，可采用三角形布置节约占地面积。综合考虑影响因素及尽可能保证减小埋管间热干扰，一般选取U型竖直埋管间距以5～6m为宜。

无论埋管矩阵大小如何，布置时均要考虑地下水径流方向，一般采用埋管矩阵长轴与地下水径流方向垂直或大交角方式布置埋管群。

6. 埋管支管间距及回填材料

在竖直U型埋管地热换热器中，钻孔孔径通常为130～150mm，在这样一个狭小的空间内，两支流动着冷热不同流体的支管间必发生热回流（温度交叉）现象，对实际的换热效果将产生一定的影响。如处理不当，将产生较大的影响；这是在设计和安装竖直U型埋管地热换热器时应特别注意的问题，施工过程应认真分析，并采取减少竖直U型埋管地热换热器管间热回流的相应措施。

通过对考虑管内流体温度沿着深度方向上的变化，钻孔内固体部分的轴向导热仍忽略不计的准三维模型的分析，得出影响U型埋管支管间热量回流的主要因素是两支管间的间距和回灌材料的导热系数：支管间距及回灌材料导热系数对热量回流的影响都是单一的，支管间距越小或回灌材料导热系数越大，热量回流越大；相同负荷下，支管间距小，所需的地热换热器容量大；回灌材料导热系数大，一方面增加了两支管间的热量回流，另一方面，也强化了U型管与土壤间的传热。

当回灌材料的导热系数小于岩土的导热系数时，管间距较小的U型管换热器的热量回流作用将会增强，而且比其他管间距的热量回流作用要强得多；当回灌材料的导热系数大于岩土层导热系数时，管间距较大的U型管的热量回流作用将会增强，而且比其他管间距的热量回流作用要强得多。

随着回灌材料导热系数的增加，热量回流现象将减小，管子的出口温度将降低，热交换的效果好一些；也就是说随着回灌材料的导热系数的增大，总热量回流现象有减小的趋势。

总结以上分析，设计和施工时应该考虑以下问题。

(1) 竖直单U型管地热换热器支管间的热量回流与两支管的间距有关。支管间距越大，对于减小支管间的热量回流效果就越好。施工下管过程应采取措施使两个支管间的距离尽量大，最好是两个支管的管壁紧贴钻孔壁。

(2) 竖直单U型管地热换热器支管间的热量回流与回灌材料的导热系数也有关。当管间距一定时，回灌材料导热系数大的材料有利于减小支管间的热量回流。选择导热系数较大的回灌材料尽量减小U型管地热换热器两支管间的热量回流。

(3) 有关文献提出超强吸水树脂与源土混合，作为回填材料，在注入少量水的情况下，能够很好地改善土壤的非饱和性，增大源土壤的导热系数，提高了土壤的热恢复性能，很明显地增大了单位管长的吸热量，适合于干旱、土壤非饱和以及地下水位比较低的地区。水的热传导性能要比一般岩土强，所以在地区自然水位以下可以选沙砾料为回填料，但在自然水位以上应该考虑超强材料作为回填材料，以改善土壤的非饱和性，增大源土壤的导热系数，增加换热能力。

(4) 回填材料可以选用浇铸混凝土、回填沙石散料或回填土壤等。材料选择要兼顾工程造价、传热性能、施工方便等因素。从实际测试比较浇铸混凝土换热性能最好，但造价高、施工难度大，但可结合建筑物桩基一起施工。回填沙石或碎石换热效果比较好，而且施工容易、造价低，可广泛采用。

7. 确定竖直埋管水流速度与水泵选型

1) 确定水流速

试验显示，竖直埋管中如提高水流速度则换热量可适当增加，但增加量不与流速提高量成比例。竖直埋管中水流应为紊流状态，流速太快会增加循环水泵能量消耗，流速选取宜根据竖埋管管径使管内流体雷诺数为 4000 左右。

(1) 地埋管压力损失宜按以下方法计算。

① 确定流量 G(m^3/h)，公称直径和流体特性。

② 根据公称直径，确定管子的内径 d_j(m)。

③ 计算管子的断面面积 A(m^2)：

$$A = \frac{\pi}{4} \times d_j{}^2 \tag{20-28}$$

④ 计算流速 v(m/s)：

$$v = \frac{G}{3600 \times A} \tag{20-29}$$

⑤ 计算管内流体的雷诺数(Re)，Re 应该大于 2300 以确保紊流：

$$Re = \frac{\rho V d_j}{\mu} \tag{20-30}$$

⑥ 计算单位管长的摩擦阻力 P_d(Pa/m)：

$$P_d = 0.158 \times \rho 0.75 \times \mu 0.25 \times d_j - 1.25 \times v 1.75 \tag{20-31}$$

$$P_Y = P_d \times L \tag{20-32}$$

式中，P_Y——计算管段的沿程阻力损失，Pa；

L——计算管段的长度，m。

⑦ 计算管段的局部阻力 P_j(Pa)：

$$P_j = P_d \times L_j \tag{20-33}$$

式中，L_j——计算管段中局部阻力的当量长度，m。

⑧ 计算管段的总阻力 P_Z(P_a)：

$$P_Z = P_Y + P_j \tag{20-34}$$

(2) 聚乙烯管单位管长摩擦阻力可查相关资料,压力损失按以下方式计算

① 地下埋管换热器环路压力损失限制在30～50kPa/100m,最大不超过50kPa/100m。

② 地下埋管系统单位冷吨(1冷吨=3024kcal/h=3.52kW)水流量控制在0.16～0.19L/s·t(0.045～0.054L/s·kW或2.7～3.24L/min·kW),大于0.19L/s·t(3.24L/min·kW),泵的消耗功率显著上升。

③ 循环水泵消耗功率P与热泵容量名义冷吨之比控制在50～75W/热泵能力冷吨(14.2～21.3W/kW)。

2) 定地下水循环水泵型号

在同程系统中,选择压力损失最大的热泵机组所在环路作为最不利环路进行阻力计算。可采用当量长度法,将局部阻力件转换成当量长度,与管道实际长度相加得到各不同管径管段的总当量长度,再乘以不同流量、不同管径管段每100m管道的压降,将所有管段压降相加,得出总阻力。流速确定后计算循环水流量及压力损失即可选择循环水泵的型号。根据上述计算最不利环路所得的管道压力损失,再加上热泵机组、平衡阀和其他设备元件的压力损失,确定水泵的扬程,需考虑一定的安全裕量。根据系统总流量和水泵扬程,选择满足要求的水泵型号及台数。水泵选型所依据的流量W和扬程P_h确定如下:

$$W = k_1 W_{max} \tag{20-35}$$

$$p_h = k_2(h_f + h_d + h_m) \tag{20-36}$$

式中,W_{max}——设计最大流量;

k_1,k_2——附加因数,当水泵单台工作时取1.1;

h_f,h_d——水系统总的沿程阻力、总的局部阻力;

h_m——设备压力损失。

3) 校核管材承压能力

管路最大压力应小于管材的承压能力。对地下闭式水环路,在不考虑地下水或竖井灌浆引起的静压抵消情况下,管路所需承受的最大压力等于大气压力、重力作用静压和水泵扬程一半的总和,即

$$p = p_0 + h\rho g + 0.5P_h \tag{20-37}$$

式中,p_0——系统最高点静压,取102 510Pa;

h——闭式水系统中水管最高点与最低点高度差,(膨胀水箱标高与竖埋管最低点高度差),m;

ρ——水的密度,取999.73kg/m^3;

g——重力加速度,9.8m/s^2;

P_h——水泵扬程,m。

4) 水系统其他装置设计

该水系统为闭式循环系统,可采用膨胀水箱实现系统的补水、定压。设计方法同其他空调水系统。

其他附件(如阀门等)的选用也与一般水系统相同。

8. 施工方法

地源热泵地下换热器施工一般可按下列步骤进行。

1）施工前的准备工作

施工前应对埋管场地的工程地质状况和地质剖面图进行研究，以确定钻机型式和埋管布局，还应对地面进行清理，即清除地面杂草和杂物，并铲除地表浮土。清理地面后要对埋管位置进行放线，根据管道平面布置图确定钻孔的具体位置和系统各管道的标高。主管沟的具体位置和尺寸确定后，即可进行开挖。在主管沟末端要挖一个泥浆池，钻孔过程中产生的泥浆可顺管沟流入泥浆池中沉积。

2）钻孔及安装

当做好管道沟和泥浆池后，要接通水源和电源。开钻之前还要在钻孔位置上挖出一个 20cm 深两倍钻孔孔径的小坑，然后就可以施钻了。经验表明，有两个问题应当注意：其一，施钻完毕钻孔内有大量积水，水的浮力使安放竖管有一定的困难，其二，由于钻孔中的泥沙沉积，设计钻孔深度和实际深度可能不一致而影响管安装。为此，换热器的组装应和钻孔相配合，即每钻完一孔前，管必须组装好，施钻完毕应尽快将管放入钻孔中，并立即将水充满管，以防孔内积水使管脱离孔底上浮，达不到预定埋设深度。

3）管件及管道的连接方法

管道连接有焊接、承插和活接头三种方法。对于埋深不大或场地允许时，应在地面把套管连接好，然后利用钻塔进行放管。对于承插式连接，一定注意在活性胶干了之后才能使用。活接头连接，优点是比较灵活方便，但造价较高。

(1) 对于壁厚≤3.5mm 的塑料管，不宜采用焊接，应该使用活接头或承插连接。埋管深度>10m 的管，使用活接头连接方法较好。

(2) 对于壁厚>3.5mm 的塑料管，宜采用焊接接头连接。

(3) 支管沟应在钻孔钻完后再开挖。

(4) 由于上面的进出水管采用活接头连接，此处压力较大，在试压中一定要注意检查此处是否漏水。

(5) 泥浆池收集钻孔过程中产生的泥浆，经沉淀后是一种较好的回填物。

(6) 由于管与钻孔之间存在缝隙，必须回填一些传热系数较高的物质。

20.6.3　地源热泵系统应用管理

空调机组及其附属泵类配置是按照建筑物最大负荷计算设计的，机组的实际运行负荷随季节变动不断调节输出，不可能一直在满负荷工况下运行，所以空调系统冷冻水系统循环泵和冷却水系统循环泵最好采用变频控制，根据室内负荷状态改变系统水流量，满足空调机组的不同工况以有效减少泵耗，节约系统的运行费用，使系统更好地体现节能的优势。

目前，在国内地热泵工程设计及施工的技术、经验都不太一致，且设计施工难度较大。另外由于对当地的地质情况了解掌握程度不一，也无具体的工程作为参考，可能存在埋管换热量或取水设施供能能力与设计负荷的差异，故根据现行国家规范先做总体的设计规划，系统运行后可通过实际的运行参数进一步完善和改进，以避免技术上风险。

为避免能源浪费，应制定节能操作规定：在空调系统运行前，操作人员应根据环境温度及室内温度(如规定夏季不低于 26℃、冬季不高于 20℃)需求，设置机组加卸载控制温度，确保机组大部分时段运行在75%负载以上，保证系统节能；在空调系统运行过程中经常观察对比用户端室内温度，结合环境温度调节加卸载控制温度，在保证供暖、制冷效果前提下实现节能；应经常提醒末端用户减少空调期间开窗通风时间、频率，利于系统节能。

任何的空调系统的使用寿命都没有建筑物设计使用寿命长，运行过程都要考虑系统的维护，维护好才能保证系统高效运行，热泵空调机组以及附属设备都需要定期维护，当机组设备到达寿命期后或当有更先进节能的产品出现时，存在更新设备的可能，所以安装时机房之内预留维修通道，方便机组在运行过程中的故障维修或设备更换，使整体系统能更好地运行。

参考文献

刁乃仁，方肇洪. 2006. 地埋管地源热泵技术. 北京：高等教育出版社.

黄东波，杨清，等. 2009. 地源热泵在高速公路房建工程中应用的前期决策. 工程建设与设计，(3)：66-70.

王书中，由世俊，张光平. 2007. 热响应测试在土壤热交换器设计中的应用. 太阳能学报，28(4)：405-410.

杨清. 2004. 关于水源热泵水源问题的探讨. 工程建设与设计，(6)：5-7.

周凤起. 2000. 21世纪中国能源工业面临的挑战. 暖通空调，30(4)：23-25.

Pietsch J A. 1990. Water-loop heat pump system assessment. ASHRAE Transaction，96(1).

第 21 章　LED 照明

21.1　引　　言

在我国经济持续高速发展、国际能源价格不断攀升的背景下，能源问题已成为牵涉国家安全的战略问题，节能减排已经成为确保我国经济长期稳定发展的重要措施。在照明领域，半导体照明产品的应用正吸引着世人的目光，LED 作为一种新型的绿色光源产品，具有节能、环保、寿命长，是照明领域的又一次革命，必然是未来发展的趋势，21 世纪将进入以 LED 为代表的新型照明光源时代。

目前全球照明用电量占总用电量的 20%，我国每年照明电力消耗已超过 3000 亿度（占电力消耗的 12%，能源消耗的 4.9%）。其中，城市道路公共照明用电量占到整个照明用电的 30%左右，随着我国拉动内需应对政策的实施，加大了道路、地铁、建筑等基础设施的投入，照明用电预计以每年超过 10%的速度增加。

目前半导体照明光源在道路、隧道、地铁、停车场、加油站等领域照明已开始获得应用，可节电 30%～50%。到 2015 年，如果 LED 灯具光效 120 lm/W，占有 20%以上照明市场，中国每年将节电 1000 亿度，相当于 2015 年可少建设 100 万千瓦电站 21 座，约减少 30%的新增电站。

美国、日本等国家及台湾地区对 LED 照明效益进行了预测，若美国 55%的白炽灯、荧光灯被 LED 取代，每年可节省 350 亿美元电费，每年可减少 7.55 亿吨二氧化碳排放量；若日本 100%的白炽灯换成 LED，可减少 1～2 座核电站发电量，每年可节省 10 亿公升以上原油消耗；若台湾地区 25%的白炽灯和 100%荧光灯被 LED 取代，每年可节省 110 亿度电。

举世瞩目的 2008 年北京奥运会和 2010 年上海世博会都不约而同地以绿色节能为主题，这给中国 LED 照明产业的发展带来了巨大的历史机遇。据预测，在奥运和世博的强力带动下，中国 LED 照明市场规模将从 2007 年的 48.5 亿元快速增长至 2010 年的 98.1 亿元。

如晶体管替代电子管一样，半导体照明替代传统的白炽灯、荧光灯以及高压钠灯，也将是大势所趋。对于照明而言，无论从节约电能、降低温室气体排放的角度，还是从减少环境污染的角度，使用半导体照明代替传统照明均具有明显的社会经济效益。

作为照明光源的 LED 被公认为 21 世纪最具发展前景的战略新兴产业，世界各国政府和企业不惜重金投入 LED 这个极具社会和经济效益的产业。日本“21 世纪照明计划”、美国“下一代照明计划”、欧盟“彩虹计划”、韩国“GaN 半导体发光计划”等纷启动。中国也在 2003 年启动了“半导体照明工程”；2006 年被国务院列为《国家中长期科学和技术发展规划纲要》(2006～2020 年)优先发展主题；2009 年 10 月 12 日，国家发改委等六部门联合发布了《半导体照明节能产业发展意见》；2010 年，国务院发布[2010]32 号文；《国务院关于加快培育和发展战略性新兴产业的决定》，半导体照明产业列为其中。国家在制定“十二五”规划时，强调节能减排，“树立绿色、低碳发展理念，以节能减排为重点”是未来

5年我国经济发展目标。在国家确定的七大战略性新兴产业中，节能环保排在首位，而LED产业是节能环保产业规划的重要组成部分。“十二五”期间，LED产业有望实现翻两番的目标，取得快速发展。LED将在“十二五”节能减排方面发挥重要作用。作为战略性新兴产业，LED将在节能减排、促进环保、改善光环境等方面不断创造新的奇迹。

21.2 LED发光原理与光电指标

LED是发光二极管(light emission diode)英文缩写，是一种将电能转换成光能的半导体器件。通常所说的LED照明，也称半导体照明。

21.2.1 LED的发光原理

半导体二极管是诞生最早的半导体器件之一，几乎在所有的电子电路中，都要用到，它在许多的电路中起着重要的作用，其应用也非常广泛。根据半导体物理理论，二极管在正向驱动电流的作用下，由半导体材料组成的PN结中电子和空穴复合，以电磁波形式释放能量，电磁波的峰值波长由半导体材料禁带宽度决定，当峰值波长在可见光范围(380～780nm)时就成为发光二极管即LED。

发光二极管是半导体二极管的一种，一般是由Ⅲ-Ⅳ族化合物，如GaAs(砷化镓)、GaP(磷化镓)、GaAsP(磷砷化镓)等化合物半导体材料制成的，和其他二极管一样，其核心是PN结。因此它具有一般PN结的I-N特性，即正向导通，反向截止、击穿特性。当然发光二极管还有一个最重要的特性即发光特性。

LED发出光的峰值波长λ与发光区域的半导体材料禁带宽度Eg的关系为

$$\lambda \approx 1240/Eg\,(\text{mm})$$

式中，Eg——单位为电子伏特，eV。

若能产生可见光(波长在380nm紫光～780nm红光)，半导体材料的Eg应在3.26～1.63eV。比红光波长长的光为红外光。现在已有红外、红、橙黄、黄、黄绿、绿及蓝光等发光二极管。

白光是一种混合光，由多种波长的单色光混合而成。发光二极管不能直接发出白光，用LED产生白光的方法一般有两种。一种是用红绿蓝三种发光管组合生成，当光线中绿色的亮度为69%，红色的亮度为21%，蓝色的亮度为10%时，混色后人眼感觉到的是纯白色。另一种是蓝光LED加黄色荧光粉构成白光。由于前一种成本高、效率低，目前用于照明的白光LED主要是第二种方法。现在市场上的白光LED基本都是在蓝光LED芯片上涂覆荧光粉在加透明树脂封装而成的，其封装形式一般有直插型、表贴型、草帽型、食人鱼型等，也有与照明灯具结合的模块型封装如平面光源模块。

21.2.2 白光LED的主要光电参数和特点

1. 主要光电参数

(1) 功率：加于LED两端正向直流电压与流过它的电流之积。单颗LED的功率一般可分为小功率(小于0.1W)、中功率(0.5W左右)和大功率(大于1W)。

(2) 最大正向直流电流：允许加的最大的正向直流电流。超过此值可损坏二极管。LED 是电流器件，正常时应恒流工作，且恒流值小于允许的最大正向直流电流。

(3) 正向压降：发光二极管工作时加于两端的正向电压。由于白光 LED 是用蓝光芯片，其正向压降一般为 3.0～3.5V。

(4) 光通量：指单位时间内 LED 光源发出的光能总和。光通量的单位为“流明”，符号为 lm，光通量通常用 Φ 表示。光通量越大，说明光源发出的光越多，按照通俗的理解，可以认为该光源亮度越高。光源的光通量可以通过积分球和光度计测量。

(5) 发光效率：指在 LED 光源消耗单位功率条件下输出的光通量。单位是 lm/W（流明每瓦）。发光效率是评价节能程度的重要指标。

(6) 色温：表示光源光色的尺度，单位为 K。当某一光源所发出的光的光谱分布与不反光、不透光完全吸收光的黑体在某一温度时辐射出的光谱分布相同时，就把绝对黑体的温度称为这一光源的色温。

一些常用光源的色温：钨丝灯为 2760～2900K；荧光灯为 3000～7000K；中午阳光为 5400K；蓝天为 12 000～18 000K；高压钠灯为 2000～2500K。

(7) 显色指数。光源照射到物体后反应物体本身颜色的能力称为显色性，显色性高低用显色指数表示。显色指数的符号为 Ra，最大为 100（自然光），显色指数越高，说明光源的显色性越好。

2. LED 光源的特点

(1) 高效节能。LED 光源能耗低，亮度高，高效 LED 发光效率高于 100lm/W，4WLED 光源相当于 40W 白炽灯泡亮度，综合对比节能达 80%以上。

(2) 绿色环保。LED 不含汞等有害物质，废弃物可回收利用，光谱中没有紫外线和红外线，没有辐射，对人体、环境没有危害。

(3) 健康护眼。LED 灯具采用低压恒流驱动，无频闪，无眩光，亮度均匀，视觉效果好，真正做到了发光柔和、平稳、连续，接近自然光，是真正的理想光源，长时间使用不会有眼睛发疼发胀的现象。

(4) 色彩丰富。LED 光源色彩丰富，色温范围可调控，可根据不同的使用环境采用不同的光源，达到最好的视觉效果。

(5) 显色性好。LED 光源的显色指数高，通常在 80 以上，真实还原物体本色，有利于减少眼睛的疲劳程度，对保护视力有很大帮助。

(6) 清静舒适。灯具工作时没有噪音，LED 恒流驱动，无整流器，不会产生电流声。

(7) 使用安全。LED 低压驱动，一般采用 36V 以下安全电压供电，无触电危险。LED 属冷光源，无热辐射，被照物体不会被加热。

(8) 可控性强。LED 属电子元件，LED 光源可利用红绿蓝三基色原理，在计算机技术控制下形成不同的光色组合，可实现丰富多彩的动态变化效果及各种图像。用于白光照明时可通过调节正向电流调节亮度，从而实现“按需照明”，进一步节约电能。

(9) 维护成本低。LED 寿命长，光通量半衰期寿命超过 5 万小时以上，LED 为全固体发光体，没有钨丝、玻壳等易损坏的部件，抗冲击和抗震能力强，不易损坏。

21.2.3 LED平面光源的光度分析

LED平面光源是指由多芯片集成封装的光源组件或模块，其形状、大小、功率等可根据灯具需要设计，是在LED在照明中大量应用的背景下出现的封装产品。在制造过程上，LED平面光源和用多个成形封装的LED组成的光源有区别，它是先集成后封装而后者是先封装后集成。封装工艺的不同导致了两者光度特性的不同。

1. 光度学主要参数的定义

光度学中最重要的光度参数一般包括光通量、发光强度、照度和亮度。

光通量：光源的客观辐射通量对人眼引起的视觉强度，它等于单位时间内各波段的辐射能量和该波段的相对视见率的乘积。光通量用Φ表示，其表达式为

$$\Phi = \int \mathrm{d}\Phi_{\lambda} = K\int_{0}^{\infty} V(\lambda)e(\lambda)\mathrm{d}\lambda \tag{21-1}$$

式中，λ——波长；

Φ_{λ}——波长λ的辐射能量；

$v(\lambda)$——视见函数，是视觉对不同波长的光的敏感程度；

$e(\lambda)$——辐射通量密度函数，表示光源所辐射的不同波长的光的相对辐射通量；

K——常数；

光通量的单位为流明，lm。

发光强度：光源在单位立体角中发出的光通量。发光强度是表征光源在一定方向范围内发出的光通量的空间分布的物理量，简称光强，通常用I表示，其表达式为

$$I = \frac{\mathrm{d}\Phi}{\mathrm{d}\Omega} \tag{21-2}$$

式中，$\mathrm{d}\Omega$——光源在某一方向上所张的立体角元。

根据光通量的定义，发光强度的单位为lm/sr，sr为球面度。lm/sr对应国际单位制中光强单位坎德拉(cd)，1cd=1 lm/sr。

照度：受照物体单位面积上的光通量。照度是表征受照面被照明程度的物理量，如果照射在物体面元$\mathrm{d}\sigma$上的光通量为$\mathrm{d}\Phi$，则照度E可表达为

$$E = \frac{\mathrm{d}\Phi}{\mathrm{d}\sigma} \tag{21-3}$$

由光通量的定义，照度的单位是$\mathrm{lm/m^2}$，也称勒克斯(lx)。1勒克斯就是1流明的光通量均匀分布在1平方米的表面上所产生的照度。

亮度：单位表面在某一方向上光强密度，等于该方向的发光强度和此表面在该方向上投影面积之比。亮度是观察到发光面发光强弱的物理量，与观察方向和被观察表面的相对位置有关。亮度的单位是$\mathrm{cd/m^2}$，也称尼特。亮度的表达式为

$$B = \frac{\mathrm{d}I}{\mathrm{d}A\cos(\theta)} \tag{21-4}$$

式中，B——亮度；

I——发光强度；

A——被观察表面的面积；

θ——观察方向与被观察表面法线的夹角。对于一般提到的亮度，需明确指出是光源的亮度，还是被光源照射物体的亮度，两者的计算完全不同，后者还与被照物体的反射特性直接相关。

值得注意的是，发光强度的单位坎德拉(cd)是国际单位制中七个基本单位之一，光度学中其他单位均为导出单位。

光通量、发光强度、照度、亮度都可以通过计量仪器测得，但准确测量光通量、发光强度和亮度需要的测量条件较高，仪器也比较复杂，一般只在实验室或专门的检测场所测量。照度的测量仪器相对简单，通常的便携式照度计就可满足精度要求。

2. 点光源光度学特征

向空间各方向均匀发光的光源称为点光源。点光源是理想光源，由定义可知，点光源的发光强度是一个常量，与方向无关，其光强在整个空间分布图如图 21-1 所示。

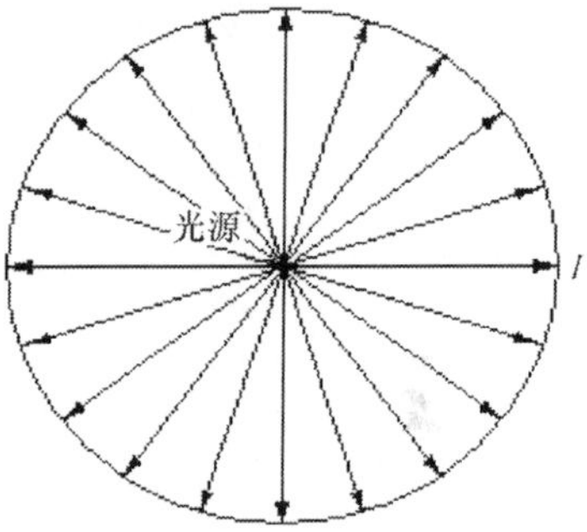

图 21-1　点光源的光强分布

图 21-1 是发光强度分布的剖面图，可理解为光源位于一个球的中心，向各个角度的发光强度均相等，内球面各点照度、亮度也相等。由前述定义的式(21-2)可知，一个各方向的光强为 I_d 的点光源光通量 Φ_d 为

$$\Phi_d = \int I_d \mathrm{d}\Omega = I_d \int \mathrm{d}\Omega \tag{21-5}$$

由于表示全空间的立体角为 4π，故

$$\Phi_d = 4\pi I_d \tag{21-6}$$

以光源为中心半径为 R 的球面的内表面积为 $4\pi R^2$，根据照度定义可知距离光源 R 的内球面照度为

$$E_d = \frac{\Phi_d}{4\pi R^2} \tag{21-7}$$

$$E_d = \frac{I_d}{R^2} \tag{21-8}$$

对于理想的点光源，光源亮度是没有意义的，因为它没有面积和体积。当然这样的光源在实际中是不存在的。被点光源照射物体的亮度需要知道被照射物体的反射特征，如反射系数和和方向，其计算方法在下面平面光源讨论中给出。

上述式(21-6)、式(21-7)、式(21-8)，组成了点光源主要光参数的相互关系。其中式(21-7)揭示了照度与距离平方成反比的规律。当某方向的光强确定后，这个方向各点的照度就可以根据这个规律计算了。

3. LED 平面光源的光度学特性

未封装的 LED 芯片具有朗伯光源的特性。LED 平面光源是由多颗芯片集成在一个散热基板上，然后将透明硅胶和荧光粉等与芯片封装在一起，组成一个均匀发光的平面。

因此 LED 平面光源同样具有朗伯光源的特征，实测数据也证明了这一点。根据朗伯定律，平面光源的光强分布如图 21-2 所示

其发光强度表达式为

$$I(\theta) = I_0\cos(\theta) \tag{21-9}$$

式中，I_0——光源平面法线方向的光强；

$I(\theta)$——与法线夹角为 θ 方向的光强。

与点光源不同，平面光源的照射范围具有单向性，可理解为其光强非均匀地分布在一个半球方向。其剖面示意图如图 21-3 所示。

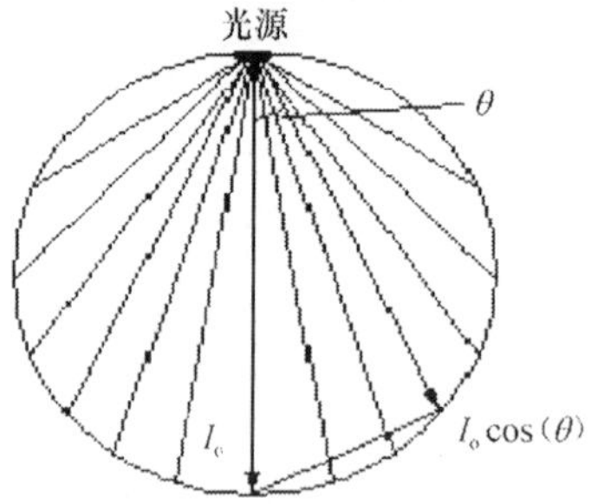

图 21-2　LED 平面光源的光强分布

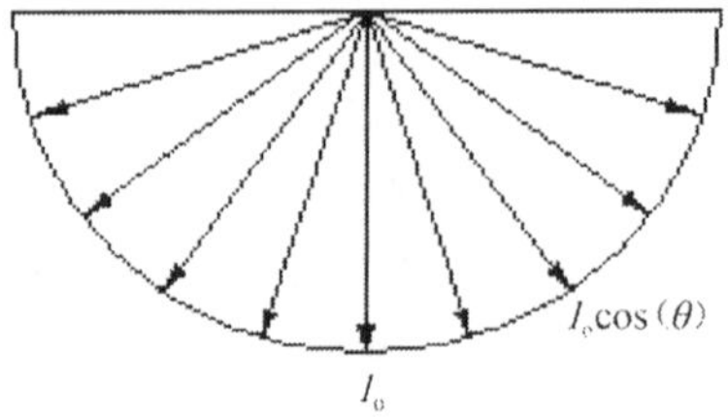

图 21-3　平面光源的照射单向性

注意图中的箭头不再代表光强的矢量大小，而代表光线射出的方向。

这里发光强度的方向和以下提到的点与光源的距离均以光源中心点作为基准。在实际应用中光源到被照面或物体的距离一般远大于光源尺寸，因此这样假设是合理的。根据照度与距离平方成反比的规律，即半球上与法线方向夹角为 θ 的各点的照度为

$$E(\theta) = \frac{I(\theta)}{R^2},\quad 即\ I(\theta)/E(\theta) = R^2 \tag{21-10}$$

将前述光通量和光强的定义式(21-2)和式(21-3)两式相除可得

$$d\Omega = \frac{1}{R^2}d\sigma \tag{21-11}$$

对于图 21-3 所示平面光源所照射的半球，设其半径为 R，其面积元 $d\sigma$ 和角度的关系可由图 21-4 表示。

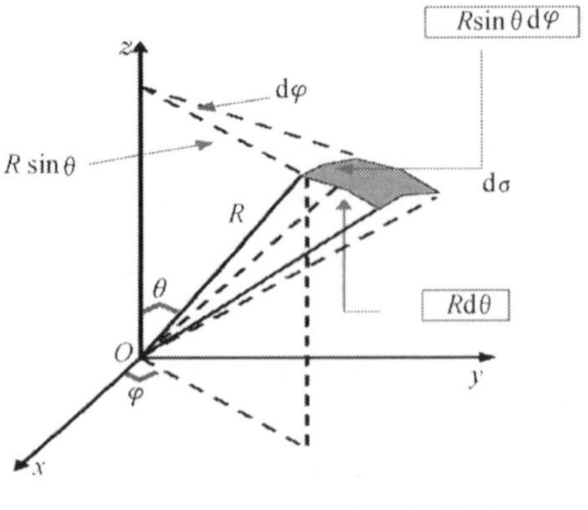

图 21-4　面积元与角度的关系

从图 21-4 不难看出，面积元可表示为

$$d\sigma = R^2\sin(\theta)\,d\varphi d\theta \tag{21-12}$$

由式(21-2)、式(21-10)，在半球面上积分得

$$\Phi = \int I(\theta)\,d\Omega = \int_0^{2\pi}\int_0^{\pi/2} I_0\cos(\theta)\sin(\theta)\,d\varphi d\theta = \pi I_0 \tag{21-13}$$

由式(21-13)可知，对于其光强非均匀地分布在一个半球方向的平面光源，其发出的总光通量为法线方向的光强和 π 的乘积。

由式(21-9)知与光源连线距离为 D 与平面光源法线夹角为 θ 的点的照度为

$$E = I_0\cos(\theta)/D^2 \tag{21-14}$$

LED 平面光源均匀发光，如果其面积为 S，则根据式(21-4)和式(21-9)可导出在与平面光源法线夹角为 θ 方向观察的光源亮度 B 为

$$B = \frac{dI}{dA\cos(\theta)} = \frac{I_0}{S} \tag{21-15}$$

式(21-15)表明 LED 平面光源的亮度与观察方向无关。

在计算被光源照射物体的亮度时，假定被照物表面是一个均匀的漫反射面，把此漫反射面看做一个假想光源，则这个假想光源的光度参数与上述平面光源的规律一致。根据照度定义式(21-3)可知，在面元 $d\sigma$ 上从得到的光通量为 $Ed\sigma$，如被照射物体的反射率为 $k(k<1)$，则面元 $d\sigma$ 作为假想光源的光通量为 $kEd\sigma$，设亮度为 L，由式(21-15)和式(21-13)得

$$L = \frac{I_0}{S} = \frac{\Phi/\pi}{S} = \frac{kEd\sigma/\pi}{d\sigma} = \frac{kE}{\pi} \tag{21-16}$$

式中，I_0——被当做假想光源的面元 $d\sigma$ 的法线光强；

S——该面元面积即 $d\sigma$。从式(21-16)的推导过程可以看出，点光源下被照射物体亮度计算与式(21-16)相同。

需要指出的是，在亮度推导过程中将被照射物体作为假想光源，并且使用面元的法线光强，是十分重要的。如果这里把真正光源到被照射物体方向的光强代替假想光源的法线光强，推导的结果将比式(21-16)小 4 倍。

4. LED 平面光源在空间平面上的照度计算

假设 LED 平面光源的总光通量为 Φ，与被照平面的垂直距离为 H，与平面 x,y 方向的仰角分别为 α 和 β，求任意点 (x,y) 的照度。如图 21-5 所示。

在以光源在平面的垂线为 Z 轴与被照平面组成的直角坐标系中，设 (x_0,y_0) 为光源法线与被测平面的交点，D_0 为交点到光源距离，(x,y) 为平面上任意点，D 为该点到光源的距离，d 为该点到交点 (x_0,y_0) 的距离。则

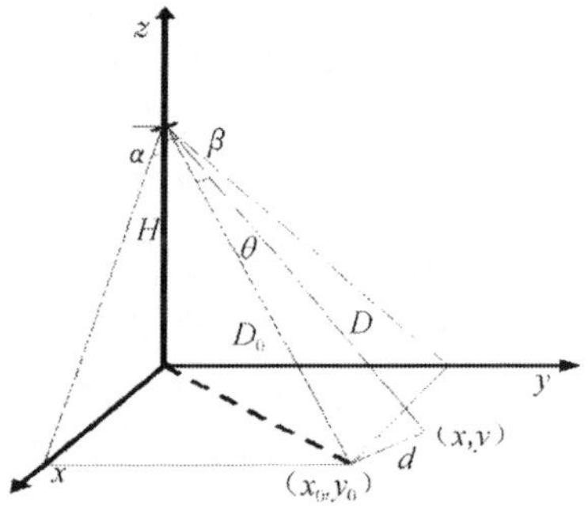

图 21-5 平面光源在平面上的照度计算

$$x_0 = H\tan(\alpha)$$
$$y_0 = H\tan(\beta)$$
$$D_0^2 = H^2 + x_0^2 + y_0^2$$
$$d^2 = (x - x_0)^2 + (y - y_0)^2$$
$$D^2 = x^2 + y^2 + H^2$$

由余弦定理，(x, y)到光源连线与光源法线的夹角 θ 的余弦为

$$\cos(\theta) = \frac{D^2 + D_0^2 - d^2}{2D_0 D}$$

由式(21-13)求得光源的法线方向光强为 Φ/π，由式(21-14)即可得(x, y)点的照度为

$$I(x, y) = \frac{I_0 \cos(\theta)}{D^2} = \frac{(D^2 + D_0^2 - d^2)\Phi}{2\pi D_0 D}$$

式(21-9)、式(21-13)、式(21-14)、式(21-15)、式(21-16)表达了平面光源主要光度参数相互关系，只要已知或测得其一，其他光度参数就可以很方便地导出。例如，可以测量照度确定光源的光通量和各方向光强，或在已知光通量的情况下计算被测各点照度和各方向光强。

需要指出的是，照度是一个矢量，是与方向有关的。上述给出的被测点照度值均为被测点与光源连线方向的数值，是该点的最大值，实际工程中的照度和亮度往往指垂直方向的数值，此值是最大值相应方向上的投影，需要进行换算。

21.3 LED道路照明灯具的组成

国标 GBT 24907—2010 中对“道路照明 LED 灯”的定义：“满足道路照明要求的组合式 LED 照明装置，除了发光二极管(LED)作为光源发光，还包括其他部件，如光学、机械、电气和电子部件等，并将这些部件组合成一个整体”。

按照功能划分，通常认为 LED 路灯由 LED 光源(发光模组)、驱动电源、灯具外壳三部分组成。

1) LED 光源

LED 光源(发光模组)是实现电光转换的核心发光部件。一般由多个 LED 发光单元串联或并联组成。由于封装工艺不同，LED 发光模组又分为 LED 点光源模组和 LED 面光源模组。LED 点光源模组因工艺简单、标准化程度比较高，价格相对比较便宜，但正因为器件标准化为普遍适用各种应用领域而设计的结构，使其在 LED 路灯的专业领域应用比较复杂，在一个灯头上烦琐的配光设计、复杂的串并联结构使点光源 LED 路灯的使用效果和可靠性大打折扣。而 LED 面光源模组因为先天具有专门针对特定灯具设计的特点，使其在 LED 路灯产品上的应用十分方便，在配光设计、整体美观、散热设计、驱动设计、降低眩光等方面优势明显。

2) 驱动电源

LED 驱动电源是实现路灯从外界输入电能转化为驱动 LED 发光模组按需工作电能的一个电子部件。LED 驱动器的可靠性是目前影响 LED 路灯工作寿命和工作状态的主

要因素。对LED驱动的选择要从抗电网扰动能力、防雷击能力、功率因数、输入输出效率等多方面考量。

3) 灯具外壳

LED灯具在结构上是LED发光模组和LED驱动的载体,并参与光传输通路上的配光功能和对LED发光模组和LED驱动的散热。LED灯具的散热能力决定了整灯LED模组工作的最大功率,也影响了LED模组和驱动器的工作环境和工作寿命。在LED灯具的选择上,功能比美观更重要,一定不能只考虑美观而忽略了对灯具功能的认真评价。

21.4 LED路灯技术指标

LED路灯的主要技术指标有额定功率、功率因数、光通量、光效、显色指数、防护等级、光斑类型、色品坐标、工作寿命等。

1) 额定功率

额定功率是一个说明LED灯消耗功率大小的参数,一般是指有功功率。额定功率越大消耗的功率越大,一般情况下也会带来更高的照明能力。按照GBT 24907—2010要求道路照明用LED灯的功率分为20W、30W、45W、60W、75W、90W、120W、160W、180W、200W、250W和300W等。

2) 功率因数

功率因数是LED灯消耗有功功率和消耗总功率的比值,功率因数越高能源的利用率越高,对电网的危害越小。

3) 光通量

光通量是表明LED灯光输出能力的一个指标。光通量越大,LED灯发射出的光越多。

4) 发光效率

发光效率是光通量和消耗功率的比值。同种功率下光效高的灯比光效低的灯的光通量更高;或者说要实现同样的光通量光效高的LED灯要比光效低的LED灯消耗的功率更小,也就更节能。

5) 显色指数

显色指数是以日光色为基准对各种光源的颜色还原性进行评判的一个重要指标,光源的显色指数越高,颜色还原性越好,显色指数最高为100,即相当于日光的颜色还原性。

6) 防护等级

路灯防护等级一般要求IP65。

7) 光斑类型

光斑类型,按照不同配光类型的灯在路面上形成的光形,可分为矩形、圆形或椭圆形光斑(引用GBT 24907—2010)。

8) 色品坐标

可见光的颜色都可以在CIE1931色度图中找到对应的x、y坐标称为色品坐标。路灯的色品坐标要求符合GB/T10682规定的目标值要求,路灯产品的色品坐标距离目标值应在8SDCM以内。

9) 工作寿命

LED 灯的寿命是指 LED 灯的光通量衰减到初始光通量的 50%时的工作寿命。LED 路灯的工作寿命是一个重要指标,工作寿命越长,其使用成本越低。一般 LED 照明灯具的工作寿命不低于 50 000 小时。

21.5 白光 LED 光源光衰规律

随着 LED 光源应用于照明领域,其光衰问题引起了人们的普遍关注。特别是早期的 LED 产品光衰比较严重,导致人们对 LED 的长寿命特点产生质疑。如果能在产品应用的早期就预测 LED 光源的光衰及寿命,或者在产品的设计阶段就能够评估光衰及寿命,那么对产品的设计、生产、应用各环节都有重要的帮助和参考。

光衰指标是 LED 最重要的指标,很多情况下用户要求光源生产厂家提供光衰曲线。光衰曲线实际上是光通量随时间变化的曲线,由于 LED 的光衰是一个漫长的过程,用实测数据描绘光衰曲线是不现实的。事实上,用 50000 小时的时间实测数据描绘出的光衰曲线也没有什么意义。因为在超过五年的时间过程中随着 LED 技术的发展,五年前产品的指标已毫无价值。加速光衰试验虽然可以在短时间内提供数据,但是加速试验的模型本身是需要大量的试验验证,模型的缺陷将导致试验误差的放大。加速试验一般把温度作为加速因子,而高温箱内的环境和使用环境有很大差异,至少没有导致 LED 光衰的重要因素的紫外线。因此,讨论光衰理论上的数学模型对于推算、估计光衰是十分必要的。

21.5.1 LED 光衰的原因

白光 LED 的组成材料主要是芯片、荧光粉、有机材料(主要包括固晶胶、封装胶)。因此造成光衰的原因也主要来自这三个方面。

根据半导体物理理论,二极管在驱动电流的作用下,由半导体材料组成的 PN 结中电子和空穴复合,以电磁波形式释放能量,电磁波的峰值波长由半导体材料禁带宽度决定,当峰值波长在可见光范围(380～780nm)时就成为发光二极管即 LED。芯片造成光衰是由于半导体材料的退化。从未封装的单纯蓝光芯片的寿命和光衰试验可知,其寿命远大于 10 万小时,这说明芯片对光衰的影响不是主要因素。

荧光粉随时间和环境温度影响性能退化也是导致光衰的原因。从荧光粉制作过程看,它本身应该是耐高温的,但在温度较高时会加速荧光粉与周围其他化学元素的反应,使其结构发生变化,从而导致性能退化。荧光粉对 LED 光衰的影响是主要因素之一。

有机材料一般具有大分子结构,在温度、短波长射线等因素影响下,大分子链会发生断裂,在断裂过程中,其特性会逐渐发生变化直至完全失效。如有机硅胶在温度影响下,其透明度、折射率会逐渐下降。另外,荧光粉一般混合在封装胶中,封装胶退化过程中会分离出一些活跃元素,这些元素是加入荧光粉的晶格结构也导致荧光粉退化的主要原因。因此有机材料的老化是造成 LED 光衰的最主要因素。

综上所述,白光 LED 光源的光衰机理是其封装组成材料功能退化。

21.5.2　光衰数学模型探讨

假设存在一个描述光通量随时间变化的函数 $P(t)$，那么这个函数应该具有以下基本性质：

$P(t)$在$\{0,\infty\}$的区间是连续的，即光通量不会发生跳跃；

$P'(t)<0$，函数是单调下降的，即光通量的衰减是不可逆转的；

$\lim\limits_{t\to\infty}P(t)=0$，即光源最终会完全熄灭。

白光 LED 光源的光衰机理是其封装组成材料功能退化，这个退化过程是一个漫长的渐变过程。诺贝尔奖获得者阿伦尼乌斯在对电离现象的研究中，提出了在环境条件不变的情况下，化学反应速率可以认为是一个常数，并导出了化学反应速率与温度的关系即阿伦尼乌斯定律。白光 LED 光源的封装组成材料功能退化过程可以看做一个渐变的化学过程，在其工作条件和环境不变的情况下应符合阿伦尼乌斯定律，即其退化速率为一个与时间无关的常数，这也意味着光通量衰减的速率为常数。

从试验数据和日常生活观察得知，对于一个进入稳定衰减过程的 LED 光源，在工作和环境条件不变的情况下，任何一个时间点的衰减速度在统计规律上大体一样，这与假设材料功能退化过程符合阿伦尼乌斯定律得出的结论相同。如一个 LED 光源第一个月的光通量衰减了 1%，第二个月会在这个基础上再衰减 1%，以后每个月都会衰减 1%，只是初始值不同。

用数学语言描述上述过程就是，假设在时间点 t 的光通量为 $P(t)$，较后时间点 $t+\Delta t$ 的光通量 $P(t+\Delta t)$满足下列关系：

$$\frac{P(t+\Delta t)-P(t)}{P(t)\cdot\Delta t}=K \tag{21-17}$$

其中，K——一个负值。

当 Δt 很小时，即 Δt 趋于 0 时对式(21-17)求极限，则可变为

$$\frac{\mathrm{d}P(t)}{\mathrm{d}t}-K\cdot P(t)=0 \tag{21-18}$$

显然这是一个简单的微分方程，解这个微分方程得

$$P(t)=P_0\mathrm{e}^{K\cdot t} \tag{21-19}$$

式中，P_0——$t=0$ 时的初始光通量。

这是一个简单的表达式，它与电容放电、物体散热的数学模型完全一致。显然式(21-19)完全符合前述的光通量函数的两个基本性质。

形成光衰的原因是多方面的，似乎用一个简单的表达式描述不能完全反映真实的光衰规律。从以上的推导过程可以看出，式(21-19)成立的前提假设了封装材料的功能退化是一种符合阿伦尼乌斯定理的化学过程。这应该是一个合理的假设，因为不存在发生加速或减速的衰减的机理，因此用式(21-19)描述 LED 光源的光衰过程是合理的。

21.5.3　LED 产品的光衰评估

从式(21-19)可以看出，式中只有两个参数，P_0 和 K，只要确定了这两个参数，就可以

评估光源的整个光衰特性了。

假设取同一批次的多个 LED 光源样本做试验，分别在 $t=0, T_1, T_2, \cdots, T_n$ 时刻测量每个光源的光通量，取均值后得到各时刻的光通量值为 $\bar{P}_0, \bar{P}_1, \bar{P}_2, \cdots, \bar{P}_n$ 这样就可以用最小二乘法估计参数 P_0 和 K 了。

各点的光通量均方差为

$$\sigma = (P_0 - \bar{P}_0)^2 + (P_0 e^{KT_1} + \bar{P}_1)^2 + (P_0 e^{KT_2} - \bar{P}_2)^2 + \cdots + (P_0 e^{KT_n} - \bar{P}_n)^2 \tag{21-20}$$

式中，取最小值时的 P_0 和 K 就是其最小二乘估计值；第一项与参数 K 无关，令其等于 0，可直接计算 P_0 的估计值，显然它就是所测初始光通量的均值。代入 $P_0=\bar{P}_0$，对 K 求导数，当等于 0 时可求得 K 的估计值。即解如下方程：

$$T_1 e^{KT_1}(\bar{P}_0 e^{KT_1} - \bar{P}_1) + T_2 e^{KT_2}(\bar{P}_0 e^{KT_2} - \bar{P}_2) + \cdots + T_n e^{KT_n}(\bar{P}_0 e^{KT_n} - \bar{P}_n) = 0 \tag{21-21}$$

式中，可以令 $x=e^k$，用牛顿迭代法求出 x 在{0,1}区间的解，即可求出 $K(<0)$。

通过试验数据确定 P_0 和 K 的估计值，整个生产批次的光衰规律就可以评估了。

LED 光源光衰达到 50%的时间是一个人们关注的指标，很多场所和标准规定如果没有其他失效，则光衰达到 50%的时间就是 LED 的寿命。与初始光通量相比，$\lambda(t)$表示任意时刻的光衰，则

$$\lambda(t) = \frac{P(0) - P(t)}{P(0)} = 1 - e^{K \cdot t} \tag{21-22}$$

$$t = \frac{1}{K} \cdot \ln[1 - \lambda(t)] \tag{21-23}$$

如果光衰达到 50%的时间大于 50 000 小时，则

$$K > \frac{\ln(1 - \lambda(50\ 000))}{50\ 000} = \frac{\ln(0.5)}{50\ 000} = -1.386 \times 10^{-5}$$

对应的 1000 小时光衰需要小于：

$$\lambda(10\ 000) = 1 - e^{-1.368 \times 10^{-5} \times 1000} = 0.0138 = 1.38\%$$

对于实测光衰的试验，测量千小时光衰还是比较容易的，因此根据千小时光衰预估较长时间的光衰数据是具有实际意义的。表 21-1 为理论计算得出的千小时光衰及与之对应的 50 000 小时光衰和达到 50%光衰时的时间。

表 21-1 千小时光衰及预估光衰数据

千小时光衰/%	对应五万小时光衰/%	50%光衰对应时间/h
0.50	22.17	138 282.57
1.00	39.50	68 967.56
1.50	53.03	45 862.37
2.00	63.58	34 309.62
2.50	71.80	27 377.85
3.00	78.19	22 756.57
3.50	83.16	19 455.57

续表

千小时光衰/%	对应五万小时光衰/%	50%光衰对应时间/小时
4.00	87.01	16 979.75
4.50	90.00	15 054.04
5.00	92.31	13 513.41

LED 封装及应用产品厂家的宣传材料一般都号称其寿命大于 50 000 小时甚至 100 000 小时，当然这不可能是实测值，其估算依据是否科学值得商榷。事实上，寿命本身是一个随机变量，通常说的寿命是一个统计值，而到 50%的光衰时间应该是 LED 寿命的理论上的最大值，这个时间并没用考虑产品的其他随机失效导致的寿命终止，更没用考虑到灯具的其他组成部分的失效，如驱动电源的失效等。LED 产品寿命的评估方法不能简单地套用光衰的数学模型，寿命评估的数学模型是建立在随机过程及统计理论上的。以上光衰的评估方法及数学模型是建立在 LED 封装材料的退化符合阿伦尼乌斯定理的基础上。

21.5.4　用 Excel 工具对光衰数据进行回归分析

如果光衰规律符合上述数学模型，利用 Excel 中的图表和回归分析工具，可以很方便地求出式(21-19)中的 P_0 和 K 值。以下用实测数据举例说明具体处理方法。

对于同生产批次的 LED 光源模块，随机抽取 10 个样本在试验室环境做光衰试验，分别测试其初始光通量后，每隔 500 小时测量一次，测量结果及均值建立 Excel 表如图 21-6 所示。

测量时间(千小时)	实测光通量(lux)										平均值
	1#	2#	3#	4#	5#	6#	7#	8#	9#	10#	
0.0	1236	1234	1237	1235	1236	1238	1239	1235	1240	1237	1236.7
0.5	1227	1226	1227	1226	1228	1229	1228	1227	1230	1228	1227.6
1.0	1219	1218	1220	1218	1220	1221	1220	1217	1221	1221	1219.5
1.5	1211	1210	1209	1208	1211	1212	1212	1213	1213	1210	1210.9
2.0	1203	1200	1204	1199	1201	1203	1204	1200	1202	1201	1201.7
2.5	1192	1192	1196	1193	1193	1193	1195	1192	1195	1196	1193.7
3.0	1182	1182	1185	1182	1182	1185	1188	1186	1185	1185	1184.2

图 21-6　LED 光源光通量测量结果

数据表建立后，插入图表，选择图表类型为“XY 散点图”，在数据源中的 X 方向选择表中“测量时间”列，Y 值选择“平均值”列，则上述测量数据的 XY 散点图就自动形成了。按鼠标右键或在菜单中选择“添加趋势线”，在“趋势预测/回归分析类型”选择“指数”类型，则将自动形成实测数据趋势线；在选项一栏，选择“显示公式”，将在图表窗口列出由测试数据生成的光衰规律公式。如图 21-7 所示。

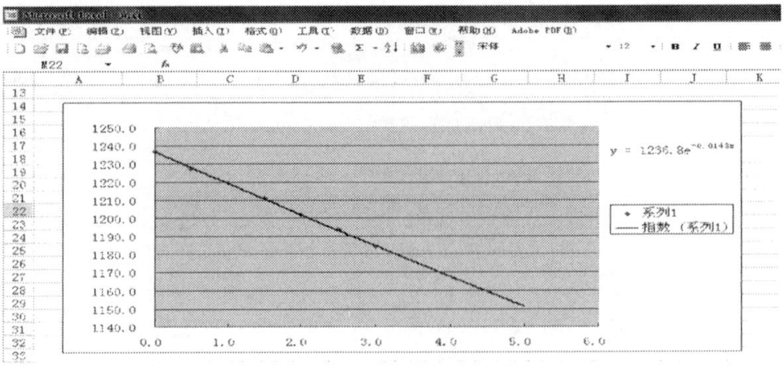

图 21-7　XY 散点图

根据 Excel 回归分析得出的公式可知，$P_0=1236.8$、$K=-0.0143$，光衰规律为

$$P(t) = 1236.8\mathrm{e}^{-0.0143t} \tag{21-24}$$

式中，t——单位是千小时。

将趋势线延长，在选项中设置“趋势预测”的前推值为 100，则可显示 10 万小时内的光衰规律，如图 21-8 所示。

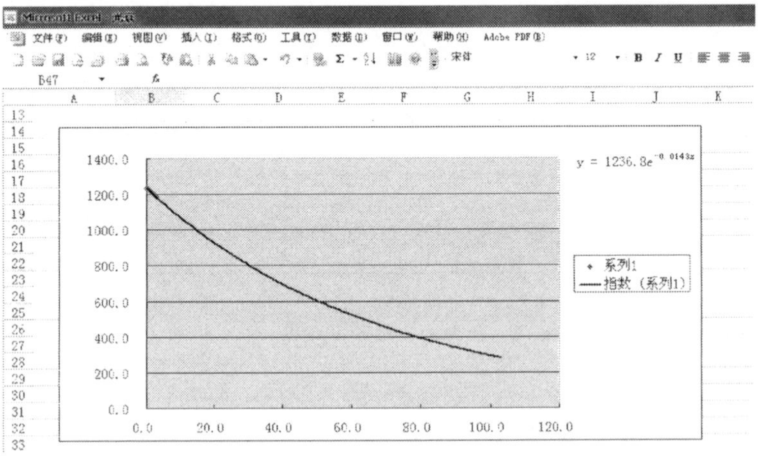

图 21-8　10 万小时内的光衰规律

由式(21-24)，就可以预估本生产批次的 LED 光源模块在任意时间点的光通量和光衰情况了。可以计算本批次光源达到 50%光衰的时间估计值为 48472 小时。

LED 光源的光衰主要是由其封装材料的功能退化造成的，如果这个退化过程符合阿伦尼乌斯定理，即其反应速率是一个与时间无关的常数时，LED 光源的光通量随时间变化的函数服从负指数规律。这与由 LED 光源光衰的速度不随时间变化的物理现象导出的结果是一致的。根据这一模型可以利用较短时间内的试验数据推算、分析 LED 光源整个寿命周期内的光衰情况。

当然，引起 LED 光源光衰的因素除了本文所述的主要原因，还有很多，这将导致数学模型本身的误差。但在没有发生明显加速或减速的衰减的机理和相应物理现象的现实情况下，利用该数学模型分析、预估 LED 光源的光衰数据不失为一个方便快捷的方法。

21.6　LED 道路照明工程设计

道路照明的功能主要有保证交通安全、加强交通引导性，提高交通效率、增强人身安全，降低犯罪率、提高道路环境的舒适性。除了上述功能性要求，人们还要求路灯具有美化城市、促进商业区经济繁荣等功用，灯杆、灯具、光源要求具有多样化和艺术化的特色，既能照亮城市，又能渲染美化城市。同时随着人们“光环境”意识的加强，城市灯光照明所带来的“光污染”问题也日益受到人们的重视。因此，城市道路照明工程设计已成为一门集科学、工程、艺术为一体的综合性学科。

21.6.1　道路照明的设计原则

1）安全性

能看清道路上有无障碍物或行人的准确位置和距离，能看清道路上有无异常状况，如路面遭破坏的程度和位置。

2）诱导性

能看清道路的宽度、线型及构造，能看清道路的路口、岔道、拐弯的距离及情况等。

3）舒适性

能辨认其他车辆的种类(了解车身宽度)和运动速度等情况，能辨认道路的路标及其他外围设施状况。

4）经济性

便于维护和管理，满足标准前提下尽量减少灯具数量，经济节能。

21.6.2　道路照明的设计依据

表 21-2　道路照明的设计依据一览表

规范编号	规范名称
CJJ 45—2006	《城市道路照明设计标准》
GB7000.5—2005	《道路与街路照明灯具的安全要求》
CJJ89—2001	《城市道路照明工程施工及验收规程》
GB50054—1995	《低压配电系统设计规范》
GB50055—1993	《通用用电配电设计规范》
GB 7000.1—2002	《灯具一般安全要求与试验》
GB 7248—1987	《电光源的安全要求》
GB/T 11470—1989	《电光源产品质量分等分级指标》
GB/T 11373—1989	《热喷涂金属件表面预处理通则》
QB/T 1551—1992	《灯具油漆涂层》
GB/T 699—1999	《优质碳素结构钢》
GB/T 700—1988	《碳素结构钢》
GB/T 1591—1994	《低合金高强度结构钢》
GB50217—1994	《电力工程电缆设计规范》

由于 LED 是近年来新发展起来的道路照明光源，其相应标准尚在起草或征求意见阶段，道路照明设计现仍套用上述标准。

21.6.3　LED 道路照明设计及照度计算

道路照明最重要的指标是路面照度和均匀度。路灯的配光把有限的光能充分利用并均匀地分布到路面。

1. 计算依据

前述表明 LED 平面光源具有朗伯光源的特征，其发光强度表达式为

$$I(\theta)=I_0\cos(\theta) \tag{21-25}$$

式中，I_0——光源平面法线方向的光强；

$I(\theta)$——与法线夹角为 θ 方向的光强。

平面光源的照射范围具有单向性，可理解为其光强非均匀地分布在一个半球方向。根据发光强度的定义以及光强与光通量的关系，平面光源发出的总光通量 Φ 为各方向光强在半球内的积分：

$$\Phi=\int I(\theta)\mathrm{d}\Omega \tag{21-26}$$

式中，$\mathrm{d}\Omega$——光源在某一方向上所张的立体角元。

由式(21-25)及立体角计算公式，式(21-26)在半球内积分可以推出面光源的总光通量 Φ 与法线光强的关系为

$$\Phi=\pi I_0 \tag{21-27}$$

根据照度定义，照度为单位面积上接受的光通量，即

$$E=\frac{\mathrm{d}\Phi}{\mathrm{d}\sigma} \tag{21-28}$$

式中，$\mathrm{d}\sigma$——面积元。

由光通量与光强关系，则与光源连线距离为 D 和平面光源法线夹角为 θ 的点的照度为

$$E=\frac{\mathrm{d}\Phi}{\mathrm{d}\sigma}=\frac{I\cdot\mathrm{d}\Omega}{\mathrm{d}\sigma}=\frac{I_0\cos(\theta)}{D^2} \tag{21-29}$$

上述反映了 LED 平面光源主要光度参数间的相互关系，通常光源生产商可以提供光源的发光效率和功率，这样光源总光通量就已知了，只要确定了点与光源距离及距离连线与光源法线的夹角，则该点照度和这个方向光强就可以按上述公式求得。

2. 配光模型

根据 LED 平面光源的光强分布图和式(21-25)和式(21-29)，用平面光源组成的路灯如垂直照射路面，光源的法线与道路的交点在路灯的正下方，将导致路灯下方出现明显光斑，路面照度不均匀。如果将光源在道路车流方向倾斜一个角度，光源平面的法线与道路的交点则向倾斜方向偏移。此时路灯正下方的光强变小，其照度随之降低，而光源平面的法线与道路的交点附近的光强增大，其照度将有所上升。因此将平面光源向道路车流方

向倾斜，能够提高路面的照度均匀度。

考虑光能的充分利用，采用镜面反射板将光源射向路面外部分反射到路面，同时该反射板起到防眩光作用。对称配光路灯的剖面示意图如图 21-9 所示。

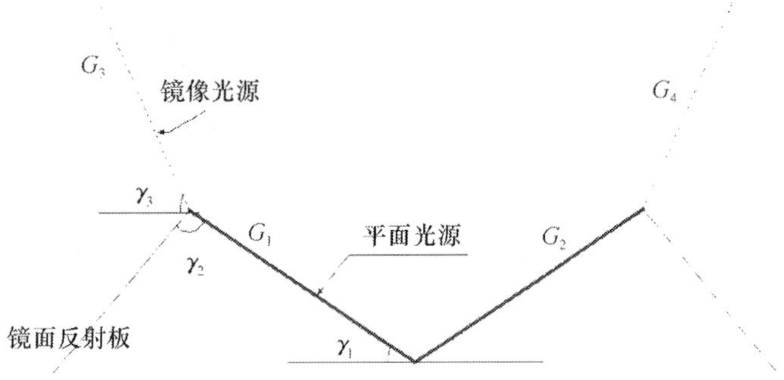

图 21-9　LED 平面光源路灯配光示意图

光源倾角为 γ_1，镜面反射板与光源夹角为 γ_2，G_1、G_2 为 LED 光源，G_3、G_4 为 G_1、G_2 在反射板中产生的镜像光源，由此可以推出镜像光源的倾角 γ_3 为

$$\lambda_3 = \gamma_1 + 2\gamma_2 - 180^\circ \tag{21-30}$$

G_2、G_4 对应的倾角为 γ_1 和 γ_3 的负数。

在灯具设计中，灯壳结构集散热与配光功能于一身，LED 平面光源紧固在铝合金灯壳上以保持良好的热通路，光源倾角和反射板与光源的夹角在一定范围内可调整，这样可适用与各种灯杆高度和灯距。

从图 21-9 可以看出，这种配光设计没有使用任何透镜，路面照射以一次出光为主。这样可以避免配光造成的光能损耗，灯具的配光成本几乎可以忽略。

3. 路面照度计算

路面照度和均匀度是衡量灯具配光效果的主要指标。假设一个 LED 平面光源的总光通量为 Φ，与被照平面的垂直距离为 H，与平面 x，y 方向的仰角分别为 α 和 β，求任意点 (x,y) 的照度。如图 21-10 所示。

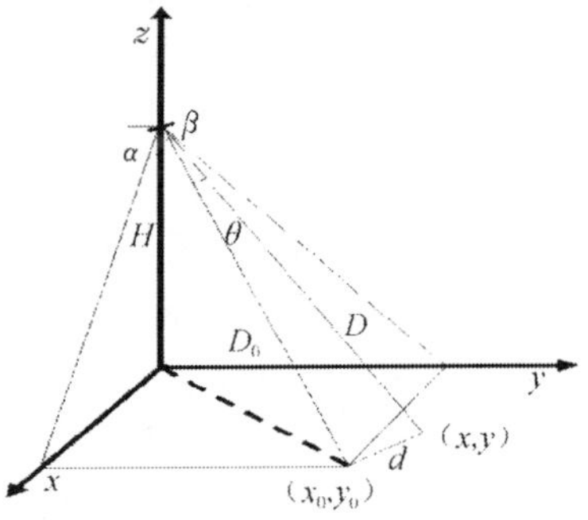

图 21-10　平面光源在平面上的照度计算

在以光源平面的垂线为 Z 轴与被照平面组成的直角坐标系中，设 (x_0,y_0) 为光源法线与被测平面的交点，D_0 为交点到光源距离，(x,y) 为平面上任意点，D 为该点到光源的距离，d 为该点到交点 (x_0,y_0) 的距离。则

$$x_0 = H\tan(\alpha) \tag{21-31}$$

$$y_0 = H\tan(\beta) \tag{21-32}$$

$$D_0^2 = H^2 + x_0^2 + y_0^2 \tag{21-33}$$

$$d^2 = (x - x_0)^2 + (y - y_0)^2 \tag{21-34}$$

$$D^2 = x^2 + y^2 + H^2 \tag{21-35}$$

由余弦定理，(x,y)到光源连线与光源法线的夹角 θ 的余弦为：

$$\cos(\theta)=\frac{D^2+D_0^2-d^2}{2D_0D} \tag{21-36}$$

由式(21-13)求得光源的法线方向光强为 Φ/π，由式(21-14)即可得(x,y)点的照度为

$$E(x,y)=\frac{I_0\cos(\theta)}{D^2}=\frac{(D^2+D_0^2-d^2)\Phi}{2\pi D_0D^3} \tag{21-37}$$

(x,y)点的垂直照度为该点照度在垂直方向的投影，即

$$E_Z(x,y)=E(x,y)H/D \tag{21-38}$$

对于如图 21-9 所示配光方案设计的路灯，需要分别对 G_1、G_2、G_3、G_4 四个光源在同一点的照度进行计算，然后换算成垂直照度叠加即得到路灯在该点的垂直照度。需要注意的是，利用上述公式计算其中一个光源的照度时可能出现负数，这说明该点到光源连线与光源法线的夹角大于 90°，也就是说光源无法照射到这一点，应该舍去。

路面任意点的照度主要来自相邻灯具的影响，其他灯具影响很小，可以忽略。以双侧对称布杆为例，如图 21-11 所示。

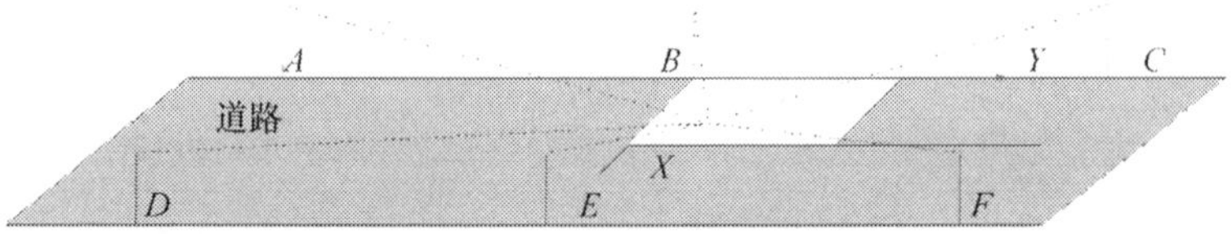

图 21-11　路面照度计算

在以灯杆 B 为原点，建立平面直角坐标系，利用上述公式，可分别计算每个灯对一个点形成的照度，换算成垂直照度相加即得出该点的总体垂直照度。由于灯具分布具有一致性，仅计算图中白色部分即可得出整个道路的照度情况。式(21-34)表明，计算道路各点照度，首先应计算光源法线与道路的交点，确定法线长度即交点到光源的距离，然后由点的坐标计算到光源的距离及到交点的距离，三个距离、光源高度和光源光通量决定该点照度。

镜像光源的光通量精确计算较复杂，实际应用中需要乘一个系数，该系数对应反射效率，可通过试验确定。对于特定点由镜像光源形成的照度计算，由于光源本身是虚拟的，还需要判断该点是否被反光板遮挡，如被遮挡则该点由镜像光源形成的照度为 0。由图 21-9 和图 21-10 可以推出判断被反光板遮挡的条件为

$$Y\tan(180-\gamma_1-\gamma_2)>h \tag{21-39}$$

式中，Y 为点到光源的纵向距离。

按照图 21-9 所示的配光设计，如果道路和灯杆配置已确定，则需要找出最佳的光源倾角、光源与反光板的夹角。如果这两个角度是可调整的，也需要根据实际应用情况确定以便指导装配工艺或安装。

4. Excel 模拟计算实例

用解析的办法计算道路照度比较麻烦，编制一个计算机模拟软件，将道路宽度、灯杆间距、灯杆高度等参数作为输入量，调整可变因素如光源倾角和与反光板的夹角，使平均

照度和均匀度达到满意。利用 Excel 工具的宏功能，插入模拟计算程序方便直观，适宜于工程计算。

例如，一个双向六车道的道路，路宽 24m，采用 12m 灯杆，40m 杆间距，悬挑臂长 1.5m，仰角 15°，双侧对称布杆，要求路面平均照度大于 20Lex，照度均匀度大于 0.4。灯具参数如何配置？

利用 Excel 模拟计算的工作簿如图 21-12 所示。

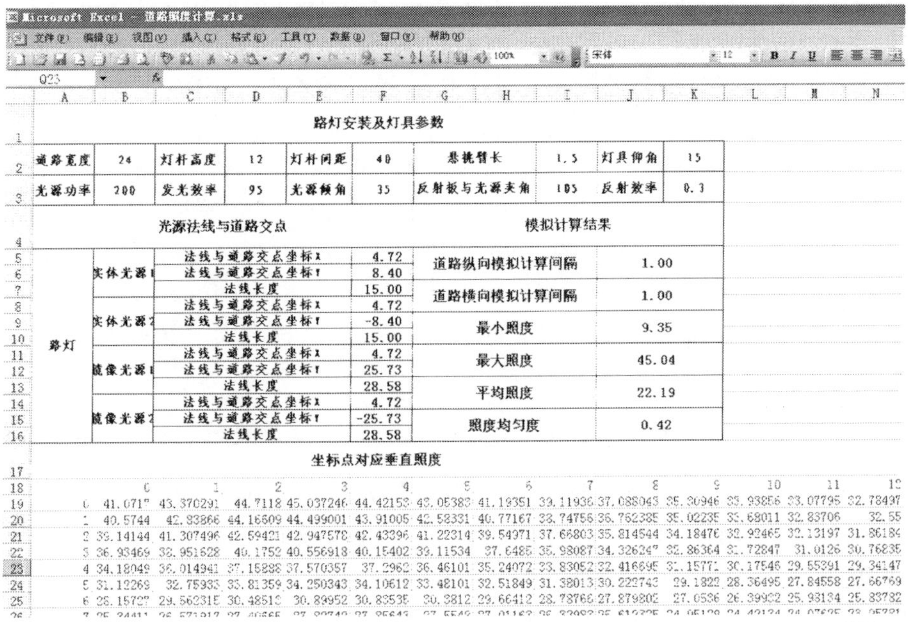

Microsoft Excel - 道路照度计算.xls

路灯安装及灯具参数

道路宽度	24	灯杆高度	12	灯杆间距	40	悬挑臂长	1.5	灯具仰角	15
光源功率	200	发光效率	95	光源倾角	35	反射板与光源夹角	105	反射效率	0.3

光源法线与道路交点

路灯	实体光源1	法线与道路交点坐标X	4.72
		法线与道路交点坐标Y	8.40
		法线长度	15.00
	实体光源2	法线与道路交点坐标X	4.72
		法线与道路交点坐标Y	-8.40
		法线长度	15.00
	镜像光源1	法线与道路交点坐标X	4.72
		法线与道路交点坐标Y	25.73
		法线长度	28.58
	镜像光源2	法线与道路交点坐标X	4.72
		法线与道路交点坐标Y	-25.73
		法线长度	28.58

模拟计算结果

道路纵向模拟计算间隔	1.00
道路横向模拟计算间隔	1.00
最小照度	9.35
最大照度	45.04
平均照度	22.19
照度均匀度	0.42

坐标点对应垂直照度

	0	1	2	3	4	5	6	7	8	9	10	11	12
0	41.0717	43.370291	44.7118	45.037246	44.42153	43.05383	41.19351	39.11936	37.088043	35.30946	33.93856	33.07795	32.78497
1	40.5744	42.83866	44.16609	44.499001	43.91005	42.58331	40.77167	38.74756	36.762385	35.02235	33.68011	32.83706	32.55
2	39.14144	41.307496	42.59421	42.947578	42.43396	41.22314	39.54971	37.66803	35.814544	34.18476	32.92465	32.13197	31.86184
3	36.93469	38.951628	40.1752	40.556918	40.15402	39.11534	37.6485	35.98087	34.326247	32.86364	31.72847	31.0126	30.76835
4	34.18049	36.014941	37.15888	37.570357	37.2962	36.46101	35.24072	33.83052	32.416695	31.15771	30.17546	29.55391	29.34147
5	31.12269	32.75933	33.81359	34.250343	34.10612	33.48101	32.51849	31.38013	30.222743	29.1822	28.36495	27.84558	27.66769
6	28.15727	29.562315	30.48513	30.89952	30.83535	30.3812	29.66412	28.78766	27.879802	27.0536	26.39932	25.93134	25.83782
7	[illegible]	[illegible]	[illegible]	[illegible]	[illegible]	[illegible]	[illegible]	[illegible]	[illegible]	[illegible]	[illegible]	[illegible]	[illegible]

图 21-12　用 Excel 模拟道路照度计算

上述 Excel 表中，路灯安装及灯具参数是输入量，光源法线与道路交点数据是根据以上各式的计算值，通过 Excel 的公式编辑自动计算。道路纵向和横向模拟计算间隔也是输入值，表示多少间距取一个计算点，表中 1.00 表示每米取一个计算点，间距越小计算精度越高。表中第 18 行为道路横向坐标，A 列为道路纵向坐标，坐标对应数据为该点垂直照度值。根据各点照度值就可以计算最小照度、最大照度、平均照度和照度均匀度了，其中平均照度采用各点照度的算术平均值，照度均匀度为最小照度和平均照度的比值。

假设光源发光效率为 95 lm/W，反射效率 30%。上述模拟计算结果表明，使用 200W 的灯具，在光源倾角为 35°、反射板与光源夹角为 105°时，平均照度和照度均匀度满足要求。本例道路照明的功率密度为 0.42W/m²，远远低于道路照明的节能评价值(0.7～0.85)，说明 LED 用于道路照明节能效果明显，这也印证了 LED 平面光源的配光方案的有效性。

例中计算各点照度、最小照度、最大照度、平均照度、照度均匀度时调用了宏功能。具体办法是在“工具”菜单中选择“宏”，键入一个“宏名”，创建并编写计算程序就可以了。计算程序中引用的公式虽然比较烦琐，但流程和逻辑很简单，只要按上述公式分步计算即可，这里就不再详述了。

通过 Excel 模拟可以发现，光源功率和发光效率的提高可使平均照度同比提高，但对照度均匀度没有影响；光源倾角变大能够明显改善道路的照度均匀度，但是平均照度通常会相应下降；光源与反光板的夹角存在一个最佳值，能使平均照度和照度均匀度达到相对最高；反射效率越高对应的平均照度和照度均匀度都有提高。除此以外，灯杆高度变大照度均匀度会变大，平均照度会变小；灯杆间距越小平均照度和照度均匀度都变大；道路宽度主要影响平均照度，而悬挑臂长、灯具仰角变化平均照度和照度均匀度都有不同程度的变化。这些模拟结果和实际工程中的变化规律相同，应用 Excel 模拟计算可在工程设计阶段综合影响照明效果的多种因素，优化设计方案。

路灯配光设计的主要目的是提高光能的利用率和路面照度均匀度，而提高光能的利用率和路面照度均匀度意味着道路照明的综合成本的降低。上述基于的 LED 平面光源路灯配光方案，配光成本极低，也能有效提高路面照度均匀度，其光源倾角及反光板的角度可调，可以适宜不同路宽和布杆情况，为一种简洁实用的方案。利用 Excel 模拟计算的方法，不仅可以在给定道路和布杆情况下模拟出适宜灯具的参数，也可以为道路照明设计提供参考。如当道路宽度已知时，可以优化设计布杆间距、灯杆高度以及悬挑臂长和灯具仰角，以在尽可能节能的情况下到达最佳的照明效果，或者选择满足基本照明要求的情况下最经济的灯杆、灯具配置方案。

5. *应用光强分布曲线计算路面照度*

光强分布（或配光）数据是灯具的基本光度数据，它是在实验室里用分布光度计（配光曲线仪）测得的，是表示一个灯具或光源发射出的光在空间中的分布情况。分布光度计有几种不同类型，采用不同的坐标系统，用于测量不同类型的灯具。测量道路照明常规灯具的光强分布通常采用 c-γ 坐标系统，如图 21-13 所示。

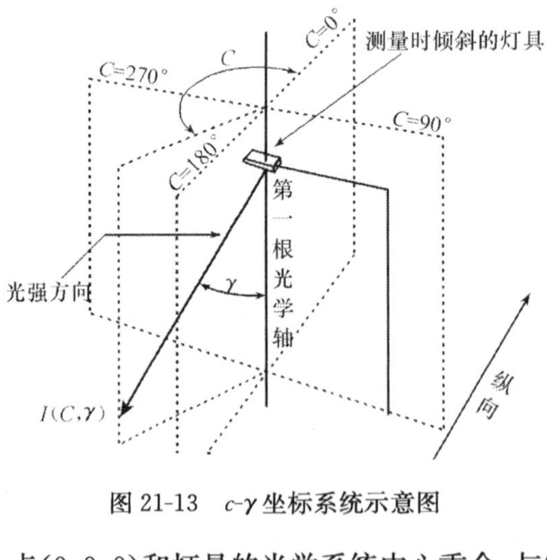

图 21-13　c-γ 坐标系统示意图

该坐标系统的中心点(0,0,0)和灯具的光学系统中心重合，与纵向路轴平行的半平面定义为角 $c=0°$ 和 $c=180°$，与纵向路轴垂直的半平面在车道侧定义为 $c=90°$，在人行道侧定义为 $c=270°$，在这些平面上的高度角用 γ 表示，垂直向下为 $\gamma=0°$，向上灯 $\gamma=180°$。由此空间中的每一个方向都可由 c 和 γ 值确定。在图中可以看到 $c=0°$，$c=180°$，这两个角度正好确定一个平面，$c0°$-$180°$就是 $c=0°$与 $c=180°$控制的那个平面，即平行于纵向路轴方向。很多图都是针对这个平面解释的。图中横向即垂直于路边的方向，横切过路面。垂直于地面并且穿过光源的那根线为中心参考线，I 点则可以通过 c 与 γ 两个角度确定，γ 角为 I 点与参考线的夹角，而 c 则为 I 点与 $c=0°$的夹角。

1）光强表

若要把测得的光强分布直接输入计算机进行照明设计和计算，则光强值必须以表格形式给出，即给出光强表。国际照明委员会(CIE)建议，对道路照明常规灯具，应列出 1872 对 c 和 γ(36 个 γ 角×56 个 c 角)所对应的光强值。若灯具的光强分布相对于垂直路轴的平面(c 角为 90°、270°)是对称的，则只列出 972 对光强值就可以了。光强表的格式见表 21-3，需给出光强值的 γ 角和 c 角见表 21-4。

表 21-3　光强表格式(简化)　(单位：cd/1000lm)

Gamma	c 0°	c 15°	c 30°	c 45°	c 60°	c 75°	c 90°
0.0°	294	294	294	294	294	294	294
5.0°	292	292	292	292	292	292	292
10.0°	288	287	288	288	289	290	289
15.0°	282	280	282	284	286	289	289
20.0°	272	270	274	279	284	288	290
25.0°	258	257	264	271	281	288	291
30.0°	241	240	250	261	275	281	283
35.0°	223	222	236	250	260	267	270
40.0°	202	202	219	231	246	263	269
45.0°	178	180	201	212	241	259	266
50.0°	154	156	178	203	233	251	257
55.0°	128	131	155	189	218	235	243
60.0°	101	104	137	169	199	215	224
65.0°	77	79	119	147	176	193	202
70.0°	52	58	97	124	149	164	175
75.0°	31	37	72	86	112	105	110
80.0°	14	14	40	35	52	31	31
85.0°	2.52	2.06	7.98	6.74	9.11	1.64	1.65
90.0°	0.47	0.57	3.88	5.14	5.41	1.31	1.23

注：单位为 cd/1000lm，表示这是一个以千流明为标准的配光数据，即 1000lm 光通量下测得的光强值。这样做是为了方便不同灯具间的配光比较

表 21-4　光强值的 γ 角和 c 角

坐标	角度范围	间隔	坐标	角度范围	间隔
	0°～30°	10°　4 个		0°～50°	5°
	35°～45°	5°　3 个		60°～120°	15°
γ	47.5°～105°	2.5°　24 个	c	130°～230°	5°
	120°～180°	15°　5 个		240°～300°	15°
				310°～355°	5°

2) 光强分布(配光)曲线

若测得的光强分布用于非计算机的一般计算,则通常以通过光中心的几个垂直平面上的光强分布(配光)曲线图的方式或等光强曲线图的方式给出。CIE 建议需给出光强分布曲线的垂直平面如下。

(1) 包含最大光强的垂直平面,称为主垂直平面,需给出 c 角。

(2) 平行于路轴的垂直平面(c 角为 0°、180°)

(3) 垂直于路轴的垂直平面(c 角为 90°、270°)

配光曲线通常有两种表示方法:极坐标表示法和直角坐标表示法。

极坐标光强分布曲线的形式如图 21-14 所示。这种方法通常用于描述室内和道路的灯具的光分布。它很形象地以极坐标的原点表示灯具的光中心,以一定方向的矢量表示光强的大小,以极坐标的角度表示光强矢量与光轴之间的夹角;极坐标表示法的好处就是形象、直观。

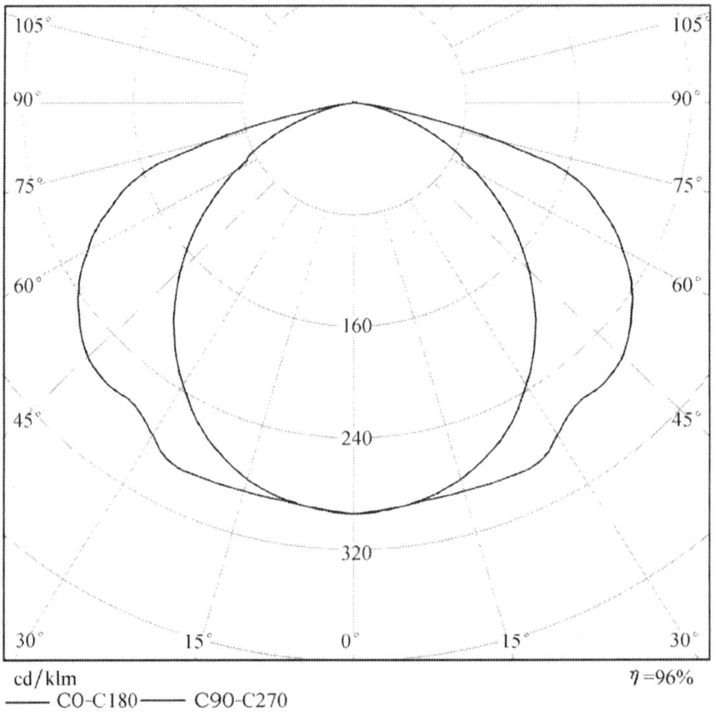

图 21-14 极坐标形式的配光曲线

直角坐标光强分布曲线的形式如图 21-15 所示。

此方法通常用于描述泛光灯和配光非常窄的灯具和光源光的分布。用直角坐标的原点表示光中心,用横坐标表示方向角,用纵坐标表示光强。直角坐标表示法的好处是便于查不同角度的光强数值。

灯具的配光曲线按照其对称性质通常可分为轴向对称、对称和非对称配光。

轴向对称:又称为旋转对称,指各个方向上的配光曲线都是基本对称的,一般的筒灯、工矿灯都是这样的配光。

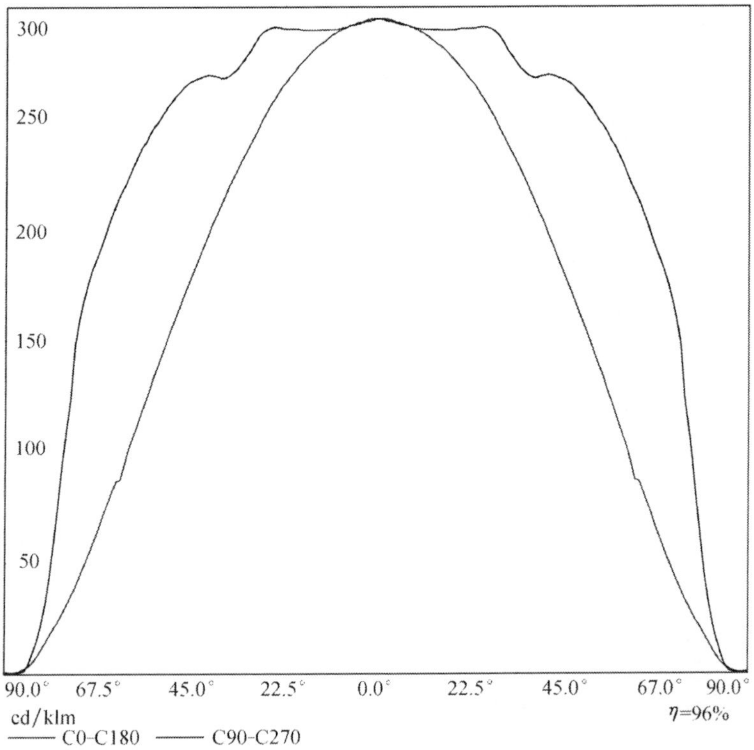

图 21-15　直角坐标形式的配光曲线

对称：当灯具 C0°和 C180°剖面配光对称，同时 C90°和 C270°剖面配光对称时，这样的配光曲线称为对称配光

非对称：就是指 C0°-180°和 C90°-270°任意一个剖面配光不对称的情况。

3）利用配光曲线和光强数据表进行简单的计算举例

灯具的配光曲线如图 21-14 所示，光强数据表如表 21-3 所示，这是国内某公司生产的 90W LED 平面光源路灯，总光通量 7388lm。

例 1　一条单幅道路，路宽 $w=6$m，采用单侧布灯，灯具安装高度 $h=5$m，灯杆间距 $s=20$m，悬臂长 0.5m，灯具仰角为 0°。以灯具中心点垂直正下方处为坐标原点，在只安装一盏灯的情况下试计算 $O(0,0)$、$P(6,0)$、$A(3,4)$、$B(0,5)$各点处的水平面照度。各点位置如图 21-16 所示。

查表或从图中均可得知 O 点的光强为 294cd/1000lm，则 O 点的实际光强为

$$I_o = 294 \times 7388/1000 = 2172\text{cd}$$

O 点的水平面照度

$$E_o = I_o/h_2 = 2172/(5 \times 5) = 86.88\text{Lx}$$

所以 P 点的$(c,\gamma)=(0,50.2)$，查表可知知 P 点的光强为 260cd/1000lm，则 O 点的实际光强为

$$I_o = 260 \times 7388/1000 = 1920\text{cd}$$

O 点的水平面照度

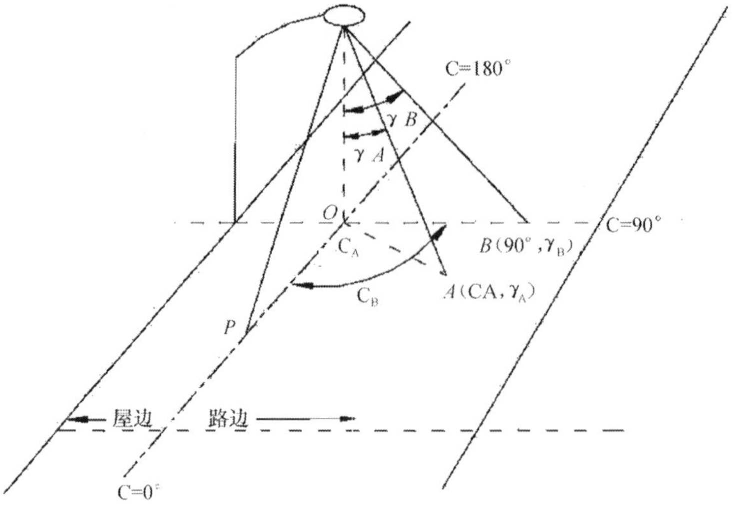

图 21-16　照度计算例 1 图

$$E_o = I_o/h_2 \times \cos(\gamma) = 1920/25 \times 0.64 = 49\text{Lx}$$

A、B 点的计算过程同 P 点，过程省略。

6. 利用 Dialux 软件进行道路照明工程设计的方法

随着软件技术的飞速发展，原本复杂的手工计算，已逐渐被照明设计软件所取代。光度参数的计算内容主要是照度计算、亮度计算、均匀度计算、眩光计算等。不少运算速度快、准确性好、操作方便和效果直观的软件已得到采用。它们的使用减少了繁重的手工劳动，完成了原来无法进行或只有极少数人能够做的工作。较常见的照明设计软件有 Dialux、Lumen Designer、Lightscape 和 AGI32 等。

不少照明设计软件计算后都用等照度或等亮度曲线表示其数值分布，同时还用照明效果的仿真，形象化地表示场所内的光照效果，如工作面上或道路上不同地方的明暗情况，用不同的灰度表示数值的高低。下面以 DIALUX 4.10 软件为例，说明利用软件进行照明工程设计的基本方法和步骤。

工程情况如图 21-17～图 21-21 所示。

第 1 步：点击[文件|新建]菜单，新建立一个设计项目。

第 2 步：在界面左侧的任务管理器中可以修改项目的相关信息，具体内容如图 21-18 所示。

第 3 步：点击[粘贴|新场景|标准街道]菜单，新建立一条街道，在任务管理器中输入街道的名称。在街道说明中可以输入街道的相关信息，进行备注。

第 4 步：展开任务管理器中对应的街道名称，可以看见有一个名称为“道路 1”的项目。单击该项目，在任务管理器中输入相关信息如图 21-20 所示。

第 5 步：选择任务管理器下方的“灯具选项”选项卡，插入灯具目录中已有的灯具，或者导入新的灯具。选中相应的灯具后，直接拖入右边的街道平面图中。

第 6 步：对街道排列的相关属性进行设置，如图 21-21 所示。

第 7 步：设置完成后，点击【报表|开始计算】即可生成相关的报表。重要的模拟结果

有以下几项，如图 21-22～图 21-24 所示。

街道横截面

道路1　　（宽度：16.000m，运行路径数量：4，柏油：R3，q0：0.070）

维护系数：0.67

灯具排列

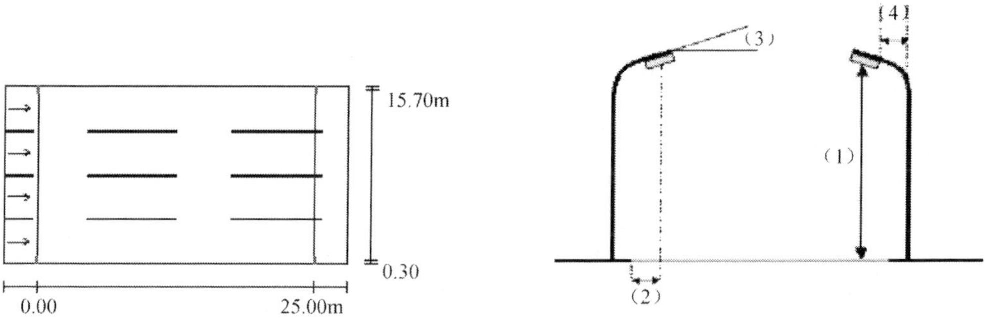

灯具：	河北神通光电科技有限公司 TJL90-F6 90W LED路灯		
照明电流（灯具）：	7097 lm	光强最大值	
照明电流（光源）：	7388 lm	角度 70°：	175 cd/klm
瓦数：	89.7 W	角度 80°：	53 cd/klm
排列：	双排，相对	角度 90°：	6.65 cd/klm
灯杆距离：	25.000m	在能够与下部垂直线形成规定角度的所有方向上（照明装置安装正确）	
安装高度（1）：	8.000m	安排符合光强等级G3。	
光点高度：	7.897m	安排符合眩光指数等级D.6.	
突出（2）：	0.300m		
吊杆角度（3）：	0.0°		
悬臂长度（4）：	0.500m		

图 21-17　街道横截面信息

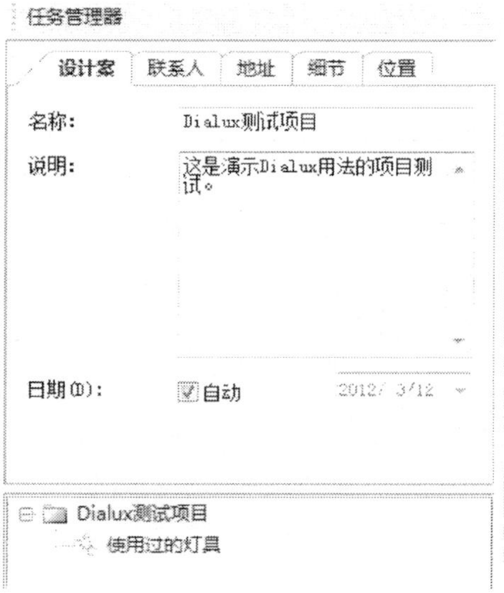

图 21-18　项目相关信息

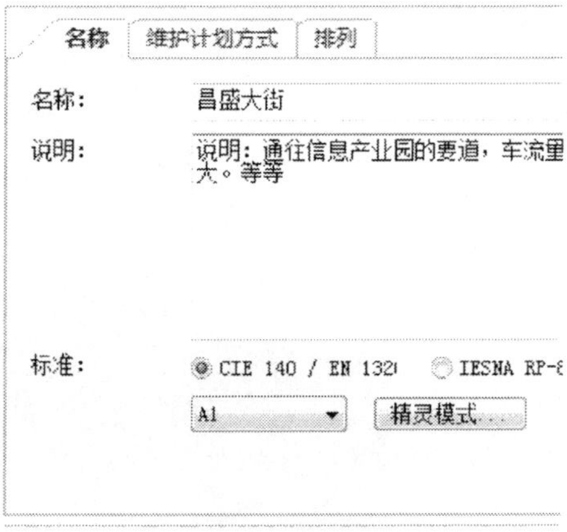

图 21-19　街道相关信息

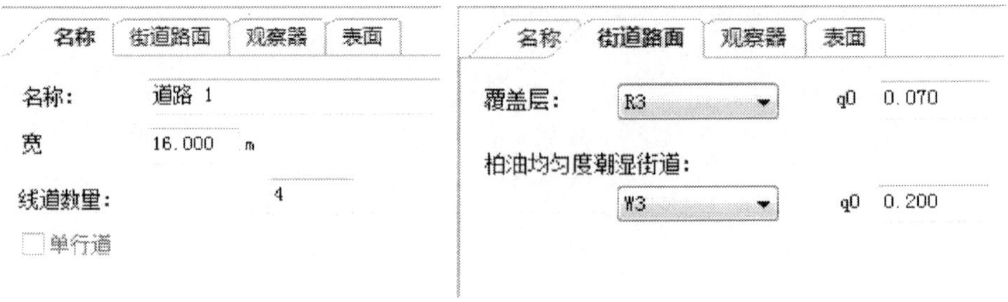

图 21-20　LED 灯具设计参数表

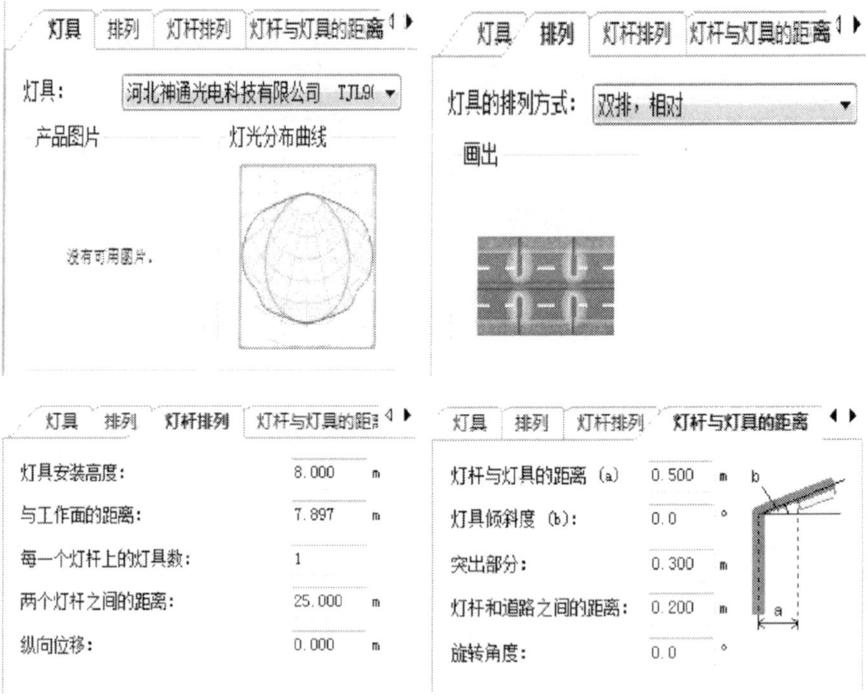

图 21-21　LED 灯具参数设定对话框

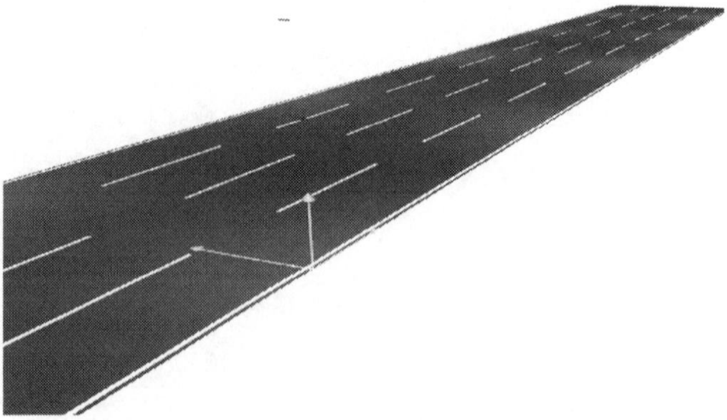

图 21-22　3D 效果图

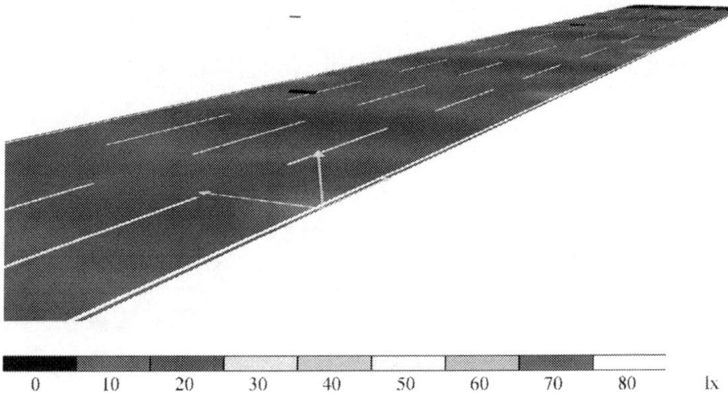

图 21-23　伪色表示图

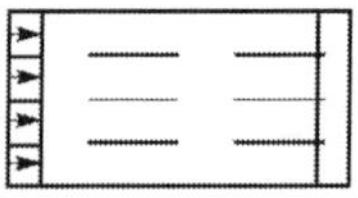

15.333	24	19	12	8.79	7.02	7.02	8.79	12	19	24
14.000	22	18	12	8.80	7.12	7.12	8.80	12	18	22
12.667	19	16	11	8.47	7.03	7.03	8.47	11	16	19
11.333	15	13	10	8.04	6.08	6.87	8.04	10	13	15
10.000	13	11	9.16	7.70	6.69	6.69	7.70	9.16	11	13
8.667	12	11	8.64	7.48	6.62	6.62	7.48	8.64	11	12
7.333	12	11	8.64	7.48	6.62	6.62	7.48	8.64	11	12
6.000	13	11	9.16	7.70	6.69	6.69	7.70	9.16	11	13
4.667	15	13	10	8.04	6.87	6.87	8.04	10	13	15
3.333	19	16	11	8.47	7.03	7.03	8.47	11	16	19
2.000	22	18	12	8.80	7.12	7.12	8.80	12	18	22
0.667	24	19	12	8.79	7.02	7.02	8.79	12	19	24
m	1.250	3.750	6.250	8.750	11.250	13.750	16.250	18.750	21.250	23.750

注意: 此坐标为上述图形 单位为 Lux

网格: 10×12点

平均照度[lx]	最小照度 [lx]	最大照度 [lx]	最小照度/平均照度	最小照度/最大照度
12	6.62	24	0.574	0.278

昌盛大街/评估区域 道路 1/等照度图（照度）

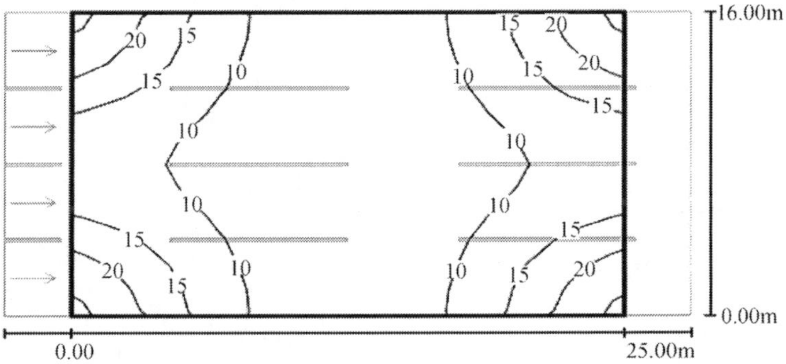

单位为 Lux，比例1∶222

网格: 10×12点

平均照度[lx]	最小照度 [lx]	最大照度 [lx]	最小照度/平均照度	最小照度/最大照度
12	6.62	24	0.574	0.278

图 21-24　点照度表和等照度图

21.7 LED道路照明节能分析(加上白天和夜晚应用效果图)

路灯是城市照明工程的主要组成部分,夜晚路灯的照明起到非常重要的作用。但是路灯在起着重要作用的同时,也在消耗着大量的能源。目前一般的传统路灯,主要是高压钠灯,一盏路灯的功率为100～400W,一些大型路灯功率可以达到1000W以上。以一盏路灯200W计算,一个晚上照明12个小时(从晚上7点到第二天早上7点),那么一盏路灯就要消耗200×12/1000=2.4度电能。假设路灯之间的间距是20m,一条长2km的街道就有2×2000/20=200盏路灯(道路两边各有一盏路灯,所以要乘2),那么这条街道一晚上消耗的电能就有200×2.4=480度,1年消耗的电能是480×365=17.52万度。

在一个城市中,除了主干道,还有很多次干道和小的路段,这些街道夜晚的人流量和车流量都比较小。特别是一些郊区和比较偏僻的路段,在半夜1点钟以后,人流量和车流量一般非常少。但是即使没有人或车经过,这些路灯也是长期点亮的,这时电能就白白浪费掉了。很多路段真正有效的照明时间只占整个照明时间的20%～30%,也就是说大部分电能都浪费掉了。

如果有效照明时间是50%,那么一条街道浪费的电能就有17.52×0.5=8.76万度。一个中等规模的城市中这样的街道可能就有100个以上,一个大城市往往有数百个这样的街道,那么就是说一个城市每年在路灯上浪费的电能就有数百到数千万度以上。全国有数百个大型城市,中小规模的城市更多,总的电能浪费是非常巨大的。

我国现有的路灯70%以上使用的都是高压钠灯,其设计寿命为24000小时(5年)。但是由于我国城市电网技术落后,造成线路的电压波动大大超过国际标准,许多地区的波动甚至超过额定电压的15%左右,特别是在后半夜,由于电负荷减少使得电网电压有时接近245V,致使路灯灯泡的实际使用寿命平均不到一年。现在,可以算这样一笔账:以某些大城市为例,路灯每年需要更换一次灯泡,更换一只灯泡所需费用(含镇流器损耗、人工、车辆等)为120元,一个中等规模的城市差不多会有两万多只常开的路灯,则每年仅更换路灯灯泡的费用就高达两百多万元人民币。实在是一笔不小的开支。

对道路照明技术进行革新,在能源日益紧张的今天,别是很多城市电力不足的矛盾,无疑是非常有意义的。下面以一个实际的案例对此进行分析。

180W LED路灯与400W高压钠路灯的光源运行经济分析对比见表21-5。

表21-5 LED路与高压钠路灯对比分析

对比项目	市电供电		参数对比及消耗说明
	LED路灯	高压钠路灯	
配置参数说明			
适用高度	10m	10m	主/次干道
光源功率	180W	400W	符合照明要求
实际功耗	200W	612W	光源+整流器损耗+变损/线损
平均照度	20～35Lux	20～55Lux	均满足照明要求

续表

对比项目	市电供电		参数对比及消耗说明
	LED 路灯	高压钠路灯	
配置参数说明			
光照半径	18m	20m	半径相近
环境湿度	≤95°	≤85°	LED 适应强
工作寿命	50 000 小时	8 000 小时	LED 寿命长 6 倍
日耗电量	2 度电/盏	6.12 度电/盏	LED 后半夜自动半功率
计算方式	日耗电量/盏×365 天×0.8 元/度(按每天照明 10 小时计算)		
年耗电费	584 元/盏·年	1787.04 元/盏·年	年省 1 334.44 元/盏·年
年维护费用	5 内年免维护	250.00 元/盏·年	钠灯 1～2 年更换一次
运行经济回报分析			
1 000 盏 LED 路灯前期总投入增加费用	3 600 000 元	1 200 000 元	光源+整流器
	2 400 000 元		LED 前期投入增加费用
1 000 盏 LED 路灯/年运行节省费用	584 000 元	1 787 040 元	每年运行电费费用
	0 元	250 000 元	每年维护费用
	584 000 元	2 037 040 元	年运行总费用
	1 453 040 元		每年节省费用(电费+维护费)
LED 路灯投资回报	LED 前期改造投入回报周期 3.7 年 2 400 000 元(前期增加成本)/1 453 040 元(每年节省费用)=1.65 年 LED 回收投资成本后还可节省 4 867 684 元 LED 光源前期总投入可以在 1.65 年内通过节省电费和节省维护费用收回全部投资成本。按 1.65 年后每年仍节省费用 1 453 040 元和整体 5 年使用计算,1 000 盏 LED 路灯光源回收投资成本后,还可以节省 4867684 元		
经济效益	一年可节约 1 203 040 度电,一年可节省电费 962 432 元(按 0.8 元/度计算) 一年可节约 421 吨标煤(按一度电需燃烧 0.35kg 标煤计算) 一年可节约 358.5kg 原油(按一度电需燃烧 0.298kg 原油计算)		
社会效益	一度电燃烧 0.35kg 的标煤可排放 1 000g 二氧化碳,可排放 30g 二氧化硫 一年可减少排放 1 203 吨二氧化碳,一年可减少排放 36.1 吨二氧化硫(按一年可节约 421 吨标煤计算)		
分析结论	采用 LED 做路灯光源节省运行费用 70%以上,寿命长,维护成本低,节能降耗显著。而且在新装 LED 路灯工程上,更节省前期电缆敷设和减小变电站功率等成本,可见采用 LED 光源比传统光源的节能降耗优势更大,前景广阔。符合国家节能环保和建设可持续发展节约型社会的政策。二氧化碳和二氧化硫造成了地球大气层变暖,世界各国政府已经积极采取对气候变化的行动,进行节能改造,走出了节能降耗、减少各种污染源的排放的第一步。由以上分析可以得出这样的结论:节能、降耗、环保,在带来经济效益的同时,也极大地缓解了本地区能源紧张的局面,同时将为继续推动国民经济可持续发展作出新的贡献		

21.8　LED 隧道照明与智能控制

为缓解机动车进出隧道驾驶员的适应性,隧道照明一般包括入口段、过渡段、中间段、出口段,隧道灯包括基本照明灯、应急照明灯、加强照明灯,远程控制中心根据隧道内外亮度对比形成隧道内亮度控制策略。对于传统照明,隧道内亮度调节一般采用部分灯具打开或关闭的办法实现。LED 隧道灯由于功耗小、亮度可调,其控制方式会更加灵活,对于隧道照明设计和工程施工会更加方便，隧道照明的智能化程度更高。

21.8.1　系统组成

使用 LED 隧道灯实现智能化照明的系统组成原理框图如图 21-25 所示。

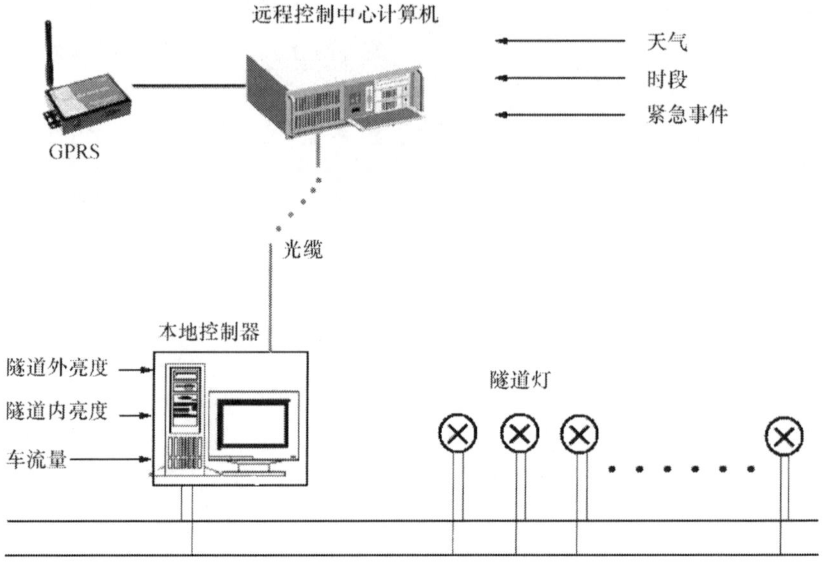

图 21-25　智能化照明的系统组成原理框图

21.8.2　智能化照明的特点

较之传统照明，LED 隧道照明智能化方案有以下几个方面的根本变化。

1）功能灯种类变化

使用 LED 隧道照明，可以不再区分基本照明灯、应急照明灯、加强照明灯，因为 LED 隧道灯均可单独进行亮度调节，能实现所有的隧道内亮度控制策略，因此已不需要对隧道灯进行功能分类。

2）控制回路变化

由于传统隧道照明的灯具功率大，灯具承担不同类别的照明功能，需要分段分回路进行开关控制。使用 LED 隧道灯，只需要一个回路即可，对于不长的隧道也不再需要分段。显然这种变化会节省大量电缆。

3）控制机柜变化

用传统高压钠灯对隧道内亮度进行调节，必须采用开关控制，因此交流继电器、交流接触器是必不可少的，同时需对基本灯、应急灯、加强灯进行控制，每一段都会有一个庞大的电气控制柜。使用 LED 隧道灯，这些都不需要了，如必要也仅需一个空气开关就可以了。显然这个变化也会节省大量费用。

4）控制策略变化

受多段和多控制回路的限制，用传统隧道灯只能有少量的控制预案，或者增加更多的回路，否则难以实现。使用 LED 隧道灯，每个灯都可以单独控制，控制预案可以无限多，因此可根据天气、时段、内外亮度、车流量等因素利用计算机进行综合分析，得出最佳的控制策略。这个变化需要对远程控制中心的控制软件重新编制，以实现更加智能化的隧道照明控制。这个变化可以从根本上实现"按需供电"，从而使隧道照明更加节能。

21.8.3 智能化照明灯具

每个 LED 照明灯的亮度可调，是智能节能控制的基础，为了对 LED 照明灯亮度进行调节，必须研制电流可调的电源控制器。图 21-26 是恒压与低压恒流模块结合的电源控制器和 LED 灯具框图。

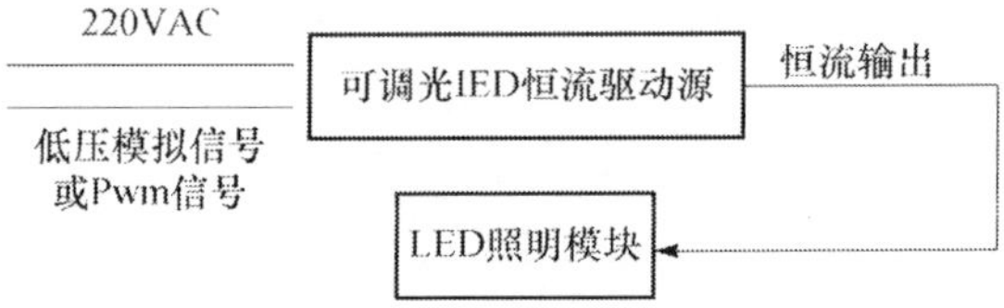

图 21-26 可调光 LED 灯框图

根据调光灯的原理图，实现调光需要控制器输出模拟电压信号或 Pwm 信号完成，方案有两种：一种是采用集中控制的方法，即 1 个控制器输出多路，控制多个灯，此方案的优点是实施简单，成本较低，缺点是布线回路多，且易受外界干扰，稳定性稍差；一种是每个灯上都有智能控制板，每板控制 1 个灯，优点是布线简单，缺点实施分组设置较麻烦。现在大部分的控制采用单灯带智能控制板的方案。

带智能控制板的可调光 LED 灯框图见图 21-27。

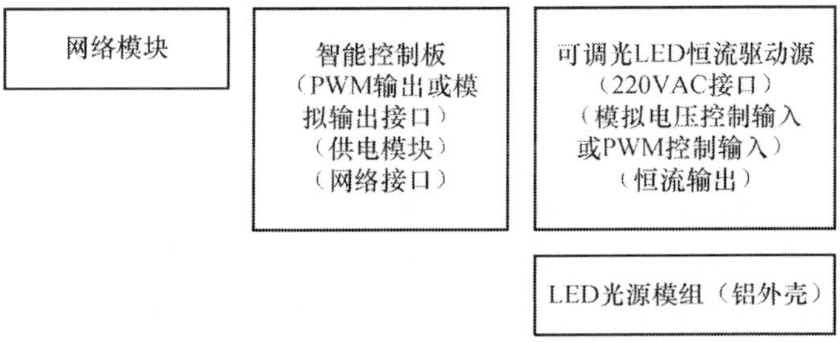

图 21-27 带智能控制板的可调光 LED 灯框图

21.8.4 现场控制总线介绍

根据单灯控制的实际需要，可以分为有线网络、电力载波网络、无线网络和混合网络。有线网络又主要包括 RS485 网络(图 21-28)、CAN 总线网络、工业以太网以及以 RS485 或 CAN 基础上发展的标准现场网络，如 PROFIBUS、LONWORKS 等。无线方式主要包括以无线收发模块为基层的网络、433MHZ 无线自组网模块为基础的网络和 ZigBee 网络等。

1. RS485

RS485 由 RS232、RS422 发展而来。为扩展应用范围，EIA 于 1983 年在 RS422 基础

上制定了 RS485 标准，增加了多点、双向通信能力，即允许多个发送器连接到同一条总线上，同时增加了发送器的驱动能力和冲突保护特性，扩展了总线共模范围，后命名为 TIA/EIA-485-A 标准。RS485 标准只对接口的电气特性进行规定，而不涉及接插件、电缆或协议，在此基础上用户可以建立自己的高层通信协议，其特点如下。

(1) RS485 是隶属于 OSI 模型物理层的电气特性规定为 2 线，半双工，多点通信的标准。在传输过程中可以采用增加中继的方法对信号进行放大，最多可以加八个中继，也就是说理论上 RS485 的最大传输距离可以达到 9.6 公里。

(2) 和 EIA422 相对照，EIA422 采用不可转换的单发送端，EIA485 的发送端根据需要设置为发送模式，这使得 EIA485 可以使用双线模式实现真正的多点双向通信。

(3) 错误检测机制：RS485 只规定了物理层，而没有数据链路层，所以它对错误是无法识别的，除非一些短路等物理错误。这样容易造成一个节点破坏会造成整个总线瘫痪。所以 RS485 一旦坏一个节点，这个总线网络都会瘫痪。

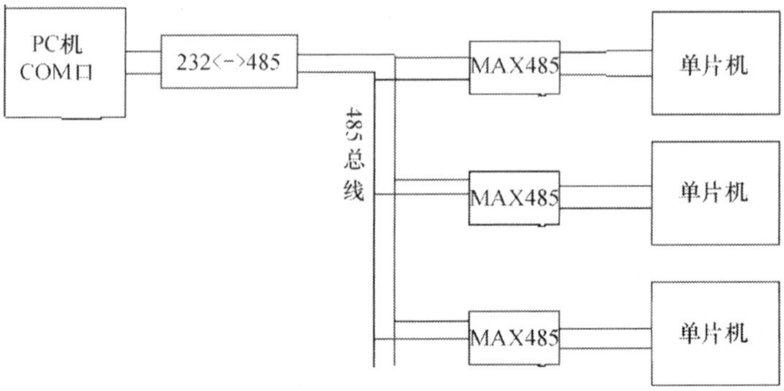

图 21-28 RS485 网络示意图

2. CAN

CAN(控制器局域网)是当今国际上应用最广泛的现场总线之一。CAN 总线最初是由德国 Bosch 公司为汽车的检测、控制系统而设计的。由于 CAN 总线具有独特的设计思想、良好的功能特性和极高的可靠性，现场抗干扰能力强，已由国际标准组织 ISO 制订了 CAN 总线的国际标准。CAN 协议是建立在国际标准组织 ISO 的开放系统互连参考模型 OSI 基础上，主要工作在物理层、数据链路层和应用层。用户可在其基础上根据实际需要开发自己的应用层通信协议。CAN 总线信号的传输可采用双绞线、同轴电缆或光纤，最高通信速率可达 1Mbit/s，数据传输在 5kbit/s 时，传输距离可达 10km。一个 CAN 网段上的网络节点可达 110 个，还可通过 CAN 网关/网桥延伸网段或与其他各种网络互连互通。CAN 总线网络示意如图 21-29 和图 21-30 所示。

3. 电力载波

电力载波通信即 PLC，是英文 Power Line Communication 的简称。电力载波是电力系统特有的通信方式，电力载波通信是指利用现有电力线，通过载波方式将模拟或数字信

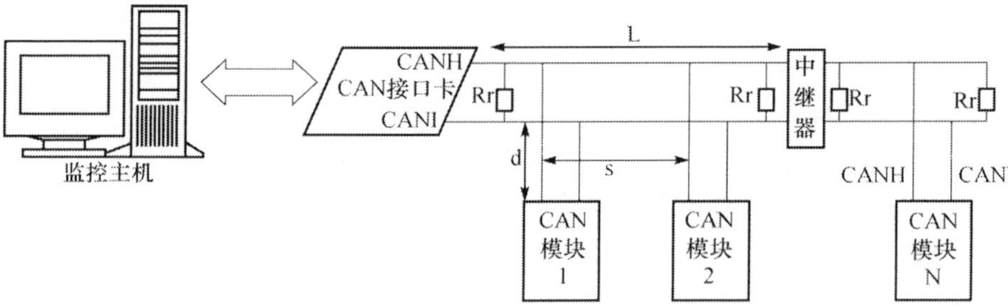

图 21-29　CAN 总线分布式工业测控网络拓扑原理图

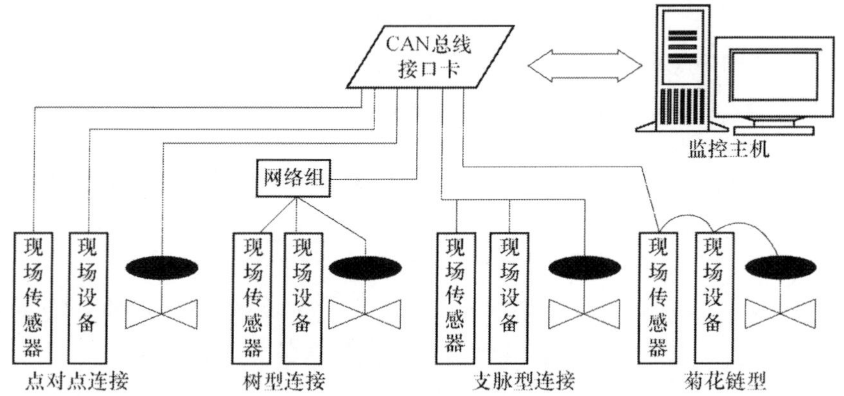

图 21-30　CAN 网络组网连接方式原理示意图

号进行高速传输的技术。电力载波通信是利用电力线进行信息传送的通信方式，因此，利用电力线可以组建家庭环境的通信网络。基于电力载波组建的电力线通信网络一般采用主从控制方式，图中上层有一个主控 CPU，下层有若干个从 CPU。主控 CPU 向各个从 CPU 发出指令协调工作，同一时刻只能有一个 CPU 使用电力线资源。主控 CPU 与网关或者家庭服务器相联，从 CPU 控制智能电路工作。

4. 工业以太网

工业以太网是基于 IEEE 802.3(Ethernet)的强大的区域和单元网络。利用工业以太网，SIMATIC NET 提供了一个无缝集成到新的多媒体世界的途径。企业内部互联网(Intranet)，外部互联网(Extranet)，以及国际互联网(Internet)提供的广泛应用不但已经进入今天的办公室领域，而且还可以应用于生产和过程自动化。继 10M 波特率以太网成功运行之后，具有交换功能、全双工和自适应的 100M 波特率快速以太网(Fast Ethernet，符合 IEEE 802.3μ 的标准)也已成功运行多年。采用何种性能的以太网取决于用户的需要。通用的兼容性允许用户无缝升级到新技术。因为价格问题，不适用于单灯上每个都使用这个接口。

5. 无线自组网模块

无线自组网模块是利用无线技术进行无线数据传输的一种模块。多个同类型的模块可以组成小型网络，数据可以在该网络中相互传输，广泛应用于物联网各领域。其技术特点如下。

网状网络：先进的网状网络拓扑结构，每个节点都拥有多条备用路径，且网络可实现自维护、自修复，更好地适应各种复杂、多变的现场环境。

跳频技术：高抗干扰能力，采用多信道跳频技术。

自动组网：免现场设置、全智能自动路由、无路由级数限制、无需额外增加中继的自动组网方式。

路由算法：吸收 AODV、冲突检测等众多典型无线网络理论，在网络鲁棒性、响应速度、数据速率、安装调试智能化水平和环境适应性等方面取得平衡。

节点自注册：网络节点可实现自注册入网，真正实现即插即用。

指定路由：在网络中新增节点可实现指定路由入网。

数据自动采集：在数传过程中，会自动采集路由路径上的节点数据，大大提高了数据采集效率。

双向通信：采用半双工无线通信方式，可实现重点用户监控、异常故障报警等。

6. ZigBee

蜜蜂在发现花丛后会通过一种特殊的肢体语言告知同伴新发现的食物源位置等信息，这种肢体语言就是 ZigZag 行舞蹈，是蜜蜂之间一种简单传达信息的方式。借此意义 ZigBee 作为新一代无线通信技术命名。在此之前 ZigBee 也称为“HomeRF Lite”、“RF-EasyLink”或“FireFly”无线电技术，目前统称为 ZigBee。简单地说，ZigBee 是一种高可靠的无线数传网络，类似于 CDMA 和 GSM 网络。ZigBee 数传模块类似于移动网络基站。通信距离从标准的 75m 到几百米、几公里，并且支持无限扩展。ZigBee 是一个由可多到 65 000 个无线数传模块组成的一个无线数传网络平台，在整个网络范围内，每一个 ZigBee 网络数传模块之间可以相互通信，每个网络节点间的距离可以从标准的 75m 无限扩展。与移动通信的 CDMA 网或 GSM 网不同，ZigBee 网络主要是为工业现场自动化控制数据传输而建立，因此，它必须具有简单、使用方便、工作可靠、价格低的特点。而移动通信网主要是为语音通信而建立，每个基站价值一般都在百万元人民币以上，而每个 ZigBee“基站”却不到 1000 元人民币。每个 ZigBee 网络节点不仅本身可以作为监控对象，例如，其所连接的传感器直接进行数据采集和监控，还可以自动中转别的网络节点传过来的数据资料。除此之外，每一个 ZigBee 网络节点(FFD)还可在自己信号覆盖的范围内，与多个不承担网络信息中转任务的孤立的子节点(RFD)无线连接。ZigBee 的技术特点如下。

ZigBee 是一种无线连接，可工作在 2.4GHz(全球流行)、868MHz(欧洲流行)和 915 MHz(美国流行)三个频段上，分别具有最高 250Kbit/s、20Kbit/s 和 40Kbit/s 的传输速率，它的传输距离在 10～75m，但可以继续增加。

低功耗：由于 ZigBee 的传输速率低，发射功率仅为 1mW，而且采用了休眠模式，功耗低，因此 ZigBee 设备非常省电。据估算，ZigBee 设备仅靠两节 5 号电池就可以维持长达 6 个月到 2 年左右的使用时间，这是其他无线设备望尘莫及的。

ZigBee 协议是免专利费的。

时延短：通信时延和从休眠状态激活的时延都非常短，典型的搜索设备时延 30ms，休眠激活的时延是 15ms，活动设备信道接入的时延为 15ms。因此，ZigBee 技术适用于对时延要求苛刻的无线控制（如工业控制场合等）应用。

网络容量大：一个星型结构的 ZigBee 网络最多可以容纳 254 个从设备和一个主设备，一个区域内可以同时存在最多 100 个 ZigBee 网络，而且网络组成灵活。

可靠：采取了碰撞避免策略，同时为需要固定带宽的通信业务预留了专用时隙，避开了发送数据的竞争和冲突。MAC 层采用了完全确认的数据传输模式，每个发送的数据包都必须等待接收方的确认信息。如果传输过程中出现问题可以进行重发。

安全：ZigBee 提供了基于循环冗余校验（CRC）的数据包完整性检查功能，支持鉴权和认证，采用了 AES-128 的加密算法，各个应用可以灵活确定其安全属性。

使用芯片开发周期较长，一般使用成熟的模块，成本较高。

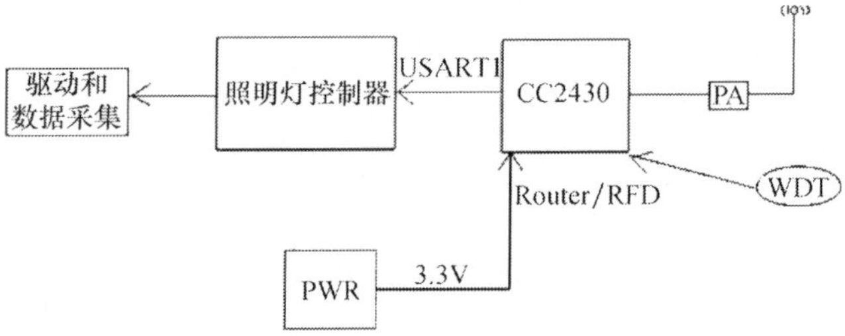

图 21-31　ZigBee 网络示意图

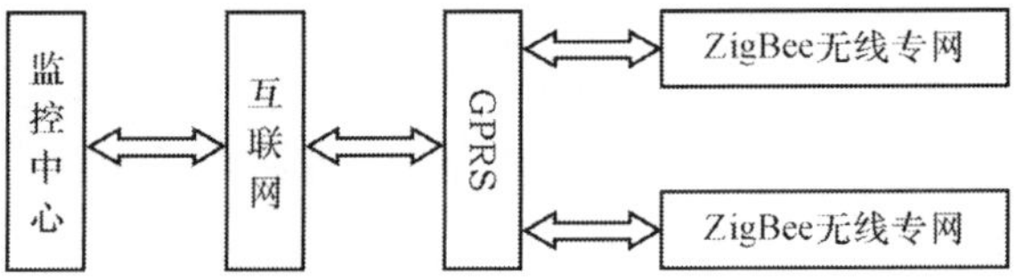

图 21-32　通信平台示意图

参考文献

陈琼，刘红，等. 2006. LED 光源模型研究[J]. 照明工程学报，17(1)：10-14.

崔泽英，2012. 谷青博 LED 光源光衰规律研究[J]. 半导体技术，4：313-316.

崔泽英，谷青博. 2009. 白光 LED 面光源模块的封装方法[P]. 中国专利 200710139584.

崔泽英. 2011. LED 平面光源路灯的配光及道路照明计算[J]. 照明工程学报，22(6)：100-104.

崔泽英. 2011. 一种基于结温保护的 LED 驱动设计[J]. 电子技术，9：26-28.

大谷义彦，夏晨. 2007. LED 照明现状与未来展望田[J]. 中国照明电器，(6)：20-24.

葛莉红. 2009. 发光二极管(LED)道路照明应用的研究[J]. 光源与照明，(2)：2-4.

韩建伟，刘行仁. 2009. 节能 LED 路灯[J]. 中国照明电器，(1)：17-21.

贺一鸣，王崇贵，等. 2009. 太阳能发光二极管路灯在公路交通工程中应用研究[J]. 光源与照明，(4)：22-24.

黄建华，侯建国，史斌宁，等. 2009. 一种节能型 LED 驱动电路的设计[J]. 电源应用技术：53-57.
金尚忠，张在宣，等. 2004. 白光照明 LED 灯温度特性的研究[J]. 光源与照明，4：6-8.
李彦伟，等. 2010. 高光效大功率 LED 路灯研究报告[R]. 河北神通光电科技有限公司.
梅毅，陈郁阳，袁川，等. 2007. LED 温度特性的测试[J]. 照明工程学报，18(1)：17-20.
饶颂涛. 2009. 浅谈 LED 照明灯具亮度智能化无级控制技术在公路隧道中的应用[J]. 电力与能源，13：335-337.
吴海彬，王昌铃，等. 2005. 白光 LED 封装材料对其光衰影响的实验研究[J]. 光学学报，8：1091-1094.
谢菡. 2008. 照明用 LED 相关专利摘要[J]. 中国照明电器，(2)：32-34.
杨军鹏. 2009. LED 道路灯具设计探讨[J]. 中国照明电器，4：22-27.
俞安琪. 2008. 采用 LED 光源的道路灯具应关注的焦点[J]. 照明工程学报，3：57-60.
张楼英，周丽，等. 2009. 大功率 LED 的光衰机制研究[J]. 半导体技术，5：474-477.
赵玲，朱安庆. 2008. 智能 LED 节能照明系统的设计[J]. 半导体技术，33(2)：137-140.
周晓黎，崔泽英. 2010. 智能化 LED 隧道照明系统[J]. 第十二届全国 LED 产业研讨与学术会议论文集[C].

第22章　基于三维可视化高速公路机电设备管理平台

22.1 引　　言

22.1.1 研究意义

三维可视化是20世纪80年代兴起的一门新兴边缘学科，在道路工程领域有着极其广泛的应用前景。当前国内外道路三维可视化的主要解决方案是AutoCAD建模+3DSMAX渲染的模式，只能实现基于单机的被动式浏览，并且耗费大量的时间和空间，单机环境下的道路三维交互式可视化已有一定程度的研究，但面向网络环境的道路三维交互式可视化研究在国内外极为少见。

网络三维可视化(Web3D)技术是随着互联网与虚拟现实(virtual reality)技术的发展而产生的，其目的是在互联网上建立三维的虚拟世界。虚拟现实技术是一种逼真的模拟人在自然环境中视觉、听觉、运动等行为的人机界面技术，突出的技术特点是其沉浸性和交互性。Web3D的目标之一就是创造一种集网络、虚拟现实、三维图形、多媒体于一身的新型媒体。因此，Web3D技术在多个领域受到了极大的关注，许多科研机构和计算机公司都在积极地推进Web3D的应用。

与此同时，在高速公路的勘测设计领域已基本实现了数字化，然而数字化的设计成果在施工建设与运营管理中尚未得到充分的利用，勘测设计单位的设计成果还是以纸质图表为主提交给施工单位。

本项目以青兰高速邯郸段二期工程建设勘测设计数字化成果为基础，叠加机电设备运营管理信息，可实现勘测设计、施工建设级运营管理数字化信息的集成与共享。综合应用模型简化、动态调度、多线程等技术，率先建立了基于B/S架构的高速公路机电设备三维场景网络交互式可视化平台，实现了随时随地远程交互式浏览高速公路三维场景。为构建全生命周期的数字化高速公路提供必不可少的技术支撑。

因此，将项目核心定位在基于Web3D技术构建“网络虚拟地理环境”，完全再现地理环境的真实情况，把所有管理对象(机电设备、隐蔽工程等)都置于一个真实的三维世界里，关联各类机电设备和隐蔽工程的设计图纸及实时监测运转数据，真正做到管理意义上的“所见即所得”。搭建的“网络虚拟地理环境”平台，类似于Google Earth，利用提取自谷歌地球上任意地方的高程文件和影像数据，构建虚拟的真实地理环境，并能进行海量的网络数据传输，后续扩展可应用于交通、地质、工程等各个领域，具有广泛的商业开发价值。

22.1.2 高速公路运营管理信息系统的发展

国外的项目管理人员在工程项目网络化管理方面，利用近20年来发展的现代项目管理理论、数据库管理系统、计算机网络技术以及成熟化的现代项目管理系统软件，实现公路工程项目运营期间的计算机网络信息化管理，达到了消除距离、目标控制、动态反馈、决策及时的管理目标，大大提高了公路工程建设管理者对工程费用、进度、质量、合同及事务等方面的管理水平。

近代项目管理学科起源于20世纪50年代，而项目管理在60年代的阿波罗登月计划中取得了巨大成功，由此风靡全球。随着信息技术的发展，计算机辅助工程项目管理已经成为工程项目管理一种先进、可行的新方法。为满足项目管理迅速发展的需要，目前已经有多种项目管理软件，力图从实用的角度分在工程项目管理过程中，从进度计划的编制、进度、费用控制分析等方面完善工程项目管理。

高速公路运营管理软件在我国工程建设领域的应用经历了从无到有、从简单到复杂、从局部应用到全面推广、从单纯引进或自行开发到引进与自主开发相结合的过程。到目前为止，在高速公路运营管理领域应该使用管理软件已经成为共识，在一个项目的管理过程中是否使用了项目管理软件或是否拥有较为完善的信息管理系统已成为衡量项目管理水平高低的标志之一。尽管运营管理软件在我国的应用已经取得了很大的进步，但从目前的应用效果上看，尤其是在公路行业的应用效果还有很多不尽如人意的地方。具体体现如下。

(1) 现有的国内外公路运营管理软件大部分基于GIS系统进行平面展示和管理，鲜有基于网络三维渲染引擎的管理软件。但是基于二维平面展示的系统对于高速公路运营管理，特别是高密度的机电设备运营管理显然是功能匮乏的。

(2) 公路工程项目管理软件应该建立在数字化的勘测设计成果基础上的，首先由勘测设计数字化成果构建出建设管理的基础信息，在此基础上叠加施工过程中的动态信息。当前在高速公路的勘测设计阶段已基本实现了数字化，各种专业CAD系统已得到推广应用，然而数字化的设计成果在施工建设管理中尚未得到充分的利用，勘测设计单位的设计成果还是以纸质图表为主提交给施工单位。这就产生了勘测设计阶段和施工管理阶段的“信息孤岛”效应，未能实现上述两个阶段的信息集成和共享。

22.1.3 高速公路网络三维交互式可视化技术

20世纪90年代初，国内外学者、研究机构及著名软件公司针对道路三维数据场的可视化开展了长期深入的研究，取得了丰硕的成果，主要进展工作如下。

1. 道路三维建模

国外几个著名的道路设计系统，如美国Intergraph公司的InRoads和InRail系统、英国的MX系统和德国的CARD/1系统，均具有三维建模功能，其中英国的MX系统最具代表性，其最大的特点是采用了独特的“串”的概念，地表面模型表达采用串线，将“点集串”的概念扩展到“建议面”，用来表达人工构造面模型。

国内学者在道路三维建模方面研究的总体思路是采用Delaunay三角化算法建立数字地形模型；采用COONS曲面片或三角网建立道路设计面模型；然后将二者拼合成整体模型。其中，道路模型与地形模型的拼合问题是道路三维建模的难点，东南大学王福建博士将其归纳为线与面、面与面、面与网的相交等几种情况，并对求出的交线(点)进行有效性判别；申请者提出的“地形裁剪算法”应用约束 Delaunay 三角网理论将道路模型区域内的地形首先删除，再与道路模型无缝拼合，使原来的分段分情况进行的交、并、差运算，转化为全线一次性的求并运算，简化了拼合计算过程。

可见，国内外现有的三维建模方法都是采用分割—归并的思想，分别建立道路和地形的三维模型，然后将二者拼合。这种方法虽然实现了道路模型与地面模型外观的整合，但模型之间的拓扑结构是完全割裂的，给后续的模型简化带来困难。因此，迄今为止，国内外现有的算法只能针对道路场景中的部分模型(地形模型或道路模型)实施简化，无法实现整体简化。

2. 道路模型相关简化

早期的道路三维解决方案通常采用前述方法建立道路三维模型，然后导入 3DS MAX(或其他三维图形处理软件)渲染，生成指定路径的道路三维动态场景。这一技术已广泛应用于道路的设计方案审查，并在国内各道路勘测设计部门推广应用，该技术存在以下不足。

(1) 缺乏实时性：由于道路三维场景十分复杂、庞大，制作过程需要耗费大量的时间和空间，即使采用较高档的硬件配置，用户也往往要等候较长的时间才能浏览到道路的三维动态效果。

(2) 缺乏交互性：浏览路径一旦选定，很难再次修改，浏览者只是被动的听众或观众，无法成为方案的体验者。

为了解决这些问题，国内外学者开展了实时交互式可视化的研究，其核心问题在于复杂模型的视相关简化，即通过采用适当的算法，在不影响视觉效果的前提下，对场景的绘制进行简化加速。

模型简化技术的研究可以追溯到 1976 年，Clark 首次提出了 LOD 技术，其基本思想是：用具有多层次结构的物体集合描述一个场景，即场景中的物体具有多个模型，其模型间的区别在于细节的描述程度，实时显示时，细节较简单的物体模型就可以用来提高显示速度。

一直到 20 世纪 90 年代前半期，研究工作主要集中在离散 LOD(levels of detail)模型的生成及实时显示方面，即预先生成多个离散的不同细节层次的模型，交互过程中对于每个特定的场景只需选择一个合适的 LOD 模型进行渲染。由于不同的 LOD 模型之间在拓扑结构上互不相关，不同模型间进行切换时，在视觉上会引起明显的突跳感。

为了从根本上改变离散 LOD 技术存在的上述问题，近年来出现了连续 LOD 模型。它是一种紧凑的模型表示方法，从这个表示中可以生成任意多个不同分辨率的模型，从而实现模型的连续显示。其优点是两个前后相继的 LOD 模型的差别相对较小，进行模型切换时只会引起视觉上非常微小的变化。Hoppe 提出的可根据需要控制生成三角形的数目的视点相关累进网格法；Mark Duchaineau 等提出的一种基于三角形二叉树划分的实时优化自适应网格(real-time optimally adapting meshes，ROAM)算法是这一类方法的典型代表。

本项目申请者是国内较早从事道路模型视相关简化研究的单位之一，针对道路场景模型，提出了基于边的数据结构，依据二次误差测度构建有序的边折叠操作层次结构，建立了综合考虑视锥截取、背面剔除及屏幕投影误差的视相关简化准则，根据这些准则从层次结构中确定视相关网格模型，从而构建出连续的道路 LOD 模型。

模型简化技术的研究为实现道路场景的实时交互式可视化奠定了基础，但道路模型的视相关简化问题尚未彻底解决，原因在于国内外现有的模型简化算法普遍针对无约束边界的场景，所建立的模型简化误差判别准则未考虑约束边界的影响。道路场景是由道路模型与地形模型经过复杂的布尔运算拼合而成，为保持道路的几何特征，道路场景模型中嵌入了大量的约束边界(线路中线、路肩线、坡脚线等)，因此，现有的理论和方法还不能完全解决包含大量约束边界的道路场景模型的简化问题，有待更深层次的研究。

3. 网络模型

在网络模型研究方面，面向道路三维数据场的研究很少，相关的研究以三维地形网络可视化为主。

(1) 1995 年，David Koller 等提出了三维地球的初步设计模型 VGIS，对于虚拟三维地球的研究做出了很好的探索。

(2) 美国 Keyhole 公司在 2001 年开发的 EarthSystem 是迄今为止较为完善的网络三维图形信息系统。但它对计算机的配置特别是显卡要求很高，一般运行在配有 NVIDIA 显卡的客户端上。

(3) Teler 等提出了服务器端只渲染最低层次的元素，并把处理结果以图像的形式返回客户端，而其他 LOD 作为三维模型传到客户端，可视化工作在客户端进行。这样做的好处是最低一层的 LOD 渲染时间加上图像传输时间比直接传输三维模型的时间要少，但大量元素和客户机同时运行时，即使最低层次数据的可视化过程也会非常复杂，服务器的负载过重。

(4) 用 Scense8 和 SGI 的 OpenGL Vizserver 开发的虚拟环境软件 WorldToolKit 提供了一个基于 client/server 虚拟场景的开发环境。WorldToolKit 虽然能够提供高质量的图形，但所有的渲染工作全部在 SGI 服务器上完成，三维场景作为图片传到客户端上，即使客户端的计算机配置很高，也需要昂贵的服务器。

(5) 武汉大学测绘遥感信息工程国家重点实验室朱庆教授结合数码城市 GIS 软件的研发，提出了基于 Web 的 3D 城市模型浏览器插件的体系结构，采用 Java 和 Java 3D 实现了客户端三维数据在线操作与动态显示。

(6) 中国科学院遥感科学国家重点实验室张立强等借助 COM 技术设计了一个基于网络的地形三维可视化系统。该系统采用椭球四叉树空间索引、渐进传输技术和地形简化算法，通过把海量空间数据发布到 PC 上，满足多用户并发浏览、查询和分析的需要。

网络环境下三维地形可视化信息系统的研究已经取得了一些进展，对道路三维数据场的网络可视化技术研究具有一定的参考价值，但总体看来，现有研究成果在海量数据管理传输、网络模型构建等方面仍然缺少成熟而简单易行的方法。并且，大多数成果都基于虚拟现实造型语言(virtual reality modeling language，VRML)开发，随着 Web 技术的迅速发展和 VRML 应用领域的扩展，VRML 逐渐暴露出了它的缺点，如属性过多难于实现、与其他应用集成困难、稳定性和一致性不能满足用户要求等问题。为此，Web3D 联盟近年提出了新一代三维网络图形标准——X3D，并于 2004 年 8 月通过了 ISO 的审议，正式成为 ISO 国际标准。由于 X3D 采用模块化的结构，引入了虚拟空间数据库管理系统，有利于大场景地理环境的实现，具有很好的可移植性、可扩展性，易于实现数据的分布式处理等优点，使其成为当前最具有发展前景的研究方向。因此，道路三维数据场的网络模型应符合新一代的三维网络图形标准，基于 X3D 技术构建。

综上所述，道路三维可视化的研究可以归纳为由离线被动式可视化到实时交互式可视化再到网络环境下远程交互式可视化的发展过程，现有研究成果在一定程度上解决了道路三维建模与简化问题，基本实现了单机环境下大规模道路三维场景的实时生成与交互式浏览，但还存在着以下问题。

(1) 现有的道路三维建模方法只能实现道路模型与地面模型外观的整合，尚未实现拓扑结构的整合，因此，在此基础上进行的模型简化也无法实现道路与地形模型的整体简化。

(2) 现有的模型视相关简化算法简化过程及简化准则尚未考虑约束边界的影响，无法彻底解决包含大量约束边界的道路场景模型的简化问题。

(3) 在道路三维数据场的海量数据组织管理与实时传输方面，目前尚缺乏简单易行的方法。

(4) 只能运行在单机环境下，面向道路三维数据场的符合新一代三维网络图形标准的网络模型研究甚少。

因此，本项目围绕上述问题开展研究，提出顾及约束边界的道路三维整体建模与简化方法，建立科学合理的网络模型，解决海量数据高效管理与传输问题，实现道路场景的远程实时交互式可视化，应用于高速公路的机电设备运营管理，为构建数字高速公路提供技术支持。

22.2　主要内容

22.2.1　高速公路机电设备信息模型

高速公路机电设备信息模型是集高速公路机电设备施工与运营管理相关信息的采集、管理、加工处理及产出为一体的整体系统。在现有的勘测设计系统、施工管理系统、运营管理系统中，数字化的设计成果尚未得到充分的利用，勘测设计单位的设计成果还是以纸质图表为主提交给施工一级运营管理单位。这就产生了勘测设计阶段和施工运营管理阶段的“信息孤岛”效应，未能实现上述阶段的信息集成和共享。

高速公路机电设备信息模型旨在消除这种“信息孤岛”。将数字化勘测设计成果无缝应用于施工运营管理阶段。辅以机电设备信息模型数据库实时动态的数据支持，以及高效的网络三维渲染引擎，打造出信息高度集成的高速公路机电设备运营管理平台。

高速公路机电设备信息模型具有以下特点。

(1) 信息完整。高速公路机电设备信息模型涵盖了机电设备运营管理的所有必要信息。包括机电设备空间形位信息,机电设备静态基础信息,机电设备动态状态信息,描述线路平、纵、横的线路空间信息,描述地形、地质环境的数字地理信息,桥梁、隧道、收费站等相关专业设计信息,描述线路与线路、线路与其他模型之间关联约束关系的关联约束信息。

(2) 信息高度关联。应用数据库技术进行信息数据的组织与管理,实现了各模型在组织结构上关联。基于"响应器—通知"技术建立的关联机制,实现了相关模型之间在功能上的紧密联系。机电设备运转状态发生改变时,相关模型将自动更新或通知运营管理人员。

(3) 信息分析处理能力强。通过记录机电设备状态历史信息,系统可以针对某个属性(如生产厂家、出厂时间等)进行相关设备的性能分析。

(4) 易于实现可视化。高速公路机电设备信息模型中涵盖了机电设备空间几何形位信息,与网络三维渲染引擎无缝衔接,为加载实体模型所需的空间几何位置计算提供支持。易于实现整个道路场景的三维可视化。

22.2.2 高速公路场景三维模型构建方法

三维模型的构建着重研究三维物体的数学模型和基于计算机的表示方法。当前主要存在着体素构造表示法、边界表示法、物体的八叉树表示法等基本的构建方法。

在上述三维模型的构建方法中,体素表示法较适宜于描述较易分解为基本体素的物体,然后通过基本体素的交、并、差等布尔运算得到其三维表示,但对于高速公路场景的建模,因为它们均为非常复杂的不规则物体,较难将其分解为基本体素,所以不适合采用体素表示法。而采用八叉树结构表示,则会由于形体的不规则性,带来巨大的空间耗费。由于高速公路三维可视化所追求的是实时性和高度的真实感显示,而并不对几何造型进行如倒角、变形等编辑操作,实体的内部特征可忽略不计,因此选择表面模型比选择体模型,会使数据结构和算法变得简化。

如图 22-1 所示,高速公路场景中包含现状景物和虚拟景物实体两大类。现状景物中包含地形、地物。虚拟景物中包含路基、线上构造物(如桥、隧、涵等)及沿线设施(如高速公路的路灯、标志标牌、里程标志等)等。由于高速公路三维模型的复杂性,若采用一种流形曲面一次性描述出整个路线模型,显然不现实,为此,将整个高速公路三维实体划分为不同类型分别处理。在高速公路场景中路基已与原有地面融合,形成新的完整表面,因此

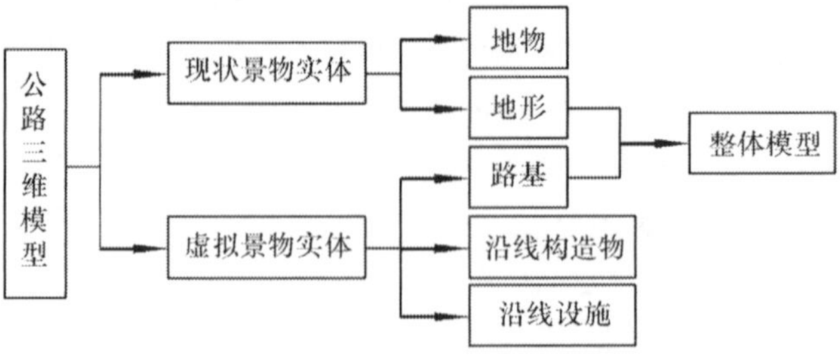

图 22-1 高速公路三维场景组成

宜将路基与地面构建为一整体模型。线上构造物、地物、沿线设施等则采用表面模型分别建模。最后通过高效的组织管理方法将所有模型构建为一整体。以下主要介绍各模型的构建方法,组织管理技术将在第 23 章详细论述。

1. 高速公路线路三维整体建模

三维模型的构建着重研究三维物体的数学模型和基于计算机的表示方法。当前主要存在着体素构造表示法、边界表示法、物体的八叉树表示法等基本的构建方法。

通常的高速公路三维表面模型根据横断面设计成果将相邻两横断面间的设计面人工构造三角网模型,然后再与数字地面模型 TIN 建立整合模型。由于设计面三角网模型和数字地面模型 TIN 间没有任何拓扑关系,因此该方法只能实现表面上的整合,两者内部是割裂的。本项目基于约束 Delaunay 三角网(constrained delaunay triangulation,CDT)理论,提出了一种将高速公路设计面模型与地形表面模型融为一体的三维模型构建方法,该方法将高速公路设计面的一般路基面和地形表面作为一个整体构建 CDT,使得设计面模型和地表模型不仅表面上是整合在一起的,而且其内部关系也是统一的。

1) 高速公路三维整体模型数据处理

高速公路三维整体模型数据涉及点集和约束边集两部分,其中点集由地形点集合和设计点集合构成,约束边集由地形特征线集(包括山脊线、山谷线、陡崖线等)和设计特征线集构成。地形点数据和地形特征线数据主要通过外业实测、既有地形图数字化及航测等途径获得。设计点数据主要取自高速公路路基横断面轮廓特征点,包括路面中心、路肩、各级边坡及水沟的角点等,依据高速公路线形计算模型和坐标变换可方便地计算出它们的三维空间坐标,沿高速公路前进方向将各横断面对应轮廓特征点前后两两相连,便形成了设计特征线集合。

为了实现设计点(线)与地形点(线)的整体建模,需要删除高速公路设计范围内的地形点数据和地形特征线数据,代之以设计点数据和设计特征线数据,方法如下:设原始地形点集 $V0$,地形特征线集合 $E0$,设计点集 $V2$,设计特征线集 $E2$。

(1) 沿线路前进方向,分左右侧将相邻两横断面的坡脚点(路堤)或坡顶点(路堑)两两相连,并在路线及桥、隧起、终断面处封闭,形成一个个闭合环,即拼合交线。

(2) 在 $V0$ 和 $E0$ 中删除位于拼合交线内的地形点和地形特征线,得到新的地形点集 $V1$ 和地形特征线集 $E1$。

(3) 形成高速公路三维建模所需的点集 $V=V1\cup V2$ 和约束边集 $E=E1\cup E2$。

依据两步法构建约束 Delaunay 三角网的思想,高速公路三维建模首先对点集 V 进行 Delaunay 三角剖分,然后将集合 E 中的约束边嵌入初始 Delaunay 三角网中。

2) CDT 顶点插入方法

本项目基于迭代原理的逐点插入法构建整体 CDT 模型,其基本思想为先在包含所有数据点的一个多边形中建立初始三角网,然后将余下的点逐一插入,采用 LOP 算法确保其成为 Delaunay 三角网。如何往 CDT 中快速便捷地插入一个顶点并且保持 CDT 的特性是本项目的一个重要内容。

对于 CDT $TC(V,S)$,V 为 TC 的顶点集合,S 为 TC 中约束边的集合,插入点为 P,则

点 P 影响域内的三角形集合定义：{$t|t$ 的外接圆包含 P∧P 与 t 的三个顶点通视}。

定理1　对于 CDT TC(V,S)，当前插入点为 P，设 TC′=TC(V′,S)，V′=V∪P，TC′为 TC 插入 P 点后构成的 CDT，则 TC′=删除了 P 点影响域内的三角形后的 TC∪重构的三角形，重构的三角形由影响域边界与 P 点组成。

证明 P 点影响域内的三角形 t 对于 TC′不再满足空外接圆性质，因此它们必须被调整。对于 P 点影响域外的三角形 t，其外接圆不包含 P 或者 P 不同时与 t 的三个顶点通视，因此对于 TC′，t 满足空外接圆性质，是 TC′中的 D 三角形。在调整 P 点影响域内的三角形时，不能将影响域边界上的点相连构成新的三角形，因为在插入 P 点前，它们就不是 TC(V,S)中的 D 三角形。所以，重新生成 P 点影响域内 D 三角形的唯一方法是将影响域边界上的点与 P 点相连。

基于定理 1，本项目 CDT 顶点插入基本步骤如下。

(1) 建立初始三角网。求出给定点集的包容盒 BOX(Xmin，Ymin，Xmax，Ymax)，将包容盒沿对角线剖分为两个初始三角形，然后按以下步骤迭代，直到所有的数据点被处理。

(2) 定位三角形。从点集中取出一点，在已建立的三角网中找到含该点的三角形(图 22-2(a))。

(3) 确定影响域。从包含该点的三角形开始，依据三角形记录的拓扑信息利用空外接圆检测，找出外接圆包含当前插入点的三角形集，三角形集外边界即是要寻找的影响域(图 22-2(b))。

(4) 影响域内的三角网重构。删除影响域内的三角形，依据 Delaunay 准则，在影响域内重新联网。只需将影响域的各边界与当前插入点顺次连接(图 22-2(c))，所得三角化结果即为 DT。

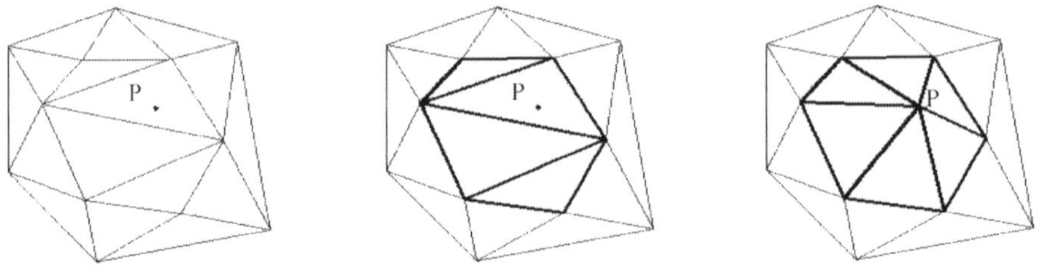

(a) 定位三角形　　(b) 确定影响域　　(c) 重构影域

图 22-2　Delaunay 三角剖分

3) CDT 约束边嵌入方法

高速公路场景整体三维建模首先对点集 V 进行 Delaunay 剖分，然后将集合 E 中的约束边嵌入初始 Delaunay 三角网中，从而完成高速公路设计面模型与数字地面模型的整体建模。高速公路整体三维模型中存在着大量的约束边，约束边如何嵌入 CDT 中是本项目中的一个重点问题。

设约束三角网 TC(V,S)，当前需在 CDT 中嵌入约束边 s，$s=P_iP_j$，P_i，$P_j \in$ V，与约束边 s 相交的三角形所构成的区域称为约束边 s 的影响域。区域的边界所构成的多边形

称为影响多边形 Q。s 将 Q 分成两部分 Q_u 和 Q_d，如图 22-3 所示。

定理 2　设 TC′=(V,S′)为约束三角网TC=(V,S)嵌入约束边后调整获得，S′=S∪{s}。则只有约束边 s 影响域内的三角形需要调整。

证明　约束边 s 必须为 TC′内的一条边，则与 s 相交的所有三角形必须删除。s 影响域外的三角形不会被调整，因为没有插入新点到 V 中，这些三角形满足 TC 中的空圆特性，则必定满足 TC′中的空圆特性。因此只有影响域内的三角形需作调整。

依据定理 2，本项目提出了如下的 CDT 约束边嵌入方法：

如图 22-4，设 ab 为一约束边，初始三角网为 T，将 ab 嵌入到 T 中的过程可按下述方法进行：先找到并且删除 T 中被 ab 所“切割”的三角形集合，再将这些三角形的各顶点以 ab 为界分为左右两个点集 $P_{左}$，$P_{右}$，它们与 ab 构成了两个未三角化的多边形区域，最后将上述两个多边形依据 CDT 准则三角剖分。算法描述如下：

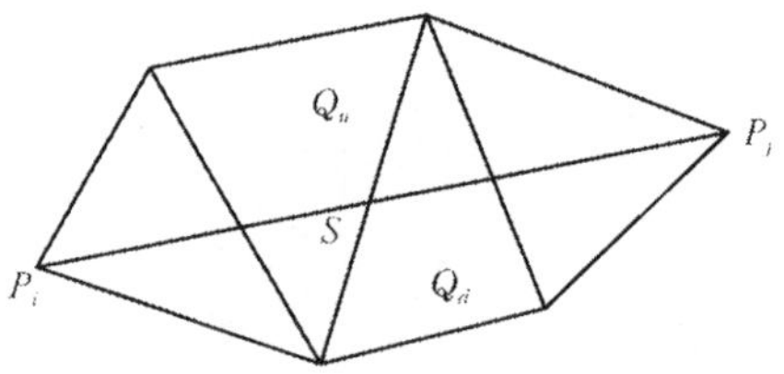

图 22-3　约束边 S 的影响域

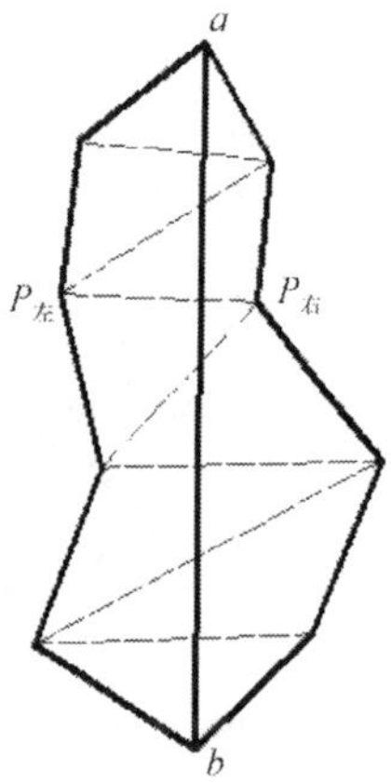

图 22-4　将约束边 ab 嵌入 CDT

```
Procedure Insert-EdgeToDT(T:CDT,ab:Edge)//条件:(a,b点∈T)∩(ab边∉T)
t:=FindTheTri-CuttedByEdge(T,ab)//找到包含点 a 且被 ab 切割的三角形 t
Pleft:=EmptyList()//ab 边左侧点集合
Pright:=EmptyList()//ab 边右侧点集合
V:=a
While(t 中不包含 b 点)do
Tadj:=FindOpposedTri(t,V)//找到与 V 相对,t 的邻接三角形 Tadj
Vseq:=FindVertexofOpposedTri(Tadj,t)//在 t 中找到与公共边相对的顶点
if(CCW(Vseq,a,b)> 0)then
AddList(Pleft,Vseq)//将 Vseq 加入左侧点集 Pleft
V:=FindTheLeftVertexofCommonEdge(ab)//在 t 与 Tadj 的公共边上找到与ab 构成逆时针的顶点 V
else
```

```
AddList(Pright,Vseq)//将 Vseq 加入右侧点集 Pright
V:=FindTheRightVertexofCommonEdge(ab)//在 t 与 Tadj 的公共边上找到与
                                          ab 构成顺时针的顶点 V
endif
DeleteTri(t)//从 T 中删除 t
t:=Tadj
end while
TriPolygon(Pleft,ab,T)//将 ab 边左侧的点连成三角网
TriPolygon(Pright,ab,T)//将 ab 边右侧的点连成三角网
ReConstituteAdjInf(T)//重构 T 的邻接信息
MarkFixed(ab)//将 ab 边置为固定边
End
```

通过上述算法进行三维模型拼合计算后，高速公路和地形特征线将作为约束边嵌入到高速公路整体模型的三角网中，高速公路模型与地面模型不仅外观是整体，并且两者内部关系也是统一的(图 22-5)。而且，还可以方便地实现在高速公路场景中进行空间属性信息如地面标高、设计标高的提取，任意断面剖切排水分析及土石方工程数量计算等。

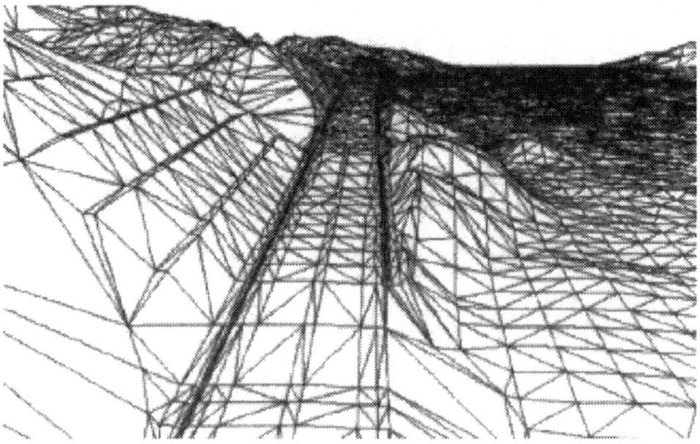

图 22-5　高速公路整体三维模型

2. 地物三维模型构建

数字地形图为地物的三维实体造型提供了丰富的数据来源，如居民地的轮廓图形、名称及其楼层数，依比例尺既有高速公路的双线，半依比例尺既有高速公路的中心线、宽度、等级，河流、湖泊、水库等的水涯线，植被、绿化地等紧贴地表、呈面状或带状分布的要素的范围线，烟囱、水塔等独立地物的定位点等。所有这些数据都为三维地物模型的建立提供了必备条件，同时也使将来实现三维模型的属性编辑与查询成为可能。

DTM 在地物三维实体造型中的作用主要是为各要素提供高程信息。因此，基于 DTM 构造地物要素的三维模型，其实质是在考虑地形起伏的情况下，在模拟地表的基础上建立其他要素的三维模型。由于地物要素的多样性，其三维模型的建立是相当复杂的，

应分别对待。本节以若干典型要素为例进行研究，其他要素的模型可参照建立。首先介绍三个基本算法。

算法 A　简单平面多边形的三角剖分在处于水平（如居民地的顶部）或近似水平（如水域表面）的面状要素建模的过程中，由于多边形的不规则性，同时考虑到多边形绘制的速度以及任意多边形在绘制过程中的不稳定性，必须将此类多边形进行三角网剖分，如图 22-6 所示。在介绍三角剖分算法之前，首先介绍几个基本概念。

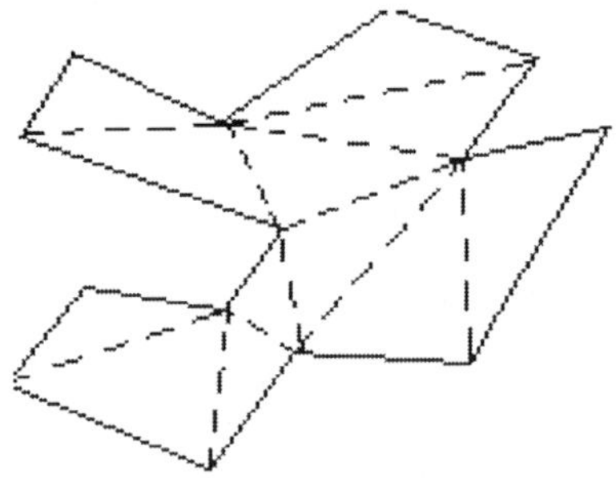

图 22-6　多边形的三角剖分

定义 1　设 $p_1, p_2, \cdots, p_n$ 是给定多边形的 n 个顶点，$p_1p_2, p_2p_3, \cdots, p_{n-1}p_n, p_np_1$ 是多边形的 n 条互不相交的边。假定顶点 $p_i(i=1,2,\cdots,n)$ 按逆时针顺序排列，那么，把与 $p_i(i=1,2,\Lambda,n)$ 相关联的两条边 $p_{i-1}p_i$ 和 p_ip_{i+1} 所夹的角定义为 p_ip_{i+1} 绕顶点 p_i 按逆时针方向旋转到边 $p_{i-1}p_i$ 时所旋转过的角度，如图 22-7 所示。

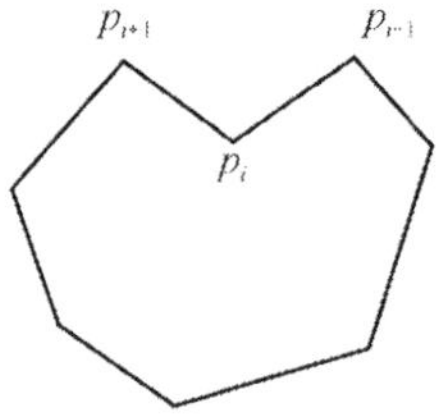

图 22-7　边夹角的定义

定义 2　设 $p_1, p_2, \cdots, p_n$ 是给定多边形的 n 个顶点，p_1p_2，$p_2p_3, \cdots, p_{n-1}p_n, p_np_1$ 是多边形的 n 条互不相交的边。如果与 $p_i(i=1,2,\Lambda,n)$ 相关联的两条边 $p_{i-1}p_i$ 和 p_ip_{i+1} 所夹的角小于或等于 π，则称顶点 p_i 是凸的，否则称顶点 p_i 是凹的。

定义 3　三角形的权值定义为三角形三个内角最小值。显然，等边三角形具有最大的权值。

基于以上定义，三角剖分的算法步骤如下。

(1) 按逆时针方向顺序读入简单多边形的顶点，并建立双向循环链表。

(2) 计算出双向循环链表中每个结点的凹凸性。

(3) 对双向循环链表中每个凸结点 Q，设由其前后结点 P，R 组成的三角形为 $\triangle PQR$。若 $\triangle PQR$ 不包含多边形上的其他顶点，则求出该三角形的权值。从这些三角形中求出权值最大的三角形，设其为 $\triangle ABC$，把 $\triangle ABC$ 的顶点序号保存到三角形数组中，并从链表中删除结点 B。

(4) 若链表中还存在三个以上的结点，则转步骤(2)。否则转步骤(5)。

(5) 链表中最后三个结点所对应的多边形顶点构成一个三角形，删除链表中最后三个结点。

(6) 采用局部优化算法（LOP），调整三角网，得到 Delaunay 三角剖分。

算法 B　具有不规则边界的曲面的构造

地图上任意的一块植被覆盖区或其他区域（以下简称区域），在三维模型上即成为一个具有不规则边界的曲面（以下简称不规则曲面）。由于地形表面是由不规则三角网逼近而成的，所以该不规则曲面可以由区域所覆盖的三角形构造。利用约束 Delaunay 算法将边界曲线嵌入 DTM 中即可。

算法 C　基于空间曲线的垂直曲面的构造

平面地图上的一条曲线 $A((x_1, y_1), (x_2, y_2), \cdots, (x_i, y_i), \cdots, (x_n, y_n))$，映射到三维模

型上成为一条空间曲线 $B((x_1,y_1,z_1),(x_2,y_2,z_2),\cdots,(x_i,y_i,z_i),\cdots,(x_n,y_n,z_n))$，如图 22-8所示。在建立三维地图模型的过程中，经常需要以空间曲线 B 为基础，建立一个垂直于水平面的曲面，称为垂直曲面，将它作为某个三维目标的侧面，如建筑物、高架道路等的模型。

设点 $P_1(x_1,y_1,z_1),P_2(x_2,y_2,z_2),P_3(x_3,y_3,z_3),\cdots,P_n(x_n,y_n,z_n)$为组成空间曲线 B 的一系列三维点，给定高度 h，可以得到位于这些点正上方的一系列新的三维点，P_1'，$P_2',P_3',\cdots,P_i',\cdots,P_n'$。如图 22-9 所示，点 P_1'的平面坐标与 P_1 的相同，其 z 坐标为 $z_1'=z_1+h$，其他点依次类推，则形成新的空间曲线 B'。位于同一面上的四点 $P_1P_2P_2'P_1'$组成一个平行四边形，沿对角线将它剖分为两个三角形$\triangle P_1P_2'P_1'$和$\triangle P_1P_2P_2'$，同样可以对平行四边形 $P_2P_3P_3'P_2'$进行剖分得到两个三角形$\triangle P_2P_3'P_2'$和$\triangle P_2P_3P_3'$，依次类推，即可形成构造曲面的三角网。如果曲线 B 封闭，则其首尾点处需特殊处理。

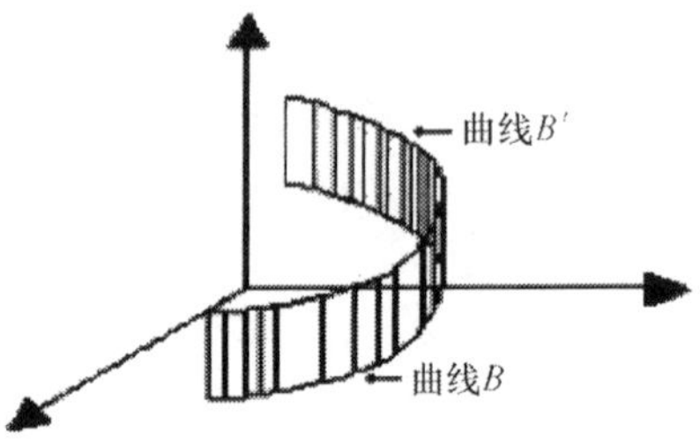

图 22-8　曲线与曲面

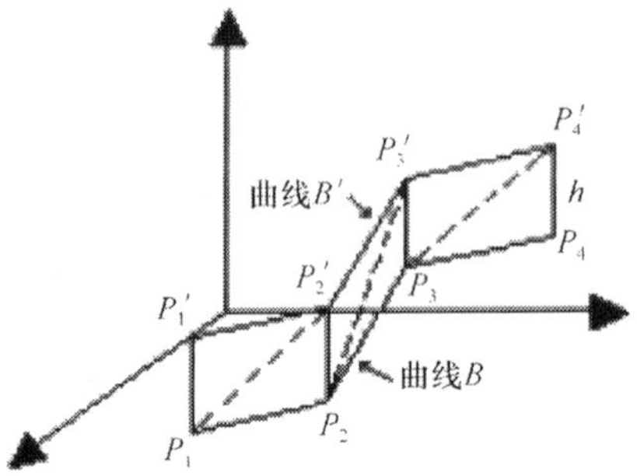

图 22-9　曲面三角网的构造

以上三个算法视具体情况而用于地物三维造型中。

1) 街区、街道与居民地建筑物模型的建立

大比例尺地图所提供的资料非常丰富，可以直接获得如居民地轮廓图形、楼层数甚至建筑材料，街区、街道，有关地名注记的数据。由于从地形图上无法得到楼层高度及有关数据，可以根据实际情况设定一些相关的参数。此外有可能还要对数据进行适当处理，如将街区、街道封闭成多边形等。

在建立模型时可以遵循这样一个原则：先建立街区和街道的模型，然后在街区上建立其他居民地的模型。

(1) 街区和街道的模型

根据街区、街道的平面图形从 DTM 获取其边界线上相应点的高程信息，同时分别设定街区、街道高出于地表 H_1、H_2(也可以设为 0，则紧贴地表)。根据算法 B 可以建立平面图形覆盖在 DTM 上的所形成的曲面的三角网，将三角网中所有的顶点的高度都增加 H_1(街区)或 H_2(街道)，则得到街区、街道表面的曲面模型；若 H_1、H_2 不为 0，根据算法 C 可以建立街区、街道模型的侧面三角网。

(2) 居民地的模型

基于街区建立居民地的模型的过程大致如下：

① 根据居民地每个角点的平面坐标从 DTM 获得一个高程值，将该值加上街区高度

H_1，作为该角点的高程，所有角点的高程应大致相近，所以可以通过取平均值或取最小值的方法确定一个值作为该建筑物的基准高程，以保证居民地模型的顶面处于水平；

② 由居民地的楼层数和所设定的楼层高度确定居民地的高度 H_3，加上基准高程即得到模型顶面的高程 H_4，根据算法 C 可以建立居民地模型侧面的三角网；

③ 根据算法 A 对居民地平面多边形进行三角剖分，将剖分所得的三角形每个顶点的高程设为 H_4，则得到居民地屋顶平面的三角网。如图 22-10 所示。

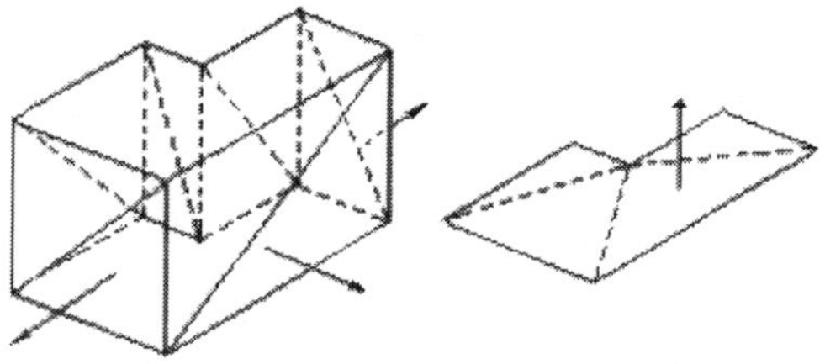

图 22-10　居民地模型的构造

2）绿化地、植被、水系模型的建立

大比例尺地图上城区内的绿化地、中小比例尺上地图上的植被都具有明确的边界且都紧贴在地表上，其模型的构造比较简单，首先从 DTM 中获取其平面图形的边界点高程，根据算法 B 即可建立它们所覆盖范围的曲面的模型。

双线河流、湖泊、水库、塘等面状水系要素，也都具有明确的边界，并且由于其范围不大、水面近似水平，所以可以通过平面多边形的三角剖分（算法 A）建立三角网，同时从 DTM 得到其边界高程从而建立其模型。

至于线状水系要素，直接从 DTM 得到线上各点的高程即可进行下一步的图形显示了。

3）既有道路模型的建立

不同比例尺的地形图提供了详细程度不同的道路的有关数据，如宽度、等级甚至铺面材料等。如果是双线道路，必须将其封闭为多边形。若所给的是道路的中心线，先要以该线为中心，根据道路的等级向中心线两边进行扩充得到双线数据，然后将它封闭形成道路的多边形。

道路模型可以用紧贴地表和高出于地表两种方式建立，要视其宽度、等级及有关具体情况确定。级别低的，如乡村路、小路等，可以让其紧贴地表，而高速公路、国道及其他高等级公路可以高出于地表一定的距离，使之尽可能接近真实情况。

由于道路数据已经封闭为多边形，因此可以方便地建立其模型。对于紧贴地表的道路，可以用与绿化地、植被相同的方法建立模型。对高出地表的道路，设定其高出地表的高度后用与街区和街道相同的方法建立其模型。

3. 桥隧构造物三维模型构建

在分别定义了方向控制曲线和发生曲线，运用扫描面生成方法可方便地构造出桥梁、隧道以及涵洞的三维模型，下面以桥梁建模为例说明构造物三维实体造型的具体方法。

桥梁建模涉及的构造物多种多样，如梁板、栏杆、桥墩等，可按其形成条件划分为以下两类①仅与设计参数有关的构造物，如梁板、栏杆、防撞墙（公路）、桥面其他构造物等；②与设计参数和地面标高均有关的物体，如桥墩，桥头锥坡等。

第一类构造物如桥的梁板建模，用构造物的断面沿给定路径进行扫描构造成沿路径的空间造型，断面可以分为空心板、T 梁或 I 梁、0 箱梁等不同形式分别定义成模板，由设计人员选择，路径依据平、纵断面设计成果形成，扫描可以按照等截面也可按照变截面进行，如图 22-11 所示。

图 22-11　桥墩三维模型

第二类构造物如桥墩，这一类实体通常较易分解为基本的体素，如长方体，圆柱体等，采用前述扫描面法可以方便地构建出各基本体素的三维模型，将其组合可构造出各种桥墩的三维模型，由于其顶标高与设计标高及桥的梁板厚度有关，墩底标高与地面标高有关。可依据平面设计与纵断面设计结果找到墩的位置及顶标高，利用地面三角网数模计算出该位置桥墩的底标高。这一桥墩就有了完整的安置点，如图 22-12 所示。

图 22-12　桥墩三维模型

桥头锥坡的构造方法与桥墩不同，它采用了类似横断面戴帽子的方法，求出各锥坡线与地面三角网数模的交点，连接各交点即得桥头锥坡的边界线，再与桥头断面路肩点相连，构成锥坡的曲面模型。具体做法是，首先顺着路线前进方向沿路线中线及路肩边缘带帽子，得到锥坡正向的三点，如图 22-13 中的 B_4、B_5、B_6 三点，再从路肩 T_1、T_2 处开始，沿着与路线前进方向不同的角度带帽子，得到 B_1(90°)、B_2(60°)、B_3(30°)和 B_7(30°)、B_8(60°)、B_9(90°)等几个点，如图将 B_1，B_2，…，B_9 与对应路肩点相连，可构造出桥头锥坡的曲面模型。

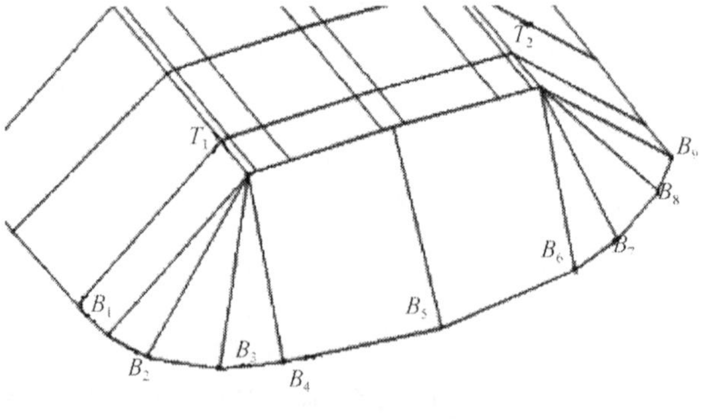

图 22-13　桥头锥坡

梁身部分的构造需根据桥型的不同采用不同的构造方法。桥梁按桥型主要分为简支梁桥、连续梁桥、拱桥、桁架桥和斜拉桥等。

简支梁桥和连续梁桥的梁身几何结构较为简单，建立梁身模型时，可采用构建设计线模型类似的方法，依次找出具有代表性的横断面，计算这些断面梁身上的角点坐标，将相邻断面对应交点前后相连得到。如图 22-14 所示为采用此方法构建的连续梁桥模型。

图 22-14　连续桥梁模型

拱桥按照桥面的位置可分为上承式拱桥、下承式拱桥、中承式拱桥。根据线路平纵横数据以及拱轴线设计参数，按一定密度计算拱圈角点坐标，前后截面对应角点相连，构建拱桥三维模型。该方法用折线代替曲线描述拱桥，当断面密度恰当时，既不影响可视化效果，也不致拱桥模型过于复杂。如图 22-15 所示为采用此方法构建的中承式拱桥模型。

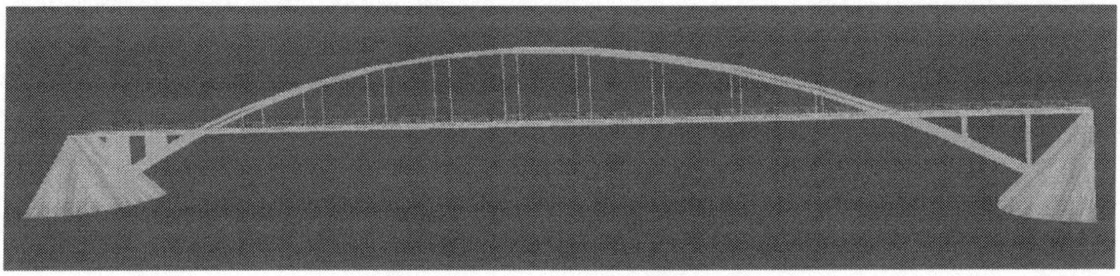

图 22-15　中承式拱桥模型

桁架桥和斜拉桥结构比较复杂，本项目综合运用透明贴图技术、布告板(Billboard)技术等建立桁架桥和斜拉桥模型。图 22-16 和图 22-17 分别为桁架桥和斜拉桥模型截图。

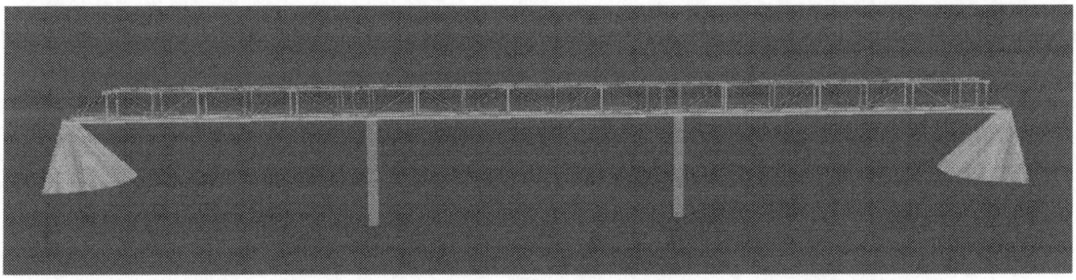

图 22-16　下承式桁架桥模型

图 22-17　斜拉桥模型

隧道与涵洞模型的构造也可仿效桥梁模型的划分办法，分为：①仅与设计参数有关的构造物，如隧道洞身，可按照给定洞身断面和路径扫描得到；②与设计参数和地面标高均有关的实体，如隧道洞门、仰坡等，按设计参数计算出洞门各细部尺寸，采用边界表示法描述出洞门的空间三维模型。隧道洞门仰坡的三维建模可参考如下方法。顺路线纵向沿路线中线及路基边缘带帽子，得到仰坡上缘的三点，如图 22-18 中的 B、C、D 三点，再沿隧道左右侧边坡面与仰坡面的交线 AF 和 EG 戴帽子，得到仰坡与边坡上缘的交点 A、E 两点，连接 A、B、C、D、E 五点即得隧道仰坡的边缘线。

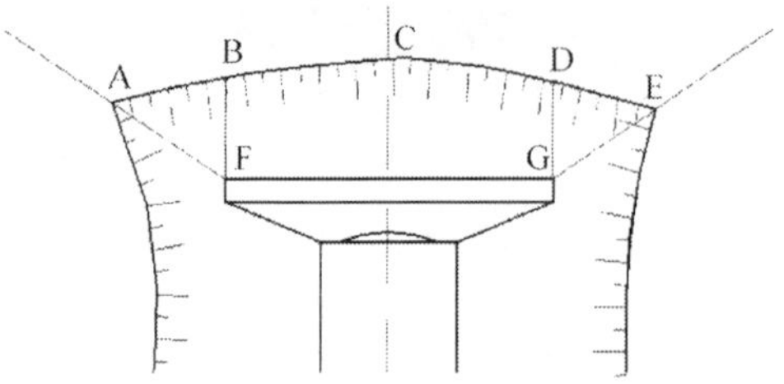

图 22-18　隧道洞门仰坡三维

隧道与涵洞模型的构造也可仿效桥梁模型的划分，分为：①仅与设计参数有关的构造物，如隧道洞身，可按照给定洞身断面和路径扫描得到；②与设计参数和地面标高均有关的实体，如隧道洞门，仰坡等，按设计参数计算出洞门各细部尺寸，采用边界表示法描述出洞门的空间三维模型，参考前述桥头锥坡建模方法，可完成隧道仰坡的三维造型。

从上述建模过程中可以看出：

(1) 桥隧等构造物的三维造型是各种建模方法的综合运用，如扫描面法、横断面带帽法等；

(2) 由于涉及的物体较多，需要事先将其分类，依据分类后各物体的三维特征，选用适当的建模方法。

4. 机电设备三维实体造型

高速公路机电设备所包含的内容非常广泛，既包含大型设施(如变电所、蓄水池等)，又包含小型设备(如消防按钮、照明灯具等)，还包括隐蔽工程(如电缆线、消防管线等)。

这部分的建模方法主要有以下几种。

(1) 用扫描面的生成方法构建，如照明灯具，只需设计好放样截面，再指定放样路径便可完成三维造型。

(2) 利用空间阵列复制技术，能按照指定的轨迹线复制对象，轨迹线可以是平面曲线也可以是空间曲线。这种技术对于道路沿线的电线杆等，公路沿线的路灯等物体的建模，将起到事半功倍的效果。

(3) 对于与里程相关的设施，如变电所、蓄水池等，可采用边界表示法描述出三维物体的曲面模型，然后依据里程精确定位出三维模型在空间中的具体位置。

22.2.3　大规模高速公路三维场景组织管理方法

1. 高速公路场景组织结构

高速公路里程一般几百甚至上千公里，地形地物范围可达几十万甚至上百万平方公里，桥、隧、涵、站、路基等结构物成千上万个。场景结构复杂，数据量庞大，欲实现其三维可视化，其场景组织结构必须便于进行视锥裁剪、背面剔除、层次细节等视相关简化操作和建立高效的场景组织调度策略；快速的访问场景中的对象，进行相交检测和碰撞检测，以实现三维场景的动态浏览和拾取、查询、编辑。

一般的高速公路三维场景多采用以里程作为索引的线性组织方式。这种组织方式结构简单，但是层次性不强，未完全反映出高速公路场景中各三维模型之间的结构关系。访问场景中的对象时一般需要进行线性搜索遍历，速度相对较慢。对于一般规模的高速公路场景尚能满足要求，但随着数据量的增长，将很难满足实时三维可视化的要求。采用树型结构层次关系较明确、遍历速度快。但每个子节点只能有一个父节点，标准的模型数据节点不能被多个父节点共享。节点数相对于图结构较多，内存需求较大。本项目针对高速公路三维场景中模型数据的特点，对其组织方式进行了大量的研究和实验，采用有向无环图(DAG)的结构组织高速公路场景。

1) DAG 基本概念

定义 1　如图 22-19 所示定义一个有序偶对 $D=<V,E>$其中

① V 是一个有限非空集合，其元素称为顶点或节点；

② E 是有序积 $V\times V$ 的一个子集，$E\subseteq\{u\rightarrow v\mid u,v\in V,u\neq v\}$，其中元素称为有向边。

D 中存在任意的与 D 对应的顶点排序 $v_1,v_2,\cdots,v_d$，即 $v_i\rightarrow v_j\in E$，都有 $i<j$，则称 D 为有向无环图。

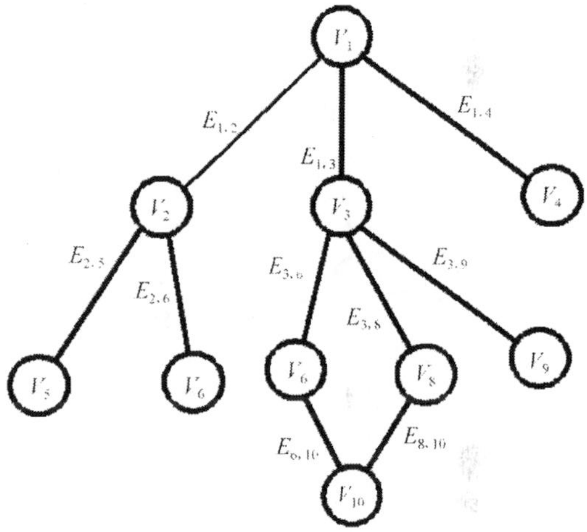

图 22-19　DAG 结构示例

定义 2　在 DAG 图 D 中，称指向某顶点的有向边条数为该顶点的入度；从该顶点指出的有向边条数为该顶点的出度。没有入度的节点为根节点，没有出度的节点为叶节点，既有出度又有入度的节点为枝节点。

定义 3　设 $u\rightarrow v(u,v\in V)$为有 D 的一条边，则称 u 为 v 的父节点，v 为 u 的子节点。若 $u\rightarrow v_i(u,v_i\in V,i=1,2,\cdots,n)$则称 v_i 之间互为兄弟节点。

DAG 图的有向性决定了图中节点之间存在着严格的先后次序和从属层级关系，用这种层级关系表达高速公路三维场景，场景中各节点先后次序明确，层次分明，有利于场景各模型的聚合和分离。可将整个高速公路三维场景复杂的内部拓扑结构进行相关的聚合变成较简单的拓扑结构，进行宏观分析预览。对于高速公路场景的局部又可将节点进行分离得到各个细节，进行细部浏览查询。

DAG 图的无环性表明任意路径 $u\rightarrow\cdots\rightarrow v(u,\cdots,v\in V)$不会形成回路 $u\rightarrow\cdots\rightarrow v\rightarrow\cdots\rightarrow u$。父子从属关系不会倒置，从而加强了 DAG 图中节点间的层次关系和先后次序。在这种特性作用下，在对高速公路场景节点进行深度和广度遍历时不会出现死循环。

DAG 图具有明确的子承父志、兄弟并列的特点，信息流方向一致，纵向父子逐级传

递,横向兄弟互不影响。因此,每个节点既有关联,又具相对独立性。较适合描述高速公路场景中各个对象的拆分、组合。

DAG 图结构中无回路,检索节点方向明确一致,遍历图中节点效率高;给定一节点,上溯前辈,下寻子孙,操作灵活、方便、快捷。

2) 高速公路场景图总体设计

基于有向无环图的基本思想,本项目提出了图 22-20 所示的高速公路场景图。首先对全线的高速公路场景进行分段,将这些"分段场景"作为"高速公路场景"根节点的子节点。每一个"分段场景"中包含"地形、地物"、"高速公路结构物"、"附属设施"等子节点。每个子节点再逐步细分,直到具体模型数据为止。如"高速公路结构物"节点又包含"路基"、"桥梁"、"隧道"、"涵洞"、"收费站"等子节点。"桥梁"节点再包含"一般桥梁"和"特殊桥梁"两个子节点。"一般桥梁"节点再包含具体的桥梁子节点。具体的桥梁子节点继续派生子节点直至具体的模型数据节点为止。

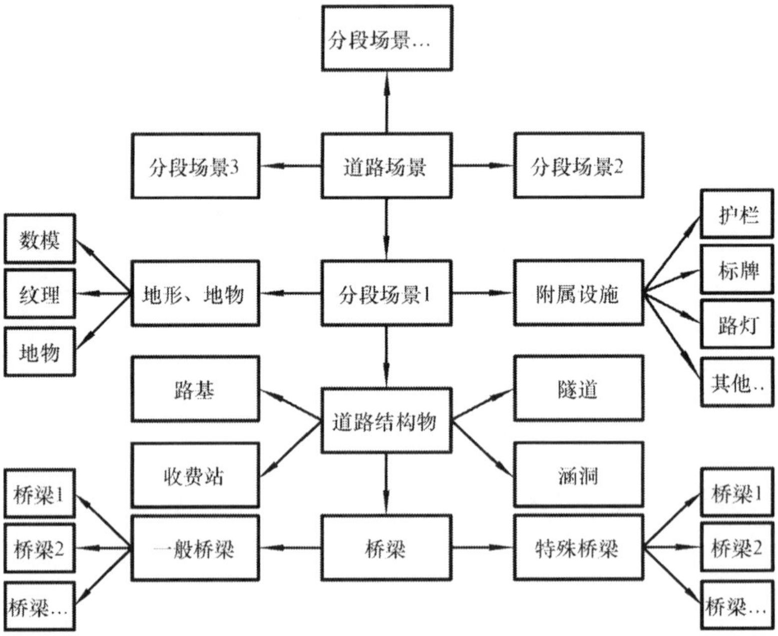

图 22-20 高速公路场景图组织结构

3) 分段场景划分

高速公路场景图中,"高速公路场景"根节点下是按里程分段的一系列"分段场景"子节点。"分段场景"的划分是高速公路场景图组织首先要解决的一个问题。高速公路场景的三维交互式可视化的过程中,大部分情况下用户所关注的只是高速公路中的某一段场景。模拟行车的沿线浏览一般都只关注当前位置前方几个弯道的情况,评价与周围景观的协调性时也只需观察几公里以内的高速公路场景。在审查某一个工点设计是否合理时所关注的范围更小。因此在组织场景时首先可以按照用户关注点和数据量将整个成百上千公里高速公路场景划分为多个分段场景。在设计过程中,可按比较方案的里程范围对高速公路场景进行分段划分。施工管理过程中可按照合同标段对整个高速公路场景进行分段。运营管理时则可按照运营区间进行划分。同时考虑每个分段场景的数据量不应太大。如果数据量过大，则需进一步拆分。按照上述原则对整个高速公路场景进行划分后，在交互式浏览的过程中，除跳转视点，通常情况下每一帧所需渲染的分段场景将只有 1～3 个。大大减少了内存中的数据量，便于后续的场景数据动态调度。

4）高速公路结构物、附属设施场景图

场景图中的具体高速公路结构物和附属设施的数据组织方式，对每个具体模型的表现效果和整个场景的数据量及帧率都有着重要影响，是场景图组织的一个关键问题。我国高速公路设计中大量采用了标准设计。桥梁、隧道、车站等结构物大部分来自标准图。以桥梁为例，国有高速公路中的桥梁，除特殊要求，一般的桥梁均采用了 16m、24m、32m 等标准简支梁。故对于桥梁三维模型，除了特殊桥梁需要专门构建三维模型，一般的桥梁模型可通过标准模型零件的组合而来。图 22-21 为某孔跨式样为 16m＋3×32m＋16m 简支梁桥场景组织图。该三维模型可由“16m 标准梁”、“32m 标准梁”、“标准桥台”、“标准桥墩”等模型再加上一系列的空间变换节点构建。如采用传统树形结构组织，每个子节点只能有一个父节点，每个空间变换节点下都要包含一个相同的模型子节点。而 DAG 结构中，多个父节点可以共享这个相同的子节点。场景图的节点数和存储空间将大大减少。对于整个高速公路场景，采用该组织结构，只需要一个“32m 标准梁”模型再加上一系列的空间变换节点作为其父节点便可构建出全线所有的 32m 梁。同理，对于电力杆类附属设施，采用一个标准的电力杆模型和一系列变换节点可以构建出全线的同类型的电力杆。而空间变换关系只需要一个四元组表示，空间变换节点的数据量要远小于模型节点。故该组织结构可极大减少整个三维场景的数据量，减少遍历步数、提高实时渲染效率。

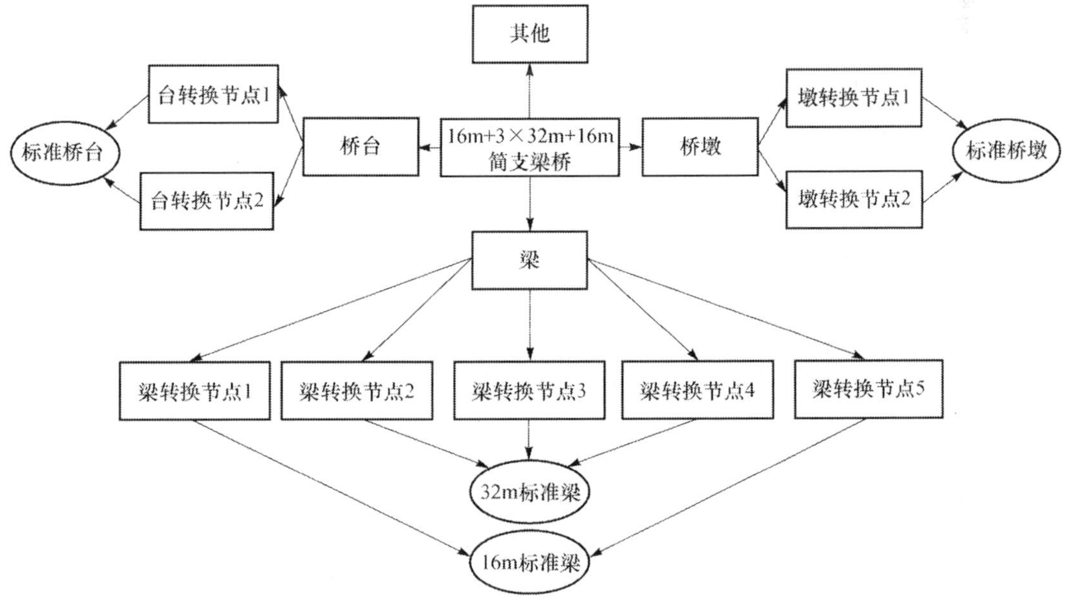

图 22-21　某简支梁桥场景图组织结构

2. 高速公路场景图数据结构与实现

高速公路三维场景图的实现采用面向对象的思想。场景图中所有的节点都定义为一个节点对象。最简单的节点对象应包含节点名称、唯一标记该节点的ID值和父节点列表等属性数据,以及访问和设置这些基本属性的行为。从DAG图的定义可知,除根节点,所有节点均有父节点,除叶节点,所有的节点均具有子节点。但可能将当前场景图的根节点作为一个子节点插入到一个更大的场景图中,故根节点也应当具有父节点的属性数据。子节点中记录了最终的模型绘制数据,不能向下再包含子节点。故在进行节点类设计时只需包含父节点,无需包含子节点的属性数据。

高速公路三维场景数据量大必须进行视锥截取、视相关简化等操作。这些操作都需要频繁的判断三维模型是否包含在视锥内、计算视点与模型的距离。在三维浏览过程中必须实时进行碰撞检测,在三维场景中拾取实体时需要进行射线与三维模型的相交检测。欲实现上述功能,加速场景对象的裁剪、相交检测、碰撞检测等一系列的操作,为节点定义了一个“包围盒”。即将该节点本身或其所有子节点所包含的模型封闭在一个各边平行于坐标轴的简单的长方体内。所有的节点都维持着自己的包围盒数据,这个包围盒将其所有的子节点的包围盒都紧紧包围起来,每个子节点又将其下一级包围。依次类推,构成一个清晰分明的包围层次。当判断某几何体与节点之间的关系时,该几何体与该节点包围盒无相交关系时则无需再向下遍历其子节点。大大提高了对象裁剪、相交检测等的操作速度。故在节点类的属性中添加包围盒数据,并提供相应的包围盒计算方法。

定义节点类CNode,作为场景图中所有节点的基类:

```
CNode//节点类
{
    CString m_Name;//节点名称
    int m_ID;//节点 ID
    BoundBox m_boundBox;//包围盒数据
    ParentList m_parentList;//父节点列表
    ……
    Void CalBoundBox();//计算包围盒数据
    const BoundBox& GetBoundBox();//获取包围盒数据
    void AddParent(CNode*  partent);//增加父节点
    void RemoveParent(CNode*  partent);//删除父节点
    CNode*GetParent(int index);//获取父节点中索引为 index 的父节点
    ……
}
```

高速公路三维场景图中从根节点开始逐层细分,只有叶节点才记录了模型数据,即自身需要绘制的实体信息。故叶节点从CNode类继承,并添加绘制实体属性数据及对应的操作行为函数。

```
CLeaf public:CNode//叶节点类
```

```
{
    CDrawEntList drawEntList;//绘制实体列表
    ……
    void AddDrawEnt(CDrawEnt*  drawEnt);//增加绘制实体
    void RemoveDrawEnt(CDrawEnt*  drawEnt);//删除绘制实体
    CDrawEnt * GetDrawEnt(int index);//获取绘制实体列表中索引为 index
                                      的实体
    const CDrawEntList& GetDrawEntList();//获取绘制实体列表
    ……
}
```

枝节点负责建立场景中的层次关系，对其子节点进行管理和调度。而且，枝节点一定具有子节点，除了一般节点功能，还应当增加子节点属性数据及对子节点的一些操作行为函数。故枝节点类从 CNode 类继承，并添加相应的子节点函数和属性。

```
CBranch public:CNode//枝节点类
{
    ChildenList m_childrenList;//子节点列表
    ……
    void AddChild(CNode* child);//增加子节点
    void RemoveChild(CNode* child);//删除子节点
    const CNode* GetChild(int index);//获取子节点列表中索引为 index 的
                                      子节点
    ……
}
```

上述的枝节点只能获取、增加和删除子节点，实现对子节点简单的维护功能，所有的枝节点一同维护整个场景图的拓扑关系。由于枝节点可以直接获取和操作其子节点，故可以继承 CBranch 类并添加对应的属性数据和操作函数，以达到对枝节点的功能进行扩充的目的。如桥梁场景图中的变换节点 CTransformNode 即通过继承 CBranch 类并添加转换矩阵数据和相应函数实现其所有子节点的空间变换。

```
CTransformNode public:CBranch //变换节点类
{
    Matrix m_TransformMatrix;//变换矩阵
    ……
    Void Transform();//进行空间变换操作
    void SetTransformMatrix(Matrix& TransformMatrix);//设置变换矩阵
    Matrix* GetTransformMatrix();//获取变换矩阵
    ……
}
```

依照以上思路可以构建出实现动态调度功能的动态调度节点、实现层次细节的 LOD

节点、淘汰被遮挡物体的遮挡裁剪节点等。

3. 高速公路场景图关键操作

视锥裁剪、动态调度、碰撞检测、层次细节等是大规模高速公路三维场景交互式可视化中不可或缺的技术。基于场景图的组织结构可快速高效地进行这些关键操作。

视锥裁剪:按广度优先对场景图进行遍历,如果节点的包围盒完全处于视锥外,则记该节点所有子节点均已遍历。该节点被裁减,对应最底层的叶节点不进行渲染。如节点包围盒完全处于视锥内,其所有子节点均标记为已遍历,该节点对应最底层的叶节点全部进行渲染。包围盒部分属于视锥内的节点,标记该节点已遍历后,对其子节点逐层递归调用上述过程直至叶节点均标记为已遍历为止。

动态调度:采用专用的调度线程,监视载入内存中的节点是否被使用,将长期没有使用的节点及其子节点从内存中卸载。根据用户浏览方式,对下一帧需要渲染的节点进行预测,并按距视点由近及远的次序将这些节点载入内存,以供下一帧调用。

碰撞检测:为避免浏览过程中视线穿越场景模型,在视点移动过程中需进行碰撞检测。在进行当前帧的渲染之前,将当前帧视点与前一帧视点位置相连,构成一线段。按广度优先对视锥范围内的节点进行遍历,判断节点包围盒是否与线段相交。如不相交则无需再遍历其子节点,直接标记该节点和其所有子节点已遍历,并继续对其兄弟节点进行相交判断,如所有兄弟节点包围盒均不与线段相交,则通过碰撞检测。否则对有相交关系的兄弟节点的子孙节点递归调用前述过程,直到所有叶节点均记为已遍历。如果线段与某叶节点相交则碰撞检测未通过。如碰撞检测通过则刷新场景。否则场景保存不变,并将视点设置回前一帧。

层次细节:根据当前视点与视锥体内模型实体的距离加载对应的细节层次模型以表达需要渲染的实体。距离越近越精细,远处的则可以采用简单的多边形表达从而大大减少每一帧的数据量,减轻系统负担保证渲染质量。实现方法为对所有子节点进行遍历,如果子节点在细节层次准则所设置的最远范围外,忽略该子节点,直接标记该子节点的所有子节点已遍历,继续遍历其兄弟节点。当某节点中心与视点距离处于层次细节准则所设置的某个区间内时,如该节点为包含绘制图形信息的叶节点,则根据视相关简化规则,进行三维模型的绘制,否则递归调用上述过程继续对该节点的子节点进行遍历,直到所有节点均已遍历。

采用高速公路场景图的组织结构,在进行上述操作时可以根据相关准则,快速剔除一些枝节点,直接标记其子节点已遍历。无需对所有子节点进行实质的求交、求距离等运算。该组织结构父子节点之间具有明确的由总体到细节的层次关系,相邻兄弟节点之间一般是空间上相邻的对象,三维浏览过程中大部分是场景的缩放和视点的平移。帧间需要淘汰和增加的对象一般只是上下几个父子节点和左右几个兄弟节点。故无论深度还是广度方向遍历都能快速访问到场景中每一帧需要渲染相关的节点,具有较高遍历的效率。

22.2.4 顾及约束的高速公路三维场景视相关简化

高速公路场景数据通常为海量,给模型的存储、处理、在有限带宽网络上的传输等带来了很大的困难。如何对高速公路场景的海量数据进行高效压缩，是实现远程用户在高速公路三维场景中流畅浏览和属性查询修改的核心技术之一。

国内外学者对网络三维可视化技术进行了大量研究但主要针对一般三维网格模型的压缩传输，不能完全适用于高速公路模型。而专门针对高速公路模型简化压缩方法目前少见。本项目提出了一种针对高速公路场景的高效压缩方法。先对整个模型进行分块，然后用删减方法对原始模型按点的重要度进行非视相关简化，简化至最粗网格，同时建立操作的层次结构(操作树)；然后，在网络传输和动态浏览中，根据视点位置和操作树计算视相关误差准则，以此决定进行细化或简化，建立视相关网格模型。视相关网格化利用了帧与帧间的高度联系：如果一个三角形在某一帧中已被渲染了，由于视点和视线在短时间内平滑变化，它很有可能在下一帧中同样被渲染。因此，可处理最少数量的网格元素(点和三角形)进行帧与帧间的网格渐进更新，每次视点的改变不用在整个网格区域进行网格更新，只需在当前网格的局部区域进行简化和细化操作。该方法在不损失精度的条件下取得较理想的效果。

1. 半边折叠操作建立操作层次树

构建多分辨率的渐进网格模型能够最大限度地保持模型的几何原貌，并大幅度地减少实时模型数据传输量。其基本原理是：通过一定的规则(通常是地形起伏影响度)计算各个三角形的各边权值，并对权值进行排序，而后从权值最小的边开始进行边折叠操作将原始地形模型网格(用 M 表示)的分辨率逐渐降低，最后得到一个数据量大大减少的低分辨率网格(用 M_0 表示)和储存了各个边折叠操作的细节信息记录 edge collapse。相反的，将这些细节信息记录向 M_0 中逐渐插入顶点和更新三角形可以恢复到原始网格 M，如图 22-22 所示。

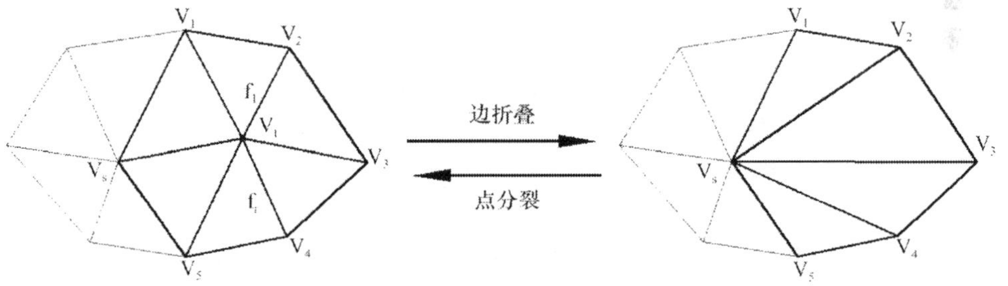

图 22-22　半边折叠与顶点分裂

从 M 到 M_0 的简化过程是通过称为“边折叠(edge collapse)”的操作实现的，即从网格中删除某条边(V_s，V_t)，并且将两顶点 V_s、V_t 融合形成一个新顶点。Hoppe 的 PM 算法中是根据能量优化算法计算新顶点的位置，该算法较为复杂且计算量大，本项目中采用的半边折叠方法即顶点 V_t 直接合并到 V_s，与边(V_s，V_t)相邻的两个三角形 f_l，f_r 也一并被删除，从而降低了网格的分辨率。

由 edge collapse 操作集合可构建网格的操作树，即所谓层次结构。由该层次结构根据视相关准则选择合适的操作集合(边折叠或点分裂)的子集，即可进行网格的视相关简化和细化。本项目根据顶点法向量与相邻点最大夹角和边长选择初始的边折叠集合，并充分考虑约束边，建立操作层次树。方法如下。

1) 计算顶点法向量

首先做如下定义：

定义 1　定义点 P 的星形邻域为所有与 P 点相关联（即与 P 点有直线相连）的顶点 S_k 组成的区域，记为 Star(P)。

显然，点 P 的星形邻域通常并不在同一个平面上，因此又有定义 2。

定义 2　定义点 P 的星形邻域的平均平面 $A(\mathrm{Star}(P))$ 为使

$$\sum_{S_k \in \mathrm{Star}(P)} \mathrm{dist}^2_{S_k \to A(\mathrm{Star}(P))} \tag{22-1}$$

取最小值的平面，其中 $\mathrm{dist}S_k \to A(\mathrm{Star}(P))$ 为 S_k 点到平面 $A(\mathrm{Star}(P))$ 的距离。平均平面的计算方法如下。

设 $A(\mathrm{Star}(P))$ 中每个三角形的法向量为 n_k，中心为 c_k，面积为 A_k，则 $A(\mathrm{Star}(P))$ 的法向量 n 和中心 c 的计算式为

$$\frac{\sum n_k A_k}{\sum A_k}, n = \frac{N}{|N|}, c = \frac{\sum c_k A_k}{\sum A_k} \tag{22-2}$$

平面 $A(\mathrm{Star}(P))$ 的方程为

$$n(x-c) = ax + by + cz + d = 0 \tag{22-3}$$

顶点法向量为 $n=(a,b,c)T$，且有 $a_2+b_2+c_2=1$。

2) 计算折叠边权值

假定 $v_i(i=1,\cdots,n)$ 是待简化三角形网格中的顶点，$v_j(j=1,\cdots,m)$ 是与 v_i 相邻的顶点，记 n_i 和 n_j 分别为 v_i 和 v_j 相对于各个平均平面的法向量，那么 n_i 与 n_j 的夹角余弦表示为

$$c_{ji} = \cos < n_j, n_i > = \frac{n_j \cdot n_i}{|n_j| \cdot |n_i|} \tag{22-4}$$

于是，边($\mathrm{V_s}$,$\mathrm{V_t}$)的权值可以定义为

$$P_{s,t} = l_{s,t} - \min_{vi \in vt \cdot corners} c_t, i \tag{22-5}$$

式中，$l_{s,t}$——边($\mathrm{V_s}$,$\mathrm{V_t}$)的空间长度。

上式中第二项体现了 $\mathrm{V_t}$ 点与其相邻点之间法向量的最大夹角。这个夹角越大，说明 $\mathrm{V_t}$ 点附近几何起伏变化越大，但夹角余弦越小，所以式(22-5)计算出来的权值也就越大，于是这条边的删除操作就更应该越置后。另外，由于第二项的取值范围总是在[－1, 1]中，为防止在边长很大的情况下第二项不能发挥作用，对上式作如下修改：

$$P_{s,t} = l_{s,t} - \min_{vi \in vt \cdot \mathrm{corners}}(c_{t,i} \cdot l_{s,t}) = l_{s,t}(1 - \min_{vi \in vt \cdot \mathrm{corners}} c_{t,i}) \tag{22-6}$$

这样，三维模型的起伏特征就能够在权值中得到很好地保留，但是这一公式又有可能导致一些狭长三角形被保留，为了防止这一现象，下面进一步修改权值公式：

$$P_{s,t} = l_{s,t}\left(1 - \min_{vi \in vt \cdot \mathrm{corners}} c_{t,i} + \frac{l_{\min}}{l_{\max}}\right) \tag{22-7}$$

式中，$l_{\min}$ 表示三角形中三边长度的最小值，$l_{\max}$ 表示三边长度的最大值。于是三角形越狭

长，该项比值就越小，被删除的优先度就越高。

如果给这三项加上不同的权值，就可以进一步修改各项对总权值的影响大小。注意，根据式(22-7)计算出来的边权值有两个结果(即分别由 $V_s \to V_t$ 和 $V_t \to V_s$ 计算得来)，取平均权值作为边(V_s，V_t)的权值。

3) 约束边权值修正

式(22-7)给出了无约束三角网边折叠权重计算方法。但是，高速公路三维场景中存在着一系列的约束边。在三维浏览的时候要求在可见范围内的小于屏幕投影误差的约束边必须全部保留。传统的方式是约束边均保留不进行边折叠简化。在单机环境下，该方法尚可获得较为理想的浏览效果。但是，在网络环境下，远程客户端需要等待最粗糙的网格完全传输完毕才能开始三维场景的浏览。当三角网模型数据量较大时，最粗糙的网格的数据量较大，远程客户端等待时间将会很长。因此约束边也需要进行半边折叠简化。

对约束边进行边折叠处理，必须保证在视锥范围内的约束边可以优先于其他边快速地恢复。由边折叠的原理可知，边折叠权值越大，越晚进行边折叠，在进行点分裂时就越先恢复。因此需要保证约束边折叠的权值大于非约束边，并且所有约束边的权重序列不变。

式(22-7)中

$$-1 < \min_{vi \in vt \cdot \text{corners}} c_{t,i} < 1, 0 < \frac{l_{\min}}{l_{\max}} < 1$$

因此

$$l_{s,t} < P_{s,t} < 3l_{s,t}$$

设三角网中最长边的空间长度为 $L_{\max}$，则有

$$L_{\max} < P_{s,t} < 3L_{\max}$$

含约束点的约束边折叠权值公式修正为

$$P_{s,t} = 3L_{\max} + l_{s,t}\left(1 - \min_{vi \in vt \cdot \text{corners}} c_{t,i} + \frac{l_{\min}}{l_{\max}}\right) \tag{22-8}$$

约束边修正公式(22-8)可以保证约束边的权值一定大于非约束边的权重值，从而有效地保证了约束边是在非约束边后进行边折叠的。同时，只是对非约束边的权值计算公式增加了一个相同的数值 $3L_{\max}$，并不会影响原来约束边的权值排序。原先权值计算中对边长、几何起伏变化、狭长三角形的考虑得以保留。

4) 确定每个顶点的对应的候选折叠边

在整体简化过程中，应该先简化重要度小的边，每个顶点有一系列相关联的边，选取其中一条权值最小的边作为候选折叠边。

5) 对点进行网格管理

为了建立较为平衡的操作层次树，减少操作的依赖性，需要在三角网范围内均匀地选择折叠边。为此，对点进行网格管理。落在同一网格内的点按其候选折叠边权值的大小用双向指针串起来，值越大，候选折叠边权值越大的点越在网格链表的前部，该点对应的候选折叠边越早进行折叠。本项目采用了各网格首点对应的候选折叠边轮流折叠的策略，即先采用快速排序算法将网格数组按点数从小到大排序，依次对排好序的各网格取首

点对应的候选折叠边进行折叠。如果候选折叠边为合法折叠边，该边的两个端点从网格链表中剔除，同时产生的新点根据其坐标重新投入网格，重新计算新点的候选折叠边权重值，并将其放入网格链表中。

用于管理点的网格是整个高速公路三维场景图中分段场景的子集。当分段场景数据量较小时，这个分段场景的范围就可直接作为管理边折叠点的一个网格的范围。当分段场景的数据量较大时，需对分段场景按沿高速公路走向和垂直于高速公路走向细分，从而形成多个网格。划分的过程地形点越密集网格范围越小，并尽可能保证高速公路范围内的点处于同一个网格中。这种网格划分方法使网格内的点较为均衡，保证后续建立的操作层次树的均衡性，同时将高速公路范围内的点集中在一个网格里，有利于客户端高速公路模型数据快速恢复。

6）建立操作层次树

按次序对重要度较小的边先折叠，直至达到用户指定的简化程度或不能再进行简化。简化过程中所有折叠边的集合为初始的边折叠集合，根据边折叠的先后次序建立操作层次树。根据操作层次树、视点位置及视相关准则，选择初始边折叠集合的一个子集，进行视觉相关模型的恢复，便可实现大规模高速公路三维场景的视相关动态可视化。

Xia 和 Varshney 在边折叠操作时，要求树中同一层边折叠操作的影响域互不重叠。如 Hoppe 所述，这会导致不必要的深树。Hopper 是基于点建立的二叉树层次结构，通过研究发现，由于点层次结构的叶子结点不包含操作所需的任何信息，所以可以基于操作建立二叉树层次结构，这样，能够节省近一半空间。如图 22-23 所示。

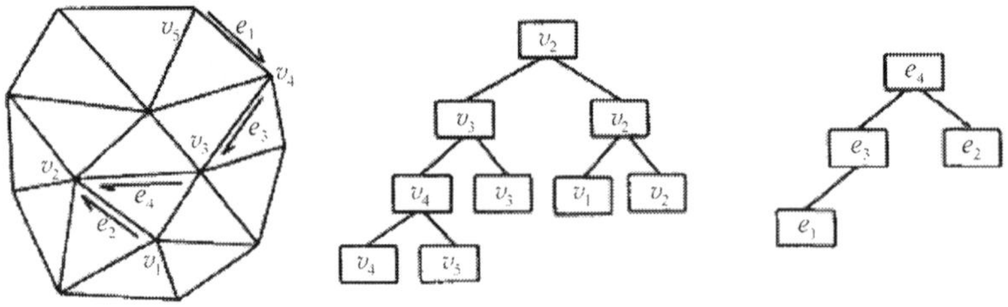

图 22-23 边折叠二叉树层次结构

在进行边折叠的过程中由于网的形状是不可预知的，有可能会出现三角形的重叠情况。图 22-24 是一个典型的例子，如果在执行半边折叠的过程中 v_4 合并到 v_5，则折叠后边(v_2,v_5)将与边(v_1,v_3)发生边交叉和三角形重叠现象，这样就得到了一包含重叠三角形的网，这种情况在简化过程中是不允许出现的，会导致简化后的地形三维场景中发生“突起”或“尖角”的现象。为了防止这种情况的发生，在简化过程中要加入判断合并后三

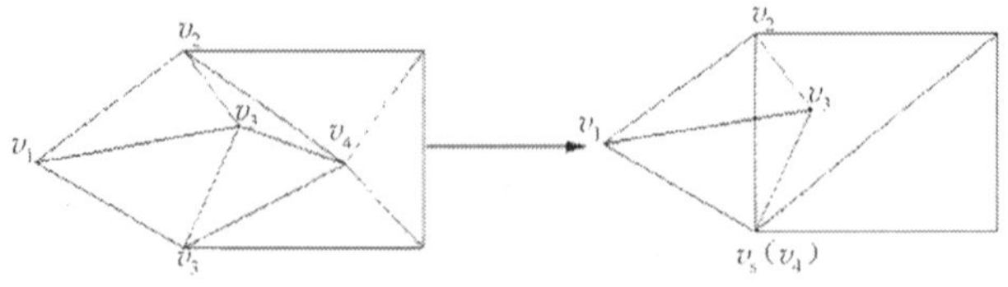

图 22-24 边折叠导致三角形重叠

角形是否重叠的判断因子，即在折叠一条边之前判断简化后的网格是否重叠。

2. 三维模型视相关简化准则

操作层次树 H 中的节点 t 是否进行边折叠或点分裂操作是基于五个视相关准则，即视锥准则、背离面准则、轮廓准则、屏幕投影误差准则、约束边优先准则。在这五项准则计算中，只有两个数量值参与计算，这两个参数解释如下。

(1) 包围球半径。对于结点 t，其包围球是以 t 对应的折叠边的终点为中心，其半径包围折叠边所影响的三角形和 t 的所有子孙，如图 22-25 所示。

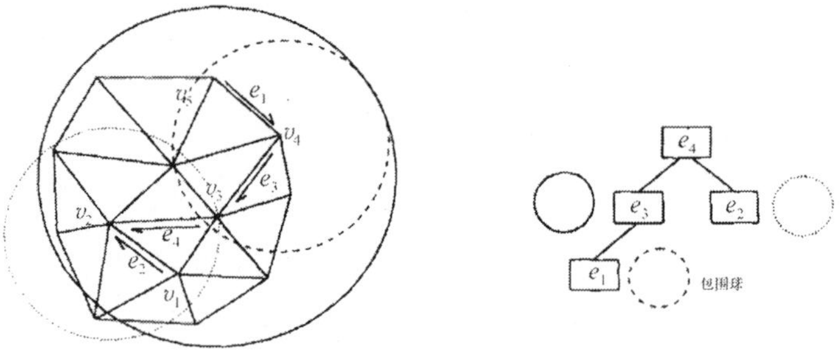

图 22-25 边折叠操作的包围球

(2) 法向锥半角。由结点 t 对应的折叠边的终点的法向量和半角 θ 定义的锥称为法向锥，它包含了折叠边所影响的三角形的法向量和 t 的子节点的法向量。如图 22-26 所示。包围球半径和法向锥是在构建层次结构过程中，由底至顶构造的，结构中只保持 $\cos\theta$ 而不是 θ，因为在视相关网格化计算中只用到 $\cos\theta$。

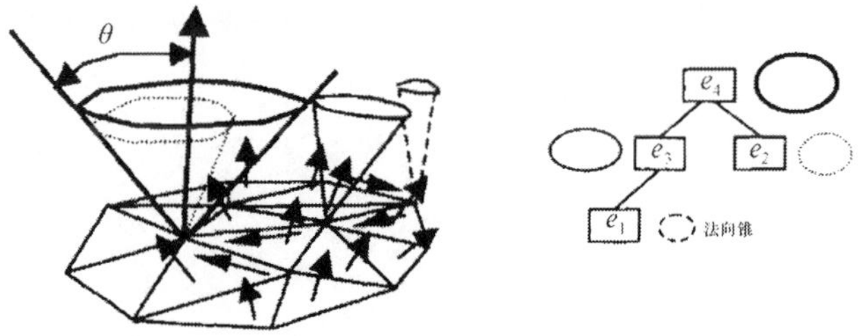

图 22-26 边折叠操作的包围法向锥

1) 视锥准则

在视锥外的区域为不可见区域，可以用最粗分辨率的网格表示。如果结点 t 的包围球在视锥外，则可以进行边折叠。视锥区域由四个包围平面给出，$p_i=[a_i,b_i,c_i,d_i]$，$i=1,\cdots,4$ 其中，$a_i^2+b_i^2+c_i^2=1$。对于结点 t，其包围球的中心为 $v=(v_x,v_y,v_z)$，半径为 r_v，则当下式成立时，t 的包围球在视锥外：

$$a_iv_i+b_iv_y+c_iv_z+d_i<-r_v \quad i=1,\cdots,4 \tag{22-9}$$

按上式计算时，根据视点参数，每一帧需要计算 16 个平面参数，计算量是非常大的，会影响到动态实时显示。为避免计算平面参数，本项目进行了如下简化：通过视点 e，单

位化视线方向 n 和视野角(FOV)半角 w 形成的视锥如图 22-27 所示，如果 $d-a>b$，说明折叠边的包围球在视锥外，可以进行折叠。这可以高效地计算得出。设折叠边的终点为 v 包围球半径为 r：

$$c=\vec{n}\cdot(\overrightarrow{ev}) \tag{22-10}$$

$$d=|\overrightarrow{ev}-c\cdot\vec{n}| \tag{22-11}$$

$$a=c\cdot\tan w \tag{22-12}$$

$$b=r/\cos w \tag{22-13}$$

注意，在 FOV 的半角 w 确定后，三角函数 $\tan w$ 和 $\cos w$ 仅只需要在初始化时计算一次。

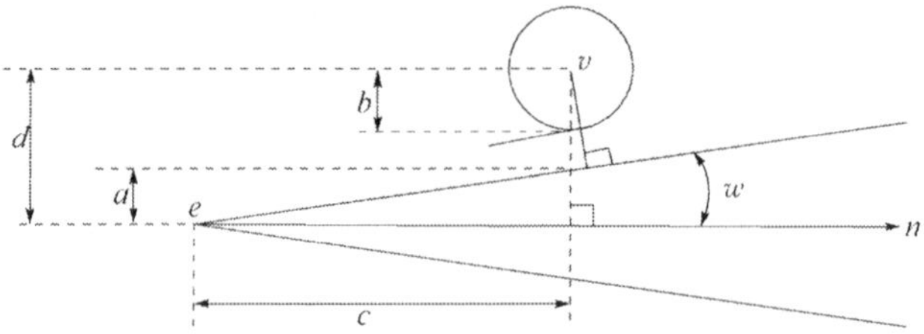

图 22-27　简化的视锥准则

2) 背离面准则

在视锥内的三角形相当一部分观察者是不可见的，因为被其他三角形面遮挡住了。这样的三角形对于显示不起任何贡献，并且会在渲染中耗费大量时间。因此，网格的背离面区域以尽可能粗的分辨率显示。对于结点 t，若它关联的法向锥是背向的，则对结点 t 可以进行边折叠如图 22-28 所示，给出标准化点法向量 n_v，法向锥半角 θ，视点 e 到 v 的矢 $\overrightarrow{ev}$和 n_v，与$\overrightarrow{ev}$的夹角 α，如果下式成立，则法向锥是背离观察者的：

$$a<90-\theta\Rightarrow\cos a>\cos(90-\theta)\Rightarrow\cos a>\sin\theta \tag{22-14}$$

其中，

$$\cos a=\frac{n_v\cdot(\overrightarrow{ev})}{|\overrightarrow{ev}|} \tag{22-15}$$

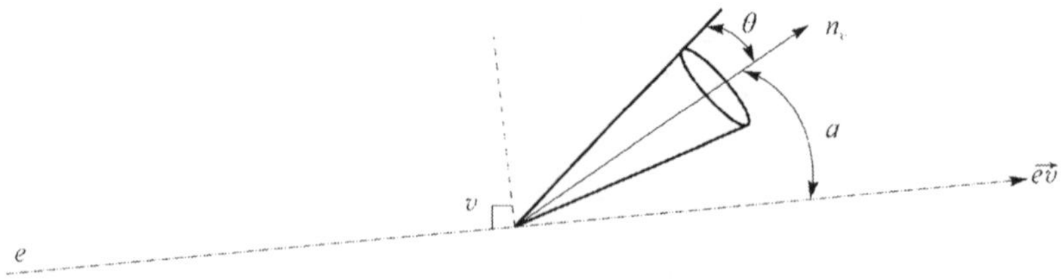

图 22-28　背离面简化准则

3) 轮廓准则

对象的轮廓具有重要的视觉信息，因此，视相关简化应尽可能保持轮廓图 22-29 说明了对象的背离面区域、轮廓区域和正面区域。

如果在某一视参数条件下，三角形网格中的一条边关联的一个三角形是正面的，另一个三角形是背面的，这条边称为轮廓边。在视相关多分辨率网格中，还要考虑与边关联的法向锥给定法向锥半角 θ，点法向量 n_v，视点 e 到 v 的矢量$\overrightarrow{ev}n_v$，与$\overrightarrow{ev}$的夹角 α，两个三角形

面法向量 n_1 和 n_2，如图 22-30 所示，如果下述一个不等式成立，边被认为是轮廓的一部分，不能进行折叠。

$$|\sin(90-a)|<\sin\theta\Rightarrow(\cos a)^2<(\sin\theta)^2 \tag{22-16}$$

$$(n_1\cdot\overrightarrow{ev})\cdot(n_2\cdot\overrightarrow{ev})<0 \tag{22-17}$$

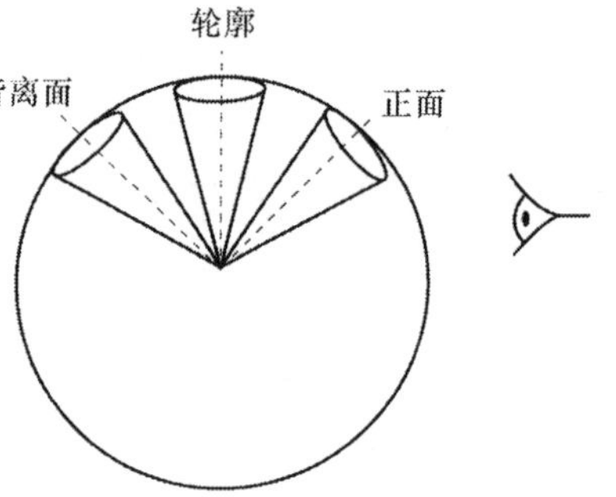

图 22-29　使用法向锥确定特征区域

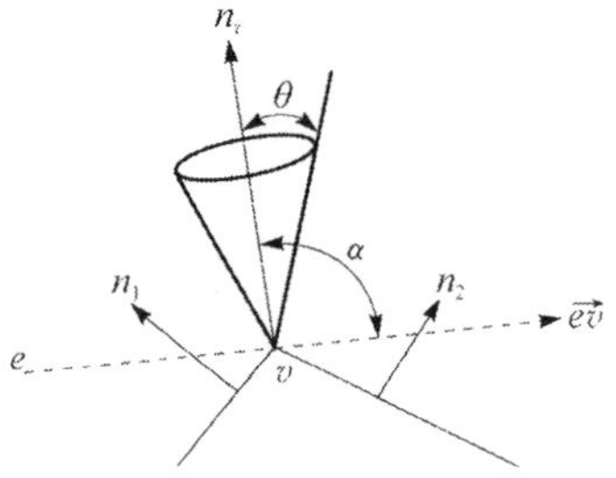

图 22-30　轮廓准则

若第一个不等式成立，说明边对应的结点位于正面区域，若第二个不等式成立，说明该边是轮廓边。

4) 屏幕投影误差准则

当三角形面离视点很远时，在屏幕内投影区域很小。为提高渲染效率，网格简化可以移去相对于给定阀值 τ 在屏幕上足够小的三角形，这样处理对视觉效果没有影响可以利用结点 t 的包围球半径 r_v，法向锥半角 θ 顶点标准法向量 n_v，计算影响域在屏幕上的可见区域，如图 22-31 所示。

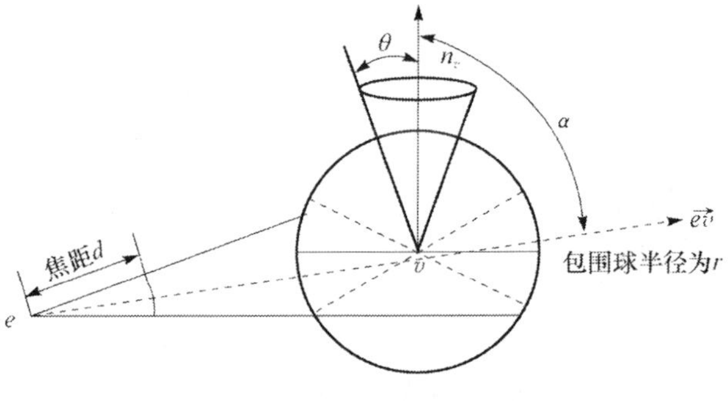

图 22-31　屏幕投影误差准则

相对于视点 e，如果 $\alpha=0°\Rightarrow\cos\alpha=1$，此时可见区域是最大的；如果 $\alpha=90°\Rightarrow\cos\alpha=0$，此时可见区域是最小的。如图 22-30 所示由于法向锥半角为 θ，对于背离面的情况（$\alpha<90°$），屏幕最大可见区域当 $\cos(\alpha-\theta)=1$ 时就出现了。包围球投影到平面上的面积为 πr^2，最大可见面积限制在 $\cos(\alpha-\theta)\pi r^2$ 内，在距视点为 d 的视平面上的投影面积限制在以下范围内：

$$\cos(\alpha-\theta)\frac{\pi r^2 d^2}{|\overrightarrow{ev}|^2} \tag{22-18}$$

由该式计算投影面积要计算 α 的确切值，耗费时间为节省时间，通过三角恒等变换 $\cos\alpha=\sin(90-\alpha)$ 和三角不等式 $\sin(\alpha+\beta)\leqslant\sin\alpha+\sin\beta$ 得

$$\cos(\alpha-\theta)\leqslant\cos\alpha+\sin\theta \tag{22-19}$$

这样对于 $\alpha\leqslant 90,\alpha\geqslant\theta$，投影面积限制在式(22-20)范围内：

$$(\cos\alpha+\sin\theta)\frac{\pi r^2 d^2}{|\overrightarrow{ev}|^2} \tag{22-20}$$

对于 $\alpha<\theta$，令 $\cos\alpha+\sin\theta=1$。

若式(22-20)的计算值小于给定的闭值 τ 时，则对应的结点 t 可以进行边折叠操作。

5）约束边优先准则

高速公路三维场景模型中存在大量的约束边。如山脊线、高速公路与地形的拼合交线，路肩线等。如果在视点可见范围内这些约束边上的点尚未分裂出来，尤其是在距离视点较近处，三维模型中将出现令人无法接受的变形。如路肩线中的某些点没有分裂出来，那么路肩线上的点将和边坡点、地面线点等相连，将不再是规则的直线、曲线，而呈现出路面“塌陷”、“突起”等视觉效果。因此，在通过以上四项准则选取了操作层次树中对应活动节点后，还需按如下方法对节点进行排序：①根据节点属性，将所有活动节点 L 分为含约束边顶点的节点集 L_c 及不含约束边顶点的节点集 L_n；②计算视点到所有节点包围球球心的距离 d_i；③按 d_i 由小到大对 L_c 和 L_n 分别进行排序得到 L_c'，L_n'；④将 L_c' 插入到 L_n' 前，形成约束边优先的活动列表 L'。

通过以上方法形成的约束边优先活动列表 L' 可保证距离视点越近的约束边越早被分裂出来，接着是距离视点较远的约束边，最后按由近及远的方式分裂非约束边。该方法可有效避免三维模型由于约束边未分裂出而产生的模型变形失真，保证了三维模型的视觉质量。

3. 网络环境下的模型视相关动态简化

在三角形网格构成的三维场景中，随着视点的移动，依据每个结点和视点的相对位置，并根据上述五项准则，就可进行视相关动态网格的简化。视相关动态网格化首先要在服务器端进行数据的前处理，建立操作层次树这个过程只需要进行一次即可，它由下述步骤组成：①读入三角形网格文件，建立基于边的数据结构；②选择部分有序的边折叠集合，使原始网格简化为最粗网格 M_0；③建立操作层次树 H，对于每个结点 $t\in H$，计算其包围球半径和包围法向锥半角；④对最粗网格 M_0 初始化其活动链表 L。

客户端在进行三维浏览时，服务器首先向客户端发送最粗网格 M_0，然后不断地接收客户端的视点参数数据，通过树层次树 H，和视相关网格化准则可以产生一个特殊的视相关 LOD 网格，与该 LOD 网格有一个对应的活动结点链表 L。当视参数变化时，由活动结点链表 L 开始，对 LOD 网格进行点分裂，点分裂的操作序列不断发送到客服端，客户端通过点分裂操作获得视相关的 LOD 模型。服务器端同时对活动结点链表进行更新。每个树结点 $t\in H$，包含指向父结点的指针 t. p、左孩子结点 t. l、右孩子结点 t. r、和边折叠操作索引 t. tedge。

活动结点链表 L 包含 H 中所有活动的结点，如图 22-32 所示，结点 t 定义为活动的，

当且仅当两个条件之一成立：①t. tedge 当前已分裂，它的子结点 t. l 和 t. r；或者都折叠了，或者都不存在（L 的子集 L_1）。②t. tedge 当前已折叠，它的父结点 t. p 或者不存在，或者已分裂并且它的兄弟结点存在且已分裂（L 的子集 L_2）。

当活动结点链表 L 为图 22-32(a)中的细虚线包围的结点（根结点集合）时，相应的 LOD 网格为最粗网格；当活动结点链表 L 为图 22-32(a)中的粗虚线包围的结点（叶子结点集合）时，相应的 LOD 网格为原始网格；图 22-32(b)所示的活动结点链表 L 对应的 LOD 网格为中间网格。

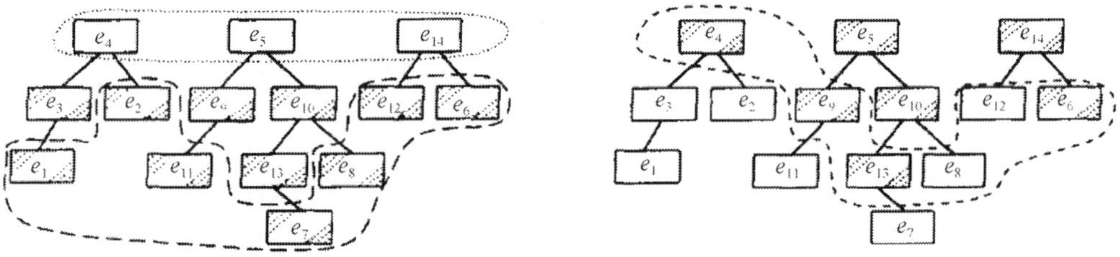

(a) 最粗与原始网格对应的活动结点　　(b) 中间网格对应的活动结点

图 22-32　层次结构 H 中确定当前网格的活动结点集合 L

已进行点分裂操作　已进行边折叠操作　活动结点集合 L

任何时候，L 中的结点具有在 H 中从根到叶子的所有可能路径，但在与视参数相关的某一时刻，只会由 L 开始，在 H 中选择一个特殊的路径。对当前 LOD 网格，L 包含所有可能折叠的结点（L_1 的结点）和必须检查是否进行网格精化的结点（L_2 的结点和所有 L_1 的子结点）。所有的简化和细化操作在执行前先测试操作的合法性，因为视相关网格化操作相对于建立操作层次树的初始有序操作集合是无序的。

基于物空间的几何度量进行简化处理是合适的，因为在物空间不重要的特征在影像空间同样不具有视觉的重要性。在视相关动态网格化过程中，为保证网格不会产生拓扑上的奇异，简化和细化操作各有其依赖条件。

一系列的连续边折叠操作能合并多个顶点为一个顶点，这样的一系列边折叠操作在 H 中是一棵子树。同时操作必须由底至顶以正确的次序执行，否则，会引起网格拓扑上的奇异。通过 t. tedge 可引入折叠边，它是合法的边折叠，只有当：①t 的子节必须都已经折叠；②t. tedge 是拓扑正确的边折叠。

22.2.5　高速公路三维场景网络模型

Browser/Server(B/S，浏览器/服务器)结构是因特网兴起后的一种网络结构模式，Web 浏览器是客户端最主要的应用软件。这种模式统一了客户端，将系统功能实现的核心部分集中到服务器上，大大简化了系统的开发、维护和使用。B/S 结构实际上由三层 Client/Server 结构转化而来，它将 Web 浏览器作为表示层，将大量的业务处理程序放在应用服务器上作为应用层，而将数据库放在数据库服务器上作为数据层。

高速公路工程三维可视化系统在应用中需要面向 Internet 环境，面向分散于不同地域的众多用户，需要有很好的可移植性和扩展性以及跨平台性，因此适宜采用基于

HTTP 协议的三层 B/S 结构来进行高速公路工程网络三维可视化的研究。本项目采用了如图 22-33 所示的典型的三层 B/S 应用体系结构。

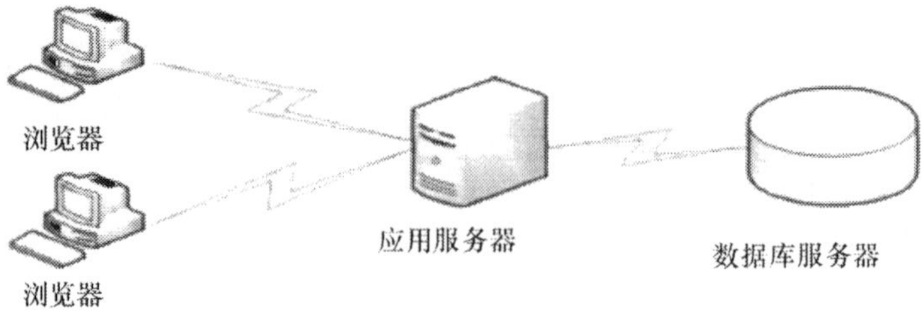

图 22-33　典型三层 B/S 应用体系结构

1. 客户端

在高速公路工程 Web3D 系统中，客户端是与用户直接交互的界面，因此客户端三维引擎的选取直接关系到交互性用户体验、可扩展性等问题。当前主流的 Web3D 客户端渲染引擎有 VRML、Java3D、Jogl、Cult3D 等。通过比较，本项目中采用 Jogl＋Java Applet 的方式作为客户端高速公路三维场景绘制接口。

Java Applet 是能够在网页上运行的 Java 程序，是基于插件的 Web3D 系统常用的客户端技术之一，它由完全面向对象编程 Java 语言构成，所以要比解释型语言 HTML、XML 及 JavaScript 脚本语言等的任意组合强大得多。Java Applet 的出现极大增强了基于浏览器的客户端程序的功能和可扩展性，同时也继承了 Java 语言一贯的跨平台特征。

在网页中构建 Applet 的方法很简单：在 HTML 页中，只需告诉浏览器需要加载哪个 Applet，并且加载到网页中的哪个位置。所以，使用 Applet 所需要的标记必须说明如下信息：①类文件的位置；②Applet 如何布置在网页上(大小、位置等)。

这样客户端浏览器就可以从服务器端(或者从客户端本地硬盘中)获取类文件并且使用它的 Java 虚拟机自动运行 Applet 了。除了 Applet 本身，网页也可以包含所有其他 HTML 元素：多字体、图形、链接等，Applet 只是 HTML 网页的一部分，Java 编程语言并不是设计 HTML 网页的一个工具，它是一个赋予它们生命的工具。Applet 不能在浏览器上直接运行，所以必须安装 Java 插件，使得浏览器能够通过使用 Sun 提供的一个外部 Java 程序运行时环境(Java runtime environment，JRE)执行 Java Applet 中的代码。

Jogl 是 Java 语言对 OpenGL 的绑定，而 OpenGL 是业界最为流行也是支持最为广泛的一种底层 3D 绘制技术，几乎所有的显卡制造厂商都在底层实现了对 OpenGL 的支持和优化，将具有强大网络程序构建能力的 Java 及 J2EE 平台实现对 OpenGL 的绑定使得 Jogl 在该领域具有很多其他 Web3D 引擎无可比拟的优势。

(1) Web3D 应用方面，Jogl 的最大优势在于它的代码可传输性，即用来生成可视化三维场景的 Applet 程序可以方便地从服务器传给客户端，然后在客户端本地运行。也就是说，传输的不是图像本身，而是控制图像生成的程序和数据，从而大大节省了网络传输的数据量。

(2) 与 Java 及 J2EE 平台的结合使得基于 Jogl 的 Web3D 技术具有很好的跨平台性

和可扩展性，在不同种类的用户操作系统上只需装有 JRE 即可运行 Jogl 程序，并且 J2EE 强大的扩展性也使得采用 Jogl 的 Web3D 平台与其他网络信息技术的集成相对容易。

(3) 与 OpenGL 的结合使得 Jogl 具有高度灵活性，在真实感图形绘制、三维场景组织等方面完全由开发者自由操控，这使得 Jogl 可以胜任任意复杂度的三维场景的渲染工作。

2. 服务器端

在高速公路工程 Web3D 系统中，运行在 Web 服务器的程序作为客户端请求和数据源之间的中间层，其任务是处理客户端的请求信息，而后生成并设置相应的结果，最后把结果返回给客户端。在 Web 开发中，主要有 CGI(common gateway interface)、PHP(hypertext preprocessor)、ASP(active server page)、Servlet/JSP 等不同的服务器端构建技术可供选择，几种技术的对比分析见文献。本项目采用了兼具可移植性、灵活性和高效率的 Java Servlet 技术进行服务器端应用逻辑的开发。

Java Servlet 是与平台无关的服务器端组件，它可以运行在 Servlet 容器中。Servlet 负责服务器端和客户端的通信以及调用 Servlet 的方法处理客户端请求，Servlet 和客户的通信采用“请求/响应”的模式。Servlet 可完成如下功能：①创建并返回基于客户请求的动态 HTML 页面；②创建可嵌入现有 HTML 页面中的部分 HTML 页面(HTML 片段)；③与其他服务器资源(如数据库或基于 Java 的应用程序)进行通信；④接收多个客户端的输入，并将服务器端处理结果广播到多个客户端上；⑤根据客户请求采用特定的 MIME(multipurpose internet mail extensions)类型对数据过滤。

Servlet 的生命周期由被装载到 Servlet 容器中开始，由被终止或重新装入结束。Servlet 的生命周期可以分为三个阶段：初始化阶段、响应客户请求阶段和终止阶段，如图 22-34所示。Javax. servlet. Servlet 接口中定义了三个方法 init()、service()和 destroy()，它们将分别在 Servlet 的不同阶段被调用。

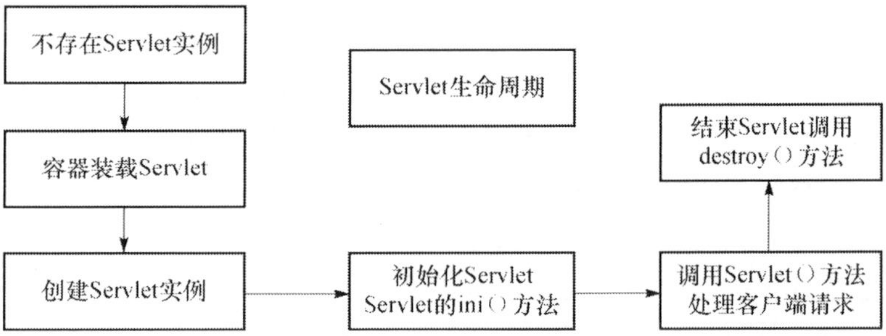

图 22-34　Servlet 生命周期

1) 初始化阶段

在下列情形下 Servlet 容器装载 Servlet：①Servlet 容器启动时自动装载某些 Servlet；②在 Servlet 容器启动后，客户首次向 Servlet 发出请求；③Servlet 的类文件被更新后，重新装载 Servlet。

2) 相应客户请求阶段

对于到达 Servlet 容器的客户请求，Servlet 容器创建特定于这个请求的 ServletRequest 对象和 ServletResponse 对象，然后自动调用 Servlet 的 service 方法，开发者在该方法中可以定义服务器端逻辑处理函数(如本项目中的调度服务器端地形模型数据发送给客户端)。service 方法从 ServletRequest 对象获得客户请求信息并处理该请求，通过 ServletResponse 对象向客户返回响应结果。

3) 终止阶段

当 Web 应用被终止，或 Servlet 容器终止运行，或 Servlet 容器重新装载 Servlet 的新实例时，Servlet 容器会先调用 Servlet 的 destroy 方法。在 destroy 方法中，可以释放 Servlet 所占用的资源。

3. 整体框架和功能逻辑设计

高速公路工程网络三维可视化系统将采用基于 HTTP 协议的 B/S 架构，具体技术方案是(Win2003＋J2EE)&(Jogl＋Oracle10g＋Tomcat)。在应用逻辑上可以将整体结构分为数据服务层、应用服务层和数据表现层。

1) 数据服务层

即数据库服务器，远程用户通过 Web 服务器与服务器端的数据库进行联系，该层的主要功能包括管理、组织和提取各种三维模型数据；响应来自应用服务层的模型数据请求；将模型数据交给应用服务层进行预处理。

2) 应用服务层

应用服务层将数据服务层上的三维模型数据同客户端渲染进行了逻辑上的隔离，是数据服务层的逻辑模型，充当着前端数据表现层的三维模型渲染和后台数据服务层的模型数据管理之间沟通桥梁的角色。应用服务层的功能包括①针对模型数据进行多分辨率简化和离散化等预处理；②从数据服务层中调度高速公路三维模型数据；③管理服务器端缓存中的三维模型数据；④接收和解析远程客户端 HTTP 请求，发送三维模型数据至客户端。

3) 数据表现层

即客户端，是服务器端与远程客户端用户交互的三维图形接口，包括场景绘制和用户交互两个子模块，前者负责将下载获得的模型数据进行场景实时绘制，后者则使得用户能够在高速公路三维场景中进行交互式漫游，如通过鼠标进行场景旋转、通过键盘多方向漫游等，最大限度地保证了场景浏览的沉浸感。

数据表现层整体上为嵌入网页的经过数字证书签名的 Java Applet 程序，用户信任该数字证书后，客户端便可以通过 HTTP 协议与服务器端进行数据传输。

4. 基于 P2P 思想的改进网络模型

P2P 是点对点(Peer to Peer)传输技术的简写，其目的是将数据在两个对等用户间进行传递。该技术将网络中的每一个客户端既作为客户端又作为数据传输的服务器，已经下载完成数据的客户端也能承担起数据分发的任务。

在高速公路网络三维可视化应用过程中会遇到大量用户同时访问同一段数据的情况。如在方案会审阶段，各个专业的设计人员都将浏览三维场景中的同一地段。如果各个客户的三维数据均来自服务器，将对服务器带来较大的负担。特别是客户端较多，服务器性能不够优越的情况下，客户端需要经过较长时间的等待才能获得满足浏览精度的数据。使用 P2P 技术可大大加快三维模型数据在多个客户端之间的传输速度，减轻中央服务器的负担，而且可以杜绝并发访问数较多时网络阻塞和服务器瘫痪的问题的发生。

因此，本项目基于 P2P 的思想对 B/S 网络模型进行了改进。主要是对应用服务层的功能进行扩充。其实现基本流程如下。

（1）应用服务层负责在服务器上维护着一张动态的下载状态表。该表中记录了各个客户端的路由、已下载数据，网络带宽等。

（2）接收客户端的数据请求后，应用服务层到服务器的状态表中去查找已经拥有该客户端请求数据的其他客户端。

（3）根据当前服务器状态、其他客户端的路由和带宽信息确定该客户端到其他客户端和服务器下载数据的代价。优选代价小的几个客户端或服务器进行链接。

（4）客户端开始下载数据并更新服务器的下载状态表。

22.2.6　高速公路三维场景网络传输调度

对高速公路、地形模型进行简化压缩之后，其数据量可能仍然较大，无法直接进行网络传输。因此，本项目通过数据压缩、网络缓存技术、多线程等策略对这些结果进行动态调度，达到简化模型和实时快速传输的目的。

1. 高速公路场景坐标数据压缩方法

模型点的三维坐标是高速公路模型数据的主要组成部分。高速公路三维场景中的点坐标包括经距 N、维距 E 和高程 H。以米为单位 N、E 的坐标的整数部分有 7～8 位的长度，H 的整数部分最多 4 位。为保证在三维场景中进行属性查询和分析的精度，一般要求精确到毫米，三维坐标小数点后的长度至少需要 3 位。因此 N、E 坐标需要 11 位有效数字，H 需要 7 位有效数值。一般的 32 位系统单精度浮点型表示方法见表 22-1。

表 22-1　单精度浮点型在 32 位计算机中的存储格式

地　址	+0	+1	+2	+3
内　容	SEEE EEEE	EMMM MMMM	MMMM MMMM	MMMM MMMM
S 代表符号位，1 是负，0 是正				
E8 位，表示偏移 127 的幂，二进制阶码＝(EEEEEEEE)－127				
M23 位，表示尾数				
正数表示的范围为：1.175494351－e^{38}～3.402823466＋e^{38}				
负数表示的范围为：－3.402823466＋e^{38}～－1.175494351－e^{38}				
数 0.0 存储为全零，即四个字节 00 00 00 00 表示				

单精度浮点型的有效数字为 7 位，双精度浮点型有效数字为 16 位。因此需要精确地存储三维模型的空间坐标需要两个双精度和一个单精度浮点型数据。而单精度浮点型占用 32 bit 的空间，双精度 64bit。因此，精确地存储一个三维坐标需要高达 160bit 的空间，这对高速公路三维数据的网络传输极为不利。因此需要对三维坐标进行有效的压缩，以

满足网络传输的要求。

通常减少坐标存储空间的方法是减少坐标位数，如采用相对坐标法，即记录下三维坐标的最小值 $N_{\min}$，$E_{\min}$，$H_{\min}$ 或者是中心值 N_{cen}，E_{cen}，H_{cen} 作为基数，然后记录三维坐标相对其基数的差值，从而有效地减少坐标位数。采用该方法 N，E，H 坐标的位数由 $N_{\max}-N_{\min}$，$E_{\max}-E_{\min}$，$H_{\max}-H_{\min}$ 决定。但由于高速公路场景规模宏大，动辄成百上千公里。经纬距数值跨度较大，对于一条仅五十公里的高速公路，其 $N_{\max}-N_{\min}$，$E_{\max}-E_{\min}$ 也将达到 20000～30000m。精确到毫米需要 8 位有效数字，根据需要采用双精度型数值表示，无法达到压缩坐标的效果。

本项目对高速公路模型进行了视相关简化处理。整个模型数据是渐进传输的。客户端并不需要一次性接收所有的三维数据，当最粗糙网格传到客户端后，客户端只需要接收视相关的操作序列，即点分裂的数据。每一次点分裂的坐标数据即为分裂点的坐标。由于最粗糙的网格数据量极小，只需对点分裂过程中分裂点的坐标进行有效压缩即可达到理想的传输效果。

如图 22-35 所示，在点分裂过程中，需要还原出顶点 v_t，根据点分裂的拓扑信息可以确定该次点分裂影响范围为 v_1，v_2，v_3，v_4，v_5，v_s 构成的多边形 S，并且 v_t 在多边形 S 内部。由于本项目建立的三维模型为 CDT 三角网，点的分布比较均匀，分裂出的顶点 v_t 与多边形 S 的形心 v_c 之间的空间距离相对较小。v_t，v_c 两点 N、E、H 坐标的差值 ΔN、ΔE、ΔH 经过统计分析，大部分在 100m 以内。7 位有效数字的单精度浮点型变量可以精确地表示出[－9999.999，9999.999]区间范围内的数值，除了极个别差值特别大的点，基本上可以满足毫米精度的要求。因此，可以采用点分裂影响区域多边形 S 的形心 v_c 对分裂点坐标进行预测，再对 ΔN、ΔE、ΔH 均采用单精度浮点型数据表示可将坐标数据由 160bit 减少到 96bit。形心 v_c 与 ΔN、ΔE、ΔH 按式(22-21)、式(22-22)计算。

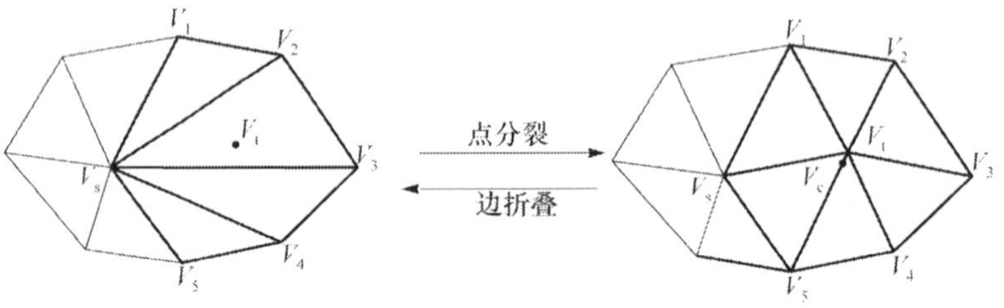

图 22-35　点分裂坐标预测

$$N_C=\frac{\sum_{i=1}^{n}N_i}{n},E_C=\frac{\sum_{i=1}^{n}E_i}{n},H_C=\frac{\sum_{i=1}^{n}H_i}{n} \tag{22-21}$$

$$\Delta N_t=N_t-N_c,\Delta E_t=E_t-E_c,\Delta H_t=H_t-H_c \tag{22-22}$$

虽然预测值与真实值之间的差值 ΔN、ΔE、ΔH 均可以采用单精度浮点型表示，但是计算机内部自带的编码方式并不是最适合高速公路模型的。如果对 ΔN、ΔE、ΔH 进行有效的量化编码，数据可以得到进一步压缩。本项目提出了表 22-2 所示的紧凑的可变长坐标量化编码方式，将三维坐标在给定范围和给定精度下量化，在保证精度无任何损耗的前提下，实现坐标数据的高压缩。

表 22-2　可变长数值量化编码格式

内容	SLLL	I ** I	DDDDDDDDDD
S 代表符号位，1 是负，0 是正			
LLL 3 位代表 I ** I 的码级，取值范围 0～7			
I ** I 可变长码，分为 8 个级别表示数值的整数部分			
D10 位，表示小数点后的三位			
数值范围：－17911.999～17911.999			

该编码方式分为四个部分。符号码 S，表示 I ** I 的码级的 LLL，表示整数部分数值的可变长码 I ** I 和表示小数数值的 DDDDDDDDDD 组成。10 位 D 可精确的表示出 0～1023 的数值，因此可完全精确地表示坐标差值小数点后的三位小数。I ** I 的码长和它能表示的数值范围与 LLL 相关。其对应关系如表 22-3 所示。

为便于描述编码和解码算法，现做如下定义。

定义 1　对于可变长度的二进制编码，将编码的码长分为一系列的等级，该等级采用非负整数表示，称为码级。码级与码长存在一一映射关系。等级越高码长越长。码级 $CLev$ 与码长 $CLen$ 的映射关系表示为

$$CLen = fLen(CLev) \tag{22-23}$$

定义 2　码级对应码长的二进制编码能表示的数值个数称为码级可编码数。码级可编码数 MC 与码级 $CLev$ 之间的函数关系为

$$MC_{CLev} = 2^{fLen(CLev)} \tag{22-24}$$

定义 3　某码级内的编码能表示的十进制非负整数数值范围称为码级数值区间。该区间的上、下限值称为码级数值上、下限。并规定码级 0 的码级数值区间下限为 0。码级 $CLev$ 的码级数值下限 LV_{CLev}、上限 UV_{CLev} 的递推公式为

$$\begin{aligned} & LV_0 = 0 \\ & LV_{CLev} = UV_{Clev-1} + 1 \\ & UV_{CLev} = LV_{Clev} + MC_{CLve} = LV_{Clev} + 2^{fLen(CLev)} \end{aligned} \tag{22-25}$$

码级 $CLev$ 的十进制整数 Int 编码算法为

$$\text{Int}Code = \text{BIN}(\text{Int} - LV_{Clev}) \tag{22-26}$$

式中，BIN——函数为将十进制数转换为二进制的标准转换函数。

本项目采用 8 级编码，码级与码长的对应关系如表 22-3 所示。

表 22-3　码级、LLL 编码、I ** I 码长关系表

码级	LLL 编码	I ** I 码长
0	000	3
1	001	4
2	010	5
3	011	6

续表

码级	LLL 编码	I ** I 码长
4	100	7
5	101	8
6	110	10
7	111	14

根据式(22-55)、式(22-26)可以得出表 22-4 所示的各个码级的码级可编码数、码级数值上、下限。从中可以看出,整数部分可以精确的表示 0～17911 的数值范围。该量化编码方法完全可以无损地表示[－17911.999,17911.999]的范围,完全可满足对 ΔN、ΔE、ΔH 的编码要求。

表 22-4　码级可编码数、码级数值上、下限表

码　级	I ** I 码长	码级可编码数	码级数值下限	码级数值上限
0	3	8	0	7
1	4	16	8	23
2	5	32	24	55
3	6	64	56	119
4	7	128	120	247
5	8	256	248	503
6	10	1024	504	1527
7	14	16384	1528	17911

对于 ΔN、ΔE、ΔH 中的任意实数 X 编码流程如下:①判断 X 的符号对 S 进行编码,X 为正 S 为 0,否则 S 为 1;②将 X 分解为整数部分 Int 和小数部分 Dec 两个非负整数;③根据表 22-4 判断整数 Int 所属的码级 C_{Lev};④根据表 22-3 对 LLL 进行编码;⑤根据式(22-26),计算 IntCode 值对 I ** I 进行编码;⑥根据式(22-27),计算 DecCode 值对 DDDDDDDDDD 进行编码;编码完成。

$$\text{Code} = \text{BIN}(\text{Dec}) \tag{22-27}$$

为测试本编码算法的效果,本项目通过对多个大规模高速公路三维场景的点分裂数据 ΔN、ΔE、ΔH 的编码进行统计,平均码长为 18.57,如表 22-5 所示。因此编码后的三个坐标值平均只需要 55.7bit,相对于原来的 160bit,压缩比为 34.8%

表 22-5　高速公路三维模型平均码长统计表

码级	总码长	比例/%	加权平均码长
0	17	25.25	4.2925
1	18	31.37	5.6466
2	19	19.52	3.7088
3	20	13.36	2.672
4	21	6.55	1.3755
5	22	3.64	0.8008
6	24	0.27	0.0648
7	28	0.04	0.0112
合计		100	18.5722

综上所述，本项目将点分裂相关多边形形心作为分裂点的预测值，设计了一种适于高速公路模型的紧凑的变长无损量化编码格式，对真实坐标与预测值的差值进行量化编码，在不损失任何精度的条件下将坐标数据压缩为原来的 1/3 左右。为高速公路模型的网络传输提供了有利条件。

2. GZIP 压缩

在网络三维可视化中，模型数据量非常大，而文本数据、属性数据、图形数据具有很大的压缩潜力。因此，在网络带宽相对有限的情况下，对模型数据进行压缩有利于数据在网络环境中的快速传输，本项目采用了网络传输中应用较多的 GZIP 包对模型数据进行压缩和解压。

GZIP 最早由 Jean-loup Gailly 和 Mark Adler 创建，用于 UNIX 系统文件的压缩，现在已经成为 Internet 上应用非常普遍的数据压缩格式。GZIP 内部通常采用 DEFLATE 数据格式，而 DEFLATE 同时使用了 Huffman 编码和 LZ77 压缩算法压缩数据。LZ77 是一种压缩比很高的算法，运行时压缩解压时间很短，因此日益成为当前数据压缩技术中的一种主流算法。数据中重复字节越多用 LZ77 算法压缩率越高，在本项目中经过多次反复测试，使用 GZIP 进行模型数据压缩的压缩比通常为 50%～70%，大大减小了模型数据的传输量。服务器端压缩并发送高速公路子模型数据的步骤如下。

(1) 通知网络传输层，以实现序列化接口类的二进制流形式传输数据

```
response.setContentType("application/x-java-serialized-object");
```

(2) 建立输出流，准备向客户端发送数据

```
OutputStream out = response.getOutputStream();
```

(3) 建立 GZIP 输出流通道

```
GZIPOutputStream gOut = new GZIPOutputStream(out);
ObjectOutputStream objStream = new ObjectOutputStream(gOut);
```

(4) 从缓存中获取数据，压缩后并向客户端发送数据

```
objStream.writeObject(hsRoadData.get(kml));
```

(5) 客户端读取模型数据后解压的过程如下

(6) 根据服务器端地址构建 URL 对象

```
URL urlServer = new URL(sURL);
```

(7) 利用 URL 对象打开客户端与服务器端之间的链接

```
URLConnection con = urlServer.openConnection();
```

(8) 设置链接的属性

(9) con.setDoInput(true);

```
con.setRequestProperty(" Content-Type "," application/x-java-serial
ized-object");
```

(10) 建立输入流对象

```
InputStream is = con.getInputStream();
GZIPInputStream gzipis = new GZIPInputStream(is);
```

(11) 解压缩,读取数据至客户端内存

```
ObjectInputStream objis = new ObjectInputStream(gzipis);
RoadModelData roaddata=(RoadModelData)objis.readObject();
```

(12) 关闭链接

```
is.close();
objis.close();
```

3. 服务器与客户端缓存技术

网络环境下,从远程客户端用户的请求生成到请求得到结果整个流程:①浏览器通过URL地址查询DNS,DNS返回服务器的IP地址;②浏览器根据IP地址建立一个TCP/IP链接;③浏览器通过该链接向Web服务器发出一个HTTP请求;④Web服务器根据请求的内容,在数据库或文件夹(即硬盘中)读取数据,形成一个结果发送给浏览器,并关闭链接;⑤浏览器将返回的数据以某种形式(文字、图片、三维场景等)表达。

从以上流程可以看出,HTTP协议花费了很多的时间用在建立和等待链接上,因此可以尽量减少网络链接的次数和加快服务器端的处理速度,提高整个网络数据的传输速度。

网络缓存技术是目前一种降低Internet流量和减少客户端用户响应时间的新兴网络技术。网络缓存既可以在网络服务器上,也可以在客户端,由此在本项目中将缓存分为两类:服务器端缓存和客户端缓存。

本项目在服务器端建立了一个基于索引的缓存管理机制。将所有需要进行网络传输的数据按照类型和在场景图中的位置分配唯一的关键字建立索引,而后将它们存入数据库中。客户端根据索引向服务器端发送数据请求,Web服务器接收到请求后首先验证缓存池中是否存在该数据,若有则直接从缓存池中取出发送给客户端,若没有,则从数据库中读取数据发送给客户端,同时将其以索引为关键字存入缓存池中。该过程如图22-36所示。缓存中的数据采用哈希表进行保存和管理。

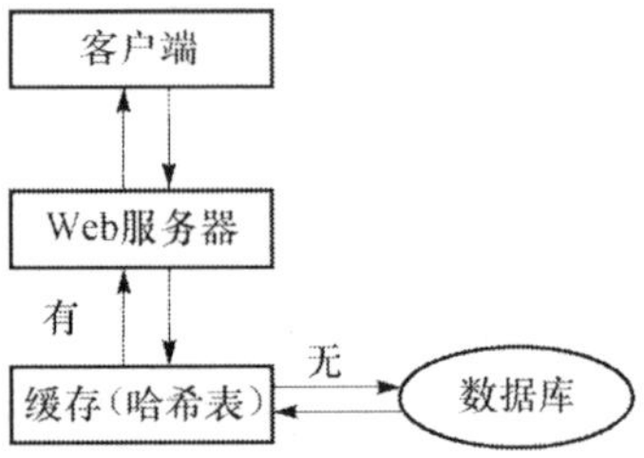

图22-36 服务器端缓存数据调度

根据高速公路网络三维可视化的快速实时化的要求,需要在客户端建立数据缓存,使得客户端需要再次显示高速公路三维场景时,可直接读取利用本地机器缓存中的数据,减少了数据的重复传输和用户等待时间,提高数据调度的效率。在传统的单机三维可视化中,通常以操作系统的文件映射机制在单机上实现大数据量的硬盘与内存之间的快速传输,本项目参考此机制使用J2EE中的java.nio包中的文件映射类建立客户端缓存区。

操作系统的文件映射技术允许应用程序将磁盘文件与内存的实际地址空间相关联,从而使系统能够确定该文件位于何处,而当文件映射之后,Windows就将磁盘文件映射到地址空间,即程序认为该磁盘文件实际就是位于内存中,一旦访问该文件,就可如存取内存数据一样,大大加快数据读写的速度。J2EE的java.nio包中的MappedByteBuffer等类提供了java语言使用操作系统的文件映射技术的可能,再结合经过数字证书签名的

Applet 小程序取得在客户端磁盘读写文件的权限后，就可以方便地建立客户端缓存了。

4. 客户端多线程技术

对于小规模三维场景的模型数据，经过服务器端压缩后数据量相对较小，能够在较短时间内传输到远程客户端。但当数据量很大时，如压缩后仍有几十上百兆，则很难将其一次性传输到客户端后再渲染场景，因此迫切需要进一步采取加速策略提高模型数据的传输效率，在研究中，采用了客户端多线程下载技术快速调度子模型数据。

高速公路网络三维可视化中，模型数据包括最粗糙模型网格数据、细节层次模型数据、纹理图片数据、附属设施模型数据等。本项目使用图 22-37 所示的多线程分别下载不同种类的模型数据，并通过“边下载边渲染”的策略减少客户端的用户等待时间：用户不需要等待所有数据都被传输完毕后再浏览场景，而只需根据初始视点下载到局部范围内的模型数据，而后将这一部分场景渲染出来，在显示的过程中，将后续的其他场景数据通过多线程在后台下载完毕。

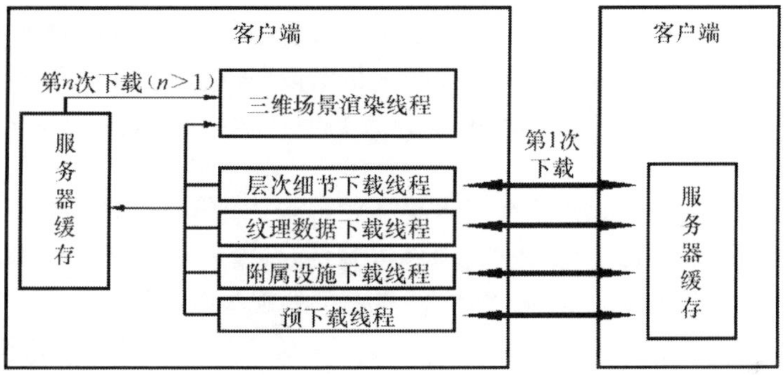

图 22-37　客户端多线程下载示意图

5. 高速公路三维场景网络可视化实现流程

基于上述技术策略，本项目采用以下网络传输调度流程。

(1) 服务器端将最粗糙的模型数据和操作层次树放入服务器端缓存中。

(2) 对半边折叠操作中折叠点的坐标进行预测和量化编码，将压缩编码后的层次细节记录数据保存至服务器端缓存中。

(3) 将其他重要的纹理和附属设施模型数据存入服务器端缓存中。

(4) 客户端通过多线程首先从服务器下载最粗糙模型，进行三维渲染，并将下载的数据存入客户端缓存中。

(5) 客户端主线程采用“边下载边渲染”的策略对三维场景进行渲染，即获取到部分网格块就将三维模型渲染展现给用户。

(6) 客户端向服务器发送视点参数数据。服务器端根据客户端传来的视点参数数据，依据视相关准则从操作层次树上选取视相关节点，将需要的层次细节记录存入服务器缓存中。

(7) 客户端辅线程在后台从服务器端下载视相关细节记录信息,并将原始模型快速恢复,同时将恢复后的模型数据存入客户端本地缓存中备份,下一次访问高速公路网络三维可视化系统时,则直接从缓存中读取数据;

(8) 客户端辅线程从服务器下载纹理数据和附属设施数据,存入客户端缓存。

(9) 当系统和带宽有空闲时,客户端辅线程从服务器下载可能将被渲染的视点范围外的数据。

本项目通过上述技术策略,有效解决了海量高速公路三维场景数据的实施浏览问题。远程客户端取得了较为流畅的浏览效果。

22.3 研究成果

经过艰苦卓绝的研发和创新,已经成功突破各种技术难题,主要取得以下成果。

(1) 建立了高速公路机电设备信息模型。集成机电设备空间形位信息、静态基础信息(如生产厂家、出厂日期、产品型号等)和动态运转状态信息(设备实时运行状态信息、报警信息、屏幕实时发布显示信息等)的高速公路机电设备信息模型以其高度的信息集成能力、完善的信息分析功能和实时动态的信息反馈机制,已经成为机电设备运营管理系统不可或缺的核心基础。

(2) 提出了高速公路三维场景的网络交互式可视化理论与方法,解决了高速公路三维建模、模型简化、场景管理、数据压缩、网络传输、设备实时变更及网络模型构建等关键技术问题。基于约束 Delaunay 三角网理论,建立了外观与内部拓扑关系均为整体的高速公路三维模型;提出了有向无环图数据结构,实现了高速公路场景的高效组织与管理;研制了顾及约束的半边折叠算法,实现了网络环境下的高速公路场景视相关简化;设计了一种变长编码格式对坐标进行压缩,传输时采用 GZIP 压缩数据流,实现了场景数据的实时动态传输;建立了基于 B/S 架构的网络模型,结合客户端加速绘制策略实现了高速公路场景的远程交互式浏览。

(3) 建立了基于各类机电设备模型和隐蔽管线单点图纸查询的电子化图纸保存和查询机制。项目将各类竣工图纸进行切割归类,分类保存到每一个设备和管线上,让使用者在三维场景中查看任何一种设备或者管线的同时,都可直接打开与其关联的竣工图纸,方便查询和有效提高对电子图纸资料的保存方式。

(4) 建立三维场景中各类机电设备与前端对应机电设备的实时运行数据同步监测机制,实时返回当前运行状态信息、报警信息、发布信息以及视频信息,方便使用者及时了解远程设备运行状态。

(5) 综合应用前述理论和方法开发了高速公路机电设备运维管理网络三维可视化信息平台,在青兰高速公路机电设备运营管理中成功应用,打造交通领域的"Google Earth"。

22.4 应用情况

应用本项目研究成果,成功为青兰高速公路邯郸段等项目搭建了青兰高速公路机电设备运维管理信息平台，用于机电设备运营管理。有效提高施工建设方、运营管理方工作效率，提升高速公路管理整体水平。机电设备运维管理系统充分发挥了三维平台的信息集成优势，为高速公路运营管理方提供了实时、直观的机电设备信息查询服务。使得管理人员有能力全面、及时地获取机电设备运转情况，为排除机电设备故障、保障高速公路安全提供技术支持。设备管理系统还具有以下特色功能。

(1) 系统整合仿真电子沙盘与机电设备中央数据库，搭建起机电设备运营管理系统，通过机电设备数据的采集、建库、高效组织与管理，以及研制各种机电设备建模方法，最终实现机电设备的三维可视化，并融入高速公路三维场景。此外，还能根据现场采集的机电设备状态实时更新三维场景，为机电设备的运营管理服务，使管理者具有运筹帷幄的能力。

(2) 机电设备数据管理。针对数以万计的机电设备，建立了机电设备中央数据库，实现了 B/S 架构的机电设备数据的远程统一录入、查询、管理。图 22-38 为含机电设备的道路三维场景及数据库。

图 22-38　含机电设备的道路三维场景及数据库

(3) 机电设备三维建模。高速公路中包含多种类型的机电设备，本系统建立了风机、电缆、光缆、消防栓、摄像头、车道指示器在内的 30 余种机电设备模型，并且支持模型扩展，可将 AutoCAD、3DMAX 模型导入本系统中。图 22-39 为包含多种机电设备模型的三维场景。

图 22-39　包含多种机电设备模型的三维场景

(4) 设备实时更新，在三维场景中远程实时动态添加删除设备。图 22-40 为在三维场景中添加风机。

图 22-40　三维场景中添加风机

(5) 设备运行状态实时监测查询。运行异常的设备在三维模型中采用不同的表现形式，如图 22-41 中的左侧风机，易于管理人员发现。将鼠标放置在设备上可自动显示设备的名称、厂家、运行状态、维修记录等信息。

图 22-41　三维场景中的故障风机

(6) 隐蔽工程多种三维模型显示方式及管理。由于某些机电设备设置在道路结构体内部。如电缆和设备供电线都布置在隧道衬砌内部。为了查询结构内部的机电设备，系统设置了三维模型的三种显示方式：表面模式、线框模式、散点模式。通常采用表面模式，当需要查询结构内部实体时，可打开线框模型。如图 22-42 为通过线框模式查询隧道衬砌内的风机电缆。

(7) 竣工图纸关联机制。本系统不仅将竣工图纸按传统的目录结构进行归档管理查询(图 22-43)，更根据应用实际需求，将各类图纸切割分类关联到各相关设备和管线模型上，用户在所见即所得的情况下，查看任何一个设备或一处隐蔽工程时都可直接查看其相应的图纸资料，如图 22-44 和图 22-45 所示。

目前，系统已在青兰高速公路机电设备管理中成功应用。应用结果表明该系统可突破时间空间的限制，随时随地获取设备的各类信息；系统构建的三维场景形象直观，设备

图 22-42　线框模式查询衬砌内部的风机电缆

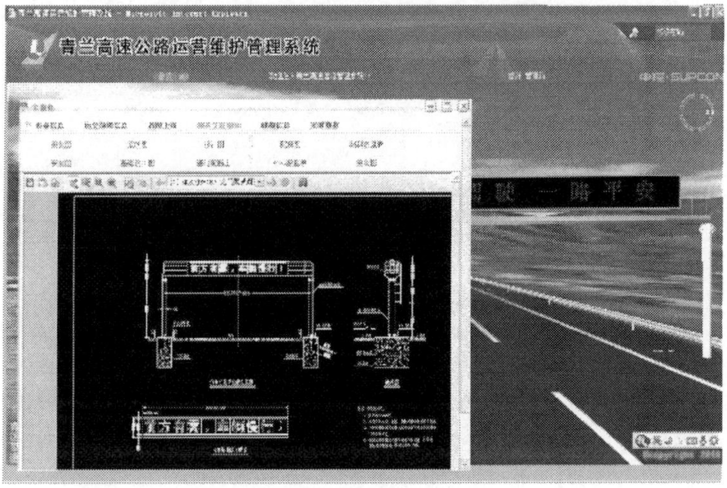

图 22-43　竣工图纸查询

运行状况一目了然，设备信息与地理信息、道路设计信息相关联，便于设备故障的排查和快速维修。显著提高了高速公路机电设备运营管理水平，实现了“将高速公路放在掌中”的构想。

图 22-44　机电设备信息查询

图 22-45　隐蔽工程信息查询

22.5 特色与创新

本项目研究相对于国内外同类研究具有显著优势，对比如表 22-6 所示。

表 22-6 本项目研究与国内外同类研究综合比较

项目	国内外同类研究	本项目研究
高速公路机电设备信息模型	① 未从建立机电设备信息模型的角度开展研究 ② 考虑的信息不完整，以二维几何信息为主 ③ 各设计信息之间缺乏关联 ④ 未能实现勘测设计、施工与运营管理的信息集成与共享，各阶段信息传递不畅，形成“信息孤岛”	① 基于对机电设备运营管理的深刻认识，提出了机电设备信息模型的概念，并研究了其构建理论与方法，以此作为运营管理的基础 ② 信息完整：不仅包含机电设备空间形位信息，还包含机电设备生产厂家、出厂日期、材质、安装及运转状态等信息 ③ 高度关联：基于“响应器—通知”技术建立了各信息模型之间的关联机制，使各信息模型成为有机的整体 ④ 实现了机电设备的设计、施工及运营全生命周期的信息集成与共享，消除了各阶段的“信息孤岛”
高速公路三维可视化	① 实现了基于 CAD 的快速建模，并导入专业三维软件中进行后期处理，生成高速公路的可视化成果 ② 需要耗费大量的时间和空间，并且动画一旦生成只能沿固定路径浏览 ③ 只能用于最终成果的表达而难于满足管理过程中对三维场景的实时交互要求	① 研究了以模型视相关简化为基础的高速公路三维实时交互式可视化技术，实现了大规模高速三维场景的实时生成和交互式浏览 ② 进一步研究了网络环境下的数据压缩，模型简化，实时传输及场景管理等关键技术问题，在国内外首次实现了高速公路场景的网络三维交互式可视化 ③ 为机电设备的运维管理提供可视化技术支持

22.6 结　　论

该项目立足自主创新，最终目标是高速公路工程三维模型快速建模和网络发布的关键技术，开发具有自主知识产权，集成高速公路全生命周期（建设期到运营期）管理、控制、预警为一体的交互式网络三维可视化信息平台，填补交通领域相关产品的空白。并且支持局域网、广域网发布，可为高速公路施工建设方、运营管理方提供强大的后台信息支持。

在项目执行期间，开展了系统而深入的研究工作，取得了一系列成果：提出并建立了高速公路机电设备信息模型，实现了高速公路机电设备设计、施工、运营等全生命周期的信息集成与共享，消除了各阶段的“信息孤岛”。在此基础上，深入研究了高速公路网络三维交互式可视化理论与方法，提出了道路场景的有向无环图，实现对三维数据场的高效组织管理；基于约束 Delaunay 三角网理论，将三维场景中的点集先进行 Delaunay 三角剖分，再将约束边嵌入，建立了外观与内部拓扑关系均为整体的道路三维模型；提出了顾及约束的半边折叠权重计算方法，建立了半边折叠操作层次树，定义顾及约束的视相关准则，实现了网络环境下的道路场景模型视相关简化；设计了一种变长编码格式对坐标进行压缩，传输时采用 GZIP 压缩数据流，显著降低网络传输量，结合数据离散化处理、服务器与客户端缓存技术、客户端多线程技术实现了场景数据的实时动态传输；建立了基于 B/S 架构的网络模型，结合客户端加速绘制策略实现了道路场景的远程交互式浏览；应用本项目研究的理论和方法，开发了“基于三维可视化青兰高速公路机电系统设备运营管理软件系统”，已在青兰高速公路邯郸段建设管理、机电设备运营管理领域获得成功应用。

参考文献

李英军，等，译. 2003. 设计模式—可复用面向对象软件的基础. 北京：机械工业出版社.

李志林，朱庆. 2000. 数学高程模型. 2 版. 武汉：武汉大学出版社.

Schneider P J，David H，Eberly，等. 计算机图形学几何工具算法详解. 周长发，译. 北京：电子工业出版社.

第 23 章　碳纤维筋 FRP

近几年，在桥梁、隧道、房屋建筑等既有构筑物的使用过程中，由于材料老化、荷载增加、结构部分损坏、使用功能改变、设计与施工缺陷等，导致原有结构的承载能力无法满足使用的要求。全部推倒重建，无疑增加了社会负担，造成材料资源的极大浪费，因此加固或修复的工作日益重要。采用何种手段加固可以使加固或修复工作既有效又节省费用，成为人们关注要点。目前，普遍采用的加固技术中，碳纤维增强聚合物(CFRP)——碳纤维筋加固修复结构技术受到广泛重视和深入研究。

23.1　CFRP 结构加固应用概况

纤维增强塑料包括碳纤维、芳纶纤维和玻璃纤维等，这些复合材料一般都具有耐腐蚀、耐紫外线、轻质、高强度和非磁性等特点，作为工程材料，在 20 世纪 80 年代初它们的物理力学性能就有了突破性的改善和提高，其中碳纤维(CFRP)材料的性能优于其他复合材料。

碳纤维是具有优越的物理力学性能的新材料，也是目前性能最好、用途最广的增强纤维。在土木工程结构补强中，使用较多的碳纤维增强塑料是碳纤维片材。目前，在我国应用最多的是日本生产的碳纤维片。这种碳纤维片有单向片、单向预浸片、单向织靠、双向织布等多种。CFRP 增强塑料是指预浸料碳纤维(CF)，其性能指标要求具有较好的抗拉、弹性模量和延伸率等，在施工性和使用耐久性方面主要要求密度、浸透性、均匀度、耐腐蚀性要高。碳纤维增强塑料的强度是普通建筑钢材的十几倍，弹性模量比建筑钢材高，最大可达钢材的 2 倍左右，具有良好的耐久性和耐腐蚀性。

23.1.1　国外研究应用 CFRP 现状

CFRP 用于混凝土结构加固修补的研究始于 20 世纪 80 年代美国等发达国家，80 年代末及 90 年代初，日本的众多大学、科研机构、材料生产厂家相继进行了大量的研究。日本于 80 年代初，开始研究应用连续纤维增强材料(FRP)补强加固已有的钢筋混凝土建筑物，并于 1986 年第一次投入使用。日本现已开发出各种 FRP 材料，有 FRP 筋(包括圆形的、方形的、变形的)、FRP 绞线、三维和平面格状材、片材、板材等。在日本使用最多的是 CFRP，其次是 AFRP 和 GFRP。近年来 FRP 片材已经开始使用玻璃和聚乙烯纤维。日本于 1993 年编制了世界上第一个 FRP 设计施工规范并于 1997 年发行了欧洲版本。FRP 片材在 1987 年作为一种抗震材料提出。1995 年阪神大地震之后，人们认识到采用 CFRP 片材粘贴加固结构物的方法十分简易方便和可靠，于是投入了大量人力和物力，加紧进行研究工作，并发行了种种相关的规程、指南和手册。自 1998 年开始，日本建设省列题为“建设事业中的新素材、新材料利用技术的开发”，为期五年的大型综合研究项目。此后它已经被用于维护和加固公路桥面板、桥墩、隧道、烟囱、高速路和房屋等修缮工程，迅速开展了 FRP 片材的使用和开发，并编制了相应的设计施工规范。用碳纤维材料加固修补了大量的混凝土结构（如 Hata 桥、Hiyoshikura 桥面、Yoshino 隧道等）。

在韩国，三丰百货大楼倒塌后，大量应用碳纤维布加固、修补其混凝土结构，同时在建筑结构物方面的应用已得到认可，1996 年有 100000m^2 以上的碳纤维布投入使用，并把这种方法应用到土木工程结构的其他方面。

目前，国外发达国家不仅将碳纤维材料成功应用于新建的土木工程，而且其他高性能纤维材料也已成功应用于建筑业的各个领域。在工程实践中，不仅将上述材料用于非预应力状态，而且也将其用于预应力状态。根据国外资料介绍，世界上各大碳纤维厂商相继大力推进 CFRP 在土木工程中的应用，因此今后数年碳纤维材料在土木工程中的年增长率将达到 20%以上。

23.1.2　国内研究应用 CFRP 的现状

将复合材料用于混凝土结构的技术在我国研究起步较晚。对 FRP 开展研究与应用的主要是 CFRP 和 GFRP 用于补强加固混凝土构件。1997 年国家工业建筑诊断与改造工程技术研究中心率先开始了“碳纤维材料加固修补混凝土结构试验研究开发及应用”，且定为国家“九五”重点科技攻关项目，并采用进口材料在北京、上海、江苏、辽宁等地区完成了一些粘贴 CFRP 加固的工程项目，取得了较好的效果。随后以同济大学、清华大学、东南大学为代表的高校，以四川建筑科学研究所为代表的研究所也开始了各种试验研究，并撰写了很多高质量的论文，积累了丰富的资料。

东南大学土木工程学院通过 11 根钢筋混凝土柱（其中 6 根用碳纤维布加固）在低周期反复荷载作用下的试验研究，比较分析了用碳纤维布加固前后混凝土柱的破坏形态、极限承载力、滞回曲线和延性系数等。试验研究分析结论如下。

（1）加固混凝土柱可提高其受剪承载力或者通过约束塑性铰区的混凝土提高构件的抗震性能。

（2）由于约束作用比箍筋更直接，加固高轴压力比的混凝土柱也有一定的效果。

（3）加固混凝土结构的效果与很多因素有关，如柱轴压比和配箍率的粘贴方式和层数等。

（4）与增加普通箍筋不同，外缠绵加固混凝土柱对改善其黏结性能是有效的。

江苏省建筑科学研究院根据现行规范对混凝土构件正截面承载力计算的基本假定，采用了 20 根梁试件的数据，推导了用碳纤维片材加固完全或部分卸载的混凝土构件正截面受弯承载力的计算公式，讨论了不同截面极限应变类型时，碳纤维片材强度的利用程度和碳纤维片材加固的适用范围。得出结论如下。

（1）碳纤维片材为线弹性材料，加固后截面受弯破坏时，其应变不是常数。可根据不同的截面应变类型计算碳纤维片材的应变，进而确定它在该情况下的强度标准值和设计值，最后求得需要配置的面积。

（2）根据现行规范对混凝土构件正截面承载力计算的基本假定，推导了用碳纤维片材加固完全卸载和部分卸载的混凝土构件正截面受弯承载力的计算公式。计算部分卸载构件经碳纤维片材加固的截面受弯承载力与计算完全卸载构件的方法和公式完全一样，但在确定碳纤维片材的应变时需减去加固前部分荷载在碳纤维片材粘贴处混凝土已产生的应变。

(3) 讨论了加固混凝土构件正截面受弯承载力的碳纤维片材的变化范围，给出了计算公式。得出了不同极限应变类型时碳纤维片材强度的最大利用系数，得到了适用于碳纤维片材加固的应用范围。加固前对构件卸载可提高碳纤维片材强度的利用率，完全卸载可使碳纤维片材强度达到其最大利用率。

天津大学土木工程系通过碳纤维布加固砖砌体在周期反复荷载作用下受力性能的试验，研究了粘贴碳纤维布加固修复砖砌体这种方法的有效性。研究了碳纤维布加固砖砌体的受力特性，分析了碳纤维布的用量以及形态方式等因素对砖砌体加固效果的影响，还提出了碳纤维布加固砖砌体抗剪承载力的简化计算方法。得出结论如下。

(1) 研究证实，碳纤维布用于增强砖砌体抗震能力的加固方法是非常有效的。碳纤维布加固墙体的开裂荷载较未加固墙体明显提高，变形能力也明显改善，加固后墙体的开裂位移显著增长。

(2) 碳纤维布用于加固砖墙时，布的幅宽越大，其加固作用也越明显。

(3) 碳纤维布通过桁架模型中受拉杆机制改善墙内受力状态，从而提高构件的抗剪承载力；另外，通过限制墙体裂缝开展，也提高了构件的抗裂能力。

鉴于纤维增强复合材料(FRP)在土木工程加固补强领域中的应用越来越广泛，参与研究的单位也越来越多，为促进交流，提高 FRP 技术在我国土木工程中的研究应用水平，增强我国在该领域的竞争实力，中国土木工程学会于 2000 年 6 月成立了中国土木工程学会混凝土与预应力混凝土分会纤维增强复合材料(FRP)及工程应用专业委员会，并召开了首届纤维增强塑料混凝土结构学术会议，2001 年 8 月在青岛又召开了中国土木工程学会 FRP 及工程应用委员会会议。2002 年 7～8 月在昆明召开了第二届全国土木建筑工程纤维增强复合材料(FRP)应用技术学术交流会。

23.1.3 CFRP 的应用优势及发展前景

1. CFRP 材料优势

(1) 轻质、高强度、高模量。碳纤维的密度是 1.6～2.5g/cm^3，碳纤维拉伸强度在 1.9GPa 以上。因此，具有高的比强度和比模量，它比绝大多数金属的比强度高 7 倍以上，比模量为金属的 5 倍以上。

(2) 热膨胀系数小。绝大多数碳纤维本身的热膨胀系数，室内为负数 $(-0.5\sim-1.6)\times10^{-6}$/K，在 200～400℃时为零，在小于 1000℃时为 1.5×10^{-6}/K。由它制成的复合材料膨胀系数自然比较稳定，可作为标准衡器具。

(3) 导热性好。通常无机和有机材料的导热性均较差，但碳纤维的导热性接近于钢铁。利用这一优点可作为太阳能集热器材料、传热均匀的导热壳体材料。

(4) 耐化学腐蚀性好。从碳纤维的成分可以看出，它几乎是纯碳，而碳又是最稳定的元素之一。它除对强氧化酸不稳定，对酸、碱和有机化学药品都很稳定，可以制成各种各样的化学防腐制品。我国已有这方面的应用研究，随着今后碳纤维的价格不断降低，其应用范围会越来越广。

(5) 耐磨性好。碳纤维与金属对磨时，很少磨损，因此可以用碳纤维取代石棉而制成高级的摩擦材料，碳纤维现已作为飞机和汽车的刹车片材料。

(6) 耐高温性能好。碳纤维在 400℃以下性能非常稳定，甚至在 1000℃时仍无太大变化。复合材料耐高温性能主要取决于基体的耐热性，树脂基复合材料的长期耐热性只有 300℃左右，陶瓷基、碳基和金属基的复合材料耐高温性能可与碳纤维本身匹配。因此碳纤维复合材料可作为耐高温材料广泛用于航空航天工业。

(7) 疲劳强度高。碳纤维的结构稳定，制成的复合材料，经应力疲劳数百万次的循环试验后，其强度保留率仍有 60%，而钢材为 40%，铝材为 30%，玻璃钢则只有 20%～25%。因此设计制品所取的安全系数，碳纤维复合材料的最低。

(8) 突出的阻尼与优良的透声呐。

(9) 高 X 射线透射率。

2. CFRP 在应用中有着其他加固方法不可比拟的优势

(1) 适用范围广。可用于不同类型(如板、梁)、不同材料(如钢、混凝土)的构件加固，也可用于构件不同部位、不同薄弱因素(如抗弯、抗剪)的增强。

(2) 加固效率高。以瑞士的 Ebach 桥加固为例。该多跨连续箱梁桥总长 228m，其腹板的几根预应力筋不慎断掉，被损坏的桥跨长 39m。原计划用 175kg 钢板将桥梁承载力恢复到设计值，后改用碳纤维板，只用了 6.2kg。

(3) 施工速度快。原因是操作简单，无湿作业，不需要大型施工机械和重型设备，也不需要太大的工作空间，特别是超薄可卷的碳纤维布，运输携带方便，且可任意裁剪。

(4) 施工干扰小。因施工占用场地少、无噪声、速度快，基本不增加既有结构的尺寸，故对房屋使用、桥上通车及桥下通航妨碍最小。

(5) 质量易保证。由于碳纤维布是柔性的，即使被加固的结构表面不是很平整，有效黏结率也基本可以达到 100%。而粘贴钢板则很难达到这种程度，相应的验收标准也只要求达到 70%。

(6) 附加荷载轻。碳纤维的质量密度远低于钢材，粘贴后不到 $1kg/m^2$，基本不增加既有黏结的自重。

(7) 应用时间长。由于材料耐腐蚀，故能长期使用，无后期维护问题。这对处于侵蚀性环境中的结构耐久性十分有利。

(8) 综合造价低。碳纤维尽管材料单价较贵，但由于材料用量少、施工工期短、不需要机械、用人数量少、操作简单，故从总体来说，一次性投资成本仍可有所降低，若考虑其他方法所需的长期维修费用，则更经济。

以上优势使得 CFRP 发展前景十分好。理论研究和实际成功应用更大大促进了 CFRP 在工程结构加固中的广泛应用。与此同时，国内配套黏结胶发展势头良好，短时期内，国内所用的碳纤维材料仍以进口为主，材料的性能和质量比较有保证，但价格相对较贵。但我国黏胶的生产得到了良好的发展，涌现出一些信誉好、知名度高、专业性强的国有企业，他们生产的碳纤维专用黏结胶，各项性能指标都达到了进口胶的水平，价格却比进口胶低得多。作为碳纤维的重要辅助材料，粘碳胶的发展必然会大大促进碳纤维加固技术的发展。

23.2 FRP筋试验研究

23.2.1 FRP筋抗拉特性试验

作为混凝土构造物改造、加固材料开发的FRP(fiber reinforce plastic)筋基质树脂使用了乙烯基酯树脂(vinylester)，加固纤维使用了芳香族聚醯胺纤维(aramid fiber or Kevlarfiber)、玻璃纤维(glass fiber)、碳纤维(carbon fiber)等3种类型各自制作，并为提高与水泥混凝土的黏结性能，在FRP筋表面进行了石榴子石加压涂层。

1. FRP筋抗拉试验试料制作

本次试验把直径6mm的FRP筋的grip部分用钢管加固后，按相同尺寸制作抗拉试验试料，如图23-1所示，并浇筑混合膨胀剂的砂浆，使钢管和FRP筋由膨胀力完全黏结。按上述方法制作不同种类纤维各5件，共15件试料。

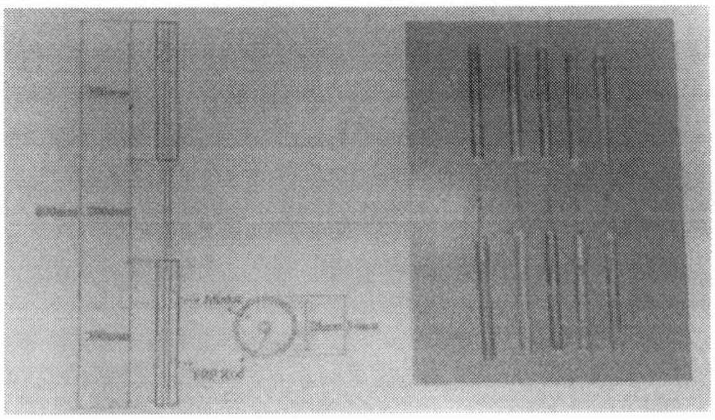

图23-1 抗拉试料尺寸和制作开关

2. FRP筋抗拉试验

本试验使用装备如图23-2所示，是弘益大学构造材料实验室内的UTM(universal testing machine, Shimadzu, 100tonf)，该装备用在了负载载重，变形率测定使用了strain gage(Kyowa, gage length: 5mm)，测定的负载和变形率通过data logger(TDS-303, Tokyo Sokki)传输、保存在了电脑上。

FRP筋抗拉试验如图23-3所示，负载按应变控制方式以5mm/min的速度进行了载重。此时长度方向的变形率利用长度方向安装在中央处的strain gage测定。

试验结果如图23-4所示，所有试料在gage长度内断裂，表23-1综合显示了试验结果。

图 23-2　负载载重装备和测定装备

图 23-3　FRP 筋抗拉试验

（a）AFRP Rod　　（b）GFRP Rod

（c）CFRP Rod

图 23-4　FRP Rod 抗拉试料破坏

表 23-1　FRP 筋抗拉试验结果

试样类型	试样编号	面积 A_f/cm²	最大力 p_{max}/tonf	极限应力 f_{fx}/(kgf/cm²)	弹性模量 E_y/(kgf/cm²)
AFRP 筋	A1	0.2827	5.02	17 800	733 000
	A2		3.65	12 900	715 000
	A3		4.93	17 400	751 000
	A4		4.58	16 200	679 000
	A5		4.90	17 300	776 000
	Average	0.2827	4.80	17 000	733 000
GFRP 筋	G1	0.2827	3.31	11 700	578 000
	G2		3.71	13 200	556 000
	G3		2.89	10 200	522 000
	G4		3.48	12 300	547 000
	G5		3.63	12 800	540 000
	Average	0.2827	3.47	12 300	548 000
CFRP 筋	C1	0.2827	5.64	19 600	1 164 000
	C2		6.25	22 100	1 036 000
	C3		5.44	19 200	988 000
	C4		6.06	21 400	1 003 000
	C5		6.02	21 300	997 000
	Average	0.2827	5.91	20 500	1 012 000

表 23-1 结果中对比用于 FRP 筋配筋混凝土梁分析的 FRP 筋和钢筋(SD40)力学性能如表 23-2 所示,图 23-5～图 23-7 是按纤维显示的抗拉试料代表性应力—应变关系。

表 23-2　用于分析的 FRP 筋和钢筋力学性能对比

纤维类型	弹性模量 E_y/(kgf/cm²)	R_E	极限应力 f_{fx}/(kgf/cm²)	R_y
AFRP	733 000	0.37	17 000	4.25
GFRP	548 000	0.27	12 300	3.08
CFRP	1 012 000	0.51	20 500	5.13
SD40	2 000 000[a]	1	4000[b]	1

a:回弹模量,Es
$R_E=E/E, R_y=f_{fd}/f_y$

b:屈服强度,f_y

3. FRP 筋纤维含量

利用体积置换法测定各种纤维类型 FRP 筋纤维含量的结果见表 23-3。

表 23-3　FRP 筋纤维含量

纤维类型	公称直径/cm(公称截面积/cm²)	纤维含量/%
AFRP	0.629(0.311)	57.868
GFRP	0.640(0.322)	65.653
CFRP	0.632(0.314)	60.958

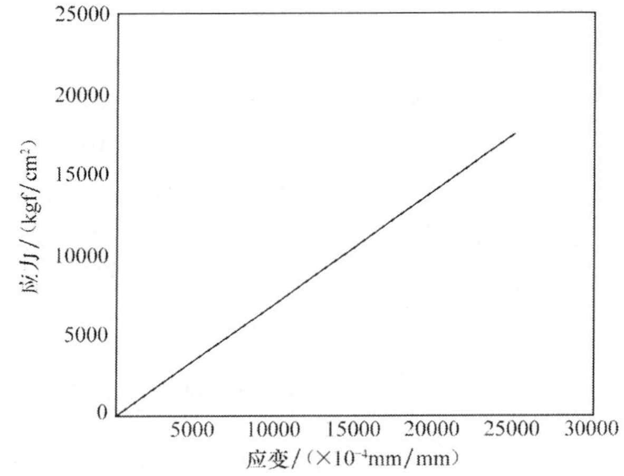

图 23-5　AFRP Rod(Speculum ＃1)应力—应变关系

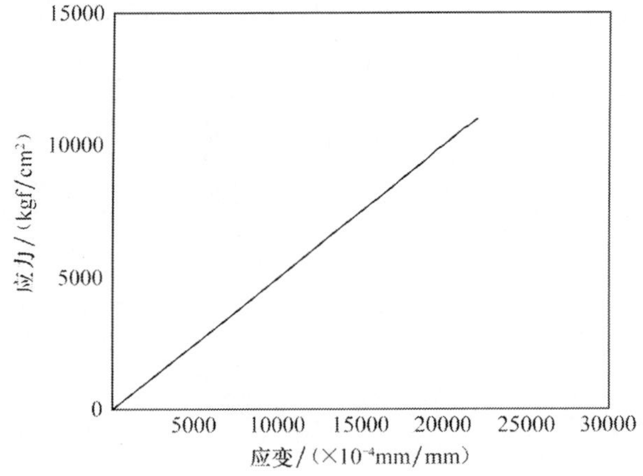

图 23-6　GFRP Rod(Speculum ＃5)应力—应变关系

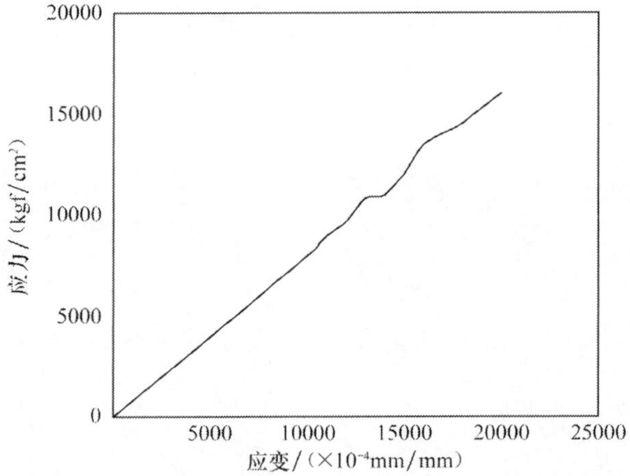

图 23-7　CFRP Rod(Speculum ＃5)应力—应变关系

23.2.2　高性能聚合物砂浆的力学、物理性能

聚合物砂浆是让 FRP 筋黏结在混凝土构造物上整体运动的一种具有黏着剂作用和 FRP 筋被覆作用的材料。为了利用 FRP 筋有效加固混凝土构造物，砂浆应具备黏结性能良好、操作性良好以及强度高，且针对收缩或膨胀的稳定性较高、热膨胀系数与混凝土类似等多种要求性能。文中使用的聚合物砂浆使用了表 23-4 所示的配方材料，黏结性能好、能够表现早期强度的特殊制作砂浆，根据已经完成的研究结果(汉阳大学，2003)其阻燃性能也出色。

表 23-4　聚合物砂浆组成成分

<table>
<tr><th>项　　目</th><th colspan="2">材　　料</th></tr>
<tr><td>水泥</td><td colspan="2">普通硅酸盐水泥
压克力共聚合树脂乳</td></tr>
<tr><td>添加剂</td><td colspan="2">Slag 粉末
熟石灰</td></tr>
<tr><td>添加剂</td><td>高强度添加剂
增稠剂
缓凝剂
硬化剂
防腐剂</td><td>超增塑剂
改造材料
促进剂
消泡剂</td></tr>
<tr><td>砂石</td><td colspan="2">硅砂
石榴子石</td></tr>
<tr><td>水</td><td colspan="2">净化离子水</td></tr>
</table>

1. 力学性能

1) 压缩强度

聚合物砂浆的压缩强度试验以 KSL5106 为标准。试验试料如图 23-8 按标准试料(50.8mm×50.8mm×50.8mm)制作，按材龄(3 天、7 天、14 天、21 天(FRP 筋加固混凝土梁的抗弯试验当日)、28 天)各试验了 3 个试料。负载载重装备使用了前述 UTM，负载载重速度设定为 2.5kgf/cm^2/s。图 23-9 显示了试料破坏状态，表 23-5 经整理试验结果按材龄显示了平均最大负载和平均压缩强度。

图 23-8　压缩强度试料的压缩试验

图 23-9　试料受压破坏

表 23-5 砂浆标准试料压缩强度试验结果

材龄/天	3	7	14	21(试验当日)	28
平均最大负载/tonf	6.81	11.01	12.70	13.66	13.77
平均压缩强度/(kgf/cm^2)	263	426	492	529	534

上述结果表明,高强度聚合物砂浆的压缩强度在材龄 7 天时在 $400kgf/cm^2$ 以上,因此在养护 7 天以上时可以发挥加固混凝土的充足强度。

2) 抗弯强度

整理已经实施的研究结果(RE-FORM SYSTEM,2003)高强度聚合物砂浆的抗弯强度,如表 23-6 所示。

表 23-6 抗弯强度试验结果

材龄/天	7	14	28
抗弯强度/(kgf/cm^2)	80.2	82.9	88.3

2. 物理性质

高强度聚合物砂浆的吸水率和干燥收缩率等物理性质,如表 23-7。

表 23-7 砂浆物理性质

	1 小时	5 小时	24 小时	干燥收缩率/%
吸水率/%	1.75	2.15	3.38	0.02

23.2.3 石榴子石涂层的 FRP 筋和高性能聚合物砂浆的黏结性能

1. 理论公式

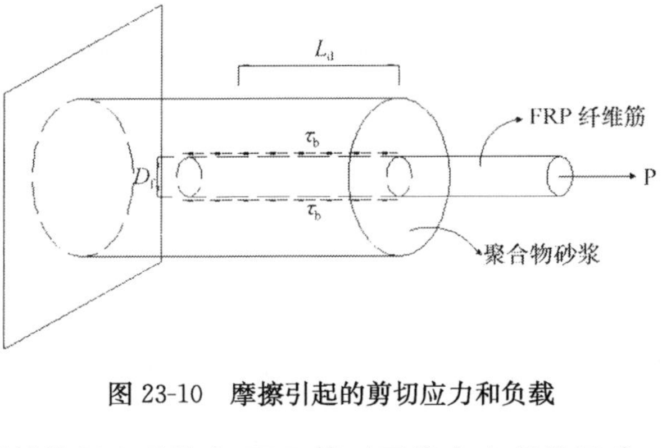

图 23-10 摩擦引起的剪切应力和负载

图 23-10 显示了抽拉埋入砂浆内 FRP 筋时可能会出现的运动。假设有砂浆不会因为外力 P 产生张拉破坏,FRP 筋和砂浆黏结面发生的剪切应力 r_b 为

$$r_b = \frac{P}{\pi \cdot D_f \cdot l_d} \tag{23-1}$$

式中，D_f——FRP 筋截面直径；

l_d——黏结长度。

在图 23-10 所示相同抽拉条件下，FRP 筋和砂浆之间不发生黏结破坏、且 FRP 到设计抗拉强度的条件为

$$\pi \cdot D_f \cdot l_d \cdot r_b \geqslant A_f \cdot f_{fu} \tag{23-2}$$

式中，A_f——FRP 筋的截面积。从这一关系中可以得出 FRP 筋的长度为

$$l_d \geqslant \frac{D_f \cdot f_{fb}}{A \cdot r_b} \tag{23-3}$$

式中显示了用于计算黏结长度的 FRP 筋设计抗拉强度，可以在抗拉试验中求得的最大抗拉强度 f_{fu}上乘以 β 值显示，这里 β 是根据抗弯求得的 FRP 筋各不同类型常数。

$$f_{fb} = \beta \cdot f_{fu} \tag{23-4}$$

2. 黏结强度试验

FRP 筋和砂浆的黏结性能与加固纤维种类无关，主要由两个材料之间表面引起的摩擦阻力决定，本书 FRP 筋和砂浆的黏结性能试验，使用了直径在 6mm 的芳香族聚醯胺纤维制作的 AFRP 筋，如图 23-11 所示，制作了黏结强度试验试料。试料制作了共计 8 件，将黏结长度按 20mm、25mm、30mm、35mm 分 4 个阶段制作了 2 个长度试料。

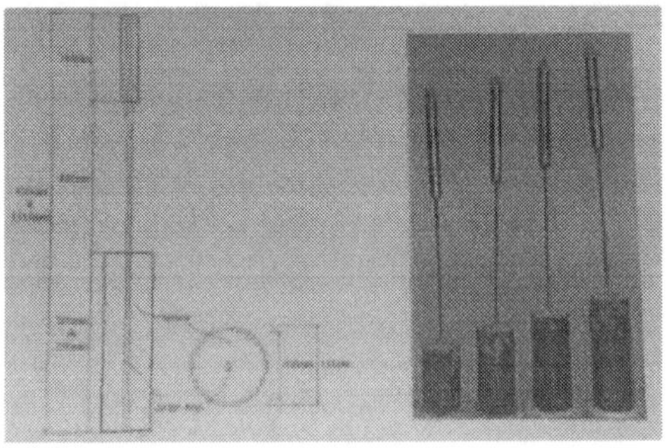

图 23-11　黏结强度试验试料的尺寸和制作后形状

图 23-12　黏结强度试验

FRP 筋的 grip 部分用混入膨胀剂的砂浆浇筑加固，黏结强度实验中为防止砂浆受破坏加厚了砂浆厚度。

3. 试验方法

FRP 筋和高性能聚合物砂浆的黏结强度试验如图 23-12 所示，在 UTM 上安装试料，负载以应变控制方式载重了 5mm/min 速度。

4. 试验结果

试验结果如图 23-13 所示，FRP 筋和砂浆之间黏结面被破坏出现了 FRP 筋从砂浆脱离的现象。表 23-8 显示了试验结果中得出的黏结强度和剪切应力。把表中出现的剪切应力中最小值（39kgf/cm^2）带入决定黏结长度的公式（23-3），可保障安全设计。

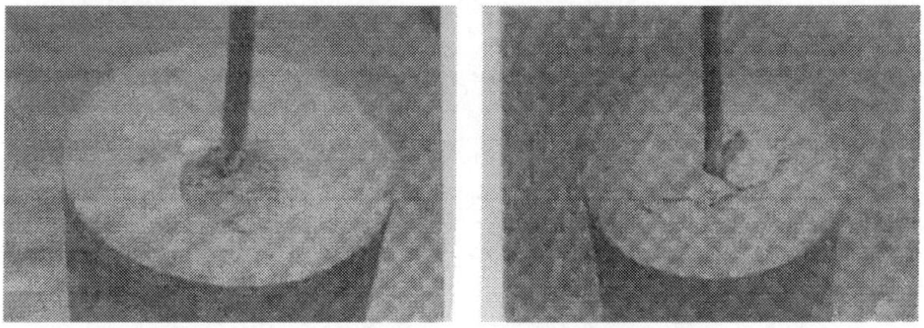

图 23-13　黏结强度试验试料破坏

表 23-8　不同黏结长度的黏结强度和剪切应力

黏结长度/cm	AFRP Rod			
	黏结强度 P/tonf		剪切应力 τ_b/(kgf/cm²)	
	No. 1	No. 2	No. 1	No. 2
20	2.87	1.87	76	48
25	3.40	2.19	72	46
30	2.78	2.30	49	41
35	3.72	2.59	56	39

23.3　FRP 筋配筋混凝土梁受弯构件

23.3.1　基本假设内容

为了进行 FRP 筋配筋混凝土梁的分析，除了分析钢筋混凝土梁所需的基本假设内容，还需引进下列额外假设内容。

(1) FRP 筋和混凝土整体运动。

(2) 当前钢筋混凝土受弯构件设计为少筋梁时，混凝土和 FRP 筋破坏之前，钢筋先行达到屈服。

(3) 即使钢筋应力达到屈服应力且混凝土压缩变形率达到 0.003，FRP 筋的抗拉应力 f_y 仍然处在比极限抗拉强度 f_{fu} 更低的应力状态。

23.3.2　FRP 筋配筋梁设计抗弯强度

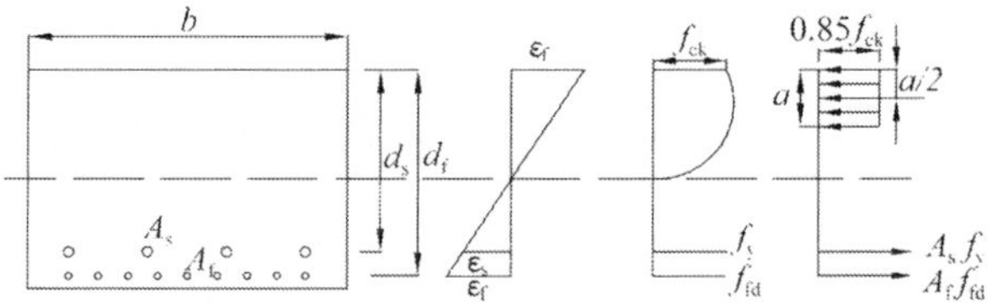

图 23-14　FRP 筋加固单筋矩形梁的变形率和应力分布

图 23-14 显示了少筋梁设计的矩形截面 FRP 筋加固配筋梁在极限状态下的截面力产生变形率和应力分布及截面面积。从截面力的平衡到等效应力矩形深度 a 为

$$a = \frac{A_s f_y + A_f f_{fd}}{0.85 f_{cr} b} \tag{23-5}$$

式中，f_{fd}——FRP 筋的设计抗拉强度。

FRP 筋加固配筋梁的公称抗弯强度为

$$M_n = A_s \cdot f_y\left(d_s - \frac{a}{2}\right) + A_f \cdot f_{fu} \cdot \left(d_f - \frac{a}{2}\right) \tag{23-6}$$

$$M_d = \phi_b \cdot M_n \geqslant M_n \tag{23-7}$$

式中，ϕ_b——强度减少系数，0.85。

钢筋应力达到屈服应力时，FRP 筋的设计抗拉强度 f_{fd} 处在低于极限抗拉强度 f_{fu} 的应力状态：

$$f_{fd} = a \cdot f_{fu} \tag{23-8}$$

式中，a——0～1，本书以试验结果为基础决定取 0.5。

23.3.3　抗弯试验

本试验为调查 FRP 筋加固效果，把未用 FRP 筋加固的钢筋混凝土梁包括为试验对象，共计对 12 件抗弯试料进行了试验。钢筋混凝土梁按长度 3.4m（支间 3m）、宽 30cm、高 31cm 的矩形截面少筋梁设计，为防止剪切破坏按 12.5cm 间隔布置了 Strip。

使用的 FRP 筋直径为 6mm、截面面积为 28.3mm^2 且为提高混凝土和 FRP 筋的表面黏结强度，在表面进行了石榴子石涂层。为研究纤维种类和加固量引起的加固效果，纤维种类使用了 Aramid，Glass，Carbon3 种 FRP 筋，加固量分别决定为 3、6、9。

表 23-9 显示了各试料使用的 FRP 筋种类和加固量，图 23-15 是受弯试料的纵向截面图，受弯试料的详细尺寸和钢筋配筋、FRP 筋配筋如图 23-16～图 23-19 所示。

表 23-9　受弯试料中加固的 FRP 筋种类和加固量

试样编号	Type of FRPRod	Number of Bar	A_S/mm^2	A_f/cm^2	ρ_s
B-00、01、02	N/A	0	1.146	0	0.0132
B-A1	AFRP	3	1.146	84.8	0.0132
B-A2		6	1.146	196.6	0.0132
B-A3		9	1.146	254.5	0.0132
B-G1	GFRP	3	1.146	84.8	0.0132
B-G2		6	1.146	196.6	0.0132
B-G3		9	1.146	254.5	0.0132
B-C1	CFRP	3	1.146	84.8	0.0132
B-C2		6	1.146	196.6	0.0132
B-C3		9	1.146	254.5	0.0132

注：$\rho_s = \frac{A_S}{bd_s}$

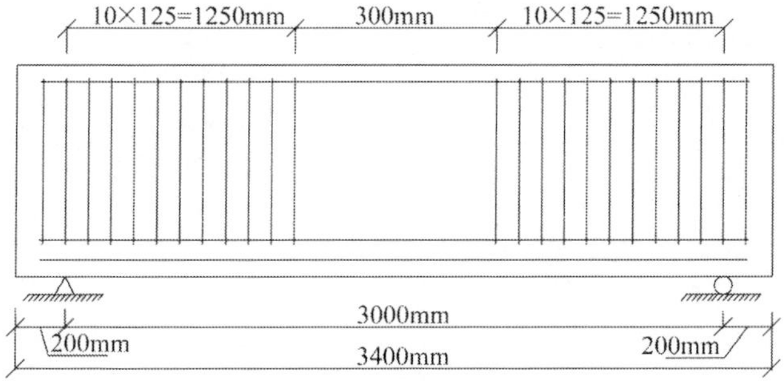

图 23-15　受弯试料的纵向截面

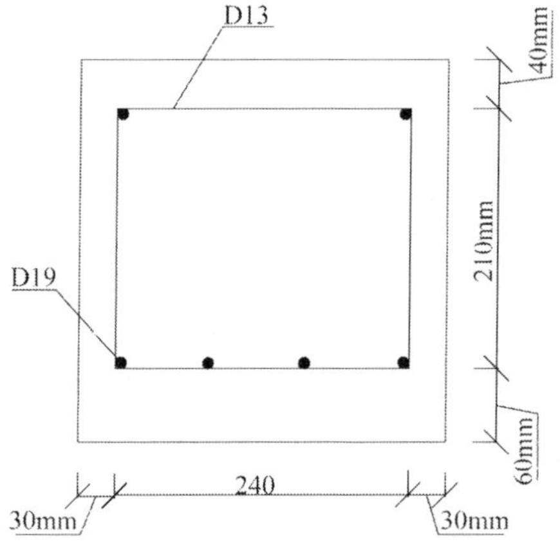

图 23-16　B-00、B-02 截面尺寸及布筋图

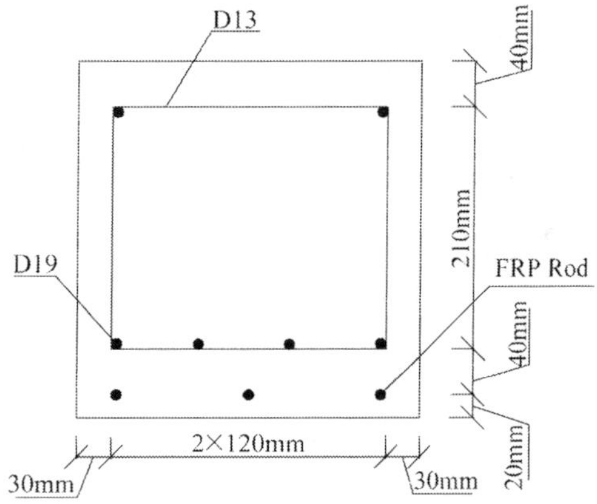

图 23-17　B-AI、B-GI、B-CI 截面尺寸及布筋图

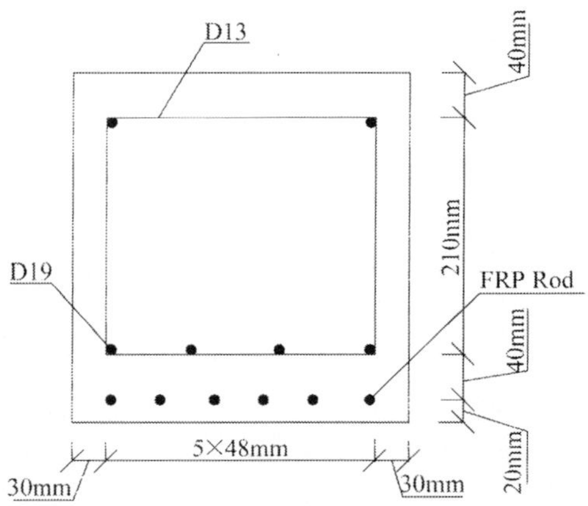

图 23-18　B-A2、B-C2 截面尺寸及布筋图

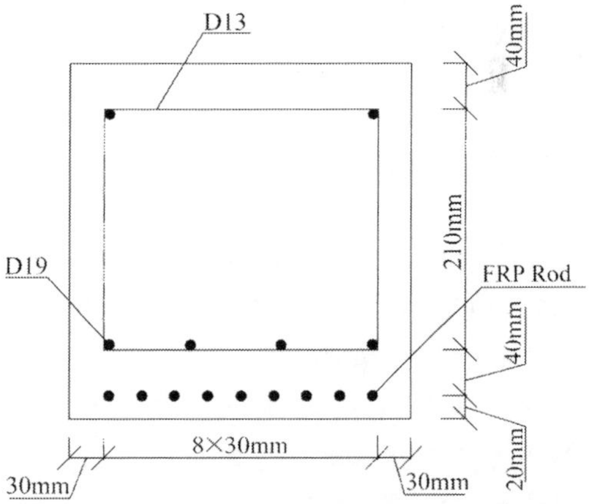

图 23-19　B-A3、B-G3、B-C3 截面尺寸及布筋图

用于试料制作的混凝土采用与受弯试料相同的材料和养护条件制作，15 件压缩强度试料按材龄 3 天、7 天、14 天、28 天、抗弯试验当天(材龄 48 天)各 3 件测定了压缩强度。压缩强度试验用 100tonf 容量的 UTM 实施，负载以 2.5kgf/cm^2/sec 速度用负载控制方式进行了载重试验。压缩强度试验结果如表 23-10。

表 23-10 混凝土压缩强度试验结果

材龄/天	试料编号	试料规格/cm	压缩强度/(kgf/cm²)
3	C3-1	φ10×20	95.75
	C3-2	φ10×20	101.86
	C3-3	φ10×20	118.67
	平均	—	105.42
7	C3-1	φ10×20	211.61
	C3-2	φ10×20	187.42
	C3-3	φ10×20	198.88
	平均	—	199.30
14	C3-1	φ10×20	221.54
	C3-2	φ10×20	225.62
	C3-3	φ10×20	247.00
	平均	—	231.39
28	C3-1	φ10×20	369.49
	C3-2	φ10×20	353.96
	C3-3	φ10×20	362.87
	平均	—	362.10
抗弯试验当天(48天)	C3-1	φ10×20	385.03
	C3-2	φ10×20	369.24
	C3-3	φ10×20	392.16
	平均	—	382.14

23.3.4 试验结果

1. 开裂及破坏形态

所有受弯试料在中央下端(张拉部位)出现了早期开裂,开裂随着荷载增加沿纵向垂直扩展,并在梁的支点处按一定间距出现了新的开裂。

受弯试料逐渐接近破坏荷载,从支点附近开始出现了剪切开裂,受弯开裂继续增加至钢筋屈服以后产生过渡变形导致了压缩侧混凝土破坏。这种受弯性能在12件所有受弯试料中出现相同,代表性开裂形状和破坏形态如图23-20~图23-24。到混凝土发生压缩破坏为止,混凝土和砂浆的黏结面未发生开裂。从这一结果看,实际现场用FRP筋加固后在原混凝土和砂浆之间的施工接头部位,不会产生负载增加引起的新旧材料的脱离问题。

为了查看FRP筋的破坏与否,在混凝土压缩破坏后继续对B-C2、B-C3受弯试料施加了荷载,结果如图23-20和图23-21所示,混凝土和砂浆之间黏结面脱离。脱离面上暴露了FRP筋因砂浆从混凝土面脱落导致FRP筋表面的石榴子石涂层部分脱落,但FRP筋本身并未出现断裂。从这一结果可以证实,混凝土达到破坏负载为止,FRP筋一直处于相对极限抗拉应力较低的状态。

图 23-20　B-00 受弯试料出现开裂及破坏形态

图 23-21　B-A1 受弯试料开裂形态

图 23-22　B-G2 受弯试料开裂及破坏形态

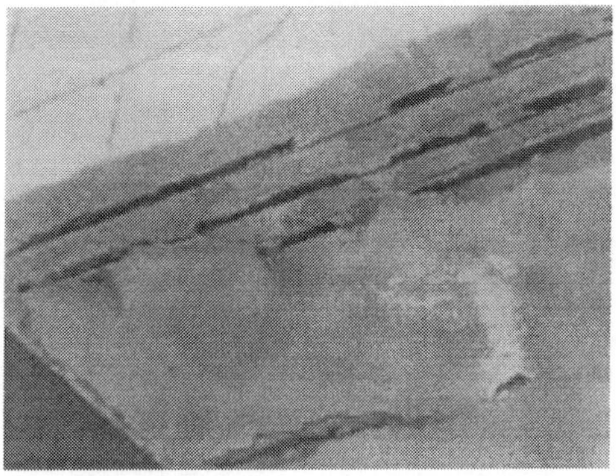

图 23-23　B-C2 受弯试料最终破坏形态

图 23-24　B-C3 受弯试料最终破坏形态

2. *力—变形关系*

从测力传感器中得出的荷载值和从安装在受弯试料中央的 LVDT 得出的变形值，进行了力—变形分析。图 23-25～图 23-27 显示了各自以 AFRP 筋、GFRP 筋、CFRP 筋加固的受弯试料的力—变形关系。各图中实线代表未加固 FRP 筋的 3 根钢筋混凝土梁中得出结果的平均值，单虚线、双虚线、点线各自表示用 3 根、6 根、9 根 FRP 筋加固的受弯试料中测定的受拉构件力—变形关系。

未加固 FRP 筋的钢筋混凝土梁的力—变形关系，从荷载加载早期开始混凝土发生张拉开裂导致倾斜变化，这一情况按线性不断增加至钢筋屈服为止。待钢筋屈服后显现出无荷载增加、只有变形增加的特点。

FRP 筋加固的受弯试料，在混凝土发生张拉开裂为止，力—变形与混凝土的抗拉强度有关，在各个受弯试料中显示相同特点。但从张拉开裂发生以后各试料的力—变形曲线出现倾斜不同，钢筋屈服为止的荷载也出现了差异。这一现象可能是由于 FRP 筋加固量的受弯试料的刚性在增加。

受拉钢筋屈服时，FRP 筋的应力仍比极限抗拉应力低。且 FRP 筋加固的受弯试料在钢筋屈服后直至破坏仍显现继续承担荷载的特点，过度变形同时因压缩侧混凝土的突然压缩减碎导致整体破坏。

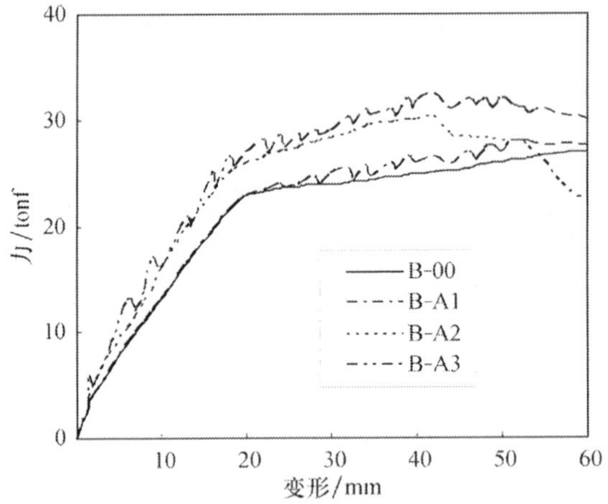

图 23-25　AFRP 筋加固受弯试料力—变形关系

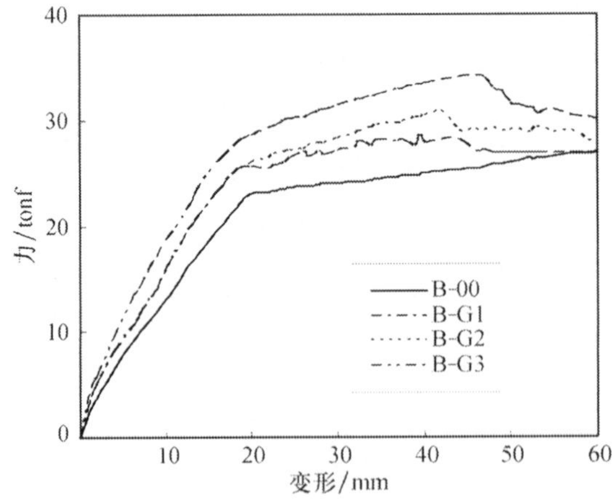

图 23-26　GFRP 筋加固受弯试料力—变形关系

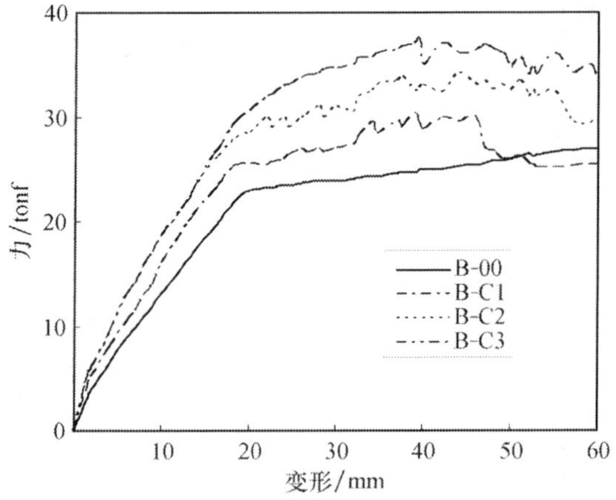

图 23-27　CFRP 筋加固受弯试料力—变形关系

3. FRP 筋力—变形率关系

通过安装在受弯试料中央 FRP 筋下端的两个 strain gage 测定的 AFRP 筋、GFRP 筋、CFRP 筋的力—变形率关系曲线如图 23-28～图 23-30 所示。各图形中单虚线代表 3 根 FRP 筋加固的受弯试料中测定的 FRP 筋力—变形率关系，双虚线、实线各自表示用 6 根、9 根 FRP 筋加固的受弯试料中测定的 FRP 筋力—变形率关系。

在混凝土发生张拉开裂后，随着荷载的增加，各受弯试料因 FRP 筋加固量的增加引起截面刚性增加，力—变形率倾斜和钢筋屈服时的荷载有所增加。FRP 筋加固受弯试料在混凝土发生张拉开裂以前与加固量无关的 FRP 筋的力—变形率关系呈现相同性能，在张拉开裂以后出现改线性特点，但因加固量引起的截面刚性增加力—变形率倾斜和钢筋屈服时的荷载有所增加。

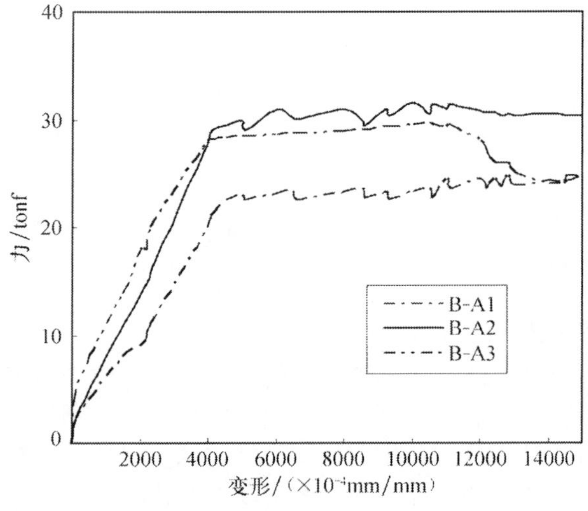

图 23-28　AFRP 筋力—变形率关系

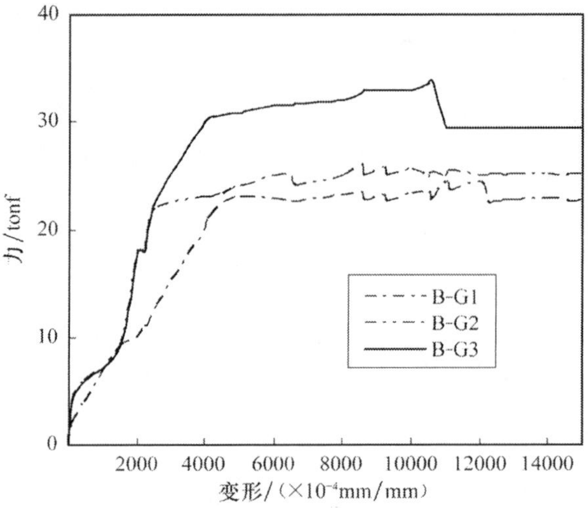

图 23-29　GFRP 筋力—变形率关系

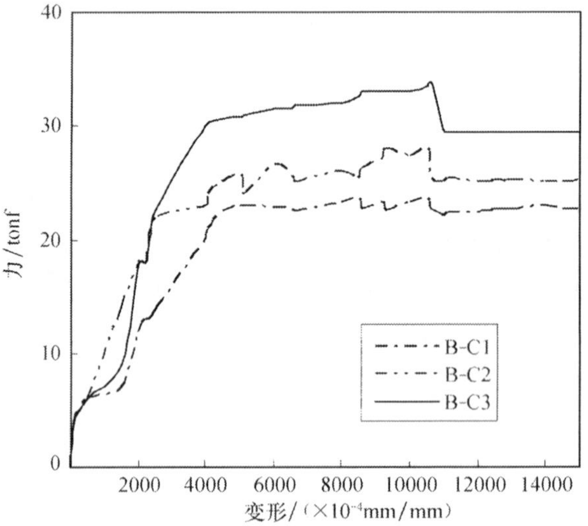

图 23-30　CFRP 筋力—变形率关系

23.3.5　结果分析

1. FRP 筋加固钢筋混凝土受弯构件的设计抗弯强度

1）开裂扭矩、公称抗弯强度、最大弯矩

研究中的受弯试料从理论上设计为受拉钢筋屈服而被破坏，即使其发生张拉破坏。由抗弯试验结果可以看出，未加固 FRP 筋的试料在受拉钢筋屈服后至破坏无荷载增加，只有变形进行后被破坏，但 FRP 筋加固的受弯试料在受拉钢筋屈服后仍可以承受较大荷载，呈现出变形进行较大后压缩侧混凝土突然破碎而导致整体破坏的特点。

图形中开裂荷载、钢筋屈服荷载、最大荷载可从力—变形关系、FRP 筋力—变形率关系图形数据中得出。各图形数据中得出的开裂荷载和钢筋屈服的荷载及最大荷载中求得开裂扭矩(M_{cr})、公称抗弯强度(M_n)、最大抗弯强度(M_{max}),不同试料如表 23-11～表 23-15所示,表 23-12～表 23-14 计算中使用的公称抗弯强度(Mn)使用了表 23-11 的平均值。这里公称抗弯强度是钢筋屈服时截面产生的扭矩,最大抗弯强度是受弯试料破坏时截面产生的最大扭矩。

混凝土发生张拉开裂时的扭矩即开裂扭矩,与混凝土的抗弯强度有关,未用 FRP 筋加固的受弯试料的开裂扭矩最小,因为混凝土的抗弯强度小于 FRP 筋加固的受弯试料下端砂浆的抗弯强度。

公称抗弯强度和最大抗弯强度由加固量和加固纤维种类不同而不同。例如,AFRP 筋加固的受弯试料,从表 23-12～表 23-14 的 R_n、R_{ymax}值 FRP 筋数量采用 3 根加固后,比未加固的钢筋混凝土受弯试料的公称抗弯强度增加较少,但用 6 根、9 根加固时各自增加了 12%、160%,最大抗弯强度在用 3 根、6 根、9 根加固时各自增加了 13%、31%、42%。

FRP 筋加固受弯试料的力—变形关系和 FPR 筋的力—变形率关系中,在受拉构件屈服以后至到达混凝土压缩侧出现破坏的最大荷载,荷载继续增加。例如,AFRP 筋加固受弯试料从表 23-12 的 R_n 值中,最大抗弯强度比公称抗弯强度,用 3 根加固时增加 15%、6 根加固时增加 17%、用 9 根加固时则增加了 22%。

表 23-11　钢筋混凝土受弯试料开裂扭矩、公称抗拉强度

试料	开裂扭矩 M_{cr}/(tonf · m)	公称抗弯强度 M_n/(tonf · m)
B-00	1.40	11.70
B-01	1.65	11.60
B-02	1.80	12.73
平均	1.62	12.01

表 23-12　AFRP 筋加固受弯试料的开裂扭矩、公称抗弯强度、最大抗弯强度

试料	开裂扭矩 M_{Acr}/(tonf · m)	公称抗弯强度 M_{An}/(tonf · m)	R_n	最大抗弯强度 M_{Amax}/(tonf · m)	R_{ymax}	R_{max}
B-A1	2.10	11.80	0.98	13.54	1.13	1.15
B-A2	2.60	13.44	1.12	15.78	1.31	1.17
B-A3	2.60	13.92	1.16	17.03	1.42	1.22

注:$R_n=M_{An}/M_n$,　$R_{ymax}=M_{Amax}/M_n$,$R_{max}=M_{Amax}/M_{An}$

表 23-13　GFRP 筋加固受弯试料的开裂扭矩、公称抗弯强度、最大抗弯强度

试料	开裂扭矩 M_{Acr}/(tonf · m)	公称抗弯强度 M_{An}/(tonf · m)	R_n	最大抗弯强度 M_{Amax}/(tonf · m)	R_{ymax}	R_{max}
B-G1	2.40	12.68	1.06	14.27	1.19	1.13
B-G2	2.45	13.45	1.12	15.47	1.29	1.15
B-G3	2.50	14.92	1.24	18.19	1.51	1.22

注:$R_n=M_{Gn}/M_n$,　$R_{ymax}=M_{Gmax}/M_a$,$R_{max}=M_{Gmax}/M_{Gn}$

表 23-14　CFRP 筋加固受弯试料的开裂扭矩、公称抗弯强度、最大抗弯强度

试料	开裂扭矩 M_{Acr}/(tonf · m)	公称抗弯强度 M_{An}/(tonf · m)	R_n	最大抗弯强度 M_{Amax}/(tonf · m)	R_{ymax}	R_{max}
B-C1	2.15	12.89	1.06	14.27	1.19	1.13
B-C2	2.45	14.34	1.12	15.47	1.29	1.15

续表

试料	开裂扭矩 M_{Acr}/(tonf·m)	公称抗弯强度 M_{An}/(tonf·m)	R_n	最大抗弯强度 M_{Amax}/(tonf·m)	R_{ymax}	R_{max}
B-C3	2.60	15.07	1.24	18.19	1.51	1.22

注：$R_n=M_{Cn}/M_n$， $R_{ymax}=M_{Cmax}/M_a$，$R_{max}=M_{Cmax}/M_{Cn}$

表 23-12～表 23-14 中出现的 R_n、R_{ymax}、R_{max} 根据 FRP 筋加固数量在图 23-31～图 23-33 中显示，实线为 AFRP 筋、双虚线为 GFRP 筋、点线为 CFRP 筋。通过各图形可以方便地了解 FRP 筋不同加固量的加固效果。

图 23-31 显示了 FRP 筋加固量引起的受弯试料公称抗弯强度的增加，图 23-32 根据不同加固量显示了未加固的受弯试料公称抗弯强度与 FRP 筋加固受弯试料的最大抗弯强度之比。与图 23-31 对比，图 23-32 的倾斜更大。这说明 FRP 筋加固受弯试料可在钢筋屈服后仍承受荷载。图 23-33 是 FRP 筋加固受弯试料的公称抗弯强度与最大抗弯强度之比，受弯试料破坏时最大抗弯强度比受弯试料设计时使用的公称抗弯强度高出了 15%以上，由此可以了解到考虑强度减少系数的设计抗弯强度比破坏强度拥有约 18%的多余抗弯强度。

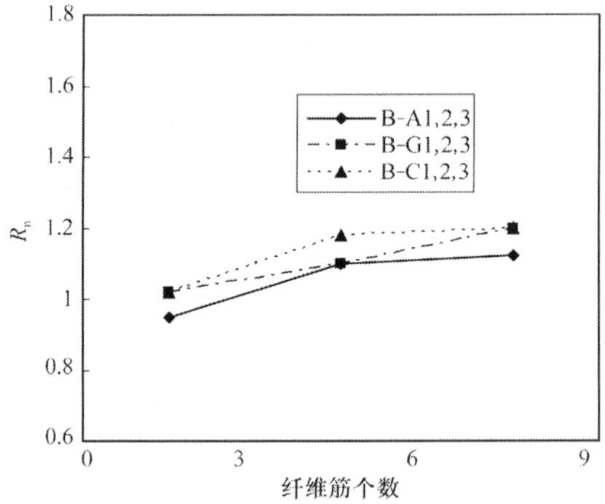

图 23-31　FRP 筋加固数量与 R_n 的关系

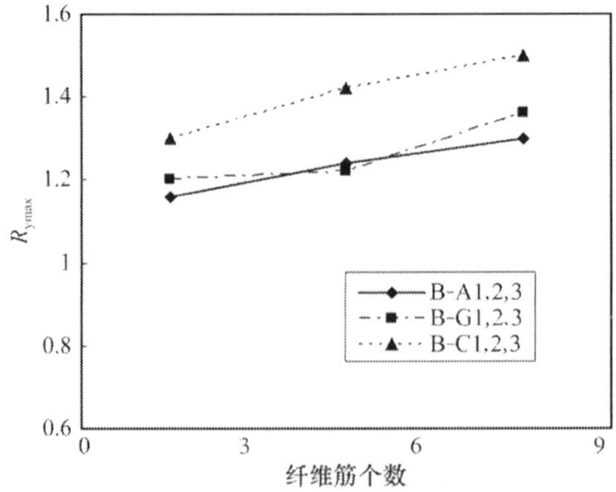

图 23-32　FRP 筋加固数量与 R_{ymax} 的关系

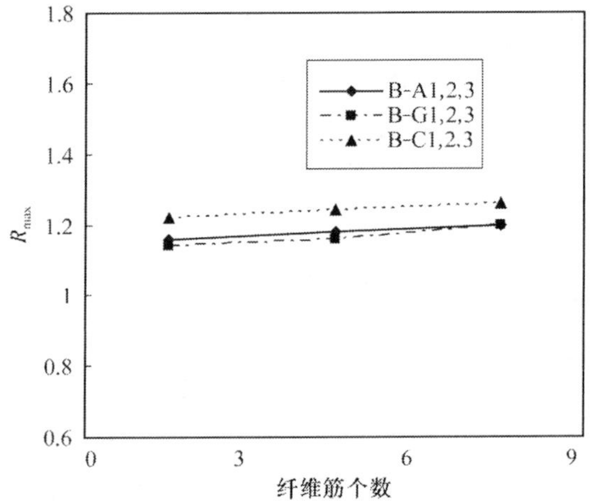

图 23-33 FRP 筋加固数量与 R_{max} 的关系

2) FRP 筋的设计抗拉强度

FRP 筋加固受弯试料被破坏时，FRP 筋的应力 f_f 处在比极限抗拉强度 f_{fu} 更低的状态，为了 FRP 筋的理论分析和设计，需要了解受弯试料被破坏时 FRP 筋的应力。本节就决定受弯试料被破坏时 FRP 筋的应力和极限抗拉强度之比后提出了设计抗拉强度 f_{fd}。

FRP 筋的力—变形率关系中可以求得受弯试料被破坏时 FRP 筋的变形率 ε_f，再乘以弹性模量即可计算出受弯试料破坏时 FRP 筋的应力 f_f。本书把 FRP 筋的应力和极限抗拉强度之比定义为 a，如表 23-15 所示，a 值决定后即可求得 FRP 筋的设计抗拉强度为

$$f_{fd} = a \cdot f_{fu} \tag{23-9}$$

表 23-15 FRP 筋的应力及 a 值

Specimen	Type of FRP 棒	ε_f	f_f	a
B-A1	AFRP	14000	10200	0.60
B-A2		10700	7800	0.46
B-A3		10400	7600	0.45
B-G1	GFRP	11300	6200	0.51
B-G2		11200	6100	0.51
B-G3		11200	6100	0.50
B-C1	CFRP	10500	10600	0.52
B-C2		9600	9800	0.48
B-C3		9000	9100	0.44
平均		—	—	0.50

注：$f_f = \varepsilon_f \cdot E_f$

将公称抗弯强度公式上代入不同 a 值(0.3～0.7)计算后与抗弯试验结果对比，可以看出 a 值在 0.5 时显现最类似的特点，这与表 23-15 的平均 a 值显示相同值。因此，把决定设计抗拉强度的常数 a 建议为 0.5。在 a 中代入 0.5 理论上计算的公称抗弯强度和试验得出的公称抗弯强度如图 23-34～图 23-36 所示，实线为试验结果，点线为理论公式计

算得出的公称抗弯强度。

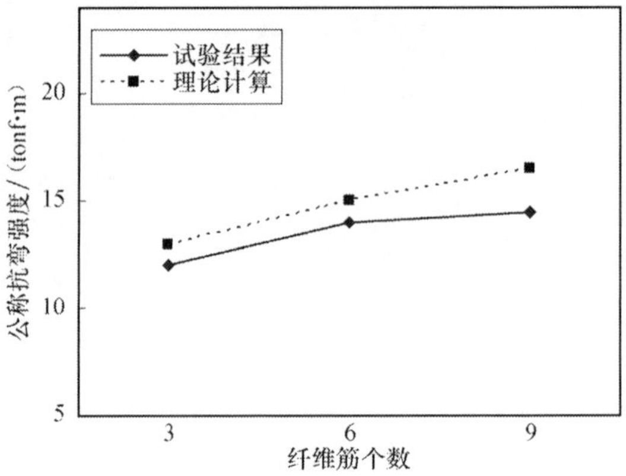

图 23-34　AFRP 筋加固受弯试料的公称抗弯强度变化

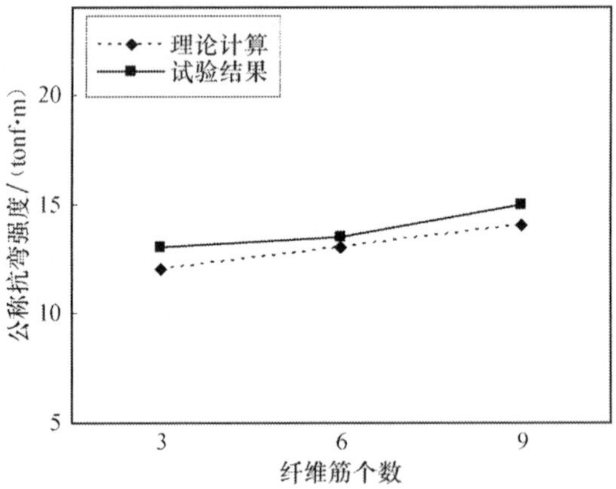

图 23-35　GFRP 筋加固受弯试料的公称抗弯强度变化

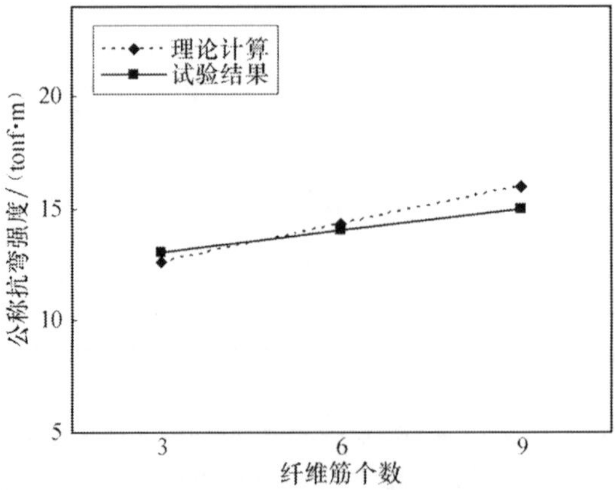

图 23-36　GFRP 筋加固受弯试料的公称抗弯强度变化

3) FRP 筋加固量的决定

未用 FRP 筋加固的原钢筋混凝土梁的设计抗弯强度(设计弯矩),可由公称抗弯强度(公称扭矩)乘上强度减少系数 ϕ_b 为

$$M_{dl} = \phi_b M_n = \phi_b A_s f_y \left(d_c - \frac{a}{2}\right) \tag{23-10}$$

根据强度设计法,设计负载引起的设计弯矩(M_{dl})应比系数弯矩(M_u)更大,因此截面设计弯矩和系数弯矩应满足:

$$M_{dl} = \phi_b M_n \geqslant M_u \tag{23-11}$$

但是,如果工作荷载引起的系数弯矩比截面设计弯矩更大,为了确保不足扭矩需要,按适当方法进行加固,如本书用 FRP 筋加固时,加固量 A_f 可以按下列公式导出。

FRP 筋加固后截面公称抗弯强度为

$$M_n = \phi_b A_s f_y \left(d_s - \frac{a}{2}\right) + A_f f_{fd} \left(d_f - \frac{a}{2}\right) \tag{23-12}$$

等效应力矩形深度为

$$a := \frac{A_S f_y + A_f f_{fd}}{0.85 f_{ck} b} \tag{23-13}$$

定义配筋率 ρ_s 和加固率 ρ_f 为

$$\rho_s = \frac{A_s}{b \cdot d_c}, \rho_f = \frac{A_f}{b \cdot d_c} \cdot \frac{a f_{fd}}{f_y} \tag{23-14}$$

则等效应力矩形深度为

$$a := \frac{f_y d_s}{0.85 f_{ck}} (\rho_s + \rho_f) \tag{23-15}$$

把公式(23-15)代入公式(23-13),利用公式(23-12)的关系整理 ρ_f,得

$$A\rho_f^2 + 2B\rho_f + C = 0 \tag{23-16}$$

式中使用的变量 A、B、C 分别为

$$A = bd_s^2 \frac{f_y^2}{1.7 f_{ck}} \tag{23-17}$$

$$B = -\frac{1}{2} f_y bd_s^2 \left(\frac{d_f}{d_s} - 2\rho_s \frac{f_y}{1.7 f_{ck}}\right) \tag{23-18}$$

$$C = \frac{M_u}{\phi_b} - \rho_f f_y bd_s^2 \left(1 - \frac{f_y}{1.7 f_{ck}} \rho_s\right) \tag{23-19}$$

现在截面的设计抗弯强度 M_{dl} 比系数抗弯强度 M_u 小,加固所需的 FRP 筋的加固率可从公式(23-16)的二次方程中得出。计算的 FRP 筋加固率中可以通过公式(23-20)计算得出加固所需的 FRP 筋加固量 A_f,加固量再除以 FRP 筋单个截面面积 a_f,既可根据公式(23-21)得出加固所需的 FRP 筋的数量 n_f。

$$A_f = \rho_f bd_s \frac{f_y}{f_{fd}} \tag{23-20}$$

$$n_f \geqslant \frac{A_f}{a_f} \tag{23-21}$$

2. FRP 筋黏结长度

为了决定黏结长度需要确定公式(23-3)和公式(23-4)的 r_d 和 β 值，r_d 定为黏结强度试验结果中得出的 r_d 最小值(39 ≒ 40kgf/cm²)，则在 FRP 筋加固配筋梁抗弯试验结果得出的表 23-15 的 a 值中选用了最大的 0.6。此时采用 r_d 最小值和 a 最大值是为了决定安全侧黏结长度。

由此，钢筋混凝土加固用 FRP 筋的黏结长度决定的计算公式为

$$I_d \geqslant \frac{0.6 d_f f_{fu}}{4 r_d}\left(\frac{d_f f_{fb}}{160}, f_{fb} = 0.6 f_{fu}\right) \tag{23-22}$$

式中得出 AFRP 筋(f_{fu}=17000kgf/cm²)的黏结长度为 38cm，GFRP 筋(f_{fu}=12300kgf/cm²)的黏结长度为 27cm，CFRP 筋(f_{fu}=20500kgf/cm²)的黏结长度为 46cm。

23.4 碳纤维筋喷浆加固

23.4.1 加固所用材料

1. 碳纤维筋(CFRP 筋)

碳纤维筋(CFRP 筋)是采用高强复合材料碳纤维原丝经浸乙烯基树脂，经过高温固化，表面灌注石榴石材料制成。其技术指标见表 23-16 具有以下特点：

① 重量轻，强度高，其抗拉强度是钢筋的 7～10 倍，比重仅为钢筋的 1/5 左右，因此较小的加固尺寸也能获得优秀的补强效果；

② 碳纤维棒耐腐蚀、使用寿命长、耐酸、碱、盐，尤其在耐腐蚀方面，具有金属和其他材料无法比拟的优越性，具有较好的耐水性和抗老化性，因此无论在耐腐蚀环境中、恶劣的自然环境中或潮湿作业环境中，都具有较好的耐久性；

③ 碳纤维棒表面灌注有石榴石材料，与砂浆间的附着力极强。

表 23-16 碳纤维筋技术指标

序号	性能项目	规格/mm	性能指标
1	最大抗拉强度/MPa	Φ6	1 900
2	弹性模量/MPa	Φ6	123 255
3	断裂伸长率/%($\times 10^{-6}$)	Φ6	2 000

2. 聚合物砂浆

聚合物砂浆是由水泥、特殊添加剂、粉末状聚合物、碎石与水等混合拌制而成。聚合物砂浆力学技术指标见表 23-17，其物理性质见表 23-18，其主要特点如下。

(1) 聚合物砂浆是由水泥、特殊添加剂、粉末状聚合物、碎石与水等混合拌制而成，属高黏高强材料，热膨胀系数与混凝土类似。结构加固时，聚合物砂浆与原结构旧混凝土表

面有良好的黏结性能，使得纤维棒与原结构能够变形协调，共同受力。

（2）聚合物砂浆化学稳定性好，能够有效抑制有害物质的渗透和扩散，利用其高黏高强特性可维修各种老化受损的混凝土表面。

（3）聚合物砂浆与水的调配比为 1∶(0.160～0.170)，用水量根据结构所处环境的温度与湿度确定，配制约 3min 后即可使用。

表 23-17　聚合物砂浆力学技术指标

序号	性能项目	性能指标
1	抗压强度标准值/MPa	≥50.00
2	收缩性指标	$\leqslant 14.29\times10^{-6}$
3	抗剪强度标准值/MPa	≥11.24
4	黏结强度/MPa	≥2.25
5	弹性模量	$\geqslant 2.35\times10^{4}$

表 23-18　聚合物砂浆物理性质

吸水率/%			干燥收缩率/%
1 小时	5 小时	24 小时	
1.75	2.15	3.38	0.02

23.4.2　碳纤维筋加固法特点

碳纤维筋混凝土结构加固法是一项新的应用高黏高性能复合材料增强加固结构的技术。碳纤维筋加固体与钢筋混凝土性能指标对比见表 23-19。碳纤维筋加固技术实质是体外配筋加固法，用碳纤维筋作为受力配筋，采用高强砂浆锚固方式将其与原结构连接，提高原构件的配筋量与桥梁的整体性，以达到提高结构构件的刚度和承载力的目的。聚合物砂浆作为黏结剂和碳纤维筋的保护层，不仅具有良好的黏结性能，且具抗腐蚀、耐高温、与结构共同受力的特点。碳纤维筋加固法还用于控制混凝土构件裂缝宽度的发展及已有裂缝的封闭。工法特点包括：

① 整体强度高、早期强度增长快，大大提升结构承载能力；

② 碳纤维筋的自重轻、设计厚度薄，对整体的结构重量影响小；

③ 采用锚固和喷射方式施工，施工简便，无需支模板；

④ 施工方法简单，工期短，不需要大型设备，不受空间限制；

⑤ 施工成型后干缩率低，抗开裂性能良好；

⑥ 黏结力强，与原结构形成一体；

⑦ 与混凝土性能一致，抗冻融性、耐久性、耐化学腐蚀性良好；

⑧ 材料环保，无毒害。

表 23-19　碳纤维筋加固体与钢筋混凝土性能指标对比

序号	项目名称	钢筋混凝土性能指标	纤维棒加固体性能指标	钢筋混凝土与纤维棒加固体之比
1	抗拉强度	相同配筋量		1∶7
2	重量	相同抗拉强度		35∶1

续表

序号	项目名称	钢筋混凝土性能指标	纤维棒加固体性能指标	钢筋混凝土与纤维棒加固体之比
3	抗压强度	50	80	1∶1.5
4	抗剪强度/MPa	6～9	13～15	1∶2
5	黏附性	不好	很好	—
6	干缩变形/10^{-4}	12～14	5～8	2∶1
7	黏接强度/MPa	1.0～1.5	2.5～5.0	1∶2.5
8	抗冻性 28d	F50	F300	—
9	氯离子扩散系数，28d,(10～12m²/s)	8.0	0.5	16∶1
10	耐腐蚀	一般	很好	—

23.4.3　碳纤维筋加固工艺流程

如图 23-37～图 23-39 所示。

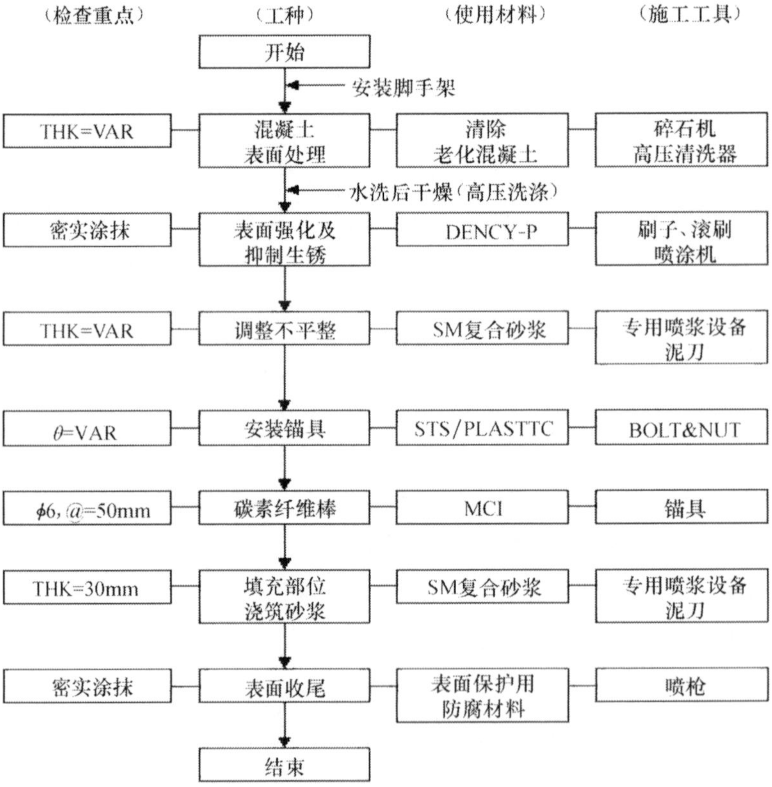

图 23-37　碳纤维筋加固施工工艺流程

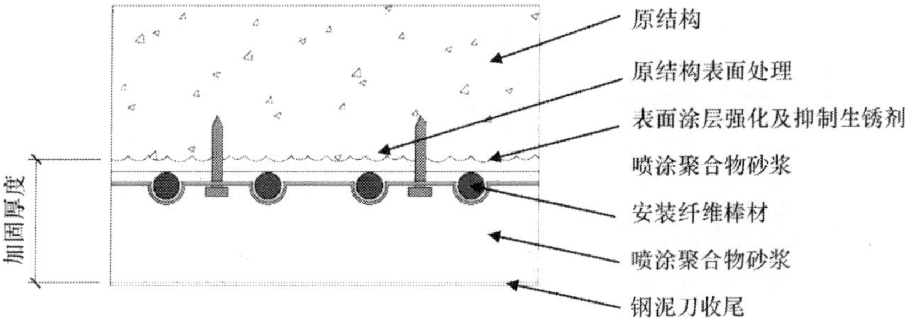

图 23-38 碳纤维筋加固详图

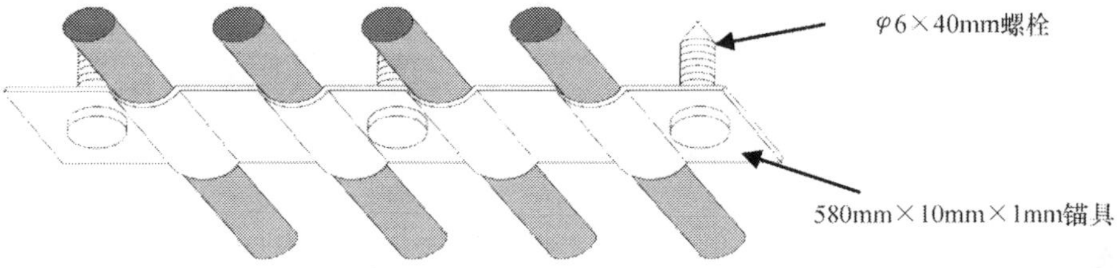

图 23-39 碳纤维筋锚固详图

23.4.4 施工控制要点

1. 原构件混凝土表面处理

采用碳纤维筋加固时，应根据原构件混凝土表面情况，采取相应措施进行混凝土表面处理。

(1) 混凝土表面如出现剥落、蜂窝、空洞、腐蚀等劣化现象，损坏部位应剔除，对较大面积的劣质层，在剔除后，采用高黏高强聚合物砂浆进行修复，对已生锈钢筋进行除锈。

(2) 混凝土表面裂缝根据裂缝的性质及构件所处环境，按照《混凝土结构加固设计规范》(GB 50367—2006)中有关裂缝修补技术进行相应的处理。

(3) 用混凝土角磨机、砂轮(砂纸)等工具，去除混凝土表面的浮浆、油污等杂质，并对混凝土构件加固部位进行凿毛处理，构件基面的混凝土要打磨平整，尤其是表面的凸出部位要磨平。

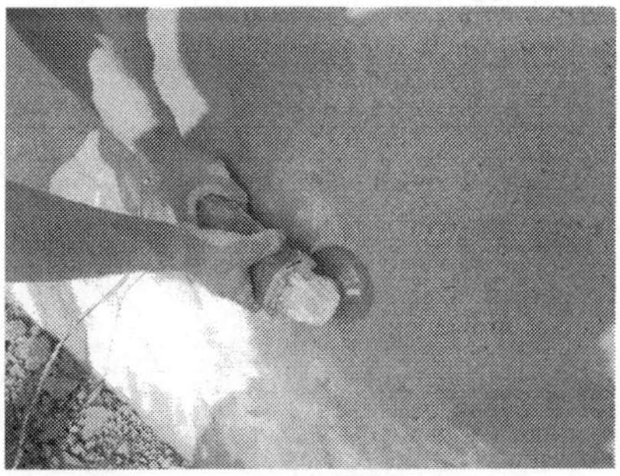

图 23-40 构件表面处理

(4) 用电锤钻按图纸进行碳纤维棒的锚固孔钻孔施工。

(5) 原构件混凝土表面打磨平整后，混凝土表面涂酚酞溶液(1%)，检验混凝土是否碳化，检查无碳化后方可进行后续工作。

(6) 用高压喷水器以 150MPa 的压力洗涤混凝土表面，自然干燥，干燥程度以手指触感干燥为标准。

图 23-41 表面强化剂施工

2. 坑洼缺损部位修补

对加固表面缺损的坑洼部位采用高强聚合物砂浆预先修补，保持加固面的平整性。修补办法是在处理干净的缺损面上，涂抹表面强化剂，再用高强聚合物砂浆补平。

3. 涂抹表面强化剂

(1) 混凝土表面强化剂用于增强原结构混凝土表面的密实性，提高与聚合物砂浆的黏结力。

(2) 混凝土表面干燥后，用刷子或喷涂机对混凝土表面喷涂 1～2 遍强化剂，以无流坠作为一次涂抹量，强化剂应渗透至混凝土 1～2mm，残留在表面部分用抹布擦拭，保持表面均匀。

4. 安装锚具及纤维棒

(1) 纤维筋的锚固采用螺栓固定，锚栓孔间距为 1000mm，锚栓孔深度在 40mm 左右，锚栓直径 φ 为 6mm。

图 23-42 锚具及纤维棒施工

(2) 利用锚具固定纤维棒，纤维棒应紧贴加固面，为防止纤维棒下垂，锚固间距可调整到适宜间距。

(3) 锚具采用不锈钢或不会生锈的材料，锚具不作受力计算控制。

(4) 如把碳纤维筋作为植筋锚固构件，预留锚固孔内深应符合《公路桥梁加固设计规范》(JTG T J22—2008)之钢筋锚固深度的规定，≥15d。

5. 喷涂高强聚合物砂浆

(1) 纤维筋安装完成后，用喷涂装置喷涂聚合物砂浆（要求制作同条件的试块），砂浆最小厚度不小于 20mm，最后用钢泥刀摸墙，确保表面的平整与美观。

图 23-43 高强聚合物砂浆施工

(2) 采用喷涂机进行喷涂施工，主机与喷涂机距离应保持在 50cm 左右，为清除孔隙，提高黏结力，首先涂抹 5mm 厚的聚合物砂浆进行打底，然后再进行喷涂。

(3) 常温下聚合物砂浆的初凝时间为 30min，每次只混合 1 次的使用量。

(4) 施工过程中如果温度在 30℃以上，应在混凝土面上先喷涂水后再施工；

(5) 施工温度在 25℃以下时，涂抹一次聚合物砂浆，确认硬化状态后再做第 2 次涂抹。

(6) 聚合物砂浆施工温度在 10～35℃。

6. 养护及保养

(1) 涂抹高强聚合物砂浆后，盖上养护布进行湿润养护；若条件不允许，可使用液体喷涂机、刷子或滚筒在表面涂抹液体成膜养护剂进行湿润养护。

(2) 成膜养护剂应选择涂抹后 2h 以内成膜，且能保持一个月耐久时间的薄膜材料。液体成膜养护剂至少涂抹 1 次，如果环境条件很差应涂抹 2 次。如果后续还有选择性表面收尾材料施工工序，养护时间至少要在 24h，待查看养护状态后再进行后续工序。

(3) 常温下养护时间为 3 天，根据天气及气温情况(根据同养护条件下试块所达到强度的养护时间)，可增减养护时间。

图 23-44　后期养护

23.4.5　质量检验与验收

1. 复合纤维棒质量控制与验收

(1) 加固与补强所使用的碳纤维棒的品种、数量及间距，应按设计要求选用，其主要力学性能指标应满足设计要求。对材料质量发生怀疑时，应进行抽样检查，合格后方可使用。

(2) 碳纤维棒加固桥梁和隧道结构时，施工温度在 10～35℃。

(3) 碳纤维棒表面石榴石是增加混凝土与棒材黏结的主要措施，施工时应检验碳纤维棒材表面石榴石是否脱落，若出现脱落，以脱落部位为起点剪切 30cm 后才可使用。

(4) 在加固施工及运输过程中，纤维棒材不能出现折断和折弯现象，如果运输过程中出现折曲，以折曲部位为起点剪切 30cm 后才可使用。

(5) 碳纤维棒需连续才能作为受弯构件补强，因此在加固施工过程中，不允许在任意截面出现纤维棒搭接现象。

(6) 在固定碳纤维棒后，应检验纤维棒是否与结构表面粘贴密实。

2. 高黏高强聚合物砂浆质量控制与验收

(1) 高黏高强聚合物砂浆标号应按设计要求选用，通常按 C60 配置，其主要力学性能指标应满足 C60 及以上的设计要求。

(2) 每次喷涂高强聚合物砂浆后，表面应平整，无裂缝、脱层、起鼓、脱落等现象，修补后平整度允许偏差值应满足《公路桥梁加固施工技术规范》(JTG/T J23—2008)的规定。

(3) 原构件混凝土与高强聚合物砂浆的黏结情况可通过敲击法和钻芯取样检验，钻芯检测法应符合《公路桥梁加固施工技术规范》(JTG/T J23—2008)中第 5 章的规定。

(4) 加固过程中，聚合物砂浆应按照初次、二次、尾次三次浇筑，每次浇筑完毕后，应进行外观检测，复合规定后才进入下一工序。

3. 施工过程中的质量验收标准

（1）构件结合面的处理要求，凿除原混凝土缺陷部分，构件结合面凿毛凹凸差不宜小于 6mm，要求露出粗骨料；用高压水清洗干净并保持清洁湿润。

（2）表面强化剂应涂抹均匀、无流坠。

（3）聚合物砂浆修复后，用两米直尺检测表面平整度应小于 8mm。

（4）安装锚具时，打孔深度为 4cm（大于 3cm，小于 5cm）。

（5）碳纤维棒安装应顺直，数量和间距应满足设计图纸要求。

（6）喷涂聚合物砂浆时，砂浆回落率应小于 5%。

（7）聚合物砂浆喷涂磨平后，用两米直尺检测表面平整度，差距应小于 5mm。

23.5 工程实例

23.5.1 双源 1 号桥试验桥横隔板加固

1. 工程概况

北京首发集团公司管辖的南六环双源 1 号桥位于南六环高速 K84＋050 千米处，桥梁全长为 216.24m，共 7 跨，最大跨径为 30m，桥跨组合为 7～30m。该桥在南半幅长期重载作用下，横隔板出现不同程度的开裂、剥落、漏筋等病害，严重影响到桥梁整体安全，经现场勘查确定选定该桥第二跨南半幅作为试验桥。

根据设计图和现场查勘，该桥 30m T 梁横隔板为 5 道，其中第二跨南半幅由 11 片箱梁组成，需要试验加固处理的为该跨 3 个中横隔板。

2. 加固工程量一览表（表 23-20）

表 23-20　工程数量表

序　号	项　目	单　位	横隔板/个	横隔板/道	数量	合　计
1	表面清理	m^2	2.729	10	3	81.87
2	旧面损坏修补砂浆	m^3	0.028	10	3	0.84
3	涂抹新旧界面黏结胶	m^2	2.729	10	3	81.87
4	侧面 9cm×9cm 碳纤维棒	m	55.120	10	3	1653.60
5	侧面 3cm 聚合物砂浆	m^3	0.071	10	3	2.13
6	底面 3cm 碳纤维棒加强	m	78.500	10	3	2355.00
7	底面 3cm 聚合物砂浆加强	m^3	0.080	10	3	2.40
8	施工脚手架	m^2				800.00
9	施工面积(2＃＋5＃＋7＃×1.5)/0.03	m^2	7.300	10	3	219.00

3. 横隔板加固设计图（图 23-45）

共13页	共12页

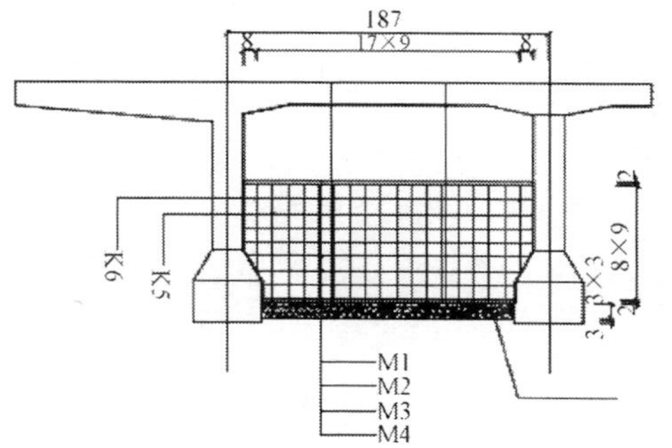

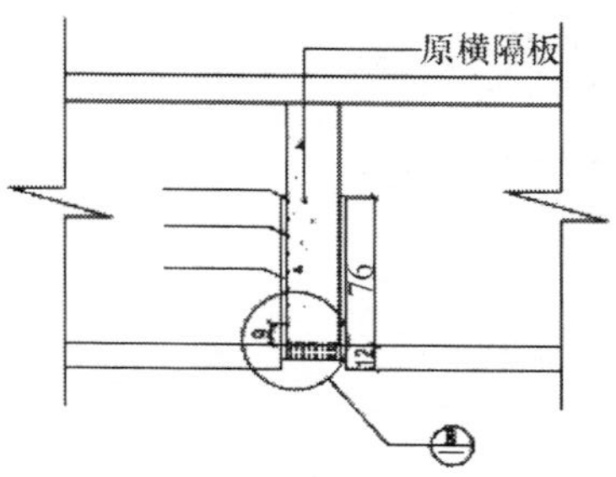

B大样图

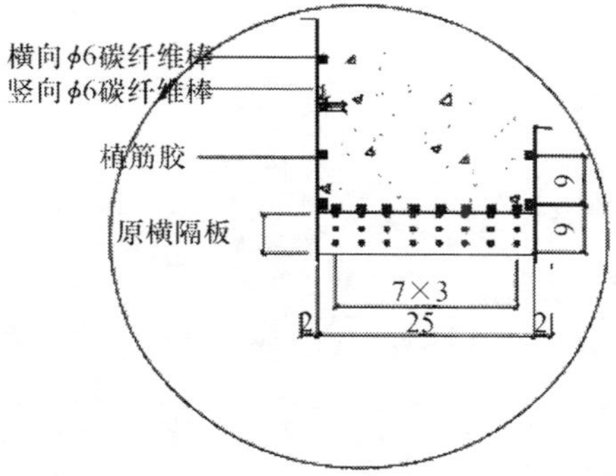

加固一个端横板所用材料数量表

编号	直径	长度（m）	根数	总长度（m）	聚合物砂浆用量（m³）	3cm加固砂浆工程量（m³）
1	ϕ6	1690	10	16.9	0.069	
2	ϕ6	1646	2	3.292		
3	ϕ6	1547	2	3.094		
4	ϕ6	1470	4	5.88		
5	ϕ6	788	32	25.216		
6	ϕ6	555	4	2.22		
小计	ϕ6			56.602		

注：
1、本图纸里环长度单位为cm，碳纤维棒尺寸单位为mm，直径为6mm。
2、本图纸适用于双源桥第4跨南半幅，4#端横隔板加固
3、图纸标注中"3cm加固砂浆工程量（m2）"指碳纤维棒加固间距为6cm，加固砂浆厚度3cm的平米工程数量。碳纤维棒加固间距为3cm的部分，直接按其2倍的平米工程量折合成"3cm加固砂浆工程量（m2）"计算。

北京中交路通科技发展有限公司	北京双源桥加固设计	横隔板加固设计图	设计	孟召阳	复核	姚勇震	审核	姚俊卿	图号	SIV-3-12	日期	2012.2

图 23-45　横隔板加固细部打样图

23.5.2　内蒙古省道 S307 线建设屯北桥改造翻新工程

1. 工程概况

建设屯北桥为 S307 线在内蒙古巴林左旗境内的一座上承式石拱桥，中心桩号 K26＋079.00。该桥建于 20 世纪 70 年代，是一座带有两个边拱的单孔浆砌块石拱桥，主拱拱圈为矩形等截面，孔径 $L_0=20.00$m，矢高 $f_0=3.30$m，矢跨比 $f_0/L_0=1/6$，圆形拱轴线；主拱拱肋宽度 8.60m，截面高度为 0.65m，桥梁全长 35.60m。桥道系由 20.00cm 厚现浇钢筋混凝土板和 10.00cm 沥青铺装层组成，双向两车道。采用扩大基础。

由于桥梁结构使用年限较长且表观存在风化及砌缝砂浆局部松散脱落现象，即主拱圈底部局部砂浆开裂，个别砌块、勾缝脱落，拱脚局部渗水。

2. 主要病害及缺陷

(1) 拱脚截面拱背"倒 U 型"开裂，如图 23-46 所示。
(2) 3/8 拱跨处拱肋下缘横桥向开裂。
(3) 腹拱拱顶横桥向通长开裂、腹拱拱脚截面开裂、腹拱墩墩底开裂。
(4) 全桥多处砌缝不密实、砂浆脱落。
(5) 新增现浇钢筋混凝土桥面板悬臂部分横桥向开裂。
(6) 砌石表面风化。
(7) 边附拱拱顶横桥向通长开裂，如图 23-47 所示。

图 23-46　拱脚开裂

图 23-47　拱顶开裂

3. 改造翻新工程设计图(图 23-48)

4. 改造翻新前后桥梁照片对比图(图 23-49 和图 23-50)

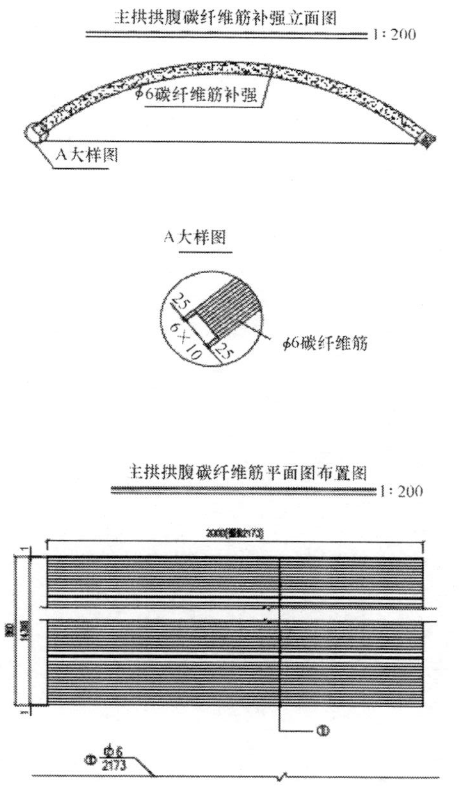

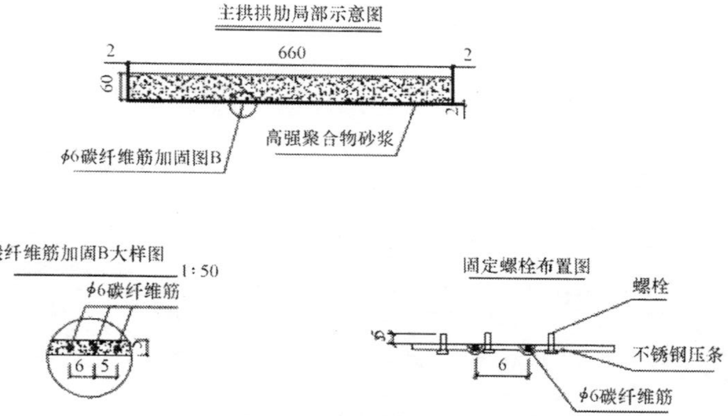

工程量数量表

序号	材料	规格	长度(cm)	根数	合计(m)
1	碳纤维筋	ϕ6	2173	166	3607.18
2	2cm厚高强聚合物砂浆	M50	216.43m²		

说明：

1、本图尺寸除碳纤维筋直径外，均以厘米计。
2、如图采用碳棒加固方法，材料采用韩国高强纤维棒，高黏高强聚合物砂浆。
3、施工前，需对接触面采取必要的凿毛处理，踩松、空鼓、破损部分清除。用高压喷水器15MPa的压力，高压冲混凝土表面，待手指触感干燥后方可进入下道工序。
4、螺栓选用普通螺栓，锚固深度30毫米为宜，应使碳纤维筋与构件表面粘贴密实，螺栓、螺母，压条均采用防腐材料，约按1米间距布置，可适当增减，以碳纤维棒与构件表面密实为准。
5、加固区聚合物砂浆厚度2厘米，聚合物砂浆号为M50。
6、主拱拱腹砌缝不密实、凹凸不平需要高强聚合物砂浆填补。
7、根据现场病害情况适当增减用料。

北京中交路通科技发展有限公司	内蒙古省道307线建设屯北桥改造翻新工程	主拱喷浆碳纤维筋加固图	设计		复核		审核		图号	S4 03 002	日期	2012.06

图 23-48　主拱喷浆碳纤维筋加固图

图 23-49　建设屯北桥改造翻新前原图

图 23-50　建设屯北桥改造翻新后效果图

23.5.3　G320 线 K1924+870 南瓦隧道加固

1. 工程概况

南瓦隧道位于贵州省国道 G320 线台江至凯里段，为二级公路上的单洞室汽车双向行驶隧道。隧道设计标准按《公路工程技术标准》山岭重丘区二级公路隧道标准进行设计，于 2000 年建成通车。隧道全长 100m，最大埋深 37.52m。建筑限界设计值宽度为 8.5m，净高 5.0m。隧道路面铺装沥青混凝土，采用自然光照明。

由隧道地质勘查资料显示，南瓦隧道隧道区围岩级别分为Ⅲ、Ⅳ、Ⅴ级围岩。因该隧道的围岩级别不同，所以南瓦隧道衬砌采用 A、B、C 三种不同复合式衬砌类型进行设计，并分别与Ⅲ、Ⅳ、Ⅴ级围岩相对应。

2. 隧道加固设计原则

南瓦隧道经过 12 年的营运，隧道洞口、洞门设施、路面较为完好，洞口护坡开裂，影响体积 $1m^3$；洞身衬砌普遍存在混凝土剥落破损(接缝处尤为严重)，破损总面积 $329.13m^2$，破损率达到衬砌总面积的 21.0%；衬砌裂缝总长约计 271.4m，多数伴有渗水、腐蚀；防水破坏面积约计 $570m^2$，防水破损率达总面积的 36.0%；隧道两侧人行道有多处裂缝，并有混凝土剥落破损病害，裂缝共长 31.5m，剥落破损面积共计 $15.2m^2$，破损率为 7.6%；隧道外排水设施总体状况良好；隧道无吊顶；隧道内装整体脏污，并有多处瓷砖有破损剥落、脱空现象，破坏面积约计 $62.0m^2$，内装破损率达 21.0%。经过雷达检测，从总体来看，隧道衬砌混凝土普遍存在厚度不够、不密实、衬砌后局部有脱空缝隙等缺陷，拱顶、拱腰部较严重，不密实区占总长的 60.0%以上。衬砌厚度过薄面积较大，存在一定安全隐患，影响到安全使用，故需加固处理。

衬砌厚度过薄，内饰破损采用轻质高强、耐久性好的碳纤维棒加固技术进行整体补强。

病害数量统计见表 23-21。

表 23-21 病害数量统计表

序号	病害类型	病害描述	数量	处治方法
1	衬背空洞	隧道衬砌背空洞	$19.0m^3$	钻孔注浆，释放出拱背存水，解决衬砌背后空隙
2	裂缝处理	隧道衬砌、人行道板横向、纵向、斜向裂缝	342.9m	采用高弹改性材料灌
3	内排水处理	隧道内衬排水不畅，出现渗漏水、泛白	304.0m	增设内排水导管
4	衬砌补强	衬砌厚度过薄，内饰破损	$1500.0m^2$	采用轻质高强、耐久性好的碳纤维筋加固技术进行整体补强

3. 隧道加固设计图(图 23-51)

23.5.4 平阴黄河大桥维修加固

1. 工程概况

平阴黄河大桥位于济南、聊城两市交界处，大桥全长 963.5 米，宽 9.0 米，高 14.81 米。由主桥和引桥两部分组成，主桥长 611.0 米 6 孔为拴焊钢桁架结构。引桥长 352.5 米 10 孔(其中平阴方向 3 孔，聊城方向 7 孔)为预应力钢筋混凝土结构，引桥上部结构为预应力工形梁预制微弯板(厚度 10～12cm)桥面整体现浇层(12～20cm)，桥面横坡度 2%。采用圆端形重力式桥墩、沉井基础。

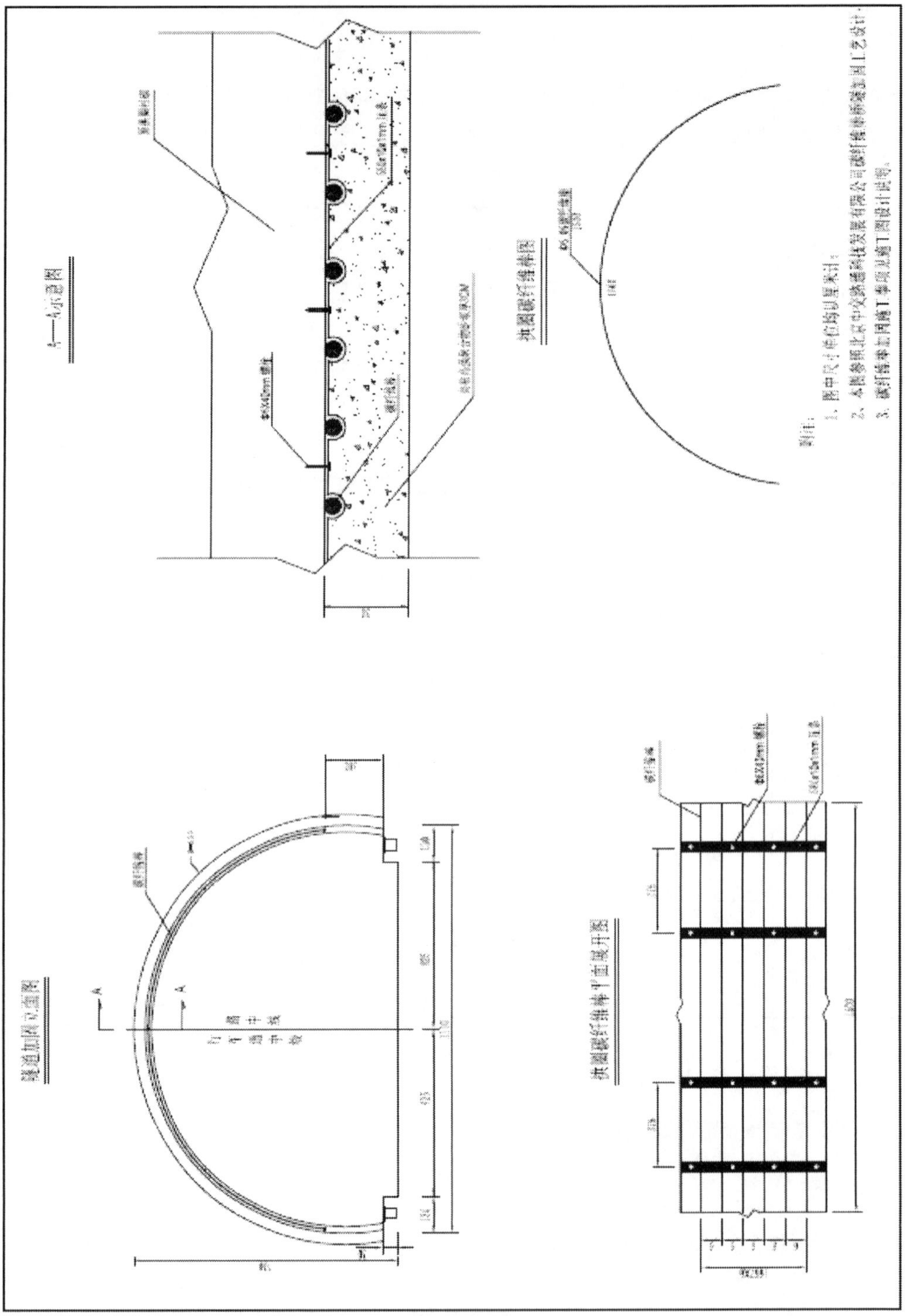

图 23-51 隧道加固设计图

2. 维修加固要点

1）微弯板补强加固

(1) 微弯板板底维修补强加固。微弯板板底补强加固采用在该部位原构件增设碳纤维筋喷涂高强聚合物砂浆的方式进行，具体为：距离支座处的两块微弯板配置横桥向碳纤维筋进行抗弯补强；在纵桥向通过设置贯穿两块微弯板的通长碳纤维筋增强梁体端部微弯板的整体性。

(2) 微弯板裂缝压浆(胶)封闭。采用低压灌注水泥浆的方法进行微弯板开裂裂缝的封闭，当裂缝宽度大于 0.25mm 时进行灌注水泥浆处理，当小于 0.25mm 时进行压胶封闭，以增强结构的整体性和受力均匀性。

2）桥面铺装层补强

(1) 梁体端部区域桥面铺装层补强。对距离伸缩缝 3.66m 范围内桥面铺装层采取先铣刨 6.0cm。当原有铺装层开裂部位大于 0.5mm 时，进行压力灌胶封闭；当原有小于 0.5mm 时，进行开"V"形槽灌浆封闭。同时对端部已经发生成块断裂的原桥面铺装层需采用植筋方式与工字梁体及微弯板牢固连接固定；然后铺设 2 层碳纤维筋及 6cm 聚合物砂浆喷浆补强。

(2) 梁体非端部区域桥面铺装层补强。对除梁体端部区域范围外的桥面铺装层采用先铣刨 3.0cm，当原有铺装层开裂部位大于 0.5mm 时，进行压力灌胶封闭；当原有小于 0.5mm 时，进行开"V"形槽灌浆封闭。然后进行碳纤维筋喷浆补强。

3. 桥梁加固图(图 23-52～图 23-54)

23.5.5　国外工程实例

1. 沃顿桥

沃顿桥坐落于沃顿市，该桥是一座 3 跨简支梁，全桥长 30.60m，桥面板为 200mm 厚的混凝土板，主梁采用标准 IV AASHTO 的预应力混凝土梁。桥梁路缘带、人行道及半幅桥面板采用玻璃纤维筋加固，在桥面板底部一个 5m 宽的部分采用碳纤维筋加固。玻璃碳纤维筋被用于桥梁所有的方向(16×150mm，桥面顶部主要方向；16×165mm，桥面顶部和底部的次要方向)，在桥面板横桥向底部采用碳纤维筋(10×90mm)进行加固。另外半幅桥面，包括路缘带、人行道及顶层桥面板以及其余底层采用 15m 的钢筋加固(图 23-55)。

2. 玛桥

玛桥坐落在玛河 55 号公路北(魁北克，加拿大)在美国/加拿大边境附近的城市舍布鲁克附近。该桥为 3 跨简支连续梁，全长为 83.7m，两个边跨长为 26.2m，中跨长为 31.3m(图 23-56)。

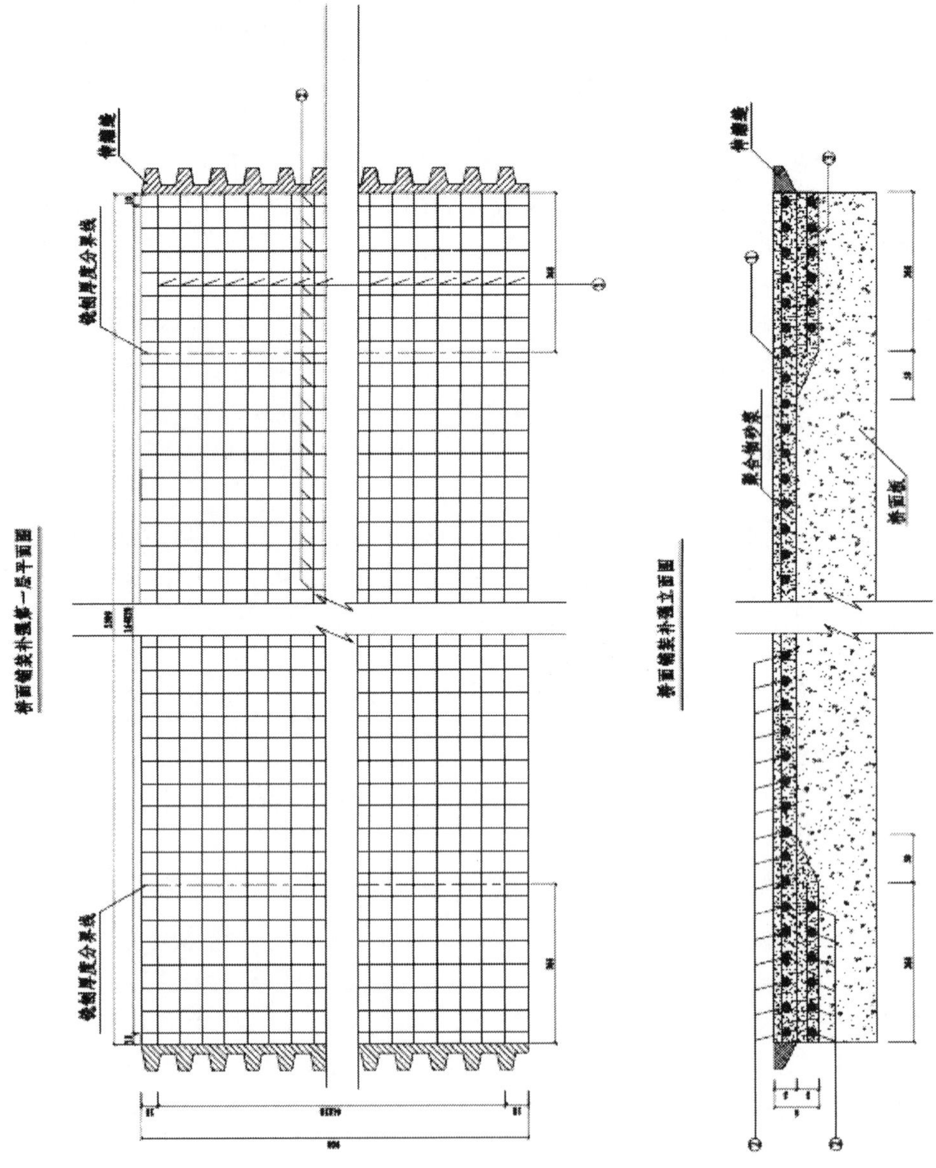

图 23-52 桥面铺装补强图

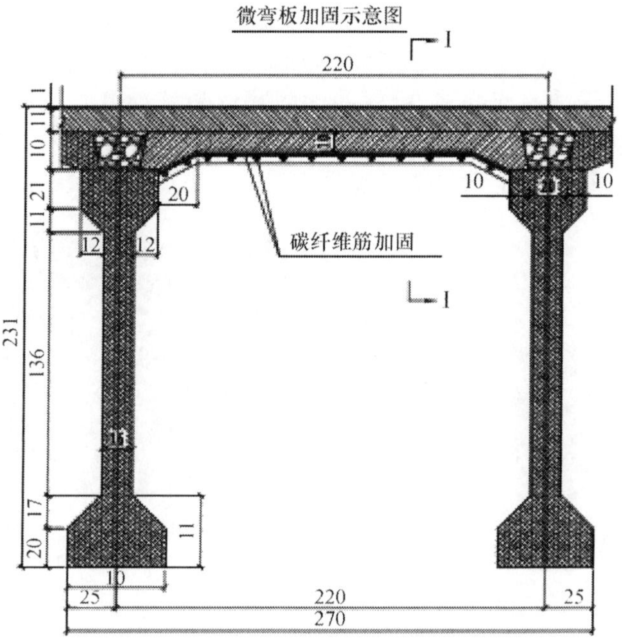

图 23-53　微弯板加固里面图

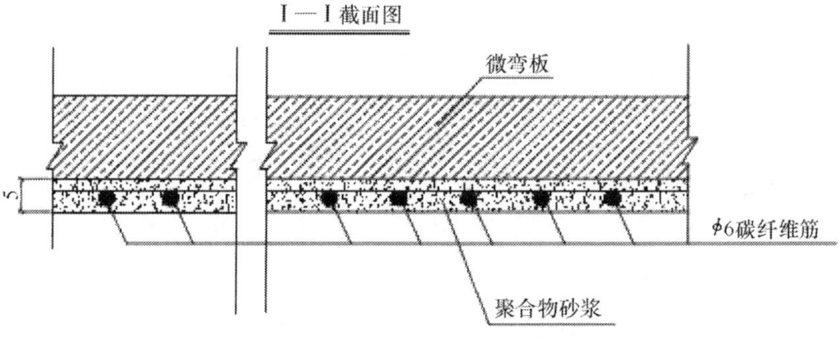

图 23-54　微弯板 I - I 断面图

图 23-55　沃顿桥桥面板加固

桥面板为220mm厚的混凝土板，整跨(26.2m)包括路缘带和人行道采用纤维筋加固。同样的标准被用于沃顿桥的加固中。然而，基于实际桥面板的厚度和沃顿桥的现场监测、测试结果减少纤维的配筋率，同样的加固数量和配置也适用于沃顿桥除了大跨度(2.845m)和桥面板厚度为220mm的部分，其他两跨采用钢筋进行加固。图23-57为混凝土浇筑。该桥于2002年9月建成通车。

图23-56 玛桥

图23-57 桥面板现场浇筑

3. 莫里斯桥

莫里斯桥位于莫里斯镇布鲁克100号公路(佛蒙特州，美国)。该桥为简支梁桥，主梁为5片钢梁，全长43.0m，桥面板为228.6mm厚的混凝土连续梁。在桥面板顶部和底部采用相同的钢筋网进行加固，每个钢筋网由19×100mm和19×150mm的纤维筋组成并布置在横桥向和顺桥向(图23-58)。这是第一座全桥面采用玻璃纤维筋进行加固的桥梁(图23-59)。

图23-58 莫里斯桥现场浇筑

图23-59 莫里斯桥

23.6 小　　结

1. 加固技术分析

碳纤维材料加固与传统方法有显著区别。首先，几乎不增加结构自重，不会引起结构的连锁补强;其次,碳纤维材料还具有良好的耐腐蚀性能。

(1) 从受力性能看,碳纤维材料具有很高的拉伸强度和抗疲劳性能,适合于梁、板、柱的加固。

(2) 从材料特征看,作为柔性材料,碳纤维在施工现场可以根据需要绕过各种管道实施、穿墙过洞,可以在狭小空间内施工,还可以叠合成任意形状加固复杂形状的结构。

(3) 从实践应用角度看,碳纤维加固混凝土技术避免了其他加固方法增大结构尺寸,减少建筑使用空间,增加自重、施工周期长、耐腐蚀性差等缺点,最大限度地保证了原有结构的布局特征和使用功能。加固后的结构作为二次组合结构通过新、旧两部分整体工作,提高了结构的承载能力。与传统的加大截面法、外包钢板法、缠绕钢丝、预应力法相比,碳纤维材料加固混凝土技术无加固损伤,不用担心结构新、旧结合处的应力集中而减弱加固效果。与黏钢板加固技术相比,碳纤维加固不需要大型辅助机具,施工简单,有效粘贴面积易于保证,施工效率较高,符合工程工期要求紧的需要,为后续工序创造了有利条件。

(4) 在工程控制方面,碳纤维加固技术是通过在混凝土结构外部粘贴碳纤维,通过二者协同受力,达到加固目的。黏结剂是进行碳纤维粘贴控制、实现碳纤维工程性能的关键,必须保证黏结剂的质量。

2. 效益分析

(1) 材料价格:目前国内市场上的碳纤维(含相应的黏结材料)价格与常用的加固方法的材料相比要高出许多,这也是制约碳纤维加固技术发展的主要障碍。但从目前的研究和应用趋势可以预测,随着科技的进步和碳纤维材料的国产化,在未来几年内,碳纤维材料加固技术的材料成本会大幅降低。

(2) 施工成本:由于此技术不需要大型机具、设备,现场可任意裁剪,不像钢板一样需要专门的切割工具,故其施工工期短,一般比常规方法缩短 50%。故与其他方法相比,将节省大量的机械台班费、人工费和检测费。

(3) 维修成本:耐久性、抗腐蚀性能是评价一项结构工程质量的重要指标,尤其在一些恶劣环境或存在腐蚀性气体工程中,而碳纤维材料却有较强的抗腐蚀性,日本有关试验及研究表明,在弱酸环境中,经过一万次的冻融循环,干湿交替、一定光照时间后,在 70℃热水中浸泡 30 天等作用下,碳纤维的耐久性能、抗腐蚀性能及耐老化性能均无降低,疲劳强度仍保留 80%;在热循环(−20～20℃)100 次后,构件承载力物降低。因此,在混凝土结构加固施工完成后采取一定的保护措施就可以满足工程要求。基本的维修工作可以比其他加固方法至少减少 50%,维修周期可以大幅度延长,从而大幅度降低维修费用。

可以看出,碳纤维材料加固混凝土在全寿命周期内具有优良的性能价格比,科技含量比较高,技术先进,与其他加固技术相比,在综合工程经济性能方面具有很强的竞争力。

参考文献

邓宇,张鹏. 2011. 碳纤维筋表层嵌贴加固钢筋混凝土梁受弯性能试验研究[J]. 混凝土,7:37-49.

丁亚红,马艳洁. 2012. 内嵌预应力碳纤维筋加固混凝土梁受力性能试验研究[J]. 建筑结构学报,33(2):

128-134.

卢小雨，马芹永，徐智溢，等. 2006. 我国碳纤维加固补强结构的研究现状及展望[J]. 福建建筑，97(1)：120-122.

吕志涛. 2000. 新世纪混凝土结构对新材料的挑战[C]//中国首届纤维增强塑料(FRP)混凝土结构学术交流会论文集. 北京：人民交通出版社，

马吉. 2005. 碳纤维加固的工程应用[D]. 上海：同济大学，

徐平，曾宪桃. 2012. 表层嵌入预应力碳纤维筋混凝土梁抗弯试验研究[J]. 工业建筑，42(3)：71-75.

叶列平，冯鹏. 2006. FRP 在工程结构中的应用与发展[J]. 土木工程学报，39(3)：24-35.

Alkhrdaji T，Nanni Antonio. 1999. Surface bonded FRP reinforcement for strengthening/repair of structural reinforced concrete[J]. Proceedings of ICRI-NRCC Workshop，Baltimore，MD：19.

De Lorenzis L. 2004. Anchorage length of near-surface mounted fiber reinforced polymer rods for concrete strengthening-analytical modeling[J]. ACI Structural Journal，101(3)：375-386.

Hassan T，Rizkalla S. 2003. Investigation of bond in concrete structures strengthened with near surface mounted carbon fiber reinforced polymet strips[J]. Journal of Composites for Construction，ASCE，7(3)：248-257.